SOZIALPSYCHOLOGIE
BAND 1

A. Heigl-Evers (Hrsg.)

Kindlers »Psychologie des 20. Jahrhunderts«

SOZIAL-PSYCHOLOGIE

Band 1: Die Erforschung der zwischenmenschlichen Beziehungen

Herausgegeben von Annelise Heigl-Evers

Beltz Verlag
Weinheim und Basel

© 1979 Kindler Verlag AG, Zürich.
Lizenzausgabe mit freundlicher Genehmigung
der Kindler Verlag AG, Zürich.

Redaktion der Originalausgabe:
Wolf Keienburg (München), Gerhard Strube (München)

CIP-Kurztitelaufnahme der Deutschen Bibliothek

**Kindlers „Psychologie des 20. [zwanzigsten]
Jahrhunderts".** – Weinheim ; Basel : Beltz

NE: Psychologie des zwanzigsten Jahrhunderts
→ Sozialpsychologie

Sozialpsychologie / hrsg. von Annelise Heigl-Evers. –
Weinheim ; Basel : Beltz
(Kindlers „Psychologie des 20. Jahrhunderts")
ISBN 3-407-83071-8

NE: Heigl-Evers, Annelise [Hrsg.]

Bd. 1. → Die Erforschung der zwischenmenschlichen Beziehungen

**Die Erforschung der zwischenmenschlichen
Beziehungen** / hrsg. von Annelise Heigl-Evers. –
Weinheim ; Basel : Beltz, 1984.
(Sozialpsychologie ; Bd. 1) (Kindlers
„Psychologie des 20. Jahrhunderts")
ISBN 3-407-83071-8 (Gesamtw. „Sozialpsychologie")

NE: Heigl-Evers, Annelise [Hrsg.]

© 1984 Beltz Verlag · Weinheim und Basel
Umschlaggestaltung: Eckard Warminski, Frankfurt/Main
Gesamtherstellung: Beltz Offsetdruck,
6944 Hemsbach über Weinheim
Printed in Germany

ISBN 3 407 83071 8

Vorbemerkung zur Lizenzausgabe

Die 1976 bis 1981 bei Kindler erschienene 15bändige Enzyklopädie
„Die Psychologie des 20. Jahrhunderts" war bislang nur als Gesamtwerk erhältlich.
Die vorliegende Lizenzausgabe in Einzelbänden sowie mehrbändigen Teilausgaben
zu geschlossenen Themenbereichen soll dieses Werk nunmehr
auch einem größeren Leserkreis zugänglich machen.
Die Originalausgabe wurde, abgesehen von einigen
unbedeutenden Weglassungen, unverändert übernommen.

Um eine günstige Preisgestaltung zu ermöglichen, wurde auf Korrekturen verzichtet;
die im Text gegebenen Querverweise auf die Bände der Originalausgabe
blieben deshalb erhalten. Wir bitten die Leser hierfür um Verständnis.
Alle Register und die übrigen Teile des Anhangs wurden jedoch
für die Lizenzausgabe völlig neu bearbeitet.

Inhaltsverzeichnis

Sozialpsychologie

Einflüsse und historische Entwicklung

Entwicklungen der Theorie

Methoden sozialpsychologischer Forschung

Soziale Wahrnehmung

Inhaltsverzeichnis

Inhaltsverzeichnis

Konformität und abweichendes Verhalten

Gesten, Sprache und soziales Handeln

Gruppen

Institutionen, Organisationen, Gesellschaft

Ehe und Familie

Öffentliche Kommunikation

Inhaltsverzeichnis

Organisation und Institution

Gesellschaftliche Minoritäten

Massenpsychologie

Inhaltsverzeichnis Band 2

Gruppendynamik

Zur Entwicklung der Gruppendynamik

Modelle der Gruppendynamik

Gruppendynamik und soziales Lernen

Gruppentherapie

Entwicklung, Konzepte und Theorieansätze

Psychoanalytische Gruppentherapie

Psychoanalytische Gruppenmethoden in Weiter- und Fortbildung

Tiefenpsychologisch und sozialpsychologisch orientierte Gruppenmethoden

XV

Gruppenpsychotherapie in der Klinik

Gruppenarbeit im sozialen Feld

Selbsthilfegruppen

Ehe- und Familientherapie

Anhang

EINLEITUNG

Der Name George Herbert Mead neben dem von Kurt Lewin soll einen zusätzlichen Schwerpunkt dieser beiden Bände markieren, der auf die soziologische und sozialphilosophische Tradition der Sozialpsychologie verweist. Diese doppelte – psychologische wie soziologische – Orientierung der Sozialpsychologie ist historisch alt; so wurde eines der beiden ersten Bücher mit dem Titel »Social Psychology«, die beide im Jahre 1908 erschienen, von einem Psychologen verfaßt, von McDougall, das andere von dem Soziologen Ross. Diese unterschiedlichen Ansätze, die in der Sache der Sozialpsychologie – dem einzelnen und seiner Gesellschaft mit ihren verschiedenen Gruppen – selbst begründet liegen, werden sich auch in den vorliegenden Bänden immer wieder abzeichnen. Der Name von Siegmund Foulkes schließlich steht für den anderen Teil neben Sozialpsychologie und Gruppendynamik, nämlich für Gruppentherapie und Gruppenarbeit im klinischen Bereich und im sozialen Feld.

Indem die Sozialpsychologie als Wissenschaft im Schnittpunkt zwischen dem einzelnen und der Gesellschaft angesiedelt ist, stellen sich ihr brennende Probleme und Aufgaben, die weit mehr als nur akademisches Interesse beanspruchen dürfen. Unser vorrangiges Bestreben war es deshalb, zu versuchen, dieser Aktualität sozialpsychologischer Problemstellungen und Untersuchungsgegenstände und ihrer Nähe zur sozialen Alltagsrealität gerecht zu werden. Weder die Systematik noch die minutiöse Vollständigkeit eines weiteren wissenschaftlichen Handbuches der Sozialpsychologie war das Ziel, um dessen Verwirklichung wir uns bemüht haben. Wir wollten nicht nur die Forschergemeinschaft akademischer Sozialpsychologen erreichen, sondern den Leser, der Sozialpsychologie tagtäglich am eigenen Leib und Leben erfährt.

Ihm, so schwebte uns vor, sollte Sozialpsychologie als ein Bereich der Verhaltenswissenschaften vorgestellt werden, der etwas mit ihm selbst und seiner Situation zu tun hat, der ihn betrifft oder zumindest betreffen kann, zumindest so weit, wie eine Wissenschaft dies überhaupt zu leisten vermag. Den Blick auf sich selbst in sozialen Situationen zu schärfen, auf seine soziale Umwelt, auf das, was diese Umwelt an ihm bewirkt und er an ihr, war die Absicht, von der wir uns bei unserer Arbeit haben leiten lassen.

Manche der Problemstellungen, die in verschiedenen Beiträgen behandelt werden, sind von brisanter Aktualität; es erscheint jedoch durchaus nicht sicher, ob sie als ein relevanter Gegenstandsbereich der Sozialpsychologie und einer »Psychologie des 20. Jahrhunderts« dieses Jahrhundert überdauern werden. Aber es erschien uns wichtig, dieser Aktualität hier genügend Raum zu geben und bei der Auswahl der Beiträge der gesellschaftlichen Relativität sozialpsychologischer Forschungen und Ergebnisse gelegentlich mehr zu folgen als Versuchen, regelhafte Prinzipien und invariante Gesetzmäßigkeiten in sozialen Handlungsprozessen aufzuspüren, die

1

Bezüge zur konkreten Situation des einzelnen Lesers kaum noch herstellen lassen. Wir haben uns damit für einen Weg entschieden, der in der amerikanischen sozialpsychologischen Literatur wohl bis heute häufiger beschritten wird als in der deutschsprachigen. Bei diesem Vorgehen mußte zwangsläufig darauf verzichtet werden, alle Forschungsrichtungen und Arbeitsschwerpunkte dessen, was unter Sozialpsychologie zu subsumieren wäre, zu repräsentieren.

Während die Sozialpsychologie, sei es mehr psychologischer, sei es stärker soziologischer Provenienz, primär ein Gebiet akademischer Wissenschaft ist, hat sich die Gruppentherapie primär als klinische Spezialität zur Behandlung kranker Patienten entwickelt. Inzwischen ist es gleichwohl zu Annäherungen zwischen – angewandter – Sozialpsychologie und Gruppentherapie gekommen – Annäherungen, die sich z. B. in einem Forscher und Kliniker wie J. L. Moreno, dem Begründer der Soziometrie und einem der Initiatoren der Gruppentherapie, gleichsam personal repräsentieren.

Die Kleingruppe als Gegenstandsbereich und Medium von Gruppentherapie ist in den Zusammenhängen moderner Sozialwissenschaften einmal Gegenstand soziologischer Feldforschung und ferner Gegenstand sozialpsychologischer Laboratoriumsforschung geworden. Daneben hat es zwei interessante Entwicklungen der Anwendung von Gruppen gegeben, aus denen dann weitere Forschungsansätze resultierten.

Eine dieser Entwicklungen ist die der Gruppendynamik, die sich aus der Lewinschen Feldforschung ergab. Dabei ging es einmal darum, eine Art Selbsterforschung von Gruppen, d. h. eine Erforschung des Verhaltens in Gruppen durch die Träger dieses Verhaltens, zu betreiben. Sie diente dem Zweck, die Bedingungen des eigenen Funktionierens und Dysfunktionierens in Gruppen besser zu durchschauen. Sie war auf das Ziel ausgerichtet, durch bewußtere Gestaltung von Gruppenzugehörigkeiten und Gruppenaktivitäten die Fähigkeit zur Mitbestimmung zu verbessern und damit letztlich Demokratisierungsprozesse zu fördern.

Wenn auch der große Elan der Initiatoren der Gruppendynamik, der Elan von Bethel / Maine, inzwischen vergangen ist, so sind gruppendynamische Begriffe und Methoden unterdessen doch vielenorts in Institutionen, vor allem der Bildung, aber auch der Wirtschaft und der öffentlichen Verwaltung, eingegangen und dort wirksam geworden.

Die andere der genannten Entwicklungen ist die der Gruppentherapie, deren frühe Ansätze sich z. T. bereits vor den von Lewin inspirierten Entwicklungen abzeichneten – im Tuberkulose-Klassenzimmer von Pratt, im Stegreiftheater Morenos, in den frühen Versuchen z. B. von Burrow, in Gruppen, an der Psychoanalyse orientiert, therapeutisch zu handeln. Ansätze solcher Art wurden dann auch von der Gruppendynamik der Lewin-Schule angeregt, bzw. es kam zu einer wechselseitigen Anregung der in der Gruppendynamik engagierten Sozialpsychologen und der an der Anwendung von Gruppen in der Therapie interessierten Psychoanalytiker, Psychiater und klinischen Psychologen zunächst in den U.S.A.

In der Bundesrepublik Deutschland führte ein wachsendes Bedürfnis nach interdisziplinärem Austausch der an Gruppenprozessen interessierten Sozialpsychologen und Psychotherapeuten 1967 zur Gründung des Deutschen Arbeitskreises für Gruppenpsychotherapie und Gruppendynamik (DAGG) und zur Gründung einer gleichnamigen Zeitschrift. Der schon länger bestehende Österreichische Arbeitskreis für Gruppentherapie und Gruppendynamik (ÖAGG) diente dabei als Modell. Als Folgeentwicklung der deutschen Gründung darf die Schweizerische Gesellschaft für Gruppenpsychologie und Gruppendynamik (SGGG) bezeichnet werden.

Gruppentherapie entfächert sich über ein Spektrum, das von der Therapie des Individuums bis zur Therapie der Gruppe reicht, von der Behandlung individueller psychogener Störungen und psychischer Folgeerscheinungen primär organischer Erkrankungen bis zur Behandlung von »Quasi-Krankheiten« der Gruppe, von Krankheiten z. B. des »Patienten Familie«.

Dem Einsatz der Gruppe als Medium einer Psychotherapie des Individuums liegen verschiedene theoretische Orientierungen zugrunde. Es gibt Ansätze, die aus individualpsychologischen Theorien, z. B. der der Psychoanalyse abgeleitet sind; es gibt primär sozialpsychologische Ansätze, so vor allem in der von der Lewin-Schule entwickelten T-Gruppe klinischer Provenienz. Die theoretischen Konzepte basieren einmal auf einer Angleichung der Gruppenstrukturen an die Strukturen des Individuums; andererseits gibt es Theorien, wonach das Individuum als ein Schnittpunkt von Beziehungen definiert wird. Freud und nach ihm Bion setzten Individual- und Sozialpsychologie gleich. Andere Gruppentherapeuten und Gruppenforscher sehen in der Gruppe, auf der Basis der Gestaltpsychologie oder der Systemtheorie, mehr als die Summe ihrer Mitglieder.

Gruppentherapie findet in natürlichen Gruppen statt, z. B. der Familie, wobei das Individuum als betroffener Teil des erkrankten Systems Familie behandelt wird. Es gibt andererseits eine Therapie in experimentell oder künstlich zusammengesetzten Gruppen, wobei die Gesamtgruppe jeweils auf eines ihrer Mitglieder und dessen Störungen zentriert wird; es werden ferner therapeutische Vorgehensweisen praktiziert, die, in der künstlich zusammengesetzten Gruppe, auf die individual- und gruppenspezifische Art und Weise ausgerichtet sind, in der eine Mehrzahl von Individuen ihre individuellen Störungen unter der Bedingung Gruppe zu verarbeiten sucht. Es gibt Gruppenmethoden, die den Einsatz von differenziert trainierten Experten fordern, und solche, die auf die Selbsthilfekräfte bauen, die in den Mitgliedern unter der Bedingung Gruppe mobilisiert werden.

Wenn Therapie im stationären Rahmen betrieben wird, sei es bei psychoneurotisch oder psychosomatisch Kranken, sei es bei psychiatrischen Patienten, sei es bei Kindern und Jugendlichen oder bei Alkohol- und Suchtkranken, bietet sich die Behandlung in Gruppen besonders an. Das gemeinsame Betroffensein durch Krankheit, das Element der Schicksalsgemeinschaft verstärkt die Gruppenkohäsion. Der Beziehungsaspekt läßt sich durch das Zusammenleben der Patienten im stationären Rahmen therapeutisch besonders nutzen. Die Übergänge zwischen Therapie und Beratung sowie zwischen Therapie und Erziehung oder Didaktik sind fließend. Auch in diesen Nachbargebieten der Therapie spielen Gruppenmethoden eine Rolle; sie sollen soziales Lernen ermöglichen und die Bedingungen für kognitives Lernen verbessern.

Der Leser wird in den Kapiteln über Gruppendynamik und Gruppentherapie deshalb verschiedenste theoretische Ansätze, Verfahren und Anwendungsbereiche dargestellt finden. Trotz dieser Vielfalt waren aber auch hier Beschränkungen unvermeidlich. Das gilt insbesondere im Hinblick auf die Ehe- und die Familientherapie, die heute zu einem so umfangreichen Gebiet geworden sind, daß dessen auch nur annähernd vollständige Darstellung einen eigenen Band füllen könnte. Die hier aufgenommenen Arbeiten führender Vertreter dieses Gebietes sollten dem Leser jedoch ermöglichen, sich von hier aus in spezielle Fragestellungen einzuarbeiten.

Daß ein Literaturprojekt wie das vorliegende überhaupt zustande kommen konnte, ist selbst Leistung des sozialen Gebildes, mit dem sich dieser Band in weiten Teilen beschäftigt – die Leistung einer Gruppe. Sie umfaßt bei weitem nicht nur Autoren, Verleger, Redakteur und Herausgeber, sondern ebenso alle, die deren Wirken unterstützt und erst möglich gemacht haben. Ihnen allen gilt unser Dank. Einige möchten wir besonders hervorheben: Frau Ingrid v. Bischofshausen und Frau Marlis Neumann für das Schreiben der Korrespondenz, die schließlich mehrere Aktenordner füllte; Frau Eva Nasner und Herrn Jürgen Münch für ihre kritischen Hinweise; besonders herzlich danken wir allen Autoren, die mit ihren Arbeiten an der Gestaltung dieser Bände mitgewirkt haben und ohne deren Vorschläge, Kritik und Unterstützung unsere eigene Arbeit nicht denkbar gewesen wäre.

Düsseldorf und Göttingen
Februar 1979

Annelise Heigl-Evers
Ulrich Streeck

SOZIALPSYCHOLOGIE

DER EINFLUSS VON KURT LEWIN
AUF DIE ENTWICKLUNG DER SOZIALPSYCHOLOGIE

von Wolfgang Metzger

Um die Einflüsse auf die Sozialpsychologie, die von der Forschungsarbeit Kurt Lewins ausgegangen sind, zu verstehen, erscheint es zweckmäßig, die Folge der Themen ins Auge zu fassen, mit denen er sich in den Untersuchungen befaßt hat, die zwischen 1910 und 1947 entstanden und zwischen 1917 und 1949 erschienen sind.

In der Menge der Nachrufe scheint man sich darüber einig zu sein, daß Lewin seine Forschungsarbeit mit Untersuchungen zur Assoziationslehre begonnen habe, die damals ein zeitgemäßes Thema war. Tatsächlich war die Assoziation für ihn von Anfang an nur ein Mittel zu einem ganz anderen Zweck, nämlich zur Messung der Willensstärke. Es ist für Lewin bezeichnend, daß er schon zu Anfang seiner Laufbahn mit dem Problem des Willens beschäftigt ist, dem er bei allem Wechsel der Gesichtspunkte bis zum Ende seines Lebens treu geblieben ist. Kennzeichnend für die Zeit, in der er seine wissenschaftliche Arbeit aufnahm, ist es, daß er gleich mit dem Bemühen begann, das zwar im Alltag wohl vertraute, aber für die Wissenschaft noch gänzlich unbekannte X, das man Willen nennt, *zu messen*, das heißt ein von der jungen Psychologie bewundertes Werkzeug der exakten Naturwissenschaften auf einen neuen Gegenstand anzuwenden, ohne sich zuvor mit der in jedem Fall unerläßlichen, rein beschreibenden Bestandsaufnahme zu befassen. Das wichtigste Ergebnis dieser ersten drei Untersuchungen war, daß die »Stärke« des Willens mit dem sich damals anbietenden Maß der »Assoziationsstärke« nicht gemessen werden kann, ja daß sie möglicherweise überhaupt nicht meßbar ist. Und es folgte sinngemäß ein jahrelanges Bemühen um die Phänomenologie des menschlichen Wollens und Handelns, dessen vorläufigen Ertrag Lewin 1926 in den beiden einleitenden »Untersuchungen zur Handlungs- und Affektpsychologie I und II« unter dem Titel »Vorsatz, Wille und Bedürfnis« zusammengefaßt hat.

Nach dem Zeitpunkt der Veröffentlichung geht dem Versuch der Willensmessung die kleine Untersuchung über die »Kriegslandschaft« (1917) voraus. Sowohl logisch als auch lebensgeschichtlich kann sie aber nur *nach* ihm entstanden sein. Es ist, ohne daß die späteren Bezeichnungen schon auftreten, die Beschreibung eines besonders bedeutsamen Falles der Veränderung der phänomenalen oder anschaulichen Umwelt oder, wie man auch sagen kann, des Lebensraums, bei gleicher Reizmannigfaltigkeit, aber radikal veränderter innerer Einstellung, also – achtzehn Jahre vor dem berühmt gewordenen Versuch Sherifs (1935) über die Veränderung eines Wahrnehmungssachverhalts durch das soziale Umfeld des Wahrnehmenden – ein höchst eindrucksvoller Beispielsfall für die Bedeutung nichtsinnlicher Bedingungen für das Wahrnehmen. Es handelt sich in diesem besonderen Fall um die vergleichende Darstellung »derselben« Landschaft, wie sie sich einerseits im Frieden einem

Spaziergänger oder einem pflügenden Bauern und andererseits im Krieg einem Soldaten hinter der Front darbietet. Im einzelnen handelt es sich erstens um die »Polarisierung« der Landschaft in die Richtung Feind und die Richtung Hinterland, zweitens um die, damit zusammenhängende, Zentrierung auf den Gesichtspunkt der »Deckung« (gegen Sicht und Beschuß), und drittens um den Ersatz bzw. die Verdrängung der Kategorie des Eigentums durch die Kategorie der Eignung für die Sicherung des eigenen Überlebens. Erst sehr viel später folgen die allgemeinen Thesen, nach welchen das Verhalten des Menschen in keinem Fall unmittelbar von Eigenschaften des »objektiven«, physikalisch-geographischen Umfelds gesteuert wird, sondern ausschließlich von denjenigen der anschaulichen Umwelt, des Lebensraums, und daß es nur unter Vorbehalt erlaubt ist, theoretisch das Verhalten des Menschen – oder irgendeines Lebewesens – unmittelbar mit Eigenschaften der »objektiven« Umwelt (der Welt der Reizquellen) in Beziehung zu setzen, wie dies in der Schule Pawlows und im amerikanischen Behaviorismus in aller Ahnungslosigkeit geschieht. Damit ist schon früh ein bedeutsamer Gesichtspunkt der Lewinschen Willenspsychologie eingeführt: die spezifische Änderung der anschaulichen Umwelt, die mit jeder Änderung der Bedürfnislage oder Willenshaltung einhergeht.

Innerhalb der folgenden drei Jahre schlägt Lewin zwei weitere Dauerthemen seines Lebens an. Im Jahr 1920 erscheinen erstens »Die Sozialisierung des Taylorismus« und zweitens »Die Verwandtschaftsbegriffe in Biologie und Physik«. Die erste dieser beiden Arbeiten ist der früheste Ausdruck der Überzeugung, daß der eigentliche Sinn und Wert wissenschaftlicher Bemühungen darin bestehe, daß ihre Ergebnisse geeignet sind, nicht nur die Arbeitsbedingungen in der Industrie zu verbessern, sondern allgemein dem Menschen das Leben lebenswerter zu machen – ein Anliegen, das ebenfalls in seinen sämtlichen späteren Arbeiten, besonders den sozialpsychologischen, als Leitstern erscheint. Auch dem Thema der zweiten, ebenfalls noch 1920 erschienenen Arbeit, über die Verwandtschaftsbegriffe in zwei verschiedenen Wissenschaften, ausgebaut und verallgemeinert 1926 in »Idee und Aufgabe der vergleichenden Wissenschaftslehre«, bleibt Lewin bis zum Ende seines Lebens treu. 1949 erscheint neben einer Abhandlung über Erziehungsfragen als letzte Veröffentlichung der Aufsatz »Cassirer's Philosophy of Science and the Social Sciences«. Aus der Beschäftigung mit Cassirers Philosophie erwuchs Lewin der Mut, auch die anschauliche Umwelt des Menschen unter die Fakten aufzunehmen, mit denen Psychologie sich zu beschäftigen hat, und ihr ohne jede Einschränkung das Maß an Wirklichkeit zuzuschreiben, das der Physiker *seinem* Gegenstand, der »objektiven«, subjektunabhängigen unbelebten Natur zuschreibt.

Der Ausbau einer Wissenschaftslehre aus dem Geist Cassirers hinderte jedoch Lewin zugleich daran, psychophysische Vorstellungen, und das heißt zugleich: Vorstellungen über die Rolle der Sinnesorgane als physikalischer Instrumente, zu entwickeln, die logisch ebenso streng waren wie seine Vorstellungen von den Beziehungen zwischen dem anschaulichen Ich und seiner anschaulichen Umwelt.[1] Dies ist der einzige ausgesprochen schwache Punkt in seinem System. Es ist zugleich der einzige, über den mit Wolfgang Köhler, dem scharfsinnigen Psychophysiker der Gestalttheorie, bis zuletzt keine Einigung zustande kam.[2] Von diesem psychophysischen Alleingang abgesehen stimmt Lewin in vollem Umfang mit den Gründern der Gestalttheorie überein und hat sich insofern nie von ihnen getrennt. Das wird von ihm selbst an verschiedenen Stellen seines Werkes bezeugt, vor allem in dem Aufsatz von 1939 über »Feldtheorie und Experiment in der Sozialpsychologie«, aber auch in »Forschungsprobleme der Sozialpsychologie« (1943–1944) und in der »Analyse der Begriffe Ganzheit, Differenzierung und Einheitlichkeit« (1941).[3] Bemerkenswert ist die zentrale Bedeutung des gestalttheoretischen Grundbegriffs der »Interdependenz« oder wechselseitigen Abhängigkeit der Teile eines Ganzen, der von R. Lippitt (1947) geradezu zum Leitstern der Arbeit und sogar des Lebens von Lewin erhoben wird, und nicht zuletzt der Versuch von Alfred Marrow (1969, 169–171), Lewins Begriffsbestimmung der Gruppe wiederzugeben. Aus der Nähe besehen fällt sie mit der gestalttheoretischen Darstellung des Verhältnisses zwischen einem Ganzen und seinen Teilen zusammen. Nur ist ihr Wortlaut dem Sonderfall angepaßt, in welchem das Ganze eine Gruppe von Menschen ist und der Teil ein Mensch, der ihr als Mitglied angehört. Die zahlreichen neuen Ausdrücke, die Lewin zur Bezeichnung der Persönlichkeits- und Umweltstruktur und ihrer Wechselwirkungen eingeführt hat, waren angesichts der besonderen Kompliziertheit dieser Sachgebiete unvermeidlich. Auch mit ihrer Einführung ist aber der Boden der Gestalttheorie nicht verlassen. Keiner ihrer Sätze wird aufgegeben oder bezweifelt. Es ist ein Glück, daß die abweichenden (und fragwürdigen) Ansichten Lewins über das psychophysische Problem sich auf die Psychologie des Willens und der Affekte und vor allem auf die Psychologie der Gruppen und der zwischenmenschlichen Beziehungen nicht auswirken. Bei der Erforschung dieser psychischen Bereiche kann das psychophysische Problem ohne jede Einbuße unberücksichtigt bleiben.

Es ist bemerkenswert, daß sich Lewin in der ersten Phase seiner Arbeit (bis 1926) noch Spaziergänge in die Wahrnehmungslehre leistete, mit technischen Beiträgen und eigenen Untersuchungen (über Raumlage, über Sehrichtung). Nach 1926 hat er sich solche Liebhabereien nicht mehr gestattet. Es ist das Jahr, in dem »Vorsatz, Wille und Bedürfnis« erschien.

In dieser Arbeit wird u. a. eine Theorie des Vorsatzes entwickelt, die ihrer Struktur nach die fast zehn Jahre jüngere Theorie tierischer Instinkthandlungen von Konrad Lorenz (1935) vorwegnimmt. Natürlich gibt es einige Unterschiede. So wird beim menschlichen Vorsatz ein unter einem bestimmten Druck stehendes System in jedem Einzelfall neu aufgebaut, und die den biologischen Schlüsselreizen entsprechenden »Aufforderungscharaktere« oder »Valenzen« sind ebenfalls nicht angeboren, sondern werden von Fall zu Fall durch die Umstände neu festgelegt. Die Energien, durch welche die Vornahmehandlungen in Gang gesetzt und gehalten werden, entstammen auch nach Lewin dem Energievorrat biologischer Grundbedürfnisse; weshalb er ihnen bedürfnisartige Zustände zuordnet, die er sinngemäß als Quasibedürfnisse bezeichnet.

Zwischen 1926 und 1934 entstand die inzwischen weltbekannt gewordene Reihe der zwanzig grundlegenden »Berliner Arbeiten«. (Die letzte – von M. Jucknat – ist nicht mehr von Lewin gegengezeichnet, weil sie erst nach seinem Weggang abgeschlossen wurde.) Für diese Arbeiten ist durchweg kennzeichnend, daß sie nach Fragestellung und Theoriebildung nach wie vor Beiträge zur Psychologie *des einzelnen Menschen* sind – man möchte sagen, sie seien Beiträge zur Individualpsychologie, wenn dieser Ausdruck nicht durch Alfred Adler schon eine andere Bedeutung erhalten hätte. Da ist die Rede von der Wiederaufnahme unterbrochener Handlungen, von dem Behalten erledigter und unerledigter Aufgaben, von dem Vergessen einer Vornahme, von Ersatzhandlungen in Spiel- und Ernstsituationen, von dem verschiedenen Realitätsgrad oder auch von verschiedenen Realitätsebenen, von Erfolg und Mißerfolg, vom Anspruchsniveau, von psychischer Sättigung, vom Ärger als dynamischem Problem, von den Ursachen von Rückfällen bei Umgewöhnung, von dem Einfluß der Entfernung auf Aufforderungscharaktere und dergleichen mehr. Und zwar wird dem Einfluß der Struktur des Umfeldes auf das Verhalten mehr und mehr Aufmerksamkeit gewidmet; ein hervorstechendes Beispiel dafür ist die Abhandlung über »Die Psychologische Situation bei Lohn und Strafe« von 1931 mit ihrer scharfsinnigen Konfliktanalyse, ein anderes die letzte von Lewin selbst (in der Psychologischen Forschung 1934) in deutscher Sprache veröffentlichte Untersuchung »Der Richtungsbegriff in der Psychologie«, in der die begrifflichen Voraussetzungen der Übertragung des Begriffs des Raumes und der »Lokomotion« oder Fortbewegung aus dem anschaulichen Dingraum auf soziale und begriffliche Sachverhalte erarbeitet werden. In allen diesen Untersuchungen ist jedoch bis zuletzt ausschließlich von Bewegungen des einzelnen Menschen die Rede. Dasselbe gilt für die ebenfalls in dieser Zeit entstandenen grundsätzlichen Überlegungen über »Gesetz und Experiment in der Psychologie« (1927), »Zwei Grundtypen von Lebensprozessen« (1929), »Der Übergang von der aristotelischen zur galileischen Denkweise in Biologie und Psychologie« (1931 b).

Im Herbst 1933 verläßt Lewin das Nazi-Deutschland und siedelt in die Vereinigten Staaten über. In der ersten amerikanischen Veröffentlichung stellt er sich seinen neuen Landsleuten mit einer Auswahl der wichtigsten Veröffentlichungen der letzten Jahre in englischer Übersetzung vor (1935 a). Die erste in Amerika *entstandene* neue Untersuchung (1935 b) behandelt einige sozialpsychologische Grundprobleme. Der Übergang zur Sozialpsychologie fällt also zusammen mit der Übersiedlung nach Amerika. Wie seinerzeit bei dem Überwechseln zum Wehrdienst mit der »Kriegslandschaft« als wissenschaftlichem Ertrag war es wieder ein umstürzendes, bis in die Tiefe verwandelndes Lebensereignis, das Lewin zum Sozialpsychologen machte. Im Grunde waren es zwei – wenn auch untrennbar verflochtene – Umwälzungen: Erstens der von außen, durch politische Mächte, erzwungene Verlust der Heimat und Wechsel des Standorts von Deutschland nach Amerika und zweitens das Erwachen des vorher mehr oder weniger latenten Bewußtseins, Angehöriger einer Minderheit zu sein, die zwar außerhalb Deutschlands und des nationalsozialistischen Einflußbereichs nicht in Lebensgefahr, auf der ganzen Welt aber – hier mehr, dort weniger – in ihren Rechten geschmälert war.

Die Gruppe, der man angehört, als Boden, auf dem man steht, und die Selbstverständlichkeit und Sicherheit dieser Zugehörigkeit als unentbehrliche Grundlage aller Sicherheit auch des bescheidensten konkreten Handelns ist das erste sozialpsychologische und zugleich das erste in englischer Sprache abgehandelte Thema Lewins.

Auch die zweite Veröffentlichung, die in Amerika entstand, hatte die Umsiedlung zur unmittelbaren Voraussetzung. Es war eine vergleichende sozialpsychologische Gegenüberstellung Deutschlands und Amerikas, oder genauer des »typischen« Deutschen und des »typischen« Amerikaners (Lewin 1936). Es handelt sich um eine *rein beschreibende* Untersuchung, die allerdings letztlich doch »Eigenschaften gesellschaftlicher Gruppen und ihrer Mitglieder als sozialer Wesen« aufdecken will und in der unter vielem anderem die Wechselbeziehung zwischen Unterschieden der »sozialen Atmosphäre« – unter anderem des »gesellschaftlichen Abstands« – und solchen des Persönlichkeitsaufbaues (in tiefere und oberflächlichere Regionen) behandelt wird.

Schon nach einem Jahr beginnt die Arbeit an einem Unternehmen, das für die Sozialpsychologie nicht weniger als *eine Wende* bedeutet: Das erste – und sogleich gelungene – sozialpsychologische Experiment, über das als erste von mehreren Veröffentlichungen ein vorläufiger Bericht in »Experiments on Autocratic and Democratic Atmospheres« (1938) vorliegt.[4] Man beachte die Formulierung des Themas: »Atmosphäre« gehört zu den Gestaltqualitäten, die unmittelbar mit der Struktur oder dem Aufbau eines Ganzen zusammenhängen, und dieses Ganze ist in dem untersuchten Fall eine Gruppe.

Zufällig haben wir über das Zustandekommen dieses Ereignisses einen Bericht aus eigener Hand eines der Hauptbeteiligten: Ronald Lippitt. Er schreibt in seinem Nachruf auf Lewin: »Ich habe eine sehr lebhafte Erinnerung an meine erste Begegnung mit Kurt Lewin. Sie erläutert sehr klar die wechselseitige Abhängigkeit als besonderen Lebensstil. Als ich das Studium für Fortgeschrittene an der Universität in Iowa begann, hatte ich keine Ahnung davon, worüber ich meine Doktorarbeit schreiben könnte und welchem der Lehrer ich mich gern anschließen würde. Es war bei den Mitgliedern des Lehrkörpers der Child Welfare Research Station der Brauch, eine Liste von Forschungsfragen aufzustellen, die ihnen fruchtbar erschienen. Diese Listen wurden, zu einer Gesamtliste zusammengefaßt, bei den neuen Fortgeschrittenen herumgereicht. In einem der Themen kam das Wort »Gruppe« vor. Vielleicht gab mir das ein gewisses Gefühl der Vertrautheit und Sicherheit. Meine Anfängerausbildung hatte ihren Schwerpunkt in der Gruppenarbeit. Die ein oder zwei Sätze, die die Aufgabe beschrieben, verstand ich zwar nicht recht, aber es schien sich dabei um eine Art von vergleichenden Untersuchungen verschiedener Typen von Gruppen zu handeln. In der Liste hieß es, das Thema sei von Professor Lewin vorgeschlagen worden. Und so fand ich mich dann in seinem Dienstzimmer wieder, um ein bißchen mehr von dem herauszufinden, was er im Sinn hatte. Und im Handumdrehen war ich dabei, diesem freundlichen Professor mit seiner ausländischen Aussprache voller Eifer und Begeisterung von meinen Erfahrungen und meiner Leidenschaft für die Führung von Kindergruppen zu erzählen. Es dauerte nicht lange, bis ich irgendwie darauf kam, von den Möglichkeiten von Versuchen über die Auswirkung verschiedener Führungsstile auf Kindergruppen zu sprechen. Ich erinnere mich, daß der Professor sehr ermutigend, aber zugleich ein wenig skeptisch über die Möglichkeiten war, solche komplexen Situationen wirklich wissenschaftlich zu behandeln und mit ihnen wenigstens so deutlich voneinander abweichende Wirkungen zu erzielen, daß Messungen möglich wurden. Immerhin gab er mir eine Menge verschiedener Anregungen und schlug als nächsten Schritt vor, ich solle einige Vermutungen darüber zu Papier bringen, was für verschiedene Auswirkungen bestimmte Arten der Führung nach meiner Voraussage haben würden. Erst nach einigen Monaten ging es mir auf, daß die Dinge, über die wir uns unterhielten, und das Thema, das sich dabei herausschälte, kaum noch etwas mit dem Thema auf der Liste zu tun hatte. Das Thema, das sich tatsächlich entwickelte, ging aus der wechselseitigen Abhängigkeit in unserer Zusammenarbeit hervor« (Lippitt 1947, 87 f).

Es lohnt sich, sich die Ergebnisse der Untersuchung, die auf diese Weise zustande kam, hier kurz vor Augen zu führen. Es handelt sich um den Vergleich zunächst zweier Gruppen von etwa zehnjährigen Jungen, die nach Charakter, Begabung, Geschicklichkeit usw. möglichst gut übereinstimmten und die beide genau dieselbe Aufgabe erhielten, für ein Fest Masken herzustellen.

Die erste, hier der Einfachheit halber mit »A« bezeichnete Gruppe, wurde »autoritär« geführt. Der Gruppenleiter bestimmte ohne Erörterung selbst alles, was geschehen sollte:

1. Er machte ohne Begründung zunächst den ersten und dann von Zeit zu Zeit den jeweils nächsten Arbeitsgang bekannt, und zwar immer nur diesen, ohne Bezug auf seine Bedeutung für das, was später folgen und was dabei schließlich herauskommen sollte. Dabei wurde stets nur *eine* Möglichkeit des Vorgehens bekanntgegeben.

2. Er unterteilte die Gesamtgruppe willkürlich, ohne Rücksicht auf schon bestehende Zu- und Abneigungen ihrer einzelnen Mitglieder, in eine Anzahl von Untergruppen.

3. Er wies den Teilgruppen nach Gutdünken ihre Arbeit zu.

4. Er erteilte Lob und Tadel ebenfalls nach Gutdünken und ohne sachliche Begründung.

Die zweite Gruppe wurde »demokratisch« geführt. Sie wird daher hier kurz »D«-Gruppe genannt. In ihr gab der Leiter zunächst das Ziel bekannt. Im übrigen gab er nur Anregungen und Vorschläge, nahm aber auch Anregungen und Vorschläge aus dem Kreis der Teilnehmer entgegen, und nach einer gründlichen, sachlichen Aussprache über Vorschläge und Gegenvorschläge wurde *von der Gruppe selbst* abgestimmt und beschlossen, wie man vorgehen wollte.

1. Es wurden von vornherein die im Hinblick auf das Endziel zweckmäßigsten Arbeitsgänge überlegt.

2. Die Teilnehmer schlossen sich nach eigener freier Wahl zu Untergruppen zusammen.

3. Die verschiedenen Teiltätigkeiten wurden ebenfalls nach freier Vereinbarung auf die Arbeitsgruppen verteilt.

4. Auch hier erteilte der Leiter Lob und Beanstandungen; sie wurden aber stets eingehend sachlich begründet.

(In einer zusätzlichen Arbeit wurde noch eine dritte, »liberale« Gruppenstruktur in die Untersuchung einbezogen; hier wurde zwischen lauter gleichberechtigten Mitgliedern ausgehandelt, was zu tun sei. Gruppen dieser Art blieben aber, im Gegensatz zu den beiden ersten, ewig im Gerede stecken und kamen kaum an die Arbeit. Eine eingehende Darstellung bringt daher bei ihnen nichts ein.)

Wir besprechen nun vergleichend den Ertrag der beiden Hauptversuche.

1. Einleuchtenderweise hatte der Leiter der A-Gruppe viel häufiger (etwa doppelt so oft) einzugreifen als der Leiter der D-Gruppe). Er betonte sein besseres Wissen etwa dreimal so häufig. Er gab nur ausnahmsweise nach. Überhaupt war in der A-Gruppe der Abstand zwischen Führer und Volk viel stärker betont als in der D-Gruppe, obwohl er auch in dieser nicht ganz verwischt war.

2. Das Verhalten der Mitglieder ist in der A-Gruppe gekennzeichnet durch Überheblichkeit, Herrschsucht, Streitsucht, herabsetzende Kritik. In der D-Gruppe überwiegen Äußerungen des Lobs und der Anerkennung, auch konstruktiver Anregung, die übrigens meist bereitwillig angenommen werden, während man sich in der A-Gruppe häufig auch durch offenkundige Tatsachen nicht belehren läßt. In der A-Gruppe herrscht vorwiegend das Bestreben, sich gegenseitig den Rang abzulaufen, während für die D-Gruppe ein wirhafter Geist der Zusammenarbeit und der gegenseitigen Hilfe kennzeichnend ist. In der D-Gruppe bilden sich natürliche Führungsverhältnisse aus. In der A-Gruppe ist das satzungsgemäß nicht möglich. Aber die Gruppe entwickelt dafür ein höchst unerfreuliches Ersatzphänomen: den Prügelknaben, den Sündenbock, das schwarze Schaf, durch dessen Mißachtung der Erfolgreichere seinen eigenen Rang erhöht.

3. Dem Leiter der Gruppe gegenüber sind die Mitglieder der D-Gruppe weniger fügsam, zugleich aber bereit, gut begründeten Anregungen zu folgen. In der A-Gruppe ist das Bestreben einzelner Mitglieder, mit dem Führer nähere Beziehungen anzuknüpfen, sich bei ihm beliebt zu machen, viel auffälliger als in der D-Gruppe.

4. Die natürlichen Untergruppen der D-Gruppe sind viel haltbarer als die willkürlich festgesetzten der A-Gruppe. Sie bleiben nicht selten über die Dauer des Versuchs hinaus erhalten.

5. Der Arbeitsantrieb ist in der D-Gruppe sachbezogen, durch das Ziel bedingt, das man *sich selbst* gesetzt hat und das man daher als eigenes Anliegen betrachtet. Er ist in der A-Gruppe durch den Bezug zum Gruppenleiter vermittelt: Die Aufgabe ist Anliegen des Leiters; man führt sie aus, weil *er* es will. Unmittelbare Folge ist, daß wenn der Gruppenleiter den Raum verläßt, die D-Gruppe ohne Stocken weiterarbeitet, während die A-Gruppe ihre Arbeit sofort unterbricht, um sich mit fröhlichen Raufereien zu erholen.

Durch geeignete Versuchsvariationen ist gesichert, daß für alle diese Unterschiede der Atmosphäre, des Arbeitsstils und auch des Arbeitsertrags der Führungsstil der entscheidende Faktor ist.

Lewin betrachtet die Arbeiten über die Auswirkungen verschiedener Führungsstile auf die Gruppenatmosphäre und auf das Erleben und Verhalten der Gruppenmitglieder als seinen ersten bedeutsamen Beitrag zur Gruppendynamik, als den Beginn seiner gruppendynamischen Forschung. Als »ausgewählte Abhandlungen zur Gruppendynamik« werden dann 1948 von seiner Frau – möglicherweise sogar noch von ihm selbst – die 13 Kapitel der Sammlung »Die Lösung sozialer Konflikte« bezeichnet. In ihnen ist die Rede von Gruppen jeder beliebigen Art, von der Ehe, von der Zusammenarbeit in Industriebetrieben, von Banden Jugendlicher, von dem Problem sich überschneidender Gruppenzugehörigkeiten, von den besonderen Sorgen Angehöriger entrechteter Minderheitengruppen. Es wird das Spannungsgefüge innerhalb solcher Gruppen analysiert und die Angriffspunkte und Angriffsweisen bei Veränderung gezeigt. Gruppendynamik, wie Lewin sie versteht, ist also experimentelle Sozialpsychologie. Dabei gibt sich Lewin nicht mit Spitzfindigkeiten ab, wie etwa der Frage, ob ein Ehepaar oder eine Frau mit einem Kind auf dem Arm schon als Gruppe betrachtet werden dürfen. – »Natürlich dürfen sie, oder vielmehr: sie müssen!«, würde er auf diese Frage antworten.

Die Bezeichnung »Gruppendynamik« (Group Dynamics) gebraucht Lewin, wie es scheint, zum ersten Mal 1939 in einem Artikel über »Experiments in Social Space« (1939). Er bezeichnet es als Zweck der in jenem Artikel beschriebenen Versuche, »Einsicht in die zugrundelegende Dynamik der Gruppe zu vermitteln«. Sechs Jahre nach dem Erscheinen dieser Arbeit war das von ihm geplante Institut für die experimentelle Klärung von Fragen des Zusammenlebens am Massachusetts Institute of Technology (MIT) gegründet, für das von Anfang an der Name »Research Center for Group Dynamics« vorgesehen war. Nach Lewins eigenen Worten sollte das Zentrum Forscher für alle theoretischen und angewandten Gebiete und Probleme des Gruppenlebens ausbilden und sich auch an der Schulung von Praktikern für soziale Aufgaben jeder Art beteiligen. Die sachliche Hauptaufgabe des Zentrums wäre die Entwicklung von wissenschaftlichen Verfahren zum Studium und zum erfolgreichen Eingreifen in das Gruppenleben, dazu die Entwicklung von Begriffen und Theorien seiner Dynamik (vgl. Marrow 1969, dt. Ausg., 199 ff).

(Nach dieser Begriffsbestimmung wäre, um ein naheliegendes Beispiel anzuführen, die gesamte Individualpsychologie Alfred Adlers – s. Bd. III dieser Enzyklopädie – in ihren theoretischen Teilen ein Bündel gruppendynamischer Hypothesen, deren wissenschaftliche Prüfung und Sicherung freilich noch kaum begonnen hat.)

Über die Arbeitsweise seines Instituts hatte Lewin sehr bestimmte Vorstellungen, für die er selbst die Bezeichnung »Action Research« (s. den entsprechenden Beitrag von R. Lippitt in diesem Band) prägte, die in der deutschen Ausgabe von »Die Lösung sozialer Konflikte« mit »Tat-Forschung« wiedergegeben ist. Da aber in den Untersuchungen Lewins kaum von »Taten« (z. B. Heldentaten oder »guten Taten«) die Rede ist, aber um so mehr von Arbeiten in der Industrie und in der Verwaltung, scheint es mir den Sinn der Sache eher zu treffen, wenn man etwa von »Betätigungsforschung« spricht, falls man nicht vorzieht, bei dem Ausdruck »Aktionsforschung« zu bleiben.

Lewin erhofft sich von dem, was er Action-Research genannt hat, nichts Geringes. »Der Gedanke, im Action-Research Pionierarbeit zu leisten, die, wie ich hoffe, ein Beispiel von solchen Ausmaßen setzt, daß sie gewisse Seiten unseres Zusammenlebens revolutionieren könnte, ist zu verlockend, um aufgeschoben zu werden«, schreibt Lewin zu Beginn der Gründungsverhandlungen (frei wiedergegeben nach: Marrow 1969, dt. Ausg., 185 f). Eine klare Begriffsbestimmung ist nicht leicht zu finden. Man muß schon die Stellen sammeln, an denen ein konkretes Stück Forschung als ein Fall von Action-Research bezeichnet wird.

Als Aufgaben fallen dabei u. a. auf: Gruppenvorurteile ausräumen, die Beziehungen zwischen verschiedenen Gruppen verbessern, die Entrechtung von Minderheiten beseitigen, den Arbeitsertrag neu eingestellter Lehrlinge verbessern, den Widerstand von Arbeitern gegen notwendige Änderungen überwinden, Gruppenentscheidungen herbeiführen, innerbetriebliche (oder beispielsweise auch eheliche) Streitigkeiten beilegen, die Arbeitsmoral heben, Führer aller Rangstufen ausbilden usw. Kurzum, es handelt sich durchweg um die Lösung meist brennender Probleme, Schwierigkeiten, Konflikte des Zusammenlebens und Zusammenarbeitens.

Entscheidend scheint aber die *Art des Herangehens* zu sein. Der Forscher – oder die Forschergruppe – geht dorthin, wo es brennt: in den Betrieb, in die Behörde, in die Schulklasse, das Jugendlager ... Er analysiert die Problemlage an Ort und Stelle. Er fügt sich dazu, soweit möglich, selbst in die Arbeitsgruppen und -vorgänge ein. Er verhilft den Beteiligten zu Verfahren der Selbstanalyse. Und aufgrund der gemeinsam gewonnenen Erkenntnisse entwirft er Versuchsvariationen, die sich wiederum an Ort und Stelle durchführen lassen. Ihre Auswirkungen werden genau registriert und den Befunden an Vergleichsgruppen ge-

13

genübergestellt. Sie werden von den unmittelbar Betroffenen diskutiert. Das Ergebnis der Aussprache geht wieder in neue Maßnahmen ein usw. Was aus diesem Forschungsstil inzwischen geworden ist, kann hier nicht im einzelnen beschrieben werden. Daß er Schule gemacht hat, daran ist nicht zu zweifeln.

Der letzte folgenreiche Schritt in der Einwirkung Lewins auf die Entwicklung der Sozialpsychologie vollzog sich in dem Jahr vor seinem Tod. Man hatte große Pläne für den Kampf gegen Vorurteile und gegen die Herabsetzung von Minderheiten. Man war dabei, in Gruppenzusammenkünften Lehrkräfte auf diese Aufgabe vorzubereiten. Die Leiter eines solchen Kurses besprachen eines Abends die Ergebnisse einer Sitzung, die gerade zu Ende gegangen war. Lewin hatte einigen, im Augenblick unbeschäftigten Teilnehmern an der eben abgelaufenen Übungsstunde gestattet, dieser Aussprache zuzuhören, – über das, was nun geschah, berichtet wieder Lippitt (1949): »Irgendwann während des Abends machte einer der Gruppenleiter Bemerkungen über das Verhalten eines der zuhörenden Teilnehmer an der Übung. Es war eine Frau, die an der Beratung des Stabs nicht beteiligt war. Sie mischte sich in das Gespräch ein, erklärte, daß und warum sie mit der Darstellung ihres Verhaltens nicht einverstanden sei und beschrieb den fraglichen Vorgang von ihrem Standpunkt aus. Es entspann sich ein lebhaftes Gespräch zwischen dem Übungsleiter, dem (offiziellen) Beobachter und der Übungsteilnehmerin, das Lewin wegen des Gegensatzes der Schilderungen desselben Vorganges von zwei verschiedenen Standpunkten aus mit Vergnügen verfolgte. Am Ende des Abends fragten die anderen Übungsteilnehmer, ob sie nicht zu der Fortsetzung des Gesprächs über ihr Verhalten wiederkommen dürften.« Lewin begrüßte das aufs lebhafteste. Am nächsten Abend blieb etwa die Hälfte der Übungsteilnehmer zu der Besprechung ihres eigenen Verhaltens in der Nachsitzung da, um sich dem »Feedback« oder der Resonanz auf ihr eigenes Verhalten auszusetzen. Das wirkte sich so aus, daß aus passiven Teilnehmern kritische Teilnehmer wurden, die zudem ein sehr viel feineres Gefühl für ihr eigenes Verhalten und für die Gefühle der anderen Teilnehmer und zahlreiche andere wünschenswerte Haltungen entwickelten.

Das »Sensitivity Training« in der »T-Gruppe« war geboren, vielfach im engeren Kreis kurz »Laboratory« oder sogar »Group Dynamics« genannt. Durch einen geistesgegenwärtig beim Schopf gefaßten Zufall – man hätte ja auch sagen können: »Bitte mischen Sie sich nicht ein; Sie gehören im Augenblick nicht zur Gesprächsrunde« – war eine Erfindung gemacht, von der Carl Rogers 1968 schrieb, es sei vielleicht die bedeutsamste soziale Erfindung dieses Jahrhunderts. Die Nachfrage nach dem Sensitivity Training übersteige jede Voraussage, und es sei eines der am raschesten wachsenden sozialen Phänomene in den Vereinigten Staaten, das schon große Teile der Industrie durchdrungen habe und dabei sei, in die Familie und das gesamte Erziehungswesen und die Sozialarbeit einzuziehen. Wie es sich damit bei uns verhält, darüber wage ich keine bestimmte Aussage. Ich verzichte auch auf die Darstellung einiger weiterer Erfindungen aus jenen ertragreichen letzten Jahren, wie etwa der formalisierten Selbstprüfung mit dem »Vorurteils-« Barometer und der Behandlung von Vorurteils-Verbreitern (Bigots).

Das, was Lewin in denselben Jahren zur Fortentwicklung der allgemeinen Theorie des Zusammenlebens, zur Voraussagbarkeit, zur Steuerung und zur Änderung sozialen Verhaltens beigetragen hat, kann hier nicht mehr ausgeführt werden, und auch auf die Darstellung der stattlichen Reihe der von ihm neu eingeführten sozialpsychologischen Begriffe muß verzichtet werden.

Was der verfügbare Raum etwas eingehender zu schildern erlaubt, mag ausreichen, um einen Eindruck von der Größe und Bedeutung dieses ungewöhnlichen Menschen und von den Auswirkungen seines kurzen Lebens zu vermitteln. Es bleibt nur hinzuzufügen, daß er zugleich eines der seltenen Vorbilder menschlichen Verhaltens war, der das, was er predigte, auch lebte, der auch den bescheidensten Gesprächspartner nicht überheblich von sich wies, sondern auch aus der Unterhaltung mit dem einfachsten Menschen etwas zu lernen verstand und der auch in der schärfsten Kritik dessen, was er für falsch hielt, niemals boshaft oder verletzend wurde.

ANMERKUNGEN

1

Eine zusammenhängende Darstellung dieser Sachverhalte findet sich in: W. Köhler: Ein altes Scheinproblem. Naturwissenschaften, 17, 1929, 395–401. Auch: W. Metzger: Psychologie. Darmstadt: Steinkopff ⁵1975 (Achtes Kapitel, Das Leib-Seele-Problem), 276–307.

(s. L. v. Bertalanffy: Biophysik des Fließgleichgewichts. Einführung in die Physik offener Systeme und ihre Anwendung in der Biologie. Braunschweig: Vieweg 1963). Übrigens auch schon W. Köhler: Die physischen Gestalten. Braunschweig Vieweg 1920, mit dem Untertitel »In Ruhe und im stationären Zustand«, der älteren Bezeichnung für das Fließgleichgewicht.

2

Vergleiche dazu die Überlegungen Oskar Graefes: Über Notwendigkeit und Möglichkeit der psychologischen Wahrnehmungslehre (Psychol. Forschung, 26, 1961, 262–298). Übrigens hat sich auch die von Lewin in demselben Zusammenhang geforderte Zuordnung verschiedener Identitätsbegriffe zur Physik und zur Biologie – hier Identität der Elementarbestandteile, dort Identität der gestalteten Ganzen – nicht halten lassen, nachdem es sich herausgestellt hat, daß die für das Leben so kennzeichnenden Fließgleichgewichte (mit laufend durchströmenden Elementen) *auch* in der unbelebten Natur vorkommen

3

Wir zitieren die drei Arbeiten nach der deutschen Übersetzung in: Feldtheorie in den Sozialwissenschaften. A. Lang, W. Lohr (Hg.). Bern: Huber 1963, dort Kapitel VI, VII und Anhang, 168–191, 192–205 und 330–361.

4

Vgl. auch: R. Lippitt: An experimental study of the effect of democratic and authoritarian group atmospheres. University of Iowa Studies of Child Welfare, 16, 1940, 45–195.

LITERATUR

LEWIN, K.: Kriegslandschaft. Zeitschrift für angewandte Psychologie, 12, 1917, 440–447

Die Sozialisierung des Taylorsystems. Praktischer Sozialismus, 4, 1920 a

Die Verwandtschaftsbegriffe in Biologie und Physik und die Darstellung vollständiger Stammbäume. Abhandlungen zur theoretischen Biologie, H. 5, Berlin: Bornträger 1920 b, 1–34

Über Idee und Aufgabe der vergleichenden Wissenschaftslehre. Symposion, 1, 61–94. Auch als Sonderdruck im Weltkreisverlag, Erlangen 1926 a

Untersuchungen zur Handlungs- und Affekt-Psychologie. I. Vorbemerkungen über die psychischen Kräfte und Energien und über die Struktur der Seele. Psychologische Forschung, 7, 1926, 294–329. II: Vorsatz, Wille und Bedürfnis. Psychologische Forschung, 7, 1926 b, 330–385

Beide Untersuchungen zusammengefaßt als Broschüre unter dem Gesamttitel »Vorsatz, Wille und Bedürfnis«. Berlin: Springer 1926 c

Gesetz und Experiment in der Psychologie. Symposion, 1, 1927, 375–421; auch einzeln, Berlin: Weltkreisverlag 1927

Zwei Grundtypen von Lebensprozessen. Z. Psychol., 113, 1929, 209–238

Die psychologische Situation bei Lohn und Strafe. Leipzig: Hirzel 1931 a

Der Übergang von der aristotelischen zur galileischen Denkweise in Biologie und Psychologie. Erkenntnis, 1, 1931 b, 421–466

Der Richtungsbegriff in der Psychologie: Der spezielle und allgemeine hodologische Raum. Psychologische Forschung, 19, 1934, 249–299

A dynamic theory of personality (selected papers). New York, London: McGraw-Hill 1935 a

Psycho-sociological problems of a minority group. Character and Personality, 3, 1935 b, 175–187. Auch enthalten in: Resolving . . .

Some social-psychological differences between the United States and Germany. Character and Personality, 4, 1936, 265–293; auch in: Resolving . . ., 1948

Experiments on autocratic and democratic atmospheres. The Social Frontier, 4, 1938, 316–319

Experiments in Social Space. Educ. Review, 9, 1939, 21–32

Resolving Social Conflicts (Selected Papers on Group Dynamics). New York: Harper & Brothers 1948. Deutsch: Die Lösung sozialer Konflikte. Bad Nauheim: Christian 1953

Cassirer's Philosophy of Science and the Social Sciences. In: P. A. Schilpp (Ed.): The Philosophy of Ernst Cassirer. Evanston/Ill.: Library of Living Philosophers 1949, 269–288

Field Theory in Social Science (Selected Theoretical Papers). New York: Harper & Brothers 1951. Deutsch: Feldtheorie in den Sozialwissenschaften. Bern: Huber 1963

LEWIN, K. (Hg.): Untersuchungen zur Handlungs- und Affekt-Psychologie Nr. I–XX. (»Berliner Arbeiten«)

I und II = Lewin, K.: Vorbemerkungen . . . und Vorsatz, Wille und Bedürfnis (s. o.), Psychologische Forschung, 7, 1926, 294–385

III Zeigarnik, B.: Über das Behalten von erledigten und unerledigten Handlungen. Psychologische Forschung, 9, 1927, 1–85

IV Schwarz, G.: Über Rückfälligkeit bei Umgewöhnung. Teil I, Psychologische Forschung, 9, 1927, 88–158

V Karsten, A.: Psychische Sättigung. Psychologische Forschung, 10, 1928, 111–254

VI Ovsiankina, M.: Die Wiederaufnahme unterbrochener Handlungen. Psychologische Forschung, 11, 1928, 312–379

VII Freund, A.: Psychische Sättigung im Menstruum und Intermenstruum. Psychologische Forschung, 13, 1930, 198–217

VIII Birenbaum, G.: Das Vergessen einer Vornahme. Isolierte seelische Systeme und dynamische Gesamtbereiche. Psychologische Forschung, 13, 1930, 218–284

IX Hoppe, F.: Erfolg und Mißerfolg. Psychologische Forschung, 14, 1930, 1–62

X Dembo, T.: Der Ärger als dynamisches Problem. Psychologische Forschung, 15, 1931, 1–144

XI Voigt, G.: Über die Richtungspräzision einer Fernhandlung. Psychologische Forschung, 16, 1932, 70–113

XII Fajans, S.: Die Bedeutung der Entfernung für die Stärke eines Aufforderungscharakters beim Säugling und Kleinkind. Psychologische Forschung, 17, 1933, 215–267

XIII Fajans, S.: Erfolg, Ausdauer und Aktivität beim Säugling und Kleinkind. Psychologische Forschung, 17, 1933, 263–305

XIV Brown, J. F.: Über die dynamischen Eigenschaften der Realitäts- und Irrealitätsschichten. Psychologische Forschung, 18, 1933, 2–26

XV Mahler, W.: Ersatzhandlungen verschiedenen Realitätsgrades. Psychologische Forschung, 18, 27–89

XVI Schwarz, G.: Über Rückfälligkeit bei Umgewöhnung. Teil II. Über Handlungsganzheiten und ihre Bedeutung für die Rückfälligkeit. Psychologische Forschung, 18, 1933, 143–190

XVII und XVIII Zuordnung ungewiß. Vermutlich:

XVII Forer, S.: Eine Untersuchung zur Lese-Lern-Methode Decroly. Zeitschrift für Kinderforschung, 42, 1934, 11–44

XVIII ?

XIX Sliosberg, S.: Spiel- und Ernstsituationen. Psychologische Forschung, 19, 1934, 122–181

(XX) Jucknat, M.: Leistung, Anspruchsniveau und Selbstbewußtsein. Psychologische Forschung, 22, 1937, 89–179 (Diese Arbeit ist – als Fortsetzung der Arbeit IX (Hoppe) noch unter Lewins persönlicher Anleitung entstanden, aber erst nach seiner Emigration ohne Seriennummer und sonstige Kennzeichnung erschienen.)

LIPPITT, R.: Kurt Lewin, 1890–1947. Adventures in the Exploration of Interdependence. Sociometry, 1, 1947, 87–97

Training in Community Relations. New York: Harper's 1949

LORENZ, K.: Der Kumpan in der Umwelt des Vogels. J. Ornith., 83, 1935, 137–413

MARROW, A.: The Practical Theorist. The Life and Work of Kurt Lewin. New York, London: Basic Books 1969. Deutsch: Kurt Lewin – Leben und Werk. Stuttgart: Klett 1977

ROGERS, C. R.: Interpersonel Relationships. J. of Applied Behavioral Sciences, 4, 1968, Heft 3

SHERIF, M.: A study of some social factors in perception. Archives of Psychology, 178, 1935

DATEN ZU LEBEN UND WERK VON KURT LEWIN

von Wolfgang Metzger

Vorbemerkung: In der folgenden Übersicht wird besonderes Gewicht auf Tatbestände gelegt, die in dem vorangegangenen Beitrag über Lewin und die Sozialpsychologie in den Hintergrund treten oder ganz unberücksichtigt bleiben.

1890 Kurt Lewin ist geboren am 9. Sept. in Mogilno, ehem. Preuß. Provinz Posen. Vater Leopold, Mutter Recha hatten ein Ladengeschäft und in der Nähe eine kleine Bauernwirtschaft. Geschwister: eine ältere Schwester, Hertha; zwei jüngere Brüder, Egon u. Fritz.

1900–1905 Gymnasium in Posen.

1905 Übersiedlung der Familie nach Berlin.

1905–1909 Kaiserin-Augusta-Gymnasium (altsprachlich).

1909 Sommer-Semester Studium der Medizin in Freiburg.

1909–1910 Winter-Semester Studium der Biologie in München.

1910–1914 Studium der Philosophie, bes. Wissenschaftslehre (Ernst Cassirer), und der Psychologie (Carl Stumpf) in Berlin. Entscheidung für die akademische Laufbahn.

1914 Kriegsfreiwilliger. Beförderung zum Leutnant. Eisernes Kreuz.

1916 Dr. phil. Berlin.

1917 im Lazarett Arbeit an der ersten Veröffentlichung »Kriegslandschaft«, in der, fast zwei Jahrzehnte vor der berühmten Untersuchung von Muzafer Sherif »A Study of some Social Factors in Perception« (Archives of Psychology Nr. 187, 1935), auf die Bedeutung der Gesamtsituation auch für Einzelheiten der Wahrnehmung hingewiesen wurde. Ehe mit Maria Landsberg; Kinder Agnes und Fritz.

1921 Privatdozent und Assistent am Psychologischen Institut der Universität Berlin. Lewin beginnt seine Tätigkeit am Institut als Assistent in der von Hans Rupp geleiteten »Angewandten Abteilung«. Aus dieser gliederte sich bald ganz informell eine (willenspsychologische) »Abteilung Lewin« heraus, mit vorwiegend theoretischen Zielen, die eine engere Anlehnung an die (von Köhler geleitete) »Allgemeine Abteilung« zur natürlichen Folge hatten. Die Verselbständigung der Abteilung Lewin wurde um 1924 besiegelt durch die Entstehung der »Quasselstrippe«, jener wöchentlichen freien Versammlung Lewinscher Doktoranden, an der auch jedes andere interessierte Institutsmitglied ohne besondere Anmeldung teilnehmen konnte. Sie war der unverwechselbare Ausdruck der Lewinschen Art, Gedanken im Gespräch zu entwickeln. An der State University of Iowa fand sie in dem »Hot Air Club« ihre unmit-

17

telbare Fortsetzung. (In denselben Zusammenhang gehört auch, bei dem späteren Ausbau des Sensitivity Training, der entscheidende Entschluß, die Trennung zwischen dem Lehrkörper und den Übungsteilnehmern aufzuheben und diese an der Erörterung der Ergebnisse zu beteiligen. – Lewins Tätigkeit an der »Angewandten Abteilung« war jedoch nicht ohne Folgen für die Ausrichtung seiner Forschungsarbeit in den folgenden Jahren. Er beteiligte sich dort an Untersuchungen über die Arbeit an Spinnmaschinen (vgl. Rupp, H., Lewin, K.: Untersuchungen zur Textil-Industrie. Psychotechnische Zeitschrift, 3, 1928, 8–23 u. 51–53), wobei sich einige der willenspsychologischen Gesichtspunkte herausstellten, die dann in der grundlegenden Abhandlung über »Vorsatz, Wille und Bedürfnis« (Psychologische Forschung, 7, 1926, 294–385) im Zusammenhang behandelt wurden.

1927 nichtbeamteter außerordentlicher (nbao) Professor der Philosophie und Psychologie. Scheidung.

1928 Zweite Ehe mit Gertrud Weiß; Kinder Miriam und Daniel.

1932–1933 Mai bis Jan. Gast-Professor an der Stanford University Palo Alto., Kalifornien.

1933 Jan. Rückreise über Japan und Rußland; in Moskau Nachricht über Hitlers Machtübernahme, vorläufige Rückkehr nach Berlin.

1933 August Aufgabe der Stellung an der Universität Berlin. Reise über Cambridge, England (Prof. Bartlett), an die Cornell University, Ithaca, N. Y.

1933–1935 Cornell University, School of Home Economics und Cornell Nursery School als »Active Professor of Psychology«.

1933–1964 jährliche Treffen der »Topology Group«. Die »Topology Group« war eine lose Vereinigung namhafter amerikanischer Psychologen, Soziologen, Ethnologen und Psychotherapeuten (u. a. Ruth Benedict, Erik Erikson, Fritz Heider, Wolfgang Köhler, Kurt Koffka, Margaret Mead, Henry A. Murray, William Stern, Edward Chase Tolman) – ohne Satzung, ohne Ämter, ohne Beiträge –, die sich jährlich einmal an wechselnden Orten (u. a. Smith College, Duke University, Bryn Mawr College, Harvard University) zu Vorträgen und Aussprachen trafen. Marrow bringt eine – unvollständige – Liste von 51 Teilnehmern, von denen natürlich nicht jeder zu sämtlichen Sitzungen kam. Die Zahl der jeweils Anwesenden schätzt er auf rund 35. Im Jahr 1965 – siebzehn Jahre nach dem Tod Lewins – wurde die Tätigkeit der Gruppe feierlich beendet.

1935–1944 Professor of Child Psychology an der Iowa Child Welfare Research Station der State University of Iowa, Iowa City, Ia. In den ersten Jahren in Iowa City war Lewin aufs Lebhafteste mit dem Plan eines Psychologischen Instituts an der Hebräischen Universität in Jerusalem beschäftigt, das sich vornehmlich mit den Nöten und Schwierigkeiten der jüdischen Einwanderer aus aller Welt beschäftigen sollte und dessen Leitung er selbst zu übernehmen gedachte. Der Plan ließ sich jedoch nicht verwirklichen.

1937 Frühjahr und Frühjahr 1938 Gast-Professor an der Harvard University.

1939 Sommer Gast-Professor an der University of California in Berkeley.

1939 Beginn des »Action Research«; Studien und Gutachten für Industriebetriebe und Behörden, beginnend bei der Harwood Manufacturing Corporation, Virginia.

1940 5. Jan. Einbürgerung. Anschließend Studien und Gutachten für verschiedene Regierungsstellen, u. a. Berater des Department of Agriculture, des Office of Strategic Services, des Office of Naval Research, des Public Health Service.

1942 Gründung der »Society for the Psychological Study of Social Issues«. Allmähliche Verlegung des Hauptwohnsitzes von Iowa City nach Washington.

1943 Beginn der Verhandlungen über die Gründung eines (verhältnismäßig unabhängigen) Instituts für Sozialforschung, zuletzt vor allem mit der University of California in Berkeley und dem Massachusetts Institute of Technology (MIT) in Cambridge, Mass., der Harvard University unmittelbar benachbart.

1944 August Gründung des »Research Center for Group Dynamics« am Massachusetts Institute of Technology.

September Abschluß der Tätigkeit an der Iowa Child Welfare Research Station.

1944–1945 September bis Januar Zwischenaufenthalt in Washington.

1945 Januar Gründung der »Commission on Community Interrelations« (C. C. I.) im Rahmen des »American Jewish Congress«, (A. J. C.) mit Sitz in New York. Die »Commission« sollte der Hauptträger des von Lewin geplanten und z. T. schon in Gang befindlichen »Action Research« werden, in welchem akute Störungen und Schwierigkeiten des Zusammenlebens untersucht und behandelt und, soweit möglich, behoben werden sollten. Als erstes Beispiel von erfolgreichem »Action Research« betrachtete Lewin selbst die (weltberühmt gewordenen) Untersuchungen der Jahre 1937 bis 1940, die er zusammen mit Ronald Lippitt und Ralph White noch in Iowa City über den Zusammenhang zwischen dem Führungsstil und der Atmosphäre von Arbeitsgruppen durchgeführt hatte. Ins Auge gefaßt waren weitere Untersuchungen, u. a. über das Zusammenleben von Mehrheiten mit (mehr oder weniger mißachteten) Minderheiten in Gemeinden, Wohnbezirken, Betrieben und Institutionen aller Art, über den Zusammenhang zwischen der Struktur und der Produktivität von Gruppen, über die beste Art, neue Erkenntnisse zu verbreiten, über die Auflösung des Widerstands von Belegschaften gegen Umstellungen und Neuerungen in Betrieben, über die Ausbildung für leitende Stellungen in Betrieben und Behörden, über die Bekämpfung von Zwistigkeiten innerhalb derselben Gruppe und zwischen verschiedenen Gruppen, über die Ausbildung des Blicks für die anderen Menschen und ihre Sorgen (der »social perception«). Unter den ersten in Angriff genommenen Aufgaben befanden sich die Behandlung einer Bande von Jugendlichen, die in Coney Island am »Versöhnungstag« eine jüdische religiöse Feier gestört hatten; die Zulassungsbeschränkungen für Minderheitsangehörige an amerikanischen Universitäten; die Zulassung von Negern als Verkäufer in New Yorker Geschäften; der Zusammenhalt in Jugendgruppen; das »integral housing«, d. h. der – gelungene – Versuch, in Miethäusern Weiße und Schwarze zu unmittelbaren Nachbarn zu machen; die Behandlung aktiver und unbelehrbarer Verbreiter von Vorurteilen (der »bigots«); die Ausarbeitung einer Fragenliste zur Selbstbewertung von Gemeinden im Hinblick auf ihr soziales Verhalten gegenüber Angehörigen von Minderheiten; und nicht zuletzt die Ausbildung und Entwicklung gruppendynamischer Übungstechniken, vor allem die Einführung des »Sensitivity Training« in den »T-Groups« (Trainingsgruppen). Stab des Research Centers for Group Dynamics am MIT: Dorwin Cartwright, Leon Festinger, Ronald Lippitt, Marian Radke, dazu später John R. P. French.

1947 Gründung der »National Trainings Laboratories« in Bethel, Maine. – Am 12. Februar stirbt Kurt Lewin in Newtonville, Mass., Todesursache: Herzversagen.

Anschließend Übersiedlung des Research Center for Group Dynamics an die University of Michigan in Ann Arbor als Abteilung des »Survey Research Center«; Leiter bis heute: Dorwin Cartwright.

LITERATUR

KURT LEWINS THEORETISCHE ABHANDLUNGEN

Vorsatz, Wille und Bedürfnis, mit Vorbemerkungen über die psychischen Kräfte und Energien und die Struktur der Seele. Psychologische Forschung, 7, 1926, 294–386 (auch als Broschüre – Berlin: Springer 1926)

Gesetz und Experiment in der Psychologie. Symposion, 1, 1927, 375–421 (auch als Broschüre – Berlin-Schlachtensee: Weltkreis-Verlag 1927)

Die psychologische Situation bei Lohn und Strafe. Leipzig: Hirzel 1931

Der Übergang von der aristotelischen zur galileischen Denkweise in Biologie und Psychologie. Erkenntnis, 1, 1931, 421–466

Der Richtungsbegriff in der Psychologie. Der spezielle und allgemeine hodologische Raum. Psychologische Forschung, 19, 1934, 249–299

Principles of Topological Psychology. New York, London: McGraw-Hill 1936. Deutsch: Grundzüge der Topologischen Psychologie. Bern: Huber 1969

Field Theory in Social Science. New York: Harper & Brothers 1951; London: Tavistock 1952. Deutsch: Feldtheorie in den Sozialwissenschaften. Bern: Hans Huber 1963 (Zusammenfassung von elf theoretischen Abhandlungen, die zwischen 1940 und 1947 einzeln veröffentlicht wurden; s. auch Sozialpsychologische Schriften)

KURT LEWINS SOZIALPSYCHOLOGISCHE SCHRIFTEN
sowie einige der wichtigsten Veröffentlichungen von Schülern und Mitarbeitern

Sammelbände

Resolving Social Conflicts (Selected Papers on Group Dynamics). Enthält 13 Aufsätze. New York: Harper & Brothers 1948. Deutsch: Die Lösung sozialer Konflikte. Bad Nauheim: Christian 1953

Field Theory in Social Science (Selected Theoretical Papers). New York: Harper & Brothers 1951. Deutsch: Feldtheorie in den Sozialwissenschaften. Bern: Huber 1963

Einzelveröffentlichungen

Psycho-sociological Problems of a Minority Group. Character and Personality 3, 1935, 175–187. S. auch Resolving . . . , Kap. IX

Some Social-psychological Differences between the United States and Germany. Character and Personality, 4, 1936, 265–293. S. auch Resolving . . . Kap. I

Experiments on Autocratic and Democratic Atmospheres. The Social Frontier, 4, 1938, 316–319

Mit R. Lippitt: An Experimental Approach to the Study of Autocracy and Democracy: a Preliminary Note. Sociometry, 1, 1938, 292–300

Field Theory and Experiment in Social Psychology: Concepts and Methods. Amer. J. Sociology, 44, 1939, 868–897

Experiments in Social Space. Harvard Educ. Review, 9, 1939, 21–32

When Facing Danger. Jewish Frontier, 1939. S. auch: Resolving . . . , Kap. X

Mit R. Lippitt und R. K. White: Patterns of Aggressive Behavior in Experimentally Created. »Social Climates«. J. Soc. Psychol., 10, 1939, 271–299

The Background of Conflict in Marriage. In: Môses Jung. (Hg.): Modern Marriage. New York: Crofts 1940, 52–69. Auch in: Resolving . . . , Kap. VI

Bringing up the Jewish Child. The Menorah Journal, 28, 1940, 29–45. Auch in: Resolving . . . , Kap. XI

Self-hatred among Jews. Contemp. Jewish Record, 4, 1941, 219–232. Auch in: Resolving . . . , Kap. XII

Personal Adjustment and Group Belongingness. Jewish Soc. Service Quart., 17, 1941, 362–366

Changes in Social Sensitivity in Child and Adult. Childhood Educ., 19, 1942, 53–57

Psychology and the Process of Group Living. J. Soc. Psychol., 17, 1943, 113–131

Forces behind Food Habits and Methods of Change. Bull. Nat. Res. Council, 108, 1943, 35–65

Cultural Reconstruction. J. Abn. Soc. Psychol., 38, 1943, 166–173. Auch in: Resolving . . . , Kap. II

The Special Case of Germany. Publ. Opin. Quart., 7, 1943, 555–566. Auch in: Resolving . . . , Kap. III

The Solution of a Chronic Conflict in Industry. In: Proc. of the second Brief Psychotherapy Council. Chicago, Ill.: Inst. f. Psychoanalysis, 1944, 36–46. Auch in: Resolving . . . , Kap. VIII

Dynamics of Group Action. Educ. Leadership, 1, 1944, 195–200

A Research Approach to Leadership Problems. J. Educ. Sociol., 17, 1944

The Research Center for Group Dynamics at Massachusetts Institute of Technology. Sociometry, 8, 1945, 126–136

Mit P. Grabbe: The Problems of Re-education. J. Soc. Issues, 1, 1945, Nr. 3

Mit R. Lippitt, Ch. Hendry, I. R. P. French jun., A. Zander u. a.: The Practicality of Democracy. In: G. Murphy (Ed.): Human Nature and Enduring Peace. Boston: Houghton Mifflin 1945, 295–347

Action Research and Minority Problems. J. Soc. Issues, 2, 1946, 34–64. Auch in: Resolving . . . Kap. XIII

Research on Minority Problems. The Technol. Rev., 48, 1946

Frontiers in Group Dynamics: I. Concept, Method and Reality in Social Science; Social Equilibria and Social Change. Human Relations, 1, 1947, 5–41

Frontiers in Group Dynamics: II. Channels of Group Life; Social Planning and Action Research. Human Relations, 1, 1947, 143–153 (unvollendet)

Group Decision and Social Change. In: Newcomb, Hartley (Eds.): Readings in Social Psychology. New York: Holt 1947, 330–344

Cassirer's Philosophy of Science and the Social Sciences. In: P. A. Schilpp (Ed.): The Philosophy of Ernst Cassirer. Evanston, Ill.: Library of Living Philosphers, 1949, 269–288

Psychological Problems in Jewish Education. Ohne Ort: Jewish Education Committee 1949

Einige der wichtigsten Veröffentlichungen von Schülern und Mitarbeitern

ALLPORT, F. H.: Methods in the Study of Collective Action Phenomena. J. Soc. Psychol., 15, 1942, 165–185

BAVELAS, A.: A Method for Investigating Individual and Group Ideology. Sociometry, 5, 1942, 371–377

Morale and the Training of Leaders. In: Watson (Ed.): Civilian Morale. Boston: Houghton Mifflin 1942

BROWN, R. J.: Psychology and the social order

DOLLARD, J.: Caste and Class in a Southern Town. New Haven: Yale Univ. Press 1937

FARBER, M. L.: Imprisonment as a Psychological Situation. Univ. Iowa Stud. Child Welf., 20, 1944, 153–228

FESTINGER, L.: Wish, Expectation, and Group Standards as Factors Influencing Level of Aspiration. J. Abn. Soc. Psychol., 39, 1942, 184–200

FRANK, J. D.: Experimental Studies of Personal Pressure and Resistance. J. Gener. Psychol., 30, 1944, 23–64

FRANK, L. K.: The Management of Tensions. Amer. J. Sociol., 33, 1928, 705–736

Time Perspective. J. Soc. Philos., 4, 1939, 293–312

Cultural Coercion and Individual Distortion. Psychiatry 2, 1939, 11–27

FRAZIER, E. F.: Negro Youth at the Cross Ways. Washington: American Council on Education 1940

FRENCH, I. R. P. jun.: Organized and Unorganized Groups under Fear and Frustration. Univ. Iowa Stud. Child Welf. 20, 1944, 229–308

FRENCH, J. R. P.: The disruption and cohesion of groups. 1941, unveröffentlicht

HILGARD, E. R., SAIT, E. M., MARGARET, G. A.: Level of Aspiration as Affected by Relative Standing in an Experimental Group. J. Exp. Psychol., 27, 1940, 411–429

KALHORN, J.: Values and Sources of Authority among Rural Children. Univ. Iowa Stud. Child Welf., 20, 1944, 99–151

LEWIN, G., LEWIN, K.: Democracy and the School. Understanding the Child, 10, 1941, 7–10

LIPPITT, R.: Popularity among Preschool Children. Iowa: Unpublished Ph. D. Dissertation 1940 a

An Experimental Study of the Effect of Democratic and Authoritarian Group Atmospheres. Univ. Iowa Stud. in Child Welfare, 16, 1940 b, 45–195

LIPPITT, R., WHITE, R.: The »Social Climate« of Children's Groups. In: Barker, Kounin, Wright (Eds.): Child Behavior and Development. New York: McGraw-Hill 1943

MEYERS, C. E.: The Effect of Conflicting Authority on the Child. Univ. Iowa Stud. Child Welf., 20, 1944, 31–98

MURPHY, L. B.: Social Behavior and Child Personality; an Explorative Study in some Roots of Sympathy, New York. Columbia Univ. Press 1937

SEWALL, M.: Some Causes of Jealousy in Young Children. Smith Coll. Stud. Soc. Work, 1, 1930, 6–22

SHEFFIELD, A.: Social Insight in Case Situations. New York: Appleton-Century-Crofts 1937

THOMPSON, M. M.: The Effect of Discriminatory Leadership on the Relations between the more and less Privileged Subgroups. Iowa. Unveröff. Ph. D. Dissertation, o. J.

WOLF, T. H.: The Effect of Praise and Competition on the Persistent Behavior of Kindergarten. Children. Inst. Child Welf. Monogr. Series, Univ. of Minnesota Press, 15, 1938

WRIGHT, B. A.: Altruism in Children and the Perceived Conduct of Others. J. Abn. Soc. Psychol., 37, 1942, 218–233

WRIGHT, M. E.: Constructiveness of Play as Affected by Group Organization and Frustration. Character and Personality, 11, 1942, 40–49

The Influence of Frustration upon the Social Relations of Young Children. Character and Personality, 12, 1943, 111–122

KURT LEWIN – QUELLEN ÜBER IHN

ALLPORT, G. W.: The Genius of Kurt Lewin (Gedenkrede Sept. 1947). Journ. of Personality, 16, 1947, 1–10

Einleitung zu: Kurt Lewin, Resolving Social Conflicts. New York: Harper & Brothers 1948

CARTWRIGHT, D.: Kurt Lewin 1890–1947. Intern. J. of Opinion and Attitude Research, 1, 1947, 96–99

GEMELLI, A.: Kurt Lewin, Necrologo. Archivio di Psicol., Neurol. e Psiciat., 8, 1947, 193

GRAEFE, O.: Über Notwendigkeit und Möglichkeit der psychologischen Wahrnehmungslehre. Psychol. Forschung, 28, 1961, 262–298

HEIDER, F.: On Lewin's Methods and Theory (Gedenkrede Cincinatti, Ohio, Sept. 1959). In: S. Klein (Ed.): Psychological Issues, Bd. I. New York: Internat. Univ. Press 1959, 108–119. Auch in: Journal of Soc. Issues. Supplement, 13, 1968

The Gestalt Theory of Motivation. In: M. R. Jones (Ed.): Nebraska Symposion on Motivation. Linvoln Nebr.: Univ. of Nebr. Press 1960, 145–172 (s. S. 152 ff)

HENLE, M.: Kurt Lewin as Metatheorist. Maschinenschriftlich ohne Ort und Jahr.

HILGARD, E. R.: The Place of Gestalt Psychology and Field Theories in Contemporary Learning Theory. In: E. R. Hilgard

(Ed.): Theories of Learning and Instruction. The 63 Yearbook of the National Society for the Study of Education. Chicago 1964, 54–77

LEEPER, R. W.: Lewin's Topological and Vector Psychology. A Digest and a Critique. Eugene: Univ. of Oregon Press 1943

LIKERT, R.: Kurt Lewin, A Pioneer in Human Relations Research. Human Relations, 1, 1947, 131–139

LIPPITT, R.: Kurt Lewin, 1890–1947. Adventures in the Exploration of Interdependence, Sociometry, 1, 1947, 87–97

Lewin, Kurt. In: D. L. Sills (Ed.): Internat. Encycl. of the Soc. Sciences, Bd. IX. 1966, 266–271

LOHR, W.: Einführung zur deutschsprachigen Ausgabe von Kurt Lewin, Feldtheorie in den Sozialwissenschaften. Bern: Huber 1963, 15–42

MARROW, A.: The Practical Theorist. The Life and Work of Kurt Lewin. New York, London: Basic Books 1969. Deutsch: Kurt Lewin – Leben und Werk. Stuttgart: Klett 1977

ROGERS, C. R.: Interpersonal Relationships. J. of Applied Behavioral Sciences, 4, Heft 3, 1968

TOLMAN, E. C.: Lewin's concept of Vectors. Journ. General Psychol., 7, 1932, 3–15

Kurt Lewin 1890–1947. Psychol. Review, 55, 1948, 1–4

DER BEITRAG VON G. H. MEAD ZUR SOZIALPSYCHOLOGIE

von Hansfried Kellner

George Herbert Mead gilt heute als einer der großen Klassiker der Sozialpsychologie. Im Spektrum der zentralen, historisch bahnbrechenden Paradigmen dieser Disziplin nehmen seine Arbeiten einen der bedeutungsvollsten Plätze ein. Seine Konzeptionen zu einer Theorie des sozialen Handelns, der Sozialisation, des Symbolgebrauchs sowie der Entwicklung von sozialer und personaler Identität bilden grundlegende Perspektiven, die in die verschiedensten Strömungen der heutigen Sozialpsychologie eingeflossen sind. Diese Konzeptionen haben jedoch in der Geschichte der Sozialpsychologie unterschiedliche, meist partielle Rezeptionen erfahren, die die Einheit und damit die volle Originalität des Meadschen sozialpsychologischen Denkens nicht immer in aller Deutlichkeit nach vorne treten ließen. Wenn es darum geht, den Beitrag Meads zur Sozialpsychologie zu würdigen, so gilt es in erster Linie, diese Einheit seines Denkens zu rekonstruieren. Genau dieser Aufgabe will sich der vorliegende kurze Beitrag stellen. Ausgehend von einigen Notizen zur Biographie G. H. Meads sollen der geistesgeschichtliche Hintergrund von Meads Denken, die philosophische Basis seiner Erkenntnisinteressen und die zentralen Perspektiven und Begriffe seiner Sozialpsychologie behandelt werden.[1]

NOTIZEN ZUR BIOGRAPHIE G. H. MEADS

G. H. Mead wurde 1863 als Sohn eines protestantischen Pfarrers in einer Kleinstadt Neu-Englands geboren. Nach Abschluß seiner College-Ausbildung nahm er erst nach einigen Jahren der Berufsunterbrechung (zunächst als Lehrer, dann als Ingenieur) ein Studium der Philosophie und der Psychologie 1887 an der Harvard-Universität auf. Hier hat er von seinen Lehrern, dem für die amerikanische Geistesgeschichte bedeutsamen Neu-Hegelianer J. Royce, dem Pragmatisten und Psychologen W. James und dem Psychologen G. Palmer, entscheidende Impulse erfahren. Von 1888–1891 studierte Mead an den Universitäten Leipzig und Berlin, insbesondere bei W. Wundt, W. Dilthey und H. Ebbinghaus. 1891 nahm Mead eine Lehrtätigkeit für Psychologie an der Universität von Michigan auf. Starke Anregungen erhielt er hier von seinen Kollegen, dem Sozialpsychologen Ch. Cooley und dem Pragmatisten J. Dewey, mit dem ihn eine lebenslange Freundschaft und intensive geistige Kooperation verband. Als Dewey 1894 an die Universität von Chicago wechselte, legte er Wert darauf, daß auch Mead als Philosoph dorthin berufen wurde. Bis zu seinem Tod 1931 entfaltete Mead in Chicago eine reichhaltige Tätigkeit, die neben der akademischen Lehre als Philosoph und Psychologe auch die intensive Verfolgung praxisbezogener Interessen zur Pädagogik, Sozialarbeit und Sozialpolitik beinhaltete.

Gemessen an der Bedeutsamkeit Meadscher Perspektiven für die Sozialpsychologie blieb die Wirkung Meadschen Denkens zu dessen Lebzeiten zunächst nur auf den engen Zirkel einiger Schüler und Kollegen (insbesondere auf Dewey) beschränkt. Die breitere wissenschaftsgeschichtliche Kenntnisnahme und Durchsetzung seiner Konzeptionen erfolgte erst posthum.[2] Dieser Umstand ist allerdings nicht zuletzt darin begründet, daß Mead selbst hauptsächlich nur kleinere Beiträge in weitverstreuten Journalen publiziert hatte, während seine bekannten Hauptwerke im wesentlichen auf der Herausgabe von Vorlesungsstenogrammen seiner Schüler und eines unbearbeiteten Nachlasses beruhen.[3]

ZUM GEISTESGESCHICHTLICHEN HINTERGRUND UND ZUR PHILOSOPHISCHEN BASIS DES DENKENS G. H. MEADS

G. H. Meads wissenschaftliche und philosophische Sozialisation verlief in einem intellektuellen Klima, das seine wesentlichen Impulse aus den Strömungen der amerikanischen pragmatistischen Philosophie bezogen hat. Er war Zeuge einer Situation, in der für den Pragmatismus die Begründung von Philosophie, Psychologie und Soziologie noch nicht in völlig getrennten Bahnen erfolgte, sondern die Erkenntnisperspektiven dieser Disziplinen – einschließlich ihrer ethischen Implikationen – innerhalb des Bogens einer übergreifenden Philosophie reflektiert wurden. Dieses Doppelinteresse von philosophischer Reflexion und gegenstandsbezogener wissenschaftlicher Arbeit hat Mead aus dem Pragmatismus übernommen und schon frühzeitig zur Maxime seiner eigenen Arbeit erhoben. Obschon er in der Entwicklung seines eigenen Denkens den Denkansätzen des amerikanischen Pragmatismus stark verpflichtet ist und sie in Teilen zum Bestandteil seiner eigenen Philosophie gemacht hat (insbesondere gilt dies in bezug auf die Philosophie John Deweys), hat er dennoch seine pragmatistische Position in eigenständiger wie originärer Weise ausgearbeitet.[4] Wenn man die Bedeutung der pragmatistischen Philosophie für Mead bedenkt, ist es allerdings wichtig, gerade einer in Deutschland weitverbreiteten Ansicht, daß es sich bei dem amerikanischen Pragmatismus um eine utilitaristische Philosophie des Common sense handele, entgegenzuhalten, daß es für nahezu alle pragmatistischen Denker grundlegend ist, daß anstehende Probleme – sei es im Bereich der Wissenschaft oder im Praxisbereich des täglichen Lebens und der Gesellschaft – *methodisch* angegangen und Lösungen im Medium intelligenten wie sittlichen Verhaltens erreicht werden sollen.

Erkenntniskritisch gewendet galten die philosophisch-pragmatischen Bemühungen Meads stets der Überwindung der geistesgeschichtlich überlieferten Dualismen von Welt und Natur, Geist und Materie, Subjekt und Objekt. Der Erfahrungsbegriff, dessen sich Mead hier bediente, läßt sich demzufolge nicht in differente Elemente a priori, also weder in individuelles Bewußtsein (Subjektivität) noch in eine Realität an sich (Objektivität) zerlegen. Vielmehr ist für Mead die dynamische Bezogenheit von erfahrendem Individuum und erfahrener Realität, also ein prinzipielles Bezogensein von Mensch und Welt, grundlegend. Dieser gleichzeitige Konstitutionsprozeß von Subjekt und Objekt darf nach ihm nicht allein von einem Ich-Pol aus, wie etwa in idealistischer Position, angegangen werden, sondern subjektive wie objektive Realität haben in diesem Prozeß gleiches Recht. Dieses Relationsgefüge präsentiert für das Individuum eine unmittelbare Realität, die einfach »da« ist und erst dann in seinen bewußtseinsmäßigen (reflektiven) Zugriff sich drängt, wenn eine Störung in dieser unmittelbaren Bezogenheit von Mensch und Welt, ein Problem auftritt. Insoweit dieses Problem zu bewältigen ist, nötigt dieser Umstand zu einer reflektiven Distanz und zu einem hypothetischen Entwurf eines rationalen (intelligenten) Verhaltensmodells, welches das aufgeworfene Problem zu beseitigen und damit in eine neue unmittelbare Realität zu überführen vermag. Die »bekannte« Welt, in der das Problem auftaucht, wird zu einer bezweifelten und verlangt nach einer »rekonstruierten«, »neuen« Welt. Angegangen werden kann das Problem nach Mead zunächst allerdings nur mit den Begriffen der bekannten Welt, mit vorhandenem Wissen. Um aber eine Problemlösung erreichen zu können, müssen Bedingungen der Möglichkeit einer veränderten Welt gesetzt werden, die als hypothetischer Vorgriff auf ein mögliches verändertes Verhalten hin zu bewerten und in ihren Konsequenzen für das gegenwärtige abzuschätzen sind. Das Wissen von und das Verhalten in der Welt durchläuft hierbei einen Rekonstruktionsprozeß, dessen Adäquanz sich zum einen nach einer Logik der Methode (für den Pragmatisten dient hier das Modell des Experiments als das eines systematischen Entwerfens und Testens von Hypothesen als Orientierung) und zum anderen nach einer Logik der Sache (dies ist für den Pragmatisten die verhaltensmäßige Eignung einer Problemlösungsform) richtet.

Indem Mead seine pragmatische Maxime in dieser Weise als eine des verhaltensmäßig intelligenten Lösens von Problemen begreift, hat er zugleich einen Progreß im Auge: die Entfaltung einer Realität, die in zunehmendem Maße für intelligentes Verhalten beherrschbar wird; einen Kosmos also, der einer handlungsbezogenen Evolution unterzogen werden kann. Dieser evolutionsmäßige Bezug auf dem Hintergrund der pragmatischen Maxime rationalen Verhaltens ist für Meads sozialpsychologische Bemühungen grundlegend. In einem gewissen Sinn muß Meads Sozialpsychologie als eine konsequente Erweiterung dieses engeren pragmatistischen Ansatzes auf die Ebene psychischer Vorgänge und sozialer Handlungen verstanden werden.

ZU DEN ZENTRALEN PERSPEKTIVEN UND BEGRIFFEN DER SOZIALPSYCHOLOGIE G. H. MEADS

Bei der Ausarbeitung seiner Sozialpsychologie[5] (die, historisch gesehen, sich allerdings nur phasenhaft und bruchstückweise vollzog) konnte Mead sich auf Konzeptionen der »Funktionalen Psychologie« beziehen, deren Konturen unter der Ägide seiner pragmatistischen Vorgänger W. James und J. Dewey zwar im wesentlichen entwickelt worden waren, deren volle Gestalt aber erst bei ihm zur Ausarbeitung kam.[6] Mead stützt sich hierbei insbesondere auf die grundlegende Annahme, daß Erfahrung und Verhalten ein aufeinander bezogenes, kontinuierlich-dynamisches Ganzes darstellen. Die Isolierung einzelner Erfahrungselemente bzw. Handlungsinstanzen bemißt sich demzufolge stets nach dem funktionalen Wert, den sie für das Ganze haben. Sprachlich formuliert Mead diesen Zusammenhang in den Begriffen eines dem Behaviorismus entlehnten Verhaltensschemas, eine Sachlage, die aber nicht zu der Annahme verführen darf, daß Mead selbst einer behavioristischen Grundauffassung anhing. Vielmehr ging es ihm insbesondere auch darum, neben der verhaltenstheoretischen Sicht mit ihrem Nachdruck auf äußere Verhaltenstatbestände auch einer inneren Sicht der psychischen und bewußtseinsmäßigen Vorgänge zu ihrem Recht zu verhelfen. Indem Mead sich des Reiz-Reaktion-Modells einer behavioristischen Psychologie bedient, legt er kein kausales Schema einer einseitigen Wirkungsrichtung von Reiz auf Reaktion zugrunde, sondern führt die teleologische Prämisse ein, wonach Reiz und Reaktion sich wechselseitig bedingen. Ein Umweltreiz etwa kann in diesem Sinne erst dann zu einem Stimulus für das Individuum werden, wenn dieses vermittels einer Verhaltensbereitschaft für den Reiz sensitiv ist; die Verhaltensbereitschaft hingegen kann erst dann zur Reaktion gelangen, wenn sie ihrerseits durch einen entsprechenden Reiz hierfür sensibilisiert wird. Erst das Moment der Zielgerichtetheit in einem Verhaltensakt bestimmt, was zu einem Reiz und zu einer Reaktion werden kann. Die Folgerung hieraus ist für Meads Sozialpsychologie von grundlegender Bedeutung. Insoweit menschliches Verhalten nicht instinktgeregelt oder durch andere vergleichbare Schemata determiniert ist (eine Möglichkeit, die Mead nur sehr begrenzt auf rein organischer Ebene zuläßt), bedarf das Individuum in seinen Handlungsvollzügen eines Sinnbezuges, von dem aus es sein Verhalten in zugleich eigenbestimmter wie fremdbestimmter Weise aufzubauen vermag. Indem eine Bereitschaft zur Handlung besteht, muß das Individuum in sich *zugleich* die entsprechenden Reize und Reaktionen wachrufen, um diese Handlung zu einem Vollzug bringen zu können.

Es ist dieses Prinzip der Selbststeuerung auf dem Hintergrund einer (sozialen) Sinnorientierung, welches hier von grundlegendem Interesse ist. Dabei gilt es, sich zu erinnern, daß das Moment der Zielgerichtetheit von Mead in der pragmatistischen Sicht seiner Philosophie verstanden wird. Die Zielrichtungen menschlichen Handelns bestimmen sich hiernach maßgeblich nach den Problemen, denen das Individuum in seinen täglichen Lebensabläufen ausgesetzt ist, und den Interessen, die es zur Überwindung dieser Probleme ausbildet. Für ein problemlösendes Verhalten (und dabei ist es für Mead keineswegs von ausschlaggebender Bedeutung, ob es sich um Probleme von großem Ausmaß oder um die kaum bemerkbaren Trivialitäten des Alltags handelt) kann das Individuum die Selbststeuerung allerdings nur insoweit durchführen, als es befähigt wird, relevante Verhaltensschemata zu erarbeiten, sie wechselnden Situationen gegenüber einsatzbereit zu halten und kognitive Leistungen, die hierfür notwendig sind, in sich zu mobilisieren. Die Bedingungen dieser Voraussetzungen werden von Mead handlungs- und sozialisationstheoretisch formuliert. Hierbei wird es für ihn zugleich aber auch notwendig, den sozialen Kontext, in dem soziales Handeln und Lernen verlaufen, in grundsätzlicher Weise zu berücksichtigen.

Meads Ausbau der pragmatischen Maxime zu einer Psychologie des Verhaltens findet in seiner Sozialpsychologie, wie gesagt, eine systematische Fortsetzung. Er geht von der Überlegung aus, daß individuelles Verhalten und individuelle Bewußtseinsvorgänge nur im Kontext der sozialen Situationen, in denen sie auftreten, und der über diesen stehenden allgemeinen sozialen Matrix gesellschaftlichen Lebens adäquat verstanden werden können. So selbstverständlich eine solche Prämisse heutzutage klingt, so nachdrücklich mußte sie zu Meads Zeit erst herausgearbeitet und durchgesetzt werden. Das Verhältnis von Individuum und Welt ist ihm zufolge von vornherein als ein durchgehend sozialer Prozeß zu sehen. Innere Vorgänge des Bewußtseins und äußere Vorgänge des Verhaltens sind als ein Prozeß sozialer Vorgänge zu begreifen, die über das Individuum hinausgehen und derart strukturiert sind, daß sie sowohl Aktivitäten bei anderen hervorzurufen vermögen als auch als Resultat der Aktivitäten anderer begriffen werden können: »Das Verhalten eines Individuums kann nur in Verbindung mit der ganzen gesellschaftlichen Gruppe verstanden werden, deren Mitglied es ist, denn seine individuellen Handlungen sind in größeren, gesellschaftlichen Handlungen eingeschlossen, die über den Einzelnen hinausreichen und andere Mitglieder dieser Gruppe ebenfalls betreffen« (Mead 1938, dt. Ausg., 45).

In der Zuwendung zur sozialen Dimension hatte Mead sich intensiv mit der Struktur menschlicher Interaktion und Kommunikation auseinanderzusetzen, insofern die das Individuum übergreifenden Prozesse sich gerade hier zentral manifestieren. Er sucht dabei nach den Strukturen der Interaktionsvorgänge, denen gemäß die interagierenden Individuen eine wechselseitig aufeinander bezogene Selbststeuerung ihres Verhaltens so vorzunehmen vermögen, daß die soziale Handlung, die sie gemeinsam vollziehen, als eine organisierte und bedeutungsbezogene auftreten kann. Von großer Relevanz für die Möglichkeit einer aufeinanderbezogenen Selbststeuerung ist hierbei die Struktur der Symbolkommunikation. Dem Symbolgefüge der Sprache liegen nach Mead »Lautgesten« als Elemente zugrunde, die die Eigenschaft besitzen, daß sie für Sprecher und Hörer gleichermaßen als Stimulus für zielgerichtete Reaktionen vorliegen und dementsprechend von beiden mit gleichen Verhaltensdispositionen verbunden werden können. Damit jedoch im Ablauf einer Kommunikation Sprecher und Hörer den gleichen Bedeutungszusammenhang mit dieser als identischen Stimulus für sie fungierenden Geste verbinden können, ist es notwendig, daß sie wechselseitig ihre Reaktionen zu antizipieren vermögen. Das heißt, der Sprecher einer Geste muß die Reaktionen des Hörers, die er an die an ihn gerichtete Geste knüpft, gleichermaßen vorausnehmen wie der Hörer diese Antizipationen des Sprechers. Dies setzt jedoch voraus, daß die Kommunizierenden die jeweilig vom anderen erwarteten Reaktionen in sich selbst wachrufen, d. h. in der »Rolle« des anderen virtuell dessen Handlung mitvollziehen müssen. Diese »Reziprozität der Perspektiven« in sozialen Interaktionen und Kommunikationen und nicht schon das Zeichensystem als solches, mittels dessen kommuniziert wird, verbürgt erst die volle Erlangung gemeinsamer Bedeutungshorizonte und damit die Möglichkeit wechselseitigen Verstehens. Diese Intersubjektivität der Verhaltenserwartungen ist im sozialen Raum an »Rollen« festgemacht und liegt sprachlich vermittelt in Handlungsmustern bereit. Daraus folgt zugleich aber auch, daß die Intersubjektivität der Verhaltenserwartungen einer sozialen Organisation unterliegt, die die jeweilig konkret Interagierenden transzendiert, ihnen also übergeordnet sein muß. Diese Organisation wird nach Mead von der sozialen Gruppe und der Gesellschaft, deren Mitglied der Einzelne ist, geleistet.

Grundlegend für Mead ist es nun, daß er die den Einzelnen übergeordneten Gesellschaftsbezüge und die Handlungen der konkret Einzelnen derart aufeinander bezieht, daß er den Konstitutionsprozeß von Gesellschaft und Individuation genau aus ihrem Wechselbezug ableiten kann. Hieraus resultiert zugleich ein spezifisches Verständnis von sozialer und personaler Identität. Als Mitglied einer sozialen Gruppe und der Gesellschaft muß das Individuum die in diesem übergeordneten Raum vorliegenden Handlungsmuster in sich aufnehmen, um handlungsfähig sein zu können, zugleich aber muß es in faktischen Handlungsprozessen diese Handlungsmuster selbst mit konstituieren helfen. Das heißt, das Individuum ist nicht nur Ausdruck von Gesellschaft, es macht auch Gesellschaft. In jeweiligen Situationen wird der Einzelne zwar immer Rollen einnehmen und dabei die an ihnen festgemachten Handlungsmuster realisieren müssen. Volle Individuation erlangt das Individuum aber erst dann, wenn es sich von solchen Vorlagen in spezifischer Weise auch abzulösen vermag, indem es in generalisierender Form sich gegenüber diesen Vorlagen selbst zur Abhebung bringt. In dem Maße, in welchem das Individuum von der Vorgegebenheit konkreter Rollenbezüge unabhängig wird und sich in generalisierter Form an die Stelle übergeordneter Gruppen- und Gesellschaftsbezüge zu versetzen vermag, beginnt es sein eigenes Verhalten in den übergreifenden Begriffen und sozialen Definitionen seiner Gesellschaft zu steuern und zu kontrollieren. In dieser Einnahme der Rolle des »generalisierten Anderen«, wie Mead es nennt, ist das Individuum in der Lage, mit sich selbst in einen Dialog einzutreten, in welchem es sein gesellschaftliches Sein (soziale Identität) wie seine Ich-Identität in einen sinnvollen Bezug zueinander zu bringen vermag. Von dieser Position aus kann das Individuum reflexiv auf sich selbst hinschauen und kann, indem es zugleich ein Anderer ist, auch ein »Selbst« sein. Die Eigentümlichkeit von sozialer und personaler Identität, sich selbst Subjekt und Objekt in einem sein zu können, begründet sich in diesem Prozeß. Volle Individuation wird nach Mead letztlich aber erst dann erreicht, wenn das Individuum in »innerer Kommunikation« den gesamten sozialen Prozeß seiner Gesellschaft und seines eigenen gesellschaftlichen Lebens zur Repräsentation bringt und reflexiv sein Verhalten gegenüber der Umwelt einem rationalen Abwägungsprozeß zuführt. Meads Interesse an der Klärung solcher Sachverhalte ist nie allein das eines Sozialpsychologen, sondern auch das des pragmatistischen Philosophen. Auf der Grundlage des oben bezeichneten Individuationsprozesses vermag das Individuum gemäß dieser Meadschen Doppelsicht sich in einen »intelligenten« Bezug zur Welt zu setzen: Es kann sein Verhalten rational steuern, die Konsequenzen seines Handelns für sich selbst, andere und Gesellschaft abschätzen und die Zielsetzung einer rationalen Gemeinschaft sich zu eigen machen; es kann, wie von dem Philosophen Mead gefordert, an dem Prozeß der Rationalisierung von Natur, Geist und Welt teilhaben.

ANMERKUNGEN

1

Zur weitergehenden Mead-Interpretation vgl. die anliegende ausgewählte Sekundärliteratur zu Mead.

2

Umfassende Untersuchungen zur Wirkungsgeschichte Meadschen Denkens liegen bislang noch nicht vor. Allgemein kann aber festgehalten werden: Die Rezeption Meadscher Konzeptionen und Perspektiven erfolgte nur allmählich. Breitere Kenntnisnahme erfuhr Mead zunächst innerhalb soziologischer Zirkel, die seine Konzeption der »sozialen Rolle«, mit ihrem Nachdruck auf die Dynamik und Interdependenz von subjektiven und objektiven Dimensionen des Verhaltens, gegenüber der bis in die fünfziger Jahre dominierenden statischen, rein objektivistischen Rollentheorie des soziologischen Struktur-Funktionalismus requirierten. Im Zusammenhang mit diesem Paradigmenwechsel in der Soziologie entstand, insbesondere seit Ende des Zweiten Weltkrieges, eine eigene Richtung der Sozialpsychologie und Soziologie, der »Symbolische Interaktionismus«, der sich in seinen theoretischen Entwürfen und seiner Methodologie sehr dezidiert auf Arbeiten G. H. Meads beruft (s. auch den Beitrag von G. Falk in diesem Bd.). Zentraler Gegenstand dieser Schulrichtung ist die (Mikro-) Analyse sozialer Situationen in Hinsicht auf die realitätskonstituierenden Leistungen der Subjekte in Kommunikation und Interaktion. In jüngeren Jahren hat die phänomenologisch orientierte Soziologie und Sozialpsychologie sich aus vergleichbarem Interesse den Arbeiten Meads zugewandt, allerdings unter eher verlagertem Akzent. Gegenüber ihrer traditionellen Ausrichtung auf subjektive Bewußtseinsprozesse und sinnstiftende Leistungen versucht diese Schulrichtung aus dem Meadschen Denken die mehr »objektivistischen«, d. h. gesellschaftsbezogenen Momente für ihre Belange fruchtbar zu machen. Aus vergleichbarem Anlaß sind in neuester Zeit auch Orientierungen der Psychoanalyse an der Meadschen Sozialpsychologie erfolgt.

3

Es handelt sich hier insbesondere um die Bände, die in der anliegenden ausgewählten Mead-Bibliographie aufgeführt werden.

4

Für eine konzise Zusammenfassung von Meads wesentlichen pragmatistischen Konzeptionen vgl. sein Aufsatz: Eine pragmatische Theorie der Wahrheit. In: G. H. Mead: Philosophie der Sozialität, Frankfurt 1969.

5

Als grundlegendes Werk gilt hier der Band: Mind, Self, and Society (1934).

6

Die zentrale Arbeit, auf die Mead sich immer wieder beruft, ist hier: J. Dewey: The Reflex Arc Concept in Psychology, Psychological Review, 3, 1896. Meads eigene Ausarbeitung der Konzeptionen einer funktionalen Psychologie finden sich zum wesentlichen in seinem Band: The Philosophy of the Act (1938).

LITERATUR

Die ausgewählte Literatur dient nur zur allgemeinen Orientierung. Für eine vollständige Bibliographie vgl. H. Joas: George H. Mead. In: D. Käsler (Hg.): Klassiker des soziologischen Denkens, II. München 1978, 315–422

Meads Hauptwerke:

The Philosophy of the Present. Hg. von Arthur E. Murphy. La Salle/Ill. 1932

Mind, Self, and Society. Hg. von Charles W. Morris. Chicago 1934. Deutsch: Geist, Identität und Gesellschaft. Frankfurt/M. 1968

Movements of Thought in the Nineteenth Century. Hg. von Merritt H. Moore. Chicago 1936

The Philosophy of the Act. Hg. von Charles W. Morris u. a. Chicago 1938

Sammelbände:

(Hg. Anselm Strauss): G. H. Mead on Social Psychology. Chicago 1964. Deutsch: Sozialpsychologie. Neuwied 1969

(Hg. Andrew Reck): Selected Writings. Indianapolis 1964

(Hg. John W. Petras): Essays on his Social Philosophy. New York 1968

Philosophie der Sozialität. Aufsätze zur Erkenntnisanthropologie. Herausgegeben und eingeleitet von H. Kellner. Frankfurt/M. 1969

Sekundärliteratur:

BLUMER, H.: Sociological Implications of the Thought of G. H. Mead. American Journal of Sociology, 71, 1966, 535–544

JOAS, H.: George H. Mead. In: D. Käsler (Hg.): Klassiker des soziologischen Denkens, II. München 1978, 7–39; 415–422; 509–514

Kellner, H.: Einleitung zu G. H. Mead: Philosophie der Sozialität. Frankfurt/M. 1969, 9–35

Meltzer, B. N.: Mead's Social Psychology. In: J. G. Manis, B. N. Meltzer (Eds.): Symbolic Interaction. Boston ²1972, 4–22

Murphy, A. E.: Concerning Mead's »Philosophy of the Act«. Journal of Philosophy, 36, 1939, 85–103

Natanson, M.: The Social Dynamics of G. H. Mead. Washington 1956

Raiser, K.: Identität und Sozialität. G. H. Meads Theorie der Interaktion und ihre Bedeutung für die theologische Anthropologie. München 1971

Victoroff, D.: G. H. Mead, sociologue et philosophe. Paris 1953

DIE HISTORISCHE ENTWICKLUNG
DER SOZIALPSYCHOLOGIE

von Hans Anger

VORBEMERKUNGEN

»Die Psychologie hat eine lange Vergangenheit, doch nur eine kurze Geschichte« – dieser klassische Satz von Hermann Ebbinghaus (1908, 1) scheint auf den ersten Blick vor allem auf das Teilgebiet der Sozialpsychologie zuzutreffen. Nach Murphy (1930, 289) beginnt sie »ganz plötzlich« in den neunziger Jahren des vorigen Jahrhunderts, andere Autoren orten ihren Ursprung nach dem Erscheinungsdatum der beiden ersten sozialpsychologischen Lehrbücher im Jahre 1908, und die Versuchung ist groß, ihren eigentlichen Anfang erst in die dreißiger und vierziger Jahre zu verlegen, in die Zeit ihrer geradezu sprunghaften Expansion als einer experimentellen Wissenschaft.

Auch der Obertitel des vorliegenden Werkes – »Lewin und die Folgen« – scheint eine solche Auffassung nahezulegen. Aber die Geschichte der Sozialpsychologie beginnt nicht erst mit Kurt Lewin (s. auch den Beitrag »Von der Massenpsychologie zur Gruppendynamik« von W. Schmidbauer in Bd. I dieser Enzyklopädie), und wenn sich die Darstellung der zeitgenössischen Sozialpsychologie wirklich auf *das* beschränken würde, was als Nachwirkungen Lewins explizierbar erscheint, so würde sich auch für die Gegenwart nur ein fatal reduzierter Ausschnitt sozialpsychologischen Forschens und Denkens ergeben.

Eine historische Besinnung erscheint nicht zuletzt auch nötig, um das Verhältnis der Sozialpsychologie zu anderen Sozial- und Verhaltenswissenschaften zu beleuchten; ein eigenartiges Sonderproblem stellt dabei das Verhältnis zur »allgemeinen« oder »individuellen« Psychologie dar. Die Tatsache, daß diese Frage z. T. heute noch als problematisch empfunden wird, läßt sich im Grunde nur aus der Wissenschaftsgeschichte des neunzehnten und zwanzigsten Jahrhunderts erklären. Sachlich mutet sie nahezu paradox an, denn Sozialpsychologie ist nach dem Selbstverständnis ihrer prominenten Vertreter (vielleicht nicht nur) aber »vor allem ein Zweig der allgemeinen Psychologie« (G. Allport 1954, 5), sie ist »part and parcel of the enterprise of general psychology« (Asch 1959, 366) oder noch prägnanter:

»Die Psychologie des Individuums ist genuine Sozialpsychologie, und Sozialpsychologie ist genuine Individualpsychologie. Es gibt nicht zwei Psychologien, sondern nur eine« (Sherif 1936, 4).

Trotzdem lesen wir noch 1953 bei Kripal Sodhi, daß die Aufgaben der Sozialpsychologie bisher

»niemals als echte Probleme der Psychologie formuliert worden sind. Die Bearbeitung sozialpsychologischer Fragen schien allzu oft nur von den eigentlichen Problemen der Psychologie abzulenken ... (So) schien sozialpsychologische Forschung für die Psychologie niemals obligatorisch zu sein; sie blieb ein Gebiet, mit dem Psychologen sich je nach Belieben beschäftigen konnten, und keiner empfand es als Versäumnis, wenn sie es nicht taten« (Sodhi 1953, 8).

Als historisches Dokument einer bis in die Gegenwart fortwirkenden Geisteshaltung, die zweifellos eine wesentliche Ursache für die Außerachtlassung sozio-kultureller Aspekte im Rahmen der akademischen Psychologie war, ist dieses Zitat besonders aufschlußreich; insofern ist die Vernachlässigung der Sozialpsychologie selbst ein kulturhistorisches und sozialpsychologisches Problem ersten Ranges. Sigmund Koch bemerkt dazu:

»Das Ausmaß, in dem die Institutionalisierung der Psychologie ihrer inhaltlichen Bestimmung voranging und ihre Methoden ihre Fragestellungen präjudizierten, ist einmalig (in der Wissenschaftsgeschichte) ... Seit den frühesten Tagen der experimentellen Pioniere wog die Forderung, daß die Psychologie *wissenschaftlich* betrieben werden müsse, schwerer als ihre Verpflichtung, dem *Menschen* gerecht zu werden« (Koch 1959, 783–784).

Rein methodologische Zweckmäßigkeitserwägungen und eine an den exakten Naturwissenschaften orientierte Vorstellung von »Wissenschaftlichkeit« führten in der Psychologie zur Ausklammerung sozialer Bezüge; so kam es, daß sich die Entwicklung der Sozialpsychologie über weite Strecken außerhalb der allgemeinen Psychologie vollzog, von der sie doch ein wesentlicher Teil sein sollte. Und noch in neuerer Zeit erscheinen sozialpsychologische Ansätze zum Teil als eine *Gegenbewegung*, ein Protest gegen die allzu enge Auffassung einer falschverstandenen Individualpsychologie, die im Rahmen ihres traditionellen Bezugssystems keinen Ort für einige der wesentlichsten Aspekte des Mensch-Seins fand (Asch 1959, 364).

Daß diese Gegenbewegung bis in die jüngere Vergangenheit mehr von Anthropologen, Ethnologen und vor allem mehr von Soziologen getragen war als von eigentlichen Fachpsychologen, weist gleichzeitig auf die besondere *interdisziplinäre* Stellung der Sozialpsychologie hin. Selbst ihren Beitrag zur Individualpsychologie kann sie im Grunde nur leisten, wenn sie sich gleichzeitig für Probleme interessiert, die außerhalb des üblichen Kompetenzbereichs der Psychologie liegen: Fragen der Gruppenstruktur und der Gruppenprozesse, Fragen der Entstehung und Tradierung sozialer Normen, um nur einige der wichtigsten zu nennen. Das heißt: Selbst eine eindeutig an individualpsychologischen Problemstellungen orientierte Sozialpsychologie kommt im praktischen Vollzug ihrer Forschung gar nicht umhin, sich Gegenstandsbereichen zuzuwenden, die traditionell in das Gebiet anderer Sozialwissenschaften, speziell der Soziologie und Kulturanthropologie fallen. Talcott Parsons bezeichnet sie daher als eine »interstitielle Wissenschaft« an der Demarkationslinie zwischen dem »psychologischen« und dem »sozialen System«, eine ausgesprochene *Grenzwissenschaft*, die sich mit den »wechselseitigen Austauschprozessen und den entsprechenden Überschneidungsbereichen beider Systeme beschäftigt« (Parsons 1959, 706); weder die Psychologie noch die Soziologie kann, seiner Ansicht nach, einen Ausschließlichkeitsanspruch auf dieses Gebiet erheben.

Es mag dahingestellt bleiben, ob sich aus dieser Lage am Schnittpunkt verschiedener »Wissenschaften vom Menschen« bereits der Anspruch einer eigenständigen, von ihren Nachbarwissenschaften unabhängigen Spezialdisziplin ableiten läßt. In jedem Falle scheint unter Psychologen und Soziologen heute die Einsicht zu wachsen, daß Sozialpsychologie *mehr* ist als ein subordiniertes Grenzgebiet, daß es sich hier vielmehr um Ansätze einer auch theoretisch bedeutsamen *Grundlagenforschung* handelt, die weder eine bloße Fortführung der Soziologie in die Dimension psychologischer Probleme noch eine einfache Extrapolation allgemeinpsychologischer Gesetzlichkeiten auf den sozialen Bereich sein kann. Das ist lange nicht so gesehen worden, und wenn hier einer der Gründe für den unbefriedigenden theoretischen Entwicklungsstand der Sozialpsychologie vermutet werden darf, so reflektiert dies gleichzeitig auch auf den nicht minder unbefriedigenden Stand der generellen

Theorienbildung in Psychologie und Soziologie zurück. Auch der Mangel an interdisziplinärer Kommunikation und die zum Teil schon traditionell erscheinende Abschließung der verschiedenen Sozialwissenschaften voneinander haben hier eine verhängnisvolle Rolle gespielt.

»So stellt sich die Geschichte der Sozialpsychologie, wie sie bruchstückhaft in den einzelnen Disziplinen verfolgt werden kann, auf weiten Strecken als eine Geschichte der verpaßten Gelegenheiten, als eine diskontinuierliche Reihe von zum Teil durchaus fruchtbaren, aber nicht systematisch verfolgten und häufig unbeachtet gebliebenen oder wieder in Vergessenheit geratenen Einzelerkenntnissen und Teilansätzen dar« (Anger 1965, 637).

SOZIALPSYCHOLOGISCHE DENKANSÄTZE
BEI J. F. HERBART

Die Anfänge der modernen Psychologie gehen auf Johann Friedrich Herbart (1776–1841) zurück, der die erste Darstellung der Psychologie als einer von der Philosophie unabhängigen, auf Erfahrung gegründeten Einzelwissenschaft unternahm (1824–1825), und die Behauptung, daß Herbart dabei gleichzeitig »den ersten Schritt zur Begründung der Sozialpsychologie tat« (Geck 1929, 4), läßt sich mit einleuchtenden Argumenten vertreten. Schon in dem 1808 erschienenen Werk »Allgemeine praktische Philosophie« findet sich der bemerkenswerte Satz:

»Kein Mensch steht allein, und kein bekanntes Zeitalter beruht auf sich selbst; in jeder Gegenwart lebt die Vergangenheit, und was der Einzelne seine Persönlichkeit nennt, das ist selbst im strengsten Sinne des Wortes ein Gewebe von Gedanken und Empfindungen, deren bei weitem größter Teil nur wiederholt, was die Gesellschaft, in deren Mitte er lebt, als ein geistiges Gemeingut besitzt und verwaltet« (zit. nach: Geck 1929, 9).

In der Einleitung zum zweiten Band der »Psychologie als Wissenschaft« heißt es 1825 schließlich ganz lapidar:

»Der Mensch ist Nichts außer der Gesellschaft. Den völlig Einzelnen kennen wir gar nicht; wir wissen nur so viel mit Bestimmtheit, daß die Humanität ihm fehlen würde« (Herbart 1968, II, 3).

Zentralthema Herbarts, das wie ein roter Faden seine ganze »Vorstellungsmechanik« durchzieht, ist im Grunde der Prozeß der individuellen *Ich-Entwicklung*. Das »Ich«, auch »Selbstbewußtsein«, »Selbst« oder »Identität« genannt, ist für Herbart etwas historisch *Gewordenes* und durch soziale Erfahrung *Wandelbares*. So bildet sich »das Selbstbewußtsein derer, die in Pecking (sic!) oder am Orinoko wohnen, wie derer, die bei uns leben«, nämlich jeweils *anders*. Selbst die Frage: »Wer *würde* ich sein, wenn ich da oder dort geboren wäre?« ist schon falsch gestellt, denn sie setzt voraus, daß es sich überhaupt noch um das gleiche »Ich« handele. Es kann aber

»die Identität der Persönlichkeit an gar nichts festgemacht werden, wofern die Bedingungen einer bestimmten Persönlichkeit mit anderen vertauscht gedacht würden« (I, 80).

Vor dem Hintergrunde dieser Prämissen entwickelt Herbart seine Lehre von der Vorstellungsmechanik des individuellen Bewußtseins, eines dynamischen Wechselspiels der ständigen aktiven Auseinandersetzung des Menschen mit der sozialen und nicht-sozialen Außenwelt. Dabei geht die Perzeption zunächst der Apperzeption voran, aber die letztere, vor allem in Gestalt zusammengehöriger *Vorstellungsgruppen* oder sogenannter *Apperzeptionsmassen*, bei denen sich *kognitive* Momente stets mit *Gefühlen* und *Wünschen* verbinden (II, 69, 70, 191 f), ist das Bleibende: Neue Eindrücke treffen stets auf die bereits vorhandene Apperzeptionsmasse, die jene gewissermaßen filtert und sortiert; jede Erfahrung wird im Lichte früherer Erfahrungen interpretiert:

»Die von innen entgegenkommenden Vorstellungsmassen sind die stärkeren, die domi-

31

nierenden; und die neu aufgefaßte muß sich gefallen lassen, von diesen an ihren Platz gestellt zu werden« (II, 217).

Bei aller terminologischen Verschiedenheit sind Bezüge zum heutigen *Attitüdenbegriff*, zur *sozialen Wahrnehmung* und zur subjektiven *Situationsdefinition* im Sinne von Thomas unverkennbar. Auch die im Zuge fortschreitender Erfahrung sich vollziehende Entwicklung höher organisierter dominanter Vorstellungsgruppen, die schließlich

»zu Charakterzügen der Persönlichkeit werden, indem sie nun eine feste Verschmelzung mit dem Selbstbewußtsein erlangen und dem inneren Sinne zu seiner beständigen realen Grundlage dienen« (II, 362),

findet deutliche Parallelen in modernen Auffassungen von der Rolle generalisierter Einstellungen im Persönlichkeitsgefüge. Wer die Mühe nicht scheut, das über 800 Seiten umfassende Hauptwerk Herbarts nach weiteren Anklängen an moderne sozialpsychologische Konzeptionen zu durchforschen, kann vielfach fündig werden: Er entdeckt (wenn auch stets in altertümlicher Terminologie) *Status* und *Rolle* als Determinanten individueller Erlebens- und Verhaltensdispositionen (I, 81; II, 81 f), er findet erste Andeutungen von *Primärgruppen* (II, 42–43, 442–443) und eine Vorstellung der *Sozialisation* als eines lebenslangen Prozesses (I, 80; II, 242); auch das »extended self« von James wird in einigen Formulierungen vorweggenommen (II, 244).

Manche Ungereimtheiten sind ebenfalls überdeutlich: Herbarts Versuch etwa, das *inter*-individuelle Geschehen im Sinne seiner assoziationspsychologischen Auffassungen von den *intra*-individuellen psychischen Prozessen zu deuten, bleibt in unfruchtbaren Analogien stecken; der Gedanke, daß Staat und Gesellschaft nur ein »vergrößertes Abbild des Individuums« darstellen (II, 21 f), steht überdies im Widerspruch zu seiner Ausgangsthese. Trotz dieser Schwächen sind Herbarts richtungweisende, seiner Zeit z. T. weit vorauseilende Anregungen nicht zu übersehen. Seine Überzeugung, daß jede Psychologie unvollständig bleiben müsse, die den Menschen nur als isoliertes Individuum betrachtet, seine Hinweise auf die sozio-kulturelle Bedingtheit der Persönlichkeit und die Notwendigkeit kulturvergleichender Forschungen wurden von den sinnesphysiologisch interessierten Psychologen der ersten Hälfte des neunzehnten Jahrhunderts freilich nicht zur Kenntnis genommen; sie wurden so gründlich vergessen, daß ihre Wiederentdeckung heute praktisch »Neuigkeitswert« erhält.

ANFÄNGE DER VÖLKERPSYCHOLOGIE UND DER VERGLEICHENDEN ETHNOLOGIE

Im wesentlichen blieb es einer Gruppe von Völkerkundlern, Kultur- und Sprachwissenschaftlern überlassen, die Anregungen Herbarts aufzugreifen und – außerhalb der Hauptströmung der sich zu dieser Zeit etablierenden wissenschaftlichen Psychologie – fortzuentwickeln, wobei sich von Anfang an freilich Herbartsches Denken, Hegelscher Idealismus und Herdersche Impulse vermengten. Gemäß der Forderung Herders, »den Menschen als das zu studieren, was er überall auf der Erde und doch in jedem Strich *besonders* ist« (zit. nach: Mühlmann 1968, 64), begann man, sich für das gruppenspezifisch *Überindividuelle* zu interessieren, für die charakteristischen Unterschiede des jeweiligen »*Volksgeistes*«. Der Gedanke, daß ein ganzes Volk selbst eine typische »Persönlichkeit« besitze und im Sinne Hegels gleichsam ein historisches Individuum höherer Ordnung darstelle, übte vor allem im Zeitalter der Romantik eine große Faszination aus; er drängte sich vielen auf, die damals begannen, das von Forschungsreisenden aus aller Welt heimgebrachte ethnographische Material systematisch zu ordnen.

Der weitgereiste Wilhelm v. Humboldt, der auch das Wort »*Völkerpsychologie*« prägte, griff als einer der ersten »den Gedanken einer vergleichenden Betrachtung der Volkscharaktere auf, strebte eine Charakterologie ganzer Klassen und Zeiten an und entwickelte neue methodische Vorstellungen« (Beuchelt 1974, 11). Dazu gehören vor allem vergleichende Sprachstudien bei verschiedenen Naturvölkern, die schließlich die Hypothese eines kausalen Zusammenhanges zwischen *Sprache* und *Denken* nahelegten: Menschen, die verschiedene Sprachen sprechen, müßten demnach auch verschiedene »Weltansichten«, unterschiedliche subjektive Erlebniswelten haben (Humboldt 1836). Dieser Gedanke ist vor allem in der amerikanischen Ethnologie weiterentwickelt worden; was heute meist als *»Whorfsche Hypothese«* bezeichnet wird (Whorf 1956), müßte im Grunde die Humboldt-Boas-Cassirer-Sapir-Whorf-Lee-Hypothese heißen (French 1963, 391–392). Im Zusammenhang mit dem neuerwachten Interesse der modernen Sozialpsychologie an kulturspezifischen Determinanten kognitiver Prozesse (Dennis 1951; Hallowell 1951, 1963; Tajfel [2]1969) ist auch die Frage nach den Beziehungen zwischen Sprache und Kognition neu gestellt und z. T. experimentell überprüft worden (Brown, Lenneberg 1954; Lenneberg, Roberts 1956; Flavell 1958). Von Roger Brown wurde das übergreifende Thema »Sprache, Denken und Gesellschaft« weiter vertieft (1958, 1965); den umfassendsten Gesamtüberblick bietet Hörmann (1967).

Beeindruckt durch Humboldts vergleichende Sprachstudien und überzeugt davon, daß der »Volksgeist« am deutlichsten in der Sprache eines Volkes zur Geltung kommt, nannten Moritz Lazarus und Hajim Steinthal das 1859 von ihnen begründete Fachorgan: »Zeitschrift für Völkerpsychologie und Sprachwissenschaft«. Auch sie strebten eine Charakterologie der Völker an, den Volksgeist wollten sie aber nicht als eine überindividuelle Realität verstanden wissen, wie sie in einem Grundsatzreferat zur Einführung der neuen Fachzeitschrift erklärten, sondern als eine begriffliche Abstraktion; er äußert sich nur in »ähnlichen Bewußtseinszuständen vieler Individuen verbunden mit dem Wissen um diese Ähnlichkeit«. Dabei deutet sich bereits der Begriff der *sozialen Interaktion* und seiner überindividuellen Konsequenzen an:

»Innerhalb des Menschenvereins treten ganz eigentümliche psychologische Verhältnisse, Ereignisse und Schöpfungen hervor, welche gar nicht den Menschen als Einzelnen betreffen, nicht von ihm als solchem ausgehen. Es sind nicht mehr sowohl Verhältnisse *im* Menschen als *zwischen* Menschen; es sind Schicksale, denen er nicht unmittelbar, sondern mittelbar unterliegt, weil er zu einem Ganzen gehört, welches dieselben erfährt« (zit. nach: Geck 1929, 6).

Leider wird dieser Ansatz später nicht konsequent durchgehalten. Auf weiten Strecken behandeln Lazarus und Steinthal den »Volksgeist« in wahrhaft hegelianischer Weise als eine metaphysische Einheit und greifen sogar explizit auf die unfruchtbare Analogie Herbarts von Individuum und Gesellschaft zurück. In der weiteren Entwicklung der Zeitschrift gerieten Individual- und Völkerpsychologie schließlich in ein fast beziehungsloses Nebeneinander. Als am Ende auch der kultur*vergleichende* Aspekt zugunsten einer beschreibenden Volkskunde in den Hintergrund trat, kam es zu einer längst fälligen Namensänderung; als »Zeitschrift für Volkskunde« büßte das einst mit so großen Hoffnungen gegründete Fachjournal praktisch jede allgemeinpsychologische Bedeutung ein.

Auch der Marburger Völkerkundler Theodor Waitz, der zwischen 1859 und 1871 seine sechsbändige »Anthropologie der Naturvölker« veröffentlichte, in der er erste Ansätze zu einer differentiellen Psychologie entwickelte, kam von Herbart her. Er wandte sich gegen eine rein biologische Deutung gruppenspezifischer Mentalitätsunterschiede, da innerhalb der gleichen Rasse durchaus verschiedene und auch verschieden »hoch« entwickelte Varianten mit z. T. sehr verschiedenem Volkscharakter auftreten, die auf die Wirkung sozialer und anderer Umweltfaktoren schließen lassen. Bemerkenswert sind seine Hinweise auf die erstaunlich große Modifizierbarkeit *seelischer* Eigenschaften im Vergleich zur relativen Stabilität *körperlicher* Merkmale unter verschiedenen ökologischen Bedingungen (Hallowell

1963, 430). Damit wurde erstmalig der Weg gewiesen für eine interdisziplinär arbeitende vergleichende Anthropologie, die wie kein anderer Forschungszweig geeignet erscheint, konkrete, anschauliche Belege für die ungeheure Plastizität der menschlichen Natur unter verschiedenen sozio-kulturellen Bedingungen zu erbringen. Die erste praktische Verwirklichung eines solchen Forschungsprogramms erfolgte 1898 im Rahmen der britischen »Torres Strait Expedition«, an der neben mehreren Völkerkundlern auch drei bekannte Psychologen teilnahmen: Rivers, Myers und William McDougall.

Fast gleichzeitig mit Waitz veröffentlichte Adolf Bastian, von Hause aus Arzt, Gründer und langjähriger Leiter des Berliner Museums für Völkerkunde, unermüdlicher Forschungsreisender und Sammler völkerkundlicher Exotika, sein Hauptwerk: »Der Mensch in der Geschichte« (1860). Für Mühlmann (1968, 87 f) ist Bastian »der erste soziologische Denker« unter den Völkerkundlern seiner Zeit, Träger einer neuen Gesinnung, der sich nicht mehr damit zufrieden gab, ethnographische Materialien aus unkontrollierbaren Quellen zu sichten, sondern eigene Daten aus erster Hand sammelte und eine systematische Analyse seiner Beobachtungen anstrebte. Seine Definition der Völkerkunde zeigte eine sozialpsychologische Grundorientierung; sie ist für ihn »die Lehre vom Menschen in seinen geselligen Verhältnissen«, und im Anschluß an Herbart hob er die Bedeutung der Vergesellschaftung für den Prozeß der *Menschwerdung* hervor. Welche Formen dieser Prozeß im einzelnen annimmt, hängt von den vorherrschenden Denkstilen und Themen der jeweiligen Kultur ab; dabei löste er den »Volksgeist« in sogenannte »Gesellschaftsgedanken« auf, die stets regional und lokal verschieden eingefärbt sind, und die er sich ihrerseits aus kleineren Grundeinheiten, den sogenannten »Elementargedanken«, zusammengesetzt vorstellte.

Hier ist viel Raum für unbekümmerte metaphysische Spekulation – auch C. G. Jung berief sich bei der Postulierung seines »kollektiven Unbewußten« ausdrücklich auf die Bastianschen Elementargedanken –, aber auch die neuere Kulturanthropologie arbeitet z. T. heute noch mit ähnlichen Kategorien: »ethos«, »theme«, »patterns of culture« und ihren mutmaßlichen individualpsychologischen Korrelaten wie »basic« oder »modal personality«, womit in jedem Falle die Gefahr einer typologisierenden Überzeichnung verknüpft sein dürfte. Das alles ist »Geist von Bastians Geist«, meint dazu Beuchelt (1974, 22), und er weist auf direkte personale Verbindungen zur amerikanischen Anthropologie hin: von Bastian zum Bastian-Assistenten Boas, der in die USA auswanderte, von Franz Boas zur Boas-Schülerin Benedict, von Ruth Benedict in der nächsten Generation schließlich zu Margaret Mead.

Insgesamt sind von der vergleichenden Kulturanthropologie, speziell der Boas-Schule, zu der auch Kroeber, Goldenweiser, Lowie, Sapir und Linton gehören, eine Fülle von Anregungen auf die moderne Sozialpsychologie ausgegangen. Inzwischen sind kulturelle Determinanten des menschlichen Erlebens und Verhaltens bereits explizite Bestandteile zeitgenössischer Definitionen der Sozialpsychologie geworden (G. Allport 1954; Sherif, Sherif 1956, 1969), und entsprechende Kapitel gehören zu den selbstverständlichen Standardthemen umfassender Handbücher (Lindzey 1954; Lindzey, Aronson 1969; Gottschaldt u. a. 1969). So schließt sich, wenn auch mit großer Verspätung, ein Kreis, der einst von Herbart und der romantischen Volksgeistlehre seinen Ausgang nahm und anfangs von der Sozialpsychologie weit wegzuführen schien.

SOZIAL- UND VÖLKERPSYCHOLOGIE BEI W. WUNDT

»Bei uns in Deutschland hat über den Anfängen einer wissenschaftlichen Sozialpsychologie der Unstern gewaltet, daß die größte seelenkundliche Autorität deutschen Namens, Wilhelm Wundt, nichts von ihr wissen wollte« (Hellpach 1956, 290).

Dieses Urteil eines Schülers und intimen Wundt-Kenners trifft den Kern der Sache: Wahrscheinlich hat, historisch betrachtet, kein einzelner Psychologe die Entwicklung der

Sozialpsychologie so nachhaltig behindert und so entscheidend dazu beigetragen, die Allgemeinpsychologie durch Ausklammerung aller sozio-kulturellen Bezüge auf eine nachgerade »a-soziale« Wissenschaft zu reduzieren, wie Wilhelm Wundt (1832–1920). Die Tragik dieser Entwicklung, deren Folgen zumindest für die deutsche Psychologie noch bis in die Zeit nach dem Zweiten Weltkrieg bestimmend blieben, wird besonders deutlich, wenn wir damit den ursprünglichen Ansatz Wundts vergleichen.

Als der junge, knapp dreißigjährige Wundt erstmals seine Ansichten über die Aufgaben und Methoden der Psychologie zu Papier brachte (1858–1862) und ein entsprechendes Forschungsprogramm entwarf, schien er einer künftigen Sozialpsychologie – so vage und unbestimmt sich ihre Konturen auch damals ausnahmen – eine geradezu überragende allgemeinpsychologische Bedeutung zuzuweisen. Als Schüler und langjähriger Assistent von Helmholtz am Heidelberger Institut für Physiologie bevorzugte er natürlich, schon wegen der größeren Präzision, einen experimentellen Ansatz, aber:

»Wir können nicht an der Seele selbst experimentieren, sondern nur an ihren Außenwerken, an den Sinnes- und Bewegungsorganen, deren Funktionen zu den seelischen Vorgängen in Beziehung stehen. Jedes psychologische Experiment ist daher zugleich ein physiologisches Experiment, ganz so, wie den psychischen Prozessen des Empfindens, Vorstellens und Wollens zugleich physische Prozesse entsprechen« (Wundt 1863, 11 f).

Die experimentelle Methode kann nach Wundt daher nur für die Analyse der einfachen psychischen Vorgänge herangezogen werden; die Untersuchung aller »höheren psychischen Vorgänge und Entwicklungen« (Wundt [7]1905, 29) ist dagegen nicht experimentell, sondern nur durch Beobachtung möglich. So kommt als Gegenstand der experimentellen Psychologie der Mensch gleichsam nur als »Naturwesen« in Betracht – nicht von ungefähr hat Wundt für diesen Bereich die Bezeichnung »physiologische Psychologie« gewählt –, während die Untersuchung der »höheren«, der spezifisch »menschlichen« Funktionen des Wahrnehmens, Denkens, Urteilens und Handelns ihm unmöglich erschien, ohne auf das Individuum als Mitglied einer Kulturgemeinschaft mit historischem Hintergrund Bezug zu nehmen. Diesen Bereich nennt Wundt in Anlehnung an die Terminologie seiner Zeit »Völkerpsychologie«. Die Gliederung in »physiologische« (oder »experimentelle«) und »Völkerpsychologie« wurde also nur aus rein *methodischen* Erwägungen getroffen:

»Obgleich nun bei dem heutigen Zustand der Wissenschaft diese beiden Teile der Psychologie zumeist noch in getrennten Darstellungen behandelt werden, so bilden sie doch nicht sowohl verschiedene Gebiete als vielmehr verschiedene Methoden« (Wundt [7]1905, 29).

So ist denn auch die gelegentlich benutzte Alternativbezeichnung »*individuelle Psychologie*« (statt »experimenteller«) durchaus irreführend, denn wie Wundt selbst sagt, entsteht Individualität erst im Zuge sozialer Interaktionsprozesse:

»Wie die psychische Entwicklung des Kindes aus der Wechselwirkung mit seiner sozialen Umgebung hervorgeht, so steht auch das reife Bewußtsein in fortwährenden Beziehungen zu der geistigen Gemeinschaft, an der es empfangend und selbsttätig teilnimmt ... Die menschliche Entwicklung (ist) von Anfang an darauf gerichtet, daß sich das Individuum mit seiner geistigen Umgebung zu einem Ganzen verbindet, das ebenso der Befriedigung der physischen Lebensbedürfnisse wie der Verfolgung der verschiedenen geistigen Zwecke dient und in diesen Zwecken die mannigfaltigsten Veränderungen zuläßt« (Wundt [7]1905, 365).

All das fällt eindeutig nicht mehr in den Kompetenzbereich einer »physiologischen« Psychologie; selbst die Bezeichnung »Völkerpsychologie« erscheint kaum angemessen, denn es handelt sich, nach Wundts eigenen Worten, nicht um eine einheitlich-völkische Gemeinschaft, sondern um eine vielfach gegliederte Ganzheit:

»Die geistige Gemeinschaft, in welcher der einzelne steht, ist nicht *eine* Verbindung, sondern eine *wechselnde Vielheit* geistiger Verbindungen, die in der mannigfaltigsten Weise übereinandergreifen und mit zunehmender Entwicklung immer reicher werden« (Wundt [7]1905, 366).

Felix Krueger, Wundts Schüler und späterer Nachfolger auf dem Leipziger Lehrstuhl, schlug daher vor, den Begriff »Völkerpsychologie« fallenzulassen und statt dessen eine »soziale Entwicklungspsychologie« in Angriff zu nehmen, stieß damit aber auf heftigen Widerspruch seines Mentors. Der Grund für diese ablehnende Haltung hing – typischerweise – wieder mit einer *methodischen* Schwierigkeit zusammen, die Wundt für unüberwindlich hielt. Gemeint war

»die Nebenbedingung, daß die individuellen Geisteserzeugnisse von allzu veränderlicher Beschaffenheit sind, um sie einer objektiven Beobachtung zugänglich zu machen, und daß hier die Erscheinungen erst dann die erforderliche Konstanz annehmen, wenn sie zu Kollektiv- oder Massenerscheinungen werden« (Wundt [7]1905, 29).

So sah sich der Altmeister, den das Problem der individuellen Differenzen schon in seiner experimentellen Arbeit ständig irritiert hatte, aus methodischen Gründen veranlaßt, kurzerhand den Forschungsgegenstand zu wechseln. An die Stelle der sozio-kulturell beeinflußten »individuellen Geisteserzeugnisse« traten »kollektive Gemeinschaftsprodukte« wie Sprache, Mythus und Sitte, an die Stelle des konkreten Einzelmenschen der abstrakte Begriff der »Volksseele«, den Wundt trotz mancher Kontroversen mit Lazarus und Steinthal im Grunde nicht viel anders behandelte als diese ihren »Volksgeist«. Da Wundt seine »Völkerpsychologie« durchweg »vom grünen Tisch« her betrieb, mehr philosophisch-spekulativ als empirisch behandelte und neuere ethnologische Daten überhaupt nicht zur Kenntnis nahm, verfehlte er nicht nur die ursprünglich proklamierte allgemeinpsychologische Zielsetzung, sondern auch den potentiellen Beitrag zur vergleichenden Völkerkunde. Mühlmanns vernichtendes Urteil (1968, 120 f), daß die Wundtsche »Völkerpsychologie« weder mit den »Völkern« zu tun hat noch »Psychologie« genannt werden kann, entbehrt also nicht einer gewissen Berechtigung. Als zwischen 1900 und 1920 schließlich die zehn mächtigen (und nicht nur deshalb praktisch »unlesbaren«) Bände der »Völkerpsychologie« erschienen, deren Abfassung den fast erblindeten Greis bis zu seinem Tode im 88. Lebensjahr beschäftigte, war das Ergebnis in jeder Hinsicht ein Anachronismus. Inzwischen *gab* es bereits eine »Sozialpsychologie«, sowohl dem Namen wie der Sache nach; sie war vor allem von soziologischer Seite aus entwickelt worden, und Wundts Bestreben, sich von dieser unerwünschten Konkurrenz abzusetzen, nahm z. T. absonderliche Formen an. Am Ende kam es zu einer geradezu paradoxen Verkehrung der Fronten, in deren Verlauf der große Psychologe Wundt immer weiter auf das Gebiet einer spekulativen Kultursoziologie geriet und die eigentlichen Aufgaben der Sozialpsychologie schließlich selbst ausdrücklich einer »psychologischen Soziologie« zuschob (Hellpach 1956, 290).

SOZIALPSYCHOLOGISCHES DENKEN BEI W. JAMES

Ein Zeitgenosse Wundts war William James (1842–1910), Nestor der amerikanischen Psychologie, der 1890 sein zweibändiges Hauptwerk »Principles of Psychology« veröffentlichte. Auch James war von Hause aus Physiologe, auch er betonte die Unerläßlichkeit eines experimentellen Ansatzes in der Psychologie; er lehrte darüber in Harvard bereits vier Jahre, bevor Wundt sein erstes Laboratorium in Leipzig einrichtete. Aber im Gegensatz zu Wundt, der seine schöpferischen Mannesjahre fast ausschließlich auf den Ausbau der »physiologischen Psychologie« verwandte, stieß James sich stets an der Enge einer reinen Experimentalpsychologie; auch für den Elementarismus Wundts hatte er wenig übrig. Während Wundt »den Hauptstrom der Entwicklung der Psychologie frei von historischen und sozialen Konzepten hielt« (Graumann 1969, 9) und durch sein Beispiel den »a-sozialen« Charakter der allgemeinen Psychologie für kommende Generationen von Psychologen praktisch festschrieb, interessierte sich der Pragmatiker James von Anfang an für soziale Lernprozesse und deren Niederschläge in Form von »habits« (Gewohnheiten) als Determinanten menschlichen Verhaltens (James 1890, 121 f). Nach James sind »habits« nicht nur »second nature«, sondern »ten times nature«; sein Schüler John Dewey bezeichnete den von James entwickelten Habit-Begriff später als den »Schlüssel zur Sozialpsychologie« (Dewey 1922, Vorwort).

Am deutlichsten läßt sich der Unterschied zwischen Wundt und James an Hand der Begriffe »Ich« und »Selbst« aufzeigen. Die Ausklammerung des sozialen Kontexts ließ bei Wundt eine Verankerung des Selbstbewußtseins in realen Außenweltbezügen nicht zu; das Wundtsche »Ich« ist nur ein unbestimmtes Totalgefühl, gebunden an die »Gemeinempfindungen und die Vorstellung des eigenen Körpers« (Wundt [7]1905, 268). James dagegen gründete das Selbstbewußtsein des einzelnen auf »alles, was ein Mensch als *mein* bezeichnen kann«; sein »erweitertes Ich« (extended self) beschränkt sich daher nicht auf den Körper, sondern bezieht alle für das Selbstgefühl wesentlichen sozialen Attribute mit ein: meine Kleidung, meinen Schmuck, meinen Besitz, meine Gruppenzugehörigkeiten, meine Leistungen, meine Geltung in den Augen anderer usw. Und dieses erweiterte soziale »Ich« – in der Selbstreflexion wird es zum »Me« oder »Mich« – ist für James keine simple Einheit, sondern definiert sich, ungemein facettenreich, von den jeweiligen Interaktionspartnern her:

»Genau genommen hat ein Mensch viel mehr als ein soziales Ich, nämlich ebenso viele (as many social selves), wie es Individuen gibt, die ihn kennen und sich ein Bild von ihm gemacht haben ... Wir können praktisch sagen, daß ein Mensch so viele verschiedene soziale Identitäten besitzt, wie es unterschiedliche Gruppen von Personen gibt, an deren Meinung ihm etwas liegt. Gewöhnlich zeigt man sich diesen verschiedenen Gruppen gegenüber in ganz verschiedenem Licht« (James 1890, 294).

In derartigen Formulierungen, mit denen James als erster die Problematik einer *mehrdimensionalen* Persönlichkeitsentwicklung im sozialen Feld anschneidet, deuten sich bereits die späteren Begriffe der *Rolle*, der *Bezugspersonen* und *Bezugsgruppen* an; auch der moderne Begriff des *Anspruchsniveaus* und seine Verankerung in verschiedenen *Vergleichsgruppen* wird in anschließenden Erörterungen praktisch vorweggenommen (James 1890, 310 f).

Bei den zeitgenössischen Psychologen fanden diese hochinteressanten Denkanstöße freilich wenig Verständnis; man wertete sie offenbar nicht als wissenschaftlich ernstzunehmende Aussagen, sondern eher als geistreiche Aphorismen eines Autors, dessen Vorliebe für funkelnde Paradoxien ohnehin bekannt war. Aufgegriffen und weiterentwickelt wurden die Jamesschen Gedanken daher zunächst nur von einigen Soziologen (Cooley 1902, 1909; Mead 1912, 1924, 1934). Die allgemein- und sozialpsychologische Bedeutung dieser z. T. eng verwandten Ansätze – heute oft unter der Bezeichnung »symbolischer Interaktionismus« zusammengefaßt – wurden einem breiteren psychologischen Publikum im Grunde erst 1947 durch Sherif u. Cantril nahegebracht. Ihr Buch mit dem Titel »The psychology of ego-involvements« ist schon wegen seiner exemplarischen Aufarbeitung wichtiger interaktionistischer Denkansätze ein Klassiker der neueren Sozialpsychologie; das darin entwickelte Konzept der *Ich-Beteiligung* bzw. der *Ich-Nähe* bestimmter Einstellungen und Werthaltungen erwies sich auch in der experimentellen Arbeit als eine höchst bedeutsame Variable (Sherif, Sherif, Nebergall 1965).

URSPRÜNGE DER NEUEREN SOZIALPSYCHOLOGIE IN DER AMERIKANISCHEN SOZIOLOGIE

Entscheidende Anstöße für die Entwicklung der neueren Sozialpsychologie kamen seit den neunziger Jahren des vorigen Jahrhunderts vor allem aus der amerikanischen Soziologie, die das Problem der Beziehungen zwischen Individuum und Gesellschaft als ihr Zentralthema begriff und sich damit von Anfang an eine sozialpsychologische Grundorientierung zu eigen machte. Explizit taucht das Wort »social psychology« zum ersten Male als Untertitel von Baldwins Werk über »Mental Development« (1897) auf. Die erste Vorlesung über Sozialpsychologie hielt Ross 1899 an der Stanford University. Im gleichen Jahre erschienen die »Prolegomena to social psychology« von Ellwood, der 1904 bereits als Vorsitzender einer neugegründeten »Sektion Sozialpsychologie« beim Soziologenkongreß in St. Louis amtierte; dort trugen Ross und Thomas vielbeachtete Grundsatzreferate über die Aufgaben und Methoden der Sozialpsychologie vor.

Im Jahre 1908 publizierte Ross sodann das erste Lehrbuch mit dem Titel »Social Psychology«. Die Zahl der seither veröffentlichten amerikanischen Lehrbücher beträgt mehr als sechzig – davon etwa ein Drittel von Soziologen, zwei Drittel von Psychologen verfaßt. Im deutschen Sprachraum stehen ihnen, beginnend mit Hellpach (1933), Beck (1953) und Hofstätter (1958) bisher erst ein halbes Dutzend lehrbuchmäßige Darstellungen gegenüber, deren beherrschendes Thema im übrigen die Auseinandersetzung mit den Problemen und Ergebnissen der amerikanischen Sozialpsychologie ist. So stellt sich dieses Gebiet, dessen Wurzeln weit in die europäische Geistesgeschichte zurückreichen, in mancher Hinsicht heute noch als ein »typisch amerikanisches Phänomen« dar (G. Allport 1954, 4), und typisch amerikanisch erscheint auch die enge Verbindung zur Soziologie, die nicht nur in der Entstehungsgeschichte der Sozialpsychologie, sondern auch im Verlauf ihrer weiteren Entwicklung stets eine bedeutsame Rolle gespielt hat.

Einen besonderen Platz unter den Wegbereitern der modernen Sozialpsychologie nimmt der Soziologe Charles H. Cooley ein; unter den Theoretikern der älteren Schule gibt es keinen zweiten, der heute noch so häufig anerkennend zitiert wird, wenn es um Grundkonzeptionen der Sozialisierungsproblematik geht. Zentralthema Cooleys ist die unauflösliche Wechselwirkung zwischen Individuum und Gesellschaft; das Individuum geht weder der Gesellschaft noch geht die Gesellschaft dem Individuum voran: »beide haben von Anfang an Seite an Seite existiert als komplementäre Aspekte der gleichen Sache« (Cooley 1902, 11). In unübertrefflicher Prägnanz und Kürze heißt es später: »self and society are twin born« (Cooley 1909, 5)   offenbar eine bewußte Anspielung auf ein geflügeltes Wort von Baldwin: »Ego and alter are born together« (Baldwin 1895, 338).

An Baldwin und James angelehnt entwickelte Cooley sodann seine Hypothesen über den Prozeß der individuellen Ich-Entwicklung. Danach entsteht das persönliche Ich als Ergebnis eines komplexen, auf interpersonellen Wahrnehmungsvorgängen beruhenden Wechselspiels. Es ist gleichsam ein »*looking-glass self*«, ein »Spiegel-Ich«, es reflektiert, wie die Person des einzelnen seinen Mitmenschen erscheint, wie sie von ihnen wahrgenommen, aufgefaßt und bewertet wird. Die wahrgenommene, stets subjektiv interpretierte Wirkung des eigenen Tuns auf andere übt schließlich einen steuernden Einfluß auf das eigene Erleben und Verhalten aus: In einem zeitlich ausgedehnten Prozeß ständiger Spiegelungen und Rückspiegelungen entsteht und wandelt sich die eigene Identität; jeder ist jedem dabei immer wieder ein »Spiegel« (Cooley 1902, 184).

Aber nicht jeder beliebige andere trägt Wesentliches zur Ich-Entwicklung, zum Aufbau und Wandel der sozio-kulturellen Persönlichkeit bei; nur subjektiv bedeutsame Bezugspersonen und Bezugsgruppen üben eine solche Wirkung aus. Cooley führt dafür den Begriff der *Primärgruppen* ein:

»Unter Primärgruppen verstehe ich intime, durch engen unmittelbaren Kontakt und kooperative Wechselbeziehungen gekennzeichnete Verbindungen (intimate face-to-face association and co-operation) . . . Sie sind primär in mehrerer Hinsicht, hauptsächlich aber wegen ihrer fundamentalen Bedeutung für die soziale Persönlichkeitsentwicklung und die Prägung individueller Leitbilder« (Cooley 1909, 23).

Kennzeichen dieser Gruppen ist ein verbindendes und zugleich nach außen abgrenzendes *Wir*-Gefühl; als Beispiele werden die Familie, die Spielkameraden der Kinder, Freunde, Nachbarn und andere durch besondere Kontaktdichte und Intimität gekennzeichnete Gruppen genannt. Sie sind für Cooley der »Nährboden der menschlichen Natur«, die wichtigsten Vermittler gesellschaftlich-kultureller Einflüsse. Hier entstehen die Bezugssysteme, hier prägen sich die persönlichen Leitbilder und Wertvorstellungen, durch die der einzelne in einem wesentlich unbewußten Prozeß *sozialisiert* wird.

Ein wichtiger Begriff in diesem Zusammenhang ist der der *sozialen Kontrolle*, wie er von Edward Alsworth Ross seit 1896 in einer Reihe von Aufsätzen, 1901 schließlich in einem vielbeachteten Buch entwickelt wurde. Den Hauptakzent legt Ross dabei nicht, wie viele Soziologen heute noch, auf formale, äußere Zwänge und Sanktionen der Gesellschaft, sondern auf *informale* Kontrollen, die in kleinen Gruppen vom einzelnen *verinnerlicht*, gleichsam »mit der Muttermilch eingesogen« werden (1901, 190). Überzeugt davon, daß dauerhafte Persönlichkeitsprägungen nur in der frühen Kindheit erfolgen können, stellt er unter den Primärgruppen allerdings zu einseitig die Familie als entscheidende Sozialisationsinstanz heraus: In einem »goldenen Augenblick höchster Empfänglichkeit« nimmt das Kind »jene Verhaltensmaximen, Vorurteile und Gewohnheiten an, die dazu bestimmt sind, das Fundament seines Charakters zu bilden« (1901, 181). Außer Hinweisen auf Identifikationsprozesse in kleinen Gruppen liefert Ross keine näheren Erläuterungen über diese sozialen Lernvorgänge, er insistiert aber zu Recht darauf, daß eine wirklich effektive Kontrolle der Gruppe über das Individuum nur dadurch möglich wird, daß der einzelne sich die normativen Forderungen der sozialen Umwelt selbst zu eigen macht, *innere* Kontrolle damit weitgehend an die Stelle äußerer Sanktionen tritt (1901, 429).

Soziale Kontrolle ist für Ross eine unvermeidliche Begleiterscheinung jeglichen sozialen Daseins; sie resultiert unbewußt, ungewollt und unmittelbar aus der bloßen Tatsache der zwischenmenschlichen Interaktion. Aus diesem Geschehen, das Ross den »sozialen Prozeß« nennt, entsteht gleichzeitig auch alles, worauf soziale Kontrolle abzielt: Erwartungen, Normen, Werte und die ihnen entsprechenden Verhaltensdispositionen; selbst die objektiven sozialen Gebilde, Gruppen und Institutionen, die dem einzelnen vorgegeben sind und ihn überleben,

»sind sämtlich zu irgendeiner Zeit aus den Aktionen und Interaktionen von Menschen entstanden. Um ihre Genese zu verstehen, müssen wir zu einer Analyse jener *Urtatsache* schreiten, die man den *sozialen Prozeß* nennt« (1905, 90–91).

Diese Forderung blieb lange unbeachtet; erst mit fast vierzigjähriger Verspätung wurden seine Anregungen von der experimentellen Kleingruppenforschung aufgegriffen, die sich heute, ganz im Sinne der Ross'schen Erwartungen, als ein besonders ergiebiger Ort der Begegnung soziologischer und sozialpsychologischer Interessen erweist. Bei seinem eigenen Versuch zur Analyse von Gruppenprozessen ist Ross allerdings gescheitert, und das mag einer der Gründe sein, warum ein im Prinzip so fruchtbarer Ansatz so lange Zeit unbeachtet blieb. Sein Lehrbuch der Sozialpsychologie, in dem er diesen Versuch unternahm, erweist sich, schon wegen seiner engen Anlehnung an die damals gängigen Imitations- und Suggestionstheorien, speziell an die Massenpsychologie LeBons, als das am wenigsten überzeugende, am meisten »veraltete« Werk dieses mitunter als Stammvater der Sozialpsychologie apostrophierten Autors. Sein Buch über »Social Control« wurde 1969 als klassischer Beitrag zur Sozialpsychologie neu aufgelegt – sein Lehrbuch von 1908 wird wohl niemals einen Neudruck erleben.

W. I. THOMAS UND DER BEGRIFF DER EINSTELLUNG

Auch William I. Thomas (1863–1947) gehört zur »Gründergeneration« der amerikanischen Soziologen, die eine bedeutsame Rolle als Wegbereiter der neueren Sozialpsychologie gespielt haben. Dennoch gebührt ihm eine gesonderte Betrachtung, denn Thomas markiert einen entscheidenden *Wendepunkt*, der bruchlos in die Gegenwart überleitet. Anders als Giddings, Cooley oder Ross war er der erste, der den Sprung von einer auf unkontrollierte Alltagsbeobachtungen gegründeten Theorie zur systematischen *Empirie* wagte und damit eine neue Ära, das Ende der »armchair sociology«, einleitete. Er war auch der erste, der nicht nur sozialpsychologisch bedeutsame Grundkonzeptionen entwickelte, sondern konsequent auf die Etablierung der Sozialpsychologie als einer von der Soziologie abgegrenzten Wissenschaft mit engen Bezügen zur Individualpsychologie hinarbeitete.

Thomas beherrschte als ausgebildeter Philologe fünf Sprachen, hatte schon vor der Jahrhundertwende ganz Europa bis zur Wolga bereist, um sich ein Bild von den kulturellen Unterschieden der europäischen Nationen zu verschaffen, und verfügte über ein für die damalige Zeit erstaunliches ethnologisches Wissen; sein »Source-book for social origins« (1909) bietet eine heute noch imponierende Materialsammlung über verschiedene Primitivkulturen. Ausgehend von dieser vergleichenden Perspektive wandte er sich dann dem Studium innergesellschaftlicher Minoritätenprobleme in den USA zu, speziell den Akkulturations- und Anpassungsschwierigkeiten ethnisch verschiedener Einwanderergruppen, die z. T. durch Errichtung schützender Enklaven wie »Chinatown«, »Little Italy« oder das »polnische Getto« rund um die Schlachthöfe Chicagos versuchten, den bedrohlichen Kulturkonflikt aufzufangen oder wenigstens abzumildern. Das empirische Versuchsfeld von Thomas war der amerikanische »Schmelztiegel« mit seinen typischen Intergruppen- und Generationenkonflikten, die auf der individuellen Ebene nicht selten von tiefgreifenden Identitätskrisen und schmerzhaften Versuchen zur Umdefinition der »mitgebrachten« Selbstbilder und Wertorientierungen begleitet waren. Das von Thomas gemeinsam mit Florian Znaniecki publizierte fünfbändige Monumentalwerk »The Polish peasant in Europe and America« (1918–1921) ist nicht nur die umfangreichste empirische Untersuchung, die je über die Akkulturationsproblematik einer einzelnen Minorität vorgelegt wurde, sie beinhaltet gleichzeitig

»die erste großangelegte Überprüfung vieler theoretischer Konzeptionen, die bis zu diesem Zeitpunkt über die soziale Natur des Ich und die Rolle der Gesellschaft bei der Determination individuellen Verhaltens entwickelt worden waren« (Meltzer u. a. 1975, 22).

Dabei ergab sich folgerichtig eine Erweiterung der Sozialisationsproblematik auf das Erwachsenenalter, selbst das *höhere* Lebensalter, mit besonderer Betonung von Konflikt- und Krisensituationen. Das *Werden* der Persönlichkeit (»becoming«) schließt für Thomas stets Veränderungsprozesse ein; es läßt sich nur als Ergebnis einer unaufhörlichen Wechselbeziehung zwischen dem einzelnen und seiner sozialen Umwelt verstehen, bei dem das Individuum keineswegs eine passive Rolle spielt:

»Wir betrachten soziales Werden als das Ergebnis einer beständigen Interaktion zwischen dem Bewußtsein des Individuums und der objektiven gesellschaftlichen Realität. In diesem Zusammenhang ist die menschliche Persönlichkeit ein unaufhörlich wirkender Faktor und zugleich ein ständig bewirktes Resultat«. (Thomas, Znaniecki 1918, III, 5).

Als Schlüsselbegriff für das Verständnis dieser Prozesse betrachtete Thomas den Begriff der *Einstellung* (attitude), einer sozio-kulturell *gelernten*, stets *wertbezogenen* kognitiv-emotionalen Orientierung, verknüpft mit einer mindestens latent vorhandenen korrespondierenden Verhaltensdisposition:

»Unter einer Attitüde verstehen wir einen individuellen Bewußtseinsprozeß, der tatsächliche oder mögliche Aktivitäten in der sozialen Umwelt determiniert ... Die Attitüde bildet so das subjektive Gegenstück des sozialen Wertes« (I, 21–22).

Entstehung und Wandel von Einstellungen, ihre Bedeutung für das Erleben und Verhalten des einzelnen und das »Werden« seiner Persönlichkeit umreißen für Thomas und Znaniecki den Gegenstandsbereich der Sozialpsychologie – sie wird als »precisely the study of attitudes« definiert (I, 27). Dabei weist Thomas der Sozialpsychologie offenbar ein weiteres Feld zu als der Soziologie: Als »spezielle Kulturwissenschaft« hat die Soziologie es nur mit *einer* Art von Werten zu tun, den normativen Regelhaftigkeiten innerhalb des sozialen Verbunds (»social rules«) – die Sozialpsychologie als »generelle Wissenschaft von der subjektiven Seite der sozio-kulturellen Umwelt« dagegen mit *allen* sozialen Werten einer Gemeinschaft (I, 33–37). Damit deckt die Sozialpsychologie für Thomas gleichzeitig einen wesentlichen Teil dessen ab, »was wir bisher der individuellen oder allgemeinen Psychologie zugeschrieben haben«; dies um so mehr, als die Sozialpsychologie sich nicht nur für Einstellungen zu eindeutig *sozialen* Aspekten der Umwelt interessiert, sondern auch solche Attitüden mit einbeziehen kann, »die sich in bezug auf die *physische* Umwelt des Individuums manifestieren, sofern sie sich nämlich als sozio-kulturell beeinflußt erweisen« (I, 30–31). Hinzu kommt die konstituierende Funktion höher organisierter Einstellungskomplexe für den Aufbau der individuellen Persönlichkeit:

»Nach dieser Auffassung wäre eine Persönlichkeit als ein organisiertes System von Einstellungen zu betrachten, und verschiedene Persönlichkeiten ließen sich durch ihre größere oder geringere Bereitschaft unterscheiden, ihre jeweilige Befriedigung in diesem oder jenem Wertbereich zu suchen und entsprechende Rollen zu übernehmen ... Strukturell gesehen besäße jede Einzelpersönlichkeit zunächst einen Hintergrund von Einstellungen und Werten, der der ganzen Gruppe gemeinsam ist, vor dem dann aber bestimmte Attitüden und Werte eine individuell ausgeprägte, vielleicht sogar dominierende Stellung einnehmen« (zit. nach: Barnes 1948, 803).

Wert- und objektbezogenes Verhalten ist freilich auch immer von den Gegebenheiten der unmittelbaren Situation mitbestimmt; dabei kommt es nach Thomas allerdings nicht so sehr auf objektive Gegebenheiten als vielmehr darauf an, wie der einzelne die Situation *sieht*, wie er sie *interpretiert* bzw. *definiert*. Auch diese subjektiven Sichtweisen sind sozial konturiert, denn Gruppen zeichnen sich nicht zuletzt durch eine Tendenz zu mehr oder minder übereinstimmenden Situationsdefinitionen aus; im Einzelfalle wird dies aber durch individuelle Dispositionen überlagert – die ganze einmalige und einzigartige Lern- und Lebensgeschichte, die Thomas und Znaniecki durch eine sorgsame Analyse biographischer Daten und »persönlicher Dokumente« zu berücksichtigen suchten, spielt hier mit hinein. Mit ausdrücklichem Bezug auf Thomas, der diese Zusammenhänge als erster artikulierte, erklärte später Volkart:

»Tatsachen haben keine objektiv gleichbleibende Existenz, unabhängig von den Personen, die sie wahrnehmen und interpretieren. Die ›realen‹ Fakten sind vielmehr die subjektiven Wege, auf denen verschiedene Menschen dazu gelangen, Situationen zu definieren« (Volkart 1951, 30).

Der von Thomas 1918 geprägte Begriff der »definition of the situation« nimmt damit praktisch die sehr viel später erst von Kurt Lewin proklamierte »Einheit von Individuum und Situation« im sogenannten »Lebensraum« vorweg, eine historische Priorität, die vielfach noch nicht die gebührende Beachtung gefunden hat.

Im übrigen liegt die Bedeutung der von Thomas entwickelten Konzeptionen für die moderne Sozialpsychologie auf der Hand. Schon 1937 hieß es im Handbuch der »Experimental Social Psychology«, es gebe »im gesamten Bereich der Sozialpsychologie keinen anderen Einzelbegriff, der eine derart zentrale Stellung einnimmt, wie der der Attitüden« (Murphy, Murphy, Newcomb 1937, 889). Auch Gordon Allport bekannte sich seit 1953 mehrfach zu der Ansicht, der Terminus Einstellung sei »wahrscheinlich der bedeutsamste und unentbehrlichste Begriff der zeitgenössischen Sozialpsychologie« (1954, 43). Tatsächlich trat das Thema »Einstellung« nur während der fünfziger Jahre seine dominierende Stellung an die Kleingruppenforschung ab, nimmt seit Anfang der sechziger Jahre aber wieder den ersten Rang ein (McGuire 1969, 136–141). Der summarischen Feststellung:

»Die Grundeinheit Attitüde war der wichtigste Baustein beim Aufbau der Sozialpsychologie« (G. Allport 1954, 45)

läßt sich also kaum widersprechen, auch wenn nicht alle Forscher, die sich mit diesem Thema heute beschäftigen, bereit sein dürften, Sozialpsychologie und Einstellungsforschung völlig gleichzusetzen.

Nicht zu übersehen ist schließlich der Beitrag, den Thomas für die Emanzipation der Sozialpsychologie von der Soziologie leistete; sein Schüler Kimball Young, der mit dem »Source book for Social Psychology« den ersten Versuch einer handbuchartigen repräsentativen Gesamtdarstellung sozialpsychologischer Probleme, Methoden und Ergebnisse unternahm, trug zur fachwissenschaftlichen Institutionalisierung einen weiteren Schritt bei (Young 1927).

W. McDOUGALL UND DIE »HORMISCHE« PSYCHOLOGIE

Während die Soziologie im ersten Viertel des zwanzigsten Jahrhunderts bedeutsame sozialpsychologische Ansätze entwickelte, wurden von seiten der Psychologie vor 1930 eigentlich nur zwei Formen des innerwissenschaftlichen Protests gegen die traditionelle Bewußtseinspsychologie sozialpsychologisch relevant: die Motivationstheorie McDougalls, dem die herkömmliche Methode der Introspektion zu *eng* erschien, und der amerikanische Behaviorismus, dem sie nicht *wissenschaftlich* genug war. Beide betonen, daß die Psychologie nicht nur Bewußtseinszustände, sondern auch das Verhalten des Individuums zu erklären hat, gehen dabei aber von radikal divergierenden Positionen aus (s. Bd. IV dieser Enzyklopädie).

Seiner blendend geschriebenen »Introduction to social psychology« (1908), die nur wenige Monate nach dem ersten Lehrbuch von Ross erschien, in den nächsten dreißig Jahren 23 Neuauflagen erlebte und infolge zahlreicher Übersetzungen weltweite Beachtung fand, legte William McDougall eine gänzlich unempirische, durchaus spekulative Auffassung von den anlagemäßigen Gegebenheiten der menschlichen Natur zugrunde, deren Wurzeln letzten Endes im Nativismus des achtzehnten Jahrhunderts und im Biologismus der neodarwinistischen Strömungen zu suchen sind. Schon 1890 hatte William James 32 angeblich angeborene Instikte des Menschen aufgezählt; während James aber die These vom »transitorischen Charakter« dieser primären Triebfedern vertrat, aus denen sich im Zuge sozialer Lernprozesse alsbald erworbene »Gewohnheiten« entwickeln, die die eigentliche Basis menschlichen Verhaltens bilden, griff McDougall auf einen extrem nativistischen Ansatz zurück, der die Erklärung des gesamten Verhaltens in einer Reihe mehr oder minder spezifischer *Instikte* sucht.

Die erstaunliche Resonanz dieses Ansatzes erklärt sich einerseits aus der charakteristischen Vernachlässigung motivationaler Aspekte in der traditionellen Allgemeinpsychologie – insofern kam McDougall also einem ausgesprochenen Nachholbedarf entgegen –, sie erklärt sich nicht zuletzt aber auch aus dem Geschick, mit dem McDougall bei seiner Instinktdefinition den Eindruck eines völlig starren Mechanismus vermied:

»Wir können also einen Instinkt als eine erbliche oder angeborene psychophysische Disposition definieren, die ihren Träger dazu veranlaßt, einer bestimmten Klasse von Objekten besondere Aufmerksamkeit zu schenken, sie in bestimmter Weise wahrzunehmen, bei der Wahrnehmung solcher Objekte eine besondere Gefühlserregung zu empfinden und darauf in bestimmter Weise zu reagieren oder mindestens einen entsprechenden Handlungsimpuls zu verspüren« (McDougall 1932, 25).

Bis auf die Annahme der Erblichkeit weist dieses integrierte System von kognitiven, affektiven und konativen Verhaltensdispositionen also eine erstaunliche Ähnlichkeit zum Attitüdenbegriff auf. Hinzu kommt, daß die von McDougall postulierten Instinkte sich untereinander zu mehr oder minder komplexen Aggregaten von wechselnder Zusammensetzung vereinigen, unter Umständen aber auch antagonistisch hemmen konnten. Durch solche biologisch zweifelhaften Zusatzannahmen suchte McDougall dem rigiden Instinktschema nachträglich ein so hohes Maß an Flexibilität zu verleihen, daß schließlich nicht nur der Regelfall, sondern auch die Ausnahme damit erklärbar erschien.

Einfacher war es allerdings, bei Bedarf ad hoc zusätzliche »passende« Instinkte zu postulieren, und so konnte es kaum ausbleiben, daß zahlreiche Psychologen im Kielwasser McDougalls damit begannen, eigene, z. T. stark erweiterte Instinktlisten zu veröffentlichen. Dabei schien es die einzelnen Autoren nicht einmal zu stören, daß sie vielfach sehr unterschiedliche Instinktkataloge aufstellten, wie ja auch McDougall seine ursprüngliche Liste im Laufe der Jahre mehrfach veränderte und erweiterte. Bei einer Analyse von über vierhundert Originalpublikationen fand der Soziologe Bernard 1926 nicht weniger als 5684 verschiedene Verhaltensdispositionen, die sämtlich als »instinktiv« oder »angeboren« bezeichnet worden waren. Schon diese Statistik läßt die Willkür und die theoretische Sterilität solcher Aufstellungen erkennen. Wie schon Herbart in seiner Kritik an der Vermögenspsychologie des achtzehnten Jahrhunderts hervorhob, laufen sie alle darauf hinaus, die Welt der Erscheinungen durch eine spekulative Hinterwelt von letzten, nicht weiter erklärungsbedürftigen Ursachen zu verdoppeln, wobei es dem einzelnen Autor überlassen bleibt, welche und wie viele Motivationen er als primäre Antriebe in seinen Katalog aufnehmen möchte und welche als sekundär, weniger fundamental oder abgeleitet behandelt werden sollen.

So entwickelte sich im Verlauf der zwanziger Jahre, vor allem von soziologischer und behavioristischer Seite (s. Bd. V, 775, dieser Enzyklopädie), eine scharfe, zunehmend sarkastischer werdende Kritik am gesamten Instinktkonzept, der sich auch McDougall auf die Dauer nicht verschließen konnte: 1932 ließ er den Begriff »Instinkt« fallen und ersetzte ihn durch die unverbindlicher klingende Bezeichnung »propensity« (Neigung oder Tendenz), für die er nicht mehr ausdrücklich eine erbliche Anlage postulierte (McDougall 1932, 26). Im Wechselspiel zwischen diesen inneren Tendenzen und äußeren, vor allem sozialen Erfahrungen bilden sich schließlich individuelle Erlebens- und Verhaltensdispositionen – McDougall nennt sie geflissentlich nicht Attitüden, sondern »sentiments« –, die zu wesentlichen Komponenten der Persönlichkeit werden:

»Die Theorie der ›sentiments‹ ist die Theorie der fortschreitenden Organisation der ›sentiments‹ zu übergeordneten Systemen, die die wesentlichen Ursachen aller unserer Verhaltensweisen bilden; Systeme, die unseren Gefühlen und Strebungen Konsistenz, Kontinuität und Ordnung verleihen; Systeme, die ihrerseits sich immer höher organisieren und die schließlich, wenn sie in einem harmonischen Ganzen aufgehen, das bilden, was man mit Recht Charakter nennt« (McDougall 1932, 221).

Mit dieser fast wörtlich an Thomas erinnernden und im Grunde schon von Herbart vorweggenommenen Umformulierung des Motivationsproblems zog McDougall am Ende selbst den Schlußstrich unter eine Epoche, über die die wissenschaftliche Entwicklung inzwischen hinweggegangen war.

F. H. ALLPORT UND DER BEHAVIORISTISCHE ANSATZ –
ZUR ENTWICKLUNGSGESCHICHTE DER KLEINGRUPPENFORSCHUNG

Im Gegensatz zum ursprünglichen Nativismus McDougalls liegt der Akzent der behavioristisch eingestellten Psychologie, die unter der Führung Floyd H. Allports ebenfalls Ansätze zu einer systematischen Sozialpsychologie entwickelte, auf einer milieu-theoretischen Orientierung, die die *erworbenen* Verhaltensweisen in den Mittelpunkt rückt und sich vor allem um die Erforschung *lernpsychologischer* Gesetzmäßigkeiten bemüht. Trotz der Enge seines anti-mentalistischen, in gewisser Hinsicht sogar »a-psychologischen« Begriffssystems kam damit eine betont *genetische* Betrachtungsweise zur Geltung, die im Prinzip auch manchen Soziologen kongenial erschien und aus der modernen Sozialpsychologie nicht mehr wegzudenken ist.

Die größte Schwäche des orthodoxen Behaviorismus liegt vielleicht nicht einmal in dem Versuch, auch komplexere Verhaltensweisen auf relativ einfache Bausteine, auf bedingte Reflexe und simple Reiz-Reaktions-Schemata zurückzuführen, sondern in der z. T. heute noch spürbaren Abneigung, wesentliche Bereiche des menschlichen Erlebens und Verhaltens überhaupt in den Kreis der empirischen Forschung einzubeziehen: »Man ignorierte die Beobachtung zugunsten einer Theorie, die jede Beobachtung ersetzte« (Asch 1959, 372). Was etwa B. F. Skinner, einer der prominentesten Vertreter dieser sonst so experimentierfreudigen, betont empiristischen Richtung zum Thema »Sozialpsychologie« oder »soziales Verhalten« beisteuerte, ist kurioserweise eben nicht Empirie, sondern eine mehr oder minder spekulative Extrapolation angeblich universeller Gesetzmäßigkeiten jeglichen Verhaltens auf den sozialen Bereich (s. den Beitrag von R. E. Ulrich u. K. Mueller in Bd. IV dieser Enzyklopädie). Dabei wird nicht nur vorausgesetzt, daß sich sozialpsychologisch relevante Zusammenhänge bereits in *nichtsozialen* Situationen erkennen lassen, dahinter steht sogar die noch weitergehende Prämisse, daß die Prinzipien des menschlichen Soziallebens sich unmittelbar aus *Tierversuchen* ableiten lassen. Das gilt nicht nur für Skinners phantasievolle Sozialutopien wie »Walden Two« (1948), sondern auch für systematische Abhandlungen wie »Science and human behavior« (1953) oder Spezialmonographien wie »Verbal Behavior« (1957). Sie vermitteln (selbst beim Thema Sprache!) »die Implikation, daß Beobachtungsdaten über Menschen irrelevant oder überflüssig sind, da die wesentlichen Prinzipien bereits im Tierlabor entdeckt worden sind« (Berger, Lambert 1968, 101).

Das bemerkenswerteste an dieser Kritik ist vielleicht, daß sie von zwei prinzipiellen Befürwortern eines S-R-theoretischen Ansatzes stammt, die in der Auseinandersetzung mit realen Problemen der menschlichen Sozialpsychologie aber längst die Bedeutung der subjektiven Erlebniswelt des handelnden – nicht nur reagierenden – Individuums erkannt haben, die der Behaviorismus anfangs gänzlich aus der wissenschaftlichen Psychologie verbannen wollte. Beispiele für diese zunehmende »Liberalisierung« des ursprünglichen S-R-Konzepts (Miller 1959) sind Miller u. Dollard (1941), Osgood u. Tannenbaum (1955), Osgood, Suci u. Tannenbaum (1957), Berkowitz (1962), Bandura u. Walters (1963), um nur einige »Klassiker« der modernen Sozialpsychologie zu nennen, die sich zwar der behavioristischen Tradition verpflichtet fühlen, sich aber nicht in das Prokrustesbett des alten Schemas zwingen lassen. Diese modernen Erscheinungsformen des Neobehaviorismus heute noch mit Rattenverhalten und »Muskelzuckismus« in Verbindung zu bringen, wäre jedenfalls eine grobe Fehldarstellung.

Aber das sind relativ »späte« Entwicklungen; *historisch* führte eine behavioristisch verengte Perspektive, selbst dort, wo mit menschlichen Versuchspersonen experimentiert wurde, zunächst oft zu einer reduktionistischen Verstümmelung des eigentlichen Untersuchungsgegenstandes, wie insbesondere das Beispiel Floyd Allports zeigt. Da andere Personen in seiner Sicht lediglich eine besondere Kategorie von äußeren Reizen darstellen, auf die der Mensch im Prinzip nicht anders reagiert als auf nicht-soziale Stimuli (F. Allport 1924, 3–4), reduzierte sich die »soziale Situation«, deren Einfluß er untersuchen wollte, für ihn auf die bloße *körperliche* Anwesenheit anderer, und soziale Reizkonstellationen wurden *physikalisch* definiert: »the sight and sound of others doing the same thing« (1924, 261). Seine Versuchsplanung zielte folgerichtig darauf ab, alle Kommunikationen und direkten Interaktionen zwischen den Versuchsteilnehmern auszuschalten; sein Forschungsinteresse beschränkte sich weitgehend auf die als quasi automatisch betrachteten aktivierenden und/oder hemmenden Auswirkungen dieser »sozialen Minimalsituation« auf das individuelle Verhalten. Das Allportsche Paradigma wurde zum vorherrschenden Modell für die ersten zwanzig Jahre der experimentellen Sozialpsychologie; erst Sherif (1935) und später Asch (1956) gelang es, die verborgene Interaktionsdynamik sozialer Minimalsituationen und die daraus resultierenden normativen Regelungen explizit zu machen. Den Schlußstrich unter die in der Mitte der sechziger Jahre noch einmal neu aufflammende Diskussion um die angeblichen Aktivierungseffekte der bloßen körperlichen Anwesenheit anderer (Zajonc 1965) zog endgültig erst Lück (1969).

Die Entwicklung einer echten Kleingruppenforschung, die nicht nur mit Quasi-Gruppen in sozialen Nebeneinander-Situationen arbeitet, wurde zweifellos auch dadurch behindert, daß F. Allport die Realität von Gruppen als Einheiten sui generis mit angebbaren überindividuellen Gruppeneigenschaften grundsätzlich in Zweifel zog (1924, 1933). Gruppen sind in seiner Sicht lediglich begriffliche Abstraktionen; Realitätscharakter haben nur Individuen; der einzelne verhält sich in der Gruppe genau so, wie er sich auch *allein* verhalten hätte, nur noch *verstärkt* (»only more so«), wie es in einem vielzitierten Absatz seines Lehrbuches heißt (1924, 296). Diese elementaristische Ansicht setzte sich in der Psychologie weitgehend durch:

»Man sollte nicht vergessen, daß Lewin über Gruppendynamik zu einer Zeit zu schreiben begann (1939), als Psychologen die Existenz oder Realität von Gruppen durchweg verneinten. Nur Individuen waren real, und über Gruppenmerkmale wie ›Gruppenatmosphäre‹ oder ›Gruppenziele‹ zu sprechen galt als ›unwissenschaftlich‹ oder ›mystisch‹« (Deutsch 1968, 466).

Einer der wichtigsten Beiträge Kurt Lewins bestand in der Tat darin, den für Soziologen stets selbstverständlichen Begriff der Gruppe als eines überindividuellen, ganzheitlichen Systems nun auch für Psychologen akzeptabel zu machen und der Sozialpsychologie in der von ihm konzipierten experimentellen Analyse *gruppendynamischer* Prozesse ein neues, wesentliches Datenfeld zu erschließen. Er selbst führte nur sehr wenige Experimente durch (Lewin, Lippitt, White 1939; Lewin 1943), die nicht einmal als Musterbeispiele für die Anwendung seiner eigenen theoretischen Konzepte betrachtet werden können; sein unerwartet früher Tod im Jahre 1947 brachte es mit sich, daß er auch zur Theorie der Gruppendynamik nur wenige Publikationen hinterließ (1947 a, 1947 b, 1947 c). Aber es war ihm gelungen, dank seiner faszinierenden Persönlichkeit und einer nicht minder faszinierenden Metatheorie (Deutsch 1968, 414 f), unter seinen Schülern und Mitarbeitern eine Gruppe von hochbegabten schöpferischen Talenten um sich zu scharen, die ihresgleichen sucht, darunter Festinger, Thibaut, Kelley, Deutsch, Bavelas, Cartwright, Schachter, Back, French, sämtlich höchst produktive und originelle Forscher, die seine Anregungen aufgriffen und – wenn auch mitunter in sehr unerwarteten und z. T. gänzlich »unlewinischen« Richtungen – weiterentwickelten. So wurde das von Lewin 1945 gegründete »Research Center for Group Dynamics« zur treibenden Kraft einer betont kognitiv orientierten Kleingruppenforschung (Cartwright, Zander 1953, 1968), die bald auch von soziologischer Seite bedeutsame Verstärkung erfuhr (Bales 1950; Hare, Borgatta, Bales 1955; Mills 1967). So stürmisch war diese Entwicklung, daß die Untersuchung kleiner und kleinster Gruppen unter experimentell kontrollierten Bedingungen v. a. in den fünfziger Jahren vorübergehend den

»Brennpunkt der gesamten sozialpsychologischen Arbeit« zu bilden schien (French 1956, 64). Im ganzen wird man freilich sagen dürfen, daß die z. T. außerordentlich weitreichenden theoretischen Erwartungen, die damals von verschiedenen Seiten an die Kleingruppenforschung geknüpft wurden (Anger 1965, 648–649; 1966, 15–19), sich bisher nicht erfüllt haben. Noch heute stellt die Kleingruppenforschung freilich einen bedeutsamen sozialpsychologischen Forschungszweig dar, wobei sich das Interesse aber zunehmend von künstlichen Laboratoriumsgruppen auf Feldexperimente unter »naturalistischen« Bedingungen verlagert. Die Grenze zwischen »gruppendynamischer« (gestalt- und feldtheoretisch orientierter) und »sonstiger« Kleingruppenforschung verwischt sich dabei zunehmend, »so daß die ›eigentlich‹ feldtheoretischen Studien nur noch an der – sich ständig verdünnenden – Nomenklatur bzw. an den bekannteren Verfassernamen ablesbar sind« (Solle 1969, 158). Über die bisherigen Ergebnisse der Kleingruppenforschung informiert enzyklopädisch das immer umfangreicher werdende »Handbook of small group research« von Hare (1962, 1976); den Versuch eines relativ kurzgefaßten systematischen Überblicks in deutscher Sprache machte Anger (1966), der sich im Anschluß an Back (1972) neuerdings auch kritisch mit einer besonders umstrittenen Form der »angewandten Gruppendynamik«, dem sogenannten »gruppendynamischen Training« in Selbsterfahrungs- und Begegnungsgruppen (sensitivity groups, encounter groups) beschäftigt hat (Anger 1979).

ENDE DER GESCHICHTE UND EINTRITT IN DIE GEGENWART DER SOZIALPSYCHOLOGIE

Wir haben versucht, die wichtigsten Impulse aufzuzeigen, die das Profil der heutigen Sozialpsychologie bestimmen, und sind dabei verschiedentlich auch auf Ansätze eingegangen, die zunächst in einer Sackgasse der Wissenschaftsgeschichte endeten und ohne ersichtliche historische Kontinuität erst sehr viel später »neu« entdeckt wurden. *Einen* Ansatzpunkt – die feldtheoretischen Konzeptionen Kurt Lewins – haben wir dabei bewußt ausgespart, denn im Rahmen eines Handbuches mit dem Obertitel »Lewin und die Folgen« wäre damit vermutlich zu viel vorweggenommen oder überflüssigerweise dupliziert worden. Wichtiger als diese pragmatische Überlegung war allerdings die Überzeugung des Referenten, daß die Bedeutung der theoretischen Ansätze Lewins für die heutige Sozialpsychologie vielfach überschätzt wird, ein Eindruck, den offenbar auch prominente Lewin-Schüler teilen:

»Man kann nicht sagen, daß die Feldtheorie als eine spezifische (allgemein-)psychologische Theorie gegenwärtig viel Gültigkeit besitzt ... Ebensowenig läßt sich behaupten, daß Lewins spezifische theoretische Konstrukte oder seine strukturellen und dynamischen Konzeptionen in der zeitgenössischen sozialpsychologischen Forschung zentrale Bedeutung hätten« (Deutsch 1968, 478).

Wenn überhaupt eine einzelne Person genannt werden kann, bei der die verschiedenen Fäden der von uns in groben Umrissen geschilderten Geschichte der Sozialpsychologie in geradezu exemplarischer Weise zusammenlaufen, dann ist es am ehesten vielleicht der aus der Türkei in die Vereinigten Staaten eingewanderte Psychologe Muzafer Sherif. Er war der erste Psychologe, der die traditionellen Fachgrenzen zu überwinden suchte und fundierte Kenntnisse der soziologischen und kulturanthropologischen Literatur in die Diskussion einbrachte; seine Monographie »The psychology of social norms« (1936) ist ein kaum jemals wieder übertroffener Versuch zur Integration allgemeinpsychologischer, sozialer und kultureller Aspekte. Schon vor Lewin demonstrierte er hier die Unhaltbarkeit des Allportschen Elementarismus, wies nicht nur die Realität von Gruppen, sondern auch die experimentelle Operationalisierbarkeit von empirisch bislang nie so recht »faßbaren« übersummativen Gruppenqualitäten wie sozialen »Bezugssystemen«, »Verankerungspunkten« und

»Normen« nach und führte damit erstmalig gestalttheoretische Konzeptionen in die Sozialpsychologie ein (Sherif 1936, 26 f). Dank einer ebenso einfachen wie sinnreichen Versuchsanordnung (Sherif 1935) gelang es ihm, das spontane Entstehen gruppenspezifischer Normen unter Laboratoriumsbedingungen sichtbar zu machen und auch die Anpassung des Individuums an ein vorgegebenes Normensystem zu demonstrieren; später gelang es sogar, die Tradierung künstlich erzeugter und z. T. recht extremer Gruppennormen über mehrere »Generationen« von Versuchspersonen experimentell zu verfolgen (Jacobs, Campbell 1961; Sherif, Sherif 1969, 214–218). Die theoretischen Annahmen, vor deren Hintergrund Sherif 1936 bereits die von ihm beobachteten Konformitätstendenzen seiner Versuchspersonen interpretierte, nehmen überdies wesentliche Momente der von Festinger später entwickelten »Theorie des sozialen Vergleichs« vorweg (Festinger 1954).

Obgleich er selbst ein brillanter Experimentalpsychologe war, betonte Sherif immer wieder die Grenzen des reinen Laborexperiments: »Draußen im Feld der sozialen Wirklichkeit finden wir die eigentlichen Variablen, mit denen wir uns wissenschaftlich auseinanderzusetzen haben«; soziologische Feldbeobachtungen nach dem Muster von Thrasher (1927) oder Whyte (1943) liefern nach Sherif daher fast »unerschöpfliche Ansatzpunkte für eine experimentelle Überprüfung« (Sherif 1963, 54). In diesem Zusammenhang übt er Kritik an der heutigen Kleingruppenforschung:

»Viele Psychologen haben in jüngerer Zeit das geistige Erbe reicher Beobachtungsdaten … mit direktem Bezug auf zwischenmenschliche Beziehungen in realen Gruppen ignoriert. Die Vernachlässigung dieser Beobachtungen … läßt sich kaum mit dem Hinweis rechtfertigen, daß Sozialpsychologen sich nun einmal für Individuen und nicht für Gruppen als solche interessieren. Gerade diese primär soziologischen Daten vermitteln dem Sozialpsychologen unerläßliche Informationen über die relative Position des Einzelmenschen in einem realen System von sozialen Bezügen, die für ihn wirklich wichtig sind« (Sherif 1963, 55).

Auch auf diesem vernachlässigten Gebiet hat Sherif Pionierarbeit geleistet; seine berühmten Ferienlageruntersuchungen (Sherif, Sherif 1953; Sherif u. a. 1961) gelten mit Recht als ein Meilenstein der modernen Gruppenforschung, denn hier gelang es zum ersten Male, in natürlichen, durchaus lebensnahen Situationen die Entstehung von Gruppen mit gruppenspezifischen Norm- und Wertsystemen, die Entwicklung echter, von überraschend heftigen Vorurteilen begleiteter Intergruppenkonflikte und schließlich den Abbau dieser Gruppenspannungen unter experimentelle Kontrolle zu bringen (s. den Beitrag von C. W. Sherif in diesem Bd.). Diese klassische Untersuchungsreihe, deren exemplarische Bedeutung nicht hoch genug veranschlagt werden kann, hat in der modernen Sozialpsychologie bisher noch kein vergleichbares Gegenstück gefunden.

Sherifs Bemühen um eine Integration psychologischer und sozialwissenschaftlicher Ansätze zeigte sich ebenso deutlich in seinen Beiträgen zur Einstellungsforschung. Erste Ansätze fanden sich bereits 1936 in seiner »Psychology of social norms«, die ausgedehnte, an Thomas, Faris und Bogardus angelehnte theoretische Erörterungen des Wertproblems, der Beziehung zwischen sozialen Werten und Attitüden und ihrer Bedeutung für die Ich-Entwicklung des Individuums enthält. Sie setzten sich fort in der bereits erwähnten Monographie über »ego-involvements« (Sherif, Cantril 1947), die die Anregungen des symbolischen Interaktionismus erstmals für experimentelle Untersuchungen fruchtbar machte, und schließlich in zwei bedeutsamen empirischen Arbeiten über Einstellungswandel und Persönlichkeitsveränderung (Sherif u. a. 1965; Sherif, Sherif 1967).

Im Bemühen um eine systematische Integration psychologischer, soziologischer und kulturanthropologischer Gesichtspunkte entwickelte Sherif auch eine besonders anspruchsvolle und umfassende Definition der Sozialpsychologie unter Berücksichtigung einer Vielzahl von sozialen und sozio-kulturellen »Stimulussituationen«. Der Ausdruck »stimulus« ist hier kein behavioristischer Ausrutscher, denn er bezieht sich nicht auf die »distale«, sondern auf die »proximale« Repräsentation eines Reizes, schließt also stets die *subjektive* Situationsdefinition und damit die gesamte Vorgeschichte des Individuums, vor allem seine Attitüden als Residuen früherer Erfahrungen mit ein. »Soziale Reizsituationen« umfassen nach Sherif (1963, 37):

1. *Andere Menschen*

a) andere Individuen – repräsentiert in interpersonalen Beziehungen;

b) Gruppen – repräsentiert in den Intra- und Intergruppenbeziehungen des einzelnen;

c) kollektive Interaktionssituationen – repräsentiert durch fließende und kritische Situationen, die mit den stabileren Eigen- und Fremdgruppenbeziehungen nicht identisch zu sein brauchen.

2. *Kulturelle Erzeugnisse:* Produkte vergangener oder gegenwärtiger menschlicher Interaktion;

a) materielle Kultur;

b) immaterielle Kultur.

Vergleichen wir mit dieser ebenso detaillierten wie anspruchsvollen Definition den gegenwärtigen Entwicklungsstand der Sozialpsychologie, dann gelangen wir zu ziemlich ernüchternden Feststellungen. Gut dokumentiert ist der Bereich (1.a), allenfalls noch (1.b), weniger (1.c), noch weniger (2.b), am wenigsten (2.a). Hinzu kommt, daß sich die angeführten sozialen Situationen durchaus nicht wechselseitig ausschließen, sondern in der vielfältigsten Weise überschneiden: Der überwiegende Teil der empirischen Forschung behandelt z. B. die Interaktion zwischen Individuen in meist künstlich geschaffenen Experimentalsituationen (1.a), *ohne* dabei auf die realen Gruppenbezüge der Beteiligten (1.b) oder die Verankerung ihrer Erlebens- und Verhaltensweisen in den spezifischen Norm- und Wertsystemen ihrer jeweils relevanten sozialen Umwelt (2.b) Bezug zu nehmen. Auch die Bedeutung der subjektiven Situationsdefinition bleibt trotz aller Lippenbekenntnisse zu Thomas oder Lewin meist zugunsten »objektiv« erfaßbarer Situationsaspekte außer Betracht; insofern ergibt sich der Gesamteindruck, daß auch die heutige Sozialpsychologie – analog zu den oben geschilderten Anfängen der Allgemeinpsychologie – methodischen Erwägungen Vorrang vor theoretischen, problemorientierten, inhaltlichen Überlegungen einräumt. Aber die gegenwärtige Tendenz zur Verzettelung der Forschung in methodisch elegante, theoretisch oft nahezu bedeutungslose Trivialitäten *muß* nicht sein – und vielleicht trägt eine bessere Vertrautheit mit der wechselvollen Geschichte der Sozialpsychologie ein wenig zur Besinnung auf das Wesentliche bei.

LITERATUR

ALLPORT, F. H.: Social psychology. Boston 1924

Institutional behavior. Chapel Hill/N. C. 1933

ALLPORT, G. W.: The historical background of modern social psychology. In: G. Lindzey (Ed.): Handbook of social psychology, I. Reading/Mass. 1954, 3–56

ANGER, H.: Sozialpsychologie. In: Beckerath u. a. (Hg.): Handwörterbuch der Sozialwissenschaften. Göttingen 1965, 636–649

Kleingruppenforschung heute. In: G. Lüschen (Hg.): Kleingruppenforschung und Gruppe im Sport. Sonderheft 10 der Kölner Zeitschrift für Soziologie und Sozialpsychologie, 1966, 15–43. Neudruck in: E. Meyer (Hg.): Die Gruppe im Lehr- und Lernprozeß. Frankfurt/M. 1966, 93–121

Gruppendynamisches Training. In: E. Grochla (Hg.): Handwörterbuch der Organisation. Stuttgart 1979 (im Druck)

ASCH, S. E.: Studies of independence and conformity: a minority of one against an unanimous majority. Psychological Monographs, 70, 9, 1956

A perspective on social psychology. In: S. Koch (Ed.): Psychology: a study of a science, III. New York 1959, 363–383

BACK, K. W.: Beyond Words. The story of sensitivity training and the encounter movement. Hartfort/Conn. 1972

BALDWIN, J. M.: Mental development in the child and the race. New York 1895

Social and ethical interpretations in mental development. A study in social psychology. New York 1897

BALES, R. F.: Interaction process analysis: a method for the study of small groups. Reading/Mass. 1950

BANDURA, A., WALTERS, R. H.: Social learning and personality development. New York 1963

BARNES, H. E. (Ed.): An introduction to the history of sociology. Chicago 1948

BASTIAN, A.: Der Mensch in der Geschichte. Zur Begründung einer psychologischen Weltanschauung. 3 Teile. Leipzig 1860

BECK, W.: Grundzüge der Sozialpsychologie. München 1953

BERGER, S. M., LAMBERT, W. W.: Stimulus-response theory in contemporary social psychology. In: G. Lindzey, E. Aronson (Eds.): The handbook of social psychology, I. Reading/Mass. 1968, 81–178

BERKOWITZ, L.: Aggression: a social psychological analysis. New York 1962

BERNARD, L. L.: Instinct: a study in social psychology. New York 1926

BEUCHELT, E.: Ideengeschichte der Völkerpsychologie. Meisenheim/Glan 1974

BROWN, R.: Words and things. New York 1958

Social psychology. New York 1965

BROWN, R. W., LENNEBERG, E. H.: A study in language and cognition. Journal of Abnormal and Social Psychology, 49, 1954, 454–462

CARTWRIGHT, D., ZANDER, A. (Eds.): Group dynamics. Research and theory. New York 1953, geänderte Aufl. 1968

COOLEY, C. H.: Human nature and the social order. New York 1902

Social organisation. A study of the larger mind. New York 1909

DENNIS, W.: Cultural and developmental factors in perception. In: R. R. Blake, G. V. Ramsey (Eds.): Perception. An approach to personality. New York 1951, 148–169

DEUTSCH, M.: Field theory in social psychology. In: G. Lindzey, E. Aronson (Eds.): The handbook of social psychology, I. Reading/Mass. 1968, 412–487

DEWEY, J.: Human nature and conduct: an introduction to social psychology. New York 1922

EBBINGHAUS, H.: Abriß der Psychologie. Leipzig 1908

ELLWOOD, C. A.: Some prolegomena to social psychology. Chicago 1899

FESTINGER, L.: A theory of social comparison processes. Human Relations, 7, 1954, 117–140

FLAVELL, J. H.: A test of the Whorfian theory. Psychological Reports, 4, 1958, 455–462

FRENCH, D.: The relationship of anthropology to studies in perception and cognition. In: S. Koch (Ed.): Psychology: a study of a science, VI. New York 1963, 388–428

FRENCH, R. L.: Social psychology and group processes. Annual Review of Psychology, 7, 1956, 63–94

GECK, L. H. A.: Sozialpsychologie in Deutschland. Eine Einführung in die Literatur. Berlin 1929

GOTTSCHALDT, K., SANDER, F., LERSCH, P., THOMAE, H.: Handbuch der Psychologie, VII: Sozialpsychologie. Göttingen 1969

GRAUMANN, C. F.: Sozialpsychologie: Ort, Gegenstand und Aufgabe. In: K. Gottschaldt, F. Sander, P. Lersch, H. Thomae (Hg.): Handbuch der Psychologie, VII: Sozialpsychologie (1). Göttingen 1969, 3–80

HALLOWELL, A. I.: Cultural factors in the structuralization of perception. In: J. H. Rohrer, M. Sherif (Eds.): Social psychology at the cross-roads. New York 1951, 164–195

Personality, culture, and society in behavioral evolution. In: S. Koch (Ed.): Psychology: a study of a science, VI. New York 1963, 429–509

HARE, A. P.: Handbook of small group research. Glencoe/Ill. 1962, veränderte Aufl. 1976

HARE, A. P., BORGATTA, E. F., BALES, R. E. (Eds.): Small groups. Studies in social interaction. New York 1955

HELLPACH, W.: Elementares Lehrbuch der Sozialpsychologie. Stuttgart 1933. Unter dem Titel »Sozialpsychologie. Ein Elementarlehrbuch für Studierende und Praktizierende«: Stuttgart ²1946

Sozialpsychologie. In: W. Ziegenfuss (Hg.): Handbuch der Soziologie. Stuttgart 1956, 290–330

HERBART, J. F.: Psychologie als Wissenschaft, neu gegründet auf Erfahrung, Metaphysik und Mathematik. 2 Teile. Königsberg 1824/25. Neudruck: Amsterdam 1968

HÖRMANN, H.: Psychologie der Sprache. Berlin 1967

HOFSTÄTTER, P. R.: Einführung in die Sozialpsychologie. Stuttgart 1958

HUMBOLDT, W. VON: Über die Kawi-Sprache auf der Insel Java nebst einer Einleitung über die Verschiedenheit des menschlichen Sprachbaues und ihren Einfluß auf die geistige Entwicklung des Menschengeschlechts. 3 Teile. Berlin 1836–1839

JACOBS, R. C., CAMPBELL, D. T.: The perpetuation of an arbitrary tradition through several generations of a laboratory microculture. Journal of Abnormal and Social Psychology, 62, 1961, 649–658

JAMES, W.: Principles of psychology, I, II. New York 1890, Neudruck 1950

KOCH, S.: Epilogue. In: S. Koch (Ed.): Psychology: a study of a science, III. New York 1959, 729–788

KRECH, D., CRUTCHFIELD, R. S.: Theory and problems of social psychology. New York 1948

LAZARUS, M., STEINTHAL, H. (Hg.): Zeitschrift für Völkerpsychologie und Sprachwissenschaft 1859–1890. Unter dem Titel: Zeitschrift des Vereins für Volkskunde 1891–1928. Danach unter dem Titel: Zeitschrift für Volkskunde 1929 ff. Berlin und Stuttgart

LENNEBERG, E. H., ROBERTS, J. M.: The language of experience: a study in methodology. International Journal of American Linguistics, 22, 1956, Suppl. Nr. 13

LEWIN, K.: Forces behind food habits and methods of change. Bulletin National Research Council, 108, 1943, 35–65

Frontiers in group dynamics, II: Channels of group life; social planning and action research. Human Relations, 1, 1947 b, 143–153

Frontiers in group dynamics, II: Channels of group life; social planning and action research. Human Relations, 1, 1947 b, 143–153

Group decision and social change. In: T. Newcomb, E. Hartley (Eds.): Readings in social psychology. New York 1947 c, 330–344

LEWIN, K., LIPPITT, R., WHITE, R. K.: Patterns of aggressive behavior in experimentally created »social climates«. Journal of Social Psychology, 10, 1939, 271–279

LINDZEY, G. (Ed.): Handbook of social psychology, I, II. Reading/Mass. 1954

LINDZEY, G., ARONSON, E. (Eds.): The handbook of social psychology, I–V. Reading/Mass. 1968/69

LÜCK, H. E.: Soziale Aktivierung. Untersuchungen zur Gültigkeit der modifizierten Social-Facilitation-Hypothese von Robert B. Zajonc. Köln 1969

McDOUGALL, W.: An introduction to social psychology. London 1908

The energies of men: a study of the fundamentals of dynamic psychology. London 1932

McGUIRE, W. J.: The nature of attitudes and attitude change. In: G. Lindzey, E. Aronson (Eds.): The handbook of social psychology, III. Reading/Mass. 1969, 136–314

MEAD, G. H.: The mechanism of social consciousness. Journal of Philosophy, 9, 1912, 401–406

The genesis of the self and social control. International Journal of Ethics, 35, 1924, 251–277

Mind, self, and society (hg. von C. W. Morris). Chicago 1934

MELTZER, B. N., PETRAS, J. W., REYNOLDS, L. T.: Symbolic interactionism. Genesis, varieties, and criticism. London, Boston 1975

MILLER, N. E.: Liberalisation of basic S-R concepts: extension to conflict behavior, motivation, and social learning. In: S. Koch (Ed.): Psychology: a study of a science, II. New York 1959, 196–292

MILLER, N. E., DOLLARD, J.: Social learning and imitation. New Haven 1941

MILLS, T. M.: The sociology of small groups. Englewood Cliffs/New Jersey 1967

MÜHLMANN, W. E.: Geschichte der Anthropologie. Frankfurt/M. 1968

MURPHY, G.: An historical introduction to modern psychology. London 1930

MURPHY, G., MURPHY, L. B., NEWCOMB, T. M.: Experimental social psychology. An interpretation of research upon the socialization of the individual. New York, London 1937 (überarbeitete Auflage)

OSGOOD, C. E., SUCI, G. J., TANNENBAUM, P. H.: The measurement of meaning. Urbana/Ill. 1957

OSGOOD, C. E., TANNENBAUM, P. H.: The principle of congruity in the prediction of attitude change. Psychological Review, 62, 1955, 42–55

PARSONS, T.: An approach to psychological theory in terms of the theory of action. In: S. Koch (Ed.): Psychology: a study of a science, III. New York 1959, 612–711

ROSS, E. A.: Social Control. A survey of the foundations of order (1901). London, New York 1969

The foundations of sociology. New York 1905

Social psychology. An outline and source book. New York 1908

SHERIF, C. W., SHERIF, M. (Eds.): Attitude, ego-involvement and change. New York 1967

SHERIF, C. W., SHERIF, M., NEBERGALL, R. E.: Attitude and attitude change: the social judgement-involvement approach. Philadelphia 1965

SHERIF, M.: A study of some social factors in perception. Archives of Psychology, 187, 1935

The psychology of social norms (1936). New York 1966

Social psychology: problems and trends in inter-disciplinary relationship. In: S. Koch (Ed.): Psychology: a study of a science, VI. New York 1963, 30–93

SHERIF, M., CANTRIL, H.: The psychology of ego-involvements. Social attitudes and identifications. New York 1947

SHERIF, M., HARVEY, O. J., WHITE, B. J., HOOD, W. R., SHERIF, C. W.: Intergroup conflict and cooperation: the robbers cave experiment. Norman/Okl. 1961

SHERIF, M., SHERIF, C. W.: Groups in harmony and tension. New York 1953

An outline of social psychology. New York 1956

Social Psychology. New York 1969

SKINNER, B. F.: Walden Two. New York 1948. Deutsch: Futurum Zwei. Hamburg 1970

Science and human behavior. New York 1953. Deutsch: Wissenschaft und menschliches Verhalten. München 1973

Verbal behavior. New York 1957

SODHI, K. S.: Mittel- und westeuropäische Sozialpsychologie. In: A. Wellek (Hg.) Bericht über den 19. Kongreß der Deutschen Gesellschaft für Psychologie. Göttingen 1953, 7–33

SOLLE, R.: Der feldtheoretische Ansatz. In: K. Gottschaldt, F. Sander, P. Lersch, H. Thomae (Hg.): Handbuch der Psychologie VII/1. Göttingen 1969, 133–179

TAJFEL, H.: Social and cultural factors in perception. In: G. Lindzey, E. Aronson (Eds.): The handbook of social psychology, III. Reading/Mass. ²1969, 315–394

THOMAS, W. I.: Source-book for social origins. Chicago 1909

THOMAS, W. I., ZNANIECKI, F.: The Polish peasant in Europe and America, I–V. Boston 1918–1921

THRASHER, F. M.: The gang. Chicago 1927

VOLKART, E. H. (Ed.): Social behavior and personality. Contributions of W. I. Thomas to theory and social research. New York 1951

WAITZ, T.: Anthropologie der Naturvölker. 6 Teile. Leipzig 1859–1871

WHORF, B. L.: Language, thought, and reality. Cambridge/Mass. 1956. Deutsch: Sprache, Denken, Wirklichkeit. Reinbek 1963

WHYTE, W. F.: Street corner society. Chicago 1943

WUNDT, W.: Beiträge zur Theorie der Sinneswahrnehmung. Leipzig 1862

Vorlesungen über die Menschen- und Tierseele. Leipzig 1863, ⁶1919

Grundriß der Psychologie. Leipzig 1896, ⁷1905

Völkerpsychologie. Eine Untersuchung der Entwicklungsgesetze von Sprache, Mythus und Sitte, I–X. Leipzig 1900–1920

YOUNG, K.: Source book for social psychology. New York 1927

ZAJONC, R. B.: Social facilitation. Science, 149, 1965, 269–274

DIE FELDTHEORIE VON KURT LEWIN

von Alfred Lang

Die Feldtheorie von Kurt Lewin (1926, 1936, 1946; vgl. 1963) steht in der gestalttheoretischen Tradition und ist neben den Trieb- und Vermögenstheorien, den Lerntheorien und der Psychoanalyse einer der grundlegenden Ansätze zur Erklärung menschlichen Verhaltens, die in der ersten Hälfte des zwanzigsten Jahrhunderts formuliert worden sind (s. auch die entsprechenden Beiträge in dieser Enzyklopädie). Ähnlich wie die Psychoanalyse beschäftigt sich die Feldtheorie mit dem Verhalten in seiner Gesamtheit und beansprucht also den Einschluß sowohl des Richtungsaspektes (Ordnung der psychischen Organisation, kognitive Strukturen) wie des Intensitätsaspektes (Antrieb und Ziele, motivationale Dynamik). Sie sucht jedoch die problematische Trennung aller wesentlichen Ansätze zwischen innenbedingtem Wollen und/oder Antrieb einerseits und außenbedingter Ordnung andererseits zu überwinden. Das Erleben, das Verhalten und Handeln, die Persönlichkeit und ihre Entwicklung sowie die zwischenmenschlichen Prozesse (im folgenden der Kürze halber insgesamt als »Verhalten« bezeichnet) werden in der Feldtheorie aufgefaßt als die Folge einer strukturierten und dynamischen Gesamtheit von Bedingungen, in welche personeigene und aus der Umwelt auf das Individuum einwirkende Gegebenheiten eingehen und einen unauflöslichen Systemzusammenhang bilden. So wie das Verhalten Gestaltcharakter aufweist, müssen auch die ihm zugrundeliegenden Bedingungen als eine dynamische Struktur aufgefaßt werden, in welcher »der Zustand jedes Teils ... von jedem andern Teil abhängt« (Lewin 1963, 69). Die Gesamtheit dieser Bedingungen ist das psychologische Feld oder der »Lebensraum«.

WISSENSCHAFTSTHEORETISCHE GRUNDLAGEN

Die Aufgabe der Psychologie besteht für Lewin darin, dieses psychologische Feld als die Bedingungsgrundlage des Verhaltens eines Individuums für jeden Zeitpunkt seiner Entwicklung zu »rekonstruieren«. Dazu gehört die Tatbestandsaufnahme aller zu dem gegebenen Zeitpunkt für das Individuum wirksamen Gegebenheiten in der Person und aus der Umwelt. Die Kenntnis der im psychologischen Feld herrschenden Gesetzmäßigkeiten würde dann stets die Konstruktion des Lebensraumes im nächstfolgenden Zeitpunkt ermöglichen und so bei adäquater Tatbestandsaufnahme das Verhalten des Individuums erklären.

Es handelt sich also bei der Feldtheorie um einen strikt deterministischen Ansatz, der das zu erklärende Verhalten allein aus den zugleich gegebenen Ursachen bedingt versteht. Gleichzeitig ist die Feldtheorie ihrem Wesen nach entwicklungspsychologisch, da sich der

Zustand des Lebensraumes zu einer gegebenen Zeit stets gesetzmäßig aus dem unmittelbar vorhergehenden Zustand sowie den zusätzlich wirkenden äußeren Bedingungen ergibt.

Infolge der Offenheit dieser Entwicklungsreihe in die Zukunft (Lewin 1922; vgl. auch Lang 1964, 18 ff) ist die Rekonstruktion des Lebensraumes eine nie zu vollendende Aufgabe. Da ferner jedes Individuum seine nur ihm selber eigene Entwicklungsreihe hat, ist strenge Gesetzmäßigkeit der Erklärung seines Verhaltens nur in einer Psychologie für das betreffende Individuum möglich. Allerdings akzeptiert Lewin (1927) auf dem Hintergrund ähnlicher biologischer Ausstattung der Individuen und angesichts der Ähnlichkeit der verschiedenen Ausschnitte aus der gleichen äußeren Welt, in denen sich alle Individuen entwickkeln, Regelmäßigkeiten in der Bedingtheit des Verhaltens, die eine begrenzte Generalisierung zwischen Individuen und in die nähere Zukunft der Entwicklung zulassen sollten (vgl. Lang 1977, 1978 a).

Eine strenge, die Formulierung von Gesetzen anstrebende Psychologie ist mithin praktisch wenig sinnvoll und auch theoretisch günstigstenfalls auf *einen* Zeitschritt in der Entwicklungsreihe eines Individuums beschränkt. Sie entgeht schwerlich der Gefahr, von der Erfahrungswelt abgeschnitten und in eine »reine« Welt psychologischer Konstruktion eingekapselt betrieben werden zu müssen. Auch die Rekonstruktion des Lebensraumes eines konkreten Individuums in einer konkreten Situation ist infolge der ungeheuren Komplexität der Bedingungen immer nur in grober Approximation möglich. Grobe Approximation gilt erst recht für eine allerdings praktikable Psychologie der Regelmäßigkeiten. Die Feldtheorie ist also »nicht eine Theorie im üblichen Wortsinn«, sondern allenfalls »eine Methode der Analyse von Kausalbeziehungen und der Synthese wissenschaftlicher Konstrukta« (Lewin 1963, 87).

Dementsprechend besteht die Feldtheorie im Grund aus einem Angebot an (zumeist als vorläufig hingestellten) Konstrukten, die nach der Meinung Lewins geeignet sind, psychologische Sachverhalte umfassend und in ihren essentiellen Zügen zu beschreiben. Die begrifflichen Beziehungen zwischen diesen Konstrukten sind Formulierungen psychologischer Gesetze. Lewin und seine Schüler und Mitarbeiter in Berlin und in den USA haben viele faszinierende Illustrationen zu diesen Konstrukten bereitgestellt (vgl. die unter dem Titel »Untersuchungen zur Handlungs und Affektpsychologie« 1926–1937 in der »Psychologischen Forschung« publizierten Berliner Dissertationen; die Sammelbände von Lewins Aufsätzen 1935, 1953, 1963 sowie die Übersichten bei Deutsch 1954, Cartwright 1959, Marrow 1969 und de Rivera 1976). Allerdings wird bei den meisten dieser Untersuchungen verhältnismäßig wenig Gewicht auf die sogenannten »koordinierenden« oder operationalen Definitionen gelegt, mittels derer die psychologischen Konstrukte den Gegebenheiten der Erfahrungswelt eindeutig zugeordnet werden könnten. Meines Erachtens ist die Feldtheorie also im wesentlichen ein heuristisches Instrument – geeignet vor allem zum Verstehen psychologischer Konstellationen und Prozesse –, das sich in der Tat als außerordentlich fruchtbar für die Findung von Erkenntnis erwiesen hat.

Versteht man Lewins Ansatz jedoch als eine Theorie im engeren Sinn und erwartet von ihr Anleitung zur Rechtfertigung formulierter Erkenntnis, so ist Enttäuschung unvermeidlich. Es kann hier nicht untersucht werden, ob diese Eigenschaft für die Feldtheorie spezifisch ist oder ob vielleicht alle psychologischen Theorien von einigem Allgemeinheitsanspruch keineswegs rechtfertigungsfähige und rational generalisierbare Erkenntnis darstellen, sondern bestenfalls fruchtbare Forschungsprogramme sind (vgl. etwa Herrmann 1976; Lang 1978 b).

Das Denken Lewins zeugt jedenfalls von einem für einen Psychologen ungewöhnlich tiefen und höchst modernen wissenschaftstheoretischen Bewußtsein (vgl. 1922, 1931, 1936, 1963). Im Gegensatz zu den anderen Gestalttheoretikern wendet sich Lewin gegen physiologischen Reduktionismus und betont, daß eine wissenschaftliche Beschreibungs- und Erklärungssprache in sich geschlossen sein müsse. Wissenschaften seien Systeme von jeweils problemspezifischen Begriffen und Gesetzen, mehr durch den jeweiligen begrifflichen Ansatz als durch unterscheidbare Gegenstände voneinander verschieden (Lewin, 1963, 171; vgl. dazu etwa Lakatos, dargestellt bei Herrmann 1976).

In mancher Hinsicht kann die Feldtheorie als ein Vorläufer der Allgemeinen Systemtheorie für offene Systeme (von Bertalanffy 1968) bezeichnet werden. Gemeinsam ist den beiden Ansätzen der hohe Allgemeinheitsanspruch, die Beschäftigung mit gegliederten Ganzheiten und ihrer internen Dynamik sowie die Betonung des ökologischen Prinzips (vgl. unten). Allerdings zieht Lewin ganz andere Beschreibungsbegriffe für Strukturen und Prozesse bei und entwickelt demgemäß einen andersartigen (und nicht voll durchführbaren) Formalismus, da er nicht über die modernen mathematischen Mittel von Kybernetik und Informationstheorie verfügt und zudem glaubt, den Gestalteigenschaften des Psychischen durch die Vermeidung der Annahme elementhafter Gegebenheiten gerecht werden zu müssen.

ZENTRALE KONSTRUKTE DER FELDTHEORIE

Lebensraum. Wohl das wichtigste der Lewinschen Konstrukte ist der Lebensraum oder das psychologische Feld. Es ist die Konstruktion, die der Forscher herstellt, wenn er Aussagen über die Verhaltensbedingungen eines Individuums zu einer gegebenen Zeit machen will. Der Forscher trifft das konkrete Individuum in einer konkreten Situation (Weltausschnitt) an. Dementsprechend muß der Lebensraum eine Repräsentation des Individuums selbst (genannt die psychologische Person) und eine Repräsentation eines Weltausschnittes (die psychologische Umwelt) enthalten. In der psychologischen Umwelt sind aber nur jene Gegebenheiten aus der Welt zu repräsentieren, welche für das Individuum gegenwärtig von Bedeutung sind; und sie sind so zu repräsentieren, wie sie vom Individuum »verstanden« werden. Die psychologische Umwelt ist also durch vorausgehende Wahrnehmung der realen Welt und/oder durch von früher her im Gedächtnis verfügbares »Wissen« um die Welt konstituiert. »Wissen« und »Verstehen« ist hierbei nicht mit »bewußtseinsfähig« gleichzusetzen, da auch das Verhalten von Säuglingen und Tieren durch ihren Lebensraum determiniert ist. Das bewußte Erleben, z. B. die Vorstellungen über Vergangenheit und Zukunft (Zeitperspektive) oder Tagträume und Gedankenspiele (Irrealitätsebene) können aber durchaus als ein besonderer Teil des Lebensraumes verstanden werden. Lewin bedient sich zur Darstellung des Lebensraumes einer geometrisch-topologischen Hilfskonstruktion, indem er auf einem Blatt einen in sich geschlossenen Linienzug zeichnet. Die Fläche innerhalb dieses Ovals stellt den Lebensraum dar; sie umfaßt sowohl die psychologische Umwelt wie die psychologische Person (s. auch den Beitrag von T. Herrmann in Bd. I, 589 f, dieser Enzyklopädie).

Psychologische Ökologie. Die Fläche um das Oval herum heißt die »äußere Hülle« und repräsentiert im Prinzip die Gesamtheit der Welt, die im Moment für das Individuum ohne Bedeutung ist. Sie ist aber von Interesse, weil gewisse Teile der äußeren Hülle im nächsten Moment sehr wohl für das Individuum von Bedeutung sein können, nämlich dann, wenn sie durch Wahrnehmung in den Lebensraum eingehen. Das Individuum verändert ja die Welt fortlaufend ein wenig durch sein Verhalten, und dadurch sowie durch seine veränderte Lage in der Welt werden laufend neue Weltausschnitte der Wahrnehmung zugänglich; zudem ändert sich die Welt, besonders auch die soziale Welt, von sich aus.

Obwohl die Feldtheorie, wie schon vermerkt, weitgehend postperzeptuell und präbehavioral (Brunswik) ist, hat Lewin als einer der ersten Psychologen nachdrücklich eine psychologische Ökologie gefordert (1963, 98 ff. und Kap. 8), die Aussagen darüber machen kann, was für Ausschnitte aus der physischen, sozialen und kulturellen Welt für ein Individuum in der Abfolge der Zeit in den Lebensraum eingehen können. Wenn wir echte Verhaltensvorhersagen machen wollen, müssen wir über systematisches Wissen dieser Art verfügen. Es ist aber offensichtlich, daß die gegenwärtige Psychologie – trotz eifriger Beteuerungen dieser Zielsetzung – dazu nicht in der Lage ist. Denn sie hat bisher nur ad hoc und mit unzureichenden Mitteln wie der Alltagssprache und einigen Anleihen aus der Physik sogenannte »Reize« definiert; von einigen speziellen Fällen in der Psychologie sensorischer Prozesse einmal abgesehen kennt man den Zusammenhang dieser »Reize« untereinander nicht. Eine ökologisch orientierte Psychologie (vgl. etwa Graumann 1978) setzt also eine psychologisch orientierte Ökologie voraus.

Psychologische Umwelt. Der Gliederung der Fläche innerhalb des Ovals entspricht die Struktur der psychologischen Umwelt. Lewin bedient sich der Topologie zur Darstellung des statischen Aspekts des Lebensraumes: Regionen, die Grenzen zwischen ihnen sowie die topologischen Relationen des Angrenzens, des Entferntseins, des Einschließens, Ausschließens usw. sollen den Aufbau der kognitiven Struktur des Individuums, wie sie im Moment wirksam ist, abbilden. Die Regionen können mögliche Zustände des Individuums (krank sein, bewundert werden usw.), potentielle Tätigkeiten (gehen, essen) oder auch Gegebenheiten der physischen, sozialen oder kulturellen Welt wie Objekte oder Personen oder Begriffe darstellen. Die topologischen Relationen zwischen den Regionen (z. B. daß man von Region A nur über B, C, D . . . nach Z gelangen kann) spiegeln die vielfältige und vieldimensionale Struktur der Welt wider, freilich so, wie sie das Individuum »versteht«.

Psychologische Person. Lewin konzipiert die psychologische Person einerseits als eine Art »Massenpunkt«, der sich im Lebensraum von Region zu Region bewegen kann und damit die potentiellen Zustände und Tätigkeiten aktualisiert. Die »topologische Psychologie« (1936) zur Beschreibung des Ordnungsaspektes der psychischen Organisation wird damit durch die Dynamik der »Vektorpsychologie« (1938) erweitert. Denn die »Lokomotion« der psychologischen Person in der psychologischen Umwelt erfolgt aufgrund des Kraftfeldes, das jederzeit im Lebensraum herrscht, entlang den »Wegen«, die durch die topologische Struktur gegeben sind.

Das Kraftfeld seinerseits ist bestimmt durch die Beziehungen, die zwischen der Person und jeder einzelnen Region im Lebensraum bestehen. Diese Beziehungen werden im Konstrukt der Valenz (»Aufforderungscharakter«) erfaßt. In eine bestimmte Region zu gelangen kann aufgrund von Bedürfnissen oder Wertsetzungen des Individuums erwünscht oder unerwünscht sein. Alle anderen Regionen der psychologischen Umwelt nehmen entsprechend den vielfältigen Beziehungen zwischen ihnen ebenfalls zu einem größeren oder geringeren Grad positive oder negative Valenz an.

System in Spannung. Eine zweite Konzeption der psychologischen Person ist vor allem in den früheren Arbeiten zu finden. Hier wird auch die Person als strukturiertes System konzipiert, ohne daß allerdings den einzelnen Regionen bestimmte Bedeutungen zugewiesen würde wie beim Lebensraum. Von Interesse sind hier vor allem abstrakte und sehr allgemeine Parameter wie der Differenziertheitsgrad des Systems, die Stärke der »Wände« zwischen den Regionen und der Grad der Integration. Durch ein Bedürfnis oder eine »Vornahme« entsteht nicht bloß ein Netzwerk von Valenzen in der psychologischen Umwelt, sondern es steigt auch der Grad der Spannung innerhalb der psychologischen Person. Dies ist insbesondere dann der Fall, wenn das Kraftfeld im Lebensraum aus ungefähr gleich großen, aber entgegengesetzt gerichteten Kräften zusammengesetzt ist, so daß keine gerichtete Resultante zur Lokomotion der psychologischen Person führen kann. Das Verhältnis zwischen den beiden Auffassungen der psychologischen Person ist allerdings nicht völlig geklärt.

Verhalten. Das Verhalten des Individuums ist das empirische Korrelat aller Veränderungen im Lebensraum, insbesondere der Lokomotion der psychologischen Person in der psychologischen Umwelt. Lewin faßt das in die berühmt gewordene Formel

$$V = f (L)$$

zusammen; und da der Lebensraum seinerseits konstituiert ist aus der psychologischen Person und der psychologischen Umwelt, heißt die Formel auch

$$V \doteq f (P, U).$$

Das ist insofern leicht mißverständlich, als es eigentlich heißen müßte:

$$V = f (ps.P, ps.U),$$

während andererseits der Lebensraum vom Forscher auf der Grundlage der realen oder konkreten Person und Situation rekonstruiert wird:

$$L = f (konkr. Person, konkr. Umwelt).$$

Um den Lebensraum vollständig rekonstruieren zu können, müßte man freilich den Lebensraum zum vorhergehenden Zeitpunkt kennen sowie jeden weiteren zurück bis zum Anfang der Ontogenese. Da dies kaum möglich ist, wird die Feldtheorie tatsächlich mehr zu einer ex-post-Erklärungsweise.

WEITERE KONSTRUKTE UND UNTERSUCHUNGEN

Der Vorzug dieser und einer großen Zahl weiterer Konstrukte, die hier aus Raumgründen nicht besprochen werden können, besteht darin, daß sie gestatten, phänomenal ganz unterschiedliche Gegebenheiten in eine gemeinsame »Sprache« zu transformieren und somit einer umfassenden Behandlung zugänglich zu machen. Dies mag am Beispiel von Dembos Untersuchung »Der Ärger als dynamisches Problem« (1931) illustriert werden. Ein Vergleich mit der psychoanalytischen oder der lerntheoretischen Auffassung des Frustrationsphänomens macht den heuristischen Gewinn der feldtheoretischen Betrachtungsweise besonders deutlich.

Dembo hat ihren Vpn schwierige Aufgaben gegeben, die teilweise tatsächlich unlösbar waren, von deren Lösbarkeit sie aber die Vpn mit allen Mitteln zu überzeugen suchte. Entsprechend den empirischen Befunden zeigt die Konstruktion des Lebensraumes eines »frustrierten« Individuums – eine »Barriere« zwischen psychologischer Person und der Zielregion im Lebensraum, welche die Lösung der Aufgabe repräsentiert –, daß es nicht notwendig zu neurotischem Verhalten oder zu Aggression kommt, weil ja eine Änderung der Valenzstruktur ohne weiteres möglich ist und damit viele weitere Wege im Lebensraum offenstehen. Soll es wirklich zu einer Frustration kommen, so muß durch die Errichtung weiterer »Barrieren« im Lebensraum verhindert werden, daß die Person »aus dem Felde« geht. Für das Auftreten von »Ärger« genügen »innere« Barrieren, z. B. die Wahrnehmung der Schwierigkeit der Aufgabe; für das Auftreten von »Aggression« sind zusätzlich »äußere« Barrieren notwendig, z. B. die Verhinderung irgendwelcher anderer Tätigkeiten. Häufig beruhen diese äußeren Barrieren auf »sozial induzierten Feldern«, d. h. auf der Wirkung von sozialen Normen oder von konkreten Personen, die Einfluß auf die Situation ausüben können. Je nach deren Position im Valenz-Netz des Lebensraumes – beispielsweise ob sie oder mit ihnen verbundene Gegebenheiten positiv oder negativ bewertet werden – sind sehr unterschiedliche dynamische Strukturen und damit unterschiedliches Verhalten zu erwarten.

Es ist unmöglich, an dieser Stelle den ganzen Reichtum der von Lewin vorgeschlagenen Konstrukte darzustellen und die feldtheoretische Vorgehensweise auch nur in dieser einen, geschweige denn in der Vielzahl der weiteren Untersuchungen, die von Lewin durchgeführt oder angeregt worden sind, aufzuzeigen. Der interessierte Leser sei auf die Publikationen Lewins und seiner Mitarbeiter verwiesen; Bibliographien finden sich im Band »Feldtheorie in den Sozialwissenschaften« (1963) sowie bei Marrow (1969) (vgl. auch den Beitrag von W. Metzger und die entsprechende Bibliographie in diesem Band). Vorzügliche und ausführlichere Darstellungen der Feldtheorie stammen von Deutsch (1954), Cartwright (1959), Baldwin (1967), Solle (1969) und de Rivera (1976).

BEWERTUNG

Dadurch, daß man in der Feldtheorie die Gegenstände und Ereignisse nicht aufgrund ihrer phänotypischen Ähnlichkeiten oder Unähnlichkeiten, sondern unter Anwendung bestimmter Konstrukte »konditional-genetisch« in Ausdrücken ihrer Interdependenz beschreibt, wird es möglich, eine Vielzahl von Tatsachen der Psychologie und der Sozialpsychologie in einem neuen Licht zu sehen (vgl. Lewin 1963, Kap. 6). Gewiß sind damit diese Gegenstände und Ereignisse noch nicht im Sinne traditioneller Theoriebildung erklärt; die vielen Untersuchungen, die von feldtheoretischen Konzepten angeregt worden sind, zeigen aber, daß diese Betrachtungsweise durchaus dazu dienen kann, das Feld für eine speziellere Theoriekonstruktion und kritische Experimente über besondere Fragen abzustekken. Man wird solche Mikrotheorien nicht gegen den allgemeinen, begriffschaffenden Ansatz ausspielen dürfen, wenn man auf eine gewisse Generalisierbarkeit der Mikrotheorien nicht verzichten will. Eine sorgfältige Lektüre des vorliegenden Bandes über sozialpsychologische Probleme wie auch weiterer Teile der modernen Psychologie zeigt, daß sich eine feldtheoretische Denkweise – freilich ohne den Lewinschen Formalismus – in sehr hohem und, wie mir scheint, in letzter Zeit zunehmendem Maß durchgesetzt hat. Davon zeugen nicht nur die vielen ursprünglich von Lewin vorgeschlagenen Konzepte, deren sich fast alle Psychologen bedienen; auch dort, wo die manchmal etwas eigentümlichen Lewinschen Konstrukte nicht übernommen worden sind, wird doch die Interdependenz aller Gegebenheiten in einem Systemzusammenhang mit einer früher unbekannten Selbstverständlichkeit vorausgesetzt.

Es läge Lewin sicher fern, dafür Urheberschaft zu beanspruchen. Manche Besonderheiten Lewinschen Denkens sind auf Unverständnis und Ablehnung gestoßen. Die Gründe dafür ausfindig zu machen, kann kunftigen Wissenschaftshistorikern überlassen werden. Sicher ist, daß sich Lewins Traum von einem allgemeinen psychologischen Begriffsystem, das – ähnlich wie das Mendelejewsche System der Elemente die Feuer-Wasser-Luft-und-Erde-Physik des Mittelalters – unser heutiges Begriffs-Tohuwabohu ablösen müßte, noch nicht erfüllt hat. Ich glaube nicht, daß uns Lewin ein solches Fundament der Psychologie gegeben hat. Aber wesentliche Vorarbeiten dazu hat er geleistet; sie sind auch heute noch nicht voll ausgewertet.

LITERATUR

Baldwin, A. L.: Theories of child development. New York: Wiley 1967. Deutsch: Theorien primärer Sozialisationsprozesse. Weinheim: Beltz 1974, 111–206

Bertalanffy, L. von: General system theory. New York: Academic Press 1968

Cartwright, D.: Lewinian theory as a contemporary systematic framework. In: S. Koch (Ed.): Psychology, a study of a science, II. New York: McGraw-Hill 1959, 7–91

Dembo, T.: Der Ärger als dynamisches Problem. Psychologische Forschung, 15, 1931, 1–144

Deutsch, M.: Field theory in social psychology. In: G. Lindzey (Ed.): Handbook of social psychology, I. Cambridge/Mass.: Addison-Wesley 1954, ²1968, 181–222

Graumann, C. F. (Ed.): Ökologische Perspektiven in der Psychologie. Bern: Huber 1978

Herrmann, T.: Die Psychologie und ihre Forschungsprogramme. Göttingen: Hogrefe 1976

Lang, A.: Über zwei Teilsysteme der Persönlichkeit. Bern: Huber 1964

Psychodiagnostik als ethisches Dilemma. In: J. K. Triebe, E. Ulich (Hg.): Beiträge zur Eignungsdiagnostik. Bern: Huber 1977, 190–202

Einige Überlegungen zur Rechtfertigung psychodiagnostischer Tätigkeit in der Beratung. In: U. Pulver, A. Lang, F. W. Schmid (Hg.): Ist Psychodiagnostik verantwortbar? Bern: Huber 1978 a, 121–140

Wahrnehmung, Denken, Gedächtnis – psychische Funktionen »zwischen« Geist und Materie. In: M. Svilar (Hg.): Leib und Seele, Geist und Materie. Bern: Lang 1978 b (im Druck)

Lewin, K.: Der Begriff der Genese in Physik, Biologie und Entwicklungsgeschichte: eine Untersuchung zur vergleichenden Wissenschaftslehre. Berlin: Springer 1922

Vorsatz, Wille und Bedürfnis, mit Vorbemerkungen über die psychischen Kräfte und Energien und die Struktur der Seele. Psychologische Forschung, 7, 1926, 294–385 (teilweise in Lewin 1935, Kap. 2)

Gesetz und Experiment in der Psychologie. Symposium 1, 1927, 375–421 (Nachdruck: Darmstadt: Wissensch. Buchges. 1967)

Der Übergang von der Aristotelischen zur Galileischen Denkweise in der Biologie und Psychologie. Erkenntnis, 1, 1931, 421–466 (Nachdruck: Darmstadt: Wissensch. Buchges. 1971; Englisch in Lewin 1935, Kap. 1)

A dynamic theory of personality (selected papers). New York: McGraw-Hill 1935

Principles of topological psychology. New York: McGraw-Hill 1936. Deutsch: Grundzüge der topologischen Psychologie. Bern: Huber 1969

The conceptual representation and the measurement of psychological forces. Durham/N.C.: Duke Univ. Press 1938

Behavior and development as a function of the total situation. In: L. Carmichael (Ed.): Manual of child psychology. New York, Wiley 1946, 791–844. Deutsch: Verhalten und Entwicklung als eine Funktion der Gesamtsituation. In: Feldtheorie in den Sozialwissenschaften. Bern, Stuttgart: Huber 1963

Resolving social conflicts (selected papers on group dynamics). New York: Harper & Bros. 1948. Deutsch: Die Lösung sozialer Konflikte. Bad Nauheim: Christian 1953

Field theory in social science (selected theoretical papers). New York 1951. Deutsch: Feldtheorie in den Sozialwissenschaften. Bern: Huber 1963.

Marrow, A. J.: The practical theorist: the life and work of Kurt Lewin. New York: Basic Books 1969. Deutsch: Kurt Lewin – Leben und Werk. Stuttgart: Klett 1977

Rivera, J. de: Field theory as human-science: contribution of Lewin's Berlin group. New York: Gardner Press 1976

Solle, R.: Der feldtheoretische Ansatz. In: C. F. Graumann (Hg.): Handbuch der Psychologie, VII: Sozialpsychologie, 1. Halbband: Theorien und Methoden. Göttingen: Hogrefe 1969, 133–179

ÜBER DIE THEORIE
DER SYMBOLISCHEN INTERAKTION

von Gunter Falk

> »Das Gesellschaftsspiel hat den tieferen
> Doppelsinn, daß es nicht nur in einer
> Gesellschaft als seinem äußeren Träger
> gespielt wird, sondern daß mit ihm tat-
> sächlich Gesellschaft ›gespielt‹ wird.«
> Georg Simmel: Grundfragen der Soziologie (1917/1970, 59)

DIE INTERAKTIONISTISCHE PERSPEKTIVE
ODER
GESELLSCHAFT UND INDIVIDUUM
ALS KOMPLEMENTÄRER HANDLUNGSPROZESS

Die »Theorie der symbolischen Interaktion« wird üblicherweise gleichgesetzt mit dem »symbolischen Interaktionismus«, jener im wesentlichen auf Cooley (1902, 1909), Thomas (1923) und insbesondere G. H. Mead (1932, 1934, 1938) zurückgehenden Variante soziologischen und sozialpsychologischen Denkens, die in der Gegenwart auch in den Spielarten des devianztheoretischen »Labeling Approach« (Etikettierungstheorie), der stark phänomenologisch orientierten Ethnomethodologie, der Goffmanschen Situationsanalyse sowie diverser Ansätze einer Theorie des Selbst weiterlebt.[1] Wie jede umfassende Theorie der Gesellschaft und des Individuums, der Persönlichkeit, versucht die Theorie der symbolischen Interaktion eine Antwort auf die Frage zu geben, die man mit Wrong (1961) je nach ihrer Wendung als »Hobbessche Frage« oder »Marxsche Frage« bezeichnen kann:

»Die Frage kann unterschiedlich formuliert werden als: ›Was sind die Ursprünge des sozialen Zusammenhaltes?‹, oder ›Wie ist die soziale Ordnung möglich?‹, oder, in sozialpsychologischen Begriffen ausgedrückt, ›Wie kommt es dazu, daß Menschen sich sozialer Erziehung fügen?‹. In ihrer sozialpsychologischen Wendung nenne ich diese Frage die ›Hobbessche Frage‹, in ihrer im engeren Sinne soziologischen Wendung die ›Marxsche Frage‹. Die Hobbessche Frage fragt, wie Menschen zur Leitung durch soziale Normen und Ziele, die eine dauerhafte Gesellschaft ermöglichen, befähigt sind, die Marxsche Frage fragt, wie komplexe Gesellschaften – wenn diese Fähigkeit angenommen wird – es bewerkstelligen, zerstörerische Konflikte zwischen Gruppen zu regulieren und einzuschränken« (Wrong 1961, dt. Ausg., 227).

Die Antwort des Interaktionismus auf diesen Fragendual ist 1. dynamisch: Gesellschaft und Mensch werden nicht als weitgehend fixe Strukturen aufgefaßt wie in der sozialen Statik des Strukturfunktionalismus (vgl. Parsons 1951) oder in der psychologischen Statik der Persönlichkeitspsychologie (vgl. Eysenck 1953), sondern als dialektische Pole *eines* emergenten, d. h. nicht *hinreichend* determinierten Prozesses, der als Handlungs- oder Interaktionsprozeß aufgefaßt wird.

Sie ist 2. nichtreduktionistisch: Im Unterschied etwa zum Behaviorismus psychologischer oder soziologischer Provenienz (zu ersterem vgl. etwa Skinner 1953, zu letzterem Homans 1961) vertritt der Interaktionismus nicht die – auch wissenschaftstheoretisch kritisierbare (vgl. Brodbeck 1958, Kutschera 1972) – Annahme, daß soziale oder personale Makrozustände oder -verläufe vollständig auf Mikrozustände oder -verläufe reduzierbar bzw. durch diese determiniert seien. Vielmehr wird gesehen, daß im Übergang auf jeweils höhere Organisations- bzw. Erklärungsebenen neue, »emergente« Eigenschaften oder Prozesse auftreten (für eine rigorose Analyse des sozialwissenschaftlichen Reduktionismus- bzw. Aggregationsproblems, allerdings im ökonomischen Kontext, vgl. Schlicht 1977). Diese grundsätzlich nichtreduktionistische Haltung wird in der interaktionistischen Forschungspraxis aber oft aufgegeben im Versuch, soziale Makrostrukturen durch Verknüpfungen sozialer Mikrostrukturen zu erklären.

Die interaktionistische Antwort auf das Hobbessche bzw. Marxsche Problem ist 3. konsenstheoretisch (insbesondere in ihrer Meadschen Variante): Der Interaktionismus glaubt, im Verein mit fast allen neueren amerikanischen Schulen sozialwissenschaftlichen Denkens, daß makrosoziale Ordnung – Ordnung der gesellschaftlichen und institutionellen Strukturen – wie mikrosoziale Ordnung – die im Interaktionismus im wesentlichen als »Bedeutungsproblem« gefaßt wird, als Frage: Wie kommen gemeinsame Symbole und Bedeutungen zustande? – im wesentlichen auf einem Konsens oder einer Kooperation der Beteiligten beruhe. Dieser wird meist als Gegenseitigkeit bzw. »Reziprozität der Perspektiven« der einzelnen Akteure dargestellt. Die Alternative der – machtvollen – Durchsetzung von Ordnungen oder Bedeutungen und die Möglichkeit von Konflikten über diese wird entsprechend kaum gesehen.

4. ist die interaktionistische Antwort auf das Ordnungsproblem mikrosoziologisch bzw. sozialpsychologisch: Der Interaktionismus hat, bis in die Gegenwart, keine adäquaten Konzeptionen von sozialen Makrostrukturen wie institutionellen oder Klassenverhältnissen entwickelt. Sein analytisches Paradigma war und ist die kleine, durch direkte Interaktion verknüpfte Gemeinschaft (community) und die Prozesse in derselben (in den Gestalten von Familien, Primärgruppen, Arbeitsgruppen, Schulklassen, Partygesellschaften oder kriminellen »Gangs«), gegebenenfalls der Wechsel oder die »Wanderung« zwischen solchen Gruppen, etwa aufgefaßt als »Karriere« (Strauss 1959, Becker 1963) oder als »Statuspassage« (Glaser, Strauss 1971).

Die beiden letzten Punkte reflektieren gewisse konservative Antworten dessen, was man als »amerikanische Ideologie« bezeichnen könnte, auf strukturelle Probleme des Überganges der USA von einer agrarisch-frühindustriellen Einwanderer- und »Frontier«-Gesellschaft in eine abgeschlossene, hochindustrialisierte und spätkapitalistisch-imperiale Zentrumsnation. Die Probleme, die auf diesem Weg ungelöst blieben oder neu geschaffen wurden – rassisch-ethnische Diskriminierungen und Konflikte, strukturelle Armut und Ungleichheit, organisierte Kriminalität, schneller ethnischer und familialer Wandel, Verschiebung der Klassenstruktur von ständischen zu industriellen Klassenfraktionen usw. –, werden im Interaktionismus wie in anderen harmonizistischen, dem Ideal der kleinen Gemeinschaft verhafteten Theorien und Forschungsprogrammen gewissermaßen durch eine Beschwörung der Werte, Ideale und Lebensformen der Väter (Pioniere) idealistisch zu lösen gesucht. Mit diesen Hinweisen auf die sozialhistorisch-ideologische Einbettung der Theorie der symbolischen Interaktion ist natürlich nichts über ihren wissenschaftlichen Wert oder Unwert ausgesagt, doch sollten sie ein Verständnis der besonderen Wege, aber auch Irrwege, die der Interaktionismus im Versuch der Lösung des Gesellschafts- wie des Persönlichkeitsproblems beschreitet, erleichtern (für eine analoge Analyse des sozialhistorischen Hintergrunds des Interaktionismus vgl. Brumlik 1973, 120 ff).

DAS INTERAKTIONISTISCHE HANDLUNGSMODELL
ODER
BEDEUTUNG ALS KONSENS

Für den Interaktionismus ist – wie schon sein Name besagt – grundlegend sein Handlungsbegriff oder Handlungsmodell. Handeln wird bei Mead und seinen Nachfolgern grundsätzlich als soziales, als »Interaktion« vorgestellt (insofern – und nicht nur insofern

– ergeben sich gewisse Parallelen zum gleichzeitig entstandenen Handlungsbegriff Max Webers; vgl. etwa Weber [2]1956, Bd. 1, Kap. I): Austausch von Gesten oder Symbolen zwischen zwei oder mehr Akteuren. Der Grenzfall des Symbolaustausches eines Akteurs mit sich selbst wird – ähnlich wie in der Freudschen Konzeption des »Probehandelns« – zur Definition des Denkens herangezogen (vgl. Mead 1934, dt. Ausg., 113).[2].

Das Basismodell, das Mead und die Interaktionisten immer wieder bemühen, ist der »Austausch von Gesten« (conversation of gestures), üblicherweise versinnbildlicht am Beispiel zweier kämpfender Hunde: »Die Handlung jedes der beiden Hunde wird zum Reiz, der die Reaktion des anderen beeinflußt. Es besteht also eine Beziehung zwischen den beiden; und da der andere Hund auf die Handlung reagiert, wird diese wiederum verändert. Eben die Tatsache, daß der Hund zum Angriff auf einen anderen bereit ist, wird zu einem Reiz für diesen anderen, seine eigene Position oder seine eigene Haltung zu ändern. Kaum tritt dies ein, löst die veränderte Haltung des zweiten Hundes beim ersten wiederum eine veränderte Haltung aus. Hier werden Gesten ausgetauscht. Es handelt sich jedoch nicht um Gesten in dem Sinne, daß sie etwas besagen« (Mead 1934, dt. Ausg., 81 f).

Erhellender ist vielleicht das Beispiel des menschlichen Fechtens: »Wenn ein Teilnehmer erfolgreich sein soll, darf ein Großteil seiner Angriffe und seiner Verteidigung nicht überlegt sein, sondern muß unmittelbar ablaufen. Er muß sich ›instinktiv‹ auf die Haltung des anderen einstellen. Natürlich kann er das Ganze durchdenken« (Mead 1934, dt. Ausg., 82). In solchen »instinktiven« Austauschprozessen werden noch keine Symbole kommuniziert. Doch »... kann man sagen, daß diese Gesten einen Sinn haben, daß sie nämlich die späteren Stadien der sich entwickelnden Handlung und in zweiter Linie die von der Handlung betroffenen Objekte bedeuten: die geballte Faust bedeutet den Schlag, die ausgestreckte Hand bedeutet den Gegenstand, nach dem gegriffen wird. Solche Bedeutungen sind nicht subjektiv, nicht privat, nicht geistig, sondern in der gesellschaftlichen Situation gegeben« (Morris, in: Mead 1934, dt. Ausg., 24).

Diese schlichte Lösung des Bedeutungsproblems, die zuerst auf der Ebene der Gestenübertragung gegeben wird, muß im Kontext der europäischen Geistesgeschichte gesehen werden. Von Platon bis Darwin (in dessen »Expressions of Emotions in Man and Animals«, 1872), mit dem sich Mead (1934, dt. Ausg., 52 ff) kritisch auseinandersetzt, werden Bedeutungen von Handlungen, tierischen oder menschlichen, verbalen oder nonverbalen, in aller Regel zeitlich *vor* dem Handlungsvollzug – in der Seele, im Geist oder Gehirn des Akteurs – lokalisiert. Der Vollzug degeneriert folgerichtig zu wenig mehr als einem wechselnd adäquaten »Ausdruck« der präformierten Idee, Bedeutung oder Emotion.

Dagegen wehrt sich Mead. Ein kämpfendes Tier oder ein kämpfender Mensch »drücken« nach seiner Analyse nicht »Aggression aus«; vielmehr *sind* ihre Handlungen, die durch eine Kombination von inneren wie äußeren Reizen zustande kommen, »Aggression« *für* den Widerpart (oder *für* einen »empathischen« Beobachter). Die Bedeutung einer Geste ist die »*spätere* Phase des Handelns« (das beide Akteure einschließt), wie eine berühmte Formulierung Meads lautet. Diese spätere Phase des Handelns (act) ist aber gleich der »Reaktion« des Gegenübers. Somit ist »die Anpassungsreaktion des anderen Organismus ... die Bedeutung der Geste« (Mead 1969 a, 224). Die Bedeutung einer Geste ist also das, was sie – normalerweise – auslöst oder bewirkt: ihr *Resultat* (wie man in Anlehnung an die moderne handlungslogische Terminologie sagen kann; vgl. etwa von Wright 1977).

Bevor die Weiterentwicklung des Modells zum – sprachlichen – Austausch von »signifikanten Symbolen« skizziert werden soll, ist auf die erste Aporie der Meadschen Analyse hinzuweisen. Verweilen wir noch ein wenig beim Beispiel der beiden kämpfenden Hunde. Wie man aus der Ethologie und wie jeder Hundebesitzer weiß, kann z. B. eine Drohgeste des Hundes A verschiedenartig, zumindest aber auf zwei Weisen beantwortet werden: B kann seinerseits drohen (was offensichtlich Mead in seiner Analyse des Hundekampfes vorschwebte), er kann aber auch eine Demutsgebärde signalisieren (und darüber hinaus fliehen, angreifen, eine Übersprungbewegung zeigen usw.). Im verbalen Kommunikationssystem des Menschen sind die Antwortmöglichkeiten noch ungleich vielfältiger.

Was also ist die Bedeutung – im Meadschen Verstande – einer Drohgeste, die immerhin ethologisch relativ gut identifizierbar ist? Der Hinweis auf einen fiktiven »Normalfall« bringt hier nichts ein, denn – statistisch wie biologisch – »normal« sind zumindest beide Alternativen. Oder sollte man, je nach Antwort oder Reaktion, rückschließend von unterschiedlichen Drohgesten sprechen? Abgesehen davon, daß Drohgesten »an und für sich« als ethologische »types« (im Unterschied zu den »tokens« der Einzelhandlungen) eindeutig identifizierbar sind, hieße dies, einem totalen Indeterminismus oder, erkenntnistheoretisch gewendet, Agnostizismus das Wort reden, demzufolge man zumindest im sozialen Bereich von einer Sache erst weiß, wenn sie schon geschehen ist.

Die Lösung des Problems ist natürlich in Wahrheit einfach und wird von jedem ethologischen Beobachter wie von jedem Menschen im gesellschaftlichen Verkehr tagtäglich praktiziert. Die – gewissermaßen lexikalische – »Bedeutung« einer (Droh-)Geste ist in der visuell-analogen Sprache einer Spezies, und sei's der menschlichen, nicht »eindeutig«, sondern »vieldeutig« bzw. »vielschichtig«: Sie besteht genau aus dem jeweiligen Bündel an biologisch bzw., was den Menschen betrifft, historisch möglichen und etablierten Antworten (Reaktionen).

Von dieser »lexikalischen Bedeutung an und für sich« einer Handlung (über »Lexika« menschlicher visuell-analoger Sprachen vgl. z. B. Scheflen 1976) ist aber scharf zu trennen die »situative Bedeutung«, die Bedeutung, die das Handeln in der jeweiligen konkreten Situation annimmt. Im Austausch zwischen einem Hunderudelführer und einem »Omega-Tier« wird eine Drohgeste von ersterem kaum mehr sein als eine Aufforderung, die Demutsstellung einzunehmen bzw. den jeweiligen Ort, etwa einen Futterplatz, zu verlassen. Hund B wird aber auch zwischen diesen beiden Alternativen »entscheiden können«, da er aus der Kontextwahrnehmung, die die »Bedeutung« weiter einengt, in der Regel »weiß«, was A »bezweckt«.

Man sieht also, daß Mead (und mit ihm mehr oder weniger die gesamte interaktionistische Schule) mit seiner harmonizistischen oder konsensualistischen Lösung des Bedeutungsproblems – »die Bedeutung einer Geste ist *die* spätere Phase des Handelns bzw. *die* Reaktion des anderen« – das eigentlich zentrale gesellschaftstheoretische wie sozialpsychologische Problem, das Hobbessche Problem, unterschlägt: die Frage, wie Ordnung, auch der Bedeutungen, zustande komme. Halten wir also fest, daß der Meadsche Vorschlag, die Bedeutungen – und später auch die Symbolbildungen – nicht in den präformierenden »Geist«, sondern in das Handlungsresultat zu legen, fruchtbar zu sein scheint (und sich auch in einer Fülle von abgeleiteten Begriffsbildungen und Forschungen als fruchtbar erwies), daß aber Mead die entscheidende Frage unterlief, wie und wodurch aus einem üblicherweise großen Spektrum an Bedeutungen die jeweils situativen Bedeutungen ausgehandelt werden. Zur Beantwortung dieser Fragen wären allerdings Kategorien wie »Macht« oder »Ressourcen« heranzuziehen.

VOM SIGNIFIKANTEN SYMBOL ZUM SELBST
ODER
ZUR KRITIK DER INTERAKTIONISTISCHEN PERSÖNLICHKEITSTHEORIE

Insbesondere im Falle vokaler Gesten, die für den Handelnden wie seinen Adressaten gleich hörbar sind, ist es nach Mead für einen Organismus, der mit einem geeigneten Zentralnervensystem ausgestattet ist, möglich, allmählich zu lernen, die Haltung, die seine Geste im Adressaten auslöst und die zu dessen Reaktion führt, in sich selbst hervorzurufen.

61

Der Organismus bzw. eine Spezies als System interagierender Organismen lernt so allmählich, die Reaktion oder das Handlungsresultat zu antizipieren und entsprechend diesen Antizipationen oder Handlungsplänen den weiteren Handlungsvollzug immer feiner zu steuern.

In regelungstheoretischen Begriffen ausgedrückt: Im Falle vokaler Handlungen erfolgt die Rückmeldung nicht erst über den (oft zu) langen und zeitaufwendigen Umweg der Reaktion des anderen, sondern fast gleichzeitig mit dem Handlungsvollzug über den auditiven Kanal und kann mit dem »gespeicherten Zielprogramm«, der »erwarteten« Reaktion des anderen und der Schritte zu dieser (bzw. der entsprechenden Haltung) verglichen werden. Abweichungen vom geplanten Handlungspfad können fast sofort erkannt und über Korrekturmaßnahmen in der nächsten Handlungsphase ausgeglichen werden.

Solche Gesten, die durch antizipierte Resultate kontrolliert werden, nennt Mead »signifikante (bedeutungsvolle) Symbole«. Sie sind die Bausteine der menschlichen Sprache wie der menschlichen Kommunikation. Hat das Individuum (bzw. die Gesellschaft) einmal gelernt, einzelne Gesten in signifikante Symbole zu transformieren, so kann es schließlich organisierte Einheiten solcher Symbole bilden, d. h. konsistente Reaktionssysteme von anderen in sich selbst hervorrufen: Es lernt, »die Rolle des anderen zu übernehmen« (taking the role of the other). Mead sieht diese Stufe im Sozialisationsprozeß in der Phase des »Play«, des Spielens von Rollen erreicht.

Aber die Symbolsätze oder Reaktionsmuster sind noch weiter Verallgemeinerbar. Im »Game« oder »organisierten Spiel« – Mead verweist meist auf Baseball – wird nicht mehr das konsistente Reaktionsschema, die Rolle, *eines* anderen übernommen oder antizipiert, sondern das Rollengeflecht eines interagierenden Teams (sowie des gegnerischen Teams): Die Handlungskontrolle erfolgt durch Antizipation des gleichzeitigen Reaktionsmusters einer Gruppe auf geplante eigene Handlungsvollzüge. Mead nennt diesen Prozeß die »Übernahme der Rolle des verallgemeinerten Anderen« (taking the role of the generalized other). Zentral für diese Fähigkeit ist die Erlernung oder Verinnerlichung von Regeln (vgl. dazu auch Piaget 1932). Natanson (1973, 13) bemerkt dazu: »Die Regeln des Spiels sind also ›das Reaktionsbündel, welches eine spezifische Haltung hervorruft‹. Spielregeln kennzeichnen den Übergang von einfacher Rollenübernahme zur Teilhabe an Rollen in einer speziellen standardisierten Ordnung. Durch Regeln wird das Kind mit gesellschaftlichem Zwang und dem glatten Gewebe einer erwachseneren Wirklichkeit bekanntgemacht. Im wesentlichen ›stellt also das organisierte Spiel den Übergang im Leben des Kindes von der Übernahme der Rollen anderer beim Spielen zur organisierten Teilhabe dar, die notwendig für Selbstbewußtsein im vollen Sinne des Begriffes ist‹.«

Im Verlauf dieser Entwicklung verändern sich nicht nur die Handlungskontrollen und -vollzüge des Individuums, sondern gewissermaßen auch seine »innere« Ausstattung. Wenn das Individuum die Rollen oder Reaktionsschemata anderer in sich hervorrufen kann, dann ist es auch in der Lage, die Wahrnehmungen jener anderen von ihm selbst zu übernehmen sowie die Haltungen, die sie ihm gegenüber einnehmen (s. auch den Beitrag von C. F. Graumann in diesem Bd.). Jenes über die Reflexion im Spiegel der anderen sich entwickelnde Selbstbild nannte Cooley das »looking-glass self« (Spiegel-Selbst); Mead nennt es das »Selbst« (self), allerdings in einer über Cooley hinausgehenden Bedeutung (s. auch den Beitrag von H. Kellner in diesem Bd.).

In der Entwicklung des Selbst sieht Mead zwei Grundstrukturen sich differenzieren: das »Ich« (I) und das »Mich« (Me). In einer der konzisesten Beschreibungen dieser ein wenig ambigen Meadschen Konzeptionen vermerkt Natanson: »In seinem sozialen Aspekt, d. h. vom Standpunkt der Gemeinschaft und ihrer Sitten aus, ist das Selbst ein ›Mich‹. In seinem individuellen Aspekt, d. h. vom Standpunkt der einzelnen Person gesehen, ist das Selbst ein ›Ich‹ . . .

Als ›Mich‹ ist das Individuum, gemäß der Meadschen Analyse, seiner selbst, wie wir gesehen haben, als eines Objektes bewußt; es reagiert oder antwortet auf sich selbst, indem es die Rolle des anderen übernimmt. Die Übernahme der Systeme von Haltungen anderer gegenüber einem selbst ist es, die zum ›Mich‹ führt. Es gibt verschiedene bedeutsame Stufen des ›Mich‹, die zu klären und zu unterscheiden sind. Auf der ersten Stufe ist das ›Mich‹ die Reflexion und Resultante der organisierten Kodes, Gesetze, Sitten und Erwartungen des verallgemeinerten Anderen, der Gemeinschaft, des Rechts, der Kirche usw. Das Individuum übernimmt die Rolle des verallgemeinerten Anderen und beantwortet seine eigenen speziellen Probleme oder Situationen nach Maßgabe dessen, was ›richtig‹, ›gerecht‹ oder ›anerkannt‹ ist. Hierdurch wird ein fundamentaler Konservativismus gegenüber den Handlungen der Mitglieder einer Gruppe ausgeübt. Wie Mead sagt: ›Das ›Mich‹ ist ein konventionelles, gewohnheitsbeherrschtes Individuum . . .‹

Bedeutsamer ist vielleicht der Begriff des ›Mich‹ auf einer anderen Stufe, auf der es eine Art apperzeptive Masse darstellt, d. h. die Gesamtheit des Gehaltes vergangener Erfahrungen und Gedanken . . . Was dem ›Mich‹ in diesem Sinne fehlt, ist die Handlung, die in der unmittelbaren Gegenwart abläuft: das neu Entstehende, welches das ›Mich‹ transzendiert . . .

Die vollständige Natur dieser Stufen des ›Mich‹ wird erst sichtbar, wenn wir die Bedeutung und Funktion des ›Ich‹ verstehen. Wiederum gibt es zwei bedeutsame Stufen des ›Ich‹: Einerseits versteht Mead das ›Ich‹ als eine transzendente Handlung, die zum traditionalen oder typisierten Verhalten hinzukommt bzw. es überschreitet . . .

Ein zweiter Aspekt der Funktion des ›Ich‹ besteht darin, daß es ›sowohl das ›Mich‹ anruft als auch ihm antwortet‹. Das ›Mich‹ als apperzeptive Masse kann nur mittels eines ›Ich‹, welches als Verknüpfung zwischen dem Selbst und der objektiven Situation wirkt, in der das Selbst zu entscheiden hat, abgerufen und dazu gebracht werden, ein Problem zu lösen . . . Die enge Verknüpfung zwischen ›Mich‹ und ›Ich‹ resultiert aus der Tatsache, daß das ›Ich‹ immer wieder durch das ›Mich‹ vereinnahmt und dadurch ein Teil des ›Mich‹ wird, in dem Maße, in dem sich der Ablauf der Zeit in der Erfahrung entfaltet« (Natanson 1973, 15 f).

Dieses interaktionistische Strukturmodell der Persönlichkeit findet eine gewisse Parallele, wenn auch mit unterschiedlichen Gewichten und Einzelhypothesen, im Strukturmodell Freuds – eine Parallele, die Mead an zwei Stellen in »Geist, Identität und Gesellschaft« andeutet, so in der folgenden Bemerkung: »Um mit Freud zu sprechen, ist das ›Mich‹ gleichsam eine Zensurinstanz. Es entscheidet über die Art der Äußerungen und legt ihren Rahmen und Zeitpunkt fest« (Mead 1969 a, 303).

Den »Zensor« seines frühen topologischen Modells nannte Freud in der späteren Strukturtheorie »Über-Ich« (zur Bezeichnung der beiden Freudschen Modelle vgl. Arlow, Brenner 1964 sowie Holder in Bd. II dieser Enzyklopädie). Dieses entspricht also dem Meadschen »Mich«. Dem Freudschen »Unbewußten« oder »Es« entspricht das Meadsche »Ich« oder »Ich an sich« (einer nicht unglücklichen Übersetzung von »I«; vgl. Mead 1969 a), welches bei Mead – im Gegensatz zu den detaillierten Analysen seines österreichischen Zeitgenossen – allerdings weitgehend unbestimmt bleibt. Das Meadsche »Ich an sich« erweist sich letztlich als bloßes Prinzip, welches ohne jede Verankerung im biologischen und historisch-gesellschaftlichen Geschehen gewissermaßen als deus ex machina Spontaneität, Motilität und partielle Unvorhersagbarkeit im ansonsten übersozialisierten Selbst-System erzeugen soll, welches nur die generalisierten Haltungen der Gesellschaft spiegelte.

In gewisser, wenn auch schwächerer Analogie läßt sich schließlich das Meadsche »Selbst« mit dem Freudschen »Ich« vergleichen. Wir können den Modellvergleich zwischen psychoanalytischer Theorie und interaktionistischer Selbsttheorie hier nicht ins Detail weiterspinnen, doch sei sein kritisches Resultat angemerkt: Während der Freudsche Ansatz zumin-

dest der Möglichkeit nach praktisch endloses Material über die Tiefenstruktur der Persönlichkeit und ihrer Geschichte offenlegen kann, erweist sich dieser psychologisch zentrale
Kern der Meadschen Theorie als weitgehend ambig und formal bzw. inhaltlich unterbe-
stimmt, so daß er auch durch spätere Versuche empirischer Spezifizierung kaum bereichert
werden konnte (vgl. etwa die relevanten Arbeiten bei Gordon u. a. 1968; Lindesmith,
Strauss 1969 oder Stone, Farberman 1970; dt. auch Steinert 1973 oder Auwärter, Kirsch,
Schröter 1976).

Aber dieses Defizit hat dieselben strukturell-ideologischen Gründe wie die Aporien des
Meadschen Handlungsmodells. Konflikte – in der Psyche, im Handeln oder in der Gesellschaft – treten erst gar nicht in den Augenschein der Theorie. Das theoretische Instrumentarium ist bereits auf dem schütteren Boden einer hypostasierten Harmonie, Kooperation
und Konsensualität, sei es der Handelnden oder sei es der psychischen Inhalte und Strebungen, errichtet. Wenn in der Freudschen »Psyche« dunkle und oft nur schwer erkennbar
Mächte ihre manchmal lebensbedrohenden Antagonismen und Konflikte austragen, so
läuft im Meadschen »Selbst« als »innerem Forum« eine fröhliche oder fade, immer aber aka-
demisch disziplinierte Diskussion zwischen den als Haltungen verinnerlichten kooperativen Gemeinschaftsmitgliedern unter der weisen Führung des Chairman »Ich an sich« ab.
Der beschauliche Campus der Jahrhundertwende als Modell der Persönlichkeit ist das »Geheimnis« der interaktionistischen Selbsttheorie.

SITUATIONEN, PERSPEKTIVEN, REGELN UND ROLLEN
ODER
GESELLSCHAFTSANALYSE ALS »GAME WATCHING«

Wenden wir uns dem imposantesten Teil des interaktionistischen Gedankenund For-
schungsgebäudes zu, seinem Programm zur Analyse zwischenmenschlicher Situationen
oder »Begegnungen« (encounters, vgl. Goffman 1961 b). Jedenfalls in seiner empirischen
Wendung – bei den interaktionistischen Familiensoziologen (vgl. zusammenfassend etwa
Stryker 1964, 1970), bei den interaktionistischen Devianztheoretikern (Etikettierungs-
theoretiker, vgl. etwa Rubington, Weinberg 1968; Douglas 1970; Matza 1969; Keckeisen
1974), bei Goffman (1959, 1961 a, 1961 b, 1963 a, 1963 b, 1967, 1969, 1971, 1974) und bei
den Ethnomethodologen (Garfinkel 1967; Cicourel 1973; Sudnow 1972; Turner 1974;
Weingarten, Sack, Schenkein 1976) – hat dieses Programm zentrale neue Einsichten ans
Licht der Erkenntnis gebracht, die einer partiellen Revolutionierung oder Revision von Gebieten wie der Kriminologie, der Psychiatrie, der Familien-, der Schulund der Freizeitfor-
schung gleichkamen. Diese Einsichten und empirischen Resultate sind hier nicht im Detail
darzustellen (s. dazu die Bde. X, XI, XIII u. XIV dieser Enzyklopädie). Wiederum muß es
uns vielmehr darauf ankommen, das auf den Klassikern fußende Grundmodell, das »interaktionistische Gesellschaftsmodell« herauszuschälen und, bei aller Anerkennung, einer metatheoretischen Kritik zu unterziehen (vgl. aber auch als affirmativeren Beitrag zu dessen
Analyse unsere ältere Arbeit Falk, Steinert 1973).

Zur Abwechslung sei das Ergebnis vorweggenommen. In Beantwortung der Hobbes-
schen oder Marxschen Frage, wie soziale Ordnung möglich sei, »wie und durch welche
Verträge er (der Leviathan) entsteht . . . « (Hobbes 1976, 5), hat der Interaktionismus eine
Antwort parat, die in der Geschichte des abendländischen Denkens jedenfalls originell und
daher wohl auch fruchtbar ist: Soziale Makroordnung ist ein Schein, der sich aus der quer-
schnitthaften, strukturalistischen Betrachtung des permanenten Gesellschaftsflusses ergibt;
von realem Bestand sind die – zwar verletzlichen, so doch immer wiederkehrenden – Ordnungen des sozialen Mikrokosmos, der vielen sich überkreuzenden, befristeten, doch ständig neu erschaffenen Alltagswelten oder sozialen Situationen.

Betrachten wir als Fallbeispiel eine der klassischen Untersuchungen aus dem Umkreis des Interaktionismus, die wohl auch sozialhistorische Bedeutung in einem durchaus progressiven Sinne erlangte: Goffmans Arbeit »über die soziale Situation psychiatrischer Patienten und anderer Insassen«, »Asylums« (Goffman 1961 b). Worin unterscheidet sich Goffmans Arbeit von älteren, meist psychiatrischen, psychologischen, kriminologischen oder schulsoziologischen Studien über Irrenhäuser und andere geschlossene Anstalten?

Eine erste wesentliche Differenz liegt in der Perspektivenwahl. Goffman als vielleicht originellster Nachfolger von Mead, Thomas, Schütz (1932) und Burke (1945) weiß – im Gegensatz zur Schulsoziologie und Schulpsychologie –, daß jede Forschung, insbesondere jede humanwissenschaftliche Forschung, immer auch die Einnahme einer bestimmten Perspektive bedeutet: einer Perspektive, die zwar oft in der Methodologie verschleiert ist, die aber nichtsdestoweniger vor aller Datengewinnung darüber entscheidet, wie sich die Untersuchungsobjekte in Daten abbilden können. Die – besonders in Befragungsmethoden und experimentellen Techniken – implizite Methode der meisten Organisationsuntersuchungen ist die der Organisationsleitung: Der Forscher oder der Interviewer als dessen Repräsentant sitzt stellvertretend für die Organisation oder deren Führung, gelegentlich auch eine abstraktere Ebene in der gesellschaftlichen Hierarchie wie »dem Staat«, »das Gemeinwohl« oder »die Wirtschaft«, vis-à-vis seinem Untersuchungsobjekt und versucht herauszubekommen, was dieses, das Objekt ist (in diversen statistischen Kategorien) und was es beschäftigt. Aus dieser »offiziellen« oder »herrschenden« Perspektive und ihrer methodologischen Verkodung nimmt er das Objekt, dessen Verhältnisse und Biographie, wahr.

Wenn er beispielsweise psychiatrisch diagnostizierte Irre untersucht, dann untersucht er nicht mehr Menschen, die durch eine Verstrickung von inneren und äußeren Umständen in den derzeitigen Schwierigkeiten sind, sondern er untersucht – in Übernahme der herrschenden, hier: psychiatrischen Perspektive – z. B. endogen Depressive oder Schizophrene, von denen er aufgrund offizieller und inoffizieller Symptomkataloge, die seine Methodologie bestimmen, gewisse Symptomhandlungen erwartet, die er dann auch zu sehen und zu hören bekommt. Gemäß der Methodologie des naiven Positivismus wird damit die Perspektive – nun als Theorie kodifiziert – weiter bestätigt und verfestigt.

Nicht so Goffman. Er weiß mit Mead von der Relativität und vom Folgenreichtum unterschiedlicher Perspektiven. (Nicht zufällig baut Mead seine Perspektivenlehre auf der Whiteheadschen Erkenntnistheorie auf, die den Versuch einer Verallgemeinerung der Einsteinschen Relativitätstheorie darstellt; vgl. Mead 1932, bes. Kap. 4.) Goffman entscheidet sich gegen die »herrschende Perspektive« im psychiatrischen Krankenhaus und versucht – mit der Methode der teilnehmenden Beobachtung (s. den Beitrag von H. Lüdtke in diesem Bd.), die charakteristisch und folgerichtig für den Interaktionismus ist – jeweils die einzelnen Perspektiven der Akteure in der totalen Institution, der Insassen wie des Personals, herauszuarbeiten. Sich selbst schreibt er dabei die – forschungsleitende – Perspektive des interesselosen Zusehers zu, der quasi voyeurhaft versucht, den Akteuren in diesem im Irrenhaus alltäglichen Drama auf die Schliche – ihrer Perspektiven, Strategien und Taten – zu kommen. Die notwendige wissenschaftliche Distanz scheint damit gewahrt zu sein. Steinert (1977) weist im übrigen darauf hin, daß die Perspektive des Zuschauers generell für die interaktionistische Schule charakteristisch sei.

Das verblüffende Resultat der Analysen aus »Asylums« ist, daß mit dieser »nichtoffiziellen« Perspektive und der ihr korrespondierenden Methodologie so etwas wie ein Zerfall der etablierten psychiatrischen Ordnung – einer Makroordnung – eintritt. Die Ärzte, Pfleger, Schwestern und genauso die Insassen, die offiziell Geisteskranken, entpuppen sich als *Menschen*, die in einem unendlichen – wenn man die Fortsetzung über andere totale Institutionen weiterdenkt – Spiel verstrickt sind. Das Spiel läßt sich beschreiben und wird von Goffman in aller Detailliertheit beschrieben: Es hat Regeln, auch wenn diese Regeln nicht kodifiziert und die Akteure ihrer nicht immer bewußt sind und auch wenn der Regelsatz offen und variabel ist. Das Spiel, das Goffman das »Underlife« einer offiziellen Institution nennt (1961 b, Kap. 3), stellt Rollenschemata zur Verfügung, die – wie in allen Spielen – von den Akteuren vorübergehend für ihre Zwecke benutzt und wieder fallengelassen werden und die von den offiziell verteilten Positionen drastisch abweichen können (vgl. dazu auch die Unterscheidung von »sozialen Rollen« und »interaktiven Rollen« bei McCall, Simmons 1966, 67). Schließlich – und für alle Goffmanschen wie interaktionistischen Analysen am bedeutsamsten – kennen solche Spiele bestimmte identifizierbare Sätze von strategischen und taktischen Zügen, Bewegungen, Tricks und Finten, mit denen die Akteure ihre Interessen, Perspektiven und Situationsdefinitionen durchzusetzen oder aufrechtzuerhalten versuchen.

Goffmans Analyse des psychiatrischen Krankenhauses war und ist in der Tat erhellend, zeigt sie doch, genauso wie seine anderen Analysen mikrosozialer »Dramen« (zum allgemeinen dramaturgischen Modell Goffmans vgl. seine Arbeit 1959), Aspekte des gesellschaftlichen Lebens auf, die vom herrschenden, hier dem psychiatrischen Wissen verdrängt oder totgeschwiegen werden.

Ähnlich, wenn auch kritisch, beurteilt Gouldner (1970, dt. Ausg., 453) die theoretische Perspektive Goffmans: »Goffmans Soziologie ist eine Theorie des ›Mit-Seins‹, dessen, was geschieht, wenn sich Menschen in Gegenwart anderer befinden. Es ist eine Gesellschaftstheorie, die auf das Episodenhafte Nachdruck legt und menschliches Leben nur im engen interpersonalen Umkreis sieht, unhistorisch und nichtinstitutionell ...« Doch »... das dramaturgische Modell ermöglicht es uns, unsere Niederlagen und Verluste zu ertragen, denn es unterstellt, daß sie nicht ›wirklich‹ sind; zumindest erlaubt es uns, sie als solche zu definieren, nachdem sie geschehen sind ... Allerdings kann so auch die Befriedigung über einen Sieg oder über erwünschte Ergebnisse gefährdet werden, denn das dramaturgische Modell gibt ja ebenso zu verstehen, daß auch unsere Siege nicht wirklich sind. So werden Gewinnen und Verlieren zu einer zweitrangigen Frage. Das einzige, was zählt, ist das Spiel« (Gouldner 1970, dt. Ausg., 460 f).

Das zentrale Paradigma oder Modell zur Analyse sozialer Situationen und zur – zumindest gedanklichen – Destruktion sozialer Makroordnungen ist also, wollen wir die Beispiele Goffmans (1959, 1961 a; »Fun in Games«) aufnehmen, das Spielmodell. Ob es sich um Partykonversation mit ihren versteckten Sex- und Statusduellen, um Freizeitrituale, um kriminelle Vereinigungen, um das »Unterleben« einer Schulklasse oder einer »offiziellen Institution« handelt, immer versucht der Interaktionist, das Spiel herauszufinden, das »eigentlich« gespielt wird: seine verdeckten Regeln, Perspektiven, Rollen und insbesondere seine erlaubten und unerlaubten Strategien und Taktiken.

Mit dem Aufweisen dieser grundlegenden theoretischen Metapher des Spiels und seiner voyeurhaften oder auch – für den Teilnehmer – engagierten Observation als zentralem methodischem Instrument (für letztere vgl. Becker 1967; für die Elaboration der Metapher vgl. Mead 1934; Goffman 1959; Garfinkel 1967; Cicourel 1973; Falk, Steinert 1973) sind zugleich Erkenntniswert und Grenzen der interaktionistischen Gesellschaftsanalyse aufgewiesen. Vom Wert dieses Modells haben wir am Beispiel Goffmans einiges zu sagen versucht; wenden wir uns also seinen Grenzen zu.

Die bedeutsamste Grenze dieses Forschungsprogrammes (im Sinne von Lakatos 1971) ist wohl die, daß dem Interaktionismus (wie jeder formalen Spielanalyse) in der Regel verborgen bleibt bzw. daß ihn überhaupt nicht interessiert, *warum* das jeweilige Spiel gespielt wird und *warum* man es so und nicht anders spielt. Diese Fragen würden offensichtlich die gewählte theoretische und methodologische Optik transzendieren. Sie sind auf der zu analysierenden Mikroebene auch nicht mehr recht beantwortbar. Sie verweisen auf gesellschaftlich-historische, gelegentlich auch biologisch-strukturelle Tatbestände, die jeweils außer acht bleiben.

66

Aus den beiden zentralen Desiderata der interaktionistischen Soziologie lassen sich weitere mühelos ableiten: so die interaktionistische Gleichgültigkeit gegenüber langfristigen Interessenlagen und Bedürfniskonstellationen von Einzelnen und von Gruppen, sein Desinteresse an den materiellen Bedingungen der individuellen wie gesellschaftlichen Existenz, sein Desinteresse an »festgefügten«, strukturellen Verteilungen von Ressourcen, Privilegien und Zugangschancen zu diesen, oder sein Desinteresse an materialen Konflikten, an Konflikten, die über unterschiedliche Situationsdeutungen, Regelauslegungen oder Spielzüge hinausgehen (s. auch den Beitrag von H. Steinert in diesem Bd.).

SCHLUSSBEMERKUNGEN
ODER
DIE GRENZEN DES SPIELS UND DAS REICH DER ARBEIT

Das analytische und ontologische Modell des Spiels hat ein Gegenmodell, das Modell der Arbeit. Handlungen, die unter der Spieloptik um ihrer selbst willen, zur Erreichung des Spielzwecks oder aus »Spaß am Spiel« (Goffman 1961 a) erfolgen und die daher – wie bei Mead – weitgehend nur symbolische oder kommunikative Relevanz haben, mit Bedeutungen, die durch den Regelsatz klar umrissen sind – solche Handlungen zeigen, als Arbeit aufgefaßt, recht andersartige Züge. Arbeitshandlungen, Praxis (zum Praxisbegriff und zu Modellen, die auf ihm basieren, vgl. etwa Bernstein 1971, Bourdieu 1976) sind ihrer Intention oder Bedeutung nach – durchaus in einem Meadschen Sinne – zukunftsorientiert, an dem – erhofften – Resultat der Arbeit ausgerichtet. Aber dieses Resultat ist nicht (primär) eine kommunikative Reaktion des Gegenüber zwecks besserer Verständigung und Unterhaltung, sondern, wie es vielleicht am klarsten Wright (1965, 1977) in seiner Handlungslogik zeigt, eine intendierte Veränderung der Welt (einschließlich der Gesellschaft und ihrer Mitglieder) *oder* – im Falle präventiven Handelns – eine Verhinderung von erwartbarem Wandel.

Dies gilt für alltäglich erarbeitete »Weltveränderungen« wie die Transformation natürlicher Ressourcen in konsumierbare Produkte, deren Verzehr zur bloßen Existenzsicherung oder auch zur Befriedigung bizarrer Lüste dient, genauso wie für die seltenen schnellen Transformationen ganzer Produktionssysteme oder gesellschaftlicher Organisationen. Es gilt, wie gesagt, genauso für produktive oder destruktive Veränderung wie für präventive Erhaltung.

Erst in einem Arbeits- oder Praxismodell der Gesellschaft und des Menschen, wie es etwa Marx, auf einer alten Tradition aufbauend (vgl. dazu Bernstein 1971), zu entwickeln versuchte und wie es auch Freud auf der Ebene des »psychischen Apparats« letztlich entwickelt, kann die Frage nach den Gründen und Ursachen der gesellschaftlichen »Spiele« sinnvoll gestellt und beantwortet werden.

Warum läßt die Theorie der symbolischen Interaktion dieses komplementäre und letztlich grundlegendere Modell des Menschen und der Gesellschaft nahezu gänzlich außer acht? (Produktives Handeln wird beispielsweise bei Mead kaum auch nur erwähnt.) Die Antwort kann ideengeschichtlich oder sozialgeschichtlich erfolgen. Will man die – grundlegendere, aber schwierigere – sozialhistorische Antwort zu geben versuchen, so ließe sich, wie Steinert (1977) es tut, auf die Distanz des akademischen Philosophen oder Sozialwissenschaftlers zur materiellen Arbeit wie zum politisch erzeugten Wandel verweisen. Aber dies scheint nicht die ganze sozialhistorische Wahrheit zu sein, denn Akademiker haben anderswo wie auch in den USA sehr wohl über menschliche Arbeit wie politisch intendiertem Wandel nachgedacht und auch versucht, diese zu beeinflussen.

Betrachten wir nochmals das Spielmodell, und versuchen wir es einmal als Symbol (eher in einem Freudschen oder Goetheschen als in einem Meadschen Sinne) zu begreifen. Wir glauben, daß das interaktionistische »Spielsymbol« für zweierlei steht, das auf einen gemeinsamen Nenner zu bringen und durch sozialhistorische Detailforschung auch diskursiv zu belegen wäre: Einerseits weist es auf einen kollektiven und vielleicht noblen, nichtsdestoweniger idealistischen Traum einer von Arbeit befreiten Welt hin, den die Intelligenz von Aristoteles (Nikomachische Ethik) über Schiller (1795) bis Marcuse (1965) träumt, der aber in dogmatisierter Form zweifellos zur Ideologie werden muß. Doch mag diese Bedeutungskomponente des »Spielsymbols« die progressive, wenn auch idealistische Komponente des Interaktionismus bezeichnen.

Andererseits drückt sich in der interaktionistischen Zerlegung einer komplexen, unüberschaubaren und konfliktbeladenen Welt in einfache, überschaubare und konsensual zu spielende Spiele wohl die ideologische Sehnsucht des Bürgertums, hier des amerikanischen, nach der »guten alten Zeit« aus, in der – angeblich – alles so verlief, wie es das Modell unterstellt, in der insbesondere Recht (Regel) noch Recht und Ordnung (Spiel) noch Ordnung waren. Diese Komponente hätte die Theorie der symbolischen Interaktion, will sie weiter als »progressives Forschungsprogramm« (im Sinne von Lakatos 1971) bestehen, zu beseitigen und durch eine komplementäre Analyse sozialer Verhältnisse, auch auf der Makroebene, nach dem Arbeitsmodell zu ersetzen.

ANMERKUNGEN

1

Es gibt in deutscher wie in englischer Sprache neben einer Vielzahl von Readern eine Reihe teils ausgezeichneter und teils kritischer Gesamtdarstellungen des Interaktionismus bzw. des Meadschen Denkens. Für die vorliegende Darstellung waren besonders aufschlußreich Rose (1962); Kuhn (1964); Stryker (1970); Gouldner (1970); Natanson (1973); Miller (1973); Brumlik (1973); Falk, Steinert (1973); Scheffler (1974); Meltzer, Petras, Reynolds (1975); Steinert (1977).

2

Die Meadschen Hauptwerke, insbesondere »Mind, Self, and Society« (Mead 1934), sind bereits im Original spröde Materien, da sie im wesentlichen aus Vorlesungsmitschriften zusammengestellt wurden, daher oft begriffliche Ambiguitäten und Wiederholungen zeigen. Noch problematischer sind aber die Übersetzungen, die nicht nur einer einheitlichen Terminologie selbst bei den Meadschen Grundbegriffen ermangeln, sondern teilweise, wie insbesondere Mead (1968), aber auch Mead (1969 b), offen sinnentstellend operieren. Am brauchbarsten ist noch Mead (1969 a), übersetzt von Prokop. Andererseits schien es uns aber doch notwendig zu sein, nach den gebräuchlichen Übersetzungen zu zitieren; die Grundbegriffe Meads geben wir jedenfalls immer auch im Original an.

LITERATUR

ARISTOTELES: Die Nikomachische Ethik. München: Deutscher Taschenbuch Verlag 1972

ARLOW, J. A., BRENNER, C.: Psychoanalytic Concepts and the Structure Theory. New York: Int. Univ. Press 1964. Deutsch: Grundbegriffe der Psychoanalyse. Die Entwicklung von der topographischen zur strukturellen Theorie des psychischen Systems. Reinbek: Rowohlt 1976

AUWÄRTER, M., KIRSCH, E., SCHRÖTER, M. (Hg.): Seminar: Kommunikation, Interaktion, Identität. Frankfurt/M.: Suhrkamp 1976

BECKER, H. S.: Outsiders. New York: Free Press 1963

Whose side are we on? Social Problems, 14, 1967, 239–248

BERNSTEIN, R. J.: Praxis and Action. Philadelphia: Univ. of Pennsylvania Press 1971

BOURDIEU, P.: Entwurf einer Theorie der Praxis. Frankfurt: Suhrkamp 1976

BRODBECK, M.: Methodological Individualisms: Definition and Reduction. Philosophy of Science, 25, 1958, 1–22

BRUMLIK, M.: Der symbolische Interaktionismus und seine pädagogische Bedeutung. Frankfurt/M.: Fischer Athenäum 1973

BURKE, K.: A Grammar of Motives. New York: Prentice Hall 1945

CICOUREL, A. V.: Cognitive Sociology. Harmondsworth: Penguin 1973

COOLEY, C. H.: Human Nature and the Social Order. New York: Scribner's Sons 1902

Social Organization. New York: Scribner's Sons 1909

DOUGLAS, J. D. (Ed.): Deviance and Respectability. New York: Basic Books 1970 -

EYSENCK, H. J.: The Structure of Human Personality. London: Methuen 1953

FALK, G., STEINERT, H.: Über den Soziologen als Konstrukteur von Wirklichkeit, das Wesen der sozialen Realität, die Definition sozialer Situationen und die Strategien ihrer Bewältigung. In: H. Steinert (Hg.): Symbolische Interaktion. Stuttgart: Klett 1973

GARFINKEL, H.: Studies in Ethnomethodology. Englewood Cliffs: Prentice-Hall 1967

GLASER, B. G., STRAUSS, A. L.: Status Passage. London: Routledge & Kegan 1971

GOFFMAN, E.: The Presentation of Self in Everyday Life. New York: Doubleday 1959. Deutsch: Wir alle spielen Theater. Die Selbstdarstellung im Alltag. München: Piper ²1973

Encounters. Indianapolis: Bobbs-Merill 1961 a

Asylums. Essays on the Social Situation of Mental Patients and Other Inmates. New York: Doubleday 1961 b. Deutsch: Asyle. Über die soziale Situation psychiatrischer Patienten und anderer Insassen. Frankfurt/M.: Suhrkamp 1972

Behavior in Public Places. New York: Free Press 1963 a. Deutsch: Verhalten in sozialen Situationen. Strukturen und Regeln der Interaktion im öffentlichen Raum. Gütersloh: Bertelsmann 1971

Stigma. Notes on the Management of Spoiled Identity. Englewood Cliffs: Prentice-Hall 1963 b. Deutsch: Stigma. Über Techniken der Bewältigung beschädigter Identität. Frankfurt/M.: Suhrkamp 1974

Interaction Ritual. New York: Doubleday 1967. Deutsch: Interaktionsrituale. Über Verhalten indirekter Kommunikation. Frankfurt/M.: Suhrkamp 1971

Strategic Interaction. Philadelphia: Univ. of Pennsylvania Press 1969

Relations in Public. New York: Basic Books 1971. Deutsch: Das Individuum im öffentlichen Austausch. Frankfurt/M.: Suhrkamp 1974

Frame Analysis. New York: Harper-Row 1974

GORDON, C., u. a. (Eds.): The Self in Social Interaction. 2 Bde. New York: Wiley 1968

GOULDNER, A. W.: The Coming Crisis of Western Sociology. New York: Basic Books 1970. Deutsch: Die westliche Soziologie in der Krise. 2 Bde. Reinbek: Rowohlt 1974

HOBBES, T.: Leviathan or the Matter, Form and Power of a Commonwealth Ecclesiasticall and Civil. London 1651. Deutsch: Leviathan oder Stoff, Form und Gewald eines bürgerlichen und kirchlichen Staates. Zit. nach der Ausgabe: Frankfurt/M.: Ullstein 1976

HOMANS, G. C.: Social Behavior: Its Elementary Forms. New York: Harcourt Brace 1961

KECKEISEN, G.: Die gesellschaftliche Definition abweichenden Verhaltens. München: Juventa 1974

KUHN, M. H.: Major trends in symbolic interaction theory in the past twenty-five years. Sociological Quarterly, 5, 1964, 61–84

KUTSCHERA, F. v.: Wissenschaftstheorie. 2 Bde. München: Fink 1972

LAKATOS, I.: History of Science and Its Rational Reconstructions. Boston Studies in the Philosophy of Science, 8, 1971, 91–136

LINDESMITH, A. R., STRAUSS, A. L. (Ed.): Readings in Social Psychology. New York: Holt 1969

MARCUSE, H.: Eros and Civilization. Boston 1955. Deutsch: Triebstruktur und Gesellschaft. Frankfurt/M.: Suhrkamp 1965

MATZA, D.: Becoming Deviant. Englewood Cliffs: Prentice-Hall 1969. Deutsch: Abweichendes Verhalten. Heidelberg: Quelle & Meyer 1973

McCALL, G. J., SIMMONS, J. L.: Identities and Interactions. New York: The Free Press 1966

MEAD, G. H.: The Philosophy of the Present. Chicago: Univ. of Chicago Press 1932

Mind, Self, and Society. Chicago: Univ. of Chicago Press 1934. Deutsch: Geist, Identität und Gesellschaft. Frankfurt/M.: Suhrkamp 1968

The Philosophy of the Act. Chicago: Univ. of Chicago Press 1938

Sozialpsychologie. Ed. A. L. Strauss (darin ausgewählte Partien aus den drei Hauptwerken). Neuwied: Luchterhand 1969 a

Philosophie der Sozialität. Hg. v. H. Kellner (darin wesentliche Teile von Mead 1932, 1938). Frankfurt/M.: Suhrkamp 1969 b

MELTZER, B. N., PETRAS, J. W., REYNOLDS, L. T.: Symbolic Interactionism. London: Routledge & Kegan 1975

MILLER, D. L.: George Herbert Mead. Self, Language, and the World. Austin: Univ. of Texas Press 1973

NATANSON, M.: The Social Dynamics of George H. Mead. The Hague: Nijhoff 1973

PARSONS, T.: The Social System. Glencoe: The Free Press 1951

PIAGET, J.: Le jugement moral chez l'enfant. Paris: Alcan 1932. Deutsch: Das moralische Urteil beim Kinde. Frankfurt/M.: Suhrkamp 1973

ROSE, A. M. (Ed.): Human Behavior and Social Processes: An Interactionist Approach. London: Routledge & Kegan 1962

RUBINGTON, E., WEINBERG, M. S. (Eds.): Deviance – The Interactionist Perspective. London, Toronto: MacMillan 1968

SCHEFFLER, I.: Four Pragmatists. A Critical Introduction to Peirce, James, Mead, and Dewey. London: Routledge & Kegan 1974

SCHEFLEN, A. E.: Die Bedeutung der Körperhaltung in Kommunikationssystemen. In: M. Auwörter u. a. (Hg.): Seminar: Kommunikation, Interaktion, Identität. Frankfurt/M.: Suhrkamp 1976

SCHILLER, F.: Über die ästhetische Erziehung des Menschen in einer Reihe von Briefen. Tübingen 1795

SCHLICHT, E.: Grundlagen der ökonomischen Analyse. Reinbek: Rowohlt 1977

SCHÜTZ, A.: Der sinnhafte Aufbau der sozialen Welt. Wien: Springer 1932

SIMMEL, G.: Grundfragen der Soziologie. Berlin: Göschen 1917. Neuauflage: Berlin: de Gruyter 1970

SKINNER, B. F.: Science and Human Behavior. New York: Macmillan 1953. Deutsch: Wissenschaft und menschliches Verhalten. München: Kindler 1973

STEINERT, H. (Hg.): Symbolische Interaktion. Stuttgart: Klett 1973

Das Handlungsmodell des Symbolischen Interaktionismus. In: H. Lenk (Hg.): Handlungstheorien interdisziplinär. Bd. IV. München: Fink 1977

STONE, G. P., FARBERMAN, H. A. (Eds.): Social Psychology through Symbolic Interaction. Waltham: Ginn-Blaisdell 1970

STRAUSS, A.: Mirrors and Masks. Glencoe: Free Press 1959

STRYKER, S.: The Interactional and Situational Approaches. In: H. T. Christensen (Ed.): Handbook of Marriage and the Family. Chicago: Rand McNally 1964

Die Theorie des Symbolischen Interaktionismus. In: G. Lüschen, E. Lupri (Hg.): Soziologie der Familie. Kölner Z. f. Soz. u. Sozpsych., Sonderheft 14, 1970, 49–67

SUDNOW, D. (Ed.): Studies in Social Interaction. New York: Free Press 1972

THOMAS, W. I.: The Unadjusted Girl. Boston: Little & Brown 1923

Social Behavior and Personality. Ed. E. H. Volkart. New York: Soc. Science Res. Council. Deutsch: Person und Sozialverhalten. Hg. v. E. H. Volkart. Neuwied: Luchterhand 1965

TURNER, R. (Ed.): Ethnomethodology. Harmondsworth: Penguin 1974

WEBER, M.: Wirtschaft und Gesellschaft. 2 Bde. Tübingen: Mohr ²1956

WEINGARTEN, E., SACK, F., SCHENKEIN, J. (Hg.): Ethnomethodologie. Frankfurt/M.: Suhrkamp 1976

WRIGHT, G. v.: Norm and Action. London: Routledge & Kegan 1965

Handlung, Norm und Intention. Untersuchungen zu einer deontischen Logik. Berlin: de Gruyter 1977

WRONG, D. H.: The over socialized conception of man in modern sociology. Am. Soc. Rev., 26, 1961,183–192. Deutsch: Das übersozialisierte Menschenbild in der modernen Soziologie. In: H. Steinert (Hg.): Symbolische Interaktion. Stuttgart: Klett 1973

ROLLENTHEORIE

von Hans Peter Dreitzel

Der Begriff der sozialen Rolle ist seit langem zu einem festen Bestandteil der sozialwissenschaftlichen Terminologie geworden. Dennoch spiegeln die theoretischen Modelle, die sich dieses Begriffes bedienen oder auf ihm aufbauen, verschiedene theoretische Schulen wider, so daß eigentlich nicht von *der* Rollentheorie gesprochen werden kann. Überdies ist die philosophisch-anthropologische These, daß mit diesem Begriff ein wesentliches Merkmal des Menschen überhaupt getroffen sei, nicht unumstritten. Diese, in der deutschen Tradition vor allem von Theodor Litt (1926) und Helmuth Plessner (1966) vertretene Position geht davon aus, daß der Mensch als soziales Wesen von sich aus nie etwas anderes ist als die Möglichkeit zur (positiven oder negativen) Identifikation mit den Normen seiner sozialen Umgebung, eine Identifikation freilich, in der er nie glatt und endgültig aufgeht, von der er sich distanzieren und über die er reflektieren kann. Der Mensch steht also unter dem Zwang zur Verkörperung in sozialen Rollen, die ihm als Bündel von Verhaltensvorschriften angetragen und zugemutet werden, und findet zugleich in diesem Zwang seine Möglichkeiten zur Selbstdarstellung und Selbstverwirklichung. Vor allem Helmuth Plessner hat diese doppelsinnige Rollenhaftigkeit des menschlichen Verhaltens betont und aus einem zentralen Konstitutionsmerkmal des Menschen abgeleitet: seiner »exzentrischen Positionalität«, das heißt der Notwendigkeit, die ihm eigentümliche Distanz zu sich selbst expressiv zur Darstellung zu bringen, im Prozeß seiner Verhaltensabläufe auszudrücken (Plessner 1964). Diese Distanz zu sich selbst gelingt ihm freilich nur auf dem Umweg über andere, ist zugleich Ursache und Bedingung einer »Reziprozität der Perspektiven« (Litt[3]1926), die es ihm ermöglicht, sich in den anderen hineinzuversetzen und sich aus dessen Perspektive wahrzunehmen. Der amerikanische Sozialphilosoph G. H. Mead, der den Rollenbegriff wohl als erster in die soziologische Theorie eingeführt hat, spricht in diesem Zusammenhang von »taking the role of the other« als der Antizipation des Verhaltens der anderen, deren Verinnerlichung als »generalized other« Mead als die bewertende Instanz des »Me« gegenüber dem die spontane Triebdynamik repräsentierenden »I« gesehen hat (Mead 1968; s. den Beitrag von H. Kellner in diesem Band). Gegenüber dieser sehr differenzierten anthropologischen Position hat sich sowohl im Marxismus wie im französischen Existentialismus der (auf den deutschen Idealismus zurückgehende) Gedanke gehalten, daß in der Verkörperung sozialer Rollen der Mensch sich seiner eigentlichen Natur entäußere, die ihm gesellschaftlich zugemuteten Rollen ihn seiner selbst entfremdeten. Soziale Rollen sind für diese Auffassung bloße »Charaktermasken« (Marx)[1], Figuren auf der Bühne des teatrum mundi, das nach Gesetzen funktioniert, die nicht die ihren sind. Aus dieser Position erscheint die

Rollentheorie repräsentativ für eine »bürgerliche Wissenschaft«, die die Erscheinung mit dem Wesen verwechselt und nicht mehr hinter der Oberfläche des Selbstverständnisses dieser Gesellschaft deren wahre Bewegungsgesetze erkennt.[2]

Demgegenüber haben die Vertreter der Rollentheorie im Begriff der sozialen Rolle gerade die Möglichkeit gesehen, den Finger auf die Nahtstelle zwischen Individuum und Gesellschaft, zwischen subjektiven Möglichkeiten und objektiven Zwängen, zu legen und gegebenenfalls aus deren Diskrepanz auch eine kritische Perspektive zu gewinnen.[3] Allerdings hat es lange gedauert, bis die Entwicklung der Rollentheorie diesen Differenzierungsgrad erreichte. Nicht zuletzt, weil die philosophischen Vorarbeiten von G. H. Mead im angelsächsischen und von H. Plessner im deutschen Sprachraum auf seiten der Soziologie und Sozialpsychologie kaum ernstgenommen worden sind, konnte J. Habermas zu Recht über die Rollentheorie bemerken: »Die Rollen als solche sind in ihrer Konstellation zu den Rollenträgern konstant gesetzt, als sei der gesellschaftliche Lebenszusammenhang dem Leben der Menschen auf immer die gleiche Weise äußerlich, wie es Kant im Verhältnis des empirischen zum intelligiblen Charakter hingestellt hat« (Habermas 1963, 174). Das gilt insbesondere für die strukturell-funktionale Rollentheorie von T. Parsons (1951) und R. K. Merton ([2]1957) und deren Rezeption durch R. Dahrendorfs vielgelesene Abhandlung »Homo Sociologicus« (1964). Dennoch haben diese Autoren wesentlich zur Überwindung begrifflicher Unklarheit beigetragen. So fanden L. J. Neiman u. J. W. Hughes noch 1951 bei einer Durchsicht der sozialwissenschaftlichen Literatur wenigstens sechs verschiedene Bedeutungen des Rollenbegriffs, wobei insbesondere die Frage, ob mit Rolle ein tatsächliches Verhalten oder eine Verhaltenserwartung gemeint ist, immer wieder noch Verwirrung stiftet.

Inzwischen scheinen die terminologischen Fragen so weit geklärt, daß sich der gegenwärtige Stand der Rollentheorie mit einiger Sicherheit wie folgt darstellen läßt:

Soziale Rollen sind Bündel normativer Erwartungen, die sich an das Verhalten von Positionsinhabern in Interaktionssituationen richten. Demgegenüber wird von Rollenspiel oder Rollenhandeln (im Englischen auch: »role enactment«) gesprochen, wenn es sich um ein tatsächliches Verhalten handelt, das an Rollenerwartungen orientiert ist. Diese Rollenerwartungen bestehen, in wechselnder Zusammensetzung, aus drei unterschiedlichen Elementen: 1. relativ präzise, gelegentlich kodifizierte, Verhaltensvorschriften (z. B. Erwartungen an das Verhalten von Verkehrsteilnehmern); 2. als internalisiert vorausgesetzte kulturelle Werte und allgemeine Handlungsnormen (z. B. die Erwartung emotionaler Zuwendung der Mutter gegenüber dem Kind); 3. die Ich-Leistungen des Rollenspielers (z. B. die Erwartung eines souveränen Auftretens oder eines emotionalen Engagements). Nicht alle derartigen Erwartungen sind aber schon Rollenerwartungen. Soziale Rollen sind an Positionen im gesellschaftlichen Beziehungsgeflecht geknüpft. Die verschiedenartigen Rollenerwartungen richten sich in ungeschiedener Bündelung an die Inhaber von sozialen Positionen und nicht an die Person als solche. Die Existenz sozialer Positionen ist jedoch nicht immer ohne weiteres erkennbar. Die meisten in der Literatur benutzten Beispiele beziehen sich auf kodifizierte Positionen, d. h. auf Ämter, wo die Dinge klarliegen. Aber nicht alle sozialen Positionen sind kodifiziert, und manche existieren überhaupt nur für die Dauer einer sozialen Situation (z. B. »Diskussionsleiter«). H. Popitz (1967) hat als Kriterium für das Vorhandensein einer Position – und also für die Vermutung der Existenz einer sozialen Rolle – das handlungsauslösende »Gefühl einer Vakanz« vorgeschlagen. Eine soziale Position existiert also dann, wenn im Falle der Vakanz die Interaktionsteilnehmer das Fehlen eines Inhabers bemerken und daraufhin handeln. In der amerikanischen Literatur wird eine solche Position gelegentlich auch als Status bezeichnet. Demgegenüber hat H. Kluth (1957) den Statusbegriff präzisiert als eine aufgrund von Prestigemerkmalen bewertete Position in einer mehrdimensionalen Positionshierarchie.

Jede soziale Position steht in einem Feld von Beziehungen zu mehreren Bezugsgruppen oder -personen, die jeweils eigene, u. U. auch konfligierende, Rollenerwartungen an den Positionsinhaber herantragen. R. K. Merton hat hier von Rollensegmenten (bei anderen Autoren auch: Rollensektoren) als denjenigen Teilen einer sozialen Rolle gesprochen, die die Erwartungen jeweils einer Bezugsgruppe beinhalten. (Z. B. besteht die Lehrerrolle aus den Segmenten: Erwartungen der Schüler, Erwartungen der Eltern, Erwartungen der Kollegen, Erwartungen der Administration, usw.) Dabei hängt es von der Fragestellung ab, ob es sinnvoll ist, in einem gegebenen Fall nur von einem Rollensegment oder schon von einer ganzen Rolle zu reden. Wichtiges Merkmal für das Vorhandensein einer ganzen Rolle bleibt allerdings, ob ein relativ einheitliches Verhalten auch gegenüber verschiedenen Bezugsgruppenansprüchen vom Positionsinhaber erwartet wird.

Entsprechend lassen sich nun Intrarollenkonflikte von Interrollenkonflikten unterscheiden, das heißt, Konflikte oder Widersprüche zwischen verschiedenen Rollensegmenten und solche zwischen verschiedenen Rollen. Derartige Konflikte sind normal, sie treten nicht nur ausnahmsweise auf. Es überrascht daher nicht, daß R. K. Merton eine Reihe von gesellschaftlichen Mechanismen entdecken konnte, deren Funktion es ist, solche Rollenkonflikte auszubalancieren. Bei den Intrarollenkonflikten, also den widersprüchlichen Erwartungen an ein und dieselbe Rolle, werden folgende Mechanismen wirksam:

a) die Rollensender (das sind diejenigen, die die Rollenerwartungen haben) sind nicht alle im gleichen Maße an der Erfüllung ihrer Erwartungen interessiert;

b) die Rollensender besitzen nicht alle die gleiche Macht zur Anwendung von Sanktionen;

c) das Rollenhandeln kann der Überprüfbarkeit durch einige Bezugsgruppen mehr oder weniger entzogen sein (z. B. durch räumliche Abgrenzungen);

d) der Rollenspieler hat die Möglichkeit, die konfligierenden Erwartungen seiner verschiedenen Bezugsgruppen offenzulegen und sich dadurch von der Verantwortung teilweise zu entlasten;

e) schließlich kann der Rollenspieler versuchen, sich mit anderen Rollenspielern in der gleichen Lage (»Kollegen«) zu solidarisieren.

In dem Maße, wie diese Mechanismen nicht mehr zur Regelung von Intrarollenkonflikten ausreichen, wird die Rolle als ganze problematisch werden.

Nun verteilt jeder Mensch seine Zeit und Energie auf mehrere Rollen – jeder hat einen ganzen Rollenhaushalt. Das Management des persönlichen Rollenhaushalts ist gerade in modernen Gesellschaften mit komplexen Rollensystemen eine zentrale Aufgabe jedes Individuums. Dabei kommt es vor allem darauf an, einander widersprechende Rollen zu vermeiden oder irgendwie auszubalancieren. Auch hier sind für das normale Funktionieren der Rollenhaushalte einige gesellschaftliche Mechanismen bei latenten Interrollenkonflikten wirksam:

a) manche Positionen schließen sich von vornherein durch eine konfligierende Wertteilhabe aus (z. B. der Ehestand bei Priestern);

b) das Wissen der anderen, daß man eine Vielzahl von Rollen zu spielen hat, kann zur Legitimation eines vorübergehenden oder endgültigen Rückzugs aus einer Rolle eingesetzt werden;

c) zwischen verschiedenen Positionen wirkt räumliche und zeitliche Trennung der Verhaltensbereiche konfliktmildernd;

d) es gibt typische Positionssequenzen, die für Übergänge zwischen verschiedenen, einander ausschließenden Rollen sorgen.

Trotz dieser (und möglicherweise weiterer) gesellschaftlicher Mechanismen zur Milderung von Rollenkonflikten ist es für die Rollensysteme moderner Gesellschaften charakteristisch, daß sie ihren Mitgliedern immer komplexere Rollenhaushalte zumuten und sie innerhalb einzelner Rollen widersprüchlichen Verhaltenserwartungen aussetzen, die sozial nicht aufgefangen werden. Von daher stellt sich das Verhältnis von Person und Rolle als ein reales Problem. Die Auffassung der strukturell-funktionalen Theorie (insbesondere bei T. Parsons), nach der die Motivation des Handelnden normalerweise (d. h. abgesehen von Fällen abweichenden Verhaltens) sich komplementär zu den Rollenerwartungen verhält, muß heute ebenso als überholt gelten wie die (in der Tradition von Hobbes bis Durkheim stehenden) Annahme Dahrendorfs, nach welcher rollenkonformes Verhalten allein schon durch die Androhung negativer Sanktionen erreicht werde. J. Habermas hat die Wende von der funktionalistischen zu einer kritischen Rollentheorie am bündigsten formuliert (1968): Dem Integrationstheorem, nach welchem der Komplementarität der Erwartungen auf der kognitiven Ebene eine Reziprozität der Bedürfnisbefriedigungen auf der motivationalen Ebene entspricht, stellt er das Repressionstheorem geggenüber: vollständige Komplementarität der Erwartungen kann nur unter Zwang, d. h. auf der Basis fehlender Reziprozität der Befriedigungen erreicht werden. Dem Identitätstheorem, das eine Kongruenz zwischen Rollendefinition und Rolleninterpretation behauptet, stellt er das Diskrepanztheorem gegenüber, nach dem nur in verdinglichten, Selbstrepräsentation ausschließenden Beziehungen eine vollständige Deckungsgleichheit von Definition und Interpretation erreicht werden könnte. Schließlich stellt er dem Konformitätstheorem, das eine Kongruenz von geltenden Normen und wirksamen Verhaltenskontrollen behauptet, ein Distanztheorem gegenüber: Jedes autonome Rollenverhalten setzt beides zugleich voraus – Internalisierung von Normen und nachträgliche Distanzierung von ihnen.

Damit wird deutlich, daß dem Rollenspieler allemal ein bestimmter Grad an Unterdrükkung seiner Bedürfnisse, ein bestimmter Spielraum an Interpretation und ein bestimmtes Maß an Distanzierung von ihm entgegengebrachten, zum Teil verinnerlichten Normen zugemutet ist. Einerseits lassen sich nun empirische Rollensysteme daran messen, wieweit in ihnen Ungleichheit der Chancen zur Bedürfnisbefriedigung festgeschrieben sind, Rollendefinitionen herrschaftlich durchgesetzt werden und rigide Sozialisationsprozeduren Mündigkeit verhindern. Andererseits zeigt sich, daß in jeder Rolle bestimmte Ich-Leistungen (Dreitzel 1968) vom Rollenspieler miterwartet werden. Die Ich-Leistungen des Rollenspielers sind also ein von den Interaktionspartnern generell erwartetes, nicht konkret bestimmtes Verhalten, das die folgenden Funktionen hat:

1. ein minimales Maß an Bedürfnisbefriedigung anzustreben, damit die motivationale Basis des Handelns garantiert ist;

2. den Bezug des Rollenspiels auf den Relevanzbereich (Schütz 1932) des Verhaltens und das Interaktionsthema durch flexible Interpretation der Normen zu gewährleisten;

3. kreative Reaktionsmöglichkeiten in neuen Situationen durch eine Distanzierung von den eigenen Introjekten zu ermöglichen (»Flexible Über-Ich-Formation« bei Habermas 1968).

Die Ich-Leistungen des Rollenspielers sind ein Ausfluß seiner Ich-Identität, d. h. seines Persönlichkeitssystems, das aus Sozialisation und Biographie entstanden ist (»personale Identität« bei E. Goffman 1963; s. auch den Beitrag von M. Waller in Bd. V dieser Enzyklopädie). Als Rollenidentität kann jener Aspekt der Ich-Identität bezeichnet werden, den das Individuum in eine spezifische Rolle mit einbringt und der über die Ich-Leistungen den spezifischen Charakter seines Rollenhandelns prägt (»soziale Identität« bei E. Goffman 1963). Je größer der erwartete und/oder erkämpfte Spielraum für Ich-Leistungen in einer Rolle ist, desto eher wird Selbstdarstellung und Bedürfnisbefriedigung im Rollenspiel möglich sein. Umgekehrt wird die Persönlichkeit eines Individuums natürlich auch von seinem Rollenhaushalt geprägt, und zwar durch Verhaltensroutinisierung sowie durch die Kanalisierung und u. U. Frustrierung seiner Bedürfnisse. Rolle und Persönlichkeit stehen also in einem Verhältnis wechselseitiger Selektion: Schon in der rollenantizipierenden Sozialisation wirkt das Rollenangebot einer Gesellschaft schichtspezifisch selektiv. Umgekehrt werden aber auch die angebotenen Rollen durch den vorherrschenden Sozialcharakter der Rollenspieler verändert.[4]

Das in empirischen Rollensystemen sich ausdrückende Verhältnis von gesellschaftlichen Interessen und individuellen Bedürfnissen ist von ausschlaggebender Bedeutung sowohl für das Funktionieren eines Rollensystems als auch das Funktionieren der Rollenspieler. Anders ausgedrückt: Es ist die gesellschaftliche Ursache von Verhaltensstörungen. Gesellschaftliche Interessen sind Ausdruck eines Systems von Bedürfnisbefriedigungen, das mit gesellschaftlicher Sanktionsgewalt aufrechterhalten wird. Diese Interessen sind strukturell an Positionen gebunden, d. h. der Ausdruck von Interessen gehört unabhängig von der Einstellung des Positionsinhabers zu dessen erwartetem Rollenverhalten. Seine Einstellung wird dagegen von seinen individuellen Bedürfnissen geprägt sein, die zwar im Sozialisationsprozeß strukturiert und auf ökonomisch und kulturell legitimierte Objekte gerichtet werden, aber deshalb nicht schon mit den Positionsinteressen automatisch kongruent sind. Das Problem ist, daß Bedürfnisbefriedigungen nur als Bestandteil der erwarteten Ich-Leistungen im Rahmen des Rollenhandelns gesellschaftlich legitimiert sind. In Gestalt von gesellschaftlichen Interessen (Positionsinteressen) können sich Bedürfnisse legitimieren; andererseits gehen gesellschaftliche Interessen in Gestalt von Bedürfnissen in die Motivation des Rollenspielers ein, die die Antriebsbasis seines Handelns ist.

Nun besteht in empirischen Rollensystemen eine Diskrepanz zwischen dem Persönlichkeitssystem als einem Resultat der Sozialisation und dem Sozialsystem als einer Ordnung – in der Regel ungleicher – Bedürfnisbefriedigungchancen. Wird diese Diskrepanz zu groß, dann werden sehr viel mehr Bedürfnisse erlebt, als gesellschaftlich legitim zu befriedigen sind. In diesem Fall werden die angebotenen Rollen als repressiv erlebt. Mögliche Folgen sind:

a) Verdrängung: Ein bestimmtes Maß an Verdrängung liegt natürlich jeder Strukturierung der Triebe durch Sozialisation mit zugrunde. Wird dieses Maß aber überschritten, kommt es zur »neurotischen Wiederkehr des Verdrängten« (Freud), d. h. zu Verhaltensstörungen.

b) Kompensation: Nichtbefriedigte Bedürfnisse können entweder kompensiert werden durch antizipatorische Rollenübernahmen (Karriere-Muster; Muster der aufgeschobenen Befriedigung) oder durch das Aufsuchen von Befriedigungen in anderen Rollen des Rollenhaushalts (etwa: Beruf versus Familie);

c) Veränderung der Rolle durch in Verhandlungen erreichte Neuinterpretation ihrer Normen;

d) Rebellion gegen die Rolle, wobei es sich um einen grundsätzlichen Konflikt um die Legitimität der Rollennormen und -inhalte handelt, in dessen Verlauf es zu Bildung von Gegenrollen kommt.

e) Abweichendes Verhalten: Statt den Legitimitätskonflikt zu riskieren, kann es auch zu einem Ausweichen in deviante Verhaltensweisen kommen, die die Legitimität des Bestehenden nicht direkt attackieren, weil sie sich nicht (oder nicht sichtbar) innerhalb von Rollen ausleben.

f) Identifikation mit dem Aggressor: Der Rollenspieler paßt sich den repressiven Rollennormen an, übernimmt sie und gibt sie »nach unten« weiter (»autoritäre Persönlichkeit«).

Eine Differenzierung dieser Überlegungen an der Nahtstelle von Soziologie und Psychologie würde zur Analyse der Soziogenese von Verhaltensstörungen führen, die in diesem Rahmen bisher nur ansatzweise versucht worden ist (Habermas 1968, Dreitzel 1968).

Ein weiteres Problem im Verhältnis von Individuum und Rolle wird im Begriff der »Rollendistanz« angesprochen. Dieser Begriff ist zuerst von E. Goffman (1961) eingeführt worden und meint eine im Verhalten ausgedrückte Distanzierung des Rollenspielers von den Zwängen der Rollennormen. Eine solche Distanzierung kann allerdings zu den erwarteten

Ich-Leistungen des Rollenspielers gehören, der durch Überspielen, Unterlaufen und Variieren der Verhaltenserwartungen gerade seine Kompetenz als Positionsinhaber zum Ausdruck bringt. Kriterium für diese positive Rollendistanz, die vor allem bei der Handhabung von Intrarollenkonflikten wichtig wird, ist die negative Reaktion der Rollensender beim Ausbleiben entsprechender Ich-Leistungen; das Verhalten des Positionsinhabers wird dann als »rigide« erlebt. Davon zu unterscheiden ist die negative Rollendistanz (Dreitzel 1968), bei der der Rollenspieler seine partielle oder prinzipielle Ablehnung der Rolle ausdrückt. Sie kann als antizipatorische Distanzierung von einer Position auftreten, die der Rollenspieler in absehbarer Zeit verläßt (häufig bei Jugendlichen, die vor einem Rollenwechsel stehen). In diesem Fall besteht sie in der transitorischen Übernahme bestimmter Erwartungen einer anderen Rolle, die in einer Karriere-Sequenz auf die gegenwärtig aktuelle folgen soll. Gewichtiger ist der andere Fall negativer Rollendistanz, die strukturelle Ablehnung der Position, die sich in den folgenden Verhaltensweisen ausdrücken kann:

A. *Äußerlich nichtsichtbares Verhalten*

1. Ausweichen auf eine andere Realitätsebene (Tagträume usw.);
2. Mentalreservation (»sich seinen Teil denken«);

B. *Äußerlich sichtbares Verhalten*

3. Relativierung des gerade aktuellen Relevanzbereichs oder Interaktionsthemas (z. B. durch Ironie);
4. gleichzeitiges Ansprechen zweier verschiedener Bezugsgruppen oder -personen;
5. gelegentliches Überwechseln in eine andere Rolle innerhalb der gleichen Interaktionssituation (z. B. »advocatus-diaboli-Spielen«);
6. theatralische Überbetonung der Rollenhaftigkeit des Verhaltens.

Je weniger von diesen sechs Formen negativer Rollendistanz für einen Rollenspieler noch risikolos möglich sind, desto repressiver das Rollensystem, in dem er eingespannt ist. Der Ausdruck negativer Rollendistanz ist daher auch ein Indikator für die jeweils vorhandenen Freiheitsspielräume des Handelnden.

Soziale Rollen unterscheiden sich also nach dem Grad der in ihnen erwarteten positiven Rollendistanz als Bestandteil der Ich-Leistungen und nach dem Ausmaß, in dem der Rollenspieler in ihnen negative Rollendistanz risikofrei zum Ausdruck bringen kann. Entsprechend der zweiten Differenzierung hat man immer wieder versucht, Rollen nach der Stärke der Sanktionsdrohung gegenüber abweichendem Verhalten zu klassifizieren. So spricht Dahrendorf etwa von Muß-, Soll- und Kann-Erwartungen (1964). Die Sanktionsdrohung aber hängt natürlich davon ab, zu welchem sozialen Kontext eine Rolle gehört, oder anders gesagt, von der sozialen Herkunft der Rollennormen. Grundsätzlich wären hier drei Typen von Normen (und damit auch Rollen) zu unterscheiden: kulturelle Normen, die sich an die ganze Person richten (z. B. Mutterrolle), Herrschaftsnormen, die sich an Positionsinhaber in hierarchischen Positionen richten (z. B. Berufsrollen), und Interaktionsnormen, die nur in bestimmten sozialen Situationen gelten und zum Teil erst in der Interaktion der Teilnehmer entstehen (z. B. Gastgeberrolle). Entsprechend der Dauer und Bedeutung dieser Rollen für das Individuum finden wir einen unterschiedlichen Grad an Motivation und Identifikation mit den Rollen, die diesen Normentypen entsprechen: Sie sind am stärksten bei den kulturellen Normen und am geringsten bei den Interaktionsnormen. Auf einer anderen Ebene liegt die Unterscheidung zwischen Gestaltungs-, Qualitäts-, und Vollzugsnormen: Sie bezeichnet die Art der Normen im Hinblick auf das unterschiedliche Ausmaß erwarteter Ich-Leistungen und gibt damit zugleich den Zwangscharakter sozialer Rollen mit an. Aus beiden Dimensionen zusammen läßt sich ein Klassifikationsschema für soziale Rollen entwickeln (Dreitzel 1968), das die meisten Versuche einer Rollentypologie mit einbezieht. Daneben gibt es zahlreiche Versuche, einer Klassifikation sozialer Positionen, die sich ähnlichen Problemen gegenübersehen. Berühmt geworden ist vor allem R. Lintons Un-

75

terscheidung von zugeschriebenen (ascribed) und erworbenen (archieved) Positionen (bei Linton, 1936, als »status« bezeichnet.

Wichtiger ist aber wohl das Problem, Rollenverhalten von anderen Verhaltensweisen abzugrenzen. Vielfach wird der Rollenbegriff nämlich für Verhaltensweisen verwendet, die nicht als Antwort auf die Anforderungen einer sozialen Rolle begriffen werden können. So will D. Claessens etwa psychische Rollen (»der Wütende«), Primärrollen (»die Mutter«) und kulturelle Rollen (»Deutscher«) von den sozialen Rollen unterschieden wissen (Claessens 1968). Zahlreiche Sozialpsychologen sprechen andererseits von Rollen im Rahmen der Analyse von gruppendynamischen Vorgängen. Demgegenüber ist es sinnvoll, soziale Rollen abzugrenzen sowohl gegen relativ kontextfreie allgemeine Normen (z. B. das Tötungsverbot) wie gegen nicht mit gesellschaftlicher Sanktionsgewalt abgesicherte Typisierungen des Verhaltens. So hat H. Popitz (1967) vorgeschlagen, Individualitätsmuster, Verhaltenstypen und Gruppenfiguren von sozialen Rollen abzugrenzen: Anweisungen, wie man Individualität spielt, ein typisierter Verhaltenshabitus mit eher expressivem als relationalem Charakter wie etwa der Snob (Verhaltenstypus), und Erwartungsbilder, die sich personbezogen in informellen Gruppen relativ schnell ausbilden, ohne einen gewichtigeren normativen Anspruch zu haben, wie etwa »Prügelknaben« oder »Ideenproduzenten« (Gruppenfiguren). Derartige typisierte und durchaus auch normativ gesteuerte Verhaltensweisen erfüllen noch nicht die doppelte Bestimmtheit des Rollenhandelns als Zwang zur Integration unterschiedlich typisierter und von verschiedenen Rollensendern stammender Verhaltenserwartungen und als positionsabhängiges Verhalten innerhalb bestimmter Relevanzbereiche des Handelns, das durch innere und äußere Sanktionen abgestützt wird. Dabei gibt es freilich fließende Übergänge, und oft wird es vom jeweiligen Erkenntnisinteresse abhängen, wie man von Fall zu Fall definiert. Insbesondere gruppendynamische Analysen zeigen oft einen gewissen Grad an positioneller Verfestigung jener Erwartungsbilder, die H. Popitz als Gruppenfiguren bezeichnet, so daß dann bereits von situationsspezifischen Rollen gesprochen werden müßte. Tatsächlich kann die Rollenanalyse in der Kleingruppenforschung besonders fruchtbar sein. So hat R. Schindler z. B. ein auch für die Gruppentherapie wichtiges rollenanalytisches Modell der Kleingruppe entwickelt, und H. E. Richter hat rollenanalytische Kategorien bei der Untersuchung gestörter Familien benutzt (Schindler 1968, Richter 1970).

Insgesamt stellt die Rollentheorie wichtige Kategorien für die empirische Untersuchung spezifischer Verhaltenssysteme zur Verfügung und entwickelt eine theoretische Perspektive, die vor allem für die Untersuchung der Soziogenese von Verhaltensstörungen wichtig ist. Rollentheorie ist aber kein Ersatz für eine weitergehende soziologische Theoriebildung. Die Handlichkeit des Begriffs verführt auch in der empirischen Forschung leicht zur Formulierung von Binsenwahrheiten unter dem Schutzmantel soziologischer Begriffsbildung. Nur wenn gegenüber der gängigen Formel von den sozialen Rollen die inzwischen entwickelten Differenzierungen der Rollentheorie ernstgenommen werden, kann sie ihre heuristische Fruchtbarkeit erweisen.

ANMERKUNGEN

1

Siehe dazu Jutta Matzner: Der Begriff der Charaktermaske bei Karl Marx. In: Soziale Welt, 15, 1964, 130 ff.

2

Diese Position ist philosophisch weit ausholend von P. Furth (1971), sowie von F. Haug (1972) und neuerdings von B. Kirchhoff-Hund (1978) vertreten worden. Sie wird in dem von T. W. Adorno stammenden Motto des Buches von Kirchhoff-Hund auf den Nenner gebracht: »Die Not der Arbeitsteilung wird im Rollenbegriff als Tugend hypostasiert.« Adornos Bemerkung gilt freilich dem unkritischen Rollenbegriff der strukturell-funktionalen Theorie.

3

Siehe dazu meinen Versuch: Soziale Rolle und politische Emanzipation (1972).

4

Für die Rollentheorie wichtig werden dürfte E. Goffmans Analyse verschiedener Ich-Funktionen beim Rollenspieler (»maßgebendes Subjekt«, »Gestalter«, »Stratege«, dargestellte »Figur«) in seiner »Rahmenanalyse«, 1974, dt. Ausg., 553 ff. Siehe auch seine Bemerkungen zum Verhältnis von Persönlichkeit und Rolle unter den Stichwörtern »Person-Rolle-Formel« und »Sozialrolle-Spielrolle-Formel« im gleichen Buch.

LITERATUR

CAMERON, N.: Role Concepts in Behavior Pathology. American Journal of Sociology, 55, März 1950, 464–467

CLAESSENS, D.: Rolle und Macht. München 1968

Rollentheorie als bildungsbürgerliche Verschleierungsideologie. In: Th. W. Adorno (Hg.): Spätkapitalismus oder Industriegesellschaft? Verhandlungen des 16. Deutschen Soziologentages. Stuttgart 1969, 270–279

COBURN-STAEGE, U.: Der Rollenbegriff. Heidelberg 1973

DAHRENDORF, R.: Homo Sociologicus. Köln, Opladen 1964

DREITZEL, H. P.: Die gesellschaftlichen Leiden und die Leiden an der Gesellschaft. Stuttgart 1968, ³1979

Soziale Rolle und politische Emanzipation. Das Argument 71, 1/2, 1972, 110–129

FURTH, P.: Nachträgliche Warnung vor dem Rollenbegriff. Das Argument 66, 6/7, 1971, 495–522

GERHARDT, U.: Rollenanalyse als kritische Soziologie. Neuwied, Berlin 1971

GOFFMAN, E.: Frame Analysis. An Essay on the Organization of Experience. New York 1974. Deutsch: Rahmenanalyse. Frankfurt/M.: Suhrkamp 1977

The Presentation of Self in Everyday Life. Garden City/N.Y. 1959. Deutsch: Wir alle spielen Theater. München: Piper ³1976

Role Distance. In: Encounters: Two Studies in the Sociology of Interaction. Indianapolis/Ind. 1961

Stigma: Notes on the Management of Spoiled Identy. Englewood Cliffs/NY 1963. Deutsch: Stigma. Über Techniken der Bewältigung beschädigter Identität. Frankfurt 1967

HABERMAS, J.: Theorie und Praxis. Neuwied, Berlin 1963

Thesen zur Theorie der Sozialisation, MS-Druck. 1968

HAHN, A.: Soziale Rolle. In: Staatslexikon, XI. 3. Ergänzungsbd. Freiburg 1970

HAUG, F.: Kritik der Rollentheorie. Frankfurt/M. 1972

JOAS, H.: Die gegenwärtige Lage der soziologischen Rollentheorie. Frankfurt/M. ³1977

KIRCHHOFF-HUND, B.: Rollenbegriff und Interaktionsanalyse. Soziale Grundlagen und ideologischer Gehalt der Rollentheorie. Köln 1978

KLUTH, H.: Sozialprestige und sozialer Status. Stuttgart 1957

KRAPPMANN, L.: Soziologische Dimensionen der Identität. Stuttgart 1972

LEMPERT, W.: Berufserziehung als Sozialisation: Hypothesen über die Aneignung und Distanzierung von beruflichen Rollen. Vierteljahrsschrift für wissenschaftliche Pädagogik, 2, 1968, 85–111

LINTON, R.: The Study of Man (1936). New York 1964

Role and Status. In: Newcomb, E. H. Hartley (Eds.): Readings in Social Psychology. New York 1947

LITT, TH.: Individuum und Gemeinschaft. Leipzig, Berlin ³1926

LÖWITH, K.: Das Individuum in der Rolle des Mitmenschen. Ein Beitrag zur anthropologischen Grundlegung der ethischen Probleme. München 1928

MATZNER, J.: Der Begriff der Charaktermaske bei Karl Marx. Soziale Welt, 15, 1964, 130 ff

MEAD, G. H.: Mind, Self, and Society. 1936. Deutsch: Geist, Identität und Gesellschaft aus der Sicht des Sozialbehaviorismus. Frankfurt/M. 1968

MERTON, R. K.: Social Theory and Social Structure (1949). Glencoe/Ill. ²1957

Der Rollen-Set: Probleme der soziologischen Theorie. In: Hartmann (Hg.): Moderne amerikanische Soziologie. Stuttgart 1967, 119–152

NEIMAN, L. J., HUGES, J. W.: The Problem of the Concept of Role. A Re-Survey of the Literature. Social Forces XXX, 2, 1951

NEUENDORFF, H.: Der Begriff des Interesses. Frankfurt/M. 1973

PARSONS, T.: The Social System. Glencoe/Ill. 1951

PLESSNER, H.: Die Stufen des Organischen und der Mensch. Einleitung in die philosophische Anthropologie. Berlin ²1965

Conditio Humana. Pfullingen 1964

Soziale Rolle und menschliche Natur. In: Diesseits der Utopie. Düsseldorf 1966, 23–35

POPITZ, H.: Der Begriff der sozialen Rolle als Element der soziologischen Theorie. Tübingen 1967

RICHTER, H. E.: Patient Familie. Hamburg 1970

ROCHEBLAVÉ-SPENLÉ, A.-M.: La notion de rôle en psychologie social. Paris 1962

SARBIN, T. R.: Role Theory. In: G. Lindzey (Ed.): Handbook of Social Psychology, I. Reading/Mass., London 1959

Role: Psychological Aspect. In: D. L. Sills (Ed.): International Encyclopedia of Social Science, XIII. 1968

SCHINDLER, R.: Das Verhältnis von Soziometrie und Rangordnungsdynamik. Gruppenpsychotherapie und Gruppendynamik, 3, 1968, 31 ff

SCHÜTZ, A.: Der sinnhafte Aufbau der sozialen Welt (1932). Wien 1960

WILLMS, B.: Gesellschaftsvertrag und Rollentheorie. Jahrbuch für Rechtssoziologie und Rechtstheorie, 1, 1970, 275–298

FREUDS SOZIALPSYCHOLOGIE

von Johann August Schülein

DAS THEORETISCHE KONZEPT DER PSYCHOANALYSE

Leon Mann (1970) hat darauf verwiesen, daß es gewissermaßen zwei Sozialpsychologien gibt: Eine »psychologische«, die sich für die intrapsychischen, und eine »soziologische«, die sich für die interpsychischen Prozesse interessiert. Sigmund Freud hat zu beiden Beiträge geleistet, deren Produktivität kaum zu überschätzen ist.

Dabei sah es, betrachtet man seine Biographie, zunächst ganz und gar nicht danach aus. Nach einigem Zögern entschied er sich, seine aufklärerischen Interessen im Studium der Naturwissenschaften, die den höchsten Stand der Erkenntnis zu repräsentieren schienen, zu realisieren. Er erwarb sich seine ersten wissenschaftlichen Meriten als Neurophysiologe und wurde nur aus Einsicht, nicht aus Neigung, Arzt. Hier eröffnete sich ihm allerdings bald ein Betätigungsfeld, das ihm die Möglichkeit bot und ihn gleichzeitig dazu zwang, sich systematisch mit (sozial-)psychologischen Problemen zu beschäftigen. »Ich habe als junger Mann keine andere Sehnsucht gekannt als die nach philosophischer Erkenntnis. Und jetzt bin ich im Begriff sie zu erfüllen, indem ich von der Medizin zur Psychologie überlenke.« (Freud, Fließ 1962, 142). Dieser folgenreiche Wechsel ergab sich aus seiner Beschäftigung mit Problemen der Psychopathologie. Freud, der viele Vorurteile seiner Zeit nicht teilte und sich vor allem konsequent weigerte, Scheuklappen aller Art aufzusetzen, sah schnell, daß die Behandlung von Neurotikern barbarisch und daß die herrschende Theorie über Neurosen so wissenschaftlich waren wie die damals populären »ägyptischen Traumbücher« (GW XIV, 40). Er erkannte, (ohne dies allerdings angemessen zu reflektieren; vgl. Habermas 1968), daß psychopathologische Symptome in einem Sinnzusammenhang stehen, der nicht gemessen, sondern verstanden werden muß. Die Entwicklung einer tiefenhermeneutischen Methodologie und entsprechender – psychoanalytischer – Interpretationen führten bald zu einer umfassenden Theorie des Subjekts und des Verhältnisses von Subjekt und Gesellschaft. Seine Einsichten sind in Band II und III dieser Enzyklopädie ausführlich dargestellt; es genügt daher, an einige Grundpositionen psychoanalytischer Theorie zu erinnern:

1. Nur ein geringer Teil der psychischen Aktivität vollzieht sich bewußt. Die unbewußte Dynamik des psychischen Geschehens folgt der Logik von Trieben (Freud unterschied zuletzt narzißtische und objektbezogene Sexualtriebe und Aggressionstriebe) und deren psychosozialen Formen.

2. Die Triebstruktur entfaltet sich erst in einem spezifischen Reifungsprozeß, in dem das Lust/Unlust-Prinzip und die Autoerotik ergänzt bzw. überlagert werden vom Realitätsprinzip und von Formen der Objektbeziehung. Der Entwicklung des Triebpotentials entspricht dabei eine interne Differenzierung der Psyche: Die Vermittlung zwischen Trieb-

und Außenwelt wird zunehmend von einem (relativ autonomen, auf neutralisierter Trieb-energie basierenden) Funktionskomplex geleistet, den Freud das Ich nannte – während sich aus der Auseinandersetzung mit der Außenwelt eine intrapsychische Steuerungsinstanz her-auskristallisiert, die als Über-Ich bezeichnet wurde. Die psychischen Repräsentanzen der Triebe werden dadurch zum Es, weil das bewußte Erleben sich in Teilen von Ich und Über-Ich abspielt, ihre triebdynamischen Grundlagen jedoch unbewußt bleiben.

3. Triebentwicklung und strukturelle Differenzierung der Psyche sind zwar genetisch vorgezeichnet, werden jedoch erst durch soziale Interaktion realisiert und in eine subjektiv wie historisch besondere Form gebracht. Die Notwendigkeit der Formierung bringt das Ri-siko der Deformierung mit sich: Jeder Entwicklungsschritt ist potentiell Ausgangspunkt von Fixierungen bzw. im weitesten Sinn neurotischer Komplikationen, die beim Erwachse-nen »Arbeits- und Genußfähigkeit« einschränken.

4. In diesem Zusammenhang unterscheiden sich Normalität und Pathologie lediglich da-durch, daß letztere ein widersprüchlicher und defizienter Ausgang der gleichen Entwick-lungsprozesse ist. Entwicklungslogisch günstiger als Verdrängungen usw. ist die Sublimie-rung von desintegrierbaren Triebimpulsen oder aber ihre bewußte Kontrolle. Das Motto der Therapie, einer Art psychischer »Nacherziehung«, lautete daher: »Wo Es war, soll Ich werden« (XV, 86). Sie bedient sich dabei eines spezifischen Arrangements, in dem Übertra-gungen auf den Therapeuten provoziert werden, an denen sich die neurotischen Konflikte erkennen und bearbeiten lassen.

SOZIALPSYCHOLOGISCHE ASPEKTE VON FREUDS THEORIE

Es ist schon diesen wenigen Hinweisen zu entnehmen, daß Freuds Methode und Theorie zu beiden von Mann unterschiedenen Arten von Sozialpsychologie beträchtlich beigetragen hat. Freud hat im Ansatz eine selbstreflexive Erkenntnismethode entwickelt, die zwischen erkennendem Subjekt und Objekt der Erkenntnis keine methodologischen Filter einbaut, sondern statt dessen Subjektivität selbst zum Erkenntnismittel macht. Sein Sinnverständnis intrapsychischer Prozesse und Strukturen ermöglicht zugleich die Vermittlung von subjek-tiver und objektiver Realität, weil es beide nicht auseinanderreißt und isoliert, sondern de-ren Interaktion systematisch zugänglich macht.

Dieses dialektische Konzept des Verhältnisses von Individuum und Gesellschaft war so-zialpsychologisch höchst relevant, paßte aber nicht in die sich zu seiner Zeit aus dem Cor-pus der Psychologie ausdifferenzierende akademische Sozialpsychologie (McDougall, Ross). Dazu waren Methoden und Konzeptualisierung zu verschieden. Das Verhältnis zwi-schen beiden Theorieschulen war und ist mehr als kühl. Freud sah Sozialpsychologie (ebenso wie andere Sozialwissenschaften, etwa die Soziologie) ohnehin nicht als eigenstän-dige Wissenschaft. »Strenggenommen gibt es ... nur zwei Wissenschaften, Psychologie, reine und angewandte, und Naturkunde« (XV, 194). Dementsprechend konnte Sozialpsy-chologie für ihn nur »angewandte« (Individual-)Psychologie sein. »Der Gegensatz von In-dividual- und Sozial- oder Massenpsychologie, der uns auf den ersten Blick als sehr bedeut-sam erscheinen mag, verliert bei eingehender Betrachtung sehr viel von seiner Schärfe. Die Individualpsychologie ist zwar auf den einzelnen Menschen eingestellt und verfolgt, auf welchen Wegen derselbe die Befriedigung seiner Triebregung zu erreichen sucht, allein sie kommt dabei nur selten, unter bestimmten Ausnahmsbedingungen, in die Lage, von den Be-ziehungen dieses einzelnen zu anderen Individuen abzusehen. Im Seelenleben des Einzel-nen kommt ganz regelmäßig der andere als Vorbild, Objekt, als Helfer und als Gegner in Betracht, und die Individualpsychologie ist daher von Anfang an auch gleichzeitig Sozial-psychologie in diesem erweiterten, aber durchaus berechtigten Sinne« (XIII, 73). Diese mi-krosozialen Interaktionsprozesse betrachtete Freud jedoch als zur Individualpsychologie gehörig. Sozialpsychologie wurde ihm zum rein quantitativen Kriterium; war für ihn identisch mit Massenpsychologie.

Daß Freud die mikrosozialen Interaktionen der Individualpsychologie zuschlägt, spiegelt seine eigene soziale Wahrnehmung: Er erlebte die Normen des aufgeklärten Bürgertums als so »normal«, daß er sie selbst nicht weiter analysierte und in Frage stellte, sondern nur die Abweichungen davon für ihn zum Thema wurden. Entsprechend wenig hat er selbst auch die Potenzen seiner mikrologischen Sozialpsychologie nutzen können. Gruppendynamik und einfache Sozialsysteme sind erst viel später zum Gegenstand psychoanalytischer Untersuchung geworden. Quantitativ und qualitativ bedeutsamer ist sein Beitrag zur makrologischen Sozialpsychologie, der allerdings bei ihm nicht unter diesem Etikett figuriert, sondern in Form einer »Kulturtheorie« ausgearbeitet wurde. Diese Kulturtheorie ist das Ergebnis der Anwendung der Methoden und Theorien der Psychoanalyse auf Geschichte und Struktur der sozialen Wirklichkeit. Diese Form der »angewandten« Psychologie ist daher nichts anderes als eine umfassende Theorie der Gesellschaft.

Sie ist nicht auf einmal entstanden, obwohl sie in nuce in seinen ersten Überlegungen bereits angelegt ist. Sobald Freud eine holistische Theorie des Subjekts entworfen hatte, begann er, entsprechende Themen zu bearbeiten, und im Verlauf dieser Beschäftigung strukturierte und entfaltete sich ein umfassendes Modell der Geschichte und der grundlegenden Merkmale gesellschaftlicher Existenz, deren Entwicklungsstufen und Merkmale im Folgenden skizziert werden.

DIE KULTURTHEORIE

Die Phase der Dechiffrierung von sozialen und historischen Prozessen. Während der Bearbeitung von psychopathologischen Symptomen war Freud aufgefallen, daß sie sich nur quantitativ von alltäglichen Phänomenen unterschieden. Nach der »Traumdeutung« (1900) wandte er sich jenen zu und fand, daß »Fehlhandlungen« (wie Versprechen, Vergessen usw.) der Mechanik des Traumes sehr verwandt waren. »Die Situation ist die nämliche, daß unbewußte Gedanken sich auf ungewöhnlichen Wegen über äußere Assoziationen, als Modifikation von anderen Gedanken zum Ausdruck bringen. Die Ungereimtheiten, Absurditäten und Irrtümer des Trauminhaltes ... entstehen auf dieselbe Weise, freilich mit freier Benutzung der vorhandenen Mittel, wie die gemeinen Fehler unseres Alltagslebens; hier wie dort *löst sich der Anschein inkorrekter Funktion durch die eigentümliche Interferenz zweier oder mehrerer korrekter Leistungen*« (IV, 308). Die »Psychopathologie« des Alltagslebens entpuppte sich als Kompromiß zwischen bewußten und unbewußten Prozessen.

Ausgehend von dieser Strategie der »Entlarvung« von scheinbar unlogischen Phänomenen mit Hilfe des psychoanalytischen Sinnverständnisses hat Freud noch auf verschiedenen Gebieten gearbeitet. Im Aufsatz »Tatbestandsdiagnostik und Psychoanalyse« (1906) empfiehlt er der Justiz die »Detektivkünste«, mit deren Hilfe die Psychoanalyse Unstimmigkeiten in Aussagen in einen Sinnzusammenhang bringt und subjektive Widerstände gegen Einsichten überwinden könne.

Wichtiger für die Entstehung der Kulturtheorie sind allerdings in diesem Zusammenhang die ersten literaturpsychologischen Arbeiten. Eine gründliche Studie über Jensens »Gradiva« bringt ihn zu dem Schluß, daß auch in der Phantasie des Dichters die Triebkonflikte – in sublimierter Form – verarbeitet werden, die das normale und pathologische Seelenleben beherrschen: »Der Dichter ... richtet seine Aufmerksamkeit auf das Unbewußte in seiner eigenen Seele, lauscht den Entwicklungsmöglichkeiten desselben und gestattet ihnen den künstlerischen Ausdruck, anstatt sie mit bewußter Kritik zu unterdrücken. So erfährt er aus sich ... welchen Gesetzen die Betätigung dieses Unbewußten folgen muß, aber er braucht diese Gesetze nicht auszusprechen, nicht einmal sie klar zu erkennen« (VII, 120 f). Dies war ein wichtiger Schritt in Richtung auf eine universalistische Theorie und für ihn nebenbei ein Beleg für die Angemessenheit seiner Methodik. Von hier bis zu der Vermutung, daß Literatur generell als indirekter Indikator für kulturspezifische Probleme zu lesen sei, war es nur noch ein kurzer Schritt.

Die Dechiffrierung von sozialem Geschehen als Ausdruck von psychodynamischen Prozessen war für Freud Möglichkeit und Anlaß, seine tiefenhermeneutische Methode auch auf soziale Institutionen zu übertragen und zu versuchen, sie als kollektive Form der Auseinandersetzung mit innerer Natur zu interpretieren. Die psychoanalytische Erkenntnis hatte ihn jedoch gelehrt, daß es mit der rationalen Auseinandersetzung innerer Natur nicht sehr weit her war. Deswegen entfaltete sich die Kulturtheorie auch zwangsläufig als Kulturkritik.

Kritik der Sexualmoral. Freud hatte herausgefunden, daß besonders die Entwicklung der sexuellen Triebe anfällig für pathogene Deformationen war. Er erkannte bald, daß die viktorianische Prüderie solche Konflikte geradezu züchtete. Seine erste systematische Kritik an gesellschaftlichen Verhältnissen betraf daher auch die Sexualmoral. Dabei ging er von einer Konzeption aus, nach der, entsprechend der Universalität der grundlegenden psychischen Konflikte, die gesellschaftlichen Institutionen quasi geronnene Umgangsformen bzw. Reaktionen auf solche Konflikte sind, eine Vorstellung, die später zum methodischen Kern seiner Kulturtheorie werden sollte.

Im ersten Schritt bescheinigte er der herrschenden Sexualaufklärung (bzw. Nichtaufklärung) ihre absolute Inkompetenz. Sie schickte Kinder – bildlich ausgedrückt – in kurzen Hosen auf eine Polarexpedition. Freud folgert, daß eine »Reform« dieser Sexualaufklärung unsinnig ist, weil es sich nicht lohnt, einem zerlumpten Rock einen Flicken aufzusetzen. Das ganze System muß geändert werden (VII, 27).

Der nächste Schritt war konsequent: Freud fragte nach den Ursachen dieser kulturellen Dysfunktionen. Zu diesem Zweck entwarf er ein grundlegendes Funktionsmodell von Kultur, welches bereits die wichtigsten Argumente seiner späteren Analysen enthielt. In »Die ›kulturelle‹ Sexualmoral und die moderne Nervosität.« (1908) heißt es: »Unsere Kultur ist ganz allgemein auf der Unterdrückung von Trieben aufgebaut. Jeder einzelne hat ein Stück seines Besitzes, seiner Machtvollkommenheit, der aggressiven und vindikativen Neigungen seiner Persönlichkeit abgetreten; aus diesen Beiträgen ist der gemeinsame Kulturbesitz an materiellen und ideellen Gütern entstanden. Außer der Lebensnot sind es wohl die aus der Erotik abgeleiteten Familiengefühle, welche die einzelnen Individuen zu diesem Verzichte bewogen haben. Der Verzicht ist dann im Laufe der Kulturentwicklung progressiver gewesen; die einzelnen Fortschritte desselben wurden von der Religion sanktioniert ... Wer kraft seiner unbeugsamen Konstitution diese Triebunterdrückung nicht mitmachen kann, steht der Gesellschaft als ›Verbrecher‹ ... gegenüber, insofern nicht seine soziale Position und seine hervorragenden Fähigkeiten ihm gestatten, sich in ihr als großer Mann, als ›Held‹ durchzusetzen« (VII, 149 f). Besonders die Sexualtriebe sind »kultiviert« worden, weil ihre Fähigkeit zur Sublimierung »der Kulturarbeit außerordentlich große Kraftmengen zur Verfügung [stellt], und dies zwar infolge der bei ihm besonders ausgeprägten Eigentümlichkeit, sein Ziel verschieben zu können, ohne wesentlich an Intensität abzunehmen ... Ins Unbegrenzte fortzusetzen ist dieser Verschiebungsprozeß aber sicherlich nicht ... Ein gewisses Maß direkter sexueller Befriedigung scheint für die allermeisten Organisationen unerläßlich, und die Versagung dieses individuell variablen Maßes straft sich durch Erscheinungen, die wir infolge ihrer Funktionsschädlichkeit und ihres subjektiven Unlustcharakters zum Kranksein rechnen müssen« (VII, 150 f). – »Alle, die edler sein wollen, als ihre Konstitution es ihnen gestattet, verfallen der Neurose« (VII, 154). Die kulturelle Sexualmoral hat genau dies massenhaft produziert: Ihre Repressivität erzeugt Neurosen und intellektuelle Defizite.

Offen blieb dabei noch die Frage, wieso eigentlich irrationale gesellschaftliche Tendenzen dieser Art sich so verbreiten können. Freud klärte dieses Problem für sich im Kontext seiner Interpretation des sozialen Schicksals der Psychoanalyse. Er selbst hatte ja zuerst damit gerechnet, daß seine Erkenntnisse entsprechend ihrer Relevanz gewürdigt würden, aber das Gegenteil trat ein: Man denunzierte und wehrte ab. Freud wandte seine psychoanalytische Methode auf diese Paradoxie einer angeblich aufgeklärten Gesellschaft an und kam zu dem Schluß, daß sie, gerade weil sie den erzwungenen Zustand von »Kulturheuchelei« kritisiert, auf Widerstände stößt. »Die Psychoanalyse deckt die Schwächen dieses Systems auf und rät zur Änderung desselben. Sie schlägt vor, mit der Strenge der Triebverdrängung nachzulassen und dafür der Wahrhaftigkeit mehr Raum zu geben. Gewisse Triebregungen, in deren Unterdrückung die Gesellschaft zu weit gegangen ist, sollen zu einem größeren Maß von Befriedigung zugelassen werden, bei anderen soll die unzweckmäßige Methode der Unterdrückung auf dem Wege der Verdrängung durch ein besseres und gesicherteres Verfahren ersetzt werden« (XIV, 107). Es handelt sich also um eine Art von »Widerstand«, der allerdings der »Therapie« der Aufklärung nicht gewachsen sein kann: »Diesem Widerstand kann keine ewige Dauer beschieden sein; auf die Länge kann sich keine menschliche Institution der Einwirkung gerechtfertigter kritischer Einsicht entziehen« (XIV, 107).

Damit hatte Freud ein neues Niveau von Gesellschaftskritik erreicht: Er konnte, statt auf soziale Wirklichkeit nur das Etikett »falsch« aufzukleben, aus dem »kulturhermeneutischen« Sinnverständnis sozialer Institutionen funktionale Kriterien der Beurteilung entwickeln und zugleich die Bedingungen der Möglichkeit von Widersprüchen aufzeigen. Seine eigenen Arbeiten demonstrieren deutlich die immensen Potenzen dieser Methodik, aber auch die Grenzen seines rationalistischen Mechanismus, der ihn konsequent in eine teils finalistische, teils reduktionistische Kulturtheorie führt.

Umrisse der Kulturtheorie. Freud hat keine kulturtheoretische Monografie verfaßt, sondern er hat dieses Thema unter verschiedenen Blickwinkeln variiert. Die dabei deutlich werdenden Grundpositionen lassen sich so charakterisieren:

1. Nicht aufhebbare Antagonismen der inneren und äußeren Natur bilden das Thema von Kultur – die Triebstruktur des Menschen ist wohl sozial, aber nur in Grenzen. Intrapsychische Strukturbildung und Sublimierung sowie äußere Stabilisierung sind fähig, kulturell sinnvolles Handeln zu fördern, ohne daß deswegen die grundlegenden Widersprüche aufgehoben werden könnten.

2. Institutionen der Kultur dienen der Bewältigung der Probleme der inneren und äußeren Natur. Sie basieren auf »sozialisierten« Triebenergien, erhalten ihre Macht gerade durch den spezifischen Umgang mit den Konflikten, die sie lösen sollen. Dabei treten Risiken der Unter- und Überorganisation auf. Zuviel Zwang erzeugt Neurosen; zuwenig Zwang hat Durchbrüche unzivilisierter Triebimpulse zur Folge.

Freuds im Kern dialektisches, in der Durchführung jedoch recht problematisches Konzept brachte einige theoretische Folgeprobleme mit sich: Wie hat sich der Prozeß der Selbstdisziplinierung einer ganzen Gattung in Gang gesetzt, wenn man davon ausgehen mußte, daß die Institutionen quasi rationale Ziele der Triebsteuerung und -formierung erfüllten? Und wo waren das Ziel und die Grenzen dieses sozialen Prozesses?

In »Totem und Tabu« (1912/13) wagt Freud einen Entwurf zur Lösung dieser Fragen, der bewunderungswürdig ist, auch wenn in ihm die Konsequenzen der Beschränktheit seines Denkens deutlich werden. Er parallelisierte, gestützt auf bestimmte Strukturähnlichkeiten zwischen infantilem und neurotischem Verhalten sowie gesellschaftlichen Ritualen sowohl bei den primitiven als auch »erwachsenen« Völkern, Onto- und Phylogenese. Auch die Gattung hat einen Reifungsprozeß vollzogen, der sich an dem bekannten Konfliktprofil ausrichtete, welches auch die kindliche Entwicklung kennzeichnet. In diesem Kontext interpretiert er den Totemismus – ähnlich wie bestimmte Rituale von Neurotikern – als Abwehr unbewußter Inzestwünsche, und der Ursprung der Tabus lag für ihn in tiefliegenden Gefühlsambivalenzen kollektiver Art; ebenso wie in bezug auf Totemismus und Tabus zeigt sich auch im Animismus eine grundlegende Strukturähnlichkeit zwischen Neurotikern, Kindern und »Primitiven«. Denn der Animismus, die Projektion intrapsychischen Geschehens auf die Außenwelt, ist ein archaischer Wahrnehmungstypus, der ontogenetisch normalerweise überwunden wird und der auch phylogenetisch überwunden wurde. Freud schloß daraus auf eine Entwicklung des Wirklichkeitssinns und eine entsprechende Libidoorganisation: »Wenn wir im Nachweis der Allmacht der Gedanken bei den Primitiven ein Zeugnis für den Narzißmus erblicken dürfen, so können wir den Versuch wagen, die Entwicklungsstufen der menschlichen Weltanschauung mit den Stadien der libidinösen Entwicklung des Einzelnen in Vergleich zu ziehen. Es entspricht dann zeitlich wie inhaltlich die animistische Phase dem Narzißmus, die religiöse Phase jener Stufe der Objektfindung, welche durch die Bindung an die Eltern charakterisiert ist, und die wissenschaftliche Phase hat ihr volles Gegenstück in jenem Reifezustand des Individuums, welches auf das Lustprinzip verzichtet hat und unter Anpassung an die Realität sein Objekt in der Außenwelt sucht« (IX, 110 f). Damit war das Ende der Geschichte klar: Sie hatte ihr Ziel in der bürgerlichen Gesellschaft, genauer gesagt: in den Normen des aufgeklärten Bildungsbürgertums. Aber wo ein Ziel ist, ist auch ein Ursprung. Freud sah ihn in den bekannten Konsequenzen eines kollektiven ödipalen Dramas, welches ähnlich endete wie das ontogenetische: mit der Herausbildung »selbststeuernder« Regulation, deren Dynamik, einmal in Gang gesetzt, unaufhaltsam in Richtung auf optimale Verwirklichung von Kultur zielt.

Die folgenden Arbeiten wie »Massenpsychologie und Ich-Analyse« (1921) »Die Zukunft einer Illusion« (1927), »Das Unbehagen in der Kultur« (1930) halten an dieser Position und Methodik fest. Aber theorieimmanente Probleme und soziale Erfahrungen – der Erste Weltkrieg – ließen die pessimistische Seite seines Modells stärker hervortreten. Vor allem die Neuformulierung der Triebtheorie, in der an die Stelle der Aufteilung in Ich- und Sexualtriebe die in Sexualtriebe (Objekt-Libido und Narzißmus) und Todestrieb traten, führte zu einer Schwerpunktverlagerung. Das Problem der Unterdrückung archaischer Kulturfeindlichkeit wurde dominant. »Ebensowenig wie den Zwang zur Kulturarbeit kann man die Beherrschung der Masse durch eine Minderzahl entbehren, denn die Massen sind träge und einsichtslos, sie lieben den Triebverzicht nicht, sind durch Argumente nicht von dessen Unvermeidlichkeit zu überzeugen« (XIV, 328). Die tiefe Irrationalität seiner Zeit erlangte, verdeutlicht durch die Schärfe der psychoanalytischen Betrachtung, immer größere Bedeutung, bis Freud, der Aufklärer, sich gezwungen sah, ebenso wie auf die Wirkung der Aufklärung auf die der Unterdrückung zu hoffen.

NACHWIRKUNGEN

Freuds pessimistischer Optimismus drückt auch den methodischen Zwiespalt seines Vorgehens aus. Seine Ontologisierung von Normalität zwang ihn zum Reduktionismus: ohne den Begriff gesellschaftlicher Widersprüche mußten diese in letzter Konsequenz am Individuum allein festgemacht werden (vgl. Schülein 1975). Und im aufklärerischen Vertrauen auf die Macht der Wahrheit zeigt sich seine Naivität in bezug auf die Dynamik und Komplexität des historischen Prozesses.

Das ändert nichts an der enormen Pionierleistung von Freud. Sie überstieg die Kapazitäten seiner ersten Schüler und offiziellen Erben beträchtlich. Es entwickelte sich zunächst eine Freud-Orthodoxie, der es weniger um produktive Weiterentwicklung als um die Kanonisierung der Psychoanalyse ging. In ihrem Einflußbereich regredierte Freuds makrologische Sozialpsychologie oft zu dogmatischen und betriebsblinden Übertragungen individualpsy-

83

chologischer Kategorien auf historische Prozesse, so etwa bei Róheim. Dies wird verständlich, wenn man den Gesamtprozeß der Entwicklung der Psychoanalyse betrachtet. Seit Freud hat sie für ihre gesellschaftliche Etablierung den Preis der Klinifizierung gezahlt, ist zu einem ständischen Verband der Therapeuten geworden, der Freuds Ambitionen weder vertreten konnte noch wollte (vgl. Horn 1974, Schülein 1978).

So basierten Weiterentwicklung in diesem Bereich auf den Aktivitäten von Außenseitern. Zu Beginn der dreißiger Jahre waren es soziologisch geschulte Psychoanalytiker wie Bernfeld, Fromm, und Reich, die den Versuch unternahmen, das, was Freud mit unzulänglichen Mitteln unternommen hatte, systematisch zu betreiben. Fromm schreibt 1932 programmatisch: »Die sozialpsychologischen Erscheinungen sind aufzufassen als Prozesse der aktiven und passiven Anpassung des Triebapparates an die sozioökonomische Situation. Der Triebapparat selbst ist – in gewissen Grundlagen – biologisch gegeben, aber weitgehend modifizierbar; den ökonomischen Bedingungen kommt die Rolle als Primärform der Faktoren zu. Die Familie ist das wesentlichste Medium, durch das die ökonomische Situation ihren formenden Einfluß auf die Psyche des Einzelnen ausübt. Die Sozialpsychologie hat die gemeinsamen – sozial relevanten seelischen Haltungen und Ideologien – und insbesondere der unbewußten Wurzeln – aus der Einwirkung der ökonomischen Bedingungen auf die libidinösen Strebungen zu erklären« (Fromm 1970, 23). Diese Denkweise trug zur Überwindung der idealistischen Verzerrung von Freuds Denken bei. Sie ist vor allem seit Beginn der sechziger Jahre weiterentwickelt und differenziert worden; hingewiesen sei hier nur (stellvertretend für viele) auf die wichtigen gesellschaftstheoretischen Arbeiten von Fromm (1973), Horn (1972), Marcuse (1957), Mitscherlich (1963). Sie sind, ebensowenig wie die indirekt auf der Psychoanalyse basierenden Ansätze – beispielsweise von Malinowski, Mead, Kardiner –, ohne Freud nicht denkbar. Der Fortschritt der makrobiologischen Sozialpsychologie ging jedoch einher mit zwei ebenso bedeutsamen Entwicklungen:

1. In der Nachfolge Freuds wurde auch die mikrologische Sozialpsychologie systematisch betrieben, d. h. die Erkenntnisse und Denkweisen der Psychoanalyse auf mikrosoziale Prozesse angewendet. Auf diese Weise entstanden bemerkenswerte Einsichten in die Dynamik von Gruppen, von Interaktionssystemen generell. Als Beispiel dafür steht die Analyse von Familienstrukturen, die vor allem Richter (1970) vorangetrieben hat, aber auch die allgemeine Gruppentheorie (Battegay 1974).

2. Zugleich wurde eine komplexe psychoanalytische Methodologie entwickelt. Zum einen wurde die spezifisch psychoanalytische Tiefenhermeneutik in den Dienst von empirischer Feldforschung gestellt, was einen erheblichen Zuwachs an Erkenntnismöglichkeiten mit sich brachte (vgl. Erikson 1950, Spitz 1974, Parin, Morgenthaler, Parin-Matthèy 1963, Devereux 1974 sowie den Beitrag von F. v. Boxberg in Band II dieser Enzyklopädie). Auf der anderen Seite begann man, die Theorie der Psychoanalyse mit dem Instrumentarium der empirischen Sozialforschung zu vermitteln. Eine der ersten Arbeiten dieser Art war die Studie von Adorno u. a. über den »autoritätsgebundenen Charakter« (1949); weitere Schritte in dieser Richtung wurden von Fromm u. Maccoby (1970) unternommen. Schließlich gibt es inzwischen psychoanalytisch begründete empirische Methoden, zum Beispiel den »Gießen-Text« zur Analyse der Selbst- und Fremdwahrnehmung (Beckmann, Richter 1972).

Dies sind jedoch erst Anfänge. Die volle Reichweite der wahrhaft revolutionären sozialpsychologischen Arbeit von Freud – der Entwurf einer selbstreflexiven Methodik und einer sinnanalytischen Theorie psychosozialer Prozesse – ist noch lange nicht ausgeschöpft. (Zum Beitrag der Psychoanalyse zur Sozialpsychologie s. auch E. Meistermann-Seeger in Bd. II dieser Enzyklopädie.)

LITERATUR

ADORNO, Th. W., u.a.: The Authoritarian Personality. New York 1949. z. T. auf deutsch: T. W. Adorno: Studien zum autoritären Charakter, Frankfurt/M. 1973

BATTEGAY, R.: Der Mensch in der Gruppe. Bern, Stuttgart, Wien 1974

BECKMANN, D., RICHTER, H. E.: Gießen-Test. Bern, Stuttgart, Wien 1972

DEVEREUX, G.: Essais d'ethnopsychiatrie générale. Paris 1970. Deutsch: Normal und anormal. Frankfurt 1974

ERIKSON, E. H.: Childhood and society. New York: Norton 1950. Deutsch: Kindheit und Gesellschaft. Stuttgart ⁵1974

FREUD, S.: Gesammelte Werke I–XVIII. Frankfurt 1949 ff

FREUD, S., FLIESS, W.: Aus den Anfängen der Psychoanalyse. Frankfurt 1962

FROMM, E.: Analytische Sozialpsychologie und Gesellschaftstheorie. Frankfurt 1970

The anatomy of human destructiveness. New York: Holt, Rinehart & Winston 1973. Deutsch: Anatomie der menschlichen Aggressivität, Stuttgart: dva 1974

FROMM, E., MACCOBY, M.: Social Character in a Mexican Village. Englewood Cliffs/N. Y. 1970

HABERMAS, J.: Erkenntnis und Interesse. Frankfurt 1968

HORN, K.: Gruppendynamik und der »subjektive Faktor«. Repressive Entsublimierung oder politisierende Praxis. Frankfurt 1972

Der überraschte Psychoanalytiker. Psyche, 5, 1974

LORENZER, A.: Zur Begründung einer materialistischen Sozialisationstheorie. Frankfurt 1972

MANN, L.: Social psychology. London: Wiley 1970. Deutsch: Sozialpsychologie. Weinheim, Basel 1972

MARCUSE, H.: Eros and civilisation. Boston 1955. Deutsch: Triebstruktur und Gesellschaft. Frankfurt 1957

MITSCHERLICH, A.: Auf dem Weg zur vaterlosen Gesellschaft. München 1963

PARIN, P., MORGENTHALER, F., PARIN-MATTHÈY, G.: Die Weißen denken zuviel. Zürich 1963

RICHTER, H. E.: Patient Familie. Reinbek 1970

SCHÜLEIN, J. A.: Das Gesellschaftsbild der Freudschen Theorie. Frankfurt 1975

Probleme und Risiken selbstreflexiver Institutionen am Beispiel der Psychoanalyse. Kölner Zeitschrift für Soziologie und Sozialpsychologie, 1, 1978

SPITZ, R.: The first year of life. New York 1965. Deutsch: Vom Säugling zum Kleinkind. Stuttgart 1967

KOGNITIVE THEORIEN
IN DER SOZIALPSYCHOLOGIE

von Günter Bierbrauer

Die gegenwärtige Sozialpsychologie wird, wie die meisten anderen Teildisziplinen der Psychologie, beherrscht von einer kognitiven Orientierung. Der Begriff »kognitiv« wird zumeist sehr weit gefaßt. Nach Neisser (1967, dt. Ausg., 19) impliziert »der Begriff Kognition alle jene Prozesse, durch die der sensorische Input umgesetzt, reduziert, weiterverarbeitet, gespeichert, wieder hervorgeholt und schließlich benutzt wird. Er meint diese Prozesse auch dann, wenn sie ohne das Vorhandensein entsprechender Stimulation verlaufen wie bei Vorstellungen und Halluzinationen. Begriffe wie Empfindung, Wahrnehmung, Vorstellung, Behalten, Erinnerung, Problemlösen und Denken neben vielen anderen beziehen sich auf hypothetische Stadien oder Aspekte der Kognition«.

Diese Definition ist allerdings so allgemein, daß es schwierig ist zu unterscheiden, welche Prozesse als nicht kognitiv und welche psychologischen Theorien nicht mit dem Begriff »kognitive Theorien« zu kennzeichnen sind. Aus dieser breiten Definition folgt beispielsweise, daß die Theorien von Hull, Freud, Skinner und Tolman als kognitiv gekennzeichnet werden müßten. Um eine derartige verschwommene Verallgemeinerung hinsichtlich unterschiedlicher Schulen und Ansätze zu vermeiden, ist es üblich geworden, mit kognitiv solche Prozesse zu bezeichnen, die beteiligt sind an dem Erwerb, der Organisation und dem Gebrauch von Wissen (vgl. Neisser 1976, 3; s. auch seinen Beitrag in Bd. VII dieser Enzyklopädie). Wissen wird in diesem Zusammenhang verstanden als die Summe von mehr oder weniger allgemeinen Regeln, die das Individuum in der Auseinandersetzung mit seiner physikalischen und sozialen Umwelt erwirbt. Mit anderen Worten: Das wahrnehmende Individuum muß, um Wissen zu erwerben, in der Lage sein, die Stabilität und Regelmäßigkeit von Strukturen oder Ereignissen zu identifizieren und sie von Instabilität und Unregelmäßigkeit abzugrenzen. Freilich soll damit nicht ausgeschlossen sein, daß scheinbare oder zeitweilige Instabilitäten und Unregelmäßigkeiten bei der Realitätserkenntnis keine Rolle spielten. Auf sie wird an anderer Stelle eingegangen werden. Dieses Wissen erwirbt das Individuum auf der Grundlage direkter Erfahrung mit seiner Umwelt, durch Beobachtung anderer Personen, durch Kommunikation oder durch Schlußfolgerung.

In diesem Sinne beschäftigt sich die kognitive Psychologie mit dem Problem, wie der Mensch Information und Verständnis über seine Umwelt erwirbt und auf der Basis seiner Kognitionen in ihr handelt und auf sie einwirkt. Kognitionen werden daher üblicherweise in der Sozialpsychologie charakterisiert als »irgendeine Kenntnis, Meinung oder Überzeugung von der Umwelt, von sich selbst oder von dem eigenen Verhalten« (Festinger 1957, dt. Ausg., 17).

HISTORISCHER EXKURS

Als vor etwa hundert Jahren sich die Psychologie als eigenständige Disziplin zu formieren begann, bedurfte es keiner besonderen Hervorhebung, daß ihr wissenschaftliches Anliegen die Analyse der Beziehungen zwischen physikalischen Außenreizen und psychischen Empfindungen war, was auch ein Anliegen der heutigen kognitiven Psychologie ist. So etwa richtete die Bewußtseinspsychologie Wundts ihr Interesse auf die Analyse »seelischer Vorgänge«, welche die Grundlagen des Vorstellens, Wollens, der Empfindungen und Gefühle bilden (Graumann 1969). Diese Psychologie bediente sich der Methode der Introspektion oder der Selbstbeobachtung, bei der geschulte Beobachter unter experimentellen Bedingungen über ihre Bewußtseinsinhalte Auskunft gaben. Die Introspektion als wissenschaftliche Methode geriet u. a. wegen ihrer mangelnden Objektivität und ihrer inhaltlichen Begrenztheit auf Probleme der Elementarempfindungen in wissenschaftlichen Mißkredit, und die Aufmerksamkeit der wissenschaftlichen Psychologie wandte sich von den Bewußtseinsprozessen ab und konzentrierte sich auf unbewußte Vorgänge und auf beobachtbares Verhalten.

Hiermit sind die beiden wohl einflußreichsten Theorien der Psychologie gemeint, nämlich Psychoanalyse und Behaviorismus. Sie knüpfen teilweise dort an, wo die Bewußtseinspsychologie versagte; ihre Popularität gründet sich weniger darauf, daß sie bessere Einsichten in die menschliche Natur geliefert hätten, sondern darauf, daß sie – und dies ist für eine Sozialpsychologie von höchster Bedeutung – in ihren Gegenstandsbereich die sozialen Bedingungen menschlicher Erfahrungen mit einschlossen. Ihre beiden Begründer, Freud und Watson, sind sich trotz ihrer radikal unterschiedlichen Position hinsichtlich der Natur des Menschen einig, nämlich in ihrer Skepsis gegenüber der Bedeutung des Bewußtseins und seiner Regulationsfunktion für menschliches Handeln. Ebenso einig sind sie sich in ihrer Skepsis hinsichtlich der methodischen Barrieren, die einer wissenschaftlichen Erforschung der bewußten kognitiven Prozesse als Denkvorgänge entgegenstehen.

In Freuds System stellte die Dynamik unbewußter Konflikte die Motivgrundlage individuellen Handelns dar, während die bewußten Aktivitäten eine untergeordnete Rolle spielten. Für Watson war der Mensch beinahe unbeschränkt formbar und seine Reflexe und Reaktionen auf äußere Reize wurden die analytischen Einheiten der Psychologie. Denkvorgänge, die das Verhalten begleiten, sind bestenfalls Epiphänomene (s. auch Bde. II bzw. IV dieser Enzyklopädie).

Es darf nicht unerwähnt bleiben, daß sich die Entwicklung der Sozialpsychologie teilweise unbeeinflußt neben der Entwicklung dieser beiden einflußreichen psychologischen Richtungen vollzogen hat. So wird beispielsweise die Beschäftigung mit Einstellungen seit den zwanziger Jahren dieses Jahrhunderts als der Gegenstand der Sozialpsychologie par excellence gesehen (s. Thomas, Znaniecki 1918), obwohl selbstverständlich psychoanalytische (z. B. Adorno u. a. 1950) und lerntheoretische Überlegungen (z. B. Rosenberg u. a. 1960) zu eigenständigen Einstellungstheorien geführt haben. Ebenso entwickelte sich die Gruppendynamik (z. B. Cartwright, Zander 1953) ausgehend von Lewins theoretischen Überlegungen in den vierziger und fünfziger Jahren relativ unabhängig von Psychoanalyse und Lerntheorie zu einem zentralen Forschungsthema der Sozialpsychologie. Diese Situation änderte sich radikal in den sechziger Jahren. Kognitive Prozesse wurden in der Sozialpsychologie als auch der Allgemeinen Psychologie zum vorherrschenden Forschungsgegenstand. Wahrnehmung, Gedächtnis, Mustererkennung, Problemlösen, Sprache, kognitive Entwicklung erregte wieder das Interesse der psychologischen Forscher (s. Bd. VII dieser Enzyklopädie).

Mit dem gewandelten Forschungsinteresse vollzog sich ebenfalls ein Wandel in dem zugrundeliegenden Menschenbild der wissenschaftlichen Psychologie. Das Modell des zielgerichteten und nach Strukturprinzipien ordnenden Individuums der kognitiven Psychologie findet seine frühe Entsprechung in der Tradition der Gestaltpsychologie. Ursprünglich als Reaktion gegen die ältere Bewußtseinspsychologie und Assoziationspsychologie entstanden, behauptet die Gestalttheorie, daß der Sinneserfahrung ein komplexer Organisationsprozeß zugrunde liegt, dessen Konstruktion nicht durch einfache Addition von Bewußtseinselementen oder Stimulusketten zu erklären ist. Das wahrnehmende Individuum sieht sinnvolle Figuren statt einzelner Linien, es hört eine zusammenhängende Melodie und nicht die Summe von Einzeltönen (s. die Beiträge von Th. Herrmann in Bd. I u. von R. Meili in Bd. VII dieser Enzyklopädie).

Die strukturierenden Leistungen des Wahrnehmungssystems bilden die Grundlage für eine anschauliche Geordnetheit unserer Sinneserfahrung und damit unserer Realität. Nicht ausschließlich die objektiv bestimmbaren Elemente formen die wahrgenommene Welt, sondern auch die phänomenale Ordnung unserer anschaulichen Welt, d. h. deren Zusammenhangs- und Abgrenzungsverhältnisse. Die kognitive Repräsentation sozialer Stimuli und nicht Bewußtseinselemente oder Einzelstimuli treten in den Blickpunkt der wissenschaftlichen Analyse. In diesem Zusammenhang muß noch erwähnt werden, daß die phänomenologische Betrachtungsweise ebenso zu den grundlegenden Prinzipien der modernen kognitiven Sozialpsychologie gehört. Nicht die objektiven Stimuli der Außenwelt, so lehrte schon die Gestaltpsychologie, sondern unsere anschaulich subjektive Deutung bestimmen ihren Sinngehalt. Der Gestaltpsychologe Koffka (1935, 73) hat deutlich gemacht, daß der Einbezug der phänomenologischen Erfahrung nicht notwendigerweise in unwissenschaftlicher Spekulation enden muß, sondern integrativer Bestandteil wissenschaftlicher Analyse ist. Obwohl die phänomenologische Betrachtungsweise hier nicht im Sinne einer philosophischen Tradition verstanden wird, bezeichnet in der Psychologie dieser Zugang insbesondere in der Tradition des symbolischen Interaktionismus jenen Ansatz, der sich damit beschäftigt, wie Menschen Situationen konstruieren und wie solche Situationsdefinitionen ihr Verhalten beeinflussen. Diese Charakterisierung drückt sich am deutlichsten in dem Diktum der beiden Sozialwissenschaftler Thomas u. Thomas (1928) aus: »Wenn Menschen Situationen als real betrachten, sind diese real in ihren Konsequenzen« (73).

Die Abkehr von der »asozialen« Wahrnehmungsforschung (s. Graumann 1969) der Gestaltpsychologie und die Hinwendung zur sozialen Handlungs- und Motivanalyse auf dem Hintergrund kognitiver Prozesse können hier nicht nachgezeichnet werden. Der Begriff der »guten Gestalt« und die Tatsache, daß bestimmte Stimuluskonfigurationen aufgrund ihrer Einfachheit und ihres Zusammenhangs bevorzugt werden, finden ihre Analogie bei einigen Phänomenen in den kognitiven Theorien der Sozialpsychologie, wie etwa in Heiders Theorie des kognitiven Gleichgewichts, in Festingers Theorie der kognitiven Dissonanz und schließlich in der ebenfalls von Heiders Überlegungen ausgehenden Attributionstheorie. Wir wollen uns hier nur auf eine knappe Charakterisierung dieser Ansätze beschränken, obgleich eine Vielzahl weiterer Theorien zur gesamten Darstellung der kognitiven Sozialpsychologie notwendig wäre (s. Zajonc 1968).

Die beiden ersten darzustellenden Ansätze, die Gleichgewichtstheorie von Heider und die kognitive Dissonanztheorie von Festinger, werden unter dem Oberbegriff »kognitive Konsistenztheorien« zusammengefaßt. Alle Konsistenztheorien implizieren, daß Menschen versuchen, Widersprüche in ihren Kognitionen, also in ihren Meinungen, Überzeugungen, Werthaltungen usw., über sich selbst und bestimmte Aspekte ihrer Umwelt zu vermeiden. Inkonsistenz zwischen zwei Kognitionen wird als unvernünftig und unangenehm erlebt und motiviert das Individuum, Konsistenz zwischen ihnen herzustellen. Wenn ich beispielsweise einerseits der Überzeugung bin, daß für die zukünftige Energiesicherung der Bau von Kernkraftwerken unumgänglich ist, jedoch andererseits glaube, daß Atomkraftwerke ein unberechenbares Risiko darstellen, dann sind diese beiden Kognitionen in Konflikt oder inkonsistent miteinander. Die Konsistenztheorien machen Vorhersagen darüber, wie unter jeweils spezifischen Bedingungen unser kognitives System mit Inkonsistenzen fertig wird, damit wir vor uns selbst oder vor unserer Umwelt rational erscheinen.

HEIDERS GLEICHGEWICHTSTHEORIE

Fritz Heiders (1946, 1958) Theorie der kognitiven Balance ist die älteste der kognitiven Konsistenztheorien. Heider postuliert folgendes Grundmuster, das aus drei Einheiten besteht: 1. die wahrnehmende und erkennende Person oder das phänomenale Selbst (P), 2. eine andere Person oder eine Gruppe von Personen (O) und 3. ein weiteres Objekt (X), das eine Idee, eine Person oder ein Ding in der sozialen Umwelt von P sein kann. P, O und X sind als organisierte Einheiten in der kognitiven Struktur von P repräsentiert. In dieser Triade sind für jedes Paar (P–O, P–X, O–X) sowohl Urteile hinsichtlich der Gefühlsrelationen und hinsichtlich der Einheitsrelationen (zwischen den Einheiten) möglich. Gefühlsrelationen beziehen sich auf Bewertungen also auf »Mögen« und »Nichtmögen«. Einheitsrelationen beziehen sich auf Personen und Objekte, die als in besonders enger Weise zusammengehörig wahrgenommen werden, d. h. aufgrund von Ähnlichkeit, Verursachung, Besitz oder anderer einheitsbildender Charakteristika miteinander in Beziehung stehen.

Nach Heider ist eine Triade dann im Gleichgewicht, wenn die jeweiligen Dyaden zwischen P–O–X entweder bezüglich ihrer Gefühlsrelationen oder hinsichtlich ihrer Einheitsrelationen gleichsinnig sind oder nicht im Widerspruch stehen. Im einfachsten Fall sind alle Beziehungen positiv (+), etwa wenn beispielsweise P ein Student ist, der sich aktiv am Umweltschutz beteiligt und zu Semersterbeginn das Seminar eines Professors O besucht, der ein Abzeichen trägt, das ihn ebenfalls als Umweltschützer ausweist. Wenn X hier die Einstellung zum Umweltschutz darstellen soll, so existiert dann ein Gleichgewichtszustand, wenn P den Professor O mag, P positiv gegenüber X eingestellt ist und O ebenfalls eine positive Einstellung gegenüber X hat. Die Vorzeichen für diese Triade kann man folgendermaßen darstellen: + + +, weil nur positive Beziehungen vorkommen. Eine andere Möglichkeit, die Gleichgewicht in der kognitiven Struktur von P herstellt, ist dann gegeben, wenn P positive Einstellungen gegenüber X hat, O für P unsympathisch ist und O negativ gegenüber X eingestellt ist. Bei diesem Beispiel kann man die Beziehung folgendermaßen symbolisieren: + – –. Nach Heider ist eine Triade dann im Gleichgewicht, wenn die Anzahl der positiven Vorzeichen ungerade ist. Die Tendenz zum Gleichgewicht, zur kognitiven Geordnetheit und zur »guten Gestalt« läßt in Heiders Modell die Herkunft aus der Gestaltpsychologie erkennen. Ungleichgewichtige Zustände erzeugen psychologische Spannung, werden als schlecht und unpassend empfunden. Die Person versucht dann, den Ursachen für das Ungleichgewicht nachzugehen und wird dadurch motiviert, zwischen den Kognitionen Ausgewogenheit herzustellen, indem sie ihre psychologische Welt neu ordnet oder, in anderen Worten, die »Vorzeichen« zwischen ihnen so ändert, daß Balance eintritt.

Heiders Grundmodell ist in der Tat sehr einfach und daher wird dieses Modell von einigen Theoretikern wegen seiner begrenzten Generalisierbarkeit insbesondere durch die Vernachlässigung des Moments der Verhaltensänderung skeptisch beurteilt (z. B. Zajonc 1968). Dennoch werden einige Verzerrungen im kognitiven System deutlich, nämlich die Tendenz von Individuen, im Alltagsleben solche Situationen zu bevorzugen, in denen gegenseitige Übereinstimmung und Sympathie vorherrschen. Gleichzeitig hat sich dieses Modell in der empirschen Erforschung bei einer Vielzahl von Phänomenen bewährt, u. a. bei der Erklärung der Bedingung für interpersonale Anziehung und bei der verbalen Verstärkung von Einstellungen (Insko, Songer, McGarvey 1974).

Heiders Gleichgewichtstheorie hat die Entwicklung einer Vielzahl weiterer kognitiver Theorien angeregt, u. a. Osgood u. Tannenbaums (1955) Kongruenztheorie, Brehms

(1966) Theorie der psychologischen Reaktanz und Festingers (1957) Theorie der kognitiven Dissonanz, auf die nun kurz eingegangen werden soll.

FESTINGERS THEORIE DER KOGNITIVEN DISSONANZ

In der Theorie der kognitiven Dissonanz finden wir wieder folgendes Grundprinzip: kognitives Ungleichgewicht – oder hier kognitive Dissonanz – wird als unangenehm erlebt. Dieser aversive Zustand motiviert die Person, ihre Kognitionen so umzustrukturieren, daß Konsonanz herrscht, oder solche Situationen zu vermeiden, die aller Wahrscheinlichkeit nach die Dissonanz in ihrer kognitiven Welt erhöhen. In Festingers Ansatz finden wir wieder die grundlegenden Überlegungen seines Lehrers Kurt Lewin, daß nämlich »Spannung« in einem kognitiven Feld zur Reduktion von Spannung, also zur kognitiven Konsonanz drängt.

Die Theorie der kognitiven Dissonanz postuliert, daß Menschen dazu tendieren, kognitive Inkonsistenzen zu vermeiden. Solche inkonsistenten Beziehungen können entstehen zwischen folgenden kognitiven Elementen: Gedanken, Einstellungen, Überzeugungen und Verhalten, deren sich die Person (kognitiv) bewußt ist. Die interessantesten Befunde erbrachte diese Theorie im Falle der Inkonsistenz zwischen Einstellungen und Verhalten. In diesem Zusammenhang wurden einige überraschende Vorhersagen gemacht, die man als kontraintuitiv bezeichnen kann – also unserem sogenannten gesunden Menschenverstand widersprechend.

Nach Festingers Definition stehen zwei kognitive Elemente dann »in einer dissonanten Beziehung zueinander, wenn – zieht man nur diese beiden in Betracht – das Gegenteil des einen Elements aus dem anderen folgt« (1957, dt. Ausg., 26). Ein Beispiel soll dies verdeutlichen. Die beiden Kognitionen »Ich rauche« und »Rauchen ist für meine Gesundheit schädlich« sind dissonant (vorausgesetzt, ich bewerte meine Gesundheit positiv). Es wird nun angenommen, daß die erfahrene Dissonanz einen aversiven motivationalen Zustand darstellt und das Individuum versucht, diese Dissonanz zu reduzieren. Hierfür gibt es drei Möglichkeiten: 1. Änderung einer dissonanzerzeugenden Einstellung, 2. selektive Informationsaufnahme und 3. Änderung des Verhaltens, das dissonante Kognitionen erzeugt. Ein Raucher könnte demnach den Einfluß der dissonanzerzeugenden Einstellung »Rauchen ist gesundheitsschädigend« dadurch vermindern, daß er beispielsweise die Wissenschaftlichkeit medizinischer Befunde anzweifelt und dadurch die Kognition »Ich rauche« und »Rauchen ist nicht gesundheitsschädigend« in Übereinstimmung bringt. Oder er kann eine neue Kognition hinzufügen, indem er sich beispielsweise sagt, daß seine nervöse Gereiztheit, die durch Nichtrauchen entsteht, Magengeschwüre verursacht. Das Hinzufügen einer dritten Kognition »Rauchen verhindert Magengeschwüre« zur ersten Kognition »Ich rauche« vermindert die Dissonanz, die ursprünglich zwischen den beiden ersten Kognitionen bestand. Es scheint weiterhin plausibel, daß Personen dissonanzerzeugende Informationen negieren oder konsonanzstützende Informationen auswählen. Raucher sollten also beispielsweise solche Informationen meiden, deren Inhalt die Gefährlichkeit des Rauchens nahelegt, und solche Informationen bevorzugen und besser behalten, die diesen Zusammenhang widerlegen. Schließlich besteht noch die Möglichkeit, die Dissonanz zwischen den beiden Kognitionen zu vermindern, indem der Raucher sein Verhalten ändert, also dadurch, daß er die Kognition »Ich rauche« ändert in »Ich rauche nicht«.

Die empirische Forschung hat die obigen Vorhersagen in dieser allgemeinen Form nicht immer bestätigen können (s. Zajonc 1968). Eine umfassende Darstellung der Hauptbefunde der seit Publizierung der ursprünglichen Theorie im Jahre 1957 erschienenen Arbeiten (mehr als achthundert nach Irle u. Möntmann 1978) kann hier nicht geleistet werden. Wir wollen uns deshalb auf die Beschreibung des Phänomens der »erzwungenen Einwilligung«

beschränken, weil damit beispielhaft einige kontraintuitive Vorhersagen der Theorie und das methodische Vorgehen der Dissonanztheoretiker illustriert werden können.

Das Phänomen der »erzwungenen Einwilligung« bezieht sich auf Situationen, in denen Individuen dazu bewegt werden, sich öffentlich in einer Weise zu äußern, die ihren ursprünglichen, privaten Einstellungen oder Meinungen widerspricht. Ein einfaches lerntheoretisches Prinzip, das auch in Übereinstimmung mit unserem psychologischen Alltagswissen steht, würde postulieren, daß eine solche Einstellungsänderung entweder durch Androhung von Strafe oder durch in Aussicht gestellte Belohnung erreicht werden kann. Im letzteren Falle macht die Theorie der kognitiven Dissonanz jedoch eine interessante und scheinbar paradoxe Vorhersage, daß nämlich die Einstellungsänderung um so größer sein wird, je kleiner die in Aussicht gestellte Belohnung ist. Mit anderen Worten, wenn Personen dazu verleitet werden, sich einstellungsdiskrepant vis-à-vis einer früheren Einstellung zu äußern, dann erzeugt diese Handlung ein hohes Maß Dissonanz. Diese erreicht dann ein Maximum, wenn die Belohnung oder der äußere Druck gerade ausreicht, um eine inkonsistente Handlung herbeizuführen. Die Reduktion dieser Dissonanz kann u. a. dadurch erfolgen, daß die frühere Einstellung geändert wird.

Der erste Versuch, diese Vorhersage zu prüfen, wurde im mittlerweile klassisch gewordenen Experiment von Festinger u. Carlsmith (1959) unternommen. In diesem Experiment hatten die Versuchsteilnehmer eine außerordentlich langweilige Aufgabe durchzuführen. Danach wurden sie unter einem Vorwand gebeten, anderen, später am Versuch teilnehmenden Personen zu berichten, daß die Aufgabe interessant und lehrreich gewesen sei. Hierfür bot der Versuchsleiter einer Gruppe von Teilnehmern einen Dollar und einer zweiten Gruppe zwanzig Dollar an. Nachdem die Versuchsteilnehmer hierzu ihre Einwilligung gegeben hatten, wurden sie gebeten, auf einem Fragebogen ihre persönlichen Einstellungen zum Experiment anzugeben. Die Autoren fanden, daß diejenigen Versuchsteilnehmer, die nur einen Dollar bekamen, das Experiment signifikant interessanter einschätzten als diejenige Gruppe von Versuchsteilnehmern, die zwanzig Dollar bekamen. Gemäß der Dissonanztheorie muß man den Versuchsteilnehmern folgende Gedankengänge unterstellen: 1. Ich habe mich öffentlich gegen meine eigenen Einstellungen und Werte verhalten; 2. hierfür habe ich keine Rechtfertigung oder Gründe, denn ein Dollar kann mich nicht korrumpieren; 3. offensichtlich ist die Aufgabe doch interessanter, als ich zunächst annahm. Die Autoren vermuten, daß die erzeugte Dissonanz dann ansteigt, wenn die teilnehmende Person keine oder nur ein Minimum an Rechtfertigung (ein Dollar Belohnung) für ihr einstellungsdiskrepantes Verhalten hat, während ein hohes Maß an Rechtfertigung (zwanzig Dollar Belohnung) nur minimale kognitive Dissonanz erzeugt. Mit anderen Worten, die Versuchsteilnehmer, die ein hohes Maß von Dissonanz erlebten (geringe Rechtfertigung), werteten die Aufgabe signifikant positiver als die Versuchsteilnehmer, die nur geringe Dissonanz erlebten (hohe Rechtfertigung). Diese Schlußfolgerungen wurden allerdings nicht kritiklos von der Fachwelt hingenommen (z. B. Chapanis, Chapanis 1964). Auch die Plausibilität der methodischen Vorgehensweisen wurde in Frage gestellt (z. B. Rosenberg 1965). Schließlich weist die Theorie einige begriffliche Ungenauigkeiten auf (vgl. Kiesler, Collins, Miller 1969), die Anlaß zu einer Reformulierung der Theorie waren (z. B. Irle 1975; Greenwald, Ronis 1978). Dennoch sind durch die Theorie der kognitiven Dissonanz einige paradoxe Phänomene der Sozialpsychologie stärker in den Vordergrund getreten und haben somit Anregungen für weitere Forschungen geliefert, deren Ergebnisse über den Ansatz der Dissonanztheorie hinausweisen. Hier zu nennen wären Untersuchungen, die zeigten, daß 1. extrinsische Belohnung nicht immer als attraktiv im Sinne einer intendierten Verhaltensänderung wahrgenommen wird (z. B. Lepper, Greene 1975), daß 2. die Diskrepanz zwischen öffentlichen und privaten Überzeugungen mehr Spannung erzeugt als vermutet wurde und daß 3. private Meinungen erstaunlich leicht mit öffentlichen Handlungen in Einklang zu bringen sind. Ferner hat die Theorie eine radikal andere Auffassung der Beziehung zwischen Verhalten und Einstellungsänderung ermöglicht. Früher wurde diese Beziehung immer nur in einer Richtung gedacht, nämlich, daß Einstellungen das Verhalten beeinflussen. Im Rahmen der Theorie der kognitiven Dissonanz wurden neue Techniken entwickelt wie Einstellungsänderungen durch Verhaltensänderungen induziert werden können (vgl. Bierbrauer 1976). Daß die Entstehung von Einstellungen aus dem Verhalten folgen kann, wird auch von Daryl Bem (1972) postuliert. Seine Selbstwahrnehmungstheorie stellt eine Alternative zum Konstrukt der kognitiven Dissonanz dar, um damit die annähernd gleichen Phänomene zu erklären, wie sie im Rahmen der Theorie der kognitiven Dissonanz beobachtet worden sind.

BEMS SELBSTWAHRNEHMUNGSTHEORIE

Um Schlußfolgerungen über die internalen Zustände einer Person zu machen, damit wir wissen, welcher Art ihre Einstellungen oder Motive sind, müssen wir zunächst ihr Verhalten beobachten. Diese Beobachtung-Schlußfolgerungskette hat ebenso Gültigkeit bei der Erschließung unserer privaten, nur scheinbar uns persönlich zugänglichen internalen Zustände, also unserer Einstellungen, Gefühle und Motive. Daryl Bem (1972) argumentiert, daß Fremd- und Selbstbeobachtung funktional ähnlich sind, d. h. wir gewinnen nicht nur Aufschluß über die Motive einer fremden Person durch Beobachtung ihres Verhaltens und die sie begleitenden Umstände, sondern verfahren ebenso beim Erschließen unserer eigenen internalen Zustände. Obwohl diese Behauptung zunächst überrascht, befinden wir uns im Alltag nicht selten in Situationen, in denen wir erst durch Reflexion unseres eigenen Verhaltens Aufschluß über unsere Motive gewinnen (z. B. »Ich fahre heute sehr unaufmerksam, irgend etwas lenkt mich ab, offenbar ärgert mich die Auseinandersetzung mit meinem Chef mehr, als ich mir eingestehen möchte«).

In mehreren Replikationen von kognitiven Dissonanzexperimenten konnte Bem (1965, 1967, 1972) zeigen, daß die Postulierung des Konstrukts »kognitive Dissonanz« nicht notwendig ist, um eine Einstellungsänderung vorherzusagen. Beobachter erhalten in seinen Experimenten Informationen über einen Versuchsteilnehmer in einem Dissonanzexperiment (z. B. John hat eine Sache X getan, dann wurde er dafür bezahlt, einem anderen Versuchsteilnehmer zu erzählen, daß X Spaß gemacht hat. Welche Einstellung hat John zu X?) Mit anderen Worten, Beobachter, denen berichtet wurde, daß ein Teilnehmer in dem Experiment von Festinger u. Carlsmith (1959) eine kleine Belohnung (einen Dollar) für ihre Lüge erhielten, nahmen an, daß dieser an der Aufgabe mehr Spaß hatte als ein Teilnehmer, der ein große Belohnung (zwanzig Dollar) für eine Lüge erhielt. Folglich argumentiert Bem, daß es nicht notwendig ist, einen aversiven motivationalen Zustand (d. h. Dissonanz) zu postulieren, um zu einer Einstellungsänderung zu gelangen. Vielmehr erschließt der Versuchsteilnehmer aufgrund der Beobachtung seines eigenen Verhaltens und der jeweiligen Umstände in ähnlicher Weise seine internalen Zustände wie ein außenstehender Beobachter.

Mehrere Untersucher haben sich mit der Frage auseinandergesetzt, ob und unter welchen Bedingungen Dissonanztheorie bzw. Selbstwahrnehmungstheorie Gültigkeit haben. Einige »Entscheidungsexperimente« scheinen den Selbstwahrnehmungsansatz zu stützen (z. B. Snyder, Ebbesen 1972), während andere den Dissonanzansatz zu bestätigen suchen (z. B. Ross, Shulman 1973). Die Frage, ob durch ein Experimentum crucis über die Falsifikation eines theoretischen Ansatzes entschieden werden kann, ist von Greenwald (1975) allerdings negativ beantwortet worden. Obwohl die Kontroverse zwischen den beiden alternativen Ansätzen noch nicht entschieden ist, so hat sie doch eine Reihe praktischer und heuristischer Implikationen gehabt. Die Selbstwahrnehmungstherorie hat in einer theoretisch eleganten

Weise verdeutlicht, wie wir etwas über die Qualität unserer internalen Zustände erfahren, die anscheinend nur uns allein zugänglich sind. Dieser Selbstwahrnehmungseffekt wird insbesondere dann wirksam sein, wenn unsere internalen Zustände noch sehr undeutlich oder wenig intensiv sind. Unter diesen Bedingungen geben uns die äußeren Umstände entscheidende Hinweise auf die Qualität unserer internalen Zustände. Bems Analyse hat zu einer fruchtbaren Anwendung in anderen sozialen Verhaltensbereichen geführt, wie beispielsweise bei der Frage, welche Rolle die intrinsische Motivation im Gegensatz zur extrinsischen Belohnung bei der Ausführung sozialer Handlungen spielt (z. B. Lepper, Greene 1975). Während die Dissonanztheorie neue und überraschende Einsichten in die Probleme der Selbstrechtfertigung und der Wahlfreiheit erbracht hat, führte die Entwicklung der Selbstwahrnehmungstheorie zu bedeutsamen Erkenntnissen darüber, auf welche Weise kognitive Prozesse bei der Beurteilung eigenen und fremden Verhaltens mitwirken. Das Vokabular der Selbstwahrnehmungstheorie und ihre zunächst einfachen theoretischen Ableitungen haben der Formulierung der Attributionstheorie einen entscheidenden Impuls verliehen.

ATTRIBUTIONSTHEORIE

In den vorangegangenen Ausführungen über einige kognitive Theorien wurde erörtert, nach welchen Regeln und Mechanismen unser kognitives System soziale Informationen bewertet, integriert und wie diese Art der Informationsintegration Urteile über eigenes und fremdes Verhalten beeinflußt. Die geschilderten theoretischen Ansätze bezogen sich allerdings immer auf begrenzte Teilbereiche oder Teilaspekte unserer anschaulichen Welt. Eine realitätsgerechte soziale Orientierung im Alltag ist jedoch nur möglich, wenn die invarianten Beziehungen zwischen Personen und Ereignissen zu einer sinnvollen Gesamtheit sozialer Episoden (s. Abelson 1976) wahrgenommen und organisiert werden können. Wie kommen wir zu Hypothesen und Urteilen über uns selbst, über andere Personen und über unsere Umwelt? Wie entscheiden wir, ob eine Person intelligent, aggressiv oder warmherzig ist? Und wie kommen wir zu Schlußfolgerungen über Absichten oder Motive einer Person? Wie erfahren wir etwas über die Qualität dieser internalen Zustände, über die wir keine direkten Informationen haben, und welche Prognosen wagen wir aufgrund solcher Schlußfolgerungen?

Das Problem des sozialen Schlußfolgerns wurde inzwischen zu einem zentralen Forschungsgegenstand der Sozialpsychologie. Dieser Forschungsbereich und die damit verwandten theoretischen Ansätze werden unter dem Namen Attributionstheorie zusammengefaßt. Eine Attribution ist die Schlußfolgerung, die ein Beobachter über die internalen Zustände eines Akteurs oder über sich selbst zieht auf der Basis beobachtbaren Verhaltens.

Die Grundgedanken der Attributionstheorie gehen zurück auf Fritz Heiders (1944, 1958) Überlegungen zur phänomenalen Kausalität und zur intuitiven Psychologie des Mannes auf der Straße. Heider unterstellt allen Menschen zwei starke Grundmotive: das Bedürfnis, ein zusammenhängendes, sinnvolles Verständnis unserer Welt zu gewinnen, und das Bedürfnis nach Kontrolle der Umwelt. Das Individuum ist dann in der Lage, Vorhersagen über die stabilen und relativ unveränderlichen Attribute von Personen in bestimmten Kontexten zu wagen. Wenn wir über Personen oder Ereignisse keine Vorhersagen machen können, dann erscheint unsere wahrgenommene Welt chaotisch und zufällig. Somit ist die intuitive Psychologie eine allgemeine Theorie menschlichen Verhaltens, die jeder Mensch anwendet, um Ursachen für Veränderungen in seiner Umwelt zu identifizieren und sie zu stabilen Beziehungen zusammenzufügen und somit Sinn und Bedeutung für Lebenszusammenhänge zu erschließen.

Eine zentrale Dichotomie, die unsere Wahrnehmung von Kausalität zu leiten scheint, betrifft die Unterscheidung nach internalen versus externalen Ursachen (vgl. Ross 1977; eine auf Heider basierende Theorie der Kausalattribution unter entwicklungspsychologischem Aspekt findet der Leser im Beitrag von A. Kun in Bd. VII dieser Enzyklopädie). Zugeschriebene internale Ursachen – oder dispositionale Attribute – beziehen sich auf Faktoren, die zur Person gehörig gedacht werden wie Eigenschaften, Motive, Werthaltungen usw. Internale Attribute implizieren relative Unveränderlichkeit durch neue Erfahrungen oder Interventionen. Sie sind charakteristisch für die betreffende Person, insofern ihr Verhalten von der Durchschnittsperson in einem betreffenden Kontext abweicht. Zugeschriebene externale Ursachen – oder situationale Attribute – lokalisieren die Verhaltensgründe außerhalb der Person wie Rollenzwänge, Belohnungen, Bestrafungen, Zufall usw. Sie sind die nichtspezifischen Gründe, die das Verhalten fast aller Akteure in einer bestimmten Richtung beeinflussen.

Wie erschließen wir aus der Vielzahl möglicher Gründe für ein beobachtetes Verhalten oder Ereignis die tatsächlichen und wirksamen Ursachen? In der Nachfolge von Heider (1958) haben insbesondere Jones u. Davis (1965) und Kelley (1967, 1971) die Prinzipien und Regeln beschrieben, nach denen wir Wissen über die invarianten Strukturen unserer Welt erwerben.

Nach Jones u. Davis (1965) gewinnen wir Kenntnisse über eine andere Person, indem wir 1. ihr Verhalten beobachten, 2. erschließen, welche Intentionen sie damit zum Ausdruck bringen will und 3. schlußfolgern, welche Dispositionen oder Eigenschaften der Person mit dem gezeigten Verhalten korrespondieren. Jones u. Davis haben eine Reihe von Kriterien beschrieben, mit Hilfe derer wir Gewißheit darüber erlangen, ob eine bestimmte Disposition bzw. Intention mit der beobachteten Handlungsalternative korrespondiert. Hierzu gehört beispielsweise das Kriterium der sozialen Erwünschtheit. Danach sind Handlungen, die von einem Akteur begangen werden und in einer Situation durchaus üblich sind, d. h. sozial erwünscht und rollenkonform, für die Charakterisierung des Akteurs relativ uninformativ. Wenn aber andererseits das Verhalten des Akteurs in einer bestimmten Situation sozial unangemessen ist, von der Norm abweicht oder rollendiskrepant ist, dann steigt unsere Gewißheit, mit der wir diesem Verhalten bestimmte internale Attribute zuschreiben können und weniger externale Verhaltensursachen vermuten (vgl. z. B. die Studie von Jones, Davis, Gergen 1961).

Während Jones u. Davis die Kriterien beschreiben, die der Beobachter anwendet, um internale Verhaltensgründe des Akteurs zu identifizieren, beschreitet Kelley (1967) in seiner klassischen Analyse den umgekehrten Weg, denn Kelleys Modell ist nicht nur geeignet, den Prozeß der Fremdattribution, sondern auch den Prozeß der Selbstattribution zu erklären. Um die externe Validität eines Urteils über eine Entität (Personen, Stimuli, Objekte) zu überprüfen, also um festzustellen, ob ein Urteil etwas über die tatsächlichen Eigenschaften einer Entität aussagt und nicht etwas über die besonderen Charakteristiken des Beobachters (beispielsweise etwas über seine Vorlieben oder Abneigungen), muß der Beobachter dies an Hand der folgenden vier Informationskriterien überprüfen: der Unterscheidbarkeit, der sozialen Übereinstimmung und der Reaktionskonsistenz über Zeit und Modalität hinweg. In anderen Worten: Damit ich feststellen kann, ob mein Urteil etwas Valides über eine Entität aussagt und nicht etwas über mein Selbst als Beobachter, ist es erforderlich, daß ich unterscheidbar in bezug auf die Entität reagiere, daß ich in Übereinstimmung mit anderen Personen reagiere und daß ich konsistent über Modalität und Zeit hinweg reagiere. Somit wird deutlich, daß letztlich das Kriterium des Wissens über mich und meine Welt davon abhängt, ob ich konsistent in der Lage bin, unterscheidbare Reaktionen bei unterschiedlichen Gelegenheiten im Rahmen unterschiedlicher Modalitäten zu machen. Das Verhalten eines Akteurs wird sehr wahrscheinlich internalen Bedingungen zugeschrieben, wenn folgende Bedingungen erfüllt sind: geringe Unterscheidbarkeit, geringe soziale Übereinstimmung und hohe Konsistenz. Umgekehrt werden sehr wahrscheinlich externale Gründe angenommen, wenn folgende Bedingungen gegeben sind: hohe Unterscheidbarkeit, hohe soziale Übereinstimmung und hohe Konsistenz. Eine eindrucksvolle empirische Verifikation dieser Prinzipien hat McArthur (1972) vorgelegt.

SCHLUSSFOLGERUNGEN

Der Attributionsprozeß, speziell in der von Kelley konzipierten Form, erscheint relativ rational und logisch. Der naiv-kausale Vorgang der Informationsgewinnung des Mannes auf der Straße wurde in Analogie zur Vorgehensweise des Wissenschaftlers konzipiert, der mit wissenschaftlichen Methoden nach kausalen Erklärungen für Naturereignisse sucht. Freilich wissen wir aus unserer Alltagserfahrung, daß wir nicht immer rational und logisch schlußfolgern und daß es wegen unzutreffender oder widersprüchlicher Ursachenzuschreibungen zu Mißverständnissen und Konflikten kommen kann. Folglich besteht ein wichtiges Ziel der Attributionsforschung darin, die systematischen Fehler oder Urteilsverzerrungen aufzudecken, die den Zuschreibungsprozeß beeinflussen. Das Erforschen dieser Fehler und Verzerrungen kann man als das eigentliche Anliegen der kognitiven Sozialpsychologie bezeichnen, denn erst die Irrationalitäten im menschlichen Handeln und Urteilen liefern Hinweise auf die charakteristische Struktur des kognitiven Systems.

Einer der Fehler, der wohl am häufigsten beobachtet worden ist, bezieht sich auf die Neigung des Beobachters, den Einfluß situationaler Kräfte, die ein Verhalten kontrollieren, zu unterschätzen und den Anteil der dispositionellen Faktoren beim Zustandekommen eines Verhaltens zu überschätzen. Diese Tendenz wurde mit den Begriffen des dispositionellen Attributionsfehlers (Bierbrauer 1978) oder als fundamentaler Attributionsfehler (Ross 1977) gekennzeichnet. Mit anderen Worten, der Mann auf der Straße schließt vorschnell vom Verhalten auf zugrundeliegende internale Ursachen und mißt dem situationsspezifischen Kontext, aus dem das Verhalten hervorgeht, ein zu geringes Gewicht bei. Die Wirkungsweise dieses dispositionellen Attributionsfehlers wurde in einer Reihe von Studien eindrucksvoll demonstriert wie zum Beispiel in Gehorsamkeits- und Konformitätssituationen (Bierbrauer 1978, 1979; Ross, Bierbrauer, Hoffmann 1976). Kelley (1967) und Ross (1977) haben dargelegt, daß das schon vorher beschriebene Phänomen der »erzwungenen Einwilligung« im Rahmen der Untersuchungen zur Dissonanztheorie nur deshalb entstehen kann, weil die Versuchsteilnehmer in diesen Experimenten die externalen Zwänge, denen sie ausgesetzt sind, unterschätzen.

Die Attributionstheorie hat mit ihrer Analyse unserer intuitiven Verhaltenstheorien die Funktion einer psychologischen Epistemologie (Kelley 1971) übernommen. Wie der Mensch zu Erkenntnissen über sich und über andere kommt, muß damit Bestandteil jeder wissenschaftlichen Verhaltenstheorie sein, wenn deren Ziel darin besteht zu untersuchen, nach welchen Gesetzmäßigkeiten Menschen unter dem Einfluß ihrer Intuitionen entscheiden und handeln.

Man kann konstatieren, daß die Erforschung der sozialen Kognitionen auf dem Hintergrund unserer Alltagsintuition mit den Begriffen der Attributionstheorie zu einer beginnenden Annäherung zwischen Sozialpsychologie und der neuen kognitiven Allgemeinen Psychologie geführt hat (Bierbrauer 1977; Slovic, Fischoff, Lichtenstein 1976). Letztere beschäftigte sich traditionell mit den Prozessen des Erwerbs und der Verarbeitung nichtsozialer Informationen (vgl. Neisser 1967, 1976). Neuere Forschungen (z. B. Tversky, Kahneman 1971, 1974; Slovic, Fischoff, Lichtenstein 1976) lassen eine fruchtbare Konvergenz von Interessen und typischen Befunden zwischen den beiden Teildisziplinen erkennen. Während die kognitive Sozialpsychologie u. a. der Frage nachgeht, welche charakteristischen Unterschiede zwischen dem intuitiven Urteil des Laien und einer logisch-rationalen

Schlußfolgerung besteht, hat die kognitiv orientierte Allgemeine Psychologie die Begrenztheit und die typischen Verzerrungen im Informationsverarbeitungsprozeß zu ihrem Anliegen gemacht. Die gemeinsamen Befunde (Bierbrauer 1977) deuten darauf hin, daß sowohl Laien als auch Experten bei bestimmten Aufgaben Fehler unterlaufen, daß sie systematisch die Prinzipien rationaler Entscheidungsfindung verletzen und Informationen mißachten, die logisch zwingend sind (vgl. Nisbett, Borgida, Crandall, Reed 1976). Diese Fehler und Verzerrungen lassen vermuten, daß die kognitive Kapazität des Menschen angesichts komplexer Entscheidungen begrenzt ist.

Angesichts dieser Unzulänglichkeiten unseres kognitiven Systems müssen wir uns darüber im klaren sein, daß Urteile und Entscheidungen in unserer komplexen Welt mit ihren Ungewißheiten und Risiken weitreichende und vielleicht irreversible Folgen haben können. Aufgrund dieser Mängel müssen wir lernen, die Konsequenzen dieser Trugschlüsse und Fehler zu erkennen, bevor diese eingetreten sind.

LITERATUR

ABELSON, R. P.: Script Processing in Attitude Formation and Decision Making. In: J. S. Caroll, J. W. Payne (Eds.): Cognition and Social Behavior. Hillsdale/N. J.: Lawrence Erlbaum Associates 1976, 33–45

ADORNO, T. W., FRENKEL-BRUNSWIK, E., LEVINSON, D. J., SANFORD, R. N.: The Authoritarian Personality. New York: Harper 1950

BEM, D. J.: An Experimental Analysis of Self-Persuasion. Journal of Experimental Social Psychology, 1, 1965, 199–218

Self-Perception: An Alternative Interpretation of Cognitive Dissonance Phenomena. Psychological Review, 74, 1967, 183–200

Self-Perception Theory. In: L. Berkowitz (Ed.): Advances in Experimental Social Psychology, VI. New York: Academic Press 1972, 1–62

BIERBRAUER, G.: Attitüden: Latente Strukturen oder Interaktionskonzepte. Zeitschrift für Soziologie, 5, 1976, 4–16

Intuitive Erklärungen und Prognosen. Eine sozialpsychologische Analyse zur Legitimation politischer Planung. In: O. Rammstedt (Red.): Bürgerbeteiligung und Bürgerinitiativen. Villingen: Neckar-Verlag 1977, 66–87

Die Zuschreibung von Verantwortlichkeit. Eine attributionstheoretische Analyse. In: W. Hassemer, K. Lüderssen (Hg.): Sozialwissenschaften im Studium des Rechts, III: Strafrecht. München: Beck 1978, 130–152

Why Did He Do It; Attribution of Obedience and the Phenomenon of Dispositional Bias. European Journal of Social Psychology, 1979 (im Druck)

BREHM, J. W.: A Theory of Psychological Reactance. New York: Academic Press 1966

CARTWRIGHT, D., ZANDER, A. (Eds.): Group Dynamics. Research and Theory. Evanston/Ill.: Row, Peterson 1953

CHAPANIS, V. P., CHAPANIS, A.: Cognitive Dissonance: Five Years Later. Psychological Bulletin, 61, 1964, 1–22

FESTINGER, L.: A Theory of Cognitive Dissonance. Stanford/Calif.: Stanford University Press 1957. Deutsch: Theorie der kognitiven Dissonanz. Bern: Huber 1978

FESTINGER, L., CARLSMITH, J.: Cognitive Consequences of Forced Compliance. Journal of Abnormal and Social Psychology, 58, 1959, 203–210

GRAUMANN, C. F.: Sozialpsychologie: Ort, Gegenstand und Aufgabe. In: C. F. Graumann (Hg.): Handbuch der Psychologie, VII: Sozialpsychologie, 1. Halbband. Göttingen: Hogrefe 1969, 3–80

GREENWALD, A. G.: On the Inconclusiveness of »Crucial« Cognitive Tests of Dissonance versus Self-Perception Theories. Journal of Experimental Social Psychology, 11, 1975, 490–499

GREENWALD, A. G., RONIS, D. L.: Twenty Years of Cognitive Dissonance: Case Study of the Evolution of a Theory. Psychological Review, 85, 1978, 53–57

HEIDER, F.: Social Perception and Phenomenal Causality. Psychological Review, 51, 1944, 358–374. Deutsch: Soziale Wahrnehmung und phänomenale Kausalität. In: Irle (Hg.): Texte aus der experimentellen Sozialpsychologie. Neuwied: Luchterhand 1969, 26–56

Attitudes and Cognitive Organization. Journal of Psychology, 21, 1946, 107–112

The Psychology of Interpersonal Relations. New York: Wiley 1958. Deutsch: Psychologie der interpersonalen Beziehungen. Stuttgart: Klett 1977

INSKO, C. A., SONGER, E., McGARVEY, W.: Balance, Positivity, and Agreement in the Jordan Paradigm: A Defense of Balance Theory. Journal of Experimental Social Psychology, 10, 1974, 53–83

IRLE, M.: Lehrbuch der Sozialpsychologie. Göttingen: Hogrefe 1975

IRLE, M., MÖNTMANN, V. (Hg.): L. Festinger, Theorie der kognitiven Dissonanz. Bern: Huber 1978

JONES, E. E., DAVIS, K. E.: From Acts to Dispositions. In: L. Berkowitz (Ed.): Advances in Experimental Social Psychology, II. New York: Academic Press 1965, 219–266

JONES, E. E., DAVIS, K. E., GERGEN, K. J.: Role Playing Variations and their Informational Value for Person Perception. Journal of Abnormal and Social Psychology, 63, 1961, 302–310

KELLEY, H. H.: Attribution Theory in Social Psychology. In: D. Levine (Ed.): Nebraska Symposium on Motivation, XV. Lincoln/Neb.: University of Nebraska Press 1967, 192–238

Attribution in Social Interaction. In: E. E. Jones u. a. (Eds.): Attribution: Perceiving the Causes of Behavior. Morristown/N. J.: General Learning Press 1971, 1–26

KIESLER, C. A., COLLINS, B. E., MILLER, N.: Attitude Change. A Critical Analysis of Theoretical Approaches. New York: Wiley 1969

KOFFKA, K.: Principles of Gestalt Psychology. New York: Hartcourt, Brace & World 1935

LEPPER, M. R., GREENE, D.: Turning Play Into Work: Effects of Adult Surveillance and Extrinsic Rewards on Children's Intrinsic Motivation. Journal of Personality and Social Psychology, 31, 1975, 479–486

McArthur, L. A.: The How and What of Why: Some Determinants and Consequences of Causal Attributions. Journal of Personality and Social Psychology, 22, 1972, 171–193

Neisser, U.: Cognitive Psychology. New York: Appleton-Century-Crofts 1967. Deutsch: Kognitive Psychologie. Stuttgart: Klett 1974

Cognition and Reality. Principles and Implications of Cognitive Psychology. San Francisco: W. H. Freeman 1976

Nisbett, R. E., Borgida, E., Crandall, R., Reed, H.: Popular Induction: Information is Not Necessarily Informative. In: J. S. Carroll, J. W. Payne (Eds.): Cognition and Social Behavior. Hillsdale/N. J.: Lawrence Erlbaum Associates 1976, 113–133

Osgood, C. E., Tannenbaum, P. H.: The Principle of Congruity in the Prediction of Attitude Change. Psychological Review, 62, 1955, 42–55

Rosenberg, M. J.: When Dissonance Fails: On Eliminating Evaluation Apprehension from Attitude Measurement. Journal of Personality and Social Psychology, 1, 1965, 28–43

Rosenberg, M. J., Hovland, C. I., McGuire, W. J., Abelson, R. P., Brehm, J. W.: Attitude Organization and Change. New Haven: Yale University Press 1960

Ross, L.: The Intuitive Psychologist and His Shortcomings: Distortion in the Attribution Process. In: L. Berkowitz (Ed.): Advances in Experimental Social Psychology, X. New York: Academic Press 1977, 173–220

Ross, L., Bierbrauer, G., Hoffman, S.: The Role of Attribution Processes in Conformity and Dissent. Revisiting the Asch Situation. American Psychologist, 31, 1976, 148–157

Ross, M., Shulman, R. F.: Increasing the Salience of Initial Attitudes: Dissonance versus Self-Perception Theory. Journal of Personality and Social Psychology, 28, 1973, 138–144

Slovic, P., Fischoff, B., Lichtenstein, S.: Cognitive Processes and Societal Risk Taking. In: J. S. Carroll, J. W. Payne (Eds.): Cognition and Social Behavior. Hillsdale/N. J.: Lawrence Erlbaum Associates 1976, 165–184

Snyder, M., Ebbesen, E. B.: Dissonance Awareness: A Test of Dissonance Theory versus Self-Perception Theory. Journal of Experimental Social Psychology, 8, 1972, 502–517

Thomas, W. I., Thomas, D. S.: The Child in America. New York: Knopf 1928

Thomas, W. I., Znaniecki, F. W.: The Polish Peasant in Europe and America. Boston: Badger 1918

Tversky, A., Kahneman, D.: Belief in the Law of Small Numbers. Psychological Bulletin, 76, 1971, 105–110

Judgment under Uncertainty: Heuristics and Biases. Science, 185, 1974, 1124–1131

Zajonc, R. B.: Cognitive Theories in Social Psychology. In: G. Lindzey, E. Aronson (Eds.): The Handbook of Social Psychology, I. Reading/Mass.: Addison-Wesley 1968, 320–411

LERNPSYCHOLOGISCH-BEHAVIORISTISCHE ANSÄTZE IN DER SOZIALPSYCHOLOGIE

von Lilian Blöschl

EINLEITUNG

Als behavioristisch oder behavioristisch orientiert werden jene empirisch-psychologischen Forschungsrichtungen bezeichnet, die sich seit der Jahrhundertwende im Anschluß an die Arbeiten von Thorndike (1898) und Pawlow (1903) im Bereich der experimentellen Lernpsychologie entwickelt und von dort aus auf das Gesamtgebiet der modernen Psychologie großen Einfluß genommen haben (vgl. die Übersichtsdarstellungen vom Kimble 1961; Hilgard, Bower 1971 u. a.). Watson (1913, 1914) hat in mehreren programmatischen Publikationen die den betreffenden Richtungen zugrundeliegende Konzeption der Psychologie als einer »objektiven Wissenschaft vom Verhalten« in besonders prägnanter Weise formuliert. Der Aufbau der behavioristischen Lerntheorien im engeren Sinn (der Stimulus-Reaktions- oder S-R-Theorien) etwa zwischen 1930 und 1950 geht vor allem auf die Schulen von Guthrie (1938), Skinner (1938, 1953) und Hull (1943, 1951) zurück. Die behavioristisch orientierte Forschung der letzten Jahrzehnte hat die in diesem Rahmen gewonnenen Erkenntnisse in zahlreichen Untersuchungen theoretisch und empirisch ausgebaut und differenziert. Dabei bestanden von Anfang an zwischen den einzelnen behavioristischen Positionen erhebliche Unterschiede, die im Lauf der weiteren Entwicklung eher noch stärker hervorgetreten sind. Nichtsdestoweniger ist allen behavioristisch orientierten Ansätzen gemeinsam, daß sie a) in inhaltlicher Hinsicht die gesetzmäßigen Zusammenhänge zwischen den Umweltbedingungen und dem Verhalten des Organismus – die Rolle des Lernens – im Tier- und im Humanbereich mit besonderem Nachdruck unterstreichen und b) in methodischer Hinsicht soweit wie möglich auf direkt beobachtbare und objektivierbare Verhaltensdaten unter Zurückstellung introspektiver Vorgehensweisen Bezug nehmen.

Dem lernpsychologischen Ausgangskonzept entsprechend wird Problemen der Interaktion zwischen dem Individuum und seinen Artgenossen in behavioristischer Sicht große Bedeutung zugemessen, spielen sich doch zahlreiche wichtige Lernprozesse, speziell im Humanlernen, auf der sozialen Ebene ab. Prinzipiell werden dabei die Lerngesetzmäßigkeiten, die dem Verhalten des Individuums in seiner Auseinandersetzung mit der Umwelt im allgemeinen zugrunde liegen, auch für die wechselseitige Beeinflussung zweier oder mehrerer Individuen als gültig betrachtet. Der vorliegende Beitrag befaßt sich mit den Querverbindungen zwischen behavioristisch orientierter Lernpsychologie und empirischer Sozialpsychologie, die sich aus solchen Phänomenen des »sozialen Lernens« ergeben. Eine generelle Behandlung dieser komplexen Thematik würde allerdings über den Rahmen dieses Beitrags weit hinausgehen. Im folgenden sollen zunächst einige lerntheoretische Konzepte, die sich im Bereich sozialen Verhaltens als besonders fruchtbar erwiesen haben, kurz skizziert und anschließend die Möglichkeiten ihrer Anwendung in einigen zentralen gemeinsamen Interessengebieten lernpsychologischer und sozialpsychologischer Grundlagenforschung näher dargestellt werden.

THEORETISCHE SCHWERPUNKTE
IN DER LERNPSYCHOLOGISCHEN ANALYSE SOZIALEN VERHALTENS

Die Basiskonzepte der lernpsychologisch-behavioristischen Analyse sozialer Interaktionen stammen aus verschiedenen lerntheoretischen Richtungen; sie werden im Sinn der von vielen Autoren vertretenen Auffassung von der multifaktoriellen Natur von Lernprozessen oft nebeneinander eingesetzt. Besonders häufig haben in diesem Zusammenhang das Prinzip der klassischen Konditionierung, das Prinzip des Lernens am Modell und das Prinzip der Verstärkung, wie es in den instrumentellen und operanten Ansätzen im Mittelpunkt steht, Verwendung gefunden.

Das Prinzip der klassischen Konditionierung nach Pawlow ist in einer Reihe von Arbeiten als theoretische Basis bestimmter »assoziativer« Lernvorgänge, die das Verhalten des Individuums im sozialen Kontext beeinflussen, herangezogen worden. Grundsätzlich wird in der klassischen Konditionierung von der Annahme ausgegangen, daß ursprünglich neutrale Reize durch die zeitliche Koppelung mit Reizen, die auf unbedingtem Weg spezifische motorische und affektive Reaktionen auslösen, allmählich selbst die Funktion erwerben, solche Reaktionen hervorzurufen (s. den Beitrag von T. Kussmann in Bd. IV dieser Enzyklopädie). Die Involvierung von sozialen Reizen und Reizkonstellationen in diese Prozesse des »Signallernens« hat im Rahmen des Pawlowschen Ansatzes von Anfang an eine wichtige Rolle gespielt.

Von erheblicher Bedeutung in der Analyse sozialen Lernens ist naheliegenderweise auch das Prinzip des Lernens am Modell (Modellernen), d. h. des Lernens durch Beobachtung und Nachahmung, das ja per definitionem auf soziale Ereignisse Bezug nimmt (vgl. dazu Miller, Dollard 1941; Bandura 1965 a, 1969 u. a. sowie Rosenthal in Bd. IV dieser Enzyklopädie). Miller u. Dollard unterstreichen vor allem die Funktion des Modells als Quelle von Hinweisreizen, die beim Beobachter Reaktionen provozieren, die denen des Modells ähnlich sind. Führen diese Reaktionen zu positiven Konsequenzen für den Beobachter, so werden sie in sein Verhaltensrepertoire aufgenommen. Bandura hebt in seinem multifaktoriellen Imitationskonzept darüber hinaus die Möglichkeit hervor, daß auch die Konsequenzen, die das Verhalten des Modells erfährt, die Lernprozesse des Beobachters maßgeblich mitbestimmen. Wie die Betonung der Rolle von positiven und negativen Verhaltenskonsequenzen erkennen läßt, ergeben sich von hier aus unmittelbare Verbindungen zu jenem Lernprinzip, dem in der lernpsychologisch-behavioristischen Analyse sozialen Verhaltens die größte Verbreitung und das größte Gewicht zukommt, nämlich zum Prinzip der Verstärkung im Rahmen instrumenteller und operanter Konditionierungsmodelle nach Hull und Skinner.

Sowohl bei Hull als auch bei Skinner nimmt der Einfluß von Verstärkungen auf das Verhalten des Individuums im Anschluß an das »Effektgesetz« von Thorndike eine zentrale Stelle ein. Dabei definiert Hull in seiner komplexen formalistischen Theorie des instrumentellen Lernens Verstärkung als Reduktion von Bedürfnissen oder Antrieben (s. den Beitrag von A. Amsel u. M. R. Rashotte in Bd. IV dieser Enzyklopädie). Führt eine bestimmte Reaktion in einer bestimmten Reizsituation zu einer solchen Verminderung eines Spannungszustands, so wird die Verbindung zwischen Reizsituation und Reaktion »verstärkt«; d. h., die Tendenz der betreffenden Reaktion, bei späteren Wiederholungen der betreffenden Reizsituation wiederaufzutreten, wird gesteigert (Prinzip der primären Verstärkung). Neutrale Reize, die wiederholt mit dem Auftreten primärer Verstärkung zeitlich verbunden sind, können schließlich selbst verstärkende Qualitäten erwerben (Prinzip der sekundären Verstärkung). Speziell vom Konzept der sekundären Verstärkung aus ergeben sich für die Analyse komplexer sozialer Verhaltensmuster weitreichende Möglichkeiten. In der Formulierung des Verstärkungsbegriffs unter Bezugnahme auf Bedürfnis- und Antriebsreduktion kommt zum Ausdruck, daß Hull (wie zahlreiche andere »neobehavioristisch« orientierte Autoren) auf vermittelnde Variablen zurückgreift, die den zwischen Reiz und Reaktion ablaufenden Vorgängen entsprechen. Für die hypothetischen Zwischenvariablen wird die Gültigkeit derselben Gesetzmäßigkeiten postuliert, die für das beobachtbare Verhalten zutreffen. Physiologische wie kognitive Komponenten können auf diese Weise im Rahmen eines erweiterten S-R-Modells ihren Platz finden, falls sie entsprechend exakt operational definiert sind (etwa als Nahrungsentzug oder als vorangegangene Übung). Der behavioristische Grundansatz bleibt dabei gewahrt, indem die vermittelnden Variablen mit dem Reiz einerseits und der beobachtbaren Reaktion andererseits als regelhaft verbunden, d. h. fest an den Eingangs- und Ausgangsgrößen verankert, betrachtet werden (vgl. speziell zur Verwendung erweiterter S-R-Modelle in der Sozialpsychologie etwa Berger, Lambert [2]1968).

Der lernpsychologisch-behavioristische Ansatz von Skinner (das Modell des operanten Lernens) versucht das Verhalten von Individuen im Tier- und Humanbereich soweit wie möglich unter Verzicht auf solche Erweiterungen, d. h. ohne Rückgriff auf vermittelnde Variablen physiologischer oder kognitiver Natur, zu erfassen (s. den Beitrag von A. Werner u. W. H. Butollo in Bd. IV dieser Enzyklopädie). Auf diesem Hintergrund ist auch die Erforschung komplexer Abläufe auf der sozialen Ebene generell an den Prinzipien der funktionalen Verhaltensanalyse orientiert. Die spezifischen Umweltereignisse, die bestimmten Verhaltensweisen vorangehen, und die spezifischen Umweltereignisse, die auf bestimmte Verhaltensweisen folgen, werden dabei zusammen mit den betreffenden Verhaltensweisen erhoben und die funktionalen Beziehungen zwischen den einzelnen Variablen einer empirischen Überprüfung unterzogen. (Selbstverständlich umschließt der Begriff des Verhaltens im Rahmen dieser Konzeption auch das beobachtbare verbale Verhalten des Individuums.) Der Prozeß der Verstärkung wird ebenfalls auf der behavioralen Ebene definiert. Als positive Verstärker werden jene Umweltgegebenheiten bezeichnet, deren Auftreten die spätere Auftretenswahrscheinlichkeit der ihnen vorangegangenen Verhaltensweise erhöht, als negative Verstärker jene Umweltgegebenheiten, deren Wegfall einen solchen Effekt hervorruft. Verhaltensfrequenzen fungieren dementsprechend in den einschlägigen Arbeiten als besonders wichtige Daten. (In bezug auf den Stimulus-Begriff spielt im Modell von Skinner weniger die direkt verhaltensauslösende Funktion von Reizen als ihre diskriminative Funktion eine Rolle: Diskriminative Reize sind Stimuli, die wiederholt zusammen mit positiven Verstärkungen aufgetreten sind und in der Folge als Hinweisreize auf Situationen dienen, in denen bestimmte Reaktionen verstärkt werden.) Die subjektive Bedeutung kognitiver, emotionaler und motivationaler Erlebnisse wird auch im Rahmen des funktional-behavioristischen Ansatzes keineswegs bestritten; es wird jedoch die Auffassung vertreten, daß es im Hinblick auf die extreme Schwierigkeit einer präzisen Erfassung solcher »privater Ereignisse« unter verhaltenswissenschaftlichen Aspekten im allgemeinen keine Vorteile bringt, ihnen eine intervenierende Rolle zwischen Umweltbedingungen und Verhalten zuzuschreiben. Vor allem in den letzten Jahren ist in einer Reihe von Untersuchungen gezeigt worden, daß sich auch auf dieser Basis fruchtbare Beiträge zum Problem des sozialen Lernens erhalten lassen (vgl. die Sammelbände von McGinnies, Ferster 1971; Ulrich, Mountjoy 1972 u. a. sowie Ulrich, Mueller in Bd. IV dieser Enzyklopädie).

INHALTLICHE SCHWERPUNKTE
IN DER LERNPSYCHOLOGISCHEN ANALYSE SOZIALEN VERHALTENS

Eine Durchsicht der einschlägigen Literatur läßt erkennen, daß in fast allen Problembereichen, die in der sozialpsychologischen Forschung eine Rolle spielen, mehr oder weniger zahlreiche lernpsychologisch-behavioristisch orientierte Arbeiten zu finden sind. Das bezieht sich auch auf jene Gebiete, in denen »symbolischen« Vorgängen, d. h. Abläufen kognitiver und verbaler Natur, breiter Raum zugemessen wird (vgl. etwa die Ansätze zur Entwicklung und Funktion der Sprache bei Miller, Dollard 1941; Skinner 1957; Bandura 1969 u. a. sowie Catania in Bd. IV dieser Enzyklopädie; zur Einstellungsforschung bei Staats, Staats 1963; Staats 1968 u. a. und zur interpersonalen Wahrnehmung und Selbstwahrnehmung bei Kanfer 1961, Bem 1972 u. a.). Wie bereits einleitend hervorgehoben, erlaubt es der hier zur Verfügung stehende Rahmen nicht, auf alle diese Ansätze einzugehen. Statt dessen werden im folgenden zwei Bereiche etwas näher ausgeführt, in denen die Berührungspunkte zwischen lernpsychologischen und sozialpsychologischen Fragestellungen besonders deutlich zum Ausdruck kommen.

Attachment und Attraktion. In vielfältiger Weise sind Lern- und Sozialpsychologie miteinander – und selbstverständlich zugleich mit einer Reihe von anderen wissenschaftlichen Disziplinen – in bezug auf die Erforschung jener Prozesse verknüpft, die der kontinuierlichen Integration des Kindes in seine soziale Umwelt zugrunde liegen. Wenn auch die Rolle biologischer Faktoren im Entwicklungsvorgang stets mit in Rechnung gestellt werden muß, so sind doch Mechanismen des sozialen Lernens in diesem Zusammenhang von außerordentlichem Einfluß. Das gilt vor allem auch für den Aufbau der frühen interpersonalen Beziehungen, wie sie in der Attachmentforschung im Mittelpunkt stehen. Auf der Basis einer Reihe von einschlägigen empirischen Arbeiten haben Bijou, Baer 1971; Gewirtz 1961, 1969 u. a. sowie Gewirtz in Bd. IV dieser Enzyklopädie instrumentell-operant orientierte Modellansätze zu dieser Frage vorgelegt. Global formuliert wird dabei von der Annahme ausgegangen, daß die betreuende Pflegeperson – im allgemeinen die Mutter – zunächst die wichtigste Quelle primärer Verstärker für das Kind darstellt, indem sie ihm Nahrung, Wärme, Beendigung aversiver Stimulation u. ä. vermittelt. Zugleich fungiert sie auch als Quelle diskriminativer Stimuli, d. h., ihre Anwesenheit signalisiert dem Kind, unter welchen Bedingungen bestimmte Reaktionen durch Bedürfnisreduktion verstärkt werden. Auf der Grundlage dieser Erfahrungen finden dann jene für den weiteren Sozialisierungsvorgang besonders wesentlichen Lernprozesse statt, die schon bald soziale Kontakte mit der Pflegeperson – und auf dem Weg der Generalisierung auch soziale Kontakte mit anderen Personen – selbst zu sekundären Verstärkern machen. Das bedeutet nicht, daß alle Komponenten sozialer Verstärkung sekundärer, d. h. gelernter, Natur sind (vgl. etwa zur primär verstärkenden Wirkung von taktilen Kontakten in der Attachment-Entwicklung die tierexperimentellen Untersuchungen von Harlow 1958 u. a.). Den Konsequenzen, die das Verhalten des Individuums von seiten der Umwelt erfährt, muß jedoch im Rahmen dieser Entwicklung jedenfalls eine substantielle Rolle zugeschrieben werden.

Von grundlegender Bedeutung sind solche Lernprozesse vor allem auch dort, wo es sich mit zunehmendem Alter des Kindes um die Effektivität sozialer Verstärker auf der verbalen Ebene handelt, übernehmen doch sekundär verstärkende Rückmeldungen verbaler Art allmählich in bezug auf den Aufbau und die Aufrechterhaltung des Verhaltensrepertoires wichtige Funktionen. Die spezifischen Bedingungsfaktoren der Effekte verbaler sozialer Verstärker sind dementsprechend in zahlreichen lernpsychologischen Untersuchungen an Kindern verschiedener Altersstufen einer empirischen Analyse unterzogen worden. Alter, Geschlecht und soziokultureller Hintergrund, aber auch bestimmte Merkmale der (kurzfristigen und langfristigen) Verstärkungsvorgeschichte des Kindes gehören ebenso wie bestimmte Merkmale der verstärkenden Person zu den Variablen, die nach dem gegenwärtigen Stand der Forschung diesbezüglich Berücksichtigung finden müssen (vgl. Gewirtz, Baer 1958; Stevenson 1961; Zigler 1963; Rosenhan, Greenwald 1965 u. a.).

In steigendem Ausmaß hat in letzter Zeit auch das Problem der Ausbildung von Selbstverstärkungsprozessen, d. h. von Reaktionen des Individuums, durch die es sein eigenes Verhalten beeinflußt, Beachtung gefunden. Neobehavioristisch orientierte Autoren wie Bandura und Kanfer haben versucht, das Konzept der Selbstkontrolle lernpsychologisch zu formulieren, und eine Reihe von experimentellen Untersuchungen dazu durchgeführt (vgl. Bandura 1965 a, Kanfer 1971 a u. a. sowie Kanfer in Bd. IV dieser Enzyklopädie). Im Sinn der bereits dargestellten Hypothese von vermittelnden Variablen, die zwischen objektiv erfaßbare Input- und Output-Variablen treten können, wird angenommen, daß auf der Basis einschlägiger sozialer Erfahrungen durch externale Verstärkung und Lernen am Modell allmählich entsprechende internale Selbstbeurteilungs- und Selbstbewertungsmechanismen entstehen. Die auf dieser Ebene »selbst-generierten« Reize ermöglichen es dem Individuum bis zu einem gewissen Grad bzw. für eine gewisse Zeit, bestimmte Verhaltensweisen auch ohne unmittelbar verstärkende Rückmeldungen von seiten der Umwelt aufrechtzuerhalten. Internalen verbalen Prozessen – etwa in der Form von Selbstinstruktionen und Selbstbestätigungen – kommt dabei neben emotionalen Faktoren wesentliche Bedeutung zu (vgl. auch die Übersichtsdarstellung von Hartig 1973).

Die Frage, unter welchen Bedingungen sich Zuneigungen und Bindungen im interpersonalen Bereich bei älteren Kindern und Erwachsenen (also nach Abschluß der frühen Sozialisierungsphase) entwickeln und in welcher Form sie den Verlauf sozialer Interaktionen beeinflussen, wird im Rahmen der Attraktionsforschung zu analysieren und zu beantworten versucht. Auch auf diesem Gebiet spielen lernpsychologisch-behavioristische Konzepte in zahlreichen theoretischen Ansätzen und empirischen Untersuchungen eine prominente Rolle (vgl. etwa Staats 1968; Lott, Lott 1972; Clore, Byrne 1974 u. a.; einen Überblick geben Clore, Itkin 1977). Dabei zeichnen sich, global formuliert, vor allem zwei einander ergänzende Hypothesen ab. Die erste dieser Hypothesen muß auf dem Hintergrund der sozialpsychologischen Konzeption des Attraktionsbegriffs als eines hypothetischen Konstrukts im Sinn einer Einstellung – einer Reaktionstendenz – gesehen werden (vgl. Berscheid, Walster 1969; Mikula 1977 u. a.); sie besagt, daß eine Person A aufgrund wiederholten gemeinsamen Auftretens mit Situationen und Ereignissen, die bei einer Person B positive affektiv-kognitive Reaktionstendenzen ausgelöst haben, nach den Prinzipien der klassischen Konditionierung allmählich selbst die Funktion erwirbt, solche Reaktionstendenzen bei Person B hervorzurufen. Zugleich wird in der zweiten Hypothese angenommen, daß Person A unter solchen Umständen, den Prinzipien der instrumentellen Konditionierung entsprechend, sekundär verstärkende Funktionen für Person B erwirbt (vgl. auch die Rolle des Verstärkerwerts zwischenmenschlicher Kontakte in den im Rahmen der sozialen Austauschtheorien von Thibaut, Kelley 1959; Homans 1961 u. a. vorgelegten Ansätzen). Damit ergeben sich jene Möglichkeiten der unmittelbaren Beeinflussung des Verhaltens von B durch A, die in der Erfassung interpersonaler Attraktion auf der behavioralen Ebene sowie – unter dem Aspekt der Reziprozität – in den Fragestellungen der Interaktionsforschung im Mittelpunkt stehen.

Soziale Interaktionsprozesse in Dyade und Gruppe. Während auf Interaktionen im weiteren Sinn des Wortes selbstverständlich in allen Themenbereichen der Sozialpsychologie Bezug genommen wird, befaßt sich die Interaktionsforschung im engeren Sinn mit der Detailanalyse von längeren und komplexeren Interaktionssequenzen zwischen zwei oder mehreren Individuen. In den letzten Jahren sind von lernpsychologisch-behavioristischer Seite auch zu dieser Problematik zahlreiche Beiträge vorgelegt worden; sie orientieren sich vor allem an den Konzepten des funktional-behavioristischen Ansatzes nach Skinner. Im Sinn des operanten Modells wird angenommen, daß die Verhaltensweisen des Individuums gegenüber einem Partner wie alle anderen Verhaltensweisen durch entsprechende verstärkende Verhaltenskonsequenzen von seiten der Umwelt beeinflußt werden können (vgl. etwa die empirische Untersuchung von Blum, Kennedy 1967 zur Veränderung dominanten Verhaltens in Dyaden mittels »Belohnung« und »Bestrafung« durch den Versuchsleiter). Zugleich können jedoch auf reziproker Basis die Verhaltensweisen des einen Partners selbst sowohl die Funktion positiver und negativer Verstärker als auch die Funktion diskriminativer Reize für den anderen Partner übernehmen. In einer Reihe von human- und tierexperimentellen Arbeiten ist der Aufbau eines geregelten Zusammenwirkens zwischen zwei Individuen unter dem Aspekt einer solchen wechselseitigen Beeinflussung analysiert und der Effekt reziproker Verstärkung auf die Entstehung und Aufrechterhaltung bestimmter Interaktionsmuster nachgewiesen worden (vgl. die Analyse »minimaler sozialer Situationen« bei Sidowski, Wyckoff, Tabory 1956; die Entwicklung kooperativer Verhaltensmuster bei Azrin, Lindsley 1956; die Etablierung mutueller Verstärkungsprozesse im Tierexperiment bei Boren 1966 u. a.). Mit den Grundlagen jener inhaltlich besonders bedeutsamen globalen Interaktionsprozesse, die als »aggressives« bzw. »altruistisches« Verhalten bezeichnet werden, haben sich u. a. Bandura und seine Mitarbeiter in mehreren Untersuchungen befaßt und dabei aufgezeigt, daß auch in diesem Bereich neben den Prinzipien des Verstärkungslernens Imitationsvorgänge eine wichtige Rolle spielen (vgl. Bandura 1965 b; Grusec, Skubiski 1970 u. a.).

Die Probleme sozialer Interaktionen in Gruppen, die mehr als zwei Individuen umfassen, sind ebenfalls bereits in einer größeren Anzahl von lernpsychologisch-behavioristisch orientierten Arbeiten behandelt worden. Auch hier wird vorwiegend, wenngleich nicht ausschließlich (vgl. etwa die Modifikation von Rangordnungen im Tierexperiment auf der Basis klassischer Konditionierungsprozesse bei Miller, Murphy, Mirsky 1955 u. a.), von den Prinzipien des operanten Ansatzes ausgegangen. Besondere Aufmerksamkeit haben in den einschlägigen empirischen Untersuchungen im Humanbereich die Möglichkeiten der Veränderung verbal-kommunikativen Verhaltens in der Gruppe (vgl. Simkins, West 1966; Oakes 1971 u. a.) und in Zusammenhang damit die Möglichkeiten der Veränderung von Führungsverhalten und sozialem Status (vgl. Hastorf 1965; Zdep, Oakes 1967 u. a.) gefunden. Die Ergebnisse der betreffenden Studien unterstreichen, daß der im Einzelversuch wiederholt nachgewiesene Einfluß reaktionskontingenter Verstärkungen auf den Ablauf verbaler Aktivitäten (vgl. Kanfer 1971 b u. a.) auch in der Gruppensituation wirksam ist und daß verschiedene Merkmale des Interaktionsverhaltens in Gruppen auf diesem Weg systematisch modifiziert werden können.

Wie einleitend festgehalten, ist der vorliegende Beitrag primär jenen Berührungspunkten zwischen lernpsychologisch-behavioristischen und sozialpsychologischen Fragestellungen gewidmet, die sich in den letzten Jahrzehnten im Bereich der Grundlagenforschung ergeben haben. An dieser Stelle darf jedoch nicht unerwähnt bleiben, daß sich entsprechende Berührungspunkte in jüngster Zeit auch auf der Anwendungsebene abzuzeichnen beginnen. Sie resultieren aus den lernpsychologisch-klinischen Ansätzen zur therapeutischen Beeinflussung gestörter sozialer Interaktionen, wie sie im Rahmen von Verhaltenstherapie und Verhaltensmodifikation (vgl. Kanfer, Phillips 1970; Leitenberg 1976 u. a.) zunehmend in den Vordergrund treten. Ungünstige Kontaktmuster zwischen dem Klienten und seinen natürlichen Bezugspersonen werden dabei nach den Prinzipien der funktionalen Verhaltensanalyse in der realen Lebenssituation zu beschreiben und zu verändern gesucht. Die einschlägigen empirischen Arbeiten (vgl. etwa im Hinblick auf Partnerschafts- und Familienkonflikte Patterson, Reid 1970; Patterson, Weiss, Hops 1976 u. a.; eine kurze Übersichtsdarstellung solcher kontingenzmodifikatorischer Ansätze findet sich bei Blöschl 1978) enthalten eine Vielfalt von Informationen, die auch in bezug auf die Interaktionsforschung im außerklinischen Bereich unmittelbar relevant sind.

ABSCHLIESSENDE BEMERKUNGEN

Der Versuch, die individuum- und verhaltenszentrierten Konzepte der behavioristisch orientierten Lernpsychologie zur Analyse komplexer sozialer Vorgänge heranzuziehen, bringt naheliegenderweise zahlreiche Probleme mit sich. Die Behandlung der betreffenden Fragen erfordert bestimmte Differenzierungen und Erweiterungen auf begrifflicher und auf methodischer Ebene sowie den kontinuierlichen Vergleich von Daten, die unter Laborbedingungen gewonnen wurden, mit Daten, die aus der natürlichen sozialen Umwelt des Individuums stammen. Die Bewältigung dieser Probleme steht zur Zeit – wie die wissenschaftliche Analyse sozialer Prozesse überhaupt – noch in den Anfängen. Generell kann jedoch aufgrund der vorliegenden Ergebnisse bereits heute festgehalten werden, daß die lernpsychologisch-behavioristischen Modelle einen wichtigen Zugangsweg zur Erfassung der Gesetzmäßigkeiten sozialer Interaktionen eröffnet haben, der vor allem auch im Hinblick auf die daraus resultierende Möglichkeit einer Synopsis verschiedener Teilgebiete der psychologischen Forschung weiter verfolgt werden sollte.

LITERATUR

Azrin, N. H., Lindsley, O. R.: The Reinforcement of Cooperation between Children. J. Abnorm. Soc. Psychol., 52, 1956, 100–102

Bandura, A.: Behavioral Modifications through Modeling Procedures. In: L. Krasner, L. P. Ullmann (Eds.): Research in Behavior Modification. New York: Holt, Rinehart & Winston 1965 a, 310–340

Influence of Models' Reinforcement Contingencies on the Acquisition of Imitative Responses. J. Pers. Soc. Psychol., 1, 1965 b, 589–595

Principles of Behavior Modification. New York: Holt, Rinehart & Winston 1969

Bem, D. J.: Self-Perception theory. In: L. Berkowitz (Ed.): Advances in Experimental Social Psychology, VI. New York: Academic Press 1972, 2–62

Berger, S. M., Lambert, W. W.: Stimulus-Response Theory in Contemporary Social Psychology. In: G. Lindzey, E. Aronson (Eds.): Handbook of Social Psychology. Reading/Mass.: Addison-Wesley ²1968, 81–178

Berscheid, E., Walster, E. H.: Interpersonal Attraction. Reading/Mass.: Addison-Wesley 1969

Bijou, S. W., Baer, D. M.: Socialization – The Development of Behavior to Social Stimuli. In: E. McGinnies, C. B. Ferster (Eds.): The Reinforcement of Social Behavior. Boston: Houghton-Mifflin 1971, 17–25

Blöschl, L.: Kontingenzmodifikatorische Ansätze in der Verhaltenstherapie. Psychol. Rdsch., 29, 1978, 175–182

Blum, E. R., Kennedy, W. A.: Modification of Dominant Behavior in School Children. J. Pers. Soc. Psychol., 7, 1967, 275–281

Boren, J. J.: An Experimental Social Relation between Two Monkeys. J. Exp. Anal. Behav., 9, 1966, 691–700

Clore, G. L., Byrne, D.: A Reinforcement-Affect Model of Attraction. In: T. L. Huston (Ed.): Foundations of Interpersonal Attraction. New York: Academic Press 1974, 143–170

Clore, G. L., Itkin, St. M.: Verstärkungsmodelle der zwischenmenschlichen Anziehung. In: G. Mikula, W. Stroebe (Hg.): Sympathie, Freundschaft und Ehe. Bern: Huber 1977, 41–76

Gewirtz, J. L.: A Learning Analysis of the Effects of Normal Stimulation, Privation and Deprivation on the Acquisition of Social Motivation and Attachment. In: B. M. Foss (Ed.): Determinants of Infant Behaviour. London: Methuen & Co 1961, 213–290

Mechanisms of Social Learning: Some Roles of Stimulation and Behavior in Early Human Development. In: D. A. Goslin (Ed.): Handbook of Socialization Theory and Research. Chicago: Rand McNally 1969, 57–212

Gewirtz, J. L., Baer, D. M.: Deprivation and Satiation of Social Reinforcers as Drive Conditions. J. Abnorm. Soc. Psychol., 57, 1958, 165–172

Grusec, J. E., Skubiski, S. L.: Model Nurturance, Demand Characteristics of the Modeling Experiment, and Altruism. J. Pers. Soc. Psychol., 14, 1970, 352–359

Guthrie, E. R.: The Psychology of Human Conflict. New York: Harper 1938

Harlow, H. F.: The Nature of Love. Amer. Psychologist, 13, 1958, 673–685

Hartig, M. (Hg.): Selbstkontrolle. München: Urban & Schwarzenberg 1973

Hastorf, A. H.: The »Reinforcement« of Individual Actions in a Group Situation. In: L. Krasner, L. P. Ullmann (Eds.): Research in Behavior Modification. New York: Holt, Rinehart & Winston 1965, 271–284

Hilgard, E. R., Bower, G. H.: Theories of Learning. New York: Appleton-Century-Crofts ³1966. Deutsch: Theorien des Lernens, I u. II. Stuttgart: Klett 1971

Homans, G. C.: Social Behavior. Its Elementary Forms. New York: Harcourt, Brace & World 1961

Hull, C. L.: Principles of Behavior. New York: Appleton-Century-Crofts 1943

Essentials of Behavior. New Haven: Yale University Press 1951

Kanfer, F. H.: Comments on Learning in Psychotherapy. Psychol. Rep., 9, 1961, 681–699

The Maintenance of Behavior by Self-Generated Stimuli and Reinforcement. In: A. Jacobs, L. B. Sachs (Eds.): The Psychology of Private Events. New York: Academic Press 1971 a, 39–59

Verbal Conditioning: A Review of Its Current Status. In: E. McGinnies, C. B. Ferster (Eds.): The Reinforcement of Social Behavior. Boston: Houghton Mifflin 1971 b, 355–359

Kanfer, F. H., Phillips, J. S.: Learning Foundations of Behavior Therapy. New York: Wiley & Sons 1970. Deutsch: Lerntheoretische Grundlagen der Verhaltenstherapie. München: Kindler 1975

Kimble, G. A.: Hilgard and Marquis' Conditioning and Learning. New York: Appleton-Century-Crofts 1961

LEITENBERG, H. (Ed.): Handbook of Behavior Modification and Behavior Therapy. Englewood Cliffs/N. J.: Prentice Hall 1976

LOTT, A. J., LOTT, B. E.: The Power of Liking: Consequences of Interpersonal Attitudes Derived from a Liberalized View of Secondary Reinforcement. In: L. Berkowitz (Ed.): Advances in Experimental Social Psychology, VI. New York: Academic Press 1972, 109–148

McGINNIES, E., FERSTER, C. B. (Eds.): The Reinforcement of Social Behavior. Boston: Houghton Mifflin 1971

MIKULA, G.: Interpersonale Attraktion: Ein Überblick über den Forschungsgegenstand. In: G. Mikula, W. Stroebe (Hg.): Sympathie, Freundschaft und Ehe. Bern: Huber 1977, 13–40

MILLER, N. E., DOLLARD, J.: Social Learning and Imitation. New Haven: Yale University Press 1941

MILLER, R. E., MURPHY, J. V., MIRSKY, I. A.: The Modification of Social Dominance in a Group of Monkeys by Interanimal Conditioning. J. Comp. Physiol. Psychol., 48, 1955, 392–396

OAKES, W. F.: Reinforcement Effects in Group Discussion. In: E. McGinnies, C. B. Ferster (Eds.): The Reinforcement of Social Behavior. Boston: Houghton Mifflin 1971, 355–359

PATTERSON, G. R., REID, J. B.: Reciprocity and Coercion: Two Facets of Social Systems. In: Ch. Neuringer, J. L. Michael (Eds.): Behavior Modification in Clinical Psychology. New York: Appleton-Century-Crofts 1970, 133–177

PATTERSON, G. R., WEISS, R. L., HOPS, H.: Training of Marital Skills: Some Problems and Concepts. In: H. Leitenberg (Ed.): Handbook of Behavior Modification and Behavior Therapy. Englewood Cliffs/N. J.: Prentice-Hall 1976, 242–254

PAWLOW, I. P.: Experimentelle Psychologie und Psychopathologie bei Tieren (russ. 1903). In: Ausgewählte Werke. Berlin: Akademie-Verlag 1953, 113–125

ROSENHAN, D., GREENWALD, J. A.: The Effects of Age, Sex, and Socioeconomic Class on Responsiveness to Two Classes of Verbal Reinforcement. J. Pers., 33, 1965, 108–121

SIDOWSKI, J. B., WYCKOFF, L. B., TABORY, L.: The Influence of Reinforcement and Punishment in a Minimal Social Situation. J. Abnorm. Soc. Psychol., 52, 1956, 115–119

SIMKINS, L., WEST, J.: Reinforcement of Duration of Talking in Triad Groups. Psychol. Rep., 18, 1966, 231–236

SKINNER, B. F.: The Behavior of Organisms. New York: Appleton-Century-Crofts 1938

Science and Human Behavior. New York: The Free Press 1953. Deutsch: Wissenschaft und menschliches Verhalten. München: Kindler 1973

Verbal Behavior. New York: Appleton-Century-Crofts 1957

STAATS, A. W.: Learning, Language, and Cognition. New York: Holt, Rinehart & Winston 1968

STAATS, A. W., STAATS, C. K.: Complex Human Behavior. New York: Holt, Rinehart & Winston 1963

STEVENSON, H. W.: Social Reinforcement with Children as a Function of CA, Sex of E, and Sex of S. J. Abnorm. Soc. Psychol., 63, 1961, 147–154

THIBAUT, J. W., KELLEY, H. H.: The Social Psychology of Groups. New York: Wiley 1959

THORNDIKE, E. L.: Animal Intelligence. Psychol. Monogr., 2, No. 8, 1898

ULRICH, R., MOUNTJOY, P. (Eds.): The Experimental Analysis of Social Behavior. New York: Appleton-Century-Crofts 1972

WATSON, J. B.: Psychology as the Behaviorist Views it. Psychol. Rev., 20, 1913, 158–177

Behavior: An Introduction to Comparative Psychology. New York: Holt, Rinehart & Winston 1914

ZDEP, ST. M., OAKES, W. F.: Reinforcement of Leadership Behavior in Group Discussion. J. Exp. Soc. Psychol., 3, 1967, 310–320

ZIGLER, E.: Social Reinforcement, Environmental Conditions and the Child. Amer. J. Orthopsychiat., 33, 1963, 614–623

KURT LEWIN UND DIE AKTIONSFORSCHUNG

von Ronald Lippitt

Man sollte drei verschiedene Bedeutungen des Ausdrucks »Aktionsforschung« unterscheiden.

Die erste Bedeutung meint ganz einfach diagnostische Erforschung von noch andauernden Sozialprozessen – wie z. B. Auflösung einer Gemeinschaft oder Moral einer Organisation oder Produktivität einer Gruppe. Es ist Forschung, die Handlung zum Gegenstand hat.

Die zweite Bedeutung bezieht sich auf ein Verfahren, in dem über die Mitglieder eines bestimmten Gruppensystems Daten gesammelt und die Ergebnisse der Datenanalyse als ein Eingriff rückgemeldet werden, der den kontinuierlichen Handlungsprozeß der Gruppe positiv beeinflussen soll.

Die dritte Bedeutung definiert Aktionsforschung als ein Verfahren, in dem die Mitglieder eines bestimmten sozialen Systems in den Prozeß der Datensammlung über sich selbst einbezogen werden und dann die selbstproduzierten Daten benutzen, um die sie betreffenden Tatbestände mit dem Ziel zu analysieren, irgendeine Art von Abhilfe- oder Förderungsmaßnahme zu ergreifen.

Ich glaube, nur auf die zweite und dritte Bedeutung sollte sich eine Analyse der Aktionsforschung beziehen, aber ich will die erste Bedeutung kurz abhandeln, um meine Unterscheidung zu verdeutlichen.

FORSCHUNGSDIAGNOSE
EINES NOCH ANDAUERNDEN HANDLUNGSABLAUFS

Diese Art von Forschung ist natürlich schon viele Jahre vor Kurt Lewins Engagement auf diesem Gebiet betrieben worden. Im Bereich der Sozialarbeit ist es für Untersucher von Gruppenorganisationen typisch, Fragebogenuntersuchungen zu irgendeinem Aspekt der Gruppe zu machen, ihre Ergebnisse ausführlich darzustellen und manchmal den Gruppenführern oder Dienststellenleitern Empfehlungen zu geben. Im Geschäftsleben macht ein Berater gewöhnlich Untersuchungen über Gruppenmoral oder Produktivität und arbeitet Ergebnisse und Empfehlungen für die Führungsspitze des Unternehmens aus. Bei dieser Art von Forschung liegt kein besonderes Gewicht auf einer Rückmeldung der Ergebnisse an die Arbeiter im Betrieb als Intervention, um auf den sozialen oder Arbeitsprozeß einzuwirken. Die Ergebnisse sind im allgemeinen schriftliche Berichte, von denen eine oder zwei Kopien an den Vorsitzenden des Aufsichtsrates, an einen Direktor oder an ein anderes Mitglied der Geschäftsleitung gehen, dem die Untersucher glauben, Rechenschaft geben zu müssen.

Unter dem Gesichtspunkt der Praxis ist die Geschichte dieser Art Forschung sehr enttäuschend. Gewöhnlich wurden die umfangreichen Berichte mit ihren vielen Tabellen und Karten von den Empfängern nicht zur Kenntnis genommen oder abgelehnt, oder sie lasen sie mit ehrlichem Interesse, waren aber nicht in der Lage, die Ergebnisse durch die Einführung bedeutsamer Änderungen in der Organisation der Gruppe sinnvoll zu nutzen.

Vor der Gründung des Research Center for Group Dynamics am Massachusetts Institute of Technology hatte Kurt Lewins Forscherkarriere wenig mit dem, was wir heute Aktionsforschung nennen, zu tun. Als Wissenschaftler war er zwar mit seiner Betonung der These bahnbrechend gewesen, daß bei der Untersuchung vieler Probleme Feldforschung ertragreicher als Laborforschung sei, mit anderen Worten, daß es besser sei, einen Handlungsprozeß in seinem natürlichen Verlauf im Gruppenleben der Organisation oder der Gemeinschaft zu untersuchen. Aber er hatte sich noch nicht mit der Vorstellung der Intervention zum Zweck einer geplanten Veränderung im System befaßt.

Als das Research Center am MIT eingerichtet wurde, bestand ein großes theoretisches und praktisches Interesse an Rückkopplungsprozessen. Norbert Wiener war Professor am MIT und sehr erfolgreich bei der Entwicklung seines kybernetischen Systems. Auch der Bereich der Raketenforschung war mit seiner Technologie der Rückkopplungslenkung zum Zweck der Zielkorrektur sehr fruchtbar geworden. Kurt Lewin sah sofort die Anwendungsmöglichkeiten dieser technischen Entwicklungen auf das Gebiet der Sozialforschung und der Sozialtechnik.

RÜCKKOPPLUNG UND AKTIONSFORSCHUNG

Während seiner Arbeit in der Kommission für Gruppenbeziehungen des American Jewish Congress engagierte sich Lewin sehr tatkräftig in der Arbeit über Vorurteile und Einstellungsänderung in den Beziehungen zwischen Gruppen. Das Wirken von Stuart Cook und seinen Mitarbeiterinnen Selltiz und Wormser führte zu dem bedeutsamen Ansatz, Einstellungsfragebogen in einer Gemeinde zu erheben, den Einwohnern dann eine Rückmeldung über die Ergebnisse zu liefern und die Bedeutung der Ergebnisse zu diskutieren (Selltiz, Wormser 1948).

Dies war eine bewußt geplante Intervention, um Einstellungen durch Informationsrückkopplung zu verändern. Zu dieser Zeit vollzog sich eine noch einflußreichere Entwicklung durch die Entstehung der T-, d. h. Trainingsgruppe, die am National Training Laboratory for Group Development in Bethel (Maine) ins Leben gerufen wurde. Zusammen mit seinen Mitarbeitern Bradford, Benne und Lippitt entwickelte Kurt Lewin das Verfahren, Gruppen einen Prozeßbeobachter zuzuordnen. Dessen Aufgabe bestand darin, den Gruppen für die Reflexion des Gruppenprozesses und die Vervollkommnung der eigenen Gruppenentwicklung Informationen zu liefern, und zwar in bezug auf Führung, Entscheidungsfindung, Umgang mit nicht offengelegten Tagesablaufschemata, Förderung der Kommunikation, Verbesserung der Zielsetzung und ähnliche Phänomene. In einem Abschnitt dieser Entwicklungsphase hatte jede Gruppe zwei Beobachter. Der eine war Forschungsbeobachter und einem Forschungsdirektor gegenüber verantwortlich, der Grundlagenforschung über Gruppenprozesse betrieb. Die Rechenschaftspflicht des anderen Beobachters für den Gruppenprozeß bestand nur gegenüber der Gruppe, für die er Daten sammelte und der er seine Ergebnisse mitteilte.

Die theoretische Aufarbeitung und der Hinweis auf die Bedeutung dieser Art von Rückkopplungsprozeß führten zu dem Programm von Feedback-Interventionen und Untersuchungen in Organisationen, die von Floyd Mann und anderen unter der Leitung von Rensis

Likert an der Universität von Michigan durchgeführt wurden. In diesen Experimenten führte man eine Fragebogenerhebung über die Gruppenmoral und das Funktionieren der Gruppe durch. An Fachgruppen des Betriebs wurden ausgewählte Ergebnisse rückgemeldet, wobei ausgebildete Diskussionsleiter ihnen dabei halfen, Interpretationen, Schlußfolgerungen und Verbesserungsvorschläge aufgrund der Ergebnisse zu erarbeiten. In diesen Untersuchungen über die Auswirkungen von Rückmeldungen wurden verschiedene Variationen ausprobiert, um herauszufinden, welche Gruppierung der Belegschaft das Feedback anhören und damit arbeiten sollte, um die besten Ergebnisse zu erzielen und den Widerstand gegenüber Veränderungen zu verringern. In einer von Lippitt und seinen Studenten durchgeführten Untersuchung von dreißig Verbindungen an Universitäten wurden Daten gesammelt über den Widerstand gegenüber oder die Bereitschaft zu einer Änderung bei der Zulassung von Schwarzen, Orientalen und Juden als Mitglieder dieser Verbindungen. In jedem Fall bevorzugte die Mehrzahl der Mitglieder jeder Gruppe ein gewisses Ausmaß der Veränderung, glaubte aber, daß die Mehrzahl der Mitglieder gegen irgendeine Änderung dieser Art sei. Andere Daten über Persönlichkeit und Wertvorstellungen wurden von allen Personen gesammelt und Feedback-Experimente durchgeführt, in denen einige der Gruppen mit hohem oder geringem Widerstand eine nichtdirektive Rückmeldung bekamen ohne Dateninterpretation durch die Untersucher und mit Diskussionen, in denen die Gruppenmitglieder die Interpretationen selbst leisten mußten. Einer anderen vergleichbaren Population von Gruppen boten die Forscher, die das Feedback lieferten, Interpretationen und Folgerungen aus den Ergebnissen an.

Gemessen wurde das Ausmaß der Veränderung als ein Ergebnis der Rückmeldung – mit dem interessanten Resultat, daß es um so wichtiger war, nichtdirektives statt interpretierendes Feedback zu liefern, je mehr Widerstand die Gruppe gegenüber Veränderungen leistete. Je liberaler die Gruppe war, desto mehr Veränderung ergab sich durch aktive Interpretation als Teil der Diskussion.

AKTIVE BETEILIGUNG AN DER DATENSAMMLUNG UND RÜCKMELDUNG

Die Sozialforscher, die am stärksten daran interessiert waren, mit Hilfe von Datensammlung und Rückmeldung Voraussetzungen für persönliche und für Gruppenveränderungen zu schaffen, entdeckten drei Vorteile, die die Beteiligung von Gruppenmitgliedern an der Datensammlung und am Rückkopplungsprozeß mit sich bringt.

Erstens: Je intensiver Personen an der Planung und Datensammlung beteiligt waren, desto gründlicher sind die Daten ihr geistiges Eigentum geworden und desto stärker sind sie von ihrer Richtigkeit und Wichtigkeit als Änderungsmittel überzeugt.

Zweitens ist die Datensammlung durch Gruppenmitglieder, die sich freiwillig dazu melden, sehr viel ökonomischer, weil mit geringstem Aufwand sehr viel mehr interne Daten beschafft werden können.

Als dritter Vorteil hat sich herausgestellt, daß die Ausbildung von Gruppenmitgliedern für die Durchführung ihrer eigenen Befragungen eine interne Forschungsund Förderungskapazität schafft, die der Gruppe als Hilfsquelle erhalten bleibt, wenn die äußeren Hilfen durch die Forschung weggefallen sind. Wir können kurz drei Beispiele für diesen Vorgang schildern.

In vielen T-Gruppen und anderen Arten von Studiengruppen wurde der von außen kommende Gruppenprozeß-Beobachter durch ein Verfahren ersetzt, in dem wechselnde Gruppenmitglieder den Gruppenprozeß zu beobachten hatten. Gewöhnlich wurde irgendeine Form von beratender Einführung in Gruppenbeobachtungsverfahren und Rückkopplungstechniken gegeben, um der Gruppe und ihren Mitgliedern diese spezielle Kompetenz zu vermitteln. Aber danach sorgt die Gruppe selbst für Möglichkeiten, sich eine Rückmeldung aus eigenen Datensammlungen als Teil des sich entwickelnden Gruppenlebens zu verschaffen.

In einer Untersuchung über Einstellungen und Erwartungen von Eltern, Schülern und Lehrern wurden drei Forschungsgruppen von Freiwilligen in der Durchführung von Befragungen ausgebildet – ein Lehrerteam, ein Elternteam und ein Schülerteam. Sie sammelten nicht nur erfolgreich ihre Daten, sondern Freiwillige arbeiteten auch mit dem Untersucher die Analyse der Ergebnisse aus und bereiteten die Feedback-Karten vor. Das wichtigste war aber, daß Teams, bestehend aus je einem Elternteil, einem Schüler und einem Lehrer, die Feedback-Sitzungen an allen Schulen leiteten, in denen sie ihre Ergebnisse vortrugen und die Diskussionen über die Bedeutung der Resultate für die Verbesserung der Beziehungen zwischen Eltern, Lehrern und Schülern leiteten. Die Nachuntersuchung zeigte eine sehr signifikante Wirkung dieser Vorgehensweise in der Aktionsforschung.

Bei der Untersuchung einer großen Gemeinde lag der Schwerpunkt der Forschung darauf, wie Kinder und Jugendliche von allen Gliedern der Gemeinde gefördert, erzogen und behandelt wurden. Ausführliche Interviews mit einer großen Stichprobe von etwa achthundert Erwachsenen, Jugendlichen und Kindern waren erforderlich. Innerhalb von drei Wochen wurden dreihundert freiwillige Interviewer aus allen Altersstufen, beiden Geschlechtern und von relevanter rassischer und ethnischer Herkunft angeworben. Diese Freiwilligen wurden in einer dreistündigen Sitzung mit Rollenspielübungen in die Benutzung des Interview-Leitfadens eingeführt und trainiert, die Fehlermöglichkeiten in ihrem eigenen Verhalten zu entdecken. Sie machten dann ein Übungsinterview und nahmen eine Woche später an einer zweiten Trainingssitzung teil. Alle Interviews wurden anschließend in einem Zeitraum von drei Wochen von Interviewern, die von gleichem Alter, Geschlecht, Rasse oder ethnischer Herkunft waren wie die Befragten, durchgeführt. Die Interviews wurden von einem universitären Forschungszentrum kodiert, das die Qualität der Daten als den Interviews des nationalen Fachinterviewerstabs ebenbürtig beurteilte. Mit den Ergebnissen der Befragung wurden verschiedene Feedback-Sitzungen durchgeführt. Die Daten »gehörten« der Gemeinde und waren glaubwürdig und wirksam. In sechs aufeinanderfolgenden Zusammenkünften trafen sich 75 der einflußreichsten Persönlichkeiten der Gemeindeöffentlichkeit, deren hauptsächliche Aufgabe in der Entscheidung über die Behandlung von Kindern und Jugendlichen bestand, um ihre Schlüsse aus den Ergebnissen zu ziehen und Verbesserungen der Zusammenarbeit zu planen. Außerdem wurden für alle Teilnehmer an der Untersuchung und für die übrigen Einwohner der Gemeinde offene Veranstaltungen durchgeführt.

Es scheint evident, daß die dritte Bedeutung von Aktionsforschung die ausgereifteste ist und die erfolgreichste, wenn es darum geht, Faktensammlung und Faktenverwendung wirksam zu verknüpfen. Und das ist in der Tat die entscheidende Errungenschaft der Idee der Aktionsforschung.

Aus dem Amerikanischen von Waltraud Frese

LITERATUR

SELLTIZ, C., WORMSER, M.: Community Self-Surveys: An Approach to Social Change. Journal of Social Issues, 5, 1948

SOZIALPSYCHOLOGISCHE FELDFORSCHUNG

von Peter Orlik

Die unmittelbar angetroffene Wirklichkeit, offenbart sie sich nicht durch sich selbst, der Wissenschaft nicht bedürfend? Wer so denkt, ist nicht weit entfernt davon, der Wissenschaft Lebensfremdheit vorzuwerfen. Der Wissenschaftler – ein Mensch, der von der grundsätzlichen Erwartung ausgeht, daß sich nichts von selbst versteht? Dies könnte ein Vorwurf sein, wenn man sicher wüßte, was auf dieser Welt selbstverständlich ist.

Es spricht manches gegen die leichtfertige Annahme, die angetroffene Wirklichkeit »des Lebens draußen« lese sich wie ein aufgeschlagenes Buch. Sie ist vielmehr stumm und spricht erst, wenn man ihr die richtigen Worte in den Mund legt; ob es die richtigen Worte waren, zeigt sich, wenn wir die Antworten auf unsere Fragen in der von uns vorgeschlagenen Sprache unsererseits verstehen können. Verstehen wir sie nicht, so haben wir die Wirklichkeit nicht angetroffen und müssen erneut nach den richtigen Worten suchen, in denen sie zu uns sprechen kann.

Als der junge Galilei im Jahre 1583 während einer Messe im Dom zu Pisa seine Aufmerksamkeit auf einen leise hin- und herschwingenden Kronleuchter richtet, sieht er etwas, das Tausende vor ihm gesehen haben, auf eine neue Weise. Sein Dialog mit der angetroffenen Wirklichkeit beginnt mit der nicht selbstverständlichen Frage, ob die Zeitdauer des Hin- und Herpendelns, gemessen am eigenen Herzschlag, auch dann gleichbleibt, wenn die Schwingungsausschläge nach und nach geringer werden. Die schließliche Antwort ist gleichbedeutend mit der Entdeckung der Pendelgesetze (Hemleben 1969, 22).

Ähnlich bestimmend für sein eigenes Wissenschaftlerschicksal war für den 25jährigen Lewin die Auseinandersetzung mit einer anderen Art von unmittelbar angetroffener Wirklichkeit: Die Erlebnisse in den Schützengräben des Ersten Weltkrieges finden ihren Niederschlag in seiner ersten wissenschaftlichen Publikation mit dem lapidaren Titel »Kriegslandschaft« (Lewin 1917), der wesentliche Grundgedanken der künftigen Feldtheorie vorwegnimmt, insbesondere das später zu zentraler Bedeutung aufsteigende Konzept des Lebensraums (s. den Beitrag von W. Metzger in diesem Band). »In dem Artikel beschreibt er, wie sich das Erscheinungsbild der Landschaft verwandelt, wenn sich der Soldat der Front nähert. Die konkrete Umwelt verändert ihr Aussehen mit den Wahrnehmungsbedürfnissen des Betrachters ... Seine Bedürfnisse – schreibt Lewin – veranlassen den Soldaten, die Landschaft so und nicht anders zu sehen. Wenn der Soldat noch weit von der Front entfernt ist, scheint sich die Friedenslandschaft – wie Lewin sie nennt – endlos nach allen Seiten hin auszudehnen und keine Richtung zu besitzen. Wenn er aber der Front näher rückt, scheint die Landschaft Grenzen anzunehmen. Sie hat eine Richtung, ein Vorn und ein Hinten. Diese Transformation ... werde als ein Wesenszug der objektiven Landschaft erlebt. Lewin beschrieb den Unterschied zwischen ›Friedensdingen‹ und ›Schlachtdingen‹ – wie dieselben Gegenstände unterschiedlich erfahren werden, wenn sie im Kontext von Frieden oder Krieg wahrgenommen werden« (Marrow 1969, dt. Ausg., 24 f).

Beiden Beispielen ist mancherlei gemeinsam. Worauf es hier besonders ankommt, ist die Formung einer wissenschaftlichen Idee im Augenblick des Sich-Einlassens mit der angetroffenen Wirklichkeit. Sowohl Galilei als auch Lewin nehmen die hier und jetzt gegebenen Erfahrungen ernst, das scheinbar Subjektive, Einmalige wird allgemeingültig verstanden, es ist die Brücke zur (wissenschaftlichen) Erkenntnis. Genau dies ist der Idealfall der Feldforschung: das Weiter- und Zu-Ende-Denken von Einsichten.

So betrachtet unterscheidet sich Feldforschung in nichts von wissenschaftlichem Vorgehen überhaupt. Freilich bestehen in diesem Punkt unterschiedliche Meinungen und Voreingenommenheiten. Die einen halten Feldforschung geringschätzend für einen »nur empirischen« Teilbereich der Sozialwissenschaften; ihre Ergebnisse seien nur begrenzt verallgemeinerbar und daher für die Theorienbildung weniger stringent und brauchbar als die Resultate der experimentellen Forschung. Die anderen geben umgekehrt der Feldforschung mit dem heute häufig gehörten Argument den Vorzug, sie sei »praxisnäher« als das »künstliche, lebensfremde« Laborexperiment. Lewin teilte keines dieser Argumente.

Lewins Plädoyer für »galileisches Denken«, d. h. »die Bezugnahme auf die volle Konkretheit der einzelnen Situation« (1930; s. Lewin 1971, 36) ist also eine heute noch strittige Forderung an die sozialpsychologische Forschung. Gleichwohl ist die Wirkung dieses programmatischen Gedankens längst allenthalben innerhalb der modernen Gruppendynamik einerseits und auf die Methodologie sowie die Inhalte der angewandten Sozialpsychologie andererseits erkennbar geworden. Der vorliegende Beitrag wird hierzu Beispiele nennen; wichtiger für unser Thema dürfte aber zunächst die Rückbesinnung auf den wissenschaftstheoretischen Ausgangspunkt von Lewins Programm sein, das durch die abgegriffene Denkschablone vom »Hier- und-Jetzt-Prinzip« eher mißverständlich popularisiert wurde.

SOZIALPSYCHOLOGISCHE FELDFORSCHUNG UND DIE PARADOXIE DER GALILEISCHEN DENKWEISE

Im Jahre 1930, also noch vor dem eigentlichen Beginn der wissenschaftsphilosophischen Diskussion um die Eigenständigkeit der Psychologie, veröffentlichte Lewin einen bemerkenswerten Aufsatz, der, schon wegen seines pointierten Titels, häufig zitiert worden ist (vgl. Lewin 1971). Hierin wird in programmatischer Weise »Der Übergang von der aristotelischen zur galileischen Denkweise« in der Psychologie gefordert. Lewins Argumente sind zum großen Teil immer noch aktuell, insbesondere in einem Punkt, der die heute vielbeschworene Problematik der »Praxisrelevanz« psychologischer Forschung berührt. Der folgende knappe Abriß versucht die wesentlichen Gedanken Lewins herauszustellen.

Die Begriffsbildung der Psychologie ist in entscheidenden Zügen durchaus noch vorwissenschaftlich, aristotelisch, d. h. von der Tendenz geprägt, nur dasjenige Geschehen als »wirklich« und »gesetzmäßig« anzuerkennen, welches in Raum und Zeit häufig angetroffen wird. »Zeigt man etwa im Film einen konkreten Geschehensverlauf bei einem bestimmten Kinde, so pflegt die erste Frage des Psychologen zu sein: ›Machen das alle Kinder so, oder ist das wenigstens häufig?‹ Ist diese Frage zu verneinen, so verliert der betreffende Vorgang nicht selten den Anspruch auf wissenschaftliches Interesse ganz oder fast ganz. Sich mit einem solchen ›Ausnahmefall‹ zu befassen erscheint als eine wissenschaftlich nicht sehr wichtige Marotte ... Das Einmalige erscheint als ›zufällig‹, ohne Gewicht, als wissenschaftlich gleichgültig. Es sei denn, daß es sich um etwas ›Außergewöhnliches‹ handelt, um ein ›großes‹ Erlebnis, das das Schicksal der betreffenden Person maßgebend beeinflußt hat, oder

111

um eine geschichtlich bedeutsame Persönlichkeit. In solchen Fällen pflegt betont zu werden, daß aller Individualität eine ›Originalität‹ zukommt, die letzten Endes einen mystischen, nur noch intuitiven, aber nicht mehr erfaßbaren Charakter besitzt. Bagatellisierung wie Überbewertung des Individuellen führen gleicherweise dazu, daß das, was nicht wiederholt auftritt, außerhalb des Bereichs der begrifflich erfaßbaren Gegenstände bleibt« (Lewin 1971, 15 f).

Wie in der vorgalileischen, also aristotelischen Physik benutzt der heutige Psychologe als Kriterium dafür, ob ein bestimmtes Geschehen gesetzmäßig ist, oft die Häufigkeit des Vorkommens: Er begnügt sich mit einer »Gültigkeit für den Durchschnitt« oder für den »Normalfall«. Diese »Betonung der Häufigkeit äußert sich methodisch in der überragenden Bedeutung, die die Statistik in der gegenwärtigen Psychologie hat« (Lewin 1971, 19). Gesetzmäßigkeit wird also mit historisch-geographischer (d. h. raum-zeitlicher) Regelmäßigkeit gleichgesetzt und als Gegensatz zum Einzelfall aufgefaßt. Damit, so kritisiert Lewin, verfällt der Psychologe in die primitive Denkweise der Philosophie des täglichen Lebens. Die Weigerung, »den konkreten Einzelfall als solchen begrifflich zu erfassen, bedeutet ... in Wirklichkeit auch eine Annehmlichkeit für die Forschung. Es genügt, Regelmäßigkeiten aufzuzeigen. Das Anspruchsniveau der Psychologie in bezug auf die Stringenz ihrer Sätze geht lediglich so weit, daß eine Geltung im ›allgemeinen‹, im Durchschnitt verlangt wird ... Nach dem Satze ›Ausnahmen bestätigen die Regel‹ werden Ausnahmen in der Psychologie nicht als Gegenargumente gewertet, sofern nur die Häufigkeit des Vorkommens solcher Ausnahmen nicht zu groß ist »(Lewin 1971, 22). Ein Beispiel hierfür ist das Vorgehen der Kinderpsychologie früherer Jahrzehnte, die das Wesen des ein-, zwei- oder dreijährigen Kindes durch statistische Durchschnittsberechnungen erfassen wollte.

Die galileische Denkweise nun setzt gesetzmäßiges Geschehen nicht mehr mit häufig angetroffenen ähnlichen Vorkommnissen gleich; auch ein selten vorkommendes Einzelereignis ist eine Realisierung allgemeiner Gesetzmäßigkeiten. Lewin gesteht der Lehre Freuds die Rolle einer Wegbereiterin für galileisches Denken in der Psychologie zu: Sie habe, und »das ist vielleicht ihr Hauptverdienst – die Grenzen zwischen normal und pathologisch, zwischen Alltag und Außergewöhnlichem beseitigt und damit eine Homogenisierung des Gesamtgebietes der Objekte der Psychologie angebahnt«, derart, daß »jedes psychologische Gesetz wirklich ausnahmslos gelten soll« (Lewin 1971, 26). Ein sehr frühes Beispiel für diese auf der ausnahmslosen Gültigkeit der Gesetze beruhende Homogenisierung war die Sinnespsychologie, innerhalb derer sich die sogenannten Gestaltgesetze gleichermaßen für die psychologische Optik, Akustik und Haptik experimentell bestätigen ließen. Lewin selbst ist es gewesen, der die galileische Denkweise in die Sozialpsychologie eingeführt und mit seinen gruppendynamischen Forschungen eindrucksvoll konkretisiert hat.

Für den Alltagsverstand, der ja »aristotelisch« zu denken gewohnt ist, bringt diese Neuorientierung Schwierigkeiten mit sich. Die »Bezugnahme auf die volle Konkretheit der einzelnen Situation« (Lewin 1971, 36) bei gleichzeitiger Allgemeingültigkeit der Gesetze heißt ja, daß wissenschaftliche Erkenntnisse nicht notwendig durch häufiges Vorkommen hinreichend gleicher Fälle untermauert werden, sondern gegebenenfalls durch einige wenige, anscheinend ganz verschiedene Ereignisse hinreichend begründet werden können. Die Art und Weise, mit der sich der »gesunde Menschenverstand« gegen die empirisch-experimentelle Psychologie wehrt, »gleicht bis ins einzelne jenen Argumenten, mit denen die galileische Physik zu kämpfen hatte. Wie, meinte man damals, kann man es wagen, qualitativ so Verschiedenartiges wie die Bewegung der Gestirne, das Fliegen der Blätter im Winde, den Flug des Vogels und den herabrollenden Stein unter *ein* Gesetz der Bewegung zusammenfassen zu wollen« (Lewin 1971, 21).

Die galileische Dynamik rechnet aber damit, daß sich ein und dasselbe Gesetz in den unterschiedlichsten Erscheinungsweisen realisiert. Für die sozialpsychologische Feldforschung bedeutet dies, wie wir gesehen haben, daß der konkrete Einzelfall wissenschaftlich ernst zu nehmen ist. An dieser Stelle tut sich nun ein Paradox auf, das Lewin deutlich gesehen hat und das sich in der gegenwärtigen Diskussion um die »Praxisrelevanz« psychologischer Forschung nicht annähernd so klar artikuliert wie in diesen vor fünfzig Jahren geschriebenen Passagen: Die »Tendenz zum engsten Kontakt mit der Wirklichkeit ... führt zu einer Begriffsbildung, die im schärfsten Gegensatz zum aristotelischen Denken steht, aber überraschenderweise in einem Gegensatz gerade auch zu dessen ›Empirismus‹. Die aristotelischen Begriffe zeigen ... einen unmittelbaren Bezug zur historisch gegebenen Wirklichkeit und zum tatsächlichen Ablauf des Weltgeschehens. Diese Beziehung, oder jedenfalls diese unmittelbare Beziehung auf die historische Gegebenheit fehlt der modernen Physik ... Das Fallgesetz z. B. behauptet nicht, daß ein Herunterfallen von Körpern häufig zustande kommt. Es behauptet vollends nicht, daß jener Geschehensablauf des ›ungestörten‹ freien Falls, auf den sich die Formel $s = \frac{g}{2} t^2$ bezieht, in dem wirklichen Ablauf der Welt häufig oder regelmäßig realisiert wird ... Ja, in einem gewissen Sinne bezieht sich das Gesetz allemal auf Fälle, die im wirklichen historischen Ablauf nie oder doch nur angenähert realisiert werden. Allenfalls im Experiment, also im Grunde genommen in künstlich hergestellten, äußerst seltenen Fällen gelingt wenigstens eine ungefähre Annäherung an jenes Geschehen, von dem das Gesetz handelt« (Lewin 1971, 13). Diese Paradoxie gilt erst recht für den Psychologen, denn »man gibt an, Allgemeingültigkeit, Konkretheit und Empirie anzustreben, und benutzt dazu eine Methode, die sich, wenn man sie mit den Augen der vorangehenden Epoche betrachtet, über die geschichtlich gegebenen Fakten hinwegsetzt und sich auf individuelle Zufälligkeiten, ja auf ausgesprochen seltene ›Ausnahmen‹ stützt ...« Dabei wird doch von der in der aristotelischen Tradition stehenden Testpsychologie »hervorgehoben: Man habe die Feststellung des ›Allgemein-Menschlichen‹ dadurch erreicht, daß man diejenigen Vorgänge ... aufgesucht hat, die im täglichen Leben möglichst häufig bei allen (Probanden) vorkommen« (Lewin 1971, 29).

Die Lösung dieses Paradoxons ergibt sich für Lewin in der Forderung nach der möglichst präzisen Erfassung der jeweiligen Gesamtsituation in allen ihren Eigentümlichkeiten. Die aristotelische Dynamik hatte die Ursachen für das Geschehen im »Wesen« des Handlungssubjekts gesucht und die Bedingungen der Situation vernachlässigt. Lewin weist nun darauf hin, daß es keine »Durchschnittssituationen« gibt, genausowenig wie es ein »Durchschnittskind« gibt. »Ist die Dynamik des Geschehens nicht nur vom Gegenstand, sondern primär auch von der Situation abhängig, so ist es ... sinnwidrig, zu den allgemeinen Gesetzen des Geschehens dadurch aufsteigen zu wollen, daß man die Einflüsse der Situationen möglichst ausschaltet ... An Stelle der Bezugnahme auf den abstrakten Durchschnitt einer möglichst großen Vielheit historisch gegebener Fälle tritt die Bezugnahme auf die volle Konkretheit der einzelnen Situation« (Lewin 1971, 35 f).

In den fünfzig Jahren nach Erscheinen dieses programmatischen Aufsatzes ist die Arbeit an den erkenntnis- und wissenschaftstheoretischen Fragestellungen, die Lewin aufgeworfen hat, natürlich weitergegangen. Aber er ist es gewesen, der die Tür zu einer selbstbewußten Sozialpsychologie der angetroffenen Wirklichkeit aufgestoßen hat. Die von ihm herausgestellte Dialektik zwischen der größtmöglichen Konkretheit des Forschungsgegenstandes und der Allgemeingültigkeit der beobachteten Gesetzmäßigkeiten ist bis heute für die sozialpsychologische Feldforschung das zentrale methodologische Problem geblieben.

FELDSTUDIE, FELDEXPERIMENT, AKTIONSFORSCHUNG

Feldforschung wird in unterschiedlichen Formen betrieben. Da ist zunächst die *Feldstudie*, bei welcher es dem Untersucher darum geht, einen Bereich des Alltagslebens, über den noch keine Erklärungsansätze vorliegen, in seinen Erscheinungen unvoreingenommen und sorgfältig zu beobachten und zu beschreiben. Ein klassisches Beispiel hierfür ist die in den Jahren 1937–1940 von Whyte (1969) durchgeführte Studie von »street corner societies« in den Slums italienischer Einwanderer in der Nähe von Boston. Whyte, der sich in erster Linie auf die unmittelbare soziale Interaktion als Beobachtungseinheit konzentriert hatte, berichtet, wie er, nachdem er sich weit genug mit der angetroffenen sozialen Wirklichkeit eingelassen hatte, nicht mehr als der Eindringling unter den Slumbewohnern erlebt wurde, sondern sich selbst als einer von ihnen fühlte. Das Ergebnis einer Feldstudie gleicht immer einer guten Reisebeschreibung, nur mit dem wesentlichen Unterschied, daß der Feldforscher auf systematische Beobachtungsstrategien zurückgreift.

Das *Feldexperiment* erlebt derzeit eine Blüte als sozialpsychologisches Forschungswerkzeug. Hierbei wird die Möglichkeit der Verhaltensbeobachtung unter natürlichen Bedingungen kombiniert mit der kontrollierten Einführung von experimentellen Einflußvariablen durch den Untersucher. Ein frühes Beispiel ist die Arbeit von Lefkowitz, Blake u. Mouton (1955), in der gezeigt wurde, daß an einer Verkehrsampel wartende Fußgänger sich von einem seriös gekleideten »Vorbild« eher als von einem nachlässig angezogenen dazu verleiten lassen, bei Rot über die Straße zu gehen. Besonders einfallsreiche Feldexperimente in jüngster Zeit stammen von Milgram, wie z. B. die systematische Verwendung der sogenannten »Technik der verlorenen Briefe«; gefragt wird dabei nach den Bedingungen, die das Verhalten von Straßenpassanten beeinflussen, die vom Untersucher absichtlich »verlorene« frankierte oder unfrankierte Briefe mit oder ohne Geldinhalt auf der Straße finden (Milgram 1969). Andere Experimente des gleichen Forschers betreffen zwischenmenschliches Verhalten in der Anonymität des Großstadtgeschehens (vgl. Tavris 1974) und bilden einen wichtigen empirischen Beitrag für die Ökopsychologie der Großstadt (Milgram 1970). In allerjüngster Zeit ist vor allem das prosoziale Verhalten, also Hilfsbereitschaft in Notfällen, Gegenstand von aufschlußreichen Feldexperimenten geworden (Lück 1977, s. auch seinen Beitrag in diesem Band). Den Anfang markieren Untersuchungen von Latané und seinen Mitarbeitern, die in lebensnahen Laborsituationen ihren Ausgang nahmen und dann in die Feldsituation übertragen wurden; einer Person, die einen epileptischen Anfall simulierte, halfen 85 Prozent der (unwissenden) Versuchsteilnehmer, wenn sie sich alleine dem Notfall gegenübersahen, aber nur 31 Prozent, wenn gleichzeitig noch andere Beobachter des Geschehens in Reichweite waren. Offenbar liegt so etwas wie Abschieben der Verantwortung vor, wenn während eines offenkundigen Notfalls noch andere Augen- und Ohrenzeugen in der Nähe sind (Darley, Latané 1977). Welche große Rolle die Situation selbst für die Hilfsbereitschaft hat, zeigte ein Feldexperiment von Piliavin, Rodin u. Piliavin (1969): Einem zusammengebrochenen Passagier in der U-Bahn (der in Wirklichkeit ein Mitarbeiter der Untersucher war) wurde in ca. 95 Prozent der Fälle geholfen, wenn er einen Krückstock bei sich hatte (wenn er also krank erschien), aber nur halb so oft, wenn er eine Schnapsflasche bei sich trug und deshalb betrunken wirkte (wenn er also an seinem Zustand selber schuld zu sein schien). Diese Beispiele lassen erkennen, daß das Feldexperiment Aufschlüsse darüber ermöglicht, wie man eventuell durch Beachtung situativer Faktoren die Wahrscheinlichkeit für helfendes Eingreifen erhöhen kann.

Die *Aktionsforschung* (s. den entsprechenden Beitrag von R. Lippitt in diesem Band) läßt die beteiligten Personen nicht, wie bei Feldexperimenten durchweg üblich, in Unwissenheit darüber, daß sie selbst Teil des wissenschaftlich untersuchten Geschehens sind. Im Gegenteil: Diese ebenfalls auf Lewin zurückgehende Form der Feldforschung basiert auf der von beiden Seiten gewünschten Kooperation zwischen Sozialwissenschaftler und Praktiker. Lewin hatte in seinen letzten Lebensjahren Gelegenheit, mit einer großen Anzahl von Organisationen, Institutionen und Einzelmenschen in Berührung zu kommen, die auf dem Gebiet der Gruppenbeziehungen Hilfe bei ihm suchten; am brennendsten empfand er die Notwendigkeit, zur Lösung von Minderheitsproblemen beizutragen (Lewin 1968, 278 ff). Aber auch an der Lösung innerbetrieblicher Probleme der Menschenführung arbeitete er mit: »Das große Interesse, das in den letzten Jahren der Humanisierung der industriellen Arbeitswelt entgegengebracht wurde, geht in großem Maße darauf zurück, daß Lewin soviel Nachdruck auf die Dynamik von Arbeitsgruppen legte. Viele der jüngeren Forschungsarbeiten über die Beziehung zwischen Führungsmethoden, Angestelltenproduktivität und Arbeitszufriedenheit sind seinem Einfluß zu verdanken« (Marrow 1969, dt. Ausg., 175). In der Aktionsforschung werden diagnostische, teilnehmende, empirische und experimentelle Teilschritte miteinander verbunden. Sie ist »eine vergleichende Erforschung der Bedingungen und Wirkungen verschiedener Formen des sozialen Handelns und eine zu sozialem Handeln führende Forschung. Eine Forschung, die nichts anderes als Bücher hervorbringt, genügt nicht« (Lewin 1968, 280). Aber gleichzeitig gilt auch, »daß nichts so praktisch ist wie eine gute Theorie« (Lewin 1963, 205).

METHODISCHE UND ETHISCHE BEGLEITPROBLEME DER FELDFORSCHUNG

Ganz im Sinne der Lewinschen Forderung nach möglichst präziser Erfassung der konkreten Einzelsituation sind die Beobachtungsverfahren in der Feldforschung außerordentlich verfeinert und systematisiert worden: Kategoriensysteme zur Erfassung nonverbalen und verbalen Verhaltens und durchdachte Prinzipien zum Training von Beobachtern liegen vor (vgl. Weick 1968). Unabhängig hiervon, aber ebenfalls motiviert durch den Wunsch nach größtmöglicher Wirklichkeitstreue, ist ein neues methodisches Problem aktuell geworden, das unter den Stichwörtern »naturalistische Untersuchungsmethoden« (»naturalistic study«, vgl. Brandt 1972) bzw. »nichtreaktive Meßverfahren« (»unobtrusive measures«, Webb, Campbell, Schwartz, Sechrest 1975) die gegenwärtige Diskussion über Verfahrensfragen in der Feldforschung stark beschäftigt. Um der Tatsache zu begegnen, daß Versuchspersonen dem Aufforderungscharakter einer Laboratoriumssituation in z. T. erheblichem Ausmaß folgen (indem sie beispielsweise eine »gute« Versuchsperson sein wollen; s. auch den Beitrag von W. Bungard in diesem Band), ist es für den Feldforscher häufig vorteilhaft, ja notwendig, der Versuchsperson die wahren Absichten der Untersuchung vorzuenthalten. In vielen Feldexperimenten der vergangenen Jahre ist dieses Prinzip befolgt worden, oft in der Weise, daß die Versuchspersonen versteckt beobachtet wurden, ohne sich der Teilnahme an einem Experiment bewußt zu sein; ein Modellfall für ein derartiges »naturalistic study«, vgl. Brandt 1972) bzw. »nichtreaktive Meßverfahren« (»unobtrusive measu-Briefe, wobei die Anzahl der von den Findern zum Briefkasten beförderten Briefe als nichtreaktives Maß für das »ehrliche« Verhalten dient.

Die Einstellung der Wissenschaftler zur ethischen Berechtigung der versteckten Beobachtung oder der nichtreaktiven Verhaltensmessung ist kontrovers. Während einige sie befürworten, solange sie auf »öffentliche« Verhaltensweisen oder der allgemeinen Beobachtung zugängliche Situationen beschränkt bleiben, sehen andere jede Form der unwissenschaftlichen Teilnahme einer Person in einem Forschungsprojekt als eine nicht gerechtfertigte Verletzung der Intimsphäre an.

Eine allgemeine Lösung dieser Streitfrage ist wohl nicht möglich, denn jegliche Antwort ist eine persönliche Wertaussage. Es scheint aber, als sei die Forderung nach nichtreaktiven Untersuchungsmethoden vom Lewinschen Standpunkt aus ein Nachzugsgefecht der aristotelischen Denkweise; zumindest hätte Lewin sicherlich nicht die Konkretheit einer sozialen Situation mit dem Grad der »Nichtreaktivität« des darin beobachteten Verhaltens gleichgesetzt. In dem von ihm begründeten Programm der Aktionsforschung ist vielmehr die bewußte und beiderseits akzeptierte Kooperation zwischen Untersucher und Ratsuchendem, also ein »reaktiver« Versuchsplan, die Methode der Wahl, um vernünftige, d. h. demokratische Handlungsziele zu verwirklichen. Im übrigen gilt das folgende Zitat: »Die Wissenschaft gibt sowohl dem Arzt wie dem Mörder, der Demokratie wie dem Faschismus mehr Freiheit und Macht. Der Sozialwissenschaftler sollte seine Verantwortung auch im Hinblick darauf erkennen« (Lewin 1968, 295).

LITERATUR

BRANDT, R. M.: Studying Behavior in Natural Settings. New York: Holt, Rinehart & Winston 1972

DARLEY, J. G., LATANÉ, B.: Wann helfen Menschen in einer Krise? In: H. E. Lück (Hg.): Mitleid – Vertrauen – Verantwortung. Stuttgart: Klett 1977, 100–111

HEMLEBEN, J.: Galileo Galilei in Selbstzeugnissen und Bilddokumenten. Reinbek: Rowohlt 1969

LEFKOWITZ, M., BLAKE, R., MOUTON, J.: Status Factors in Pedestrian Violation of Traffic Signals. Journal of Abnormal and Social Psychology, 51, 1955, 704–706

LEWIN, K.: Kriegslandschaft. Zeitschr. f. angew. Psychologie, 12, 1917, 440–447

Field Theory in Social Science. New York: Harper 1951. Deutsch: Feldtheorie in den Sozialwissenschaften. Bern, Stuttgart: Huber 1963

Resolving Social Conflicts. New York: Harper & Brothers 1948. Deutsch: Die Lösung sozialer Konflikte. Bad Nauheim: Christian 1968

Der Übergang von der aristotelischen zur galileischen Denkweise in Biologie und Psychologie. Darmstadt: Wiss. Buchgesellschaft 1971 (Neudruck aus: Erkenntnis, I, 1930–1931, 421–460 = Annalen der Philosophie, IX)

LÜCK, H. E. (Hg.): Mitleid – Vertrauen – Verantwortung. Ergebnisse der Erforschung prosozialen Verhaltens. Stuttgart: Klett 1977

MARROW, A. J.: The Practical Theorist. The Life and Work of Kurt Lewin. New York, London: Basic Books 1969. Deutsch: Kurt Lewin – Leben und Werk. Stuttgart: Klett 1977

MILGRAM, S.: The lost-letter technique. Psychology Today, 3, 1969, 30–33; 66–68

The Experience of Living in Cities. Science, 167, 1970, 1461–1468. Deutsch: Das Erleben der Großstadt. Eine psychologische Analyse. Zeitschrift für Sozialpsychologie, 1, 1970, 142–152

PILIAVIN, J. M., RODIN, J., PILIAVIN, J. A.: Good Samaritanism: An Underground Phenomenon? Journal of Personality and Social Psychology, 13, 1969, 289–299

TAVRIS, C.: Die gut bekannten Fremden. Interview mit S. Milgram. Psychologie Heute, 1, 1974, 18–21

WEBB, E. J., CAMPBELL, D. T., SCHWARTZ, R. D., SECHREST, L.: Nichtreaktive Meßverfahren. Weinheim: Beltz 1975

WEICK, K. E.: Systematic Observational Methods. In: G. Lindzey, E. Aronson (Eds.): The Handbook of Social Psychology, II. Reading, Mass.: Addison-Wesley 1968, 357–451

WHYTE, W. F.: Street Corner Society. Chicago: The University of Chicago Press 1969

TEILNEHMENDE BEOBACHTUNG IN DER SOZIALPSYCHOLOGIE

von Hartmut Lüdtke

VORTEILE DER TEILNEHMENDEN BEOBACHTUNG

Verfahren der Fremdbeobachtung von Individuen oder Gruppen als Instrumente der Datensammlung haben gegenüber Befragung und anderen Techniken der Evokation verbaler Äußerungen der Respondenten den Vorteil eines direkten Zugangs zu offenem, aktuellem Verhalten. Nimmt der Beobachter am Feldgeschehen selbst teil, so kommen durch dieses Kriterium noch folgende Vorteile hinzu (vgl. Friedrichs, Lüdtke ³1977, 20 f, 91 ff):

– bessere Bedingungen für Empathie des Beobachters: eine höhere verhaltenstheoretische Relevanz der Daten; geringere Spanne zwischen Ereignis und Sinn, Verhalten und Motiv, Daten und Interpretation; dadurch weniger Validitätsprobleme;

– größere Vertrautheit mit dem Gegenstand: größerer Marginalnutzen der ohnehin selektiven Beobachtung;

– weniger Schranken der Interaktion mit den Beobachteten: geringere Verzerrung und Selektivität der Wahrnehmung der Ereignisse;

– Flexibilität des Standortes des Beobachters: größere Vollständigkeit und Reichweite der Daten.

Da diese Vorteile indes mit einer Reihe von speziellen Fehlerquellen und entsprechenden Konsequenzen für die Validität und Reliabilität der Daten verbunden sind, hängt die Güte einer teilnehmenden Beobachtung ab von ihrer Kontrolle durch den Grad der Standardisierung, die Art der Teilnahme und Rolle des Beobachters im Feld, die Auswahl der Beobachtungseinheiten, die Art der Aufzeichnung, Parallel- oder Simultanbeobachtungen durch mehrere Beobachter, die Schulung und Supervision der Beobachter.

TYPEN DER TEILNEHMENDEN BEOBACHTUNG

Jeder Sozialwissenschaftler dürfte seine meist ungerichteten Alltagsbeobachtungen als Plausibilitätsgrundlage wissenschaftlicher Aussagen mehr oder minder implizit verwenden, oder er ist sogar auf sie angewiesen. Die *gezielte* teilnehmende Beobachtung ist vornehmlich in der Tradition ethnologisch-kulturanthropologischer Feldstudien entstanden (vgl. Strekker 1969), also bei Problemen der Beschreibung und des Verstehens von Fremdkulturen. Dabei wurde freilich den methodologischen Voraussetzungen und Problemen zuverlässiger Beobachtungen lange Zeit wenig Aufmerksamkeit gewidmet (vgl. Cicourel 1964, 53, 70; Becker 1958, 660). Methodologisch und damit wissenschaftlich bedeutsam wird teilnehmende Beobachtung erst bei der Erhellung relativ unbekannter Aktivitäten und Interaktionen in einem sozialen System oder Feld als ein Verfahren, »das auf die zielorientierte Erfassung sinnlich wahrnehmbarer Tatbestände gerichtet ist, wobei der Beobachter sich passiv gegenüber dem Beobachtungsgegenstand verhält und gleichzeitig versucht, seine Beobachtung zu systematisieren und die einzelnen Beobachtungsakte zu kontrollieren« (Grümer 1974, 26). Eine Typologie dieses Verfahrens in der Feldforschung – im Unterschied zur Beobachtung in Experimenten bzw. Laboratoriumsuntersuchungen – ergibt sich aus folgendem Klassifikationsschema:

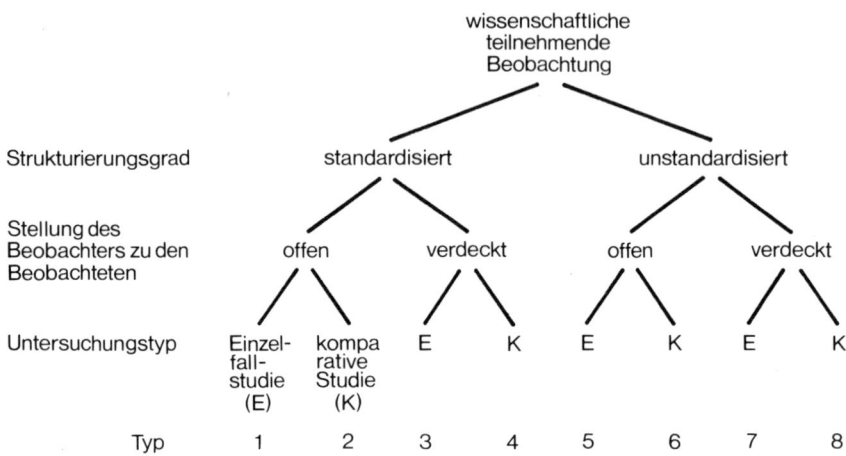

Strukturierungsgrad. Bei einer standardisierten Beobachtung verfährt der Beobachter nach einem festen Beobachtungsschema, das die Auswahlkriterien, Beobachtungseinheiten, operational definierten Beobachtungskategorien (Indikatoren) und Aufzeichnungspläne enthält. Es entspricht dem Fragebogen und Interviewerleitfaden beim standardisierten Interview. Standardisierung und Systematisierung von Beobachtungen müssen nicht identisch sein. Auch unstandardisierte Beobachtungen können systematisch angelegt sein, sie sind allerdings meist explorativen Charakters. Hingegen ist die Standardisierung in der Regel Voraussetzung für hypothesentestende Studien.

Stellung des Beobachters. Je nach der Struktur des Feldes und dem Untersuchungsansatz kann es nützlich oder notwendig sein, offen oder verdeckt zu beobachten. Bei einer offenen Beobachtung ist im Feld die registrierende Funktion des Beobachters so weit bekannt, daß die Neugier der Beobachteten hinreichend befriedigt sowie Zugang und Interaktion gesichert sind, z. B. in Jugendgruppen (vgl. Lüdtke 1972). Bei der verdeckten Beobachtung wäre die Offenlegung des wahren Zwecks der Anwesenheit des Beobachters schädlich in bezug auf das Untersuchungsziel, z. B. in der Strafjustiz (Lautmann 1973, 117) oder gegenüber Homosexuellen (Humphreys 1973, 254 ff). Entscheidungen über den als notwendig erachteten Grad der Täuschung der Beobachteten können schwerwiegende ethische Probleme aufwerfen, denen sich der Forscher stellen sollte (vgl. Friedrichs, Lüdtke [3]1977, 27 ff).

Untersuchungstyp. Einzelfallstudien beziehen sich jeweils auf ein Beobachtungsobjekt (z. B. Schule, Krankenhaus, Kinderspielplatz) (z. B. impressionistisch: Wylie 1957, systematisch: Friedrichs u. a. 1973), komparative bzw. generalisierende Studien auf mehrere Objekte derselben Feldklasse (z. B. Kentler u. a. 1969, Lüdtke 1972). Voraussetzung für letztere ist der Einsatz einer Mehrzahl parallel oder sukzessiv arbeitender Beobachter.

Welcher Typ der teilnehmenden Beobachtung jeweils am zweckmäßigsten ist, hängt ab von Fragestellung, Feld- und Organisationsstruktur, Vorwissen über das Feld und Forschungsbudget. Ein Kriterienkatalog für verschiedene Feldtypen findet sich bei Friedrichs, Lüdtke [3]1977, 234 ff).

Typ 2 des Schemas bezeichnet die komplexeste, leider auch seltenste Form der teilnehmenden Beobachtung. Da die Methodenprobleme hierbei in akkumulativer Form auftreten, ist die folgende Darstellung an diesem Typ orientiert.

INSTRUMENTARIUM DER TEILNEHMENDEN BEOBACHTUNG

Pretest. Voraussetzung einer standardisierten teilnehmenden Beobachtung, die ja eine kontrolliert selektive Erhebung über einen längeren Zeitraum sein soll, ist ein mehrstufiger Pretest im Feld, bei dem in Anwendung der Typen 5 bis 8 ein repräsentatives Objekt oder mehrere verschiedene Objekte beobachtet werden. Eine erste Stufe dient der Exploration des Feldzugangs, der zweckmäßigsten Einführung und Rolle des Beobachters, der dimensionalen Abgrenzung und Segmentierung des Feldes, seiner Einheiten und Elemente, der zweckmäßigsten Standorte des Beobachters und seiner Beobachtungssequenzen nach Art, Ort und Häufigkeit der relevanten Ereignisse und Kontexte, der bedeutsamen Informanden: Was ist wann, wo, wie oft, wie lange, in welcher Abfolge, mit welcher Merkmalspräsenz, in welchen Relationen, mit wessen Unterstützung zu beobachten? Ein zweiter Pretest ist zur Erprobung und Revision des Beobachtungsschemas notwendig.

Beobachtungseinheiten. Empirische Aussagen über ein Feld beziehen sich auf die Gesamtheit der Einheiten, in/an denen Ereignisse und ihre Bedingungen systematisch beobachtet wurden. Solche Ereignisse sind in der Sozialpsychologie üblicherweise Verhaltensakte von Individuen, genauer: verbale und nonverbale Handlungen und Merkmale von Personen sowie Interaktionen zwischen ihnen. Da solche Ereignisse, Merkmale und ihr Zusammenhang häufig erst in einem erweiterten Bedingungskontext verständlich und erklärbar werden, sind bei komplexeren Beobachtungen Individuen oder kleine Gruppen nicht die hinreichend eindeutigen Beobachtungseinheiten. Insbesondere in Organisationen (Schulen, Krankenhäuser, militärische Einheiten usw.) bestehen systematisch definierte und verteilte Bedingungen individuellen Verhaltens. Der Beobachter sollte daher bei der Auswahl der Einheiten dieser Systematik folgen, etwa in der Form von planmäßigen Zeitstichproben, was erhebliche Vorkenntnisse über sein Feld voraussetzt. Wir haben daher *Situationen* als geeignete Beobachtungseinheiten vorgeschlagen (vgl. Friedrichs, Lüdtke [3]1977, 54 ff, 238, 244; Friedrichs 1974; in formalisierter Betrachtung: Harder 1974). Situationen sind »natürliche« raum-zeitliche Konstellationen von Individuen und Handlungsbedingungen, deren Art und Verteilung von der Struktur des Feldes abhängen. Ihre adäquate Auswahl ermöglicht dem Beobachter strategisch günstige Beobachtungsstandorte und -zeiten. Innerhalb jeder Situation erfolgt dann die Beobachtung nach elementaren Kategorien.

Beobachtungsschema. Das Beobachtungsschema dient der Standardisierung von Beobachtungen und der Steuerung der selektiven Wahrnehmung des Beobachters. Es soll die Konstanz und Konsistenz der Beobachtungen sichern (König [3]1973, 29 ff). Es muß präzise Angaben enthalten über Einheiten, Zeitpunkt, Dauer und Intervalle der Beobachtungen sowie operationale Kategorien: Welche Merkmale treffen nach Bezeichnung und Menge auf einen beobachteten Akt oder eine Sequenz von Akten zu (vgl. Friedrichs, Lüdtke [3]1977, 60 ff; Friedrichs 1973 a, 284; Grümer 1974, 67 ff; v. Alemann 1977, 225 ff)? Die einfachste Form der Anwendung von Beobachtungskategorien ist eine Checklist, eine Reihe von Beurteilungsskalen oder ein Fragebogen, den der Beobachter beantwortet. In komplexer Form wählt der Beobachter zur Beschreibung eines Ereignisses aus einer Mehrzahl von operationalen Indikatoren aus, die sich auf verschiedene Dimensionen der Situation oder des Gesamtobjekts beziehen. In jüngerer Zeit wird zunehmend die Bedeutung auch nonverbaler, physisch-ökologischer und nonreaktiver Formen, Bedingungen und Effekte von Interaktionen betont (vgl. Webb u. a. 1966; Weick [2]1968; Argyle 1969, dt. Ausg., 91 ff).

Eine übergroße Starrheit des Schemas kann den Beobachter überfordern oder die Registrierung unerwarteter Ereignisse verhindern. Es empfiehlt sich daher, bestimmte Beobachtungskategorien als open-end-list vorzugeben und bei komplexen Situationen den Beobachter zu verpflichten, seine standardisierten Aufzeichnungen durch freie Schilderungen, Tagebucheintragungen oder andere Formen zu ergänzen. Beispiele für Beobachtungsschemata finden sich bei Atteslander (1969), Friedrichs (1973 a, 1973 b) und Friedrichs u. Lüdtke ([3]1977).

Aufzeichnung. Die Teilnahme des Beobachters am Feldgeschehen macht die Protokollierung der Beobachtungen zum Problem: Ein ständig und sichtbar aufzeichnender Beobachter würde meist zu einer erheblichen Feldveränderung führen. Grundsätzlich sollten daher Aufzeichnungen erst unmittelbar nach einer Beobachtungssequenz in möglichst unauffälliger Form stattfinden, wobei verschiedene Hilfsmittel denkbar sind. Beobachtungsschema und Arbeitsweise des Beobachters sollten diesbezüglich so angelegt sein, daß die Rate des Vergessens in der Zeit zwischen Beobachtung und Aufzeichnung minimiert wird (Grümer 1974, 79 ff; Friedrichs u. Lüdtke [3]1977, 70 ff).

Beobachterrolle. Eine adäquate Rolle des teilnehmenden Beobachters im Feld ist eine der wichtigsten Voraussetzungen für den Erfolg einer Untersuchung. Das beginnt bereits mit seiner Einführung, die für alle Beteiligten plausibel sein muß, so daß das Feld nicht unkontrolliert verändert wird. In vielen Fällen wird für ihn nur die Rolle eines Fremden oder Gastes zur Verfügung stehen, was spezielle Probleme aufwirft, insbesondere dann, wenn ein solcher selten ist. Dabei muß der Beobachter bemüht sein, Prozesse der Stereotypisierung und Stigmatisierung in bezug auf seine Person zu vermeiden. In anderen Fällen bietet sich leicht die Rolle eines durchschnittlichen Kollegen, Praktikanten, Nachbarn oder Mitinsassen an. Die Einnahme einer peripheren oder zentralen Position ist ebenso zu vermeiden wie ein überdurchschnittliches Maß der Interaktion und Gruppenbindung. Ein besonderes Problem bildet die Auswahl und Kontaktierung von Schlüsselpersonen und Experten, die dem Beobachter zu wichtigen Hintergrundinformationen verhelfen können. Dem Problem der Beobachterrolle widmet die Standardliteratur relativ breiten Raum (vgl. Kluckhohn 1956; Jahoda u. a. 1956, 88 ff; Grümer 1974, 107 ff; Friedrichs, Lüdtke [3]1977, 41 ff, 172 ff).

Mehr als bei anderen Erhebungstechniken kommt bei der teilnehmenden Beobachtung, wo in größeren Studien mehrere Beobachter tätig sind, dem Training und der Kontrolle des Beobachters entscheidende Bedeutung zu. Er muß auf besondere Weise sensibilisiert und geübt sein, die doppelte Rolle des Forschers und Teilnehmers zu beherrschen. Er muß mit dem Beobachtungsschema und dem Feld vertraut sein. Rollenkonflikte im Feld müssen frühzeitig erkannt und gelöst werden. Dies setzt einen sehr hohen Standard der Auswahl, Ausbildung und Supervision der Beobachter voraus (vgl. Grümer 1974, 118 ff; Friedrichs, Lüdtke [3]1977, 195 ff).

Hilfsmittel. Die reine Verhaltensbeobachtung im Feld läßt sich mit einer Vielzahl von Hilfsmitteln kombinieren, durch die ergänzende Daten gesammelt und Validitätskontrollen ermöglicht werden. Da der Beobachter für eine längere Zeit Teilnehmer ist, sind ihm solche Informationen häufig gut zugänglich (Archivmaterial, Dokumente, Organisationspläne usw.). Er kann die physische Umwelt seines Feldes (Räume, Bauten, Anlagen, Ausstattung, Verschleiß, Verkehrsströme usw.) systematisch registrieren. Durch Einsatz von Film, Photographie und Tonaufzeichnung können Ereignisse objektiv festgehalten werden. Schließlich kann es außerordentlich nützlich sein, die Beobachtung durch andere Verfahren wie Interviews, soziometrische Tests, Inhaltsanalyse usw. zu ergänzen (vgl. hierzu: Webb u. a. 1966; Lüdtke 1972; Friedrichs, Lüdtke [3]1977, 76 ff).

FEHLERQUELLEN, VALIDITÄT UND RELIABILITÄT DER BEOBACHTUNG

Ein technisch, wahrnehmungs- und sozialpsychologisch verfeinertes Instrumentarium dient sowohl der Standardisierung der Beobachtung wie der Minimierung menschlicher, »natürlicher« Fehler und Verzerrungen, die aus vier typischen Quellen entspringen:

1. Selektive Perzeption: Ein Beobachter, der sich in einem bestimmten Streßzustand befindet, Ereignisse durch die Brille einseitiger Einstellungen oder kultureller Vorurteile sieht, eine Randposition im Feld innehat, Selbstverständlichkeiten übersieht, deskriptive und evaluative Sprache vermischt oder unvollständige Beobachtungen generalisiert, wird Ereignisse einseitiger wahrnehmen und wiedergeben als ein Beobachter ohne diese Eigenschaften (vgl. Grümer 1974, 95 ff; Friedrichs, Lüdtke [3]1977, 37 ff).

2. Reaktivität der Teilnahme: Jede Teilnahme eines Beobachters führt infolge entsprechender Reaktionen der Mitglieder auf sie zu einer Feldveränderung (vgl. Esser 1975). Wird ein Beobachter schon durch falsche Einführung zum »Fremdkörper«, demonstriert er offene Neugier, erfolgt seine Beobachtung allzu offen, spielt er eine zu marginale oder zentrale Rolle, nimmt er einseitig Partei, wird er Mitglied einer Clique, sind seine Interaktionen extrem usw., so induziert er entsprechend mehr Reaktivität als unvermeidbar.

3. Überanpassung: Längere und kontinuierliche Teilnahme bedeutet für den Beobachter in der Regel eine relative, in gewissem Ausmaß sogar erwünschte, soziale Integration in das Feld. Problematisch wird diese erst beim »going native«, d. h., wenn der Beobachter durch die unkontrollierte Identifikation mit den internen Normen und Werten überangepaßt das Feld betrachtet und dadurch seine Wahrnehmungen verzerrt werden (vgl. Grümer 1974, 115; Friedrichs, Lüdtke [3]1977, 48, 189).

4. Veränderungen im Feld: In den meisten Fällen, in denen verschiedene Objekte eines Feldes beobachtet werden, geht der Forscher von einer relativ konstanten Struktur des Feldes aus, die eine theoretische Basis seines Vergleichs darstellt. Jedoch kommt es vor, daß in dem einen oder anderen Fall eine unerwartete Veränderung eintritt, z. B. durch Gruppenkonflikte, Reorganisation, Austausch von Personen, neue Positionen, Katastrophen. Reicht die Zeit nicht aus oder verfügt der Beobachter nicht über Kriterien zur Diagnose dieses Wandels, so werden seine Daten eine untypische Situation wiedergeben und daher den Vergleich verfälschen. Das gilt erst recht für Studien, die Entstehung oder Veränderung eines Systems oder Feldes, also Prozesse, zum Gegenstand haben.

Die genaue Abschätzung der Bedeutung dieser Fehlerquellen ist noch ungeklärt. Hierzu sind verschiedene, meist indirekte, mehrdimensionale Kriterien der Prüfung von Validität und Reliabilität vorgeschlagen und angewendet worden (Weick [2]1968, 404; McCall 1969, 137; Friedrichs, Lüdtke [3]1977, 153 ff), die zu einigem Optimismus bei der Entwicklung der teilnehmenden Beobachtung zu einem bewährten wissenschaftlichen Verfahren Anlaß geben.

LITERATUR

ALEMANN, H. v.: Der Forschungsprozeß. Stuttgart: Teubner 1977

ARGYLE, M.: Social Interaction. London: Methuen 1969. Deutsch: Soziale Interaktion. Köln: Kiepenheuer & Witsch 1972

ATTESLANDER, P.: Methoden der empirischen Sozialforschung. Berlin: de Gruyter 1969

BECKER, H. S.: Problems of Inference and Proof in Participant Observation. Am. Sociol. Rev., 23, 1958, 652–660

CICOUREL, A. V.: Method and Measurement in Sociology. Glencoe, Ill.: The Free Press 1964

ESSER, H.: Zum Problem der Reaktivität bei Forschungskontakten. Köln. Z. f. Soziol. u. Sozialpsych., 27, 1975, 257–272

FRIEDRICHS, J.: Methoden empirischer Sozialforschung. Reinbek: Rowohlt 1973 a

(Hg.): Teilnehmende Beobachtung abweichenden Verhaltens. Stuttgart: Enke 1973 b

Situation als soziologische Erhebungseinheit. Z. f. Soziol., 3, 1974, 44–53

FRIEDRICHS, J., DEHM, G., GIEGLER, H., SCHÄFER, K., WURM, W.: Resozialisierungsziele und Organisationsstruktur. In: J. Friedrichs 1973 b, 213–241

FRIEDRICHS, J., LÜDTKE, H.: Teilnehmende Beobachtung. Weinheim, Basel: Beltz ³1977

GRÜMER, K.-W.: Beobachtung. Techniken der Datensammlung 2. Stuttgart: Teubner 1974

HARDER, T.: Contextuality and Dynamics. Z. f. Soziol., 3, 1974, 229–235

HUMPHREYS, L.: Toiletten-Geschäfte. Teilnehmende Beobachtung homosexueller Akte. In: J. Friedrichs 1973 b, 254–287

JAHODA, M., DEUTSCH, M., COOK, S. W.: Beobachtungsverfahren. In: R. König 1956, 77–96

KENTLER, H., LEITHÄUSER, T., LESSING, H.: Jugend im Urlaub. 2 Bde. Weinheim, Basel: Beltz 1969

KLUCKHOHN, F.: Die Methode der teilnehmenden Beobachtung in kleinen Gemeinden. In: R. König 1956, 97–114

KÖNIG, R. (Hg.): Beobachtung und Experiment in der Sozialforschung. Köln, Berlin: Kiepenheuer & Witsch 1956

Die Beobachtung. In: R. König (Hg.): Handbuch der empirischen Sozialforschung. Umgearb. u. erweit. Aufl., Bd. 2. Stuttgart: Enke ³1973, 1–65

LAUTMANN, R.: Teilnehmende Beobachtungen in der Strafjustiz. In: J. Friedrichs 1973 b, 109–119

LÜDTKE, H.: Jugendliche in organisierter Freizeit. Weinheim, Basel: Beltz 1972

McCALL, G. J.: Data Quality Control in Participant Observation. In: G. J. McCall, J. L. Simmons (Eds.): Issues in Participant Observation. Reading, Mass. 1969, 128–141

STRECKER, I.: Methodische Probleme der ethno-soziologischen Beobachtung und Beschreibung: Versuch einer Vorbereitung zur Feldforschung. Diss. Göttingen 1969

WEBB, E. J., CAMPBELL, D. T., SCHWARTZ, R. D., SECHREST, L.: Unobtrusive Measures. Chicago: Rand McNally 1966

WEICK, K. E.: Systematic Observational Methods. In: G. Lindzey, E. Aronson (Eds.): Handbook of Social Psychology. Cambridge, Mass. ²1968

WYLIE, L.: Village in the Vaucluse. Cambridge, Mass.: Harvard University Press 1957. Deutsch: Dorf in der Vaucluse. Frankfurt: Fischer 1969

KULTURVERGLEICHENDE STUDIEN IN DER SOZIALPSYCHOLOGIE

von Erich Wulff

GESCHICHTE DES KULTURVERGLEICHS

Zu einer wissenschaftlichen Aufgabe wurde der völkerpsychologische Kulturvergleich in der zweiten Hälfte des achtzehnten Jahrhunderts. Zu dieser Zeit gewann die Idee der Nation (des Volkes) gegenüber derjenigen der dynastischen Herrschaft auf der einen, der Stammeseinheit auf der andern Seite zunehmend an Gewicht. Die Idee der Nation – ihre Einheit und Einzigartigkeit – vom gesellschaftlich erstarkten Bürgertum getragen, entwickelte eine zunehmende Sprengkraft gegenüber der Idee des Gottesgnadentums der herrschenden Dynastien der Kleinstaaten ebenso wie der multinationalen Imperien Europas. Herder (1773, 1807), später auch Fichte (1808) machen sich zum Sprecher der neuen nationalen Idee. Historiker, Germanisten, Völkerkundler – so die Brüder Grimm (J. Grimm, W. Grimm 1815; W. Grimm 1852) – machten sich auf die Suche nach Märchen, Volksliedern, Volksbräuchen und Dialekten, die als ursprünglicher Ausdruck einer Volksseele aufgefaßt werden konnten. Eine solche Volksseele wurde auch in der Sprache, in den besonderen Denk- und Erlebnisformen und typischen Verhaltensweisen der Angehörigen einer nationalen Gemeinschaft gesucht. Sie stellte eine Identifikationsmöglichkeit für die politischen Kämpfe des Bürgertums um die Befreiung von feudaler und absolutistischer Herrschaft dar. Unter dem Gewicht dieser Idee nationaler Eigenart wurde diejenige der Universalität des Geistes, der Vernunft, der Kultur, die auch die legitimatorische Idee des absolutistischen Einheitsstaates gegen die regionalen Feudalmächte gewesen war, teils preisgegeben, teils relativiert. In diese Dialektik des Besonderen und des Allgemeinen im Bereich des Geistes und der Kultur sind auch die ersten wissenschaftlichen Ansätze ethnopsychologischen Kulturvergleichs eingebettet. Je nach ihrem historischen Standort konnte sowohl die Idee der Universalität des Geistes als auch diejenige der Eigenart und Einzigartigkeit nationaler Kultur fortschrittliche oder auch rückwärts gewandte politische Positionen ausdrücken bzw. rechtfertigen.

Schon in der Spätromantik kam es jedoch zu einer zunehmenden Mystifizierung des Begriffs der Volkskultur, die nicht mehr als historisches Produkt angesehen wurde, sondern als eine im »Blut« verwurzelte irrationale Einheit. Von der durch die nationale Kultur bestimmten »Volksseele« – einem noch offenen Begriff, der die Besonderheit der geschichtlichen Entwicklung einer nationalen Schicksalsgemeinschaft auf kulturellem Gebiet auf einen gemeinschaftlichen Nenner bringt – zu demjenigen einer »Rassenseele« (Clauss 1932; Günther 1935), der die Wurzeln der geistigen Gemeinschaft einer Nation ins Blut und später ins Erbgut verlegt, war es deshalb nur ein kurzer Schritt. Mit diesem Schritt wurde die andere Seite einer historisch entstandenen nationalen Eigenständigkeit – die Universalität des gesellschaftlichen Fortschrittes in die Zukunft hinein – preisgegeben und die Identifikation mit dem kulturellen Erbe zu einer rückwärts gewandten Haltung, einer mystifizierenden völkischen Urtümelei. Als schließlich mit dem dialektischen Materialismus eine neue Theorie universaler Vernunft – derjenigen des im Klassenkampf durchzusetzenden allgemeinen gesellschaftlichen Fortschritts – politischen Einfluß gewann (eine Theorie, die die nationalen Eigenarten nicht leugnete, sondern als Entwicklungsmomente des gesellschaftlichen Fortschritts dialektisch aufhob) –, wuchs der Bedarf nach sozialdarwinistischen Kulturvergleichen, die bestimmte Kulturen als »von Natur aus« überlegen erklärten. Aus einem zunächst – wie bei Herder (1807) – auf Gleichberechtigung und Gleichwertigkeit beruhenden Vergleich von Nationalkulturen und nationalen Eigenarten wurden so rassistische Gewichtungen, die die eigene Volkskultur als einzig wertvolle, erhaltens- und entfaltungsfähige ausgaben, die fremden Kulturen und deren Eigenarten – besonders wenn sie Objekt des eigenen Herrschaftsanspruches wurden – jedoch als Verfallskulturen diffamierten.

Einen anderen Weg als die Vergleiche der europäischen Kulturen untereinander nahmen die kulturvergleichenden Studien außereuropäischer Gesellschaften, deren Autoren zumeist europäische oder US-amerikanische Wissenschaftler waren. Zunächst dominierte hier eine ethnozentrische Analyse, die die eigenen kulturellen Voraussetzungen für selbstverständlich nahm und die fremden Kulturen an diesen maß. Bereits die Abgrenzung von Geschichte und Vorgeschichte am Merkmal der Entwicklung einer Schriftsprache bekundet einen solchen Ethnozentrismus (Preiswerk, Perrot 1975). Eine ethnozentrische Sichtweise, die die eigene gesellschaftliche Entwicklung zur Norm erhob, konnte auch zur Rechtfertigung der Kolonisierung der Dritten Welt dienen: Die zivilisatorische Mission des Abendlandes wurde aus der nun angeblich auch wissenschaftlich erwiesenen Überlegenheit der eigenen Kultur hergeleitet.

Parallel dazu diagnostizierte die Dekadenzphilosophie die eigene gesellschaftliche Entwicklung als Verfall. Es handelt sich bei ihr um einen negativen Ethnozentrismus, der die Ursprünglichkeit, die vitale Kraft, die Sauberkeit und Ehrlichkeit der »Primitiven« der Verrottung der eigenen Gesellschaft gegenüberstellt und rückwärts gewandte, zivilisationsfeindliche Sehnsüchte weckt. Eine solche negativ-ethnozentrische Tendenz läßt sich beispielsweise bei O. Spengler (1918–1922) nachweisen. Die Entwicklung der Produktivkräfte in der modernen Zivilisation wird hier zum Sündenbock für die von der kapitalistischen Produktionsweise erzwungenen Entfremdung gemacht.

Als Gegenbewegung gegen – positiven wie negativen – Ethnozentrismus etabliert sich in den zwanziger Jahren des zwanzigsten Jahrhunderts die kultur-relative Sichtweise, die jede Kultur – ohne Wertung – als selbständige geistige und gesellschaftliche Gestalt auffaßt und sich darauf beschränkt, deren innere Logik als eigenes System herauszustellen (Malinowski 1927, Mead 1965, Kardiner 1928, Benedict 1934 u. a.). Die Synthese zwischen allgemein menschlicher Vernunft und ihren nationalen oder ethnischen Besonderheiten, zunächst am europäischen Kulturvergleich entwickelt, kehrt hier also in neuer Gestalt wieder.

Der Versuch einer Synthese von kultur-relativer und kultur-universeller Betrachtungsweise wird schließlich durch eine Mathematisierung der verschiedenen kulturellen und gesellschaftlichen Systeme von der strukturellen Anthropologie (Lévi-Strauss 1949, 1958) gemacht (s. den Beitrag von H. Gardner in Bd. VII dieser Enzyklopädie).

SICHTWEISEN

Ethnopsychologische Kulturvergleiche können von verschiedenen Hypothesen ausgehen und dementsprechend auch in verschiedene Perspektiven hineingestellt werden:

Entwicklungspsychologische Hypothesen. Hier wird von einem vorgeblichen – in Wirklichkeit durchaus vorläufigen – Endpunkt ausgehend (zumeist dem Bewußtsein und den Fähig-

124

keiten des gebildeten Bürgertums in industriell hochentwickelten Gesellschaften) – eine jede Kultur gemessen. Verschiedene Kulturen werden aus dieser Sichtweise verschieden weit vorangetriebene Reifungsschritte zu einer Gesellschaft, deren Glieder zu einer distanzierten und instrumentalen Haltung ihrer Mit- und Umwelt gegenüber ebenso fähig sind wie zur Unterwerfung ihres Bewußtseins unter formallogisch-diskursive Operationen. Aus dieser Perspektive können »primitive« Gesellschaften »entwickelten« gegenübergestellt werden. Den ersteren werden »prälogische«, »archaische« oder »primärprozeßhafte« Denk-, Wahrnehmungs- und Erlebnisformen zugewiesen (Lévy-Bruhl 1910, 1922, 1927, 1931). Aus dieser Perspektive ergibt sich auch eine Suche nach Analogien zwischen individuellen (ontogenetischen) und kollektiven (phylogenetischen) Entwicklungsschritten. Aus solchen entwicklungsgeschichtlichen Parallelen sind auch Schlüsse gezogen worden auf verschieden weit fortgeschrittene biologische Reifungsprozesse des Zentralnervensystems bzw. auf verschiedene genetische Ausstattungen, die die Reifung des Zentralnervensystems bei bestimmten Rassen nur bis zu einem bestimmten – jeweils verschiedenen – Endpunkt zulassen. Bereits Carus (1848) sprach von ungleicher geistiger Befähigung der verschiedenen Menschenstämme. Da Rocha (1898) meinte in den Negern eine »vom geistigen Standpunkt merklich niedere Rasse« zu sehen, und Johannes Lange (1921) sah dementsprechend die »Farbigen« als zwischen Tier und Kulturmensch stehend an, »ähnlich wie die Frauen zwischen Kind und Mann«. Neue Studien über die Erblichkeit der Intelligenz, die vorgeben, bei farbigen Amerikanern (Kennedy u. a. 1963; Jensen 1969) ebenso wie bei Unterklassen-Angehörigen (Burt zit. n. Bodmer, Cavalli-Sforza 1970) eine erblich bedingte mindere Intelligenz im Vergleich zu Weißen bzw. zu Mittelklasse-Angehörigen gefunden zu haben, wiederholen nur diese These. Dabei haben sich die zugrundeliegenden empirischen Untersuchungen Burts über die Erblichkeit von Intelligenz z. T. als Fälschungen erwiesen (Müller-Hill 1978, 249; s. auch Bd. V, S. 925, Anm. 11, sowie den Beitrag von H. Skowronek in Bd. VII dieser Enzyklopädie; außerdem enthält Bd. VII einen Beitrag von J. B. Carlson über kulturvergleichende Untersuchungen im Rahmen von J. Piagets Entwicklungspsychologie).

Funktionalistisch orientierte Kulturvergleiche. Die von Malinowski (1927) eingebrachte funktionalistische Sichtweise ist also als eine erste Antithese zur entwicklungspsychologischen (Lévy-Bruhl 1910, 1922, 1927, 1931 u. a.) aufzufassen. Der sozialpsychologische Funktionalismus interpretiert Verhaltens- und Bewußtseinsformen der Angehörigen einer Kultur ebenso wie deren gesellschaftlichen Institutionen als das Resultat eines Lernprozesses, wie unter gegebenen Umständen Grundbedürfnisse der Angehörigen eines Kulturzusammenhanges (nach Nahrung, Behausung, Sexualität) am besten befriedigt werden können. Eine solche Sichtweise erklärt zwar das Zustandekommen eines Registers von typischen Verhaltensweisen und Denk- und Erlebnisformen innerhalb einer Kultur, vermag jedoch deren Zusammenhang untereinander nicht systematisch darzustellen (Linton 1969). In einer Weiterentwicklung des funktionalistischen Ansatzes suchte Ruth Benedict (1934) deshalb in jeder Kultur bestimmte dominierende Momente, die als Kristallisationskerne für die übrigen »kulturellen Antworten« dienten.

A. Kardiner (1939) führte diesen Ansatz noch einen Schritt weiter. Er nahm die Entwicklung einer »Basispersönlichkeit« in der Auseinandersetzung mit vorgegebenen »primären Institutionen« an, wobei dann »sekundäre Institutionen« sich aus der Struktur einer solchen Basispersönlichkeit erklären lassen, die nach Linton (1969) der »gemeinsame Nenner der Persönlichkeit der Individuen ist, die an einer jeweiligen Kultur teilhaben«. Dabei verwendet Kardiner bereits psychoanalytische Begriffe, insbesondere aus der Stadienlehre der Libido-Entwicklung, um das Zustandekommen der »Basispersönlichkeit« – in Auseinandersetzung mit primären Institutionen – zu erklären.

Kulturalistische Sichtweisen. Die Arbeiten von M. Mead (1928), E. H. Erikson (1950) u. a.

gehen davon aus, daß jede Kultur durch die Vorschriften, die die Kinderaufzucht und Kindererziehung betreffen, einen Rahmen für die Entstehung eines Registers typischer Persönlichkeitseigenarten für jede Gesellschaft zur Verfügung stellt. Dieses Register von Denkweisen, aber auch von affektiv-emotionalen Haltungen wird dann den Angehörigen der jeweiligen Kultur als Norm aberwartet. Mead und Erikson legen dabei besonderen Wert auf den prägenden Effekt der Erziehungshaltungen während der prägenitalen Phasen der Libido-Entwicklung. Nach dieser Sichtweise kommen durch eine solche Charakterprägung Kulturen zustande, bei denen gesellschaftliche Institutionen, Erziehungshaltungen und Persönlichkeitsstrukturen durch eine Art kybernetischen Regelkreis in einen harmonischen Einklang miteinander gebracht sind. Im Idealfall wird selbst denjenigen, deren »Natur« (Temperament) der prägenden Wirkung der kulturtypischen Erziehungshaltungen widersteht, eine am Rande der Gesellschaft stehende Sozialrolle (etwa als Zauberer) zugewiesen, die sie dennoch in die Gesellschaft integriert.

Psychoanalytische kulturvergleichende Studien. Bereits Freud (1912/1913) hatte versucht, neben der Entstehung der Kulturen überhaupt auch einzelne kulturelle Erscheinungen (wie Totem und Tabu) aus psychoanalytischen Begriffen zu erklären (s. den Beitrag von F. v. Boxberg in Bd. II dieser Enzyklopädie). Größer angelegte spätere Studien über den Zusammenhang von Kultur und Persönlichkeitsstruktur sind vor allem Devereux (1972, 1974) und Parin, Morgenthaler u. Parin-Matthey (1963, 1967, 1971) zu verdanken. Devereux unterscheidet ein »ethnisches Unbewußtes«, das das Resultat eines kulturtypischen Verdrängungsprozesses aufgrund von »ethnotypischen Traumen« ist, die jeden Angehörigen der Kultur betreffen, von einem »idiosynkratischen Unbewußten«, das das Resultat der jeweils schicksalsmäßig besonderen traumatischen Situation des Einzelnen ist. Devereux erkennt auch, darin Roheim folgend und im Gegensatz zu Malinowski und den Kulturalisten, dem Ödipuskomplex Universalität zu und sieht in der besonderen Art und Weise, wie der Ödipuskomplex in einer Kultur bewältigt wird (und nicht in den kulturell prägenden Einflüssen auf die prägenitale Entwicklung), den Hauptgrund für die jeweiligen ethnopsychologischen Besonderheiten. Dementsprechend kann seine Theorie auch mehr gesellschaftliche Widersprüche in sich aufnehmen als das harmonisierende System der Kulturalisten.

Devereux hat seine Forschungen in eine allgemeine wissenschaftstheoretische Theorie hineingestellt, die komplementaristische Ethnopsychoanalyse. Ethnologische und soziologische Erkenntnisse auf der einen, psychoanalytische auf der anderen lassen sich danach weder addieren noch wechselseitig ersetzen, sondern geben zwei aufeinander nicht reduzierbare Dimensionen des gleichen Gegenstandes wieder. Welche davon erkennbar wird, hängt von der Sichtweise des Betrachters ab. Dieser Komplementarismus entspricht nach Devereux der Unbestimmtheitsrelation Heisenbergs und Bohrs in der Mikrophysik, bei der es auch auf die methodische Sicht des Betrachters ankommt, ob er zum Beispiel Wellen oder Korpuskeln zu Gesicht bekommt. Der inhaltlich bestimmte kulturelle Relativismus der Kulturalisten, den Devereux ablehnt, wird also bei ihm selber durch einen methodologischen Relativismus ersetzt.

Parin, Morgenthaler und Parin haben in ihren ethnopsychoanalytischen Untersuchungen vor allem der Dogon und der Agni Westafrikas auf die fundamental andere Ich-Struktur hingewiesen, die durch einen Mangel an Frustration während der ersten Stadien der Libido-Entwicklung entsteht. Ihnen ist der weiterführende Begriff des »Gruppen-Egos« zu danken, den sie dem Individual-Ego der europäischen bürgerlichen Kultur gegenüberstellen. Weitere psychoanalytisch orientierte Untersuchungen über die Persönlichkeit der Westafrikaner hat die Arbeitsgruppe Collombs vorgelegt (Collomb 1967, Zempleni 1966, Storper-Perez 1974).

Strukturalistische Sichtweisen. Ausgehend von einigen wenigen allgemein-menschlichen Gesetzlichkeiten in der Beziehung der Menschen untereinander, vor allem des Inzest-Verbots (Durkheim, Freud), versucht die strukturale Anthropologie (Lévi-Strauss) die Vielfalt der kulturellen Antworten in den verschiedenen Gesellschaften (die Sprachen, die Verwandtschaftssysteme und Heiratsregeln, die Gesetze, die Aufgliederung des Lebensraumes usw.) auf eine begrenzte Zahl von mathematisierbaren Modellen zu reduzieren. Damit dies möglich wird, ergibt sich die Notwendigkeit, nicht nur von dem jeweiligen erlebten Sinn der genannten kulturellen Antworten abzusehen, sondern auch von der unbewußten Bedeutung, mit denen die Menschen ihre Beziehungen untereinander sowohl in ihren persönlichen als auch in ihren institutionalisierten Formen belegen (C. Lefort 1969). Nur auf diese Weise – durch Abstraktion des jeweiligen Sinnzusammenhanges – wird eine verborgene strukturelle Gesetzlichkeit der kulturellen Produktionen und der gesellschaftlichen Organisationen sichtbar. Eine derartige strukturelle Interpretation orientiert sich sehr stark an der Sprachwissenschaft. Sie nimmt an, daß bewußte und unbewußte Erzeugnisse einer Kultur formal wie eine Sprache konstruiert seien. Die logische Fortsetzung dieses Gedankens, die durch Abstraktion gewonnenen kulturellen und sozialen Strukturen in zentralnervösen Strukturen zu verwurzeln, ist bisher nur von Kritikern des Strukturalismus gezogen worden. Es ist im übrigen vielleicht nicht zufällig, daß die strukturalistischen Studien dort am plausibelsten erscheinen, wo die Distanz zur untersuchten Kultur ein Verständnis des erlebten und erlebbaren Sinnes ihrer Erscheinungen kaum möglich macht, wie z. B. bei der Untersuchung der australischen Eingeborenenkulturen durch Radcliffe-Brown (1931).

Historisch-materialistische Perspektiven. L. H. Morgans »Ancient Society« (1877) hat Marx' und Engels' (1884) Auffassung von der Gestaltung menschlicher Beziehungen in frühen Gesellschaften maßgeblich beeinflußt. Der historische Materialismus versucht die Entwicklung der Bewußtseinsformen des Menschen – des Denkens, des Wahrnehmens, aber auch des Fühlens und Wollens – aus der Entwicklung gesellschaftlicher Produktion, d. h. aus der Aneignung der Natur durch den Menschen in Form von gesellschaftlicher Arbeit, zu erklären. Dabei sollen die jeweiligen Bewußtseinsformen aus der jeweils vorherrschenden Produktionsweise hervorgehen. Ansätze zu historisch-materialistisch unterlegten Kulturvergleichen finden sich bereits bei A. N. Leontjew (1959). Zwei komplette empirische Studien aus dieser Perspektive wurden von Meillassoux (1964, 1975) vorgelegt, die erste davon von Terray (1969) kommentiert. Weitere historisch-materialistische kulturvergleichende Studien wurden von Nguyen Tu Chi (1971) und Wulff (1969) vorgelegt. In einige dieser Studien gehen die funktionalistischen, psychoanalytischen oder strukturalistischen Betrachtungsansätze mit ein; diese Ansätze gewinnen ihren Stellenwert jedoch aus dem jeweiligen Entwicklungsstand der Produktivkräfte im Stoffwechsel des Menschen mit der Natur sowie den Verhältnissen, die die Menschen bei der Gestaltung der materiellen Produktion miteinander eingehen: den Produktionsverhältnissen – d. h., sie werden in eine historische Dimension hineingestellt.

ZUSAMMENFASSUNG

Die Vielfalt der Betrachtungsansätze hat in den kulturvergleichenden Studien innerhalb der Sozialpsychologie viele wichtige Einzelerkenntnisse hervorgebracht. Die Rückwendung des Blickes von fremden und exotischen Kulturen sowie den von diesen geprägten Persönlichkeitsstrukturen zu einer Betrachtung der eigenen Kulturen und der von diesen getragenen Persönlichkeiten aus einer neu gewonnenen ethnographischen Distanz ist jedoch kaum erst ansatzweise erfolgt. So überwiegen im sozialpsychologischen Kulturvergleich immer noch ideologische Rechtfertigungspositionen der Kulturen des modernen Industriekapitalismus.

LITERATUR

BENEDICT, R.: Patterns of culture. Cambridge/Mass. 1934

BODMER, W. F., CAVALLI-SFORZA, L. L.: Intelligence and race. Scientific American, 223, 1970, 19–29

CARUS, C. G.: Über die ungleiche Befähigung der verschiedenen Menschenstämme für höhere geistige Entwicklung. Leipzig 1848

CLAUSS, F.: Rasse und Seele. München 1932

COLLOMB, H.: Aspects de la psychiatrie dans l'Ouest-Africain (Sengel). In: N. Petrilowitsch (Hg.): Beiträge zur vergleichenden Psychiatrie, Teil 1. Basel: S. Karger 1967, 229–253

DA ROCHA, F.: Allg. Z. Psychiat., 55, 1898, 138

DEVEREUX, G.: Ethnopsychanalyse complémentariste. Paris: Flammerion 1972

Essais d'ethnopsychiatrie générale. Deutsch teilweise in: Normal und anormal. Aufsätze zur allgemeinen Ethnopsychiatrie. Theorie. Frankfurt/M.: Suhrkamp 1974

ENGELS, F.: Der Ursprung der Familie, des Privateigentums und des Staats (1884). In: Marx/Engels, Werke, Bd. 21. Berlin: Dietz 1958 ff

ERIKSON, E. H.: Childhood and society. New York: Norton 1950. Deutsch: Kindheit und Gesellschaft. Stuttgart: Klett 1961

FICHTE, J.: Reden an die deutsche Nation. Berlin 1808

FREUD, S.: Totem und Tabu (1912/1913). G. W. IX. Frankfurt/M.: Fischer ^{5}1973

GRIMM, J., GRIMM, W.: Kinder- und Hausmärchen (1815). München: Goldmann 1957. München: Winkler 1963

Deutsches Wörterbuch (1852). Neubearbeitung von W. Braun u. a.: Leipzig: Hirzel 1965

GÜNTHER, H. F.: Rassekunde des deutschen Volkes. München 1935

HERDER, J. G.: Auszug aus einem Briefwechsel über Ossian und die Lieder der alten Völker. In: Von deutscher Art und Kunst (1773). München 1926. Auch in: H. D. Irmscher (Hg.): Von deutscher Art und Kunst. Einige fliegende Blätter. Stuttgart: Reclam 1968

Stimmen der Völker in Liedern (1807). Stuttgart: Klett 1938

JENSEN, A. R.: How much can we boost IQ and scholastic achievement? Harvard Educational Review, 39, 1969, 1–123

KARDINER, A.: The individual and his society. New York: Columbia Univ. Press 1939

KENNEDY, W. A., VAND DE RIET, V., WHITE, J. C. jr.: A normative sample of intelligence and achievement of Negro elementary school children in the Southeastern United States. Monogr. Soc. Res. Child Developm., 28, 1963

LANGE, J.: Münch. Med. Wschr., 68, 1921, 1357

Z. Neurol., 127, 1930, 667

LEFORT, C.: Einführung in: A. Kardiner: L'individe dans sa société. Bibliothèque des Sciences Humaines. Paris: Gallimard 1969, 15

LEONTJEW, A. N.: Probleme der Entwicklung des Psychiatrischen. Moskau 1959; deutsch: Frankfurt/M.: Fischer-Athenäum 1973, 224 ff

LÉVI-STRAUSS, C.: Les structures élémentaires de la Parenté. Paris: P. U. F. 1949

Anthropologie structurale. Paris: Plon 1958. Deutsch: Strukturale Anthropologie. Wissenschaft. Sonderausgabe. Frankfurt/M.: Suhrkamp 1969

LÉVY-BRUHL, L.: Les fonctions mentales dans la mentalité primitive. Paris 1910. Deutsch: Das Denken der Naturvölker. Wien 1921

La mentalité primitive. Paris 1922. Deutsch: Die geistige Welt der Primitiven. München 1927

L'âme primitive. Paris 1927. Deutsch: Die Seele der Primitiven. Wien: Braumüller 1930

Le surnaturel et la nature dans la mentalité primitive. Paris 1931

LINTON, R.: Avant-propos. In: A. Kardiner (Ed.): L'individe dans sa société (frz. Ausg. von The individual and his society, 1939). Paris: Gallimard 1969

MALINOWSKI, B.: Sex and repression in savage society. London, New York 1927. Deutsch: Geschlecht und Verdrängung in primitiven Gesellschaften. Rowohlts deutsche Enzyklopädie. Reinbek b. Hamburg 1962

MEAD, M.: Growing up in New Guinea. New York 1928. Deutsch: Leben in der Südsee. München: Szczesny 1965

MEILLASSOUX, C.: Anthropologie économique des Gonro de Côte Ivoire. La Haye, Paris: Mouton 1964

Femmes, greniers et capitaux. Textes à l'appui. Paris: Maspero 1975

MORGAN, L. H.: Ancient society, or: Researchers in the lines of human progress from savagery through barbarism to civilization. New York 1877. Deutsch: Die Urgesellschaft. Stuttgart 1891

MÜLLER-HILL, B.: Die Philosophen und das Lebendige. 16 Vorlesungen am Inst. f. Genetik der Universität zu Köln. Manuskript 1978

NGUYEN TU CHI: Croquis Muong. Études Vietnamiennes 32. Hanoi 1971, 55–153

PARIN, P., MORGENTHALER, F., PARIN-MATTHEY, G.: Die Weißen denken zuviel. Zürich 1963. Tb.-Ausg.: Reihe »Geist und Psyche«, Bd. 2079. München: Kindler 1972

Fürchte Deinen Nächsten wie Dich selbst. Frankfurt/M.: Suhrkamp 1971

PARIN, P., PARIN-MATTHEY, G.: Considérations psychoanalytiques sur le Moi de Groupe. Psychopathologie Africaine, 3, 1967, 2 ff

PREISWERK, R., PERROT, D.: Ethnocentrisme et histoire. Paris: Anthropos 1975

RADCLIFFE-BROWN, A. R.: The social organization of Australian tribes. Oceania, I, 1931

SPENGLER, O.: Der Untergang des Abendlandes. Bd. I: Wien 1918; Bd. II: München 1922

STORPER-PEREZ, D.: La folie colonisée. Textes à l'appui. Paris: Maspero 1974

TERRAY, E.: Le Marxisme devant les Sociétés »Primitives«. Deux études. Theorie V. Paris: Maspero 1969

WULFF, E.: Grundfragen transkultureller Psychiatrie. Das Argument, 50, 1969, 227 ff

ZEMPLENI, A.: La dimension thérapeutique du culte des Rab. Psychopathologie Africaine, 3, 1966

EXPERIMENTELLE FORSCHUNG IN DER SOZIALPSYCHOLOGIE

von Walter Bungard

Die Diskussion der Vor- und Nachteile des Experimentes in der Sozialpsychologie ist in den letzten Jahren zunehmend in den Vordergrund gerückt. Die erhebliche Relevanz dieser Thematik läßt sich u. a. dadurch erklären, daß in den entsprechenden, konträren Standpunkten die vielleicht wichtigste und periodisch immer wieder neu entfachte Methodenauseinandersetzung einen konkreten Ansatzpunkt findet: Die aktuelle Kritik an der traditionellen Methodologie der Erhebungsverfahren (vgl. Mertens 1975, Esser 1975, Stryker 1977) gewinnt hier ebenso eine Grundlage wie die damit zusammenhängende wissenschafts-theoretische Kontroverse bezüglich der unterschiedlichen Struktur von natur- und sozialwissenschaftlichem Gegenstand und den daraus folgenden Konsequenzen für realitätsgerechtes wissenschaftliches Forschen (vgl. Albert 1973; Herrmann 1976; Holzkamp 1972, 1977; Mertens 1977).

Von der Position kritisch rationalistischer Methodologie aus betrachtet, wird bekanntlich dem Experiment im Vergleich zu anderen Methoden grundsätzlich ein interpretativer Vorteil zugesprochen, da durch systematische Kontrolle bzw. Manipulierung spezifischer Variablen der Nachweis kausaler Beziehungen möglich sein soll (vgl. Bredenkamp 1969), wobei immer wieder auf die Erfolge experimenteller Techniken im Bereich der Naturwissenschaften verwiesen wird. Abgesehen von der Problematik des Kausalitätsbegriffs (vgl. Schulz 1970, Maschewsky 1977) wird von den Gegnern einer derartigen wissenschaftstheoretischen Position Popperscher Provenienz der Erkenntniswert des Experimentes entsprechend anders eingeschätzt, da z. B. die postulierten methodologischen Standards wie Reproduzierbarkeit, Standardisierbarkeit, objektive Meßbarkeit usw. zur Erlangung intersubjektiv überprüfbarer Aussagen als in der Forschungspraxis kaum einlösbar abgelehnt werden (vgl. Friedman 1967; Dick 1974; Berger 1974; Mertens 1975, 1977; Maschewsky 1977). Es wird der schwerwiegende Vorwurf erhoben, daß der allzu naive Methodenpositivismus der Alltagspraxis, wie er gerade bei experimentellen Studien häufig anzutreffen ist, zu irrelevanter Forschung mit einem unverbindlichen Nebeneinander trivialer Ad-hoc-Hypothesen geführt habe, da die Experimentalsituation im Labor durch mangelnde »Repräsentanz« gekennzeichnet sei (vgl. vor allem Holzkamp 1972, 1977; weiterhin Brunswik 1949: »repräsentative design«; Aronson, Carlsmith 1968: »experimental realism« bzw. »mundane realism«). Diesen methodenimmanenten Kritikpunkten, die partiell auch von den Befürwortern des Experimentes durchaus akzeptiert werden, wurden zunehmend differenziertere Kontrolltechniken gegenübergestellt. Die sogenannte Reduktionsproblematik wird durch die Konzipierung komplexer multivariater designs (vgl. Edwards 1971) und durch den Einsatz komplizierter statistischer Auswertungsmethoden aufgehoben. Geht man z. B. von der Klassifikation möglicher Fehlerquellen, die die interne und/oder externe bzw. ökologische Validität experimenteller Ergebnisse beeinträchtigen, aus, wie sie von Campbell u. Stanley (1966) aufgestellt wurde, so können in der Tat diese Gefahren durch optimale Kontrolltechniken, wie z. B. matching, Randomisierung usw. und ausgeklügelte Versuchsanordnung, wie z. B. Viergruppenpläne (vgl. Solomon 1949) minimiert werden. Es würde den Rahmen dieses Beitrags übersteigen, im einzelnen weiter auf derartige methodische Konstituentien des Experimentes einzugehen (vgl. hierzu den Beitrag von S. Preiser in Bd. V dieser Enzyklopädie, weiterhin Bredenkamp 1969, Zimmermann 1972, Klauer 1973). Es bleibt festzuhalten, daß die nachweisbaren Erfolge dieser »Gegenstrategien« wohl der Grund dafür sein dürften, daß im allgemeinen der Stellenwert des Laboratoriumsexperimentes im Methodenarsenal psychologischer Forschung weiterhin sehr hoch eingestuft wird.

Die funktionalistisch-pragmatische Einschätzung des Experimentes hat offensichtlich auch im Bereich der spezifisch sozialpsychologischen Forschung auf dem Hintergrund eines empirisch nomothetischen Verständnisses das gängige Methodenbewußtsein geprägt. Wie die Analysen von Christie (1965), Higbee u. Wells (1972) oder Fried, Gumper u. Allen (1973) zeigen, werden auch bei typisch sozialpsychologischen Untersuchungen eindeutig laboratoriumsexperimentelle Methoden favorisiert; Feldstudien z. B. stellen dagegen eher eine Seltenheit dar.

Diese Feststellung ist insofern erstaunlich, um nicht zu sagen beunruhigend, als bei sozialpsychologischen Experimenten – im Unterschied etwa zu lernpsychologischen Experimenten mit Tieren – spezifische Probleme auftauchen, die nicht mit den bewährten Kontrollmechanismen ausgeschaltet werden können. Gemeint ist hier in erster Linie die Tatsache, daß jedes Experiment notgedrungen eine soziale Interaktionsbeziehung zwischen Versuchsleiter (Vl) und der Versuchsperson (Vp) darstellt und daß folgerichtig bei der Überprüfung sozialpsychologischer Hypothesen grundsätzlich eine Konfundierung der intendierten experimentellen Variablen mit den interaktiven und kommunikativen Merkmalen der Erhebungssituation unterstellt werden muß. D. h., im Gegensatz zur naturwissenschaftlichen Forschung stellt das Objekt der Sozialpsychologie, nämlich z. B. die Vp im Labor, ein menschliches Individuum dar, das sich »nicht den im Verlauf seiner Sozialisationsbiographie erworbenen Eigentümlichkeiten menschlicher Interaktion und Kommunikation entziehen kann: Das eigene Handeln auf das Handeln des Interaktionspartners abzustimmen, indem man die Bedürfnisse des anderen antizipierend vorwegnimmt, und nach Maßgabe dieser Antizipation seine eigenen Bedürfnisse in die Interaktion einzubringen, sich von angetragenen Erwartungen distanzieren zu können, um auf diese Weise die eigene Identitätsdarstellung zu ermöglichen, stellen konstitutive Merkmale jeglicher Interaktion dar« (Mertens 1975, 10).

In den letzten Jahren wurde nun unter dem Stichwort »Zur Sozialpsychologie des Experiments« eine kaum noch zu übersehende Fülle an empirischen Studien publiziert, in denen der gravierende Einfluß dieser hier thematisierten sozialpsychologischen Variablen unter Beweis gestellt wurde (vgl. Adair 1973; Bungard, Lück 1974; Mertens 1975; Rosenthal, Rosnow 1969, 1975; Gniech 1976; Silverman 1977). Am bekanntesten sind wohl inzwischen die sogenannten Versuchsleitererwartungseffekte, die Rosenthal (1966) als erster experimentell erforscht hat (s. auch Bd. V dieser Enzyklopädie). Diesen sehr umfangreichen Studien nach zu urteilen (vgl. Rosenthal, Rosnow 1969), tendieren Vl bewußt oder unbewußt dazu, während des Experimentes Bedingungen zu schaffen, die das Entstehen erwarteter Ergebnisse begünstigen: Die Versuchleiterhypothese wird zur sich selbst bestätigenden Prophezeihung. Die Vl verändern dabei mitunter den Text der Instruktionen, betonen bestimmte Passagen (paralinguistische Variationen) oder stellen sie durch Wiederholungen heraus, sie drücken in subtiler Weise ihre Erwartungen durch Mimik und Gestik aus (nonverbale Kommunikationskanäle) und benutzen u. U. sogar verbale Konditionierungstechniken zur Steuerung des Vp-Verhaltens (vgl. Timaeus 1974; Crano, Brewer 1975). Im Gegensatz zu Rosenthal versuchte Orne (1969) im Rahmen seiner Konzeption, von der Erhebungssituation als möglicher Artefaktquelle auszugehen. Er spricht in Anlehnung an Lewin (1951) von der sogenannten Aufforderungscharakteristik eines Experimentes: Vpn versuchen während einer Untersuchung verstärkt durch die experimentelle Labilisierung der Probanden (vgl. Holzkamp 1977) irgendwelche Hinweiszeichen wahrzunehmen, die einen Rückschluß auf die vermeintliche Hypothese der Studie ermöglichen. Zu diesen »demand characteristics« gehören z. B. Einzelheiten der Instruktion, die experimentelle Anordnung, kursierende Gerüchte über den Zweck der Untersuchung, verbale und nonverbale Aktivitäten des Vl, das Verhalten von Helfern, Gegenstände im Laborraum, wie z. B. Erste-Hilfe-Koffer oder Alarmknöpfe usw. Die Gesamtheit dieser kognitiven Orientierungspunkte determiniert somit im Sinne einer im allgemeinen zuwenig beachteten Hypothesenbildung der Vpn in Interaktion mit den eigentlichen experimentellen (unabhängigen) Variablen das Verhalten der Probanden. Von ausschlaggebender Bedeutung ist in diesem Kontext weiterhin die Motivation der Vpn. Rosnow u. Aiken (1973) bzw. Rosenthal u. Rosnow (1975) haben ein anschauliches Modell entworfen, um die sozialpsychologischen Prozesse im Experiment systematisch erfassen zu können. In der ersten Stufe müssen die Aufforderungscharakteristiken adäquat von Vpn perzipiert werden, um zu einer spezifischen Hypothesenbildung zu führen. In der zweiten Stufe wird eine von präexperimentellen Einstellungen und Vorerfahrungen, Persönlichkeitsfaktoren usw. und natürlich auch von der gerade stattgefundenen Hypothesenbildung abhängige Motivation aktualisiert, die schließlich dazu führt, daß die Vp sich in Richtung der demands (hypothesenkonform), in Gegenrichtung der demands oder unabhängig davon verhalten möchte. Der dritte Aspekt betrifft schließlich die Fähigkeit der Vpn, gemäß der individuellen Motivation handeln zu können. Rosnow u. Aiken (1973) wollen damit u. a. zum Ausdruck bringen, daß experimentelle Kunstprodukte nur unter bestimmten Konstellationen dieser verschiedenen Bedingungen zu erwarten sind. Konformes Verhalten der Vpn mit den signalisierten Erwartungen der Vl muß z. B. als eine Funktion adäquater Perzeption, »positiver« Motivation und einer entsprechenden Handlungsfähigkeit konzeptualisiert werden.

Das aus diesen Überlegungen folgende methodologische Dilemma konkretisiert sich in der Praxis darin, daß sich meistens erst im Rahmen einer Ex-post-facto-Analyse eruieren läßt, welche spezifische Grundmotivation bei einer Vp wirksam geworden ist (vgl. Weber, Cook 1972), d. h. die Einflüsse der sozialen Erhebungssituation sind nicht im voraus eindeutig kalkulierbar. Während Orne (1969) noch grundsätzlich die Motivation einer »guten Vp« unterstellte, verlegte Rosenberg (1965, 1969) den Schwerpunkt mehr auf den Aspekt der Selbstdarstellung: Vpn sind primär um ihre Bewertung durch den Vl besorgt (evaluation apprehension). Haben sie die Hypothese des Vl erraten, so versuchen sie durch ihr Verhalten eine positive Selbstdarstellung zu bewerkstelligen (»impression management«), was je nach Fragestellung der Untersuchung konformes oder eben nichtkonformes Verhalten mit der kognizierten Aufforderungscharakteristik zur Folge haben wird (Cook u. a. 1970: negativistische Vp). Einige Meta-Experimente scheinen zu bestätigen, daß im Falle konfligierender Hinweiszeichen, die eine Unvereinbarkeit der »good-subject«-Motivation und der Motivation nach Selbstdarstellung indizieren, die optimale »Selbstpräsentation« auf Kosten einer kooperativen Haltung dem Vl gegenüber bevorzugt wird (vgl. Sigall, Aronson, van Hoose 1970; Mertens 1975; Rosenthal, Rosnow 1975; Silverman 1977).

Fazit: Die Untersuchungen zur »Sozialpsychologie sozialpsychologischer Experimente« weisen eindringlich darauf hin, daß die kognitiven, motivationalen und kommunikativen Aktivitäten der Interaktionspartner (Vl und Vp) nicht aus dem experimentellen Geschehen eliminiert werden können, in dem ihnen kurzerhand ein residualer Status zuerkannt wird, um quasi eine von diesen angeblichen Störfaktoren bereinigte ideal-typologische Untersuchungssituation zu schaffen, in der nur die intendierten Effekte meßbar sind (vgl. z. B. Kruglanski 1975). Daraus folgt aber, daß gerade bei sozialpsychologischer Forschung die für Laboratoriumsexperimente konstitutive Forderung nach Kontrolle nicht manipulierter Einflußgrößen faktisch nicht realisierbar ist, soweit sie sich auf eben diese sozialpsychologischen Aspekte der Erhebungssituation beziehen. Die eine Zeitlang wohl überschätzten Vl-Erwartungseffekte könnten u. U. trotz der bisher eher negativen Erfahrung (vgl. Rosenthal 1964, Bungard 1977) durch entsprechende Trainingsmaßnahmen minimiert werden, aber das »Bewußtsein« der Vpn (vgl. Burt 1962, Argyris 1968, Schultz 1971, Dick 1974) läßt sich trotz aller Täuschungsmanöver als Störfaktor – ein an sich bereits absurdes Unterfangen in einer Wissenschaft vom »Bewußtsein« – nicht ausschalten (vgl. das Argument der »anthropologischen Inadäquanz« bei Holzkamp 1972). Außerdem können gegen die allzu rigorose Anwendung von Täuschungstechniken schwerwiegende ethische Argumente angeführt werden (vgl. z. B. Kelman 1967, Seeman 1969). Die völlige Außerachtlassung des personalen Bedeutungsinhalts der Experimentalsituation bzw. der individuellen Hypothesenbildung, die ja gerade für den Anwendungsbereich konstitutiv sind, kann u. U. unter Zuhilfenahme typischer Exhaustionsstrategien zwangsläufig zu Fehlinterpretationen, Scheinrealisationen oder Scheinfalsifikationen Anlaß geben.

Die Akzeptierung dieser Aspekte im Sinne gleichberechtigter Moderatorvariablen zwingt aber noch nicht zur Aufgabe des Ideals allgemeiner und generalisierbarer Forschungsergebnisse, wie vorschnell befürchtet werden könnte. Die dargelegten Überlegungen implizieren jedoch zwei grundsätzliche Schlußfolgerungen. Erstens: der klassische Objektivitätsanspruch muß dahingehend modifiziert werden, daß empirische Daten immer nur relativ in bezug auf die Untersuchungssituation (Labor) und Untersuchungsmethode (Experiment) objektiv sind, so daß Strukturvergleiche zwischen der Forschungs- und späteren Anwendungssituation grundsätzlich notwendig sind (vgl. bereits Lewin 1927, Holzkamp 1964, Berger 1974, Maschewsky 1977). Zweitens: Bei der Planung und Durchführung von Experimenten, vor allem aber bei der Interpretation des Vpn-Verhaltens, müssen die notwendigerweise auftretenden sogenannten »Reaktivitätserscheinungen« – also Reaktionen auf die Untersuchungssituation – nicht länger den üblichen ideosynkratischen Deutungen in der Experimentliteratur entsprechend als zu eliminierendes Fehlverhalten der Probanden, sondern als eine Art nomologische Regelmäßigkeit interpretiert werden, die sich u. a. auch aus den Prämissen allgemeiner sozialpsychologischer Verhaltenstheorie deduzieren läßt (vgl. Esser 1975, 1977). Die Entsubjektivierung als Folge einer objektivistischen Methodenpraxis (vgl. Burt 1962: »Maschinenmodell« des Menschen, oder Holzkamp 1972: »organismischer Mensch als Norm-Vp«) soll also durch ein Verständnis ersetzt werden, das dem sozialen Interaktionscharakter gerecht wird. Angesichts dieser Forderung ist die Feststellung um so bedauerlicher, daß die theoretische Analyse der Artefaktsymptome bislang nur unzureichend ist. Eklektizismus ist auch in diesem Bereich an der Tagesordnung, d. h. die mehr deskriptiven, zuweilen impressionistischen Einzelergebnisse werden zusammengestellt, ohne daß die Prozesse nach allgemein-theoretischen Gesichtspunkten geordnet werden. Exchange-theoretische Ansätze mit den im Bereich des operanten Lernens häufig anzutreffenden tautologischen Definitionen oder funktionalistische Theorieansätzen, wie z. B. die Informationsprozeß-Theorie von McGuire (1968), haben da bisher nicht weiterhelfen können. Symptomatisch ist auch die unzureichende Integration der Forschungsarbeiten institutionell getrennter Wissenschaftsbereiche: Erkenntnisse und Erklärungsansätze aus dem Bereich der Interviewforschung werden bei der Analyse der Experimentalsituation entweder überhaupt nicht oder unreflektiert übernommen. Recht erfolgversprechend sind bislang einige Bemühungen zur Interpretation der sozialpsychologischen Prozesse während des Experimentes und zur Integration in einen übergreifenden Erklärungszusammenhang. Hierzu zählen Überlegungen im Sinne des symbolischen Interaktionismus (s. den Beitrag von G. Falk in diesem Band) mit der Hypostasierung eines Grundmotivs nach Impressionskontrolle zur Erlangung sozialer Anerkennung (vgl. Goffman 1961, Strauss 1968, Blumer 1973, Mertens 1975). Dabei wird das Agieren der Probanden nicht mehr auf partikularisierte Prozesse reduziert und im Rahmen eines funktionalistischen Stimulus-Response-Modells erklärt, sondern das Agieren der Probanden wird sinnvollerweise in Abhängigkeit von kognizierten Bedeutungsinhalten konzipiert. Die größere Komplexität und Reichweite dieser theoretischen Ansätze wird zwar auf Kosten der Präzision erreicht, aber für die Analyse dieser vielfältigen Wechselwirkungen erscheint dieser Weg vorläufig fruchtbar zu sein. Parallel oder in Ergänzung dazu könnten natürlich auch noch andere Interaktionsanalysen des Grundparadigmas dyadischer Beziehungen als Theorieansätze zu einer Sozialpsychologie des Experiments sinnvoll integriert werden: Man denke z. B. an die Ingratiations-Theorie (Jones 1964, Grabitz-Gniech 1972), Self-disclosure-Theorie (Jourard 1968, Gilbert 1976), Reaktanz-Theorie (Brehm 1966, Grabitz-Gniech u. Zeisel 1974) oder an kommunikationstheoretische Betrachtungen (vgl. Watzlawick, Beavin, Jackson 1969). Denkbar wäre schließlich auch eine Analyse im Sinne der Feldtheorie (vgl. Lewin 1951, Solle 1969), ein naheliegender Gedanke, der aber bisher noch nicht systematisch in Angriff genommen worden ist.

Die Vielfalt der aufgezählten Theorien zeigt zugleich, wie schwierig und vielschichtig die anstehenden Probleme sozialpsychologischer Forschung im Labor sind. Jeder Wissenschaftler muß nämlich im Zuge seiner Untersuchungen zunächst ein Modell des zu analysierenden Handelnden aufstellen, das dessen »commonsense-Konstrukte des Alltags« (vgl. Cicourel 1964), seine situationsspezifischen Bedürfnisse und die dadurch aktualisierten Normen umfaßt. Mit anderen Worten: Er muß ständig sozialwissenschaftliche Theorie und Methodologie miteinander verbinden.

Zum Abschluß stellt sich angesichts all dieser Warnungen, Befürchtungen und Postulate die naheliegende Frage, wie denn nun die tägliche Forschungspraxis darauf reagiert hat. In welchem Ausmaß hat die Artefaktforschung de facto als verbindliches Korrektiv gewirkt? Ist die Herausforderung angenommen worden? Im großen und ganzen blieben die Befunde der Artefaktforschung trotz der methodischen, inhaltlich-sozialpsychologischen und wissenschaftstheoretischen Reichweite dieser Problematik ohne Resonanz. Wer aus der Kritik grundlegende Veränderungen erwartet hatte, sah sich bald enttäuscht. Die bisherige Reaktion auf »Reaktivität« kann deshalb wohl zusammenfassend am besten mit kommentarloser Konstatierung oder kritikloser Ignorierung gekennzeichnet werden. Nach wie vor muß häufig eine unkritische Applizierung des Laborexperimentes registriert werden, bei der ernstzunehmende methodologische Reflexionen ausgespart werden – die üblichen Artikel in sozialpsychologischen Fachzeitschriften legen hierfür ein beredtes Zeugnis ab. Diese seltsame Bescheidenheit – und sozialwissenschaftlich betrachtet durchaus interessante Tabuisierung einer aktuellen Problematik – deutet darauf hin, daß gerade angesichts der Artefaktthematik normative Regulative im Wissenschaftsbetrieb von immenser Bedeutung sein können. Die bisherigen Reaktionen, die man auch als Höflichkeit der Sozialforscher im Umgang mit Kollegen ansehen kann (vgl. Lück, Bungard 1978), stellen unter diesen Umständen durchaus ein typisches Beispiel für das wissenschaftsdynamische Verständnis von Kuhn (1962, 1977) dar, der mit seinem Paradigmakonzept den Versuch unternahm, Wissenschaftsgeschichte oder Wissenschaftssoziologie mit der Wissenschaftstheorie zu verbinden. Kuhn spricht dabei z. B. von einer »disziplinären Matrix«, die in einer Disziplin, wie z. B. auch der Sozialpsychologie, ein verbindliches handlungsweisendes System von Regeln, Anwendungsbedingungen und Normen darstellt. Die in diesem Beitrag aufgezählten Kritikpunkte am »klassischen« Laborexperiment tangieren, danach zu urteilen, nicht nur punktuelle methodische Sachverhalte, sondern gefährden ein komplexeres Paradigma einschließlich der Normen, die Sozialpsychologen mühsam in ihrer Studienzeit durch den universitären Sozialisierungsprozeß internalisiert haben.

Es wird deshalb wohl noch einige Zeit dauern, bis im Zuge eines Paradigmawechsels der Königsweg der sozialpsychologischen Forschung, nämlich des Laborexperiments einschließlich des »Mythos« der eliminierbaren Störbedingungen, durch alternative Methoden ergänzt oder ersetzt wird, um eine Desintegration und Banalisierung im Bereich der sozialpsychologischen Theorieentwicklung zu vermeiden. Eine wachsende Anzahl von Forschern plädiert z. B. für die Feldforschung (vgl. bereits Lewin, 1943; McGuire 1967; Weber, Cook 1972; Bickman, Henchy 1972; Albrecht 1975; Elms 1975; Helmreich 1975; House 1977), da bei feldexperimentellen Vorgehensweisen oder beim Einsatz nonreaktiver Meßverfahren (vgl. Webb u. a. 1975) der soziale Prozeß der Datenerhebung in »natürlicher« Umgebung bzw. unauffällig vor sich geht oder im Falle der sogenannten Aktionsforschung (vgl. Klüver, Krüger 1972; Moser 1975) zumindest in Übereinstimmung mit den Bedürfnissen der Betroffenen durchgeführt wird.

Vielleicht wird man sogar eines Tages die inzwischen bereits »klassische« Maxime von Campbell u. Fiske (1959) beherzigen: die Verwendung verschiedener Methoden zur wiederholten Messung des gleichen Konstrukts (heteromethod replication). Das »Zeitalter des Laborexperimentes« in der bisherigen Anwendungsform würde dann zweifelsohne langsam zu Ende gehen.

LITERATUR

ADAIR, J. G.: The human subject. The social psychology of the psychological experiment. Boston: Little, Brown & Co. 1973

ALBERT, H.: Konstruktivismus oder Realismus? Bemerkungen zu Holzkamps dialektischer Überwindung der modernen Wissenschaftslehre. In: H. Albert, H. Keuth (Hg.): Kritik der kritischen Psychologie. Hamburg: Hoffmann & Campe 1973

ALBRECHT, G.: Nicht-reaktive Messung und Anwendung historischer Methoden. In: J. Kolwijk, M. Mayser (Hg.): Techniken der empirischen Sozialforschung, II. München 1975, 9–81

ARGYRIS, C.: Some unintended consequences of rigorous research. Psychological Bulletin, 70, 1968, 185–197

ARONSON, E., CARLSMITH, J.: Experimentation in social psychology. In: G. Lindzey, E. Aronson (Eds.): Handbook of Social Psychology, II. Reading/Mass. 1968

BERGER, H.: Untersuchungsmethode und soziale Wirklichkeit. Frankfurt/M. 1974

BICKMAN, L., HENCHY, T. (Hg.): Beyond the laboratory: field research in social psychology. New York 1972

BLUMER, H.: Der methodologische Standort des symbolischen Interaktionismus. In: Arbeitsgruppe Bielefelder Soziologen (Hg.): Alltagswissen, Interaktion und gesellschaftliche Wirklichkeit. Hamburg 1973, 80–146

BREDENKAMP, J.: Experiment und Feldexperiment. In: C. F. Graumann (Hg.): Handbuch der Psychologie, VII: Sozialpsychologie (1. Halbband). Göttingen: Hogrefe 1969, 332–374

BREHM, J. W.: A theory of psychological reactance. New York: Academic Press 1966

BRUNSWIK, E.: Perception and the representative design of psychological experiments. Berkeley/Calif. 1949

BUNGARD, W.: Artefakte und Möglichkeiten der Artefaktkontrolle. In: K. D. Hartmann, K. F. Koeppler (Hg.): Fortschritte der Marktpsychologie, I. Frankfurt 1977, 85–106

BUNGARD, W., LÜCK, H. E.: Forschungsartefakte und nichtreaktive Meßverfahren. Stuttgart: Teubner Studienskripten 1974

BURT, C.: The concept of consciousness. British Journal of Psychology, 53, 1962, 229–242

CAMPBELL, D. T., FISKE, D. W.: Convergent and discriminant validation by the multitrait – multimethod matrix. Psychological Bulletin, 56, 1959, 81–105

CAMPBELL, D. T., STANLEY, J.: Experimental and quasi-experimental Designs for Research. Chicago 1966

CHRISTIE, R.: Some implications of research trends in social psychology. In: O. Klineberg, R. Christie (Eds.): Perspectives in Social Psychology. New York 1965

CICOUREL, A. V.: Method and Measurement in Sociology. Glencoe/Ill. 1964

COOK, T. D. u. a.: Demand characteristics and three conceptions of the frequently deceived subject. Journal of Personality and Social Psychology, 14, 1970, 185–194

CRANO, W. D., BREWER, M. B.: Principles of research in social psychology. New York: McGraw-Hill 1973. Deutsch: Einführung in die sozialpsychologische Forschung. Köln 1975

DICK, F.: Kritik der bürgerlichen Sozialwissenschaften. Heidelberg 1974

EDWARDS, A. L.: Versuchsplanung in der Psychologischen Forschung. Weinheim 1971

ELMS, A. C.: The Crisis of Confidence in Social Psychology. American Psychologist, 1975, 967–976

ESSER, H.: Soziale Regelmäßigkeiten des Befragtenverhaltens. Meisenheim: Hain 1975

Response-Set – Methodische Problematik und soziologische Interpretationen. Zeitschrift für Soziologie, 6, 3, 1977, 253–263

FRIED, S. B., GUMPER, D. C., ALLEN, J. C.: Ten years of social psychology – Is there a growing commitment to field research? American Psychologist, 28, 1973, 155–156

FRIEDMAN, N.: The social nature of psychological research. New York 1967

GILBERT, S.: Empirical and theoretical Extensions of Self-Disclosure. In: G. Miller (Ed.): Explorations in Interpersonal Communication. London 1976

GNIECH, G.: Störeffekte in psychologischen Experimenten. Stuttgart: Kohlhammer 1976

GOFFMAN, E.: Role distance (1961). In: E. Goffman: Encounters. Indianapolis 1966, 83–152

GRABITZ-GNIECH, G.: Versuchspersonenverhalten: Erklärungsansätze aus Theorien zum sozialen Einfluß. Psychologische Beiträge, 14, 1972, 541–549

GRABITZ-GNIECH, G., ZEISEL, B.: Bedingungen für Widerstandsverhalten in psychologischen Experimenten: Ton der Instruktion sowie Einstellung zum Forschungsgegenstand und Studienfach der Versuchsperson. Zeitschrift für Soziologie, 3, 1974, 138–148

HELMREICH, R.: Applied social psychology: The unfulfilled promise. Pers. and Social Psy. Bulletin, 1, 1975, 548–560

HERRMANN, T.: Die Psychologie und ihre Forschungsprogramme. Göttingen 1976

HIGBEE, K. L., WELLS, M. G.: Some research trends in social psychology during the 1960s. American Psychologist, 27, 1972, 963–966

HOLZKAMP, K.: Theorie und Experiment in der Psychologie. Berlin 1964

Kritische Psychologie. Hamburg 1972

Die Überwindung der wissenschaftlichen Beliebigkeit psychologischer Theorien durch die kritische Psychologie. Z. f. Sozialpsych., 8, 1977, 1–22; 78–97

HOUSE, J. S.: The three faces of social psychology. Sociometry, 40, 2, 1977, 161–177

JONES, E. E.: Ingratiation – A social psychological analysis. New York 1964

JOURARD, S. M.: A humanistic revolution in psychology. In: S. M. Jourard (Ed.): Disclosing man to himself. Princeton/New York 1968

KELMAN, H. C.: Human use of human subjects: The problem of deception in social psychological experiments. Psychological Bulletin, 67, 1967, 1–11

KLAUER, K. J.: Das Experiment in der pädagogischen Forschung. Düsseldorf 1973

KLÜVER, J., KRÜGER, H.: Aktionsforschung, soziologische Theorien. In: F. Haag, H. Krüger, W. Schärzel, J. Wildt (Hg.): Aktionsforschung – Forschungsstrategien, Forschungsfelder und Forschungspläne. München 1972, 76–99

KRUGLANSKI, A. W.: The Human Subject in the Psychology Experiment: Fact and Artifact. In: L. Berkowitz (Ed.): Advances in Experimental Social Psychology, 8, 1975, 101–147

KUHN, T.: The structure of scientific revolutions. Chicago: Univ. of Chicago Press 1962. Deutsch: Die Struktur wissenschaftlicher Revolutionen. Frankfurt/M. 1967.

Die Entstehung des Neuen. Frankfurt/M. 1977

LEWIN, K.: Gesetz und Experiment in der Psychologie. Berlin 1927

Problems of research in social psychology (1943). In: K. Lewin: Field theory in social science: selected theoretical papers. New York 1951. Deutsch: Feldtheorie in den Sozialwissenschaften. Bern 1963

LÜCK, H. E., BUNGARD, W.: Artefakte und die Höflichkeit im sozialwissenschaftlichen Forschungsbetrieb. Gruppendynamik 1978, 1

McGUIRE, W. J.: Some impending reorientations in social psychology. Some thoughts provoked by Kenneth Ring. Journal of Experimental Social Psychology, 3, 1967, 124–139

Personality and attitude change: an information-processing theory. In: A. G. Greenwald, T. C. Brock, T. M. Ostrom (Eds.): Psychological foundations of attitude change. New York 1968

MASCHEWSKI, W.: Das Experiment in der Psychologie. Frankfurt 1977

MERTENS, W.: Sozialpsychologie des Experiments. Hamburg: Hoffmann & Campe 1975

Aspekte einer sozialwissenschaftlichen Psychologie. München 1977

MOSER, H.: Aktionsforschung als kritische Theorie der Sozialwissenschaften. München 1975

ORNE, M. T.: Demand characteristics and the concept of quasi-controls. In: R. Rosenthal, R. L. Rosnow (Eds.): Artifacts in behavioral research. New York: Academie Press 1969, 147–177

ROSENBERG, M. J.: When dissonance fails: On eliminating evaluation apprehension from attitude measurement. Journal Pers. and Soc. Psy, 1, 1965, 18–42

The conditions and consequences of evaluation apprehension. In: R. Rosenthal, R. L. Rosnow (Eds.): Artifact in behavioral research. New York: Academic Press 1969

ROSENTHAL, R.: The effects of the experimenter on the results of psychological research. In: B. A. Maher (Ed.): Progress in experimental personality research, I. New York: Academic Press 1964

Experimenter effects in behavioral research. New York: Appleton-Century-Crofts 1966

ROSENTHAL, R., ROSNOW, R. L.: Artifact in behavioral research. New York: Academic Press 1969

The volunteer Subject. New York u. a.: John Wiley & Sons 1975

ROSNOW, R. L., AIKEN, L. S.: Mediation of artifacts in behavioral research. Journal of Experimental Social Psych., 9, 1973, 181–201

SCHULTZ, D. P.: Psychology: A world with man left out. Journal for the Theory of Social Behaviour, 1, 1971, 99–107

SCHULTZ, W.: Kausalität und Experiment in den Sozialwissenschaften. Mainz 1970

SEEMAN, J.: Deception in psychological research. American Psychologist, 24, 1969, 1025–1028

SIGALL, H., ARONSON, E., HOOSE, T. VAN: The cooperative subject: Myth or reality? Journal of Experimental Social Psychology, 6, 1970, 1–10

SILVERMAN, J.: The Human Subject in the Psychological Laboratory. New York 1977

SOLLE, R.: Der feldtheoretische Ansatz. In: Handbuch der Psychologie, VII. Göttingen 1969, 133–179

SOLOMON, R. L.: An extension of control group design. Psych. Bulletin, 46, 1949, 137–150

STRAUSS, A.: Spiegel und Masken. Die Suche nach Identität. Frankfurt/M. 1968

STRYKER, S.: Developments in »Two Social Psychologies«: Toward an Appreciation of Mutual Relevance. Sociometry, 40, 2, 1977, 145–160

TIMAEUS, E.: Experiment und Psychologie. Zur Sozialpsychologie psychologischen Experimentierens. Göttingen: Hogrefe 1974

WATZLAWICK, P., BEAVIN, J. H., JACKSON, D. D.: Pragmatics of human communication. New York: Norton 1967. Deutsch: Menschliche Kommunikation – Formen, Störungen, Paradoxien. Bern 1969

WEBB, E., CAMPBELL, D. T., SCHWARTZ, R. D., SECHREST, L.: Un obtrusive measures: Nonreactive research in the social sciences. Chicago 1966. Deutsch: Nichtreaktive Meßverfahren. Weinheim 1975

WEBER, S. J., COOK, Th. D.: Subject effects in laboratory research: An examination of subject roles, demand characteristics and valid inference. Psych. Bulletin, 77, 1972, 273–295

ZIMMERMANN, E.: Das Experiment in den Sozialwissenschaften. Stuttgart 1972

DAS INTERVIEW IN DER SOZIALPSYCHOLOGIE

von Gerhard Schmidtchen

Der Aufstieg der Sozialpsychologie – längst war sie im neunzehnten Jahrhundert theoretisch begründet – begann mit der Entwicklung von Forschungsinstrumenten, die es erlaubten, das Orientierungssystem der Menschen empirisch darzustellen. Empirie wurde möglich mit Thurstones Feststellung, daß Einstellungen etwas Meßbares sind (1929). Es folgte der Gedanke, das von Bowley bereits zu Beginn des Jahrhunderts praktizierte Stichprobenverfahren mit Verhaltens- und politischen Einstellungsfragen zu kombinieren. George Gallup verhalf dieser Methodenidee mit seiner Prognose der amerikanischen Präsidentschaftswahlen von 1936 schlagartig zum Durchbruch. Das kontrollierte, überall vergleichbar durchgeführte Interview als Mittel der Massen- und Gesellschaftsdiagnose war geboren. Die persönliche Interviewtechnik, vielfältig kombiniert mit Testentwicklungen in der Psychologie, ist ebenso unentbehrlich bei Feld- und Laborexperimenten, und es ist der wichtigste Lieferant für Hintergrundmaterial von Gruppenbeobachtungen. Mit solchen Verfahrensweisen gehört die Sozialpsychologie heute zu den gut instrumentierten Wissenschaften. Dieses Methodenwissen der Sozialpsychologie hat sich nicht nur in einer großen Zahl von Büchern und Aufsätzen niedergeschlagen, sondern auch in institutionalisierter Forschungspraxis, die zum Teil nicht unerheblich von den methodologischen Darstellungen in der Literatur abweicht. Da an Arbeiten über Forschungstechniken kein Mangel herrscht, ist es angezeigt, einige prinzipielle Fragen zu diskutieren.

WIRKLICHKEITSDEFINITIONEN

»Die wirkliche Meinung der Menschen kann doch durch ein paar Ja-Nein-Fragen nicht zum Ausdruck kommen. Erst wenn die Leute selber formulieren und aus ihrer Seele sprechen, dann erfährt man etwas über ihre wahren Motive« – ungefähr diese Struktur hat ein geläufiger Einwand gegen das kontrollierte, das standardisierte Interview. Unterlegt ist ein mystisches Bild von menschlicher Motivation, die sich nur in sprachlicher Selbstdarstellung erschlösse. An die methodologische Überlegenheit der freien Selbstdarstellung kann man schon deswegen nicht glauben, weil nachweislich die Tendenz zu einer positiven Verfälschung des Selbstbildes besteht, mithin die Selbstperzeption auf einer sprachlich-konventionellen Ebene bereits gestört ist. Zudem reicht das Sprachrepertoire der meisten Menschen nicht aus, eine für die Forschung sinnvolle Selbstdarstellung zu leisten. Der entscheidende Grund, der dieses Verfahren jedoch unterlegen macht, liegt in der Organisation von Selbstbewußtsein. Das Gehirn, und das, was an erlernten Schaltungen in ihm eingelagert ist, teilt

136

sich selber nicht mit. Es ist ein stummer Partner. Wir erfahren über uns erst dann etwas, wenn wir auf Reize reagieren. Diese Reize können wir indessen in sprachlicher Form oder in Bildern stumm, ohne zu reden, erzeugen, und darauf reagieren wir geistig-emotional. Es handelt sich um Monitor-Reaktionen. Das Gehirn erzeugt Bildfolgen, die mögliches Verhalten modellartig darstellen. Wenn wir zum Beispiel sagen: »Das würde ich nicht tun«, »jenes würde ich anders machen«, erfahren wir etwas über unsere eigenen möglichen Reaktionen auf Umweltreize. Dies wiederum ist sprachlich und nonverbal darstellbar. Im freien Gespräch ist es also dem Befragten weitgehend selbst überlassen, welche Fragen er sich stellt, und jeder wird sich andere Fragen stellen. Am Ende gewinnen wir ein überaus unvollständiges und von Person zu Person unvergleichbares Material, das allenfalls Auskunft über die Topik der Umgangssprache gibt, wenn ein bestimmtes Thema auf den Tisch kommt.

Über Menschen erfährt man dann etwas, wenn man etwas mit ihnen macht. Im standardisierten Interview begegnet der Interviewer dem Befragten mit einem großen System von Fragen und Tests, die je für sich sehr einfach sind: Die Auskunftsperson kann rasch und ohne sich lange besinnen zu müssen, reagieren. In eine solche Serie von Fragen, in ein Fragesystem, muß viel Forschungsphantasie investiert werden. So entsteht ein Interview, das für den Befragten reizvoll ist, weil es zahlreiche Aspekte zutage fördert, die ihm selber bis dahin nicht so recht bewußt gewesen sind, die er aber sofort versteht. Das aber heißt, daß das Fragesystem der Fragephantasie des Befragten überlegen ist. In dem differenzierten Schema der Reaktionen auf hundert und mehr Antwortmöglichkeiten kommt es zu ganz bestimmten Strukturen anstelle anderer: Darin offenbart sich Motivation. Ein Forscher oder ein Forscherteam, das ein Interview konstruiert, tut also genau das, was empirische Wissenschaftler einschließlich der Naturwissenschaftler überhaupt tun: Sie erzeugen Effekte und versuchen ihr Auftreten zu erklären. So gesehen ist das Interview ein künstlicher, experimenteller Eingriff in das soziale Geschehen. Der Befragte reagiert auf Reize, die ihm sonst nie im Leben begegnet wären. Gerade in dieser künstlich-spekulativen Art des Eingriffes liegt das Erkenntnispotential. In Anlehnung an Carl Friedrich von Weizsäcker kann man sagen, daß sozialpsychologische Theorien mehr und mehr Aussagen über den Ausgang von Experimenten sind.

MEINEN UND TUN

Hat es überhaupt Sinn, nach wankelmütigen Meinungen zu fragen, wenn sie mit dem Handeln, wie man häufig feststellen kann, so wenig übereinstimmen? Meinungen sind Aufzeichnungen von Objektbeziehungen, das heißt, der Niederschlag von Erfahrungen mit oder von Nachrichten über Personen, Sachen, Institutionen, also Objekte unserer Lebenswelt. Meinungen sind affektiv getönte Gedächtnisinhalte und in dem Maße wandelbar, indem wir Neues oder anderes über unsere Objekte und Partner in Erfahrung bringen. Diese Meinungen haben für sich genommen keinen anderen Wahrheitsgehalt als den, eine Beziehung zu bezeichnen. Die Tatsache, daß das Gedächtnis zahlreiche solche Beziehungen aufbewahrt, ist ein Ausweis dafür, daß der Einzelne aus ökonomischen Gründen gezwungen ist, seine Umgebung ein wenig zu ordnen, zu sortieren in solche Objekte, die möglicherweise eine negative Erfahrung vermitteln, und solche, die das Gegenteil tun. Um die einen macht er einen Bogen, an die anderen, die positiven, nähert er sich an. Meinungssysteme ermöglichen also eine Groborientierung in der Umwelt, und sie entscheiden auch darüber, mit welchen Gefühlen man in eine Begegnung hineingeht.

Es sind häufig Moralisten, die geltend machen, daß das Meinen auch dem Verhalten entsprechen müsse. Wenn wir uns diese Forderung einen Augenblick vor Augen führen, ist sogleich zu erkennen, daß jeglicher gesellschaftlicher Zusammenhang zerstört würde, jegliche sinnvolle Verhaltensorganisation mißlingen müßte, wenn Meinen und Tun immer sehr hoch korrelierten. Wenn wir alle zu tun gezwungen wären, was wir denken, lebten wir in einem Tollhaus. Die Möglichkeit sinnvoller Verhaltenssteuerung und der Auswahl von Verhaltensoptionen beruht ja gerade darauf, daß Menschen sich ungeheuer viel mehr ausdenken, als sie verwirklichen können. Welches der Gedankenmodelle verwirklicht wird, hängt von Situationskriterien ab, von Kontingenzen, also auch von historisch-zufälligen Gegebenheiten, die nicht unbedingt voraussehbar sind. Deswegen aber ist das Studium der Meinungen, der Gedankenschemata nicht unwichtig, denn darin geben sich Verhaltensoptionen zu erkennen, die unter bestimmten Umständen realisierbar sind. Geht es um Verhaltensprognosen, so sind zusätzliche Kontingenzanalysen notwendig. In einigen Fällen ist die soziale Situation indessen so strukturiert, daß Meinungen unmittelbar verhaltenswirksam werden können. Und das ist zum Beispiel der Fall bei geheimen Abstimmungen, wenn der Einzelne für seine Meinungsänderungen keine sozialen Sanktionen befürchten muß. In den demokratischen Verfassungen ist diese Situation ja bewußt so institutionalisiert worden, daß sich ein System ergibt, in dem Meinungsänderungen zu Machtverschiebungen führen. Je unmittelbarer Meinungs- und Stiländerungen politische oder wirtschaftliche Nachfrageänderungen bewirken, desto relevanter ist natürlich das Studium der Meinungen für den politischen und wirtschaftlichen Entscheidungsprozeß.

INTERVIEWKONZEPTIONEN

Eine rein deskriptive Statistik zur Beobachtung von Wirtschaftsvorgängen und Bevölkerungsbewegungen kann sich auf das Sammeln von Daten beschränken. Längst vor dem statistischen Zugriff sind diese »Daten« durch die Wirtschaft und ihre Bewertungs- und Maßeinheiten und durch das Recht geschaffen worden. Wer Versicherungsfälle, Unfälle, Geburten, Heiraten, Todesursachen erhebt oder Wahlentscheidungen an Hand von amtlichem Material analysiert, stützt sich auf Dokumente rechtlich definierter Handlungen oder Ereignisse. Die Daten haben also schon ihre Form, ehe sie einer zählenden, wissenschaftlichen Behandlung zugänglich gemacht werden. Vollkommen anders ist die Situation in der empirischen Sozialpsychologie. Die meisten Daten werden nicht durch Forscher gesammelt, sondern im Forschungsprozeß selbst erzeugt. Die Entwicklung des Interviews als eines sozialwissenschaftlichen Werkzeugs charakterisiert den Übergang gleichsam von einer Sammler- zu einer Erzeugerepoche. Die meisten Erscheinungen, mit denen es Sozialpsychologie zu tun hat, werden durch empirische Verfahrensweisen nicht gesammelt, sondern produziert und provoziert. Dem muß die Konzeption des Interviews Rechnung tragen. Das Interview ist nicht allein persönliches Gespräch, es ist nicht Austausch, nicht primär als Kommunikationsprozeß zu verstehen, sondern eine bewußt konstruierte Situation, in der kontrollierte Interaktionen zur Datengenese ablaufen. Nur aus einer Experimentalkonzeption des Interviews kann man jene Verfahrensgrundsätze ableiten, die aus der persönlichen Befragung ein leistungsfähiges Diagnoseinstrument der Sozialpsychologie machen. Das heißt zugleich, daß alle weiteren Aspekte des Interviews, der kommunikative, der interaktive, der zwischenmenschlich-emotionale unter dem experimentellen Konstruktionskonzept betrachtet werden müssen. Wer das Interview als Kommunikationsprozeß betrachtet, richtet sein Augenmerk vor allem auf den Interviewer. Er solle möglichst neutral sein, keinen Einfluß ausüben, im Idealfall gar nicht vorhanden sein. Nach der Experimentalkonzeption des Interviews ist der Interviewer eine wichtige Person im Forschungsprozeß. Er soll sogar Einfluß ausüben, aber einen kalkulierten Einfluß, und es soll im Idealfall ein vergleichbarer Einfluß sein. Nicht der Interviewer muß aus der Situation verschwinden, sondern unkontrollierte Varianz muß verhindert werden. Das heißt nicht, daß unterschiedliche Interviewer mit unterschiedlichen sozialen Merkmalen nicht verschiedene Einflüsse tendenziell ausüben. Wenn man zu Interviews unter Weißen über Rassenprobleme farbige

Interviewer schickt, werden die Probleme offenkundig. Aber solche Einflüsse lassen sich experimentell kontrollieren.

Nach der Experimentalkonzeption des Interviews richtet sich das Hauptaugenmerk auf die Kontrolle, das heißt die Konstruktion des Befragungsablaufes. Der Fragebogen und die Befragungsunterlagen werden zu dem entscheidenden Instrument, das dem Interviewer ein ganz bestimmtes und stets sich wiederholendes Verhaltensprofil gibt. Der Fragebogen ist nicht nur für den Befragten da, sondern er strukturiert zugleich das Verhalten des Interviewers, und zwar dadurch, daß der Interviewer den Fragebogen vorliest und seine Anweisungen anwendet. Dadurch wird das Interview eine invariant hergestellte Experimentalsituation. Tausende von Befragten werden in diese invariable Testsituation gebracht, damit erkennbar wird, was interessiert: die Varianz ihres Verhaltens. Der vom Interviewer administrierte Fragebogen ist gleichsam wie eine photographische Platte, die die Konturen des verbalen Verhaltens des Befragten aufnimmt, ins Licht gerückt durch die Fragen, die der Interviewer vorliest, oder die Bilder, die er zeigt, durch die Testlektüre, die er übergibt.

Den experimentellen Anforderungen kann nur ein durchstrukturierter, formalisierter Fragebogen gerecht werden. Das ist indessen nicht gleichbedeutend mit Verkürzung und Schematisierung. Die Fragebogenstruktur muß, vom Problem ausgehend, so differenziert sein, daß alle Eventualitäten auch eines kapriziösen, eines abweichenden Befragten antizipiert werden können. Nur so behält der Fragebogen seine Leitfadenfunktion für den Interviewer. Passen seine Fälle nicht mehr hinein, so springt er aus dem Schema heraus, macht sich selbständig und verdirbt damit die Untersuchung. Wesentlich ist also das Prinzip der Trennung von Forscher und Interviewer. Die Forschungsintelligenz ist im Fragebogen eingebaut, der Interviewer fungiert als ein technischer Assistent, der eine Testapparatur bedient. Trotzdem wird ein solches Interview vom Befragten meistens als sehr interessant, als anregendes persönliches Gespräch erlebt. Das ist dann der Fall, wenn der Forscher sich phantasievoll in die Thematik hineingearbeitet hat. Der Befragte wird zu einem sonst für ihn nicht ohne weiteres erreichbaren Gegenstandserlebnis geführt, das ihn motiviert, dem Interview zu folgen, und aus dem gleichzeitig seine Reaktionen entspringen.

Neben dem experimentellen Interview gibt es eine große Zahl von exploratorischen Interviewformen. Das formalisierte, kontrollierte Interview ist ein Meßinstrument, während das informell gestaltete exploratorische Interview eine heuristische Funktion hat. Allerdings kann das informelle Gespräch auch diagnostisch eingesetzt werden, in der klinischen Psychologie zum Beispiel oder durch einen Arzt. Aufgrund des Expertenwissens sind diese Interviewer in der Lage, das Gespräch je nach den Antworten auf eine Frage so oder anders weiterzuführen, um zu einem bestimmten Erkenntnisziel zu kommen. Exploratorische Interviews mit verbalisierungsfähigen Befragten haben auch eine große Bedeutung, um Material und Testeinfälle für das formalisierte Interview zu gewinnen. Wer realistische und motivierende Testfragen formulieren will, muß wissen, in welchen sprachlichen Wendungen sich die Bevölkerung über ein Problem verständigt.

Störungen in der experimentellen Vergleichbarkeit von Interviews können in drei Bereichen liegen:

– in der Uneinheitlichkeit des Kommunikationsstils der Befragten;
– in der Interviewsituation und
– in sozialen oder persönlichen Eigenschaften des Interviewers.

a) Uneinheitlichkeit im Kommunikationsstil:
Nicht nur von Land zu Land, sondern innerhalb eines Landes gibt es verschiedene Sprachkulturen, zum Beispiel einen unterschiedlichen Kode, wann man »sehr gut« sagt oder nur »gut«. Wann es allgemein üblich ist, »sehr gut« zu sagen, um Lob auszudrücken, bedeutet diese Antwort natürlich sehr viel weniger unter Motivationsgesichtspunkten, als

in einer Gegend, wo man sich das sehr genau überlegt, ob man »sehr gut« sagt. Ferner sind Formulierungsfähigkeit und Ausdrucksbereitschaft sehr verschieden; das macht sich bei offenen Fragen besonders störend bemerkbar. Antworten kommen nur von den gebildeteren Schichten der Bevölkerung in ausreichender Güte und Zahl. Das Erinnerungsvermögen ist unterschiedlich. Die Intelligenz ist verschieden. Unterschiedlich sind die Fähigkeiten der Umwelt- und Selbstbeobachtung gestreut. Unterschiedliche Konventionen bestehen, wann man was sagt, worüber man spricht. Man bekommt auch unterschiedliche Ergebnisse, wenn das politische und allgemein unspezifische Mißtrauen ungleichmäßig verbreitet ist.

b) Störungen in der Interviewsituation:

Freundlichkeit oder Zurückhaltung gegenüber dem Auftraggeber der Untersuchung (Sponsorship-Effekt). Das Motiv, dem Interviewer einen Gefallen zu tun, falsche Hilfsbereitschaft, der Befragte interpretiert das Untersuchungsziel, er nennt zum Beispiel auf die Frage, was er gestern gemacht hat, sein regelmäßiges Verhalten, auch wenn es zufällig gestern nicht erfolgte. Anpassung an das Erwartungsschema oder das vermeintliche Erwartungsschema des Interviewers, gesellschaftliches Rollenspiel im Interview (wenn zum Beispiel Frauen von Männern über Kosmetik befragt werden). Die Tendenz des Befragten, Konflikte zu vermeiden und ein positives Selbstwertgefühl aufrechtzuerhalten.

c) Eigenschaften des Interviewers:

Experimentell geklärt wurden solche Einflüsse, wie selektives Hören, unterschiedliche Interpretation und daher Klassifikation von Antworten, Erwartung einer bestimmten Einstellungsstruktur, Rollenerwartungen des Interviewers, die er mit bestimmten Eigenschaften des Befragten verbindet, seine Meinung also, was sich für Frauen und für Männer normalerweise geziemt, was sie normalerweise tun. So wird das technische Verständnis von Frauen, auch wenn sie ausreichende Antworten geben, von männlichen Interviewern gerne unterschätzt. Ferner sind bestimmte Statuskriterien des Interviewers, die vom Befragten aus sofort zu erkennen sind, von Einfluß auf sein Verhalten; also Geschlecht des Interviewers, Hautfarbe, Dialektfärbung der Sprache usw.

Allgemein kann man sagen, daß der Interviewereinfluß um so größer ist, je unstrukturierter der Fragebogen, je größer die Interpretationsaufgabe für den Interviewer, je schlechter die Frageformulierung und je logischer und einseitiger der Fragebogen. Ein zu »logischer« Fragebogen erzeugt beim Interviewer (und beim Befragten) Konsistenzerwartungen, die zu einer unrealistischen Anpassung des Antwortens und Hörens führen. Daraus ist die Konsequenz zu ziehen, daß der Fragebogen strukturiert werden muß, und zwar, um jedem Messungsspielraum des Interviewers vorzubeugen. Das Interview soll thematisch unzusammenhängend und möglichst vielfältig gestaltet werden, damit der Interviewer keine Einstellungserwartungen ausbildet und der Befragte keinen Response-Set. Wichtig ist also, den Interviewer von jeder Forschungsaufgabe zu entlasten. In der Befragungssituation soll nicht geforscht, sondern reagiert werden.

FRAGEBOGENKONSTRUKTION UND INDEXBILDUNG

Forschung vollzieht sich unter der Anwendung von drei Gruppen von Transformationsregeln: 1. experimentelle, 2. quantitative, 3. theoretische.

Experimentelle Transformationsregeln geben Auskunft darüber, wie Probleme in Testanordnungen übersetzt werden, wie man Begriffe zu Indizes umformuliert, damit aus abstrakten Konzepten etwas Beobachtbares wird. Quantitative Transformationsregeln sind die der mathematischen Statistik und der Logik der Datenverarbeitung. Theoretische Transformationsregeln geben an, wie man in uneinheitlich wirkenden Wahrnehmungsmassen einheitliche und einfache Strukturen aufdecken kann, wie man Erklärungssysteme formuliert und diese mit systematischen Beobachtungen in Verbindung bringt. Theorien sind platonisch, sie bringen Ordnung in die Flucht der Erscheinungen. Theorien sind Organisationsmittel. Theorielose oder theorieneutrale Forschung gibt es nicht. Wo sie als solche nicht ausgesprochen wird, deckt spätestens das Organisationsbild des Forschungsverfahrens die theoretische Investition auf. Theorien sind die abstraktesten und somit die höchsten Organisationsmittel, die wir haben. Sie ermöglichen nicht nur den experimentellen Zugriff auf die Wirklichkeit, sondern auch den technologischen oder politischen.

Die Tatsache, daß Theorie wichtig ist, heißt nicht, daß alles damit beginnt. Dieses falschverstandene Theoriepostulat hat viel zur Flachheit der Forschung beigetragen. Die Hypothesen der einfachsten Art, oft nur Schätzungen, werden formuliert, und das Forschungsdesign beschränkt sich auf die Zurückweisung der Nullhypothese. Man kann Nullhypothesen bereits auf einem Niveau zurückweisen, mit dem nichts erklärt wird. Stolz wird ein Korrelationskoeffizient oder irgendein anderes Zusammenhangsmaß von 0,3 vorgewiesen, was aber nur 9 Prozent der Varianz zu erklären vermag. Dieser Nullhypothesen-Kult ist eine der Ursachen für die verbreitete Langeweile in der Forschung und ihre praktische Unbrauchbarkeit. Das Konzept müßte vielmehr sein, ein hohes Maß von Varianz zu erklären, die Hälfte oder zwei Drittel. Dies setzt allerdings die Entwicklung von Theorien und Testmitteln in engster Interaktion voraus. Hohes Erklärungspotential ist immer das Ergebnis von großer vorausgehender Forschungsinvestition. Weitreichende Entwicklungen in der Sozialpsychologie sind in den letzten Jahren nur dort erfolgt, wo Testentwicklung und Theoriebildung in einem unauflöslichen Zusammenhang betrieben wurden. Beispiele sind die Theorien von Osgood und Tannenbaum oder die von Milton Rosenberg oder die Psychologie des Wohlbefindens von Norman Bradburn. Wenn einer Untersuchung nur eine einzelne Hypothese zugrunde gelegt wird, dann muß sie eine Bedeutung innerhalb eines größeren theoretischen Konstruktes haben. Untersuchungen mit komplexen Gegenständen sollten nicht nur mit einem Erklärungsmodell, sondern mit alternativen Erklärungsmodellen arbeiten, beziehungsweise alternativen Annahmen über bestimmte Teile des Erklärungsmodells, über Variablen, die eine Art von Zwischensteuerung ausüben. Modelle mit nur zwei Variablen sind in der Regel ungeeignet, ein gesellschaftliches Problem darzustellen. In nahezu jede Verhaltenssteuerung werden vielschichtige Motive aufgenommen, die nicht zweidimensional dargestellt werden können. Ein Forschungsbericht mit nur zweidimensionalen Tabellen über ein komplexes Problem hat aller Wahrscheinlichkeit nach seine Aufgabe nicht erfüllt.

In der Praxis der Fragebogenentwicklung geht man so vor, daß an einem bestimmten Punkte der Theorieentwicklung die Übersetzung in eine Variablenliste erfolgt. Dieser erste Übersetzungsschritt kann bereits Rückwirkungen auf das Theoriekonstrukt haben. Versierte Forscher beginnen oft ohne große Theoriedeklarationen mit der Formulierung einer Variablenliste, wobei die Theorie zunächst implizit bleibt. Solche Variablen können sein: politische Bildung, Niveau der Selbstachtung, Ich-Stärke, kirchliche Bindung und was immer in der Forschung interessieren mag. Die Formulierung des Variablenkatalogs sollte bereits Rücksicht auf den nächsten Übersetzungsschritt nehmen, der zu Testfragen und Indizes führt.

Wie werden Variablen in eine Meßoperation überführt? Paul F. Lazarsfeld unterscheidet vier Phasen der Übersetzung von Begriffen in empirische Indizes:

1. Die imaginative oder kreative Phase: Man muß darüber nachdenken, welche der dem Forscher überhaupt zugänglichen Tatbestände die interessierende Variable darstellen können. In dieser Phase spielen auch die exploratorischen Gespräche und Interviews eine große Rolle.

2. Spezifizierung: Die Komponenten oder Dimensionen eines Konzepts müssen auseinanderdividiert werden. In der Regel bestehen Begriffe aus einer komplexen Kombination von Phänomenen.

3. Wahl der Indikatoren: Was sind unbezweifelbare Anzeichen z. B. für Sparsamkeit, Modebewußtsein, abweichendes Verhalten, Ich-Stärke, Kirchlichkeit usw. In der Regel darf man sich nicht mit einem Indikator begnügen, weil menschliches Verhalten immer einen Einschlag von Mehrdeutigkeit hat, das heißt erst in Verbindung mit anderen Tatsachen interpretierbar wird. Um solche Fehler auszuschalten, arbeitet man mit Batterien von Indikatoren.

4. Die Bildung von Indizes: Indizes sind komplexer Natur und setzen sich aus einer Reihe von Indikatoren zusammen. Ein Index der Kirchlichkeit zum Beispiel könnte zusammengesetzt werden nicht nur aus Kirchenbesuch, sondern aus Antworten auf die Frage, wie eng man sich der Kirche verbunden fühle, bei welchen praktischen Lebensfragen man ihr Einfluß einräumt, ob man Gebete spricht, sich mit religiösen Fragen beschäftigt, auf die religiöse Unterrichtung der Kinder Wert legt und anderes mehr. Ganz anders müßte der Index aussehen, wenn es darum ginge, die Dimensionen der religiösen Erfahrung darzustellen. Dieser zweite Index könnte zur kirchlichen Bindung durchaus quer laufen.

Für die Forschungspraxis ist es von großem Wert – darauf hat Paul F. Lazarsfeld hingewiesen –, daß Indizes und Indikatoren austauschbar sind. Wenn wir zum Beispiel feststellen wollen, wie groß das politische Interesse ist, so können wir entweder direkt danach fragen oder danach, wie regelmäßig man den politischen Teil der Tageszeitung liest, oder ob man sich über Politik mit Bekannten unterhält oder ob man am Ausgang einer Wahl interessiert ist. Alle diese Indikatoren korrelieren relativ hoch miteinander und ergeben gegenüber dritten Kriterien, wie zum Beispiel Wahlbeteiligung, in der Regel gleich hohe Korrelationskoeffizienten. Das hat Vorteile für die Sekundäranalyse. Darunter versteht man die Auswertung eines Datensatzes nach neuen, vom Forscher ursprünglich gar nicht eingeplanten Gesichtspunkten. Wenn nun eine Frage, für die man sich besonders interessiert, nicht in der optimalen Formulierung enthalten ist, so hat man die Chance, wenigstens eine ähnliche zu finden und gleichwohl die Analyse damit durchführen zu können. Die Austauschbarkeit der Indikatoren hat indessen Grenzen. In den USA zum Beispiel hatte man festgestellt, daß die desinteressierten Wähler die Wechselwähler sind. In Deutschland fand man diesen Zusammenhang nicht. Der Grund lag nicht in Unterschieden des Nationalcharakters oder der politischen Kultur, sondern in unterschiedlichen Testfragen. In Amerika wurde die Frage verwendet, wie sehr man am Ausgang der Wahl interessiert sei, und in Deutschland die allgemeinere Frage, ob man sich für Politik interessiere. Die gleiche Frage bringt in Deutschland gleiche Ergebnisse wie in Amerika. Personen, die nicht am Ausgang einer Wahl interessiert sind, befinden sich großenteils in einem Konflikt, welche Partei sie wählen sollen, und dieser Konflikt begünstigt natürlich auch Einstellungsänderungen. Daß thematisch verwandte Indikatoren nicht grenzenlos austauschbar sind, hängt damit zusammen, daß menschliche Verhaltensweisen bei aller Generalisierungsneigung doch zu einem spezifischen Objektbezug tendieren, d. h., doch kleine Unterschiede zu machen, je nachdem, wovon die Rede ist. Daraus leitet sich die Empfehlung ab, nicht nur mit einem Indikator oder mit einem einzigen Index zu arbeiten, sondern die verschiedenen Dimensionen und Schattierungen des Verhaltens oder des Motivationssystems in einer gewissen Testredundanz zum Ausdruck kommen zu lassen. Testredundanz erhöht die Sicherheit der Diagnose oder – testologisch gesprochen – die Reliabilität einer Skala.

Sobald Indikatoren, das heißt die eigentlichen Testfragen, thematisch gefunden sind, beginnt das Problem der sprachlichen Formulierung. Es genügt nicht, daß ein Fragebogen eine Theoriestruktur wiedergibt, er muß ein Kommunikationsinstrument sein. Viele Untersuchungen scheitern auf dieser Ebene. Die sprachliche Ausformulierung eines Fragebogens, die Wahl eines bestimmten Ablaufs, eines Testformats, die Entscheidung über Ausdruckshilfen und Anschauungsmaterial für den Befragten, erfordert erstens ein sehr großes Sprachvermögen, Einfühlung in die Situation des Befragten, Einfühlung in seine Empfindungen, wenn er mit den Testfragen konfrontiert wird, und zweitens Umgang sowohl mit den Zielpersonen als auch dem Metier der Untersuchung. Man muß sich als Rechercheur auf die Sache, um die es geht, einlassen. Die Formulierungen müssen der Bedingung unterliegen, daß sie für alle Angesprochenen gleichen Standes das gleiche symbolisieren. Das kann nur durch rigorosen Verzicht auf prätentiöse Formulierungen erreicht werden. Die Sprache des Interviews muß volksliedhaft sein. Ein noch so erfahrener Forscher wird nach den ersten Formulierungen nicht versäumen, persönlich Kontakt mit potentiellen Zielpersonen aufzunehmen, Probeinterviews auszuführen, um zu sehen, wie der Fragebogen läuft und wo er danebenliegt. Diese Erfahrung kann durch noch so viel Schreibtischklugheit nicht ersetzt werden. Einen interessanten Versuch, diesen Vorgang gleichsam in das Labor hineinzuziehen, unternahm das Institut Scope in Luzern. In einem mit Videokameras ausgerüsteten Raum werden geladene Befragte, die darüber aufgeklärt werden, daß eine Übertragung stattfindet, zu einem Interview gebeten. Bildschirme im Beobachtungsraum zeigen dem Forscherteam den Ablauf der Interviews nach dem ersten Fragebogenentwurf. Bisher hat noch jeder Probelauf dieser Art Anlaß zu tiefgreifenden redaktionellen Eingriffen in den Fragebogen gegeben.

Die Literatur über die Kunst der Frageformulierung ist bisher nicht sehr ausgedehnt. Mit dem Vorhandenen kann man kein Fragebogenexperte werden. Wie zu jeder Kunst gehört viel Erfahrung dazu, die sich durch bloße Lektüre nicht substituieren läßt. Am besten gedeiht die Fähigkeit, Fragebogen zu formulieren, dort, wo Forschung institutionalisiert ist, wo es viele Gelegenheiten gibt, an unterschiedlichen Themen mitzuarbeiten und die Ergebnisse der eigenen Formulierungsarbeit kennenzulernen. Durch die Mühsal, einen Fragebogen selbst von A bis Z zu formulieren, und die Angst vor dem Forschungsrisiko ist die Tendenz erklärlich, auf Fragematerial früherer Untersuchungen und auf Kompendien mit Testfragen zurückzugreifen. Das hat zwei Vorteile: Man weiß ungefähr, wie die Testfragen arbeiten, und man gewinnt zudem Vergleichsmaterial. Der Rückgriff auf vorhandene einzelne Testfragen oder Fragebatterien, aus denen Skalen konstruiert werden können, ist nur unter zwei Bedingungen gerechtfertigt:

1. Voraussetzung: Die Forschungsaufgabe macht einen Trendvergleich oder einen internationalen Vergleich notwendig.

2. Voraussetzung: Die Testfrage oder die Testbatterie mißt genau das, was man messen möchte. Sie sollte eine hohe Validität haben und gegenüber dritten Größen ein hohes Erklärungspotential.

Sind diese Voraussetzungen nicht gegeben, macht man sich besser an die Arbeit, selbst einen Test zu konstruieren. Dieser wird im Zweifel spezifischer sein, mehr erklären können, die Chance höherer Zuverlässigkeit und Validität haben. Angesichts des geradezu unendlichen Spielraumes für die Verbesserung und Entwicklung von Testverfahren ist es eine Verschwendung von Forschungsmitteln und persönlicher Energie, auf Testkonserven zurückzugreifen.

Theorie, Indexbildung, sprachliches Einfühlungsvermögen und Testphantasie müssen leitend für die Fragebogenkonstruktion sein. In dieser Liste fehlt noch ein wesentlicher Aspekt: Der Fragebogenkonstrukteur muß ein ziemlich vollständiges Bild der Auswertungsmöglichkeiten haben. Das betrifft nicht nur das Fragebogen-Layout mit seinen Vorkehrungen für Ablochen oder Beleglesen, sondern das Frageformat selbst. Genügen Nominalskalen? Müssen bei bestimmten Verfahren Intervallskalen gebildet werden? Soll eine Raschskalierung vorgenommen werden, was zu Ja-Nein-Antworten zwingen würde? Soll nach Guttman skaliert werden (s. den Beitrag von R. Koeck u. G. Strube in Bd. V dieser Enzyklopädie)? Welche Zusammenhangsmaße sind später erwünscht? Welchen Varianzverlust kann man sich durch Zusammenfassung von Vorgaben leisten? Sollen Faktorenanalysen, Typologien, mehrdimensionale Skalierungen gerechnet werden? Ist an ein causal modeling gedacht, das eine möglichst vergleichbare Behandlung der in das Modell eingehenden Variablen nahelegt? Fragen dieser Art könnten mühelos weitergeführt werden. Die Entwicklung höherer Formen der Datentransformation und Datenreduktion haben in den letzten Jahren starke Rückwirkungen auf die Gestalt von Fragebogen gehabt, auf das äußere Erscheinungsbild ebenso wie auf das Testformat. Der Fragebogenkonstrukteur steht also vor der Aufgabe, die Auswertungsmöglichkeiten zu antizipieren und ihnen geeignete Testformen zu geben, aber ohne dem Befragten etwas von seinen differenzierten Ausdrucksmöglichkeiten zu nehmen, ohne die Realitätsnähe und Menschlichkeit der Kommunikation im Interview zu beeinträchtigen. Je größer das Potential der Auswertungsverfahren über den Computer, je größer die Möglichkeit, in einer Unmenge differenziert und individuell erscheinender Daten Strukturen aufweisen zu können, desto flexibler kann im Grunde genommen das Interview gehandhabt werden.

SCHRIFTLICHE BEFRAGUNG

Es gibt Tests, die besser schriftlich als mündlich administriert werden. Der Einschluß umfangreicherer psychologischer Tests oder auch umfangreicher und komplizierterer Sachermittlungen in eine Befragung legte den Gedanken nahe, das mündliche Interview mit einem schriftlichen Erhebungsteil zu kombinieren. In der Regel wird dazu ein Befragungsheft entwickelt, das der Auskunftsperson zum Ausfüllen übergeben wird. Je nach dem zeitlichen Aufwand, den dieses Ausfüllen erfordert, kann es während der Präsenz des Interviewers erfolgen, oder man läßt das Heft bei dem Befragten und holt es nach einiger Zeit wieder ab. Für diese Kombination von mündlicher und schriftlicher Befragung gibt es eine Reihe von Beispielen. Eine Untersuchung über selbstschädigende Verhaltensweisen der Sozialforschungsstelle der Universität Zürich stützte sich auf ein Testheft, dessen einzelne Passagen in den Interviewverlauf eingebaut wurden. Häufigen Gebrauch von Befragungsheften macht die Infratest-Gesundheitsforschung München. So werden Ärzte-Interviews häufig mit dem Ausfüllen von Patientenbogen kombiniert, wobei indessen keine Namen notiert werden dürfen. Das Biogramm, eine Erhebung über die Gesundheitsgeschichte der befragten Person, ist ein weiteres Beispiel für die Kombination von Interview und schriftlicher Erhebung. Befragungshefte spielen eine große Rolle in der sozialmedizinischen Forschung, wie zum Beispiel bei Untersuchungen über Motive des Drogenkonsums, bei Untersuchungen über die Nachfrage nach medizinischen Leistungen und den Gesundheitszustand. Aber auch in der Wirtschaftsforschung bürgern sich zur Erhebung umfangreicher Konsum- und Einkaufsdaten Befragungshefte ein, die nach ausführlichen Kontaktinterviews ausgegeben werden. Der Rücklauf dieser Hefte ist gleichsam durch das Interviewer-Netz garantiert.

Anders steht es mit postalischen schriftlichen Befragungen oder Erhebungen. Insbesondere in geschlossenen Organisationen, in Betrieben, aber auch auf breiter Basis können postalische Umfragen eine wichtige Informationsquelle für die Sozialpsychologie bilden. Neuere Erkenntnisse über Arbeitsmotivation, aber auch religionssoziologische Einsichten, beruhen auf postalischen Umfragen. Man muß sich indessen der Grenzen der postalischen schriftlichen Befragung bewußt sein. Die Motivation, einen zugesandten Fragebogen auszufüllen und zurückzuschicken, ist bei vielen nicht übermäßig groß. Je länger der Fragebogen, um so geringer die Motivation. Somit ergibt sich die erste Regel:

Schriftliche Fragebogen müssen kurz sein, falls man nicht durch zusätzliche Motivation, wie sie nur innerhalb einer Organisation wirksam wird, hohe Rücklaufquoten erreichen kann. Bei Betriebsumfragen ließen sich nach bisherigen Erfahrungen Rücklaufquoten zwischen 70 und 90 Prozent beobachten – in der Bundesrepublik zum Beispiel bei der IBM und bei der Drägerwerk AG; aus den USA sind ebenfalls hauptsächlich die Beispiele aus der IBM bekannt. Eine Totalerhebung unter Priestern in der Bundesrepublik (1971) erbrachte mit mehr als 20 000 ausgefüllten und verwertbaren Fragebogen eine Rücklaufquote von 76 Prozent. Die Vorteile der schriftlichen Erhebung: Die Kosten sind in der Regel geringer als bei vergleichbaren mündlichen Interviews. Ein zweiter, kaum hoch genug zu bewertender Vorteil ist der, daß die postalische schriftliche Befragung bei hoher Rücklaufquote einer Totalerhebung gleichkommt. Das hat Vorteile für die Analyse. Man kann Zusammenhänge für Bevölkerungssegmente darstellen, die jenseits der Sichtbarkeitsgrenze einer bloßen Repräsentativerhebung liegen. Schriftliche Betriebsumfragen geben die Möglichkeit, bis in einzelne Abteilungen und Berufskategorien und deren Probleme hineinzuschauen. Die Möglichkeiten der multivarianten Analyse steigen beträchtlich. Eine schriftliche Umfrage zur Synode der Bistümer in der Bundesrepublik Deutschland unter 4,4 Millionen Katholiken (1970) ermöglichte Analysen bis hinein in solche speziellen Gruppen, wie die geschiedenen jungen Frauen, die durch ihre Scheidung in einen institutionellen Konflikt geraten sind. Totalerhebungen haben auch einen politischen Aspekt. Jeder wird in seiner individuellen Verantwortung und Aussagebereitschaft angesprochen. Die Totalerhebung ist so gesehen zugleich ein Partizipationsinstrument. Großbetriebe ziehen diese Befragungsaktion gerade wegen ihrer Öffentlichkeit und ihrer Allgemeinheit der anonymen Repräsentativumfrage vor. Auch die Synode der Bistümer betrachtete die Befragung aller Katholiken aus theologischen Gründen als notwendig. Die Nachteile der postalischen schriftlichen Befragungen sind diese: Sie kann wegen der Rücklaufprobleme nicht auf alle Populationen angewendet werden; die postalischen Fragebogen müssen kürzer sein als die mündlichen oder jene schriftliche Fragebogen, die mit mündlichen Erhebungen kombiniert werden; und schließlich ist das Testinstrumentarium einer postalischen schriftlichen Umfrage begrenzt. Komplizierte psychologische Testverfahren oder besonders zeitaufwendige können nicht angewendet werden.

AUSWERTUNGSVERFAHREN

Der Bericht über das sozialpsychologische Interview endet gleichsam definitorisch dort, wo Fragebogen und Erhebungsunterlagen der Auswertungsprozedur übergeben werden. Über diese Nahtstelle ist indessen einiges zu berichten: Das Interview als Forschungsinstrument lebt von komplexen Formen der Datenverarbeitung. Integrierte Programmbibliotheken wie SPSS oder OSIRIS mit einem benutzerfreundlichen Schlagwort-Bedienungssystem, Programme, die kausales Modellieren ermöglichen, eröffnen den Zugang zum Informationsreichtum der Befragungs- und Erhebungsunterlagen. Das heißt aber umgekehrt: Ein guter Fragebogen gibt seine Informationen ohne den Umweg über den Computer gar nicht mehr preis. Eine Direktauszählung Frage für Frage kann zwar schon für manche Überlegungen anregend sein, insbesondere was die weitere Auswertungsstrategie angeht, aber der direkte und einfach zugängliche Informationsertrag eines Fragebogens ist theoretisch wie politisch nahezu bedeutungslos. Die Enttäuschung des Klienten, der zunächst nur Gesamtergebnisse zu lesen bekommt, und sein sachliches Erstaunen über die großenteils unerwarteten Erkenntnisse im späteren Forschungsbericht bilden einen Maßstab dafür, wie sehr Interview und Auswertungsverfahren Bestandteile eines integrierten Forschungsprozesses sind. Es ist naheliegend, daß an dieser Stelle organisatorische Überlegungen einsetzten, wie man die Überführung von Interviewdaten in den Computerspeicher optimieren kann. Infratest München hat im Jahre 1974 an dieser Nahtstelle ein CDC-Leser-System installiert, das die auf den Fragebogen eingetragenen Informationen liest und auf einer Platte speichert. Es handelt sich um eine eigenständige, hochspezialisierte EDV-Anlage; sie liest die Markierungen direkt vom Fragebogen und setzt sie auf das für die Weiterverarbeitung erforderliche EDV-Format um. Dieser optische Leser hat die Datenaufbereitung wesentlich verbessert: Das sonst übliche Verkoden und Ablochen entfällt, die Datenübertragung geschieht schneller und sicherer, die Datenprüfung umfassender.

Das Interessante an diesem Leser ist, daß er Fragebogen von unterschiedlichstem Layout verarbeiten kann. Der Leser erzwingt also keinerlei Schematisierung des Fragebogens. Prinzip dieser Konstruktion war, dem Gespräch zwischen Befrager und Befragtem die größtmögliche Flexibilität zu erhalten. Dieser Gedanke hatte Priorität. Die technische Lösung besteht darin, daß der Leser auf die unterschiedlichsten Fragebogenseiten bei entsprechender Programmierung reagieren kann. Praktisch kann jede einlaufende Seite anders aussehen, und sie wird dennoch verarbeitet. Die Flexibilität geht weiter: Die Seiten können in ungeordneter Reihenfolge einlaufen, die Fragebogenseiten brauchen nicht einmal nach den Befragten-Nummern geordnet zu werden. Jede Fragebogenseite eines Befragten ist mit einer individuellen Kode-Nummer versehen, die dafür sorgt, daß die Information einer Seite auf der Platte genau diesem betreffenden Befragten zugeordnet wird. Auch ein zu Boden gefallener, ungeordnet wieder eingegebener Stoß von Fragebogenseiten kann diesen Leser nicht in Verwirrung bringen. Das Einlesen einer Befragung von 2000 Fällen dauert bei durchschnittlichem Fragebogenumfang etwa acht Stunden. Der Druck des Fragebogens muß allerdings von besonderen Druckmaschinen erfolgen, die in jede Seite eine fortlaufende OCR-Nummer eindrucken. Das Layout des Fragebogens muß jenem unsichtbaren Koordinatensystem entsprechen, das aus Zeilen und Kolonnen besteht, das dem Leser bei der optischen Informationsaufnahme zugrunde gelegt ist. Dieser CDC-Leser, zu dessen System ein bestimmtes Fragebogen-Layout und eine bestimmte Drucktechnik gehören, ist zur Zeit die einzige Anlage dieser Art in Europa. Sie wird inzwischen international benutzt. Ihr Vorteil liegt in der Geschwindigkeit und absoluten Zuverlässigkeit der Datenübertragung. Auch unter Gesichtspunkten des Datenschutzes hat eine solche Anlage entschiedene Vorteile. Die individuellen Fragebogen gehen nicht mehr durch die Hände von Personen.

Mit dem Transport zum Fragebogenleser ist zugleich eine organisatorische Nahtstelle gekennzeichnet: die zwischen der Datenbeschaffung und der Datenverarbeitung. Interessenten für das zweite Thema seien auf andere Beiträge dieses Bandes verwiesen.

LITERATUR

ERBSLÖH, E.: Interview. Teubner Studienskripten. Stuttgart: Teubner 1972

ERBSLÖH, E., ESSER, H., RESCHKA, W., SCHÖNE, D.: Studien zum Interview. Meisenheim/Glan: Hain 1973

ERDOS, P. L.: Professional mail surveys. New York: McGraw-Hill 1970

ESSER, H.: Soziale Regelmäßigkeiten des Befragtenverhaltens. Meisenheim/Glan: Hain 1975

GLOCK, CH. Y. (Ed.): Survey Research in the social sciences. New York: Russell Sage Foundation 1967

GORDEN, R. L.: Interviewing. Strategy, techniques, and tactics. Homewood/Ill.: Dorsey 1969

GRÜMER, K.-W.: Beobachtung. Teubner Studienskripten. Stuttgart: Teubner 1974

HAFERMALZ, O.: Schriftliche Befragung, Möglichkeiten und Grenzen. Wiesbaden: Gabler 1976

HYMAN, H.: Survey design and analysis: Principles, cases, and procedures. New York: The Free Press 1955, [8]1968

Interviewing in social research. Chicago: University of Chicago Press 1967

KERLINGER, F. N.: Foundations of behavioral research. Educational and psychological enquiry. New York: Holt, Rinehart & Winston 1969

KÖNIG, R. (Hg.): Handbuch der empirischen Sozialforschung. Stuttgart: Ferdinand Enke, Band I: 1962, Band II: 1969. Taschenbuch-Ausgabe: dtv 1973 u. 1974

KOOLWIJK, J. VAN: Unangenehme Fragen, Paradigma für die Reaktionen des Befragten im Interview. KZfSS, 21, 1969

LAZARSFELD, P. F., BARTON, A. H.: Qualitative measurement in the social sciences: Classification, typologies, and indices. In: D. Lerner, H. D. Lasswell (Eds.): The policy sciences. Recent developments in scope and method. Stanford/Calif.: Stanford University Press 1951

LAZARSFELD, P. F., PASANELLA, A. K., ROSENBERG, M. (Eds.): Continuities in the language of social research. New York: The Free Press 1972

LAZARSFELD, P. F., ROSENBERG, M. (Eds.): The language of social research. A reader in the methodology of social research. Glencoe/Ill.: The Free Press 1955

LERNER, D. (Ed.): Evidence and inference. The Hayden Colloquium on scientific concept and method. Glencoe/Ill.: The Free Press 1959

MANN, P. H.: Methods of sociological enquiry. Oxford: Basil Blackwell 1968

MAYNTZ, R., HOLM, K., HÜBNER, P.: Einführung in die Methoden der empirischen Soziologie. Köln, Opladen: Westdeutscher Verlag 1969

MERTON, R. K.: Social theory and social structure. Glencoe/Ill.: The Free Press 1957

MOSER, C. A.: Survey methods in social investigation. Melbourne, London, Toronto: William Heinemann 1958, 1959

NOELLE, E.: Über den methodischen Fortschritt in der Umfrageforschung. Allensbacher Schrift 7. Bonn: Verlag für Demoskopie Allensbach 1962

Umfragen in der Massengesellschaft. Einführung in die Methoden der Demoskopie. Reinbek b. Hamburg: Rowohlt 1963

NOELLE-NEUMANN, E.: Wanted: rules for wording structured questionnaires. Public Opinion Quarterly, 34, 1970, 191– 201

The influence of questions and answers in media research. Media Work Group Seminar, Amsterdam, 5. 4. 1973 (Rotaprintdruck)

Draft of an International Research Program with regard to questionnaire methodology. WAPOR/AAPOR Session. Methodological Open Discussion, Session 2: Question Wording. Lake George/USA, 31. 5. 1974 a (Rotaprintdruck)

Probleme des Fragebogenaufbaus. In: K. Chr. Behrens (Hg.): Handbuch der Marktforschung. Wiesbaden: Betriebswirtschaftlicher Verlag 1974 b, 243–253

PAYNE, ST. L.: The ideal model for controlled experiments. Public Opinion Quarterly, XV, 1951 a, 557–562

The art of asking questions. Princeton: Princeton University Press 1951 b

ROBINSON, J. P., RUSK, J. G., HEAD, K. B.: Measures of political attitudes. Survey Research Center, ISR Institute for Social Research. Ann Arbor/Mich.: The University of Michigan 1968

ROBINSON, J. P., SHAVER, P. R.: Measures of social psychological attitudes (Appendix B to measures of political attitudes). Survey Research Center, ISR Institute for Social Research. Ann Arbor/Mich.: The University of Michigan 1969, ⁵1973

SCHMIDTCHEN, G.: Gibt es eine Sozialwissenschaft ohne Manipulation? Zürich: Arche Nova 1973

A balance theory of object relationships. AAPOR/WAPOR Conference. Lake George/USA 1974 (Rotaprintdruck)

SUDMAN, S., BRADBURN, N. M.: Response effects in surveys. Chicago: Aldine 1974

THURSTONE, L. L.: Theory of attitude measurement. Psychol. Review, 36, 1929, 222–241

ZUR METHODE DER INHALTSANALYSE

von Rainer Tiemann

ÜBERBLICK

Inhaltsanalyse ist ein Verfahren der allgemeinen empirischen sozialwissenschaftlichen Forschung, um schriftlich fixierte sprachliche Aussagen (sogenannte Dokumente) oder bildliche Darstellungen (Bilder, Filme) auf sozialwissenschaftlich relevante Merkmale hin zu untersuchen. Diese Merkmale können rein formaler Art sein. Andererseits werden inhaltliche Aspekte untersucht, wobei sowohl der offenkundige Inhalt als auch der bedeutungsmäßig interpretierbare Inhalt Untersuchungsziel sein kann.

Inhaltsanalyse ist nicht nur als eine eigenständige Methode zu betrachten, sondern ihre Erkenntnisse und Praktiken werden bei einer Reihe anderer Forschungsmethoden genutzt, die nicht primär inhaltsanalytisch orientiert sind (Interview, Gruppendiskussion, Interaktionsforschung, Psychodiagnostik und -therapie usw.). Inhaltsanalyse ist daher eine außerordentlich vielseitig einsetzbare Forschungsmethode. Zusammen mit Befragung und Beobachtung ist sie eine der drei elementaren Methoden der empirischen Sozialforschung und stellt gleichsam das Bindeglied zwischen diesen beiden dar: Untersuchung sprachlichen Verhaltens bei Befragungen; nichtverbaler, körperlicher Verhaltensweisen bei Beobachtungen. Mit dieser letzteren Methode hat die Inhaltsanalyse bei Anwendung auf Film- und Bildmaterial auch so viel verwandte Eigenschaften[1], daß Betrachtungen über die Anwendung von Inhaltsanalyse im allgemeinen auf die Untersuchung von Texten beschränkt bleiben. Dies gilt auch für den hier vorliegenden Beitrag.

Was die Bezeichnung der hier zu behandelnden Forschungsmethode angeht, so ist Inhaltsanalyse bisweilen auch als Aussagenanalyse (Bessler 1970), Dokumentenanalyse (Atteslander 1975), Verbalanalyse, oder – im englisch-amerikanischen Sprachgebrauch – schlicht als Contentanalysis (Berelson 1952) bezeichnet worden – je nach Schwerpunkt des Forschungsinteresses.

ANWENDUNGSGEBIETE DER INHALTSANALYSE

Anwendungsgebiete inhaltsanalytischer Forschung sind z. B. Probleme der Massenkommunikation (Zeitungen, Romane, Rundfunk, Fernsehen), der Sozialpsychologie (Gruppeninteraktionen) sowie psychiatrisch orientierter Forschung (Protokolle von Gesprächstherapien).

Untersuchungen folgender Art sind z. B. mit Mitteln der Inhaltsanalyse gemacht worden: Aussagen der Parolen zum 1. Mai in der Sowjetunion (Lasswell 1949), Kommunikationsstrategien von Frauenzeitschriften (Trommsdorff 1969), Abschiedsbriefe von Selbstmördern (Osgood, Walker 1959), psychoanalytische Verlaufsforschungen[2], Auswertung offener Fragen in Interviews[3], vergleichende ethnologische Untersuchung von Märchen (Armstrong 1959).

INHALTSANALYSE IM VERGLEICH ZU ANDEREN FORSCHUNGSMETHODEN

Abgrenzung zu anderen Erhebungsverfahren. Je nachdem, ob der Forscher auf seinen Forschungsgegenstand (Verhalten von Mensch, Gruppe) einwirkt, um dadurch bestimmte Arten von Informationen von ihm übermittelt zu bekommen, oder ob es dem Forscher gelingt, Informationen zu sammeln, ohne daß er mit dem Forschungsgegenstand irgendwie in Berührung kommt, lassen sich reaktive von nichtreaktiven Methoden unterscheiden. Zu den reaktiven gehören alle Arten der Befragung, wo zwangsläufig das Untersuchungsobjekt auf die Stimuli des Untersuchungsinstruments reagieren muß. Während aber bei der Befragung der Forscher nur die Fragen zu stellen braucht – der Befragte antwortet i. a. schon von alleine –, muß er bei der Inhaltsanalyse nicht nur die Fragen stellen, sondern den Text auch noch beobachten: Er muß sich zusätzlich die passenden Antworten aus dem zu untersuchenden Text raussuchen. Die Methoden der Beobachtung sind nichtreaktive Verfahren. Es lassen sich direkte und indirekte Beobachtungen unterscheiden. Unter direkter Beobachtung ist die unmittelbare Beobachtung menschlichen Verhaltens zu verstehen, wie sie z. B. im Rahmen der – visuellen – teilnehmenden oder nichtteilnehmenden Beobachtung angewandt wird (s. den Beitrag von H. Lüdtke in diesem Bd.).

Die Inhaltsanalyse ist eine Art der indirekten Beobachtung, bei der nicht menschliches Verhalten unmittelbar beobachtet wird, sondern gewissermaßen die abgeschlossenen, nicht mehr veränderbaren Produkte menschlichen Verhaltens, konservierte Texte oder Bilder.

Die Inhaltsanalyse hat damit den Vorteil, keine direkte Einflußnahme auf die Produktion von Verhaltensweisen auszuüben. Dieser Vorteil ist dann als wichtig anzusehen, wenn Untersuchungen ein und desselben Materials unter jeweils unterschiedlichen Aspekten der Fragestellung wiederholt werden sollen.

Gemeinsamkeiten mit anderen Erhebungsverfahren. Gleich den beiden anderen Hauptforschungsmethoden Befragung und Beobachtung dient die Inhaltsanalyse der systematischen Erhebung von Informationen, die in einem weiteren Bearbeitungsgang untersucht bzw. gegebenenfalls interpretiert werden. Allgemein spricht man von Datenerhebung und anschließender Datenanalyse. Inhaltsanalyse wird also nicht als ein Analyseverfahren an sich verstanden, wie auch ein Interview noch keine Analyse ist, sondern erst die Vorstufe dazu. Wie die beiden anderen Methoden muß sich die Inhaltsanalyse eines Instruments bedienen, um dem Untersuchungsobjekt die Informationen zu entnehmen, die für die weitere Untersuchung forschungsrelevant sind. Diese Informationsentnahme muß auch bei der Inhaltsanalyse durch Hypothesenbildung, Variablen-Operationalisierung und Kodieranweisung vorbereitet sein. Selbstverständlich muß es in der Art der Operationalisierung und Kodierung gegenüber reaktiv verbalem bei der Befragung bzw. nichtverbalem Verhalten bei der Beobachtung Unterschiede geben. Das Prinzip des Vorgehens aber ist gleich.

INHALTSANALYTISCHES UNTERSUCHUNGSOBJEKT

Untersuchungsgegenstand der Inhaltsanalyse ist – im engeren Rahmen dieser Darstellung – schriftlich fixiertes verbales Verhalten, kurz Dokumente genannt. Diese können auf unterschiedliche Art und Weise zustande kommen: Es gibt solche, die systematisch zum Zwecke späterer Inhaltsanalyse angefertigt wurden (Protokolle von Gruppendiskussionen z. B.), und solche, die aus anderen – akzidentellen – Gründen angefertigt wurden (allgemein historische Dokumente). Die Untersuchung von systematischen Dokumenten ist sicherlich nur bedingt als nichtreaktives Verfahren anzusehen, da ein Initialstimulus vorliegt. Sie hat jedoch gerade den Vorzug, daß die Entstehungssituation und der Anlaß dazu bekannt und folglich interpretierbar sind, was bei der anderen Entstehungsart weniger gut möglich ist. In jedem Fall haben inhaltsanalytische Untersuchungsobjekte die Eigenschaft, in sich selbst während der Bearbeitung unveränderbar zu sein, sofern man davon absieht, daß Texte durch den Bearbeiter durchaus immer wieder neu nach unterschiedlichen Überlegungen gegliedert werden können. Gerade diese Möglichkeit aber ist ein spezifisches Problem für die Durchführung von Inhaltsanalysen.

Die Erhebungseinheit. Im Unterschied zu der direkten Untersuchungsmethode der Befragung, bei der die Erhebungseinheit – das Stichprobenelement also – letztlich meist das Individuum ist, läßt sich bei einer indirekten Forschungsmethode wie der Inhaltsanalyse die Erhebungseinheit nicht so einfach festlegen. Dafür gibt es sehr praktische Gründe. Sollen z. B. die Protokolle einer Gesprächstherapie inhaltsanalysiert werden, so würde man wohl kaum die Gesamtheit aller Äußerungen von Klienten und Therapeuten als je eine Erhebungseinheit nehmen, sondern zumindest nach Einzelsitzungen unterscheiden, zweckmäßigerweise sogar nach den einzelnen aufeinanderfolgenden Äußerungen von Klienten und Therapeut. Ähnlich sollte bei einer Themenanalyse von Zeitungen wohl nicht eine bestimmte Zeitungsausgabe in ihrer Gesamtheit Erhebungseinheit sein. Es böte sich vielmehr an, eine Zeitungsausgabe nach bestimmten Kriterien in kleinere Erhebungseinheiten zu unterteilen (Artikel, Teilseite o. ä.).

Der Grund für dieses Vorgehen liegt in der Indikatorenentropie, für die ein Verfahren wie die Inhaltsanalyse höchst anfällig ist. Die Wahrscheinlichkeit des Auftretens bestimmter Textmerkmale wird nämlich immer größer, je umfangreicher die Erhebungseinheit ist, in der die Textmerkmale gesucht werden sollen. Im Endeffekt würden dann nämlich in jeder Erhebungseinheit die Indikatoren für alle Kategorien des Untersuchungsinstruments gleichermaßen vorkommen. Dadurch lassen sich differenzierte Erkenntnisse über das Untersuchungsmaterial natürlich nicht mehr erlangen. Würde man die Gesamtheit aller Äußerungen eines Klienten in einer Gesprächstherapie als Erhebungseinheit nehmen, so wäre z. B. zu vermuten, daß sowohl Indikatoren der Angst als auch der Konsolidierung in dieser Erhebungseinheit auftreten. Werden die Äußerungen aber durch das Kriterium Sitzungsabfolge gestückelt, so werden sich genügend Erhebungseinheiten ergeben, in denen nur jeweils einer der beiden Indikatoren auftritt. Auf diese Weise kann z. B. der Nachweis einer Therapieentwicklung gebracht werden, was bei der ersten Art der Festlegung der Erhebungseinheit nicht möglich wäre[4].

Kodierungseinheit. Unter Kodierung wird die Abbildung der empirischen Wirklichkeit auf das theoretische Raster des Erhebungsinstruments verstanden. Da das Erhebungsinstrument aus vielerlei Komponenten, nämlich den zu erhebenden Variablen, besteht, verläuft die Kodierung in sukzessiver Abarbeitung dieser Komponenten.

Hier ergibt sich bei der Inhaltsanalyse – wie bei der Beobachtung – ein Zuordnungsproblem. Bei der Fragebogentechnik ist die Zuordnung der empirischen Wirklichkeit zu den theoretischen Variablen klar: Kodiert wird das, was auf eine einzelne Frage geantwortet wird. Kodierungseinheit ist also die Frage.

Da die Inhaltsanalyse im Gegensatz zur Befragung ein Verfahren ist, bei dem der Forscher sich die Antworten zu den Fragen seines Erhebungsinstruments selbst aus der Fülle des Geschriebenen heraussucht, muß als Kodierungseinheit ein Rahmen festgelegt werden, innerhalb dessen Zuordnungen zu den Variablen des Erhebungsinstruments erfolgen sollen, da sonst Unklarheiten bei der späteren Kodierung auftreten werden.

Kodierungseinheit kann im einfachsten Falle das einzelne Wort sein. Dabei werden freilich syntaktische Zusammenhänge ignoriert. Vielfach wird ein vollständiger Satz als Kodierungseinheit herausgezogen. Gegebenenfalls müssen Sätze vor der Kodierung noch in elementare Aussagen oder ähnliches umgeformt werden.

VORGEHEN EINER INHALTSANALYTISCHEN UNTERSUCHUNG

Datenerhebung mittels Inhaltsanalyse wird als im Prinzip wenig unterschiedlich zur Datenerhebung von Beobachtung und Befragung angesehen.

Die folgenden Schritte sind in jedem Fall zu unternehmen:

Hypothesenbildung: Formulierung von Aussagen über im zu untersuchenden Material sozialwissenschaftlich relevante Zusammenhänge. Im allgemeinen geht der Hypothesenbildung die intensive Lektüre von Beispielen des zu untersuchenden Materials voraus.

Hypothesen brauchen sich nicht nur auf textinterne Eigenschaften zu beschränken. Gerade bei systematisch zum Zwecke der Inhaltsanalyse erstellten Dokumenten stehen dem Forscher noch eine Menge textexterner Informationen über die Entstehungssituation des Textes zur Verfügung, die er zur Erklärung des untersuchten sprachlichen Verhaltens nutzen kann. Dafür lassen sich insbesondere bei personenbezogenen Dokumenten eine ganze Reihe sozialer Merkmale ihrer Produzenten heranziehen.

Dimensionsanalyse: Isolierung der in den Hypothesen enthaltenen Untersuchungsdimensionen und Herausarbeitung der zu erhebenden Variablen. Differenzierung der Variablen in ihre möglichen Ausprägungen, den Einzelkategorien. Hierbei muß beachtet werden, daß es auch bei sich gegenseitig ausschließenden Kategorien einer Variablen möglich ist, daß innerhalb einer Erhebungseinheit zwei verschiedene solcher Kategorien kodiert werden müssen. Solche Mehrfachkodierungen (nicht zu verwechseln mit den Mehrfachnennungen bei Befragungen!) treten um so eher auf, je umfangreicher die Erhebungseinheit ist. Oft empfiehlt es sich daher, die einzelnen Kategorien einer Variablen von vornherein als dichotome Einzelvariable anzulegen, bei denen dann später die Häufigkeit des Auftretens gegebenenfalls festgehalten werden kann.

Operationalisierung. In Abhängigkeit von der Festlegung der Kodierungseinheit muß vereinbart werden, mit welchen – theoretischen – Kategorienformulierungen welche – empirischen – verbalen Formulierungen im Untersuchungsmaterial gemeint sind. Die Kategorie der Angstempfindung kann z. B. operationalisiert sein durch die Formulierung »nicht gern«, »Unbehagen fühlen« usw.

Derartige Beispielformulierungen werden Ecksätze genannt. Im allgemeinen werden diese Ecksätze dem zu untersuchenden Textmaterial entnommen. Je sprachlich differenzierter der Untersuchungsgegenstand und je stärker konnotativ das Untersuchungsinteresse ist, um so schwieriger wird freilich auch die Operationalisierung von Variablen. Das bedeutet dann gleichzeitig geringere Zuverlässigkeit bei der späteren Kodierung.

Kodierung. Dies ist der eigentliche Schritt der Datenerhebung, nämlich das Umwandeln des – empirischen – Texts in die – theoretischen – Kategorien des Untersuchungsinstruments entsprechend den Anweisungen der Kategorien-Operationalisierung. Nach Festlegung der als nächstes zu kodierenden Erhebungseinheit werden zunächst meist textexterne Merkmale verschlüsselt, wie Folgenummer des Dokuments, sein Umfang, gegebenenfalls seine Position relativ zu anderen Erhebungseinheiten, soziale Merkmale des Textproduzenten usw.

Anschließend wird die Erhebungseinheit in die einzelnen Kodierungseinheiten zerlegt. Die Kodierungseinheiten selbst müssen gegebenenfalls wieder in kodierfähige Elementarsätze umgeformt werden.

Jede der so aufbereiteten Kodierungseinheiten wird dann an Hand des Erhebungsinstruments überprüft, ob die in ihr enthaltene Aussage einen Bezug zu einer oder mehreren der zu kodierenden Variablen hat. Im zutreffenden Fall wird das im Kodierblatt für die betreffende Erhebungseinheit vermerkt. Trifft dies bei mehreren Kodierungseinheiten für eine Variable zu, so handelt es sich um Mehrfachkodierungen, die entsprechend gezählt werden können.

Die durch Reduktion von empirischem Text auf theoretische Symbole gewonnenen Informationen werden Daten genannt.

Datenanalyse. Nachdem die Daten erhoben worden sind, können sie mit Hilfe der üblichen statistischen Auswertungsverfahren analysiert werden. Dieser Abschnitt unterscheidet sich formal durch nichts von der Datenauswertung bei anderen Methoden.

VARIANTEN DER INHALTSANALYSE

In der Literatur über inhaltsanalytische Methoden wird i. a. auf verschiedene Verfahren der Inhaltsanalyse eingegangen, die als grundsätzlich recht verschieden dargestellt werden. So unterscheidet man beispielsweise Häufigkeitsanalysen, Kontingenzanalysen, Symbolanalysen, Bewertungsanalysen, Computeranalysen usw. In einer neueren Darstellung werden sie treffender als Modelle der Inhaltsanalyse bezeichnet (Lisch, Kriz 1978). Sieht man das Verfahren der Inhaltsanalyse als ein Datenerhebungsverfahren an, so stellen die verschiedenen Varianten der Inhaltsanalyse in etwa das gleiche dar wie die unterschiedlichen Frageformulierungen in Fragebogenuntersuchungen, wo ja auch je nach Untersuchungsinteresse unterschiedliche Fragetechniken angewandt werden. Bei konkreten Inhaltsanalysen gehen daher die einzelnen Varianten möglicherweise ineinander über, d. h., differierende Modelle der Inhaltsanalyse werden oft gleichzeitig angewandt. Im Grunde handelt es sich dabei um unterschiedliche Arten der Kodierung aufgrund unterschiedlicher Operationalisierung.

Einige solcher unterschiedlichen Kodierungsarten seien kurz charakterisiert.

Häufigkeits- oder Frequenzanalyse. Die Häufigkeit des Auftretens bestimmter Textmerkmale innerhalb der Erhebungseinheit wird festgestellt und als Indikator für die so operationalisierte Variable genommen. Bei solch einer Häufigkeitskodierung muß berücksichtigt werden, daß die Variablenausprägung formal metrisch skaliert ist, inhaltlich jedoch wohl eher nur ordinal interpretiert – und statistisch verarbeitet – werden kann.

Kontingenzanalysen. Da die Auszählung der Häufigkeit einzelner Textmerkmale allein nur wenig befriedigende Information über ein Dokument bringt, kann man auch feststellen, inwieweit bestimmte Textmerkmale innerhalb einer Kodierungseinheit inhaltlich verbunden auftreten. So würde gegebenenfalls die Aussage »Demokratie bedeutet Freiheit für den Einzelnen« eine Kontingenz für die Begriffe »Demokratie« und »Freiheit« darstellen, die Aussage »unter demokratischen Freiheiten verstehen wir . . .« aber nicht.

Symbol- und Bewertungsanalyse. Über die Ermittlung bestimmter Textmerkmale oder inhaltlicher Kontingenzen hinaus gehen Untersuchungen, die Einstellungen (Bewertungen) gegenüber Objekten (Symbolen) herauszufinden versuchen. Derartige Verfahren sind allerdings recht schwer zu standardisieren, da die meisten inhaltsanalytisch zu untersuchenden Texte komplexer sind als die sprichwörtliche Formulierung von der »guten Butter«. Bei diesen Verfahren, speziell bei der »evaluative assertion analysis« (Osgood, Saporta, Nunnally 1956), müssen die Kodierungseinheiten auf aussagefähige Teilsätze reduziert werden, in denen man ein Einstellungsobjekt und eine Bewertung desselben isolieren kann. Die Bewertung wird dann als positiv, negativ oder neutral kodiert. Offenbar müssen dabei die Eigenheiten von Wert- und Normsystem von Subgruppen (Produzenten vs. Kodierern) berücksichtigt werden, um eine gewisse Zuverlässigkeit und Gültigkeit der Untersuchung zu gewährleisten.

WÜRDIGUNG DER FORSCHUNGSMETHODE INHALTSANALYSE

Die Inhaltsanalyse ist als Methode von zentraler Bedeutung für die sozialwissenschaftliche Forschung, da sie in sich Ansätze sowohl der Befragung als auch der Beobachtung vereinigt. Was ihre Anwendungsgebiete betrifft, so kann ein Vorteil darin gesehen werden, daß man das zu untersuchende Material i. a. nicht erst erarbeiten, sondern nur zusammenstellen muß. Folglich sind Probleme der Terminplanung wie bei Interviewprojekten irrelevant. Theoretisch läßt sich deshalb auch die Zahl der Kodierer, die ja bei der Befragung den Interviewern entspricht, stark einschränken, so daß Inhaltsanalysen prinzipiell für Forschungsvorhaben einzelner gut geeignet sind, zumal wenn nur geringe finanzielle Mittel zur Verfügung stehen.

Gegenüber den direkten Beobachtungsverfahren bietet die Inhaltsanalyse zusätzlich bessere Kontrollmöglichkeiten bei der Kodierung. Da die Situation der Datenerhebung – also der Kodierung – ohne Einfluß auf das Untersuchungsmaterial bleibt, läßt sich die Zuverlässigkeit einer Inhaltsanalyse überprüfen bzw. erhöhen sowohl durch Kontrollkodierungen durch mehrere Bearbeiter als auch durch wiederholte Kodierung durch denselben Bearbeiter in gewissem zeitlichem Abstand (Inter- bzw. Intra-Kodereliabilität). Letztlich läßt sich die Inhaltsanalyse durch Festlegung von Algorithmen so weit standardisieren, daß absolute Kodierzuverlässigkeit bei Benutzung elektronischer Datenverarbeitungsanlagen erreicht werden kann (Stone 1966, Gerbner 1969, Tiemann 1972).

ANMERKUNGEN

[1]
Vgl. Beobachtungsschema von Bales 1950.

[2]
Vgl. die Arbeiten an der Universität Ulm, Abtl. f. Psychotherapie, von Gruenzig, Kächele, Büscher.

[3]
Vgl. hierzu insbesondere die Arbeiten am Zentralarchiv für empirische Sozialforschung in Köln.

[4]
Ein ähnliches Problem ergibt sich bei der Methode der Beobachtung am Beispiel einer Inhaltsanalyse von Filmmaterial. Als Stückelungskriterium empfiehlt sich hier der Zeitablauf. Als Erhebungseinheit können zum Beispiel jeweils Filmsequenzen von einer Minute Dauer genommen werden.

LITERATUR

ARMSTRONG, R. P.: Content Analysis in Folkloristics. In: Ithiel de Sola Pool (Ed.): Trends in Content Analysis. Urbana 1959

ATTESLANDER, P.: Methoden der empirischen Sozialforschung. Berlin: de Gruyter 1975

BALES, F.: Interaction Process Analysis. Cambridge/Mass. 1950

BERELSON, B.: Content Analysis in Communication Research. Glencoe/Ill. 1952

BESSLER, H. J.: Aussagenanalyse. Bielefeld: Bertelsmann 1970

GERBNER, G., u. a. (Eds.): The Analysis of Communication Content. New York 1969

LASSWELL, H. D.: Language of Politics. New York 1949

LISCH, R., KRIZ, J.: Grundlagen und Modelle der Inhaltsanalyse. Reinbek: Rowohlt 1978

OSGOOD, CH. E., SAPORTA, S., NUNNALLY, J. C.: Evaluative Assertion Analysis. Litera, 3, 1956, 47–102

OSGOOD, CH. E., WALKER, E. G.: Motivation and Language Behavior: A Content Analysis of Suicide Notes. Journal of Abnormal and Social Psychology, 1959, 58–67

STONE, PH., u. a.: The General Inquirer. A Computer Approach to Content Analysis. Cambridge/Mass. 1966

TIEMANN, R.: Algorithmisierte Inhaltsanalyse. Prozeduren zur Inhaltsanalyse verbaler Verhaltensweisen. Diss. phil. Hamburg 1972

TROMMSDORFF, G.: Kommunikationsstrategie sechs westdeutscher Frauenzeitschriften. Kölner Zeitschrift für Soziologie und Sozialpsychologie, 21, 1969, 60–92

WAHRNEHMUNG UND BEURTEILUNG DER ANDEREN UND DER EIGENEN PERSON

Probleme und Erkenntnisse

von Carl F. Graumann

PROTOPSYCHOLOGISCHE VORÜBERLEGUNGEN

Von Selbst- und Fremdwahrnehmung zu reden und darüber Untersuchungen anzustellen, ist in der Psychologie seit ihren Anfängen in dieser oder jener Form gang und gäbe. Schließlich war die Selbsterkenntnis als ein Jahrtausende altes Thema oder Postulat der Entstehung einer einzelwissenschaftlichen Psychologie vorgegeben, war auch die Frage, wie man »Fremdseelisches« erkennt, eine ursprünglich philosophische, die wie viele andere, allzu viele andere, zuallererst in eine wissenschaftliche transformiert werden mußte. Mit den theoretischen und methodologischen Präferenzen wechselte die Nomenklatur – die Doppelthematik der Erkenntnis (Wahrnehmung, Beurteilung) anderer und des eigenen Selbst blieb bis heute auf der Forschungsagenda.

Bevor wir uns der wissenschaftlichen Behandlung im einzelnen zuwenden, die eine wahrlich wechselhafte Geschichte aufweist, sei eine kurze protopsychologische Orientierung vorangestellt, um den Bezug des wissenschaftlich Behandelten zur voroder außerwissenschaftlichen Empirie deutlich zu machen. Es erscheint dies gerade bei dem vorliegenden Thema um so naheliegender, als die gängigen Termini der »Selbstwahrnehmung«, »Introspektion«, »Fremderkenntnis«, »Personwahrnehmung« weder aus der Umgangssprache genommen sind wie ein beträchtlicher Teil des Psychologenvokabulars[1] noch unzweideutig zuzuordnende Alltagsentsprechungen haben. Woran liegt das? Wir nehmen doch ständig andere wahr und urteilen über sie, seltener allerdings über uns selbst. Wenn Wahrnehmen und Urteilen so wesentliche Komponenten dessen sind, was wir als Erleben und Verhalten bezeichnen, wieso werden beide Aktivitäten, sofern auf andere oder uns selbst bezogen, nicht auch alltagssprachlich thematisch? Aber gilt dasselbe nicht schon vom »Erleben« und »Verhalten«? Wann reden wir, alltäglich, von »Erleben«? Beispielsweise

– wenn wir vom Urlaub aus der Südsee zurückkehren und dem staunenden Bergtouristen erzählen, was wir »erlebt« haben – nämlich Außergewöhnliches;

– wenn wir Zeuge eines Unfalls, einer Katastrophe waren und von diesem »Erlebnis« berichten – als etwas Außerordentlichem;

– wenn uns – ganz allgemein – Ungewohntes, Unübliches, Außergewöhnliches »passiert«, oft in der Form des Widerfahrens. Deshalb können auch »Gleich passiert etwas!« und »Gleich könnt ihr was erleben!« synonyme Redewendungen werden.

Die Summe des Erlebten (unsere »Erlebnisse«) wird zur Biographie[2], deren zeitgenössische sprachfreie Form das Fotoalbum, die Diathek, die selbstgedrehten Filme sind. Dieses »Erleben« ist zumindest sehr viel spezifischer als das, was der Psychologe mit dem gleichen Wort meint. Ähnlich mit dem »Verhalten«. Wir wissen oft nicht, wie wir uns verhalten sollen oder geben umgekehrt jemandem Verhaltensanweisungen. Das heißt, alltäglich und umgangssprachlich ist Verhalten keineswegs wie in der Psychologie die Generalvokabel für menschliche Aktivität schlechthin.[3] Vielmehr trägt »Verhalten« noch die dem Betragen oder Benehmen verwandte pädagogische Bedeutung des regelgeleiteten, regel(ge)rechten Sichverhaltens (ähnlich »behavior« und »comportement«), das »Haltung« impliziert und Sitte zur Voraussetzung hat und das thematisch wird und »Verhalten« genannt wird, wenn die Sitte, wenn die Normen fraglich sind oder die Situation mehrdeutig ist. »Behave!« ist nach wie vor ein pädagogischer Imperativ, »Verhalte dich!« ein sinnfreier.

Wiederum, wenn überhaupt, ist dieses »Verhalten« ein Spezialfall dessen, was der Psychologe Verhalten nennt, eher ein Thema der Ethnomethodologie und ethno-science als der Sozial- oder gar Allgemeinpsychologie.[4]

Wenn für die Titelbegriffe der heutigen Psychologie, »Erleben« und »Verhalten«, gilt, daß ihre Verwendung in der Umgangssprache von der in der wissenschaftlichen differiert[5], dann wird die Verwendungsverschiedenheit zur Diskrepanz bei den Titelbegriffen unseres eigenen Themas. Wie bereits angedeutet, von »Selbstwahrnehmung« und »Personwahrnehmung« redet (vorerst) kein Laie – und wohl auch kein Psychologe außerhalb seines Metiers. Schon die »Wahrnehmung«, sozial oder nicht, ist alltagssprachlich wieder etwas sehr viel Spezifischeres als der gleichnamige Terminus erkennen läßt: »Ich muß stärker als bisher meine Interessen wahrnehmen«, ist zumindest gutes Deutsch, daß ich meinen Onkel wahrnehme, kaum akzeptabel, wohl aber wieder sprachlich (wenn auch nur sprachlich) in Ordnung, daß jemand über mich »Wahrnehmungen angestellt« hat.[6]

Daß ich alltäglich andere sehe, höre, beurteile und von ihnen gesehen, gehört, beurteilt werde, ist eine der Notwendigkeiten und Selbstverständlichkeiten des Alltagslebens[7], die erst thematisiert werden, wenn sie auffällig werden. Das heißt, in der Regel machen wir unsere Besorgungen, üben unseren Beruf aus, treffen und halten Verabredungen, verpassen oder verfehlen sie usw. Zumindest für diese unseren Berufsalltag wesentlich konstituierenden Aktivitäten gilt, daß wir bei ihnen in erster Linie intentional auf das gerichtet sind, um was es jeweils geht: einen Abschluß zu tätigen, ein Werkstück fertigzustellen, Material beizuschaffen, einen Vortrag zu halten, einen Brief zu diktieren. Thematisch ist das, worum es jeweils geht. Andere sind zwar bei derartigen »funktionalen Kontakten« (Duijker 1957) präsent, sind z. T. notwendig, aber sie stehen ebensowenig als »Personen« im Brennpunkt der Aufmerksamkeit oder »Wahrnehmung«, wie die Person des Wahrnehmenden selbst, in der Sprache der Psychologie: dessen »Selbst«, thematisch ist. Das mag sich ändern, wenn irgend etwas, das zu tun ist, nicht so geht, wie wir es gewohnt sind oder sonstwie erwarten durften: Eine Handreichung mißlingt, gar zum soundsovielten Male, ein Produkt ist wiederholt fehlerhaft, ein Vortrag wird gestört. Dann strukturiert sich die Situation um, und entweder der andere (die anderen) oder wir selbst werden thematisch, werden »Figur«, unter Fragen wie: »Was hat er bloß?« »Wo sind ihre Gedanken heute wieder?« »Was ist denn mit mir los?« Ob dieser uns vertraute Wechsel der Blickrichtung von der Sache auf die Person auf den Anderen geht oder auf einen selbst, verstehen wir heute im Vollzug der Ausfaltung von Attributionskonzepten (bes. Jones, Nisbett 1972; Shaver 1975; Görlitz, Meyer, Weiner 1978) als ein im einzelnen empirisch aufklärbares Phänomen. Sicher ist, daß eine Personwahrnehmung im Sinne der Sozialpsychologie bei sogenanntem funktionalem Kontakt nur sehr reduziert, selektiv stattfindet, wobei die Selektivität höchstwahrscheinlich aufgabebedingt ist und als Funktion einer Kausalattribution anzusehen ist: »Was ist bloß heute mit mir los, daß ich diese unwahrscheinlichen Fehler mache?« »Was ist das für ein Typ, der immer alles verschusselt?«

Sicher liegt die Blickrichtung anders bei sogenannten »persönlichen Kontakten« (Duijker 1957), weil dort der Andere als Person, in seiner Individualität interessiert. Wir kennen – wie üblich – die ökologische Verteilung funktionaler und persönlicher Kontakte nicht. Aber selbst wenn, was in unserer urbanen Zivilisation denkbar erscheint, persönliche Kontakte relativ selten sind, gilt auch für sie, daß sie nicht rein »interpersonal« in dem Sinne sind: Ego sieht Alter, Alter sieht Ego; eventuell noch Ego sieht sich selbst als den von Alter Gesehenen usw. Auch die persönliche Kommunikation ist – als intentionale – Kommunikation über etwas: ein Buch, eine Speise, eine Reise, eine Partei, und dieses Etwas ist häufiger ein »Drittes« als etwas an einem selbst oder am Anderen. Mit anderen Worten: Auch beim »persönlichen Kontakt« ist die Aufmerksamkeit des Einen nicht primär auf die Person des Anderen gerichtet, wenn man darunter die leiblich und damit sinnlich präsente Psyche eines Anderen (oder behavioristisch einen »Organismus«) versteht. Wenn wir uns »persönlich« für jemanden interessieren, wenden wir uns außer seiner Erscheinung und dem, was sie ausdrückt, vor allem »seiner Welt« zu, d. h. den Dingen und Personen, die zu ihm gehören bzw. zu denen er gehört und die uns allererst verständlich machen, wer er ist.

Das gleiche gilt für die Wendung der Aufmerksamkeit auf sich selbst. Wenn ich (mal wieder) wissen will, was mit mir los ist, daß ich so heftig reagiere, dann begehe ich in den wenigsten Fällen »Introspektion« in dem Sinne, daß ich »nach innen« schaue, auf etwa in meiner Innerlichkeit anzutreffende Bewußtseinsinhalte, Gefühle oder andere Regungen oder gar auf aus meinem »Unbewußten« aufsteigende »Vorstellungen« Jagd mache. Eher überlege ich, suche mich zu erinnern, was mir in meiner Welt in der letzten Zeit widerfahren ist, mit wem ich welche Schwierigkeiten hatte. Also auch wenn wir uns mit uns selbst beschäftigen, ist in der Regel die Blickrichtung nicht auf eine Person, genannt »Ich« oder »Selbst«, gerichtet oder gar in deren Inneres, sondern auf diejenigen und dasjenige, das ich als zu meiner persönlichen Erfahrung gehörig empfinde; Introspektion nein, Retrospektion ja.

Dieser erste phänomenologisch orientierte Blick auf die alltägliche Erfahrung des sich selbst und Andere Wahrnehmens und Beurteilens sollte nur den einen Zweck haben, das, was die Psychologie der Selbst- und Fremdwahrnehmung, -beobachtung und -beurteilung konzeptualisiert und empirisiert hat, in die rechte Perspektive zu rücken. Dies erscheint erforderlich, weil die Begegnung mit Menschen und der Umgang mit Sachen und der über beides geführte Dialog – und das ist unsere alltägliche Situation – in der psychologischen Grundlagenforschung, teils notwendigerweise, teils nur üblicherweise, abgeblendet werden. Und da, wo man munter Menschen miteinander übereinander kommunizieren oder auch nur agieren läßt, geschieht zwar manches, auch Interessantes; nur, was man Grundlagenforschung zu nennen pflegt, wird – üblicherweise und auch notwendigerweise – ausgeblendet.

EINIGE BEGRIFFLICHE VORKLÄRUNGEN

Nutzen wir die protopsychologische Vorübung trotz ihrer Skizzenform zu einer begrifflichen Vorklärung. Denn nicht nur werden die gleichen Wörter umgangssprachlich und wissenschaftssprachlich unterschiedlich verwendet; es haben sich wissenschaftliche Termini etabliert, die zwar häufig und gerne verwendet werden, die aber nur schwer definierbar sind. Psychologen, die sonst betont streng sind, wenn es um Methoden, aber auch um Prinzipien der Theorienkonstruktion geht, sind gegenüber Begriffen geradezu »permissiv«, obwohl sich mit guten Gründen Begriffe sowohl als analytische Einheiten von Theorien wie doch auch als wichtige methodische Mittel bestimmen lassen. Wenn schon hier nicht der Ort ist, das zu präzisieren, was anderswo im Unbestimmten gelassen wird, so muß doch wenigstens der Leser, der unter wissenschaftlicher Arbeitsweise auch die Eindeutigkeit von Begriffen faßt, auf die im Rahmen unserer Thematik üblichen Praktiken verwiesen werden; dies sei hier unter Vorklärung verstanden.

Wenn im folgenden von Wahrnehmung die Rede ist, so kann damit sinnliche Erfahrung gemeint sein in irgendeiner oder mehreren ihrer Modalitäten wie Sehen, Hören, Tasten usw. Da jedoch – im Rahmen eines weitverbreiteten »methodologischen Behaviorismus« – das Wahrnehmen als solches nicht wahrnehmbar und Wahrnehmungen (percepta) nicht direkt registrierbar sind, wohl aber Aussagen über eigene Wahrnehmungen, ist man dazu übergegangen, von »Wahrnehmung« (perception) zu sprechen, wenn man eigentlich »Wahrnehmungsurteil« (perceptual judgment) meint. Diese Gepflogenheit wäre wissenschaftstheoretisch bzw. methodologisch noch zu rechtfertigen, wenn »Wahrnehmung«, die aufgrund sinnlicher Erfahrung von Personen oder Dingen gemachte Äußerung über diese Erfahrung meinte. Eine unnötige Konfundierung von sinnlichen und anderen Formen kognitiver Verarbeitung liegt aber dann vor, wenn als Personwahrnehmung (person perception) auch gilt, daß jemand sich aufgrund einer Eigenschaftsliste ein Bild oder einen Eindruck von einem (fiktiven) Anderen macht. Sicher ist hier (über das Lesen oder Hören der Liste) auch Wahrnehmung im Spiel; aber es ist eine ungebührliche Ausweitung einer akzeptierten Bedeutung, die schriftliche Information über einen anderen ebenso als Personwahrnehmung zu bezeichnen wie den unmittelbaren Anblick seiner (leiblichen) Person.

Gegenüber dieser Aufweichung ist es sicher nicht mehr überraschend, daß in sehr vielen Untersuchungen über Personwahrnehmung wirkliche Zielpersonen überhaupt nicht vorkommen, sondern nur Fotos, Filmstreifen oder auch schematische Strichzeichnungen. Es gibt natürlich gute methodische Gründe für den Ersatz der lebendigen Zielperson durch eine bildliche Simulation (Gründe, die es übrigens auch für den Ersatz der Versuchsperson gäbe). Es unterscheiden sich aber nun Untersuchungen mit echten und mit simulierten Zielpersonen in einer ganz wesentlichen Hinsicht: Erstere sind, falls keine Einweg-Vorkehrungen getroffen werden, *interpersonal,* letztere nicht. Erstere entsprechen eher der alltäglichen Situation des reziproken Sehens und Gesehenwerdens, letztere eher dem Betrachten von Bildern, das durchaus solitär vor sich gehen kann. Daß beide unter der gleichen Kategorie »Personwahrnehmung« behandelt werden, ist nicht nur irreführend, sondern erschwert immer wieder die Theoriebildung bzw. theoretische Diskussion. Selbst die Kategorie der »interpersonalen Wahrnehmung« (vgl. etwa Laing, Phillipson, Lee 1966; Cook 1971; Jahnke 1975) besagt weder, daß es sich primär um Wahrnehmung, noch daß es sich um interpersonale, also reziproke Situationen handelt.

Noch verworrener wird das Bild, wenn wir auf Konstrukte wie »soziale Wahrnehmung« oder »soziale Kognition« stoßen (vgl. hierzu Graumann 1956; Kaminski 1959, 1963; Tagiuri ²1969; Holzkamp 1972), weil hier zu einer oder mehreren der obigen Verwendungen noch die Bedeutung der sozialen Determiniertheit der Wahrnehmung bzw. Kognition tritt. Da dies mit der »Wahrnehmung von Leuten« (Bruner, Tagiuri 1954) nicht notwendig mehr zu tun haben braucht, denn auch die Wahrnehmung von Dingen kann als durch soziale Variablen bedingt aufgefaßt werden, ist die Konfusion vollkommen. Man kann Tagiuri zustimmen, der zwar für den amerikanischen Gebrauch »person perception« beibehält, wenn Personen Gegenstand perzeptiver-kognitiver Akte sind, und »social perception« akzeptiert, wenn rein die soziale Bedingtheit gemeint ist, im Grund aber dem französischen Begriff der »connaissance d'autrui« den Vorzug gäbe. Er begreift den oder die Anderen als Erkenntnisobjekt und läßt offen, welcher »Varianzanteil« der auf Andere gerichteten kognitiven Prozesse im engeren Sinne perzeptiv ist.[8]

Wie immer also im einzelnen die Termini gewählt werden, das in Frage stehende Forschungsgebiet sind Wahrnehmungsurteile über andere Menschen.

Wie aber sieht es begrifflich mit der *Selbst*wahrnehmung und -beurteilung aus? Grammatisch und logisch stellt sich hier kein besonderes Problem, wenn lediglich gemeint ist, daß Wahrnehmen und Beurteilen[9] reflexiv im Sinne von Sichwahrnehmen, Sichbeurteilen erfolgen. Aber schon, wenn man dieses Reflexive psychologisch versteht als ein Seiner-selbst-bewußt-Sein, befindet man sich unversehens in einem metatheoretischen Lager, entweder dem der *behavior*-Theoretiker, für die Reflexivität und Intentionalität keine wissenschaftlich zulässigen Kriterien des Verhaltens sind, oder dem der Bewußtseinsund/oder Handlungstheoretiker, für die Handeln Bewußtsein, das aber heißt Intentionalität und Reflexivität, impliziert. (Es wird zu zeigen sein, daß manche, die sich vor sich und aller Welt in einem der beiden Lager wähnen, doch quasi mit einem Bein im andern stehen, wenn auch nicht unbedingt »bewußt«.)

Ginge es nur um diesen Selbstbezug des Verhaltens, also um die Tatsache, daß einer sich wahrnehmend oder beurteilend auf sich selbst richtet, gäbe es angesichts der Vielfalt psychologischer middle-range-Theorien schon genügend Verständigungsprobleme und »Anstrengung des Begriffes«. Es kommen jedoch noch zwei Komplikationen hinzu: a) eine methodologische und b) eine personologische.

a) Die methodologische sei in diesem Rahmen, obgleich sie die vielleicht gewichtigere ist, relativ kurz behandelt, weil hier kein Beitrag zur psychologischen Methodenlehre gegeben wird. Es geht um die Selbstwahrnehmung, insofern sie als »Introspektion« bezeichnet bzw. als Selbstbeobachtung aufgefaßt wird. Hierunter wurde und wird in der Psychologie eine Blickrichtung auf ein Inneres verstanden, das – gut dreihundert Jahre nach Descartes' entsprechenden Veröffentlichungen – immer noch quasiräumlich als »in« der Person ablaufende Bewußtseinsvorgänge oder Erlebnisse (Gedanken, Vorstellungen, Gefühle) konzipiert wird. Zwar sollte nach einem halben Jahrhundert phänomenologischer Aufklärung über die »Immanenztäuschung« der (älteren) Bewußtseinspsychologie (Husserl 1948; Sartre 1936, 1940; vgl. hierzu Graumann 1964, 1966 a) das naive und wissenschaftliche Sprach- und Denkspiel mit der Binnen-Außen-Dichotomie obsolet sein; doch haben so wesensverschiedene Geister wie Freud und Watson, wenn auch in sehr unterschiedlicher Intention, die Vorstellung zementiert, daß das »Mentale« (und erst recht das Submentale) »drinnen« im Subjekt sitzt und damit nicht recht kommunizierbar sei. Das, was man gleichwohl davon »beobachten« kann, war für den einen von nur relativem Wert (gegenüber der »analytischen« Freilegung des Unbewußten), für den anderen (gegenüber der Objektivität der Beobachtung des Verhaltens) ohne jeden wissenschaftlichen Wert. Zu Beginn dieses Jahrhunderts dergestalt doppelt attackiert, wandelte sich die Introspektion in relativ kurzer Zeit von der »via regia« des Psychologen zu einem Schleichpfad, von dem man nur mutmaßen kann, daß er nach wie vor, wenn auch als »Privatweg«, begangen wurde. Erst in den letzten beiden Dekaden wurde er, nach der Umbenennung in »self report«, wieder für eine breitere wissenschaftliche Öffentlichkeit freigegeben.

Auf die methodische, d. h. systematische Selbstbeobachtung, die einst das Differentialkriterium war, wodurch die experimentelle Psychologie von Wundt sich von anderen experimentellen Wissenschaften unterscheiden sollte und auch unterschied, sei hier nicht im einzelnen eingegangen. Sie zu erwähnen war jedoch notwendig, weil die Beschäftigung mit einer »systematischen« Selbstbeobachtung (Introspektion) zur Voraussetzung hatte, daß es so etwas wie eine (unsystematische) Selbstwahrnehmung gebe. Für die Philosophie gab es spätestens seit Augustin die Anschauung des eigenen Innern, die »solius mentis inspectio« (Descartes), den »inneren Sinn«. Am Anfang der Psychologie war denn auch diese nichtsinnliche Wahrnehmung des eigenen Bewußtseins eine Selbstverständlichkeit: »Das Wort Selbstbeobachtung braucht kaum definiert zu werden – es heißt selbstverständlich in unser eigenes Bewußtsein (mind) hineinschauen und über das, was wir dort entdecken, berichten. *Alle stimmen darin überein, daß wir dort Bewußtseinszustände entdecken.*«[10] So leitet William James 1890 sein Methodenkapitel ein (1950, I, 185), weil die Überzeugung, daß wir ein Bewußtsein haben, das sich von allem unterscheidet, wovon wir ein Bewußtsein haben, eine allen Zweifeln entzogene »unerschütterliche« Tatsache ist. Damit wird diese Überzeugung zur »fundamentalsten aller Postulate der Psychologie« (ebda.).

Gegen alle Kritik, die vor allem seit Comte gegen die Selbstbeobachtung (und damit gegen die damals einzige Möglichkeit einer Psychologie) vorgebracht worden war, setzten die Begründer der Psychologie wie Wundt und James ihre Überzeugung, daß mit Hilfe des Experiments die für eine psychologische Forschung unumgängliche »unmittelbare subjektive Wahrnehmung der Bewußtseinsvorgänge« (Wundt ⁶1908, 25) verläßlich gemacht werde. Denn, rein für sich genommen, gilt: »Selbstbeobachtung ist schwierig und fehlbar« (James 1950, 191), und das gilt sicher in noch verstärktem Maße für die alltägliche Selbstwahrnehmung.[11]

Für die ältere Psychologie war es offenkundig, daß sich die Selbstwahrnehmung und -beobachtung von der Wahrnehmung und Beobachtung von Dingen und (anderen) Personen unterscheidet; letztere war eben sinnlich, erstere nicht. Ohne Interesse war für die damalige Diskussion, daß einer sich selbst ebenso sinnlich wahrnehmen kann wie er Andere sieht, z. B. vor dem Spiegel. Daß auch diese »Reflexivität« heute gemeint sein kann, wenn von »Selbstwahrnehmung« (Bem 1972) oder »Selbstaufmerksamkeit« (Duval, Wicklund 1972; Wicklund 1975) die Rede ist, erhöht die Mehrdeutigkeit der Begriffe um ein Weiteres.

b) Bisher haben wir Wahrnehmung und (implizit)[12] Beurteilung lediglich in der Richtung auf das wahrnehmende Subjekt selbst und dessen Bewußtsein, Erleben oder – jüngst – auch Verhalten berücksichtigt. Damit ist aber die psychologische Bedeutung des Pronomens »selbst« bei weitem nicht erschöpft. Ähnlich wie im achtzehnten Jahrhundert das pronominale »selbst« nach dem Modell des englischen Nomen (the self) zum »Selbst« substantiviert und in eins moralisch-religiös substantialisiert wurde, ist »das Selbst« (mit seinem Plural, den »Selbsten«) nach angloamerikanischem Vorbild in die Psychologie eingerückt. Die Säkularisierung war schon bei William James vollzogen. Doch waren es bereits in den »Principles« von 1890 drei Selbst-Konzepte und ein Ich-Konzept, mit denen die Psychologie sich befassen sollte; genauer: drei Konstituenten des »empirischen Selbst« (oder Ich) und das »reine Ich« (James 1950, 291–401).

Rekapitulieren und diskutieren wir die Jamessche Morphologie des Selbst, soweit sie auch für die heutige Diskussion relevant geblieben ist. Der psychologische Ausgangspunkt ist, all das empirisches Selbst zu nennen, was einer als ihm zugehörig, als ihm gehörend nennt, »nicht nur sein Leib und seine seelischen Fähigkeiten, auch seine Kleider und sein Haus, seine Frau und Kinder, Vorfahren und Freunde, sein Ruf und seine Arbeit, sein Landbesitz und seine Pferde, Yacht und Bankkonto« (James 1950, 291). Das läßt sich klassifizieren.

1. Da ist als erstes constituens des empirischen Selbst das materielle Selbst (material self), zu dem also der Eigenleib, die Kleider, die Familie, das Zuhause und anderes Eigentum gehören.

2. Das soziale Selbst ist die Anerkennung, die Bestätigung, die wir von Anderen bekommen und auch erwarten. In einer kühnen Vorwegnahme der Konzeption der Bezugsgruppe (Hyman, Singer 1968) schreibt James (1950, 294) dem einzelnen so viele »soziale Selbste« zu, »wie es unterschiedliche Personengruppen gibt, auf deren Meinung er etwas gibt«. Das heißt aber auch, daß einer sich jeder dieser Gruppen in einem anderen sozialen Selbst zeigt, was, wie auch James schon sah, zu »diskordanten Spaltungen« führen kann, wenn einer befürchten muß, daß die eine Gruppe ihn so sieht, wie ihn die andere kennt (ebda.).

3. Die letzte Komponente des empirischen Selbst ist das »geistige Selbst« (spiritual self), gemeint ist »a man's inner or subjective being«, d. h. das Gesamt der seelisch-geistigen Dispositionen, mit denen wir verwachsener sind als mit irgendwelchem anderen Besitz. »Selbst« ist hier das Aktzentrum, von dem James behauptet, daß es »gefühlt« wird. Für unser Thema von Interesse ist nun, daß James das Verhalten zu sich selbst (in einer der drei Selbst-Manifestationen) nicht primär als Selbstwahrnehmung oder -beurteilung konzipiert, sondern als self-feeling und als self-seeking. Das heißt, daß, für James, die selbstbezogenen Aktivitäten des Menschen in erster Linie nicht kognitiven Charakters sind, sondern sich auf die Sicherung und Mehrung des materiellen, des sozialen und des geistigen Selbst richten.

Was aber heißt bei James das »reine Ich«? Es ist, verkürzt gesagt, der in allen unseren Erkenntnissen immer mitbewußte »sense of our own personal identity« (1950, 334). Da dieser Sinn dafür, daß wir dieselben sind, im materiellen, im sozialen und im geistigen Selbst immer mit wirksam ist, konstituiert das Bewußtsein der persönlichen Identität auch ständig die Einheit unserer Erlebnisse (vgl. auch Parsons 1968).[13]

Wenn in der Folge Selbstwahrnehmung (und -beurteilung) Wahrnehmung (und Beurteilung) eines Selbst durch sich selbst bedeutet, müssen wir zumindest mit einer der von James bereits differenzierten Bedeutungen rechnen. Da für eine ganze Reihe von Persönlichkeitspsychologen dann dieses Selbst entweder ein »Kern« oder eine »Instanz« oder ein komplexer zentraler »Bereich« einer wie immer theoretisch konzipierten »Persönlichkeit« wurde, ist auch inhaltlich mit einer beachtlichen Mannigfaltigkeit von Selbst-Bedeutungen zu rechnen, und je nachdem meint dann auch Selbstwahrnehmung etwas anderes. Obgleich es unmöglich ist und auch überflüssig sein dürfte, alle Selbst-Konzepte, die im Verlaufe der Zeit in Klinischer und Persönlichkeitspsychologie angeboten worden sind, auch nur skizzenhaft darzustellen (vgl. hierzu beispielsweise Hall, Lindzey ²1970; Holland 1977), muß doch darauf verwiesen werden, daß, was die *Wahrnehmbarkeit des Selbst* betrifft, äußerst diskrepante Auffassungen vertreten werden, die sich dann auch in entsprechend disparaten Therapiekonzepten niederschlagen. Zwei extreme Beispiele dürften genügen.

Da ist Freuds Selbst-Konzept mit den nicht nur substantivierten, sondern wiederum substantialisierten Pronomina Ich, Es und Über-Ich (Freud 1923), die zusammen in der zweiten topischen Theorie (von 1920) den »psychischen Apparat« bilden (s. Bd. II dieser Enzyklopädie). Bekanntlich gibt uns unser Bewußtsein, das nach dieser Theorie wesentlich Wahrnehmung ist[14], ein nur sehr lückenhaftes Bild der psychischen Vorgänge; zu vieles bleibt der Selbstwahrnehmung und Selbstbeobachtung verborgen; selbst die »Selbstanalyse«, die bereits eine mit psychoanalytischen Mitteln (wie freie Assoziation, Traumanalyse und Verhaltensdeutung) relativ systematisch betriebene Erforschung des eigenen Selbst ist, hat ihre Grenzen (Freud, G. W. II/III, 109 f; G. W. XI, 12; vgl. Anzieu 1959). Selbsterkenntnis bedarf der Psychoanalyse, d. h. der Erkenntnis vermittelnden Technik, die der Analytiker, nicht aber der Analysand beherrscht (Freud, G. W. XVII, 103).

Da ist – in fast kontradiktorischer Opposition zu Freud[15] – die (wie sie sich selbst gerne nennt) »humanistische« Position von Sidney Jourard, die das »transparente Selbst« ansetzt (1964), das Menschen einander im Gespräch »enthüllen«. Diese »Selbstenthüllung« (self-disclosure) wird denn auch das entscheidende Mittel einer entsprechenden Gesprächspsychotherapie (Jourard 1968 a, b; 1971); fehlende Selbstenthüllung wird zum quasi-pathogenen Faktor, wenn Jourard annimmt, »daß Leute Klienten werden, weil sie sich gegenüber den Menschen in ihrem Leben nicht in einem optimalen Ausmaß enthüllt haben« (1964, 21).

Zwischen dem großenteils »unbewußten« Selbst Freuds und dem »transparenten« Jourards, zwischen der analytisch vermittelten und der durch »Selbstenthüllung« ermöglichten »Selbsterfahrung« liegt eine beachtliche Spanne, die sowohl theoretisch, was das Selbst-Konzept, wie methodisch, was den Zugang zum eigenen Selbst betrifft, sehr unterschiedliche Kombinationen von Selbst und Wahrnehmung zulassen. Man tut gut daran, angesichts der Fülle der Selbstkomposita sich genau den »Verwendungszusammenhang« anzuschauen, in dem jeweils das Selbst und die verschiedenen Modalitäten der reflexiven Erfahrung vorkommen. Am wenigsten darf man hier auf Definitionen rechnen.

DIE WAHRNEHMUNG UND BEURTEILUNG VON ANDEREN

Da ein großer Teil dessen, was wir Sozialpsychologie nennen, der Theoriebildung und Forschung über interpersonale und Intergruppen-Aktivitäten gewidmet ist, nimmt die Erforschung der Wahrnehmung und Beurteilung von Anderen naturgemäß einen großen und zentralen Platz ein. Das gleiche gilt für die angewandten Disziplinen (der pädagogischen, klinischen und Arbeitspsychologie), sofern man es dort nicht der Sozialpsychologie als einer Grundlagendisziplin zu klären überließ, was es mit interpersonaler Wahrnehmung und Beurteilung auf sich hat.

Die Ubiquität des Themas wird deutlich, wenn man sich die üblichen Forschungsfelder der Sozialpsychologie vor Augen führt: Anziehung, Aggression, Kommunikation, Einstellung, Beeinflussung, Verhalten in und zwischen Gruppen usw. – keine der hier verwendeten Kategorien ist benutzbar, ohne daß man Wahrnehmungs- und Urteilsprozesse mitmeint.

Es ist deshalb erforderlich, aus dem Gesamtbereich der Personwahrnehmungsforschung einige der wichtigsten Fragestellungen herauszugreifen und sie paradigmatisch zu behandeln. Gehen wir davon aus, daß in der normalen Kommunikationssituation sich mindestens zwei Personen begegnen, jeder den Anderen sieht, sich dabei seines eigenen Verhaltens bewußt sein kann und schließlich einen Eindruck vom Anderen hat, so sind eigentlich die Hauptthemen sozialpsychologischer Wahrnehmungs- und Eindrucksforschung vorgezeichnet.

Wir unterscheiden sowohl für die Phänomenologie wie für die Bedingungsanalytik den Wahrnehmenden (Beurteiler) und seine Merkmale, den Wahrgenommenen (Beurteilten, die Zielperson, Stimulusperson) und dessen Merkmale sowie die Merkmale der Situation, in der die beiden sich begegnen (vgl. Tagiuri 1958). Dabei läßt sich – auch hier gibt es Ambiguität – »Situation« als das definieren, was beiden Kommunikatoren als objektiver Kontext vorgegeben ist und ihre Interaktion beeinflußt. Oder aber das, was durch die Interaktion der beiden allererst entsteht, »definiert« wird, heißt »Situation«. Das ist gewiß zweierlei, doch beides verdient Beachtung, wenn es um interpersonales Verhalten geht.

Die Fragen, die sich aus der obigen Grundsituation herleiten und das Interesse der Psychologie gefunden haben, lassen sich wie folgt formulieren:
1. Was interessiert überhaupt am Anderen?
2. Wie geht die Eindrucks- und Urteilsbildung vor sich?
3. Wie gut sind wir im Beurteilen von Mitmenschen?

Da die dritte Frage nach der Genauigkeit unserer Eindrücke und Urteile über Andere zwar geraume Zeit ein von Psychologen bevorzugtes Thema war (vgl. hierzu noch Bruner, Tagiuri 1954; Merz 1963; Tagiuri ²1969), dann aber seit den sechziger Jahren beträchtlich an Beliebtheit verlor (zur methodologischen Problematik dieser Forschungsrichtung vgl. Cronbach 1955; Warr, Knapper 1968; Hastorf u. a. 1970; Cook 1971), sei sie als für die heutige Forschungssituation im Bereich der Person- und Selbstwahrnehmung weniger wichtig beiseite gelassen. Konzentrieren wir uns auf die beiden grundlagenwissenschaftlichen Fragen nach dem, was uns am Anderen primär interessiert und wie wesentliche Modalitäten der Personbeurteilung vor sich gehen.

Das Interesse am Anderen

Die Frage, was uns überhaupt am Anderen interessiert, kann in ihrer Allgemeinheit selbstverständlich nur einen Titel abgeben; denn was uns interessiert, wird wesentlich davon abhängen, in welchem Handlungszusammenhang bzw. in welcher Situation wir jemanden wahrnehmen. Je nach Absicht, Zweck, Ziel, aber auch: Stimmung, Laune werden wir auf anderes achten. Das heißt, bei einem funktionalen Kontakt (s. o.) wird das, was uns am Anderen interessiert, durch die Aufgabe bestimmt sein, die wir mit seiner Hilfe zu bewältigen hoffen, wenn nicht Auffälligkeiten unsere Wahrnehmung lenken. Aber auch beim persönlichen Kontakt werden die Erwartungen, die wir – etwa aufgrund von Vorinformationen über einen uns bislang Unbekannten – hegen, nach allem, was Phänomenologie und Psychologie der Wahrnehmung erkannt haben, auch die Perspektivität bzw. Selektivität unserer Erfahrung des Anderen mitbestimmen.

Während die selektive Abhängigkeit unserer Wahrnehmungsurteile von unseren Erwartungen und Intentionen ein Forschungsinteresse der nicht person-spezifischen »social perception« (vgl. hierzu Graumann 1956, 1966 b) und damit eigentlich der Allgemeinen Psychologie geblieben ist, haben sich in der wissenschaftlichen Erforschung der Wahrnehmung und Beurteilung von Mitmenschen zwei Schwerpunkte herausgebildet, die auf den ersten Blick – und auch bis heute theoretisch – wenig miteinander zu tun haben, wie schon die Titelbegriffe erkennen lassen: »Ausdruck« und »Attribution«.

Ausdruck. Im ersten Fall, der Ausdruckswahrnehmung (und -diagnostik), geht es zunächst um die Frage, ob, wie und inwieweit wir in der Lage sind, am Ausdruck des Anderen dessen Gefühle zu erkennen. Man kann sagen, daß zwischen dem bahnbrechenden Werk Darwins über den Ausdruck der Gefühle bei Mensch und Tier von 1872 (Darwin [4]1899) und den ersten experimentellen Untersuchungen zur Personwahrnehmung die meisten empirischen Untersuchungen Versuche darstellten, diese Frage zu beantworten. Ehe man sich irgendwelche Ergebnisse zu eigen macht, sollte man jedoch eine Reihe von methodischen Problemen dieser Art Ausdrucksforschung zur Kenntnis nehmen, die mit der Wahl des Reizmaterials (ob »live« oder Abbildung, Art des Ausdrucksfeldes), der Darbietungsfolge, der Kategorisierung und nicht zuletzt der Reliabilität abgegebener Urteile zusammenhängen und manchen Befund relativieren.

Die Frage, welche Gefühle wir über den mimischen Ausdruck zu erkennen und voneinander zu unterscheiden vermögen, wurde experimentell vor allem von Woodworth (1938) und Schlosberg (1953) beantwortet. Woodworth fand eine Unterscheidung zwischen insgesamt sechs Klassen, denen er die folgenden Gefühle zuordnete:

I	Liebe, Glück, Freude
II	Überraschung
III	Furcht, Leid
IV	Ärger, Entschlossenheit
V	Abscheu
VI	Verachtung

Tab. 1   Die primären Dimensionen des Gesichtsausdrucks (nach: Woodworth, Schlosberg [2]1954, 124 ff).

Gefühle, die nur eine Stufe voneinander getrennt sind, werden eher miteinander verwechselt als solche, die um mehrere Stufen auseinanderliegen. Allerdings fand Schlosberg, daß es zwischen den Klassen I und VI häufiger zu Verwechslungen kommt als die »vertikale« Distanz VI – I erwarten ließ. Er schlug deshalb eine weithin akzeptierte kreisförmige Anordnung vor, die er durch die Bedeutungs-Achsen pleasantness (Freundlichkeit) – unpleasantness (Unfreundlichkeit), attention (Zuwendung) – rejection (Ablehnung) und schließlich tension (Anspannung) – sleep (Schlaf) zu ordnen vermochte.

Die Fragestellung und die Versuchsanordnung verlangten die Identifikation eines isolierten mimischen Ausdrucks (an Hand natürlicher und gestellter Fotos). In der alltäglichen Wahrnehmung und Beurteilung von Personen stehen uns jedoch weitere Informationen zur Verfügung. Nach allem, was wir aus entsprechenden Untersuchungen wissen, wird unsere Identifikation bzw. Unterscheidung von Gefühlen um so besser, je mehr zusätzliche Situationsinformation wir erhalten (Frijda 1958; kritisch hierzu: Rump 1960; Hunt u. a. 1958; Frijda 1965). Dabei kann die situative (inklusive: historische) Information so bedeutsam werden, daß das Ausdrucksphänomen im engeren Sinn in seiner Merkmalsfunktion zurücktritt. Daß dies bis zur sozial-kognitiven Determiniertheit der Identifikation von eige-

162

nen Gefühlen geht, konnte seit dem Experiment von Schachter u. Singer (1962) mehrfach nachgewiesen werden. Für die Wahrnehmung und Beurteilung der Gefühle Anderer mag es dienlich sein, aus der Situation die Objekte mitzuerkennen, auf die sich beispielsweise jemandes Affekt richtet. Ob aber das unter Umständen dominierende Objekt im affizierten Anderen Verachtung, Abscheu, Ärger oder Furcht »hervorruft«, wird aus der Situation kaum deutlich, wenn nicht auch noch die Wahrnehmung von entsprechend eindeutigen Verhaltenskonsequenzen hinzukommt. Der Rückschluß von Handlungen (oder gar Handlungseffekten) auf innere Ursachen hat aber – zumindest in der traditionellen Behandlung – nichts mehr mit Ausdruckserkennen zu tun, sondern wird als »Attribution« konzeptualisiert.

Bevor wir uns diesem relativ jungen Forschungsinteresse der Motivations- und Sozialpsychologie zuwenden, sei daran erinnert, daß unsere Ausgangsfrage: Was interessiert überhaupt am Anderen? nicht damit erledigt sein kann, daß die Antwort lautet: seine Gefühle. Tatsächlich haben bei aller Vorliebe für das Studium des Gefühlsausdrucks und seiner Erkennbarkeit viele Psychologen der ihnen zentraler erscheinenden Frage den Vorzug gegeben: Was für einer, d. h. was für eine Persönlichkeit, ist der Andere? Dem wissenschaftlichen Persönlichkeitsforscher, aber auch schon dem professionellen Menschenkenner, stellt sich die Frage vornehmlich als eine methodische und natürlich, was das zu gewinnende Persönlichkeits- oder Charakterbild betrifft, als eine theoretische (s. hierzu Bd. V dieser Enzyklopädie). Entsprechend lautete über lange Zeit die Frage nach der Personbeurteilung durch Laien, ob es denn so etwas wie eine Fähigkeit zur Menschenbeurteilung gäbe und wenn ja, wie sie sich realisiere und wie exakt solche Urteile seien.

All diesen Fragen vorgegeben – und zumeist implizit vorgegeben – war die Tatsache, daß wir Mitmenschen beurteilen, kaum aufgeworfen die Frage, warum bzw. in welcher Absicht wir dies tun.

Eigenschaften. Schauen wir uns die Urteile und Beurteilungen an, die wir zumeist über Andere abgeben, so verweisen sie in der Regel auf Handlungsdispositionen bzw. auf Urheberschaft oder Verantwortung. Wir sagen: »Er hat das getan«, um einen Schuldigen oder Verantwortlichen zu fixieren. Wir sagen: »Er hat es aus Geiz getan« oder einfach »Er ist ein Geizhals«, um mit Hilfe der Nennung einer Disposition eine Fülle, vielleicht phänomenal unterschiedlicher Verhaltensweisen, einschließlich möglicher künftiger, verständlich zu machen. Bevorzugt greifen wir zur Technik der *Beeigenschaftung* (Graumann 1960, 87 ff), der Zuweisung (Attribution) von Eigenschaften, entweder um unterschiedliche Verhaltensweisen auf etwas ihnen gemeinsam Zugrundeliegendes (Dispositionales) hin zu interpretieren oder wenigstens um Mengen von Handlungen zusammenzufassen. Gleich, ob wir beeigenschaftend nur resümieren oder interpretieren (klare Grenzen sind ohnehin schwer zu ziehen), es handelt sich um eine der eigenen Orientierung und der sozialen Koorientierung dienliche Vereinfachung bzw. Entlastung. Sie besteht darin, daß wir, statt uns auf vielerlei Erscheinungen und, womöglich, Inkonsistenzen einstellen zu müssen, uns auf eine übergreifende Klasse oder eine zugrundeliegende Disposition festlegen, aus der heraus weiteres Verhalten erklärt, vor allem aber auch vorhergesagt werden kann.

Auf dabei noch mögliche Modalitäten der Beeigenschaftung sei hier nicht eingegangen (vgl. Graumann 1960), wohl aber auf die Beziehung, die zwischen dem Charakterisieren von Mitmenschen und der Attribuierung besteht. Zwar meint Attribuieren im Sinne der heutigen Diskussion (nach: Heider 1958; Jones u. a. 1972; Kelley 1967; Shaver 1975; Görlitz, Meyer, Weiner 1978) die durch einen Beobachtenden (oder Handelnden) einem Anderen (sich selbst) oder der Umwelt gegenüber erfolgende Zuschreibung, Zuweisung einer Ursache für einen zu erklärenden Handlungseffekt.[16] Mit anderen Worten kommt es zu Attribuierungen immer dann, »wenn ein Beobachter eine bestimmte Informationsmenge kausal interpretiert« (Jones u. a., a. a. O., IX); Attribution und Kausalattribution fallen zusammen. Das gilt auch für die bisher besonders gerne bzw. gründlich untersuchten Modalitäten der Attribution, wie Attribuierung von Erfolg/Mißerfolg, Verantwortung, Schuld.

Ohne Zweifel ist die Attribution von Ursachen, vor allem von Verantwortung, eine wesentliche Komponente interpersonaler Beurteilung; aber sie ist – darüber sollte der derzeitige Überschwang in der Forschung wie in der klinischen und pädagogischen Praxis nicht hinwegtäuschen – nicht die einzige. Ohnehin ist noch unklar, wann bzw. unter welchen Bedingungen wir zur Kausalattribution neigen. Sicher dann, wenn es von Bedeutung ist zu wissen, ob für einen wichtigen Effekt (wie z. B. einen Erfolg oder Mißerfolg, eine Tat oder Untat, ein Glück oder Pech) jemand oder etwas (»die Verhältnisse«) verantwortlich zu machen ist. Diese für die Beurteilung einer Handlung oder eines Ereignisses wichtige Unterscheidung muß nicht, wie in der Attributionsforschung weithin üblich, nach »inneren« und »äußeren« Ursachen erfolgen, also als »internale« vs. »externale« Attribution (vgl. vor allem Kelley 1967, 194). Kruglanski (1975) hat in einer konzeptuellen und empirisch gestützten Kritik überzeugend demonstriert, daß die psychologisch adäquatere Unterscheidung die zwischen »endogener« und »exogener« Attribution ist. Endogen wird dabei eine Attribution genannt, die eine Handlung als Selbstzweck identifiziert, während exogene Attributionen Handlungen als Mittel zu anderen Zwecken ansetzen. Auf diese Weise kann endogene Attribution auf das engste nicht nur auf Handlungsabsichten, sondern auch auf so beurteilungsrelevante Sachverhalte wie »intrinsische Motiviertheit« und »subjektive Freiheit« schlußfolgern (vgl. hierzu bereits Steiners [1970] Konzept der »wahrgenommenen Freiheit«). Kruglanski ist zumindest in der Auffassung zuzustimmen, daß der Laie in der Regel das Verhalten des Anderen wie sein eigenes als ein *Handeln*, das aber heißt für ihn, als willentliche und damit als »internal« zu attribuierende Tätigkeit ansieht. Geschehnisse, Ereignisse, Effekte dagegen können vom Willen eines Akteurs unabhängig sein; sie können damit sowohl durch äußere wie durch innere Attribute erklärt werden. In jedem Fall ist für unser Thema der Wahrnehmung und Beurteilung von Anderen und sich selbst die Erklärung von Handlungen (P wirft einen Stein) wichtiger als die von Ereignissen (P fällt ein Stein auf den Kopf).

Die Erklärung von Handlungen, sei es nach Ursachen oder aber nach Gründen (vgl. hierzu Peters 1958; Gergen, Gergen 1978), ist aber, wie gesagt, nicht die einzige Art der Personbeurteilung; gleich wichtig und sicher nicht minder häufig ist die Charakterisierung nach Eigenschaften. Soweit nun das Beeigenschaften von Anderen in der Nennung von Eigenschaften als Dispositionen resultiert, die beobachtetes wie zu gewärtigendes Verhalten erklären sollen, haben wir es mit einer Form von Kausalattribution zu tun. Wir interessieren uns dann für die Persönlichkeit oder den Charakter des Anderen als demjenigen, das seine Handlungen bedingt und damit verständlich macht, im einzelnen für bestimmte Persönlichkeitseigenschaften, von denen wir annehmen, daß sie Verhalten verursachen. Dieses Interesse und die in ihm implizierte Annahme finden wir bekanntlich nicht nur bei Laien und dem von ihnen vertretenen naiven oder impliziten Persönlichkeitstheorien (Bruner, Tagiuri 1954; Rosenberg, Sedlak 1972; Laucken 1974; Ross 1977; Wegner, Vallacher 1977). Auch professionelle Psychologen zeigen bis in unsere Tage die gleiche Präferenz, wenn auch seit etwa 1960 die beiden wichtigsten Grundvoraussetzungen für eine Verhaltenserklärung aus Persönlichkeitseigenschaften einer starken und nachhaltigen Kritik ausgesetzt sind (vgl. hierzu Mischel 1968, 1973; s. auch den Beitrag von A. Brunner in Bd. V dieser Enzyklopädie): a) die Annahme einer transsituativen Konsistenz zumindest bestimmter Verhaltensweisen und b) die Annahme einer wirklich prädiktiven Funktion von Eigenschaften. Persönlichkeitseigenschaften, die wir nur aus dem wahrgenommenen Verhalten Anderer post hoc erschließen, wie es das Jones-Davis-Prozeßmodell der Attribution (»From acts to dispositions«) nachzeichnet (Jones, Davis 1965), mögen zwar für den augenblicklichen Zweck »Erklärung einer Handlung« befriedigen, auf die Dauer von Nutzen sind sie nur, wenn sie, einmal identifiziert, sich als prädiktiv erweisen. Ihre Prognostizität hätte aber wiederum zur Voraussetzung, daß sie hinreichend verhaltensspezifisch (»valide«) wären; es gibt zumindest Eigenschaftsbezeichnungen, die relativ verhaltensdeskriptiv sind, zumindest es sein können (etwa »flink«, »wendig«, »tranig«, »aufmerksam«); andere lassen keinen unmittelbaren Schluß auf bestimmte Verhaltensmerkmale zu (etwa »gütig«, »weise«, »subjektiv«) (vgl. hierzu Graumann 1960, 90 ff). Beide Kriterien, Prognostizität und Verhaltensspezifität, müssen aber bei den meisten Eigenschaftsbezeichnungen in Frage gestellt werden, weil das alltägliche Beeigenschaften – vor allem im adjektivischen und substantivischen Modus (Graumann 1960, 92 ff) – weniger deskriptiv als evaluativ gemeint ist. Oft ist die Beurteilung von Anderen nichts anderes als eine wertende Zuordnung eines Individuums zu einer Klasse. Einer wird als »kriminell«, »pervers«, »links«, als »Homo«, »Nutte«, »Faschist« charakterisiert, eigentlich nur »etikettiert«.[17] Das Etikett ist aber konnotativ bedeutsamer, als es denotativ prägnant ist. Es geht in der etikettierenden Beurteilung zumeist um eine Einstufung nach dem Maßstab sozialer Erwünschtheit bzw. Unerwünschtheit. Im Sinne unserer derzeitigen Fragestellung: »Was interessiert uns am Anderen?« interessiert bei der etikettierenden Beurteilung eigentlich nur die Zugehörigkeit zu »Uns« oder »Denen«, zu »anständigen«, akzeptablen Menschen oder zu unerwünschten, abzulehnenden Leuten.

Zwar ist die Etikettierung vorwiegend im Kontext sogenannten devianten Verhaltens untersucht worden, doch läßt sich leicht zeigen, daß auch Etikettierungen anderer Art, die keine Devianz, wohl aber Anderssein anzeigen, kraß evaluativ gemeint sein, wenn auch nach außen »objektiv konstatierend« geäußert werden können: Er ist Einzelkind; sie ist eben unverheiratet geblieben; er ist halt Jude, Beamter, Türke. Damit will, wer solche Etikettierungen des Andersseins abgibt, sagen, daß dem Betreffenden die typischen Eigenschaften der entsprechenden Klasse von Menschen zuzusprechen sind, und damit – wiederum in prognostischer Intention – mit entsprechenden Handlungsweisen zu rechnen sei. Wir befinden uns in beiden Fällen (der Etikettierung von Devianz wie von bloßem Anderssein – letztlich ja auch eine Abweichung von der Norm, die wir repräsentieren und verkörpern) im Bereich der Stereotypie. Da es unmöglich ist, im gegenwärtigen Kontext die Hypothesen und Befunde der sozialpsychologischen Stereotypieforschung zu behandeln (vgl. hierzu Manz [4]1974; s. auch den Beitrag von R. Bergler in diesem Band), sei wenigstens auf die Funktion aufmerksam gemacht, die der Begründer (oder auch nur Ahn) der sozialwissenschaftlichen Stereotypieforschung, Walter Lippmann (1922), der stereotypisierenden Beurteilung zugewiesen hat.

»Meistens schauen wir nicht zuerst und definieren dann, wir definieren erst und schauen dann. In dem großen, blühenden, summenden Durcheinander der äußeren Welt wählen wir aus, was unsere Kultur bereits für uns definiert hat, und wir neigen dazu, nur das wahrzunehmen, was wir in der Gestalt ausgewählt haben, die unsere Kultur für uns stereotypisiert hat« (1922, dt. Ausg., 63).

»Ein Stereotypenmodell ist nicht neutral. Es ist nicht nur eine Methode, der großen, blühenden, summenden Unordnung der Wirklichkeit eine Ordnung unterzuschieben. Es ist nicht nur ein Kurzschluß. Es ist alles dies und mehr. Es ist die Garantie unserer Selbstachtung; es ist die Projektion unseres Wertbewußtseins, unserer eigenen Stellung und unserer Rechte auf die Welt. Die Stereotypen ... sind die Festung unserer Tradition« (1922, dt. Ausg., 71 f).

Mag die implizite Wahrnehmungstheorie des Journalisten Walter Lippmann in dieser Form nicht haltbar sein, die Selektivität und Simplifikation sub specie des sozial jeweils Erwünschten oder Gebotenen ist zu einem Standardthema der Erforschung sozialer Kognition geworden. Eine der brennenden Fragen hierbei: die Beziehung zwischen dem sprachlichen Etikett – sei es des »Typs« im ganzen oder einzelner seiner Eigenschaften – und der

Wahrnehmung und/oder Beurteilung des Anderen (vgl. Wegner, Vallacher 1977, 161 ff).

Eine andere Funktion der Eigenschaftsattribution, die – fürs erste – keine Kausalattribution zu sein braucht, ist die interpretative Klassenbildung. Wir sehen in ihr weniger die Suche nach einer Erklärung liefernden Disposition im Sinne einer »zugrundeliegenden« Eigenschaft als eine Begriffsbildung, die verschiedene, z. T. auch phänomenal recht unterschiedliche Verhaltensweisen aufgrund von gemeinsamen Merkmalen wahrgenommener Verhaltensweisen in eine Klasse zusammenfaßt und mit einem entsprechenden Wort belegt. Diese zu jedem sozialen Urteil gehörige Kategorisierungsleistung dürfte nach allem nicht wesentlich verschieden sein von der Kategorisierung auch nichtsozialer Objekte und Sachverhalte (Eiser, Stroebe 1972). Das in der reinen Kategorisierung von Anderen erkennbare Interesse liegt in der rascheren Orientierung, wohin oder wozu der Andere aufgrund der wiedererkannten Merkmale gehört. Da wir davon ausgehen dürfen, daß eine Eigenschaft einem Muster von Merkmalen entspricht, wird einem in der Regel die Identifikation von einem oder wenigen Merkmalen genügen, auf das ganze Muster zu schließen. Das aber impliziert: Die Übergänge vom Urteil zum Vorurteil, vom Benennen zum Etikettieren, vom Typisieren zum Stereotypisieren sind fließend.

Modalitäten der Personwahrnehmung und -beurteilung

Eindrucksbildung. Die zweite Frage, die die Psychologie der Personwahrnehmung und -beurteilung beschäftigt, betrifft den Prozeß der Eindrucks- und Urteilsbildung, beziehungsweise die Prinzipien, nach denen sich dieser Prozeß vollzieht. Psychologische Experimente im allgemeinen und speziell solche zur Personwahrnehmung konfrontieren in der Regel ihre Versuchspersonen mit isoliert dargebotenen »Zielpersonen« bzw. deren Abbildung, damit der Beobachter zu einer Art »absolutem« Urteil, idealiter ohne Vorwissen, Vorkenntnis, kommt.

Eine derartige »Voraussetzungslosigkeit« gibt es selbst in einer hochgradig reduzierten Experimentalsituation nicht, schon gar nicht in der außerexperimentellen Wirklichkeit. Zur Phänomenologie aller Erfahrung gehört deren Horizontstruktur: Jeder einzelne Gegenstand der Erfahrung ist – und sei es nur in typischer Weise – vorbekannt (Husserl 1948).[18] Aufgabe phänomenologischer Analytik ist es, dieses »Vorwissen« zu explizieren, die Horizontstruktur der Erfahrung herauszuarbeiten (vgl. hierzu etwa Husserl 1948; Gurwitsch 1957, 1977), Aufgabe der Psychologie wäre es, konkrete Manifestationen dieses Vorwissens zu identifizieren und ihre Wirkweise empirisch zu überprüfen. Daß dies im psychologischen Standardexperiment nicht geschieht und somit die Versuchsperson mit ungeprüften Vorannahmen zu »arbeiten« beginnt, sei hier nicht kritisiert; denn ein auch phänomenologisch adäquates Experiment ist aufwendig. Die wissenschaftliche Entdeckung der Versuchsperson vollzog sich entsprechend spät (Orne 1962; Friedman 1967; Miller 1972; Mertens 1975; Rosenthal, Rosnow 1975). So sehr zu bedauern ist, daß nicht wenigstens in Experimenten zur sozialen Kognition bzw. Personwahrnehmung und -beurteilung die »Präkognitionen« (das Vorwissen) der Betrachter und Beurteiler immer mit erhoben worden sind, weit bedauerlicher ist, daß einer der wichtigsten theoretischen Ansätze zur Erforschung solcher »Präkognitionen«, die sogenannte Hypothesen-Theorie des »New Look« von Bruner u. Postman (1949, 1951; vgl. Allport 1955; Graumann 1956; Lilli 1975), zwar mit »social perception« zu tun hat, kaum aber konsequent auf die Wahrnehmung und Beurteilung von Personen angewendet wurde. Fast alle Experimente, vor allem zu dem sozialpsychologisch bedeutsamen Phänomen der Akzentuierung (vgl. Lilli 1975) verwendeten als Stimulusmaterial Linien, Stäbchen, Scheiben, Münzen, Wörter. Lediglich in einigen Experimenten wurden Menschen als Strichgesichter (z. B. Lilli 1970) oder in Fotos (z. B. Secord, Bevan, Katz 1956) Stimuli. Immerhin läßt sich aus dem Gesamtkomplex der Akzentuierungsforschung (hierzu im einzelnen Lilli 1975) für die Personbeurteilung die Schlußfolgerung ziehen, daß die Verwendung von Klassifikationen (Kategorien bzw. Etiketten) Urteile über einzelne Reize in doppelter Weise verzerren können:

»1. Reize, die das gleiche Orientierungsmerkmal (›label‹) enthalten und daher in die gleiche Klasse fallen, werden untereinander ähnlicher gesehen, als sie es sind, und 2. Reize, die verschiedene ›labels‹ enthalten und daher in verschiedene Klassen fallen, werden unterschiedlicher gesehen, als sie es in Wirklichkeit sind« (Lilli 1975, 69).

Wir haben also in der Terminologie von Tajfel, der mit seinen Mitarbeitern diese Theorie der Reizklassifikation aufgestellt hat (Tajfel 1959; Tajfel, Wilkes 1963), je nach Zuordnung zu einer oder mehreren Klassen, für die Etiketten stehen können, einen eher assimilierenden Intraklassen-Effekt und einen eher kontrastierenden Interklassen-Effekt.[19] Für die soziale Beurteilung von Individuen ergibt sich aus der Konsequenz dieses Ansatzes, daß Angehörige einer Gruppe in denjenigen Merkmalen assimiliert werden, die einem etwaigen Gruppenstereotyp entsprechen, während sie in anderen Merkmalen kognitiv einander weniger angeähnlet werden. Bei der experimentellen Überprüfung dieser Konsequenz bestätigen Tajfel und Mitarbeiter (Tajfel, Sheikh, Gardner 1964) zugleich, was schon frühe Untersuchungen wie die von Seeleman (1940) nahegelegt hatten, daß bei ethnischer Voreingenommenheit, wenn nicht allgemein bei Urteilen über Angehörige einer Fremdgruppe (outgroup), weniger differenziert wird als im Urteil über die der eigenen Gruppe (ingroup) Angehörigen.

War Akzentuierung ein wesentliches Moment sozialen Urteilens im Verständnis der »Hypothesen«-Theorie von Bruner, Postman und Mitarbeitern, so galt und gilt als nicht minder wichtig die Organisation oder Strukturierung. Wiederum müssen wir uns auf Organisationsprozesse in der Wahrnehmung und Beurteilung von Mitmenschen beschränken. Hier ist der »Klassiker« ohne Zweifel der gestalttheoretisch orientierte Sozialpsychologe Solomon Asch (1946).

Zwei Effekte vor allem, die der allgemeinen Wahrnehmungs- bzw. Gedächtnispsychologie seit längerem vertraut waren, konnten Asch und seine Nachfolger für die Sozialpsychologie der Eindrucksbildung etablieren: a) Zentralität und b) Anfangs- vs. Endbetonung (primacy/recency).

a) Zentralität. Als Asch Beurteilern eine andere Person lediglich durch eine Reihe von Eigenschaftswörtern vorstellte (intelligent, geschickt, fleißig, entschlossen, praktisch, umsichtig) und sie anschließend unter anderem fragte, wie großzügig, glücklich, gutmütig und wichtig dieser Andere sei, fanden seine Beurteiler den Anderen zu 55 Prozent großzügig, zu 71 Prozent glücklich, zu 69 Prozent gutmütig und zu 88 Prozent wichtig. Als Asch in die Mitte der Liste (zwischen fleißig und entschlossen) einmal das hier unübersetzt gelassene Wort »warm«, ein andermal »cold« setzte, änderten sich die obigen Prozentsätze deutlich. Bei »warm« (W) bzw. »cold« (C) ergaben sich:

	W	C
großzügig	91 %	8 %
glücklich	90 %	34 %
gutmütig	94 %	17 %
wichtig	88 %	99 %

Tab. 2 Einfluß der zentralen warm/cold-Variablen auf die Eindrucksbildung (nach: Asch 1946, 258–290).

Asch interpretierte diesen Effekt gestalttheoretisch so, daß »warm« und »cold« als »zentrale Eigenschaften« aufgefaßt worden seien und damit den Gesamteindruck strukturiert haben. Andere Eigenschaftswörter (Asch versuchte es mit »höflich« und »grob«) leisten dies nicht, und »warm« und »cold« fungieren auch nicht in jeder Eigenschaftsliste strukturierend.

Was Aschs Untersuchungen nahelegten, ohne dies selbst zu prüfen, war die Hypothese, daß bestimmte Eigenschaften eine gewisse Affinität aufweisen bzw. – technisch formuliert – eng korreliert sind. So dürfte die W/C-Variable etwas mit Großzügigkeit zu tun haben, nicht unbedingt aber mit Stärke. Eine Reihe von anschließenden Untersuchungen bestätigte diese Vermutung, daß Eigenschaften als unterschiedlich eng zusammengehörig aufgefaßt werden (Bruner, Shapiro, Tagiuri 1958; Hays 1958; Wishner 1960). Schon die Tatsache, daß eine innerhalb einer Serie nachfolgend zur Kenntnis genommene Eigenschaft als nicht passend, nicht dazugehörig, zumindest: überraschend, aufgefaßt werden kann, verrät, daß Eigenschaften einander implizieren, aber auch ausschließen können, daß wir letztlich bei der Personbeurteilung mit einer »impliziten Persönlichkeitstheorie« arbeiten (Bruner, Tagiuri 1954; vgl. Schneider 1973; Wegner, Vallacher 1977, Kap. 3), das heißt schon »wissen«, welche Eigenschaften mit welchen anderen zusammen einen bestimmten Typus Persönlichkeit ergeben. Wiederum genügt dann u. U. die Nennung oder »Wahrnehmung« von einer oder wenigen Eigenschaften, um zu »wissen«, wen man vor sich hat und – was wesentlich ist – wie man sich einem solchen gegenüber zu verhalten hat. Als ein Beispiel können dienen »Theorien«, die Lehrer über gewisse Schülerpersönlichkeiten hegen und die zu unterschiedlichen pädagogischen Konsequenzen führen können (hierzu Hofer 1970, 1974).

b) Positionseffekte. Die Frage der Affinität und Nichtvereinbarkeit von Eigenschaften stellte sich Asch auch in einer anderen Variante seiner insgesamt zehn Versuche, wenn sich nämlich rein die Reihenfolge bzw. Position als eine Determinante der Eindrucksbildung erwies. Die Liste etwa »intelligent – fleißig – impulsiv – kritisch – hartnäckig – neidisch« führte zu einer ganz anderen Persönlichkeitsbeschreibung in anderen Worten als die gleiche Liste in der umgekehrten Reihenfolge. Wie schon andere Gestalttheoretiker vor ihm schlußfolgerte Asch, daß die erste Information einen für weitere Informationen »richtenden« Effekt[20] hat; die zweite Eigenschaft wird bereits sub specie der ersten aufgefaßt, die dritte relativ auf die beiden ersten. Dieser Einfluß zeigte sich in den Experimenten Aschs vor allem dann deutlich, wenn eine negative auf eine erste positive Information folgte (oder umgekehrt) und sich der positive (negative) erste Eindruck behauptete. Wenn hier von einem primacy effect die Rede ist, besagt dies, daß nach der ersten relevanten Information die weiteren als in ihrer Bedeutung weniger wichtig kogniziert werden.

Neuere Untersuchungen haben den primacy effect zwar bestätigen können (Anderson, Barrios 1961; Anderson 1962, 1965, 1974), nicht aber seine Einheitlichkeit oder die seiner Interpretation. Einmal ist durch die Andersonschen Untersuchungen die gestalttheoretische Deutung relativiert worden, wonach der Urteilende die einzelnen Eigenschaftswörter zu einer sinnvollen Gestalt organisiert. Was nach den Untersuchungen Andersons und seiner Mitarbeiter bleibt, ist der reine Positionseffekt: Je früher ein Adjektiv einer Serie vorkommt, desto stärker sein Einfluß (Anderson 1965). Die Frage jedoch, weshalb die späteren Informationen weniger gewichtig sind, läßt prinzipiell drei Antworten zu (Jones, Goethals 1972): 1. Die Aufmerksamkeit des Urteilenden läßt allmählich nach, was wiederum verschiedene Gründe haben kann. 2. Eine Art Diskontprinzip waltet, wie es Kelley (1971, 8 ff) in die Attributionstheorie eingeführt hat. Dort wird eine Ursache »herabgesetzt«, wenn sich für die Kausalattribution auch weitere plausible Ursachen anbieten. Hier würde eine später genannte Eigenschaft weniger (ge)wichtig sein, weil schon andere gleich wichtige oder mutmaßlich wichtigere einen Eindruck vermittelt haben (Anderson, Jacobson 1965).[21] 3. Schließlich kann Assimilation vorliegen, wie Asch es sich vorstellte: Die erste Information wirkt wie ein Schema oder eine Hypothese, der die nachfolgenden Informationen angepaßt, angeähnlich werden. Welcher dieser drei Mechanismen im einzelnen am Werk ist, läßt sich nur mit entsprechend zugeschnittenen Designs aufklären. Im übrigen ist Jones u. Goethals (1972) darin zuzustimmen, daß die meisten bisherigen Untersuchungen nicht hinreichend differenzieren zwischen dem zeitlichen Kontext, in dem eine einzelne Information über einen Anderen auftaucht, und dem situativen Kontext, innerhalb dessen überhaupt eine Beurteilung eines Anderen gefragt ist.

Schließlich ist der dem primacy- entgegengesetzte recency-Effekt in Rechnung zu stellen. Auch er ein Positionseffekt; wie der Gedächtnispsychologie seit Ebbinghaus vom Lernen sinnloser Silben bekannt, wird auch bei der Eindrucksbildung aufgrund von Eigenschaftslisten beobachtet, daß gelegentlich die letztgenannte Information haftet, vor allem, wenn die ersten Informationen schon länger zurückliegen oder – ein völlig anderer Fall – die letzte Information mit früheren kontrastiert. Vor allem aber – und wiederum muß man Jones u. Goethals zustimmen – gibt es Zielpersonen, deren Wandelbarkeit oder Entwicklungstempo es dem oder den Beurteilenden angeraten sein lassen können, die jüngste Information besonders zu gewichten; was uns auf die Problematik der ökologischen Repräsentativität der meisten Experimente zur Eindrucksbildung stößt. Denn es dürfte – außerhalb von Kleinanzeigen des Stellungs- und Heiratsmarktes – relativ selten im Leben vorkommen, daß uns über einen Anderen eine Liste von Eigenschaftswörtern angeboten wird; häufiger und wohl die Regel ist, daß die Informationen über einen Anderen im sprachlichen und situativen Kontext eintreffen und, wenn schon bit für bit, über eine längere Zeit, so daß primacy und recency ganz andere Bedeutung erhalten.

Anderson, der uns additive und mittelnde Modelle der Eindrucksbildung (allgemeiner: der Informationsintegration) anbot bis hin zur formalisierten »kognitiven Algebra« (Anderson 1974; zur kritischen Rezeption vgl. Schümer 1972; Luutz, Mattenklott 1978), hat ohne Zweifel die Fragestellung von Solomon Asch entscheidend differenziert, nicht zuletzt die Methodologie der Untersuchung verfeinert. »Leider sind bei dieser Verfeinerung einige wichtige Alltagsprobleme verlorengegangen« (Schneider 1976, 137).

Attribution. Wir sahen, daß ein wesentliches Interesse am Anderen darin besteht, diesen als eventuell ursächlich oder persönlich verantwortlich für eine Handlung oder einen Handlungseffekt zu erkennen. Die entsprechende Operation wird seit Heider (1958) als Attribution, genauer als Kausalattribution, bezeichnet. Im folgenden sei kurz charakterisiert, wie sich nach den wichtigsten Attributionsmodellen eine derartige Kausalattribuierung vollzieht (s. auch den Beitrag von A. Kun in Bd. VII dieser Enzyklopädie).

Nach der Theorie der korrespondierenden Schlüsse von Jones u. Davis (1965), die direkt an Heider anschließt, beginnt der Prozeß mit der Beobachtung einer Handlung oder aber der Kenntnis einer Handlungsfolge. Der Beurteiler muß dann entscheiden, ob der Andere die nötigen Kenntnisse und auch die Fähigkeit hatte, diese Handlung auszuführen bzw. den Effekt hervorzurufen. Erst danach ist der Rückschluß auf eine Handlungsintention zulässig. Fehlt dem Anderen das Wissen, konnte er also die Folgen nicht vorhersehen, oder aber ging ihm die Fähigkeit ab, einen beobachteten Effekt zu bewirken, kann nicht auf die Absichtlichkeit der betreffenden Handlung geschlossen werden. Außerdem lassen sich Effekte nicht linear Handlungen zuordnen. Eine Handlung kann verschiedene Effekte haben; ein Effekt kann durch verschiedene Handlungen hervorgerufen werden.

Nach Jones u. Davis geht der Beurteiler davon aus, daß der Handelnde immer die Wahl hat, etwas zu tun oder zu lassen bzw. dieses oder jenes zu tun. Deshalb wird vom Beurteiler (in der Attributionsforschung durchweg »Beobachter« genannt) zu entscheiden sein, ob die beobachteten Effekte den denkbaren Handlungsalternativen gemeinsam sein können oder nicht. Nur im letzten Fall, wenn also ein Effekt nur für die beobachtete Handlung »distinkt« ist (noncommon effect), ist er auch als Inferenzbasis zu verwerten.

Die zweite Entscheidung, die der Beurteiler fällen muß, um vom Effekt über die Handlung auf eine Intention und »dahinterliegende« Disposition schließen zu können, betrifft die mutmaßliche Erwünschtheit des beobachteten Effekts für den Handelnden. Wiederum muß erst eine Art »Gemeinsamkeit« ausgeschlossen werden, wenn nämlich Effekte, die für eine für den Handelnden maßgebliche Bezugsgruppe überhaupt wünschbar sind, als Indikatoren für eine persönliche Intention ausscheiden, und nur eine für die relevante Bezugsgruppe unübliche Erwünschtheit die zweite erforderliche Inferenzbasis abgibt.

Korrespondenz zwischen Handlung(seffekt) und Disposition besteht also dann, wenn die Anzahl nichtgemeinsamer Effekte hoch und die allgemein zu erwartende Erwünschtheit niedrig ist. Das inzwischen statt der Erwünschtheit eingesetzte Konstrukt der »erwarteten Valenz« differenziert die Wünschbarkeit nach kultureller und nach individueller Erwünschtheit (Jones, McGillis 1976). Eine experimentelle Realisation dieser Theorie steht aus.

Die Kovariationstheorie der Attribution von H. H. Kelley (1967, 1971, 1973, 1978) geht von der Annahme aus, daß wir am ehesten denjenigen Sachverhalt A als Ursache für ein späteres Ereignis a ansehen, der sich bei Änderung von a mitändert, während wir die gegenüber Änderungen von a invarianten Sachverhalte B, C usw. nicht als a-spezifische Ursachen ansehen. Diese Kovariation ist das Prinzip, nach dem wir Fremd- und Selbstattributionen vornehmen. Während Jones u. Davis den Attributionsprozeß als einen quasi-internalisierenden Rückschluß von Effekten auf Dispositionen abbilden, differenziert Kelley (1967) die Heidersche Person-Umwelt-Klassifikation weiter in ein dreidimensionales Modell, dessen Dimensionen Entitäten (Reizgegebenheiten), Personen (Beobachter und Andere) und Zeit/Modalität (Kontext, Umstände) genannt werden. Dasjenige gilt als einen Effekt verursachend, was mit diesem Effekt über die Zeitachse kovariiert. Drei Informationen müssen für eine eindeutige Kausalattribution zur Verfügung stehen: a) die Übereinstimmung der Aktivitäten (Urteile) mehrerer Personen = Konsensus, b) die Spezifität einer Aktivität in bezug auf eine Entität = Distinktheit und c) die Verläßlichkeit, mit der eine bestimmte Aktivität einer Person über verschiedene Umstände (Zeiten/Modalitäten) auftritt = Konsistenz. Keines der drei Attributionskriterien muß zu einer eindeutigen Attribution perfekt erfüllt sein; wohl aber gibt es »ideale Informationsmuster«, die zu einer der drei nach Kelley in Frage kommenden Attributionen führen: zur Attribution auf eine Person, auf eine Entität (Sache oder andere Person) oder auf den als »Umstände« oder »Verhältnisse« zu charakterisierenden Kontext (Kelley 1973; Meyer, Schmalt 1978; zu einer experimentellen Überprüfung der drei Kriterien vgl. McArthur 1972).

Einer der wichtigsten Gründe für eine Ursachenzuschreibung an Andere ist, wie gesagt, die Feststellung von Verantwortlichkeit. Entgegen der ursprünglichen Annahme Heiders, Verantwortlichkeit setze innere Verursachung bzw. deren Attribution voraus, hat eine Reihe von Untersuchungen gezeigt, daß dies nicht notwendig ist. Wir machen, zumindest »im Alltag«, durchaus Leute für Dinge verantwortlich, die sie schlechterdings nicht getan haben können. Das geht bis zur Beschuldigung des Opfers: Der Ermordete ist schuld.[22]

Experimentelle Untersuchungen zur Attribution von Verantwortlichkeit haben bisher zu widersprüchlichen Ergebnissen geführt (vgl. Walster 1966; Shaver 1970; Shaw, Sulzer 1964; Shaw, Skolnick 1971; Streufert, Streufert 1978). Die Unklarheit, die zur Zeit noch über die zureichenden Bedingungen für eine Verantwortlichkeitsattribution besteht, hat sehr unterschiedliche Gründe: a) die Mehrdeutigkeit des Verantwortungskonzeptes (vgl. hierzu Shaver 1975, 101 ff; Schneider 1976, 153 ff), b) die Unterschiedlichkeit der in den verschiedenen Untersuchungen verwendeten Skalen (hierzu Streufert, Streufert 1978) und nicht zuletzt c) die von einigen Untersuchern nicht in Rechnung gestellte »Fähigkeit« von Beurteilern, zwischen Ursächlichkeit und Verantwortlichkeit zu differenzieren (Streufert, Streufert 1978, 187). Immerhin hatten Versuchspersonen in den Untersuchungen von Shaw u. Sulzer (1964) erkennen lassen, daß die ursprünglich von Heider (1958, dt. Ausg., 137 f) entworfenen Stufen der Verantwortlichkeitsattribution sinnvolle Heuristiken waren:

1. Verantwortlichkeit durch Assoziation, »wobei die Person für jede Wirkung verantwortlich gemacht wird, die irgendwie mit ihr verbunden ist oder irgendwie zu ihr zu gehören scheint«.

2. Verantwortlichkeit durch phänomenale Kausalität: Einer wird für das verantwortlich gemacht, was er offensichtlich oder mutmaßlich verursacht hat, also auch dann, wenn er die Folgen gar nicht hätte voraussehen können.

3. Verantwortlichkeit durch Vorhersehbarkeit: Einer wird für die Folgen verantwortlich gemacht, die er hätte vorhersehen können.

4. Verantwortlichkeit durch Vorsätzlichkeit: Nur das, was einer beabsichtigt hat, wird als von ihm auch zu verantworten angesehen.

5. Rechtfertigende Umstände dagegen mindern eine persönliche Verantwortlichkeit oder heben sie gar auf (Heider, ebda.). Nach Heider und der von ihm festgehaltenen »naiven Psychologie« können also Kausalität, phänomenale Kausalität und Verantwortung deutlich auseinandertreten. Aber wir neigen auch aufgrund kultureller Schemata und ihnen entsprechender »impliziter Persönlichkeitstheorien« dazu, bestimmte »Charaktere« mit bestimmten »Folgen« fest zu assoziieren:

»Die Beziehung zwischen Güte und Glück, zwischen Schlechtigkeit und Strafe ist so stark, daß dann, wenn eine Bedingung gegeben ist, die andere angenommen wird. Pech, Krankheit und Unfall werden oft als ein Zeichen von Schlechtigkeit oder Schuld angesehen . . .« (Heider 1958, dt. Ausg., 277).

Die Sichtweise, die Heider hier skizziert, ist typisch für eine Fremdbeurteilung; sich selbst würde man diese Art von Verursachung oder Verschuldung nicht zuschreiben. Wir neigen eher dazu, wie Shaver (1970) es genannt hat, in bezug auf uns selbst defensiv zu attribuieren, wenn unser Verhalten unerwünschte Folgen zeitigt (vgl. hierzu auch Snyder, Stephan, Rosenfield 1976, 1978). Doch damit haben wir unser letztes Thema erreicht: die Selbstwahrnehmung und -beurteilung.

DIE SELBSTWAHRNEHMUNG UND -BEURTEILUNG

Ob das Du früher ist als das Ich, ob das Selbst allererst aus der sozialen Interaktion entsteht, mag als sozialphilosophische Fragestellung offenbleiben; die bisherige Darstellung und ihr sozialpsychologischer Akzent legen es nahe, daß wir uns dem Selbst vom Andern her nähern. Wir tun dies, indem wir die Frage nach dem Interesse am Andern insofern wieder aufgreifen, als wir jetzt fragen, was uns am Anderen im Interesse einer Selbsteinschätzung, überhaupt der eigenen Orientierung, interessiert.

Das Selbst-Interesse am Anderen

In einer philosophischen Tradition, die im abendländischen Denken auf die Nikomachische Ethik des Aristoteles zurückgeht, und in einer humanwissenschaftlichen Konzeption, die wesentlich von James (1890), Cooley (1902) und Mead (1934) geprägt worden ist, wird die These gehalten, daß das Selbstverständnis des Einzelnen davon abhängt, wie Andere sich ihm gegenüber verhalten und ihn einschätzen. Diese These läßt sich in zwei Behauptungen aufgliedern, die eine allgemeine Theorie sozialer Bewertung charakterisieren können:

1. »Menschen lernen sich selbst dadurch kennen, daß sie sich mit Anderen vergleichen.«

2. »Der Prozeß sozialer Bewertung führt zu positiven, neutralen oder negativen Selbstbeurteilungen, die von den Standards abhängen, die zum Vergleich herangezogene Individuen setzen« (Pettigrew 1967, 243).

Der erste Sozialpsychologe, der das Konzept des sozialen Vergleichs zu einer Theorie ausbaute, war Leon Festinger (1954). Durch Kurt Lewin war Festinger auf zwei Probleme aufmerksam geworden: das der individuellen Anspruchsniveausetzung (Festinger 1942, Lewin u. a. 1944) und das der Dynamik von Interaktion und Kommunikation in Gruppen (Lewin 1944; 1947). Beider Zusammenhang ergibt den Kern der »Theorie der sozialen

Vergleichsprozesse«. Sie unterstellt eine Art menschliches Grundbedürfnis, die eigenen Meinungen und Fähigkeiten zu bewerten. Dazu gibt es zwei Mittel der Überprüfung: a) an Hand der physischen, b) an Hand der sozialen Realität. Meine körperlichen Fähigkeiten kann ich prinzipiell gut an der physischen Realität messen, etwa wie hoch ich springen, wie weit ich werfen kann; aber schon, wie gut ich bin für meine Altersklasse oder als Mann oder Frau, bedarf des Vergleichs mit Andern, was vollends gilt für geistige Fähigkeiten und für Überzeugungen. Natur und Gesellschaft bilden quasi die Testgrundlage für die Realitäts-angemessenheit meiner Fähigkeiten und Meinungen. Allerdings vollzieht sich dieser Vergleich nicht realistisch in einem objektiven, bias-freien Sinne; denn: »Die Tendenz, sich mit einer bestimmten anderen Person zu vergleichen, nimmt in dem Maße ab, wie die Differenz zwischen der eigenen Meinung oder Fähigkeit und der des Anderen zunimmt« (Festinger 1962, 167). Sind Andere aber unvergleichbar besser oder schlechter als man selbst, scheiden sie nicht nur als Vergleichspersonen aus, sondern ziehen bei Meinungsdifferenzen auch noch Ablehnung auf sich (a. a. O., 175 ff). Diese Annahme Festingers, daß man sich nur mit leistungs- und meinungsähnlichen Anderen vergleicht, läßt sich kaum in dieser Allgemeinheit halten: Es gäbe sonst keine unerreichbaren Vorbilder wie Meister ihres Faches, an denen sich gerade der Anfänger (vielleicht nicht mehr der resignierte Könner) orientiert (vgl. Latané 1966). Eher dürfte zutreffen, daß Vergleiche mit extrem Unähnlichen zu unbrauchbaren, d. h. ungenauen und schwankenden, Selbstbeurteilungen führen (Festinger a. a. O., 168) und deshalb eher gemieden werden (a. a. O., 169).

Die Weiterentwicklung der Theorie der sozialen Vergleichsprozesse wird ausführlich in Suls u. Miller (1977), knapp von Haisch u. Frey (1978) dargestellt. Hier sei nur auf Differenzierungen eingegangen, wie sie sich aus einer produktiven Interaktion dieser mit der Attributionstheorie von Kelley ergeben haben (Goethals 1972; Goethals, Darley 1977). Beide Theorien nehmen, mehr anthropologisch als empirisch nachweisbar, menschliche Grundbedürfnisse an, die wohl einen wesentlichen Teil unserer Person- und Selbstkognition »motivieren«: ein Bedürfnis, die eigene (physische und soziale) Umwelt kognitiv so zu ordnen, daß sie »kontrollierbar«, d. h. vor allem, vorhersehbar wird und bleibt. Es liegt nun nahe, die Umwelt als ein »Kausalnetz« (Tolman, Brunswik 1935; Heider 1944) zu begreifen und entsprechend – zur dauerhaften Orientierung (Vorhersagbarkeit) – Kausalattributionen vorzunehmen. Demgegenüber akzentuiert die Theorie Festingers das Bedürfnis, die eigenen Fähigkeiten und das eigene Wissen, d. h. aber auch die eigenen Vorhersagen, zu bewerten, um auf die Dauer verläßlich (»realistisch«) orientiert zu sein.

Die Beziehung zwischen Attribution und sozialem Vergleich liegt auf der Hand: Der Maßstab, den der Andere durch seine Leistung oder Meinungsäußerung darstellt, muß allererst als von ihm stammend, von ihm also verursacht, attribuiert werden. Umgekehrt dürfte man zögern, unvergleichbare (»tolle« oder »miese«) Leistungen oder auch Meinungen seinen »Vergleichspersonen« zu attribuieren. Dem Selbstbewertungsbedürfnis steht nun, worauf Latané (1966) bereits hinwies, ein anderes, konkurrierendes Bedürfnis entgegen, nämlich das der Selbstbestätigung. In den Worten von Goethals u. Darley (1977, 263): »... auch wenn man ein Bedürfnis haben mag herauszufinden, *ob* die eigenen Meinungen und Fähigkeiten richtig und gut sind, hat man auch ein Bedürfnis zu entdecken, *daß* sie tatsächlich richtig und gut sind«, und dazu dient oft die Taktik, daß man sich mit Leuten vergleicht, die körperlich, geistig, charakterlich schwächer sind (vgl. Hakmiller 1966), andererseits aber nicht zu den unvergleichlichen Extremgruppen gehören dürfen. Damit ist auch die von Festinger nicht klar genug formulierte Ähnlichkeitshypothese zu differenzieren: Unter solchen, die nach den ihnen attribuierten Eigenschaften bzw. Fähigkeiten uns in der fraglichen Meinung oder Fähigkeit ähnlich sein sollten, wird die Vergleichsperson gewählt (Wheeler u. a. 1969; Goethals, Darley 1977).

Eine weitere Differenzierung halten Goethals u. Darley für angebracht: die zwischen

Überzeugungen und Werthaltung. Nur erstere können überhaupt auf richtig/falsch geprüft werden, wenn wir uns ihrer unsicher sind. Attributionstheoretisch heißt unsicher soviel wie unklar, ob eine Wirkung der Entität (Sache), einem selbst (Person) oder lediglich den Umständen, Zeiten (Modalitäten) zuzuschreiben ist. Eine Überzeugung von einem Sachverhalt (Entität) ist dann »richtig«, wenn eindeutig eine »distinkte« Sachattribution vorgenommen werden kann. Muß die Attribution auf die eigene Person vorgenommen werden (etwa wenn auch noch andere Entitäten die gleiche Reaktion hervorrufen), wirkt die Überzeugung nicht mehr »richtig« (»realistisch«, »objektiv«). In beiden Fällen hätten ähnliche und unähnliche Vergleichspersonen unterschiedliche Auswirkungen auf die Sicherheit der eigenen Überzeugung. Hier kann der Umstand, daß ein »Andersdenkender« meine Meinung teilt, bestätigender sein, als wenn dies ein Gleichgesinnter tut. Anders bei Werthaltungen: Hier ist nicht zu attribuieren, ob eine Entität »an sich« gut, sondern ob sie beispielsweise für mich gut ist. Diese persönliche Valenz wird eher in Frage gestellt, wenn Menschen mit anderen Wertvorstellungen (also: denen ich andere Werthaltungen attribuiere!) meine Präferenz teilen; hier wird mich eher der Wertähnliche bestätigen.

Selbst und Anderer in der Attribution

Eine Unterscheidung, die für das Verständnis der Beziehung zwischen Person- und Selbstbeurteilung wichtig geworden ist, soll die Beschäftigung mit Beiträgen der Attributionstheorie abschließen, nämlich die zwischen der Attribution des Beobachters (Beurteilers) und der des Handelnden selbst.

Einige Sozialpsychologen vertreten die Auffassung, daß sich Fremd- und Selbstbeurteilung nicht wesentlich unterscheiden (Kelley 1967; Bem 1967, 1972). Konsequent in der Skinnerschen Art, »Mentales« = »Privates« wie Äußeres = Öffentliches zu behandeln (vgl. Skinner 1957, 1976), ging Daryl Bem davon aus, daß wir, nach Einstellungen, Vorlieben, Abneigungen und anderen, gern innen lokalisierten Verfassungen befragt, in der Regel dadurch antworten, daß wir – sei es uns, sei es Anderen – die Tätigkeiten aufweisen, die wir an uns beobachtet haben. Ob wir Science-fiction-Literatur mögen? Ja, wir kaufen oder leihen uns die neuesten Bände. Ob ich müde bin? Ja, ich gähne seit einer Stunde, und mir sind schon ein paarmal die Augen zugefallen. Derartige Selbstbeobachtungen sind alles andere als »introspektiv«; sie haben laut Skinner und Bem denselben Status wie die Beobachtung an Anderen: Er liebt Science-fiction; ständig kauft er sich diese Utopiebände und liest sie hintereinander weg. Du bist müde, dir fallen ja immer die Augen zu. Nicht nur *am* Anderen und *an* mir selbst sehe ich, wie es ihm oder mir geht; auch die Dinge um den Beobachteten herum zeigen mir seine Verfassung: der Turm von Science-fiction-Bänden neben seinem/meinem Kopfende; das seiner/meiner Hand entglittene Buch. Soweit ist die Konzeption der Selbstwahrnehmung und Selbstbeschreibung (Bem 1968) noch gute, wenn auch unvollständige Phänomenologie. Unphänomenologisch und fragwürdig wird der Ansatz, wenn die Auffassung vertreten wird, dem Handelnden, der sich selbst beschreibt, stünden keine anderen Informationen zur Verfügung als dem (fremden) Beobachter (kritisch hierzu: Nisbett, Valins 1972; Grabitz 1978). Allein die Experimente (und Erfahrungen) über die Wahrnehmung (Empfindung) autonomer Erregungszustände, die wir abschließend noch diskutieren müssen, widersprechen dieser immerhin erfrischend provokanten These Bems.[23]

Auf einen anderen Unterschied zwischen den Beurteilungsperspektiven von Beobachter und Handelndem haben Jones u. Nisbett (1972) aufmerksam gemacht. Kurz gesagt, neigen Beobachter dazu, eher auf den – im Sinne einer Figur-Grundakzentuierung – figurierenden Akteur zu attribuieren, während Handelnde, die sich als Identische durch immer wieder andere Situationen bewegen, dazu neigen, Änderungen ihres Verhaltens auf die Situation zu

173

attribuieren, auf die sie als Handelnde intentional bezogen sind. Als in einer Untersuchung von Nisbett u. a. (1973) Studenten gebeten wurden, sowohl für die Wahl ihres Hauptfaches wie für ihre Neigung zu einer Freundin Begründungen zu geben, unterschieden diese sich sehr von den Gründen, die sie für Freunde angaben. So sahen sie ihre eigene Wahl des Hauptfachs sowohl in eigenen als in Qualitäten des Studienfachs begründet, die Fachwahl, die ihre Freunde getroffen hatten, jedoch mehr in deren Persönlichkeitsmerkmalen begründet. Ähnlich bei der Begründung, warum sie selbst bzw. ein Freund ein bestimmtes Mädchen möchten; im ersten Fall figurierten die Eigenschaften des Mädchens, im letzteren die Eigenschaften beider.

Während die allgemeine und ursprüngliche Annahme, daß Selbstbeurteilungen eher auf die Situation, Fremdbeurteilungen eher auf Persönlichkeitsdispositionen attribuieren, mehrfach bestätigt werden konnte (vgl. Storms 1973; Jones 1976; Harvey, Ickes, Kidd 1976), versuchten Monson u. Snyder (1977) eine Differenzierung, nach der der Handelnde nur dann betont situativ attribuiert, wenn es sich um Verhaltensweisen handelt, die ohnehin eher unter »situativer Kontrolle« stehen; bei »dispositional-kontrollierten« Verhaltensweisen würde er stärker als ein Beobachter dispositional attribuieren. In einer psychometrischen Analyse von 2800 Eigenschaftswörtern, die insgesamt 1400 Versuchspersonen zur Charakterisierung von sich selbst, einem sympathischen, einem neutralen und einem unsympathischen Anderen verwenden konnten, restituierte Goldberg (1978) jedoch die ursprüngliche allgemeine These von Nisbett u. a. (1973) in – zumindest, was das in Frage kommende Vokabular betrifft – erschöpfender Weise. Eine Unklarheit bleibt: Da die übliche sehr allgemeine Situationsattribution (»Es hängt alles von der Situation ab«) in der Regel auch die »mittlere, neutrale, durchschnittliche, ungewisse und mehrdeutige Reaktion« ist (Goldberg 1978, 1028), bedarf es anderer Untersuchungen, die »die Situation« als mögliche Ursache weniger pauschal ins Spiel bringen.

Bis auf weiteres kann davon ausgegangen werden, daß sich die Perspektiven des Beobachters und des Handelnden so signifikant unterscheiden, daß zwar die Bemsche Gleichsetzung ungültig sein dürfte, aber noch präzisere Informationen über die Eigentümlichkeit der Selbstwahrnehmung vonnöten sind. Theoretische und empirische Ansätze dazu liegen bereits vor.

Die Eigenart der Selbstwahrnehmung und -beurteilung

Zwar arbeitet die Psychologie, einschließlich der Sozialpsychologie, unter einer Individuum-zentrierten Betrachtungsweise, doch – außer zu Zeiten einer »reinen« Bewußtseinspsychologie – nicht in einer das Individuum isolierenden Perspektive. Lewins Formel V = f (P, U), der als einer Verhaltensformel noch der aufgeklärte Behaviorist zustimmen könnte, muß allerdings so weit gefaßt werden, daß auch die Bewußtseins- oder Erlebnisanalyse in »Galileischer Denkweise« vorgenommen wird (Lewin 1931). Das heißt, daß auch für sogenannte innere Aktivitäten und Zuständlichkeiten anzusetzen ist, daß sie aus der Wechselwirkung zwischen Person und Umwelt konstituiert werden. Dieser Ansatz wird aus einer phänomenologischen Perspektive um so selbstverständlicher, als Bewußtsein wesentlich als Intentionalität und Reflexivität verstanden wird, Bewußtsein also als Gerichtetsein auf etwas, das als unabhängig vom jeweiligen bewußt Sein (real oder möglich) existierend gesetzt ist (vgl. etwa Gurwitsch 1966).

Wenngleich die beiden genannten Positionen wissenschaftstheoretisch nicht vergleichbar sind[24], führen sie die empirische Untersuchung von inneren Zuständen in die gleiche Richtung: die betonte Berücksichtigung der (intentionalen) Umweltkorrelate. Für die Analyse der Selbstwahrnehmung bleibt also die physische und soziale Umwelt ebensowenig ausgeklammert wie für die Personwahrnehmung oder die eben diskutierte Selbstorientierung an Anderen.

Vielleicht bahnbrechend für die derzeitige Erforschung der Selbstwahrnehmung oder – allgemeiner gesprochen – der Selbsterfahrung waren die Untersuchungen und die Theorie der Emotion von Stanley Schachter (1959, 1964, 1971; Schachter, Singer 1962; vgl. den Überblick bei Kleinke 1978), vor allem das modellbildende Experiment von Schachter u. Singer 1962. Ausgehend von Annahmen verschiedener (konkurrierender) Gefühlstheorien und Festingers Theorie der sozialen Vergleichsprozesse (s. o.) postulierten Schachter u. Singer, daß (viele) Gefühle zur Voraussetzung haben: a) ein gewisses Ausmaß physiologischer (autonomer) Erregung, b) eine kognitiv-evaluative Interpretation dieser Erregung, wozu c) Hinweise aus der (sozialen) Situation dienen können. Unterstellt ist dabei, daß von den beiden Hauptkomponenten von Emotionen, der physiologischen und der kognitiven, erstere eine relative gleichbleibende Erregung sei, die qualitativen Unterschiede aber, die die ältere Gefühlsforschung so präokkupiert hatten, etwa Zorn, Wut, Haß, Furcht, Abscheu, Liebe, »Interpretationen« der relativ unspezifischen Erregung mit Hilfe sozial-kognitiv vermittelter Etikette seien. Gefühle wären, was ihre qualitative Ausprägung betrifft, also gelernt.

Im Experiment von Schachter u. Singer wurden der subjektive Erregungszustand und die Hinweisreize manipuliert. Unter der Vorgabe, sie nähmen an einem Versuch über Vitaminwirkung auf die Sehleistung teil, erhielten die Versuchspersonen eine Injektion mit einem Vitamin »Suproxin«, das tatsächlich Epinephrin (Adrenalin) oder (in der Kontrollgruppe) ein Placebo war. Eine Teilstichprobe der Adrenalingruppe (A) und die Placebogruppe (P) erfuhren nichts (N) über die Wirkung der Spritze, eine weitere Teilgruppe von A erhielt die richtigen Informationen (R) über den (als »Nebenwirkung« getarnten) Adrenalineffekt, eine dritte wurde falsch informiert (F). Danach hätte die AR-Gruppe alle Informationen durch Injektion und Instruktion erhalten, um ihren Zustand zu identifizieren, während den AN- und AF-Gruppen die Erklärung ihres Zustandes schwerfallen sollte. Sie mußten nach der Theorie Hinweise aus der Umwelt zur Erklärung heranziehen. Im Experiment bestanden diese darin, daß ein Vertrauter des Versuchsleiters im einen Fall wie ein ausgelassener Clown vor den wartenden Versuchspersonen herumalberte, im anderen Fall – über dem (gleichzeitig vorgenommenen) Ausfüllen eines Fragebogens mit recht intimen Fragen – wütend und aggressiv wurde. Beide Szenen wurden durch Einwegscheiben vom Versuchsleiter beobachtet (VB = Verhaltensbeobachtung). Anschließend gaben die Versuchspersonen noch eine Selbstbeurteilung (SB) ab. Die Befunde für die euphorische (Clown-)Bedingung, wobei höhere Werte größere Euphorie bedeuteten, bestätigen in den drei Experimentalgruppen die Hypothese (1962, 390):

	SB	VB
AR	0,98	12,72
AN	1,78	18,28
AF	1,90	22,56
P	1,61	16,00

Tab. 3 Selbstbeurteilung und Verhaltensbeobachtung eines euphorischen Gefühlszustandes unter vier Versuchsbedingungen (nach: Schachter, Singer 1962, 390; ©American Psychological Association 1962).

Die falsch (AF) oder nicht Informierten (AN) reagieren und interpretieren sich als lustiger, als es die richtig Informierten (AR) tun, »definieren« quasi ihr Gefühl aus der Situation heraus. Nicht auf den ersten Blick theoriegerecht verhielt sich die Placebogruppe, die ohne einen experimentell induzierten Erregungszustand gleichwohl fast so euphorisch wurde wie AN und AF. Noch theoriegerecht ist immerhin die post-hoc-Erklärung, daß auch in der Kontrollgruppe Erregung, und zwar durch die Salzlösungsspritze, induziert sein mochte; dann wäre nach den Bedingungen P ≈ AN. Diese Vermutung wurde durch ein Folgeexperiment (Schachter, Wheeler 1962) erhärtet, in dem Placebo zwar weniger »lustig mach-te« als Adrenalin, aber deutlich lustiger als (das dämpfende) Chlorpromazin.

Außer einer Reihe von weiteren Experimenten (hierzu Grabitz, Gniech 1978) schei-nen auch Feldstudien den Kern der Theorie zu stützen, daß Gefühle, wie auch schon Empfindungen, kognitiv bzw. sozial vermittelte Auffassungen eines physiologischen Erregungszustandes sind. Daß Whisky gut schmeckt, hat wohl kaum jemand beim ersten Glas seines Lebens empfunden; daß man von Marihuana (Haschisch) »high« wird, ist kaum bei unwissender und in nüchterner Alltagsatmosphäre erfolgender »Einnahme« zu erwar-ten. Man muß die Hinweisreize allererst kennen und sie benennen lernen (vgl. Becker 1953). Schon die gern als »primär« bezeichnete Erfahrung des eigenen Leibes und seiner Zustände wäre sozial vermittelt. Schachter (1971) selbst hat am Beispiel des Hungers bzw. der Hungerempfindung diesen Nachweis zu führen versucht, daß selbst interne physiologi-sche Reize etwa für Normalgewichtige eine andere Hinweisfunktion haben als für Fettleibi-ge, die sich eher an Umwelthinweisen orientieren. Die Alltagserfahrung: »Es schlägt Mit-tag; (ergo) ich habe Hunger« überprüften Schachter u. Gross (1968) an Normal- und Über-gewichtigen mit Hilfe manipulierter Uhren. Von den während des Tests bereitgestellten Keksen verschwanden, bei vorgestellter Uhr, signifikant mehr in den Versuchspersonen mit Übergewicht als in denen normalen Gewichts. Umgekehrt führte die Außenreizabhän-gigkeit übergewichtigen Flugpersonals nach dem achtstündigen Mittagsflug von Paris nach New York dazu, daß sie leichter mit dem Essen warten konnten – nämlich bis die New Yor-ker Uhren Essenszeit anzeigten – als ihre schlankeren Kollegen, die nach acht Stunden Hunger hatten (Goldman, Jaffa, Schachter 1968).

Auf weitere Anwendungen der kognitiv-sozialen Gefühlstheorie Schachters sei hier nicht eingegangen (vgl. aber Schachter 1971; s. auch die Beiträge von K. H. Delhees u. K. Bättig in Bd. VI dieser Enzyklopädie), auch nicht auf die äußerst lebhafte Kontroverse, die diese Theorie zwischen sehr verschiedenen theoretischen Lagern ausgelöst hat und die wohl noch einige Zeit anhalten wird. Diskutiert sei lediglich noch eine für die Konzeption der Selbst-wahrnehmung wichtige Variante, die – wiederum durch eine Interaktion der Schachter-schen Theorie mit einem Attributions-Konzept – Stuart Valins (1966; Valins, Ray 1967; vgl. Valins, Nisbett 1972) eingeführt hat. Diese entscheidende Variante besteht in der An-nahme, daß zur Wahrnehmung und Identifikation eines eigenen Gefühls nicht einmal eine physiologische Aktivation nötig sei; Gefühle könnten auch rein kognitiv hervorgerufen werden. In einem Experiment, bei dem den Versuchspersonen ihr eigener »erregter« Herz-schlag vorgetäuscht wurde, als sie »Playmates of the Month« betrachteten, schätzten die Vpn Bilder höher ein, bei denen »ihr Herz« heftiger geklopft hatte. Valins unterstellt mit diesem Versuch kein Modell der Selbstwahrnehmung, wohl aber einen auf Selbstverstehen gerichteten Schlußfolgerungsprozeß, für den er zumindest zwei Phasen ansetzt: Hypothe-senbildung und Hypothesenprüfung (Nisbett, Valins 1972, 73). Dazu paßt, daß die Ver-suchspersonen Zeit brauchen (hierzu Barefoot, Straub 1971). Dann aber kann der induzier-te Prozeß nicht mehr als Selbstwahrnehmung, kaum noch als Selbstbeurteilung angesehen werden; er ist, wie Valins gelegentlich formuliert, eine Form von Selbstüberredung.

Andrerseits bleibt die Tatsache, daß Individuen für auffällige ungewohnte oder auch nur unklare Erlebnisse eine Ursache suchen und sie nach bestimmten Regeln auch attribuieren. Daß bis in die Identifikation eigener Gefühle dabei sozial vermittelte Kognitionen, oft in der Form von sprachlichen Etiketten, eine entscheidende Rolle spielen können, dürfte in-zwischen unbestritten sein und begründen, warum unser Verständnis der Selbstwahrneh-mung und Selbstbeurteilung sich eher in einer Sozial- als einer Individualpsychologie wei-terentwickelt. Doch dann drängt sich die Frage auf: Gibt es denn nicht das ganz individuel-le Selbst, das nicht »sozial« ist und auch nur einem selbst zugänglich ist? Gibt es nicht die un-vermittelte Selbsterfahrung, die nicht des Anderen bedarf, die reine Reflexivität?

Die experimentelle Sozialpsychologie tut sich schwer, diese philosophischen Fragen mit ihren Mitteln anzugehen. Wenn sie es dennoch tut, läuft sie Gefahr, der unzulässigen Verkürzung und Trivialisierung der eigentlichen Fragestellung bezichtigt zu werden. Wir wollen mit einem derartigen Versuch das Thema der (wissenschaftlichen Analyse der) Selbstwahrnehmung abschließen: der Theorie der »objektiven Selbstaufmerksamkeit«[25] (Duval, Wicklund 1972, 1973; Wicklund 1975; Duval, Hensley 1977; Frey, Wicklund, Scheier 1978). Die Grundannahmen der OSA-Theorie gehen davon aus, daß jemand, der seine Aufmerksamkeit auf sich richtet, bestimmte Züge oder Teile seines Selbst besonders intensiv oder »hervorragend« (salient) sieht und damit vor allem auf »Diskrepanzen« aufmerksam wird, wie sie zwischen seinen Ansprüchen und Standards einerseits und seinen Handlungen andererseits im positiven oder – zumeist – negativen Sinne bestehen (Wicklund 1975, 237). Darüber entsteht ein positiver oder – zumeist – negativer Affekt; die self-awareness ist also ein immer emotional getönter Zustand. Selbstaufmerksamkeit zieht nach der OSA-Theorie zwei Stufen von Reaktionen nach sich. Als erstes erfolgt eine Selbstbewertung, die wohl weitgehend mit der affektiven Reaktion auf die meist negative Diskrepanz identisch ist. Daraufhin kommt es dann zu entweder Vermeidungs- oder Annäherungsreaktionen gegenüber solchen Reizen, die die Selbstaufmerksamkeit induzieren können. Schließlich wird im Fall negativer Diskrepanz, und wenn der Zustand der selbstbezüglichen Aufmerksamkeit unvermeidlich ist, eine Tendenz zur Diskrepanzreduktion angesetzt.

Induziert und operationalisiert wird nun die OSA, Reflexivität ursprünglich und wörtlich nehmend, in vielen Experimenten mit Hilfe von Spiegeln, Kameras, auch durch playback der eigenen Stimme, oder durch Publikum, möglichst mit Blickkontakten. In den meisten dieser Experimente konnte nachgewiesen werden, daß 1. die OSA-Situation durch äußere Bedingungen induzierbar ist; daß 2. OSA erhöhte Selbstbezogenheit, vor allem auch Selbstattrition (Duval, Wicklund 1972, 1973), allgemein: Affektsteigerung bzw. Selbstbewertung, nach sich zieht. Als gesichert kann auch gelten, daß bei negativer Diskrepanz Abwehrattribution und Ablenkungs- oder Ausweichreaktionen verstärkt auftreten.

Alles in allem ist der OSA-Forschung die Konfrontation ihrer Versuchspersonen mit sich selbst gelungen, gleich ob das Hilfsmittel ein Spiegel oder ein Publikum war oder, wie es kürzlich Carver u. Scheier (1978) – alternativ zu Spiegel und Publikum – mit Erfolg demonstrierten, durch eine diagnostisch ermittelte dispositionelle Selbstaufmerksamkeit. Das, was für unser Thema Selbstwahrnehmung besonders wichtig erscheint, ist die Selektivität, die sich auf herausragende (»saliente«) Eigenschaften oder Dimensionen zentriert. Wir finden sie wieder in der Personwahrnehmung und -beurteilung, wenn oft ein Merkmal, eine Eigenschaft genügt, um den Anderen zu identifizieren, zu etikettieren und gegebenenfalls entsprechend zu behandeln (vgl. hierzu Taylor, Fiske 1978). Wichtig ist weiter die Bereitschaft, die Selbstwahrnehmung, wenn sie auf (negative) Diskrepanzen zwischen idealem und realem Selbst stößt, »defensiv« zu führen. Ob dieses Selbst, das offenkundig gegen allzu schmerzliche Erkenntnisse, also gegen Selbsterkenntnisse, verteidigt wird, sich also, logisch gesprochen, gegen sich selbst verteidigt bzw. – was das gleiche ist – sich selbst angreift, noch ein psychologisch Faßbares ist, bleibe dahingestellt; es könnte, obwohl es Bibliotheken füllt, ein syntaktischer Fallstrick sein. Für die empirische Sozialpsychologie ist es, sofern sie am Problem der Selbstwahrnehmung interessiert ist, besser, vor dem Spiegel aufzuhören.

(Weitere Beiträge zum Thema Wahrnehmung findet der Leser dieser Enzyklopädie in den Bänden VI und VII.)

ANMERKUNGEN

1

Man muß hinzufügen: zum Nutzen wie zum Schaden der wissenschaftlichen Psychologie. Der Schaden ist bekannt und beträchtlich; unbekannt viele Alltagskonnotationen, vor allem evaluativen Charakters, und Überschußbedeutungen sind aus der »Menschenkenntnis« und der vorwissenschaftlichen »Charakterkunde« in die Wissenschaft eingedrungen und führen dort – trotz aller Hygiene – ein schwer kontrollierbares Eigenleben. Der Nutzen ist umstritten; die Sprache, in der Menschen ihr eigenes Erleben und das Verhalten anderer fassen, sollte idealiter zu der Sprache, in der sich die Wissenschaft vom Erleben und Verhalten artikuliert, in einer identifizierbaren und überprüfbaren Beziehung stehen, auf keinen Fall aber in einer Nichtbeziehung. Zu unterschiedlichen Auffassungen hierüber vgl. Heider (1958) und Mandler u. Kessen (1959).

2

Die Grundbedeutungen des relativ jungen Erlebnisbegriffes hat Gadamer ([4]1975) herausgearbeitet. Für die Psychologiegeschichte von Interesse ist, daß Wundt im Laufe der Jahre bzw. Neuauflagen seiner Werke den Begriff des .Erlebens bzw. der Erlebnisse immer mehr an die Stelle des Bewußtseins setzte: Bewußtseinsvorgänge wurden »Bewußtseinserlebnisse«, später einfach Erlebnisse; die Autobiographie des Wissenschaftlers wurde konsequent betitelt: »Erlebtes und Erkanntes« (Wundt 1920).

3

Eine nur scheinbare Ausnahme bildet das von der Psychologie bereits beeinflußte technologische Deutsch, wo Verhalten zum gängigen Suffix zu werden beginnt: Konsumverhalten, Wahlverhalten, Verkehrsverhalten, Freizeitverhalten.

4

Daß auch »Erleben« und »Verhalten« etwas von der alltagsspezifischen Konnotation mit in ihre wissenschaftliche Verwendung hinübergetragen haben, ist zumindest für das deutsche »Erleben« nachzuweisen, für das es einfach keine englische und französische Entsprechung gibt: to experience und faire l'expérience differenzieren nicht zwischen Erlebnis und Erfahrung.

5

Diese Aussage hat selbstverständlich so lange noch den Charakter einer Behauptung, bis eine entsprechende ordinary language analysis die unterschiedliche Verwendungsweise nachweist. Zum Schicksal der Titelbegriffe und ihre Abfolge vgl. Graumann (1965), Pongratz (1967).

6

Über die Grundbedeutung von Wahrnehmen (ungefähr gleich »wahren«, »achten auf«) vgl. Binswanger ([4]1964, 290).

7

Um keine Mißverständnisse aufkommen zu lassen, die sich um die Verwendung des Alltagsbegriffes ranken könnten (vgl. etwa die Kritik von Leithäuser 1976), sei betont, daß alltäglich hier nur gleichbedeutend mit in situ verwendet wird, d. h. ohne den manipulierenden Eingriff des Wissenschaftlers.

8

Der ältere deutsche Terminus der »Fremderkenntnis« (in Abhebung von »Selbsterkenntnis«) kommt wohl der »connaissance d'autrui« am nächsten, schleppt aber die hier völlig irreführende konnotative Gleichsetzung des Anderen als des Fremden mit. Aus diesem Grunde stellen wir auch der Selbstwahrnehmung nicht die »Fremdwahrnehmung« gegenüber.

9

Die logisch und wissenschaftstheoretisch erhebliche, psychologisch jedoch nur selten explizierte Unterscheidung von Urteil und Beurteilung (Blumenfeld 1931) wird hier nicht durchgehalten. In der Regel ist in unserem Kontext nur von »Selbstbeurteilung« die Rede; der Ausdruck »Selbsturteil« wird nicht verwendet. Das schließt nicht aus, daß neben den einen Bewertungsstandard voraussetzenden, evaluativen Beurteilungen auch nichtevaluative Selbsturteile gefällt werden, doch werden letztere nicht eigens behandelt.

10

»The word introspection need hardly be defined – it means, of course, the looking into our own minds and reporting what we there discover. Everyone agrees that we there discover states of consciousness« (James 1950, I, 185).

11

Zum Unterschied zwischen Wahrnehmung und Beobachtung vgl. Graumann 1973, 14 f.

12

Sobald man die systematische (experimentelle) Selbstbeobachtung der älteren Psychologie, vor allem der Würzburger Schule, diskutiert, muß man mit ihr unterscheiden zwischen einer Komponente der Selbstbeobachtung, die lediglich Bewußtseinstatsachen registriert, erfaßt, und einer interpretierenden. Darüber, wie weit oder wie eng Selbstbeobachtung zu fassen sei, ging unter anderem der Streit zwischen »Würzburg« und »Cornell« (vgl. hierzu Boring 1953, Humphrey 1951).

13

»Erlebnisse« steht hier für »thoughts«, was bei James jedoch nicht Gedanken heißt. Vielmehr wählt er, in der Tradition des Descartesschen cogito, »thinking« als allgemeinen Ausdruck für Bewußtseinserscheinungen: »I use the word thinking ... for every form of consciousness indiscriminately« (1950, 224).

14

Wahrnehmung nicht nur der Außenwelt; Bewußtsein wird vielmehr auch aufgefaßt als ein »Sinnesorgan ... zur Wahrnehmung psychischer Qualität« (Freud, G. W. II/III, 620).

15

Holland (1977, 40 ff), der die social-self-Theorien von Mead, Sullivan, Erikson und Jourard als Reaktionen auf Freud nachzuweisen versucht, sieht in der Jourardschen die reine »Umkehrung« der Freudschen Psychoanalyse.

16

Es versteht sich im sozialpsychologischen und speziell im sozial-kognitiven Kontext von selbst, daß hier von phänomenaler Kausalität im Sinne von Michotte (²1954), Heider (1944), Heider u. Simmel (1944) die Rede ist, die mit der tatsächlichen Kausalität nicht zusammenfallen muß. Allerdings unterstellt der Attributor tatsächliche Ursachen (vgl. hierzu zuletzt Kelley 1978).

17

»Etikettieren« wird hier für das gängige »labeling« verwendet, ohne auf eine der unter diesem »label« derzeit diskutierten soziologischen Theorien Bezug zu nehmen (vgl. hierzu Keupp 1976).

18

Da von Psychologen immer noch, zuletzt von Irle (1975, 85), der Irrtum repetiert wird, phänomenologische Psychologie konzentriere sich auf Introspektionen (wie es die Külpe- und Titchener-Schule praktizierte), ein Irrtum, den vor allem amerikanische Psychologen, die sich in der Regel mit der Lektüre fremdsprachiger Originalia schwertun, verbreitet haben, hier wenigstens eine Originalpassage (für viele andere):
»Niemals vollzieht sich eine Erkenntnisleistung an individuellen Gegenständen der Erfahrung so, als ob diese erstmalig vorgegeben wären als noch gänzlich unbestimmte Substrate. Welt ist für uns immer schon eine solche, in der bereits Erkenntnis in der mannigfaltigsten Weise ihr Werk getan

hat; und so ist es zweifellos, daß es keine Erfahrung im erstlich-schlichten Sinne einer Dingerfahrung gibt, die, erstmalig dieses Ding erfassend, in Kenntnis nehmend, nicht schon von ihm mehr ›weiß‹, als dabei zur Kenntnis kommt« (Husserl 1948, 26 f).

19

Dieser Ansatz darf nicht verwechselt werden mit dem Assimilations-Kontrast-Konzept von Sherif u. Hovland (1961). Obwohl in beiden Fällen vorwiegend auf dichotome Klassenbildung im sozialen Urteil Bezug genommen wird, differenziert die Assimilations-Kontrast-Theorie nicht zwischen zwei Klassen schlechthin, sondern zwischen einer Klasse von Urteilen, die der Urteilende selbst, möglichst engagiert, vertritt, und einer Klasse von Positionen, die er als nicht akzeptabel in ihrem Anderssein noch (kontrastierend) akzentuiert. Zur Kritik dieser Theorie vgl. Upshaw (1969).

20

Eine andere gestalttheoretische Bezeichnung ist die des »Ankers«, der Ankerfunktion; vgl. hierzu auch Sherif u. Hovland 1961, 29 f, wo, wenngleich spezifiziert auf Bezugsskalen, definiert wird: »End points ... exert greater influence than others. End points or other standards with greater effect in determining judgment of an item may be referred to as anchorages or simply as anchors.«

21

Umgangssprachlich induzieren wir gelegentlich ein Diskontieren, wenn wir beispielsweise Eigenschaften mit »aber« verbinden; das reicht dann vom harmlosen »knapp an Geld, aber guter Dinge« bis zum Klassenstereotyp »arm, aber ehrlich« (vgl. hierzu Wyer 1973).

22

Eine an den eigentlichen und letzten Verursacher rückadressierte Schuldattribution mag man aus den berühmten Worten des Harfenspielers (aus »Wilhelm Meisters Lehrjahre« von 1795/96) lesen, die an die »himmlischen Mächte« gerichtet sind:
»Ihr führt ins Leben uns hinein,
Ihr laßt den Armen schuldig werden,
Dann überlaßt ihr ihn der Pein;
Denn alle Schuld rächt sich auf Erden.«

23

Auf die Auseinandersetzung zwischen Bem und Vertretern der Theorie der kognitiven Dissonanz sei im Rahmen unseres Themas nicht eingegangen (vgl. aber Grabitz 1978, 142 ff). Der namhafteste Vertreter der Dissonanztheorie in Deutschland, Martin Irle, verfehlt die Fragestellung der gesamten Attributionstheorie, da er sie als »Theorie, welche Ursachen aus Wirkungen erklärt« mißversteht (1975, 346). Tatsächlich handelt es sich um (vorerst) eine Klasse von Theorien, die die Ermittlung von Ursachen aus Wirkungen erklären. Ein halbes Jahrhundert wissenschaftlicher Bemühung um »soziale Einstellungen« (Attitüden) läßt nicht nur die Fragwürdigkeit dieses theoretischen Konstruktes bestehen, sondern nährt auch die Befürchtung: »Wenn Attitüden nichts als abhängige Variablen sein sollten, dann ist es tatsächlich angebrachter, sie im Sinne von Bem ... als Selbst-Beschreibungen zu betrachten ...« (1975, 350; im Original hervorgehoben). Der Trost für den Attitüdentheoretiker liegt in dem rein methodologischen Charakter dieser Befürchtung; denn bekanntlich kann jede abhängige psychologische Variable einer anderen Variable unabhängige sein.

24

Daran ändert auch der Umstand nichts, daß Kurt Lewins Position von amerikanischen Autoren gerne als »phenomenological« qualifiziert wird – eine Eigenschaft, die jedem attribuiert wird, der überhaupt auf innere Vorgänge nicht nur im Sinne hypothetischer Konstrukte eingeht; vgl. auch Anm. 18.

25

Keine der bisher diskutierten Theorien ist so irreführend bezeichnet worden wie die der »objektiven Selbstaufmerksamkeit« (objective self-awareness), und keine der Lesehilfen, die ihre Autoren immer wieder anbieten (zuletzt in: Frey, Wicklund, Scheier 1978, 192), täuscht darüber hinweg, daß hier ein »misnomer« in die Welt gesetzt worden ist. Gemeint ist eine Theorie der auf das Objekt »Selbst« gerichteten Aufmerksamkeit. Da weder die Aufmerksamkeit noch das Selbst in irgendeinem Sinne »objektiv« sind, handelt es sich quasi um eine »reitende Artilleriekaserne« – ohne Pferde. Über die Qualität des besser OSA-Theorie genannten Ansatzes ist damit selbstverständlich nichts ausgesagt.

LITERATUR

ALLPORT, F. H.: Theories of Perception and the Concept of Structure. New York: Wiley 1955

ANDERSON, N. H.: Application of an additive model to impression formation. Science 138, 1962, 817–818

Primacy effects in personality impression formation using a generalized order effect paradigm. Journal of Personality and Social Psychology, 2, 1965, 1–9

Cognitive algebra: Integration theory applied to social attribution. In: L. Berkowitz (Ed.): Advances in Experimental Social Psychology, VII. New York: Academic Press 1974, 2–10

ANDERSON, N. H., BARRIOS, A. A.: Primacy effects in personality impression formation. Journal of Abnormal and Social Psychology, 63, 1961, 346–350

ANDERSON, N. H., JACOBSON, A.: Effect of stimulus inconsistency and discounting instructions in personality impression formation. Journal of Personality and Social Psychology, 2, 1965, 531–539

ANZIEU, D.: L'autoanalyse. Paris: Presses Universitaires de France 1959

ASCH, S.: Forming impressions of personality. Journal of Abnormal and Social Psychology, 41, 1946, 258–290

BAREFOOT, J. C., STRAUB, R. B.: Opportunity for information search and the effect of false heart-rate feedback. Journal of Personality and Social Psychology, 17, 1971, 154–157

BECKER, H. S.: Becoming a marihuana user. American Journal of Sociology, 59, 1953, 235–242

BEM, D. J.: Self-perception: An alternative interpretation of cognitive dissonance phenomena. Psychological Review, 74, 1967, 183–200

Attitudes as self-descriptions: Another look at the attitude-behavior link. In: A. G. Greenwald, T. C. Brock, T. M. Ostrom (Eds.): Psychological foundations of attitudes. New York: Academic Press 1968, 197–215

Self-perception theory. In: L. Berkowitz (Ed.): Advances in Experimental Social Psychology, VI. New York: Academic Press 1972, 1–62

BINSWANGER, L.: Grundformen und Erkenntnis menschlichen Daseins. München: Reinhardt ⁴1964

BLUMENFELD, W.: Urteil und Beurteilung. Archiv für die gesamte Psychologie, 1931, Erg.-Bd. 31

BORING, E. C.: A history of introspection. Psychological Bulletin, 50, 1953, 169–189

BRUNER, J. S., POSTMAN, L.: Perception, cognition, and behavior. Journal of Personality, 18, 1949, 14–31

An approach to social perception. In: W. Dennis (Ed.): Current Trends in Social Psychology. Pittsburgh: University of Pittsburgh Press 1951, 71–118

BRUNER, J. S., SHAPIRO, D., TAGIURI, R.: The meaning of traits in isolation and in combination. In: R. Tagiuri, L. Petrullo (Eds.): Person Perception and Interpersonal Behavior. Stanford: Stanford Univ. Press 1958, 277–299

BRUNER, J. S., TAGIURI, R.: The perception of people. In: G. Lindzey (Ed.): Handbook of Social Psychology. Cambridge/Mass.: Addison-Wesley 1954, 634–654

CARVER, C. S., SCHEIER, M. F.: Self-focusing effects of dispositional self-consciousness, mirror presence, and audience presence. Journal of Personality and Social Psychology, 36, 1978, 324–332

COOK, M.: Interpersonal Perception. Harmondsworth: Penguin 1971

COOLEY, C. H.: Human Nature and the Social Order. New York: Scribner's 1902

CRONBACH, L. J.: Processes affecting scores on »understanding others« and »assumed similarity«. Psychological Bulletin, 52, 1955, 177–193

DARWIN, CH.: The Expression of the Emotions in Man and in Animals. London: Murray 1872. Deutsch: Der Ausdruck der Gemüthsbewegungen bei dem Menschen und den Tieren. Stuttgart: Schweizerbart ⁴1899

DUIJKER, H. C. J.: The initial stages of social contact. In: Rencontre/Encounter/Begegnung. Utrecht: Spectrum 1957, 129–139

DUVAL, S., HENSLEY, V.: Extensions of objective self-awareness theory: The focus of attention-causal attribution hypothesis. In: Harvey u. a. 1976

DUVAL, S., WICKLUND, R. A.: A theory of objective self-awareness. New York: Academic Press 1972

Effects of objective self-awareness on attribution of causality. Journal of Experimental Social Psychology, 9, 1973, 17–31

EISER, J. R., STROEBE, W.: Categorization and Social Judgment. New York: Academic Press 1972

FESTINGER, L.: Wish, expectation, and group standards as factors influencing level of aspiration. Journal of Abnormal and Social Psychology, 37, 1942, 184–200

A theory of social comparison processes. Human Relations, 7, 1954, 117–140; sowie in: Hare u. a. 1962, 163–187

FREUD, S.: Die Traumdeutung (1900). G.W. II/III

Vorlesungen zur Einführung in die Psychoanalyse (1916/17). G.W. XI

Das Ich und das Es (1923). G.W. XIII

Abriß der Psychoanalyse (1938). G.W. XVII

Gesammelte Werke. London: Imago 1940–1952. Deutsch: Frankfurt/M.: Fischer 1960 ff

FREY, D. (Hg.): Kognitive Theorien der Sozialpsychologie. Bern: Huber 1978

FREY, D., WICKLUND, R. A., SCHEIER, M. F.: Die Theorien der objektiven Selbstaufmerksamkeit. In: Frey 1978, 192–216

FRIEDMAN, N.: The Social Nature of Psychological Research. New York: Basic Books 1967

FRIJDA, N. H.: Facial expression and situational cues. Journal of Abnormal and Social Psychology, 57, 1958, 149–153

Mimik und Pantomimik. In: R. Kirchhoff (Hg.): Ausdruckspsychologie (Handbuch der Psychologie, V). Göttingen: Hogrefe 1965, 351–421

GADAMER, H. G.: Wahrheit und Methoden. Tübingen: Mohr/Siebeck ⁴1975

GERGEN, K. J., GERGEN, M. M.: Attribution im Kontext sozialer Erklärung. In: Görlitz u. a. 1978, 221–238

GÖRLITZ, D., MEYER, W.-U., WEINER, B. (Hg.): Bielefelder Symposium über Attribution. Stuttgart: Klett-Cotta 1978

GOETHALS, G. R.: Consensus and modality in the attribution process: The role of similarity and information. Journal of Personality and Social Psychology, 21, 1972, 84–92

GOETHALS, G. R., DARLEY, J. M.: Social comparison theory – An attributional approach. In: Suls, Miller 1977, 259–278

GOLDBERG, L. R.: Differential attribution of trait-descriptive terms to oneself as compared to well-liked, neutral, and disliked others: A psychometric analysis. Journal of Personality and Social Psychology, 36, 1978, 1012–1028

GOLDMAN, R., JAFFA, M., SCHACHTER, S.: Yom Kippur, Air France, Dormitory Food, and the eating behavior of obese and normal persons. Journal of Personality and Social Psychology, 10, 1968, 117–123

GORDON, C., GERGEN, K. J. (Eds.): The Self in Social Interaction, I: Classic and contemporary perspectives. New York: Wiley 1968

GRABITZ, H.-J.: Die Theorie der Selbst-Wahrnehmung von Bem. In: Frey 1978, 138–159

GRABITZ, H.-J., GNIECH, G.: Die kognitiv-physiologische Theorie der Emotion von Schachter. In: Frey 1978, 161–190

GRAUMANN, C. F.: »Social perception« – Die Motivation der Wahrnehmung in neueren amerikanischen Untersuchungen. Zeitschrift für Experimentelle und Angewandte Psychologie, 3, 1956, 605–661

Eigenschaften als Problem der Persönlichkeits-Forschung. In: Ph. Lersch, H. Thomae (Hg.): Persönlichkeitsforschung und Persönlichkeitstheorie (Handbuch der Psychologie, IV). Göttingen: Hogrefe 1960, 87–154

Phänomenologie und deskriptive Psychologie des Denkens. In: R. Bergius (Hg.): Lernen und Denken (Handbuch der Psychologie, I/2). Göttingen: Hogrefe 1964, 493–518

Bewußtsein, Erleben, Verhalten. Ruperto Carola, 37, 1965, 90–95

Bewußtsein und Bewußtheit – Probleme und Befunde der psychologischen Bewußtseinsforschung. In: W. Metzger (Hg.): Wahrnehmung und Bewußtsein (Handbuch der Psychologie, I/1). Göttingen: Hogrefe 1966 a, 79–127

Nicht-sinnliche Bedingungen des Wahrnehmens. In: W. Metzger (Hg.): Wahrnehmung und Bewußtsein (Handbuch der Psychologie, I/1). Göttingen: Hogrefe 1966 b, 1031–1096

Grundzüge der Verhaltensbeobachtung. In: C. F. Graumann, H. Heckhausen (Hg.): Pädagogische Psychologie – Grundlagentexte 1. Frankfurt/M.: Fischer 1973, 14–41

GURWITSCH, A.: Studies in Phenomenology and Psychology. Evanston/Ill.: Northwestern University Press 1966

Théorie du champ de la conscience. Bruges, Paris: Desclée de Brouwer 1957. Deutsch: Das Bewußtseinsfeld. Berlin: de Gruyter 1974

Die mitmenschlichen Begegnungen in der Milieuwelt. Berlin: de Gruyter 1977

HAISCH, J., FREY, D.: Die Theorie sozialer Vergleichsprozesse. In: D. Frey (Hg.): Kognitive Theorien der Sozialpsychologie. Bern: Huber 1978, 75–96

HAKMILLER, K. L.: Threat as a determinant of downward comparison. Journal of Experimental Social Psychology, Supplement 1, 1966, 32–39

HALL, C. S., LINDZEY, G.: Theories of Personality. New York: Wiley ²1970

HARE, A. P., BORGATTA, E. F., BALES, R. T. (Eds.): Small Groups: Studies in Social Interaction. New York: Knopf 1962

HARVEY, J. H., ICKES, W., KIDD, R. F. (Eds.): New directions in attribution research, I. Hillsdale/N. J.: Erlbaum 1976

New directions in attribution research, II. Hillsdale/N. J.: Erlbaum 1978

HASTORF, A. H., SCHNEIDER, D. J., POLEFKA, J.: Person Perception. Reading/Mass.: Addison-Wesley 1970

HAYS, W. L.: An approach to the study of trait implication and trait similarity. In: Tagiuri, Petrullo 1958, 289–299

HEIDER, F.: Social perception and phenomenal causality. Psychological Review, 51, 1944, 358–374

The Psychology of Interpersonal Relations. New York: Wiley 1958. Deutsch: Psychologie der interpersonalen Beziehungen. Stuttgart: Klett 1977

HEIDER, F., SIMMEL, M.: An experimental study of apparent behavior. American Journal of Psychology, 57, 1944, 243–259

HOFER, M.: Zur impliziten Persönlichkeitstheorie von Lehrern. Zeitschrift für Entwicklungspsychologie und Pädagogische Psychologie, 2, 1970, 197–209

Die Schülerpersönlichkeit im Urteil des Lehrers. Weinheim: Beltz 1974

HOLLAND, R.: Self and Social Context. London: Macmillan 1977

HOLZKAMP, K.: Soziale Kognition. In: C. F. Graumann (Hg.): Sozialpsychologie (Handbuch der Psychologie, VII/2). Göttingen: Hogrefe 1972, 1263–1341

HUMPHREY, G.: Thinking – An introduction to its experimental psychology. London: Methuen 1951

HUNT, J. M., COLE, M.-L. W., REIS, E. E. S.: Situational cues distinguishing anger, fear, and sorrow. American Journal of Psychology, 71, 1958, 136–151

HUSSERL, E.: Erfahrung und Urteil. Hamburg: Classen & Goverts 1948

HYMAN, H. H., SINGER, E. (Eds.): Readings in Reference Group Theory and Research. New York: Free Press 1968

IRLE, M.: Lehrbuch der Sozialpsychologie. Göttingen: Hogrefe 1975

JAHNKE, J.: Interpersonale Wahrnehmung. Stuttgart: Kohlhammer 1975

JAMES, W.: The Principles of Psychology (1890), I, II. New York: Dover Publications 1950

JONES, E. E.: How do people perceive the causes of behavior? American Scientist, 64, 1976, 300–305

JONES, E. E., DAVIS, K. E.: From acts to dispositions - The attribution process in person perception. In: L. Berkowitz

(Ed.): Advances in Experimental Social Psychology, II. New York: Academic Press 1965, 219–266

JONES, E. E., GOETHALS, G. R.: Order effects in impression formation: Attribution context and the nature of the entity. In: Jones u. a. 1972, 27–46

JONES, E. E., KANOUSE, D. E., KELLEY, H. H., NISBETT, R. E., VALINS, S., WEINER, B.: Attribution: Perceiving the Causes of Behavior. Morristown/N. J.: General Learning Press 1972

JONES, E. E., McGILLIS, D.: Correspondent inferences and the attribution cube: A comparative re-appraisal. In: Harvey u. a. 1976, 389–420

JONES, E. E., NISBETT, R. E.: The actor and the observer: Divergent perceptions of the causes of behavior. In: Jones u. a. 1972, 79–94

JOURARD, S. M.: The Transparent Self. New York: Van Nostrand 1964

Healthy personality and self-disclosure. In: Gordon, Gergen 1968 a, 423–434

Disclosing Man to Himself. New York: Van Nostrand 1968 b

Self-disclosure. New York: Wiley 1971

KAMINSKI, G.: Das Bild vom Anderen. Berlin: Lüttke 1959

Die Beurteilung unserer Mitmenschen als Prozeß. Ber. 23. Kongr. Dtsch. Ges. f. Psychol. Göttingen: Hogrefe 1963, 51–67

KELLEY, H. H.: Attribution theory in social psychology. In: D. Levine (Ed.): Nebraska Symposium on Motivation. Lincoln/Neb.: University of Nebraska Press 1967, 192–238

Attribution in social interaction. In: Jones u. a. 1972, 1–26

The processes of causal attribution. American Psychologist, 28, 1973, 107–128

Zaubertricks: Der Umgang mit Attributionen. In: Görlitz u. a. 1978, 29–47

KEUPP, H.: Abweichung und Alltagsroutine: Die Labeling-Perspektive in Theorie und Praxis. Hamburg: Hoffmann & Campe 1976

KLEINKE, C. L.: Self-Perception – The Psychology of Personal Awareness. San Francisco: Freeman 1978

KRUGLANSKI, A. W.: The endogenous-exogenous partition in attribution theory. Psychological Review, 82, 1975, 387–406

LAING, R. D., PHILLIPSON, H., LEE, A. R.: Interpersonal Perception. London: Tavistock 1966. Deutsch: Interpersonelle Wahrnehmung. Frankfurt/M.: Suhrkamp 1971

LATANÉ, B.: Studies in social comparison – Introduction and overview. Journal of Experimental Social Psychology, Supplement 1, 1966, 1–5

LAUCKEN, U.: Naive Verhaltenstheorie. Stuttgart: Klett 1974

LEITHÄUSER, T.: Formen des Alltagsbewußtseins. Frankfurt/M.: Campus 1976

LEWIN, K.: Der Übergang von der Aristotelischen zur Galileischen Denkweise in Biologie und Psychologie. Erkenntnis 1, 1931, 421–466

Dynamics of group action. Educational Leadership, 1, 1944, 195–200

Functions in group dynamics, I: Concept, method, and reality in social science; social equilibria and social change. Human Relations, 1, 1947, 5–41. Deutsch in: Feldtheorie in den Sozialwissenschaften. Bern: Huber 1963 (Kap. IX)

LEWIN, K., DEMBO, T., FESTINGER, L., SEARS, P.: Level of aspiration. In: J. McV. Hunt (Ed.): Personality and the Behavior Disorders, I. New York: Ronald 1944, 333–378

LILLI, W.: Das Zustandekommen von Stereotypen über einfache und komplexe Sachverhalte – Experimente zum klassifizierenden Urteil. Zeitschrift für Sozialpsychologie, 1, 1970, 57–79

Soziale Akzentuierung. Stuttgart: Kohlhammer 1975

LIPPMANN, W.: Public Opinion (1922). New York [12]1949. Deutsch: Die öffentliche Meinung. München: Rütten & Loening 1964

LUUTZ, R., MATTENKLOTT, A.: Ist funktionales Messen ein eigenständiger Ansatz der Informationsintegration? Zeitschrift für Sozialpsychologie, 9, 1978, 313–321

MANDLER, G., KESSEN, W.: The Language of Psychology. New York: Wiley 1959

MANZ, W.: Das Stereotyp – Zur Operationalisierung eines sozialwissenschaftlichen Begriffs. Meisenheim: Hain [4]1974

McARTHUR, L. A.: The how and what of why: Some determinants and consequences of causal attribution. Journal of Personality and Social Psychology, 22, 1972, 171–193

MEAD, G. H.: Mind, Self, and Society. Chicago: Univ. of Chicago Press 1934. Deutsch: Geist, Identität und Gesellschaft. Frankfurt/M.: Suhrkamp 1968

MERTENS, W.: Sozialpsychologie des Experiments – Das Experiment als soziale Interaktion. Hamburg: Hoffmann & Campe 1975

MERZ, F.: Über die Beurteilung unserer Mitmenschen als Leistung. Ber. 23. Kongr. Dtsch. Ges. f. Psychol. Göttingen: Hogrefe 1963, 32–51

MEYER, W.-V., SCHMALT, H.-D.: Die Attributionstheorie. In: D. Frey (Hg.): Kognitive Theorien der Sozialpsychologie. Bern: Huber 1978, 98–136

MICHOTTE, A.: La perception de la causalité. Paris: Vrin [2]1954

MILLER, A. G. (Ed.): The Social Psychology of Psychological Research. New York: Free Press 1972

MISCHEL, W.: Personality and Assessment. New York: Wiley 1968

Toward a cognitive social learning reconceptualization of personality. Psychological Review, 80, 1973, 252–283

MONSON, T. C., SNYDER, M.: Actors, observers, and the attribution process: Toward a reconceptualization. Journal of Experimental Social Psychology, 13, 1977, 89–111

NISBETT, R. E. C., CAPUTO, C., LEGANT, P., MARECEK, J.: Behavior as seen by the actor and as seen by the observer. Journal of Personality and Social Psychology, 27, 1973, 154–164

NISBETT, R. E., VALINS, S.: Perceiving the causes of one's own behavior. In: Jones u. a. 1972, 63–78

ORNE, M. T.: On the social psychology of the psychological experiment – with particular reference to demand characteristics and their implications. American Psychologist, 17, 1962, 776–783

PARSONS, T.: The position of identity in the general theory of action. In: Gordon, Gergen 1968, 11–23

PETERS, R. S.: The Concept of Motivation. London: Routledge & Kegan Paul 1958

PETTIGREW, T. F.: Social evaluation theory: Convergences and applications. In: D. Levine (Ed.): Nebraska Symposium on Motivation. Lincoln/Neb.: University of Nebraska Press 1967, 241–311

PONGRATZ, L. J.: Problemgeschichte der Psychologie. Bern, München: Francke 1967

ROSENBERG, S., SEDLAK, A.: Structural representations of implicit personality theory. In: L. Berkowitz (Ed.): Advances in experimental social psychology, VI. New York: Academic Press 1972, 235–297

ROSENTHAL, R., ROSNOW, R. L.: The Volunteer Subject. New York: Wiley 1975

ROSS, L.: The intuitive psychologist and his shortcomings: Distortions in the attribution process. In: L. Berkowitz (Ed.): Advances in Experimental Social Psychology, X. New York: Academic Press 1977, 174–220

RUMP, E. E.: Facial expression and situational cues: Demonstration of logical error in Frijda's report. Acta Psychologica, 17, 1960, 31–38

SARTRE, J.-P.: L'imagination. Paris: Alcan 1936

L'imaginaire. Psychologie phénoménologique de l'imagination. Paris: Gallimard 1940

SCHACHTER, S.: The Psychology of Affiliation. Stanford/Cal.: Stanford University Press 1959

The interaction of cognitive and physiological determinants of emotional state. In: L. Berkowitz (Ed.): Advances in Experimental Social Psychology, I. New York: Academic Press 1964, 49–80

Emotion, Obesity, and Crime. New York: Academic Press 1971

SCHACHTER, S., GROSS, L.: Manipulated time and eating behavior. Journal of Personality and Social Psychology, 10, 1968, 98–106

SCHACHTER, S., SINGER, J. E.: Cognitive, social, and physiological determinants of emotional state. Psychological Review, 69, 1962, 379–399

SCHACHTER, W., WHEELER, L.: Epinephrine, chlorpromazine and amusement. Journal of Abnormal and Social Psychology, 65, 1962, 121–128

SCHLOSBERG, H.: Three dimensions of emotion. Psychological Review, 61, 1953, 81–88

SCHNEIDER, D. J.: Implicit personality theory: A review. Psychological Bulletin, 79, 1973, 294–309

Social Psychology. Reading/Mass.: Addison-Wesley 1976

SCHÜMER, R.: Eine experimentelle Untersuchung zur sozialen Eindrucksbildung. Zeitschrift für Sozialpsychologie, 2, 1972, 92–108

SECORD, P. F., BEVAN, W., KATZ, B.: The negro stereotype and perceptual accentuation. Journal of Abnormal and Social Psychology, 53, 1956, 78–83

SEELEMAN, V.: The influence of attitude upon the remembering of pictorial material. Archives of Psychology, No. 258, 1940

SHAVER, K. G.: Defensive attribution – Effects of severity and relevance on the responsibility assigned for an accident. Journal of Personality and Social Psychology, 14, 1970, 101–113

An Introduction to Attribution Processes. Cambridge/Mass.: Winthrop 1975

SHAW, J. I., SKOLNICK, P.: Attribution of responsibility for a happy accident. Journal of Personality and Social Psychology, 18, 1971, 380–383

SHAW, M. E., SULZER, J. L.: An empirical test of Heider's levels in attribution of responsibility. Journal of Abnormal and Social Psychology, 69, 1964, 39–46

SHERIF, M., HOVLAND, C. I.: Social Judgment – Assimilation and Contrast Effects in Communication and Attitude Change. New Haven: Yale University Press 1961

SKINNER, B. F.: Verbal Behavior. New York: Appleton-Century-Crofts 1957

About Behaviorism. New York: Random 1976

SNYDER, M. L., STEPHAN, W. G., ROSENFIELD, D.: Egotism and attribution. Journal of Personality and Social Psychology, 33, 1976, 435–441

Attributional egotism. In: Harvey u. a. 1978, 91–117

STEINER, I. D.: Perceived freedom. In: L. Berkowitz (Ed.): Advances in Experimental Social Psychology, V. New York: Academic Press 1970, 187–248

STORMS, M. D.: Videotape and the attribution process: Reversing actors' and observers' points of view. Journal of Personality and Social Psychology, 27, 1973, 165–175

STREUFERT, S., STREUFERT, S. C.: Attribution, Dimensionalität und Messung – Die Art der Messung bestimmt das Ergebnis. In: Görlitz u. a. 1978, 183–211

SULS, J. M., MILLER, R. L. (Eds.): Social Comparison Processes – Theoretical and Empirical Perspectives. Washington/D. C.: Hemisphere 1977

TAGIURI, R.: Introduction. In: Tagiuri, Petrullo 1958

Person perception. In: G. Lindzey, E. Aronson (Eds.): The Handbook of Social Psychology, III. Reading/Mass.: Addison-Wesley ²1969, 395–449

TAGIURI, R., PETRULLO, L. (Eds.): Person Perception and Interpersonal Behavior. Stanford: Stanford University Press 1958

TAJFEL, H.: Quantitative judgment in social perception. British Journal of Psychology, 50, 1959, 16–29

TAJFEL, H., SHEIKH, A. A., GARDNER, R. C.: Content of stereotypes and the inference of similarity between members of stereotyped groups. Acta Psychologica, 22, 1964, 191–201

TAJFEL, H., WILKES, A. L.: Classification and quantitative judgment. British Journal of Psychology, 54, 1963, 101–114

TAYLOR, S. E., FISKE, S. T.: Salience, attention, and attribution: Topp of the head phenomenon. In: L. Berkowitz (Ed.): Advances in Experimental Social Psychology, XI. New York: Academic Press 1978, 249–288

TOLMAN, E. C., BRUNSWIK, E.: The organism and the causal texture of the environment. Psychological Review, 42, 1935, 43–77

UPSHAW, H. S.: The personal reference scale: An approach to social judgment. In: L. Berkowitz (Ed.): Advances in Experimental Social Psychology, IV. New York: Academic Press 1969, 315–371

VALINS, S.: Cognitive effects of false heart-rate feedback. Journal of Personality and Social Psychology, 4, 1966, 400–408

VALINS, S., NISBETT, R. E.: Attribution processes in the development and treatment of emotional disorders. In: Jones u. a. 1972, 137–150

VALINS, S., RAY, A.: Effects of cognitive desensitization on avoidance behavior. Journal of Personality and Social Psychology, 7, 1967, 345–350

WALSTER, E.: Assignment of responsibility for an accident. Journal of Personality and Social Psychology, 3, 1966, 73–79

WARR, P. B., KNAPPER, C.: The Perception of People and Events. London: Wiley 1968

WEGNER, D. M., VALLACHER, R. R.: Implicit Psychology – An Introduction to Social Cognition. New York: Oxford University Press 1977

WHEELER, L., SHAVER, K. G., JONES, R. A., GOETHALS, G. R., COOPER, J., ROBINSON, J. E., GRUDER, C. L., BUTZINE, K. W.: Factors determining the choice of comparison other. Journal of Experimental Social Psychology, 5, 1969, 219–232

WICKLUND, R. A.: Objective self-awareness. In: L. Berkowitz (Ed.): Advances in Experimental Social Psychology, VIII. New York: Academic Press 1975, 233–275

WISHNER, J.: Reanalysis of »Impressions of Personality«. Psychological Review, 67, 1960, 96–112

WOODWORTH, R. S.: Experimental Psychology. New York: Holt, Rinehart & Winston 1938

WOODWORTH, R. S., SCHLOSBERG, H.: Experimental Psychology. New York: Holt, Rinehart & Winston ²1954

WUNDT, W.: Grundzüge der physiologischen Psychologie, I. Leipzig: Engelmann ⁶1908

Erlebtes und Erkanntes. Stuttgart: Kröner 1920

WYER, R. S.: Effects of information inconsistency and grammatical context on evaluation of persons. Journal of Personality and Social Psychology, 25, 1973, 45–49

SOZIALER STATUS UND WAHRNEHMUNG

von Baldo Blinkert

In der Soziologie bezeichnet man mit dem Begriff »sozialer Status« den Platz, den jemand in irgendeiner Art von Abstufung einnimmt und mit dem sich Vorstellungen von besser oder schlechter, bevorrechtigt oder benachteiligt verbinden (Bolte 1974, 13). Der Begriff wird dazu verwendet, um die Stellung eines Menschen in einem Kollektiv zu bezeichnen. Das Kollektiv kann z. B. eine kleine Gruppe sein, eine Organisation, Gemeinde oder aber die Gesamtgesellschaft. In kleinen Gruppen ist der Status ein Ausdruck der Anerkennung, den das betreffende Gruppenmitglied aufgrund seines Verhaltens oder seiner persönlichen Eigenschaften genießt. In großen Kollektiven dagegen, insbesondere aber in der Gesamtgesellschaft, ist der soziale Status in viel stärkerem Maße das Ergebnis von Bewertungen der Rollen bzw. Positionen, die jemand einnimmt, und wird relativ wenig beeinflußt vom Verhaltensstil und den persönlichen Eigenschaften des Positionsinhabers. Hat ein Kollektiv eine Statusordnung, die in diesem Sinne weitgehend unabhängig von den Merkmalen oder dem Verhalten einzelner Individuen ist, dann spricht man von sozialer Schichtung. Als soziale Schichtung wird also eine weitgehend institutionalisierte Statusordnung bezeichnet, die auf der Bewertung von Positionen und Rollen beruht und die relativ unempfindlich gegenüber personalen Veränderungen ist. Als Schicht könnte man dann eine Gruppe von Menschen bezeichnen, die über einen ähnlichen Status verfügen, deren Positionen also im Hinblick auf statusrelevante Merkmale wie z. B. Einkommen, Beruf oder Ausbildung vergleichbar sind. In Untersuchungen über den Zusammenhang zwischen sozialem Status und Wahrnehmung wird Status üblicherweise in dem zuletzt erläuterten Sinn verstanden. Eine Beziehung zwischen Status und Wahrnehmung könnte man unter zwei Gesichtspunkten vermuten. Zum einen könnte man fragen, ob die Zugehörigkeit zu einer Statusgruppe oder sozialen Schicht einen Einfluß auf bestimmte Wahrnehmungsleistungen ausübt, wie stark dieser Einfluß ist und unter welchen Bedingungen man ihn nachweisen kann. Im folgenden wird ausschließlich diese Frage untersucht. Ein nicht weniger wichtiges und interessantes Problem ergibt sich jedoch daraus, daß in sehr vielen Situationen der soziale Status einer Person ein Merkmal ist, das in ganz entscheidender Weise darauf Einfluß nimmt, wie diese Person von anderen wahrgenommen wird.

Die Frage nach dem Einfluß von sozialem Status auf die Wahrnehmungen von Menschen ist natürlich nur sinnvoll, wenn man annehmen kann, daß Wahrnehmungsprozesse nicht allein durch physiologische Faktoren gesteuert werden und sich grundlegend von einer photographischen Bestandsaufnahme unterscheiden. Eine solche Annahme gehört nun schon seit längerem zu den Grundüberzeugungen der modernen Sozialpsychologie, und die dafür vorgelegten empirischen Belege sind überwältigend. Sie zeigen sehr deutlich, daß Wahrnehmungsleistungen in ganz beträchtlichem Maße durch vergangene Erfahrungen, durch das verfügbare Kategoriensystem, durch Erwartungen, Wünsche, Einstellungen und Hoffnungen beeinflußt werden (vgl. Bruner 1958, s. auch seinen mit D. R. Olsen verfaßten Beitrag in Bd. VII dieser Enzyklopädie; Tajfel 1969; Lindesmith, Strauss, Denzin 1975). Diese wiederum entstehen im Verlauf der Biographie und lassen sich durch die Zugehörigkeit zu einer bestimmten Kultur oder Gruppe erklären. Welche Annahmen über diesen Prozeß gemacht werden, wird in Abb. 1 dargestellt.

Abb. 1

Der Prozeß des Wahrnehmens beginnt damit, daß sich die Person der Situation bereits mit ganz spezifischen Einstellungen und Erwartungen über beobachtbare und wichtige Ereignisse nähert. Dabei werden bestimmte Reize der Umwelt von vornherein ignoriert oder als so problemlos und selbstverständlich empfunden, daß sie nur am Rande registriert werden. Die von den Sinnesorganen aufgenommenen Ereignisse und Tatbestände werden dann in den vorhandenen Erfahrungsvorrat eingeordnet, sie werden in einen sinnhaften Zusammenhang gebracht, klassifiziert und vor dem Hintergrund des verfügbaren Interpretations- und Orientierungsschemas gedeutet. Für einen Bericht oder für ein bestimmtes Verhalten werden sie dann abgerufen, und auch dabei findet erneut eine Selektion und Verarbeitung statt, eine Auswahl und Interpretation, die von Interessen, Motiven und Handlungszielen geleitet ist. Ein Beobachter sieht von diesem Prozeß nur die Anfangs- und Endstufe; er sieht eine Serie von Reizen, und er kann registrieren, wie der Wahrnehmende darauf reagiert. Der kognitive Prozeß, der dazwischen abläuft, ist mit verhaltenswissenschaftlichen Methoden nicht direkt beobachtbar. Allerdings sind die Annahmen, die man darüber gemacht hat, insofern plausibel, als sie mit den beobachtbaren Konsequenzen dieses Prozesses vereinbar sind: In zahlreichen Versuchen und Feldforschungen konnte gezeigt werden, daß unter bestimmten Bedingungen eine Serie von gleichen Reizen mit unterschiedlichen Berichten verbunden ist und umgekehrt, daß eine Serie unterschiedlicher Reize gleiche Berichte hervorrufen kann. Darüber hinaus wurde auch deutlich, daß selektive und verarbeitende Leistungen im Prozeß des Wahrnehmens bestimmten Regelmäßigkeiten folgen und daß diese wiederum durch die soziale und biographische Situation des Wahrnehmenden erklärbar sind.[1]

Geht man von diesen Überlegungen aus, dann erscheint es sehr naheliegend, eine Beeinflussung von Wahrnehmungsleistungen durch die Zugehörigkeit zu einer bestimmten Statusgruppe zu vermuten. Statusspezifische Wahrnehmungsunterschiede wären dann in dem Maße zu erwarten, in dem die Zugehörigkeit zu verschiedenen Statusgruppen auch mit Unterschieden in den Motivationen, Bedürfnissen und Interessen verbunden ist und die Verfügbarkeit über bestimmte Kategorien, sprachliche Kompetenzen und Interpretationsmöglichkeiten mit Statusunterschieden korreliert.

Bevor diese Annahme mit den empirischen Ergebnissen verschiedener Untersuchungen verglichen wird, ist eine gewisse Korrektur angebracht. Man würde zu einem völlig falschen Bild kommen, nähme man an, jedermann sähe nur das, was ihm beliebt oder was gerade mit seinen Interessen und Bedürfnissen vereinbar ist. Eine solche Sichtweise würde den Ergebnissen empirischer Forschungen völlig widersprechen. Diese zeigen zwar, daß ein Einfluß der kulturellen Zugehörigkeit und der Umgebung auf die Wahrnehmung besteht; sie zeigen andererseits aber auch, daß die Relativität von Wahrnehmungen innerhalb »lebenswichtiger« Grenzen bleibt (vgl. Segall, Campbell, Herskovits 1966; Kohler 1968). Ein Fußgänger z. B., der eine Straße überqueren will, konzentriert seine Aufmerksamkeit im allgemeinen voll auf den Verkehr. Er wird eine ganze Reihe von im Prinzip wahrnehmbaren Ereignissen überhaupt nicht registrieren. Der Grund ist sehr einfach: Er will heil und unbeschädigt auf die andere Straßenseite kommen. Natürlich ist dieses Interesse nicht schichtspezifisch verteilt, und es wäre absurd, bei Wahrnehmungsakten dieser Art nach einem Zusammenhang zwischen Status und Wahrnehmung zu fragen.

Eine der ersten empirischen Untersuchungen, in denen die Frage nach einer Beeinflussung von Wahrnehmungsleistungen durch den sozialen Status aufgegriffen wurde, ist ein 1947 von Bruner u. Goodman durchgeführtes Experiment (Bruner, Goodman 1947). Die Versuchspersonen waren dreißig Kinder im Alter von zehn Jahren. Ungefähr die Hälfte stammte aus wohlhabenden Mittelschichtfamilien. Die Eltern waren Geschäftsleute oder übten einen freien Beruf wie Arzt oder Rechtsanwalt aus. Die andere Hälfte der Kinder kam aus einer Slumgegend, und die Eltern übten Berufe aus, die man eindeutig der Unterschicht zurechnet. Die Autoren wollten in ihrem Versuch die folgenden Hypothesen überprüfen:

1. Je größer der soziale Wert eines Objekts ist, desto stärker wird dieWahrnehmung durch soziale Determinanten (behavioral determinants: Motive, Bedürfnisse, Einstellungen) beeinflußt.

2. Je größer das individuelle Bedürfnis nach einem sozial bewerteten Objekt ist, desto stärker beeinflussen soziale Determinanten die Wahrnehmung.

3. Je unklarer und mehrdeutiger ein Objekt sich in der Wahrnehmungssituation repräsentiert, desto geringer wird die Wahrnehmung durch physiologische Faktoren beeinflußt (autochthonous determinants: Eigenschaften des Nervensystems).

Der Versuch verlief folgendermaßen: Es wurden drei Gruppen gebildet. In der ersten Gruppe sollten die Kinder die Größe von wertlosen Pappscheiben schätzen. In der zweiten und dritten Gruppe dagegen ging es um die Größe von Münzen im Werte von einem Penny bis zu einem halben Dollar. In der zweiten Gruppe hatten die Kinder die Münzen in der Hand (= eindeutiger Stimulus), und in der dritten Gruppe sollten sie aus dem Gedächtnis schätzen (= unklarer und mehrdeutiger Stimulus). Die Kinder konnten ihre Schätzungen dadurch zum Ausdruck bringen, daß sie einen beweglichen Lichtkreis in seiner Größe dem vermuteten Umfang der Reizvorlage anpassen sollten.

Für die Frage nach dem Einfluß des sozialen Status auf Wahrnehmungsleistungen ist vor allem ein Vergleich zwischen der ersten und zweiten Gruppe wichtig und zwischen den Schätzleistungen der Mittelschicht- und Unterschichtkinder. Die entsprechenden Resultate werden in Abb. 2 dargestellt.

Der Trend dieser Ergebnisse ist ziemlich eindeutig. Die Größe von wertlosen Pappscheiben wird viel häufiger zutreffend geschätzt als die Größe von Münzen, und der Tendenz nach wird die Größe von Münzen um so mehr überschätzt, je wertvoller diese Münzen sind. Ein deutlicher Unterschied besteht auch zwischen den Fehlern der Mittelschicht- und Unterschichtkinder. Die Unterschichtkinder neigen stärker als die Mittelschichtkinder dazu, die Größe der Münzen zu überschätzen. Dieses Ergebnis kann man als einen Beleg dafür ansehen, daß ein Zusammenhang zwischen dem sozialen Status und Wahrnehmungsleistungen tatsächlich existiert. Die Autoren erklären dieses Resultat durch die Annahme, daß die Münzen von den Unterschichtkindern als wertvoller empfunden werden, weil sie für die Befriedigung von Bedürfnissen bei den Unterschichtkindern eine größere Bedeutung besitzen als bei den Mittelschichtkindern.

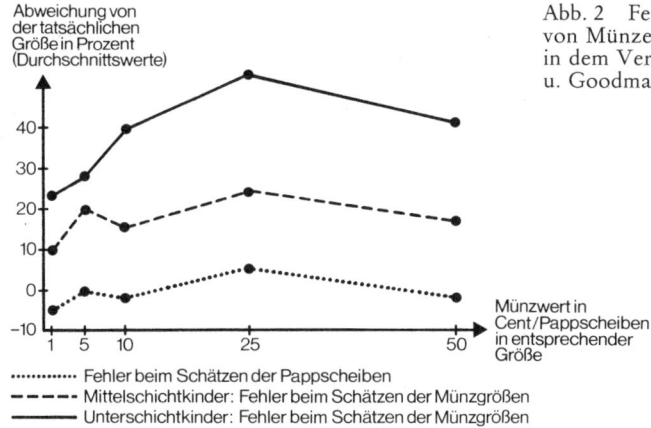

Abb. 2 Fehler beim Schätzen von Münzen und Pappscheiben in dem Versuch von Bruner u. Goodman (1947, 38, 40).

Einschränkend muß man allerdings anmerken, daß die Ergebnisse von Bruner u. Goodman in anderen Versuchen nicht immer bestätigt werden konnten.[2] Außerdem sollte man berücksichtigen, daß die Ergebnisse der Autoren zwar ziemlich genau den Erwartungen entsprechen und daß sie auch statistisch signifikant sind; andererseits aber sind die Unterschiede in den durchschnittlichen Fehlern zwischen den Unterschicht- und Mittelschichtkindern nie größer als 30 Prozent.

Ein anderer Aspekt von Wahrnehmungsleistungen wurde 1975 von Kähler untersucht (Kähler 1975). In diesem Versuch ging es um die Frage, ob Unterschiede im sozialen Status auch mit unterschiedlichen Fähigkeiten bei der Wahrnehmung sprachlicher Mitteilungen verbunden sind. Die Versuchspersonen waren 124 Besucher von Gewerkschaftsschulen und 120 Besucher von Predigerseminaren und Finanzbeamtenschulen. Die Besucher der Gewerkschaftsschulen übten Berufe aus, die man nach dem Verfahren von Kleining u. Moore der Unterschicht zurechnen würde; die Besucher der Predigerseminare und Finanzschulen dagegen hatten Mittelschichtberufe (Kleining, Moore 1968).

Den Versuchspersonen wurden baumähnliche Bilder gezeigt. Der Versuchsleiter hat dann jeweils ein Bild beschrieben, und die Versuchsperson sollte herausfinden, welches Bild damit gemeint war. Wurde das richtige Bild genannt, hat der Autor dies als korrektes Sprachverständnis gewertet, und wenn ein falsches Bild angegeben wurde, als fehlerhaftes Sprachverständnis. Der sprachliche Stil der Beschreibungen wurde vom Versuchsleiter unter verschiedenen Gesichtspunkten variiert. Besonders interessant für den hier untersuchten Zusammenhang ist die Variation nach dem Merkmal »bildhaft-deutend« gegenüber »geometrisch-beschreibend«.

Der Versuch erbrachte das Resultat, daß bei allen Sprachstilen die durchschnittliche Fehlerzahl in der Unterschichtgruppe größer war als in der Mittelschichtgruppe. Weiterhin zeigte sich, daß der Unterschied zwischen den Versuchspersonen aus der Unter- und Mittelschicht besonders groß war, wenn die Bildbeschreibung in einem geometrisch-abstrakten Stil erfolgte, daß die Unterschiede dagegen deutlich geringer waren, wenn der Versuchsleiter die Bilder in bildhaft-deutenden Wendungen beschrieben hat (vgl. Abb. 3).

Die Ergebnisse sind ziemlich eindeutig, und vergleichbare Resultate wurden auch in anderen Untersuchungen beobachtet (vgl. Harms 1973, Schlee 1973). Bei der Erklärung dieser Resultate ist die Annahme von Kähler sehr plausibel, daß der soziale Status ein Indikator für eine Vielzahl von Bedingungen ist, die darauf hinwirken, daß bestimmte sprachliche Kompetenzen schichtspezifisch verteilt sind (Kähler 1975, 254 ff). Besonders hervorzuheben ist dabei die Annahme, daß die Verfügbarkeit über abstrakte Kategorien und Ausdrucksweisen bei Personen mit einer niedrigen formalen Ausbildung sicher wesentlich ge-

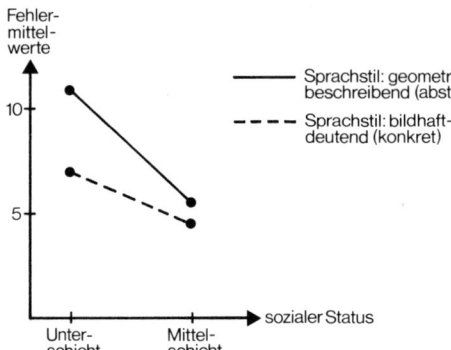

Abb. 3 Fehlermittelwerte bei der Wahrnehmung sprachlicher Mitteilungen (nach: Kähler 1975, 253).

ringer ist als bei Personen mit einem höheren Ausbildungsabschluß. Mitglieder der Unterschicht sind mit Begriffen, die eine unmittelbar anschauliche Bedeutung haben, sicher viel vertrauter als mit abstrakten Begriffen, und ein bildhaft-deutender Sprachstil deckt sich vermutlich viel eher mit den vertrauten Kommunikationserfahrungen als ein geometrisch-beschreibender Stil. Diese Annahme könnte erklären, warum Unterschiede in der Wahrnehmung sprachlicher Mitteilungen zwischen Unterschicht- und Mittelschichtversuchspersonen besonders deutlich sind, wenn diese Mitteilungen einen eher abstrakten Charakter haben.

Der Versuch von Kähler zeigt, daß der soziale Status die Fähigkeit zur Wahrnehmung sprachlicher Reize beeinflußt, wenn Statusunterschiede mit Unterschieden in der Verfügbarkeit über bestimmte Sprachkategorien und -kompetenzen korrelieren. Die Untersuchung von Kähler läßt aber auch einen weiteren Sachverhalt erkennen. Unterschiede in der Wahrnehmung sprachlicher Mitteilungen erreichen nur dann ein größeres Ausmaß, wenn der Sprachstil von unserer üblichen im alltäglichen Leben praktizierten Sprechweise abweicht, wenn er eher abstrakt und generalisierend ist und – so könnte man weiter vermuten – wenn es um die Lösung von Problemen geht, die für die beteiligten Personen nur eine untergeordnete pragmatische Bedeutung besitzen.

Die Belege für einen eventuellen Einfluß des sozialen Status auf Wahrnehmungsleistungen sind für weitreichende Folgerungen sicher nicht ausreichend. Den vorsichtigen Schluß, den man aus den empirischen Untersuchungen ziehen kann, ist der, daß ein Zusammenhang zwischen Status und Wahrnehmung, der sich über Motivationseinflüsse und die schichtspezifische Verteilung sprachlicher Kompetenzen erklären läßt, zwar einerseits nachweisbar ist, daß andererseits aber der durch den sozialen Status ausgeübte Einfluß eher eine geringe bis allenfalls mittlere Größenordnung besitzt. Eine in dieser Weise zurückhaltende Einschätzung wird von vielen Autoren geteilt. Kohler z. B. meint, daß der

Nachweis von Motivationseinflüssen am ehesten möglich ist, wenn es sich um Reizvorlagen handelt, die unscharf, unstrukturiert, komplex und doppeldeutig sind oder nur kurzzeitig angeboten werden (Kohler 1968, 95).

Ob man Wahrnehmungsunterschiede nachweisen kann, hängt auch davon ab, wie weit man den Begriff »Wahrnehmen« fassen will und um was für Wahrnehmungsgegenstände es sich dann handelt. Dies wird besonders deutlich, wenn man die Wahrnehmung von Kunstgegenständen wie Malerei oder Musik untersucht. Hier spielen der Geschmack, die Ausbildung, Vorurteile und Bewertungsstereotype eine so große Rolle, daß der Nachweis statusspezifischer Wahrnehmungsunterschiede nicht sehr schwerfallen dürfte. Ähnliche Verhältnisse wird man für die Wahrnehmung des extrem komplexen und mehrdeutigen Tatbestandes »Gesellschaft« vermuten können. Viele Untersuchungen zeigen auch, daß die Mitglieder verschiedener Schichten die Gesellschaft in unterschiedlicher Weise wahrnehmen. Popitz und seine Mitarbeiter konnten z. B. beobachten, daß Industriearbeiter sehr stark dazu neigen, die Gesellschaft in einer dichotomischen Weise zu sehen. Sie unterscheiden zwei Gruppen, »unten« und »oben«, und ab der Position des Werkmeisters sind hierarchische Unterschiede für sie nicht mehr faßbar (Popitz u. a. 1957). Bei Angestellten kann man demgegenüber ein viel differenzierteres Gesellschaftsbild feststellen, das insbesondere im mittleren Bereich durch eine große Zahl sehr feiner Unterscheidungen gekennzeichnet ist (Bolte 1974, 113). Die Untersuchungen über das Gesellschaftsbild von Industriearbeitern liegen allerdings schon einige Zeit zurück. Sie wurden in den fünfziger Jahren durchgeführt, und neuere Studien zeigen, daß sich Arbeiter in der Wahrnehmung von sozialer Ungleichheit mehr und mehr der Mittelschichtperspektive angleichen (vgl. Kern, Schumann 1970).

Schichtspezifische Unterschiede bei der Wahrnehmung gesellschaftlicher Tatbestände wurden auch in Forschungen über das Autoritarismus- und Anomia-Syndrom festgestellt. In einer ganzen Reihe von Untersuchungen stellte man fest, daß Mitglieder der Unterschicht eher als Mitglieder der Mittelschicht dazu neigen, die Gesellschaft als eine Art »Dschungel« wahrzunehmen, in dem es einen Kampf aller gegen alle gibt, eine Gesellschaft, in der soziale Beziehungen nicht durch Normen und gegenseitige Verpflichtungen geregelt sind und in der sich nur der Stärkere und Rücksichtslosere behaupten kann (Srole 1956, Lipset 1959, McDill 1961, Rhodes 1964). Die Ergebnisse dieser Untersuchungen sind allerdings umstritten. Die Unterschiede zwischen Mitgliedern der Unter- und Mittelschicht sind nicht so deutlich, wie vielfach behauptet wird, und zum Teil lassen sich die Ergebnisse auch durch die Art der Einstellungsmessung erklären, vor allem durch die häufig kritisierte Bildungsanfälligkeit der verwendeten Skalen (vgl. Blinkert 1976).

Bei Untersuchungen zu diesem Komplex stellt sich natürlich auch die Frage, ob es hier überhaupt noch sinnvoll ist, von Wahrnehmung zu sprechen. Die Gesellschaft, bzw. Teile von ihr wie z. B. die Sozialschichtung, ist im Hinblick auf ihren »Reizcharakter« nicht mit Münzen, verbalen Mitteilungen in Versuchen oder bestimmten Lichteindrücken, die man den Versuchspersonen vorführt, vergleichbar. Eine einheitliche und klar bestimmbare Serie von Reizen liegt hier überhaupt nicht vor. In Aussagen über das Gesellschaftsbild und bei den Reaktionen auf die statements der Anomia- und Autoritarismusskalen spielen Weltanschauungen, Meinungen, Vorurteile und soziale Stereotype eine so dominierende Rolle, daß es auch dann ziemlich sinnlos ist, hier von Wahrnehmung zu sprechen, wenn man die Grenze zwischen Wahrnehmung im engeren Sinne und anderen kognitiven Leistungen als fließend ansieht.

In empirischen Untersuchungen über Status und Wahrnehmung wird aufgrund der beobachteten Korrelationen ein indirekter Einfluß des sozialen Status vermutet. Dieser wirkt über eine Kette intervenierender Variablen, die man alle als Indikatoren für das Vorhandensein oder Fehlen statusspezifischer Subkulturen auffassen kann: Unterschiede in den Bedürfnissen, Interessen, Wertvorstellungen, unterschiedliche Sprachkompetenzen und Unterschiede in der Verfügbarkeit über klassifikatorische Kategorien und Interpretationsschemata. In welchem Umfang man nun in einer gegebenen Gesellschaft damit rechnen muß, daß Wahrnehmungsleistungen durch den sozialen Status beeinflußt werden, hängt offensichtlich davon ab, ob es solche Subkulturen gibt, wie groß die Unterschiede zwischen ihnen sind, wie stark sie sich verfestigt haben und wie bedeutsam sie für das alltägliche Handeln der Gesellschaftsmitglieder sind. Diese Bedingungen wiederum sind von der Struktur des betreffenden Statussystems abhängig, und zwar nicht allein von der vertikalen Statusdimension, d. h. nicht nur von dem Ausmaß der bestehenden Statusungleichheit. Eingangs wurde der Begriff sozialer Status bereits erläutert. Er bezeichnet den Platz, den jemand in einer Abstufung einnimmt und mit dem sich Vorstellungen von besser oder schlechter, bevorrechtigt oder benachteiligt verbinden. Hingewiesen wurde auch auf den Unterschied zwischen Statusordnungen, die vorwiegend auf personalen Eigenschaften beruhen und die man vor allem in kleinen Gruppen findet, und Statusordnungen, die als soziale Schichtung institutionalisiert sind. Es ist klar, daß sich bei rein persönlichen Rangordnungen statusspezifische Subkulturen kaum herausbilden werden, aber auch bei Schichtungssystemen hängt es von ganz bestimmten Bedingungen ab, ob es zur Entstehung von schichtspezifischen Subkulturen kommt. Die Struktur von Schichtungssystemen wird nicht allein durch den Grad der bestehenden Ungleichheit bestimmt, sondern auch durch andere Merkmale wie z. B. Anzahl und Art der Kriterien, die den sozialen Status beeinflussen; Anzahl der sozialen Status, die im Durchschnitt und regelmäßig in der betreffenden Gesellschaft unterschieden werden; Grad der Übereinstimmung über Statusunterschiede; Art und Weise der Statusrekrutierung; Grad der Statuskristallisation oder -konsistenz und Umfang der sozialen Mobilität.[3]

Bei gegebener Größe der Statusungleichheit wird die Chance, daß es zur Entstehung schichtspezifischer Subkulturen kommt, vor allem durch den Grad der Statuskonsistenz und durch das Ausmaß der sozialen Mobilität beeinflußt. Statuskonsistenz oder -kristallisation bedeutet, daß jemand in allen statusrelevanten Teilhierarchien einen vergleichbaren Rang besitzt und daß die von ihm realisierte Statuskonfiguration als typisch gilt (vgl. Lenski 1954; Malewski 1966; Blinkert, Fülgraff, Steinmetz 1972). Das Ausmaß der sozialen Mobilität läßt sich definieren als die Anzahl der Statuswechsel zwischen den Generationen oder innerhalb einer Generation.

Ist der Grad der Statuskonsistenz in einer Gesellschaft sehr hoch, dann heißt dies, daß sehr viele oder nahezu alle Mitglieder einen als typisch geltenden sozialen Status besitzen und in allen bedeutsamen Teilhierarchien einen vergleichbaren Rang haben. Damit steigt dann auch die Chance, daß die Unterschiede zwischen verschiedenen Statusgruppen sehr klar und eindeutig sind, daß diese sich nach ihrer Lebensweise sehr deutlich unterscheiden, daß sie ein in-group-Gefühl entwickeln und daß es zur Entstehung einer status- oder schichtspezifischen Subkultur kommt. In die gleiche Richtung wirkt ein geringer Grad der sozialen Mobilität. Zwischen den verschiedenen Statusgruppen findet kein Austausch statt, sie sind in starkem Maße voneinander abgeschlossen, und die Bedingungen für die Entstehung schichtspezifischer Sprachmuster, Interessen und Wertevorstellungen sind weitaus günstiger als in einem Statussystem mit einem hohen Grad der sozialen Mobilität. Diese in der Abb. 4 dargestellten Beziehungen lassen sich in der folgenden Weise zusammenfassen:

1. Je stärker sich unterschiedliche Interessen, Wertevorstellungen und sprachliche Kompetenzen zu statusspezifischen Subkulturen verfestigt haben, desto eindeutiger werden Wahrnehmungsunterschiede auch mit dem sozialen Status korrelieren.

2. Je höher der Grad der Statusungleichheit in einer Gesellschaft ist, desto eher kommt es zur Entstehung statusspezifischer Subkulturen.

3. Je größer der Umfang der sozialen Mobilität ist, desto geringer ist die Chance, daß es zur Entstehung statusspezifischer Subkulturen kommt.

4. Je höher in einer Gesellschaft der Grad der Statuskonsistenz ist, desto wahrscheinlicher ist es auch, daß sich statusspezifische Subkulturen herausbilden.

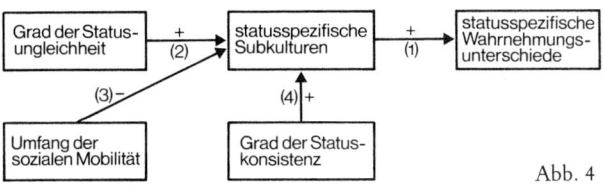

Abb. 4

Ein geringes Maß an sozialer Mobilität und ein hoher Grad der Statuskonsistenz sind kennzeichnend für sogenannte geschlossene Gesellschaften, und es ist anzunehmen, daß statusspezifische Wahrnehmungsunterschiede hier auch eine viel größere Bedeutung besitzen. Ein hohes Maß an sozialer Mobilität bei relativ niedriger Statuskonsistenz ist dagegen ein typisches Merkmal von offenen Gesellschaften, und es ist anzunehmen, daß statusspezifische Wahrnehmungsunterschiede dann auch erheblich weniger bedeutsam sind.

Wenn man einen möglichst breiten Konsens über den Bereich relevanter Wahrnehmungen als eine der wichtigeren Voraussetzungen für einen hohen Grad der gesellschaftlichen Integration ansieht, dann ist die Annahme nicht ganz unplausibel, daß gerade die Geschlossenheit des Statussystems in den vermeintlich so stabilen Kasten- und Standesgesellschaften zu einer ständigen Bedrohung der Stabilität dieser Gesellschaften geführt hat.

ANMERKUNGEN

1

Eine sehr gute Übersicht über empirische Arbeiten findet sich bei Dember (1960), Kap. VII–IX; vgl. auch Kilpatrick, Cantril (1961); Triandis (1964); Postman, Bruner, McGinnies (1948); Gibson (1953)

2

Ergebnisse, die das Bruner-Goodman-Experiment nicht bestätigen, werden von Carter u. Schooler (1949) berichtet. Ein Versuch, der zu ähnlichen Ergebnissen wie in der Studie von Bruner u. Goodman führte, wurde von Holzkamp (1965) durchgeführt.

3

Sehr gute Beschreibungen verschiedener Dimensionen von Schichtungssystemen findet man bei Bolte (1974) und Lenski (1966)

LITERATUR

Blinkert, B.: Autoritarismus, Desorientierung und soziale Schichtung. Soziale Welt, 27, 1976, 166–179

Blinkert, B., Fülgraff, B., Steinmetz, P.: Statusinkonsistenz, soziale Abweichung und das Interesse an Veränderungen der politischen Machtverhältnisse. Kölner Zeitschrift für Soz. und Soz. Psych., 24, 1972, 24–45

Bolte, K. M., Kappe, D., Neidhardt, F.: Soziale Ungleichheit, Opladen 1974

Bruner, J. S.: Social Psychology and Perception. In: E. M. Maccoby, Th. M. Newcombe, E. L. Hartley (Eds.): Readings in Social Psychology. New York 1958, 85–94

Bruner, J. S., Goodman, C. C.: Value and Need as Organizing Factors in Perception. Journ. of Abnorm. and Soc. Psych., 42, 1947, 33–44

Carter, L. F., Schooler, K.: Value, Need, and other Factors in Perception. Psychol. Review, 56, 1949, 200–207

DEMBER, W. N.: The Psychology of Perception. New York 1960

GIBSON, J. J.: Social Perception and Perceptual Learning. In: M. Sherif, D. Wilson (Eds.): Group Relations at the Crossroads. New York 1953, 120–138

HARMS, L. S.: Listener Comprehension of Speakers of Three Status Croups. Language and Speech, 4, 1973, 109–112

HOLZKAMP, K.: Das Problem der »Akzentuierung« in der sozialen Wahrnehmung. Zeitschr. Exp. Angew. Psychol., 12, 1965, 86–97

HYMAN, H. H.: The Value System of Different Classes. In: R. Bendix, S. M. Lipset (Eds.): Class, Status, and Power. New York 1966, 488–499

KÄHLER, H. D.: Beschreibungsmerkmale als Determinanten der Dekodierungsleistungen von Personen unterschiedlicher sozialer Schichtzugehörigkeit. Zeitschr. f. Soz. Psych., 6, 1975, 246–258

KERN, H., SCHUMANN, M.: Industriearbeiter und Arbeiterbewußtsein. Frankfurt 1970

KILPATRICK, F. P., CANTRIL, H.: The Constancies in Social Perception. In: F. P. Kilpatrick (Ed.): Explorations in Transactional Psychology. New York 1961, 354–365

KLEINING, G., MOORE, H.: Soziale Selbsteinstufung (SSE). Kölner Zeitschr. f. Soz. und Soz. Psych., 20, 1968, 502–552

KOHLER, I.: Wahrnehmung. In: R. Meili, H. Rohracher (Hg.): Lehrbuch der experimentellen Psychologie. Bern, Stuttgart 1968, 57–114

LENSKI, G. E.: Status Cristallization. A Non-Vertical Dimension of Social Status. American Soc. Rev., 19, 1954, 12–18

Power and Privilege. A Theory of Social Stratification. New York 1966

LINDESMITH, A. R., STRAUSS, A. L., DENZIN, N. K.: Social Psychology. Hinsdale/Ill., 1975

LIPSET, S. M.: Democracy and Working Class Authoritarianism. American Soc. Rev., 24, 1959, 482–501

MALEWSKI, A.: The Degree of Status Incongruence and its Effects. In: R. Bendix, S. M. Lipset (Eds.): Class, Status, and Power. New York 1966, 303–308

MAYNTZ, R.: Soziale Schichtung und sozialer Wandel in einer Industriegemeinde. Stuttgart 1958

MCDILL, E. L.: Anomie, Authoritarianism, Prejudice, and Socio-Economic-Status. An Attempt at Clarification. Social Forces, 39, 1961, 239–245

POPITZ, H., BAHRDT, H. P., JÜRES, E. A., KESTING, H.: Das Gesellschaftsbild des Arbeiters. Tübingen 1957

POSTMAN, L., BRUNER, J. S., MCGINNIES, E.: Personal Values as Selective Factors in Perception. Journ. of Abnorm. and Soc. Psych., 28, 1948, 148–153

RHODES, L.: Anomia, Aspiration, and Status. Social Forces, 42, 1964, 434–440

SCHLEE, J.: Sozialstatus und Sprachverständnis. Düsseldorf 1973

SEGALL, M. H., CAMPBELL, D. T., HERSKOVITS, M. J.: The Influence of Culture on Visual Perception. New York 1966

SROLE, L.: Social Integration and Certain Corollaries. An Exploratory Study. American Soc. Rev., 21, 1956, 709–716

TAJFEL, H.: Social and Cultural Factors in Perception. In: G. Lindzey, A. Aronson (Eds.): The Handbook of Social Psychology, III. Reading/Mass., 1969

TRIANDIS, H.: Cultural Influences on Cognitive Process. In: L. Berkovitz (Ed.): Advances in Experimental Social Psychology. New York 1964, 1–48

SCHÜCHTERNHEIT

von Philip G. Zimbardo und Paul Anthony Pilkonis

»Schüchternheit« bedeutet nicht für jeden das gleiche; für die einen ist es die reservierte Art des Introvertierten, andere denken dabei eher an Bescheidenheit und Zurückhaltung. Die Nuancen reichen von der Verlegenheit über die Ängstlichkeit bis zur chronischen Menschenfurcht. Das Attribut Schüchternheit spannt ein breites Verhaltensund Emotionskontinuum auf: An dessen einem Ende befinden sich jene Menschen, die sich nur deshalb schüchtern verhalten, weil sie sich im Umgang mit Dingen, Ideen, Plänen, Büchern oder mit der Natur wohler fühlen als im Umgang mit anderen Leuten. Nicht daß es sie besonders beunruhigen würde, mit Menschen zusammenzusein oder, wenn es notwendig ist, sich einer Menschenmenge anzuschließen – sie würden einfach viel lieber alleine sein.

Im Mittelfeld der Schüchternheitsskala findet man Menschen, die sich wegen ihres mangelnden Selbstvertrauens, ihrer ungenügend ausgebildeten sozialen Fertigkeiten und wegen ihrer leicht zu weckenden Verlegenheit nur widerwillig in die Nähe anderer Menschen oder in Situationen begeben, wo sie es nicht vermeiden können, von anderen bemerkt zu werden. Diese Form von Schüchternheit ist beispielsweise für den linkischen, sozial untüchtigen Jugendlichen charakteristisch, dem es unmöglich ist, jemanden um eine Verabredung, einen Gefallen oder um Hilfe zu bitten.

Am anderen Extrem allerdings wird Schüchternheit zu einer Art von Gefangenschaft, in der der Betroffene sowohl die Rolle des Wächters übernimmt, der andauernd restriktive Regeln durchsetzt, wie auch die Rolle des Gefangenen, der diese Regeln stumpfsinnig befolgt (und der gerade deshalb vom Wächter nicht respektiert wird). Der Wächter ist sich darüber im klaren, daß der Gefangene das fragliche Verhalten nicht nur gerne zeigen würde, sondern daß er gewöhnlich auch weiß, wie er dies anstellen müßte; folglich geht es hier weder um mangelnde Motivation noch um fehlende Fähigkeit. Das Problem entsteht durch das Aufrichten von Regeln, die den Gefangenen in seiner Freiheit, spontan zu handeln, einschränken. Das mag zwar die Möglichkeit von Reaktionsweisen vermindern, die von anderen nicht vorausgesagt werden können und damit für das eigene Selbstwertgefühl potentielle Gefahrenquellen darstellen; aber für das betroffene Individuum ist dies mit erheblichen Kosten verbunden.

Unter bestimmten Bedingungen kann sich das, was ursprünglich bloß ungeschicktes Verhalten war, zu einem pathologischen Sich-Zurückziehen aus allen sozialen Kontakten und zu einem Leben in peinigender Einsamkeit entwickeln. Einerseits ist die Isolation von anderen Menschen in bedeutsamer Weise mitverantwortlich für so manche bedenkliche Form pathologischen Verhaltens; zugleich ist sie aber auch eine Folge solcher pathologischer Verhaltensweisen, wie aus den nachstehenden persönlichen Berichten zu ersehen ist:

»Ich erinnere mich, was ich als Vierjähriger alles angestellt habe, um den Leuten, die uns besuchten, aus dem Weg zu gehen. Das waren alles Menschen, die ich kannte, Vettern zum Beispiel, Tanten, Onkel, Freunde der Familie und sogar meine eigenen Brüder und Schwestern. Ich versteckte mich in Kleiderkisten, Körben, Schränken, in Schlafsäcken, unter Betten usw. – weil ich Angst vor Menschen hatte. Als ich dann heranwuchs, wurde alles nur noch schlimmer . . .« (ein siebzehnjähriger High-School-Student).

»Ich bin unglaublich einsam. Ich lebe in vollkommener Abgeschiedenheit, ohne auf der Welt einen Freund oder eine Freundin zu haben . . . Ich verbringe meine Freizeit in vollständiger Isolation. Das ist für mich mit großer Traurigkeit und mit Depressionen verbunden. Ich fürchte mich mehr und mehr vor jedem heranrückenden Urlaub, denn der bedeutet nur eine Steigerung meiner Einsamkeit – gerade deshalb, weil sich dann die meisten Leute in der Gesellschaft von Freunden und Verwandten befinden . . . Oft überlege ich mir, mit meinem Leben einfach Schluß zu machen, aber dann fehlt mir doch der Mut dazu . . .« (Leserbrief eines Fünfzigjährigen).

Geht man von der Fülle und Vielfalt der persönlichen und sozialen Bedeutungen der Schüchternheit aus, dann ist es erstaunlich, entdecken zu müssen, daß die Sozialwissenschaftler dieses interessante Phänomen bisher nicht systematisch erforscht haben.

Zu den wenigen Ausnahmen zählen Persönlichkeitstheoretiker, die mit dem »trait«-Konzept arbeiten, so etwa Raymond B. Cattell (1965, 1973) und Andrew Comrey (1966). Beide Autoren haben an Hand von Fragebogen-Antworten individuelle Differenzen hinsichtlich der »inhärenten« Persönlichkeitseigenschaft (trait) Schüchternheit zu messen versucht. Hans-Jürgen Eysenck hat Schüchternheit in seinen Untersuchungen über introvertierte und extravertierte Persönlichkeitstypen berücksichtigt. Aber nicht alle schüchternen Menschen sind introvertiert, und keineswegs sind alle Extravertierten überzeugt, nicht schüchtern zu sein. Für Cattell ist »Schüchternheit« eine der Bezeichnungen, die man in der Alltagssprache zur Beschreibung der Temperamenteigenschaft »Threctia« benutzt (s. Bd. V, 362, dieser Enzyklopädie). Cattell nimmt an, daß diese Eigenschaft bei einem auf Bedrohung und Konflikt übermäßig stark reagierenden sympathischen Nervensystem entsteht. Threctische Menschen repräsentieren einen Pol auf einem Temperament-Kontinuum, dessen entgegengesetztes Extrem von Menschen des »Parmia«-Typs bestimmt wird; das sind couragierte, mutige, forsche, sozial-aggressive Verkäufertypen, Wettkampf-Athleten und Gruppentherapeuten – die Teddy Roosevelts, Winston Churchills und Andrew Jacksons unserer Welt. Bemerkenswert ist Cattells Behauptung, daß diese Persönlichkeitseigenschaft a) im wesentlichen erblich festgelegt ist, daß es b) bisher noch nicht gelungen sei, sie durch Umweltereignisse zu modifizieren, und daß sie c) mit dem Alter stetig abnimmt, »das heißt, übermäßige Schüchternheit neigt zu einer natürlichen Selbstheilung« (1965, 97).

Empirische Untersuchungen und theoretische Arbeiten über Aspekte der Schüchternheit sind im Laufe der Zeit mit den verschiedensten Titeln versehen worden. So bezieht sich beispielsweise McDougalls (1926) Konzept der »sensitization of the sentiment of self-regard« auf die übertriebene Beschäftigung mit dem eigenen Selbst, die für einen schüchternen Menschen charakteristisch ist. Sears (1937) hat in einer Erweiterung dieses allgemeinen Konzepts die unbewußte »Projektion des Subjekts« mit einbezogen. Mit Hilfe dieses Projektionsmechanismus entwickelt das Individuum Beziehungsvorstellungen (ideas of reference) und unterwirft so seine Selbstkritik einer Transformation: Aus dem »Ich kritisiere mich selbst« wird die negative soziale Bewertung »Sie kritisieren mich«. Gegenwärtig befaßt sich Buss (1975) mit der Entwicklung und empirischen Validierung von self-report-Skalen, die zwischen einem öffentlichen und einem privaten Selbstbewußtsein unterscheiden. Beide Typen von Selbstbewußtsein beziehen sich auf einen Prozeß der Selbst-zentrierten Aufmerksamkeit. Die Reaktion auf diesen Prozeß wird als soziale Angst erfahren. Das »private« Selbstbewußtsein richtet die Aufmerksamkeit auf die eigenen Gedanken und Gefühle; das »öffentliche« Selbstbewußtsein ist definiert als die allgemeine Bewußtheit der Tatsache, daß das Selbst ein soziales Objekt ist, das auf andere einen Einfluß hat.

In der Sprachbehinderten-Forschung hat man die Beziehung untersucht, die zwischen Schüchternheit, Lampenfieber und gewissen Sprechstörungen (wie z. B. Stottern) besteht. Phillips u. Metzger (1973) berichten über ein Behandlungsprogramm, das an der Pennsylvania State University durchgeführt wird. Mit diesem Programm soll Studenten geholfen werden, die Kommunikationsschwierigkeiten zu überwinden, die sich aus ihrer Schweigsamkeit ergeben. Überdies haben einige Verhaltenstherapeuten (insbesondere Bower 1975) versucht, bei durchschnittlich schüchternen Personen einige der Selbstbehauptungs-Trainingsprogramme anzuwenden, die gegenwärtig für die nicht durchsetzungsfähige Frau entwickelt werden.

An der Stanford University haben wir mit einer langfristigen multi-method-multi-response-Untersuchung der Ursprünge, Triebkräfte, Korrelate und Folgen von Schüchternheit begonnen. Wir haben uns die Aufgabe gestellt, die Verursachung, die Entwicklung, die Erscheinungsformen, die Verhaltensdimensionen und die Natur der Schüchternheit in einer kulturvergleichenden Untersuchung zu erforschen. Unser Ziel ist es, ein Verständnis dieser psychologischen Erfahrung zu entwickeln, das uns dazu befähigt, für Individuen, die schon schüchtern sind, eine spezifische therapeutische Intervention zu erarbeiten, aber auch gesellschaftliche Interventionen vorzunehmen, die verhindern oder es doch zumindest erschweren, daß Kinder wegen bestimmter kultureller Einflüsse schüchterne Menschen werden.

Wir haben einen umfänglichen self-report-Fragebogen entwickelt, das »Stanford Shyness Survey« (Zimbardo, Pilkonis, Norwood 1975; Zimbardo 1977). Darin hat jeder die Möglichkeit, seine eigene Schüchternheitserfahrung zu definieren – und zwar nach folgenden Dimensionen: a) Bereitschaft, sich selbst als dispositionell bzw. chronisch schüchtern zu bezeichnen oder bloß als zeitweilig schüchtern, abhängig von situationsspezifischen Kontexten; b) Auslöser von Schüchternheit angesichts von Menschen und Situationen, die einem häufig begegnen; c) wahrgenommene Korrelate von Schüchternheit, einschließlich physiologischer Reaktionen, verhaltensmäßiger Manifestationen, kognitiver Begleitumstände (Gedanken und Empfindungen), und die spezifischen positiven und negativen Konsequenzen, die mit der Schüchternheit verbunden sind; d) schließlich Erwünschtheit, Ausprägung und Veränderung der eigenen Schüchternheit.

Dieser Fragebogen ist mittlerweile schon von über 2 500 College- und High-School-Studenten auf dem US-amerikanischen Festland beantwortet worden; außerdem von mehreren Tausend Menschen aus anderen Populationen (non college populations, z. B. US Navy-Personal und Klienten einer Fettleibigkeitsklinik) und aus anderen Kulturen (bis jetzt: Hawaii, Japan, Taiwan).

Unser wichtigster Befund in der Studenten-Stichprobe betrifft die weite Verbreitung von Schüchternheit: Über 40 Prozent bezeichneten sich selbst als gegenwärtig schüchtern. Ein erschreckend hoher Prozentsatz (82 Prozent) beschreibt sich selbst als jemand, der zu irgendeinem Zeitpunkt seines Lebens dispositionell schüchtern war. Das heißt, diese Personen sind bereit, sich in unserem Fragebogen als »schüchterne Personen« zu klassifizieren, wobei diese Selbstbeschreibung entweder für die Vergangenheit oder für die Gegenwart oder für immer gilt. Nur 18 Prozent geben an, daß sie sich zu keinem Zeitpunkt als schüchtern bezeichnet haben. Davon geben allerdings 17 Prozent zu, daß sie unter bestimmten Umständen mit Schüchternheitssymptomen reagieren; sie bilden daher unsere situativ bedingt schüchterne Untergruppe. Nur 1 Prozent der gesamten Stichprobe behauptet von sich, noch niemals Schüchternheit erfahren zu haben.

Es liegen einige Hinweise für die Stabilität dieser Eigenschaft über die Zeit hinweg vor, denn ein Viertel unserer Probanden gibt an, den größten Teil ihres Lebens schüchtern gewesen zu sein. Es gibt allerdings auch Belege dafür, daß man die Schüchternheit erwirbt oder aber wieder ablegt. 41 Prozent der Gesamtstichprobe sagen, daß sie in ihren jüngeren Jahren schüchtern waren, jetzt jedoch nicht mehr. Dem stehen 16 Prozent dieser Studentenstichprobe gegenüber, die früher nicht schüchtern waren, jetzt jedoch das Gefühl haben, schüchtern geworden zu sein.

Wenn man die Teilnehmer dazu auffordert, ihre Entscheidung, sich selbst als »schüchterne Menschen« zu bezeichnen, im Licht der Häufigkeit zu betrachten, mit der sie tatsächlich schüchtern reagieren, dann geben die meisten von ihnen (62 Prozent) zu, nur gelegentlich schüchtern zu sein, sie glauben jedoch, daß diese Gelegenheiten hinreichend wichtig sind, um das Etikett »schüchtern« zu rechtfertigen. Ungefähr ein Drittel der Stichprobe erlebt sich häufiger als schüchtern denn als nicht schüchtern; das heißt, diese Individuen haben in mehr als der Hälfte der ihnen begegnenden Situationen das Gefühl, schüchtern zu sein. Und dann gibt es noch die vollkommen schüchternen Menschen, diejenigen 3,6 Prozent, die angaben, immer und überall schüchtern zu sein, in allen Situationen, gleichgültig wem sie dort begegnen. Entgegen den üblichen Stereotypen sind Frauen nicht schüchterner als Männer.

Von denen, die gegenwärtig schüchtern sind, stellen drei Viertel fest, daß sie es überhaupt nicht mögen, schüchtern zu sein, und das gleiche gilt für über 90 Prozent derjenigen, die früher einmal schüchtern waren, jetzt jedoch nicht mehr. Die Mehrheit derjenigen, die zu unserer Kategorie der dispositionell Schüchternen gehören, findet freilich nicht nur keinen Gefallen an ihrer Schüchternheit oder hält sie für bloß »unerwünscht«; vielmehr betrachten diese Leute ihre Schüchternheit als ein persönliches »Problem«. Am häufigsten werden dabei folgende negative Konsequenzen von Schüchternheit genannt:

1. Schüchternheit erzeugt soziale Probleme; sie macht es schwierig, neue Menschen kennenzulernen oder neue Freunde zu gewinnen oder potentiell gute Erfahrungen zu machen;

2. sie hat negative emotionelle Korrelate, so etwa Gefühle der Depression, Isolation und Einsamkeit;

3. Schüchternheit macht es schwierig, auf eine angemessene Art und Weise durchsetzungsfähig zu sein oder eigene Meinungen und Werturteile auszudrücken;

4. sie begrenzt die Möglichkeiten, die eigenen persönlichen Vorzüge durch andere positiv bewertet zu sehen;

5. sie ermöglicht, daß es zu falschen sozialen Bewertungen der eigenen Person kommt und daß diese Einschätzungen unwidersprochen bleiben; so kann man zum Beispiel zu Unrecht als versnobt, unfreundlich, gelangweilt oder als schwächlich angesehen werden;

6. Schüchternheit erzeugt Schwierigkeiten, in Anwesenheit anderer klar zu denken und effektiv zu kommunizieren;

7. sie fördert die Selbstreflexion und eine übertriebene Beschäftigung mit den eigenen Reaktionen.

Diese negativen Konsequenzen sind so markant, daß in einer Voruntersuchung mehr als die Hälfte der schüchternen Probanden erklärte, sie könnte zur Beseitigung ihres »Problems« therapeutische Hilfe gebrauchen. Und diese Menschen würden sich auch an eine »Schüchternheitsklinik« wenden, wenn es so etwas gäbe.

Wir alle leben sowohl in öffentlichen als auch in privaten Welten. Hin und wieder sind diese beiden Welten miteinander vereinbar. Das ist zum Beispiel der Fall, wenn wir sagen, was wir denken, wenn wir meinen, was wir sagen, wenn wir tun, was wir wollen, wenn wir dem Diktat unseres Gewissens folgen und so weiter. Beim schüchternen Individuum ist dies freilich anders. Das öffentliche Verhalten einer solchen Person ist am treffendsten durch sein Fehlen charakterisiert; die private Welt des Schüchternen dagegen brodelt vor lauter intensiven Gedanken, Gefühlen und physiologischen Reaktionen. Trägt man auf check-lists offener Verhaltensweisen (die in unserer Anfangsuntersuchung auf der Grundlage freier Verhaltensbeschreibungen entwickelt wurden) die von den Probanden berichtete Häufigkeit ein, mit der bei ihnen jede einzelne Verhaltensweise auftritt, dann ergibt sich für die schüchterne Person folgendes Porträt: Schweigen (80 Prozent), fehlender Augenkontakt (51 Prozent), anderen Personen aus dem Weg gehen (44 Prozent), Vermeidung von Handlungen (42 Prozent) und mit leiser Stimme reden (40 Prozent). Diese Prozentangaben stehen jeweils für den Teil derjenigen gegenwärtig schüchternen Personen, die angeben, daß ein gegebenes Item als Korrelat von Schüchternheit für sie persönlich zutrifft.

Während nach außen hin dieses Nichtverhalten stattfindet, ist die innere Welt des Schüchternen angefüllt mit: Selbstreflexion (85 Prozent), Überlegen, wie man einen guten Eindruck machen könnte (67 Prozent), Beschäftigung mit der sozialen Bewertung der eigenen Person (63 Prozent), negative Selbstbewertung (59 Prozent), Gedanken über die Unannehmlichkeit der Situation (56 Prozent), Gedanken über Schüchternheit im allgemeinen (46 Prozent) und Formen kognitiver Verwirrung, die darauf abzielen, sich von all dem oben Genannten abzuwenden (27 Prozent). Über folgende dominante physiologische Reaktionen wird berichtet: erhöhter Puls (54 Prozent), Erröten (53 Prozent), Schweißausbrüche (49 Prozent), nervöser Magen (48 Prozent) und Herzklopfen (48 Prozent).

Wie sehen nun die Unterschiede zwischen dem Schüchternen und dem Nichtschüchternen aus? Dazu können wir feststellen, daß die von schüchternen Menschen berichteten Reaktionen der Schüchternheit und deren Auslöser in ihren qualitativen Eigenschaften nicht sehr viel anders sind als die entsprechenden Reaktionen und Auslöser, welche von den sich nicht als schüchtern bezeichnenden Menschen genannt werden. Es besteht vielmehr ein quantitativer Unterschied. Es gibt eine deutliche Tendenz des Schüchternen, über mehr Schüchternheitserfahrungen zu berichten, nicht jedoch über etwas, das nicht auch dem Nichtschüchternen bekannt wäre. Bei denen, die sich selbst als schüchtern klassifizieren, gibt es einfach mehr Situationen und Menschen, die Schüchternheit hervorrufen können, und außerdem kommt es bei ihnen häufiger zu kognitiven, emotionalen und verhaltensmäßigen Manifestationen von Schüchternheit.

Die Selbstattribution von Schüchternheit scheint daher nicht das Ergebnis unterschiedlicher Auslöser und Korrelate zu sein; vielmehr ist sie wohl darauf zurückzuführen, daß diese Schüchternheitsauslöser und -korrelate häufiger und massiver auftreten. An einem bestimmten Punkt freilich mag die erhöhte Quantität in eine neue Qualität umschlagen und eine qualitativ andere Art von Erfahrung erzeugen. Trotz dieses Zugeständnisses würden wir nach wie vor daran festhalten, daß die Lebenswelten schüchterner und nichtschüchterner Menschen im großen und ganzen ähnlich aussehen, jedenfalls wenn man sie danach beurteilt, was in ihnen die Schüchternheit hervorruft und welche öffentlichen Verhaltensweisen und privaten Erlebnisse dies zur Folge hat. Wir vermuten, daß der entscheidende Unterschied nicht in »objektiv« unterschiedlichen Erfahrungen liegt, sondern darin, wem die Verursachung von Schüchternheit zugeschrieben wird. Dispositionell schüchterne Menschen lokalisieren die Schüchternheit in ihrer eigenen Person. Sie ist eine Persönlichkeitseigenschaft, die über wechselnde Situationen hinweg beibehalten wird und die für idiosynkratische Reaktionen verantwortlich ist. Die Art und Weise, wie sie auf gegebene Situationen reagieren, sagt diesen Individuen folglich etwas über ihre eigene Person. Demgegenüber nehmen Nichtschüchterne äußere Ereignisse als Verursacher von zeitweiligen, diskreten Reaktionen wahr, die gewöhnlich situativ angemessen und normal ausfallen. So kann zum Beispiel der Umstand, daß man eine Rede halten muß, entweder die eigene Schüchternheit bestätigen oder einfach ein unangenehmes Ereignis sein, das einen nervös macht – und zwar in Abhängigkeit davon, ob man die eigenen Reaktionen auf dieses Ereignis als Informationsquelle über das eigene Ich oder über die Umwelt wahrnimmt.

Aus welchen Gründen auch immer einige Menschen sich als schüchtern bezeichnen mögen, sie scheinen auf jeden Fall in einer Art und Weise zu reagieren, die in der Folge die Gültigkeit ihrer Einschätzung bestätigt und aufrechterhält. Mehr und mehr verhalten sich diese Menschen so, als seien sie ihre eigenen Persönlichkeitstheoretiker.

Schüchternheit ist eine persönliche, private und häufig auch schmerzliche Erfahrung. Indessen spiegelt sie unserer Ansicht nach viel eher gewisse soziale und kulturelle Einflüsse wider, als daß sie der Ausdruck irgendwelcher individueller Mängel ist. Wenn in einer Familie, einer Schule, in einem Gemeinwesen, in einer ethnischen Gruppe oder einer Nation Schüchternheit vorherrscht, so enthüllt dies nur das Ausmaß, in dem sich Menschen dort nicht akzeptiert fühlen, in dem sie ihre Wertschätzung durch andere vermissen und auf unbedingte Liebe verzichten müssen. Schüchternheit breitet sich dort aus, wo der Ego-Kult dominiert, wo die kulturellen Normen allzu großen Wert auf Wetteifer und individuellen Erfolg legen.

Offenbar gibt es hinreichende Gründe, eine »Schüchternheitsklinik« einzurichten, wo schüchterne Menschen über Telefone oder persönlich mit anderen Menschen reden können, die selbst schüchtern sind oder früher einmal schüchtern waren – eine Art von »shy persons anonymous« also. Eine solche Klinik könnte auch Informationen vermitteln von der Art, wie sie in diesem Beitrag skizziert wurden. Sie könnte eine nicht bedrohliche Form des Zusammenfindens anbieten, deren Grundlage die gemeinsame Schüchternheit sowohl der »Konsultanten« als auch der »Klienten« wäre. Hier könnte auch eine unterstützende Umwelt bereitgestellt werden, in der sich ein wirkungsvolles Training von Durchsetzungsfertigkeiten durchführen ließe. Zudem könnte man in einer Schüchternheitsklinik lernen, was einige unserer japanischen Probanden schon getan haben, nämlich die eigene Schüchternheit zu akzeptieren, wegen der durchaus positiven Eigenschaften, die ihr eigentümlich sind. Bei Japanern kann Schüchternheit einen ausgeglichenen, ansprechenden Eindruck erzeugen. Sie kann dazu führen, daß man anderen als besonnen und reflektiert erscheint, und sie kann zu erwünschten interpersonalen Beziehungen ermutigen, ohne andere einzuschüchtern oder jemanden zu veranlassen, aggressiv oder unangenehm zu erscheinen. Außerdem wird ein schüchterner Mensch häufig als ein guter Zuhörer geschätzt.

Wir sind gerade dabei, die sozialpsychologische Grundlage für die beobachteten interkulturellen Differenzen in der Verbreitung von Schüchternheit zu erkunden. In Taiwan und Japan zum Beispiel tritt Schüchternheit relativ häufig auf, auf dem chinesischen Festland und in Israel dagegen nur selten. Diese Daten und die Befunde, die sich aus Interview-Erhebungen und kontrollierten Beobachtungsstudien ergeben, werden es möglich machen, Behandlungsverfahren zu entwickeln, die auf der individuellen und auf der kulturellen Ebene gleichermaßen einsetzbar sind.

Aus dem Amerikanischen übertragen von Karl Wahlen

LITERATUR

BOWER, S. A.: Assertive training: The client as playwright. In: J. D. Krumboltz, C. E. Thoresen (Eds.): Behavioral counseling methods. New York: Holt, Rinehart, Winston 1975

BUSS, A. H.: Public and private self-consciousness: Assessment and theory. Unveröffentlichtes Manuskript. University of Texas 1975

CATTELL, R. B.: The scientific analysis of personality. Baltimore: Penguin Books 1965. Deutsch: Die empirische Erforschung der Persönlichkeit. Weinheim: Beltz 1973

Personality and mood by questionnaire. San Francisco: Jossey-Bass Co. 1973

COMREY, A. L.: Verification of six personality factors. Educational and Psychological Measurement, 26, 1966, 945–953

McDOUGALL, W.: Outline of abnormal psychology. New York: Scribner 1926

PHILLIPS, G. M., METZGER, N. J.: The reticent syndrome. Some theoretical considerations about etiology and treatment. Speech Monographs, 40, 1973, 220–230

SEARS, R. R.: Experimental studies of projection, II: Ideas of reference. Journal of Social Psychology, 8, 1937, 389–400

ZIMBARDO, P. G.: Shyness. What it is, what to do about it. Reading/Mass.: Addison-Wesley 1977

ZIMBARDO, P. G., PILKONIS, P., NORWOOD, R.: The social disease called shyness. Psychology Today, Mai 1975

198

BEGRIFF UND MESSUNG VON EINSTELLUNGEN

von Hans Dieter Mummendey

EINSTELLUNGSBEGRIFF

Unter Einstellungen im sozialpsychologischen Sinne versteht man »soziale Einstellungen« (attitudes), auch Attitüden, Werteinstellungen usw. genannt. Der Begriff ist vor allem abzuheben vom allgemeinpsychologischen Einstellungsbegriff (Einstellung = set), der eine kurzfristige Denkeinstellung, d. h. eine kognitive Einengung in bezug auf einen Bewußtseinsgegenstand meint.

Soziale Einstellungen (attitudes) sind dagegen relativ überdauernde Wahrnehmungs-, Bewertungs- und Handlungstendenzen gegenüber sozialen Gegenständen, also z. B. bestimmte Wahrnehmungen (Kognitionen) der Mitglieder einer Gruppe (z. B. »unzuverlässig«, »verspielt«), verbunden mit bestimmten Bewertungen (Evaluationen) dieser Personen (»unsympathisch«, »mag ich nicht«) und bestimmten Handlungstendenzen oder Verhaltensabsichten (Konationen) gegenüber diesen Personen (»würde ich nicht als Kollegen akzeptieren« usw.).

Die in Klammern aufgeführten Beispiele verbaler Reaktionen gegenüber einem sozialen Einstellungsobjekt sollen den sogenannten Dreikomponentenansatz der Einstellung veranschaulichen. Danach lassen sich an jeder Einstellung mindestens die genannten drei Komponenten, die kognitive, affektive und konative oder Handlungskomponente unterscheiden.

»Kognitiv« bedeutet, daß der Einstellungsgegenstand in ganz bestimmter Weise wahrgenommen und mit Eigenschaften versehen wird. Z. B. nimmt man das Einstellungsobjekt »Frau am Steuer« als »unsicher, zögernd« usw. wahr bzw. beurteilt es mit entsprechenden Eigenschaften.

»Affektiv« bedeutet, daß der Einstellungsgegenstand mehr oder weniger positiv bewertet wird. Da sich Affekte bzw. Gefühle bzw. Emotionen letztlich meist auf ein unmittelbares Für oder Wider reduzieren lassen, fallen hierunter alle Arten eher positiver oder eher negativer Einschätzungen. Z. B. wird »Frau am Steuer« abgelehnt oder befürwortet, als angenehm oder unangenehm eingestuft. Insofern bei fast allen »kognitiven« stets »affektive« Komponenten beteiligt erscheinen, ist es in der Praxis nicht leicht, sauber zwischen kognitiver und affektiver Einstellungskomponente zu trennen.

»Konativ« bedeutet hier, daß man gegenüber dem Einstellungsgegenstand bestimmte Handlungstendenzen hegt. Dieses Phänomen darf nicht mit tatsächlichem Handeln bzw. Verhalten gegenüber dem sozialen Objekt verwechselt werden. Die Handlungskomponente einer Einstellung bezieht sich nur auf die irgendwie geäußerte Tendenz oder Bereitschaft, tätig zu werden. Z. B. kann jemand die Handlungstendenz haben, eine Frau nicht ans Steuer seines Wagens zu lassen. Solchen insgesamt gegenüber dem Einstellungsobjekt negativen Einstellungen (ein anderer Ausdruck hierfür könnte auch »Vorurteil« sein) muß nicht unbedingt ein tatsächlich zutage tretendes, »offenes« Verhalten entsprechen (s. den Beitrag von A. Mummendey in diesem Band). Weder muß Konsistenz zwischen geäußerten Einstellungen einerseits und offenem Verhalten andererseits bestehen, doch müssen die drei phänomenal und operational unterscheidbaren Einstellungskomponenten untereinander konsistent sein.

Einstellungskonzepte wie das bislang populärste, der Dreikomponentenansatz, fassen Einstellungen prinzipiell als psychologische Konstrukte bzw. latente, nicht unmittelbar beobachtbare (und meist nur über verbale Äußerungen erschließbare) Prozesse bzw. Variablen auf, die zur Erklärung von Verhaltensweisen bzw. Reaktionen auf soziale Gegenstände bzw. soziale Reize angenommen werden. Einstellungen werden somit als Bewußtseinsprozesse oder Merkmale des Organismus aufgefaßt, die einen erheblichen Einfluß auf das soziale Verhalten einer Person ausüben, ohne daß sie selbst direkt beobachtet und gemessen werden können. Als sogenannte hypothetische Konstrukte haben sie damit den gleichen begrifflichen Rang wie Persönlichkeitseigenschaften (s. Bd. V dieser Enzyklopädie). Ebenso wie diesen schreibt man ihnen gemeinhin eine gewisse Dauerhaftigkeit zu. Einmalige und flüchtige Stellungnahmen, Bewertungen usw. zu einem sozialen Gegenstand würde man in der Sozialpsychologie allenfalls als »Meinung«, »Beurteilung«, »Stellungnahme« usw. bezeichnen und höchstens als Ausdruck einer »fundamentaleren«, »zugrundeliegenden« sozialen Einstellung auffassen.

Der Auffassung von Einstellung als eines latenten Prozesses oder einer Bewußtseinseigenschaft steht eine verhaltenstheoretische Einstellungsdefinition gegenüber, die die Annahme nicht beobachtbarer Variablen oder Konstrukte für umständlich und praktisch überflüssig ansieht (s. Bd. IV dieser Enzyklopädie). Nach einer solchen, verhaltensorientierten Einstellungsdefinition spricht man von sozialer Einstellung dann, wenn sich Reaktionskonsistenz in bezug auf soziale Reize oder Gegenstände ergibt. Reagiert jemand in konsistenter Weise negativ (oder positiv) auf eine Person oder Gruppe oder auf einen entsprechenden Begriff, so ist dies nicht Ausdruck für eine irgendwie anzunehmende Einstellung, sondern die geäußerten Bewertungen, Verhaltensabsichten usw. sind die Einstellung selbst. Der verhaltensorientierte Einstellungsbegriff unterscheidet also nicht zwischen Denken, Fühlen usw. einerseits, Äußerungen über solche inneren Zustände oder Prozesse andererseits und schließlich offenbarem Verhalten gegenüber dem Einstellungsgegenstand. Da man über Bewußtseinsphänomene im Grunde nur verbal, d. h. mündlich oder schriftlich oder sonstwie symbolisch Auskunft geben kann, unterscheidet man in verhaltenstheoretischer Sicht lediglich zwischen verbalem Verhalten einerseits und offenem Verhalten andererseits. Unter einer Einstellung in diesem Sinne versteht man dann eine konsistente Art insbesondere verbalen Verhaltens gegenüber einem sozialen Gegenstand.

Soziale Einstellungen können wie andere Persönlichkeitseigenschaften einen unterschiedlichen Allgemeinheitsgrad aufweisen, d. h. sie können sich auf mehr oder weniger spezifische Objekte beziehen. Sie können auch nach dem Grad ihrer Universalität variieren, d. h. bestimmte Einstellungen können allen Menschen, andere nur bestimmten Gruppen eigen sein. Manche Einstellungen (z. B. solche zum anderen Geschlecht) können persönlich sehr bedeutsam, wieder andere (z. B. Einstellungen zur Mitbestimmung im kirchlichen Bildungsbereich) persönlich weniger bedeutsam sein. Man hat Einstellungen auch nach dem Grad ihrer Komplexität und Differenziertheit unterschieden. Z. B. ist »Konventionalismus« oder »Konservatismus« sicherlich eine recht komplexe Einstellung, die viele Bestandteile umfaßt, welche ihrerseits wieder mehr oder weniger geordnet und widerspruchsfrei erscheinen können.

Unabhängig von der bevorzugten Art der Begriffsbestimmung ist man sich in der Psychologie darüber einig, daß es sich bei Einstellungen um etwas Gelerntes und daß es sich bei Reaktionen gegenüber einem Einstellungsobjekt um solche handelt, die in der bisherigen Konfrontation mit dem Einstellungsgegenstand habituell geworden sind. Über den Einfluß genetischer Faktoren auf soziale Einstellungen (z. B. könnte eine bestimmte hormonale Ausstattung eher dazu disponieren, in bestimmten Situationen aggressiv, d. h. negativ oder schädigend gegenüber einem sozialen Gegenstand zu reagieren) wird nur selten berichtet. Zur Erklärung der Entstehung bzw. des Erwerbs oder der Übernahme von Einstellungen lassen sich alle lerntheoretischen Modelle heranziehen. So wurde vielfach experimentell gezeigt, daß die Koppelung eines bis dahin unbekannten oder neutralen Begriffes, der ein potentielles Einstellungsobjekt bezeichnet (z. B. »Bajuware«), mit einem unkonditionierten oder bereits als negativ gelernten weiteren Begriff (z. B. »primitiv« oder auch nur »pfui«) zur Herausbildung negativer Reaktionen gegenüber dem anfänglich neutralen Begriff führt (klassisches Konditionieren). Ein Kind kann durch die Äußerung von im Rahmen eines familiären Wertesystems konformen Einstellungen Belobigung und Zuspruch erhalten und so entsprechende Einstellungen festigen (operantes Konditionieren). Vielfach läßt sich die Übernahme oder Imitation von einstellungsrelevanten Reaktionen durch Personen jedes Alters nachweisen, sofern die imitierten Personen oder Gruppen und ihr Verhalten ganz bestimmten Erfordernissen genügen (Modellernen). (Ausführliche Erörterungen dieser lerntheoretischen Begriffe findet der Leser in Bd. IV dieser Enzyklopädie)

EINSTELLUNGSMESSUNG

Ganz gleich, ob man Einstellungen als latente Bewußtseinsmerkmale oder als offene Verhaltensmerkmale auffaßt – in der Praxis der Forschung und Anwendung ist man gezwungen, Reaktionen gegenüber Einstellungsobjekten möglichst objektiv, präzise und gültig interpretierbar zu messen. Von den ersten Versuchen zu Beginn des zwanzigsten Jahrhunderts, Einstellungen quantitativ zu erfassen, bis heute sind vor allem immer wieder befragungsähnliche Verfahren bzw. solche angewendet worden, bei denen Einstellungsträger auf einstellungsrelevante verbale Reize verbal zu antworten haben. Grundsätzlich gibt es jedoch eine große Zahl verschiedener Möglichkeiten, Einstellungen zu erfassen. Fishbein u. Ajzen (1975) fanden mehr als fünfhundert verschiedene Operationen zur Messung von Einstellungen, vor allem: Einstellungsskalen, andere Reaktionen auf verbale Vorlagen, Verhaltensbeobachtungen, physiologische Indikatoren.

Für alle Meßmethoden gilt, daß von einer Einstellung im strengen Sinne erst dann gesprochen werden kann, wenn sich der erfaßte Ausprägungsgrad des Einstellungsindikators oder der Einstellung selbst als hinreichend stabil, d. h. bei wiederholter Messung in vergleichbarer Situation überdauernd erwiesen hat. Im übrigen gelten für sämtliche einzelnen Methoden der Einstellungsmessung die auch von Persönlichkeitsmessungen und psychologischen Testverfahren geforderten Gütemerkmale, vor allem Objektivität (im Sinne von intersubjektiv gültiger Anwendung und Auswertung des Verfahrens), Reliabilität (Zuverlässigkeit, Genauigkeit, Präzision des Meßinstruments), Validität (Gültigkeit, Tauglichkeit des Meßmittels zur Erfassung der gewünschten Einstellung) sowie eine Reihe von weiteren Gütemerkmalen, vor allem Ökonomie (die Einstellung muß ohne großen Aufwand für den Untersucher und die untersuchte Person erfaßt werden, die Messungen müssen schnell und sparsam ausgewertet und weiterverarbeitet werden usw.; ausführliche Erörterungen dieser meßtheoretischen Begriffe findet der Leser in Bd. V dieser Enzyklopädie).

Gerade das letztgenannte Kriterium spricht für eine Erfassung verbaler Reaktionen auf verbale Reize. Alle geforderten Gütekriterien begünstigen darüber hinaus Einstellungsmessungen, die gleichsam unter experimenteller Kontrolle stattfinden, d. h. der Untersucher bestimmt Ort und Zeitpunkt der Messung, bereitet standardisiertes Reizmaterial und entsprechende Antwortmöglichkeiten vor usw. Die meisten gängigen Verfahren zur Einstellungsmessung sind Papier-und-Bleistift-Verfahren. Je stärker Einstellungsmessungen hiervon abweichen und je lebensnäher sie vorgenommen werden (z. B. systematische Beobachtungen des Alltagsverhaltens von Personen), um so zeitraubender und kostenaufwendiger werden sie.

Im folgenden werden die wichtigsten Verfahren zur Einstellungsmessung kurz beschrieben und anschließend unter methodischen Gesichtspunkten klassifiziert. Schließlich wird auf einige grundsätzliche Probleme der üblichen Methoden zur Einstellungsmessung hingewiesen.

Einstellungsskalen. Eine Einstellungsskala besteht in der Regel aus einer Mehrzahl von Feststellungen in Satzform (Statements), z. B. »Wenn man einem Christen den kleinen Finger reicht, nimmt er die ganze Hand« oder »Das Christentum ist die letzte moralische Bastion, die wir in Europa haben« bei der Messung der Einstellung zum Christentum. Seltener wird das Einstellungsobjekt auch einfach durch eine Reihe von Begriffen gekennzeichnet, z. B. »Todesstrafe«, »Freie Liebe«, »Herabsetzung des Wahlalters« usw. bei der Messung von »Konservatismus«. Jeder dieser verbalen Stimuli hat aufgrund einer empirischen Voruntersuchung, die der Skalierung dient, einen ganz bestimmten Skalenwert erhalten, so daß die Zustimmung oder Ablehnung bzw. der Grad der Akzeptanz jeder Feststellung oder jedes Begriffs in ganz bestimmtem Umfang zu einem aus allen Reaktionen errechneten Einstellungs-Maß beiträgt. Die Einstellung als solche (z. B. Einstellung zum Christentum, Konservatismus usw.) wird dabei als eindimensional aufgefaßt. Zur Skalierung solcher eindimensionaler Einstellungen können die meisten in der Psychophysik entwickelten Techniken dienen, z. B. die Methode des Paarvergleichs, die Methode der gleicherscheinenden Intervalle, die Methode der summierten Ratings (Likert-Technik), die Skalogrammanalyse (Guttman-Skalierung) usw. (s. Bd. V dieser Enzyklopädie). Letztere erlaubt zugleich die empirische Überprüfung des Ausmaßes, in dem die Elemente einer Skala tatsächlich eine eindimensionale Einstellungsskala bilden (vgl. Edwards 1957).

Bei der Anwendung solcher Einstellungsskalen werden die Elemente bzw. Items der Skala (Feststellungen, Begriffe usw.) den Personen einer Zielgruppe mit entsprechender Instruktion und meist in gemischter Reihenfolge vorgegeben. Dabei können mehrere Einstellungsskalen, mit denen unterschiedliche soziale Objekte beurteilt werden sollen, unauffällig miteinander vermengt werden. Zur Kontrolle bestimmter, im Sinne des Untersuchungsziels als verzerrend angesehener Reaktionstendenzen (Response Sets) wie Beschönigen, Jasage-Tendenz usw. können Kontroll-Items unter die übrigen Elemente gemischt werden. Die gesamte, den Personen vorgelegte Liste von Statements erscheint äußerlich wie ein Fragebogen (vgl. dazu den nächsten Abschnitt), doch werden die Antworten bzw. Reaktionen weder für sich genommen qualitativ interpretiert (wie beim Interview-Fragebogen) noch jeweils quantitativ in gleichem Maße gewichtet. Die voraufgegangene Skalierungsprozedur bestimmt vielmehr, wie stark die Bejahung, Verneinung oder abgestufte Zustimmung/Ablehnung jedes Items im Sinne der zu messenden Einstellung zählt.

Einstellungsfragebogen. Einstellungsfragebogen sind nach den Prinzipien der klassischen Testtheorie konstruierte Meßmittel. Es handelt sich um Persönlichkeitsfragebogen (Personality Inventories), wobei die über eine standardisierte Methode der Selbstbeschreibung erhobene Persönlichkeitseigenschaft mit einer sozialen Einstellung identisch ist. Vom Interview-Fragebogen unterscheiden sie sich dadurch, daß – ähnlich wie bei der Einstellungsskalierung – die Reaktionen auf eine Vielzahl von Feststellungen oder Fragen zur Gewinnung eines einzigen Punktwertes (Score) verwendet werden. Von Einstellungsskalen unterscheiden sie sich dadurch, daß aufgrund einer vorangegangenen empirischen Untersuchung (Trennschärfeanalyse) der Beitrag jedes Elements des Fragebogens zum Gesamtwert als annähernd gleich angesehen wird. Auf diese Weise wird – wie bei herkömmlichen Intelligenz- oder Persönlichkeitstests – ein Schlüssel für »richtige« (d. h. im Sinne einer sozialen Einstellung »hohe«) und »falsche« (d. h. im Sinne der Einstellung »niedrige«) Antworten erstellt. Der Gesamtwert (Score) eines Einstellungsfragebogens und damit das Ausmaß der gemessenen Einstellung ergibt sich dann aus der Summe der als »richtig« kodierten Reaktionen auf die Fragen oder Feststellungen des Einstellungsfragebogens. Meist handelt es sich um »Ja/Stimmt«- bzw. »Nein/Stimmt nicht«-Antworten. Man kann typische Einstellungsfragebogen auch als vereinfachte Likert-Skalen ansehen. Eine große Zahl solcher Fragebogen-Batterien, mit denen eine Vielzahl eher »normaler« und eher klinisch relevanter Persönlichkeitseigenschaften gemessen werden sollen, gibt es seit langem. Daneben wurden aber auch zahlreiche spezielle Einstellungs-Fragebogen konstruiert (z. B. zu Nationalismus, Militarismus, zu speziellen Vorurteilen usw.; vgl. die Dokumentation der »Zeitschrift für Sozialpsychologie« 1976).

Rating-Verfahren und Semantisches Differential. Rating-Skalen sind subjektive Schätz-Skalen, d. h. numerische oder graphische Vorlagen (Zahlen- oder Kategorien-Folgen, Linien, Striche usw.), die ein eindimensionales Einstellungskontinuum vorspiegeln, auf dem die beurteilende Person den Einstellungsgegenstand durch einfaches Ankreuzen zu markieren hat. Zur Messung meiner Vaterlandsliebe würde es also genügen, wenn ich auf einer Sieben-Punkte-Skala oder einer Elf-Punkte-Skala, deren Enden beispielsweise mit »wenig« und »viel« beschriftet sind, an der meiner Meinung nach meine Vaterlandsliebe repräsentierenden Stelle einen Strich mache. Solche »Ein-Item-Skalen« sind naturgemäß äußerst ökonomische und häufig komplizierteren Skalen keineswegs unterlegene Meßinstrumente. Zwar erhält man im Grunde nur eine Ordinal- bzw. Ranginformation, doch werden Rating-Daten in der Praxis häufig wie intervallskalierte Daten (z. B. wie Einstellungsskalen-Daten) behandelt. Stärker als andere, ihr Einstellungsobjekt auf indirektere Weise ansteuernde Verfahren sind Ratings allerdings gegenüber bestimmten subjektiven Beurteilungsfehlern anfällig. Als solche hat man z. B. Tendenzen zur Mitte oder zu extremen Urteilen, Tendenzen zur milderen oder zu strengen Beurteilung beschrieben. Der sogenannte Halo-Effekt, d. h. die den meisten Beurteilern eigene Tendenz, bestimmte Beurteilungsgegenstände als stark zusammengehörig zu betrachten, fällt nur ins Gewicht, wenn eine Mehrzahl von Einstellungen im Rating-Verfahren zu erfassen sind oder aber – wie beim Semantischen Differential oder Polaritätenprofil – wenn eine Einstellung mittels einer Mehrzahl von Schätzskalen zu beurteilen ist.

Das Semantische Differential besteht aus einer Mehrzahl bipolar angeordneter Rating-Skalen, deren Enden in der Regel mit zwei semantisch gegensätzlichen Eigenschaftswörtern bezeichnet sind, z. B. stark/schwach, schön/häßlich, langsam/schnell, aufregend/beruhigend usw. Die beurteilende Person hat die Aufgabe, das Urteilsobjekt – in unserem Falle z. B. ein Einstellungsobjekt wie »Sozialismus« – derart einzuschätzen, daß es auf jeder bipolaren Dimension dort eine Markierung anbringt, wo nach ihrer Meinung »Sozialismus« am ehesten zu liegen käme. Mittels Ratings werden also vor allem Assoziationen bzw. Konnotationen zugeordnet, nicht aber unmittelbar treffende Beschreibungen des Urteilsgegenstands. Da sich eine Vielzahl solcher vorgegebener Polaritäten erfahrungsgemäß auf drei weitgehend voneinander unabhängige Dimensionen reduzieren läßt und somit jedes Rating unterschiedlich stark im Sinne dreier übergeordneter Urteilsskalen gewichtet werden kann, stellt die Einstellungsmessung mittels des Semantischen Differentials eine Form mehrdimensionaler Skalierung von Einstellungsgegenständen dar. Die zumeist gefundenen, voneinander unabhängigen Dimensionen (Faktoren) sind: »Evaluation« (z. B. »wertvoll/wertlos«, »sauber/schmutzig«, »geschmackvoll/geschmacklos«), »Aktivität« (z. B. »schnell/langsam«, »aktiv/passiv«, »heiß/kalt«) und »Stärke« (»groß/klein«, »stark/schwach«, »tief/flach«). Da es sich hierbei um recht formale und für alle möglichen psychologischen Fragestellungen gültigen Urteilsskalen handelt, empfiehlt es sich für die Zwecke der Messung ganz bestimmter sozialer Einstellungen, eigene, spezifisch-sinnvolle Polaritäten zu entwickeln.

Verhaltensbeobachtung und andere nichtreaktive Verfahren. Eine Person, deren Einstellungen durch Befragungsmethoden irgendwelcher Art erfaßt werden sollen, kann bewußt oder unabsichtlich ungenaue (unreliable) oder falsche (unvalide) Meßergebnisse hervorbringen. Daher stellt sich wie von selbst die Frage nach Einstellungsmessungen, auf welche die Person keinen wissentlichen Einfluß hat. Für solche Verfahren haben sich die Bezeichnungen »nichtreaktiv« oder »nichtobstrusiv« eingebürgert. Als wichtigstes nichtreaktives Verfahren kann allgemein die Verhaltensbeobachtung gelten, ganz gleich ob es sich dabei um direkte oder indirekte, teilnehmende oder nichtteilnehmende Beobachtung menschlichen Verhaltens handelt. Aus Verhaltensäußerungen auf Einstellungen zu schließen, bringt jedoch ein grundsätzliches Problem mit sich: das Konsistenzproblem (s. hierzu den Beitrag von A. Mummendey in diesem Band). Das Problem der Konsistenz zwischen sozialen Einstellungen und offenem Verhalten stellt sich hier in umgekehrter Richtung als gewöhnlich: Aus offenem Verhalten müßten Rückschlüsse auf »Einstellungen« gezogen werden. Faßt man den Einstellungsbegriff von vornherein verhaltenstheoretisch, d. h. definiert man Einstellungen als Verhaltensweisen selbst, so ergeben sich überhaupt keine Probleme. Sieht man in Einstellungen jedoch eine nicht unmittelbar beobachtbare, sondern aus einer Mehrzahl von Indikatoren erschließbare latente Größe, so können offene Verhaltensweisen ebenso wie verbale zur Einstellungsmessung nur dann herangezogen werden, wenn man Einstellungsmessung nicht von vornherein auf die Erfassung verbaler Äußerungen beschränkt; ihr Beitrag zu einer Einstellung muß dann jeweils theoretisch und empirisch begründet werden (z. B. im Sinne der sogenannten Konstruktvalidierung; vgl. MacCorquodale, Meehl 1948).

Zur Einstellungsmessung mittels Verhaltensbeobachtung eignen sich alle Verhaltensweisen, die eine Person gegenüber dem in Frage stehenden sozialen Objekt zeigt, z. B. Häufigkeit oder Intensität des Kontakts mit Personen anderer Hautfarbe, anderer Nationalität oder des anderen Geschlechts (sofern entsprechende Wahlmöglichkeiten bestehen). Solche Beobachtungen können eher informellen Charakter haben oder systematisch, z. B. mit Rating-Skalen oder sonstigen Hilfsmitteln, protokolliert werden. Gegenstand der Beobachtung und Protokollierung kann natürlich auch wiederum das verbale Verhalten sein. So kann man z. B. aus Häufigkeit oder Art und Weise, wie jemand auf einer Party über Psychoanalytiker spricht, auf seine Einstellung zur Psychoanalyse schließen. Alle solchen methodischen Zugangsweisen zu Einstellungen, die dem Beobachteten nicht bewußt sind und auf die er insofern nicht unmittelbar korrigierend Einfluß nehmen kann, kommen als nichtreaktive Verfahren der Einstellungsmessung in Frage. »Verhaltensbeobachtung« sind sie dann oft nur in einem sehr allgemeinen Sinne. Die Häufigkeit des Kirchenbesuchs oder die Höhe von Spendenbeträgen an eine Kirche oder Sekte kann z. B. als Ausdruck des Grades der positiven Einstellung gegenüber dem Einstellungsobjekt »Kirche« oder »Religion« sein. Dazu muß das Verhalten des Betreffenden nicht leibhaftig beobachtet werden, sondern kann – wie z. B. im Falle von Geldüberweisungen – aus Dokumenten abgelesen werden. Alle Arten solcher »Spurensicherung« gehören somit unter die nichtreaktiven Verfahren. Z. B. lassen sich aus dem Grad der Abnutzung von Büchern einer Person Schlüsse über deren Einstellungen bzw. Interessen gegenüber verschiedenen wissenschaftlichen oder künstlerischen Themen ziehen. Hier wird deutlich, daß mit dem Grad der Entfernung von der »wissenden«, über die Zwecke der Einstellungsmessung informierten Person und der Anwendung nichtreaktiver Verfahren und Beobachtungsmethoden ethische Probleme entstehen. Die Verwendung sehr lebensnaher und vom Ideal der Testsituation weit entfernter Meßverfahren bringt zudem gewöhnlich den Nachteil schwindender Meßgenauigkeit mit sich – bei gleichwohl häufig verbesserter Gültigkeit der Resultate.

Praktischer Haupteinwand gegen nichtreaktive Verfahren zur Erfassung von Einstellungen dürfte jedoch der zeitliche und finanzielle Aufwand sein, der zu ihrer Realisierung erforderlich ist. Statt z. B. die Einstellungen einer Person gegenüber Homosexuellen durch Verhaltensbeobachtung in einer größeren Zahl von Situationen, in denen diese Person Homosexuellen begegnet, zu erschließen, ist es weitaus ökonomischer, der Person Statements über Homosexualität schriftlich vorzulegen. Deutlich wird der Aufwand nichtreaktiver Verfahren am Beispiel der Methode der verlorenen Briefe (Lost Letter Technique; s. hierzu auch die Beiträge von W. Bungard und P. Orlik in diesem Band). Hierbei deponiert man unauffällig und nacheinander an bestimmten Stellen einer Stadt scheinbar verlorene, adressierte und frankierte Briefe. Entweder der Adressat oder der Absender fungieren als Einstellungsobjekt. Aus der Rücklaufquote der Briefe kann dann – im Vergleich verschiedener Adressaten – auf den Grad positiver bzw. negativer Einstellungen gegenüber diesen Adressaten geschlossen werden.

Erfassung physiologischer Indikatoren. Von der Verwendung physiologischer Indikatoren zur Einstellungsmessung hat man sich zeitweilig viel versprochen, weil physiologische Reaktionen – insbesondere diejenigen des autonomen Nervensystems – nur in sehr beschränktem Maße subjektiver und bewußter Beeinflussung zugänglich sind. Hier sei nur an die Hoffnungen und Befürchtungen erinnert, die sich mit der Anwendung sogenannter Lügendetektoren in der Forensischen Psychologie (vgl. hierzu Tent 1967) oder einer die menschliche Intimsphäre unter dem übergeordneten Ziel der Gewinnsteigerung häufig bedenkenlos verletzenden Personalpolitik in der Wirtschaft verknüpfen. Eine Zusammenstellung empirischer und experimenteller Untersuchungen über die Brauchbarkeit physiologischer Indikatoren zur Erfassung von Einstellungen, wie sie z. B. Shapiro u. Crider (1969) vorlegten, läßt solche Möglichkeiten jedoch als sehr eingeschränkt erscheinen. Als relativ leicht, d. h. mit unblutigen Methoden meßbare Funktionen des autonomen Nervensystems, deren Zusammenhang mit inneren Zuständlichkeiten des Individuums häufig nachgewiesen wurde, bieten sich Blutdruck, Puls- und Atemfrequenz sowie der elektrische Hautwiderstand (psychogalvanischer Reflex PGR, oder galvanische Hautreaktion GHR) an (s. Bd. VI dieser Enzyklopädie). So wurde verschiedentlich gefunden, daß Personen mit starken Vorurteilen (d. h. negativen Einstellungen) gegenüber Farbigen dann stärkere galvanische Hautreaktionen zeigten, wenn sie von einem farbigen Versuchsleiter untersucht oder mit Diapositiven, auf denen Farbige zu sehen waren, konfrontiert wurden. Die grundsätzliche Schwierigkeit, solche physiologischen Indikatoren angemessen zu interpretieren, besteht vor allem darin, daß Schwankungen solcher Maße bei allen möglichen Gelegenheiten auftreten, so daß der Nachweis ihrer Zuordnung zu ganz bestimmten Einstellungsobjekten nur unter sehr strenger experimenteller Kontrolle möglich wird. Setzt man einmal voraus, es sei gelungen, einen Zusammenhang zwischen der Veränderung von Puls oder Hautwiderstand mit der Stärke einer sozialen Einstellung zu konstatieren, so erscheint es doch kaum möglich, ohne weitere Hilfsmittel den Inhalt bzw. die Richtung einer entsprechenden Einstellung aufzudecken. Eine Veränderung der Herzfrequenz kann sich z. B. sowohl bei Abneigung als auch bei Zuneigung in ähnlicher Weise ergeben. Physiologische Indikatoren erfordern wegen ihres apparativen Aufwandes – selbst wenn sich dieser durch winzige, Meßdaten drahtlos übertragende Geräte minimieren lassen sollte – in der Regel zusätzliche, den Gehalt sozialer Einstellungen besser erfassende Verfahren, so daß ihre praktische Brauchbarkeit fraglich ist. Wer zudem die großen Mühen kennt, reliable und valide Messungen physiologischer Funktionen bereits für relativ einfache allgemeinpsychologische Fragestellungen zu erhalten, wird die Frage der Einstellungsmessung durch physiologische Indikatoren zwar als grundsätzlich bedeutsam, praktisch aber irrelevant beurteilen müssen.

KLASSIFIKATION DER VERFAHREN ZUR EINSTELLUNGSMESSUNG

Subjektivität. Einstellungen können mit eher »subjektiven« und eher »objektiven« Methoden gemessen werden. Zu ersteren wird man alle Einstellungsskalen, Fragebogen und Befragungen zählen, bei denen die Person subjektive, meist sprachliche Urteile abgibt. Sehr subjektiv in diesem Sinne sind auch sogenannte projektive Verfahren, die wegen ihrer begrenzten wissenschaftlichen Bedeutung hier nicht näher beschrieben wurden, gleichwohl aber häufig zur Einstellungserfassung herangezogen werden. Eher »objektive« Verfahren sind demnach alle nichtreaktiven Methoden und selbstverständlich auch mögliche physiologische Einstellungsindikatoren.

Strukturiertheit. Das der Person vorgelegte, zu beurteilende Reizmaterial kann ebenso wie die von der Person verlangten Reaktionen mehr oder weniger strukturiert, d. h. fest und eingeschränkt vorgegeben sein. Nach der Methode einzelner Reize wird der Person nur ein einzelner Begriff oder ein einzelner Satz zur Beurteilung vorgegeben, während nach der Methode des Paarvergleichs jeweils zwei Reize miteinander zu vergleichen sind. Manchen Verfahren der multidimensionalen Skalierung (MDS) liegt der Vergleich von drei (Tripel) oder vier Beurteilungsgegenständen (Tetraden) zugrunde; z. B. soll beurteilt werden, ob das Statement »Juden sind Menschen wie andere auch« einstellungsmäßig näher an dem Statement »Mit Juden hat man ständig Schwierigkeiten« oder näher an dem Statement »Die Juden sind unser Unglück« liege. Ebenso wie die Reizvorlagen sind die Antwortmöglichkeiten bei den meisten Einstellungsmeßverfahren »geschlossen« statt »offen«: Im einfachsten Falle ist eine Alternativantwort abzugeben (»Dafür/Dagegen«, »Stimmt/Stimmt nicht«, »Ja/Nein« usw.), oder eine mehrfach abgestufte Antwortskala engt das Urteil ein (z. B. »Sehr dafür/Dafür/Unentschieden/Dagegen/Sehr dagegen« usw.).

Getarntheit. Manche Verfahren zur Messung von sozialen Einstellungen enthüllen ihr Einstellungsobjekt mehr, manche weniger. Tarnung der Untersuchungsabsicht hat den Vorteil, daß absichtliche Verfälschungen erschwert sind, führt jedoch möglicherweise auch auf seiten der untersuchten Personen zu mehr oder weniger effektiven Anstrengungen, das Ziel der Untersuchung zu durchschauen; verzerrende Reaktionen auf unzutreffende Hypothesen der untersuchten Personen können die Folge sein. Getarnt sind alle Methoden mit diffuser Reizvorgabe, aber auch strukturierte Methoden wie die Forced-Choice-Technik: Die Person soll sich für einen von zwei oder mehreren Sätzen entscheiden; da diese nach Form und Inhalt recht unterschiedlich sein können, muß der Person unklar bleiben, auf die Zustimmung oder Ablehnung genau welchen Inhalts es dabei ankommt. Je mehr gleichartige Elemente eine Einstellungsskala oder ein Einstellungsfragebogen enthalten, als um so ungetarnter kann das Verfahren gelten, ohne daß das konkrete Einstellungsobjekt direkt bezeichnet worden ist. Ein Beispiel hierfür wären die bekannten »Autoritarismus«-Skalen, bei denen der Einstellungsgegenstand aus Stellungnahmen zur Strenge bei der Erziehung, zur Toleranz gegen Minderheiten, Konventionalismus, Starrheit, Aggressivität usw. zusammengesetzt erscheint. Völlig ungetarnt wäre dagegen die Einstellungsmessung mittels des Verfahrens der »sozialen Distanz«: Die Person soll dabei angeben, ob sie eine andere Person (z. B. einen Gastarbeiter, eine ledige Mutter usw.) nur als Besucher, als Mitbürger, als Kollegen, als Nachbarn oder als Verwandten akzeptieren würde.

Dimensionalität. Die herkömmlichen Einstellungsmeßmittel dienen der Feststellung des Ausprägungsgrades eines als eindimensional, d. h. auf einem einzigen Kontinuum variierend angesehenen Einstellungsmerkmals. Zweifellos handelt es sich hierbei um ein sehr einfaches Denkmodell, das allerdings dem Augenschein nach mit der oft verblüffenden Simplizität von Meinungen und Einstellungen über soziale Gegenstände zu korrespondieren scheint. Theoretisch und häufig auch empirisch läßt sich jedoch zeigen, daß mathematische Modelle, die einstellungsbezogenen Reaktionen Orte in mehrdimensionalen Meßräumen zuweisen, der Komplexität vieler Einstellungsgegenstände angemessener erscheinen. Da z. B. die Antworten auf mehrere Dutzend Statements zum Thema »Autoritarismus« sich nur mit Mühe in eine eindimensionale Skala pressen lassen, wäre es hier möglich, aus der Analyse der Ähnlichkeiten oder Zusammenhänge aller Statements untereinander eine Mehrzahl von Dimensionen zu extrahieren und anschließend einer Person, deren »Autoritarismus« festgestellt werden soll, so viele Meßwerte zuzuordnen, wie es relevante Meßdimensionen gibt. Die Verfahren der multidimensionalen Skalierung sind naturgemäß aufwendig und erfordern elektronische Datenverarbeitung (s. die Beiträge von G. Gigerenzer in Bd. V dieser Enzyklopädie).

Eine Reihe von Forschern arbeitet derzeit an probabilistischen Testmodellen, insbesondere an der Einstellungsmessung nach dem Modell von Rasch (1960) und damit an einer Verbesserung eindimensionaler Einstellungsskalierung. Hierbei geht es darum, zweifelsfrei monotone Skalenelemente (Items) zu entwickeln, deren Kriterium die Stichprobenunabhängigkeit ist. Einstellungswerte, die eine Person z. B. bei der Beantwortung von Statements erreicht, werden im Gegensatz zu den bisher besprochenen Skalierungsverfahren nicht in bezug auf eine Stichprobe von Antworten anderer Personen, sondern in bezug auf die intraindividuelle Urteilsvariabilität definiert. Dazu wird es erforderlich, die Häufigkeiten oder Wahrscheinlichkeiten, mit denen eine Person bestimmte Statements in ganz bestimmter Weise beantwortet, zu schätzen.

Ebenso wie multidimensionale Skalierungen sind auch eindimensionale Einstellungsskalierungen nach einem probabilistischen Testmodell nur sehr aufwendig zu erstellen; bei der praktischen Anwendung bringen letztere im Gegensatz zu ersteren jedoch für die untersuchte Person keine besondere Belastung mit sich. Die methodischen Ansprüche an die Konstruktion dürften daher dafür verantwortlich sein, daß nach wie vor Einstellungen überwiegend mit Skalen gemessen werden, die auf der Grundlage eines starren, klassischen Testmodells konstruiert sind. Aus Gründen ungenügender Reliabilität und Validität der meisten Einstellungsskalen dürfte es sich empfehlen, sie nicht zur individuellen Einstellungsdiagnostik, sondern zur groben Trennung nach Personengruppen deutlich unterschiedlicher Einstellung zu verwenden.

EINIGE PROBLEME DER ERFASSUNG VON EINSTELLUNGEN

Die weitaus meisten Verfahren der Einstellungsmessung sind »subjektiver« Natur und insofern anfällig gegenüber absichtlichen Verzerrungen; sie erfordern gutwillig mitarbeitende und verbal intelligente zu untersuchende Personen. Durch die starke Vorstrukturierung von Reizen und Reaktionen bei den meisten Verfahren erfolgt eine beträchtliche Einengung des Aussagespielraums; auch aus diesem Grunde sind die meisten Einstellungsmessungen nur mit gut motivierten und verständnisvollen Personen angemessen ausführbar. Getarnte oder unbemerkte Einstellungsmessungen werfen – insbesondere wenn sie nicht zumindest nachträglich offengelegt und zur Disposition der Untersuchten gestellt werden, ethische Probleme auf. Die Frage der Verfügung über Einstellungsdaten und das Problem der Verwertung psychologischer Einstellungsforschung durch Auftraggeber und Interessenten von nichtwissenschaftlicher Seite sei hier nur erwähnt; schließlich sind die meisten gemessenen Einstellungen gegenüber sozialen Objekten mehr oder weniger politisch, da ihre Messung persönliche Kognitionen, Bewertungen oder Verhaltenstendenzen gegenüber sozialen Gegenständen an eine mehr oder weniger eng begrenzte Öffentlichkeit bringt.

(Nachbemerkung: Das Manuskript wurde am 1.6.1977 abgeschlossen.)

LITERATUR

Dawes, R. M.: Fundamentals of Attitude Measurement. New York: Wiley 1972

Edwards, A. L.: Techniques of Attitude Scale Construction. New York: Appleton-Century Crofts 1957

Fishbein, M., Ajzen, I.: Belief, Attitude, Intention, and Behavior: An Introduction to Theory and Research. Reading/Mass.: Addison-Wesley 1975

MacCorquodale, K., Meehl, P. H.: On a Distinction between Hypothetical Constructs and Intervening Variables. Psychol. Rev., 55, 1948, 95–107

Rasch, G.: Probabilistic Models for Some Intelligent and Attainment Tests. Kopenhagen: Denmarks Paedagogishe Institut 1960

Schmidt, H. D. (jetzt: H. D. Mummendey), Brunner, E. J., Schmidt-Mummendey, A. (= A. Mummendey): Soziale Einstellungen. München: Juventa 1975

Shapiro, D., Crider, A.: Psychophysiological Approaches in Social Psychology. In: G. Lindzey, E. Aronson (Eds.): The Handbook of Social Psychology, III. Reading/Mass.: Addison-Wesley 1969, 1–49

Tent, L.: Psychologische Tatbestandsdiagnostik (Spurensymptomatologie, Lügendetektion). In: U. Undeutsch (Hg.): Handbuch der Psychologie, XI: Forensische Psychologie. Göttingen: Hogrefe 1967, 185–259

Zeitschrift für Sozialpsychologie: Umfrage zu unveröffentlichten Fragebogen im deutschsprachigen Raum. Zeitschr. Sozialpsychol., 7, 1976, 98–119

EINSTELLUNGSTHEORIEN

von Peter Faßheber

ZUR FUNKTION DES EINSTELLUNGSBEGRIFFS

Das Interesse an Phänomenen der Bildung, Konstanz und Veränderung von Einstellungen ist innerhalb wie außerhalb der akademischen Psychologie stets sehr hoch gewesen.

Der Einstellungsbegriff ist für die naive Psychologie, mit der jeder von uns operiert, möglicherweise deshalb von so hohem Nutzen, weil mit Einstellungen, die ein Mitmensch zu haben scheint, nicht allein konstante, klassifizierende Merkmale angesprochen sind, sondern zahlreiche Phänomene des Wandels erfaßbar werden. Einen weiteren Aspekt stellt die hohe interindividuelle Variabilität dar, die mit dem Einstellungsbegriff abgedeckt werden kann. Mit dem Begriff Einstellungen können daher Veränderungen in den kulturellen Selbstverständlichkeiten, den sozialen Normen gesellschaftlicher Gruppierungen ebenso verstehbar werden wie der oft dramatisch erlebte Wandel in den Beziehungen psychologischer Kleingruppen und der Dyade. Selbst das Verständnis unserer eigenen Handlungen, ihrer Inkonsistenzen, ihres Abweichens oder ihrer Annäherung an Verhaltenserwartungen anderer Menschen wird uns erklärlich mit Hilfe der Vorstellung, daß wir neue Ansichten gewonnen haben und von veränderten Wertvorstellungen und Überzeugungen geleitet werden. Auf diese Weise wird uns das geänderte Erleben einer nicht veränderten sachlichen und sozialen Umgebung verständlich und als natürlich begreifbar, wie es in ähnlicher Weise von den Begriffen Ermüdung oder Älterwerden geleistet wird.

Die Nutzenerwartung, die die wissenschaftliche Psychologie gegenüber dem Einstellungsbegriff entwickelt, entspricht weitgehend derjenigen der naiven Psychologie. Einstellungen werden im Ablaufschema psychischer Prozesse als hypothetische Konstrukte betrachtet und zwischen Reizaufnahme und der als Erleben oder Handlung resultierenden Reaktion lokalisiert. Auch behavioristisch orientierten Autoren erscheint die Veränderungsfähigkeit der intervenierenden Variable Einstellung als hilfreich oder sogar denknotwendig, um zu klären, warum ein identischer Reiz zu unterschiedlichen Reaktionen bzw. unterschiedliche Reize zu identischen Reaktionen führen können.

Diese Rolle einer eigenständigen Größe zwischen Reizaufnahme und beobachtbarem Verhalten ist in der Mehrzahl der bekannteren Definitionen der Einstellung enthalten. Der Kern ihrer Gemeinsamkeit läßt sich recht gut durch eine Definition von Wilson (1971, 447) bezeichnen: »Einstellung ist eine Wahrnehmungsorientierung und Reaktionsbereitschaft in Beziehung zu einem besonderen Objekt oder zu einer Klasse von Objekten.«

Charakteristisch für Definitionen von Einstellungen ist, daß sie als spezifische Voraussetzungen, als Dispositionen für Verhalten angesehen werden, die durch persönliche Lernprozesse entstanden sind, überdauernd, aber nicht unveränderlich sind und eine relative Verhaltenskonstanz zur Folge haben. Den Begriffsbestimmungen ist auch in der Regel gemeinsam, daß neben dem kognitiven Aspekt die affektive Komponente sowie der Verhaltensbezug (konativer Aspekt) für Einstellungen wesentlich sei.

Aus der Schlüsselstellung, die den relativ überdauernden Einstellungen unter dem Aspekt der Erklärung der psychischen Funktionsabläufe zugedacht werden, ergibt sich auch die Möglichkeit, sie unter dem anwendungsorientierten Aspekt der Prognose zu nutzen. Wenn Einstellungen und Einstellungswandel, wie es beispielhaft die Definition von Wilson ausdrückt, Dispositionen für Verhalten und Verhaltensänderungen darstellen, dann würde mit der Erfassung von Einstellungen eine Vorhersage des ihnen zugehörigen künftigen Verhaltens möglich sein müssen.

Es mag diese Hoffnung sein, die als weitere Bedingung für die außerordentliche Popularität des Einstellungsbegriffs maßgeblich ist.

An Bestätigungen für die Erwartung, in Gestalt der Einstellungen oder Attitüden einen hochwertigen Prädiktor künftigen Verhaltens zu haben oder gewinnen zu können, scheint es nicht zu mangeln. Die Erfolge der Umfrageforschung im Bereich des Konsumenten- und Wählerverhaltens scheinen dafür zu sprechen, aber auch die einzelfallorientierten Erfassungen von Einstellungen und Werthaltungen, die in der Rechtsprechung, im Beratungswesen und bei Bewerberauswahlen praktiziert werden, vermitteln die Überzeugung, daß das Verhalten von Menschen in hohem Maße davon abhängt, welche Einstellungen sie haben.

Im starken Gegensatz zu diesen Bewertungen stehen die wissenschaftlichen Ergebnisse über das nachweisbare Ausmaß eines bestehenden Zusammenhangs. Zusammenstellungen über die empirisch ermittelte prognostische Valenz von gemessenen Einstellungen für Verhalten sind stets als enttäuschend erlebt worden. Konsequenzen derartiger Erfahrung sind vor allem methodische, aber auch theoretische Bemühungen gewesen. So ist intensiv daran gearbeitet worden, durch Konstruktion verbesserter Skalen zur Einstellungsmessung die unbefriedigende Prädiktivität von Attitüden zu verbessern. Hierdurch ist es vor allem gelungen, vielfältige Verflechtungen verschiedener Attitüden zu trennen und isolierte, d. h. eindimensionale Messungen auf relativ hohem Skalenniveau meßgenau vorzunehmen. In der Prädiktivitätsfrage haben sich hierdurch keine wesentlichen Fortschritte erzielen lassen. Die Kovariation von gemessenen Attitüden und Verhalten überschreitet nur selten Werte um $r_{tc} = .30$. Das aber bedeutet – gemäß den entsprechenden Determinationskoeffizienten r_{tc}^2 –, daß 90 oder mehr Prozent der Verhaltensvariabilität in der Regel nicht durch die Ausprägung der gemessenen Attitüden, sondern durch andere psychische Bedingungen sowie durch Eigenschaften der Situation gesteuert werden.

Eine befriedigende Varianzaufklärung ethisch-normativen Verhaltens bedarf offensichtlich neben der methodischen Verbesserung der Instrumente vor allem auch der Veränderungen in den theoretischen Konzepten, die eine wesentlich detailliertere Analyse der Bedingungen unseres Verhaltens leisten müssen. Das Endziel einer solchen Forderung läßt sich selbstverständlich erst im Rahmen umfassender Verhaltenstheorien erwarten, deren Entwicklungsstand z. Zt. noch sehr unzulänglich ist.

Mit Sicherheit läßt sich sagen, daß es eine unhaltbare Vorstellung ist, eine Attitüde als festes psychisches Element anzusehen, das eine direkte Determination des offenen Verhaltens bewirkt. Schon einmal hat das Aufgeben einer ähnlichen Konstanzannahme neue Entwicklungen innerhalb der Psychologie ermöglicht. Die Gestalttheorie löste sich zu Anfang dieses Jahrhunderts vom assoziationstheoretischen Axiom der konstanten Empfindungselemente. Die gestalttheoretische These, daß nicht die Komposition fixer Elemente, sondern vor allem kontextabhängige Funktionalität und Variabilität der Teile für psychische Prozesse maßgeblich seien, hat der Psychologie der Wahrnehmungsprozesse und des Denkens wichtige Entwicklungsimpulse gegeben.

In der gegenwärtigen Attitüdentheorie werden daher Ansätze bedeutsam (Rokeach

1967, 1968; Fishbein, Ajzen 1975), die die isolierten Beziehungen von Attitüde zu Attitüdenobjekt in einen Situationsbezug einbetten wollen, der sich ebenfalls als Attitüde beschreiben läßt: Die Einstellung gegenüber dem Attitüdenobjekt steht in Konkurrenz mit gleichzeitig aktivierten Einstellungen gegenüber den situativen Umständen, unter denen das Attitüdenobjekt gegenwärtig auftritt. Ein bekanntes Beispiel liefert die bei Interviews zu beobachtende Tendenz der sozialen Erwünschtheit, die eine Veränderung der erfragten Meinung im Sinne der vermuteten Erwartungen des Interviewers bewirken kann.

Derartige neuere Konzepte stellen späte theoretische Konsequenzen auf die bekannten Befunde von LaPiere (1934) dar, wonach die schriftlich ermittelte Ablehnungsintensität (90 Prozent) der angeschriebenen Hotels und Gaststätten mit der tatsächlichen Ablehnungshäufigkeit eines zimmersuchenden chinesischen Ehepaares kaum etwas gemeinsam hat. Das Ehepaar wurde in weniger als 1 Prozent der Fälle abgewiesen. Weitergehend als derartige duale auf Objekt und Situation bezogene Attitüdentheorien sind Konzepte, die den Dispositionscharakter der Einstellungen überhaupt in Frage stellen.

Diese am deutlichsten von der Attributionstheorie für den Vorgang der Personwahrnehmung entwickelten Ansichten (Jones, Davis 1965) lassen die Einstellung als ein Begleitphänomen der Wahrnehmung von Verhalten erscheinen – einem Menschen werden die Einstellungen attribuiert, die seinem Verhalten in den Augen eines Beobachters gemäß sind. Würde man diese Theorie der Personwahrnehmung auf die Erforschung von Personen ausdehnen (Bem 1968), so käme das dem Verzicht auf die verursachende Rolle gleich, die den Einstellungen nach traditioneller und verbreiteter Auffassung zukommen.

Wenn man nicht so weit gehen will, die Einstellungen praktisch zu einem Epiphänomen des Verhaltens zu reduzieren und damit zu Aussagen zu kommen, die dem klassischen Behaviorismus entsprechen könnten, so ergibt sich eine Auffassung, die eine gleichzeitige kognitive Repräsentation aktivierter Persönlichkeitszüge und des erlebten Situationsbezuges als Bedingungsgrundlage jedes Verhaltens ansieht. Eine Grundform derartiger theoretischer Konzepte ist das Lebensraummodell von Lewin (1951, dt. Ausg., 271–274), das die Bedingungen des Verhaltens in einem Feld modelliert, das durch die Regionen der Person (Infeld) und der psychisch repräsentierten Umgebung (Umfeld) gegliedert ist. Verhalten ist hiernach stets als Resultante aller aktuell wirksamen Feldkräfte zu verstehen, deren Umfang und Intensität vor allem situativ variieren. Eine lebensechte Auseinandersetzung, die sich in der Gruppe vollzieht, stellt damit einen völlig anderen Typus dar als das Ankreuzen verbaler Äußerungen in einem Einstellungsfragebogen zu Auffassungen über das Leben in Gruppen. Innerhalb der Feldtheorie entsteht daher kaum die Frage, welche Merkmalsausprägungen der Attitüden L, K und Z bei einer bestimmten Person als festes Merkmal gemessen werden konnten, sondern es ist zu fragen, wie diese Person den Konflikt der sie charakterisierenden Feldkräfte in spezifischen Situationen lösen kann, d. h., welche resultierende Größe als Verhalten in Erscheinung tritt.

Stellt man sich von einer derartigen theoretischen Position gesehen die Frage, wie ein Mensch lang- und kurzfristig die für ihn typischen Einstellungen ausbildet, so genügt es sicher nicht, eine isolierte, genaue Messung ihrer anfänglichen und künftigen Ausprägungen anzustreben und sie damit als nachgewiesene Elemente zu katalogisieren. Eine solche Frage erscheint vielmehr als verbunden mit der umfassenden Frage nach dem Gesamtprozeß des Aufbaus der Persönlichkeitsstruktur, des Verhaltensinventars sowie der kognitiven Repräsentation des Individuums in seinem sozialen Umfeld. In diesem Umfeld stellt die Situation, in der die Einstellung ermittelt wird, einen typischen oder untypischen Teil dar. Eine solche Auffassung des Begriffs Einstellung läßt auch die Aufgaben der praktischen Einstellungsforschung spezifisch kennzeichnen. Die zumeist als sprachliche Äußerung in einer Befragungssituation vermittelte Einstellung läßt sich als ein gedankliches, durch den Einstellungsfragebogen oder das Interview stimuliertes Probehandeln charakterisieren, das gegenüber isolierten, situationstypischen Aspekten der komplexen sozialen Wirklichkeit vorgenommen wird. Vor diesem theoretischen Hintergrund ist selbstverständlich, daß derartige Messungen den hochspezifischen Charakter einer strengen, durch die Testsituation gegebenen Verhaltensdetermination tragen, daher nicht generalisierbar sind und daß eine derartige fixierte Resultante nicht mit einer substantialisierten Disposition einer Triebfeder verwechselt werden darf. Einstellungen müssen ihrer Natur nach als ein mehrfaktoriell gesteuertes Resultat des jeweils aktuellen psychischen Kräfteausgleichs interpretiert bleiben.

AKTUELLE UND LANGFRISTIGE PROZESSE DER EINSTELLUNGSBILDUNG

Charakteristisch für den Begriff der Einstellungen ist, daß er für eine weite Spanne von Sachverhalten verwendet wird. Sie reicht von kurzfristigen Reaktionsbereitschaften motorischer, affektiver oder kognitiver Art wie der flüchtigen Bildung des ersten Eindrucks von einem fremden Menschen bis zu lebensgeschichtlich geformten Wertsystemen und Überzeugungen wie derjenigen der eigenen Identität. Die derzeitige Forschung und Theoriebildung erfaßt die Vielfalt dieser Phänomene keineswegs in einheitlicher Weise. Vor allem sind die kurzfristigen und die langfristigen Entwicklungs- und Veränderungsprozesse von Einstellungen bisher von sehr unterschiedlichen Seiten und mit unterschiedlicher Intensität bearbeitet worden.

Während im Bereich kurzfristiger Einstellungsänderungen Forschungsmethodik und Theoriestand hochentwickelt und die Zahl von empirischen Studien kaum noch überschaubar sind, läßt sich der Entwicklungsstand der Analyse langfristiger Einstellungserwerbungen bestenfalls als uneinheitlich kennzeichnen.

Ursächlich hierfür sind wohl vor allem die hohen Aufwendungen, die für langfristig angelegte Untersuchungen erforderlich sind. So müssen Studien über die langfristige Entwicklung von moralischen Kategorien oder politischen Ansichten als Feldstudien durchgeführt werden, die im optimalen Fall als Längsschnittstudien angelegt sein sollten, um damit in der Lage zu sein, die tatsächliche Entwicklung der zu Beginn untersuchten Personen über den zu studierenden Zeitraum durch Nachuntersuchungen zu verfolgen.

Die erhebungstechnischen Kosten sind aber auch dann noch vergleichsweise hoch, wenn aus Gründen der Zeitökonomie ein derartiger langfristiger Entwicklungsprozeß durch Querschnittstudien simuliert wird, bei denen die Unterschiede in der Ausprägung der Attitüden zwischen verschiedenen Altersgruppen als Ausdruck der Entwicklung bezeichnet werden, die die Jüngeren vor sich und die Älteren bereits hinter sich haben.

Eine weitere Bedingung ist darin zu sehen, daß die langfristigen Attitüdenentwicklungen in sehr unterschiedlichen Bereichen untersucht werden (Entwicklungspsychologie, Sozialisationsforschung, Persönlichkeitspsychologie, Altersforschung u. a.). Die dadurch oft erschwerte wissenschaftliche Kommunikation verzögert die Entwicklung dieses wichtigen Forschungsgegenstandes.

Die Erforschung aktueller Bildungen und Veränderungen von Einstellungen stellt den zentralen Bereich der experimentellen Sozialpsychologie dar. Die günstigen Voraussetzungen, Fragestellungen, die z. B. für die Beeinflussung der öffentlichen Meinung oder die Änderung von Vorurteilen von hoher politischer und wirtschaftlicher Bedeutung sein konnten, mit laborexperimentellen Methoden und Versuchsplänen untersuchen zu können, haben seit dem Ende des Zweiten Weltkriegs eine kaum noch zu übersehende Fülle von empirischen und theoretischen Arbeiten hervorgebracht. Hierdurch ist zunächst eine bedeutsame Entwicklung der verhaltenswissenschaftlichen Sozialpsychologie dokumentiert und eine Vielzahl von Fragen entscheidbar gemacht worden; das Ideal einheitlicher Möglichkeiten der Erklärung und Prognose sowie praktikabler Anwendbarkeit erscheint jedoch noch sehr weit entfernt.

THEORETISCHE ANSÄTZE IN DER EINSTELLUNGSFORSCHUNG

Die drei großen Theoriegruppen der Psychologie – lerntheoretische, psychoanalytische und kognitive – sind mit sehr spezifischen Leistungen und Schwerpunkten auf den Gebieten der kurzfristigen und der lebensgeschichtlichen Prozesse der Einstellungsbildung vertreten.

Im Rahmen dieser Darstellung können vor allem die Beiträge der lerntheoretischen und psychoanalytischen Positionen nur allgemein beschrieben werden und dienen lediglich zur Charakterisierung grundsätzlicher Merkmale der drei theoretischen Varianten. Übersichtliche, deutschsprachige Gesamtdarstellungen werden durch Triandis (1975) und Schmidt, Brunner, Schmidt-Mummendey (1975) gegeben.

Lerntheoretische Zugänge zur Bildung und Veränderung von Einstellungen sind dadurch gekennzeichnet, daß sie wenig Annahmen über den Entwicklungsstand und die motivationale Verfassung der Personen machen, sondern das Arrangement der Lernbedingungen, die Belohnungssituation und die Bedingungen des Verlernens in den Vordergrund stellen.

Gemäß den Prinzipien des klassischen Konditionierens nach Pawlow, des instrumentellen Konditionierens im Sinne von Skinner oder des Beobachtungslernens (Bandura 1969) wird der Erwerb isolierter Elemente oder kompletter Verhaltenssequenzen (Beobachtungslernen) theoretisch beschrieben (s. Bd. IV dieser Enzyklopädie). Fragen nach dem strukturellen Aufbau des jeweiligen Bereichs von Einstellungen oder das Problem der Veränderungswahrscheinlichkeit bestimmter Einstellungen in Abhängigkeit vom Entwicklungsalter eines Menschen stehen dabei nicht im Vordergrund.

Lerntheoretische Modelle lassen sich daher als unspezifische Akkumulationsprozesse kennzeichnen, nach denen je nach Gestaltung der Lernsituation zu jedem Zeitpunkt jedes Element eines komplexen Attitüdensystems erworben oder verlernt (gelöscht) werden kann.

Die jeweils vorfindlichen Ausprägungen und die Struktur von Überzeugungen und Werthaltungen einer Person spiegeln daher genau die Quantitäten ihrer theoriespezifisch verarbeiteten Lernimpulse. Ähnlichkeiten und Unterschiede zwischen den Einstellungen verschiedener Menschen gleichen oder unterschiedlichen Alters sind aus den Unterschieden ihrer nach dem Modellernen oder den Konditionierungstheorien beschriebenen Lerngeschichte ableitbar.

Die Anwendung lerntheoretischer Konzepte ist allgemein bei der Interpretation von Daten über langfristige und kurzfristige Veränderung von Einstellungsreaktionen üblich wie z. B. im Bereich der politischen Sozialisation (Hess, Torney 1970).

Strenge, auf empirische Hypothesenprüfung ausgerichtete Ableitungen lerntheoretischer Annahmen sind im Bereich der Einstellungsforschung nicht häufig. Arbeiten von Staats (Staats, Hammond 1972; Staats 1968) demonstrieren jedoch die Möglichkeiten der klassischen Konditionierung von Einstellungsreaktionen, die in einer Substitution des ursprünglichen Reizwortes durch ein zunächst neutrales bestehen, das nach Abschluß der Konditionierungsphase ebenfalls in der Lage ist, eine bestehende (affektive) Einstellungsreaktion auszulösen.

Für die Interpretation der Entwicklung neuer Äußerungen steht das Prinzip des instrumentellen Konditionierens zur Verfügung. Seine Anwendung in der Attitüdenforschung besteht in der Regel darin, aus einer Vielzahl von versuchsweise von einer Person geäußerten Antworten bestimmte durch Bestätigung zu »verstärken«. Die erhöhte Auftretenswahrscheinlichkeit der verstärkten Äußerungen wird als Ausdruck der entstandenen Einstellung angesehen (Insko 1967; Kerpelmann, Himmelfarb 1971).

Während nach der Theorie des instrumentellen Konditionierens neue Einstellungen nur entstehen, wenn eine zunächst rein versuchsweise und zufällig produzierte Äußerung soziale Belohnung erfahren hat, erlaubt die Theorie des Beobachtungslernens die Erklärung ge-

213

zielter und vollständiger Übernahmen von Ansichten und Verhaltenseigenschaften anderer Menschen (Modelle). Die Theorie unterscheidet zwischen der Speicherung des Eindrucks und der von Verstärkungen abhängigen Äußerungswahrscheinlichkeit. Dabei soll es durchaus genügen, wenn auch die Verstärkung der betreffenden Einstellungsreaktionen nur eine beobachtete oder eine aus Prestige- und Statusmerkmalen der beobachteten Person erschlossene ist.

Der *psychoanalytische* Zugang zur Einstellungsbildung ist gekennzeichnet durch die Betonung der Phasenspezifität (frühe Kindheit) sowie durch die Schrittmacherfunktion der dynamisch-affektiven Konfliktbildungen (Rapaport 1959).

Der als Prototyp für Über-Ich-Bildung anzusehende Ödipuskonflikt verdeutlicht den für den psychoanalytischen Theorietypus charakteristischen Übergang von affektiven Konflikten zu kognitiven Strukturbildungen (s. Bd. II dieser Enzyklopädie). Den Motor dieses phasenmäßig eng fixierten Identifikationsprozesses mit dem väterlichen Aggressor bildet der Affektzustand der Kastrationsangst. In einem weitgehend diskontinuierlichen Prozeß irreversibler Art entstehen dauerhafte Strukturen der Rollen- und Gewissensbildung (Über-Ich). Die Phänomene der Einstellungsforschung werden in der Psychoanalyse vorwiegend als Abwehrmechanismen des Ich (Projektion, Verdrängung, Regression, Introjektion u. a.) sowie im Prozeß der Sublimierung analysiert (A. Freud 1936).

Während die psychoanalytische Theoriebildung im Bereich kurzfristiger Prozesse der Einstellungsforschung nur wenig systematische Forschungen angeregt hat, ist ihr Einfluß bei der Erforschung langfristiger Prozesse, die in den Bereichen der Entwicklungspsychologie und der Sozialisationsforschung studiert werden, beachtlich. Für die Sozialpsychologie sind die Beiträge zur Vorurteilsforschung und die Studien zur Bildung des »autoritären Charakters« trotz der methodischen Einwände bedeutungsvoll (Fromm 1936; Adorno 1973; Christie, Jahoda 1954). Hiernach stellen aggressive soziale Vorurteile Projektionen eines schwachen Ich dar, die den Funktionen der Angstreduktion dienen und ihren Ursprung in frühkindlicher Aggressivität gegen den Vater haben. Es ist unmittelbar einsichtig, daß derartige Thesen für die Erforschung des Verhältnisses von Familiensituationen zur Entwicklung der Persönlichkeit eine außerordentliche Anregung darstellen.

Der *kognitionstheoretische* Zugang zur *lebensgeschichtlichen* Entwicklung von Einstellungen und Wertnormen ist gekennzeichnet durch die Betonung von Entwicklungsstufen und der inneren psychischen Logik beim Aufbau des kognitiven Systems. Ein weiteres Merkmal bildet die aktive und auswählende Auseinandersetzung des Individuums mit den wertbezogenen Umweltangeboten. Die Verarbeitung derartiger Informationen erfolgt primär unter kognitivem Aspekt, indem ein kategoriales Ordnungssystem ausgebildet und differenziert wird. Erst sekundär erhält dieses System jeweils die affektiv-emotionale Ausstattung, die für Einstellungen und Wertsysteme charakteristisch sind.

Einstellungspsychologische Theorien wie die von Werner (1959) und Piaget (1932) beschreiben den Rahmen, in dem sich Einstellungen nach kognitionstheoretischer Auffassung langfristig entwickeln.

So weist etwa die von Kohlberg (1974) vorgenommene Analyse zur Bildung der Geschlechtsrollenidentität einen bereits im ersten Lebensjahr beginnenden Differenzierungsprozeß nach, der bereits im dritten Lebensjahr eine grundsätzliche Festlegung bezüglich der eigenen Geschlechtsrolle bewirkt. Im siebenten Lebensjahr bildet sich die klare Geschlechtsrollenidentität aus, deren Ausbau in kognitiver und affektiver Hinsicht über die Pubertät bis weit in die Adoleszenz fortgeführt wird.

Auch die Ergebnisse zur Entwicklung des Regelbewußtseins im Spiel und des moralischen Urteils von Piaget (1932) oder der Entwicklung von Hygienenormen (Oerter 1969) verweisen auf eine systematische Sequenz beim Aufbau komplexer Einstellungssysteme.

Primär in der kindlichen Entwicklung sind jeweils wahrnehmungs- und verhaltensmäßige

Differenzierungen, die eine zunächst weitgehend affektneutrale Herausgliederung der eigenen perzeptiven und motorischen Vollzüge darstellen. In einem nachfolgenden Prozeß ergeben sich einfache gefühlsorientierte Tönungen dieser Wahrnehmungs- und Verhaltensklassen, die sich später differenzieren und denen erst abschließend eine verbal begründungsfähige Reflexion der entstandenen kognitiv-affektiven Einstellungsstruktur folgt.

Die *kognitionstheoretischen* Beiträge zu *kurzfristigen* Prozessen der Einstellungsbildung repräsentieren nach ihrer Zahl und Forschungsintensität einen der bedeutsamsten Teile der Sozialpsychologie.

Sie lassen sich untergliedern in funktionale Theorien, Konsistenztheorien und Wahrnehmungstheorien.

Funktionale Theorien stellen in verschiedenen Formen die Rolle in den Mittelpunkt, die die Einstellungen im Anpassungsprozeß des psychischen Systems an die Umwelt spielen. Diese Theorien lassen sich daher nicht nur unter kognitionstheoretischen Gesichtspunkten beschreiben, sondern weisen z. T. auch Beziehungen zu lerntheoretischen Positionen auf. Sie beziehen sich in der Analyse der Anpassungsfunktionen stets auf verschiedene motivationale Grundlagen des Verhaltens und weisen damit den Einstellungen verschiedenartige Funktionen bei der Befriedigung grundlegender Bedürfnisse und Motive zu. Die Annahmen über die Natur des zugrundeliegenden psychischen Prozesses sind in der Regel nicht spezifisch entwickelt, sondern den Motivationstheorien zugehörig. Die besondere Zuwendung dieser Theorien gilt der differenzierten Deskription der Grundlagen und qualitativen Ausprägungen von Einstellungen.

Die bekannteste der funktionalen Theorien wurde von Katz (1960) entwickelt; weitere Vertreter dieser Gruppe stammen von Smith, Bruner u. White (1956) und von Kelman (1961), dessen Konzept sich tabellarisch zusammenfassen läßt.

DREI-PROZESSE-THEORIE DES EINSTELLUNGSWANDELS NACH KELMAN (1961)				
Art des Prozesses der Einstellungsbildung	Psychische und soziale Bedingungen der Einstellungsbildung			Bedingungen, unter denen Einstellungsänderung im Verhalten geäußert wird
	Motivation	Macht des Beeinflussenden	Modalität der Beeinflussung	
1. Nachgeben	Erwartung sozialer Konsequenzen	Belohnungsmöglichkeiten des Beeinflussenden	Fehlen anderer Befriedigungsmöglichkeiten	Wenn Belohnender anwesend und soziale Bestätigung erwartet werden kann.
2. Identifikation	Soziale Bindungen	Ausmaß der Vorbildrolle des Beeinflussenden	Präzisierung der Rollenerwartung	Wenn Verdeutlichung im Sinne des Ich-Ideals und sozialer Rollenerwartungen bewirkt wird.
3. Internalisation	Übereinstimmung im Wertsystem der Person	Glaubwürdigkeit der Übereinstimmung des Beeinflussenden mit dem eigenen Wertsystem	Neuordnung von Wertsystem und Einstellung	Wenn Stabilisierung des eigenen Wertsystems bewirkt wird.

Die Theorie von Kelman, für die empirische Prüfungen noch ausstehen, versucht, die Vielzahl von Bildungs- und Änderungsprozessen durch drei Prozesse zu beschreiben, für deren Vollzug jeweils drei Bedingungen maßgeblich sind. Teil des Konzeptes sind Angaben über die Bedingungen, unter denen die gebildeten Einstellungen im offenen Verhalten der Person geäußert werden.

Katz (1960) sieht die Funktion von Einstellungen in Beziehung zu fundamentalen Motivationen des Individuums. Einstellungen werden entwickelt, geändert oder aufgegeben, um die Befriedigung folgender Bedürfnisse zu ermöglichen:

1. soziale Zugehörigkeit und Anerkennung (Anpassungsfunktion);
2. Sicherung des Selbstwertgefühls (Ich-Verteidigungsfunktion);
3. soziale Selbstdarstellung (wertexpressive Funktion);
4. Orientierung und Deutung der Umwelt (Wissensfunktion).

Es ist deutlich, daß diese Einstellungstheorie auf Korrespondenz mit einer polythematischen Motivationstheorie angelegt ist, die lerntheoretische Verstärkungsmechanismen, psychoanalytische Abwehrmechanismen mit der Selbstverwirklichungstendenz (Goldstein 1939, Maslow 1954) und den kognitionstheoretischen Orientierungsprozessen zu kombinieren hätte.

Die Gruppe der *Konsistenztheorien* verkörpert in eindeutiger Weise die kognitionstheoretischen Grundprinzipien, die ihrerseits auf gestalttheoretischen und feldtheoretischen Grundlagen basieren. Anstelle der externen Stimulation, die für Lerntheorien im Mittelpunkt des Interesses steht, orientieren sich Kognitionstheorien auf die selbstregulativen Prozesse innerhalb der psychisch repräsentierten Tatbestände der Umgebung und des Selbst. Gemeinsam ist allen Konsistenztheorien die Annahme, daß die selbstregulativen Prozesse über die Verminderung von Unklarheit, Spannungen und Widersprüchlichkeit die Bildung psychischer Einheiten von optimaler Gliederung anstreben.

Mit der Beschränkung auf die Tendenz zur Konsistenz, aus der alle Prozesse der Einstellungsbildung abgeleitet werden sollen, folgen die Konsistenztheorien in konsequenter Form dem wissenschaftlichen Ideal, für möglichst umfassende Sachverhalte die einfachste Form ihrer Erklärung zu finden.

Zur großen Gruppe dieser hier ohne empirischen Bezug und nicht vollständig darzustellenden Theorien gehören die »Balancetheorie« (Heider 1946, 1958; Cartwright, Harary 1956; Feather 1964; Harary, Norman, Cartwright 1965), die »Theorie der affektiv-kognitiven Konsistenz« (Abelson, Rosenberg 1958), die »Theorie der interpersonellen Symmetrie« (Newcomb 1968), die »Kongruenztheorie« (Osgood, Tannenbaum 1955) und die am weitesten entwickelte »Theorie der kognitiven Dissonanz« (Festinger 1957, Irle 1975).

Die Theorie von Heider behandelt die Fälle von Konsistenz und Inkonsistenz, die auftreten, wenn eine Person sich selbst (P), einen anderen (O) und einen Wahrnehmungsoder Meinungsgegenstand (x) zum Gegenstand ihrer Vorstellung macht (kogniziert) und dabei die drei Beziehungen zwischen diesen Elementen jeweils entweder als positiv oder als negativ erlebt. Die acht unter diesen Voraussetzungen möglichen kognitiven Triaden sind zur Hälfte balanciert (wenn bei keinem oder zwei negativen Vorzeichen das algebraische Produkt der Beziehungen positiv ist), zur Hälfte unbalanciert (wenn das Produkt der Vorzeichen der Beziehungen negativ ist):

Heider postuliert für diese Fälle eine Tendenz zur Bewahrung oder Erreichung balancierter Zustände, d. h., die Fälle 5 bis 8 müßten in der Vorstellung, im Rollenspiel und lebensnahen Situationen als spannungsreich erlebt werden und durch Änderung der Beziehung zum Partner oder zum Meinungsgegenstand einem der balancierten Zustände 1 bis 4 zustreben. Für die Frage, ob z. B. der unbalancierte Zustand 7 durch positive Entwicklung des Verhältnisses zum Partner (O) dem Fall 1 zustrebt oder durch die Entwicklung einer negativen Einstellung zu x dem Fall 4, lassen sich aus der Theorie keine Ableitungen treffen.

Ein anderer Mangel des P-O-x-Modells, seine Begrenztheit auf drei Kognitionen, ist behoben worden, seit die Feststellung des Balancezustands einer kognitiven Struktur nicht mehr nur durch die Vorzeichenregel, sondern durch die Nutzung der Graphentheorie (Harary, Norman, Cartwright 1965) auch für Fälle n > 3 erfolgen kann.

Eine kritische Weiterentwicklung durch Newcomb (1968) ist auf die Analyse der dyadischen Beziehung von P und O gerichtet, von der Newcomb annimmt, daß sie einer Symmetriebildung bezüglich des gemeinsamen Einstellungsobjektes folgt. Maßgeblich ist die Überlegung, daß bei den P-O-x-Triaden für das Entstehen von Inkonsistenz bei P das Erleben von interpersoneller Wechselbeziehung erforderlich ist. Neben den von Heider erfaßten Einstellungen der Eigenperspektiven P-O und P-x sowie der von P wahrgenommenen Fremdperspektive P(O-x) muß P auch Kognitionen über das Verhältnis von O zu ihm selbst (vorgestellte Fremdperspektive P[O-P]) entwickeln. Nur wenn über derartige Kognitionen eine Verbundenheit von P und O erlebt wird, besteht eine Voraussetzung für Konsistenz bzw. Inkonsistenz bei P oder (und) O. Die von einer Diskrepanz zum Einstellungsobjekt ausgehende psychische Kraft zur Herstellung von Konsistenz ist daher (neben dem Ausmaß persönlicher Bedeutsamkeit und Wichtigkeit des Einstellungsobjektes) von der erlebten oder unterstellten wechselseitigen Wertschätzung von P und O abhängig.

Der Beitrag von Abelson u. Rosenberg (1958) zur Entwicklung der Konsistenztheorien besteht in der Einbeziehung der affektiven Komponenten von Einstellungen in die Dynamik der kognitiven Elemente. Die Autoren gehen davon aus, daß von den zahllosen Kombinationen, die zwischen unseren Kognitionen (Ansichten, Kenntniselementen, Personen, Erwartungen usw.) möglich sind, immer nur diejenigen – im Falle von Inkonsistenz – Prozesse zur Konsistenzgewinnung auslösen, die durch Handlungsvollzüge, soziale Aktivitäten, wahrnehmungsmäßige oder denkerische Akte miteinander verbunden werden. Für die Entscheidung, ob derartige Kombinationen von Kognitionen als inkonsistent gelten sollen, wird ein differenziertes System von sechs Regeln psycho-logischer Unvereinbarkeit angewendet. Diese Regeln beinhalten die Formen psycho-logischer (d. h. gegebenenfalls auch unlogischer) Schlußfolgerungen, die aufgrund leitender Wertvorstellungen bezüglich der Einstellungen anderer Menschen getroffen werden.

So mag es einem politisch links eingestellten Menschen schwerfallen, einen anderen, den er für drastische Arbeitszeitverkürzungen hat eintreten sehen, für einen Konservativen zu halten.

Als Operationen, durch die erlebte Inkonsistenz verringert wird, enthält die Theorie die Umdefinition einzelner affektiver Beziehungen, die Eliminierung, Aufteilung oder Umformung eines der beteiligten kognitiven Elemente sowie die Einbettung der gesamten inkonsistenten Struktur in ein umfassenderes kognitives System, in dem die Inkonsistenz aufgehoben wird.

Die Einsatzwahrscheinlichkeit der verschiedenen Operationen soll einem Prinzip des geringsten psychischen Aufwandes folgen, das auch in anderen Konsistenztheorien enthalten ist.

Die von Irle (1975) weiterentwickelte Theorie der kognitiven Dissonanz (Festinger 1956) läßt sich gut daran veranschaulichen, wie ein Raucher mit Nachrichten umgeht, die den Zusammenhang zwischen Nikotingenuß und Lungenkrebs betreffen. Die Dissonanztheorie

217

geht von kognitiven Elementen aus, die im Sinne des »Lebensraumes« (Lewin 1963) als abgrenzbare Einheiten aktueller oder erinnerter Wahrnehmungen von Sachverhalten psychischer Wirklichkeit angesehen werden. Die Stiftung von Beziehungen zwischen derartigen Kognitionen erfolgt durch eine Gruppe von Kognitionen abstrakterer Natur, wie sie in Form von Hypothesen, Vermutungen und Ideen gegeben sind. Dissonanz entsteht nach dieser Theorie, wenn ein Mensch in die Lage kommt, zwei durch eine Hypothese in Beziehung gesetzte Kognitionen in hypothesenkonträrer Art und Weise wahrnehmen zu müssen. Das Ausmaß möglicher Dissonanz wird durch die beziehungsstiftende Potenz der Hypothese bestimmt, die ihrerseits von ihrer subjektiven Wahrscheinlichkeit, wahr zu sein, abhängt und von dem Umstand, wie zentral die Bereiche der Person sind, in denen sie verankert ist. Für die Ausprägung dieser beiden Bedingungen werden eine Reihe angebbarer Voraussetzungen der Erfahrung, persönlicher Eigenschaften sowie sozialer Randbedingungen benannt. Die Reduktion dissonanter Spannungszustände kann entweder in antizipatorischer Weise erfolgen, indem etwa mit der betreffenden Hypothese vorsichtshalber auch gleich die Ausnahmen zugelassen werden, die eine Immunisierung der Hypothese bewirken, oder indem die entstandene Dissonanz bei dem kognitiven Element zu Änderungen führt, das den geringsten psychischen Aufwand erfordert. Die Resistenz eines einzelnen kognitiven Elements gegen Änderungen hängt von der relativen Menge von konsonanten sowie dissonanten Beziehungen ab, die zu den übrigen beteiligten Kognitionen bestehen. Von hier aus ist es möglich, daß handgreifliche, hypothesenkonträre Erfahrungen ignoriert, verdrängt, bagatellisiert werden, während die zu falsifizierende Hypothese in einer umfassenden kognitiven Struktur weiterhin stabilisiert bleibt.

Als *Wahrnehmungstheorien* lassen sich diejenigen Einstellungstheorien bezeichnen, die auf Prozesse orientiert sind, durch die eine Neuaufnahme von einstellungsrelevanter Information beeinflußt wird (Sherif, Hovland 1961; Ostrom, Upshaw 1968). Die Erklärung für eine Veränderung oder Stabilisierung von Einstellungen wird abgeleitet aus dem Verhältnis von einstellungsrelevanter Information zu der bereits bestehenden Einstellungsausprägung. Die von Sherif u. Hovland (1961) entwickelte Assimilations-Kontrast-Theorie wendet Überlegungen aus der Adaptationsniveau-Theorie von Helson (1959) an, die zunächst für den Bereich der Psychophysik der Sinneswahrnehmung entwickelt worden sind.

Die Theorie erhebt den Anspruch, die einstellungsmodifizierende Wirkung einer neu die Person erreichenden Information aus der Beschaffenheit eines Bezugssystems, das sich die Person aus früheren Erfahrungen gebildet hat, ableiten zu können.

Dieses Bezugssystem wird als Skala aufgefaßt, die durch extreme und mittlere Ankerpunkte definiert ist und damit die Einordnung neuer Informationen ermöglicht. Ist die Diskrepanz zwischen den internen Ankerpunkten des eigenen Bezugssystems und den externen Ankerpunkten, die in Form neuer Auffassungen an die Person herangetragen werden, nicht zu groß, so befindet sich die neue Information im Annahmebereich, wird assimiliert, es kommt je nach Größe der Diskrepanz durch Verschiebung des internen Ankerpunktes zu Einstellungsänderungen. Ist die Diskrepanz so groß, daß sich die neue Information im Ablehnungsbereich befindet, entsteht ein Kontrasteffekt, die Information wird als lächerlich, unfair oder absurd abgelehnt.

Entscheidend für die Theorie ist die Maßgabe, daß der Annahmebereich der Skala um so kleiner ausfällt, je stärker das persönliche Engagement am Objekt und am Bereich der Einstellung ausgeprägt ist. Durch diese Spezifizierung gewinnt die Assimilations-Kontrast-Theorie Bedeutung für das Studium unterschiedlicher Grade von Beeinflußbarkeit.

Eine Einschätzung der künftigen Entwicklungen im Bereich der Einstellungstheorien ist durch die zahlreichen unbekannten Bedingungen derartiger Prozesse nur schwer zu begründen. Daher mag es abschließend als eine wertbestimmte Einstellung des Autors gelten, daß die künftigen Arbeiten zur Theorie der Einstellungen gekennzeichnet sein werden durch stärkere Axiomatisierung und Formalisierung ihrer Aussagen, daß sie zu ihrer empirischen Prüfung erhöhte Ansprüche an eine leistungsfähige Methodologie stellen werden und daß sie stärker als bisher die Situation der um Sinngebung und Deutung bemühten Person und Versuchsperson bei der Arbeit an und mit Theorien berücksichtigen. Eine Tradition, die sich auf Kurt Lewin begründet, bietet hierfür Chancen.

LITERATUR

ABELSON, R. P., ROSENBERG, M. J.: Symbolic Psycho-Logic: A Model of Attitudinal Cognition. Behaviorial Science, 3, 1958, 1–13

ADORNO, T. W.: Studien zum autoritären Charakter. Frankfurt/M. 1973

BANDURA, A.: Principles of Behavior Modification. New York: Holt, Rinehart & Winston 1969

BEM, D. J.: Attitudes as Self-Descriptions: Another Look at the Attitude-Behavior Link. In: A. G. Greenwald, T. C. Brock, T. M. Ostrom (Eds.): Psychological Foundations of Attitudes. New York: Academic Press 1968

CARTWRIGHT, D., HARARY, F.: Structural Balance: A Generalization of Heider's Theory. Psychol. Rev., 63, 1956, 277–293

CHRISTIE, R., JAHODA, M. (Eds.): Studies in the Scope and Method of »The Authoritarian Personality«. Glencoe/Ill. 1954

FEATHER, N. T.: A Structural Balance Model of Communication Effects. Psychological Review, 71, 1964, 291–313

FESTINGER, L.: A Theory of Cognitive Dissonance. Stanford/Calif.: Stanford Univ. Press 1957

FISHBEIN, M., AJZEN, I.: Belief, Attitude, Intention, and Behavior. London: Addison-Wesley 1975

FREUD, A.: Das Ich und die Abwehrmechanismen. Wien: Intern. Psychoanal. Vlg. 1936. Tb.-Ausg.: Reihe »Geist und Psyche«, Bd. 2001. München: Kindler 1964

FROMM, E.: Studien über Autorität und Familie. Sozialpsychologischer Teil. Paris 1936. Auch in: M. Horkheimer, E. Fromm: Autorität und Familie. o. O. u. Verlag 1970

GOLDSTEIN, K.: The Organism. New York: American Book Co. 1939

HARARY, F., NORMAN, R. Z., CARTWRIGHT, D.: Structural Models: An Introduction to Theory of Directed Graphs. New York: Wiley 1965

HEIDER, F.: Attitudes and Cognitive Organization. Journ. Psychol., 21, 1946, 107–112

The Psychology of Interpersonal Relations. New York: Wiley 1958

HELSON, H.: Adaption Level Theory. In: S. Koch (Ed.): Psychology: A Study of Science, I. New York: McGraw-Hill 1959, 565–621

HESS, R. D., TORNEY, J. V.: The Development of Political Attitudes in Children. Chicago: Aldine Publishing Company 1970

INSKO, C. A.: Theories of Attitude Change. New York: Appleton-Century-Crofts 1967

IRLE, M.: Lehrbuch der Sozialpsychologie. Göttingen: Hogrefe 1975

JONES, E. E., DAVIS, K. E.: From Acts to Dispositions – The Attribution Process in Person Perception. In: L. Berkowitz (Ed.): Advances in Experimental Social Psychology, II. New York: Academic Press 1965

KATZ, D.: The Functional Approach to the Study of Attitudes. Public Opinion Quarterly, 24, 1960, 163–204

KELMAN, H. C.: Processes of Opinion Change. In: Public Opinion Quarterly, 25, 1961, 57–78

KERPELMANN, J. P., HIMMELFARB, S.: Partial Reinforcement Effects in Attitude Acquisition and Counter-Conditioning. Journal of Personality and Social Psychology, 19, 1971, 301–305

KOHLBERG, L.: Zur kognitiven Entwicklung des Kindes. Frankfurt/M.: Suhrkamp 1974

LAPIERE, R. T.: Attitudes versus Actions. Social Forces, 13, 1934, 230–237

LEWIN, K.: Field Theory in Social Sciences. New York: Harper & Brothers 1951. Deutsch: Feldtheorie in den Sozialwissenschaften. Bern: Huber 1963

MASLOW, A. H.: Motivation and Personality. New York: Harper 1954

NEWCOMB, T. M.: Interpersonal Balance. In: R. P. Abelson u. a. (Eds.): Theories of Cognitive Consistency: A Sourcebook. Chicago: Rand McNally 1968

OERTER, R.: Moderne Entwicklungspsychologie. Donauwörth: Auer 1969

OSGOOD, C. E., TANNENBAUM, P. H.: The Principle of Congruity in the Prediction of Attitude Change. Psychol. Rev., 62, 1955, 42–55

OSTROM, T. M., UPSHAW, H. S.: Psychological Perspective and Attitude Change. In: A. G. Greenwald, T. C. Brock, T. M. Ostrom (Eds.): Psychological Foundations of Attitudes. New York: Academic Press 1968, 217–247

PIAGET, J.: Le jugement moral l'enfant. Paris: Alcan 1932. Deutsch: Das moralische Urteil beim Kinde. Zürich: Rascher 1954. Tb.-Ausg.: Frankfurt/M.: Suhrkamp 1973

RAPAPORT, D.: The Structure of Psychoanalytic Theory: A Systematizing Attempt. In: S. Koch (Ed.): Psychology: A Study of a Science, III: Formulations of the Person and the Social Context. New York: McGraw-Hill 1959

ROKEACH, M.: Attitude Change and Behavioral Change. Public Opinion Quarterly, 30, 1967, 529–550

The Nature of Attitudes. In: Sills (Ed.): International Encyclopedia of the Social Sciences, I. New York: McMillan Company & The Free Press 1968, 449–458

SCHMIDT, H. D., BRUNNER, E. J., SCHMIDT-MUMMENDEY, A.: Soziale Einstellungen. München: Juventa 1975

SHERIF, M., HOVLAND, C. I.: Social Judgment. (Yale Studies in Attitude and Communication, IV). New Haven/Conn.: Yale Univ. Press 1961

SMITH, M. B., BRUNER, J. S., WHITE, R. W.: Opinions and Personality. New York 1956

STAATS, A. W.: Social Behaviorism and Human Motivation: Principles of the Attitude-Reinforcer-Discriminative System. In: A. G. Greenwald, T. C. Brock, T. M. Ostrom (Eds.): Psychological Foundations of Attitudes. New York: Academic Press 1968

STAATS, A. W., HAMMOND, O. W.: Natural Words as Physiological Conditioned Stimuli: Food-word-elicited Salivation and Deprivation Effects. Journal of Experimental Psychology, 96, 1972, 206–208

TRIANDIS, H. C.: Einstellung und Einstellungsänderungen. Weinheim, Basel: Beltz 1975

WERNER, H.: Einführung in die Entwicklungspsychologie. München: Barth 1959

WILSON, G. D.: Einstellung. In: W. Arnold, H. J. Eysenck, R. Meili (Hg.): Lexikon der Psychologie, I. Freiburg, Basel, Wien: Herder 1971

KONSTANZ UND ÄNDERUNG VON EINSTELLUNGEN

von Carolyn Wood Sherif

Sozialpsychologische Fragen der Einstellungskonstanz und -änderung hängen zusammen mit Problemen der sozialen Veränderung, der Politik und der Ausübung von Macht, der Verwendung der Massenkommunikationsmittel und der Intergruppenbeziehungen ebenso wie mit Problemen der zwischenmenschlichen Aktivitäten im täglichen Leben, in der Schule und am Arbeitsplatz oder der speziellen Kontexte ärztlicher und psychologischer Betreuung. Die psychologischen Fragen und die sozialen Probleme sollten jedoch nicht einander gleichgesetzt werden, wenn wir ihre Dialektik verstehen wollen.

Eine Einstellung wird abgeleitet aus der Beobachtung der zusammenhängenden, charakteristischen und selektiven (verbalen und nichtverbalen) Verhaltensweisen eines Individuums in einem bestimmten Zeitraum und in verschiedenen Situationen, in denen Vertreter einer gemeinsamen begrifflichen Klassifikation anwesend sind. Die selektive Neigung wird angezeigt durch günstige oder ungünstige Reaktionen auf diese Vertreter (Personen, Gruppen, Institutionen, soziale Werte, Glaubensvorstellungen, Status in Organisationen usw.), durch ihre positive oder negative Behandlung, ihre selektive Beachtung oder die Annäherung an einige von ihnen, während andere gemieden oder abgelehnt werden. (Tatsächlich sind die emotionalen und attributiven Reaktionen auf die gemiedenen oder abgelehnten so stark, daß sie oft durch spezielle Ausdrücke bezeichnet werden, z. B. negatives Vorurteil, Stereotyp, soziale Distanz.) Eine Einstellung wird daher definiert durch die Konstanz über einen Augenblick oder eine Situation hinaus. Eine Einstellungsänderung beinhaltet Änderungen im Verhalten desselben Individuums in der Folgezeit und deutet auf Änderungen in bezug auf das hin, was für das Individuum annehmbar bzw. unerwünscht ist.

Eine Verhaltenskonstanz über längere Zeit hinweg unter stabil strukturierten oder autoritären Verhältnissen läßt jedoch nicht notwendigerweise Rückschlüsse auf die Einstellung eines Menschen zu (beispielsweise unter Verhältnissen, in denen Ungehorsam zu körperlichem Schaden führen würde). Der Begriff Einstellung wird stets verwendet, wo ein gewisser Spielraum für freie Entscheidung und freiwilliges Handeln gegeben ist. Obwohl sie aus Verhaltensweisen abgeleitet wird, bezieht sich die Einstellung auf eine psychologische Struktur mit kognitiven und affektiven Komponenten. Einstellungen bilden sich im Laufe des Umgangs des Individuums mit der sozialen Umwelt heraus, und sie stellen eine sowohl kognitive als auch affektive Beziehung her zwischen diesem Individuum und einer Reihe von Gegenständen, Personen, Gruppen, Institutionen, sozialen Werten oder Regeln (Normen) und Symbolen, einer Ideologie oder Schemata von interpersonalen und Gruppenbeziehungen – kurz jedem signifikanten Teil dieser sozialen Umwelt (s. auch den Beitrag von A. Mummendey in diesem Band).

EINSTELLUNGEN UND SOZIALE STABILITÄT ODER VERÄNDERUNG

Das Studium der Einstellungskonstanz und -änderung, das von W. I. Thomas und F. Znaniecki in ihrem 1918 erschienenen Bericht über polnische Einwanderer in den Vereinigten Staaten systematisch eingeführt wurde, stand in den Anfangsjahren eindeutig im Zusammenhang mit der Stabilität und Veränderung der sozialen Organisation und Ideologie.

Wiederholte Untersuchungen zeigten beispielsweise eine bemerkenswerte Konstanz in der Bevorzugung verschiedener ethnischer und rassischer Gruppen in den USA sowie in der Übereinstimmung der Individuen bezüglich der persönlichen Merkmale, die bevorzugten Gruppen (z. B. den Engländern), und der nachteiligen Merkmale, die untergeordneten Gruppen (wie z. B. Schwarzen, mexikanischen Amerikanern und Indianern) zugeschrieben wurden. Weiße Kinder mieden schwarze Kinder konsequent und voll Abneigung im Volksschulalter ohne Rücksicht auf frühere Kontakte oder den Landesteil. Nur die Kinder einer kommunistisch organisierten Schule ließen solche Antipathien nicht erkennen, was die Ansicht bekräftigte, daß die voreingenommenen Einstellungen der anderen durch die Berührung mit rassistischen Praktiken und Doktrinen erlernt wurden. Kinder unter fünf Jahren verhielten sich in verschiedenen Situationen inkonsequent, was – in Übereinstimmung mit den frühen Arbeiten Jean Piagets über den Erwerb sozialer Regeln bei Kindern – auf eine kognitiv-verstandesmäßige Entwicklung der Einstellungsbildung hinweist (Sherif, Sherif 1969).

Signifikante Änderungen in der Einstellung weißer Amerikaner gegenüber den Schwarzen waren in den Untersuchungen der sechziger Jahre zu erkennen, und zwar Änderungen, die zu groß waren, um allein dem generationsbedingten Wandel zugeschrieben werden zu können. Dieses Jahrzehnt war gekennzeichnet durch kumulative soziale Veränderungen als Folge einer Neuverteilung der Bevölkerung und einer sich ändernden Wirtschaft sowie durch gesetzliche Reformen dank einer Reaktion der Regierung auf wachsende soziale Bewegungen. Doch die Einstellungsänderungen beschränkten sich im wesentlichen auf den Status der Schwarzen im Rahmen öffentlicher Aktivitäten, und es änderte sich nur wenig in bezug auf intimere Kontakte, und die allgemeine Orientierung der verschiedenen Gruppen hinsichtlich der bevorzugten sozialen Intimität blieb bemerkenswert konstant (Greeley, Sheatsley 1971; Bogardus 1967). In ähnlicher Weise waren Änderungen der Einstellung gegenüber der Frau mit einem veränderten Beschäftigungssystem und einer aktiven Frauenbewegung koordiniert. Merkliche Einstellungsänderungen in bezug auf die Frau wurden in den frühen siebziger Jahren berichtet, aber auch sie beschränkten sich auf die Möglichkeiten der Frau in der Öffentlichkeit, während in der »privaten Sphäre« mehr die traditionellen Ansichten vorherrschten (Mason, Czaka 1976).

Auffälligere und radikalere Einstellungsänderungen treten ein, wenn eine Gesellschaft rasche technologische oder einschneidende soziale und politische Veränderungen durchmacht, oder wenn eine »alte Ordnung« auf dem Wege einer Revolution durch eine neue gestürzt wird. Die genannten Beispiele lassen schon einige wichtige allgemeine Feststellungen zu: Konstanz und Änderung individueller Einstellungen können nicht verstanden werden ohne Bezugnahme auf die Stabilität oder die Veränderung bedeutsamer gesellschaftlicher Aspekte, aber sie sind weder deren *direkte* Ursache noch deren automatische Folge. Manche halten an ihren Einstellungen inmitten großer sozialer Veränderungen fest, während andere ihre Einstellungen trotz relativer Stabilität der Gesellschaft im großen und ganzen ändern. Die Beziehung zwischen individueller und sozialer Änderung muß die Interaktion zwischen Individuen und Gruppen und nicht nur die individuelle und die größere gesellschaftliche Struktur einschließen.

VERWIRRENDE TRENDS DER EINSTELLUNGSFORSCHUNG

Die Einstellungsforschung wurde nach dem Zweiten Weltkrieg von Meinungsforschungsinstituten, von anderen Forschern am Arbeitsplatz und im Klassenzimmer, die schriftliche Standardtests verwendeten, und von einer zunehmenden Anzahl von Forschern in Laborexperimenten, üblicherweise mit College-Studenten, betrieben. Bei all dieser regen Tätigkeit wurden wichtige Fragen der Begriffsklarheit und der Brauchbarkeit der Techniken zur Untersuchung von Einstellungen vernachlässigt (s. auch den Beitrag von H. D. Mummendey in diesem Band).

Ein prominenter Experimentalpsychologe bemerkte bei der Betrachtung der einschlägigen Literatur, daß man durch wiederholte Meinungsumfragen und Laboruntersuchungen zu diametral entgegengesetzten Schlüssen in bezug auf Einstellungsänderungen gelangen könnte (Hovland 1959). Laborexperimente ergaben typischerweise wesentliche Änderungen der Reaktion auf Veränderungen der Situation im Labor (Aufgabe, Mitteilung, Kommunikator, Reihenfolge der Darbietung der Information usw.), aber solche Untersuchungen betrafen selten Fragen mit einer persönlichen Bedeutung außerhalb des Labors. Dagegen wurden wiederholte Meinungsumfragen gewöhnlich in bezug auf Probleme durchgeführt, die zu in früheren Erfahrungen wurzelnden Einstellungen mit einer persönlichen Bedeutung führten. Sie zeigten starke Trends zur Konstanz mit nur langsamen Änderungen im Laufe der Zeit, die offensichtlich keine Beziehung zu den veränderten Bedingungen der Laboruntersuchungen hatten.

Da man zwischen Einstellungen von großer persönlicher Bedeutung für das Individuum und Meinungen oder Urteilen über persönlich unwichtige Dinge keinen Unterschied machte, wurde die Literatur über Einstellungsänderungen zu einem Dschungel widersprüchlicher Schlußfolgerungen (Eagly, Himmelfarb 1974; Fishbein, Ajzen 1975). Diese Unterscheidung ist wesentlich. Ein großer Teil der experimentellen Literatur, der von den Verfassern mit dem Etikett »Einstellungsänderung« versehen wurde, handelt, wie sich nun zeigt, überhaupt nicht von Einstellungen, da ausreichende Beweise für das Vorhandensein tatsächlicher Einstellungen fehlten. Dieser Überblick befaßt sich nur mit Untersuchungen, in denen Einstellungen oder ihre Änderungen unmißverständlich nachgewiesen wurden.

DER EINSTELLUNGSKONSTANZ FÖRDERLICHE VORAUSSETZUNGEN

Zusätzlich zu einer stabilen sozialen Umwelt, die durch wenige Neuerungen gekennzeichnet oder gegen Änderungen in der weiteren Umgebung isoliert ist, sind die wichtigsten Voraussetzungen für die Beibehaltung einer Einstellung frühere Erfahrungen, durch die sich die Einstellung für das Individuum selbst definiert. Als psychologische Strukturen, die die Person zur sozialen Welt in Beziehung setzen, unterscheiden sich Einstellungen hinsichtlich des Ausmaßes, in dem sie innerhalb des Selbstsystems miteinander verbunden sind. In dem Maße, in dem zentrale, vorrangige oder wichtige Aspekte des Selbst von den laufenden Ereignissen betroffen werden, nimmt das Individuum persönlich an ihnen teil. Die einschlägige Literatur zeigt immer wieder, daß die Ichbeteiligung in einer positiven Beziehung zur Beibehaltung der Einstellung steht (Fishbein, Ajzen 1975; Sherif, Sherif 1969).

Alle Einstellungen, die konstant bleiben, fordern jedoch keine starke Ichbeteiligung. Untersuchungen über die Rezeption der Massenmedien zeigen Tendenzen (wenn auch keine allgemein gültigen oder unveränderlichen) seitens der Individuen, selektiv Programme einzuschalten, die ihre Einstellungen bestärken (Klapper 1967). Untersuchungen der Verbreitung von Neuerungen durch die Massenmedien ergaben ferner, daß die typische Reaktion auf die Konfrontation mit Material, das mit der eigenen Einstellung nicht übereinstimmt, die Interaktion mit anderen Personen ist, um ihre Reaktionen zu erfahren (Katz

1965). Die konsultierten Personen haben meist einen hohen Status in den Bezugsgruppen des Individuums (d. h. in den sozialen Gruppierungen, denen es angehört oder angehören möchte). Wenn sich solche befragten Personen für die Neuerung aussprechen, kann das Individuum dazu gebracht werden, sich ihrer Meinung anzuschließen, besonders wenn seine eigene Einstellung nicht stark ausgeprägt ist. Handelt es sich jedoch um einen wichtigen Gruppenwert oder institutionellen Wert, der von der anderen Person befürwortet wird, so wird die Konsultation wahrscheinlich dazu führen, daß das Individuum seine Einstellung beibehält. Kurz, Einstellungen, die für die Selbstdefinition des Individuums keine hohe Priorität haben, werden oft beibehalten durch eine selektive Interaktion mit anderen, die ähnliche Einstellungen haben.

DIE ÄNDERUNG DER PERSÖNLICHEN BETEILIGUNG UND DER EINSTELLUNGSSTRUKTUR

Der einzelne braucht sich nicht dessen bewußt zu sein, daß eine bestimmte Einstellung selbstdefinierend ist (eine starke persönliche Beteiligung enthält), und er legt vielleicht keinen Wert darauf, dies zu erkennen zu geben, wenn er es weiß. Die Forschung ergab eine im allgemeinen positive Korrelation zwischen den Einschätzungen von Individuen bezüglich der »Wichtigkeit« einer Einstellung, der »Intensität«, mit der sie sie vertreten, der »Sicherheit« in ihren Urteilen und der Beibehaltung der Einstellung. Sherif u. Sherif (1969; Sherif 1976) entwickelten Methoden zur Ableitung des Grades der positiven persönlichen Beteiligung eines Individuums aus der Einstellungsstruktur. Ihre Methoden bestehen unter anderem darin, die Kategorisierungen und voreingenommenen Reaktionen des Individuums mit den Objekten (Glaubensvorstellungen, Personen, Gruppen, Institutionen usw.), zu denen die Einstellung gehört, zu koordinieren.

Durch zwei unabhängige Methoden zeigten sie, daß die Einstellungsstruktur in drei Untergruppen oder Bereiche unterteilt werden kann, die mit den Objektgruppen koordiniert sind: Die einer gemeinsamen Kategorie zugeordneten, die annehmbar und erwünscht sind, die gesucht, geschätzt usw. werden, bilden den *Annahmebereich*. Die zusammen kategorisierten, die abgelehnt, verachtet, beanstandet usw. werden, bilden den *Ablehnungsbereich*. Wenn das Individuum nicht unter dem Zwang steht, alle Kategorien oder Gegenstände zu bewerten, bilden diejenigen, die zusammen kategorisiert, aber weder akzeptiert noch abgelehnt werden, den *Indifferenzbereich*.

In einer Reihe von Untersuchungen wurden gewisse Beziehungen zwischen den relativen Umfängen oder Größen der Bereiche und dem individuellen Grad der Ichbeteiligung nachgewiesen:

1. Beim stark beteiligten Individuum ist der Ablehnungsbereich größer als der Annahme- und Indifferenzbereich zusammen, wobei letzterer kaum existiert. (Alles für die Einstellung Relevante wird entweder als annehmbar oder als abzulehnen kategorisiert, wobei letzteres dominiert. Wenn sie aufgefordert wird, ihre eigenen Kategorien zu schaffen, um eine Gruppe von Objekten im Bereich der Einstellungen zu klassifizieren, verwendet eine stark beteiligte Person weniger Kategorien als eine schwächer beteiligte.) Solche Strukturen wurden gefunden für Personen mit entgegengesetzten Annahmebereichen (z. B. gegensätzliche Standpunkte vertretende Parteien in bezug auf eine soziale Frage oder in einer politischen Kampagne) und bei einigen Individuen, die gemäßigte, sowie bei vielen, die extreme Standpunkte einnehmen.

2. Die relativ nichtbeteiligte Person, gleich ob extrem oder gemäßigt in ihrer Einstellung, zeigt einen großen Indifferenzbereich mit einem entsprechend kleineren Ablehnungsbereich.

3. Die Häufigkeit der Annahme (die Toleranzbreite) unterscheidet nicht stark beteiligte

von weniger beteiligten Personen, was jedoch bei der Häufigkeit der Ablehnung und der Indifferenz der Fall ist.

Daraus folgt, daß Einstellungsänderungen im Hinblick auf jeden Bereich auftreten können. Ein zunehmender Ablehnungsbereich und abnehmende Indifferenz weisen auf eine erhöhte Beteiligung im Annahmebreich hin.

REAKTIONEN AUF VON DER EIGENEN EINSTELLUNG ABWEICHENDE EINFLÜSSE

Sherif u. Sherif schlugen ein System vor, mit dessen Hilfe sich voraussagen läßt, wann eine Kommunikation, die von der Einstellung des Individuums abweicht, die Einstellung potentiell ändern oder nicht ändern kann. Die Voraussagen stützen sich auf umfangreiches Datenmaterial (Fishbein, Ajzen 1975; Sherif 1976). Sie stellten zunächst die Frage: Wie stark unterscheidet sich die vorgeschlagene Änderung von der Einstellung des Individuums?

Sie gründeten die Voraussagen auf die Theorie des sozialen Urteils und gingen davon aus, daß kleine bis mäßig große Unterschiede zwischen der Einstellung und der vorgeschlagenen Änderung vom Individuum in Richtung des Annahmebereichs assimiliert und daher als vernünftig und erwägenswert betrachtet werden würden. Bei zunehmend größeren Unterschieden würde die Voraussage dann jedoch eine Kontrastwirkung erfordern, das heißt, der Vorschlag würde als stärker abweichend vom akzeptablen Bereich des Individuums bewertet werden, als er es tatsächlich ist, und daher in zunehmendem Maße als unerwünscht oder sogar unsinnig abgelehnt werden.

Die Wahrscheinlichkeit einer Einstellungsänderung hängt aber nicht allein von der Diskrepanz ab, sondern auch von der persönlichen Beteiligung des Individuums. Wie schon erwähnt, variiert die Einstellungsstruktur mit dem Grad der persönlichen Beteiligung. Ein und dieselbe Kommunikation, die einer stark beteiligten und einer weniger stark beteiligten Person mit denselben Anschauungen vorgelegt wird, kann in den großen Ablehnungsbereich der ersteren, jedoch in den Indifferenzbereich der letzteren fallen. Die stärker beteiligte Person wird den neuen Vorschlag ablehnen und ihn in einen scharfen Kontrast zu dem bringen, was akzeptiert werden kann, während die weniger stark beteiligte Person dazu neigen wird, den Vorschlag als kongenial zu betrachten und sich von ihm beeinflussen zu lassen.

Der Spielraum, innerhalb dessen diskrepante Vorschläge Individuen zu einer gegebenen Zeit beeinflussen können, variiert mit dem Grad ihrer persönlichen Beteiligung und ist bei weniger beteiligten Personen größer. Ein Kommunikator, der in der Bezugsgruppe der betreffenden Person einen hohen Status innehat oder auf andere Weise als Vorbild für ihre Werte dient, kann den Spielraum erweitern, innerhalb dessen diskrepante Vorschläge ernsthaft in Betracht gezogen werden, und zwar auch von stark beteiligten Personen. Untersuchungen zeigen, daß eine solche Erweiterung der diskrepanten Möglichkeiten durch einen angesehenen Kommunikator besonders leicht zu bewerkstelligen ist, wenn die Person anfänglich nicht stark beteiligt war. Ein großer Teil des Einflusses der Massenmedien kann von angesehenen Kommunikatoren ausgehen, die Individuen, welche anfänglich mit den zur Diskussion stehenden Problemen nicht vertraut und relativ wenig beteiligt waren, Wertungskategorien und Etikette liefern.

Eine Frage schließlich, die stark vernachlässigt wird, ist die der Klarheit oder Unklarheit der vom Individuum wahrgenommenen Alternativen. Sehr viele Laborexperimente zeigen, daß der Mangel an Klarheit, d. h. die große Unklarheit der Ergebnisse oder möglichen Folgen, den Spielraum, innerhalb dessen diskrepante Vorschläge einflußreich sind, erweitert. Demagogen machen sich dieses Prinzip zunutze, wenn sie absichtlich versuchen, den Ausgang von Ereignissen zu verschleiern oder als ungewiß darzustellen, und dann einen Vorschlag äußern, der unter anderen Umständen als empörend gelten würde. Naturkatastrophen und unerwartete, verwirrende soziale Ereignisse schaffen ebenfalls Voraussetzungen für eine bereitwilligere Annahme sehr diskrepanter oder neuartiger Vorschläge und Interpretationen. Mit der Zeit können dann sogar die stark Beteiligten ihre Bindungen ändern. In solchen Phasen wenden sich die Menschen aneinander, um Hilfe und Rat zu suchen, und sie bilden dabei gelegentlich neue Bezugsgruppen.

EINSTELLUNGSÄNDERUNG BEI GRUPPEN MIT PROBLEMEN

Vorschläge, die den Standards oder Normen einer Gruppe zuwiderlaufen, werden oft von den einzelnen Mitgliedern abgelehnt. K. Lewin (1953) legte dar, daß die Einstellungsänderung solcher Mitglieder Modifikationen ihrer Gruppennorm erfordert. Während des Zweiten Weltkriegs führte er eine Reihe von Experimenten mit Gruppen weiblicher Freiwilliger durch und verglich ihre Reaktionen, a) wenn sie mit Problemen konfrontiert wurden, die sowohl eine soziale als auch eine persönliche Bedeutung hatten (z. B. die Ernährung bei der kriegsbedingten Knappheit), und dann aufgefordert wurden, die Probleme kollektiv, durch eine gemeinsame Entscheidung, zu lösen, und b) wenn sie lediglich das Problem vorgelegt bekamen und zugleich Anweisungen erhielten, was sie zu tun hatten. In beiden Fällen erforderten die Lösungen ein beträchtliches Abweichen von früheren Gewohnheiten und Neigungen, von denen manche tief verwurzelt waren. Nachuntersuchungen, die zwei Wochen bis einen Monat später vorgenommen wurden, zeigten, daß bedeutend mehr Frauen, die an Gruppenentscheidungen beteiligt gewesen waren, tatsächlich ihre Gewohnheiten und Präferenzen geändert hatten, als Frauen, denen men lediglich gesagt hatte, was sie zu tun hatten.

Lewins Konzept der autonomen Gruppenentscheidung wurde durch den Versuch modifiziert, Gruppennormen zu ändern, und zwar von außen durch die Manipulation kollektiver Entscheidungen. Die Untersuchungen zeigten jedoch, daß kollektive Entscheidungen bereits bestehende individuelle Einstellungen in einer extremeren Richtung als vor der Entscheidung «polarisieren» können. Zu einer solchen Polarisierung kommt es, wenn selbstsichere und sich frei äußernde Gruppenangehörige mit einem höheren Status den extremen Standpunkt anderen nahebringen, die bereits in dieselbe Richtung neigten, vor allem nachdem sie mit einer negativen Bewertung ihrer Gruppe von außen konfrontiert wurden (Doise 1969).

Da die Polarisierung der Einstellungen von Gruppenangehörigen in Richtung eines existierenden Gruppenstandards im Widerspruch zu kollektiven Entscheidungen in Richtung einer Veränderung steht, enthalten solche Untersuchungsergebnisse eine deutliche Aussage über den Erfolg oder Mißerfolg von Versuchen, eine Einstellungsänderung durch Teilnahme an kollektiven Entscheidungen in den verschiedensten Kontexten (Arbeitsgruppen, Therapiegruppen, »Selbsthilfe«- oder Erziehungsgruppen, Gruppen mit dem Ziel der »Bewußtseinsbildung« der »Hilfe« usw.) zu ermutigen. Die verfügbaren Daten zeigen, daß die Einstellungsänderung durch kollektive Entscheidungen von einer Reihe von Vorbedingungen abhängt, unter anderem von der Erkenntnis, daß persönlich erlebte Probleme kollektiv gelöst werden können, und von der Bereitschaft, freiwillig an kollektiven Prozessen teilzunehmen, die auf Veränderung abzielen (Sherif 1976).

EINSTELLUNGSÄNDERUNG UND ÄNDERUNG DER GRUPPENÖKOLOGIE

Die konkreten Lebensbedingungen verhindern häufig Einstellungsänderungen von Gruppenangehörigen, die in realistische Konflikte mit anderen Gruppen in bezug auf ihre jeweiligen Rechte, Privilegien und materiellen Mittel oder ihren Lebensunterhalt verwickelt sind. Eine Reihe von drei Experimenten, die von M. Sherif und seinen Mitarbeitern in Sommerlagern durchgeführt wurden, hebt die Bedeutung der ökologischen Änderung für die Einstellungsänderung hervor (s. Sherif, Sherif 1969; Sherif 1976). Die Forscher wählten normale zwölfjährige Jungen aus dem Mittelstand aus, die sich freiwillig gemeldet hatten und aus stabilen, intakten Familien kamen, und stellten (in jedem Lager) zwei Gruppen zusammen, die einander in bezug auf Herkunft, Religion, Fähigkeiten, Körpergröße und Intelligenz soweit wie möglich ähnelten. Dann variierten sie drei Wochen lang nacheinander systematisch die folgenden ökologischen Bedingungen der Interaktion zwischen den Jungen im Lager:

1. Gruppen ständig getrennt, jede mit reichlich Bewegungsraum und allen Annehmlichkeiten; kollektive Entscheidungen über Tätigkeiten und Zeiteinteilung, aber seitens der Aufsichtspersonen Förderung von Tätigkeiten, die kollektive Leistungen in gegenseitiger Abhängigkeit erforderten.

2. Gruppen nehmen an einem Turnier, d. h. an einer Reihe von Spielen, teil (die von diesen sportlichen amerikanischen Jungen nach einer Woche von wettbewerbsfreien Betätigungen spontan gefordert wurden); Turnierpreise konnten nur von der siegreichen Gruppe gewonnen werden, so daß die andere notwendigerweise verlieren mußte.

3. Einführung übergeordneter Ziele, d. h. einer Reihe von Problemsituationen, die kollektive Ziele beinhalteten, welche von jeder Gruppe angestrebt wurden, aber ihre gemeinsamen Mittel und Anstrengungen erforderten.

Die anfangs unerfahrenen Individuen bildeten selbst informelle Gruppenorganisationen und eine kollektive Kultur (Standards oder Normen, bevorzugte Gewohnheiten und Orte) im obengenannten ersten Stadium, das zur Gruppenbildung führen sollte. Bei der Begegnung mit der anderen Gruppe im zweiten Stadium (des Turniers) hatten die Jungen keine Ausgangsbasis für differentielle Reaktionen auf ihre Mitglieder, wenn man davon absieht, daß sie, wie sie selbst, Teilnehmer an einem sportlichen Wettbewerb und ihnen ebenbürtig waren und daher »mit sportlicher Fairness« behandelt werden mußten (die einen Wert in ihrer kulturellen Bildung darstellte). Die anfänglich sportlich-fairen Kontakte verwandelten sich jedoch in heftige Rivalität und schließlich in Feindseligkeit und offene Konflikte. Die Untersuchung der Einstellungen der einzelnen Mitglieder ergab ständig Hinweise auf intensivierte günstige Einstellungen gegenüber allen Mitgliedern der eigenen Gruppe und eine negative Kategorisierung (und Behandlung) aller Mitglieder der gegnerischen Gruppe.

Nach dem Turnier und einer kurzen Periode erbetener Isolierung der Gruppen wurden die übergeordneten Ziele eingeführt (z. B. eine angebliche Wasserknappheit, ein Film, den alle gern sehen wollten, eine Reihe voneinander abhängiger Ereignisse während einer von den Jungen gewünschten Übernachtung im Freien). Zunächst widerstrebend begannen die Gruppen zusammenzuarbeiten, wobei große Unterschiede hinsichtlich der Einsatzfreudigkeit der einzelnen Mitglieder zu beobachten waren. Mit der Zeit und kumulativ brachte jedoch die Zusammenarbeit zwischen den Gruppen auffällige Veränderungen der Einstellungen der Mitglieder beider Gruppen zueinander mit sich. Sie bevorzugten zwar immer noch ihre eigene Gruppe, aber ihre negative Einschätzung der anderen Gruppe war so weit gemildert, daß sich ihre Mitglieder nun innerhalb des Annahmebereichs befanden. Ähnliche Ergebnisse berichtete Rozet Avigdor über Mädchengruppen, die über die Gruppengrenzen hinweg zusammenarbeiteten oder rivalisierten, als sie Theateraufführungen veranstalteten, um Geld für Klubjacken aufzubringen (s. Sherif, Sherif 1969).

Kurz, die Forscher steuerten bei diesen Experimenten die Ökologie der Gruppenbildung und die Kontakte zwischen den Gruppen (ähnlich wie die Lebensbedingungen in einer Gemeinde durch die Bodennutzung, die jeweils gegebenen Möglichkeiten usw. bestimmt werden). Die Bildung von Einstellungen zueinander und ihre Wandlung von Feindseligkeit zu freundschaftlichen Kontakten waren psychologische Produkte der aktiven Teilnahme der

Individuen an Intra- und Intergruppenbeziehungen als Reaktion auf die veränderte Ökologie.

EINSTELLUNGSÄNDERUNG UND NEUE BEZUGSGRUPPEN

Einige Theorien über moderne Gesellschaften zeigen einen Trend zur »Massengesellschaft«, die sich aus isolierten, einander fremden, der Autorität und der Massenkommunikation ausgelieferten Individuen zusammensetzt. Wieviel Wahrheit sie immer enthalten mögen: Solche Theorien lassen die Möglichkeit der Individuen außer acht, ihre Bezugsgruppen zu ändern oder neue zu bilden, manchmal in Form sozialer Bewegungen, die größere soziale Veränderungen anstreben. Wenn eine solche neue Bezugsgruppe Werte, Ideologien oder Statuskriterien vertritt, die sich von den früheren Gruppenidealen des Individuums stark unterscheiden, kann eine auffällige Änderung der Einstellungen, und zwar vieler Einstellungen, auftreten.

T. M. Newcomb (Newcomb u. a. 1967) berichtete von solchen tiefgehenden Änderungen bei Studentinnen an einem Mädchen-College, das sich durch seine »progressive« politische Ausrichtung des Lehrkörpers deutlich von dem zutiefst konservativen Milieu unterschied, aus dem die Studentinnen stammten. Die meisten Studentinnen, die den größten Teil des Jahres von der Außenwelt abgeschlossen waren, änderten während der vierjährigen College-Periode in zunehmendem Maße ihre politisch-sozialen Einstellungen gegenüber den Angehörigen des Lehrkörpers. Diejenigen, die ihre Einstellungen am stärksten änderten, betrachteten das College in politisch-sozialen Fragen als ihre Bezugsgruppe. Sie gehörten in College-Angelegenheiten zu den aktivsten Studentinnen und errangen einen höheren Status unter den anderen.

Manche Studentinnen änderten jedoch ihre Einstellungen nicht, obwohl sie einen inneren Konflikt zwischen Familie und College erlebten. Sie isolierten sich entweder absichtlich in kleinen Freundschafts- und Studiengruppen innerhalb des Colleges oder, was häufiger der Fall war, unterhielten enge Beziehungen zu konservativen Angehörigen und Freunden außerhalb.

Newcomb, der den Weg einiger der Frauen 25 Jahre lang verfolgte, stellte fest, daß viele, die ihre Einstellungen auf dem College geändert hatten, im Laufe der Jahre wieder konservativer wurden, wenn sie konservative Männer heirateten und konservative Freundinnen hatten. Andere dagegen behielten ihre fortschrittlichen Einstellungen bei, und zwar waren das Frauen, die dank der Wahl ihrer Ehemänner und/oder Beschäftigungen von Gleichgesinnten umgeben waren. In ähnlicher Weise sichert die Beibehaltung der Bindung an die Bezugsgruppe die Beständigkeit von Einstellungen, die sich ursprünglich während der Betätigung in einer sozialen Bewegung änderten (Fendrich 1974).

Viele Probleme der Einstellungskonstanz und -änderung hängen heute mit der Beibehaltung bestehender Bindungen an Bezugsgruppen oder mit dem Anschluß an neue – bereits existierende oder neu gebildete – zusammen. Manche Individuen, die eine Entfremdung von der größeren Gesellschaft dadurch demonstrieren, daß sie bestimmte oder beinahe alle für diese geltenden Werte ablehnen, sind im Begriff, sich neuen Bezugsgruppen anzuschließen – oder solche zu bilden –, deren Werte sie akzeptieren können. Unter solchen Umständen, fern von Labor- oder Feldstudien, können wir am meisten über jene Einstellungsänderungen erfahren, deren psychologisches Ausmaß so groß ist, daß man von Bekehrungen oder Wandlungen des Selbstsystems sprechen kann. Notwendigerweise erfordert eine solche Untersuchung eine gleich starke Beachtung der Individuen und der Eigenschaften der kollektiven Prozesse in den sozialen Kontexten, in denen sie leben.

Aus dem Amerikanischen übertragen von Joachim A. Frank

LITERATUR

BOGARDUS, E. S.: A forty year racial distance study. Los Angeles: University of Southern California 1967

DOISE, W.: Intergroup relations and polarization of individual and collective judgements. Journal of Personality and Social Psychology, 12, 1969, 136–143

EAGLY, A. H., HIMMELFARB, S.: Current trends in attitude theory and research. In: A. H. Eagly, S. Himmelfarb (Eds.): Readings in attitude change. New York: Wiley 1974, 594–610

FENDRICH, J. M.: Activists ten years later: A test of generational unit continuity. Journal of Social Issues, 30, No. 3, 1974, 95–118

FISHBEIN, M., AJZEN, I.: Belief, attitude, intention, and behavior: An introduction to theory and research. Reading/Mass.: Addison-Wesley 1975

GREELEY, A. M., SHEATSLEY, P.: Attitudes toward racial integration. Scientific American, 225 (Dezember), 1971, 13–19

HOVLAND, C. I.: Reconciling conflicting results derived from experimental and survey studies of attitude change. American Psychologist, 14, 1959, 8–17

KATZ, E.: The two-step flow of communication: An up-to-date report on an hypothesis. In: H. Proshansky, B. Siedenberg (Eds.): Basic studies in social psychology. New York: Holt, Rinehart & Winston 1965

KLAPPER, J. T.: Mass communication, attitude stability and change. In: C. W. Sherif, M. Sherif (Eds.): Attitude, ego-involvement and change. New York: Wiley 1967; Neudruck: Westport/Conn.: Greenwood Press 1976

LEWIN, K.: Studies in group decision. In: D. Cartwright, A. Zander (Eds.): Group dynamics: Research and theory. New York: Harper & Row 1953

MASON, K. O., CZAKA, J. H.: Change in U.S. women's sex role attitudes 1964–1974. American Sociological Review, 41, No. 4, 1976, 573–596

NEWCOMB, T. M., KOENIG, L. E., FLACKS, R., WARWICK, D. P.: Persistence and change: Bennington College and its students after twenty-five years. New York: Wiley 1967

SHERIF, M., SHERIF, C. W.: Social psychology. New York: Harper & Row 1969

EINSTELLUNG UND VERHALTEN

von Amélie Mummendey

Zentrales Anliegen psychologischer Forschungsbemühungen ist die Erhellung der Frage nach den Bedingungen von Verhaltensweisen von Individuen oder Gruppen von Individuen. Wie können beobachtbare Verhaltensweisen beschrieben, erklärt und möglicherweise verändert werden? Innerhalb der Sozialpsychologie gilt diese zentrale Frage sozialen Verhaltensweisen, bzw. Verhaltensweisen, die eingebunden in ihren sozialen Kontext betrachtet werden. Im allgemeinen sind die in diesem Rahmen betrachteten Verhaltensweisen Einheiten von relativ großer Komplexität: Individuen nehmen an politischen Demonstrationen teil, sie fühlen sich zu bestimmten (Arbeits- und/oder Freizeit-) Gruppen hingezogen und lehnen andere derartige Gruppen wiederum ab. Sie schreiben Leserbriefe gegen Ausstellungen zeitgenössischer Kunst oder verwenden ihre Freizeit für Aktivitäten zugunsten einer politischen Partei. Entsprechend der Komplexität der betrachteten Verhaltenseinheiten wird die Suche nach den möglichen »Ursachen«, Erklärungsmöglichkeiten oder Bedingungen für solches Verhalten ebenfalls auf komplexem Niveau konzipiert: Für die beschriebenen Verhaltensweisen werden bestimmte innere Beweggründe, Bereitschaften des Individuums angenommen, nämlich den besonderen sozialen Objekten der Verhaltensweisen entsprechende soziale Einstellung.

Soziale Einstellungen werden im wesentlichen übereinstimmend definiert als relativ überdauernde Wahrnehmungsorientierungen und Reaktionsbereitschaften gegenüber (sozialen) Objekten (vgl. etwa Wilson 1971). (Zur genaueren Erläuterung der Definition des Einstellungskonzepts s. den Beitrag von H. D. Mummendey in diesem Band).

Das Konzept der sozialen Einstellung beinhaltet die Annahme eines (gesetzmäßigen) überzufälligen Zusammenhangs zwischen verbal geäußerten Verhaltensbereitschaften und tatsächlich gezeigten offenen Verhaltensweisen. Entsprechend »hat Einstellungsforschung die Bedingungen zu erforschen, gemäß denen aus Einstellungen (verbalem Verhalten, Verhaltensdispositionen) Verhaltensweisen (offenes Verhalten, Handlungen) vorhergesagt werden können« (Schmidt, Brunner, Schmidt-Mummendey 1975, 68).

Seit Thomas u. Znaniecki (1918) auf der Suche nach Lösungen des Problems der Eingliederung polnischer Einwanderer in Amerika entsprechend der beschriebenen Verknüpfungsannahme zwischen Einstellung und Verhalten begannen, den Einstellungsbegriff systematisch zu bearbeiten, ist eine fast unübersehbare Vielzahl von teils naiven, teils an den ebenfalls in gehöriger Vielzahl entwickelten Theorien der Einstellungsentstehung und -veränderung orientierten experimentellen/empirischen Untersuchungen entstanden, deren Ergebnisse für die Frage des Zusammenhangs zwischen Einstellung und Verhalten in jüngster

Zeit gelegentlich in Sammelreferaten zusammengefaßt werden (vgl. etwa Wicker 1969, Benninghaus 1973, Six 1975). Diese nunmehr etwa sechzigjährige Forschungstradition wurde weitgehend beherrscht von der Annahme der einfachen inhaltlichen Übereinstimmung zwischen verbal geäußerten Bekundungen von sozialen Einstellungen und spezifischen Verhaltensweisen gegenüber einem gemeinsamen sozialen Objekt. Wie noch zu zeigen sein wird, konnten die mit dieser Übereinstimmungsannahme oder Konsistenzannahme verknüpften Erwartungen der Verhaltensvorhersage im wesentlichen nicht erfüllt werden. Das führte zu ausgedehnten Versuchen, diese Konsistenzannahme durch Zusatzannahmen, Verbesserungen in der Methodik zur Erfassung von Einstellungen und Verhaltensweisen doch noch beibehalten zu können. Vereinzelte Ansätze, die die Nützlichkeit der Konsistenzannahme prinzipiell in Frage stellten (z. B. Campbell 1963, Irle 1967), wurden zunächst nicht im allgemeinen Strom der Forschungstätigkeit beachtet. Gegenwärtig finden allerdings neben Ansätzen zur Differenzierung der Konsistenzannahme, etwa unter Hinzufügung von Annahmen über intervenierende Variablen in der Beziehung zwischen Einstellung und Verhalten, solche Denkrichtungen mehr Beachtung, die sich auf die prinzipiell komplexe Bedingtheit sozialen Verhaltens besinnen und in sozialen Einstellungen von vornherein eine von vielen Bedingungen innerhalb eines Netzwerks für konkrete Verhaltensweisen erblicken.

Sieht man einmal von im wesentlichen neueren interaktionistischen oder unterschiedlichen sozialen Lerntheorien verpflichteten Persönlichkeitstheorien ab, so kann festgestellt werden, daß die Annahme einer in der Persönlichkeit des Individuums liegenden oder entsprechend zu denkenden, sinnvoll geordneten, (psycho)logisch zusammengestellten Struktur von Eigenschaften oder Verhaltendenzen oder Verhaltenswahrscheinlichkeiten in den verschiedensten Konkretisierungen, mehr oder weniger ausgedehnt empirisch fundiert, eine Kernannahme persönlichkeitspsychologischer Forschung darstellt (s. Bd. V dieser Enzyklopädie). Es wird vorausgesetzt, daß entsprechend bestimmten Überzeugungen Bewertungen unterschiedlicher Objekte der sozialen Umgebung des Individuums vorgenommen werden. Es wird erwartet, daß entsprechend solchen Bewertungen oder sozialen Einstellungen den betroffenen sozialen Objekten gegenüber ein damit nicht in Widerspruch stehendes, sondern einstellungskonsistentes Verhalten gezeigt wird. Kurz, es wird angenommen, und dies zeigt sich getreu in der Formulierung der zu überprüfenden Hypothesen, daß jemand, der sich positiv über den sonntäglichen Kirchenbesuch äußert, auch sonntags in die Kirche geht, daß jemand, der sich ablehnend gegenüber der herkömmlichen Rollenverteilung zwischen Mann und Frau in Familie und Beruf äußert, auch tatsächlich entsprechend in gleichem Ausmaß wie sein Partner an Hausarbeit und Kindererziehung beteiligt ist usw.

An den Beispielen wird deutlich, daß eine sinnvolle Kovarianz zwischen verschiedenen verbalen und nichtverbalen Äußerungen eines Individuums, d. h. eine konsistente Beziehung vom außenstehenden Beobachter postuliert wird. Darüber hinaus wird vom außenstehenden (und forschenden) Beobachter angenommen, daß eine Art intersubjektiver Übereinstimmung über die inhaltliche Bestimmung von konsistenten oder inkonsistenten Beziehungen zwischen verschiedenen Verhaltensäußerungen besteht, daß also auch das beobachtbare Individuum seine verbalen oder nichtverbalen Verhaltensäußerungen in konsistenter Form ordnet. Eine der zentralen Hauptströmungen in den Theorien der Einstellungsänderung – gemeint sind die Theorien der kognitiven Konsistenz – nimmt darüber hinausgehend an, daß, falls diese Ordnung an irgendeinem Punkt zur widersprüchlichen, also inkonsistenten Beziehung gerät, im Individuum eine Art motivationalen Zustandes entsteht, der zu Veränderungen von Einschätzungen oder anderen Verhaltensäußerungen des Individuums aktiviert, bis der Zustand der Konsistenz wiederhergestellt ist. Hält man sich das zentrale Anliegen der Einstellungsforschung noch einmal vor Augen, so kommt die Konsistenzannahme natürlich dem Wunsch, aus Einstellungen Verhalten vorherzusagen, sehr entgegen: Die Beziehung zwischen Einstellung und Verhalten wird als relativ eindeutig postuliert, und es kommt nur noch darauf an, den Indikator und das Indizierte sorgfältig zu messen oder zu erheben, den empirischen Zusammenhang beider Werte zu ermitteln, so daß von dem relativ leicht zu gewinnenden Indikator (Einstellungsbefragung) auf das indizierte Verhalten (das in jedem Fall weniger aufwendig zu ermitteln wäre) geschlossen werden kann.

Entsprechend diesen prinzipiellen Annahmen wurden zahlreiche Untersuchungen zur Überprüfung des Zusammenhangs von Einstellung und Verhalten angestellt, die im wesentlichen zwei Messungen zu unterschiedlichen Zeitpunkten – zum einen einer Einstellung, zum anderen eines mit dieser Einstellung in (psycho)logischer Beziehung stehenden Verhaltens – miteinander in Beziehung setzten. In diesem Zusammenhang wird von den bereits zitierten ausführlichen Sammelreferaten die als Prototyp dieser Forschung geltende, von LaPiere bereits 1934 angestellte Untersuchung dargestellt; dies soll auch hier in aller Kürze geschehen:

»LaPiere reiste mit einem jungen chinesischen Paar quer durch die Vereinigten Staaten, wobei sie in vielen Hotels übernachteten und in einer ganzen Anzahl von Restaurants speisten. Während der ganzen Zeit wurde ihnen nur einmal die Bedienung verweigert. Am Ende der Reise schrieb LaPiere an alle 250 Inhaber der Unterkünfte, die sie aufgesucht hatten. Etwa 93 Prozent der Hotelbesitzer und etwa 92 Prozent der Restaurantbesitzer gaben in Beantwortung des Fragebogens an, daß sie Chinesen keine Unterkunft gewähren« (Mann 1972, 169).

Diese Untersuchung ist zwar wegen verschiedener methodischer Fehler kritisiert und der Aussagewert ihrer Ergebnisse entsprechend angezweifelt oder zumindest relativiert worden. Einige später vorgenommene und nach ähnlicher Art geplante und durchgeführte Untersuchungen, etwa die von Kutner, Wilkins u. Yarrow (1952), die besser kontrolliert sind, weisen jedoch bereits zu diesem frühen Zeitpunkt in die gleiche Richtung: Die aufgrund der Konsistenzannahme postulierte enge Beziehung zwischen geäußerten Einstellungen und tatsächlichem, offen gezeigtem Verhalten gegenüber einem sozialen Objekt läßt sich empirisch – zunächst jedenfalls – nicht aufweisen. Aber auch die in jüngerer Zeit erstellten Übersichten über die nunmehr jahrzehntelange empirische Forschung zur Frage der Vorhersagbarkeit von Verhalten aus sozialen Einstellungen lassen keine ermutigende Schlußfolgerung zu: Die Korrelation zwischen verbal geäußerten Einstellungen und offen gezeigten Verhaltensweisen geht selten über 0,30 hinaus, d. h. Verhalten ist durch die gemessenen Einstellungen durch ganze 10 Prozent seiner Varianz bestimmt. Zur Beantwortung der Frage nach der Verhaltensvorhersagbarkeit kommt Wicker (1969, 65) zunächst zu dem Schluß: Insgesamt scheinen Einstellungen in überhaupt keiner oder in nur schwacher Beziehung zu offenen Verhaltensweisen zu stehen.

Man könnte aus solchen Feststellungen folgern, daß die Frage nach dem Zusammenhang zwischen Einstellung und Verhalten nicht mehr bearbeitenswert sei, man die Arbeit zu diesem Problem also einstellen könne. Wie aber der Fortschritt der Untersuchungen auf diesem Gebiet zeigt, hat man die Suche nach einer möglichen Lösung des Problems noch nicht aufgegeben. Es wurde vielmehr auf unterschiedliche Art und Weise, von der Reflexion über die Nützlichkeit der einfachen Konsistenzannahme über die Diskussion der Berücksichtigung zusätzlich differenzierender Moderatorvariablen bis zu Ansätzen einer echten Umstrukturierung der Sichtweise des Problems und der Hervorhebung des Prozeßcharakters menschlichen Verhaltens versucht, das Problem »Einstellung und Verhalten« erfolgreicher zu bearbeiten.

Ein Handikap der Einstellungsforschung, das gerade erst mit neueren Ansätzen der Theorienbildung zur Persönlichkeitsforschung abgeschüttelt werden kann, ist dabei folgendes: Im Rahmen der Konsistenzannahme wird soziale Einstellung als ein im wesentlichen statisches Merkmal im Sinne eines Persönlichkeitszugs bzw. einer Eigenschaft (trait) betrachtet, als eine mehr oder minder breite, im Individuum vorhandene Disposition, die durchgehend über viele verschiedene Situationen hinweg das Verhalten beeinflußt und zu insofern konsistentem Verhalten des Individuums führt. Diese Auffassung von Einstellung deckt sich vollkommen mit den Aussagen Allports über Persönlichkeit allgemein (1937). Im Sinne einer derartigen Konzeption von Persönlichkeit wird von den angenommenen Dispositionen auf das Verhalten kurzgeschlossen, ohne daß die jeweiligen, potentiell höchst unterschiedlichen Situationen, in denen sich ein Individuum verhalten kann oder muß bzw. auf die es reagiert, mitberücksichtigt würden. Es muß dabei geradezu übersehen werden, daß möglicherweise beobachtete Verhaltenskonsistenzen bei Individuen bei mehreren Verhaltensmessungen auf Ähnlichkeiten in der Erhebungs- und Meßsituation und nicht (oder nicht allein) auf in der Persönlichkeit oder als Persönlichkeit zu denkende Eigenschaften, Dispositionen usw. zurückgeführt werden können. Bedenkt man noch einmal, daß das Konzept der sozialen Einstellung bisher widerspruchslos als zentrales Konzept innerhalb der Sozialpsychologie geführt wird, so wird mit seiner Behandlung als Persönlichkeitseigenschaft der Widerspruch deutlich: Gerade nicht die sozialen Bedingungen – die sich aus geronnenen (historischen) oder momentan wirksamen Eigenheiten der sozialen Situation, in der sich das Individuum jeweils befindet, ergeben – werden bei der Bearbeitung der Frage nach Vorhersagemöglichkeiten von Verhaltensweisen berücksichtigt. In diesem Sinne ist es unverzichtbar, sich zur Klärung des Problems des Zusammenhangs zwischen Einstellung und Verhalten auf grundsätzliche Voraussetzungen sozialpsychologischer Fragestellungen zurückzubesinnen, die bereits von Kurt Lewin in seiner Formel V = f(P,U) zugrunde gelegt wurden: Verhalten ist zu jeder Zeit zu konzipieren als eine Funktion von Person und Umwelt, mit anderen Worten der Gesamtsituation, d. h. des Zustandes der Person wie der Umwelt. Zur Beschreibung dieser Gesamtsituation steht der Lewinsche Terminus des psychologischen Lebensraums, d. h. des »Gesamtbereich(s) dessen ... was das Verhalten eines Individuums in einem gegebenen Zeitmoment bestimmt« (1966, dt. Ausg., 34).

Hinweise auf die Bedeutung der Umwelt für die Beziehung zwischen Einstellung und Verhalten finden sich bereits in verschiedenen älteren Einzeluntersuchungen (etwa Thomas, Znaniecki 1918 oder Newcomb 1943), doch ist erst mit einsetzender Abkehr von relativ statischen Trait-Konzepten in der Persönlichkeitsforschung auch im Bereich theoretischer Konzepte zur Einstellungs-Verhaltens-Beziehung eine Bewegung in Richtung auf eine Modifikation der Konsistenzannahme zu bemerken. Mit dem Einsetzen der Diskussion um die Person- versus Situation-Zentrierung in der Persönlichkeitsforschung und mit dem Aufkommen interaktionaler Ansätze in der Persönlichkeitspsychologie wird die Vormacht oder geradezu Ursachen-Position der Einstellung bei der Verhaltensvorhersage komplexer gesehen. Was eine Person tut, hängt in der Regel von einer Unmenge relativ spezifisch wirksamer Variablen ab, und das menschliche Verhalten wird von diesen in vielfacher Weise determiniert – Verhalten ist keinesfalls das Produkt weitgehend generalisierter Dispositionen (Mischel 1973, 256).

Ein erster Schritt in Richtung auf das Aufbrechen dieser einfachen Beziehung zwischen Einstellung und Verhalten ist die Konzeption und Berücksichtigung von Moderatorvariablen. Es stellt sich die allgemeine Frage: Unter welchen Bedingungen und in welchem Ausmaß sind Einstellungen einer bestimmten Art mit Verhaltensweisen einer bestimmten Art verbunden? und nicht mehr: Welche Einstellungen führen zu welchen Verhaltensweisen? Die Notwendigkeit, bei der Analyse und Vorhersage von Verhalten zusätzliche Variablen zu berücksichtigen, liegt auf der Hand; dabei bietet sich entsprechend der Lewinschen Konzeption des Lebensraums als Person und Umgebung eine Klassifikation dieser Variablen in Persönlichkeitsfaktoren und Situationsfaktoren an (vgl. auch Wicker 1969).

Als in diesem Sinne wichtige Persönlichkeitsfaktoren ließen sich denken: weitere, mit den gemessenen Einstellungen übereinstimmende oder konkurrierende Einstellungen, verbale intellektuelle oder soziale Fertigkeiten, Einstellungen zu äußern oder offenes Verhalten zu zeigen, usw. Zu den Situationsfaktoren zählen zu erwartende oder tatsächliche positive oder negative Konsequenzen auf eine Einstellungs- und Verhaltensäußerung, damit zusammenhängend etwa die Anwesenheit in bezug auf das Individuum mächtiger Personen, normative Vorschriften wie z. B. soziale Wünschenswertigkeit, die Möglichkeit, alternative Verhaltensweisen zu zeigen, usw. Ehrlich (1969) bietet eine ausführlich begründete Sammlung möglicher Variablen an, die das Verhältnis von Einstellung und offenem Verhalten moderieren können und die zugleich deren erwartete Konsistenz beeinträchtigen bzw. modifizieren können: Einstellungen müssen zunächst einmal überhaupt außer durch verbales auch durch offenes Verhalten ausdrückbar sein, d. h. zum einen muß die Beziehung zwischen einer Einstellung und dem dazugehörigen konsistenten Verhalten klar sein (clarity), und zum anderen muß es möglich sein, diese der Einstellung konsistenten Verhaltensweisen auch zeigen zu können (expressability). Das Individuum muß weiterhin gewillt sein, seine Einstellung nicht nur verbal, sondern auch in offenen Verhaltensweisen zu offenbaren (disclosure). Außerdem ist unsicher, ob das, was vom Beobachter/Experimentator-Standpunkt aus als Einstellungs-Verhaltens-Konsistenz definiert wird, auch von dem Beobachteten als Konsistenz aufgefaßt wird (definition of an act). Selbstverständlich muß ein Individuum die Verhaltensweisen überhaupt kennen, die mit bestimmten Einstellungen konsistent sein sollen (learning), und diese Verhaltensweisen müssen dem Individuum in der gegebenen Situation auch zugänglich sein (accessibility). Darüber hinaus ist Voraussetzung für eine zutage getretene Einstellungs-Verhaltens-Konsistenz, daß das Individuum das entsprechende ihm bekannte und situativ mögliche Verhalten auch von seinen Fertigkeiten her ausführen kann (competence). Ebenso wesentlich ist die jeweilige Analyse der Situation durch das Individuum, die in der Wahrnehmung z. B. von sozialem Druck in Richtung auf nichteinstellungskonsistentes Verhalten resultieren (situational analysis) oder die zu einem Konflikt mit anderen, ebenfalls wichtigen und in größerem Maße verhaltensrelevanten Einstellungen des Individuums führen kann (multiple attitudes).

Die dargestellte Liste möglicher intervenierender Variablen bietet eine Differenzierung der allgemeinen Frage: »Unter welchen Bedingungen, wie und in welchem Ausmaß determinieren Aspekte der sozialen Struktur und Aspekte der Persönlichkeit interpersonales Verhalten?« (Ehrlich 1969, in: Liska 1975, 143). Mit dieser Fragestellung wird die Rückkehr zu grundlegenden Problemen der Sozialpsychologie offenbar.

Im folgenden sollen zwei Beispiele für die Konkretisierung des oben beschriebenen Programms der Einbeziehung von Moderatorvariablen bei der Untersuchung der Einstellungs-Verhaltens-Beziehung kurz dargestellt werden: zum einen der Ansatz der kontingenten Konsistenz (Warner, DeFleur 1969), zum anderen die Einstellungstheorie von Fishbein, Ajzen und Mitarbeitern (z. B. Fishbein, Ajzen 1975).

Warner u. DeFleur verpflichten sich ausdrücklich einem interaktionistischen Konzept der sozialen Einstellung, d. h. daß von vornherein interaktionistische Konzepte wie Bezugsgruppe, Normen, Rollen usw., also Konzepte zur Umschreibung der psychosozialen Umgebung des Individuums, kontingente Bedingungen darstellen, welche die Einstellungs-Verhaltens-Beziehung beeinflussen. Im Sinne der oben dargestellten Bedeutung von Moderatorvariablen spielt in ihren Untersuchungen die situative Variable »sozialer Zwang« die wichtigste Rolle. Unter dieser Variablen ist all jenes zu fassen, was im Sinne eines Drucks in Richtung auf Anpassung an kollektive Normen oder Verhaltenserwartungen zu einer Modifikation einer Einstellungs-Verhaltens-Beziehung im Sinne der naiven Konsistenzannahme führt, etwa die Ankündigung der Veröffentlichung privat geäußerter Einstellungen bzw. Verhaltensweisen, die Anwesenheit bedeutender anderer Personen, die

Reduktion sozialer Distanz oder die Wirkung von Bezugsgruppen des Individuums. Zur Verdeutlichung des Forschungsansatzes zur kontingenten Konsistenz soll an dieser Stelle exemplarisch auf das von Warner u. DeFleur (1969) dargestellte Experiment, das in gewisser Weise als Forschungsparadigma für zahlreiche weitere Arbeiten in diesem Zusammenhang gelten kann, eingegangen werden. (Eine ausführlichere Darstellung findet sich u. a. bei Bornewasser 1977.)

Die Autoren untersuchten an einer relativ großen Stichprobe von Studenten den Einfluß von Einstellungen gegenüber Farbigen auf entsprechendes Verhalten unter Einbeziehung der Variablen »sozialer Zwang« und »soziale Distanz«. Einstellung bezog sich in diesem Fall auf die Bereitschaft zu diversen Interaktionen mit Farbigen, Verhalten bezog sich auf eine Erklärung, in derartige Interaktionen mit Farbigen einzuwilligen. Sozialer Zwang wurde operationalisiert über die Zusage der Anonymität bzw. Nichtanonymität der Äußerungen; hoher sozialer Zwang wurde durch die Ankündigung der Veröffentlichung der Verhaltensweisen in Massenmedien als gegeben angesehen. Soziale Distanz wurde variiert durch die Form der Interaktion mit Farbigen, in die einzuwilligen war: Man sollte mit einem Farbigen in ein Restaurant gehen (Reduktion von Distanz) oder an einer Veranstaltung teilnehmen, an der auch Farbige teilnehmen würden. Aus den Ergebnissen geht (wieder einmal) hervor, daß die gemessene Einstellung allein kein zufriedenstellender Prädiktor für die offenen Verhaltensweisen ist. Vielmehr variiert das gemessene Verhalten unabhängig von der Einstellung, aber in Abhängigkeit von den Variablen »sozialer Zwang« und »soziale Distanz«, und zwar in folgender Weise: Personen mit positiven Einstellungen zu Interaktionen mit Farbigen reduzieren ihre Einwilligung zu solchen Interaktionen (offenes Verhalten), wenn diese öffentlich stattfinden sollen, im Unterschied zu solchen Personen, die dabei die Sphäre des Privaten bzw. Anonymen nicht verlassen müssen. Personen mit negativen Einstellungen gegenüber Interaktionen mit Farbigen zeigen unter der Bedingung, öffentlich zu solchen Verhaltensweisen zu stehen, geringere Bereitschaft zu Interaktionen mit Farbigen als Personen, die dies anonym tun können. Daraus kann geschlossen werden, daß die Variable »sozialer Zwang« im Hinblick auf die Konsistenzannahme auf die beiden Personengruppen unterschiedlich wirkt: Personen mit positiven Einstellungen werden durch sozialen Zwang gehemmt, d. h. sie zeigen keine Einstellungs-Verhaltens-Konsistenz. Personen mit negativen Einstellungen zeigen dagegen unter sozialem Zwang einstellungskonsistentes Verhalten. Unter der Bedingung geringen sozialen Zwanges ergibt sich das umgekehrte Bild: Personen mit positiven und negativen Einstellungen verhalten sich einstellungskonsistent. Es wird deutlich, daß die Wirkung der Variablen »sozialer Zwang« aufgrund dieser Ergebnisse im Sinne einer differentiellen Gültigkeit von Prädiktorvariablen gewertet werden kann. In eine ähnliche Richtung weisen die Ergebnisse bei der Variablen »soziale Distanz«.

Die Resultate dieses Experiments hinsichtlich der Wechselwirkung aller drei in die Analyse einbezogenen Variablen bestätigen das zugrundegelegte theoretische Konzept: Konsistenz zwischen Einstellung und Verhalten konnte unter den Bedingungen festgestellt werden, unter denen eine Übereinstimmung zwischen gruppenspezifischen Normen und den geforderten offenen Verhaltensweisen bestand, sofern die Einstellungen der Versuchsteilnehmer diesen Normen entsprachen, die Verhaltensäußerungen öffentlich bekannt werden mußten und hinsichtlich sozialer Distanz den Gruppennormen nicht zuwiderliefen. Einstellungs-Verhaltens-Konsistenz wurde für jene Fälle festgestellt, in denen Personen mit von den Gruppennormen abweichenden Einstellungen (in diesem Falle positiven Haltungen gegenüber Interaktionen mit Farbigen) öffentlich das diesen Einstellungen entsprechende Verhalten zeigen sollten.

Eine Reihe weiterer Untersuchungen im Anschluß an die oben skizzierte bestätigte im wesentlichen die Annahmen des Konzepts der kontingenten Konsistenz. Nicht gelöst sind mit dieser Annahme und den darauf basierenden Operationalisierungen der relevanten Variablen die Fragen der Validität eines Verhaltenskriteriums hinsichtlich einer bestimmten Einstellung im Lichte der Konsistenzannahme:

Werden tatsächlich differentielle Bedingungen für die Konsistenz zwischen Einstellung und Verhalten untersucht, wenn die Beziehung lediglich vom Beobachter, nicht aber vom Beobachteten, also dem Versuchsteilnehmer, als konsistent bzw. nichtkonsistent definiert wird? Ein zweites Problem ergibt sich im Zusammenhang der Untersuchungen zur kontingenten Konsistenz durch die Variable des sozialen Zwangs: Es wird nichts darüber ausfindig gemacht, ob es sich inter- wie intraindividuell unter den Bedingungen »private versus öffentliche Äußerung« um jeweils die gleiche, d. h. vergleichbare Einstellung handelt, die da geäußert wird. Hier kommen deutliche Probleme ins Spiel, denen sich Autoren mit Hilfe funktionaler Theorien der Einstellungsänderung besonders gewidmet haben (vgl. etwa Katz 1960, Kelman 1961). Danach kann z. B. in Abhängigkeit von der Funktion einer Einstellung für das jeweilige Individuum mit mehr oder weniger großer Abhängigkeit von der Situation bzw. dem darin enthaltenen sozialen Zwang gerechnet werden.

Diese Überlegungen sollen an dieser Stelle nicht weiter ausgefaltet werden. Vielmehr sei schon hier die Befürchtung geäußert, daß Ansätze zur Rettung der Konsistenzannahme, die prinzipiell das Hilfsmittel der Einführung von Moderatorvariablen für aussichtsreich halten, möglicherweise enttäuschen müssen, wenn deutlich wird, daß derartige Variablen immer mehr andere Variable nach sich ziehen, damit das Ziel der Verhaltensvorhersage annähernd erreicht werden kann: Die Liste der notwendigerweise einzubeziehenden Variablen wird allmählich endlos. Je mehr Moderatoren schließlich gefordert werden, um ein Merkmal – in diesem Falle für die Verhaltensvorhersage – zu qualifizieren, desto mehr wird dieses Merkmal zu nichts anderem als einer relativ spezifischen Beschreibung einer Verhaltens-Situations-Einheit (Mischel 1973, 257).

Ein weiterer Ansatz zur theoretischen und empirischen Erarbeitung des Verhältnisses von Einstellung und Verhalten wird von Fishbein u. Ajzen (1975) angeboten. Fishbein und Mitarbeiter gehen in ihren Überlegungen über die relativ eingeschränkten Konzepte etwa von Warner u. DeFleur hinaus und bieten ein viel differenzierteres, eine Reihe von Variablen zur Beeinflussung sowohl der Einstellungs- als auch der Verhaltensseite berücksichtigendes Konzept an. Einstellungen werden hier als breite, allgemeine Dispositionen gesehen, die in der Lage sind, eine Vielzahl von Verhaltensintentionen zu aktivieren, die objekt- und situationsspezifisch zu bestimmten Verhaltensweisen führen können. Für die Vorhersage einer bestimmten Verhaltensweise reicht die verbal geäußerte Einstellung deshalb nicht aus, weil sie ja mit einer Vielzahl von Verhaltensmöglichkeiten, die alle intendiert werden können, korrespondiert. Von daher müssen nach Fishbein u. Ajzen zur Verbesserung der Verhaltensvorhersage eine Reihe von für bestimmte Einstellungen relevanten Verhaltensweisen erfaßt bzw. gemessen werden: Im Sinne des Problems der Vorhersage spezifischer Verhaltensweisen aus generellen Verhaltensdispositionen wie sozialen Einstellungen wird also auf dem Wege der Verwendung unterschiedlicher spezifischer Verhaltenskriterien (multiple-act-Kriterien) eine Angleichung des Grades der Spezifität/Generalität von Kriterien und Prädiktoren versucht.

Die Darstellung des Ansatzes von Fishbein und Mitarbeitern soll hier beendet werden. Dabei sei zusammenfassend festgestellt, daß das Problem der Konsistenz zwischen Einstellungen und Verhaltensweisen sicherlich mit Hilfe der Annahme einer allgemeinen oder hauptsächlichen Determination des Verhaltens durch Einstellungen nicht gelöst werden kann. Aber auch die von neueren Ansätzen nahegelegten Rezepte zur Lösung des Problems, sogenannte Moderatorvariablen in die Analyse einzubeziehen und auf diese Weise den eigenschafts-ähnlichen Charakter des Einstellungskonzepts und die daraus resultierende Beeinflussungs- oder Verursachungs-Position für entsprechendes Verhalten zu retten (vgl. u. a. etwa Bornewasser 1977, 58), sollten angesichts der bereits erwähnten und besonders bei Mischel (1973) näher ausgeführten Kritik am Konzept der Moderatorvariablen überdacht werden.

Völlig außer acht geraten dieser Denkrichtung Überlegungen zur Umkehrung der Determinationsrichtung, nämlich von Verhalten auf Einstellung (vgl. Schmidt u. a. 1975, Bierbrauer 1976). Ebenfalls außerhalb des Blickwinkels bleiben Ansätze, die eine wechselseitige Abhängigkeit von Verhaltensweisen und sozialen Einstellungen nahelegen können. Trotz der immer stärker zunehmenden Komplexität der Konzepte zur Aufrechterhaltung des Postulats der Konsistenz kann im Grunde eine ausgeprägt konforme Behandlung des Konsistenzproblems festgestellt werden, die H. D. Mummendey kürzlich mit Hilfe einer Kategorisierung von Denkeinstellungen auf seiten der Einstellungsforscher wie folgt charakterisiert hat:

»1. eine weitgehende kognitive Fixierung der Kausalbeziehung ›Einstellungen bedingen Verhaltensweisen‹

2. eine Vernachlässigung des Prozeßcharakters von Einstellungen und Verhaltensweisen

3. eine Vernachlässigung von Untersuchungsplänen und Forschungsergebnissen außerhalb der Sozialpsychologie« (1977, 7).

Diese drei Feststellungen zur Beschreibung des größten Teils der theoretischen und empirischen Ansätze zum Einstellungs-Verhaltens-Problem beinhalten keine voneinander unabhängigen Aussagen. So liegt z. B. nahe, daß bei der Annahme eines Ursache-Wirkungs- oder zumindest Antecedens-Consequens-Zusammenhangs zwischen zwei Variablen diese eher als zwei zeitlich aufeinanderfolgende und damit eher als relativ punktuelle Ereignisse als im Sinne zweier parallel ablaufender, sich wechselseitig bedingender Prozeßmerkmale gefaßt werden. Die relativ starre »Einstellung« zum Forschungsparadigma der Untersuchung der Einstellungs-Verhaltens-Beziehung vernachlässigt entsprechend konsequent Diskussionen um verwandte Konzepte, etwa der Eigenschaft in der Persönlichkeitsforschung, oder verwandte Fragestellungen, etwa der gezielten Verhaltensmodifikation, also Verhaltens-Veränderung im Humanbereich, z. B. im Rahmen der Pädagogischen oder Klinischen Psychologie. Unter Berücksichtigung der Entwicklungen in diesen Teilbereichen der Psychologie, etwa der seit langerem anhaltenden Diskussion innerhalb der Persönlichkeitsforschung um Fragen der Bedeutung situativer Faktoren für individuelle Verhaltensausprägungen, um Fragen des Verlaufscharakters psychischer Merkmale (vgl. Mischel 1968, 1973), schlägt H. D. Mummendey (1977) vor, die Beziehung zwischen Einstellung und Verhalten an Hand von Analysen sowohl des Verlaufs von Einstellungs- als auch von Verhaltens-Änderungen auf einem gemeinsamen Kontinuum zu erschließen. Dies kann derart geschehen, daß – und hier wird die Aufhebung der einfachen Kausalannahme deutlich – die Veränderung von Einstellungen einer Person zu den Zeitpunkten erfaßt wird, zu denen sich das Verhalten dieser Person aufgrund bestimmter situativer Umstände mit großer Wahrscheinlichkeit ändert. Der Zusammenhang zwischen Einstellungen und Verhaltensweisen wird also über die Beziehung zweier Verlaufskurven erfaßt. Während des Lebenslaufs kann dies z. B. an Hand mehr oder weniger detaillierter und breiter Ausschnitte, im Verlaufe eines Experiments mit einer Abfolge mehrerer Treatments mit Hilfe von Methoden etwa der funktionalen Verhaltensanalyse oder Versuchsplänen für Längsschnittstudien geschehen. Zu beachten ist für diesen Untersuchungsansatz, daß wegen der Notwendigkeit von Mehrfachmessungen nach Möglichkeit nichtreaktive Verfahren zur Erfassung von Einstellungen und Verhaltensweisen verwandt werden.

Der zuletzt geschilderte Ansatz zur Erforschung der Einstellungs-Verhaltens-Beziehung ist bisher nur ein Programm; Untersuchungen müssen folgen. Auf jeden Fall kann bereits jetzt festgestellt werden, daß ein solcher Ansatz zu einer fruchtbaren Umstrukturierung von Forschungsaktivitäten führen und gegenüber den bisherigen, zwar intensiven, aber insgesamt nicht sehr befriedigenden Bemühungen vielleicht einen wesentlichen Schritt zur Lösung des Einstellungs-Verhaltens-Problems weiterbringen kann.

(Nachbemerkung: Das Manuskript wurde am 1.6.1977 abgeschlossen.)

LITERATUR

Allport, G. W.: Personality: A psychological interpretation. New York: Holt 1937. Deutsch: Persönlichkeit. Struktur, Entwicklung und Erfassung der menschlichen Eigenart. Meisenheim/Glan 1949

The historical background of modern social psychology. In: G. Lindzey (Ed.): The Handbook of Social Psychology, I. Reading/Mass.: Addison-Wesley 1954, 3–56

Benninghaus, H.: Soziale Einstellungen und soziales Verhalten. Zur Kritik des Attitüdenkonzepts. In: G. Albrecht, H. Daheim, F. Sack (Hg.): Soziologie. Opladen: Westdeutscher Verlag 1973, 671–707

Ergebnisse und Perspektiven der Einstellungs-Verhaltens-Forschung. Meisenheim/Glan: Hain 1975

Bierbrauer, G.: Attitüden: Latente Strukturen oder Interaktionskonzepte? Zeitschrift für Soziologie, 5, 1976, 4–16

Bornewasser, M.: Die Konsistenzbeziehung zwischen Einstellung und offenem Verhalten. Bielefelder Arbeiten zur Sozialpsychologie, Nr. 16 (Februar 1977)

Campbell, D. T.: Social attitudes and other acquired behavioral dispositions. In: S. Koch (Ed.): Psychology: A Study of a Science, VI. New York: McGraw-Hill 1963, 94–172

Ehrlich, H. J.: Attitudes, behavior, and the intervening variables. The American Sociologist, 4, 1969, 29–34

Fishbein, M., Ajzen, I.: Belief, attitude, intention, and behavior. Reading/Mass.: Addison-Wesley 1975

Irle, M.: Entstehung und Änderung von sozialen Einstellungen (Attitüden). In: F. Merz (Hg.): Bericht über den 25. Kongreß der Deutschen Gesellschaft für Psychologie Münster 1966. Göttingen: Hogrefe 1967, 194–221

Katz, D.: The functional approach to the study of attitudes. Public Opinion Quarterly, 24, 1960, 163–204

Kelman, H. C.: Processes of opinion change. Public Opinion Quarterly, 25, 1961, 57–78

Kutner, B., Wilkins, C., Yarrow, P. R.: Verbal attitudes and overt behavior involving racial prejudice. Journal of Abnormal and Social Psychology, 47, 1952, 647–652

LaPiere, R. T.: Attitudes vs. actions. Social Forces, 13, 1934, 230–237

Lewin, K.: Principles to topological psychology. New York: McGraw-Hill 1966. Deutsch: Grundzüge der topologischen Psychologie. Bern, Stuttgart, Wien: Huber 1969

Liska, A. E. (Ed.): The consistency controversy. New York: Wiley 1975

Mann, L.: Social psychology. London: Wiley 1970. Deutsch: Sozialpsychologie. Weinheim: Beltz 1972

Mischel, W.: Personality and assessment. New York: Wiley 1968

Toward a cognitive social learning reconceptualization of personality. Psychological Review, 80, 1973, 252–283

Mummendey (vorm.: Schmidt), H. D.: Einstellungen (stets) bei der Erforschung der Beziehung zwischen Einstellungen (attitudes) und offenem Verhalten. Bielefelder Arbeiten zur Sozialpsychologie, Nr. 17 (März 1977)

Newcomb, T. M.: Personality and social change: Attitude formation in a student community. New York 1943

Schmidt, H. D., Brunner, E. J., Schmidt-Mummendey, A.: Soziale Einstellungen. München: Juventa 1975

Six, B.: Die Relation von Einstellung und Verhalten. Zeitschrift für Sozialpsychologie, 6, 1975, 270–296

Thomas, W. I., Znaniecki, F.: The Polish peasant in Europe and America. Boston: Badger 1918

Warner, L. G., DeFleur, M. L.: Attitude as an interactional concept: Social constraint and social distance as intervening variables between attitudes and action. American Sociological Review, 34, 1969, 153–169

Wicker, A. W.: Attitudes versus action: The relationship of verbal and overt behavioral responses to attitude objects. Journal of Social Issues, 25, 1969, 41–78

Wilson, G. D.: Einstellung. In: W. Arnold, H. J. Eysenck, R. Meili (Hg.) Lexikon der Psychologie, I. Freiburg: Herder 1971, 447–454

VORURTEILE UND STEREOTYPEN

von Reinhold Bergler

»Es gibt keinen Menschen ohne Vorurteile.
Und wenn einer behauptet, er habe
keinerlei Vorurteile, dann ist diese
Behauptung wohl das größte Vorurteil.«
John Dewey

BEGRIFFE UND PROBLEMSITUATION

Ohne auf die terminologische Auseinandersetzung mit Konzepten wie Einstellung, Vorurteil, Meinung, Stereotyp, Image usw. näher eingehen zu wollen (vgl. dazu Bergler 1966; Bergler, Six 1972; Schäfer, Six 1978), müssen doch die Begriffe »Vorurteil« und »Stereotyp«, die beide dem der »Einstellungssysteme« zu subsumieren sind, definitorisch abgeklärt werden.

Stereotype

Stereotype sind in ihrer ursprünglichen Wortbedeutung das irreversible Produkt eines technischen Prägungsprozesses. Lippmann (1922) führt diesen Begriff im Sinne allgemeiner Sozialstereotypen (Bergler 1960) in die Psychologie ein und versteht darunter verfestigte, schematische, objektiv weitgehend unrichtige kognitive Formeln im Dienste der Umweltbewältigung und damit Verhaltensstabilisierung. Vielfach kommt es zu einem synonymen Gebrauch der Begriffe Vorurteil und Stereotyp. Bei einer akzentuierten Betrachtungsweise gelangt man dann zu der schon von Katz u. Braly (1933) vertretenen Unterteilung der Einstellung zu fremden Gruppen nach einem kognitiven (Stereotyp) und einem affektiv-emotionalen Aspekt (Vorurteil). Eine Erweiterung dieses Ansatzes ist dann die sogenannte Dreikomponententheorie mit ihrer Unterscheidung nach der sogenannten affektiv-bewertenden, kognitiven und Verhaltens-relevanten Komponente. Die operationale Trennung dieser Komponenten ist problematisch (vgl. Triandis 1971, McGuire 1969, Six 1975). Der Versuch, Stereotypen von Vorurteilen zu trennen, gelingt theoretisch nur, wenn man Stereotypen als rein kognitive Sachverhalte betrachtet. Irle (1969,190) sieht darüber hinaus Stereotype noch dadurch als spezifisch charakterisierbar an, daß sie »bezogen auf einen Sachverhalt – eine sehr geringe Streuung über größere soziale Gruppen hinweg zeigen«. Hier würde es sich allerdings nur um einen graduellen Unterschied gegenüber Vorurteilen handeln. Alle sonstigen Ansätze der Erforschung von Stereotypen (vgl. Brigham 1971) finden sich auch in derjenigen von Vorurteilen. Ein rein kognitionstheoretischer Ansatz ist nun aber schon allein deshalb in Frage zu stellen, weil auch stereotype Einstellungen ohne einen bewertenden Aspekt nicht denkbar sind. Daß das Ausmaß der affektiven positiven oder negativen Bewertung eines Sachverhaltes ebenso variieren kann wie das Ausmaß an Ich-Beteiligung (ego-involvement), an Akzeptanz, Ablehnung oder relativer Gleichgültigkeit (vgl. Sherif, Sherif 1969), ist dabei nicht zu bestreiten.

Entsprechend dem vielfach vertretenen kognitionstheoretischen Ansatz kommen dann im Gegensatz zur herkömmlichen Vorurteilsforschung als Gegenstände der Stereotypen-forschung auch alle Arten sozialer und nicht sozialer Objekte in Frage wie z. B. Berufs-, nationale, regionale, charakterologische, ideologische, selbstbezogene und Produkt-Ste-reotypen (vgl. Bergler, Six 1972). Für Bergius (1976) sind allerdings Stereotype wiederum beschränkt auf Urteile über Völker.

Vorurteile

Sie sind in ihrer ursprünglichen Fassung sowohl positive wie negative, hochgradig verfe-stigte Urteile über Personen, Gruppen und Objekte, deren Gültigkeit nicht an Hand von Tatsachen überprüft wurden (Heintz 1957, Allport 1954). Vorurteile sind auch bei Vermitt-lung neuer Informationen diesen gegenüber resistent; lassen sich also kaum korrigieren (vgl. Irle 1969, 1975). Zunehmend wurden diese »Urteile« im Sinne »negativer« Vorurteile über Gruppen von Menschen, insbesondere Rassen und Nationen, verstanden, d. h. auf den Bereich der ethnischen Vorurteile eingeengt (vgl. Peters 1955, Karsten 1953). Vorurtei-le stellen dann also die emotional bzw. affektive negative Abwertung von ethnischen Grup-pen und Minoritäten dar, die in großer erfahrungsmäßiger Distanz zum eigenen Lebens-raum stehen. Zusammenfassend definiert Allport (1954, dt. Ausg., 23): »Ein ethnisches Vor-urteil ist eine Antipathie, die sich auf eine fehlerhafte und starre Verallgemeinerung grün-det. Sie kann ausgedrückt oder auch nur gefühlt werden. Sie kann sich gegen eine Gruppe als ganze richten oder gegen ein Individuum, weil es Mitglied einer solchen Gruppe ist.« Die politische Aktualität des Farbigenproblems in den USA und der deutsche Antisemitis-mus haben die Vorurteilsforschung in gleicher Weise angeregt wie aber auch auf die Unter-suchungsgegenstände Antisemitismus, nationale Vorurteile, Minoritätenprobleme und In-tergruppenphänomene, nationalistische und ideologische Vorurteile eingeengt. Die fortge-setzte Verengung des Gegenstandsbereiches der Vorurteilsforschung (vgl. Wolf 1969) ist nicht vertretbar. Als Gegenstand von Vorurteilen wollen wir nicht nur negativ bewertete Merkmale verstehen, die wir Völkern, Gruppen, Minoritäten zusprechen; wir fassen darun-ter alle unbegründeten, nur durch Minimalinformationen abgesicherten »Urteile« über an-dere Menschen, Objekte, Institutionen, Produkte, Beziehungsund Bedeutungszusammen-hänge, beziehen hier also die ursprünglich der Stereotypenforschung zugeschriebenen Un-tersuchungsgegenstände mit ein. Diese Fassung des Vorurteilsbegriffes umfaßt die Vielfalt unseres naiven, alltäglichen und selbstverständlichen Urteilsverhaltens. Damit wird deut-lich, daß Vorurteile einen breiten Raum in der Lebenswirklichkeit ausmachen. Menschen unterscheiden sich bei dieser Problemsicht nicht nach dem Volumen ihrer Vorurteile, son-dern nur nach gemeinsamen und speziellen Bereichen, in denen sie sich bewußt oder unbe-wußt vorurteilsvoll verhalten. Schon die Unterschiedlichkeit unserer beruflichen Ausbil-dung verhindert, daß jedermann in allen Bereichen Fachkenntnisse und Fähigkeiten wie Fertigkeiten besitzt. Es kann als gesicherte Erkenntnis gelten, daß jener Minimalausschnitt der Wirklichkeit, der dem Einzelnen als »objektive Realität« zugänglich ist, für alle übrigen bereits wiederum nur auf dem Wege vielfach unbemerkter Vorurteile bewältigt werden kann. Die Verneinung dieses Sachverhaltes ist bereits selbst wieder ein neues Vorurteil im Dienste der Selbstverteidigung. Der Gebrauch von Vorurteilen ist eine weitgehend unbe-wußt, automatisch ablaufende subjektiv liebgewonnene Gewohnheit. Der psychoökonomi-schen Notwendigkeit des Gebrauchs von positiven Vorurteilen zur Erreichung von Um-weltstabilisierung und Verhaltenssicherheit steht der Gebrauch negativer, konfliktinduzie-render Vorurteile gegenüber. Auch Allport (1954, dt. Ausg., 39) unterscheidet nach »Lie-bes-« und »Haß-Vorurteil«, glaubt aber dann, die erstere Gruppe vernachlässigen zu kön-nen, weil diese »keine sozialen Probleme« schafft.
Eine eindeutige Unterscheidung zwischen Stereotypen und Vorurteilen ist nach der dar-

239

gestellten Diskussion nicht möglich. Deshalb wird im folgenden der Vorurteilsbegriff übergreifend verwendet. Es ist wesentlich, deutlich zu machen, daß es sich bei der Verwendung von Stereotypen und Vorurteilen um Urteilsprozesse, wenn auch solche von fehlerhafter Natur, handelt. Wenn wir auch der Einschränkung des Inhalts von Vorurteilen auf den Bereich der sozialen Vorurteile nicht zustimmen, so entspricht doch die von Schäfer u. Six (1978, 50) ausformulierte Definition zentral dem von uns vertretenen Konzept: »Vorurteile lassen sich als soziale Kategorisierungsprozesse kennzeichnen, bei denen Informationen über soziale Sachverhalte derart aufgenommen und verarbeitet werden, daß Prozesse der Akzentuierung und Generalisierung entscheidend durch Evaluierungsprozesse gesteuert und stabilisiert werden.«

Die Psychologie des Vorurteils umfaßt die Notwendigkeit der Analyse ihrer Merkmale und Funktionen ebenso wie die Darstellung der Bedingungsfaktoren, aber auch der Möglichkeiten und Grenzen ihrer Verhaltensrelevanz. Das von Schäfer (Schäfer, Six 1978, 12) entwickelte Orientierungsschema (Abb. 1) veranschaulicht Zusammenhänge und Wechselwirkungsprozesse:

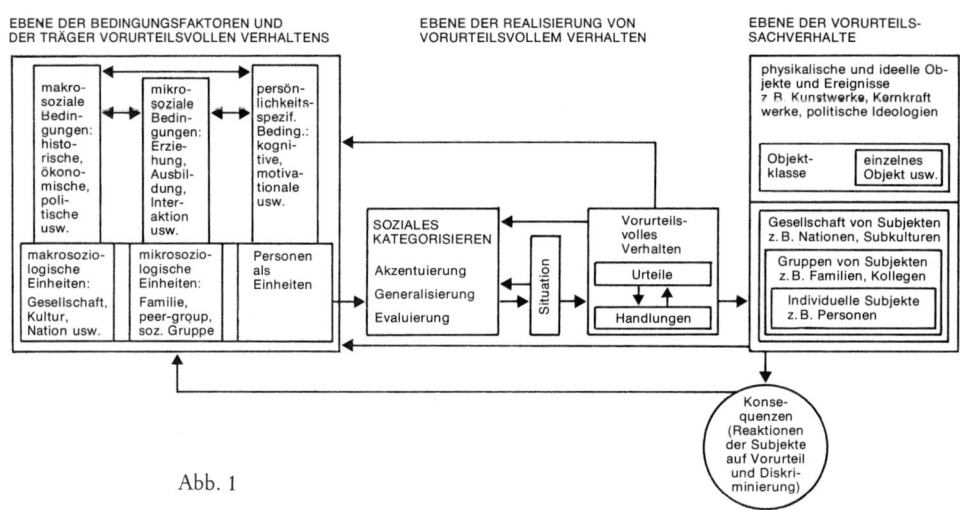

Abb. 1

PROZESS UND MERKMALE DER VORURTEILSBILDUNG

Kategorisierung

Auch Vorurteilsbildung ist das Resultat von Informationsverarbeitungsprozessen. Solche Prozesse unterscheiden sich nach Ausmaß und Systematik der verarbeiteten Information. Alles Kategorisieren ist gleichzeitig Abstrahieren; diese Zusammenfassung der an sich unüberschaubaren und auch nicht benennbaren Reizvielfalt – zwar kann das menschliche Auge eine Vielzahl von Farbwerten unterscheiden, aber von den in der englischen Sprache zur Bezeichnung von Farben vorhandenen vierhundert Wörtern werden im Durchschnitt nur zwölf verwendet (vgl. Brown, Lenneberg 1954) – ist zur Gewinnung überschaubarer Einheiten für die Ermöglichung menschlicher Verhaltenssicherheit unerläßlich. Nur Informationsreduktion macht Um- und Mitwelt beschreib- und »begreifbar«. Der Prozeß der Vorurteilsbildung ist nun dadurch charakterisierbar, daß im Laufe der individuellen Erfahrungsbiographie ganz bestimmte Klassifikationsschemata erlernt werden, die geeignet sind, die Umwelt vereinfacht zu ordnen. Kommt dann der Mensch mit Reizen in Berührung, die bisher noch keiner bestimmten Reizklasse zugeordnet waren, dann besteht das Spezifische eines Prozesses der Vorurteilsbildung darin, daß diese Reize gleichsam so lange subjektiv verzerrt werden, bis sie in eines der schon vorhandenen Klassifikationsschemata passen. Für die Vorurteilsbildung ist dabei das experimentell gewonnene Ergebnis wichtig (vgl. Lilli, Lehner 1971), daß ein einmal gelernter Zusammenhang ausreicht, um den Versuch, nachträglich einen gegenteiligen Zusammenhang zu lernen, zu vereiteln. Gelernte Klassifikationsschemata sind also änderungsresistent. Neu gelernt wird erst, wenn auch eine verzerrte Zuordnung nicht mehr möglich und Fehlanpassung die Folge ist (vgl. Theorie der Reizklassifikation: Tajfel 1964; Lilli, Lehner 1971). Urteilsverzerrungen minimieren also Unterschiede innerhalb einer Gruppe (Lilli 1975). Verhalten in der Umwelt setzt demnach abstrahierendes und vereinfachendes Kategorisieren voraus. Auf den Bereich der Menschen übertragen heißt das, die zwischenmenschlichen Unterschiede werden reduziert und die Menschen einer überschaubaren Anzahl von Gruppen und Typen zugeordnet. Letztlich wird der Einzelne nicht »charakterisiert«, sondern »typisiert«, also kategorisiert. Die zur Anwendung kommenden Kategoriensysteme sind durch folgende Merkmale gekennzeichnet:

1. Dimensionalität (Komplexität): Vorurteile sind immer ein System von Merkmalsgruppierungen unterschiedlichen Differenzierungsgrades, d. h., dem Meinungsgegenstand wird immer eine mehr oder weniger große Anzahl von Eigenschaften zugeordnet. Der Komplexitätsgrad kann sowohl vom Meinungsgegenstand wie aber auch vom urteilenden Menschen abhängen. Selbst wenn z. B. zur Charakterisierung einer Person das sprachliche Etikett »typische Hausfrau« Verwendung findet, besteht das eigentliche Vorurteil aus dem, was dann hinter einem solchen Etikett an Beurteilungsmerkmalen zum Vorschein kommt. Die Überprüfung und Verifikation der grundsätzlichen Mehrdimensionalität von Vorurteilssystemen erfolgte bei unterschiedlichen Stichproben auf faktorenanalytischem Wege (Bergler 1966, 1978 a). So ist das Vor-Urteil über eine »typisch weibliche Frau« durch neun Beurteilungsdimensionen bestimmt: nämlich: zielbestimmte Aktivität, familienbezogene Emotionalität, fehlende Egozentrizität, fehlendes soziales Anspruchsniveau, sozial angepaßte Vitalität, soziale Zurückgezogenheit, Toleranz, rationale Steuerung und positive soziale Aktivität. Bei dem Versuch, den Komplexitätsgrad von Vorurteilen gegenüber Schwarzen zu ermitteln, fanden Woodmansee u. Cook (1967) und Brigham, Woodmansee, Cook (1976) bei unterschiedlichen Stichproben zehn interpretierbare Dimensionen (z. B. »persönliche Beziehungen«, »Kontaktfreudigkeit«, »Beziehung zu Schwarzen mit höherem Status«, »Initiative zur Förderung der ethnischen Gleichberechtigung von Schwarzen und Weißen« u. ä.). Auch in ihrer objektiven Informationsbasis stark eingeengte Urteile über ganz bestimmte Unternehmungen, wie sie durch die interessierte Öffentlichkeit, Politiker, aber auch Mitarbeiter im Rahmen von Image-Analysen abgegeben werden, zeigen Mehrdimensionalität. Beispielsweise konnten wir (Bergler 1978 a) an solchen Beurteilungsdimensionen u. a. finden: positive wirtschaftliche Potenz, Produktqualität, Technizität, Management, Krisenfestigkeit, individuelle Bedrohung, gesellschaftliche Bedrohung.

2. Struktur: Vorurteile bilden sich immer in Abhebung zu anderen aus und außerdem auf unterschiedlichem Abstraktionsniveau. Abb. 2 veranschaulicht die horizontale und vertikale Gliederung solcher Kategoriensysteme an einem Beispiel:

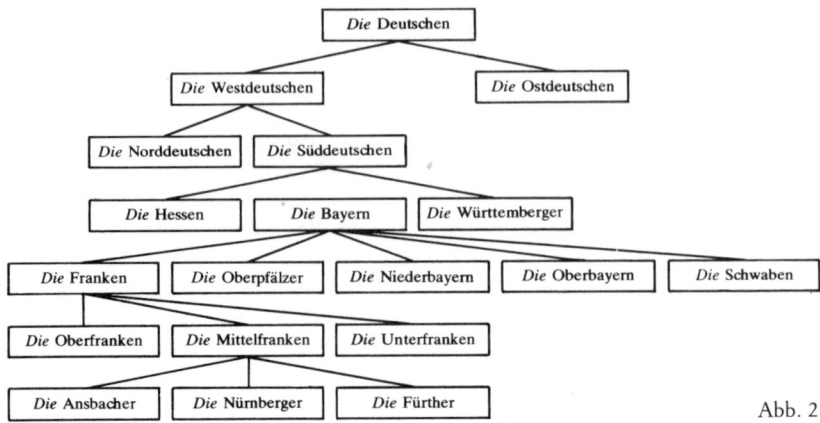

Abb. 2

Die »Wissensfunktion« von Vorurteilen kann nur erfüllt werden, wenn auch die Welt des naiven Verhaltens in einer überschaubaren und verständlichen Ordnung und Systematik abgebildet ist.

3. Gruppenspezifität: Stereotype und Vorurteile sind »vom Typus des Bestimmens« (Hofstätter 1957, 98). Auch wenn im alltäglichen Verhalten Vorurteile so gebraucht werden, als ob sie das Resultat persönlicher Überlegungen seien, läßt sich doch feststellen, daß wir Vorurteile mit anderen gemeinsam haben und diese der fortgesetzten sozialen Bestätigung bedürfen. Die Vorurteile unterschiedlicher Gruppen zu ein und demselben Meinungsgegenstand streben danach, sich möglichst voneinander abzuheben. So haben Wähler unterschiedlicher Parteien unterschiedliche Meinungen in bezug auf Bundespolitiker unterschiedlicher Parteien, und sie unterscheiden sich darüber hinaus noch durch den Grad der Differenziertheit der zur Beurteilung herangezogenen Aspekte: FDP-Wähler differenzieren nach unseren Befunden am stärksten, SPD-Wähler am wenigsten (vgl. Bergler 1976). Eindeutig gruppenspezifisch bestimmte Unterschiede hat Hofstätter (1962) in Verbindung mit Rollenbildern (Psychologe, Psychologin, Psychotherapeut, Psychiater, Lehrer u. a.) nachgewiesen. Gruppen sind nun aber nicht nur an Hand demographischer Merkmale (Lebensalter, Beruf, Einkommen usw.) zu bilden, auch ist es wenig aussagekräftig, die Verbreitung eines bestimmten Vorurteils bei einem sogenannten repräsentativen Bevölkerungsquerschnitt zu messen, sondern es ist wesentlich, von Gruppen auszugehen, die psychologisch, also beispielsweise in bezug auf die Art und Weise ihrer charakterologischen Selbstbeurteilung (vgl. Bergler 1976) homogen sind. Gerade unter dem Aspekt der Verhaltensrelevanz ist es wesentlich, z. B. bei der Untersuchung von Vorurteilen gegenüber körperlich oder geistig behinderten Kindern, spezifische Zielgruppen, wie z. B. Eltern solcher Kinder, Lehrer, Ärzte, Personalreferenten usw., zu berücksichtigen. Vorurteile haben in ihrer konkreten Ausformulierung immer nur Gültigkeit für einen bestimmten Personenkreis.

Vorurteile erfahren nun nicht nur eine gruppenspezifische Ausformulierung in bezug auf einen Meinungsgegenstand, sondern sie sind auch formal noch zu unterscheiden nach der Art, in der sie Aussagen über soziale Sachverhalte machen. An Bezugsformen von Urteilen sind zu unterscheiden (vgl. Sodhi, Bergius, Holzkamp 1957, 1958; Bergius 1976):

$S_1 \rightarrow S_2$-Urteil: reines Heterostereotyp: z. B. ein Deutscher bezeichnet die Franzosen als nationalstolz

$S_1 \rightarrow S_2$-Urteil: reines Autostereotyp: z. B. ein Deutscher bezeichnet die Deutschen als gemütlich

242

$S_1 \rightarrow (S_2 \rightarrow S_2)$-Urteil: vermutetes fremdes Autostereotyp: z. B. ein Deutscher vermutet, daß sich die Franzosen selbst für nationalstolz halten

$S_1 \rightarrow (S_2 \rightarrow S_1)$-Urteil: vermutetes Heterostereotyp: z. B. ein Deutscher vermutet, daß die Franzosen die Deutschen für gemütlich halten

$S_1 \rightarrow S_2 (S_1 \rightarrow S_1)$-Urteil: reziproke Verschränkung: z. B. ein Deutscher sagt, daß die Franzosen glauben, die Deutschen hielten sich für das größte Kulturvolk

Diese allgemeinen, direkten und indirekten Bezugsformen von Urteilen können noch eine weitere Differenzierung durch Einführung eines quantitativen Aspektes erfahren, d. h., es kann der Personenkreis, der eine bestimmte Aussage macht, in seiner vermuteten Größe innerhalb einer Population subjektiv abgeschätzt werden: vermuteter Verbreitungsgrad.

Die Differenzierung zwischen dem Selbstbild (Autostereotyp) und dem vermuteten Fremdbild (vermutetes fremdes Heterostereotyp), also der vermuteten Selbstbeurteilung durch andere, wird als Index für »Sich-verstanden-Fühlen« bzw. »Sich-nicht-verstanden-Fühlen« oder auch als »Grad der subjektiven sozialen Distanz« bzw. »Ego-Distanz« (Holzkamp 1959, 1964) bezeichnet.

4. Stabilität: Vorurteile sind durch eine extrem hohe Änderungsresistenz charakterisierbar (vgl. Katz, Braly 1933; Allport 1954; Irle 1975). Diese Stabilität im Zeitablauf, vielfach nur an Hand von Querschnittsanalysen und unterschiedlichen Altersgruppen festgestellt, bedarf der spezifischen, auch experimentellen Untersuchung; dabei ist insbesondere die Resistenz von Vorurteilen und Stereotypen bei permanentem Einfluß von unvereinbaren Informationen zu überprüfen.

Nach den vorliegenden Befunden gibt es keine absolute Stabilität. Beispielsweise verändern sich Vorurteile gegenüber älteren Menschen mit Zunahme des eigenen Lebensalters (vgl. Bergler 1966). Allerdings scheint eine biographisch relativ endgültige Fixierung dann einzutreten, wenn man selbst subjektiv mit dem Problem des Alterns konfrontiert wird. Altersstabil sind Urteile über Menschengruppen und Meinungsgegenstände, die mit der eigenen Person in keinem direkten oder indirekten, mindestens partiellen Zusammenhang stehen. Spielen »persönlichkeitsnahe«, autostereotype Bezüge oder Überformungen eine Rolle, dann ist die Stabilität von Vorurteilen zeitlich begrenzt. So besteht z. B. zwischen dem eigenen Lebensalter und dem einer »sympathischen modernen Frau« als Meinungsgegenstand (Stereotyp) zugeordneten Lebensalter ein positiver Zusammenhang (vgl. Bergler 1976).

5. Generalität: Insbesondere im Bereich der ethnischen Vorurteile wird die sogenannte Generalitätsannahme diskutiert; sie geht davon aus, daß das »Vorurteil ein generelles Phänomen ist, das sich gegenüber einer großen Zahl von outgroups ausdrückt und nicht eng auf die eine oder andere spezifische Minoritätengruppe gerichtet ist« (Chesler 1965, 881), d. h., Menschen mit einem negativen Vorurteil über Araber hätten gleichsam übergreifend auch Vorurteile gegenüber anderen ethnischen Gruppen. Das Konzept der vorurteilsvollen Persönlichkeit, von Adorno u. a. (1950) als »autoritäre Persönlichkeit« charakterisiert, ist von dieser Grundannahme ausgegangen. Die Analyse von Schäfer (1975 a, 1975 b) hat gezeigt, daß eine allgemeine Generalitätsannahme nicht gerechtfertigt ist; für die Bewertung von Völkern ist z. B. auf dem Hintergrund der eigenen politisch-ideologischen Wertverankerung wesentlich, welchem ideologischen »Block« das zu beurteilende Volk zugeordnet wird. Dieser Bewertungsprozeß differenziert auch den der konkreten Beurteilung. Berücksichtigt man nicht nur nationale, sondern alle Formen sozialer Vorurteile, dann ergibt sich der Tatbestand der »Gleichheitshypothese«, d. h., es gibt keine Menschen, die ohne Vorur-

teile im weitesten Sinne existenzfähig sind, allerdings sind die Segmente, in denen sie sich entwickeln und wirksam werden, persönlichkeits- und gruppenspezifisch.

Verallgemeinerung: Generalisieren

Es genügen bereits wenige Informationen über einen Menschen wie z. B., daß er Brillenträger oder daß er äußerlich besonders sauber und gepflegt (vgl. Bergler 1974) ist, um Pauschalurteile über eine ganze Persönlichkeit abzugeben. Auch eine einmalige Beobachtung eines Sachverhaltes tendiert dazu, in ihrer Gültigkeit überhaupt nicht auf den Einzelfall begrenzt zu werden. Prozesse der Vorurteilsbildung sind immer an dem Ausmaß generalisierender Schlußfolgerungen, das sie beinhalten, erkennbar. Diese Schlußfolgerungen sind das Resultat objektiv nicht statthafter, subjektiv aber anscheinend notwendiger Vereinfachungsprozesse von Sachverhalten. Dabei werden spezifische Merkmale und Bedingungen vernachlässigt, und es kommt zu einer vorschnellen und auch fehlerhaften Verallgemeinerung von Einzelerfahrungen. Hier ist dann die bekannte »Körnchen-Wahrheit«-Hypothese angesprochen. Dabei darf aber nicht vergessen werden, daß solches »Erfahrungsmaterial« bereits wieder interpretiert, bewertet in den Prozeß der Vorurteilsbildung und deren Zuordnung eingeht (vgl. das Problem Genauigkeit bei Schäfer, Six 1978).

Vorurteile kennen keine Gültigkeitsgrenzen: Sie nehmen Einzelinformationen und Einzelerfahrungen für das Ganze. Man will ja nicht einfach eine Meinung erfinden, und deshalb geht man dann auch auf die Suche nach gleichsam objektiven Anhaltspunkten wie z. B. äußerlich sichtbaren rassischen Merkmalen oder auch Formen der Körperbehinderung usw. Die ganze Psychologie des ersten Eindrucks (vgl. Bergler 1976) ist ein klassisches Beispiel, wie Einzelelemente – »Schlüsselreize« (cues) – als Repräsentanten eines Ganzen behauptet, geglaubt und angewendet werden. Durch Verallgemeinerung werden alle Wenn und Aber ausgeschaltet: »Je weniger Informationen man über eine bestimmte Person hat, desto größer ist die Tendenz, ihr die Eigenschaften zuzuschreiben, die angeblich für ihre Gruppe kennzeichnend sind« (Lilli 1975, 70).

Überverdeutlichung: Akzentuieren

Vorurteile und Stereotype sind immer Formeln von hohem Prägnanzniveau. Vorurteile lassen sich an Karikaturen veranschaulichen, die um so eindrucksvoller sind, je einfacher und deutlicher sie auf den scheinbar wesentlichen zentralen »Schlüsselreiz« abstellen. Völker, Menschen, Objekte und Beziehungen werden in typologischer Überverdeutlichung dargestellt und gespeichert. Nicht die Nuancen interessieren, sondern die Charakterisierung in Extremen. Geht es um die Charakterisierung von Menschen, dann müssen die Typen möglichst weit voneinander entfernt sein. Vorurteile leben von der Polarisierung, der Maximierung der Interklassen-Differenz (Irle 1975). In schon klassischer Weise wird dies bei der Einordnung der demokratischen Parteien nach dem Links-Rechts-Schema deutlich. Konflikte leben von der karikierenden Polarisierung, nicht von der differenzierenden Analyse. Das Problem der Überverdeutlichung (Akzentuierung) wird in der Psychologie vielfach unter dem Begriff des Prägnanzgrades eines Vorurteils diskutiert (vgl. Bergler, Six 1972).

Bewertung: Evaluieren

Beurteilungen ohne Bewertungen sind wenig geeignet, handlungsrelevant zu werden. Bewertete Urteile sind stabile Urteile: Schon die Namen von Farben, die im Sprachgebrauch zur Charakterisierung ethnischer Gruppen Verwendung finden, werden unterschiedlich bewertet und haben auch ein unterschiedliches Bedeutungsumfeld. Auch die Beurteilung eines anderen Menschen in Form des ersten Eindrucks nimmt ihren Ausgangspunkt von einer prinzipiellen Bewertung nach Sympathie bzw. Antipathie; erst wenn die bewertenden Rahmenbedingungen geschaffen sind, erfolgt die weitere Ausdifferenzierung, d. h. die Zuordnung von Merkmalen und Eigenschaften. Ein allgemeines Sympathie- oder Antipathieurteil begrenzt in spezifischer Form, welche sonstigen Persönlichkeitsmerkmale in einem solchen Zusammenhang überhaupt noch vorkommen dürfen (Problem der impliziten Persönlichkeitstheorien). Der Mechanismus der Verurteilung ist letztlich nicht unwesentlich das Resultat der erlebten großen Ähnlichkeit der Meinungen und Vorurteile innerhalb der eigenen Bezugsgruppe und der erlebten größeren Unterschiede zu den Mitgliedern der Außengruppe. Die negative Bewertung der anderen führt zur Verstärkung der Kontrasteffekte, im positiven Falle treten Assimilationseffekte auf (vgl. Triandis 1971).

ENTSTEHUNG VON VORURTEILEN

Es scheint über jeden Zweifel erhaben: Vorurteile werdern erlernt. So plausibel diese Feststellung auch ist, so schwierig gestaltet sich doch der experimentelle Nachweis und die exakte Bedingungsanalyse. Dabei kommt es nicht nur auf die Untersuchung der Auslöser und Bedingungen von Vorurteilen und Stereotypen an, sondern auch in gleicher Weise auf die Bedingungen und Möglichkeiten ihrer Veränderungen bzw. auch ihrer Resistenz.

Die prototypischen Arbeiten zur Entstehung ethnischer Vorurteile haben die frühe Kindheit zum Ziel und verwenden im wesentlichen auch immer die gleiche Versuchsanordnung, nämlich die Vorlage von Puppen unterschiedlicher Hautfarbe. Diese Puppen konnten unterschiedlich bekleidet, verschiedentlich dann auch noch unterschiedlichen Wohnumgebungen zugeordnet werden. Mit Fragen wie (Schäfer, Six 1978, 92):

»1. Gib mir die Puppe, mit der du spielen möchtest – die du am liebsten magst.
2. Gib mir die Puppe, die hübsch ist.
3. Gib mir die Puppe, die böse aussieht.
4. Gib mir die Puppe, die eine hübsche Farbe hat.
5. Gib mir die Puppe, die wie ein weißes Kind aussieht.
6. Gib mir die Puppe, die wie ein farbiges Kind aussieht.
7. Gib mir die Puppe, die wie ein Neger-Kind aussieht.
8. Gib mir die Puppe, die so wie du aussieht!«

wird versucht, die Entstehung des ethnischen Bewußtseins – und dies dürfte zwischen dem dritten und fünften Lebensjahr der Fall sein – zu untersuchen. Ethnisches Bewußtsein wird dabei definiert »als das Bewußtsein des Selbst, zu einer spezifischen Gruppe zu gehören, die sich von anderen beobachtbaren Gruppen durch deutlich sichtbare physische Merkmale unterscheidet, die generell als ethnische Merkmale anerkannt sind« (Clark, Clark 1958, 602).

Bei den Bedingungen für die Entstehung von Vorurteilen lassen sich nach Schäfer u. Six (1978) zwei Gruppen unterscheiden: makrosoziale und mikrosoziale.

Makrosoziale Bedingungen

1. Ökonomisch-politische Merkmale: Bei diesem Bedingungskomplex für die Entstehung von Vorurteilen werden vor allem die Einflüsse sich verändernder Sozialstrukturen erörtert. Das Gastarbeiterproblem steht exemplarisch dafür (Schrader, Nikles, Griese 1976). Hier werden einerseits nur spezifische, von der jeweiligen Gesellschaft weniger präferierte Berufspositionen angeboten, und andererseits wird der Prozeß der Vorurteilsbildung mit ausgelöst durch die in Konjunkturen und Krisen jeweils spezifische Verlaufsgestalt und Ver-

laufsqualität des situationsspezifischen Wettbewerbs um Wohlstand, Macht und Status (vgl. u. a. Levin 1975). Bei vermindertem Angebot verstärkt sich die Abhängigkeit der Minorität von der Majorität noch mehr, die Konkurrenz am Arbeitsplatz z. B. steigt, die Vorurteilsbildung wird aktualisiert, gewinnt zunehmend an persönlicher Bedeutung und Verhaltensrelevanz. In diesem Zusammenhang ist auch auf den von Allport (1954) und Levin (1975) hervorgehobenen Zusammenhang von der Geschwindigkeit des Wandels einer Gesellschaft und dem Ausmaß an Vorurteilsbildung hinzuweisen. Da wir in einer pluralistischen Gesellschaft mit zunehmender Pluralität leben, wird die Parzellierung dieser Gesellschaft in immer mehr Subgruppen anhalten und auch den Prozeß der Vorurteilsbildung nicht unwesentlich beeinflussen.

2. Kulturell-normative Einflüsse: Jede Gesellschaft, auch jede Gruppe, entwickelt Normen, also Verhaltensregeln, deren Übertretung durch ein System sozialer, vielfach auch juristisch verordneter Sanktionssysteme geahndet wird. Vorurteile, insbesondere im ethnischen Bereich, sind dort am stärksten ausgebildet, wo sie durch etablierte Normen begünstigt werden. Beispiele dafür liefern Länder mit juristisch »verordneter Rassentrennung«. Soziokulturelle Normen etablieren sich nun aber nicht nur in bezug auf Völker und Rassen, sondern eine Gesellschaft selbst entwickelt z. B. auch ganz bestimmte soziale Normen der physischen Attraktivität. Ob beispielsweise jemand von einer Gruppe oder einem Menschen angenommen wird, ist nicht zuletzt auch davon abhängig, ob er bei allen gegebenen Toleranzbreiten den Normen eines sozial wünschenswerten Aussehens zu entsprechen vermag (vgl. dazu Bergler 1974, 1978 b). Der Außenseiter ist das Resultat von Sanktionsdruck. Von hier aus stellt sich dann auch das Problem der Bewertung, der Beurteilung und des Verhaltens gegenüber geistig und körperlich Behinderten. Soziale Normen sind also Bedingungssysteme der Auslösung von Vorurteilen.

In diesem Zusammenhang stellt sich noch die Frage der Religionszugehörigkeit: Im Gegensatz zu früheren und naiven (vorurteilsvollen) Annahmen ist diese (vgl. Schäfer 1975 a, 1975 b) zur Klassifizierung der Menschen nach solchen mit und solchen ohne Vorurteile nicht geeignet. Erst wenn die bloße demographische Klassifikation verlassen und eine Gruppierung vorgenommen wird nach dem Ausmaß der persönlichen gruppenbezogenen religiösen Aktivität, wie z. B. die Häufigkeit des Kirchgangs oder auch die spezifische Art und Weise der kognitiven Ausformulierung der eigenen religiösen Überzeugungen (vgl. Schäfer, Six 1978, 148 ff), werden spezifische, wenn auch keineswegs lineare Zusammenhänge deutlich.

Mikrosoziale Bedingungen

1. Familie: Die Familie als primäre Sozialisationsinstanz gilt auch als wesentlicher Sozialisationsagent für Vorurteile (»Sündenbock«): »Eins ist klar: Vorurteile werden auf andere Weise gelernt als aus Erfahrung im Umgang mit Gegenständen« (Westie 1964, 603). Als Nachweis für den Einfluß der Familie auf die Vorurteilsbildung der Kinder gelten positive Korrelationen zwischen den je spezifischen Vorurteilen der Generationen. Dabei spielt auch eine Rolle, wieweit das theoretische Konzept von Adorno (1950) Berücksichtigung findet und daraus abgeleitet dann das Ausmaß an ethnischer Vorurteilsbildung in einem unmittelbaren Zusammenhang mit einem je spezifischen ethnischen Erziehungsstil gesehen wird. Die Behauptung eines solchen globalen Zusammenhangs ist empirisch nicht haltbar. Ein differentieller Ansatz wird danach fragen müssen, in bezug auf welche Meinungsgegenstände ein unmittelbarer Sozialisationseffekt der Familie nachweisbar ist, und wenn ja, welche der so »entstandenen« Vorurteilssysteme bei Differenzierung der Bezugs- und Mitgliedsgruppen im weiteren Lebensablauf beibehalten, »gelöscht« oder verändert werden. Die Forschung wird allerdings auch die Überschätzungen des Einflusses des Elternhauses zu berücksichtigen haben.

2. Schule und Beruf: Auch diesen Sozialisationsinstanzen wird, wenn auch mit einem deutlichen Schwerpunkt auf den Bereich der Schule, ein wesentlicher Einfluß im Rahmen der Vorurteilsbildung zugesprochen. Die berechtigte Diskussion über den Lehrer als potentiellen Indoktrineur demokratiefeindlicher Ideologien und Wertsysteme macht die Aktualität der Thematik deutlich. Hess u. Torney (1968, 120) haben formuliert: »Die Schule (public school) erscheint als das wichtigste und effektivste Instrument der politischen Sozialisation in den Vereinigten Staaten.«

Die Schule wird aber nun nicht nur als direkter Sozialagent für Vorurteile, insbesondere für den politischen Bereich gesehen, sondern auch – insbesondere in Verbindung mit der Länge der Schulausbildung – als Immunisierungsinstanz gegenüber der Ausbildung von Vorurteilen (vgl. Schäfer, Six 1978).

3. Bezugs- und Mitgliedsgruppen: Schon aus dem Merkmal der Gruppenspezifität von Vorurteilen und Stereotypen folgt, daß unterschiedliche Gruppen und Gruppierungen ein und denselben Meinungsgegenstand unterschiedlich beschreiben, beurteilen und bewerten. Die Bindung an und Identifikation mit einer Gruppe ist weitgehend Identifikation mit den Vorurteilen dieser Gruppe. Verändert ein Mensch seine Bezugsgruppe, findet also eine soziale Umorientierung statt, dann verändern sich auch jene Vorurteile, die für den »subjektiven Lebensraum« der Gruppe relevant sind. Der Wechsel einer Bezugsgruppe ist immer auch ein partieller Wechsel eingeschliffener Orientierungs- und Normierungssysteme.

Da Gruppen nicht selten gewollt oder ungewollt in einer erwarteten oder tatsächlich schon eingetretenen wechselseitigen Konkurrenz und Rivalität stehen, ist deren Verhältnis zueinander konfliktträchtig. Diese Situation wechselseitigen Argwohns, aber auch von Feindseligkeit muß als nicht unwesentliche Bedingung für die Ausbildung von negativen Vorurteilen gegenüber den konkurrierenden Gruppen und ihren Mitgliedern gesehen werden.

4. Persönlichkeitsfaktoren: An spezifischen Persönlichkeitsmerkmalen und -syndromen, die die Ausbildung von ethnischen Vorurteilen – und darauf bezieht sich ein Großteil aller Untersuchungen – bewirken, werden immer wieder Autoritarismus, Konservativismus und Dogmatismus (vgl. dazu Schäfer, Six 1978, 169 ff) analysiert und diskutiert. Die Problematik dieses Ansatzes hat noch zu keinen befriedigenden Ergebnissen geführt (s. dazu den Beitrag von H. B. Gerard in diesem Bd.).

Die Entstehung von Vorurteilen im weitesten Sinne muß schließlich noch in einem spezifischen Verhältnis von Persönlichkeit, Informationsangebot und Informationsverarbeitung gesehen werden. Der Mensch bedarf für seine Entwicklung und seine Existenz wesentlich des Austausches, der Speicherung und der Anwendung von Wissen, Meinungen und Fertigkeiten. Ein Mensch ohne Kommunikation ist tot. Nun muß von der zwar bedauernswerten, aber gesicherten Erkenntnis ausgegangen werden, daß die Bereiche unserer Umwelt, von denen wir eigentlich überhaupt nichts verstehen, sich immer schneller ausdehnen. Das objektiv vorhandene Wissen entfernt sich immer weiter von dem persönlichen Wissensstand. Da wir die entstehenden Leerräume subjektiv nicht ertragen, sie uns ungern eingestehen können, gehen wir auf die Suche nach Quasiwissen. Leerräume bewirken Unsicherheit und Instabilität, sie geraten unter Etikettierungszwang. Angebote für Leerräume sind in Form von Meinungen, Vorurteilen und Ideologien immer am Markt. Auslöser von Vorurteilen sind also immer auch Erlebnisse des Nichtwissens, auftretende Unverständlichkeiten gesendeter Informationen und persönlich erlebte Informationsdefizite, die vielfach sogar auf Informationsverweigerung zurückgeführt werden (vgl. dazu Bergler 1976).

5. Vorurteil und Verhalten: Es war eine naive Selbstverständlichkeit der wissenschaftlichen Psychologie, verbal und/bzw. nonverbal geäußerte und gemessene Vorurteile mit einem entsprechenden Verhalten gegenüber den so etikettierten Gruppen bzw. deren Mitgliedern gleichzusetzen. Die negative Bewertung von *den* Chinesen sollte in diesem Ansatz ei-

ne zuverlässige Voraussage darüber ermöglichen, daß auch ein *einzelner* Chinese, wenn er z. B. in einem Land mit solchen Vorurteilen um ein Hotelzimmer nachsucht, abgewiesen wird. Ein generalisiertes Vorurteil ist in seinem Vorhersagewert für den konkreten Einzelfall praktisch wertlos. Ohne auf die vielfältige, auch theoretische Diskussion eingehen zu können, muß doch zum Stand der Forschung festgehalten werden, daß es für die Verhaltensvorhersage – wobei noch genau in jedem Falle zu definieren wäre, welches konkrete Verhalten bzw. welcher Ablauf von Verhaltenseinheiten mit welchen verbalen und nonverbalen Äußerungen in Verbindung stehen sollen – ganz entscheidend darauf ankommt, die Frage zu beantworten: Welche personalen, gruppenbezogenen und situativen Zusatzbedingungen müssen erfüllt sein, damit es zur Realisierung vorurteilsvollen Verhaltens kommt. An solchen Zusatzbedingungen sind zu nennen: die Zentralität und subjektive Bedeutsamkeit eines Meinungsgegenstandes, die persönliche Bereitschaft, ein spezifisches Vorurteilsverhalten auch in einer ganz bestimmten sozialen Umgebung auszuführen (Verhaltensintention), die situativen und normativen Bedingungen, unter denen ein Vorurteil realisiert werden kann, soll oder auch verhindert werden kann, die konkrete Bewertung und Beschreibung des Vorurteilsträgers, d. h. die subjektive Bewertung einer kommunikativen Situation u. a. (vgl. dazu Six 1975, Benninghaus 1976, Meinefeld 1977 u. a.).

6. Abbau von Vorurteilen: Eine Psychologie der Vorurteile und Stereotype hat – wenn von einer zu engen definitorischen Klärung Abstand genommen wird – immer davon auszugehen, daß die vereinfachte, naive Verarbeitung, Bewältigung und Etikettierung von Meinungsgegenständen im weitesten Sinne eine psychohygienisch unabdingbare Verhaltensnotwendigkeit zur Umweltstabilisierung darstellt. Der Konflikt entsteht bei sozial negativen Vorurteilen; aber auch hier stellt sich dann die Frage nach den Kriterien.

Unbestritten ist die Tatsache, daß als Steuerungsmechanismen von Konflikten Vorurteilssysteme zentral beteiligt sind und daß sich im Hinblick auf diese konfliktinduzierenden Beurteilungen und Bewertungen die Frage nach Möglichkeiten und Bedingungen ihrer Veränderung bzw. Auflösung stellt. Zu Optimismus besteht bei vielfältigsten Bemühungen kein Anlaß. Die versuchten Strategien reichen von der Massenkommunikation über die individuelle Psychotherapie, Gruppentherapie, gesprächstherapeutische Ansätze hin zu Bemühungen um die Veränderungen des Erziehungsverhaltens und der sozialen und ökonomischen Gegebenheiten, zu gesetzgebenden Maßnahmen und zur Herstellung personaler Kontakte mit vorurteilsbehafteten Personen (vgl. Schäfer, Six 1978).

Die auftretenden Schwierigkeiten bei diesen Bemühungen sind nicht zuletzt in der sowohl kognitiven wie emotionalen Stabilisierungsfunktion von Vorurteilen zu sehen. Die Liebe zu den eigenen Vorurteilen ist der zentrale Katalysator für deren gläubige Beibehaltung und Überlieferung.

LITERATUR

ADORNO, T. W., FRENKEL-BRUNSWIK, E., LEVINSON, D. J., SANFORD, R. N.: The authoritarian personality. New York: Harper 1950

ALLPORT, G. W.: The nature of prejudice. Cambridge/Mass.: Addison-Wesley 1954. Deutsch: Die Natur des Vorurteils. Köln 1971

BENNINGHAUS, M.: Ergebnisse und Perspektiven der Einstellungs-Verhaltens-Forschung. Meisenheim/Glan 1976

BERGIUS, R.: Sozialpsychologie. Hamburg 1976

BERGLER, R.: Allgemeine Sozialstereotypien als Konstanten in der Beurteilung von Physiognomien. Bericht 22. Kongr. D. G. f. Psychol. Göttingen 1960

Psychologie stereotyper Systeme. Bern: Huber 1966

Sauberkeit: Norm – Verhalten – Persönlichkeit. Huber: Bern 1974

Vorurteile – erkennen, verstehen, korrigieren. Köln 1976

Psychologie des Firmenbildes. In: H. Weinhold-Stünzi (Hg.): Unternehmung und Markt. Zürich: Moderne Industrie, 1978 a, 43–84

Körperpflege und Persönlichkeit. Zentralbl. für Bakt. Parasitenkunde, Infektionskrankheiten und Hygiene, B. Stuttgart 1978 b

BERGLER, R., SIX, B.: Stereotype und Vorurteile. In: C. F. Graumann (Hg.): Handbuch der Psychologie, VII/2: Sozialpsychologie. Göttingen 1972, 1371–1432

BERGLER, R., SIX, U.: Psychologie des Fernsehens. Bern: Huber 1979

BRIGHAM, J. C.: Ethnic stereotypes. Psychological Bulletin, 76, 1971, 15–38

BRIGHAM, J. C., WOODMANSEE, J. J., COOK, ST. W.: Dimensions of verbal racial attitudes: interracial marriage and approaches to racial equality. Journal of Social Issues, 32, (2), 1976, 9–21

BROWN, R. W., LENNEBERG, E. H.: A study in language and cognition. Journal of Abnormal and Social Psychology, 49, 1954, 454–462

CHESLER, M. A.: Ethnocentrism and attitudes towards the physically disabled. Journal of Personality and Social Psychology, 2, 1965, 877–882

CLARK, K., CLARK, M.: Racial identification and preference in Negro children. In: E. Maccoby, T. Newcomb, E. Hartley (Eds.): Readings in social psychology. New York: Holt & Co. 1958, 602–611

HEINTZ, P.: Soziale Vorurteile. Köln 1957

HESS, R. D., TORNEY, J. V.: The development of political attitudes in children. New York: Anchor Books 1968

HOFSTÄTTER, P. R.: Gruppendynamik. Hamburg 1957

Grundlagen der Verhaltenssteuerung. Psychologische Rundschau, 8, 1962, 161–179

HOLZKAMP, K.: Das Erlebnis des Verstandenwerdens von anderen Völkern. Psychologie und Praxis 3, 1959, 169–178

Über soziale Distanz. Psychologische Beiträge, 7, 1964, 558–581

IRLE, M. (Hg.): Texte aus der Experimentellen Sozialpsychologie. Neuwied, Berlin 1969

Lehrbuch der Sozialpsychologie. Göttingen 1975

KARSTEN, A.: Das Vorurteil. Psychologische Beiträge, 1, 1953, 149–161

KATZ, D., BRALY, K. W.: Racial stereotypes of 100 college students. Journal of Abnormal and Social Psychology, 28, 1933, 280–290

LEVIN, J.: The functions of prejudice. New York: Harper & Row 1975

LILLI, W.: Soziale Akzentuierung. Stuttgart 1975

LILLI, W., LEHNER, F.: Stereotype Wahrnehmung. Eine Weiterentwicklung der Theorie Tajfels. Zeitschrift für Sozialpsychologie, 2, 1971, 285–294

LIPPMANN, W.: Public opinion. New York: Harcourt Brace 1922. Deutsch: Die öffentliche Meinung. München 1964

McGUIRE, W. J.: The nature of attitudes and attitude change. In: G. Lindzey, A. Aronson (Eds.): The handbook of social psychology, III. Reading/Mass.: Addison Wesley 1969, 136–314

MEINEFELD, W.: Einstellung und soziales Handeln. Reinbek b. Hamburg 1977

PETERS, W.: Vorurteile, I: Voraussetzungen und Methoden. Psychologische Beiträge II, 1955, 349–374

SCHÄFER, B.: Klassifikation vorurteilsvoller versus xenophiler Personen. In: C. C. Schweitzer, H. Feger (Hg.): Das deutsch-polnische Konfliktverhältnis seit dem Zweiten Weltkrieg. Boppard 1975 a, 314–346

Vorurteilsvolle und xenophile Personen: Stellungnahmen zu Fragen des deutsch-polnischen Verhältnisses. In: C. C. Schweitzer, H. Feger (Hg.): Das deutsch-polnische Konfliktverhältnis seit dem Zweiten Weltkrieg. Boppard 1975 b, 347–369

SCHÄFER, B., SIX, B.: Sozialpsychologie des Vorurteils. Mainz 1978

SCHRADER, A., NIKLES, B. W., GRIESE, H. M.: Die Zweite Generation. Sozialisation und Akkulturation ausländischer Kinder in der Bundesrepublik. Kronberg 1976

SHERIF, M., SHERIF, C. W.: Social psychology. New York: Harper & Row 1969

SIX, B.: Die Relation von Einstellung und Verhalten. Zeitschrift für Sozialpsychologie, 6, 1975, 270–296

SODHI, K. S., BERGIUS, R., HOLZKAMP, K.: Urteile über Völker. Psychologische Beiträge, 3, 1957, 503–526

Die reziprokale Verschränkung von Urteilen über Völker. Zeitschrift für experimentelle und angewandte Psychologie, 5, 1958, 547–604

TAJFEL, H.: Die Entstehung der kognitiven und affektiven Einstellungen. Vorurteile – Ihre Erforschung und ihre Bekämpfung. Politische Psychologie, III. Frankfurt/Main 1964, 81–85

TRIANDIS, H. C.: Attitude and attitude change. New York 1971. Deutsch: Einstellungen und Einstellungsänderung. Weinheim 1975

WESTIE, F. R.: Race and ethnic relations. In: R. E. L. Faris (Ed.): Handbook of modern sociology. Chicago: Rand McNally 1964, 576–618

WOLF, H. E.: Soziologie der Vorurteile. In: R. König (Hg.): Handbuch der empirischen Sozialforschung, II. Stuttgart 1969, 912–960

WOODMANSEE, J. J., COOK, ST. W.: Dimensions of verbal racial attitudes: their identification and measurement. Journal of Personality and Social Psychology, 7, 1967, 240–250

FUNKTION UND ENTWICKLUNG
VON VORURTEILEN

von Harold B. Gerard

In der Geschichte der Sozialpsychologie nimmt das Konzept der »Einstellung« eine Schlüsselposition ein, wobei ethnische und gruppenbedingte Vorurteile die wichtigsten Gebiete waren, auf denen die Einstellungen und ihre Folgen untersucht worden sind. Ein stellung wird von Sozialpsychologen gewöhnlich als positive oder negative Stellungnahme von beliebiger Stärke gegenüber einem Objekt oder einer Objektklasse bestimmt (s. den Beitrag von H. D. Mummendey in diesem Bd.). Ein Vorurteil wiederum wird als starke, emotional besetzte negative Einstellung mit irrationalen Wurzeln verstanden. Es manifestiert sich als Feindseligkeit gegenüber stereotyp wahrgenommenen Mitgliedern einer bestimmten Fremdgruppe. Das Vorurteil ist also eine Einstellung, die sich gewöhnlich als sehr veränderungsresistent erweist, und zwar aus zwei Gründen: erstens, weil die Person in der Regel den Kontakt mit den Mitgliedern der betreffenden Fremdgruppe meidet, und zweitens, weil das Vorurteil eine irrationale Funktion für die Person erfüllt.

Zum besseren Verständnis der kognitiven und affektiven Struktur, die dem Vorurteil zugrunde liegt, empfiehlt es sich, erst einmal die allgemeineren Merkmale der Einstellung zu betrachten. Dann können wir uns dem Vorurteil als Sonderfall der Einstellung zuwenden und uns mit seinen spezifischen Zügen beschäftigen. Der Einstellung der Person liegt die Überzeugung zugrunde, daß das Objekt oder die Objektklasse, auf die sich die Einstellung bezieht, irgendeinen potentiellen Nutzen oder Schaden verkörpert beziehungsweise mit ihm verknüpft ist. Insofern ist die Einstellung der »konditionierten Reaktion« nicht unähnlich. Dort wird eine positive oder negative Reaktion auf einen anfänglich neutralen Stimulus dadurch gelernt, daß er absichtlich oder zufällig mit einem anderen Stimulus gepaart wird, der bereits einen positiven oder negativen Wert für den betreffenden Menschen besitzt.

Der große russische Physiologe I. P. Pawlow entdeckte im Verlaufe von Experimenten über die Tätigkeit der Speicheldrüsen, daß ein Hund Speichel nicht nur absondert, während er Fleischpulver frißt, sondern auch auf Stimuli hin, die in zeitlicher Nähe zum Fleischpulver dargeboten werden (s. den Beitrag von T. Kussmann in Bd. IV dieser Enzyklopädie). Solche Stimuli können der bloße Anblick des Pulvers oder auch nur die Tatsache sein, daß der Versuchsleiter das Labor betritt. Pawlow nannte diese zeitlich benachbarten Stimuli, die allem Anschein nach die Darbietung der Belohnung signalisieren und deshalb in der Lage sind, die Speichelsekretion auszulösen, »konditionierte Stimuli«. Er unterschied sie von dem ursprünglichen »unkonditionierten Stimulus«, dem Fleischpulver. Auf die zufällige Entdeckung dieses Zusammenhangs folgten kontrollierte Experimente. Pawlow war in der

Lage, einen Hund positiv auf den Klang einer Glocke zu konditionieren, indem er den Glockenton mit der Darbietung des Fleischpulvers paarte. Er konnte einen Hund aber auch negativ konditionieren, indem er die Glocke mit der Auslösung eines elektrischen Schocks paarte. Bei der positiven Konditionierung sonderte der Hund Speichel ab, sobald die Glocke ertönte. Bei der negativen Konditionierung versuchte der Hund beim Klang der Glocke sein Geschirr abzustreifen. Er zeigte die Merkmale generalisierter Angst. Im ersten Fall scheint der Hund also eine positive »Einstellung« gegenüber dem Klang der Glocke entwickelt zu haben, während er im zweiten Fall eine negative »Einstellung« ausgebildet hat.

Die kognitiven und affektiven Strukturen, die den »Einstellungen« der Pawlowschen Hunde zugrunde liegen, lassen sich ganz einfach durch jene Denkfigur wiedergeben, die die Logiker Syllogismus nennen. Dabei handelt es sich um eine formale Struktur, in der eine Schlußfolgerung aus zwei Prämissen abgeleitet wird. Das Subjekt der einen Prämisse (des Untersatzes) wird das Subjekt der Schlußfolgerung, und das Prädikat der anderen Prämisse (des Obersatzes) wird das Prädikat der Schlußfolgerung. Für Pawlows Hunde resultierte die Einstellung, die zur Annäherung oder Vermeidung der Glocke führte, aus einer eine Überzeugung oder einen Wert darstellenden Prämisse. Im positiven Fall ist die Überzeugung oder der Untersatz die gelernte Verknüpfung von Glocke und Fleischpulver. Der Wert oder der Obersatz ist die von Pawlow so genannte »unkonditionierte Reaktion« oder die Speichelsekretion auf die Darbietung des Fleischpulvers hin. Die Überzeugung ist die kognitive Komponente, der Wert die affektive Komponente der Struktur. Bei negativer Konditionierung ist die Überzeugungsprämisse die gelernte Verknüpfung von Glocke und Schock, und die Wertprämisse ist die unkonditionierte Aversion des Tieres gegenüber dem elektrischen Schock. In beiden Fällen ist der Wert eine von vornherein gegebene automatische, unkonditionierte und viszerale Reaktion auf einen bestimmten Stimulus. Im Diagramm können wir die beiden »Einstellungen« wie folgt wiedergeben:

Positiv	*Negativ*
Überzeugung (Untersatz): Glocke wird mit Fleisch verknüpft.	Glocke wird mit Schock assoziiert.
Wert (Obersatz): Fleisch ist gut.	Schock ist schlecht.
Einstellung: (Deshalb) ist Glocke gut.	(Deshalb) ist Glocke schlecht.

In beiden Fällen dient der unkonditionierte Stimulus dazu, den zuvor neutralen Stimulus mit der affektiven Reaktion zu verknüpfen, die zu Anfang nur auf den unkonditionierten Stimulus erfolgte. Wenn wir in unserem syllogistischen Modell bleiben, werden das Subjekt des Untersatzes (die Glocke) und das Prädikat des Obersatzes (Speichelsekretion, Angst) miteinander verbunden. Sie bilden die Schlußfolgerung, die sich als die Tendenz des Tieres darstellt, auf den konditionierten Stimulus dieselbe Reaktion zu zeigen wie auf den unkonditionierten Stimulus. Das Tier hat gelernt, Subjekt und Prädikat des Untersatzes miteinander zu verknüpfen. Sobald diese Verbindung vollzogen ist, erfolgt die Schlußfolgerung dank einer natürlichen Logik, die ein integrierender Bestandteil des tierischen Lebens zu sein scheint. Diese Logik sichert die Äquivalenz konditionierter und unkonditionierter Stimuli. Sobald die Tendenz oder Einstellung gut genug gelernt worden ist, kann sie funktional autonom werden – wie Gordon Allport (1954) es formulierte –, das heißt sich unabhängig von dem ursprünglichen Verbindungsglied des unkonditionierten Stimulus auswirken. Die nähere Betrachtung der Bedingungen, unter denen dies geschehen kann, wirft weitreichende Fragen auf, mit denen wir uns hier nicht beschäftigen können.

Im Anschluß an Pawlow gelang es einem seiner Mitarbeiter, die unmittelbar mit der Einstellungsbildung beim Menschen zu tun hat, eine negative Reaktion auf eine Serie von Stimuli zu konditionieren. Eine gründlich gelernte Aversion gegenüber einer Spritze, mittels derer man dem Hund ein übelkeitserregendes Mittel injiziert hatte, wurde dazu verwendet, eine Aversion gegenüber der Nadel zu konditionieren und dann gegenüber der Schachtel, die die Nadel enthielt. Zu solchem Serienlernen ist ein Hund auch im Falle positiver konditionierter Reaktionen in der Lage. Für das Verständnis menschlicher Einstellungsbildung ist der Umstand von Bedeutung, daß eine gründlich gelernte konditionierte Reaktion in einem anschließenden Konditionierungsprozeß in der Lage ist, mit einem völlig neuen Stimulus die Rolle der unkonditionierten Reaktion zu übernehmen. Auf diese Weise können »Einstellungen« aufeinander aufbauen. In der Regel entwickelt der Säugling eine positive Einstellung gegenüber seiner Mutter, da sie Wärme und Nahrung bedeutet. Anschließend mißt er den Objekten oder Ereignissen einen positiven Wert zu, die mit der Mutter verknüpft sind – etwa dem Klang ihrer Stimme oder später dem Inhalt dessen, was sie sagt.

Eine andere Entdeckung Pawlows bestand darin, daß eine konditionierte Reaktion gelöscht werden kann, wenn sie nicht verstärkt wird, das heißt, wenn die Verknüpfung von konditioniertem Stimulus und unkonditioniertem Stimulus nicht mehr vorliegt. Wenn die Glocke wiederholt ertönt, ohne daß das Fleischpulver (oder der Schock) dargeboten werden, wird das Tier allmählich damit aufhören, beim Klang der Glocke Speichel abzusondern (oder Angst zu zeigen).

Bei Ausbildung oder Löschung der konditionierten Reaktion oder »Einstellung« ist das Verhalten des Hundes adaptiv und insofern rational. Was er über die Glocke gelernt hat, dient seiner Selbsterhaltung. Wenn die Glocke kein Signal begehrter oder bedrohlicher Ereignisse mehr ist, verliert sie ihren Wert. Auf sie zu reagieren wäre Zeitverschwendung. Konditionierung und Löschung statten das Tier mit außerordentlich fein abgestimmten Mechanismen aus, aufgrund derer es in der Lage ist, sich wechselnden Verhältnissen anzupassen.

Konditionierung und Löschung liefern ein Grundmodell der Einstellungsbildung und Einstellungsänderung, an Hand dessen wir das Wesen des Vorurteils besser verstehen können.

Betrachten wir einen Augenblick die folgende hypothetische Struktur, die der Einstellung eines Antisemiten zugrunde liegen soll:

Überzeugung (Untersatz): Juden sind skrupellos.

Wert (Obersatz): Skrupellos ist schlecht.

Einstellung (Schlußfolgerung): (Deshalb) sind Juden schlecht.

Die Einstellung zeigt die gleiche syllogistische Struktur wie die klassische Konditionierung. Der Wert ist der Obersatz und tritt in der persönlichen Entwicklungsgeschichte des betreffenden Menschen wahrscheinlich früher auf als die Überzeugung oder der Untersatz. Menschen erwerben ihre Werte in sehr jungen Jahren, wenn sie am empfänglichsten für Eindrücke sind. In ihnen spiegeln sich ihre affektiven Reaktionen. Den tierischen Reaktionen vergleichbar können Werte primär sein, so die positive Reaktion auf Nahrung, wenn man hungrig ist, oder die Tendenz, Lärm zu vermeiden. Andere Werte sind sekundär. Sie werden in der Regel sehr früh in der Familie oder durch den Kontakt mit der Gleichaltrigengruppe gelernt. Auch Überzeugungen, die Einstellungen mit Vorurteilscharakter zugrunde liegen, werden in frühen Primärgruppen gelernt.

In erster Linie ist ein Vorurteil eine starke negative Einstellung. Solche negativen Einstellungen führen in der Regel zur Vermeidung von Angehörigen der abgelehnten Objektklasse. (Im Extremfall kann ein starkes Vorurteil auch in Form von Feindseligkeit oder Aggression zu Annäherungsverhalten führen.) Hegt ein Mensch beispielsweise Vorurteile gegenüber Juden, wird er sie normalerweise meiden, es sei denn, er würde durch den Gruppendruck dazu gebracht, aggressives Verhalten zu äußern. Die allgegenwärtige Tendenz, Mitglieder einer ethnischen Gruppe zu meiden, der gegenüber man ein Vorurteil hegt, erweist sich als sehr hinderlich für alle Versuche, das Vorurteil abzubauen. Lernpsychologen haben herausgefunden, daß sich eine positive konditionierte Reaktion relativ leicht dadurch löschen läßt, daß man den Verstärker (z. B. das Fleischpulver) entzieht. Eine negative konditionierte Reaktion tendiert dagegen zur Löschungsresistenz, da sich die Verstärkungskontingenz nicht leicht prüfen läßt. Tiere und Menschen vermeiden negativ konditionierte Stimuli. Dafür gibt es schlagende Beweise. So wurden Hunde in einem Experiment darauf dressiert, über ein Gatter zu springen, wenn sie einen elektrischen Schock vermeiden wollten, der ihnen über den Boden ihres Käfigs verabreicht wurde. Sie lernten das sehr rasch. Anschließend wurde der Schock nicht dargeboten. Trotzdem vermieden die Hunde die »gefährliche« Seite des Käfigs. Jedesmal wenn man sie auf diese Seite brachte, sprangen sie sofort zur »sicheren« Seite hinüber. In fünfhundert Versuchen zeigte sich bei den Tieren kein Anhaltspunkt dafür, daß eine Löschung stattgefunden hätte.

Pawlows Hunde löschten ihre Angst vor dem Klang der Glocke, weil sie in einem Geschirr steckten und so lernen konnten, daß Glocke und Schock nicht mehr miteinander verknüpft waren. Wenn Tiere oder Menschen jedoch das negativ besetzte Objekt vermeiden können, haben sie keine Möglichkeit zu lernen, daß es vielleicht gar nicht ihren negativen Erwartungen entspricht. Eine positive Einstellung gegenüber einem Objekt ist dagegen in der Regel leicht zu löschen, weil das Individuum im Umgang mit dem Objekt bald begreifen wird, daß keine Belohnungen mehr zu erwarten sind. Doch die Verstärkungskontingenz, die mit negativen Objekten verknüpft ist, läßt sich meist nicht prüfen, da solche Objekte in der Regel vermieden werden. Daraus folgt, daß das Vorurteil im Gegensatz zu einer positiven Einstellung zur funktionalen Autonomie und Isoliertheit tendiert. Diese Isoliertheit ist eine Grundgegebenheit, mit der jeder zu rechnen hat, der versucht, Intergruppen-Vorurteile abzubauen.

Wie die gelernte Verknüpfung zwischen konditionierten und unkonditionierten Stimuli das Herzstück der konditionierten Reaktion ist, ist die Überzeugung (oder der Untersatz) das Herzstück des Vorurteils. Beim Vorurteil gegen eine ethnische Gruppe verkörpert die Überzeugung irgendein Stereotyp gegenüber dieser Gruppe. Stereotype sind gewöhnlich negativ. Sobald jemand ein Stereotyp auf einen anderen anwendet, wird dessen Verhalten entsprechend dem Stereotyp wahrgenommen. Dieser Mensch wird nicht mehr als Einzelperson, sondern nur noch als Mitglied der negativen Gruppe perzipiert und läßt sich weitgehend durch jedes andere Mitglied der Gruppe ersetzen. Nennt also ein Antisemit jemanden einen Juden, wird dessen Verhalten für den Antisemiten nicht mehr durch die besonderen Persönlichkeits- oder Situationsmerkmale verursacht, sondern erscheint ihm als »jüdisches« Verhalten. Macht ein Physiker, der zufälligerweise ein Jude ist, eine wichtige wissenschaftliche Entdeckung, wird sie möglicherweise nicht als verdienstvolle Leistung dieses besonderen Menschen verstanden, sondern als ein rücksichtsloses und gewissenloses Verhalten, indem man zum Beispiel unterstellt, es sei geistiger Diebstahl an Nichtjuden begangen worden. Ein Stereotyp ist die komplexe Überzeugung, daß alle Mitglieder einer Gruppe über bestimmte negative Merkmale verfügen (s. den Beitrag von R. Bergler in diesem Bd.). In der Regel gehen Stereotype auch davon aus, daß die Mitglieder der betreffenden Fremdgruppe so geboren werden, wie sie sind, und sich deshalb nicht ändern können. In einer gegebenen Gesellschaft weisen stereotyp wahrgenommene Fremdgruppen gewöhnlich unterscheidende Merkmale auf. Die Gruppenmitglieder sind erkennbar, oder zumindest herrscht die Überzeugung bei den Mitgliedern der Eigengruppe vor, daß sich die Mitglieder der Fremdgruppe leicht erkennen lassen (an Hand ihrer Physiognomie oder ihres anstößigen Verhaltens). In der Regel werden die Stereotype von einem Großteil der Mitglieder der Eigengruppe geteilt. Auch sind sie sich weitgehend über den Inhalt der Stereotype einig.

Überdies sind Stereotype meist sehr zählebig und deshalb nur schwer zu widerlegen. Das zeigt der folgende Dialog, den Gordon Allport in seinem klassischen Buch »The Nature of Prejudice« (1954) anführt:

Mr. X: Der Ärger bei den Juden ist, daß sie sich nur um ihre eigene Gruppe kümmern.

Mr. Y: Der Finanzbericht der Gemeinde zeigt doch aber, daß sie im Verhältnis zu ihrer Zahl mehr für allgemeine Wohlfahrtseinrichtungen in der Gemeinde stiften als Nichtjuden.

Mr. X: Da zeigt sich wieder einmal, daß sie immer versuchen, sich die Gunst anderer zu kaufen und sich in die Angelegenheiten der Christen einzumischen. Sie denken nur ans Geld. Deshalb gibt es so viele jüdische Bankiers.

Mr. Y: Eine kürzlich durchgeführte Untersuchung zeigt aber, daß der Prozentsatz der Juden, die im Bankgeschäft tätig sind, minimal ist, weit kleiner als der Prozentsatz der Nichtjuden.

Mr. X: Genau das ist es; anständige Arbeit interessiert sie überhaupt nicht. Nur im Filmgeschäft sind sie zu finden, oder sie haben Nachtklubs.

In dem Gespräch schirmt Herr X sich erfolgreich gegen alle Gegenbeweise ab, indem er die Widerlegung einer falschen Überzeugung dazu benutzt, eine andere falsche Überzeugung zu bestätigen. Sein Vorurteil scheint sich jedem Argument zu entziehen. Liest man das Gespräch, hat man fast das Gefühl, dieser Fanatiker hänge an seinem Vorurteil wie an seinem Leben. Es scheint ein wichtiges Element seiner psychologischen Konstitution zu sein.

Die negativen Überzeugungen, aus denen sich Stereotype aufbauen, sind tatsächlich Paare von Prämissen. Einer ist eine neutrale Überzeugung und der andere ein affektbesetzter negativer Wert. Diesem Gespräch zufolge kümmern Juden sich nur um die eigene Gruppe, erkaufen sich die Gunst anderer, sind nur am Geld interessiert usw. Diese Tendenzen sind nicht schlecht an sich, sondern die Gesellschaft bezeichnet sie als schlecht, wertet sie negativ. Die Obersätze in der syllogistischen Struktur, die dem Vorurteil gegenüber Fremdgruppen zugrunde liegt, sind gesellschaftliche Werte. Sie entstehen und wirken wie unkonditionierte Reaktionen. Diese Werte, die bestimmte Verhaltensweisen als antisozial verdammen (und andere als prosozial billigen), liefern der sozialen Kontrolle die ideologische Grundlage. Heimtückisch und gefährlich werden sie jedoch, wenn sie sich mit der Überzeugung verbinden, daß die Mitglieder irgendeiner Fremdgruppe die natürliche Prädisposition zu solchen antisozialen Verhaltensweisen besitzen.

Ein Vorurteil ist eine irrationale Einstellung, da es zu seinem Wesen gehört, daß es sich nicht auf Fakten gründet und sehr früh erworben wird. In einer Studie, die vor einigen Jahren in einer Stadt im Mittelwesten der Vereinigten Staaten durchgeführt worden ist, zeigte fast die Hälfte der interviewten Kinder Vorurteile gegenüber Juden, obgleich es nicht eine einzige jüdische Familie in der Gemeinde gab. Keines der Kinder hatte jemals irgendwelche Berührung mit Juden gehabt. Das Beispiel demonstriert den fiktiven Charakter der Überzeugungen, die Vorurteilen zugrunde liegen.

Wie in dem oben zitierten Dialog sind Menschen, die Vorurteile hegen, unzugänglich gegenüber Fakten, die diese Überzeugungen widerlegen könnten. Überdies hat das Vorurteil die Tendenz, die Wahrnehmung zu verzerren. Aus der Sicht des Wahrnehmenden erscheint das Verhalten des Fremdgruppenmitglieds das Vorurteil zu bestätigen. Die Ergebnisse einer Studie zeigen, daß die Versuchspersonen (amerikanische College-Studenten) dazu neigten, einen Essay höher einzuschätzen, wenn ihnen gesagt wurde, er sei von einem Mann geschrieben worden, als wenn man ihnen sagte, eine Frau habe ihn verfaßt. Ähnliche Untersuchungen bestätigen diesen Effekt. Ein Rassenfanatiker denkt sich nichts dabei, wenn er einen gutgekleideten weißen Mann mitten in der Woche am hellichten Tag auf einer Parkbank sitzen sieht. Wenn der Mann jedoch schwarz und vor allem ärmlich gekleidet ist, wird er ihm wahrscheinlich Faulheit unterstellen. Dieses Phänomen konnte in entsprechenden Laborstudien eindeutig nachgewiesen werden. Einige jüngere Untersuchungen erlauben die weiterreichende Hypothese, daß der Wahrnehmende, sobald er dem anderen eine bestimmte Intention zugeschrieben hat, den betreffenden Verhaltensweisen des anderen seine Aufmerksamkeit selektiv zuwendet. Er tendiert dazu, die Aspekte im Verhalten des anderen, die sich mit seiner ursprünglichen Attribution nicht vertragen, einfach zu übersehen.

Nicht nur die Wahrnehmung wird unter diesen Umständen selektiv, sondern die betreffende Person neigt auch dazu, alle Verhaltensweisen, die in irgendeiner Form mehrdeutig sind, so auszulegen, daß sie sich mit dem Vorverständnis decken, das er vom anderen besitzt. Überdies geht aus den Forschungsergebnissen hervor, daß Menschen, um ihre Attributionen zu bestätigen, auch relativ eindeutige Informationen über andere verzerren werden. Neben der oben erörterten selektiven Vermeidung möglicher Widerlegungen gibt es also noch drei Aspekte der Wahrnehmung, die der Bestätigung von Attributionen im allgemeinen und von Vorurteilen im besonderen Vorschub leisten: selektive Aufmerksamkeit gegenüber dem Verhalten des anderen; selektive Auslegung mehrdeutigen Verhaltens; Verzerrung eindeutigen Verhaltens. Der Ausprägungsgrad dieser Prozesse hängt davon ab, wie sehr die Person in ihrer Attribution festgelegt ist. Die Wahrnehmung einer Person, die ein Vorurteil hegt, wird um so voreingenommener sein, je mehr Wert sie auf ihre vorurteilsgeprägte Einstellung legt. Angesichts dieser Unzulänglichkeit und Voreingenommenheit ist leicht zu verstehen, daß Vorurteile sich selbst am Leben erhalten und allen Versuchen standhalten, sie zu ändern.

Da soziales Verhalten ein Interaktionsprozeß ist, wirkt sich das Vorurteil auch auf das Verhalten der Person aus, die Ziel des Vorurteils ist. Was Menschen von uns denken, bestimmt in irgendeinem Maße, was wir von uns selbst denken, und folglich auch, was wir werden (s. den Beitrag von C. F. Graumann in diesem Bd.). Verhält Person A sich gegenüber Person B, als ob diese unterlegen oder aggressiv oder verschlagen sei, wird sich Person B nach wiederholten Begegnungen unter Umständen selbst in dieser Weise sehen. Sie wird sich dann gegenüber Person A (und anderen) so verhalten, als sei sie tatsächlich unterlegen, aggressiv oder verschlagen. Das gilt ganz besonders dann, wenn Person A sich zu Person B in einer übergeordneten Machtposition befindet. Soziale Macht erlaubt der Person in der übergeordneten Position Einfluß auf die niedriger rangierende Person auszuüben. Das gilt für viele ihrer Meinungen und Verhaltensweisen, wozu auch ihr Selbst-Konzept gehört. In der Regel ist Einfluß reziprok; doch in einer ungleichen Beziehung wird im Endergebnis die Person besser abschneiden, die die höhere Statusposition innehat. Dieser Prozeß hat zu dem – von Kurt Lewin so benannten – »Selbsthaß« der Juden geführt. Das Statusgefälle zwischen Weißen und Schwarzen in den Vereinigten Staaten hat nicht nur bewirkt, daß die Schwarzen unter einem falschen Inferioritätsgefühl leiden, sondern hat die Weißen in einem reziproken Einflußprozeß auch mit einem falschen Superioritätsgefühl ausgestattet. Diese Situation muß sich auf lange Sicht schädlich auswirken. Eine Studie unter schwarzen Grundschulkindern in städtischen Gebieten der Vereinigten Staaten zeigte, daß sie das unter der weißen Mehrheit vorherrschende Vorurteil gegenüber Schwarzen übernommen hatten. Der Autor dieses Beitrags hat Untersuchungsergebnisse zusammengetragen, die den gleichen Schluß nahelegen.

Der »Teufelskreis« – wie Gunnar Myrdal (1944) das Phänomen nennt – oder die »selffulfilling prophecy« – wie Robert Merton (1948) sagt – kommt letztlich dadurch zustande, daß die stigmatisierte Gruppe das Vorurteil durch ihr Verhalten bestätigt. Beispielsweise verhalten Schwarze sich aufgrund ihrer sozial induzierten Inferioritätsgefühle so, als seien sie unterlegen. So verstärken sie das Stereotyp und rechtfertigen die fortgesetzte negative Behandlung. Dieser endlose Kreislauf wird vom reziproken Charakter der Interaktion am Leben erhalten. Er ist außerordentlich schwer zu durchbrechen. Wenn eine Gruppe von einer anderen Gruppe als unterlegen behandelt wird, wenn die Mitglieder der so behandelten Gruppe diese Auffassung ihrer selbst bejahen und wenn sie sich den Mitgliedern der »überlegenen« Gruppe gegenüber entsprechend verhalten, liegt eine Situation vor, die sich gegenüber Veränderungen als hochresistent erweisen wird. In dieser Situation befinden sich Schwarze und Weiße in Amerika. Myrdal beschreibt das in »An American Dilemma« (1944).

Da das Vorurteil dazu tendiert, die Auffassung zu verzerren, die das Opfer von sich selbst hat, hindert das Vorurteil das Opfer an der vollständigen Entfaltung seiner Möglichkeiten. In der Regel ist die Zugehörigkeit zu einer ethnischen Fremdgruppe ein wesentlicher Bestandteil der Identität einer Person. Das Mitglied einer ethnischen Minderheitsgruppe wird dazu tendieren, seine eigenen Möglichkeiten nicht als die des besonderen Menschen, der es ist, zu beurteilen, sondern in Übereinstimmung mit der vorherrschenden gesellschaftlichen Auffassung. Die Gesellschaft schränkt die Ausbildungsund Berufschancen des Opfers nicht nur durch offene Diskriminierung ein, sondern verstärkt diesen Prozeß auch noch auf subtile und verdeckte Weise durch das vorurteilsgeprägte Selbstkonzept, das sie ihm aufzwingt. Die offene gesellschaftliche, schulische und berufliche Diskriminierung ebenso wie die unmerklich suggerierte niedrige Selbstachtung hindern das Opfer daran, seine Möglichkeiten zu verwirklichen. Dadurch entsteht der Öffentlichkeit und der Gesellschaft im allgemeinen unabsehbarer Schaden – ganz abgesehen von dem Schaden, den die Opfer erleiden.

Die Frage nach den Ursachen von Vorurteilen ist Gegenstand vieler Spekulationen und zahlreicher Forschungsarbeiten gewesen. Dabei gehen die Ansichten weit auseinander. Da gibt es am einen Ende des Spektrums jene, die die Ursachen auf eine dem Menschen innewohnende Präferenz für Gleiche zurückführen und eine Aversion gegenüber denjenigen, die anders als diese erscheinen. Am anderen Ende des Spektrums wird die Auffassung vertreten, die Ursachen seien ausschließlich in kulturellen Kräften zu suchen. Kein einzelner Faktor läßt sich als *die* Ursache angeben. Das Vorurteil scheint aus einer Kombination bestimmter inhärenter Tendenzen des Menschen mit historischen, kulturellen, wirtschaftlichen, situativen und individuell-dispositionellen Faktoren zu entstehen.

Die Präferenz für Gleiche tritt in sehr frühem Alter auf. In einer Studie zogen dreijährige weiße Kinder als Spielkameraden eindeutig hellhäutige Kinder vor. Untersuchungen mit älteren Kindern und Erwachsenen zeigen eine altersübergreifende Präferenz für Ähnlichkeit. In diesem Zusammenhang kam man in einer von Tajfel in England durchgeführten Forschungsarbeit zu verblüffenden Ergebnissen (Tajfel u. a. 1971). Danach genügt es vermutlich, eine Menschengruppe willkürlich in zwei Untergruppen einzuteilen, um Eigen- und Fremdgruppengefühle zu provozieren. Sie zeigen sich in der Tendenz, die Mitglieder der Eigengruppe im Vergleich zu denen der Fremdgruppe positiv zu belohnen und einzuschätzen. Solche Studien scheinen einen primitiven, inhärenten Mechanismus zu berühren, der entwicklungsgeschichtlich für den Stamm oder die Sippe Überlebenswert hatte.

Wie andere Primaten ist wohl auch die menschliche Art mit überaus einfachen Eigen-Fremdgruppen-Kategorien ausgestattet, die sich möglicherweise letztlich auf einen noch primitiveren Territorialitätsanspruch zurückführen lassen (s. den entsprechenden Beitrag von I. Eibl-Eibesfeldt in Bd. VI dieser Enzyklopädie). Neuere Forschungsarbeiten mit Primaten lassen die Vermutung sehr wahrscheinlich erscheinen, daß wir es hier mit einem evolutionären Überbleibsel zu tun haben. Dieser Hang, zwischen Eigen- und Fremdgruppe zu unterscheiden und die Eigengruppe vorzuziehen, liefert ein einfaches übergreifendes Bezugssystem, dem die spezifischeren, gelernten Einzelheiten eines Stereotyps eingebaut werden können.

Die Zentriertheit auf die Eigengruppe hat vielleicht in unserer Vorgeschichte seinen Wert als Überlebensmechanismus gehabt, doch in einer modernen Industriegesellschaft sind solche diskriminierenden Eigen-Fremdgruppen-Unterscheidungen gesamtgesellschaftlich schädlich. Wenn in einer Mangelgesellschaft die herrschende Gruppe irgendwelchen Fremdgruppen die Konkurrenzfähigkeit dadurch erschwert, daß sie sie hinsichtlich ihrer Ausbildungs- und Berufschancen sowie ihres Sozialstatus insgesamt benachteiligt, ist das vielleicht kurzsichtig, aber rentabel. Die mächtigen und wohlhabenden Mitglieder der Eigengruppe werden versuchen, ihre Stellung zu festigen oder zu verbessern. Wenn die Konkurrenzfähigkeit der Fremdgruppenmitglieder beeinträchtigt ist, sind sie gezwungen, für niedrige Löhne zu arbeiten. Einige marxistische Autoren haben die Auffassung vertreten, diese wirtschaftliche Ausbeutung leiste der Entwicklung von Vorurteilen Vorschub. So versucht man die Entstehung des Antisemitismus Mitte des neunzehnten Jahrhunderts in Amerika unter anderem dadurch zu erklären, daß sich die wenigen Männer, die damals im Eisenbahngeschäft und in der Industrie riesige Vermögen zusammentrugen, die Möglichkeit fürchteten, die jüdischen Geschäftsleute könnten ihnen Konkurrenz machen. Sie warfen den Juden die wirtschaftlichen Mißstände und moralische Verwerflichkeit vor und begegneten so der wirtschaftlichen Bedrohung. Zugleich lenkten sie von ihren eigenen teilweise recht skrupellosen Geschäften und Machenschaften ab. Nach dieser Auffassung dient das Vorurteil dazu, das Eigeninteresse der wenigen Privilegierten zu rationalisieren.

In der politischen Arena macht sich der Demagoge dies zunutze, indem er Haß und Feindseligkeit gegen irgendeine Fremdgruppe schürt. Dabei werden ihre Mitglieder als gesellschaftliche und wirtschaftliche Bedrohung dargestellt. Auf diese Weise profiliert der Demagoge von der Tendenz der Menschen, zwischen Eigen- und Fremdgruppe zu unterscheiden. Er stellt den Eigengruppenmitgliedern einen Sündenbock zur Verfügung, den sie für Frustrationen und Mißgeschicke verantwortlich machen können. Hat der Demagoge damit Erfolg, wird er eine Anhängerschaft gewinnen, die ihn unterstützt und die ihm am Ende vielleicht sogar die Möglichkeit bietet, die politische Macht zu ergreifen.

Hitler verdankt seinen Aufstieg zur Macht in hohem Maße der Tatsache, daß es ihm gelang, an die Gefühle des deutschen Volkes für die Reinheit von Geist und Blut der Eigengruppe zu appellieren und gleichzeitig starke Gefühle gegen den jüdischen Sündenbock zu wecken. Diesem wurden alle Schicksalsschläge angelastet, die Deutschland im Sog des Ersten Weltkriegs und beim Zusammenbruch der Weimarer Republik heimgesucht hatten. Ferner wurde den Juden der Aufstieg der Arbeiterschaft als linksgerichtete Kraft in der deutschen Politik vorgeworfen. Wie kein anderer Demagoge in der Vergangenheit wußte Hitler aus bestehenden Eigen-Fremdgruppen-Gefühlen Kapital zu schlagen. Der Antisemitismus hat eine lange Geschichte. In der Bismarckzeit kam es zu einem Höhepunkt. Hitlers Erfolg bestand darin, die Frustrationen, unter denen das deutsche Volk im Gefolge des wirtschaftlich und politischen Chaos litt, gegen einen bereits bestehenden Sündenbock zu richten. Der Appell an die Reinheit der Eigengruppe und die Beschwörung der jüdischen Gefahr waren nur zwei verschiedene Seiten derselben Münze. Nach der Strategie des »teile und herrsche« machte er sich in den Ländern, die unter deutsche Herrschaft gerieten, ethnische und regionale Feindschaften zunutze, so zum Beispiel in Belgien die Gegensätze zwischen Wallonen und Flamen.

Wir haben die Vermutung geäußert, daß die Matrix für Wir- und Sie-Gefühle Teil der grundlegenden Primatenpsyche zu sein scheint. Die Unterscheidung zwischen Eigen- und Fremdgruppe muß nicht unbedingt abwertend sein. Die Fremdgruppe kann um ihrer moralischen Qualitäten und ihrer Leistungen willen bewundert werden. Nationen, die miteinander im Krieg gelegen haben, empfanden in anderen Zeiten ihrer Geschichte große Achtung füreinander. In den Vereinigten Staaten haben bestimmte ethnische Minderheiten Zeiten guter und schlechter Beziehungen zueinander und zur Mehrheitsgruppe erlebt. Unter Verhältnissen sozialer Stabilität und relativer wirtschaftlicher Prosperität sind die Unterscheidungen in Eigen- und Fremdgruppe meist, wenn auch nicht immer, frei von negativen Empfindungen. Während Zeiten der Unsicherheit und rascher sozialer Veränderungen ist es hingegen meist so, daß manche Gruppen Rückschläge erleiden und sich durch die Veränderungen der Gesellschaftsordnung bedroht fühlen. Eine Untersuchung ergab, daß diejeni-

gen, die die soziale Stufenleiter hinabgestiegen waren, sowohl antisemitischer als auch ne-
gerfeindlicher waren als diejenigen, deren Status gleichgeblieben war oder sich verbessert
hatte. Im allgemeinen werden alle Verhältnisse, die ein Gefühl der Unsicherheit und Angst
in den Menschen wecken, wahrscheinlich auch Vorurteile gegenüber einer oder mehreren
Fremdgruppen hervorrufen. Gewöhnlich haben die Mitglieder einer bestimmten Gruppe
traditionell eine geeignete Zielgruppe, der gegenüber sie ihren Gefühlen Luft machen können.

Eine wichtige Funktion des Sündenbocks ist die Tatsache, daß er dem Selbstschutz der
Person dient. Der Vorwurf für die Angst oder das Mißerfolgserlebnis, das die Person emp-
findet, wird nach außen verlegt. Die armselige Verfassung, in der ich mich befinde, und der
traurige Zustand der Gesellschaft sind nicht mein Fehler oder der Fehler anderer in meiner
Gruppe, sondern ist den Juden (oder irgendeinem anderen Sündenbock) vorzuwerfen. Das
Stereotyp, das den Juden (oder irgendeine andere Zielgruppe) umgibt, liefert die Erklärung, den kognitiven Inhalt, der den Vorwurf rechtfertigt. Ein komplexes Gebilde von
Überzeugungen und assoziierten Werten bringt den Juden mit dem Unglück der Person
oder den Mißständen der Gesellschaft in Verbindung. Das Stereotyp rechtfertigt das Vorurteil, und dies wiederum gibt der Person das Gefühl, daß ihr Haß eine reale Grundlage hat.

Von manchen Autoren wird die Auffassung vertreten, dieser Freudsche Verschiebungs-
mechanismus komme gegenüber einer Fremdgruppe eher dann zur Anwendung, wenn die
Erziehungspraktiken der Eigengruppe repressiv seien und wenn eine überaus strenge Disziplin geübt werde – was impliziert, daß nachdrückliche moralische Sanktionen für Abweichungen vom Moralkodex verhängt werden. Das Vorhandensein einer Fremdgruppe
schützt die Eigengruppe vor der inneren Belastung, die durch diese repressiven Praktiken
geschaffen würde. Zum Glück für die Eigengruppe bietet sich immer irgendeine Fremdgruppe. Gibt es keine, wird die Eigengruppe möglicherweise eine erfinden müssen, um
überleben zu können.

Ein bißchen ähnelt die Frage nach der Entstehung eines Vorurteils derjenigen, ob das Ei
oder die Henne zuerst da war. Einerseits rechtfertigen Überzeugungen nachfolgende Verhaltensweisen, andererseits vertreten wir auch die Auffassung, daß Verhalten häufig durch
erst anschließend gebildete Überzeugungen gerechtfertigt werde. Beide Beziehungen ließen sich durch Forschungsergebnisse belegen. Daß die in ein Stereotyp eingegangenen
Überzeugungen das Vorurteil gegenüber irgendeiner Fremdgruppe rechtfertigen, liegt auf
der Hand, doch die Behauptung, daß die Person, wenn sie ein vorurteilsgeprägtes Verhalten an den Tag legt, anschließend dazu tendiert, das Verhalten durch ihre Einstellung zu
rechtfertigen, leuchtet nicht so ohne weiteres ein. Doch Forschungsarbeiten, die sich an
Leon Festingers Theorie der kognitiven Dissonanz orientierten, haben zu einer Reihe von
Ergebnissen geführt, die diese zweite Beziehung wahrscheinlich machen. Nach der Theorie
der kognitiven Dissonanz entbehren viele Entscheidungen oder Handlungen der Person einer vollständigen Rechtfertigung. Unter Umständen befindet sie sich in einem nicht uner-
heblichen Konflikt, bevor sie zu handeln beginnt. Je nach der Stärke des Konflikts wird die
Person nach der Handlung eine kognitive Dissonanz erfahren – wie Festinger es nennt. Dissonanz ist ein unangenehmer Spannungszustand, den die Person durch kognitive Arbeit abzubauen oder zu eliminieren sucht, das heißt, sie wird ihr Verhalten nachträglich rechtfertigen. Verhält sie sich also gegenüber einem anderen unwirsch, kommt es unter Umständen
zu einer Dissonanz, wenn die Person das Empfinden hat, daß ihre Unliebenswürdigkeit
nicht ganz korrekt war. Durch Reduktion der Dissonanz sieht die Person den anderen vielleicht negativer und rechtfertigt so ihre ursprüngliche unwirsche Behandlung. Diese Form
der Akkommodation der Einstellung an das Verhalten ist durchaus üblich. Belegt wurde
die Erscheinung in einer Laborstudie, in der die Versuchspersonen dazu veranlaßt wurden,
einen völlig Fremden in der Öffentlichkeit negativ zu beurteilen. Anschließend war festzu-

stellen, daß diese Versuchspersonen der Stimulusperson weniger Sympathie entgegenbrachten als eine entsprechende Stichprobe von Versuchspersonen, die kein negatives Urteil abgegeben hatten. Berichte von dem Verhalten, das Gefängniswärter gegenüber Gefangenen oder Soldaten gegenüber dem Feind an den Tag legen, bieten anschauliche Beispiele für diese Art der Einstellungsakkommodation. In geringerer Ausprägung ist dieses Merkmal ganz alltäglich und universell.

Obgleich wir noch nichts Genaueres über die Inhalte wissen, die aus der Akkommodation auf konfliktträchtige Entscheidungen geschaffen werden, darf man doch annehmen, daß die Person entweder auf die Werte zurückgreift, die dem Verhalten zugrunde liegen, oder Überzeugungen entwickelt, die mit existierenden Werten zu vereinbaren sind. Mit anderen Worten besteht die auf das Verhalten folgende Akkommodation darin, jene Überzeugungsund Wertstruktur zu stärken, die das Verhalten rechtfertigen kann.

Durch welches Medium lernt die Person den Überzeugungsinhalt des Stereotyps? In der Regel werden die Normen der größeren Gruppe und der Gesellschaft durch die Kleingruppe mit ihrem unmittelbaren Kontakt zum einzelnen vermittelt. Schon früh in der Lebensgeschichte wird in der Person das grundlegende Überzeugungssystem der Gruppe durch die Familie verankert. In anderen Primärgruppen wird es modifiziert, korrigiert und erweitert. Diese frühen Einflüsse sind entscheidend für die Entstehung der grundlegenden Wert- und Überzeugungsstrukturen der Person. Die Ergebnisse einer Untersuchung mit Amerikanern japanischer Abstammung lassen darauf schließen, daß die Person in dem Maße, in dem sie in die Subkultur integriert ist, die Vorurteile der Eigengruppe übernimmt. Diese grundlegende Einstellungsstruktur verschafft dem Kind die Möglichkeit, seine Umgebung einzuschätzen und auf sie zu reagieren. Ohne solch eine Struktur würden die Ereignisse, die es umgeben und einbeziehen, bloßes Chaos bleiben. Wächst das Kind in einer modernen, komplexen Gesellschaft auf, kommt es mit den verschiedenen Massenmedien in Berührung. Auch sie hinterlassen in der Grundstruktur ihre Spuren, erweitern und korrigieren sie. Doch während des ganzen Lebens der Person wird diese Grundstruktur ihre Vorrangstellung behaupten.

Aus gruppendynamischen Untersuchungen hat man viel über die Kräfte erfahren, die die individuelle Meinung in Gruppen mit unmittelbarem Kontakt wie der Familie oder der Gleichaltrigengruppe prägen. Wir können hier nur kurz auf die wichtigeren Faktoren eingehen. Zwei grundlegende individuelle Bedürfnisse scheinen die Ursache für die Anpassung an Gruppennormen zu sein: das Bedürfnis nach Erkenntnis und Korrektheit und das Bedürfnis nach Billigung und Status. In einer ungewissen, häufig chaotischen Welt wird sich die Person auf die Bedürfnisse und Meinungen anderer Mitglieder seiner Gruppe verlassen, um in Erfahrung zu bringen, mit welchen Aspekten der Welt sie sich zu befassen hat. Diese Überzeugungs- und Verhaltensnormen, die von der Person als gegeben hingenommen werden, sind Teil seiner Grundausbildung fürs Leben. Das Erkenntnisbedürfnis ist die Grundlage des *Informationseinflusses.* Einerseits wird die Welt des Kindes durch die Information geordnet, andererseits wird es belohnt oder bestraft, je nachdem, ob es den Erwartungen der Familienmitglieder gerecht wird oder nicht. Für das Kind ist die wichtigste Belohnung soziale Billigung und die schrecklichste Strafe Ablehnung. Rasch lernt es, daß es ein höchstes Maß an Billigung erlangen und Ablehnung weitgehend vermeiden kann, wenn es sich in Überzeugung und Verhalten an die Normen hält. Dieses Bedürfnis nach Annahme ist die Grundlage des *normativen Einflusses,* der stets ein Begleitprozeß des Informationseinflusses ist. Gemeinsam teilen sie dem Individuum mit, wie die Gruppe die Welt sieht. Daraus folgt eindeutig, daß derjenige, der ernsthaft versuchen will, Stereotype zu verändern, an den Primärgruppen ansetzen müßte. Zwar hat diese Arbeit in der Familie selbst noch nicht begonnen, doch sind neuerlich einige Versuche gemacht worden, solche Programme in Grundschulen zu entwickeln. Allerdings ist es noch zu früh, um über den Erfolg dieser Anstrengungen zu urteilen.

Bis hierhin sind in unserer Erörterung zwei grundlegende Inklinationen des Menschen zur Sprache gekommen, die dem Vorurteil zugrunde liegen: die inhärente Tendenz, zwischen *wir* und *sie* zu unterscheiden, und die Tendenz, den Vorwurf für die eigenen Mißgeschicke, Frustrationen und Ängste nach außen zu projizieren. Freud nannte diesen Prozeß Verschiebung. Das Ziel dieses Vorwurfs wird im allgemeinen »Sündenbock« genannt, gleichgültig ob es sich um eine Person oder eine Gruppe handelt. Ein noch verbreiteterer Prozeß ist der Versuch der Person, die Konsistenz zwischen dem eigenen Verhalten und der syllogistischen Einstellungsstruktur aufrechtzuerhalten, die diesem Verhalten zugrunde liegt. Die Gesellschaft als Gesamtheit und die jeweilige Eigengruppe liefern die Überzeugungs- und Werteelemente, aus denen sich die Einstellungsstruktur der Person aufbaut. Im großen und ganzen ist die Kleingruppe mit ihrem unmittelbaren Kontakt zum Individuum der Lieferant der Überzeugungen und Werte. Das ist eine oberflächliche Skizze des Prozesses. Doch was erklärt die Tatsache, daß manche Menschen stärker zu Vorurteilen neigen als andere? Die Versuche, diese Frage zu beantworten, haben einem Argument Vorschub geleistet, das so alt wie die Untersuchung des Vorurteils selbst ist.

In einer gegebenen Gruppe scheint es schichtspezifische Unterschiede der Anfälligkeit für Vorurteile zu geben. Man hat festgestellt, daß wirtschaftlich benachteiligte Gruppenmitglieder streitbarer und ethnozentrischer sind. Erich Fromm (1947) hat die Auffassung vertreten, daß die Mitglieder einer Gruppe, denen es an ausreichender narzißtischer Befriedigung fehlt, dies dadurch kompensieren, daß sie ihre Liebe der Gruppe zuwenden. Allgemein heißt das, daß die Person ihre Feindseligkeit um so eher gegen irgendeine Fremdgruppe richten wird, je gruppenzentrierter sie ist. Es gibt Umstände, unter denen die Liebe zur eigenen Gruppe nicht verbunden mit Feindseligkeit gegenüber Fremdgruppen auftritt, doch häufiger sind Ethnozentrismus und Vorurteil aneinandergekoppelt.

Eine ganze Reihe von Forschungsergebnissen weisen darauf hin, daß jeder Faktor, der als Index für eine wirtschaftliche oder gesellschaftliche Benachteiligung dienen kann, eine Beziehung zum Fremdgruppenvorurteil aufweist. In einer Studie von Selznick u. Steinberg (1969) wurde eine starke Beziehung zwischen Ausbildungsniveau und Antisemitismus entdeckt; je schlechter die Ausbildung einer Person ist, um so eher ist sie antisemitisch. In derselben Studie wurde eine ähnliche Beziehung für Beruf und Einkommen nachgewiesen. Diese Daten bestätigen jene Hypothese Freuds, die oben dargelegt wurde.

In der zitierten Studie korrelierten Antisemitismus und Vorurteile gegen Neger. Dabei rangierten die Benachteiligten bei beiden Vorurteilstypen am höchsten. Diese Tendenz der vorurteilsbestimmten Person, sich gegenüber einer ganzen Reihe von Fremdgruppen feindselig zu verhalten, ist ein gründlich belegtes Faktum. Auch hier wird die Verschiebungshypothese von Freud bestätigt. Der Fanatiker verschiebt seine Feindseligkeit auf jedes »legitime« Ziel, das die Eigengruppe sanktioniert.

1950 haben Adorno und seine Mitarbeiter den Persönlichkeitstyp näher bestimmt, den sie autoritär nannten. In dieser Studie werden auf der individuellen Ebene einige der Beziehungen bestätigt, die wir unter einer etwas allgemeineren, gruppenbezogenen Perspektive erörtert haben (s. den Beitrag von G. Vinnai in diesem Bd.). Aufgrund des Materials, das sie in vielen Interviews und durch zahlreiche Fragebogen erhoben, kamen sie zu dem Schluß, daß der Prototyp der autoritären Persönlichkeit eine repressive Kindheit erlebt habe. Ihr besonderes Merkmal sei eine strenge Disziplin, in der Ungehorsamkeit durch Liebesentzug bestraft worden sei. Wenn ein Kind so erzogen werde, fürchte es seine Eltern und sei zugleich von ihnen abhängig. Es achte und fürchte sie, unbewußt hasse es sie aber auch. Diese Gefühle würden dann auf andere Autoritätsfiguren und -symbole einschließlich der Gruppe übertragen. Das Syndrom führe zu Ethnozentrismus und ausgeprägten Vorurteilen. Das Vorurteil sei der verschobene Haß, der die Solidarität der eigenen Gruppe gefährden würde. Es sei der Haß, den das Kind gegenüber dem Elternteil nicht habe äußern können.

Adorno u. a. vertreten die Auffassung, diese pathologischen Prozesse ereigneten sich auf der unbewußten Ebene. Bei manchen Personen sei das Syndrom mehr, bei anderen weniger ausgeprägt. Wenn solch ein starkes Vorurteil tatsächlich aus unbewußten Prozessen erwüchse, würde das heißen, daß eine eingehende Psychotherapie erforderlich wäre, um die Ursache zu beheben.

Eine Untersuchung über Antisemitismus in den Vereinigten Staaten, die Selznick u. Steinberg knapp zwanzig Jahre nach der Veröffentlichung von »The Authoritarian Personality« durchgeführt haben, stimmt etwas optimistischer. Die Autoren meinen, daß starke Vorurteile zu verbreitet seien, um durch das pathologische Syndrom erklärt werden zu können, das Adorno u. a. beschrieben haben. Sie stellen nicht in Abrede, daß es den pathologisch rigiden, paranoiden und strafenden Typus gibt, den Adorno beschrieben hat. Doch ihre Ergebnisse lassen vermuten, daß in erster Linie ein Mangel an intellektueller Differenziertheit daran schuld ist, wenn Menschen einen hohen Wert auf der F-Skala, einem Maß der autoritären Einstellung, erreichen. Die größere Aufgeklärtheit der besser ausgebildeten und wohlhabenderen Gesellschaftsmitglieder verbietet diesen nicht nur, Vorurteile zum Ausdruck zu bringen, sondern auch, abergläubische Vorstellungen, geistfeindliche Engstirnigkeit und Provinzialismus aller Art zu äußern. Die Autoren meinen, Adorno habe sich deshalb geirrt, weil er versucht habe, festzustellen, welcher Persönlichkeitstypus sich für das Vorurteil entscheidet. Nach Auffassung der Autoren haben die schlecht ausgebildeten und undifferenzierten Menschen jedoch keine Wahl. Sie werden in dem normalen Sozialisationsprozeß mit ihren Vorurteilen versorgt. Sie nehmen vorurteilsgeprägte Überzeugungen sozusagen mit der Luft auf, die sie atmen. Viel sinnvoller sei es zu fragen, wie manche Menschen es *vermeiden*, Vorurteile zu übernehmen. Natürlich beantworten die Autoren diese Frage mit dem Erziehungssystem, das das Kind durchläuft. Die Erziehung müsse die antisozialen Überzeugungen der Gesamtgesellschaft überwinden.

Das bringt uns zu der Frage, wie Vorurteile sich ändern lassen. Verschiedene Strategien wurden bereits angesprochen und andere angedeutet. Die Sozialwissenschaften können hier keine fertigen Programme anbieten, sondern nur allgemeine Hinweise geben, die sich außerordentlich schwer in die Praxis umsetzen lassen. Gordon Allport glaubte, eine wirksame Maßnahme könne sein, in einer institutionell sanktionierten Situation für statusgleiche Kontakte zwischen Mitgliedern der Eigen- und der Fremdgruppe zu sorgen. Nach der historischen Entscheidung des Obersten Gerichtshofes der USA aus dem Jahre 1954, in der es hieß, daß getrennte Schulen für Schwarze und Weiße sich mit der Verfassung nicht vereinbaren ließen, wurde in vielen Schulbezirken, teils freiwillig, teils durch Gerichtsbeschluß, die Rassentrennung in den Schulen aufgehoben. In der Vergangenheit war der Schulerfolg der Schwarzen schlechter als der der Weißen. Zu Beginn des letzten High-School-Jahres waren die Leistungen der Schwarzen im Durchschnitt drei Noten schlechter als die der Weißen. Mit der Aufhebung der Rassentrennung verband sich die Überzeugung, daß der unterschiedliche Schulerfolg auf die schlechteren Bildungschancen der Schwarzen in den für sie bestimmten Schulen zurückzuführen seien. In den folgenden Jahren erbrachten die vielen Untersuchungen, in denen man sich mit den Auswirkungen der Aufhebung der Rassentrennung beschäftigte, enttäuschende Ergebnisse. Nicht nur blieb die Leistung der Schwarzen auch weiterhin schlechter, sondern auch die anderen Veränderungen, die man erwartet hatte – etwa der Anstieg von Selbstachtung und Leistungsmotivation bei den Schwarzen und der Abbau des Intergroup-Vorurteils –, blieben aus. Offensichtlich hatte man Allports Kontaktbedingungen entweder nicht herstellen können, oder die Strategie selbst funktionierte nicht. Der Autor dieses Beitrags führte eine Langzeituntersuchung zur Aufhebung der Rassentrennung in einer kalifornischen Stadt durch (Gerard, Miller 1975). Die Daten dieser Studie lassen vermuten, daß der durchschnittliche Lehrer in seiner Einstellung gegenüber Schwarzen und Mexiko-Amerikanern (die von der Studie ebenfalls erfaßt

261

wurden) voreingenommen ist. Das zeigt sich in der Tendenz, die Intelligenz der Angehörigen dieser ethnischen Gruppe zu unterschätzen. Da diese Voreingenommenheit bei den Lehrern in unterschiedlichem Maße vorliegt, ließ sich untersuchen, wie sich Voreingenommenheit auf die Leistung des Minderheitenkindes auswirkt. Die Ergebnisse zeigten, daß die Leistung des Minderheitenkindes um so schlechter war, je größer die negative Voreingenommenheit des Lehrers war: ein Beispiel für self-fulfilling prophecy! Außerdem stellten wir fest, daß das Minderheitenkind um so weniger von den weißen Kindern in der Klasse akzeptiert wurde, je voreingenommener der Lehrer war. Die anderen Kinder scheinen ihre Einstellung am Modell des Lehrers zu gewinnen. Offensichtlich wirken sich Vorurteil und Verhalten des Lehrers nachdrücklich auf das Kind und auf seine Klassenkameraden aus. Das Erziehungssystem läßt sich nur durch ein sorgfältiges soziales Programm verändern, das sich auf den Lehrer konzentriert. Wie Selznick u. Steinberg (1969) nahelegen, sind die Erziehungsinstitutionen der Schlüssel zum Abbau von Vorurteilen.

Aus den dargelegten Überlegungen zu den Familieneinflüssen geht hervor, daß man Eltern und zukünftige Eltern auf die Aufgaben der Kindererziehung vorbereiten sollte. Man müßte sie darin unterweisen, soweit als möglich auf Strenge zu verzichten. Denn wenn die Person frei von verdrängtem Ärger ist, braucht sie ihn nicht zu verschieben. Prinzipiell wird jedes Programm, das Menschen beibringt, wie sie Verdrängungen vermeiden und mit auftretendem Ärger wirksam fertig werden können, Vorurteile abbauen. »Selbstbehauptungstraining« ist ein solches Programm. In ihm lernen die Menschen, sich durchzusetzen und ihre Wünsche zu äußern, statt dem anderen nachzugeben und ihren Groll hinunterzuschlucken (s. Bd. IV dieser Enzyklopädie).

Programme, die die Möglichkeit zu sanktionierten statusgleichen Intergroup-Kontakten bieten, können Vorurteile gleichfalls abbauen. Im normalen amerikanischen Klassenzimmer sind die Kontakte auch nach Aufhebung der Rassentrennung weder sanktioniert noch gleich. Zum einen sind die beiden Gruppen, die Schwarzen und die Weißen, abgesehen von den Kindern in den untersten Klassen, in ihren Leistungen nicht gleich. Zum anderen liefert der Lehrer in der Regel nicht die institutionelle Sanktion, die Allport für notwendig hält. Er erwartet von den schwarzen Kindern Leistungen, die unter ihren Möglichkeiten bleiben. Es ist also klar, welche Richtung einzuschlagen ist: Die Kontakte müssen bei der Arbeit an Materialien stattfinden, durch die keine der beiden Gruppen benachteiligt wird, und der Lehrer muß relativ frei von Vorurteilen sein. Dann und nur dann dürfen wir positive Ergebnisse erhoffen.

Ein vielversprechender Ansatz zeigte sich kürzlich in »Personal Communication« von Elliot Aronson. Er entwickelte Unterrichtsmaterialien, die schwarze und weiße Kinder zur Kooperation zwangen, wollten sie die Aufgabe lösen. Dabei konnte er positive Auswirkungen auf die interrassischen Einstellungen und die Leistung der schwarzen Kinder nachweisen.

Vorurteile erweisen sich als außerordentlich widerstandsfähig gegenüber Veränderungsversuchen. Die Menschen scheinen mit großer Zähigkeit an ihnen festzuhalten. Wir dürfen uns nur Hoffnung machen, Vorurteile abbauen zu können, wenn wir sorgfältig durchdachte und psychologisch fundierte Programme entwickeln.

Aus dem Amerikanischen von Hainer Kober

LITERATUR

ADORNO, T. W., FRENKEL-BRUNSWICK, E., LEVINSON, D. J., SANFORD, R. N.: The Authoritarian Personality. New York: Harper 1950

ALLPORT, G. W.: The Nature of Prejudice. Cambridge: Addison Wesley 1954. Deutsch: Die Natur des Vorurteils. Köln: Kiepenheuer & Witsch 1971

EHRLICH, H. J.: The Social Psychology of Prejudice. New York: John Wiley & Sons 1973

FROMM, E.: Man for Himself. An Inquiry into the Psychology of Ethics. New York: Rinehart & Co. 1947. Deutsch: Psychoanalyse und Ethik. Zürich: Diana ²1954

GERARD, H. B., MILLER, N.: School Desegregation. New York: Plenum 1945

LeVINE, R. A., CAMPBELL, D. T.: Ethnocentrism. New York: John Wiley & Sons 1972

MERTON, R.: The Self-fulfilling Prophecy. The Anteoch Review, 8, 1948, 193–210

MYRDAL, G.: An American Dilemma. New York: Harper 1944

SELZNICK, G. J., STEINBERG, S.: The Tenacity of Prejudice. New York: Harper and Row 1969

TAJFEL, H., BILLIG, M. G., BUNDY, R. P., FLAMENT, C.: Social Categorization and Intergroup Behavior. European Journal of Social Psychology, 1, 1971, 149–179

STEREOTYPIE UND WANDLUNG
DER GESCHLECHTSROLLEN

von Ursula Lehr

DAS BILD VON MANN UND FRAU IN PHILOSOPHISCHER
UND PHÄNOMENOLOGISCHER SICHT

»Je edler und vollkommener eine Sache, desto später und langsamer gelangt sie zur Reife. Der *Mann* erlangt die Reife seiner Vernunft- und Geisteskräfte kaum vor dem 28. Jahr, das *Weib* mit dem 18. Aber es ist auch eine Vernunft danach: eine knapp gemessene. Daher bleiben die Weiber ihr Leben lang Kinder, sie sehen immer nur das Nächste, leben in der Gegenwart, nehmen den Schein der Dinge für die Sache und ziehen Kleinigkeiten den wichtigsten Angelegenheiten vor. Die Vernunft nämlich ist es, vermöge derer der Mensch nicht, wie das Tier, bloß in der Gegenwart lebt, sondern Vergangenheit und Zukunft übersieht und bedenkt; woraus dann seine Vorsicht, seine Sorge und häufige Beklommenheit entspringt. Der Vorteile wie der Nachteile, die dies bringt, ist das Weib infolge seiner schwächeren Vernunft weniger teilhaftig« (Schopenhauer: Parerga und Paralipomena. II, 1851, 366).

Mit diesen Worten hat sich Schopenhauer vor bald 130 Jahren über das Wesen von Mann und Frau geäußert. Kant hat vor zirka 200 Jahren dem Mann die Rolle des Kriegshelden zugeschrieben, der kühn in die unbekannte Welt vordringt, gefolgt von seiner demütigen Frau – der Frau, der Abhängigen, Untergebenen.

Solche Auffassungen haben zu Beginn unseres Jahrhunderts durch eine Vielzahl sogenannter wissenschaftlicher Abhandlungen noch eine Verstärkung erfahren, während in der Mitte unseres Jahrhunderts einige Soziologen im Rahmen familiensoziologischer Abhandlungen (Schelsky 1954; Wurzbacher 1951, 1968; König 1946, 1957; Blood, Wolfe 1960; Lüschen, Lupri 1970; Levy 1970; Neidhardt 1968, 1975) die Rolle von Mann und Frau mit nahezu gleichem Interesse zu analysieren versuchten. Andere Vertreter dieser Wissenschaft (wie z. B. Pross 1973, 1975 und Sullerot 1968) neigten dazu, sich bei der Diskussion der Stereotypien und Wandlungen der Geschlechterrolle im Laufe der Zeit einseitig auf die Rolle der Frau zu konzentrieren. Die Frau erscheint in zahlreichen Abhandlungen stets als »das andere Geschlecht« (de Beauvoir 1949), gewissermaßen von der als Norm gesetzten Wesensart des Mannes abgehoben. Vor mehr als zwanzig Jahren stellte Elfriede Höhn aufgrund einer Literaturanalyse fest: »So besitzen wir aus allen Jahrhunderten eine Fülle von Darstellungen zur Psychologie der Frau, aber kaum eine Monographie zur Psychologie des Mannes« (1957, 99). – In dieser Beziehung ist erst in jüngster Zeit ein Wandel eingetreten (Pross 1978; Pietropinto, Simenauer 1978).

In den mehr anthropologischen und idealtypischen Betrachtungen wird nach dem »Wesen des Weiblichen« schlechthin gefragt, nach dem, was Frauen aller Zeiten und aller Kulturen verbindet. Ausgehend vom leiblichen Erscheinungsbild, von biologischen Gegebenheiten, gelangte man zu grundlegenden Feststellungen über das eigentliche Wesen der Frau, dessen generelle Andersartigkeit man in oft emotional betonter Weise herauszustellen suchte. Hier wären vor allem die Abhandlungen von Weininger (1903), Heymans (1910), Liepmann (1920), ebenso die Arbeiten von Moers (1941), Kampmann (1946), Lersch (1947) und Buytendijk (1953) zu nennen. Die Thematik der geschlechtsspezifischen Polarität wird besonders von Klages (1929) und Wellek (1950) herausgestellt.

Schließlich wären in diesem Zusammenhang noch die psychoanalytisch orientierten Arbeiten über das Wesen der Frau zu erwähnen (u. a. Freud 1932, C. G. Jung 1927, Deutsch 1944/45, Neumann 1953), die ebenso die Frau in ihrer ganzen Wesensart zu begreifen versuchen.

Das Bild der Frau – sowohl der Zwanzigjährigen, Dreißigjährigen wie auch der Siebzigjährigen, der Ledigen wie auch der Verheirateten, der Arbeiterin wie auch der Akademikerin – erscheint danach vor allem gekennzeichnet durch Passivität (Buytendijk, Lersch, Deutsch, S. de Beauvoir), der die Aktivität des Mannes gegenübersteht, sodann durch besonders starke Emotionalität (Heymans, Moers, Buytendijk u. a.), schließlich durch Unterschiede bzw. Minderleistungen im intellektuellen Bereich (Moebius, Weininger, Heymans, Liepmann, Moers, Buytendijk, Lersch u. a.). Der Wunsch nach Geborgenheit bestimme weibliches Verhalten, ebenso der Wunsch nach Hingabe. Nach Deutsch wird das Sich-Unterwerfen, das Sich-in-den-Griff-Geben, das Auf-sich-Nehmen von Unfreiheit von der Frau als Lust und Wert erfahren, hingegen sei dem Mann der »aktive Zugriff auf die Welt« eigen.

Die Pole »Aktivität« als typische männliche Eigenschaft und »Passivität« als typische weibliche Eigenschaft werden auch von Lersch hervorgehoben, der eine Analyse der Geschlechterrolle auf deskriptiver Grundlage vornimmt und zwischen dem »Pathischen« der Frau und dem mehr »Aktivistischen« des Mannes unterscheidet.

Buytendijk setzt sich sehr intensiv mit der Polarität »aktiv/passiv« auseinander. Ihn läßt die phänomenologische Analyse weiblichen Seins »zu einer tieferen Einsicht in den Gegensatz der Geschlechter« kommen. Während er feststellt: »Der Mann existiert als Mensch in freier Initiative und im Zugriff auf die Welt« (1953, 39), scheint ihm die Frau ohne eigenes Zutun »in Situationen hineinverflochten« (a. a. O., 41). Als Grundzug weiblichen Seins wird von Buytendijk »das Streben nach Geborgenheit beim Mädchen gegenüber dem größeren Expansionsstreben des Jungen« (a. a. O., 150) hervorgehoben.

Auch Simone de Beauvoir (1949) sieht in der Spannung zwischen Aktivität und Passivität, zwischen Selbständigkeit und Hingabe, zwischen Autonomie und Heteronomie den Urkonflikt der Frau in unserer Kultur. Es ist hier jedoch zu betonen, daß gerade sie diesen Zusammenhang nicht als »wesensbedingt«, sondern vorwiegend als gesellschaftlich bedingt betrachtet.

Als zweiter wesentlicher geschlechtsspezifischer Unterschied erscheint in den früheren Abhandlungen die größere »Emotionalität« der Frau. Heymans stellt in einer für viele ähnliche Studien typischen Weise fest, daß »die durchschnittliche Frau eine übermäßige starke Emotionalität nicht bloß zur Schau trägt, sondern auch wirklich besitzt . . .«, und »Die Summe der Gefühle ist bei der Frau größer als beim Mann« ([2]1924, 69).

Auf die Polarität von »Verstand«, »Vernunft« einerseits und »Gefühl« andererseits, von »Geist« und »Seele«, wird auch von Klages und Buytendijk immer wieder hingewiesen. Dem »geheimnisvollen, problematischen weiblichen Sein« sieht man ein »unproblematisches, klar durchschaubares männliches Sein« gegenübergestellt. Wellek (1950) versucht, den Unterschied von drei Grundpolaritäten aus zu beleuchten, von denen die zwischen »Eshaftigkeit« und »Ichhaftigkeit« als die dominierende erscheint ([3]1966, 217 ff).

Bezüglich der »geistigen Leistungsfähigkeit« wurde eine Vielzahl äußerst gravierender Feststellungen getroffen, wobei nicht nur von Moebius (1908) in seiner Schrift »Über den physiologischen Schwachsinn des Weibes« die geringe Intelligenz der Frau hervorgehoben wird. Weininger (1903), Heymans (1910) und Liepmann (1920) sprechen ebenso mehr oder minder deutlich der Frau jede Denkfähigkeit ab. Weininger meint: »... es ist also richtig, daß das Weib keine Logik besitzt« ([18]1919, 185); es »läßt sich mit Sicherheit nun folgende abschließende Antwort auf die Frage nach der Begabung der Geschlechter geben: es gibt wohl Weiber mit genialen Zügen, aber es gibt kein weibliches Genie, hat nie ein solches gegeben ... und kann nie ein solches geben ... Wie könnte nach diesen (vorher entwickelten Definitionen von Genialität – Anmerkung des Herausgebers) ein seelenloses Wesen Genie haben? Genialität ist identisch mit Tiefe; und man versuche nur, tief und Weib wie Attribut und Substantiv miteinander zu verbinden: ein jeder hört den Widerspruch« ([18]1919, 235).

Liepmann versucht, den intellektuellen Unterschied zwischen Mann und Frau in qualitativer Hinsicht zu differenzieren. Er glaubt zeigen zu können, »daß die Frau subjektiver und gefühlsbetonter alles kalt Abstrakte gegenüber dem warm empfundenen Konkreten ablehnt« (1920, 215). »Das mangelnde Abstraktionsgefühl läßt die Frau niemals in der Wissenschaft heimisch werden; die Wissenschaft, dem Mann der Ausfluß seines zeugenden produktiven Prinzipes, ist ihr nur ein Surrogat für das nährende Prinzip der Mütterlichkeit, und die ganze Frau hängt den Doktorhut an den Nagel, wenn es gilt, die Wiege zu schaukeln« (a. a. O., 217).

Auch von Buytendijk, Lersch und Moers werden stärker qualitative Unterschiede geistiger Fähigkeiten hervorgehoben, wobei die empirische Basis allerdings nicht immer ganz deutlich wird.

GESCHLECHTSSPEZIFISCHE VERHALTENS- UND ERLEBNISWEISEN AUFGRUND EMPIRISCHER STUDIEN

Die Geschichte der Lehrmeinungen und Forschungen zum Problem der »Psychologie der Geschlechter« könnte sicher manchen sehr interessanten Hinweis auf die Entwicklung der Psychologie im zwanzigsten Jahrhundert liefern. Eine derartige Chronik könnte nicht umhin, auf die Tatsache zu verweisen, daß die vorerwähnten »Betrachtungen« zur Geschlechterpsychologie fast ohne jede Berücksichtigung des großen empirischen Materials vorgelegt wurden, das seit Anfang dieses Jahrhunderts zur Verfügung steht. Schon 1910 gab Woolley einen ersten Sammelbericht und erwähnt dabei zwölf Einzelstudien auf empirischer Grundlage. Im Jahre 1926 entstand schon eine Bibliographie mit 200 Titeln (Louttit). Anastasi u. Foley konnten in ihrer »Differentiellen Psychologie« (1937) zahlreiche weitere Studien kritisch sichten und bewerten. Schließlich berücksichtigte E. Maccoby (1963) in ihrer kritischen Übersicht über den Stand der Forschung allein seit 1950 etwa 400 Arbeiten, welche das Problem der »differentiellen Psychologie der Geschlechter« angegangen haben. Neuere zusammenfassende Darstellungen finden sich bei Lehr (1969, 1972), Bierhoff-Alfermann (1977) und vor allem in einer ausgezeichneten Übersicht bei Maccoby u. Jacklin (1974).

Die entwicklungs- und sozialpsychologisch orientierten Untersuchungen, die sich von den verschiedensten methodischen Ausgangspunkten her dem Problem der Geschlechtsspezifität nähern, vermitteln ein äußerst differenzierendes Bild geschlechtsspezifischer Entwicklungs- und Verhaltensformen. Verständlicherweise sind nicht alle Verhaltensbereiche mit gleicher Intensität in den einzelnen Studien angegangen worden. Die meisten Arbeiten befaßten sich mit geschlechtsspezifischen Unterschieden im intellektuellen Bereich. Sodann wurden Verhaltensweisen im sozialen Bereich – Aggression, Ängstlichkeit, Abhängigkeit und generelle Kontaktbereitschaft – in den Studien vergleichend erfaßt; schließlich interessierten Fragen des »Hineinwachsens in die Geschlechterrolle«, wobei vor allem versucht wurde, Sozialisationspraktiken zu erhellen.

266

Schwerpunktmäßig wurden Unterschiede im Intelligenz- und Leistungsverhalten untersucht. Vergleiche der »Gesamt-Intelligenz«, der Höhe der Intelligenzquotienten von Jungen und Mädchen, von Männern und Frauen, lassen geschlechtsspezifische Unterschiede nicht eindeutig hervortreten (vgl. hierzu Lehr 1969, 1972; Maccoby, Jacklin 1974; Bierhoff-Alfermann 1977; s. auch den Beitrag von A. Stapf in Bd. V dieser Enzyklopädie). Hinsichtlich der verbalen Fähigkeiten werden den meisten Untersuchungen zufolge die Jungen von den Mädchen übertroffen. Auch jene Studien, die Erwachsene mit einbezogen (Miele 1958; Raaheim 1963; Rosenberg, Sutton-Smith 1964; Wechsler 1958; Biller 1973), stellten bei Frauen bessere Leistungen im verbalen Bereich fest; Untersuchungen von Bieri u. a. (1958) und Wrightsman (1962) ließen – allerdings bei einer Gruppe von College-Studenten – keinerlei Unterschiede erkennen.

Hinsichtlich mathematischer Fähigkeiten erwiesen sich männliche Personen weitgehend als überlegen, wobei diese Überlegenheit jedoch erst im zweiten Lebensjahrzehnt deutlich wird und dann im Erwachsenenalter besonders stark hervortritt (Bieri u. a. 1958; McNemar 1942; Miele 1958; Norman 1953; Osborne, Sanders 1954; Rosenberg, Sutton-Smith 1964; Wechsler 1958), so daß man mit Recht zusammen mit Maccoby (1963) die Frage nach Sozialisationswirkungen, nach den Auswirkungen gesellschaftlicher Rollenvorstellungen, stellen kann.

Während sich bezüglich der Gedächtnisleistungen keine eindeutigen Unterschiede zeigten, lediglich die Bedeutung der Gedächtnisinhalte zutage trat, indem weibliche Personen ein besseres Namens- und Wortgedächtnis, männliche Personen ein besseres Zahlengedächtnis erkennen ließen, erwies sich in allen Studien und bei allen Altersgruppen die Auffassungsgeschwindigkeit bei weiblichen Personen als höher. Allerdings zeigt sich im Wahrnehmungsverhalten hinsichtlich der Bevorzugung bestimmter kognitiver Stile eine eindeutige Geschlechtsspezifität. Es wurden hierzu eine Reihe von Studien an Erwachsenen durchgeführt, wobei meist Verfahren in der Art der »embedded figures« im Anschluß an Gottschaldt oder auch der Stab-Rahmen-Test nach Witkin (1949, 1950; Witkin u. a. 1962) zur Anwendung gelangten. Hierbei zeigte sich durchgehend ein besseres Abschneiden der männlichen Gruppe, die sich als »feldunabhängiger« erwies (z. B. Andrieux 1955, Bennett 1956, Bieri u. a. 1958, Bauermeister u. a. 1963), während Frauen eine größere »Feldabhängigkeit« zeigten.

Durch empirische Untersuchungen konnten bisher nur bestimmte Persönlichkeitsbereiche eingehender erhellt werden, was zum Teil methodische Gründe haben dürfte. So stehen höchstwahrscheinlich Aussagen über geschlechtsspezifische Ausprägungsgrade von Aggression, Ängstlichkeit, Abhängigkeit deswegen im Vordergrund, weil hierfür Meßinstrumente in Form von Fragebogen, Tests und Registriertechniken bereits entwickelt vorlagen.

Am eindeutigsten tritt in den einschlägigen Studien die stärkere soziale Orientierung der Frau in den Vordergrund (Bennett, Cohen 1959; Exline 1962, 1963; Exline u. a. 1965; McDonald, Gynther 1965; Clifton, Smith 1963 u. a.). Diese soziale Orientierung ist allerdings – den Untersuchungen zufolge – häufig mit einer stärkeren Umweltabhängigkeit und einem weniger stabilen Selbstgefühl verbunden (Clifton, Smith 1963; Bennett, Cohen 1959). Weibliche Personen erwiesen sich – allerdings erst in der Adoleszenz und im Erwachsenenalter und nicht etwa schon in der Kindheit – als abhängiger als männliche Personen. Hier muß immer wieder auf die Bedeutung von Erziehungseinflüssen und allgemeinen Rollenerwartungen seitens der Gesellschaft hingewiesen werden (Lynn, Sawrey 1959; Maccoby 1963; Kagan, Moss 1962 u. a.), die abhängiges Verhalten weiblicher Personen billigen, gleiches Verhalten männlicher Personen jedoch eher verurteilen. Die Überdeckung geschlechtsspezifischer Unterschiede durch die Zugehörigkeit zu einer bestimmten sozialen Schicht versuchten Brim u. a. (1962) nachzuweisen. Danach scheinen im Hinblick auf die

Abhängigkeit in der niederen sozialen Schicht Geschlechtsunterschiede nahezu völlig zurückzutreten, in der Mittelschicht dagegen deutlich evident zu werden.

In gleicher Weise wie die Abhängigkeit ist – den verschiedenen Untersuchungen zufolge – die »Ängstlichkeit« nur bedingt als geschlechtsspezifische Verhaltensweise der Frau zu sehen. Sozialer Status und Höhe des Intelligenzquotienten werden hier zu intervenierenden Variablen, außerdem sinken die »Ängstlichkeitswerte« der Frauen mit zunehmendem Lebensalter (vgl. hierzu Lehr 1969, 1972).

Hingegen weisen die meisten Studien eine stärkere Aggressivität als geschlechtsspezifisches Verhaltensmerkmal der Männergruppe nach. Kagan u. Moss (1962) versuchten diese Feststellung mit der Tolerierung aggressiver Verhaltensweisen oder sogar mit der Ermutigung zu aggressivem Verhalten seitens der Umwelt zu erklären, die andererseits Aggressionen bei weiblichen Personen nicht duldet.

Eine kritische Übersicht über die Resultate der empirischen Forschung zwingt zur Korrektur zahlreicher Vorstellungen über »typisch männliche« und »typisch weibliche« Eigenschaften und kennzeichnet diese als Resultat überlieferter Stereotypien bzw. bestimmter gesellschaftlich verankerter Rollenvorstellungen, die das Erziehungsverhalten beeinflussen.

GESCHLECHTSSPEZIFISCHE ROLLENERWARTUNGEN AUFGRUND EMPIRISCHER UNTERSUCHUNGEN

Trotz der empirisch abgesicherten Erkenntnisse, die eine grundsätzliche Geschlechtsdifferenzierung stark in Frage stellen und sie – wenn überhaupt – als Ergebnis bestimmter Sozialisationsmaßnahmen deutlich werden lassen und trotz vieler Lippenbekenntnisse in bezug auf eine Gleichstellung von Mann und Frau, zeigt sich doch auch heute noch eine geradezu erstaunliche Konstanz tradierter stereotyper Vorstellungen (s. auch den Beitrag von H. Pross in diesem Band). Diese in unserer Gesellschaft verbreiteten Vorstellungen über Männer und Frauen (die Geschlechtsstereotypien bzw. »geschlechtsspezifische implizite Persönlichkeitstheorien«), die auf empirischem Wege untersucht wurden, hat erst kürzlich Bierhoff-Alfermann (1977) zusammengestellt und kritisch analysiert.

Vielfach gelangten bei diesen Erhebungen allerdings Meßmethoden zur Anwendung, die es zu kritisieren gilt (vgl. Rudinger, Bierhoff-Alfermann 1978). Sehr oft wurde ein Ankreuzen von vorgegebenen Eigenschaftslisten verlangt (Sherriffs, McKee 1957; McKee, Sherriffs 1957, 1959; Vetter 1961), was zu generalisierenden Aussagen geradezu verführt. Etwas differenzierter scheint demgegenüber die Beurteilung aufgrund von – nach testtheoretischen Kriterien entwickelten – Eigenschaftsskalen, bei denen sich die Stärke des Ausprägungsgrades des jeweiligen Items gewichten läßt (Hofstätter 1966, Rosenkrantz u. a. 1968, Spence u. a. 1975). Bem (1974) und Heilbrun (1976) haben Skalen zur Erfassung der unabhängigen Dimensionen »Maskulinität« und »Femininität« entwickelt. Allerdings sei kritisch angemerkt, daß viele Untersuchungen mit den globalen Begriffen »Femininität« und »Maskulinität« arbeiten, die durch Kriterien umschrieben werden, welche den Rollenerwartungen der Mittelklasse von Neuengland und denen im mittleren Westen der USA entsprechen (vgl. u. a. die Gough-Skala zur Messung der psychologischen Femininität, die MF-Skala des MMPI – vgl. zur Kritik Gonen, Lansky 1968). Andere Skalenformen verlangen von den Befragten eine Zustimmung oder Ablehnung von vorgegebenen Items (vgl. Schmidt u. a. 1973, 46 ff). Eine weitere Möglichkeit zur empirischen Erfassung von Rollenvorstellungen ist die Konfrontierung mit Situationen, in denen der Handelnde einmal als männlich und einmal als weiblich vorgestellt wird, wobei man den Beurteilenden jeweils zur kritischen Stellungnahme des gezeigten (gehörten) Verhaltens auffordert (Rothbart, Maccoby 1966; vgl. Lehr 1972). Andere Forscher glauben, durch globale Selbsteinschätzungen der eigenen Maskulinität und Femininität das Problem der geschlechtsspezifischen Verhaltensweisen angehen zu können (Wright, Tuska 1966).

268

Ergebnisse der verschiedenen Fragebogenerhebungen (Hofstätter 1966, Rosenkrantz 1968, Broverman u. a. 1972) bei Bierhoff-Alfermann (1977) ausführlich dargestellt, zeigen, daß das Bild des Mannes positiver gezeichnet wird im Sinne von mehr Kompetenz, Intelligenz, Stärke, Klarheit, Nüchternheit und Aktivität – das Bild der Frau hingegen durch Emotionalität, Zärtlichkeit, Geist und Liebe gekennzeichnet ist, also gar nicht so weit von den Charakterisierungen durch Lersch, Buytendijk u. a. abweicht. Allerdings ist in diesem Zuammenhang das Ergebnis von Vogel u. a. (1970) interessant, demzufolge Söhne u. Töchter berufstätiger Mütter zu einer weniger ausgeprägten Rollendifferenzierung neigten und mehr Ähnlichkeiten zwischen Männern und Frauen sahen als Kinder nichtberufstätiger Mütter.

Sogar die mehr oder minder unkontrollierbaren Annahmen von Lehrkräften über »Maskulinität« und »Femininität« von Schulkindern dienen als unabhängige Variable in Untersuchungen, welche »Persönlichkeits«-Korrelate dieser globalen Stereotypien analysieren sollen.

Das geschlechtsspezifische Rollenbild, das Lehrer von ihren Schülern haben, ist in der letzten Zeit Gegenstand zahlreicher Untersuchungen (u. a. von McIntry, Morrison, Sutherland 1966; Datta u. a. 1968; Kemmler 1967; Otto 1970; Brophy, Good 1976). Bierhoff-Alfermann (1977) glaubt aufgrund der Daten feststellen zu können, daß Mädchen in einer stärker stereotypisierten Art gesehen werden als Jungen und mehr auf ihre Rollen festgelegt sind. So werde Schulerfolg bei Mädchen mit Fleiß und größerer Anpassungsbereitschaft in Zusammenhang gebracht, die als geschlechtsspezifisch gesehen werden (vgl. Rosnow, Wainer, Arms 1969); die größere Wertschätzung der Mädchen gelte nur so lange, wie sie auch feminine Merkmale zeigen (Yarrow u. a. 1971, Levitin u. a. 1972). Aktive, unabhängige und selbstsichere Schüler werden oft niedriger eingestuft, vor allem dann, wenn es sich um Mädchen handele. Schon Dahrendorf (1961) hat festgestellt, daß rollenkonformes Verhalten belohnt, rollenabweichendes Verhalten bestraft wird – und Aktivität, Unabhängigkeit und Selbstsicherheit widerspricht nun einmal stereotypen Vorstellungen von der Rolle der Frau.

Aber was sind überhaupt »geschlechtsspezifische« Verhaltensweisen? Zunächst einmal scheint es etwas problematisch, generell vom Grad der Geschlechterdifferenzierung zu sprechen, da dieser einmal in den einzelnen Verhaltensbereichen unterschiedlich ausgeprägt ist, zum anderen aber auch nicht in jeder Lebensphase eines Individuums in gleichem Maße in Erscheinung tritt. Allgemein erwartet man im jüngeren und mittleren Erwachsenenalter den stärksten Abweichungsgrad zwischen männlichem und weiblichem Verhalten (vgl. Neugarten, Gutmann 1958, 1968; Bischof 1969) und mit zunehmendem Lebensalter der Individuen eine zunehmende Angleichung männlicher und weiblicher Verhaltensweisen. Kagan (1964) weist auf unterschiedliche Differenzierungsgrade im Bereich des »overt behavior«, d. h. bei offen zutagetretenden Verhaltensweisen, und des »covert behavior«, d. h. bei Verhaltensweisen, die durch Haltungen, Einstellung, Motivation und Wertwelt bestimmt werden und so weniger deutlich erfaßbar werden, hin.

Nach Mischel (1970) sind all jene Verhaltensweisen als geschlechtsspezifisch zu bezeichnen, die man bei dem einen Geschlecht unbedingt erwartet und als notwendigerweise dazugehörig betrachtet, beim anderen Geschlecht jedoch weniger erwartet bzw. geradezu ablehnt oder zumindest als störend empfindet. Schon diese Beschreibung macht deutlich, daß die Bestimmung dessen, was »typisch männlich« und »typisch weiblich« ist, im höchsten Grade umweltabhängig ist – worauf in aller Deutlichkeit Margaret Mead (1949) hinwies. Sie faßte nicht nur ihre eigenen Befunde und Thesen, sondern die einer ganzen Generation von Sozialwissenschaftlern (einschließlich Psychologen) in folgenden Äußerungen zusammen: »Auf dem Gegensatz der Körperform und -funktion haben die Menschen Analogien zwischen Sonne und Mond, Nacht und Tag, Gut und Böse, Stärke und Zartheit, Standhaftigkeit und Wankelmut, Ausdauer und Verletzbarkeit aufgebaut. Manchmal wurde eine bestimmte Eigenschaft dem einen Geschlecht, manchmal dem anderen zugeschrieben. Einmal sind es die Knaben, die sehr verletzlich, also einer besonders fürsorglichen Liebe bedürftig sind, dann wieder die Mädchen. In manchen Gesellschaftsformen müssen die Eltern für die Mädchen eine Aussteuer aufbringen oder eine Männerfang-Magie betreiben; in anderen besteht die elterliche Hauptsorge darin, die Knaben zu verheiraten. Manche Völker halten die Frauen für zu schwach, um einer Beschäftigung außerhalb des Hauses nachzugehen; andere betrachten die Frauen als die geeigneten Trägerinnen schwerer Lasten, ›weil ihre Köpfe stärker als die der Männer sind‹. Die Regelhaftigkeit der weiblichen reproduzierenden Funktionen haben einige Völker veranlaßt, in den Frauen die natürlichen Quellen magischer oder religiöser Kraft zu sehen – andere denken darüber genau umgekehrt. Viele Religionen, einschließlich unserer europäischen traditionellen, haben der Frau eine untergeordnete Rolle in ihrer kirchlichen Hierarchie zugewiesen, andere haben alle ihre symbolhaften Beziehungen zur übernatürlichen Welt auf männlichen Nachahmungen der naturgegebenen weiblichen Funktionen aufgebaut. In einigen Kulturen betrachtet man die Frauen als Siebe, durch die selbst streng gehütete Geheimnisse durchsickern; in anderen sind die Männer die Klatschbasen« (dt. Ausg., 17).

Selbst wenn nicht jede dieser Gegenüberstellungen den kulturellen oder historischen Gegebenheiten gerecht werden sollte, so ist doch hier ein Denkprinzip zur Ausformung gebracht, das einen gewissen »Pluralismus« in der Einschätzung sogenannter »ewig männlicher« oder »ewig weiblicher« Werte begünstigt. Andererseits legt dieses gleiche Denkmodell jedoch Vorstellungen über die Genese geschlechtsspezifischer Verhaltens- und Erlebnisweisen nahe, welche gelegentlich recht uniforme Denkweisen begünstigen mögen.

»Männliches« und »weibliches« Verhalten sind danach im Grunde »erlernt«, ebenso wie der Wert des »Guten« oder des »Bösen« »erlernt« ist (Hull 1952, 334). Man kann nun einwenden, daß eine derartige Argumentationsweise das Problem des Unterschiedes von »männlichen« und »weiblichen« Verhaltens- und Erlebnisweisen etwa mit dem des Unterschiedes zwischen einem Briefmarkensammler und einem Menschen, der es vorzieht, nicht Briefmarken zu sammeln, gleichsetzt. In beiden Fällen handelt es sich diesem Konzept gemäß um »Gewohnheitsbildungen«, die mit dem Kontiguitätsprinzip (Guthrie), dem Prinzip der »Verstärkung« (Hull) oder einem der »Zeichen-Gestalt-Verbindung« (Tolman) erklärt werden können.

So sehr man nun an der Zweckmäßigkeit der Vermengung von »Lerntheorie« und »differentieller Psychologie der Geschlechter« zweifeln mag, so sehr muß man doch hervorheben, daß diese Verbindung für die Anregung der Forschung weit fruchtbarer wurde als die Annahme eines »naturgegebenen«, d. h. durch Anatomie und Physiologie präformierten generellen Unterschiedes.

Von diesen lerntheoretischen Konzeptionen, von den ethnologischen Beobachtungen und Schlußfolgerungen im Sinne von Mead (1935, 1949), von Barry, Bacon u. Child (1957), Brown (1958), Evans-Pritchard (1965), Grinberg-Vinaver (1955), Jahoda (1969), Josselyn (1956), Seward (1954, 1964), Whiting u. Child (1953) und nicht zuletzt von den Auswirkungen von Freuds Lehre vom unterschiedlichen Verhalten der Kinder zum gleichgeschlechtlichen Elternteil ausgehend entstand in den letzten beiden Jahrzehnten eine Literatur zum Problem des »Hineinwachsens in die Geschlechterrolle«, die manchmal kaum noch überschaubar erscheint (vgl. zusammenfassende Darstellungen bei Bandura 1969; Gewirtz, Stingle 1968; Kagan 1964; Kohlberg 1966, 1969; Lehr 1972; Mischel 1970; Mussen 1969). Hier herrscht eindeutig die Überzeugung vor, daß die Annahme sogenannter geschlechtsspezifischer Verhaltensweisen primär als abhängig vom sozialen Umfeld, von den Rollenerwartungen der Gesellschaft gesehen werden muß. Von daher sind Möglichkeiten zu Veränderungen und Wandlungen durchaus gegeben.

AUSSICHTEN FÜR EINEN WANDEL GESCHLECHTSSPEZIFISCHER ROLLENERWARTUNGEN

Die Erkenntnis, daß geschlechtsspezifische Verhaltensweisen weniger angeboren bzw. biologisch determiniert sind, sondern zu einem weitaus stärkeren Teil als umweltbedingt zu sehen sind, müßte eigentlich recht günstige Prognosen im Hinblick auf einen Wandel geschlechtsspezifischer Rollenerwartungen erlauben.

Gewisse Veränderungen im Rollenbild sind auch nicht zu übersehen. Sowohl im Bildungssektor wie auch im juristischen Bereich ist es inzwischen zu einer weitgehenden Nivellierung geschlechtsspezifischer Unterschiede gekommen; zumindest auf dem Papier werden Männern und Frauen gleiche Rechte und Pflichten zugestanden.

Einer Realisierung dieser Gleichheitsbestrebungen in der Praxis stehen jedoch immer noch erhebliche Hindernisse entgegen, die offenbar in niederen sozialen Schichten stärkeren Einfluß haben als in höheren sozialen Schichten und die bei der Landbevölkerung stärker als bei der Stadtbevölkerung, bei Angehörigen katholischer Konfession stärker als jenen anderer Konfessionen, bei Mehrkinderfamilien stärker als bei Ein- oder Zwei-Kinder-Familien wirksam werden (s. auch den Beitrag von H. Pross in diesem Band).

Einer Realisierung dieser Gleichheitsbestrebungen arbeiten aber auch fest verankerte Rollenvorstellungen entgegen, wie sie noch heute im deutschen Lesebuch, in der Werbung, im Film und in Illustrierten zu finden sind; Frauenzeitschriften, Kosmetik und Waschmittelbranche bieten eine Vielzahl überzeugender Belege tradierter stereotyper Rollenauffassungen. Eine Realisierung dieser Gleichheitsbestrebungen bedeutet eine zunehmende Verselbständigung der Frau, eine Verselbständigung, die mit besserer schulischer Ausbildung und beruflicher Qualifikation einhergeht. Einerseits ermöglicht eine veränderte Auffassung der weiblichen Rolle vielen Frauen erst den Einstieg in das Berufsleben und das Engagement an die Welt des Berufs; andererseits ist es aber die Berufstätigkeit selbst, die das Verhalten und Auftreten der Frau bestimmt und somit gewissermaßen zur Verselbständigung der Frau beiträgt – und die einem Wechselwirkungs- oder Rückkopplungsprozeß den Wandel des Rollenbildes verstärkt.

Eine Vielzahl von Maßnahmen verwaltungstechnischer Art negiert jedoch grundsätzlich auch heute noch die Berufstätigkeit der Frau, besonders die der Ehefrau und Mutter. Einige Beispiele: Das Adreßbuch der Bundeshauptstadt 1977 hat den Haushaltsvorstand verzeichnet, auch die volljährigen Kinder mit Adressenangabe, die Ehefrau wird aber nicht einmal namentlich genannt, geschweige denn mit Berufsangabe. Dies ist ein herausgegriffenes Beispiel für Geschlechtsrollenstereotypien, das durch viele ähnliche zu ergänzen wäre! So interessieren sich Personalfragebogen auch im allgemeinen nur für den Beruf des Vaters, nicht aber für den der Mutter. Die Schule nimmt in ihrer Schülerkartei ebenso nur den Beruf des Vaters auf, nicht aber den der Mutter (von der höchstens nur – negativ – vermerkt wird, ob sie berufstätig ist oder nicht).

Aber auch die Wissenschaft scheint die Berufstätigkeit der Frau noch nicht als selbstverständlich hinzunehmen. Hier ist Rudinger zuzustimmen, der auf eine ideologische Vorbelastetheit schon bei der Bezeichnung der Thematik wie bei der sprachlichen Darstellung derselben hinweist: Begriffe wie »Mutterentbehrung« und »Doppelrolle« oder »Doppelbelastung« der Frau »spiegeln eine implizite Sichtweise wider, die man damit umschreiben könnte, daß Frauen von der Wissenschaft primär als Mütter angesehen werden« (Rudinger 1978, 7), wobei offenbar vergessen wird, daß »Mutterentbehrung« ja in den allermeisten Fällen auch mit »Vaterentbehrung« gekoppelt ist (Yarrow 1961; Lehr 1974, 78) und daß manchmal auch Männer noch neben ihrem Beruf im Haushalt tätig werden können und somit eine »Doppelrolle« übernehmen. In seiner Darstellung »Methodische Probleme bei der Untersuchung von Geschlechtsunterschieden« (1978) fordert Rudinger unter Hinweis auf die »Guidelines for nonsexist language in APA Journals« der American Psychological Association (1977) neutrale Formulierungen. Die Tatsache, daß eine solche Forderung überhaupt erst erhoben werden muß, wirft ein Licht auf den Stand der heutigen Psychologie und läßt Zweifel an einem Wandel bzw. Abbau von stereotypen Geschlechtsrollen-Vorstellungen aufkommen.

Tatsache ist, daß Autoren noch bis in die heutige Zeit hinein entweder dazu neigen, global Frauen nur als Mütter zu betrachten und hier – auf den inzwischen weitgehend widerlegten Theorien von Spitz und Bowlby fußend (Yarrow 1961; Caseler 1968; O'Connor 1968; Caldwell 1970; Rutter 1971, 1972; Tizard, Rees 1974; vgl. auch Lehr 1974, 1978 d) – Rollenerwartungen fördern und verstärken, die dem tradierten Rollenbild der »3 Ks«, der »Kinder – Küche – Kirche«, entsprechen, und dadurch manche Frau in Konfliktsituationen bringen, indem sie die Berufstätigkeit generell und jene von Müttern mit kleinen Kindern speziell sehr verurteilen (wie z. B. Schmalohr 1968; Hellbrügge 1966; Meierhofer, Keller 1966; Kuhn 1971; Langenmayr 1976). Anders dagegen ist die Situation zumindest zu Beginn der siebziger Jahre in den USA, wo die Doppelrolle der Frau – eigentlich die von Mann und Frau – als selbstverständlich gesehen wird (Neugarten 1972, Baumrind 1972).

Die in Deutschland zur Zeit wieder nachweisbaren tiefverwurzelten Stereotypien dürften mit dazu beigetragen haben, das heutige Bild der Frau, wie es in der Werbung (Hastenteufel 1978), im Fernsehen (Küchenhoff u. a. 1975), in Lesebüchern (Hastenteufel 1971) und Illustrierten erscheint, einseitig zu akzentuieren und auf diese Art und Weise zu verstärken. Darüber hinaus ist auf die gegenwärtige wirtschaftliche Situation und die hohe Arbeitslosenquote hinzuweisen, aufgrund derer die Verantwortlichen in Politik und Wirtschaft dem tradierten Rollenbild den Vorzug geben und die Frau wieder in ihr Heim zurückschicken möchten. Generell ist festzustellen, daß Rollenerwartungen an die Frau stark von der wirtschaftlichen und zeitgeschichtlichen Lage abhängig sind (vgl. Lehr 1978 c).

Andere Veröffentlichungen sehen wiederum einseitig nur die Frau als Berufstätige, so als ob Familien- und Berufsrolle völlig zu trennen wären (was sicher auch beim Mann nicht möglich ist). Geschlechtsspezifische Rollenvorstellungen bestimmen auch heute noch Wissenschaft und Berufswelt, bestimmen Politik und Verwaltung.

Durch die derzeit – angesichts des festgestellten Geburtenrückgangs (vgl. Schubnell 1973; Franke, Jürgens 1978) – wieder erneut entflammte Diskussion familienpolitischer Maßnahmen zur Erhöhung der Bereitschaft zum Kind wird ein Rollenbild der Frau propagiert, das die eingangs gebrachten philosophischen und phänomenologischen Sichtweisen noch zu übertreffen scheint. Hausfrau und Mutter wird wieder als *die* Lebensaufgabe der Frau herausgestellt, wobei man offenbar übersieht, daß durch den veränderten Lebenszyklus (früheres Heiratsalter, nur ein oder zwei Kinder in dichter Aufeinanderfolge, frühzeitiges Verlassen des Elternhauses durch die Kinder) schon mit 40 bis 45 Jahren die Aufgabe als Mutter erfüllt ist, die als Hausfrau aber dank des technischen Fortschritts heute nicht mehr als Ganztagsbeschäftigung angesehen werden kann, so daß die Frau von heute dann noch durchschnittlich 30 bis 35 Jahre oft unerfüllten Lebens vor sich hat, das sie zu *der* Problemgruppe alter Menschen werden läßt (Geissler 1975; Pross 1978 b, 1978 c; vgl. zusammenfassend Lehr 1978) – ein Opfer stereotyper Rollenauffassungen.

Insgesamt ist festzustellen, daß zwar Ansätze im Wandel des Rollenverständnisses zu beobachten sind, daß dieser Wandel jedoch keineswegs einen gradlinigen Verlauf zeigt. Epochale Ereignisse, politische und wirtschaftliche Gegebenheiten beeinflussen den Prozeß einer Geschlechtsrollendifferenzierung bzw. -nivellierung. Zur Zeit häufen sich die Anzeichen für einen Rückschlag zur stärker traditionellen Rollenauffassung. Dagegen gilt es anzugehen. Dabei sollte man aber unbedingt auch bedenken, daß allzu starke und ungeschickt vorgetragene Emanzipationsforderungen das Pendel oft in die Gegenrichtung ausschlagen lassen und somit das Gegenteil von dem erreichen, was beabsichtigt war. Ob unter diesem Aspekt das »Jahr der Frau« 1975 Segen oder Fluch bedeutete, bleibt noch abzuwarten. Die Verbreitung sachlicher Informationen auf der Grundlage empirischer Forschung über männliches und weibliches Erleben und Verhalten dürfte hier weit sinnvoller sein als unüberlegte, allzu heftige Aktionen.

LITERATUR

AMERICAN PSYCHOLOGICAL ASSOCIATION (APA): Guidelines for nonsexist language in APA journals: publication manual change, 2. American Psychologist, 32, 1977, 487–494

ANASTASI, A., FOLEY, J. P. jr.: Differential Psychology. Individual and group differences in behavior. New York: Macmillan & Co. 1937, ³1954

ANDRIEUX, C.: Contribution à l'étude des différences entre hommes et femmes dans la perception spaciale. L'Année Psychologique, 55, 1955, 41–60

BANDURA, A.: Social-learning theory of identificatory process. In: D. A. Goslin (Ed.): Handbook of Socialization Theory and Research. Chicago: Rand McNally 1969, 213–262

BARRY, H., BACON, M. K., CHILD, I. L.: A cross-cultural survey of some sex differences in socialization. J. Abnorm. Soc. Psychol., 55, 1957, 327–332

BAUERMEISTER, M., WAPNER, S., WEINER, H.: Sex differences in the perception of apparent verticality and apparent body position under conditions of body tilt. J. Pers., 31, 1963, 394–407

BAUMRIND, D.: From each according to her ability. School Review, 80, 1972, 161–197

BEAUVOIR, S. DE: Le deuxième sexe. Paris: Gallimard 1949. Deutsch: Das andere Geschlecht. Hamburg: Rowohlt 1951

BEM, S. L.: The measurement of psychological androgyny. J. Consult. Clin. Psychol., 42, 1974, 155–162

BENNETT, D. H.: Perception of the upright in relation to body image. J. Ment. Sci., 102, 1956, 487–506

BENNETT, E. M., COHEN, L. R.: Men and women: personality patterns and contrasts. Genet. Psychol. Monogr., 59, 1959, 101–155

BIERHOFF-ALFERMANN, D.: Psychologie der Geschlechtsunterschiede. Köln: Kiepenheuer & Witsch 1977

BIERI, J., BRADBURN, W. M., GALINSKY, M. D.: Sex differences in perceptual behavior. J. Pers., 26, 1958, 1–12

BILLER, H. B.: Paternal and sex-role factors in cognitive and academic functioning. Nebraska Symposium on Motivation. Lincoln: Univ. Nebraska Press 1973, 83–123

BISCHOF, L. B.: Adult Psychology. New York: Harper & Row 1969

BLOOD, R. O., WOLFE, D. M.: Husbands and Wifes. New York: Free Press 1960

BRIM, O. G., GLASS, D. C., LAVIN, D. E., GOODMAN, N.: Personality and Decision Processes. Stanford: Stanford Univ. Press 1962

BROPHY, J. E., GOOD, T. L.: Die Lehrer-Schüler-Interaktion. München: Urban & Schwarzenberg 1976

BROVERMAN, I. K., VOGEL, S. R., BROVERMAN, D. M., CLARKSON, F. E., ROSENKRANTZ, P. S.: Sex-role stereotypes: a current appraisal. J. Soc. Issues, 28, 1972, 59–78

BROWN, D. G.: Sex-role development in a changing culture. Psychol. Bull., 55, 1958, 232–242

BUYTENDIJK, F. J.: De Vrouw – haar natuur, verschijning en bestan. Deutsch: Die Frau. Natur, Erscheinung, Dasein. Köln: Bachem 1953

CALDWELL, B. M., u. a.: Infant day care and attachment. Amer. J. Orthopsychiatry, 40, 1970, 397–412

CASELER, L.: Perceptual deprivation in institutional settings. In: G. Newton, S. Levine (Eds.): Early Experience and Behavior. Springfield/Ill.: Thomas 1968, 573–626

CLIFTON, M. A., SMITH, H. M.: Comparison of expressed self-concepts of highly skilled males and females concerning motor performance. Percept. Motor Skills, 16, 1963, 199–201

DAHRENDORF, R.: Homo Sociologicus. Köln, Opladen: Westdt. Verlag 1961

DATTA, L. E., SCHAEFER, E., DAVIS, M.: Sex and scholastic aptitude as variables in teachers' ratings of the adjustment and classroom behavior of negro and other seventh-grade students. J. Educ. Psychol., 59, 1968, 94–101

DEUTSCH, H.: Psychology of Women, I. New York: Grune & Stratton 1944, Bd. II 1945. Deutsch: Psychologie der Frau, I. Bern: Huber 1948, Bd. II 1954

EVANS-PRITCHARD, E. E.: The Position of Women in Primitive Societies and other Essays in Social Anthropology. London: Faber & Faber 1965

EXLINE, R. V.: Effects of need for affiliation, sex, and the sight of others upon initial communications in problem-solving groups. J. Pers., 30, 1962, 541–556

Explorations in the process of person perception: visual interaction in relation to competition, sex and need for affiliation. J. Pers., 31, 1963, 1–20

EXLINE, R. V., GRAY, D., SCHUETTE, D.: Visual behavior in a dyad as affected by interview content and sex of respondent. J. Pers. Soc. Psychol., 1, 1965, 201–209

FRANKE, L., JÜRGENS, H. W. (Hg.): Keine Kinder – keine Zukunft? Zum Stand der Bevölkerungsforschung in Europa. Boppard: Harald Boldt 1978

FREUD, S.: Neue Folge der Vorlesungen zur Einführung in die Psychoanalyse. Die Weiblichkeit (1932). G. W. XV, 119–145. Frankfurt/M.: Fischer ⁶1973

GEISSLER, H.: Neue Soziale Frage – Zahlen, Daten, Fakten. Dokumentation. Mainz 1975

GEWIRTZ, J. L.: Mechanisms of social learning. In: D. A. Goslin (Ed.): Handbook of Socialization Theory and Research. Chicago: Rand McNally 1969, 57–212

GEWIRTZ, J. L., STINGLE, K. G.: The learning of generalized imitation as the basis for identification. Psychol. Rev., 75, 1968

GONEN, J. Y., LANSKY, M.: Masculinity, femininity and masculinity-femininity: a phenomenological study of the FM Scale of the MMPI. Psychol. Reports, 23, 1968, 183–194

GRINBERG-VINAVER, S.: The status of women throughout the world. Marriage Fam. Liv., 17, 1955, 197–204

GUTHRIE, E. R.: The Psychology of Learning. New York: Harper & Row 1952

Association by contiguity. In: S. Koch (Hg.): Psychology, II. New York: McGraw Hill 1959, 158–194

HASTENTEUFEL, R.: Geschlechtsspezifische Rollendifferenzierungen in deutschen Lesebüchern. Unveröff. Examensarbeit. Bonn 1971

Das Bild von Mann und Frau in der Werbung. Phil. Diss. Bonn 1978

HEILBRUN, A. B.: Measurement of masculine and feminine sexrole identities as independent dimensions. J. Consult. Clin. Psychol., 44, 1976, 183–190

HELLBRÜGGE, T.: Zur Problematik der Säuglings- und Kinderfürsorge in Anstalten. In: B. Opitz u. a. (Hg.): Handbuch der Kinderheilkunde, III. Berlin 1966

HEYMANS, G.: Die Psychologie der Frauen (1910). Heidelberg: Winter ²1924

HÖHN, E.: Die Frau in der modernen Lebensordnung. Ber. 21. Kongr. Dt. Ges. Psychol. Bonn 1957. Göttingen: Hogrefe 1958, 98–107

HOFSTÄTTER, P. R.: Einführung in die Sozialpsychologie. Stuttgart: Kröner 1966

HULL, C. L.: A Behavior System. New Haven: Yale Univ. Press 1952

JAHODA, G.: Understanding the mechanism of bicycles: a cross-cultural study of developmental change after 13 years. Internat. J. Psychol., 4, 1969, 103–108

JOSSELYN, I. M.: Cultural forces, motherliness and fatherliness. Amer. J. Orthopsychiatr., 26, 1956, 264–271

JUNG, C. G.: Die Frau in Europa (1927). Zürich: Rascher ⁴1959

KAGAN, J.: Acquisition and significance of sex typing and sex role identity. In: M. L. Hoffman, L. W. Hoffman (Eds.): Review of Child Development Research, I. New York: Russell Sage Foundation 1964, 137–167

The three faces of continuity in human development. In: D. A. Goslin (Ed.): Handbook of Socialization Theory and Research. Chicago: Rand McNally 1969, 983–1002

KAGAN, J., FREEMAN, M.: Relation of childhood intelligence, maternal behavior and social class to behavior during adolescence. Child Dev., 34, 1963, 899–911

KAGAN, J., Moss, H. A.: From Birth to Maturity. New York: Wiley 1962

KAMPMANN, TH.: Anthropologische Grundlagen ganzheitlicher Frauenbildung. Paderborn: Schöningh 1946

KANT, I.: Anthropologie in pragmatischer Hinsicht abgefaßt (1798). Hg. von K. Vorländer. Leipzig: Meiner ⁶1922

KEMMLER, L.: Erfolg und Versagen in der Grundschule. Göttingen: Hogrefe 1967

KLAGES, L.: Der Geist als Widersacher der Seele (1929–1933). München: Barth; Bonn: Bouvier ³1954

KÖNIG, R.: Materialien zur Soziologie der Familie. Bern: Francke 1946

Family and authority: the German father in 1955. Soc. Rev., 5, 1957, 107–127

KOHLBERG, L.: A cognitive-developmental analysis of children's sex-role concepts and attitudes. In: E. E. Maccoby (Ed.): The Development of Sex Differences. Stanford: Stanford Univ. Press 1966, 82–173

Stage and sequence: the cognitive developmental approach to socialization. In: D. A. Goslin (Ed.): Handbook of Socialization Theory and Research. Chicago: Rand McNally 1969, 347–380

KÜCHENHOFF, E., u. a.: Die Darstellung der Frau und die Behandlung von Frauenfragen im Fernsehen. Stuttgart: Kohlhammer 1975

KUHN, D.: Krippenkinder. Wien: Österr. Bundesverlag 1971

LANGENMAYR, A.: Die Berufstätigkeit von Müttern verhaltensgestörter Kinder. Göttingen: Vandenhoeck & Ruprecht 1976

LEHR, U.: Die Frau im Beruf – eine psychologische Analyse der weiblichen Berufsrolle. Frankfurt: Athenäum 1969

Das Problem der Sozialisation geschlechtsspezifischer Verhaltensweisen. In: C. Graumann (Hg.): Hdb. d. Psychol., VII. Göttingen: Hogrefe 1972, 886–954

Die Rolle der Mutter in der Sozialisation des Kindes. Darmstadt: Steinkopff 1974, ²1978 a

Älterwerden als Frau – ein Beitrag zur differentiellen Gerontologie. Zeitschrift für Gerontologie, 11, 1978 b, 1–5

Zur Situation der älteren Frau – psychologische und soziale Aspekte. Zeitschrift für Gerontologie, 11, 1978 c, 6–26

Eltern-Kind-Beziehung in der ersten Lebenszeit. Vortrag, gehalten auf dem 7. Kongreß der Fachärzte f. Frauenheilkunde und Geburtshilfe. Mainz, Febr. 1978 d (im Druck)

LEHR, U., RAUH, H.: Male and female in the German Federal Republic. In: G. H. Seward, R. C. Williamson (Eds.): Sex Roles in Changing Society. New York: Random House 1970, 220–239

LERSCH, PH.: Vom Wesen der Geschlechter. München: Erasmus 1947

LEVITIN, T. E., CHANANTE, J. D.: Responses of female primary school teachers to sex-typed behaviors in male and female children. Child Dev., 43, 1972, 1309–1316

LEVY, M. J.: Geschlecht, Generation und Modernisierung. In: G. Lüschen, E. Lupri (Hg.): Soziologie der Familie. Opladen: Westdeutscher Verlag 1970, 433–442

LIEPMANN, W.: Psychologie der Frau. Berlin, Wien: Urban & Schwarzenberg 1920

LOUTTIT, C. M.: Bibliography of sex differences in mental traits. Training School Bull., 22, 1926, 129–138

LÜSCHEN, G., LUPRI, E.: Soziologie der Familie. Opladen: Westdt. Verlag 1970

LYNN, D. B., SAWREY, W. L.: The effects of father-absence on Norwegian boys and girls. J. Abnorm. Soc. Psychol., 59, 1959, 258–262

MACCOBY, E. E.: Women's intellect. In: N. Farber, W. C. Wilson (Eds.): The Potential of Woman. New York: McGraw-Hill 1963, 24–39

MACCOBY, E. E., JACKLIN, C. N.: The Psychology of Sex Differences. Stanford: Stanford Univ. Press 1974

McDONALD, R. L., GYNTHER, M. D.: Relationship of self and ideal-self descriptions with sex, race, and class in southern adolescents. J. Pers. Soc. Psychol., 1, 1965, 85–88

McINTRY, D., MORRISON, A., SUTHERLAND, J.: Social and educational variables relating to teachers assessments of primary school pupils. Brit. J. Educ. Psychol., 36, 1966, 272–279

McKEE, J. P., SHERRIFFS, A. C.: The differential evaluation of males and females. J. Pers., 25, 1957, 356–371

Men's and women's beliefs, ideals, and self-concepts. Amer. J. Sociol., 64, 1959, 356–363

McNEMAR, Q.: The Revision of the Stanford-Binet-Scale: an Analysis of the Standardization Data. Boston: Houghton Mifflin 1942

MEAD, M.: Sex and Temperament in three Primitive Societies. New York: Morrow 1935. Deutsch: Geschlecht und Temperament in primitiven Gesellschaften. Hamburg: Rowohlt 1959

Male and Female: a Study of Sexes in a Changing World. New York: Morrow 1949. Deutsch: Mann und Weib. Das Verhältnis der Geschlechter in einer sich wandelnden Welt. Stuttgart, Konstanz: Diana 1955

MEIERHOFER, H., KELLER, W.: Frustration in frühem Kindesalter. Bern, Stuttgart: Huber 1966

MIELE, J. A.: Sex differences in intelligence: the relationship of sex to intelligence as measured by the Wechsler Adult Intelligence Scale and the Wechsler Intelligence Scale for Children. Dissert. Abstr., 18, 2, 1958, 213 ff

MISCHEL, W. A.: Sex-typing and socialization. In: P. H. Mussen (Ed.): Carmichael's Manual of Child Psychology. New York: Wiley & Sons 1970, 3–72

MOEBIUS, B. v.: Über den physiologischen Schwachsinn des Weibes. 1908

MOERS, M.: Das weibliche Seelenleben (1941). Bonn: Dümmlers ³1950

Frauenerwerbsarbeit und ihre Wirkungen auf die Frau. Recklinghausen: Bitter 1948

MUSSEN, P. H.: Early sex-role development. In: D. A. Goslin (Ed.): Handbook of Socialization Theory and Research. Chicago: Rand McNally 1969, 707–732

NEIDHARDT, F.: Schichtspezifische Elterneinflüsse im Sozialisationsprozeß. In: G. Wurzbacher (Hg.): Die Familie als Sozialisationsfaktor. Stuttgart: Enke 1968, 174–200

(Hg.): Frühkindliche Sozialisation. Stuttgart: Enke 1975

NEUGARTEN, B. L. (Ed.): Middle Age and Aging. Chicago: Univ. of Chicago Press 1968

Education and the life cycle. School Review, 80, 1972, 209–216

NEUGARTEN, B. L., GUTMANN, D. C.: Age, sex-roles, and personality in middle-age. Psychol. Monogr., 72, 1958, 1–33. Auch in: B. L. Neugarten (Ed.): Middle Age and Aging. Chicago: Univ. of Chicago Press 1968, 58–71

NEUMANN, E.: Umkreisung der Mitte; zur Psychologie des Weiblichen. Zürich: Rascher 1953. Tb. Ausg.: Zur Psychologie des Weiblichen. Reihe „Geist und Psyche", Bd. 2042. München: Kindler ²1977

NORMAN, R. D.: Sex differences and other aspects of young superior adult performance on the Wechsler-Bellevue. J. Consult. Psychol., 17, 1953, 411–418

O'CONNOR, N.: Children in restricted environments. In: G. Newton, S. Levine (Eds.): Early Experience and Behavior. Springfield/Ill.: Thomas 1968, 530–572

OSBORNE, R. T., SANDERS, W. P.: Variations in graduate record examination performance by age and sex. J. Gerontol., 9, 1954, 179–184

OTTO, K.: Disziplin bei Mädchen und Jungen. Berlin: VEB 1970

PIETROPINTO, A., SIMENAUER, J.: Beyound the Male Myth. New York: New York Times Book Comp. 1977. Deutsch: Abschied vom Mythos Mann. Frankfurt/M.: Fischer 1978

PROSS, H.: Gleichberechtigung im Beruf. Frankfurt/M.: Athenäum 1973

Die Wirklichkeit der Hausfrau. Hamburg: Rowohlt 1975

Alter und Geschlechtsrollen. Ztschr. f. Gerontol., 11, 1978 a, 61–67

Die Männer. Reinbek: Rowohlt 1978 b

RAAHEIM, K.: Sex differences on problem-solving tasks. Scandinavian J. of Psychol., 4, 1963, 161–164

ROSENBERG, B. G., SUTTON-SMITH, B.: The relationship of ordinal position and sibling sex status to cognitive abilities. Psycho. Sci., 1, 1964, 81–82

ROSENKRANTZ, P., VOGEL, S., BEE, H., u. a.: Sex role stereotypes and self-concepts in college students. J. Consult. Clin. Psychol., 32, 1968, 287–295

ROSNOW, R. L., WAINER, H., ARMS, R. L.: Anderson's personality – trait words rated by men and women as a function of stimulus sex. Psychol. Rep., 24, 1969, 787–790

ROTHBART, M. K., MACCOBY, E. E.: Parents' differential reactions to sons and daughters. J. Pers. Soc. Psychol., 4, 1966, 237–243

RUDINGER, G., BIERHOFF-ALFERMANN, D.: Methodische Probleme bei der Untersuchung von Geschlechtsunterschieden. In: H. Keller (Hg.): Geschlechtsunterschiede. Weinheim: Beltz 1978

RUTTER, M.: Parent-child separation: psychological effects on the children. J. Child Psychol. Psychiatr., 12, 1971, 233–260

Maternal Deprivation Reassessed. London: Penguin 1972

SCHELSKY, H.: Wandlungen der deutschen Familie in der Gegenwart. Stuttgart: Enke 1954

SCHMALOHR, E.: Frühe Mutterentbehrung bei Mensch und Tier. München: Reinhardt 1968

SCHMIDT, H. D., SCHMERL, C., u. a.: Frauenfeindlichkeit. München: Juventa 1973

SCHUBNELL, H.: Der Geburtenrückgang in der Bundesrepublik. Die Entwicklung der Erwerbstätigkeit von Frauen und Müttern. Stuttgart: Kohlhammer 1973

SEWARD, G. H.: Learning theory and the social order. J. Genet. Psychol., 84, 1954, 229–236

Sex identity and the social order. J. of Nervous and Mental Disease, 139, 1964, 126–136

SEWARD, G. H., WILLIAMSON, R. C.: Sex Roles in Changing Society. New York: Random House 1970

SHERRIFFS, A. C., McKEE, J. P.: Qualitative aspects of beliefs about men and women. J. Pers., 25, 1957, 451–464

SPENCE, J. T., HELMREICH, R., STAPP, J.: Ratings of self and peers on sex role attributes and their relation to self-esteem and conceptions of masculinity and femininity. J. Pers. Soc. Psychol., 32, 1975, 29–39

SULLEROT, E.: Histoire et Sociologie du Travail Feminin. Paris: Gonthier 1968. Deutsch: Die emanzipierte Sklavin. Graz: Böhlau 1972

TIZARD, B., REES, J.: A comparison of effects of adaption, restoration to the natural mother, and continued institutionalization on the cognitive development of four-year-old children. Child Dev., 45, 1974, 92–99

TOLMAN, E. C.: A psychological model. In: T. Parsons, E. Shils (Eds.): Towards a general theory of action. Cambridge/Mass.: Harvard Univ. Press 1951

A cognition motivation model. Psychol. Rev., 59, 1952, 389–400

VETTER, H.: Zur Lage der Frau an westdeutschen Hochschulen. Kölner Zeitschrift Sozial. Sozialpsychol., 13, 1961, 644–660

VOGEL, S. R., BROVERMAN, I. K., BROVERMAN, D. M., CLARKSON, F. E., ROSENKRANTZ, P. S.: Maternal employment and perception of sex roles among college students. Dev. Psychol., 3, 1970, 384–391

WECHSLER, D.: The Measurement and Appraisal of Adult Intelligence. Baltimore: Williams & Wilkins 1958

WEININGER, O.: Geschlecht und Charakter. Wien, Leipzig: Braumüller 1903, ¹⁸1919

WELLEK, A.: Die Polarität im Aufbau des Charakters (1950). Bern: Francke ³1966

WHITING, J. W. M., CHILD, I. L.: Child training and personality: a cross-cultural study. New Haven: Yale Univ. Press 1953

WITKIN, H. A.: Sex differences in perception. Trans. N. Y. Acad. Sci., 12, 1949, 22–26

Individual differences in ease of perception of embedded figures. J. Pers., 19, 1950, 1–15

Cultural influences in the development of cognitive style. Cross-cultural studies in mental development. Proc. 18th Intern. Congr. Psychol., Moskau 1966, 95–109

WITKIN, H. A., DYK, R. B., FATERSON, H. F., GOODENOUGH, D. R., KARP, S. A.: Psychological differentiation. New York: Wiley & Sons 1962

WOOLLEY, H. T.: A review of the recent literature on the psychology of sex. Psychol. Bull., 7, 1910, 335–342

WRIGHT, B., TUSKA, SH.: The nature and origin of feeling feminine. Brit. J. Soc. Clin. Psychol., 5, 1966, 140–149

WRIGHTSMAN, L. S.: The effects of anxiety, achievement motivation and talk importance upon performance on an intelligence test. J. Educ. Psychol., 53, 1962, 150–156

WURZBACHER, G.: Leitbilder gegenwärtigen deutschen Familienlebens. Dortmund: Ardey 1951

(Hg.): Die Familie als Sozialisationsfaktor. Stuttgart: Enke 1968

YARROW, M. R.: Changing in family functioning as intermediary effects of maternal employment. In: A. E. Siegel (Ed.): Research issues related to the effects of maternal employment on children. Stanford 1961, 14–24

YARROW, M. R., WAXLER, C. Z., SCOTT, P. M.: Child effects on adult behavior. Developmental Psychol., 5, 1971, 300–311

ZUR MOTIVATION SOZIALEN VERHALTENS

von Hans Thomae

MOTIVATIONALE ASPEKTE IN SOZIALPSYCHOLOGISCHEN THEORIEN DER PRÄKOGNITIVEN ÄRA

Instinkttheorien des sozialen Verhaltens. Man muß die vielfältigen Determinanten der theoretischen Entwicklung innerhalb der Sozialpsychologie keineswegs vernachlässigen, wenn man feststellt, daß Motivationstheorien hier stets eine bedeutsame Rolle spielten. Die erste »Sozialpsychologie«, die in diesem Jahrhundert verfaßt wurde (McDougall 1908), leitete soziales Verhalten wie soziale Strukturen aus dem Zusammenwirken von achtzehn Instinkten ab, d. h. angeborenen Prädispositionen, bestimmte kritische Reize wahrzunehmen und auf sie in spezifischer Weise emotional und praktisch zu reagieren. Zu diesen Instinkten gehörten physiologische, auf Nahrungsaufnahme oder Schmerzminderung bezogene ebenso wie solche, die auf Fortpflanzung gerichtet waren. Diese Konzeption von Sozialpsychologie entsprach einerseits dem Einfluß von Darwin auf jede Art von naturwissenschaftlich orientierter Psychologie in England um die Jahrhundertwende, andererseits der individualistischen Orientierung der Epoche. Soziales Verhalten erscheint als abhängige Variable der angeborenen Triebkräfte des Individuums, nicht als Ergebnis von sozialen Feldkräften. Nach einem halben Jahrhundert Kritik an diesen instinkttheoretischen Deutungen sozialen Verhaltens hat die Popularität der Hunde- und Vogelbücher von Konrad Lorenz wieder dafür gesorgt, daß in der zweiten Hälfte des zwanzigsten Jahrhunderts die gleiche Reduktion sozialen Verhaltens auf die Auslösung bzw. Hemmung von Instinkten auch in der Wissenschaft Anhänger fand (Lorenz 1963; Eibl-Eibesfeldt 1967, 1970; s. auch dessen Beiträge in Bd. VI dieser Enzyklopädie).

Die Physiologie der Homöostase und industrielle Organisation. Für die Entwicklung der Motivationstheorie zwischen McDougall (1908) und Lorenz (1963) sollte ein anderes biologisches Modell Grundlage der Deutung menschlichen Verhaltens generell, sozialen Verhaltens im besonderen werden. Dieses Modell ist in der Physiologie entstanden und wird nach Cannon (1932) als jenes der Homöostase bezeichnet: Die Zustände des Organismus haben danach keine absolute, sondern eine relative Konstanz, so wie sie für die Aufrechterhaltung seiner Lebensfähigkeit unbedingt erforderlich ist. Homöostatische Prozesse sind solche auf die Sicherung der relativen Konstanz gerichtete. Die Erhaltung der Konstanz des Wasser- oder Salzgehalts des Bluts, des Blutzuckers, des Bluteiweißes, der Fette oder des Kalziumspiegels sind nach den Erkenntnissen der Physiologie Ergebnisse unaufhörlicher Regulationen, durch die geringe Abweichungen vom optimalen Gleichgewichtsstandard der verschiedenen, für das normale Funktionieren des Organismus lebensnotwendigen Funktionen immer wieder in einem bestimmten Normzustand zurückgebracht werden.

Jedes Verhalten ist diesem Denkmodell gemäß Folge eines gestörten Gleichgewichts von

Prozessen im Organismus und auf die Wiederherstellung von Gleichgewicht gerichtet. Cannon (1932) hat das Modell unter Anknüpfung an viele physiologische und psychologische Vorgänger als Ausdruck der »Weisheit des Organismus« definiert und gezeigt, daß das Prinzip der Homöostase sowohl die physiologische Chemie des Bluthaushalts, die Temperaturregelung unter wechselnden Außenbedingungen wie die Erhaltung der Energiezufuhr durch Nahrungssuche und damit zusammenhängende Verhaltenssysteme einschließt. Cannon (1941) und Dempsey (1951) gaben dem Modell sodann gleich soziologische Dimensionen. So wie Appetit eine physiologische Funktion zum Ausgleich der Nahrungsaufnahme einerseits und der Fähigkeit des Organismus, diese Nahrung im Stoffwechsel abzubauen bzw. zu speichern, andererseits darstellt, so ist die landwirtschaftliche Produktion und der Transport, die Verarbeitung, Verpackung und Verteilung der Produkte eine Vorrichtung, um Nahrung bereitzuhalten, wenn der Organismus sie braucht. Die physiologische Homöostase, die subkortikal gelenkt wird, erfährt somit ihre Ergänzung durch eine kortikale Steuerung (s. Bd. VI dieser Enzyklopädie). Die Konservenindustrie und die Entwicklung der Kühltechnik haben dank dieser rational gesteuerten Homöostase die früher üblichen Schwankungen in der Lebensmittelversorgung beseitigt. In der Industrie seien große Fortschritte erzielt worden, um die saisonbedingte Arbeitslosigkeit auszugleichen. Außerdem seien im Alltag Feueralarmsysteme, meteorologische Stationen und normale Routineinspektionen eingeschaltet, um Störungen des sozialen Gleichgewichts zu verhüten. Krieg, Depression und soziale Krisen seien auf der anderen Seite ein Anzeichen für gewisse Funktionsfehler der phylogenetisch jüngeren kortikalen Homöostase gegenüber der subkortikalen Regulation. Auch dort, wo der unmittelbare Zusammenhang zum physiologischen Ursprung dieser Denkfigur vergessen wurde, behielt sie ihre Faszination: Verhalten, insbesondere soziales Verhalten, ist Ergebnis von Ungleichgewicht und Störung und zielt auf die Wiederherstellung von Gleichgewicht ab. Sowohl das »Defizitmodell der Motivation« von C. L. Hull (1952) wie die verhaltenstheoretische Uminterpretation der psychoanalytischen Theorie durch Rapaport (1960) leiten Verhalten aus einem »Mangel« des Organismus, aus »Deprivation« ab und geben ihm die Funktion des Mängelausgleichs. Wichtig sollte dieses Motivationskonzept für die Weiterentwicklung der Lerntheorien werden. Verhaltensweisen, die zu dem Effekt der »Triebreduktion«, des Mängelausgleichs führten, werden »verstärkt«, d. h. ihre Auftretenswahrscheinlichkeit wird größer, solche Verhaltensweisen hingegen, welche zu noch größeren Triebspannungen oder Ungleichgewicht führten, werden »gelöscht«, d. h. ihre Auftretenswahrscheinlichkeit wird geringer. Eine konsequente sozial-psychologische Anwendung fand dieser Ansatz in der Erklärung der Nachahmung (Miller, Dollard 1941). Dieser für soziales Verhalten fundamentale Prozeß ist das Produkt der »Verstärkung« zuvor zufällig gezeigter Verhaltensweisen, welche beobachtetes Verhalten nachbildeten. Jedes derart imitierende Verhalten, das belohnt wird, wird zu einer Gewohnheit (habit), und am Ende steht eine generalisierte Nachahmungstendenz, welche die Grundlage sozialer Konformität bildet (s. auch den Beitrag von R. E. Ulrich u. K. Mueller in Bd. IV dieser Enzyklopädie).

Insofern liegt die Denkfigur der homöostatischen Regulation auch vielen Sozialisationstheorien zugrunde: Am Anfang der Sozialisationsprozesse steht jeweils der Einbruch einer neuen barbarischen »Invasion« in die Kultur (Brown 1965); es sind viele Verhaltensweisen gegeben, die nicht mit den Normen und Standards der Gesellschaft übereinstimmen. Das hier bestehende soziale Ungleichgewicht zwischen dem Verhaltenssystem des Heranwachsenden und den Erwartungen der Gesellschaft schafft jenen Mangelzustand, der als motivierend für die Erlernung sozial adäquaten Verhaltens angesehen wird (Miller, Dollard 1941). In variierter Form war dies auch die Annahme der verschiedenen psychoanalytischen Beiträge zur Sozialisation. Merton (²1957) glaubt aus den Arbeiten von Freud herauslesen zu können, daß die Gesellschaft zunächst einmal die Blockierung der antisozialen selbstsüchtigen Triebe des Individuums bewerkstelligen muß. Dies aber geschehe durch den Prozeß der sukzessiven Spannungsreduktion, durch Verstärkung der sozial konformen und »Löschung« der sozial nichtkonformen Verhaltensweisen.

Unter direkter Bezugnahme auf Verstärkungsversuche von Skinner bei Tauben führte Homans (1958) seine »Austauschtheorie« ein. Soziales Verhalten ist danach ein Austausch von Gütern, materiellen wie immateriellen (wie z. B. Billigung oder Prestige), d. h. es ist an einem ökonomischen Prinzip orientiert, bei dem Kosten und Nutzen bewußt oder unbewußt abgewogen werden. Man kann diese für die gegenwärtige Sozialpsychologie noch immer wichtige Theorie als ein bis zu letzter Konsequenz vorgetriebenes Denken in Begriffen von »Verstärkung«, »Belohnung« oder Bestrafung ansehen oder als ersten Ansatz einer »kognitiven« Theorie sozialen Verhaltens insofern, als »Kosten« und »Nutzen« vor der Einleitung eines Verhaltens implizit oder explizit gegeneinander abgewogen werden. In beiden Fällen beruht die Austauschtheorie auf der Annahme des motivierenden Charakters von Lohn und Strafe bzw. von »Nutzen« und »Kosten«. Da Verhaltensregulation gemäß den Kontingenzen von Lohn und Strafe bzw. von Nutzen und Kosten ein bestehendes Ungleichgewicht aufhebt, läßt auch die Austauschtheorie die Denkfigur der Homöostase erkennen.

Felddynamik und Gruppendynamik. Eine der wichtigsten Grundbegriffe in der Feldtheorie von Lewin bezieht sich auf das quasistationäre Gleichgewicht der Kräfte innerhalb des Lebensraums des Individuums. Jede Auslösung eines Bedürfnisses oder jede Änderung der Situation können dieses Gleichgewicht stören und damit eine Reihe von Prozessen einleiten, die zur Wiederherstellung des Gleichgewichts führen. Von hier aus gesehen wurde die Motivationstheorie von Lewin als eine Sonderform einer homöostatischen gekennzeichnet (Madsen 1968). In Untersuchungen zur Gruppendynamik konnte das theoretische System der Feldtheorie am besten ausgebaut werden. Veränderung der Verhaltenstendenzen in einem Teil des Ganzen einer Gruppe ruft Veränderungen im ganzen System hervor, bis ein neues Gleichgewicht hergestellt ist. Dabei kann das neue Gleichgewicht ein solches mit hoher oder mit niedriger Spannung sein (Deutsch 1954). Meinungen und Einstellungen, die bei einem Teil der Gruppe verändert sind (z. B. beim Diskussions- oder Gruppenleiter), können nur durch einen voraussetzungsvollen Prozeß der Änderung der gesamten Gruppe auf die übrigen Mitglieder übertragen werden.

Die Feldkräfte, die von der Gruppe bzw. der Umgebung ausgehen, erhalten hier also einen wesentlich höheren Stellenwert als bei den instinkttheoretischen oder den an der Physiologie der Homöostase orientierten Ansätzen. Dennoch wird das Denkmodell übernommen, demzufolge Verhalten durch »Veränderung« (d. h. Störung des Gleichgewichts) im Feld entsteht und auf die Wiederherstellung eines ausgeglichenen Zustandes zielt.

Diesem Denkprinzip gemäß sind kognitive Prozesse abhängige Variablen des motivationalen, durch das Homöostasemodell definierten Vorgangs. Dies wurde in besonders auffälliger Weise in den Experimenten über die Einflüsse der Gruppe auf Wahrnehmungsprozesse gezeigt. Versuchspersonen, die ein Wahrnehmungsobjekt zusammen mit zwei anderen »Versuchspersonen« beurteilen, die ihrer Instruktion gemäß ein Falschurteil abgeben, werden nach einiger Zeit das eigene Urteil dem der Mehrheit anpassen (Asch 1951). Die Abweichung der eigenen Wahrnehmung von der der anderen ist eine Störung des psychologischen Gleichgewichts, die durch eine Verzerrung der Wahrnehmungsvorgänge ausgeglichen wird.

Ebenso besteht bei gemeinsamer Schätzung von Strecken oder Punktanzahlen eine Tendenz zur Konformität, die Schätzwerte weichen weniger von einander ab als bei Einzelschätzung (Sherif 1935, Sodhi 1954). Gleichgewicht unter Gruppenmitgliedern ist nur durch Annäherung der Meinungen zu erzielen. Weit stärker als bei allen biologisch oder physiologisch orientierten Ansätzen zur Deutung der sozialen Motivation wirkt sich also nach der Auffassung der Feldtheoretiker der Druck, gestörtes Gleichgewicht wiederherzustellen, auf den Verlauf des psychischen Geschehens, also auch auf den des Wahrnehmens oder Urteilens aus. Diese Feststellung gilt auch für Schüler und Mitarbeiter von Kurt Lewin, welche heute als Vertreter einer »kognitiven« Verhaltenstheorie angesehen werden wie etwa Leon Festinger (1959). Jedes Ungleichgewicht unter verschiedenen kognitiven Prozessen kann nach ihm den gleichen Mechanismus in Gang setzen, durch den im Gruppenprozeß Übereinstimmung erzielt wird. Ein oder beide kognitiven Prozesse werden einfach so verändert, daß sie stimmig werden. Das Nichteintreffen des Weltuntergangs, den eine amerikanische Sekte, der Prophezeiung ihres Propheten gemäß, auf einem Berg im Staate Utah zu einem bestimmten Zeitpunkt erwartete, wird kognitive Inkonsistenz, also Ungleichgewicht auslösen. Dieses Ungleichgewicht wird aber bald durch die Vermutung beseitigt, eines der Sektenmitglieder sei nicht wirklich bußfertig gewesen und habe derart die Heimholung der Gruppe ins himmlische Reich verhindert. Das Prinzip der Homöostase wird zur Grundlage der Deutung des Verhaltens, auch ohne daß man auf biologische oder physiologische Regulierungen Bezug nimmt.

Soziales Verhalten, insbesondere aber soziale Wahrnehmung und soziales Urteil, unterliegen dem Zwang zur Sicherung größtmöglicher Konsistenz im Lebensraum des Individuums. Diese Konsistenz, dieses Gleichgewicht unter den Kräften des Feldes, ist der oberste Wert, nicht jener der Realitätsorientierung, der Objektivität, der Entdeckung.

KOGNITIVE VERHALTENSTHEORIEN UND SOZIALE MOTIVATION

Der Triumph der kognitiven Theorien. Seit der Jahrhundertmitte, noch stärker aber seit Beginn des letzten Jahrhundertdrittels zeigt sich in fast allen Bereichen der Psychologie eine Tendenz, motivationale Grundlagen des Verhaltens entweder zugunsten kognitiver Prozesse als weniger bedeutsam einzustufen oder sie gar durch kognitive Systeme zu ersetzen.

Eine ähnliche Überbewertung des kognitiven Anteils der Verhaltenssteuerung scheint sich auch in neueren Ansätzen zur Analyse der Leistungsmotivation bemerkbar zu machen. Ausgangspunkt der zahllosen Studien in dieser Motivgruppe war die Umschreibung des Leistungsbedürfnisses durch Murray (1938) mit Hilfe von sieben Kriterien wie z. B. die Tendenz, etwas so schnell und gut zu machen wie nur möglich, oder »die Tendenz, physische Objekte, Menschen oder Ideen zu beherrschen«, oder »hohe Standards zu erreichen«. Gemeinsam war diesen sieben Kriterien ein spezifisches Bestreben zu einer spezifischen Tätigkeit, die meist Anstrengung und/oder Geschicklichkeit erforderte.

Heckhausen definierte (1965) das Leistungsmotiv noch als »das Bestreben, die eigene Tüchtigkeit in all jenen Tätigkeiten zu steigern oder möglichst hoch zu halten, in denen man einen Gütemaßstab für verbindlich hält und deren Ausführung deshalb gelingen oder mißlingen kann« (604).

Die motivationale Variable stand damals noch im Vordergrund, wurde aber durch das kognitive Kriterium der subjektiven Verbindlichkeit eines objektiven Gütemaßstabs ergänzt. Für Meyer (1976) dagegen ist leistungsorientiertes Verhalten in erster Linie durch das »Bestreben« bestimmt, Information über die eigene Begabung zu erhalten. Infolgedessen spielt ein »Konstrukt« Leistungsmotiv in dem Ansatz überhaupt keine Rolle mehr, es geht um Konsequenzen von wahrgenommener Begabung, wahrgenommener Aufgabenschwierigkeit und ähnlichen »kognitiven« Variablen.

Ähnlich dominieren auch in den neueren Leistungsmotivationsmodellen von Weiner (1972) und Heckhausen (1977) bestimmte Überzeugungen über die Ursache von Erfolg und Mißerfolg neben anderen kognitiven Momenten über die Art des leistungsbezogenen Verhaltens. Das Leistungsmotiv im Sinne von vorwiegender Erfolgs- oder Mißerfolgserwartung wird dabei zwar noch in die Diskussion einbezogen. Aber es handelt sich nicht

279

mehr um ein »Streben«, diesem oder jenem Standard gerecht zu werden, sondern eben um eine Erwartung und damit eine kognitive Variable, die zudem nicht Motivationscharakter, sondern Eigenschaftscharakter hat (s. den Beitrag von A. Brunner in Bd. V dieser Enzyklopädie). Denn es geht bei dieser »generalisierten Erwartung« von Erfolg bzw. Mißerfolg ja nicht um einen durch eine bestimmte Situation ausgelösten Prozeß der Verhaltensregulation, sondern lediglich um eine auf Grund zurückliegender Erfahrungen erworbene Erwartung, so oder so abzuschneiden.

Von hier aus gesehen bringen die mit der »Attribuierungstheorie« von Weiner (1972) einsetzenden Revisionen des Konzepts Leistungsmotivation sicher manche interessante Bereicherung. Aber wie gerade die Forschungsrichtung von Schneider (1973), Meyer (1976) und anderen zeigt, wird der eigentliche Ausgangspunkt, das motivationale Problem, dabei immer mehr zugunsten eines kognitiven Konstrukts vernachlässigt.

Die gleiche Gefahr besteht auch bei manchen neueren Interpretationen von sozialpsychologischen Theorien wie etwa der Austauschtheorie (vgl. z. B. Bierhoff 1973) oder der Konsistenztheorien (Ertel 1970).

DIE INTERAKTION
VON MOTIVATIONALEN UND KOGNITIVEN PROZESSEN

Die Ausschaltung motivationaler Prozesse oder ihre Umbenennung in solche kognitiver Natur ist eher eine Überreaktion auf ihre jahrzehntelange Überbewertung als eine angemessene Erklärung menschlichen Verhaltens. Die Aufgabe der Gegenwart und Zukunft liegt in der Erarbeitung von Informationen, welche die Interaktion zwischen motivationalen und kognitiven Prozessen näher beleuchten. Diese Interaktion wird zwar von einigen Autoren, die sich »kognitiven Motivationsmodellen« verschrieben – vor allem solchen auf Leistung bezogenen –, versucht, indem man als eine Variable in die Studie die Stärke des Leistungsmotivs, meist im Sinne höherer Erfolgs- oder Mißerfolgserwartung einführt. Da dieses Leistungsmotiv aber als *Eigenschaft*, d. h. als konsistente Verhaltenstendenz aufgefaßt wird, kann man kaum davon sprechen, daß solche Modelle die Interaktion von kognitiven und motivationalen Prozessen erfassen.

Diese Interaktion wird nur durch eine Beobachtung von längeren Verhaltenssequenzen erfaßbar, wie sie in der Analyse von Tages- und Lebensläufen (Thomae 1968) oder der Schilderung von Konfliktverläufen (Thomae 1974) möglich werden. Wenn wir den Mut haben, möglichst ausführliche und möglichst wenig verzerrte Berichte von Verhaltenssequenzen zu studieren, dann wird uns der abstrahierende Charakter unserer psychologischen Konstrukte nur zu deutlich. Motivationen werden dann jene Aspekte des Verhaltens, die in Beziehung zu Änderungen in Intensität, Form und Richtung dieses Verhaltens stehen. Kognitive Aspekte sind durch ihre Beziehung zu bestimmten internen oder externen Umgebungsvariablen bzw. zu verschiedenen Zeitperspektiven in Relation zu sehen.

Die Konturierung eines Verhaltensabschnitts durch stärker motivationale oder kognitive Aspekte aber scheint nach vielen Informationen eine Folge des Spezialisierungsgrades der jeweils aktivierenden Motivationseinheiten zu sein. Als Beleg für diese These darf daran erinnert werden, daß die motivationale Abhängigkeit kognitiver Prozesse immer von Beobachtungen und Experimenten aus demonstriert wurde, in denen spezielle Primärbedürfnisse depriviert, frustriert oder sonstwie (z. B. durch Bedrohung) beeinträchtigt wurden. Es sind Situationen des biologischen oder sozialen Defizits, welche eine Konzentration aller Energien und psychischen Abläufe auf die Beseitigung des Defizits oder den Ausgleich des gestörten Gleichgewichts zum Ziele haben. In diesen Situationen entstehen jene Verzerrungen, Fälschungen oder Überakzentuierungen der Realität, von denen manche Experimente zur »social perception« berichten.

Kognitive Theorien des Lernens dagegen argumentieren vom Verhalten gesättigter Ratten aus, sie orientieren sich an Beobachtungen, in denen eine ausgeglichene Bedürfnislage herrscht und nur ein allgemeines Bedürfnis nach Aktivität oder nach Erkundung das Verhalten bestimmt. In all diesen Situationen erscheint die Wahrnehmung nicht oder kaum verzerrt, das Lernen verliert etwas von seinem instrumentellen Charakter, und Problemsituationen bilden in sich einen Anreiz zu ihrer Lösung.

Mit anderen Worten: Theorien, welche kognitives Verhalten von der jeweils gegebenen Motivation abhängig sehen, orientieren sich an »Mängelsituationen« mit hohem Spezialisierungsgrad der Gesamtthematik.

Theorien, welche Motivation und Verhalten von kognitiven Repräsentationen abhängig sehen, orientieren sich an relativ entspannten Situationen, d. h. solchen, in denen die individuelle Kompetenz ganz zur Auswirkung kommen kann.

Dabei ist auf den Charakter der relativen Entspannung der Situation zu verweisen. Unsere Argumentation bezieht sich also nicht auf den Bereich niedriger Stimulationsaktivation, wie er den bekannten Modellen zugrunde liegt, welche den Zusammenhang zwischen »Aktivation« und »Leistung« definieren (Schönpflug 1972). Sie versuchen vielmehr die Relation von mittlerer (d. h. optimaler) und starker, d. h. durch Deprivation bedingter Aktivation näher zu definieren. Diese Charakterisierung ist vor allem durch Hinweise auf den Übergang von relativ zweckfreier zu bedürfnisbezogener Aktivität zu leisten.

Der jahrhundertealte Streit darüber, ob stärker »offene«, unspezialisierte Themen oder Grundbedürfnisse das Handeln des Menschen bestimmen oder sehr stark spezialisierte, ist danach durch den Hinweis auf die Determinanten dieses Spezialisierungsgrades zu lösen. Hoher Grad von Unausgeglichenheit in der Situation spezialisiert alle motivationalen *und* kognitiven Prozesse in Richtung auf Aufhebung dieser Unausgeglichenheit. Geringer Grad von Unausgeglichenheit bzw. von Spannung dagegen gibt Grundmotiven wie etwa dem Selbstverwirklichungsstreben eine Chance. Eine Chance aber haben in diesen Situationen alle auf die Erfassung der Realität gerichteten Prozesse. In diesen relativ ungespannten Situationen besteht Offenheit für den »Sinn«, den »Gehalt« der Situation, während dieser in gespannteren Lagen durch die akute Bedürfnislage verdeckt wird.

Ein auf die soziale Realität älterer Mitbürger bezogenes Beispiel für den Deprivationsgrad, dem eine Person ausgesetzt ist, und ihre Fähigkeit zu objektiver Wahrnehmung dieser Situation wurde durch Feldexperimente von Carp (1975) vorgelegt. Ausgehend von der mehrfach bestätigten Beobachtung, daß besonders bedürftige ältere Menschen ihre an sich sehr schlechte wirtschaftliche Lage und Wohnungssituation als durchaus erträglich oder sogar besonders positiv beurteilen, untersuchte sie den Einfluß, den die (auf Fakten beruhende) Mitteilung von Möglichkeiten einer Verbesserung der eigenen Wohnsituation auf deren Einschätzung hatte. Es zeigte sich, daß daraufhin die momentane Wohnung wesentlich schlechter beurteilt wurde als bei einer Vergleichsgruppe, die bei dem betreffenden Sanierungsprogramm keine Berücksichtigung finden konnte. Carp meint, daß bei jenen, welche die eigene Wohnsituation als unveränderlich ansehen, bestimmte Abwehrmechanismen zu funktionieren beginnen, um insbesondere negative Auswirkungen der Wahrnehmung der Wohnungsrealität auf das Selbstbild zu verhindern. Sobald aber die Möglichkeit der Änderung glaubhaft wird, werden diese motivational bedingten Verzerrungen unnötig. Offensichtlich bedarf es eines Forschungsansatzes, der zu der sozialen Realität in engerer Beziehung steht als viele nurmotivationale (z. B. homöostatisch orientierte) oder nurkognitive (z. B. attributionstheoretische) Ansätze, um die komplexe Interaktion jener Prozesse einsehen zu können, die unter den Begriffen motivational bzw. kognitiv in der Allgemeinen Psychologie voneinander abgehoben werden.

LITERATUR

Asch, S. E.: Effects of group pressure upon the modification and distortion of judgements. In: H. Guetzkow (Ed.): Groups, Leadership, and Men. Pittsburgh, PA.: 1951, 177–190

Bierhoff, H. W.: Kosten und Belohnung: Eine Theorie sozialen Verhaltens. Z. Sozialpsychologie, 4, 1973, 297–317

Brown, R.: Social psychology. New York: Free Press 1965

Cannon, W. B.: The wisdom of the body. New York: Norton 1932

The body physiology and the body politic. Science, 93, 1941, 1–10

Carp, F. M.: Ego-defense or cognitive consistency effects on environmental evaluations. J. Gerontol., 30, 1975, 707–711

Dempsey, E. W.: Homeostasis. In: S. S. Stevens (Ed.): Handbook of Experimental Psychology. New York, London: 1951, 209–235

Deutsch, M.: Field theory in social psychology. In: G. Lindzey (Ed.): Handbook of Social Psychology, I. Reading, Mass.: Addison-Wesley 1954, 181–222

Eibl-Eibesfeldt, I.: Grundriß der vergleichenden Verhaltensforschung. München: Piper 1967

Liebe und Haß. Naturgeschichte elementarer Verhaltensweisen. München: Piper 1970

Ertel, S.: Relationale Dynamik. Ein Beitrag zur Konsistenztheorie. Z. Sozialpsychologie, 1, 1970, 22–40

Festinger, L.: The motivational effects of cognitive dissonance. In: S. Kelley (Ed.): The Assessment of Human Motives. New York: Wiley 1959

Heckhausen, H.: Leistungsmotivation. In: H. Thomae (Hg.): Handbuch der Psychologie, II. Göttingen: Verlag f. Psychologie 1965, 602–702

Achievement motivation and its contructs. Motivation and Emotion, 1, 1977, 283–329

Homans, G. C.: Social behavior as exchange. American Journal of Sociology, 63, 1958, 597–606

Hull, C. L.: A behavior system. New Haven: Yale Univ. Press 1952

Lewin, K.: Field theory in social science. New York: Harper 1951. Deutsch: Feldtheorie in den Sozialwissenschaften. Bern, Stuttgart: Huber 1963

Lorenz, K.: Das sogenannte Böse. Zur Naturgeschichte der Aggression. Wien: Borotha-Schoeler 1963

Madsen, K. B.: Theories of motivation. Kopenhagen: Munksgaard 1968

Maslow, A. H.: The farthe reaches of human nature. New York: The Viking Press 1971

McDougall, W.: An introduction to social psychology. London: Methuen 1908, ³³1955

Merton, R. K.: Social theory and social class. New York: Free Press ²1957

Meyer, W. U.: Leistungsorientiertes Verhalten als Funktion von wahrgenommener eigener Begabung und wahrgenommener Aufgabenschwierigkeit. In: H. D. Schmalt, W. U. Meyer (Hg.): Leistungsmotivation und Verhalten. Stuttgart: Klett 1976, 101–136

Miller, N. E., Dollard, J.: Social learning and imitation. New Haven: Yale Univ. Press 1941

Murray, H. A.: Explorations in personality. Oxford: Oxford University Press 1938

Rapaport, D.: Die Struktur der psychoanalytischen Theorie. Stuttgart: Klett 1960

Schneider, K.: Motivation unter Erfolgsrisiko. Göttingen: Verlag für Psychologie 1973

Schönpflug, W.: Methoden der Aktivierungsforschung. Bern: Huber 1973

Sherif, M.: A study of some social factors in perception. Arch. Psychology, 187, 1935

Sodhi, K. S.: Urteilsbildung im sozialen Kraftfeld. Göttingen 1953

Stagner, R.: Homeostasis, discrepancy, dissonance. A theory of motives and motivation. Motivation and Emotion, 1, 1977, 103–138

Thomae, H.: Das Individuum und seine Welt. Göttingen: Verlag für Psychologie 1968

Konflikt, Entscheidung, Verantwortung. Stuttgart: Kohlhammer 1974

Weiner, B.: Theories of motivation. Chicago: Markham 1972

Young, I. Z.: An introduction to the study of man. New York: Oxford University Press 1971

SOZIALE BEEINFLUSSUNG
DER INDIVIDUELLEN LEISTUNG

von Helmut E. Lück

»Wie ist die Wirkung der Anwesenheit einer Gruppe anderer Personen auf die geistige Aktivität, wenn man diese Wirkungen objektiv wie die Wirkungen der Temperatur, des Luftdrucks und dergleichen untersucht?« Diese Frage des Amerikaners Burnham (1910) könnte paradigmatisch über dem Beginn der experimentellen Sozialpsychologie stehen. Gleich das Experiment, das allgemein als erstes sozialpsychologisches Experiment überhaupt angesehen wird, ging dem »Schrittmacherphänomen« nach: Norman D. Triplett (1897) hatte beobachtet, daß Radfahrer schneller fuhren, wenn sie einen Konkurrenten hatten, mit dem sie um die Wette fuhren, als wenn sie nur allein »gegen die Zeit« fuhren.

Zur Erklärung dieser Erscheinung diskutierte Triplett sechs verschiedene Theorien. Seiner »Theorie der Dynamogenese« gab Triplett schließlich den Vorzug. Sie »nimmt an, daß die körperliche Anwesenheit eines anderen Fahrers für den Rennfahrer einen Reiz zur Auslösung des Wettbewerbsinstinktes darstellt, daß der andere auf diese Weise ein Mittel zur Auslösung oder Freisetzung nervöser Energie darstellt und daß fernerhin das Sehen der Bewegung beim anderen auch eine Anregung zu größerer Anstrengung ist, weil sie vielleicht eine höhere Geschwindigkeit suggeriert« (1897, 516).

Diese Annahme versuchte Triplett experimentell zu überprüfen. Um störende Einflüsse auszuschließen, verließ er das Gebiet des Radrennsports und entwickelte eine »Wettbewerbsmaschine«, an der zwei Vpn gleichzeitig, aber unabhängig voneinander, je eine 16 Meter lange Schnur aufrollen konnten. Nach Vorversuchen mit über zweihundert Vpn führte Triplett das eigentliche Experiment mit vierzig Kindern durch, die nach einem ausgeklügelten Versuchsplan entweder einzeln oder zu zweit die Angelschnüre aufrollen mußten.

Nach Tripletts Interpretation der Ergebnisse wurden zwanzig Kinder durch den Wettbewerber positiv stimuliert, zehn wurden überstimuliert, und die restlichen zehn Vpn wurden nur gering beeinflußt. Eine nachträgliche Analyse des veröffentlichten Zahlenmaterials (Lück 1969) zeigt jedoch deutlich, daß Tripletts Interpretation nach heutigen Maßstäben zu weit ging: Die Unterschiede zwischen den Versuchsbedingungen sind statistisch nicht signifikant.

Wichtiger als die Einzelbefunde sind sicher der methodische Ansatz und die Überlegungen von Triplett: »Von den oben dargestellten Ergebnissen bezüglich der Wettrennen im Laboratorium schließen wir, daß die körperliche Anwesenheit eines anderen Wettbewerbers, der gleichzeitig am Rennen teilnimmt, dazu dient, latente Energie freizusetzen, die normalerweise nicht verfügbar ist« (1897, 533).

Die Freisetzung latenter Energien durch die körperliche Anwesenheit anderer sollte in

283

der Folgezeit eine ganze Reihe von Forschern beschäftigen. In Deutschland waren es insbesondere experimentell arbeitende Pädagogen oder pädagogisch engagierte Psychologen wie Meumann (1904), Mayer (1903) und Schmidt (1904), die sich um die Jahrhundertwende besonders für die Vor- und Nachteile von Haus- und Schularbeiten interessierten. Schmidt (1904) folgerte aus seinen umfangreichen Untersuchungen an mehreren Schulklassen: »Die häuslichen Rechenaufgaben zeigen in materieller Hinsicht durchaus eine bedeutend geringere Qualität als das Schulrechnen.« Und an anderer Stelle wird der Schluß gezogen, »daß in der häuslichen Stille, fern von den Einflüssen der Klasse, ein Aufsatz nach Inhalt und auch nach Form besser gedeihen kann als im Massenunterricht«. Schmidts Folgerungen sind weitreichend. Unter anderem schreibt er: »Schriftliche häusliche Rechenarbeiten sind durchweg zu unterlassen und aus den Lehrplänen zu entfernen, da ihre materielle Qualität als eine tiefstehende bezeichnet werden muß«, und weiter: »Bei häuslichen Aufgaben hat für die Schüler eine Belehrung dahin zu gehen, daß sie dieselben, wenn nur möglich, zu einer Zeit anfertigen sollen, in welcher sie allein für sich arbeiten können« (1904, 298 f).

Aus der damaligen Zeit müssen besonders die Arbeiten von Walter Moede hervorgehoben werden. Moede (1914, 1919–1920, 1920) führte bereits 1913 eine großangelegte Versuchsreihe zum Einfluß der sozialen Situation auf die Leistung des einzelnen durch. Die Ergebnisse dieser Versuche wurden – wohl durch die Wirren des Ersten Weltkrieges – erst 1920 umfassend in der »Experimentellen Massenpsychologie« veröffentlicht. Moede war Schüler von Wilhelm Wundt und übernahm von ihm die Methoden der »physiologischen Psychologie« in den Forschungsbereich, den wir heute als »Kleingruppenforschung« bezeichnen.[1]

Moede kannte zwei Formen des Beisammenseins: »Wir können von einem statischen Beisammensein sprechen, wenn die einzelnen Arbeitenden ... stumm nebeneinander ihre Tätigkeit ausführen, beispielsweise geräuschlos irgendeine Sortiertätigkeit jeder für sich ausüben. Eine dynamische Gruppe dagegen wäre dann gegeben, wenn Wechselbeziehungen stärkerer Art von den einzelnen ausstrahlen und empfangen werden« (1919–1920).

Moedes Experimente zielten auf die Wirkungen des statischen Beisammenseins ab, wobei er zwei verschiedene Formen realisierte. Einmal verrichtete die zweite Vp oder die übrigen Gruppenmitglieder die gleiche Arbeit, oder die anderen traten nur als Zuschauer auf. Für den ersten Fall hat sich später im Englischen die Bezeichnung »co-action« durchgesetzt; die zweite Bedingung ist die »audience«- oder Publikumsbedingung.

In Moedes Versuchen mußten Kinder einzeln, zu mehreren oder vor Zuschauern u. a. möglichst viele Punkte auf ein Stück Papier setzen, ein Dynamometer zusammendrücken, Stromschläge aushalten und dergleichen mehr. Moede glaubte, einen Leistungsanstieg und eine Tendenz zur Vereinheitlichung (»Assimilation«) in der Gruppensituation nachweisen zu können. Nachträgliche Berechnungen (Lück 1969, 14) zeigen allerdings, daß auch hier statistische Signifikanz nicht gegeben war.

Die bekanntesten Experimente zur sozial bedingten Leistungsaktivierung wurden in den Jahren 1916 – 1919 von Floyd H. Allport (1920, 1924) durchgeführt. Die Anregung zu diesen Experimenten im Rahmen der Dissertation Allports hatte der aus Deutschland emigrierte Hugo Münsterberg gegeben, dem die Versuche von Moede bekannt waren. Allport wies seine Vpn an, ihre Leistungen nicht als Wettbewerb zu verstehen. Die Vpn arbeiteten also nebeneinander; ein Leistungsvergleich war nicht gestattet. »Auf diese Weise wurde der Wettbewerb, der ein anderes soziales Problem darstellt und getrennt untersucht werden sollte, auf sein natürliches Minimum reduziert« (1920, 160). Allport ließ seine Vpn einzeln oder in Gruppen von drei bis fünf Personen u. a. in Texten die Vokale durchstreichen, Zahlen multiplizieren, schriftlich frei assoziieren, Gerüche und Gewichte beurteilen. Als Ergebnis stellte Allport eine Quantitätssteigerung in der co-action-Situation fest, glaubte aber zu erkennen, daß sich die Gruppensituation vor allem bei mechanischen und motorischen Arbeiten eher leistungsfördernd auswirkt. Auch Allports Ergebnisse sind nach heutigen Maßstäben durchweg nicht signifikant (Lück 1969, 17).[2]

Allport glaubte jedoch, zwei gegenläufige Einflüsse auf das Verhalten in der Nebeneinandersituation entdecken zu können: »Der erste ist ein hemmender Einfluß, der durch Störung der Sinnesorgane, emotionale Faktoren wie Übererregung beim Wettkampf, Voreingenommenheit beim Vergleich mit anderen und dergleichen zustande kommt. Der zweite und stärkere Faktor ist die *Erleichterung* (facilitation). Zahlreiche Stimuli als Anzeichen für die schnelle Arbeit des Nachbarn dienen als Antrieb für größere Anstrengungen« (1920). Im Jahr 1924 verwendete Allport zum erstenmal den Begriff »Social Facilitation« für diese sozial bedingte Leistungsaktivierung oder -erleichterung. Verantwortlich für diese Erleichterung machte er »den Anblick und die Geräusche der anderen, die das gleiche tun«. Diesen Social-Facilitation-Effekt trennte Allport deutlich von der Rivalität.

»Social Facilitation« ist als Fachausdruck die Bezeichnung für eine ganze Reihe von Experimenten an Menschen und Tieren geworden, die vor allem in den zwanziger und dreißiger Jahren in erster Linie in Amerika durchgeführt wurden. Bei all diesen Versuchen ging es um Einflüsse anderer ohne nennenswerte soziale Interaktionen und ohne kooperativ zu erbringende Leistungen. Auf das folgende Schaubild bezogen, befaßte sich die Social-Facilitation-Forschung mit einem Vergleich der Bedingungen I und II.

		ART DER GEFORDERTEN LEISTUNG	
		individuell	kooperativ
SITUATION	einzeln	I	III
	zusammen	II	IV

Die für die meisten Gruppensituationen typische Bedingung IV wurde bewußt ausgeklammert und rückte – historisch gesehen – erst später in den Brennpunkt der sozialpsychologischen Interessen.

In einem berühmt gewordenen Abschnitt des 12. Kapitels seiner »Social Psychology« (1924) diskutiert Allport die Social-Facilitation-Effekte in Massensituationen und wendet sich ausdrücklich gegen die Massenpsychologie: »Le Bon bezog sich bei vielen seiner Beschreibungen der Volksmassen auf die Französische Revolution. Er hat jedoch seltsamerweise nicht bemerkt, daß es nicht das ›Kollektivbewußtsein‹ oder der ›Massenimpuls‹ war, der die Bastille stürmte und Reihen von Aristokraten auf die Guillotine brachte. Es war der einzelne Bürger, der dies tat – der Mann, der ›im Zustand der Isolation‹ viele Jahre lang den gleichen Haß verspürt hatte und den gleichen Funken Rachsucht und Freiheitswillen bewahrt hatte, der nun in der Masse in lodernden Flammen aufging. Nichts Neues oder anderes wurde durch die Massensituation herbeigeführt, außer der Verstärkung eines bereits vorhandenen Gefühls und der Möglichkeit zum vereinten Handeln. Der einzelne in der Menge verhält sich so, wie er sich auch allein verhalten würde, nur noch verstärkt (only more so)« (1924, 295).

Im behavioristischen Fahrwasser der Allportschen Lehre sind eine ganze Reihe von Social-Facilitation-Experimenten durchgeführt worden, bezeichnenderweise zum großen Teil an Tieren.[3]

Betrachtet man die älteren und auch die jüngeren empirischen Arbeiten zur sozial bedingten Leistungsaktivierung näher, so fällt die Uneinheitlichkeit der Ergebnisse auf, wie sich ja auch die erwähnten Beispiele zum Teil zu widersprechen scheinen. Die Beurteilung wird auch dadurch erschwert, daß kaum eine Untersuchung in gleicher Weise wiederholt worden ist.

Eine der wenigen Replikationen stammt von Dashiell (1930). Dashiell ließ seine Versuchspersonen einige Aufgaben von Allport wiederholen, untersuchte jedoch neben der Einzel- und der Nebeneinandersituation noch eine dritte Bedingung: Die Versuchspersonen arbeiteten einzeln ohne Sichtkontakt, aber auf gemeinsames Startzeichen hin. Dashiell erhielt auch unter dieser Bedingung einen Social-Facilitation-Effekt, der allerdings nicht so stark war wie in der Nebeneinandersituation. Immerhin wurde nun fragwürdig, ob der »Anblick und die Geräusche der anderen, die das gleiche tun« (Allport), die Hauptursache für die Leistungssteigerungen war.

Alles in allem erscheinen die Ergebnisse der Social-Facilitation-Forschung als recht unbefriedigend. Dies mag ein Grund dafür sein, daß »Social Facilitation« als Erklärungsprinzip nach der anfänglichen Begeisterung in den zwanziger und dreißiger Jahren später fast in Vergessenheit geraten ist. Manche der neueren Autoren lassen den Begriff »Social Facilitation« auch aus methodischen Gründen vollkommen fallen oder verwenden ihn in einem anderen Sinn. Sie sind der Meinung, es handele sich bei der sogenannten »Social Facilitation« nicht um ein einheitliches Problem oder gar Phänomen, sondern um statistische Artefakte oder um ein unkontrolliertes Aufeinanderprojizieren verschiedener Einzeleffekte, die hier zusammengeworfen worden sind. Die Kritik an Social-Facilitation-Experimenten im Stile Allports fand schließlich in den fünfziger Jahren ihren Höhepunkt. Asch schreibt 1952: »Wenn die Leistung unter Gruppenbedingungen ansteigt, liegt es daran, daß Social Facilitation wirksam ist, erhält man den gegenteiligen Effekt, ist ein gegensätzlicher Faktor für das Ergebnis verantwortlich: Social Inhibition. Warum ein Faktor einmal wirksam ist und ein andermal nicht, bleibt verborgen. Es entsteht daher der Verdacht, daß die angebotenen Begriffe einfache Umformulierungen quantitativer Ergebnisse sind.«[4]

Gibt es nicht doch ein einheitliches Erklärungsprinzip, auf das sich wenigstens die methodisch exakten Untersuchungen zurückführen lassen? Schon die Alltagserfahrung läßt vermuten, daß Aufgaben, die besondere Anforderungen an die Konzentration stellen, im »stillen Kämmerlein« besser bewältigt werden. Ähnlich äußerte sich Allport (1920): »Gruppendenken ist extensiv, individuelles Denken ist – in gewissem Grade – intensiv.«

Tatsächlich legt eine ganze Reihe von Untersuchungen die Vermutung nahe, daß nur bestimmte, nämlich relativ einfache bzw. gut gelernte oder geläufige Reaktionen in der sozialen Situation begünstigt werden.

Robert B. Zajonc hat 1965 versucht, die Ergebnisse der bisherigen Social-Facilitation-Forschung unter einer Hypothese zu subsumieren, die zunächst bestechend einfach erscheint: »Audience enhances the emission of dominant responses« – die Anwesenheit von Publikum erleichtert die Abgabe dominanter Reaktionen. Diese Hypothese soll nach Zajonc sowohl für die »co-action«- als auch für die »audience«-Situation gelten. Tatsächlich gelingt es Zajonc mit dieser Hypothese, einen großen Teil der Forschungsergebnisse von Experimenten an Menschen und Tieren auf einen Nenner zu bringen. Seine Hypothese versucht Zajonc mit Bezug auf die Theorien von Hull und Spence in zwei Stufen zu begründen: 1. Die Anwesenheit anderer führt beim Individuum zu einem Anstieg des Antriebsniveaus. 2. Das erhöhte Antriebsniveau führt seinerseits zum bevorzugten Auftreten derjenigen Verhaltensweisen, deren Auftreten in der jeweiligen Situation ohnehin besonders wahrscheinlich ist. Wenn dominante, d. h. wohletablierte, gutgelernte oder sogar physiologisch verankerte Reaktionen in Anwesenheit von Zuhörern oder Zuschauern verstärkt auftreten, so sind zwei Fälle denkbar:

Der erste Fall: Die jeweils dominanten Reaktionen sind adäquat und förderlich für das Zustandekommen der betreffenden Leistung. In diesem Falle gibt es eine echte soziale Erleichterung, einen Leistungsvorteil in der sozialen Situation.

Beispiel ist der Nestbau der Ameisen oder die Freßreaktion bei Hühnern, Ratten, Affen, Fischen und bei Welpen. Auch »schlechte Esser« unter Kindern sollen sich nach den Erfahrungen mancher Pädagogen durch »gute Esser« anregen lassen.

Vpn im Laboratorium zeigten, als sie beobachtet wurden, größere Aufmerksamkeitsleistungen, bessere Bewältigung einfacher gelernter Bewegungen, Leistungssteigerungen beim Durchstreichen bestimmter Buchstaben in fortlaufenden Texten, beim Lösen einfacher Labyrinthe oder beim schriftlichen Fixieren von freien Assoziationen.

Der zweite Fall: Die jeweils dominanten Reaktionen sind inadäquat, also hinderlich für die betreffende Leistung. Auch dominante Reaktionen dieser Art werden in der sozialen Situation verstärkt, führen dann aber zum Leistungsabfall in der sozialen Situation. Beim Lösen schwieriger Probleme überwiegen z. B. zunächst die falschen Lösungen, sie »liegen näher«. Auch diese dominanten, falschen Lösungen werden in der sozialen Situation verstärkt, so daß das Ergebnis des einzelnen in der Gruppe oder vor Zuschauern schlechter ausfällt als in der Einzelsituation. Beispiel ist das schlechtere Lernverhalten von Küchenschaben in einem einfachen Irrgarten; ähnliches wurde beobachtet bei Sperlingspapageien, bei Ratten oder bei Wellensittichen. Auch menschliche Vpn zeigten beim Lernen in einem Konditionierungsexperiment, beim Erlernen sinnloser Silben oder eines Fingerlabyrinthes bei Anwesenheit anderer Personen schlechtere oder wenigstens nicht bessere Ergebnisse als in der Einzelsituation. In einem Experiment von Ichheiser (1930) sank die Leistung vor einem Zuschauer, als ein komplizierter Würfel zusammenzusetzen war.[3]

Zajonc begründet seine Hypothese, die im übrigen schon in ähnlicher, aber weniger scharfer Form von Moede (1920) formuliert wurde, im Rückschluß der Social-Facilitation-Resultate. Der Beweis für die Gültigkeit seiner zwei Stufen steht aber genaugenommen noch aus. Allerdings gibt es einige Hinweise, die für die Richtigkeit der Stufen sprechen könnten: Diverse Tierexperimente haben gezeigt, daß im Zustand des sozialen Nebeneinanders tatsächlich die Erregung größer ist, vermutlich durch Ausschüttung von adrenocorticotropem Hormon (ACTH), das seinerseits die Nebennierenrinde zu vermehrter Hormonausschüttung anregt.

Verabreicht man Mäusen eine bestimmte, starke Dosis von Amphetamin, einem Sympathikomimetikum, dann kann man feststellen, daß diese gleiche Dosis bei einzeln gehaltenen Tieren seltener tödliche Wirkungen hat als bei Tieren, die in Gruppen gehalten wurden. Die soziale Situation bewirkt, daß das einzelne Tier noch stärker erregt wird als ohnehin schon durch das verabreichte Gift.

Auch für die zweite Stufe der Zajonc-Hypothese, die bevorzugte Abgabe dominanter Reaktionen bei erhöhter Erregung, gibt es einige Hinweise. Unter Rückgriff auf die Streßforschung einerseits und die Lerntheorien von Hull und Spence andererseits kann man tatsächlich vermuten, daß das Verhalten unter Erregung rigider, d. h. »festgefahrener«, gewohnheitsmäßiger, starrer, uneinsichtiger wird. Die Zajonc-Hypothese in dieser Zwei-Stufen-Form ist erst in den letzten Jahren experimentell mit Hilfe physiologischer Messungen zur Erfassung der Erregung untersucht worden (Henchy, Glass 1968; Lück 1969; Martens 1969 a, 1969 b). Die Ergebnisse dieser Studien sprechen für gelegentliche erhöhte Erregung und auch für die verstärkte Abgabe dominanter Reaktionen; die Arbeiten von Cottrell, Wack, Sekerak u. Rittle (1968), Henchy u. Glass (1968) und Lück (1969) haben allerdings gezeigt, daß die Zajonc-Hypothese in dieser allgemeinen Form nicht gültig ist. Im Experiment von Cottrell u. a. zeigten die Vpn nur dann eine vermehrte Abgabe dominanter Reaktionen, wenn die soziale Publikumssituation eine bestimmte erregende Bindung erfüllte: Die zwei Studenten hinter der Vp mußten in ihrer Funktion als Publikum Einsicht in die Arbeit der Vp haben. Waren ihnen die Augen verbunden (vorgeblich für ein später durchzuführendes Wahrnehmungsexperiment), so veränderte die Vp gegenüber der Einzelsituation ihr Verhalten nicht.

Ähnlich geringfügig waren die Auswirkungen der Publikumssituation auf die Vpn, wenn die Zuschauer als inkompetent oder irrelevant für die eigene Leistung empfunden wurden (von Wins 1969, Lück 1969).

Henchy u. Glass (1968) versuchten, die Leistungsveränderungen mit Rosenbergs Begriff der »evaluation apprehension« (Vorahnung der Bewertung) zu erklären. Erst wenn der einzelne das Gefühl hat, bezüglich seiner Leistung beurteilt zu werden, kommt es zur Verhaltensänderung und nicht nur quasi automatisch durch einfache Anwesenheit anderer. Cottrell (1968) betont wie früher schon Klein (1956) den gleichen Aspekt und weist darauf hin, daß die Erregung erlernt sein muß. Das Individuum hat gelernt, zwischen irrelevanten und relevanten sozialen Situationen, zwischen kompetenten und inkompetenten Zuschauern zu unterscheiden – dementsprechend unterschiedlich »regt es sich auf«.

Untersuchungen zum Lampenfieber von Berufsmusikern (Eckhardt, Lück, Mertesdorf 1970) zeigen ebenfalls deutlich, wie unwichtig die absolute Anzahl der Zuhörer im Vergleich zu ihrer Kompetenz aus der Sicht der Musiker ist. Ein bestimmter Zusammenhang zur Leistung ist damit natürlich noch nicht gegeben. So wie Allport in Dashiell und anderen seine Kritiker fand, hat auch Zajonc mit seiner quasimechanistischen Social-Facilitation-Hypothese seine Kritiker gefunden. Ob die individuelle Leistung durch andere Personen beeinflußt wird, hängt neben Persönlichkeitszügen wie Ängstlichkeit (vgl. z. B. Cox 1966, 1968 sowie Ganzer 1968) wesentlich von den Interaktionsprozessen in der Gruppe (s. den Beitrag von K. Bilitza in diesem Band) sowie von der subjektiven Bedeutung der anderen für die betreffende Person ab.

ANMERKUNGEN

1

Moede setzte sich mit seiner Vorgehensweise in deutlichen Widerspruch zu seinem Lehrer, denn Wundt hielt auch noch in späteren Jahren an der Trennung der Psychologie in eine »physiologische Psychologie« und eine »Völkerpsychologie« fest. Diese Unterscheidung hatte rein methodische Gründe, denn Wundt glaubte, soziale Beziehungen seien zu komplex, um sie per experimentum erforschen zu können – eine Auffassung, die die Entwicklung der experimentellen Kleingruppenforschung in Deutschland vermutlich verzögert hat.

2

Hinzu kommt noch, daß Allport seine Versuche mit insgesamt nur 26 Vpn durchführte, die alle Psychologie studierten oder studiert hatten. Man kann vermuten, daß diese Vpn im Laufe der Monate, in denen die Versuche durchgeführt wurden, Einstellungen erworben hatten, die sich als Versuchsleitereffekte in den Verhaltensweisen und den Versuchsergebnissen niederschlugen.

3

Eine umfassende Übersicht über alle derartigen Untersuchungen findet sich bei Lück 1969 (9–22 u. 81–127).

4

In diesem Zusammenhang sollte auch darauf hingewiesen werden, daß jede Verhaltensänderung in der sozialen Situation als Zunahme eines bestimmten Verhaltens, gleichzeitig aber auch als Abnahme des anderen, gegensätzlichen Verhaltens, interpretiert werden kann. Zunahme der Freßreaktionen bei Hühnern in Gruppen kann gleichzeitig als Abnahme eines anderen Verhaltens interpretiert werden, sei es nur des »Herumstehens«.

LITERATUR

ALLPORT, F. H.: The influence of the group upon association and thought. J. Exper. Psych., 3, 1920, 159–182

Social Psychology. Boston 1924

ASCH, S.: Social Psychology. Englewood Cliffs 1952

BURNHAM, W. H.: The group as a stimulus to mental activity. Science, 31, 1910, 761–767

COTTRELL, N. B.: Performance in the presence of other human beings: Mere presence, audience, and affiliation effects. In: E. C. Simmel u. a. (Eds.): Social facilitation and imitative behavior. Boston 1968

COTTRELL, N. B., WACK, D. L., SEKERAK, G. J., RITTLE, R. H.: Social facilitation of dominant responses by the presence of an audience and the mere presence of others. J. Pers. Soc. Psych., 9, 1968, 245–250

Cox, F. N.: Some effects of test anxiety and presence or absence of other persons on boys' performance on a repetitive motor task. J. Exper. Child Psych., 3, 1966, 100–112

Some relationships between test anxiety, presence or absence of male persons, and boy's performance on a repetitive motor task. J. Exper. Child Psych., 3, 1968, 1–12

Dashiell, J. F.: An experimental analysis of some group effects. J.abn. soc. Psychol., 25, 1930, 190–199

Eckhardt, J., Lück, H. E., Mertesdorf, F.: Untersuchungen zum Lampenfieber. Das Orchester, 18, 1970, 445–451

Ganzer, V. J.: Effects of audience presence and test anxiety on learning and retention in a serial learning situation. J. Pers. Soc. Psych., 8, 1968, 194–199

Henchy, T., Glass, D. C.: Evaluation apprehension and the social facilitation of dominant and subordinante responses. J. Pers. Soc. Psych., 20, 1968, 446–454

Ichheiser, G.: Über die Veränderung der Leistungsbereitschaft durch das Bewußtsein, einen Zuschauer zu haben. Ein Beitrag zur Psychologie der Berufseignungsprüfung. Psychotechn. Z., 5, 1930, 52

Klein, J.: The Study of Groups. London 1956

Lück, H. E.: Soziale Aktivierung. Untersuchungen zur Gültigkeit der modifizierten Social-Facilitation-Hypothese von Robert B. Zajonc. Köln 1969

Martens, R.: Palmar sweating and the presence of an audience. J. Exper. Soc. Psych., 5, 1969 a, 371–374

Effect of an audience on learning and performance of a complex motor skill. J. Pers. Soc. Psych., 12, 1969 b, 252–260

Mayer, A.: Über Einzel- und Gesamtleistungen des Schulkindes. Arch. f. d. ges. Psych., 1, 1903, 206–417

McDougall, W.: An Introduction to Social Psychology. Boston: John Luce 1923

Meumann, E.: Haus- und Schularbeit. Experimente an Kindern der Volksschule. Die deutsche Schule, 8, 1904, 278–303; 337–359; 416–431

Moede, W.: Der Wetteifer, seine Struktur und sein Ausmaß. Ein Beitrag zur experimentellen Gruppenpsychologie. Z. päd. Psych., 15, 1914, 353–368

Einzel- und Gruppenarbeit. Prakt. Psychol., 2, 1919–20, 71–81, 108–115

Experimentelle Massenpsychologie. Beiträge zur Experimentalpsychologie der Gruppe. Leipzig: Hirzel. Reprogr. Nachdruck. Darmstadt: Wiss. Buchgesellsch. 1973

Ross, E. A.: Social Psychology. New York: The Macmillan Company 1908

Schmidt, F.: Experimentelle Untersuchungen über die Hausaufgaben des Schulkindes. Ein Beitrag zur experimentellen Pädagogik. Samml. Abhandl. psych. Päd., 1, 1904, 181–300

Travis, L. E.: The effect of a small audience upon eye-hand coordination. J. Abn. Soc. Psych., 20, 1925–26, 142–146

Triplett, N.: The dynamogenic factors in pacemaking and competition. Am. J. Psych., 9, 1897, 507–533

Wins, W. von: Aktivierende Wirkungen verschiedener Zuschauerbedingungen in einem Experiment zur verbalen Konditionierung. Unveröffentl. Diplomarbeit. Köln 1969

Zajonc, R. B.: Social Facilitation. Science, 149, 1965, 269–274

KOOPERATION UND WETTBEWERB

von Hubert Feger

BEGRIFFSBESTIMMUNG UND ÜBERSICHT

Kooperation kann man als ethische Norm auffassen; in allen Weltreligionen wird sie mehr oder weniger stark gefordert. Kooperation kann man aber auch als Strukturprinzip einer politischen, sozialen oder anderen Institution auffassen (Nisbet 1972). Dieser Beitrag befaßt sich ausschließlich mit Kooperation als sozialem Prozeß, als Verhalten zwischen einzelnen Personen, zwischen Gruppen oder sogar Staaten. Wir grenzen weiter ein auf »spontane« Kooperation, die nach der Kategorisierung von Nisbet also nicht etwa aufgrund biologischer Bedingungen automatisch eintritt, sich aufgrund von Traditionen z. B. in Familie oder Gemeinde ergibt oder durch Vertrag festgelegt oder erzwungen wurde. Die historische, kulturvergleichende und soziologische Perspektive (Mead 1937; May, Doob 1937) kann hier ebenfalls nicht eingenommen werden.

Wettstreit wird häufig als Gegenpol von Zusammenarbeit assoziiert. Aber diese Gegenüberstellung ist schon deshalb problematisch, weil beide selten, wenn überhaupt, getrennt voneinander auftreten (Nisbet 1972). Wettstreit (competition) setzt in der Regel voraufgegangene und gleichzeitige kooperative Bemühungen voraus, den Kontext der Spielregeln zu etablieren. Kooperation mit dem einen Partner bedeutet oft implizit oder explizit Wettstreit mit anderen, was besonders beim Schließen von Koalitionen deutlich wird. Nicht selten ist auch kooperatives Verhalten in dem einen, rivalisierendes in einem anderen Bereich, selbst zwischen Ehepartnern oder Arbeitskollegen. Von hierher wird es auch fragwürdig, ob man Kooperation als ein durchgängiges Verhaltensmerkmal einer Person oder Gruppe auffassen kann und ob man Kooperationsbereitschaft undifferenziert als Verhaltensziel in pädagogischen Bemühungen ansteuern sollte.

Da die Begriffsbestimmung ausdrücklich oder unbewußt die Versuchspläne und somit den Bereich möglicher Befunde bestimmt, sollen hier kurz einige wichtige Definitionen von Kooperation und Wettstreit vorgestellt werden. Margaret Mead (1937, 8) bezeichnet mit Wettstreit die Verhaltensweise, das zu suchen oder zu erreichen, was ein anderer zur gleichen Zeit zu erlangen versucht; mit Kooperation jene Verhaltensweise, bei der man auf das gleiche Ziel hin zusammenwirkt. Ähnlich definieren auch May u. Doob: »Bei Wettstreit oder Kooperation richten sich wenigstens zwei Personen auf das gleiche soziale Ziel. Beim Wettstreit kann darüber hinaus das erstrebte Ziel in gleichem Grad von einigen, nicht aber allen sich so verhaltenden Individuen erreicht werden, während es bei Kooperation von allen oder fast allen betroffenen Individuen erreicht werden kann (1937, 6). Beide Definitionen stimmen in zwei Punkten mit dem Forschungsprogramm der folgenden Jahrzehnte überein: Kooperation wird experimentell meistens unter der Minimalbedingung von wenigstens zwei beteiligten Versuchsteilnehmern untersucht, und zu den am häufigsten gewählten unabhängigen Variablen gehört die Art und Weise, wie die Reaktionen der Interagierenden mit dem erstrebten Ziel für beide zusammenhängen.

Ohne den Bezug zur sozialen Situation lassen sich Kooperation und Wettstreit nicht definieren. Dies wird in den folgenden Begriffsbestimmungen deutlich. Deutsch (1949, 131 f) formuliert: In einer kooperativen sozialen Situation können die Zielregionen eines Individuums (oder einer Untereinheit in der Situation) von einem beliebigen Individuum oder einer Untereinheit (in einem bestimmten Grad) nur dann erreicht werden, wenn alle entsprechenden Individuen oder Untereinheiten ebenfalls ihre jeweiligen Zielregionen (in einem bestimmten Grad) erreichen können. – Es muß also nicht für jede Partei das gleiche Ziel auf dem Spiel stehen, vielmehr müssen die Ziele wenigstens kompatibel, miteinander vereinbar sein, zwischen ihnen müßte eine trade-off-Beziehung bestehen. Im übrigen ist es für die gestaltpsychologische Tradition, in der Deutsch steht, wichtig zu betonen, daß die Interdependenz in der Zielstruktur in dem Sinne objektiv ist, als unabhängige Beurteiler der Situation zu dem gleichen Schluß kommen. Ob die interagierenden Parteien diese objektive Struktur sehen, ist für die Definition belanglos.

Aus lerntheoretischer Sicht bestimmten Keller u. Schoenfeld Kooperation als eine Situation, in der » ... das aufeinander abgestimmte (combined) Verhalten von zwei oder mehr Organismen erforderlich ist, um positive Verstärkung herbeizuführen oder negative Verstärkung für eine Seite zu mindern ... Kooperation umfaßt zwei Dinge: 1. Die Aktion jedes Organismus muß für den Handlungsvollzug des anderen Organismus diskriminiert werden können; und 2. jeder Organismus muß für den Anteil verstärkt werden, den er in das kooperative Schema einbringt« (1950, 357 f). Betont wird hier zusätzlich die Notwendigkeit der Interaktionsteilnehmer, ihre Handlungen aufeinander abzustimmen (s. auch Bd. IV dieser Enzyklopädie).

In der jüngsten größeren Monographie zu unserem Thema fassen Marwell u. Schmitt (1975) Kooperation als eine Menge von Beziehungen zwischen Verhaltensweisen und ihren Folgen auf. Aus früheren Konzeptualisierungen leiten sie fünf spezifische Elemente ab, die den Inhalt kooperativer Beziehungen ausmachen: zielgerichtetes Verhalten, positive Ergebnisse (rewards) für jeden Teilnehmer, Reaktionsverteilung, Koordination und soziale Koordination. Reaktionsverteilung (distributed responses i. S. von Kelley, Thibaut 1969) bezieht sich auf die durch die Aufgabe geforderten Reaktionen der Interagierenden: Bei konjunktiver Verteilung hängt der Erfolg – wie bei Fließbandarbeit – davon ab, daß jeder die richtige Reaktion ausführt. Bei disjunktiver Verteilung genügt es im Extremfall, daß einer die richtige Reaktion zeigt, wie in einer Gruppe von Schülern, die eine mathematische Aufgabe lösen.

Was das belohnende Resultat der Kooperation angeht, so darf man annehmen, daß ihre Höhe und das Verteilungsmuster, nach dem die Belohnung verfügbar wird, Häufigkeit, Dauer und andere Merkmale der Kooperation ähnlich festlegen wie bei anderen Verhaltensweisen auch. Da bei Kooperation und Wettstreit jedoch mindestens zwei Parteien gleichzeitig verstärkt werden, wird ein weiterer Belohnungsaspekt wichtig: Art und Höhe im Vergleich zum Partner. In vielen experimentellen Studien wird den Vpn die Gewinn- oder Verlusthöhe der anderen ausdrücklich mitgeteilt, oder alle Vpn könnten sich über die Gewinnverteilung informieren, und man nimmt an, dazu seien die Vpn sehr motiviert.

Kooperation und Wettstreit kann man von den bisweilen in der Literatur synonym gebrauchten Begriffen Kohäsion und Konflikt, auch Rivalität, abzugrenzen versuchen (Überblick bei Feger 1972). Kohäsion oder Gruppenzusammenhalt hat Festinger (1950; vgl. jedoch dazu Irle 1975) definiert als Resultante aller Kräfte, die auf ein Individuum einwirken, Mitglied einer Gruppe zu bleiben (s. auch den Beitrag von J. Fengler in diesem Band). Zahlreiche, oft soziometrische Indizes zur Operationalisierung des Gruppenzusammenhalts liegen vor; der verwirrenden Vielfalt wird man wohl nur Herr werden, wenn man eine Theorie so stringent konzipiert, daß aus ihr, etwa über verbundene Messung, die Quantifizierung abzuleiten ist. Wie zu vermuten, wurde wiederholt ein wahrscheinlich in beide Richtungen wirkender Zusammenhang zwischen Kohäsion und Kooperation gefunden.

Wir betrachten hier ausschließlich den interindividuellen Konflikt zwischen Personen, Gruppen, Institutionen und sogar Staaten (zum intraindividuellen Konflikt s. Feger 1965, 1978). Von Konflikt kann man Wettstreit abheben, indem man betont, Ziel des Wettstreites sei nicht in erster Linie, dem Gegner zu schaden, sondern unter Einhaltung bestimmter Regeln einen Anteil an einem Gut zu erreichen. Rivalität entsteht nach Angell (1965) aus Wettstreit, wenn alle beteiligten Parteien die Gunst einer wie auch immer definierten »Öffentlichkeit« erstreben. Vielleicht kann man, wie Mack u. Snyder (1957) es getan haben, der Vagheit und nur teilweisen Übereinstimmung der zahlreichen Konfliktbegriffe in der Literatur gerecht werden, indem man »essential elements« aufzählt: 1. Konflikt erfordert mindestens zwei Parteien oder analytisch voneinander abhebbare Einheiten; 2. Konflikt entsteht aus Mangel an Positionen, etwa Machtpositionen, oder Mangel an Quellen, etwa Materialquellen; 3. Konfliktverhalten zielt darauf, den Gegner zu zerstören, zu verletzen oder zu schädigen und ihn zu kontrollieren; eine konflikthafte soziale Beziehung wäre dann gegeben, wenn (relativer) Gewinn oder Nutzen einer Partei nur auf Kosten der anderen möglich ist; 4. im Konflikt interagieren die Parteien, und zwar so, daß Aktionen und Reaktionen einander entgegengerichtet sind; 5. da Konflikt Versuche einschließt, Kontrolle über Positionen und Quellen zu erlangen oder Verhalten zu lenken, sind konflikthafte Beziehungen immer solche, in denen Macht und Einfluß zu erwerben und einzusetzen versucht wird. Konflikt geht also qualitativ und in der Intensität über Wettstreit hinaus (zur Vertiefung u. a.: Deutsch 1973, Swingle 1970, Tedeschi u. a. 1973).

OBJEKTIVE SITUATIONSMERKMALE UND IHRE DEUTUNG

Bevor im folgenden auf einzelne Bedingungen eingegangen wird, die Kooperation und Wettbewerb fördern oder hemmen, stellen wir ein Paradigma vor, das – auch in zahlreichen Abwandlungen – Hunderten von Experimenten zugrunde gelegen hat. Es handelt sich um das sogenannte Gefangenen-Dilemma-Spiel (prisoner's dilemma game; Übersicht bei Vinacke 1969; Nemeth 1970, 1972; Rapoport 1974; Wrightsman u. a. 1972; Feger 1972). Das PD-Spiel ist eine experimentell weitgehend kontrollierbare Interaktionssituation, in der mindestens zwei Spieler (von denen einer ein vorinstruierter Helfer des Vl oder ein Computer sein kann) die Wahl zwischen zwei Optionen haben. Die Wahl wird in der Regel wiederholt getroffen, im einzelnen Durchgang weiß man jedoch nicht, was das Gegenüber gewählt hat. Die Wahl einer Option gilt als kooperatives Verhalten (A_1 und B_1 in Abb. 1), die der anderen Option als Wettstreit.

Die Auszahlungsmatrix ist meistens ganz oder teilweise den Spielern bekannt. Ein typisches Beispiel findet sich in Abb. 1:

Alternativen des Spielers A		Alternativen des Spielers B	
		B_1	B_2
	A_1	+5, +5	−6, +6
	A_2	+6, −6	−3, −3

Abb. 1 Auszahlungsmatrix für die Spieler A und B.

In jeder Wahlkombination steht der Gewinn oder Verlust, meistens handelt es sich um Pfennigbeträge pro Durchgang, für A an erster, für B an zweiter Stelle in einer Zelle der Auszahlungsmatrix. Die Matrix ist dem Dilemma von zwei Untersuchungsgefangenen nachempfunden. Gesteht einer die Tat – und handelt damit »unkooperativ« gegenüber dem anderen, vielleicht in der Hoffnung auf Straferleichterung –, so gewinnt er, wenn der andere nicht gesteht. Denken beide jedoch so, verlieren beide. Unsicher ist hier also weder die Höhe dessen, was auf dem Spiel steht, noch die Art der möglichen Handlungen, sondern lediglich das Verhalten des anderen.

Eigenschaften der Ergebnisstruktur

Typischerweise sind in den experimentellen Untersuchungen, auch wenn nicht unbedingt als Auszahlungsmatrix formuliert, die Folgen von Kooperation oder Wettstreit ausdrücklich und eindeutig vorgegeben, und die Ergebnisstruktur kann durch das Verhalten der Interaktionspartner nicht verändert werden (u. U. abgesehen von Seitenzahlungen bei Koalitionen). Die Auszahlungsmatrizen können in vieler Hinsicht variieren. Sie können symmetrisch sein, wie in Abb. 1, oder Gewinn- und Verlustmöglichkeiten für die Teilnehmer ungleich festlegen. Verschiedene Indizes sind entwickelt worden (z. B. Axelrod 1967, Brew 1973, England 1973), die den Grad des Interessenkonfliktes oder der Kooperation erfassen sollen, der durch die Matrix nahegelegt wird. Die uns bekannten Indizes gehen allerdings von den numerischen Werten in den Matrixzellen aus, nicht vom skalierten subjektiven Nutzen der Ergebnisse für die Vpn.

Unterschiede zwischen Auszahlungsmatrizen wirken sich auf das Verhalten aus (Sheposh, Gallo 1973), im Detail ist dieser Zusammenhang jedoch nicht geklärt. Die absolute Höhe von Gewinn- und Verlustmöglichkeiten oder ihr realer oder fiktiver Charakter (Dollar gegenüber Spielpunkten) scheint in vielen Situationen weniger wichtig zu sein als der relative Gewinn, der sich im Verlauf des Experiments beim Vergleich mit dem Spielstand des anderen ergibt (Friedland u. a. 1974). Die Höhe beeinflußt möglicherweise auch Stärke und Wahrscheinlichkeit, mit der verschiedene Motive (s. u.) wirksam werden (Crott 1972, 140 f).

Von der Ergebnisstruktur kann die Aufgabenstruktur abgehoben werden. Sie beschreibt, ob, wie und auf welche Weise die Vpn zusammenwirken müssen, um die Lösung zu erreichen. Zu den wesentlichen bisher untersuchten Merkmalen der Aufgabenstruktur gehören Koordination und Zusammenarbeit. Im Experiment von Hewett u. a. (1974) wurden beide Merkmale dichotom variiert, so daß vier Versuchsbedingungen entstanden. Die signifikante Interaktion besagt: Höhere Gruppenproduktivität ergab sich, wenn keine gleichzeitige Zusammenarbeit der drei Teamangehörigen notwendig, Koordination jedoch wegen des sequentiellen Aufgabencharakters erforderlich war, und ebenfalls, wenn Zusammenarbeit, nicht jedoch Koordination erforderlich war.

Verfügbare Reaktionsweisen

Welche Verhaltensweisen eine Person zeigt, hängt trivialerweise von den Möglichkeiten ab, die für sie existieren. Wie auch sonst in der Experimentalpsychologie legt bei den Untersuchungen zu Kooperation und Wettstreit der Forscher durch die Strukturierung der Versuchssituation, oft besonders durch die Instruktion fest, welche Alternativen für die Vp existieren. Am häufigsten hat die Vp die Wahl zwischen einer Reaktion, die als Kooperation, und einer anderen, die als Wettstreit, als antagonistisch gedeutet wird. Bisweilen ist »Nichtstun« die zweite oder dritte Alternative, z. B. bei Miller (1967), der feststellte, daß diese Alternative oft gewählt wurde, um einen Wechsel der Interaktionsweise zu signalisieren, und daß das Vorhandensein dieser Option die Kooperation anwachsen ließ. Zu Recht weisen Marwell u. Schmitt (1975) darauf hin, die in Wirklichkeit häufigste Alternative sei es, individuell zu arbeiten, seinen persönlichen Zielen ohne Bezug auf andere nachzustreben und durch seine Wahl individuellen Vorgehens u. U. anderen die Möglichkeit zu kooperieren zu nehmen. Häufig dürfte auch die Situation eine Wahl zwischen verschiedenen Partnern oder Koalitionen erlauben.

Marwell u. Schmitt boten ihren Vpn als Alternative zu Kooperation die Möglichkeit an, individuell zu arbeiten. Es sollte festgehalten werden, daß es bei beiden Reaktionsweisen für die Vp möglich war, sich Gewinn zu erarbeiten – im Gegensatz zu zahlreichen Experimenten zum Gefangenen-Dilemma-Spiel, in dem nichtkooperatives Verhalten beider Partner zu Verlust für beide führt. Marwell u. Schmitt führten noch eine weitere Verhaltensmöglichkeit ein: Sie erlaubten einer oder beiden Vpn, sich von der anderen Geld zu nehmen, das man gemeinsam erarbeitet hatte – was man durchaus als Diebstahl, Ausbeutung oder »Umverteilung« bezeichnen darf. Dies weicht von früheren Untersuchungen ab, in denen es typischerweise nur möglich war, ein weiteres Anwachsen des Gewinns der Gegenseite zu verhindern. Unter dieser Versuchsbedingung schwand Kooperation rapide, nicht, weil die Vpn ständig im Wettstreit lagen, sondern sich auf individuelles Arbeiten zurückzogen.

Die Möglichkeit, betrogen zu werden, bezeichnen Marwell u. Schmitt als »interpersonal risk«, ein Risiko, das auch im realen Leben oft mit Kooperation verbunden ist. Der Kooperierende gibt in der Regel einen Teil seiner Kontrolle über die Folgen seines Handelns in andere Hände. Wenn die zu erbringende Leistung Arbeitsteilung erfordert, wird er abhängig von der Arbeit des anderen. Wenn die Kooperation Zugang des anderen zu den eigenen Ressourcen erfordert, eröffnet sich die Gefahr, ausgebeutet zu werden. Marwell u. Schmitt berichten folgende Ergebnisse: 1. Wurde den Vpn die Möglichkeit geboten, einander auszubeuten, so sank die Kooperation beträchtlich. 2. Wurde diese Möglichkeit aufgehoben, so stellte sich Kooperation wieder ein. 3. Diese Effekte änderten sich im Laufe der Zeit nicht wesentlich. 4. Die Effekte blieben auch dann bestehen, wenn kooperatives Verhalten dreimal so stark belohnt wurde wie individuelles und das Risiko, ausgebeutet zu werden, gering war.

Kommunikation, Information und Verhandlung

Man kann zwar Information, etwa über die Auszahlungsmatrix, den Partner oder die Aufgabenstruktur geben, ohne Kommunikation zu erlauben. Meistens führt mehr Information zu mehr Kooperation (Feger 1972). Aber, die Möglichkeit zur Kommunikation einzuräumen, heißt auch, Informationsquellen bereitzustellen. Es ist deshalb nicht verwunderlich, daß in Experimenten mit dem Gefangenen-Dilemma und seinen Varianten durchgängig angebotene Kommunikation genutzt wurde und zu mehr Kooperation führte, denn in diesem Paradigma ist die Interaktionssituation sehr informationsverarmt. Informationsund Kommunikationseffekte sind bei Verhandlungsspielen meistens weniger ausgeprägt, wenn auch, wie erwartet, in der Regel kooperationsfördernd (Crott 1972, 214 f; Crott, Möntmann 1973; Lamm, Kayser 1976).

Man muß allerdings davon ausgehen, daß Kommunikation und Information mehrere Funktionen erfüllen. Mit Information über Situation und Partner können auch (indirekte) Hinweise verbunden sein, welche Normen und Verhaltensregeln in den meist recht hinweisarmen Laborsituationen relevant sein könnten. Erlaubt Kommunikation den direkten, visuellen Kontakt mit dem Partner, so kann dies auch Kooperation fördern. Kommunikation erleichtert in der Regel ein gemeinsames Situationsverständnis der Partner. Sie »personalisiert« das Gegenüber und weckt somit soziale Verhaltensweisen. Kontakt, langdauernder und intensiver wie zwischen Freunden und Ehepartnern, fördert Kooperation selbst in experimentellen Spielen (Marwell, Schmitt), möglicherweise weil übergreifende, vielleicht stillschweigende Übereinkunft besteht, die vor einem gegenseitigen Sich-Ausbeuten schützt.

Verhandlungen erfordern immer ein Minimum an Kommunikation. Ob sie überhaupt, wie allgemein angenommen, für die Analyse von Kooperation und Konflikt relevant sind, hängt von der Interpretation des Verhandlungsgeschehens ab. Davis u. a. (1976) deuten die Kommunikation, die u. a. aus Angebot und Gegenangebot besteht, als kooperatives Verhalten, wenn eine Partei nachgibt, und als Wettstreit, wenn die Partei auf ein Angebot nicht eingeht. Wahrscheinlich ist diese Interpretation für Laborstudien weitgehend angemessen, da Komplexitäten, die sich aus den biographischen, vielleicht sogar historischen Positionen der Parteien ergeben, in der Regel nicht in die Spielsituation übernommen werden. Kooperatives Verhalten bestünde dann darin, durch Konzessionen zur gegenseitigen Übereinstimmung, zur Absprache zu gelangen. Davis u. a. (1976) berichten über neuere Verhandlungsstudien, insbesondere über Konzessionsstrategien, das Überwinden des toten Punktes in festgefahrenen Verhandlungen, Zeitdruck, Informationen über Positionen und Ressourcen des Gegners sowie über »representative bargaining«, also Situationen, in der Vertreter einer Gruppe, der sie Rechenschaft schulden, diese Gruppe in Verhandlungen repräsentieren.

Drohungen und Versprechen

Kommunikation besteht nicht nur aus Information über sich selbst und die Situation, sie kann auch Absichten, Einflußversuche durch Drohungen und Versprechungen übermitteln. Kündigt eine Partei die Konsequenz X unter der Bedingung an, daß die andere Partei Verhalten Y zeigt, so bezeichnen wir dieses Verhalten und die sich daraus ergebende Situation als Drohung, wenn X für den anderen negative Folgen hat. Bei positiven Folgen handelt es sich um Versprechungen. Baldwin (1971) weist darauf hin, daß Drohungen wenig kosten, falls sie erfolgreich sind. Gibt die Gegenseite der Drohung jedoch nicht nach, so kann es teuer werden, die Drohung zu verwirklichen. Verzichtet man jedoch auf eine Verwirklichung, dann verliert die Drohung an Glaubwürdigkeit. Versprechen sind hingegen teuer, wenn sie erfolgreich sind, und billig, wenn sie nicht akzeptiert werden.

Vpn scheinen sich danach zu richten: Je kostspieliger es ist, eine Drohung zu verwirklichen, desto weniger glaubwürdig ist sie und um so unwahrscheinlicher gibt der Bedrohte ihr nach (Mogy, Pruitt 1974). Davis u. a. (1976) erwähnen etliche Studien, aus denen hervorgeht, daß (perzipierte) Eigenschaften und Verhaltensweisen des Drohenden für seine Wirksamkeit wichtig sind. Man gibt dem Druck um so eher nach, je kooperativer und gerechter die Angebote des Drohenden sind, je höher sein Status und seine Glaubwürdigkeit, je stärker seine Macht zu strafen und je eher er Versprechen gibt, wenn er auch die Möglichkeit zu drohen hätte. Der tatsächliche Einsatz von Drohungen und Versprechen hängt vom Verhalten der Gegenseite ab und davon, ob sie *auch* drohen und versprechen kann. Werden Versprechen erwidert, so werden sie öfter gebraucht. Drohungen werden häufiger, wenn die Gegenseite nachgibt, aber auch, wenn die Gegenseite ebenfalls drohen und vergelten kann. Drohungen führen in der Tat zu mehr Kooperation (z. B. Guyer, Rapoport 1970), die dann als (sich gegenseitiges) Gefügigmachen für eine Einigung erscheint. Vielleicht erwarten Vpn, daß eine Partei, die Drohungen einsetzen kann, dies auch tut; wenn eine Seite, die drohen könnte, darauf verzichtet, so versucht die andere Seite, sie auszubeuten (Black, Higbee 1973).

Deutsch u. Krauss (1960, 1962; Folgeuntersuchungen u. a. Borah 1963; Krauss 1966; Brown 1968; s. a. Deutsch 1973) haben ein interessantes Versuchsparadigma eingeführt, das zur Klasse der blocking games gehört. Zwei Spieler sollen jeder so schnell wie möglich Ware von seinem Start zu seinem Ziel transportieren, je schneller, desto höher der tatsächlich ausbezahlte Geldgewinn. Beide haben die Wahl, einen langen Umweg zu benutzen oder eine kurze Einbahnstraße, die jedoch nicht von beiden gleichzeitig befahren werden kann. Und jeder Spieler kontrolliert durch eine Barriere einen Zugang zur Einbahnstraße. Die Barriere wurde als Drohmöglichkeit interpretiert; sie erhöhte deutlich den Wettstreitcharakter der Situation. Konnten die Partner miteinander sprechen, so zeigte sich eine statistisch signifikante Interaktion: Bei einseitiger Drohmöglichkeit und erzwungener Kommunikation verringerte sich der Wettstreit. Waren jedoch die Drohmöglichkeiten beidseitig und Kommunikation freiwillig, dann hatte Kommunikation keinen Effekt im Vergleich zu der Situation, in der Kommunikation von vornherein überhaupt nicht möglich war (zur Kritik s. Crott 1972; Feger 1972).

Anwesenheit eines Dritten und Koalitionsbildung

Ein Dritter kann als »Zuhörerschaft« bloß anwesend sein – vorgestellt, implizit oder tatsächlich; seine Effekte werden teilweise unter dem Stichwort social facilitation behandelt (s. u.). Er kann aber auch einwirken, störend oder vermittelnd. Als Vermittler scheint er in erster Linie dadurch wirksam zu sein, daß er Möglichkeiten für Konzessionen eröffnet, ohne daß die Parteien dies als Zeichen von Schwäche oder Gesichtsverlust mißdeuten (weitere Angaben: Davis u. a. 1976). Ein Dritter kann implizit herangezogen werden, wenn sich in einem mixed-motive Spiel die Partner einigen, den gemeinsamen Gewinn zu maximieren, und so eine »Koalition gegen das Haus« einführen. Eine Koalition in versteckter Form wird auch zu bilden versucht, wenn man sich bemüht, das Gesetz, die Normen oder die sie vertretenden Institutionen anzurufen und so die »Gesellschaft« auf die eigene Seite zu ziehen.

Koalitionsbildung wird heute meist definiert als der Prozeß, der zu einer gemeinsamen Nutzung von Ressourcen führt, um das Ergebnis einer (Verteilungs-)Entscheidung zu bestimmen (Gamson 1964). Koalitionsbildung ist möglich in mixed-motive Situationen mit mindestens drei Parteien. Dann besteht für zwei Parteien die Möglichkeit, durch Kooperation und Koordination ein besseres Ergebnis bei der Verteilung der Güter zu erhalten, als es jede Partei alleine könnte, oder ein Gewinn kann überhaupt nur dann erzielt werden, wenn eine Koalition zustande kommt. Gleichzeitig besteht Konflikt oder Wettstreit zwischen den Parteien darüber, wer sich mit wem zusammenschließt, und dies vorherzusagen, ist Ziel einiger Koalitionsbildungsmodelle (s. Shaw ²1976, 100 ff). Neben anderen Faktoren, insbesondere der Ressourcenverteilung, scheinen Gruppennormen eine Rolle zu spielen, z. B. Koalitionen so zu schließen, daß die sozialen Beziehungen in der Gruppe am wenigsten leiden, was bei wiederholten Koalitionsbildungen zu systematischem Partnerwechsel führen kann (weitere Literatur: Chertkoff 1970; Komorita, Chertkoff 1973; Tack 1974; Kaufmann, Tack 1975; Davis u. a. 1976).

MOTIVE, ABSICHTEN UND VORSTELLUNGEN
DER INTERAKTIONSPARTNER

Nachdem wir in den voraufgegangenen Abschnitten die Wirksamkeit struktureller Bedingungen skizziert haben, wenden wir uns nun den Interagierenden zu. Vielleicht liegt die Ansicht besonders nahe, Personen unterschieden sich durchgängig hinsichtlich ihrer Bereitschaft zu kooperieren, und wenn man diese Bereitschaft erfassen könnte, ließe sich das Ausmaß der Kooperation vorhersagen. Der gedanklich nächste Schritt ist dann die Annahme, gerade in Situationen, die wie die mixed-motive games zugleich zu Kooperation und Wettstreit auffordern, müsse sich aus dem Verhalten auf die Bereitschaft oder Motivation schließen lassen. So bestimmt u. a. McClintock (z. B. 1972) mittels der Gefangenen-Dilemma-Spiele soziale Motivationen der Partner. Daran ist Kritik geübt worden u. a. mit dem Hinweis, die gleiche Auszahlungsmatrix könne auf unterschiedliche Weise zerlegt werden, und auf diese dekomponierten Matrizen werde von den Vpn unterschiedlich reagiert (Pruitt 1970), und dann könne man von den typischen Gefangenen-Dilemma-Spielen nicht eindeutig auf Motive der Vpn schließen. Auch Fox (1976) stellt fest, aufgrund von Auszahlungserwägungen allein könne man nicht die Motive identifizieren. Andere haben kooperative Motivation oder Einstellung mit den klassischen Fragebogentechniken zu erfassen und auf Verhalten in PD-Spielen und auf andere Variablen erfolgreich zu beziehen versucht (Griesinger, Livingston 1973; Martin, Larsen 1976).

Personen in gewinnthematisierenden Interaktionssituationen erleben, daß sie Wünsche und Ziele haben und daß in ihnen im Prozeßverlauf Wünsche geweckt werden. Sie schreiben darüber hinaus solche Wünsche und Absichten auch ihren Partnern zu. Kelley u. Stahelski (1970) stellten z. B. fest, daß die Intentionen dann am häufigsten falsch beurteilt wurden, wenn eine kooperative und eine nichtkooperative Vp zusammenspielten: Die wettstreitorientierte Person nahm an, ihr Partner sei ebenfalls wettstreitorientiert, und war sich relativ wenig des Einflusses ihres eigenen Verhaltens auf den anderen bewußt. Auch Arbeiten von Braver u. Barnett (1974), Garner u. Deutsch (1974) sowie Shubik u. a. (1974) bestätigen einen Zusammenhang zwischen Einschätzung der Motive des Opponenten und eigenem kooperativem Verhalten.

Die eingangs zitierten Kooperations-Definitionen kommen ohne den Motivationsbegriff aus. Dennoch scheinen viele Forscher in diesem Bereich bei post-hoc-Interpretationen nicht auf diesen Begriff verzichten zu wollen, selbst wenn man aus kooperativem Verhalten nicht notwendigerweise auf kooperative Motivation schließen muß: »In mixed-motive-Situationen ist Kooperation ein Mittel, das individualistische Ziel der Erhöhung des eigenen Gewinnbetrags zu erreichen« (Crott 1972, 239). Crott hält es eher für geraten, eine »autonome kompetitive Motivation« zu postulieren, also einen Wunsch, besser abzuschneiden als der andere. Er geht weiter von der Existenz einer individualistischen Motivation aus, dem Wunsch, den eigenen Gewinn zu maximieren. Schließlich erwägt Crott eine »soziale Motivation«, die die Individuen dazu bewegt, sich so zu verhalten, wie es die Normen der Gruppe bzw. der Gesellschaft vorschreiben. Welche dieser teilweise unvereinbaren Motive dominieren, hängt – wie üblich – von der Konstellation strukturell-situativer und personspezifischer Bedingungen ab.

Zu den normativen Erwartungen, die eine große Minderheit von Vpn gegenüber Gewinnaufteilungsspielen hegt, gehört die, daß alle gleich profitieren. Marwell u. Schmitt (1975) zeigten, daß eine Gewinnaufteilung, die gegen diese Norm verstößt, die Kooperationsrate verringert, daß also auf Gewinn verzichtet wird, wenn er ungleich verteilt würde. Die Tendenz, sich aus der Kooperation zurückzuziehen, nahm zu, wenn die hochbelohnte Vp einen Transfer an die minderbezahlte vornehmen konnte, dies aber nicht tat. Je größer die Ungleichheit, desto stärker wurde die Kooperation gestört.

Relativ häufig wird mit der Annahme gearbeitet, um vor allem langfristige Kooperation zu sichern, müsse eine Haltung des (gegenseitigen) Vertrauens aufgebaut werden. Vertrauen ist zweifellos ein echtes Interaktionskonzept: Zwei Parteien sind beteiligt, eine Partei sieht, daß das Erreichen ihrer Ziele durch das Verhalten der anderen bedingt ist, und muß sich entscheiden, ob sie es wagt, es vom Wohlwollen der anderen Seite abhängig zu machen. Sie ist verwundbar, ist sich dessen bewußt und weiß auch, daß die Gegenseite dies ebenfalls weiß. Vertrauen kann sich im Verhalten äußern, das gegenüber dem anderen gezeigt wird, zielt jedoch als theoretisches Konstrukt auf die mehr oder minder bewußte, subjektive Vermutung, wie wahrscheinlich es sei, daß der andere einen ausnutzt. Somit entspricht die eigene Haltung des Vertrauens der vermuteten Vertrauenswürdigkeit des Partners. Swinth (1967) und Deutsch (1973) haben sich neben zahlreichen anderen mit Strategien befaßt, wie Vertrauen und damit Kooperation herzustellen sei.

Übergeordnete Ziele und gemeinsame Motive herzustellen war die einzige erfolgreiche Methode in Sherifs (1967) bekanntem robbers cave experiment, um Konflikt abzubauen und gemeinsames Handeln zweier Gruppen herzustellen. Hammond u. Mitarbeiter (Brehmer 1976; Davis u. a. 1976, 507 f) vertreten einen auf Brunswiks Linsenmodell zurückgehenden kognitiven Ansatz. Konflikt oder fehlende Kooperation kommt nicht (nur) zustande, weil die Interagierenden keine positiven Gewohnheiten erworben hätten oder nicht entsprechend motiviert wären, sondern weil die Interagierenden sich in ihren kognitiven Strukturen unterscheiden: Sie haben vor dem Aufeinandertreffen verschiedene Hinweise in unterschiedlicher Art mit Urteilskriterien zu verbinden gelernt und können nun das kognitive System ihres Gegenübers nicht verstehen. Bei der gemeinsamen Aufgabenlösung müssen nun sowohl die kognitive Basis für das Verhalten des Partners als auch teilweise neue Verbindungen zwischen Hinweisreizen und Kriterien gelernt werden.

PROZESS UND STRATEGIEN

In der Forschung stand bisher die Frage im Vordergrund, wie Strategien der anderen Seite (die ein Computer oder Vertrauter des Forschers sein kann) auf das Verhalten des Partners wirken. Insgesamt scheint der Einfluß von Strategien, Plänen also, mit welchem eigenen Verhalten man auf das der anderen Seite reagieren will, überraschend schwach zu sein (Vinacke 1969). Nach Oskamp (1971) und Wilson (1971) führt jene Strategie zu den meisten kooperativen Wahlen, in der die Gegenseite beim folgenden Versuchsdurchgang genau die gleiche Option wählt wie der Partner beim voraufgegangenen. Davis u. a. (1976) führen für diese Wirksamkeit folgende Gründe an: 1. In dieser Strategie wird Kooperation stets erwidert. 2. Von sich aus verhält sich die Gegenseite nicht unkooperativ, sondern nur, wenn der Partner zuvor Wettstreit gezeigt hat. 3. Der andere kann bei dieser Strategie nicht ausgebeutet werden. 4. Es ist ein kontingentes, d. h. auf den anderen reagierendes, im Gegensatz zu einem Zufallsprogramm.

Schon aus politischen und weltanschaulichen Gründen hat eine Strategie besondere Aufmerksamkeit gefunden, die als »pazifistische« bezeichnet wird. Sie besteht aus bedingungsloser Kooperation ohne Vergeltung für unkooperatives Verhalten des anderen. In der Regel ist sie nicht effizient, sondern führt zu verstärkter Ausbeutung (Ofshe 1971). Unter besonderen Umständen kann sie jedoch erfolgreich sein (Dorris 1972; Gruder, Daslak 1973). Zu Recht weisen m. E. Marwell u. Schmitt (1975) darauf hin, daß die Erfolgsbewertung einer Strategie, auch der pazifistischen, abhängt von der Größe des potentiellen Verlustes. Selbst wenn eine Strategie im allgemeinen zu Kooperation führt – in politischen Dimensionen: zur Kriegsvermeidung –, dann kann doch schon ein einmaliger Mißerfolg tödlich sein.

Während man Strategien als Regeln auffassen kann, die das Individuum selbst entwirft, sich daran bindet und sie gegebenenfalls ändert, sind Normen Regeln, an die sich die Interaktionspartner untereinander binden und die meistens symmetrisch oder komplementär inhaltlich festlegen, wie der Partner reagieren soll oder darf (s. den Beitrag von C. W. Backman in diesem Band). Solche Normen haben häufig die Funktion, Kooperation zu erleichtern und langfristig zu sichern. Thibaut (1968) und Thibaut u. a. (1974) haben sich mit der Entwicklung von Normen in wiederholten Verhandlungsrunden befaßt und festgestellt, daß sich Normen leichter etablieren, wenn eine – meist die schwächere – der Parteien oder beide sich aus der Interaktion zurückziehen und Gewinn außerhalb der Interaktion mit diesem Partner machen können (Murdock, Rosen 1970). Komorita u. Mechling (1967) zeigten, daß folgende Variablen die Wiederherstellung von Kooperation nach Wettstreit beeinflussen: die Höhe der Belohnung für eine unkooperative Verhaltensweise, die Höhe des beim Wettstreit erlittenen Schadens und die Häufigkeit der voraufgegangenen Kooperation.

Kooperation kann sich u. U. nicht entwickeln, weil die Situation zu schwierig zu durchschauen ist (Feger 1972, 1612 f) oder weil anfänglicher Wettstreit erfolgreich war, was aktiv zu verlernen wäre (Wilson 1969). Und auch gruppendynamische Phänomene wirken sich auf Entstehen von Kooperation und Wettstreit aus. Die Forschungen zum Phänomen des Risiko-Schubes haben u. a. (Myers, Lamm 1976) darüber Aufschluß gebracht, wie Interaktionsprozesse in Kleingruppen zu Einigung oder größerer Übereinstimmung führen. Ein typisches Ergebnis von Diskussionen in Gruppen mit oder ohne abschließender Gruppenentscheidung ist 1. Konvergenz der Meinungen und 2. Polarisation. Polarisation bedeutet hier nicht eine Spaltung innerhalb der Gruppe, sondern eine Extremisierung der durchschnittlichen Meinung der Gruppenmitglieder, die sich stärker zu jenem Meinungspol hin bewegen, der schon vor der Diskussion der bevorzugte war.

PERSÖNLICHKEITSMERKMALE DER INTERAGIERENDEN

Nicht nur Effekte des Geschlechts eines oder beider Partner, sondern auch Effekte der Zusammensetzung eines Paares auf die Kooperation wurden nachgewiesen. Allerdings sind die Ergebnisse noch recht inkonsistent, d. h. noch nicht theoretisch aufgearbeitet, und das gilt auch für die Versuche, Persönlichkeitsmerkmale mit Verhalten in Kooperationssituation in Beziehung zu setzen. Auch der interkulturelle Vergleich (z. B. Avellar, Kagan 1976) scheint noch nicht zu theoretisch sehr aufschlußreichen Befunden geführt zu haben. Die Studie von Sermat (1970) erbrachte bei einem Versuchsplan mit wiederholten Messungen an den gleichen Vpn in drei verschiedenen Arten von PD-Situationen nur mäßige intersituative Korrelationen über das Ausmaß der Kooperation. Der Einwand von Knapp u. Podell (1968), in den bisherigen Analysen der Wirkung interindividueller Unterschiede sei mit zu homogenen Stichproben gearbeitet worden, sollte ebenso beachtet werden wie grundsätzliche interaktionistische Kritik.

FOLGEN VON KOOPERATION UND WETTBEWERB

Seit der Pionierarbeit von Deutsch (1949) wurden Wettstreit und Kooperation in Gruppen als unabhängige Variablen, als vorgegebene Bedingung für anderes Verhalten untersucht. Abhängige Variablen waren insbesondere Menge, Art und Qualität der Gruppenprodukte, Art der Interaktion in der Gruppe, Zufriedenheit der Mitglieder usw. (Übersicht: Shaw [2]1976). Die Struktur der Aufgabe, die eine Gruppe zu bewältigen hat, bestimmt maßgeblich darüber, ob gleiche oder wechselseitig verträgliche Ziele der Mitglieder zu effizienter Kooperation und dann u. U. zu höherer Produktivität oder Zufriedenheit führen. Zum anderen spielt die Verstärkungskontingenz eine wesentliche Rolle. Typisch sind hier Untersuchungen wie die von Scott u. Cherrington (1974), die entweder kooperative Reaktionen, Wettstreitverhalten oder individualistische Reaktionen belohnten. Die Leistung war besser und die Sympathie für andere Gruppenmitglieder geringer bei Wettstreitbelohnung als bei den beiden anderen Experimentalbedingungen. Goldman u. a. (1977) weisen darauf hin, daß ihre drei Versuchsbedingungen logisch nicht identisch sind und sich experimentell unabhängig variieren lassen: 1. Kooperation und Wettbewerb zwischen Gruppen, 2. Wettstreit und Zusammenarbeit innerhalb einer Gruppe und 3. Abhängigkeit oder Unabhängigkeit der Gruppenmitglieder bei der Aufgabenlösung. Intragruppenkooperation führte bei Aufgabenabhängigkeit zu besseren Leistungen; bestand diese Abhängigkeit nicht, so führte

Kooperation zu schlechteren Ergebnissen. Dieses Resultat gilt jedoch nur, wenn Gruppen miteinander kooperieren. Die Autoren interpretieren: Wenn Gruppen miteinander konkurrieren, scheint die relative Bedeutung jener Motive gering zu sein, die sich auf das Verhalten innerhalb der eigenen Gruppe beziehen. Andererseits dominieren diese Motive, wenn Gruppen miteinander kooperieren. Das haben die Politiker in George Orwells Roman »1984« anscheinend gewußt, als sie sich einigten, von Zeit zu Zeit zwischen ihren Nationen Auseinandersetzungen zu inszenieren: Man kann den Wettstreit zwischen Gruppen benutzen, um die Rivalitäten innerhalb einer Gruppe zu bändigen. Allerdings zeigte das Experiment von Goldman u. a. auch, daß Konkurrenz zwischen Gruppen vielleicht hinreichend, nicht jedoch notwendig ist, um positive emotionale Beziehungen zwischen Gruppenmitgliedern herbeizuführen.

Man kann die Folgen von Kooperation und Wettstreit theoretisch besser verstehen, wenn man die Forschung zur sozialbedingten Erleichterung (social facilitation) miteinbezieht. Dieses Gebiet gehört zu den ältesten Traditionen der experimentellen Sozialpsychologie (Triplett 1897, Moede 1914) und befaßt sich mit der Wirkung der Anwesenheit anderer auf das eigene Verhalten. Die Effekte der Anwesenheit werden auf unterschiedlich klassifizierte Komponenten zurückgeführt, z. B. auf den Zuschauer-Effekt, den Koaktionsund den Rivalitätseffekt. Zajonc (1965) legte eine Theorie vor, welche die bis dahin scheinbar inkonsistenten Ergebnisse erklärte und neue Befunde zutreffend vorhersagte. Aus Raumgründen können wir auf diesen Bereich nicht näher eingehen; kritische Weiterentwicklungen finden sich z. B. bei Cottrell (1972), Wankel (1972) und Van Tuinen u. McNeel (1975).

FORMALE MODELLE

Die große Zahl der Variablen, die Kooperation beeinflussen können, in denen Kooperation sich ausdrücken und auf die Kooperation selbst wieder einwirken kann, macht es notwendig, Modelle aufzustellen. Diese Modelle sollen die Beziehungen zwischen den erwähnten Variablen spezifizieren, müssen unter diesen Variablen auswählen und somit einige als wichtiger oder »fundamentaler« erklären. Insbesondere sollen sich bekannte und neue Vorhersagen aus den Modellen ableiten lassen. Modelle für Kooperation und Wettstreit sind in verschiedenen Disziplinen entwickelt worden, meistens zunächst eng gebunden an eine bestimmte inhaltliche Fragestellung – daß man sie auf andere Bereiche verallgemeinern kann, wurde dann später gesehen. Beispiele sind der Rüstungswettlauf zwischen Nationen (Richardson 1960), Tarifauseinandersetzungen, internationale Spannungen und Kriege (Übersicht z. B. in: Hansen 1962; Feger 1972, 1976), Preiskämpfe und kooperatives Verhalten bei experimentellen Spielen (Übersicht: Křivohlavý 1973; Schwanenberg, Huth, 1974) und Verhandlungen (Übersicht: Crott 1972).

Die Modelle haben sich in der Regel auf eine von zwei Arten von Phänomenen konzentriert (Patchen 1970): 1. auf den Prozeß, in dem zwei Parteien versuchen, durch Angebot und Gegenangebot sich darüber zu einigen, wie sich ihre künftige Interaktion gestalten soll, einschließlich der möglichen Gewinne und Kosten für jede Seite; 2. auf die Verhaltensweisen, mit denen jeder Partner den anderen zu beeinflussen sucht. Modelle für den ersten Bereich kann man Verhandlungsmodelle, für den zweiten Phänomenbereich Einflußmodelle nennen.

Verhandlungsmodelle, wie z. B. das bekannte von Siegel u. Fouraker (1960), beabsichtigen typischerweise nicht, die Interaktion zwischen den Verhandlungspartnern vorherzusagen, sondern die Art (Preis, Quantität) einer Einigung. In den frühen Modellen wurden für das Verhandeln noch keine Kosten und kein Risiko für einen Verhandlungsfehlschlag, z. B. durch Streik, veranschlagt. Spätere Modelle bezogen auch Vorhersagen über die Verhandlungsdauer ein und vor allem Handlungsalternativen, die über das bloße Anbieten, Akzeptieren oder Ablehnen eines Gebotes hinausgehen.

Damit wird eine Integration mit jenen Modellen vorbereitet, die sich mit Erlebens- und Verhaltensweisen befassen, die psychologisch den Verhandlungsverlauf und seine Resultate verständlich machen. Ein Beispiel ist der Ansatz von Porsholt (1966), der in der Tradition der decision theory (s. Lee 1971, Feger 1965) über Nutzenwerte vorhersagt, ob ein potentieller Angreifer die Auseinandersetzung wagt oder nicht und ob der Angegriffene Widerstand leistet oder nicht. Während Modelle wie dieses sich auf die Einschätzungen stützen, die die Parteien zum gegenwärtigen Zeitpunkt über künftige Folgen anstellen, beziehen sich lerntheoretische Modelle auf die Erfahrungen, die die Partner miteinander in der Vergangenheit gemacht haben (z. B. Rosenberg, Schoeffler 1965; Rapoport, Chammah 1965). Während der Interaktion gewinnen die Partner Lernerfahrungen, die sich als Handlungsbereitschaften niederschlagen. Beispiele für solche Bereitschaften sind etwa: Vertrauenswürdigkeit als Kooperationswahrscheinlichkeit nach belohnter Kooperation, Vergeben als Kooperationswahrscheinlichkeit nach bestrafter Kooperation, Reue als Kooperationswahrscheinlichkeit nach belohnter Nichtkooperation und schließlich Vertrauen als Kooperationswahrscheinlichkeit nach bestrafter Nichtkooperation. Lernparameter legen z. B. die Rate fest, mit der Vertrauen schwindet, wenn der Partner nicht vertrauenswürdig ist.

Wie Patchen (1970) feststellt, beschreiben die meisten dieser Modelle Situationen, in denen die Opponenten wiederholt, oft hundertemal aufeinandertreffen, weisen jedoch keine Parameter auf, die Unterschiede zwischen Situationen (und Partner) berücksichtigen. Die meisten Modelle berücksichtigen nur kurzfristige, mit Sicherheit zu erwartende Folgen, die sofort nach einem oder wenigen Schritten in der Interaktionssequenz eintreten, und nur wenige Verhaltensmöglichkeiten der Parteien.

WEITERFÜHRENDE LITERATUR

Eine erste Einführung könnte das Buch über Kleingruppenforschung von Shaw ([2]1976) geben, das um Artikelsammlungen wie die von Ofshe (1973) mit mehreren Arbeiten zu gaming experiments und Koalitionsbildung und um theoretisch fundierte Handbuchartikel wie die von Kelley u. Thibaut (1969) und Collins u. Raven ([2]1969) ergänzt werden sollte. An Sammelreferaten sind die von Gerard u. Miller (1967), Helmreich u. a. (1973) und als jüngstes Davis u. a. (1976) zu erwähnen. Deutschsprachige Übersichten finden sich z. B. bei Crott (1972) und Feger (1972).

LITERATUR

ANGELL, R. C.: The sociology of human conflict. In: E. McNeil (Ed.): The nature of human conflict. Englewood Cliffs, N. J. 1965

AVELLAR, J., KAGAN, S.: Development of competitive behaviors in Anglo-American and Mexican-American children. Psychological Reports, 39, 1976, 191–198

AXELROD, R.: Conflict of interest: An axiomatic approach. Journal of Conflict Resolution, 11, 1967, 87–99

BALDWIN, D. A.: Thinking about threats. Journal of Conflict Resolution, 15, 1971 a, 71–78

The costs of power. Journal of Conflict Resolution, 15, 1971 b, 145–155

BLACK, T. E., HIGBEE, K. L.: Effects of power, threat, and sex on exploitation. Journal of Personality and Social Psychology, 27, 1973, 382–388

BORAH, L. A. JR.: The effects of threat in bargaining: Critical and experimental analysis. Journal of Abnormal and Social Psychology, 66, 1963, 37–44

BRAVER, S., BARNETT, B.: Perception of opponents' motives and cooperation in a mixed-motive game. Journal of Conflict Resolution, 18, 1974, 686–699

BREHMER, B.: Social judgement theory and the analysis of interpersonal conflict. Psychological Bulletin, 83, 1976, 985–1003

BREW, J. S.: An altruism parameter for prisoner's dilemma. Journal of Conflict Resolution, 17, 1973, 351–367

BROWN, B. R.: The effects of need to maintain face on interpersonal bargaining. Journal of Experimental Social Psychology, 4, 1968, 107–122

CHERTKOFF, J. M.: Sociopsychological theories and research on coalition formation. In: S. Groennings, E. W. Kelly, M. Leisersow (Eds.): The Study of Coalition Behavior. New York: Holt, Rinehart & Winston 1970

COLLINS, B. E., RAVEN, B. H.: Group structure: Attraction, coalitions, communication, and power. In: G. Lindzey, E. Aronson (Eds.): The Handbook of Social Psychology, IV. Reading, Mass.: Addison-Wesley [2]1969

COTTRELL, N. B.: Social facilitation. In: C. G. McClintock (Ed.): Experimental Social Psychology. New York: Holt 1972

CROTT, H. W.: Der Einfluß struktureller und situativer Merkmale auf das Verhalten in Verhandlungssituationen. Zeitschrift für Sozialpsychologie, 3, 1972, 134–158; 227–244

CROTT, H. W., MÖNTMANN, V.: Der Effekt der Information über die Verhandlungsmöglichkeiten des Gegners auf das Ergebnis einer Verhandlung. Zeitschrift für Sozialpsychologie, 4, 1973, 209–219

CROTT, H. W., SIMON, K., YELIN, M.: Der Einfluß des Anspruchniveaus auf den Verlauf und das Ergebnis von Verhandlungen. Zeitschrift für Sozialpsychologie, 5, 1974, 300–314

DAVIS, J. H., LAUGHLIN, P. R., KOMORITA, S. S.: The social psychology of small groups: Cooperative and mixed-motive interaction. Annual Review of Psychology, 27, 1976, 501–541

DEUTSCH, M.: A theory of co-operation and competition. Human Relations, 2, 1949 a, 129–152

An experimental study of the effects of co-operation and competition upon group processes. Human Relations, 2, 1949 b, 199–232

The resolution of conflict. New Haven: Yale University Press 1973

DEUTSCH, M., KRAUSS, R. M.: The effect of threat upon interpersonal bargaining. Journal of Abnormal and Social Psychology, 61, 1960, 181–189

Studies of interpersonal bargaining. Journal of Conflict Resolution, 6, 1962, 52–76

DORRIS, J. W.: Reactions to unconditional cooperation: A field study emphazising variables neglected in laboratory research. Journal of Personality and Social Psychology, 22, 1972, 387–397

ENGLAND, J. L.: Mathematical models of two-party negotiations. Behavioral Science, 18, 1973, 189–197

FEGER, H.: Beiträge zur experimentellen Analyse des Konflikts. In: H. Thomae (Hg.): Handbuch der Psychologie, II. Göttingen: Hogrefe 1965

Gruppensolidarität und Konflikt. In: C. F. Graumann (Hg.): Handbuch der Psychologie, VII/2. Göttingen: Hogrefe 1972

Annäherung und Abgrenzung politisch-sozialer Systeme aus sozialpsychologischer Sicht. In: G. Zellentin•(Hg.): Annäherung, Abgrenzung und friedlicher Wandel in Europa. Boppard: Boldt 1976

Konflikterleben und Konfliktverhalten. Bern: Huber 1978

FESTINGER, L.: Informal social communication. Psychological Review, 57, 1950, 271–282

FOX, S.: Analysis of individualistic, competitive and cooperative motives in non-zero-sum games. Psychological Reports, 39, 1976, 55–61

FRIEDLAND, N., ARNOLD, S. E., THIBAUT, J.: Motivational bases in mixed-motive interaction: The effects of comparison levels. Journal of Experimental Social Psychology, 10, 1974, 188–199

GAMSON, W. A.: Experimental studies of coalition formation. In: L. Berkowitz (Ed.): Advances in experimental social psychology, I. New York: Academic Press 1964

GARNER, K., DEUTSCH, M.: Cooperative behavior in dyads: Effects of dissimilar goal orientations and differing expectations about the partner. Journal of Conflict Resolution, 18, 1974, 634–645

GERARD, H. B., MILLER, N.: Group dynamics. Annual Review of Psychology, 18, 1967, 287–332

GOLDMAN, M., STOCKBAUER, J. W., McAULIFFE, T. G.: Intergroup and intragroup competition and cooperation. Journal of Experimental Social Psychology, 13, 1977, 81–88

GRIESINGER, D. W., LIVINGSTON, J. W.: Toward a model of interpersonal motivation in experimental games. Behavioral Science, 18, 1973, 173–188

GRUDER, C. L., DASLAK, R. J.: Elicitation of cooperation by retaliatory and non-retaliatory strategies in a mixed-motive game. Journal of Conflict Resolution, 17, 1973, 162–174

GUYER, M. J., RAPOPORT, A.: Threat in a two-person game. Journal of Experimental Social Psychology, 6, 1970, 11–25

HANSEN, E. (Ed.): Psychological Aspects of international problems in a nuclear age. Kopenhagen: Munksgaard 1962

HELMREICH, R., BAKEMAN, R., SCHERWITZ, L.: The study of small groups. Annual Review of Psychology, 24, 1973, 337–354

HEWETT, T. T., O'BRIEN, G. E., HORNIK, J.: The effect of work organization, leadership style, and member compatibility on the productivity of small groups working on a manipulative task. Organizational Behavior & Human Performance, 11, 1974, 283–301

IRLE, M.: Lehrbuch der Sozialpsychologie. Göttingen: Hogrefe 1975

KAUFMANN, M., TACK, W. H.: Koalitionsbildung und Gewinnaufteilung bei strategisch äquivalenten 3-Personen-Spielen. Zeitschrift für Sozialpsychologie, 6, 1975, 227–245

KELLER, F. S., SCHOENFELD, W. N.: Principles of psychology. New York: Appleton 1950

KELLEY, H. H., STAHELSKI, A. J.: Errors of perception of intentions in a mixed-motive game. Journal of Experimental Social Psychology, 6, 1970, 379–400

The inference of intentions from moves in the prisoner's dilemma game. Journal of Experimental Social Psychology, 6, 1970, 401–419

Social interaction basis of cooperators' and competitors' beliefs about others. Journal of Personality and Social Psychology, 16, 1970, 66–91

KELLEY, H. H., THIBAULT, J. W.: Group problem solving. In: G. Lindzey, E. Aronson (Eds.): The Handbook of Social Psychology, IV. Reading, Mass.: Addison-Wesley 1969

KNAPP, W. M., PODELL, J. E.: Mental patients, prisoners, and students with simulated partners in a mixed-motive game. Journal of Conflict Resolution, 12, 1968, 235–241

KOMORITA, S. S., CHERTKOFF, J. M.: A bargaining theory of coalition formation. Psychological Review, 80, 1973, 149–162

KOMORITA, S. S., MECHLING, J.: Betrayal and reconciliation in a two-person game. Journal of Experimental Social Psychology, 6, 1967, 349–353

KRAUSS, R. M.: Structural and attitudinal factors in interpersonal bargaining. Journal of Experimental Social Psychology, 2, 1966, 42–55

KŘIVOHLAVÝ, J.: Zwischenmenschliche Konflikte und experimentelle Spiele. Bern: Huber 1973

LAMM, H., KAYSER, E.: Verhandlungsvorbereitung und Verhandlungsverhalten bei verschiedenen Kommunikations- und visuellen Kontaktmöglichkeiten. Zeitschrift für Sozialpsychologie, 7, 1976, 279–285

LEE, W.: Decision theory and human behavior. New York: Wiley 1971

McCLINTOCK, C. G.: Social motivation – a set of propositions. Behavioral Science, 17, 1972, 438–454

MACK, R. W., SNYDER, R. C.: The analysis of social conflict: Toward an overview and synthesis. Journal of Conflict Resolution, 1, 1957, 212–248

MARTIN, H. J., LARSEN, K. S.: Measurement of competitive-cooperative attitudes. Psychological Reports, 39, 1976, 303–306

MARWELL, G., SCHMITT, D. R.: Cooperation: An experimental analysis. New York: Academic Press 1975

MAY, M. A., DOOB, L. W.: Competition and cooperation: A report. New York: Social Science Research Council, Bulletin No. 25, 1937

MEAD, M. (Ed.): Cooperation and competition among primitive peoples. New York: McGraw-Hill 1937 (Paperback: Beacon 1961)

MILLER, R. R.: No play: A means of conflict resolution. Journal of Personality and Social Psychology, 6, 1967, 150–156

MOEDE, W.: Der Wetteifer, seine Struktur und sein Ausmaß. Zeitschrift für Pädagogische Psychologie, 15, 1914, 353–368

MOGY, R. B., PRUITT, D. G.: Effects of a threatener's enforcement costs on threat credibility and compliance. Journal of Personality and Social Psychology, 29, 1974, 173–180

302

MURDOCK, P., ROSEN, P.: Norm formation in an interdependent dyad. Sociometry, 33, 1970, 264–275

MYERS, D. G., LAMM, H.: The group polarization phenomenon. Psychological Bulletin, 83, 1976, 602–627

NEMETH, C.: Bargaining and reciprocity. Psychological Bulletin, 74, 1970, 297–308

A critical analysis of research utilizing the prisoner's dilemma paradigm for the study of bargaining. Advances in Experimental Social Psychology, 6, 1972, 203–234

NISBET, R. A.: Cooperation. In: D. L. Sills (Ed.): International Encyclopedia of the Social Sciences, III. New York: McMillan, Free Press 1972

OFSHE, R. J.: The effectiveness of pacifistic strategies: A theoretical approach. Journal of Conflict Resolution, 15, 1971, 261–269

(Ed.): Interpersonal behavior in small groups. Englewood Cliffs: Prentice-Hall 1973

OSKAMP, S.: Effects of programmed strategies in the prisoner's dilemma game. Journal of Conflict Resolution, 15, 1971, 225–259

PATCHEN, M.: Models of cooperation and conflict: A critical review. The Journal of Conflict Resolution, 14, 1970, 389–407

PORSHOLT, L.: On methods of Conflict prevention. Journal of Peace Research, 2, 1966, 178–193

PRUITT, D. G.: Motivational processes in the decomposed prisoner's dilemma game. Journal of Personality and Social Psychology, 14, 1970, 227–238

RAPOPORT, A.: Prisoner's dilemma – recollections and observations. In: A. Rapoport (Ed.): Game theory as a theory of conflict resolution. Dordrecht: Reidel 1974

RAPOPORT, A., CHAMMAH, A.: Prisoner's Dilemma: A study in conflict and cooperation. Ann Arbor: University of Michigan Press 1965, ²1970

RICHARDSON, L.: Arms and insecurity. Chicago: Quadrangle Books 1960

ROSENBERG, S., SCHOEFFLER, M. S.: Stochastic learning models for social competition. Journal of Mathematical Psychology, 2, 1965, 219–241

SCHWANENBERG, E., HUTH, W.: Zur Relevanz experimenteller Nichtnullsummenspiele. Zeitschrift für Sozialpsychologie, 5, 1974, 167–183

SCOTT, W. E. jr., CHERRINGTON, D. J.: Effects of competitive, cooperative, and individualistic reinforcement contingencies. Journal of Personality and Social Psychology, 30, 1974, 748–758

SERMAT, V.: Is game behavior related to behavior in other interpersonal situations? Journal of Personality and Social Psychology, 16, 1970, 92–109

SHAW, M. E.: Group dynamics. The Psychology of small group behavior. New York: McGraw-Hill ²1976

SHEPOSH, J. P., GALLO, P. S.: Asymmetry of payoff structure in the prisoner's dilemma game. Journal of Conflict Resolution, 17, 1973, 321–333

SHERIF, M.: Group conflict and co-operation. London 1967

SHUBIK, M., WOLF, G., POON, B.: Perception of payoff structure and opponent's behavior in related matrix games. Journal of Conflict Resolution, 18, 1974, 646–655

SIEGEL, S., FOURAKER, L.: Bargaining and group decision-making: Experiments in bilateral monopoly. New York: McGraw-Hill 1960

SWINGLE, P.-G.: Effects of prior exposure to cooperative or competitive treatment upon subject's responding in the prisoner's dilemma. Journal of Personality and Social Psychology, 10, 1968, 44–52

(Ed.): The structure of conflict. New York: Academic Press 1970

SWINTH, R. L.: The establishment of the trust relationship. Journal of Conflict Resolution, 11, 1967, 335–344

TACK, W. H.: Zwei Theoreme zur Konstruktion von 3-Personen-Spielen mit nichtleerem Kern. Zeitschrift für Sozialpsychologie, 5, 1974, 184–188

TEDESCHI, J. T., SCHLENKER, B. R., BONOMA, T. V.: Conflict, power, and games. Chicago: Aldine 1973

THIBAUT, J.: The development of contractual norms in bargaining: Replication and variation. Journal of Conflict Resolution, 12, 1968, 102–112

THIBAUT, J., FRIEDLAND, N., WALKER, L.: Compliance with rules: Some social determinants. Journal of Personality and Social Psychology, 30, 1974, 792–801

TRIPLETT, N.: The dynamogenic factors in pacemaking and competition. American Journal of Psychology, 9, 1897, 507–533

VAN TUINEN, J., MCNEEL, S. P.: A test of the social facilitation theories of Cottrell and Zajonc in a coaction situation. Personality and Social Psychology Bulletin, 1, 1975, 604–607

VINACKE, W. E.: Variables in experimental games: Toward a field theory. Psychological Bulletin, 71, 1969, 293–318

WANKEL, L. M.: Competition in motor performance: An experimental analysis of motivational components. Journal of Experimental Social Psychology, 8, 1972, 427–437

WILSON, W.: Cooperation and the cooperativeness of the other player. Journal of Conflict Resolution, 13, 1969, 110–117

Reciprocation and other techniques for inducing cooperation in the prisoner's dilemma game. Journal of Conflict Resolution, 15, 1971, 167–196

WRIGHTSMAN, L. S., O'CONNOR, J., BAKER, N. J.: Cooperation and competition: Readings on mixed-motive games. Belmont: Brooks 1972

ZAJONC, R. B.: Social facilitation. Science, 149, 1965, 269–274

PANIK

von Leon Mann und James W. Newton

Der Begriff »Panik« bezeichnet sowohl den Zustand akuter Angst bei Einzelpersonen als auch die offensichtlich unangemessenen Angstreaktionen von Gruppen. Wir wollen uns hier mit dieser kollektiven oder Gruppenpanik beschäftigen. In unserem Alltagsverständnis ist Gruppenpanik gekennzeichnet durch Irrationalität und Rücksichtslosigkeit – wohl auch deshalb, weil dieser Aspekt in Zeitungsberichten meist besonders betont wird: Menschen, die sich aus einem brennenden Gebäude, einem sinkenden Schiff oder vor einem Bombenangriff zu retten versuchen, trampeln andere tot oder kommen durch ihre eigene Kopflosigkeit ums Leben. Sozialwissenschaftliche Untersuchungen des Phänomens »Panik« beschreiben diesen und ähnliche Aspekte: Reaktion auf eine Bedrohung, extreme Angstreaktionen, Rettung auf Kosten anderer, Fluchtreaktionen, die der tatsächlichen Gefahr völlig unangemessen sind, Tumult, Aufhebung des sozialen Rollengefüges, Persönlichkeitsverlust. Von daher haben Janis, Chapman, Gillin u. Spiegel (1955, 1) Panik folgendermaßen definiert: »Ein äußerst emotionales, durch eine plötzliche, starke Bedrohung ausgelöstes Verhalten, *das die Gefahr für den Betroffenen selbst und andere letzten Endes eher verstärkt als vermindert*«. Und Enrico Quarantelli (1954, 272), einer der führenden Untersucher auf diesem Gebiet, definiert Panik als »akute Angstreaktionen, gekennzeichnet durch einen Verlust an Selbstkontrolle, der zu unsozialem und irrationalem Fluchtverhalten führt«.

Ein derartiges Konzept konfrontiert den Untersucher allerdings mit folgenden Problemen:

1. Es ist außerordentlich schwierig, genau festzustellen, in welchem Gefühlszustand sich die in Panik geratenen Personen befanden. Möglicherweise sind diejenigen, die am meisten Angst hatten, umgekommen; die Überlebenden schämen sich vielleicht, das ganze Ausmaß ihrer Angst einzugestehen, oder aber sie übertreiben es kräftig, um ein Verhalten zu rechtfertigen, das unter anderen Umständen als unsozial gelten würde.

2. Im nachhinein anzunehmen, daß alle Beteiligten während einer Katastrophe egoistisch und rücksichtslos gehandelt hätten, ist ein bißchen zu einfach. Menschen reagieren in derartigen Situationen nicht alle gleich (Quarantelli 1954; Danzig, Thayer, Galanter 1958). Ein paar egoistische oder hysterische Leute mögen die Panik verursacht haben, andere aber sind vielleicht ums Leben gekommen, während sie zu helfen oder zu retten versuchten. Während eines Theaterbrandes beispielsweise drängen einige kopflos zu den Ausgängen, während andere ihre Familie zusammenzuhalten versuchen, Feuerlöscher suchen oder auch völlig verwirrt umherirren.

3. Man nimmt im allgemeinen an, daß Menschen während einer Panik nicht mehr oder

nur noch vermindert logisch denken können. Deshalb verhalten sie sich irrational und verringern so selbst ihre Überlebenschancen oder lassen in dem verzweifelten Versuch, das eigene Leben zu erhalten, andere umkommen, während ein überlegter und gemeinsam organisierter Fluchtversuch allen das Leben retten könnte. Das heißt, daß Menschen während einer Panik durchaus die Konsequenzen ihres Verhaltens vorhersehen und mit den Konsequenzen anderer möglicher Verhaltensweisen vergleichen können. Sie verfügen jedoch meist nicht über die Informationen, die nötig wären, um eine rationale Entscheidung treffen zu können. So mag es etwa – aus der Sicht desjenigen betrachtet, der in einem brennenden Gebäude eingeschlossen ist und die räumlichen Gegebenheiten nicht kennt – durchaus eine vernünftige Entscheidung sein, sich durch einen blockierten Notausgang zu drängen, als tatenlos ums Leben zu kommen (Turner, Killian 1972, 9 f).

4. Ob man während einer Katastrophe umkommt oder überlebt, hängt nicht allein vom eigenen Verhalten, sondern auch von äußeren Faktoren wie den räumlichen Gegebenheiten eines Gebäudes, der Geschicklichkeit der Feuerwehrleute oder anderem ab. Es kann durchaus sein, daß dort, wo solche Umstände zur Rettung beitragen (die Notausgänge beispielsweise sind groß genug, und die Feuerwehr kommt sehr schnell zum Brandort), eine Verhaltensweise, die unter anderen Umständen für viele Tod oder Verletzung bedeutet hätte, nun nicht mehr als Panikreaktion, sondern als schnelles, intelligentes Reagieren auf die Gefahr angesehen wird.

Trotz dieser Probleme ist in den letzten zwanzig Jahren eine umfangreiche Forschungsliteratur zum Phänomen Panik entstanden. Das wichtigste Ergebnis all dieser Untersuchungen ist die Unterscheidung von vier Arten von Panik: »Ausgangs«-Panik, »Eingangs«-Panik, Massenpanik und Finanzpanik. Man muß allerdings dazu sagen, daß diese Bezeichnungen reichlich ungenau sind und daß wir, indem wir sie verwenden, keineswegs die Existenz eines »Panik-Syndroms« mit charakteristischen Gefühlen, Denkprozessen, Motiven oder Verhaltensweisen implizieren.

»Ausgangs«-Panik ist die Reaktion auf eine Gefahr innerhalb eines begrenzten Raums, aus dem die Flucht wegen unzureichender Ausgänge schwer möglich ist. Ein Beispiel für diese Art von Panik ist der Brand, der 1942 im Cocoanut Grove Nightclub in Boston ausbrach: 492 der ungefähr 800 Gäste kamen bei dem Versuch, sich zu retten, ums Leben. Ursache der vielen Todesopfer ist in diesem wie in vielen anderen Fällen nicht die unmittelbare Gefahr, hier das Feuer, sondern das Verhalten der Betroffenen, die andere zu Tode trampeln oder in dem verzweifelten Versuch, der Gefahr zu entkommen, die Ausgänge blockieren.

»Eingangs«-Panik bezeichnet das Verhalten von Menschen, die, um an für sie bedeutsame Waren oder Dienstleistungen heranzukommen, andere zu Boden stoßen oder niedertrampeln. Ein Beispiel dafür ist die Massenhysterie, die sich 1969 im Bukavu-Stadion im Kongo abspielte. Man hatte die Fußballbegeisterten vor den Toren des Stadions warten lassen, bis Präsident Mobutu erschien. Als sich endlich, kurz vor Beginn des Spiels, die Tore öffneten, wurden Hunderte von Menschen zu Tode getrampelt oder erdrückt.

Massenpanik entsteht, wenn die Bewohner ganzer Dörfer oder Stadtteile aus Angst vor einem Wirbelsturm, einer Flutwelle, einem feindlichen Angriff oder ähnlichem zu fliehen versuchen. Das geradezu klassische Beispiel dafür ist die »Krieg-der-Welten«-Panik des Jahres 1938. Ein Radiohörspiel über die Invasion von Marsmenschen, das Orson Welles nach einem Roman von H. G. Wells (»The War of the Worlds«, 1898) so inszeniert hatte, als habe diese Invasion tatsächlich stattgefunden, verursachte eine Massenflucht in New York und New Jersey. Massenpanik kann man mit Massenflucht gleichsetzen, da Flucht in allen Situationen, die eine Massenpanik auslösen, das beste, wenn nicht das einzige Mittel zur Rettung ist. Wenn die Fliehenden bemerken, daß ihre Überlebenschancen durch die Handlungen oder die bloße Gegenwart anderer beeinträchtigt werden, kann aus einer Massenpanik eine »Ausgangs«-Panik werden.

Finanzpanik, etwa der Sturm auf Banken, Börsen oder Lebensmittellager, wird manchmal auch als eine Form der Kollektivpanik eingeordnet (Brown 1965; Smelser 1963), da sie von der Struktur her der »Ausgangs«-Panik ähnlich ist. Die Betroffenen einer solchen Finanzpanik haben zwar allen Grund zu kooperieren, gleichzeitig aber auch ebenso gute Gründe, ohne Rücksicht auf die anderen wenigstens ihre eigenen Ersparnisse zu retten. So verhalten sie sich oft ausgesprochen egoistisch und irrational (Brown 1965). Vaught (1928) berichtet vom Sturm auf eine Bank in Arkansas, bei dem Hunderte von Bankkunden, die ihre Ersparnisse retten wollten, aufeinander losgingen, obwohl man ihnen versichert hatte, die Bank könne ihren Verpflichtungen nachkommen. In einer ähnlichen Situation in Adelaide/Australien hingegen verhielten sich die Bankkunden außerordentlich gesittet und ruhig (Mann, Nagel, Dowling 1976).

Die vier Arten von Panik haben folgendes gemeinsam:

1. Die Betroffenen erfahren eine Bedrohung ihres Lebens oder ihrer Interessen (Feuersbrunst; Versäumen eines Fußballspiels; Vernichtung durch die Marsmenschen; Verlust der Ersparnisse).

2. Die Bedrohung scheint unmittelbar gegenwärtig (Rauch ist sichtbar; das Spiel beginnt gleich; die Marsmenschen sind schon ganz nahe; die Reserven der Bank scheinen erschöpft).

3. Die Hoffnung besteht, die Bedrohung noch abwenden zu können (man ist gerettet, wenn man den Ausgang als erster erreicht; wenn man vor allen anderen durch das Tor kommt, kann man das Fußballspiel noch sehen; wer nach Norden flieht, entkommt den Marsmenschen; die Bank zahlt denen ihr Geld aus, die zuerst am Schalter sind). Erscheint das Verhängnis unabwendbar – es gibt keine Notausgänge, das Spiel ist vorbei, die Marsmenschen haben die Stadt umzingelt, die Tresore der Bank sind leer –, so ist nicht Panik, sondern Resignation offenbar die übliche Reaktion (vgl. Foreman 1963).

4. Die Aktivitäten anderer definieren oder intensivieren die Bedrohung bzw. stören die eigenen Bemühungen, die Bedrohung abzuwenden (zu viele versuchen durch zu wenige Ausgänge zu fliehen; einige verlassen fluchtartig die Stadt und stecken die anderen an; zu viele Bankkunden heben ihre Ersparnisse ab, so daß die Bank falliert).

Die vier Arten von Panik unterscheiden sich in zweifacher Hinsicht: einmal darin, wie sehr die Beteiligten voneinander abhängig sind, und zum zweiten in der Art, wie sich gewohnte Verhaltensweisen verändern. Bei der »Ausgangs«-, »Eingangs«und Finanzpanik ist die Abhängigkeit von den anderen beträchtlich; jeder einzelne, ob er sich nun rücksichtslos zum Ausgang durchboxt oder so schnell wie möglich sein Geld abhebt, kann die Erfolgsaussichten der ganzen Gruppe gefährden. Bei der Massenpanik hingegen muß die Flucht eines einzelnen nicht notwendigerweise das Schicksal aller anderen beeinflussen. Brown (1965) hat die verschiedenen Ergebnisse all der möglichen kooperativen bzw. nichtkooperativen Reaktionen in einer Paniksituation unter dem spieltheoretischen Aspekt analysiert.

Jede Art von Panik ist durch eine bestimmte Form des Zusammenbruchs sozialer Verhaltensweisen charakterisiert. Bei der »Ausgangs«-Panik ist es die Unfähigkeit, ein geordnetes Verlassen des Raumes entsprechend bestimmter Prioritäten zu organisieren. Bei der »Eingangs«-Panik ist umgekehrt ein geordneter Zugang nicht durchführbar; der sozial übliche räumliche Abstand zwischen den Individuen ist aufgehoben. Bei der Finanzpanik geht das Vertrauen in normalerweise als vertrauenswürdig angesehene Institutionen verloren. Massenpanik entsteht häufig dadurch, daß die Stärke der Bedrohung falsch eingeschätzt wird und/oder daß es dem Kollektiv nicht gelingt, sie abzuwenden.

Über das Phänomen der »Eingangs«-Panik gibt es mittlerweile eine recht umfangreiche Literatur; die Finanzpanik ist traditionelles Forschungsgebiet von Wirtschaftswissenschaftlern und Historikern. Wir werden uns deshalb im folgenden vor allem mit »Ausgangs«und Massenpanik beschäftigen.

»AUSGANGS«-PANIK

An der Frage, warum Menschen in kopfloser Angst Notausgänge blockieren, anstatt sich gemeinsam zu retten, scheiden sich die Geister. Die traditionelle Anschauung (Le Bon 1895 u.a.) geht dahin, daß eine extreme Bedrohung Angst erzeugt, die wiederum klares Denken und kooperatives Verhalten verhindert. Untersuchungsergebnisse von Kelley, Condry, Dahlke u. Hill (1965) bestätigen diese Ansicht. Ihre Versuchspersonen standen unter der Androhung von Elektroschocks; je stärker die Bedrohung wurde, desto intensiver wurden auch die Panikreaktionen.

Im Gegensatz dazu meint Mintz (1951), daß Menschen in extremen Gefahrensituationen durchaus rational reagieren; sie richten ihr Verhalten danach aus, was ihnen in der jeweiligen Situation am erfolgversprechendsten erscheint. Im allgemeinen verhalten wir uns kooperativ und warten, bis wir an der Reihe sind. In dem Moment jedoch, wo ein oder zwei Leute dies übliche Verhaltensmuster durchbrechen und sich vordrängen, kommen alle anderen zu der durchaus logischen Schlußfolgerung, daß ihr Überleben jetzt nur davon abhängt, sich ohne Rücksicht auf Verluste zum Ausgang durchzukämpfen. Es ist also gewissermaßen nicht die Angst, die die Ausgänge blockiert, sondern die rationale Überlegung, daß es besser ist, sich durchzudrängen als geduldig zu warten, bis man an der Reihe ist. Mintz' Versuchspersonen hatten die Aufgabe, Münzen – jeweils eine nach der anderen – aus einer enghalsigen Flasche herauszuholen, um eine Belohnung zu bekommen bzw. eine Bestrafung in Form einer Geldbuße zu vermeiden. Mintz konnte zeigen, daß unkoordiniertes Verhalten von dem sich in der Situation abzeichnenden Verhältnis von Belohnung und Bestrafung abhängig war. Gegen diese Untersuchung ist allerdings eingewendet worden, daß die Bedrohung – ein geringfügiger finanzieller Verlust – nicht gerade schreckerregend ist und daß Mintz das Problem, warum einzelne Personen sich plötzlich vordrängen, völlig vernachlässigt hat.

Gross, Kelley, Kruglanski u. Patch (1972) konnten zeigen, daß beide Faktoren – sowohl das irrationale Verhalten aufgrund von Angst als auch die rationale Abwägung der Erfolgsaussichten – an der Entstehung von Panikreaktionen beteiligt sind. Sie machen dem Widerstreit der Meinungen ein Ende, indem sie zwei verschiedene »Panikphasen« postulieren: a) Beginn oder Entstehung der Panik und b) Ausbreitung der Panik. Die Entstehung der Panik läßt sich mit der traditionellen Anschauung am besten erklären: Angst und Erregung lösen bei einigen wenigen Personen unkooperatives Verhalten aus. Die Ausbreitung der Panik wiederum folgt dem Konzept von Mintz: Das egoistische Verhalten von Einzelnen verändert für alle anderen die Erfolgsaussichten, und daraus entsteht dann der Kampf ums Überleben.

Die Frage, welcher Personenkreis am ehesten Panikverhalten zeigt, also »den Kampf beginnt«, läßt sich bislang weniger klar beantworten. Brown (1965) meint, daß in einem brennenden Gebäude die Panik von denen ausgelöst wird, die am weitesten von den Notausgängen entfernt sind, weil sie glauben, daß sie nicht mehr hinauskommen, wenn sie geduldig warten. Andere Annahmen gehen dahin, daß die Panik unter den Vornestehenden entsteht, die Angst haben, von den Nachdrängenden erdrückt zu werden. Kelley u. a. (1965) stellten fest, daß Frauen unter der Androhung von Elektroschocks eher zu Panikreaktionen neigten als Männer. Versuche, die Persönlichkeitseigenschaften »panik-anfälliger« Personen herauszukristallisieren, waren bislang erfolglos (Schultz 1968).

Brown (1954) stellte fest, daß organisierte Gruppen wie Schiffsmannschaften oder Armee-Einheiten selten Panikreaktionen zeigen, und nahm an, daß die straffe Führung innerhalb solcher Gruppen der Grund dafür sei. Im Zweiten Weltkrieg fand das Problem der Panikverhütung in militärischen und zivilen Gruppen überall bemerkenswert viel Beachtung. Die Deutschen legten besonderen Nachdruck auf die Führerpersönlichkeiten, da sie von der Annahme ausgingen, daß ein starker Führer der Gruppe ein Gefühl von Solidarität und Unbesiegbarkeit vermittele (Farago 1942). Klein zeigte in einer Untersuchung zur »Ausgangs«-Panik (1976), daß Gruppen mit Führern weniger Angst- und Panikreaktionen zeigten als solche ohne Führer, ganz unabhängig davon, ob der Führer gewählt oder bevollmächtigt war und ob er die Entscheidung traf, als erster oder als letzter zu fliehen. In einer außerordentlich realitätsnahen Versuchssituation gelang es French (1944), seine studentischen Versuchspersonen glauben zu machen, sie wären in einem brennenden Gebäude eingeschlossen. Es stellte sich heraus, daß die organisierten Gruppen (in diesem Fall Sportmannschaften) zwar mehr Angst hatten, aber einheitlicher reagierten und schneller einer geplanten Aktion zustimmten als die nichtorganisierten Gruppen von Personen, die einander zudem fremd waren.

MASSENPANIK

Zeitungen berichten gern über Massen zu Tode erschreckter Menschen, die in wilder Flucht einer schrecklichen Gefahr zu entkommen versuchen. Quarantelli u. Dynes (1972) analysierten etwa hundert Katastrophenberichte, die am Katastrophenforschungszentrum der Ohio State University gesammelt worden waren, und stellten fest, daß echte Massenpanik außerordentlich selten vorkommt. Sie behaupten, daß es in den letzten fünfzig Jahren trotz häufiger Naturkatastrophen und diverser Kriege nur einige wenige Fälle gegeben habe, in denen mehr als ein paar Dutzend Menschen sich in offensichtlicher Panik auf die Flucht begeben hätten. Man muß allerdings dazu sagen, daß die meisten dieser Katastrophenuntersuchungen in den Vereinigten Staaten und in Gegenden durchgeführt wurden, in denen sich die Bewohner an Tornados, Hurrikans, Flutwellen und dergleichen gewöhnt haben oder sie mehr oder minder resigniert über sich ergehen lassen. Wo Katastrophen gewissermaßen an der Tagesordnung sind, liegt ja das Problem für die Behörden weniger darin, eine Panik zu verhindern, als vielmehr die Bevölkerung dazu zu bewegen, Evakuierungsaufrufe zu befolgen und Schutzmaßnahmen zu ergreifen (Quarantelli 1960). In den meisten solcher Katastrophenfälle tun Polizei, Feuerwehr, Ärzte, Krankenschwestern und andere Notfallhelfer ordnungsgemäß ihre Pflicht; und auch die übrigen Betroffenen sind ganz deutlich gewillt, das Wohl ihrer Familien über das eigene zu stellen (Killian 1952; Quarantelli 1960). Für einen Beobachter mag es dann manchmal so aussehen, als würden alle in wilder Flucht davoneilen, während sie in Wirklichkeit einfach dorthin rennen, wo sie gebraucht werden, oder nach ihren Familienangehörigen suchen.

Sensationsberichte über Massenpanik sind meist reichlich übertrieben. Nach der Radiosendung »Krieg der Welten« im Jahre 1938 berichteten die Zeitungen, daß Tausende, die die Sendung gehört hatten, in panischer Angst geflohen seien. Eine offizielle Untersuchung ergab später, daß 12 Prozent aller erwachsenen Amerikaner das Hörspiel gehört hatten, daß aber von diesen 12 Prozent ganze 16 Prozent tatsächlich Angst vor den Marsmenschen bekommen hatten (Cantril 1940, 57–58). In Schweden hatte eine ähnliche Radiosendung ebenfalls irreführende Zeitungsberichte zur Folge. Der schwedische Rundfunk brachte 1973 im Rahmen einer Schulfunksendung die fiktive Nachricht über einen Unfall im Kernkraftwerk Barsebäck, das damals gerade gebaut wurde. Dabei warnte der Nachrichtensprecher vor einer Wolke radioaktiven Materials, die über der Gegend hinge. Die Zeitungen berichteten am nächsten Tag von Massenpanik, und der Vorfall wurde sogar im Parlament diskutiert. Ob eine solche Panik tatsächlich stattgefunden hatte, wurde nicht in Frage gestellt. Eine Untersuchung von Rosengren, Arvidson u. Sturesson (1975) ergab jedoch, daß 20 Prozent der erwachsenen Bevölkerung der betroffenen Gegend die Sendung gehört hatten, daß aber nicht einmal die Hälfte von ihnen dadurch in Panik versetzt worden war. Unter den 1089 Befragten gab es nicht einen Fall von panischer Flucht. Die Zeitungsartikel, die in ganz Schweden erschienen und von Massenflucht sprachen, beruhten offenbar auf einigen übereilten und falschen Informationen vom Ort des Geschehens, die niemals richtiggestellt worden waren.

Zweifellos sind also viele Bericht über Massenpanik falsch oder doch reichlich übertrieben; das heißt aber nicht, daß es die kopflose Flucht von Tausenden zu Tode erschreckter Menschen nicht gibt oder geben kann. So berichtete die gewiß glaubwürdige »New York Times« von einer »Massenhysterie in den Straßen von Quito«, nachdem der »Krieg der Welten« dort gesendet worden war (14. Februar 1949). Die Nachrichtensendungen im Fernsehen zeigten während der letzten Wochen des Vietnam-Krieges, als eine Stadt nach der anderen zum Kampfgebiet oder erobert wurde, Massen von Menschen, die außer sich vor Angst und Schrecken durch die Straßen liefen. Bevor es also nicht systematischere und umfassendere Berichte über Katastrophen in verschiedenen Ländern gibt, sollte man mit der Feststellung, Massenpanik sei ein sehr seltenes Phänomen, vorsichtig sein.

VORBEUGUNGSMASSNAHMEN

Einige Untersucher sind der Ansicht, daß der wichtigste Auslöser für eine Panik die Angst ist, eingeschlossen zu sein, bzw. das Gefühl, in der Falle zu sitzen, weil die Rettungswege versperrt sind (Quarantelli 1954). Die Reaktion auf eine ausweglos erscheinende Situation, in der es keine erfolgversprechenden Handlungsalternativen mehr gibt, ist offenbar viel eher passive Resignation als Panik (Foreman 1963). Guten u. Allen führten 1972 eine Untersuchung durch, die diese These bestätigt. Sie stellten fest, daß ihre Versuchspersonen, die unter der Bedrohung durch Elektroschocks standen, eher Rettungs- oder Fluchtversuche unternahmen, wenn der Erfolg ihrer Bemühungen von mittlerer Wahrscheinlichkeit zu sein schien, als wenn die Möglichkeit, sich zu retten, anscheinend sehr groß bzw. sehr klein war. »Sozialer Streß« – ein allgemeines Angstgefühl, hervorgerufen durch längerdauernde Unsicherheit und vermindertes Vertrauen in Institutionen – kann ebenfalls die Anfälligkeit für Panikreaktionen erhöhen (Smelser 1963). Farago (1942) berichtet, wie die deutschen Besatzungstruppen während des Zweiten Weltkrieges die französische Bevölkerung mittels Propaganda zu demoralisieren versuchten: Sie schürten das Mißtrauen der Franzosen untereinander, um sie für Panikreaktionen anfällig werden zu lassen.

Das alles macht deutlich, wie wichtig vorbereitende Maßnahmen sind, um Katastrophensituationen so effektiv wie möglich und auf breitester Basis begegnen zu können. Wir haben schon gesagt, daß sich Notfallhelfer im allgemeinen in Krisensituationen sehr verantwortungsbewußt verhalten. Regelmäßige Warnungen und ein gut funktionierendes Nachrichtensystem sind Voraussetzung für den geordneten Ablauf einer Evakuierung, ebenso die Bekanntgabe von Evakuierungswegen und anderer Sicherheitsmaßnahmen.

Eine »Eingangs«-Panik läßt sich am besten verhindern, indem man eine effiziente und angemessene Versorgung möglich macht. Veranstalter müßten beispielsweise verpflichtet werden, darauf zu achten, daß sich große Menschenmengen, die stunden- oder gar tagelang auf Eintrittskarten oder Einlaß warten, gar nicht erst bilden. Und wenn es keine Karten mehr gibt oder niemand mehr eingelassen werden kann, müßte ebenfalls dafür gesorgt werden, daß die Wartenden nicht direkt vor den Türen stehen, sondern in einiger Entfernung, so daß eine ungeduldige, drängende Menschenmenge nicht entstehen kann.

Detaillierte, pragmatische Vorschläge für die Verhütung der »Ausgangs«-Panik gibt es schon lange (z. B. Gerhard 1896). Daß Gebäude mit gut sichtbaren, leicht zugänglichen und großen Ausgängen ausgestattet sein sollten, versteht sich von selbst. Katastrophentraining ist, soweit durchführbar (etwa in Schulen, auf Schiffen, am Arbeitsplatz usf.), empfehlenswert, ebenso Lautsprecheranlagen oder ähnliches, die es in öffentlichen Gebäuden im Notfall möglich machen, Rettungsanweisungen durchzusagen. Weil der Vorteil, den Gruppen mit Führer im Notfall haben, nachgewiesen ist, sollte man bei allen Massenveranstaltungen speziell geschulte Leute bereitstellen, die in Katastrophensituationen eine derartige Funktion übernehmen könnten.

Aus dem Englischen übertragen von Franziska Stalmann

LITERATUR

BROWN, R. W.: Mass phenomena. In: G. Lindzey (Ed.): Handbook of Social Psychology, II. Reading, Mass.: Addison-Wesley 1954, 833–876

Social Psychology. New York: Free Press 1965

CANTRIL, H.: The invasion from Mars. Princeton: Princeton University Press 1940

DANZIG, E. R., THAYER, P. W., GALANTER, L. R.: The effects of a threatening rumor on a disaster-stricken community. Washington: National Academy of Sciences – National Research Council (Publication 517) 1958

FARAGO, L. (Ed.): German Psychological Warfare. New York: Putnam's Sons 1942

FOREMAN, R. E.: Resignation as a collective behaviour response. American Journal of Sociology, 69, 1963, 285–290

FRENCH, J. R. P. jr.: Organized and unorganized groups under fear and frustration. University of Iowa Studies in Child Welfare, 20, 1944, 229–308

GERHARD, W. P.: Theatre fires and panics: Their causes and prevention. New York: John Wiley & Sons 1896

GROSS, D. E., KELLEY, H. H., KRUGLANSKI, A. W., PATCH, M. E.: Contingency of consequences and type of incentive in interdependent escape. Journal of Experimental Social Psychology, 8, 1972, 360–377

GUTEN, S., ALLEN, V.: Likelihood of escape, likelihood of danger and panic behavior. Journal of Social Psychology, 87, 1972, 29–36

JANIS, I., CHAPMAN, D., GILLIN, J., SPIEGEL, J.: The problem of panic. Washington: Federal Civil Defense Administration, TB-19-2, 1955

KELLEY, H. H., CONDRY, S. C. jr., DAHLKE, A. E., HILL, A. H.: Collective behavior in a simulated panic situation. Journal of Experimental Social Psychology, 1, 1965, 20–54

KILLIAN, L. M.: The significance of multiple-group membership in disaster. Americal Journal of Sociology, 57, 1952, 309–314

KLEIN, A. L.: Changes in leadership appraisal as a function of the stress of a simulated panic situation. Journal of Personality and Social Psychology, 34, 1976, 1143–1154

LE BON, G.: Psychologie des Foules. Paris: Alcan 1895. Deutsch: Psychologie der Massen. Stuttgart: Kröner 1973

MANN, L., NAGEL, T., DOWLING, P.: A study of an economic panic: The »run« on the Hindmarsh Building Society. Sociometry, 39, 1976, 223–235

MINTZ, A.: Non-adaptive group behavior. Journal of Abnormal and Social Psychology, 46, 1951, 150–159

QUARANTELLI, E. L.: The nature and conditions of panic. American Journal of Sociology, 60, 1954, 267–275

Images of withdrawal behavior in disasters: some basic misconceptions. Social Problems, 8, 1960, 68–79

QUARANTELLI, E. L., DYNES, R. R.: When disaster strikes. Psychology Today, 5, 1972, 66–70

ROSENGREN, K. E., ARVIDSON, P., STURESSON, D.: The Barsebäck »panic«: A radio programme as a negative summary event. Acta Sociologica, 18, 1975, 303–321

SCHULTZ, D. P.: Individual behavior in a simulated panic situation. Unveröffentlicher Bericht an die Abt. Group Psychology des Office of Naval Research, United States of America, 1968

SMELSER, N. J.: Theory of collective behavior. New York: Free Press 1963

TURNER, R. H., KILLIAN, L. M.: Collective Behavior. Englewood Cliffs, New Jersey: Prentice-Hall ²1972

VAUGHT, E.: The release and heightening of individual reactions in crowds. Journal of Abnormal and Social Psychology, 22, 1928, 404–405

PROSOZIALES VERHALTEN

von Helmut E. Lück

Etwa seit Mitte der sechziger Jahre hat sich – vornehmlich in den USA – ein Forschungsgebiet innerhalb der Sozialpsychologie etabliert, das sich intensiv mit Hilfeleistung, Altruismus, Einfühlung, Mitleid, Verantwortung und ähnlichen zwischenmenschlichen Prozessen befaßt. Als zusammenfassende Bezeichnung hat sich der Begriff »Prosocial Behavior« –
prosoziales Verhalten – durchgesetzt, der von Bryan u. Test (1967) und Rosenhan u. White
(1967) unabhängig voneinander für »positive« Verhaltensweisen verschiedener Art eingeführt wurde. Eine genauere Begriffsabgrenzung hat sich als außerordentlich schwierig erwiesen, da Hilfeleistung je nach Standpunkt etwas anderes bedeuten kann. Viele Forscher
vertreten allerdings eine Definition, die die Absicht des potentiellen Helfers zur Notlinde-
rung, Hilfeleistung usw. einbezieht (vgl. Lück 1975, 14 ff).

Durch eine große Anzahl realitätsnaher Untersuchungen ist es in den letzten Jahren gelungen, viele Bedingungen helfenden Verhaltens systematisch zu untersuchen.

Die Konfliktsituation, in der sich der (potentielle) Helfer befindet. Die Erforschung prosozialen Verhaltens wäre uninteressant, kennte man die Bedingungen, unter denen Personen
anderen helfen. Offensichtlich stehen aber z. B. Unfallzeugen in einem Konflikt zwischen
sozialen Normen und eigenen Interessen. Soziale Normen sehr vieler Kulturkreise fordern
vom Individuum soziale Verantwortung. Teils haben diese Normen religiöse Verankerung
(z. B. Zehn Gebote), teils sind sie sogar bestehendes Recht (z. B. die Hilfspflicht des § 330c
StGB, der im Gegensatz z. B. zu den gesetzlichen Regelungen in den USA die unterlassene
Hilfeleistung unter Strafe stellt). Für den einzelnen mögen drohende Strafen bei unterlasse-
ner Hilfeleistung auf der Ebene sozialer Einstellungen wirksam werden (Kaufman 1970),
ob sie in der unmittelbaren Notsituation verhaltensrelevant werden, ist fraglich. In jedem
Fall steht der potentielle Helfer im Konflikt zwischen diesen Normen und dem persönlichen Bedürfnis, keine Zeit verschwenden und nichts mit Polizei und Gericht zu tun haben
zu wollen; schließlich mag auch die Furcht oder Sorge begründet sein, man mache etwas
falsch oder der Notfall sei eine geschickte Falle. Wie der einzelne diesen Konflikt löst,
hängt von vielen Dingen ab, die erst ansatzweise erforscht sind: von Persönlichkeitszügen,
Stimmungen, früheren Erfahrungen, vom Charakter der Notsituation, von der Einschätzung des Opfers, vom Vorhandensein anderer Zeugen usw. Schließt man sich der Feldtheorie Kurt Lewins an, so können all diese Bedingungen als Feldkräfte verstanden werden, die
auf das Individuum einwirken und eine bestimmte Entscheidung begünstigen (Lück, im
Druck). Je nachdem, welche der unabhängigen Variablen als Bedingung für die abhängige
Variable »Hilfeleistung« untersucht wurden, lassen sich verschiedene Teilbereiche der Erforschung prosozialen Verhaltens skizzieren.

Persönlichkeitszüge des Helfers. Dieser praktisch-diagnostische Ansatz dürfte wohl der älteste sein. Zur Personalauslese, Berufsberatung usw. hat man schon seit den dreißiger Jahren Persönlichkeitstests entwickelt, die Mitleidsbereitschaft, Vertrauensbereitschaft, Verantwortungsbereitschaft und natürlich Einfühlungsfähigkeit erfassen sollten. Auch ohne solche Tests einzusetzen hat man z. B. Menschen, die während der Nazizeit Juden halfen, Persönlichkeitszüge auf Grund von Interviewergebnissen zugesprochen (London 1970).

Doch zeigt sich heute sehr deutlich, daß dieser persönlichkeits-psychologische Ansatz zum einen methodische Schwächen hat, denn alle bislang entwickelten Tests sind von den Probanden mehr oder weniger durchschaubar und anfällig gegenüber Verfälschungstendenzen. Die Neigung zu sozial erwünschten Selbstaussagen dürfte hier besonders schwer wiegen, da Hilfsbereitschaft in unserer Gesellschaft sehr positiv gewertet wird. Zum anderen ist der persönlichkeits-psychologische Ansatz wohl zu einseitig. Es wird zuwenig Gewicht auf die Analyse der Situation gelegt, in der sich Hilfeleistung abspielt (s. hierzu Gergen, Gergen, Meter 1972 sowie Lück 1975, 45 ff).

Die Rolle der Stimmungen. Wie wichtig die flüchtigen augenblicklichen Emotionen für die Hilfsbereitschaft sind, haben einige neuere Experimente gezeigt. Personen, denen gesagt wurde, sie hätten in einem Test gut abgeschnitten (Isen 1970), waren eher bereit, zu helfen oder zu spenden. Nicht nur »der warme Schein des Erfolges« (Isen), sondern zehn Cent, die man unerwartet in einer Telefonzelle findet (vom Versuchsleiter natürlich arrangiert), führen bereits zu ansteigender Hilfsbereitschaft.

Zufriedenheit und Freude lassen einerseits Hilfeleistungen wahrscheinlicher werden, andererseits aber auch Schuldgefühle. Personen, die glaubten, sie hätten (bei einem Spiel im Labor) andere Personen geschädigt, waren eher zu Hilfeleistungen bereit (s. hierzu u. a. Köhler 1977, 40 ff). Zur Erklärung dieses Verhaltens scheint die Austauschtheorie besonders geeignet zu sein (s. Gouldner 1960; Walster, Berscheid, Walster 1970; Ortlieb 1977).

Entwicklungs- und lernpsychologische Aspekte. Lange bevor die Erforschung prosozialen Verhaltens zum vielbeachteten Forschungsgebiet der Sozialpsychologie wurde, hatten sich Philosophen, Pädagogen und Psychologen mit Moral und Moralentwicklung befaßt. Eine der bedeutsamsten frühen empirischen Arbeiten ist sicher die von Piaget (1932) über das moralische Urteil beim Kinde. Wenn auch viel kritisiert, hat Piaget mit seinem Stufenmodell Möglichkeiten der Erfassung kindlicher Moral aufgezeigt und damit für Pädagogen auch Wege zur Moralförderung gewiesen.

Kohlberg (1963) mit seinem sechsstufigen Modell der Moralentwicklung steht eindeutig in der Tradition Piagets (s. seinen mit A. Colby verfaßten Beitrag in Bd. VII dieser Enzyklopädie). Neben methodischen Schwächen (vgl. Kurtines, Greif 1974) hat sein Modell den Nachteil der Eindimensionalität.

In den letzten Jahren sind diese entwicklungspsychologischen Arbeiten um eine Reihe von lernpsychologischen Untersuchungen ergänzt worden. Dabei hat man sich in erster Linie gefragt, wie die Bereitschaft zu prosozialem Verhalten von Kindern erworben wird. Wenn es auch noch wenige Untersuchungen über die Rolle klassischen und operanten Konditionierens gibt, so hat man doch deutlich zeigen können, welch wichtige Rolle Modelle oder Vorbilder spielen. Vor allem James Bryan (z. B. Bryan, Walbek 1969) kommt das Verdienst zu, die Wirkungen unterschiedlicher Verhaltensvorbilder auf Kinder nachgewiesen zu haben. In einer von seinen Untersuchungen wurden u. a. die Wirkungen scheinheiliger Vorbilder überprüft: Wenn Erwachsene Gutes predigen, aber Schlechtes tun, so fanden die Kinder diese Vorbilder zwar (wegen ihrer moralischen Appelle) sympathisch, aber in ihrem Verhalten orientierten sie sich auch am schlechten Verhaltensvorbild. Dabei erlebten diese Kinder keine besonderen Konflikte; das Verhalten des Vorbildes wurde nicht durchschaut.

Die Rolle des Hilfsbedürftigen. Wenn man sich auch stärker mit dem (potentiellen) Helfer befaßt hat, so sieht man prosoziales Verhalten doch als einen sozialen Prozeß an, an dem

312

mindestens zwei Personen beteiligt sind. Dementsprechend hat man einige Untersuchungen über die Rolle des Hilfsbedürftigen oder des Opfers im Prozeß der Hilfeleistung durchgeführt.

In mehreren Untersuchungen ist man der Wirkung der äußeren Erscheinung (Köhler 1977), speziell der Kleidung (Wormser 1977), nachgegangen. Dabei spielt die Kleidung wohl besonders deswegen eine wichtige Rolle, weil sie als Anzeichen für soziale Rollen und Prestige gilt. Die Ergebnisse zeigten zum Teil, daß besser gekleidete Personen häufiger Hilfe erhalten. Auch scheint die soziale Ähnlichkeit zwischen Helfer und Opfer wichtig zu sein.

Wie sehr Hilfeleistung ein Interaktionsprozeß ist, wird dadurch verdeutlicht, daß der Blickkontakt eine nachweisbare Rolle spielt (u. a. Snyder, Grether, Keller 1974). Ferner konnte ein Zusammenhang zwischen der Formulierungsart der Bitte und der erhaltenen Hilfe nachgewiesen werden (Mikula 1977).

Wenig verwunderlich, daß auch Alter, Geschlecht und Rasse des Hilfsbedürftigen eine wesentliche Rolle spielen (Lück 1975, 62 ff; Köhler 1977, 30 ff). Dabei sind auch hier die gefundenen Zusammenhänge durchaus komplex. Piliavin, Rodin u. Piliavin (1969) fanden z. B., daß einem jungen Mann anderer Hautfarbe wohl geholfen wird, wenn er aus Krankheitsgründen zu Boden stürzt. Fällt er jedoch hin, weil er offensichtlich betrunken ist, werden Rassenschranken wirksam: Weiße helfen häufiger Weißen und Schwarze häufiger Schwarzen.

Soziale Normen schreiben vor, daß man eher den Schwächeren hilft: Kindern, Frauen, Alten. Untersuchungen zeigen jedoch, daß diese Normen nur unter bestimmten Bedingungen wirksam werden (Wiendieck 1972).

Merkmale der Notsituation. Die Feldtheorie läßt vermuten, daß Hilfeleistung bei schwächeren Feldkräften seltener wird, z. B. bei größerer räumlicher Distanz zwischen Helfer und Opfer und bei größer werdendem zeitlichem Abstand zum Unglücksfall. Einige Feldexperimente bestätigen dies tendenziell. Natürlich wird weit häufiger geholfen, wenn die »Kosten« für den Helfer gering sind. Doch gibt es auch eine Technik, »den Fuß in die Tür zu setzen«: Wer zuerst um eine kleine Gefälligkeit bittet und Erfolg hat, der kann evtl. eine größere Bitte mit Aussicht auf Erfolg nachfolgen lassen (Freedman, Fraser 1966).

Verständlich ist auch, daß unklare Notsituationen zu geringerer Hilfeleistung führen als eindeutige Fälle. (Vielleicht wird in Notsituationen so wenig geholfen, weil viele Leute so selten Zeugen von Notfällen werden.) Auch die Umgebung mag eine Rolle spielen. Darley und Latané (1970) berichten, daß Personen in Alltagssituationen häufiger helfen, wenn sie mit der jeweiligen Umgebung (U-Bahn-Station oder Flughafen) vertraut sind.

Der Einfluß anderer Zeugen. Kaum eine experimentelle Untersuchung der letzten Jahre hat soviel Beachtung gefunden wie die Arbeiten über den Einfluß der Zeugenanzahl auf die Hilfeleistungen von Darley u. Latané (1968) sowie Latané u. Darley (1970). Obwohl man vermutlich erwartet, daß mit zunehmender Zeugenanzahl die Wahrscheinlichkeit der Hilfeleistung ansteigt, konnten Darley u. Latané in mehreren ähnlichen Experimenten eher das Gegenteil nachweisen: Mit zunehmender Zeugenanzahl sank die Wahrscheinlichkeit der Hilfeleistung. Wenn auch Darley u. Latané dieses Phänomen zunächst in erster Linie als einen Prozeß des Abschiebens der Verantwortung (»diffusion of responsibility«) ansahen, gab es bald eine ganze Reihe von modifizierten Replikationen, die diesen Effekt weiter aufklärten. So kommt ein Abschieben der Verantwortung unter Unfallzeugen vor allem dann vor, wenn die Zeugen nicht miteinander interagieren können, wenn sie sich nicht kennen, wenn ein bestimmtes Gruppenmitglied kompetenter zur Hilfeleistung ist als der »Durchschnittszeuge«, oder/und wenn die Notsituation unklar ist oder gar verharmlost wird.

Kulturelle Faktoren. Die Bereitschaft, in bestimmten Situationen einer bestimmten Person zu helfen, ist sicher stark kulturabhängig. Hierbei spielen gewiß nicht nur kulturelle Normen eine Rolle, sondern auch rechtliche oder situative. In Großstädten wie New York sind Passanten und Einwohner aus guten Gründen weit mißtrauischer als in ländlichen Gegenden (Milgram 1970). Gegenüber Ausländern verhält man sich in Paris anders als in Boston oder Athen (Feldman 1968). Einige Replikationen amerikanischer Feldexperimente in Deutschland haben teilweise größere Hilfsbereitschaft erbracht, was nicht ohne weiteres zu erklären ist. Hier wären vergleichende Untersuchungen in verschiedenen Kulturkreisen sinnvoll.

Zum Stand der Theorien. Mißt man das skizzierte Forschungsgebiet am Stand der Theorienentwicklung, so muß man zu dem Ergebnis kommen, daß hier erst ein bescheidener Anfang gemacht worden ist. Es liegen zwar eine Reihe von zusammenfassenden Darstellungen vor (Krebs 1970; Macaulay, Berkowitz 1970; Wispé 1972; Lück 1975; Koch 1976; Köhler 1977; Lück 1977), jedoch gibt es nur eine Vielzahl mehr oder weniger systematisch erforschter unabhängiger Variablen und keinerlei umfassende Theorie. Im Gegensatz zu anderen sozialpsychologischen Teilgebieten (wie z. B. der Aggressionsforschung) sind die Untersuchungshypothesen zum prosozialen Verhalten häufig nicht aus Theorien abgeleitet, sondern stark an der Alltagserfahrung orientiert. Die Untersuchung von Darley u. Latané, die von einem Mordfall ausging, bei dem keiner von mindestens 38 Zeugen half, kann als typisches Beispiel gelten.

In den nächsten Jahren wird sich zeigen, ob das Gebiet der Erforschung prosozialen Verhaltens nach der großen Anzahl einfallsreicher Einzeluntersuchungen auch theoretisch befriedigend weiterentwickelt wird, ohne den notwendigen Alltagsbezug zu verlieren.

LITERATUR

BRYAN, J. H., TEST, M.: Models and helping: Naturalistic studies in helping behavior. J. Pers. Soc. Psychol., 6, 1967, 400–407. Deutsch: Verhaltensmodelle und Hilfsbereitschaft. Feldexperimente zum prosozialen Verhalten. In: J. J. Koch (Hg.): Atruismus und Aggression. Das Feldexperiment in der Sozialpsychologie I. Weinheim, Basel: Beltz 1976, 27–38

BRYAN, J. H., WALBEK, N.: Words and deeds about sacrifice: Their impact upon children's judgement and behavior. Manuskript anläßlich des Biennial Meeting of the Society for Research in Child Development, Santa Monica/Calif., März 1969

DARLEY, J. M., LATANÉ, B.: Norms and normative behavior: Field studies of social interdependence. In: J. Macaulay, L. Berkowitz (Eds.): Altruism and Helping Behavior. New York, London: Academic Press 1970, 83–101

When will people help in a crisis? Psychology Today, 2, 1968, 54–57; 70; 71. Deutsch: Wann helfen Menschen in einer Krise? In: H. Lück (Hg.): Mitleid, Vertrauen, Verantwortung. Ergebnisse der Erforschung prosozialen Verhaltens. Stuttgart: Klett 1977, 100–111

FELDMAN, R. E.: Response to compatriot and foreigner who seek assistance. J. Pers. Soc. Psychol., 10, 1968, 202–214

FREEDMAN, J. L., FRASER, S. C.: Compliance without pressure: the foot-in-the-door technique. J. Pers. Soc. Psychol., 4, 1966, 195–202

GERGEN, K. H., GERGEN, M. M., METER, K.: Individual orientation to prosocial behavior. J. Soc. Iss., 28, 1972, 105–130

GOULDNER, A.: The norm of reciprocity: a preliminery statement. Amer. Sociol. Rev., 25, 1960, 161–178

ISEN, A. M.: Success, failure, attention, and reaction to others: The warm glow of success. J. Pers. Soc. Psychol., 83, 1970, 265–273

KAUFMAN, H.: Legality and harmfulness of a bystander's failurs to intervene as determinants of moral judgment. In: J. Macau-

lay, L. Berkowitz (Eds.): Altruism and Helping Behavior. New York, London: Academic Press 1970, 77–81

KOCH, J.-J. (Hg.): Altruism and Aggression. Das Feldexperiment in der Sozialpsychologie I. Weinheim, Basel: Beltz 1976

KÖHLER, B.: Prosoziales Verhalten: Forschungsschwerpunkte und Forschungsthemen. Z. f. Sozialpsychol., 8, 1977, 23–49

KOHLBERG, L.: The development of children's orientation toward a moral order, I: Sequence in the development of moral thought. Vita Humana, 6, 1963, 11–33

KREBS, D. L.: Altruism – an examination of the concept and a review of the literature. Psychol. Bull., 73, 1970, 258–302

KURTINES, W., GREIF, E. B.: The development of moral thought: Review and evaluation of Kohlberg's approach. Psych. Bull., 81, 1974, 453–470

LATANÉ, B., DARLEY, J. M.: The unresponsive bystander: Why doesn't he help? New York: Appleton-Century-Crofts 1970

LONDON, P.: The rescuers: Motivational hypotheses about Christians who saved Jews from the Nazis. In: J. Macaulay, L. Berkowitz (Eds.): Altruism and Helping Behavior. New York, London: Academic Press 1970, 241–250

LÜCK, H. E.: Prosoziales Verhalten. Empirische Untersuchungen zur Hilfeleistung. Köln: Kiepenheuer & Witsch 1975

(Hg.): Mitleid, Vertrauen, Verantwortung. Ergebnisse der Erforschung prosozialen Verhaltens. Stuttgart: Klett 1977

Feldtheoretische Betrachtungen zur Hilfeleistung. In: K. Guss (Hg.): Gestalttheorie und Sozialpädagogik. Darmstadt: Steinkopff (im Druck)

MACAULAY, J., BERKOWITZ, L. (Eds.): Altruism and Helping Behavior. New York, London: Academic Press 1970

MIKULA, G.: Bitteformulierung und Hilfeleistungsverhalten. Bericht aus dem Institut für Psychologie der Universität Graz, April 1977

MILGRAM, S.: The experience oft living in cities. Science, 167, 1970, 1461–1468. Gekürzte deutsche Fassung: Das Erleben der Großstadt: eine psychologische Analyse. Z. f. Sozialpsychol., 1, 1970, 142–152. Auch in: H. E. Lück (Hg.): Mitleid, Vertrauen, Verantwortung. Ergebnisse der Erforschung prosozialen Verhaltens. Stuttgart: Klett 1977, 131–144

ORTLIEB, P.: Wiedergutmachung durch aktuelle Kompensation. Eine experimentelle Prüfung von Annahmen der Ausgleichstheorie. In: H. E. Lück (Hg.): Mitleid, Vertrauen, Verantwortung. Ergebnisse der Erforschung prosozialen Verhaltens. Stuttgart: Klett 1977, 112–130

PIAGET, J.: Le jugement moral chez l'enfant. Paris 1932. Deutsch: Das moralische Urteil beim Kinde. Zürich: Rascher 1954

PILIAVIN, J. A., RODIN, J., PILIAVIN, J.: Good samaritanism: An underground phenomenon? J. Pers. Soc. Psychol., 13, 1969, 289–299. Deutsch: Barmherzige Samariter in der U-Bahn. Feldexperimente zur Hilfeleistung in Notsituationen. In: J.-J. Koch (Hg.): Altruismus und Aggression. Das Feldexperiment in der Sozialpsychologie I. Weinheim, Basel: Beltz 1976, 39–54

ROSENHAN, D., WHITE, G. M.: Observation and rehearsal as determinants of prosocial behavior. J. Pers. soc. Psychol., 5, 1967, 424–431

SNYDER, M., GRETHER, J., KELLER, K.: Starring and compliance. A field experiment on hitchhiking. J. Appl. Psychol., 4, 1974, 165–170

WALSTER, E., BERSCHEID, E., WALSTER, G. W.: Reactions of an exploiter to the exploited: Compensation, justifination or self-punnishment? In: J. Macaulay, L. Berkowitz (Eds.): Altruism and Helping Behavior. New York, London: Academic Press 1970, 179–204

WIENDIECK, G.: Zur appelativen Funktion des Suizid-Versuchs. Eine sozialpsychologische Studie. Dissertation. Univ. Köln 1972

WISPÉ, L. G. (Ed.): Positive Forms of Social Behavior. J. Soc. Iss., 28 (3), 1972

WORMSER, R. G.: »Kleider machen Leute«: Experimentelle Untersuchungen zum Einfluß abweichender Kleidung auf hilfreiches Verhalten. In: H. E. Lück (Ed.): Mitleid, Vertrauen, Verantwortung. Ergebnisse der Erforschung prosozialen Verhaltens. Stuttgart: Klett 1977, 86–99

SOZIALE NORMEN

von Carl W. Backman

Einzig der Mensch organisiert sein Verhalten in hohem Maße durch allgemein akzeptierte kognitive Richtlinien bzw. Regeln. Er besitzt diese Eigenschaft aufgrund seiner evolutiv entwickelten Fähigkeit zum Gebrauch von Symbolen. Für solche kognitiven Richtlinien wird in den Sozialwissenschaften der Ausdruck »Normen« benutzt; neuerdings spricht man in diesem Zusammenhang auch von »Regeln«. Unglücklicherweise ist der Terminus »Norm« aber noch für zwei andere Sachverhalte verwendet worden: Zum einen bezeichnet man mit ihm die bei Wahrnehmungsurteilen auftretenden intersubjektiv geteilten Referenzsysteme, zum anderen die innerhalb von Gruppen beobachtbaren Verhaltensregelhaftigkeiten (Rommetveit 1955). Obgleich sie irgendwie mit dem Konzept der Norm als einer Verhaltensrichtlinie in Beziehung stehen, haben diese anderen Gebrauchsweisen des Ausdrucks »Norm« doch eine gewisse Verwirrung gestiftet. Eine andere Unklarheit in der Konzeption von Normen ist kürzlich von Mulligan u. Lederman (1977) diskutiert worden. Sie haben auf zwei verschiedene Arten von kognitiven Richtlinien aufmerksam gemacht, die beide bislang mit demselben Ausdruck versehen wurden. Bei der Analyse des von Durkheim (1895) formulierten Regel-Konzepts stellen sie fest, daß die sozialen Regeln, die von Durkheim zur Illustration sozialer Fakten exemplarisch angeführt werden, zwei verschiedene Regel-Typen repräsentieren, die man in Anlehnung an die Unterscheidung von Rawls (1967) entweder zur Klasse der Verfahrensregeln (rules of practice) oder zur Klasse der regulativen Regeln (regulative rules) zählen kann. Die ersteren bestehen aus kognitiven Verhaltensrichtlinien, die das Wesen einer Aktivitätsäußerung definieren bzw. die die entsprechende Aktivität steuern. Beispiele dafür sind etwa die Regeln, die ein Spiel definieren oder die eine Sequenz von Wörtern zu einem Satz machen, oder auch jene Regeln, die einer Sequenz von Handlungsakten den Charakter eines Rituals verleihen. Regulative Regeln besitzen demgegenüber den von Durkheim hervorgehobenen Charakter äußerer moralischer Forderungen (external moral character). In unterschiedlichem Ausmaß fühlen sich Personen gezwungen, in Einklang mit den Normen dieses Typs zu handeln, weil sie – wie andere Leute auch, die die gleichen Erwartungen teilen – das Gefühl haben, daß die Konformität mit solchen Regeln moralisch richtig, üblich oder angemessen ist. Neuerdings ist ein zunehmendes Interesse an Verfahrensregeln zu verzeichnen (Collett 1977). So befaßt man sich beispielsweise mit den Regeln, die der verbalen und nonverbalen Kommunikation zugrunde liegen, oder auch mit jenen Regeln intersubjektiven Verstehens, die den Verhaltensepisoden ihre jeweilige Struktur verleihen. Demgegenüber haben sich die meisten älteren Untersuchungen über Normen mit Regeln des regulativen Typs beschäftigt. In diesem Zusammenhang ist die sozialpsychologische Forschung bis vor kurzem fast ausschließlich zwei miteinander zusammenhängenden Fragen nachgegangen: Welche Faktoren führen zur Normkonformität? Und welche Faktoren erzeugen Normdevianz? In jüngster Zeit hat allerdings die Frage, wie Normen entstehen und unter welchen Bedingungen sie wirksam werden, eine gewisse Aufmerksamkeit auf sich lenken können. Die folgende kurze Übersicht wird sich hauptsächlich auf Forschungsarbeiten konzentrieren, denen es um die Beantwortung solcher Fragen geht.

Seit den Zeiten Durkheims bemüht man sich um Erklärungen für das Auftreten devianten Verhaltens, um Erklärungen für den Zusammenbruch einer moralischen Ordnung bzw. um Erklärungen für das Phänomen der Anomie. Bis auf den heutigen Tag ist dies ein Hauptarbeitsgebiet jener Sozialpsychologen, die in der soziologischen Tradition ausgebildet sind. Demgegenüber haben sich die Psychologen unter ihnen vornehmlich mit solchen Prozessen der sozialen Beeinflussung befaßt, die zur Konformität führen. Sherifs Frühwerk (1936), das im übrigen maßgeblich von Arbeiten über psychologische Urteilsprozesse beeinflußt ist, hat nachgewiesen, daß Personen, die im Beisein anderer etwas beurteilen, ihre Meinungen den Urteilen dieser anderen Personen angleichen. In einer Reihe von Experimenten wurden Personen gebeten, die Distanz zu beurteilen, über die sich ein ruhender Lichtpunkt, der in einem vollständig abgedunkelten Raum zu sehen war, scheinbar bewegte (autokinetischer Effekt). Wenn die Personen ihre Urteile alleine fällten, entwickelte jede von ihnen eine für sie charakteristische Bandbreite von Urteilen, die um einen individuumspezifischen Mittelwert herum streuten. Wenn die Personen allerdings anschließend ihre individuellen Urteile in Gruppen fällten, dann veränderten sich die für die einzelnen Individuen charakteristischen Urteilsstreubreiten und -mittelwerte in Richtung auf einen nun für die jeweilige Gruppe kennzeichnenden Mittelwert und in Richtung auf eine entsprechende Streuung. Auch später wurde diese Gruppennorm von den einzelnen Personen eingehalten. Sie steuerte auch dann noch deren Urteilsverhalten, wenn die Urteile wieder von jeder Person alleine gefällt wurden. Sherif vertrat die Ansicht, daß es mit diesem Forschungsparadigma möglich sei, den Entstehungsprozeß von Normen in den Griff zu bekommen. Mit Sicherheit haben seine Untersuchungen, wie auch die Arbeiten anderer Forscher, die sich in der Folgezeit dieses experimentellen Verfahrens zur Untersuchung von Normen bedienten, die Richtigkeit einer grundlegenden Aussage nachgewiesen, die vor allem von Festinger (1954) hervorgehoben wurde: In dem Maße, in dem Personen auf eine physikalische Grundlage zur Bewertung ihrer Urteile verzichten müssen, verlassen sie sich auf eine soziale Validierung, d. h. sie vergleichen dann ihre Meinungen mit denen anderer. Freilich, auch dort, wo eine deutliche physikalische Beurteilungsgrundlage existiert, werden Personen noch von den Urteilen anderer beeinflußt. Ein weiteres, schon früh verwendetes Verfahren zur Untersuchung sozialer Beeinflussungsprozesse hat dafür eindeutige Belege erbracht. Asch (1956) hat in einer Untersuchungsserie Personen mit einmütigen oder nahezu einmütigen Urteilen anderer Personen konfrontiert, die als Verbündete des Experimentators fungierten. Bei diesen Urteilen ging es um die Länge einer Linie. Sie sollte mit der Länge dreier weiterer Linien verglichen werden, von denen eine offenkundig genausolang war wie die zu beurteilende Linie. Wenn die Versuchspersonen mit der einmütigen Wahl der falschen Linie konfrontiert wurden, schloß sich nahezu die Hälfte von ihnen bei einem oder mehreren Urteilen der falschen Wahl an. Aus dieser Arbeit und aus der im Anschluß daran von Deutsch u. Gerard (1955) durchgeführten Untersuchung ergab sich sowohl eine präzisere Fassung des Konformitätskonzepts wie auch ein genaueres Verständnis der Prozesse, die der Konformität zugrunde liegen (s. auch den Beitrag von G. Wiswede in diesem Bd.). Man kann danach zwei Formen von Konformität unterscheiden: Willfährigkeit und persönliche Zustimmung. Im letzten Fall stimmt die Person tatsächlich mit den Urteilen der anderen überein. Sie sieht die Dinge genauso wie die anderen Leute um sie herum oder, falls sie das nicht von Anfang an tut, so zweifelt sie später doch an der Beweiskraft ihrer eigenen Sinne und glaubt, daß die Sichtweise der anderen die richtige ist. Wo Konformität die Form der Willfährigkeit annimmt, hält die Person an ihrem eigenen Urteil fest, verhält sich aber so, als ob sie dem Urteil anderer zustimme. Damit in Zusammenhang steht die Unterscheidung zwischen Informations-Einfluß und normativem Einfluß. Beim erstgenannten Prozeß werden Personen von anderen deshalb beeinflußt, weil sie deren Urteile als Informationen über die Realität benutzen. Im letztgenannten Fall unterliegen sie der sozialen Beeinflussung wegen ihres Wunsches, günstige Beziehungen zu anderen aufrechtzuerhalten. In der durch den autokinetischen Effekt hervorgerufenen zweideutigen Situation stand der Informationseinfluß im Vordergrund, und deshalb trat auch die persönliche Zustimmung zu den Urteilen der anderen auf. Dagegen berichteten in den Experimenten von Asch nur wenige Versuchspersonen, daß sie die Linien tatsächlich entsprechend den falschen Urteilen der anderen einschätzten; die meisten von den Individuen, die in dieser Studie sozial beeinflußt wurden, zeigten offenbar eine Art von Willfährigkeit, die nicht mit der persönlichen Zustimmung zu den Urteilen der anderen einherging, sondern das Resultat einer normativen Beeinflussung war.

Daß es den mit Hilfe des Paradigmas von Asch untersuchten Personen allem Anschein nach an Unabhängigkeit mangelte, hat viele überrascht. Mit noch größerem Erstaunen wurde anfänglich die von Milgram (1963) durchgeführte Arbeit aufgenommen, in der mit Hilfe des Paradigmas destruktiven Gehorsams das Phänomen der sozialen Beeinflussung untersucht wurde. Obwohl diese Arbeit eine Untersuchung sozialer Beeinflussungsprozesse war, trägt sie doch in nicht unerheblichem Maße auch zum Verständnis jener Rolle bei, die Normen als Verhaltensregeln spielen. Im folgenden sollen die Milgramschen Befunde etwas genauer betrachtet werden, ebenso die Arbeiten anderer Forscher über die Determinanten des Eingreifens Umstehender bei Unglücksfällen und schließlich auch solche empirischen und theoretischen Untersuchungen, die sich mit dem prosozialen Verhalten befassen (s. den entsprechenden Beitrag von H. E. Lück in diesem Bd.). Der Leser soll auf diese Weise mit den neuesten Auffassungen über die Beeinflussung des Verhaltens durch Normen vertraut gemacht werden.

Milgram redete seinen Versuchspersonen ein, sie nähmen an einer Untersuchung über die Wirkungen von Bestrafung auf das Lernen teil. In einer Reihe von Lerndurchgängen hatten die Teilnehmer des Experiments (die eigentlichen Versuchspersonen) die Rolle eines Lehrers zu übernehmen. Sie wurden vom Versuchsleiter angewiesen, eine andere Person, die sich in der Rolle des Lernenden befand, mit zunehmend stärkeren Elektroschocks zu bestrafen, und zwar immer dann, wenn diese Person einen Fehler machte. Eine überraschend große Zahl von Teilnehmern applizierte die gesamte Schockserie, einschließlich solcher Schocks, die als hochgefährlich gekennzeichnet waren, und das, obwohl der Lernende, der als Verbündeter des Experimentators tatsächlich keine Schocks erhielt, keinen Zweifel an seiner Qual und seinem Unmut ließ. Die Versuchspersonen schockten sogar bis zu dem Punkt, an dem sie sich darüber im klaren sein mußten, daß der Lernende in Gefahr stand, eine Herzattacke zu erleiden.

Im Zentrum einer damit zusammenhängenden, durch die Arbeit von Latané u. Darley (1970) angeregten Forschungsrichtung steht die Frage, wie es zu der Indifferenz gegenüber dem Leiden anderer kommt: Welche Faktoren sind dafür verantwortlich, daß die Umstehenden bei Unglücken, die den Verbündeten des Experimentators zustießen, jegliche Hilfeleistung vermissen ließen? Daß es in diesen Unglückssituationen nicht zu den Reaktionen kam, die den Normen sozialer Verantwortlichkeit angemessen gewesen wären, hing offenbar damit zusammen, daß die betreffende Situation hinreichend zweideutig ausfiel: Den Personen im Experiment war es m. a. W. möglich, entweder die Situation anders denn als Unglück zu definieren oder aber die Verantwortung für die Hilfeleistung auf andere Personen abzuschieben. Daraus zogen Latané u. Darley den Schluß, die große Anzahl der in solchen Situationen nicht reagierenden Personen spreche dafür, daß Normen zur Erklärung von Verhalten nicht besonders nützlich sind. Dessen ungeachtet hat eine von Schwartz (1968) und im Anschluß daran auch von anderen Autoren ausgearbeitete Theorie des normgeleiteten Verhaltens uns in die Lage versetzt, erheblich besser zu verstehen, wie Normen im allgemeinen funktionieren und warum sie in jenen besonderen experimentellen Episoden, die von Milgram sowie Latané u. Darley entworfen wurden, relativ unwirksam sind. Schwartz hat die Auffassung vertreten, daß zwei Bedingungen erfüllt sein müssen, bevor eine Person sich veranlaßt fühlt, in Einklang mit einer moralischen Norm zu handeln. Erstens muß sie die betreffende Situation als eine Episode interpretieren, in der ihr eigenes Verhalten Konsequenzen für das Wohlergehen anderer hat. Und zweitens muß die Situation so definiert sein, daß die Person sich selbst für ihre Handlungen und deren Konsequenzen verantwortlich fühlt. In der Regel ist die Normkonformität für die entsprechende Person mit Kosten unterschiedlichen Ausmaßes verbunden. In Unglückssituationen kann zu diesen Kosten die Verlegenheit zählen, die sich aus der möglichen Überreaktion auf ein Ereignis ergibt, wenn dieses tatsächlich weniger gefährlich ist, als es zunächst ausgesehen hat. Zu den Kosten können aber auch Schuld- und Schamgefühle zählen, die aufgrund der Verletzung anderer, in der gegebenen Situation angemessener Normen entstehen; so beispielsweise, wenn man das Erfordernis mißachtet, den Anweisungen des Versuchsleiters nachzukommen, oder wenn man, in anderen Situationen, gegen die Norm verstößt, sich schlicht um die eigenen Angelegenheiten zu kümmern und sich nicht in die Aktivitäten anderer einzumischen, solange man nicht darum gebeten wird. Wo soziale Situationen, die eine moralische Entscheidung verlangen, hinreichend zweideutig ausfallen, da erzeugen jene widersprüchlichen Zwänge, die sich aus der Existenz einer bestimmten Norm und aus der Wahrnehmung entsprechender Kosten ergeben, häufig eine gewisse Unschlüssigkeit, die schließlich durch eine Umstrukturierung der Situation aufgehoben wird: Ein in Einklang mit der betreffenden Norm stehendes Handeln ist dann nicht mehr erforderlich. Die Befunde aus den oben erwähnten Arbeiten über die Hilfeleistung von Umstehenden und über den destruktiven Gehorsam wie auch die Ergebnisse der im Anschluß daran von anderen durchgeführten Untersuchungen (Piliavin, Rodin und Piliavin 1969; Mixon, im Druck; Warner 1976) lassen vermuten, daß prosoziale Normen in dem Maße unbeachtet blieben, wie es den Versuchspersonen gelang, die experimentell erzeugten Situationen so zu definieren, daß sie die Verantwortlichkeit anderen Personen zuschieben konnten bzw. daß der durch ihr Handeln oder auch durch das Unterbleiben der Handlungen hervorgerufene Schaden in möglichst engen Grenzen blieb (zum prosozialen Verhalten s. auch den Beitrag von H. E. Lück in diesem Bd.). Wenn man die experimentelle Situation so variierte, daß die Versuchspersonen zunehmend weniger Möglichkeiten sahen, diese Situation in der angegebenen Weise umzuinterpretieren, dann führte dies zu einer entsprechenden Zunahme des Anteils jener Personen, die in Einklang mit den Normen sozialer Verantwortlichkeit handelten. Die Bedeutsamkeit jener situativen Merkmale, die es jemandem ermöglichen, normkonformes Verhalten zu vermeiden, wenn diese Normkonformität mit Kosten verbunden ist, wird auch von Untersuchungen über die Reziprozitätsnorm und über die Handhabung sozialer Schulden bestätigt (Greenberg 1968), ebenso von Forschungsarbeiten über die Equity-Theorie (Walster, Berscheid, Walster 1973). Wird die Situation in geeigneter Weise umdefiniert, dann lassen sich die entsprechenden Kosten, bestehend aus Schuldgefühlen und aus dem Verlust des Selbstwertgefühls, vermeiden. Wenn die Person außerdem erwarten kann, daß andere diese Definition wahrscheinlich akzeptieren, dann werden auf ähnliche Weise auch die durch die Angst vor möglichen Sanktionen durch andere verursachten Kosten vermindert.

Den Definitionen, aufgrund derer es jemandem gelingt, normative Zwänge zu reduzieren, liegen Begründungen zugrunde, die für das normverletzende Verhalten akzeptable Erklärungen liefern. Solche Begründungen nehmen entweder die Form einer Konventionalisierung an, oder sie bestehen aus Rechtfertigungen oder Entschuldigungen. Diese Erklärungsmuster sind an anderer Stelle wie folgt beschrieben worden:

»Eine Konventionalisierung liegt dann vor, wenn die Begründung eine Transformation der Situationsdefinition enthält, so daß das fragliche Verhalten nicht mehr länger als Übertretung einer moralischen Vorschrift angesehen wird« (Lofland 1969). Häufig schließt dieses Argumentationsmuster die rhetorische Transformation einer Handlung ein. Zur Verdeutlichung: Veruntreuen heißt dann Borgen, Aggression wird zu einer Polizeiaktion oder zu einer Art von vorbeugender Rache umgedeutet oder mit Hilfe einer anderen Variante Orwellscher Wortneuschöpfungen umbenannt. Für Scott u. Lyman (1968), die sich auf die Arbeit von Austin (1961) beziehen, sind Rechtfertigungen verbale Aussagen, in denen eine Person ihr Verhalten und die Situation, in der sie dieses Verhalten zeigt, definiert und dabei die Verantwortung für ihre Handlungen übernimmt, zugleich aber deren minderwertige Qualität abstreitet. Zu diesen Argumentationsmustern zählt die Verleugnung oder das Herunterspielen eines Unrechts, wobei eine Handlung deshalb nicht als falsch interpretiert wird, entweder weil durch sie tatsächlich niemand zu Schaden kam oder weil das Unrecht, das jemandem zugefügt wurde, als geringfügig betrachtet wird. So mag beispielsweise das Verhalten einer Person, die eine große Gesellschaft bestiehlt, deshalb als gerechtfertigt angesehen werden, weil der Verlust durch eine Versicherung abgedeckt ist, oder weil, verglichen mit dem großen Vermögen der Gesellschaft, der Diebstahl keine Konsequenzen hat. Ein anderes kognitives Muster, das zu dieser Kategorie zählt, besteht darin, dem Opfer zu unterstellen, es ziehe aus seinem Schaden Vorteile. Delinquenten, die Betrunkene oder Homosexuelle attackieren, mögen ihr Verhalten durch den Hinweis auf die moralische Minderwertigkeit ihrer Opfer rechtfertigen. Eine weitere Form der Rechtfertigung, die von Scott u. Lyman genannt wird, enthält die Verurteilung der Verurteilenden. Die Handlung war dann deshalb nicht schlecht, weil andere Leute Verbrechen begehen, die genauso schlecht oder noch schlimmer sind. Der kleine Dieb, der seine Diebstähle mit der Behauptung rechtfertigt, daß korrupte Polizisten und Richter weitaus schlimmere Verbrechen begehen, ist dafür ein Beispiel. Die Rechtfertigung kann auch die Form der Behauptung annehmen, die betreffende Handlung sei entgegen dem Anschein tatsächlich nicht falsch, denn aufgrund ihrer Übereinstimmung mit einem höheren Prinzip oder wegen einer übergeordneten Pflicht sei sie erlaubt oder gar rechtmäßig. Aggressive Handlungen seitens eines Individuums können als Selbstverteidigung ausgelegt werden; werden sie von einer Gruppe gezeigt, so kann man sie im Sinne der Aufrechterhaltung der Selbstbestimmung oder des Souveränitätsschutzes auslegen ... Entschuldigungen sind Erklärungen, die als sozial gebilligte Interpretationen jemanden von der Verantwortung für seine Handlungen entlasten, wobei zugestanden wird, daß die Handlung falsch war. Dazu zählt die Aussage, daß die betreffende Handlung zufällig oder infolge eines Mißgeschicks zustande kam; die Vielfalt an Erklärungen, die sich auf mangelnde Fähigkeit oder darauf berufen, man habe keine Gelegenheit gehabt, sich anders zu verhalten, gehört ebenfalls hierher (Glover 1970). Die Fähigkeitsschwäche bzw. der Mangel an Gelegenheit können zeitweilig oder andauernd vorliegen, sie können mehr oder weniger vollständig ausfallen und in unterschiedlichem Ausmaß vom Handelnden selbst oder aber ausschließlich external verursacht sein« (Backman 1976, 101–102).

Zu den vielfältigen Eigenschaften normverletzender Verhaltensepisoden zählen die Charakteristika des Handelnden, das Zielobjekt seines Handelns, die Handlung selbst und die Merkmale der Situation. In Abhängigkeit von diesen Eigenschaften können Erklärungen für die Normverletzung angeboten, akzeptiert oder zurückgewiesen werden, und entsprechend fällt entweder normkonformes oder normverletzendes Verhalten leichter. Eine

320

solche erweiterte Konzeption der normativen Struktur umfaßt nicht nur regulative Regeln, sondern schließt auch die intersubjektive Verständigung darüber mit ein, unter welchen Bedingungen diese Regeln gefahrlos verletzt werden können. Sie enthält darüber hinaus zwei weitere Elemente, die diese Auffassung vom Einfluß von Verhaltensnormen abrunden. Das erste ist eine stärkere Betonung des Gedankens, daß der Mensch ein aktiv Handelnder ist, der seine Welt bei der Verfolgung seiner Ziele zweckmäßig konstruiert. Der zweite Punkt hebt hervor, daß Verhaltensepisoden und die damit zusammenhängenden Situations-Definitionen aus »Verhandlungen« hervorgehen. Personen, die bei dem Versuch, ihre Ziele zu erreichen, miteinander interagieren, versuchen die situativen Fakten und die Relevanz von Normen und Erklärungen untereinander auszuhandeln, um auf diese Weise Situations-Definitionen zu erzeugen, die für sie von Vorteil sind.

Mit dieser mehr dynamischen Sichtweise der Normstruktur von Gruppen stehen neuere empirische und theoretische Untersuchungen in Einklang (McCall, Simmons 1966; Secord, Backman 1974), die den Prozessen nachgegangen sind, in deren Verlauf Personen den normativen Inhalt ihrer Rollenbeziehungen aushandeln. Diese neue Konzeption des Rollenverhaltens kann mit einer älteren Auffassung verglichen werden, die dazu neigte, Personen, die sich in Rollenbeziehungen befinden, etwa in einer Ehepartner-Beziehung, in einem Lehrer-Schüler- oder in einem Arbeitgeber-Arbeitnehmer-Verhältnis, so zu betrachten, als folgten sie einer kulturellen Vorschrift, die die rollenspezifischen Verhaltensrechte und -pflichten festlegt. Die neue Auffassung ist wesentlich dynamischer. Ihr zufolge arbeiten die Personen innerhalb eines breit angelegten Spielraums allgemein gehaltener kultureller Zwänge den Inhalt jener Erwartungen erst aus, welche die spezifischen Rollenbeziehungen kennzeichnen, die sie miteinander eingehen. An anderer Stelle wurde dazu folgendes ausgeführt:

»Einen Handelnden kann man sich als jemanden vorstellen, der mit seinen Rollenpartnern in einer direkten oder indirekten Verhandlung ausarbeitet, wie jeder von ihnen sich unter bestimmten Umständen und in bestimmten Situationen verhalten wird. Das gleiche gilt für die allgemeineren Merkmale ihrer Beziehung, die sich mit der Zeit entwickeln. Die Verwendung des Ausdrucks ›Verhandlung‹ sollte nicht so gedeutet werden, als verliefe dieser Prozeß so überlegt wie das Aushandeln eines Kaufpreises zwischen Verkäufer und Käufer. Das Aushandeln von Rollen kann sehr subtil und indirekt verlaufen, wobei sich die eine oder gar beide Parteien im unklaren darüber sind, daß sie sich mitten in einem bestimmten Rollenhandel befinden« (Secord, Backman 1974, 415).

Die zuletzt genannten Autoren vermuten, daß die aus solchen Verhandlungen hervorgehende Menge normativer, die Rollenbeziehung definierender Erwartungen von einer Anzahl Faktoren abhängig ist. Dazu zählen 1. die Rollenidentität beider Parteien, das ist die gewissermaßen idealisierte und einzigartige Konzeption, die jede Partei von sich selbst in einer bestimmten Beziehung entwickelt hat; 2. die situativen Erfordernisse, die zu einer bestimmten Art von Rollenbild ermutigen bzw. ein solches Bild ermöglichen; 3. die Macht und die Fertigkeiten, die jeder Person zur Beeinflussung anderer zur Verfügung stehen, und 4. die Wirksamkeit dritter Parteien bei ihrer Einflußnahme auf das Verhandlungsergebnis.

So wie die zeitgenössischen Theorien zum Rollenverhandeln die Bedeutsamkeit der relativen Macht von Personen hervorheben, wenn es darum geht, den normativen Inhalt jener Rollenbeziehungen festzulegen, die zwischen den betreffenden Personen entstehen, so betont der labeling approach bzw. der interaktionistische Ansatz zur Erklärung abweichenden Verhaltens (Becker 1963) und auch der Erklärungsansatz, der von einer Konfliktperspektive ausgeht (Quinney 1974), daß es auf der gesellschaftlichen Ebene weitgehend von der vorliegenden Machtstruktur abhängt, welchen Inhalt die normative Struktur annimmt und welche Faktoren bestimmen, wer den normativen Zwängen ausgesetzt und wer als de-

321

viant gekennzeichnet wird. Normen entstehen zum Schutz der Handlungsergebnisse der mächtigeren Gruppen einer Gesellschaft. Diese befinden sich zudem in einer Position, von der aus sie jene weniger mächtigen Personen mit Erfolg als deviant klassifizieren können, deren Verhalten sie als Bedrohung ihrer Handlungsergebnisse wahrnehmen. Veränderungen des normativen Inhalts einer Gruppenkultur, d. h. Veränderungen in den gemeinsamen Überzeugungen, was als richtig und was als falsch anzusehen ist, ergeben sich entweder aus Veränderungen in der Machtstruktur einer Gesellschaft, oder sie hängen mit Veränderungen zusammen, denen die Verteilung von Verhaltensweisen in Gruppen mit unterschiedlichen Machtpositionen unterworfen ist. So können beispielsweise die gegenwärtig in unserer Gesellschaft vorgehenden Veränderungen der Rechtsstruktur in Richtung auf einen größeren Schutz der Rechte von Minoritäten und Frauen als Ausdruck der zunehmenden Macht solcher Gruppen interpretiert werden. Infolge dieses Machtzuwachses gewinnen sie die Fähigkeit, mit den gesetzgebenden Instanzen in Verhandlungen einzutreten, um auf diese Weise ihre Nachteile zu verringern. Oder: Daß das Marihuanarauchen allmählich dekriminalisiert wird, kann man als ein Ergebnis seiner Ausbreitung betrachten. Waren es vorher Gruppen mit wenig oder geringer Macht, Minoritätengruppen und junge Leute, die Marihuana benutzten, so breitet sich das Marihuanarauchen heute auch in älteren, wohlhabenderen und mächtigeren Bevölkerungsgruppen aus.

Macht ist also ein wichtiger Faktor bei der Festlegung des Inhalts einer normativen Struktur. Es gibt hier aber noch andere Determinanten. Diese wurden in einer etwas veränderten Version einer allgemeinen Theorie normativen Verhaltens berücksichtigt, die Secord u. Backman (1974) vor einigen Jahren vorgelegt haben. Diese Theorie versucht, drei Fragen zu beantworten, die sich im Zusammenhang mit normorientiertem Verhalten stellen. Erstens, welche Faktoren legen fest, auf welche Verhaltens- oder Attitüdenarten sich die normativen Einflüsse beziehen? Zweitens, wie kommt es, daß in manchen Gruppen eine ausgeprägtere Normkonformität zu beobachten ist als in anderen Gruppen? Drittens, wie kommt es zu der Konformitätsverteilung innerhalb einer Gruppe? Anders gefragt: Warum verhalten sich einige Gruppenmitglieder normkonformer als andere? Die in Rede stehende Theorie beantwortet diese drei Fragen, indem sie auf die Wirksamkeit von vier Bedingungen rekurriert. Diese sind 1. das Ausmaß, in dem bestimmte Verhaltensweisen verschiedener Gruppenmitglieder solche Handlungsergebnisse beeinflussen, die von der Gruppe als bedeutsam angesehen werden, 2. die Machtstruktur der Gruppe, 3. das Ausmaß, in dem Verhaltensweisen, die im Hinblick auf eine bestimmte Norm relevant sind, für den Handelnden selbst zu affektiv bedeutsamen Ergebnissen führen, und 4. das Ausmaß, in dem die verschiedenen Verhaltensweisen der Gruppenmitglieder der Bewertung und der daraus resultierenden Sanktionierung offenstehen.

Was die erste Frage angeht, die Frage also nach den Faktoren, die festlegen, welche Verhaltensweisen normativen Zwängen unterliegen, so akzentuiert unsere Theorie die Folgen, welche die verschiedenen Verhaltensweisen für das Handlungsergebnis der mächtigeren Gruppenmitglieder haben. Die Theorie steht damit in Einklang mit dem, was wir oben zum labeling- und zum Konfliktansatz der Erklärung devianten Verhaltens ausgeführt haben. Eine andere Theorierichtung, die sich mit dem Zusammenbruch der Normkonformität befaßt, hat die Effekte der von unserer allgemeinen Theorie spezifizierten dritten Bedingung betont. Die Vertreter der Theorie der strukturellen Spannung (Merton 1957, Cohen 1955) haben hervorgehoben, daß immer dann, wenn die Konformität nicht zu den erwarteten Ergebnissen führt, ein gewisser Druck entsteht, von den Normen abzuweichen. So wird zum Beispiel die hohe Kriminalitätsrate in den Vereinigten Staaten und die Tatsache, daß Verbrechen in den unterprivilegierten Minoritätengruppen gehäuft auftreten, damit erklärt, daß in der amerikanischen Gesellschaft zwischen Mitteln und Zielen keine eindeutigen Beziehungen bestehen. Barrieren, die durch die soziale Schichtstruktur aufgerichtet sind, hindern den Benachteiligten daran, die in der amerikanischen Gesellschaft dominanten Erfolgsziele mit Hilfe normgerechter Mittel zu erreichen. Dies führt zu einer Anzahl individueller Anpassungsversuche, wozu auch die Ablehnung normgebilligter Mittel gehört. Auf diese Weise kommt es zum Zusammenbruch der Konformität. So sind unterprivilegierte Kinder aufgrund ihrer schichtspezifischen Lebensbedingungen nur unzureichend ausgerüstet, um mit Hilfe einer erfolgreichen Schulleistung Mittelschichtwerte zu erreichen. Vermittels eines Prozesses wechselseitiger Beeinflussung können sie daher den subkulturellen Lebensstil einer delinquenten Gang entwickeln, deren Normen die Gültigkeit von Mittelschichtnormen und -werten in Abrede stellen und zugleich die Funktion haben, Mittel und Ziele bereitzustellen, die für das unterprivilegierte Kind erreichbar sind (Cohen 1955). Man kann annehmen, daß solche Reaktionen von Personen, die durch sozial-strukturell erzeugte Barrieren behindert werden, eine kontinuierliche Quelle sowohl für die Devianz in einer Gesellschaft wie auch für neue normative Elemente darstellen. Außerdem läßt sich aufgrund solcher Reaktionen die Konformitätsverteilung zwischen verschiedenen Gruppen und in gewissem Maße auch innerhalb einer gegebenen Gruppe verstehen. Neben dem labeling approach und dem Konfliktansatz zur Erklärung abweichenden Verhaltens, die beide die Machtstruktur von Gruppen betonen, und neben dem von den strukturellen Spannungen ausgehenden Erklärungsansatz, der die Relation zwischen Normen und Ergebnissen hervorhebt, gibt es gegenwärtig noch einen dritten Ansatz zur Devianzerklärung. Dieser anerkennt zwar die Bedeutsamkeit der Bedingungen, die von den anderen Theorien betont werden, richtet aber die Aufmerksamkeit vornehmlich auf die vierte der von der oben beschriebenen allgemeinen Normtheorie skizzierten Bedingungen: Gemeint ist das Ausmaß, in dem Verhaltensweisen der Bewertung und Sanktionierung unterworfen sind. Lofland (1969) hat eine Theorie vorgelegt, die deviante Handlungen durch die Einflüsse einer Vielfalt von situations- und struktur-spezifischen Faktoren zu erklären versucht, die in physische oder psychologische Bedrohungen einmünden. Die zuletzt genannte Bedrohungsart bedeutet für das Selbstkonzept der betroffenen Person häufig eine ernste Herausforderung. Eine solche Bedrohung kann einen psychologischen Zustand der Einkapselung herbeiführen, der dadurch gekennzeichnet ist, daß man sich auf die Bedrohung verstärkt konzentriert und sich mit ihr in gesteigertem Maße beschäftigt, wobei sich die Bandbreite der Überlegungen, die man der Bedrohung widmet, zunehmend verengt. Unter solchen Umständen kann eine Vielfalt von Kontingenzen dazu ermutigen, eine deviante Handlung zu begehen. Zu diesen Kontingenzen gehören beispielsweise die Verhaltensweisen, die andere in der gegebenen Situation zeigen, und die moralischen Verpflichtungen der Person selbst. Dazu gehören aber auch solche situativen Kontingenzen wie die Verfügbarkeit von Materialien, die für das Begehen einer abweichenden Handlung notwendig sind, und Bedingungen, die die Beurteilung bzw. die Verminderung der Wahrscheinlichkeit einer devianten Handlung verhindern. An anderer Stelle haben wir diese Theorie wie folgt kommentiert:

»Die Charakteristika von Orten begünstigen oder hemmen deviante Akte und zwar in Abhängigkeit davon, wie sie die Wahrscheinlichkeit beeinflussen, daß das Verhalten eines Handelnden der Bewertung und der möglichen Sanktionierung unterworfen ist. Zu Hause passieren die meisten Unfälle und eben auch die meisten Gewaltverbrechen. Zum Teil ergibt sich dies daraus, daß die meisten Leute ein Großteil ihrer Zeit zu Hause verbringen; zum Teil ist dies aber auch deshalb so, weil die eigene Wohnung ein privater Ort ist. Wegen dieser Privatheit treten hier nicht nur deviante Akte häufiger auf, auch die Wahrscheinlichkeit jener Verhaltensweisen, die erst zu solchen Akten führen, ist größer. In der Öffentlichkeit ist man beispielsweise viel eher geneigt, aggressive Argumente und physische Gewalttaten zu vermeiden. In der privaten Sphäre des eigenen Heims treten demgegenüber Verhaltensweisen viel häufiger auf, die zu einem tätlichen Angriff oder gar einem Totschlag eskalieren können.

323

In den letzten Jahren ist man sich in wachsendem Maße bewußt geworden, auf welche Weise die typischen Eigenschaften der urbanen Umwelt zur Kriminalität beitragen. Schlecht erleuchtete Straßen und dunkle Alleen sind Brutstätten für illegitime Aktivitäten. Die Planer von billig zu vermietenden Hochhäusern haben unbeabsichtigt zu den hohen Kriminalitätsraten in solchen Wohnanlagen beigetragen, indem sie viele Plätze schufen, an denen tätliche Angriffe und Raubüberfälle relativ straflos begangen werden können. Dunkle Treppenhäuser, lange, schwach beleuchtete Hallen und Aufzüge sind Orte, an denen kriminelle Handlungen häufig vorkommen« (Secord, Backman, Slavitt 1976, 347).

Diese Theorie berücksichtigt, zumindest implizit, auch die Rolle von Verfahrensregeln bei der Entfaltung einer abweichenden Handlung. Im Anschluß an Lemert (1967) weist Lofland darauf hin, daß Devianzakte häufig dialektischer Natur sind, insofern nämlich, als sie, wenn sie einmal in Gang gekommen sind, dazu neigen, eine gewisse Eigendynamik zu entwickeln, wobei dann die eine Handlung fast unausweichlich zur nächsten führt. Zum Teil scheint dies auf den regelgeleiteten Charakter der meisten Verhaltensepisoden zurückführbar zu sein. Zu Beginn dieses Beitrags haben wir zwischen Verfahrensregeln und regulativen Regeln unterschieden. Die ersteren sind jene Regeln, denen interagierende Personen explizit oder implizit folgen, wenn sie eine bestimmte Form von situationsspezifischer Aktivität entfalten. Bei einigen Aktivitätsarten, die an bestimmte Situationen gebunden sind, wie zum Beispiel bei Ritualen und Zeremonien, sind sich die meisten Leute darüber im klaren, daß das Verhalten regelgeleitet ist. Weitaus weniger bewußt sind sie sich der Regeln, denen sie bei ihrem täglichen Routineverhalten folgen. Dazu gehören beispielsweise die Regeln, welche die Distanz steuern, die man in verschiedenen sozialen Situationen zwischen sich selbst und anderen einhält, ebenso die Regeln, die vorschreiben, wie man auf einer belebten Straße an anderen Leuten vorbeigeht oder wie man sich an Konversationen beteiligt. Noch weniger ist man sich der Regeln bewußt, die solche Verhaltensweisen steuern, die zumindest an der Oberfläche ungeordnet erscheinen. Hinsichtlich dieser Verhaltensepisoden haben neuere Untersuchungen von Marsh, Rosser u. Harré (1977) gezeigt, daß gewalttätige Auseinandersetzungen bei Fußballspielen allem Anschein nach einem regelgeleiteten Szenarium folgen. Luckinbill (1977) hat kürzlich nachgewiesen, daß Verhaltensepisoden, in denen es zum Totschlag kommt, offenbar eine regelgeleitete Struktur haben, die das Verhalten jener Personen steuert und koordiniert, die an einem solchen unglückseligen Ereignis beteiligt sind.

Die Suche nach regelgeleiteten Strukturen, die Interaktionsepisoden zugrunde liegen, ist durch zwei neue sozialpsychologische Bewegungen angeregt worden: in den Vereinigten Staaten durch die Ethnomethodologie (Garfinkel 1967) und in England durch die Auffassung, daß interpersonales Verhalten nach bestimmten Regeln generiert wird (ethogenic approach) (Harré, Secord 1972; Harré 1977). Beide Ansätze betonen, daß die Sozialpsychologie sich mit der Entdeckung von Strukturen befassen sollte, die der Interaktion zugrunde liegen; sie sollte ihren Gegenstand nicht nur in Verhaltensregeln sehen, wie sie an der Oberfläche beobachtbar sind, sondern ihr Augenmerk auf latente Strukturen richten, die mit der linguistischen Vorstellung einer Tiefenstruktur vergleichbar sind. Da diese Bewegungen eine zunehmende Eigendynamik entwickeln, ist zu erwarten, daß unsere Konzeption der normativen Grundlage des Verhaltens und dabei insbesondere die Konzeption der Wirkung von Verfahrensregeln noch in bedeutsamer Weise erweitert werden wird.

Aus dem Amerikanischen übertragen von Karl Wahlen

LITERATUR

ASCH, S. E.: Studies of independence and conformity: A minority of one against a unanimous majority. Psychological Monographs, 71 (9, Nr. 146), 1956

AUSTIN, J. L.: Philosophical papers. London: Oxford University Press 1961

BACKMAN, C. W.: Explorations in psycho-ethics: The warranting of judgments. In: R. Harré (Ed.): Life sentences: Aspects of the social role of language. London: John Wiley & Sons 1976, 98–108

BECKER, H. S.: Outsiders: Studies in the sociology of deviance. New York: The Free Press 1963

COHEN, A. K.: Delinquent boys, the culture of the gang. Chicago: Free Press 1955

COLLETT, P. (Ed.): Social rules and social behaviour. Totowa/N. J.: Rowman & Littlefield 1977

DEUTSCH, M., GERARD, H. B.: A study of normative and informational influence upon individual judgement. Journal of Abnormal and Social Psychology, 51, 1955, 629–636

DURKHEIM, E.: Les règles de la méthode sociologique. Paris: Presses universitaires 1895. Deutsch: Die Regeln der soziologischen Methode. Neuwied: Luchterhand 1961

FESTINGER, L.: A theory of social comparison processes. Human Relations, 7, 1954, 117–140

GARFINKEL, H.: Studies in ethnomethodology. Englewood Cliffs/N. J.: Prentice Hall 1967

GLOVER, J.: Responsibility. London: Routledge, Kegan Paul 1970

GREENBERG, M. S.: A preliminary statement on a theory of indebtedness. Vortrag, gehalten vor der Konferenz der Western Psychological Association, San Diego/Calif., März 1968

HARRÉ, R.: The ethogenic approach: Theory and practice. In: L. Berkowitz (Ed.): Advances in experimental social psychology, X. New York: Academic Press 1977, 284–314

HARRÉ, R., SECORD, P. F.: The explanation of social behavior. Totowa/N. J.: Roman & Littlefield 1972

LATANÉ, B., DARLEY, J. M.: The unresponsive bystander: Why doesn't he help? New York: Appleton-Century-Crofts 1970

LEMERT, E.: Human deviation, social problems and social control. Englewood Cliffs/N. J.: Prentice Hall 1967

LOFLAND, J.: Deviance and identity. Englewood Cliffs/N. J.: Prentice Hall 1969

LUCKENBILL, D. F.: Criminal homicide as a situated transaction. Social Problems, 25, 1977, 176–186

McCALL, G. J., SIMMONS, J. L.: Identities and interactions. New York: Free Press 1966

MARSH, P., ROSSER, E., HARRÉ, R.: The rules of disorder. London: Routledge, Kegan Paul 1977

MERTON, R. K.: Social theory and social structure. New York: Free Press 1957

MILGRAM, S.: A behavioral study of obedience. Journ. Abnorm. Soc. Psychol., 67, 1963, 371–378

MIXON, D.: Understanding shocking and puzzling conduct. In: G. P. Ginsburg (Ed.): Emerging strategies in social psychological research. London: John Wiley (im Druck)

MULLIGAN, G., LEDERMAN, B.: Social facts and rules of practice. American Journal of Sociology, 83, 1977, 539–550

PILIAVIN, J. M., RODIN, J., PILIAVIN, J. A.: Good Samaritanism: An underground phenomenon? Journal of Personality and Social Psychology, 13, 1969, 289–299

QUINNEY, R.: Critique of legal order. Boston: Little Brown & Co. 1974

RAWLS, J.: Two concepts of rules. In: P. Foot (Ed.): Theories of ethics. Oxford: Oxford University Press 1967

ROMMETVEIT, R.: Social norms and roles: Explorations in the psychology of enduring social pressures. Minneapolis: The University of Minnesota Press 1955

SCHWARTZ, S. H.: Awareness of consequences and the influences of moral norms on interpersonal behavior. Sociometry, 31, 1968, 355–369

SCOTT, M. B., LYMAN, S. M.: Accounts. American Sociological Review, 33, 1968, 46–62

SECORD, P. F., BACKMAN, C. W.: Social psychology. New York: McGraw-Hill 1974

SECORD, P. F., BACKMAN, C. W., SLAVITT, D. R.: Understanding social life: An introduction to social psychology. New York: McGraw-Hill 1976

SHERIF, M.: The psychology of social norms. New York: Harper & Bros. 1936

WALSTER, E., BERSCHEID, E. WALSTER, G. W.: New directions in equity research. Journal of Personality and Social Psychology, 25, 1973, 151–176

WARNER, D. B.: Determinants of bystander intervention: The effects of the verbal cues of victims and others present. Unveröffentlichte Dissertation. Reno: University of Nevada 1976

KONFORMITÄT UND SOZIALER NUTZEN

von Günter Wiswede

BEGRIFF DER KONFORMITÄT

Der Begriff Konformität wird in der Sozialwissenschaft in zweifacher Weise definiert. Eine erste Auffassung läßt sich als Erwartungsdefinition bestimmen. Danach liegt konformes Verhalten vor, wenn sich Personen oder Gruppen gemäß bestimmten Erwartungen verhalten. Dabei ist strittig, ob es sich hierbei (1) um antizipative und/oder normative Erwartungen, (2) geäußerte oder lediglich vermutete Erwartungen, (3) nur institutionalisierte Erwartungen handelt und ob (4) das Individuum diese Erwartungen perzipieren muß, damit sie überhaupt verhaltenswirksam werden.

Eine zweite begriffliche Bestimmung läßt sich als Diskrepanzdefinition bezeichnen. Danach liegt Konformität immer dann vor, wenn ein Individuum ein bestimmtes Verhalten oder eine Einstellung unter dem Einfluß des Druckes von Personen oder Gruppen ändert, und zwar in die Richtung des von der jeweiligen Person oder Personengruppe gewünschten Verhaltens. Dabei ist wiederum strittig, ob passiver Gruppendruck genügt, bei dem nicht explizit geäußert wird, welche Erwartungen bestehen, oder ob aktiver oder gar massiver Gruppendruck die eigentlich konformitätsauslösenden Faktoren sind. Auch ist problematisch, ob sich sinnvoll von Gruppendruck sprechen läßt, wenn vielmehr ein »Gruppenzug« gemeint ist, d. h. also eine durch die Attraktivität der Gruppe bedingte »Gravitation« vorliegt.

Unter einigen Aspekten sind beide Definitionen miteinander kompatibel, sofern wir annehmen, daß Konformität im Sinne der Erwartungsdefinition das Ergebnis eines Prozesses sein kann, den die Diskrepanzdefinition unterstellt. Im Falle der Beseitigung von Diskrepanz kann dann geschlossen werden, daß das Individuum sich erwartungsgemäß verhält, und andererseits gilt rückblickend, daß erwartungsgemäßes Verhalten unter bestimmten Umständen das Ergebnis vorausgegangener Gruppendrucksituationen ist.

Andererseits bestehen gewichtige Unterschiede in der tatsächlichen Verwendung beider Definitionen. Die erstgenannte Bestimmung ist eher im soziologischen Bereich anzutreffen; der Gegenbegriff von Konformität ist hier insbesondere »abweichendes Verhalten« (s. den Beitrag von S. Quensel in diesem Band). In anderer Sinngebung, etwa unter dem Aspekt eines modalen Verteilungsmodells gemäß der Gaußschen Normalkurve, wird Konformität mit Uniformität gleichgesetzt, wobei als Gegenbegriff »Nonkonformität« oder »Unabhängigkeit« bevorzugt wird. Auch für viele sozialpsychologische Experimentalsituationen scheint »Unabhängigkeit« als polarer Gegenbegriff von Konformität (z. B. bei Asch 1952), und es besteht die Gefahr, daß der Begriff der Konformität von vornherein eine konnotative Komponente dahingehend impliziert, daß in ihm überwiegend eine gesellschaftlich negativ zu beurteilende Erscheinung gesehen wird, die es emanzipatorisch zu überwinden gelte. Diese Gefahr ist auch dadurch nicht restlos zu beseitigen, daß zwischenzeitlich mehrdimensionale Modelle des konformen Verhaltens existieren (z. B. Willis 1965; Willis, Hollander 1964; Wiswede 1976), die eine größere Auffächerung des Begriffes zulassen. Die Gefahr der wertenden Betrachtung wird insbesondere durch soziologisch-kulturkritische Untersuchungen zur Konformismusproblematik (vgl. Lipp 1975) gefördert, wobei man sich in bewußter Gegenposition zur systemorientierten Analyse (z. B. Parsons [2]1964) befindet, die Konformität als höchst wünschbares Ergebnis der Anpassung betrachtet und jede Abweichung vom Konformitätszentrum als Störung interpretiert.

Die Ambivalenz im Verständnis von Konformität zeigt sich deutlich, wenn wir den negativen Bedeutungsgehalt von Konformität in Form einer Gegenüberstellung umreißen:

KONFORMITÄT	NONKONFORMITÄT (= Unabhängigkeit)
Nachahmung	Selbständigkeit
Anpassung	Entfaltung
Uniformierung	Variabilität
Fremdsteuerung	Eigengestaltung
Abhängigkeit	Freiheit

Umgekehrt ergibt sich das konnotative Umfeld von Konformität bei positiver Bewertung:

KONFORMITÄT	NONKONFORMITÄT (= Abweichung)
Vertrauen	Mißtrauen
Verläßlichkeit	Unsicherheit
Voraussagbarkeit	Ungewißheit
Funktionieren	Störung
Ordnung	Chaos

Es dürfte sich daher als notwendig erweisen, den Konformitätsbegriff und die mit ihm abzuleitenden Aussagen möglichst nicht mit einer »kopflastigen« Wertung zu verbinden. Hierzu ist es auch nützlich, zwischen mehreren Formen der Konformität zu unterscheiden. Deutsch u. Gerard (1955) unterscheiden zwischen normativer und informativer Ausrichtung von Konformität: Während informative Konformität durch eine gewisse Eigeninitiative geprägt ist, die dem Bedürfnis nach Information entspringt, so ist normative Konformität weniger sach- und aufgabenbezogen, sondern resultiert eher aus dem normativen Gruppendruck oder Gruppenzug.

Wichtiger noch ist eine Unterscheidung, die auf Festingers Trennung zwischen »compliance« und »private acceptance« zurückgeht und die gelegentlich als Anpassungskonformität vs. Einstellungskonformität – gleichbedeutend mit äußerer und innerer Konformität – bezeichnet wird. Im ernstgenannten Falle paßt sich das Individuum nur äußerlich an; bei Wegfall der Kontrollinstanz erlischt das konforme Verhalten. Innere Konformität beruht auf echter Akzeptanz: Das Individuum hat seine Einstellung tatsächlich geändert.

Beide Erscheinungsformen enthalten in sich noch eine ganze Reihe Differenzierungsmöglichkeiten. Ein besonderer Fall der Anpassungskonformität ist Einschmeichelung (Ingratiation), die insbesondere gegenüber denjenigen Personen praktiziert wird, von denen man abhängig ist. Ein weiterer Fall der Anpassungskonformität ist Gehorsam, begleitet von Strafangst. Innere Konformität hingegen kann aus Überzeugung als einem kognitiven Vorgang resultieren, jedoch auch das Ergebnis mehr unbewußter Beeinflussungsvorgänge sein, wie sie etwa im Rahmen des Sozialisationsprozesses verinnerlicht werden. Zwischen innerer und äußerer Konformität besteht dann auch ein Zusammenhang insofern, daß aus äußerer Konformität (z. B. Gehorsam) im Zeitablauf innere Konformität werden kann (z. B. internalisierte Gehorsamshaltung). In diesem Sinne ist auch das Bild einer »konformen Persönlichkeit« (Crutchfield) konstruiert worden, wobei allerdings höchst zweifelhaft ist, ob es sich hierbei um einen situationsunabhängigen Persönlichkeitszug handelt.

Die genannten Differenzierungen gelten sowohl für Normkonformität im engeren Sinn als auch für Rollenkonformität. Während im erstgenannten Falle normative Erwartungen generell geäußert werden, bestehen bei Rollenkonformität spezifische Erwartungen qua Position. Es liegt daher die Möglichkeit und auch Notwendigkeit nahe, die empirisch besser fundierten, aber oftmals restriktiven Einsichten der Konformitätsforschung mit den mehr metaphorisch-phänomenologischen und vorwiegend deskriptiven Ansätzen der sogenannten Rollentheorie zu verbinden (vgl. zu einer neuen Version der Rollentheorie: Wiswede 1977).

STANDARD-EXPERIMENTE

Während Soziologen sich in starkem Maße auf das Studium abweichender Verhaltensweisen konzentriert haben, ist die wissenschaftliche Diskussion der Konformitätsforschung zumindest im empirischen Bereich vorwiegend im Rahmen der experimentellen Sozialpsychologie erfolgt. Das Grundschema der dabei angewandten Versuchsanordnungen läßt sich so beschreiben: Der Versuchsleiter ermittelt die Präferenzen und Überzeugungen der Vp. und konfrontiert dann die Vp. mit der angeblichen Meinung einer Gruppe oder Person, die von der ursprünglich geäußerten Ansicht erheblich abweicht. Diese Ansicht ist gewöhnlich verfälscht oder suggeriert ein extremes Urteil; jedoch ist sich die Vp. dessen nicht bewußt. Nun wird im Sinne der Diskrepanzdefinition ermittelt, inwieweit die Vp. ihre Ansicht der Gruppenmeinung angleicht.

Als Standard-Konformitäts-Experimente gelten die Versuche von Sherif (1936), Asch (1952) und Crutchfield (1955). In der Sherif-Situation werden die Vpn. gebeten, die Bewegung eines Lichtpunktes zu ermitteln, der sich faktisch jedoch nicht im geringsten bewegt. In der Asch-Situation soll die Vp. an Hand der Vorlage von Karten, die Linien unterschiedlicher Länge aufweisen, diese Länge abschätzen, wobei Instruierte des Vl. bewußt ein falsches Urteil abgeben. In der Crutchfield-Situation bekunden die Instruierten des Vl. Urteile im Sinne der Zustimmung oder Ablehnung gegenüber bestimmten Einstellungs-Statements; dabei wird untersucht, inwieweit das jeweilige Urteil der Majorität eine Änderung des in der Kontrollgruppe ermittelten Wertes bewirkt.

Die hier nur stenografisch gekennzeichneten und mittlerweile hundertfach replizierten, vielfältig modifizierten Versuchsanordnungen erbringen übereinstimmend das Ergebnis, daß gegenüber einer ursprünglichen Einstellung oder einer vorgängigen Wahrnehmung der Realität sich in erstaunlich hohem Maße die falsche bzw. nicht begründbare Stellungnahme der Majorität durchsetzt. Dies gilt insonderheit dort, wo die »physikalische Realität« (Festinger) eine eindeutige Beurteilung nicht zuläßt, so daß die Gruppe erst eine Norm finden muß. In den Versuchsvariationen sind vor allem folgende Variablen in ihrer konformitätserhöhenden und -senkenden Bedeutung untersucht worden: die gewählten Stimuli (etwa nach Ambiguität, Schwierigkeit oder Bedeutsamkeit), die Struktur der jeweiligen Bezugsgruppe (etwa nach Gruppendrucksituation, nach Kohäsion, Kompetenz usw.) und die Merkmale der agierenden Personen (im Hinblick auf Geschlecht und Alter, auf Selbstbild, Status, Motivationslage usw.).

Trotz der vorliegenden Fülle empirischer Befunde sind gegen die vorherrschende Praxis dieser experimentellen Studien folgende Einwände vorzutragen: 1. Die vorherrschende Sisyphos-Strategie (vgl. Opp [2]1977) vieler dieser Experimente, die in einer weitgehend sinnlosen Wiederholung gleicher oder ähnlicher Versuchsanordnungen besteht, dient kaum dem theoretischen Fortschritt, sondern fördert mehr die Auslösung von Aha-Effekten. 2. Den Experimenten liegt ein restriktiver Konformitätsbegriff zugrunde, der ausschließlich die sehr enge Diskrepanzdefinition verwendet und überdies nicht genügend nach verschiedenen Formen der Konformität unterscheidet. Insbesondere wird eine auf Verinnerlichung beruhende, sozialisationsbedingte Konformität in diesen Situationen kaum problematisiert. 3. Der Grad des experimentellen Realismus dieser Versuche ist nicht sonderlich hoch, weshalb Schwierigkeiten bestehen, die ermittelten Befunde aus dem Umkreis von Laboratoriumsbedingungen herauszulösen und auf Alltagssituationen anzuwenden. Insbesondere fehlt auch die Möglichkeit (und der Mut) der Übertragung dieser Ergebnisse auf die gesellschaftliche Ebene.

Daher hinterläßt das Feld der experimentellen Konformitätsforschung ein zwar vielfältiges, jedoch höchst unaufgeräumtes Bild, wobei allenfalls der vage Hinweis erfolgt, daß die Ergebnisse irgendwie mit den aus der Lerntheorie geläufigen Begriffen wie »Belohnung« und »Bestrafung« zusammenhängen dürften. Konformität scheint also unter bestimmten Umständen »nützlich« zu sein. Dieser Gedanke förderte ein ganzes theoretisches Programm, das dann in der Hauptsache von verhaltenstheoretisch orientierten Soziologen weiterverfolgt wurde.

NUTZEN-KOSTEN-ANALYSE

Im allgemeinen scheint es nützlich zu sein, sich konform zu verhalten. Dies dürfte insbesondere dort gelten, wo es sich um zweckbedingte Konformität handelt, bei der das Individuum auf die instrumentelle Valenz des Angepaßtseins reflektiert: Es ist besser, angepaßt und fügsam zu sein, um einen vorgegebenen Zweck (den Studienabschluß, die höhere Position im Betrieb, eine Gehaltserhöhung, die elektrische Eisenbahn zu Weihnachten, das Wohlwollen des Partners usw.) zu erreichen. Konformität verhilft unter bestimmten Umständen zu positiven Belohnungen: zurückfließende Anerkennung derjenigen, denen man sich angepaßt hat; Vorteile, die sich aus der vermehrten Integration in die jeweilige Gruppe ergeben usw.

Nun ist es möglich, daß die Anpassungsleistung für das Individuum nicht nur Vorteile mit sich bringt, sondern durch eine Reihe »psychischer« Kosten erkauft werden muß: z. B. durch einen teilweisen Verlust der Selbstachtung, durch das Gefühl, sich ständig kontra Überzeugung verhalten zu müssen, durch den Eindruck, wider besseres Wissen zu handeln. So wird etwa die Befriedigung des Affiliationsmotivs durch den Anschluß an die Gruppenmeinung möglicherweise von kognitiven Dissonanzen begleitet, weil das Individuum weiß, daß es einen Teil seines »Selbst«, seiner »eigentlichen« Einstellung verleugnet. Konformes Verhalten dürfte also nur dann ausschließlich auf der Belohnungsseite zu Buche schlagen, wenn das Individuum aus echter Überzeugung konform sein kann, wenn sein Handeln also von innerer Konformität getragen wird.

Eine weitere Schwierigkeit ist dadurch gegeben, daß der Mensch zumal in unserer pluralistischen Gesellschaft zwangsläufig mit mehreren Bezugssystemen verbunden ist, deren Erwartungsmuster keineswegs immer kompatibel sind. Zwar besteht in gewissen Grenzen eine Wahlmöglichkeit insofern, als das Individuum sich insbesondere solchen Bezugssystemen anschließen wird und sich ihnen verpflichtet fühlt, mit deren Wertsystem es sich in etwa identifizieren kann, und andere Bezugssysteme auszuscheiden versucht, die mit den eigenen Vorstellungen nicht kompatibel sind. Dennoch wird das Individuum häufig einem Normen- oder Rollenkonflikt ausgesetzt sein, und es bestehen daher begrenzte Möglichkeiten, es »jedermann recht zu tun« und niemanden »vor den Kopf zu stoßen«.

Zusätzlich besteht die Gefahr der Überforderung: Das Individuum ist nicht in der Lage, bestimmte Erwartungen zu befolgen, zumal wenn sie unrealistisch sind (»Dienst nach Vorschrift«) oder wenn sie das Individuum als unangemessen restriktiv oder repressiv empfindet (»coercive power«), so daß Tendenzen zur Opposition oder zur Umgehung dieser Normen wirksam werden. Hierfür gibt es eine Reihe von Strategien, die insbesondere im Rahmen der Rollentheorie analysiert worden sind (vgl. Merton [3]1968, Goode 1960), z. B. Abschirmung des Handelns, Gegensolidarisierung, »Doppelbödigkeit« des Verhaltens, Delegation der Pflichten und andere Formen des Ausweichens, des Aushandelns und des Austragens solcher Konflikte und Belastungen. Gelegentlich kommt es zur Spaltung des normativ geregelten Verhaltens in verschiedene Sphären, z. B. einen öffentlichen Bereich, den man nach außen hin zur Schau trägt, und einen privaten, inneren Bereich, der der sozialen Visibilität weitgehend entzogen ist.

NUTZENTHEORIEN

Nutzentheorien gehen davon aus, daß das Individuum in irgendeiner noch näher zu bestimmenden Weise abwägt, ob konformes oder abweichendes Verhalten belohnender ist. So mag ein Individuum bereits so weit in deviantes Verhalten verstrickt und in eine abweichende Subkultur integriert sein, daß ein Weg zurück zum Konformitätszentrum mit zu hohen Kosten verbunden wäre. Der Grundgedanke ist jeweils der einer Sanktionsbilanz bzw. einer axiomatisch unterstellten Verhaltenstendenz der »Maximierung des positiven Sanktionsnettos« (G. H. Mead). Diese Bilanz ergibt sich, weil Verhaltensweisen der Konformität und Abweichung selten ausschließlich von positiven oder negativen Konsequenzen *allein* begleitet sind, so daß es der »Aufrechnung« der jeweils involvierten Kosten und erwarteten Belohnungen bedarf.

Um diesen Sachverhalt theoretisch genauer zu formulieren, wurden die verschiedenen Exchange-Theorien (insbesondere: Thibaut, Kelley 1959; Homans [2]1972) auf die Konformitätsproblematik angewandt. Das primitivste Modell stammt hierbei von Nord (1969); im Anschluß an Goodes Paradigma des »Rollenhandelns« (1960) führt er aus, daß das Angebot an Konformität immer dann erhöht wird, wenn Faktoren vorliegen, die dazu geeignet sind, a) die Kosten für Konformität zu senken, b) die Belohnungen für Konformität zu erhöhen, c) die Kosten der Nonkonformität zu erhöhen und d) die Belohnungen für Nonkonformität zu senken. Die hier als relevant angeführten Faktoren werden jedoch weitgehend unspezifiziert gelassen, so daß diese Theorie vielleicht als orientierender Bezugsrahmen brauchbar ist, ihre Aussagen jedoch kaum sonderlich informativ sind.

In eingeschränkter Weise gilt diese Kritik auch für den Ansatz von Peuckert (1975), der auf einer Anwendung von Atkinsons Wert-Erwartungs-Theorie (1964) beruht, die ihrerseits eine Modifikation der Erwartungs-Valenz-Theorie von Lewin (1935, 1936) darstellt. Entscheidend ist hier, daß im Sinne einer Theorie des Erwartungslernens die *antizipierten* Sanktionen thematisiert werden: »Wenn der bei konformem (nicht konformem) Verhalten erwartete Gesamtgewinn größer ist als der bei nicht konformem (konformem) Verhalten erwartete Gesamtgewinn, dann verhält sich das Individuum konform (nicht konform)« (Peuckert 1975, 45). Es wird prognostiziert, daß immer dann, wenn die Belohnung durch das Verhalten selbst entsteht (z. B. Leistungserfolg, Stärkung des Selbstbildes), innere Konformität (Einstellungskonformität) resultiert, während im anderen Falle, wenn nämlich die Belohnung von anderen Personen oder Gruppen erfolgt (z. B. Anerkennung, Status), lediglich äußere Konformität (Anpassungskonformität) angestrebt wird. Peuckert sieht selbst, daß eine empirische Prüfung dieser Aussagen die Spezifizierung sämtlicher relevanter Belohnungen und Bestrafungen sowie die Analyse der subjektiven Wahrscheinlichkeit des Eintreffens solcher Belohnungen und Bestrafungen bei konformem und nichtkonformem Verhalten voraussetzt. Auf vorwiegend deskriptiver Ebene werden deshalb ganz bestimmte Motivationskomplexe behandelt, denen Peuckert hier zentrale Bedeutung beimißt: das Motiv nach Vermeidung kognitiver Dissonanz, das Affiliationsmotiv und das Motiv nach sozialer Anerkennung. Wir erfahren jedoch nichts über die jeweilige Gewichtung dieser Komponenten sowie darüber, unter welchen Bedingungen sie verstärkt zu innerer oder äußerer Konformität führen.

Homans (^{2}1972) versucht, seine (angeblich an Skinner, aber wohl mehr an Hull angelehnte) Version der Austauschtheorie auf Konformität anzuwenden (^{2}1972, 95 ff): Konformität werde dann wahrscheinlich, wenn eine Person die Belohnung für konformes Verhalten im Vergleich zu alternativen Verhaltensweisen wertvoller empfindet. Dabei gelte es zu beachten, daß Personen eine Norm um ihrer selbst willen achten können, daß ihnen jedoch andererseits diese Normen gleichgültig sein können, was nur dann zur Konformität beitrage, wenn das Individuum als Gegenleistung eine besondere Form der Anerkennung empfange. Diese Aussagen werden durch eine Reihe zusätzlicher Bedingungen modifiziert (Bedürfnis nach abweichenden Aktivitäten, Vorhandensein alternativer Quellen der Anerkennung, Status in der Gruppe, Kohäsion der Gruppe usw.), jedoch bleibt auch hier die zentrale Frage der Spezifizierung von Belohnungen und Bestrafungen weitgehend ausgeklammert. Es erfolgen einige vage Hinweise auf möglicherweise relevante Belohnungsformen, z. B. Anerkennung durch die Gruppe, Wert der Übereinstimmung mit der Gruppe, Aufrechterhaltung der inneren Integrität usw.

Schon Homans findet jedoch auch (^{2}1972, 99), daß für hohe Konformitätsleistungen oft nur oberflächliche oder gar keine Anerkennung gezollt wird. Dies hängt nach seiner Meinung damit zusammen, daß Konformität kaum zur Belohnung führt, wenn die zugrundeliegenden Aktivitäten weder *wertvoll* noch *selten* sind. Konformität scheint in der Tat den Markt zu überschwemmen, und es gilt eine Erklärung für die Tatsache zu finden, weshalb die meisten Menschen sich weitgehend konform verhalten, obgleich niemand da ist, der sie zu belohnen scheint.

GRENZNUTZEN DER KONFORMITÄT

Homans versucht den hier aufgetretenen Widerspruch dadurch zu lösen, daß er dem Individuum eine Tendenz zur Erhöhung des Konformitätsgrades zuschreibt, was letztlich den Trend zu einer Inflationsschraube konformen Angebotes begünstigen würde. Gouldner (1960, 1970) spricht in diesem Sinne vom abnehmenden Grenznutzen der Konformität im Zuge der Ausweitung des Konformitätsangebots: Neue Konformitätseinheiten sind weniger wert als die vorausgegangenen. Deshalb ist nach Gouldner die endlose Erhöhung der Konformitätsleistungen nicht sehr wahrscheinlich, denn die Kosten für Konformität würden zu hoch; alternative Quellen der Belohnung werden attraktiver, andere Bezugsgruppen (im Sinne des »comparison level« nach Thibaut u. Kelley) oder Subkulturen (mit möglicherweise abweichendem Wertsystem) rücken ins Blickfeld, und zwar jene, für die ein Konformitätsangebot noch ein seltenes Gut darstellt und damit noch genügend Belohnungen abwirft.

Wenn diese Vorstellung zuträfe, dann würden Interaktionssysteme in dem Maße instabil, wie Konformität zur bloßen Selbstverständlichkeit denaturiert (Entropietheorem). Dies zeigt deutlich, in welche Abwege eine grob schematische Nutzenanalyse zu führen vermag, sofern sie sich lediglich an einer aktuellen Situation ausrichtet und den Prozeß einer Kosten-Nutzen-Analyse als ausschließlich kognitiven Prozeß nach rationalem oder quasirationalem Muster unterstellt. Die theoretische Behandlung dieses Sachverhaltes vergißt nur allzuleicht die Tatsache, daß Konformität oder Nichtkonformität gegenüber bestimmten Ausgangsbedingungen u. a. auch eine Frage bereits etablierter Sozialisationsvorgänge ist, in dem die hier strapazierten Begriffe wie Belohnung und Bestrafung allenfalls als »geronnene Prozesse« in der Ätiologie des Individuums aufspürbar sind. So wissen wir heute beispielsweise, daß bestimmte Sozialisationsbedingungen die Voraussetzungen für Lernprozesse schaffen, die entweder konformes oder nichtkonformes Verhalten begünstigen. Die Lernpsychologie klärt uns überdies darüber auf, daß eine »Response«, wenn sie erst einmal etabliert ist, auch dann noch regelmäßig, ausgeprägt und konsistent auftritt, wenn sie nur noch selten und oftmals rein zufällig verstärkt wird (vgl. auch: Irle 1975, 244). Normkonformität wird extrem selten und auch kaum vorhersehbar verstärkt, wenn durch erste Sozialisationsvorgänge erst einmal gelernt ist, bestimmte Normen zu beachten und gewisse Rollen auszufüllen. Damit wechselt die Quelle der Verstärkung: Das Individuum hat die Möglichkeit, sich *selbst* zu verstärken, also die Einhaltung der Normen und die angemessene Erfüllung von Rollen um ihrer selbst willen belohnend zu finden.

Eine (gesellschafts)kritische Wertung der Konformitätsforschung könnte nun zu dem Ergebnis kommen, daß mit der Ermittlung jener Faktoren, die zur Konformität beitragen, auch zugleich ein mehr oder weniger explizit geäußerter konservativer Zug dieses Forschungszweiges in Erscheinung trete, indem praktische und politische Maßnahmen einzig unter dem Aspekt gesehen werden, Individuen zurück auf den »Pfad der Tugend« zu bringen, sofern sie gegen die Konformitätsgebote verstoßen. Die eingangs vorgetragenen Bemerkungen zur Ambivalenz im Verständnis von Konformität sollten hier durch die Feststellung ergänzt werden, daß die Ermittlung von Konformität und Abweichung zwar ein gesellschaftlich vordefiniertes Werte- und Normensystem voraussetzt, dieses aber keineswegs zu legitimieren vermag.

LITERATUR

ASCH, S. E.: Social psychology. Englewood Cliffs 1952

ATKINSON, J. W.: An introduction to motivation. Princeton 1964

CRUTCHFIELD, R. S.: Conformity and character. American Psychologist, 10, 1955

DEUTSCH, M., GERARD, H. B.: A study of normative and informational social influences upon individual judgment. J. of Abnormal and Social Psychology, 51, 1955

FESTINGER, L.: A theory of social comparison processes. Hum. Rel., 7, 1954

GOODE, W. J.: A theory of role strain. Amer. Sociological Rev., 25, 1960

GOULDNER, A. W.: The norm of reciprocity: A preliminary statement. Amer. Sociological Rev., 25, 1960

The coming crisis of Western sociology. New York, London 1970. Deutsch: Die westliche Soziologie in der Krise. 1974

HOMANS, G. C.: Elementarformen sozialen Verhaltens. Opladen [2]1972

IRLE, M.: Lehrbuch der Sozialpsychologie. Göttingen 1975

LEWIN, K.: A dynamic theory of personality. New York 1935

Principles of topological psychology. New York 1936

LIPP, W. (Hg.): Konformismus – Nonkonformismus. Darmstadt, Neuwied: 1975

MERTON, R. K.: Social theory and social structure. New York [3]1968

NORD, W. R.: Social exchange theory: An integrative approach to social conformity. Ps. Bull., 71, 1969

OPP, K. D.: Methodologie der Sozialwissenschaften. Reinbek [2]1977

PARSONS, T.: The social system. New York [2]1964

PEUCKERT, R.: Konformität. Erscheinungsformen – Ursachen – Wirkungen. Stuttgart 1975

SHERIF, M.: The psychology of social norms. New York 1936

THIBAUT, J. W., KELLEY, H. H.: The social psychology of groups. New York 1959

WILLIS, R. H.: Conformity, independence, and anticonformity. Hum. Rel., 18, 1965

WILLIS, R. H., HOLLANDER, E. P.: An experimental study of three response modes in social influence situations. J. of Abnormal and Soc. Psych., 69, 1964

WISWEDE, G.: Soziologie konformen Verhaltens. Stuttgart 1976

Rollentheorie. Stuttgart 1977

ABWEICHENDES VERHALTEN WIRD ERLERNT

von Stephan Quensel

Wir alle wissen, was ein Krimineller, ein Süchtiger, ein Geisteskranker ist, die Wissenschaft erklärt uns die Gründe für ihr abweichendes Verhalten, die Praxis bestraft und kuriert sie – allzuleicht vergißt man dabei, wie oft man selber abweichend gehandelt hat und wie wenig jene sich von uns unterscheiden. Abweichend handelt nämlich immer der andere, sei es »freiwillig« oder von sonstigen Dämonen getrieben, geprägt durch seine frühkindliche Störung und das schlechte Milieu; sein eigenaktiver Beitrag, sein Versuch, in unserer Welt zu überleben, sein Lern- und Verarbeitungsprozeß fällt fast immer unter den Tisch.

Der abweichend Handelnde ist so nicht nur Objekt unserer Neugier, Opfer von Praxis und Wissenschaft, sondern stets und von vornherein auch objekthafter Spielball innerer und äußerer Antriebe, und zwar so, daß ihm alle die subjekthaften Eigenheiten abgehen, mittels derer wir uns selber als aktiv-gestaltende Personen bestimmen.

Wir können uns so guten Gewissens als Subjekt, ihn aber als Objekt betrachten, um uns die eigene Normalität zu bestätigen und unsere korrigierenden Eingriffe zu rechtfertigen.

Nimmt man dagegen an, daß jener sich von uns nicht unterscheide, dann liegt es nahe, zu fragen, 1. was eigentlich abweichendes Verhalten ist, 2. wozu es dem Handelnden dient, 3. wie wir hierauf reagieren und 4. wie er diese Reaktionen verarbeitet.

WAS IST EIGENTLICH ABWEICHENDES VERHALTEN?

Abweichendes Verhalten besteht zumeist aus ganz alltäglichen Handlungen, die von anderen als »abweichend« deklariert werden, wobei diese anderen sich auf bestimmte gesellschaftliche Erwartungen, auf spezifische Gesundheitsstandards, strafrechtliche Normen oder allgemeine ethische Anstandsregeln beziehen. Insofern kann man verkürzt sagen: Abweichendes Verhalten erfaßt Handlungen, die von bestimmten, als verbindlich erachteten Normen abweichen.

In diesem Sinne handelt abweichend, wer im Kaufhaus etwas einsteckt, ohne zu bezahlen, wer sich ohne ersichtlichen Grund antriebslos im Bett vergräbt oder wer mehr trinkt, raucht, Tabletten oder Rauschmittel nimmt, als dies üblicherweise zu dieser Zeit in dieser Gesellschaft geschieht. Abweichend verhält sich auch, wer sich unergründlich oft die Hände wäscht oder dies völlig unterläßt, wer Stimmen hört, die in der gerade vertretenen Religion nicht vorgesehen sind, wer fanatisch bestimmten Dogmen folgt, kopflos nach einem Verkehrsunfall weiterfährt oder im Streit auf jemanden einschlägt, weil er sich in anderer Form nicht zu wehren weiß.

Folgt man einem emanzipierten Menschenbild, erwartet man also, daß jeder seine Fähigkeiten frei entfalten und flexibel situationsangemessen reagieren sollte, dann handelt abweichend auch derjenige, der überkonform die geltenden Normen beachtet, der nicht erkennt,
daß diese Normen von Menschen für Menschen gemacht sind und daß sie stets einen entsprechend breiten Gestaltungs- und Interpretationsspielraum besitzen. Dies gilt in gleicher
Weise für den, der im Büro sklavisch dem Buchstaben des Gesetzes folgt, der abgegriffene
bürgerliche Moralprinzipien predigt oder der als Schreibtischtäter in rechtmäßiger Weise
Menschen ins KZ oder in die Schlacht schickt. Es gilt vor allem aber auch für die übergroße
Zahl der Mädchen und Frauen, die – ohne nach ihren eigenen Entfaltungsmöglichkeiten zu
fragen – dem Kinder-Küche-Kirche-Ideal nachleben, sowie für alle diejenigen, die sich
autoritär-fatalistisch in ihre unterdrückte Rolle fügen.

Zeigt sich hier, wie bestimmte herrschende Normen aus einer emanzipationsorientierten
Interpretation heraus selber abweichende Normen sein können, so werden schließlich heute
die schwerwiegendsten Formen abweichenden Verhaltens durch staatliche Normen noch
kaum erfaßt, weil diejenigen, die solcherart abweichend handeln, zugleich auch mächtig
genug sind, entsprechende abweichende Definitionen oder deren Durchsetzung zu verhindern. Abweichend handelt so weithin ungestört derjenige, der Waffen herstellt und in Span-
nungsgebiete liefert, wer Säuren in die Flüsse ableitet, Meinungen in Massenmedien manipuliert oder wer andere für sich arbeiten läßt, ohne sie über die Produktion oder den Gewinn mitbestimmen zu lassen.

Diese Normen sind nie allgemeingültig, naturrechtlich oder »im Wesen des Menschen
verankert« vorgegeben, sondern stets von Menschen, die hierzu die Macht haben, festge-
setzt und zugleich auch durchgesetzt. Sie knüpfen häufig an bestimmten realen Störungen
für das Zusammenleben an, am Leiden der Opfer oder der Hilfsbedürftigkeit der Handelnden, an der Gefahr, zusammengeschlagen zu werden, wie an der Gefahr, sich selber zu
schädigen. Sie folgen moralischen Standards im Bereich der Sexualität, des ordentlichen Ar-
beits-, Familien- und Freizeitverhaltens und vergessen nur allzu gern die großen Störungen, die gewaltigen Opferleistungen auf dem Arbeitsplatz, als Folge verkehrsunsicherer
Autos, im Umfeld von Chemieanlagen oder im Gefolge von Bürgerkriegen: Abweichendes
Verhalten ist so stets das Ergebnis von Normen, mit denen ganz spezifische, manchmal
mehr, manchmal auch weniger gerechtfertigte Interessen gewahrt werden.

Dieses als abweichend festgelegte Verhalten ist stets nur eine bestimmte isolierbare
Handlung – ein Diebstahl, ein durchzechter Abend, eine überzogene Angstreaktion. Es
wird jedoch nur allzuleicht an der Person des Handelnden festgemacht, um hier zum zentralen Merkmal dieser Person auszuufern – als Dieb, Trinker oder Angstneurotiker.

Abweichende Handlungen haben so ihre Geschichte, die zu einem innigen Bestandteil
der Geschichte dieser Person werden kann; anfangs zumeist recht harmlos, werden sie mitunter im keineswegs zwangsläufigen Verlauf dieser Geschichte Bestandteil einer abweichenden Karriere, an deren Ende die einzelne Handlung schwerwiegender ausfallen kann
und die Person des so geschaffenen Rückfalltäters, Süchtigen oder Schizophrenen durch
und durch von ihnen geprägt erscheint.

Sprechen wir von abweichenden Handlungen, dann denken wir irreführenderweise fast
immer von diesem idealtypischen Endzustand her, dann suchen wir – ohne den durchlaufe-
nen langen Entwicklungsprozeß zu beachten – nach entsprechenden schweren Ursachen
zu Beginn dieser Entwicklung, nach einer schlechten Anlage oder kernneurotischen Störungen in der frühesten Kindheit, weswegen wir leider nur zu oft die anfänglich harmlose
Handlung, die so viele von uns ungefährdet begehen, als Keim bekämpfen, in dem das
spätere Endstadium versteckt, aber fertig vor uns liegen soll, im Haschisch-Versuch die
Drogenkarriere, im Ladendiebstahl die Rückfallkriminalität.

Vor allem aber gilt, daß dieses normabweichende Verhalten zwar von bestimmten Normen abweicht, daß es deswegen jedoch keineswegs norm-los ist, sondern seinerseits zugleich anderen Normen gehorcht, die – und hier stoßen wir auf eine grundlegende Ironie – von eben derselben Gesellschaft, von eben denselben Interessenvertretern, Bezugsgruppen und Medien bereitgestellt und durchgesetzt werden, die auch die primär verpflichtenden Normen setzen. Der Abweichende sitzt so wie eine Fliege im Spinnennetz: Je mehr er zappelt, um von den gesetzten Normen freizukommen, um so mehr verstrickt er sich in diesem Normensystem, denn: Die Normabweichung ist ebenso normiert wie die Normkonformität. Diese Normalität des abweichenden Verhaltens zeigt sich zunächst in einem eher statistischen Sinne schon darin, daß wir alle in dieser oder jener Weise abweichend gehandelt haben. Wenn dies auch für jeden Einzelnen von uns Episode bleibt, vorübergehendes Ereignis in der Fülle unseres alltäglichen Handelns, so tritt es gleichwohl insgesamt gesehen in einer jeweils historisch bestimmten Gesellschaft so oft auf, daß man es als Massenphänomen untersuchen kann, das ganz bestimmten gesellschaftlich, nicht naturnotwendig gegebenen Regeln folgt. So handeln heute Jungen eher delinquent, Frauen eher psychisch abweichend, so verfolgte man früher Hexen und Ketzer, später Juden, heute Sympathisanten, und so wird man in den Entwicklungsländern existentiell-materiell abweichendes Verhalten finden, während man bei uns auf entfremdet-resignative Formen sowie auf überzogen konsum- und profitorientierte Verhaltensweisen stoßen wird. Normal ist dieses abweichende Verhalten aber auch deshalb, weil es zumeist als normale zweckdienliche, weder krankhafte noch psychisch gestörte Reaktion in bestimmten Problemlagen auftritt. Befremdlich anormal wirken auf uns allenfalls die erwähnten Extremformen am Ende langer Karrieren.

Geregelt, normiert sind so nicht nur die Art und Weise der als abweichend geltenden Handlungen, sondern auch Art und Häufigkeit ihres Auftretens wie auch der typische Ablauf, den eine darauf aufbauende abweichende Karriere einnehmen kann; so warten wir zusammen mit dem Schizophrenen auf seinen nächsten Schub und vermuten zusammen mit dem Vorbestraften, daß man ihm den Diebstahl im Betrieb anlasten wird. Solche Stereotype, im Erfahrungserbe einer Gesellschaft mehr oder weniger real verankerte Erfahrungen bieten die Basis dafür, daß wir nicht nur bestimmte individuelle Karrieren diagnostizieren, sondern auch die legale Alkohol- und Medikamentenindustrie wie den illegalen Drogenhandel profitabwerfend planen sowie den gesamten Gesundheits- und Sanktionsapparat mit seinem Personal-, Betten- und Zellenbedarf in voraussagbarer Bewegung halten.

WOZU DIENT DAS ABWEICHENDE VERHALTEN?

Mit unserem abweichenden Verhalten verfolgen wir – wie mit jedem anderen konformen Verhalten auch – ein jeweils bestimmtes Ziel; wir versuchen, mit diesem Verhalten stets ein kleineres oder größeres Problem zu lösen. So wollen wir als Junge mit unserem Ladendiebstahl den Spielraum dieser Norm testen, eine Mutprobe bestehen oder einfach unsere Langeweile bewältigen; so versuchen wir mit unserem Waschtick Gewissensbisse zu lösen, mit unserem schizophrenen Ausbruch einer unerträglichen sozialen Beziehung zu entgehen; wir versuchen, auf diese Weise Achtung, Aufmerksamkeit und Liebe zu erhalten, bewältigen unsere Identitäts- und Rollenprobleme als Schläger oder leidende Depressive und kompensieren als Süchtige unsere Mißerfolge und fehlenden Berufsaussichten – sofern wir nicht in direkter Form auf diese Weise mehr Besitz, mehr Profit und vor allem mehr Macht anstreben.

Diese Problemlösungsversuche sind – wie jedes andere Verhalten auch – keineswegs so zweckrational gesteuert, wie manche Abschreckungsstrategen glauben. Sie sind nur in wenigen Fällen – vor allem bei der Kriminalität der Mächtigen – überlegt und unter Berücksichtigung der späteren Folgen geplant. Die meisten dieser Verhaltensweisen folgen direkt aus der Situation heraus, sie sind als Problemlösungsversuch häufig kaum bewußt und fast stets von Gefühlen durchtränkt, sei dies Angst, Aufregung, Spannung oder entspanntes Ge-henlassen. Vielfach macht es Spaß, diese Handlungen zu begehen, und zwar eben deshalb, weil sie von anderen als abweichend angesehen werden, oft findet man selber Lust und Freu-de in Handlungen, die ein anderer kaum nachfühlen kann; manche handeln fast spiele-risch, andere dagegen eher süchtig, zwanghaft, und Dritte aus eingeschliffen-generalisier-ter Gewohnheit heraus, weil sich diese Form des abweichenden Verhaltens früher als die be-ste Problemlösungsmethode bewährte.

Die zugrundeliegenden Probleme sind anfangs häufig harmlos, sie kommen und gehen, sind rasch beseitigt und schnell vergessen – ein erstes Gefühl, zu versagen, nicht geliebt zu werden oder diesen langweiligen Abend alkoholisiert zu verbringen oder dieses Mal die Steuerbehörde abwimmeln zu müssen.

Ernster werden die Probleme, wenn die ersten Lösungsversuche nur kurzfristigen Erfolg brachten, wenn die Problemlösung selber etwa auf dem Wege der Sucht Belohnung ver-spricht, wenn zusätzliche Schwierigkeiten auftauchen. Problematisch wird es dann, wenn später Reaktionen informeller und formeller Art gegen das abweichende Verhalten einset-zen, intern als Gewissensbisse oder Abhängigkeit, extern im Wege der langsamen Zuschrei-bung der abweichenden Rolle, die dann real vorhandene und künftige Handlungsspielräu-me beschränkt.

Auch die Art der Problemlösung ist anfangs so eindeutig nicht. Der naheliegende Ausweg wird nur tastend ergriffen, stets bereit, ihn aufzugeben, der Einstieg erfolgt schrittweise, dessen erste Stufen weithin noch als normal angesehen, ja, von der Werbung als normal er-wartet werden – die erste Zigarette, die Beruhigungstablette, das zischende Bier. Anfängli-che Symptome sind ebenso unspezifisch wie vieldeutig interpretierbar, so daß die Erzie-hungsberatung das nächtliche Weglaufen als Protest gegen den Vater, das Jugendamt dage-gen als Verwahrlosungssymptom und der Nervenarzt als Epilepsieanzeichen deuten kön-nen.

Problemlösungen werden – wie alle anderen Verhaltensstile auch – erst nach und nach in einem längeren Verarbeitungsprozeß zu einer in sich konsistenten Lebenstechnik aufge-baut, als »modus operandi«, als ausgebildete Paranoia oder als bürokratische Überanpas-sung.

Die Wahl für eine dieser Problemlösungsalternativen ist nicht nur weithin irrational, halbüberlegt und ohne volle Folgenübersicht, sondern für jeden individuellen Akteur auch in vielfacher Weise vorgegeben.

Der Handelnde wird zunächst auf die ihm bisher geläufigen Lösungswege zurückgreifen – wer immer schon angepaßt reagiert, wird eher zwangsneurotische Techniken ausbilden, wer in einer aggressiven Umwelt lebte, wird sich eher mit direkter Aggression wehren, wer besser schulisch ausgebildet wurde, greift eher zu Intelligenzdelikten. Dabei ist der Akteur ebenso von seiner bisherigen Rolle – als Mädchen, Klassenkasper oder Klassenprimus – ab-hängig wie von den entsprechenden Rollenerwartungen seiner Umwelt, die diesen Hinter-grund als Rahmen für die Interpretation der anfänglich noch diffusen Verhaltensbruchstük-ke verwendet.

Diese stereotypen Erwartungen werden für den Akteur wie für seine Umwelt weithin durch jeweils aktuelle Moderichtungen gesteuert, die etwa für solche Zwecke zunächst die Rolle der Hexe und des Veitstanzes, später der Hysterie oder des englischen Spleens vorsa-hen und die heute als Rocker- und Drogenwelle, als studentischer Protest oder spezielle Medikamentensucht durch Massenmedien leicht verbreitet werden – zusammen mit Vor-schlägen zur Kleidung, Vokabular, Hilfsmitteln, Ideologien und Rechtfertigungsmustern.

Diese individuell sozialisations- und rollenabhängigen wie auch historisch-kulturell vorgegebenen Lösungswege sind ihrerseits eingebettet in bestimmte ökonomisch-technolo-gische Bedingungen, die nicht nur die Basis der auslösenden Problemsituation, sondern zugleich auch den realen Hintergrund möglicher Lösungsalternativen bietet. Dieser Hintergrund ermöglicht dem einen die Bilanzfälschung, dem anderen die Zechprellerei, er degradiert im Verlauf einer solchen Entwicklung den einen zum Objekt der Sozialbehörde und bietet dem anderen die Mittel zur erfolgreichen Stigma-Abwehr. Er setzt sich auf höherer Ebene fort in der Liberalisierung des Waffenhandels, in der Art der Alkohol- und Medikamentenwerbung, aber auch im Verlust der Obstgärten und der entsprechenden Zunahme der Selbstbedienungsläden, in der Entfaltung des Straßenverkehrs und der bargeldlosen Zahlungsweise sowie in den überbordenden subventions- und wohlfahrtsorientierten Staatsinterventionen.

Diese Lösungswege sind schließlich so normiert und gestaltet, daß derjenige, der sie benutzt, im Verlauf seiner Karriere immer tiefer in diese Rolle hineingezogen wird. Neben stereotypen Alltagserwartungen und den entsprechenden wissenschaftlichen Theorien, die jeder dieser Karrieren ihr spezielles ideologisches Gewand verleihen – als neurosenspezifische, sozialpädagogische, kriminologische oder psychiatrische Erklärung –, sorgen hierfür vor allem die rollenspezifischen Sozialisationsapparate der Suchtstation und Drogenwohngemeinschaft, der geschlossenen Psychiatrie-Abteilung, der Fürsorgeheime und Strafanstalten, der Richterfortbildungsakademien wie der Manager-Laboratorien, die das rollenkonforme abweichende Verhalten belohnen und unerwartete »Abweichungen« zu verhindern trachten.

So eindeutig verschieden zuletzt diese Betroffenen wie auch die entsprechenden Theorien und Apparaturen sein mögen, alle diese Karrieren sind als Lösungswege prinzipiell austauschbar sowohl mit entsprechenden konformen Lösungsmöglichkeiten wie aber auch untereinander als gleichwertige, äquifunktionale Alternativen: Man kann seine Vokabeln lernen oder bei der Klassenarbeit abschreiben, die Schule schwänzen, tagträumen oder krank werden; man kann sich mit Drogen zugrunde richten oder einen anderen zusammenschlagen bzw. legal seine Familie tyrannisieren. Die Art der Lösung hängt dabei kaum von der Art des Problems ab, verschiedene Probleme können ebenso zu derselben abweichenden Lösung führen wie ein und dasselbe Problem durch verschiedene Lösungstechniken beseitigt werden kann.

Der Grund der Austauschbarkeit ist für jeden einzelnen freilich ebenso eingeengt wie sein spezielles Problem oder die Art der ergreifbaren Lösungswege; dies gilt vor allem für fortgeschrittene Karrierestadien – der Versuch, die Karriere dann abzubrechen, läßt hier zumeist nur unerfreulichere Alternativen offen, für den Vorbestraften die Suchtkarriere, für den Süchtigen die des langsamen Selbstmordes.

WIE WIRKT DIE REAKTION AUF DAS ABWEICHENDE VERHALTEN?

Das entscheidende Moment, das diese abweichenden Verhaltensformen trennt, liegt in deren negativer Bewertung, in einer emotional gefärbten, angstbesetzten Ablehnung dieses Verhaltens, das bis zu einem gewissen Grad real begründet ist und dazu führt, gegen solche Verhaltensweisen anzugehen.

Dieser Wertaspekt wird durch gruppenbezogene Interaktionsprozesse realisiert. Hierbei sind sowohl informelle Gruppen aus dem Alltag des Handelnden wie auch spezifische Behandlungs- und Sanktionsorganisationen beteiligt. Beide Gruppen können sowohl als positive wie aber auch als negative Bezugsgruppe wirken; solange sie nur entlang dieser Abwertung organisiert sind, werden sie stets den negativen Wertaspekt verstärken. So trifft der kleine Dieb im informellen Bereich neben den braven Mitschülern, die ihn ablehnen, auch auf eine Gruppe ihm ähnlicher Mitschüler, für die die Tat das Signum der Gruppenzugehörigkeit bildet; so erhält die Prostituierte in ihrem Milieu, der Heroinabhängige in der Szene eben die Achtung, die dem cleveren Subventionsschwindler in seinem Club entgegengebracht wird. Aber auch im formellen Bereich stößt der Betroffene sowohl auf den Polizisten wie den Streetworker, die Schwester und den Pfleger, den Aufsichtsbeamten und den ehrenamtlichen Helfer, die jeder auf ihre Weise offen strafend oder manifest helfend das Stigma der Abweichung vertiefen.

Im Laufe einer kriminellen Karriere greifen so nicht nur positive und negative Bezugspersonen ständig in diese Entwicklung ein, sondern stets werden auch formelle und informelle Bezugsgruppen – sich wechselseitig ergänzend – diesen Prozeß vorantreiben, im Kindergarten wie in der Schule, in der Insassenkultur wie in der Gruppe der anonymen Alkoholiker.

Die Zugehörigkeit zu einer dieser Gruppen verstärkt die abweichende Karriere in doppelter Weise. Zunächst definiert sich der Abweichler – wie jeder andere Mensch auch – aus den Ansichten und Reaktionen seiner für ihn wichtigen Bezugsgruppe. Er gewinnt seine Identität so in gleicher Weise aus der Anerkennung seiner Clique, der Diagnose des über sein Schicksal entscheidenden Arztes, dem Urteil des Richters oder aus dem Beifall der Geschäftskollegen.

Sodann werden aber auch alle anderen den Abweichenden unter dem Aspekt dieser Gruppenzugehörigkeit wahrnehmen und behandeln. Dies gilt um so mehr, je weniger man den Einzelnen kennt und je eindeutiger die Gruppe gekennzeichnet ist, je deutlicher sie optisch auszugrenzen ist und je autoritativer sie den abweichenden Charakter repräsentiert.

Diese Zuschreibung und Übernahme erschöpft sich nun keineswegs in den eher mentalen Prozessen, die gleichsam dann außer Kraft treten könnten, wenn man diese Gruppe verlassen hat. Sie wirkt sich vielmehr fortdauernd auch gegen den Willen aller Betroffenen u. a. dadurch aus, daß sie sich selber mangels neuer Identität auch nach Verlassen der Gruppe als »Ehemalige« fühlen und selbstverräterisch dauernd auf diesen ehemaligen Alltag zurückgreifen, solange andere Bezüge noch fehlen. Entscheidend ist jedoch, daß diese Zuschreibung zu realen Folgen führt, indem sie zunächst über äußere Hinweise in Akten, Karteien, Datenträgern wie aber auch über negative wie positive Statussymbole von der Tätowierung bis hin zum Schmiß einen Wahrnehmungsfilter bildet, aufgrund dessen alle Interaktionspartner sowohl die Vergangenheit des Betroffenen neu interpretieren, wie auch ihre weiteren Reaktionen entsprechend variieren.

Diese Reaktionen engen die Handlungsspielräume der Betroffenen dadurch ein, daß sie vorhandene alternative Verhaltenstechniken und Fähigkeiten einschränken und den künftigen Neuaufbau solcher Alternativen verhindern. Dies gilt für den sozialen Kontaktbereich, die Freizeitmöglichkeiten wie aber auch im Arbeits- und Berufsleben: Die resozialisierten und therapierten Produkte unserer infantilisierenden Anstalten versagen nicht deswegen, weil der abweichende Bazillus noch in ihnen steckt, sondern deswegen, weil ihnen ihr ohnehin beschränkter Aktionsraum während ihres Aufenthaltes noch weiter beschnitten wurde.

Je weiter diese Karriere vorangetrieben wird, um so mehr wird die abweichende Rolle, das Leben mit den an dieser Abweichung orientierten Bezugsgruppen zur einzig noch möglichen Alternative ebenso wie zum einzig noch gebliebenen realen Problem. Das anfängliche Problem, das diese Lawine auslöste, wird irrelevant, die manifesten Schäden aus dieser Karriere dominieren. Das Ausmaß dieser Wirkungen demonstriert der abgebaute Alkoholiker, der hospitalisierte Schizophrene oder der entlassene Lebenslängliche; einsichtig wird dieses Ausmaß aber auch, wenn man es mit den positiven Folgen der Kriminalität der Mächtigen vergleicht, die diese Abwertungsprozesse nicht durchlaufen.

WIE VERARBEITET DER BETROFFENE DIESE SITUATION?

Der Part, den das aktiv handelnde Individuum in dieser Entwicklung übernimmt, wird aus den anfangs genannten Gründen nahezu stets entweder aus wissenschaftlicher Sicht deterministisch verfälscht oder aus praktischer Sicht im moralischen Appell indeterministisch mißbraucht.

Tatsächlich handelt der Abweichende in seiner Situation in eben der Weise frei und auch gebunden, wie andere in ihren anerkannten Rollen. Er baut dabei auf seinen eigenen Vorerfahrungen auf, setzt seine früher erlernten Fähigkeiten ein, nimmt die Umwelt entsprechend seinen Erwartungen, Einstellungen, Stereotypien und Alltagstheorien selektiv wahr und entwickelt eine spezifische sinngebende Interpretation dieser seiner Umwelt. Er wird dabei – freilich auf einem zumeist eher eingeschränkten Handlungsniveau – versuchen, sich in dieser Umwelt mit den ihm verbliebenen materiellen Möglichkeiten und dem ihm überlassenen Handlungsspielraum so einzurichten, daß er seine persönlichen Bedürfnisse erfüllen und zugleich eine durch diese Situation hindurchlaufende Identität wahren kann.

Der Abweichende kennt seine Situation, er weiß, daß er abweichend handelt, und er erlebt, daß man ihn als Abweichenden behandelt. In vielen dieser Fälle werden abweichende Verhaltensweisen anfangs eben wegen dieses negativen Akzentes gewählt, etwa weil das damit verbundene Risiko den Reiz, den Profit der Handlung erhöht und weil die damit verbundene Behandlung die Aufmerksamkeit liefert, die man sonst vermißt. Erst im weiteren Verlauf einer solchen Karriere wird es zur zentralen Aufgabe, diese unwertbesetzte Handlung nach außen zu verheimlichen und nach innen zu rechtfertigen.

Die Situation, in der sich ein abweichend Handelnder jeweils einrichten muß, von der aus er seine weiteren Handlungsschritte unternehmen kann, verengt sich im Laufe einer abweichenden Entwicklung ebenso wie die einer jeden anderen zentralen Rolle: Anfangs, solange die Situation noch offen ist, bleiben ihm eine Fülle möglicher Handlungsalternativen, darunter häufig auch die, in eine überangepaßte Rolle hineinzugeraten oder aber relativ frei und emanzipiert mit unterschiedlichen Lösungen umzugehen. Je mehr er sich im Laufe seiner Entwicklung in dieser Rolle festlegen läßt, je mehr er seine Identität aus dieser Rolle bezieht und je enger seine Entfaltungsmöglichkeiten im Berufs- und Kontaktbereich werden, desto schwerer wird es für ihn – subjektiv wie auch objektiv –, aus dieser Rolle herauszufinden.

Im Laufe einer solchen Entwicklung erlernt man anfangs in gleichsam probeweisen Vorstößen Art und Ausmaß der jeweils zugelassenen Bedürfnisse und der als Problem definierbaren Zustände wie auch die hierfür offenstehenden Lösungsmöglichkeiten. Man lernt so – an Hand der eigenen Befriedigungserlebnisse wie aber auch mit Hilfe belohnender und bestrafender Reaktionen seiner Bezugsgruppen – zunächst die Bedürfnisse, die ein Mädchen, ein Berufsschüler oder Gymnasiast haben darf, man lernt aus Gesprächen mit anderen im Vergleich mit den Erfolgen seiner Bezugspartner, aus den Massenmedien und der Werbung, welcher Spielraum einer Hausfrau, einem Star oder einem Manager offenstehen. Zumeist lernt man dabei, sich mit den vorgegebenen Möglichkeiten zu bescheiden und die angebotenen anerkannten Lösungswege zu übernehmen, weswegen überangepaßt-unfreie, kastenmäßig gebundene Lebensweisen als abweichende Verhaltensstile so überwiegen.

Man testet anfangs – vor allem als Jugendlicher – auch andere einfache Lösungswege, die von eben derselben Umwelt angeboten werden, lernt Bier zu trinken, Haschisch zu rauchen, gegen Eigentums- und Ehrlichkeitsnormen zu verstoßen, man entwickelt persönliche Ticks, Routinen, eingebildete Krankheiten und erste depressive Rückzugstechniken. Dabei bleibt wie bei der ersten Zigarette die primäre Bedürfniserfüllung aus, wichtiger ist die sekundäre Erfahrung, von den anderen als Mann, Kumpel oder bedauernswerte Patientin akzeptiert zu werden.

Im weiteren Verlauf dieser Entwicklung, die teils aktiv, teils gezwungen immer stärker den Kontakt zu rollenspezifisch positiven oder negativen Bezugsgruppen öffnet, erlernt man hier spezifische Techniken und Kenntnisse, um den vollen Gewinn aus seiner Rolle zu ziehen. Man lernt, wie man die Droge bekommt, dies vor der Polizei verheimlicht, wie man sie injiziert und wie man in der Behandlungssituation zu reagieren hat.

Man lernt dabei nicht nur solche Techniken, sondern entwickelt auch ganz spezifische Fähigkeiten vor allem im Umgang mit den neuen Interaktionspartnern, dem Arzt, dem Sozialarbeiter, dem Steueranwalt und der Dealer-Hierarchie. Man lernt so, den anderen zu manipulieren oder zu korrumpieren, sich aggressiv durchzusetzen oder abzuschalten, ebenso wie man Autofahren, Kommandieren und Therapieren erlernen kann.

Im Versuch, die Vor- und Nachteile dieser neuen Rolle zu verarbeiten, in der Auseinandersetzung mit seinen neuen Interaktionspartnern lernt man darüber hinaus neue Einstellungen, Wahrnehmungsperspektiven, Bewertungen, Abwehr- und Neutralisationstechniken, mit denen man sich in seiner abweichenden Rolle einrichtet und das Umfeld dieser Rolle weiter strukturiert. Man erlernt so – immer noch gestützt auf das, was in unserer Gesellschaft als zulässig gilt – in nunmehr verfeinerter und selektiv ausgerichteter Form, daß Polizisten Bullen sind, daß bestimmte Medikamente, bestimmte Behandlungstechniken das Prestige der Rolle erhöhen, daß die Gesellschaft oder die eigene Anlage schuld am Abgleiten ist und daß das eigene Tun im Vergleich zu anderen abweichenden Formen harmlos ist bzw. nur die anonym-abstrakte Gesellschaft als solche trifft. Diese sinngebenden Prozesse gründen – wie so viele Rationalisierungen – in einem realen Kern, sie verwenden früher erlernte Muster und allgemein anerkannte Erklärungen aus dem Bereich der Behandlungsideologie, der Erziehungsmythen oder wissenschaftlicher Theorien. Diese neuen Perspektiven reichen von der profitorientierten Interpretation der egoistisch-kapitalistischen Welt über die neuen Bewußtseinsreligionen bis hinein in das in sich ebenso schlüssige wie subjektive Interpretationssystem des Schizophrenen.

Auf dem Wege dieser Rollenübernahme versucht der Betroffene schließlich, seine Identität entsprechend den realen Spielräumen und Deutungen zu wahren, die ihm offengelassen und angeboten werden (s. auch den Beitrag von L. Krappmann in diesem Band). Er wird sein Bild von sich selber, die ihm möglichen Handlungs- und Kontaktspielräume möglichst so interpretieren und ausgestalten, daß er unter uns, seinen Bezugspersonen, überleben kann. Anfangs und bei entsprechender Definitionsmacht wird es ihm häufig gelingen, sein Selbstbild am Rande des Konformen zu installieren, als erfolgreicher Manager, als schlechter Schüler, aber guter Sportler, als attraktive Kranke. Im weiter vorangetriebenen Rollenprozeß muß er dann jedoch von Stufe zu Stufe auf immer geringerem Handlungsniveau stets erneut diese Identität stabilisieren, bis er zuletzt, tätowiert, innerlich und äußerlich gezeichnet, als Knacki, Alkoholiker oder Penner endet oder als katatone Schizophrene ihren Realitätsbezug aus dem entsprechenden Krankenblatt am Fußende des Bettes bezieht.

Der psychisch Kranke, der Kriminelle, Verwahrloste und Süchtige wird dabei eben dieselben wahrnehmungspsychologischen und sozialpsychologischen Mechanismen einsetzen wie der Wirtschaftstäter, der Überkonforme oder der Leser dieser Zeilen: Er wertet das Wahrgenommene im Rahmen seiner subjektiven Erfahrungsbrille, wählt subjektiv das in seine Erfahrungen Passende aus, verformt das Widerständige und übersieht die entgegenstehenden Fakten. Er paßt diese Erfahrungen in ein ständig rigider werdendes Interpretationssystem ein und produziert projektiv für die Zukunft Erwartungen, die mit Hilfe dieser Mechanismen dann auch zumeist erfüllt werden, zumal am Ende solcher Rollen der Spielraum für von dieser Lebensrolle abweichende Handlungen immer enger wird.

AUSBLICK

Kann man so aus sozialpsychologischem Blickwinkel erklären, wie bestimmte abweichende Verhaltensweisen gewählt werden, wie sich abweichende Karrieren entwickeln und welche Rolle die jeweiligen Interaktionspartner übernehmen, so ist diese Sicht in doppelter Weise von anderen Wissenschaftsansätzen her zu ergänzen:

Einerseits ist auf der Ebene des Individuums danach zu fragen, welchen Anteil individualpathologische Momente für den Beginn solcher Entwicklungen, für die Auswahl der verschiedenen abweichenden Rollen und vor allem für deren weiteren Verlauf übernehmen, eine Frage, die im Bereich psychischer Abweichung, etwa bei der Suchtkarriere, sicher ein größeres Gewicht besitzt als bei anderen Formen abweichenden Verhaltens (s. die Beiträge von C. Klüwer, D. Schüpp u. E. Lürßen in Bd. II dieser Enzyklopädie). Andererseits müssen wir dann aus sozialwissenschaftlicher Sicht danach fragen, welche Kräfte und Bedingungen in einer jeweils bestimmten Gesellschaft die Situation schaffen, in der die konkreten Akteure miteinander ihre kleine abweichende Alltagswelt gestalten. Wir stoßen dabei auf Macht- und Interessenstrukturen, die gleicherweise die unterschiedliche Verteilung sozialer Problemlagen, das Angebot an abweichenden Lösungen wie die Art und das Ausmaß der Definition des abweichenden Verhaltens und der jeweils gewählten Kontrollmethode bedingen (s. Bd. XIV dieser Enzyklopädie).

LITERATUR

Zum allgemeinen Hintergrund:

BRUSTEN, M., HOMEIER, J. (Hg.): Stigmatisierung, I, II. Neuwied: Luchterhand 1975

KEUPP, H.: Abweichung und Alltagsroutine. Hamburg: Hoffmann & Campe 1976

SCHUR, E.: Abweichendes Verhalten und soziale Kontrolle. Freiburg/Br.: Herder 1974

Zur Rolle der gesetzten Norm:

SACK, F.: Probleme der Kriminalsoziologie. In: Handbuch der empirischen Sozialforschung, XII. Frankfurt/M. 1978, 192–528

Zur Entwicklung der Drogenkarriere:

BECKER, H.: Außenseiter. Frankfurt/M.: Fischer 1973

ERLENBERGER, M.: Der Hunger nach Wahnsinn. Reinbek: Rowohlt 1977

GREEN, H.: I never promised you a rose garden. New York: Holt, Rinehart & Winston 1964. Deutsch: Ich habe Dir nie einen Rosengarten versprochen. Stuttgart: Radius 1973

SCHEFF, Th.: Das Etikett Geisteskrankheit. Frankfurt/M.: Fischer 1973

Für den kriminologischen Bereich:

HESS, H.: Das Karriere-Modell und die Karriere von Modellen. In: H. Hess u. a. (Hg.): Sexualität und soziale Kontrollen. Heidelberg: Kriminalistik-Verl. 1978, 1–30

QUENSEL, S.: Zur Arbeits- und Ausbildungssituation von Strafgefangenen. In: K. Lüdersen u. a. (Hg.): Gewerkschaften und Strafvollzug. Frankfurt/M. 1978, 89 ff

ORIGINALITÄTSZWANG UND NEUDEFINITION

Zu Gruppenbildungen Jugendlicher

von Dieter Baacke

ORIENTIERUNGSPROBLEME JUGENDLICHER

Die Lebensphase Jugend – bei uns etwa von der Pubertät vom zwölften Lebensjahr ab bis zum zwanzigsten Lebensjahr und länger während – ist eine besondere biographische Konstellation mit Eigenschaften, die sie von anderen Lebensphasen unterscheidbar machen. Die nun mit Nachdruck einsetzende und – im Vergleich zu vorher – schnell abschließende geschlechtliche Reifung ist nur *ein* Datum dieser Lebensperiode, das ihr besonderen Charakter verleiht. Auch die kognitive und emotionale Entwicklung treten nun in ein neues Stadium, das wir kurz so charakterisieren könnten: Der Jugendliche nimmt weder sich noch seine Umwelt mehr als selbstverständlich gegeben. Beides wird ihm vielmehr problematisch. Diese Verunsicherung ist fruchtbar und gefährlich zugleich. Sie ist fruchtbar, weil der Jugendliche nun lernt, seine Beziehungen zu sich und anderen als einen bewußten und problematischen Akt von Regulierungen zu verstehen. Damit bildet er seine »Identität« aus. Diesen Prozeß hat Erik H. Erikson als ein Phänomen »gleichzeitiger Reflexion und Beobachtung« beschrieben, »der auf allen Ebenen des seelischen Funktionierens vor sich geht, durch welches der einzelne sich selbst im Lichte dessen beurteilt, wovon er wahrnimmt, daß es die Art ist, in der andere ihn im Vergleich zu sich selbst und zu einer für sie bedeutsamen Typologie beurteilen; während er ihre Art, ihn zu beurteilen, im Lichte dessen beurteilt, wie er sich selbst im Vergleich zu ihnen und zu Typen wahrnimmt, die für ihn relevant geworden sind« (1968, dt. Ausg., 19).

Selbstentdeckung und Fremdentdeckung, Selbsteinschätzung und Fremdeinschätzung werden also nun untrennbar. Diese biographische Neuorientierung fordert dem Jugendlichen ab, »aus dem Ganzen seiner Lebenssituation« (Lewin 1936, dt. Ausg., 44) zu entscheiden und zu handeln. Ein wesentliches Merkmal dieser Lebenssituation ist, daß der Jugendliche einen Ablösungsprozeß von der Familie einleiten und dabei nach neuen Gruppenorientierungen suchen muß. Gefährlich für den Jugendlichen ist diese Periode seines Lebens, weil es ihm ja mißlingen kann, eine neue Identitätsbasis zu gewinnen, die stabil genug ist, sein Ich zu tragen: »Die Identitätsbildung mißlingt, wenn der Jugendliche eine zwanglose Integration in die Gesamtgesellschaft, eine Balancierung der verschiedenen Lebensbereiche und eine einheitsstiftende Interpretation seiner Lebensgeschichte nicht erreicht« (Döbert u. a. 1977, 14). In der Regel läuft dieser Neuorientierungsprozeß – jedenfalls in unserer Gesellschaft – so ab, daß der Jugendliche die Verbundenheitskriterien mit seiner Herkunftsfamilie zumindest vorübergehend aufgibt und entweder eine Periode stark empfundener Vereinzelung durchmacht oder aber – häufiger – sich an gleichaltrige Gruppen anschließt dadurch, daß er deren teilweise andersgeartete Kriterien als seine übernimmt. Daß die Kriterien der Jugendgruppen – teilweise! – andere sein müssen, resultiert aus der Notwendigkeit, eine Neudefinition zu finden, die von der jetzt gleichsam zurückbleibenden Familie nicht mehr geleistet werden kann.

Daß dieser Prozeß schmerzhaft ist und nicht immer gelingt, liegt auf der Hand. Helm Stierlin hat aufgrund des Materials seiner klinischen Praxis »zentrifugale« bzw. »zentripetale« Orientierungen bei Jugendlichen gegenüber ihren Familien festgestellt. Die Ablösung ist gleichzeitig eine Differenzierung in einem Hin und Her von Konflikt und Versöhnung (Stierlin 1977): »Während der ödipalen Phase introjiziert das Kind die Elternbilder, um sich auf diese Weise von seinen Inzestwünschen und den mit Strafe drohenden Eltern zu distanzieren. Durch diesen Prozeß der Introjektion löst es sich von ihnen und bleibt doch in entscheidenden Punkten an sie gebunden. Während es sich von seinen Eltern löst, bindet es sich an Personen außerhalb der Familie wie an Freunde oder Lehrer. In einem sich positiv erweiternden Ablösungszirkel schwächt und modifiziert es die Bindung an seine Eltern noch mehr. Die Phase der Adoleszenz läßt ödipale Konflikte wieder aufleben und führt im günstigen Fall zu ihrer endgültigen Lösung. Damit dies gelingen kann, muß sich der dialektische Ablösungsprozeß, wie er hier skizziert wurde, erneut intensivieren und an Komplexität gewinnen. Noch einmal wird der Jugendliche in das Feld seiner Eltern hineingezogen, und er leidet in diesem Prozeß unter ambivalenten Gefühlen, Inzestwünschen und Strafandrohungen. Gleichzeitig aber kann er sich nun mit einem größeren Kreis von Altersgenossen, von anderen Erwachsenen und von potentiellen Sexualpartnern identifizieren als zuvor« (a. a. O., 47).

Je nachdem, ob der Heranwachsende freiwillig oder zwangsweise eher an die Familie gebunden bleibt oder sich von ihr entfernt, kann von zentrifugalen bzw. zentripetalen Extremwerten gesprochen werden. Wir beschäftigen uns hier mit den zentrifugalen Ablösungsvorgängen, die zur Orientierung an Gleichaltrigengruppen führen. Denn dieser Verlauf scheint zunehmend der Normalfall zu sein. Verbunden ist diese Neuorientierung an Altersgenossen durch eine Phase, in der häufig *Einsamkeitsgefühle* vorherrschen (Ochiai 1974). Diese haben verschiedene Gründe: Dem Jugendlichen wird die Konformität (s. hierzu den Beitrag von G. Wiswede in diesem Band) mit Ansichten und Meinungen seiner Eltern in vielen Punkten fragwürdig; sein Verlangen nach Unabhängigkeit ängstigt ihn zugleich; er hat das Gefühl, »anders als alle anderen« zu sein, und fürchtet um Sympathieverlust. Diese Krisis führt dazu, daß der Jugendliche sich *subjektiv* als abweichend empfindet – und er wird es, sozusagen in einer Art selbsterfüllender Prophezeiung, dann auch oft.[1] Auf jeden Fall beginnt mit zwölf bis dreizehn Jahren eine Phase des Egozentrismus, die insbesondere David Elkind (1967, dt. Ausg., 174 ff) einleuchtend beschrieben hat: Der Jugendliche beherrscht nun formale Operationen und kann damit nicht nur sein Denken, sondern auch das anderer zum *Gegenstand* seines Denkens machen. Dies führt dazu, daß er sich ständig selbst beobachtet und nicht wahrnimmt, daß andere sich gar nicht in diesem Ausmaße für ihn interessieren; er meint vielmehr, »daß andere Leute ebenso auf sein Verhalten und sein Aussehen fixiert sind wie er selbst«. Dies führt dazu, daß er ständig zu antizipieren sucht, wie er wohl auf andere wirken mag: Er bildet sich ein »imaginäres Publikum«, das er mit einer »persönlichen Mär« (aufgezeichnet beispielsweise in Tagebüchern) beglückt. Dieses Publikum sind zunächst alle Menschen, denen ein Jugendlicher begegnet. Insbesondere sind es aber die Gleichaltrigen, an denen persönliche Wirkungen – im Gegensatz zu Eltern und Geschwistern – noch nicht genügend erprobt sind. Es beginnt also ein Spiel um Originalität miteinander, wobei keiner dem andern grundsätzlich überlegen ist, jeder sich vielmehr leicht im andern täuscht. Wenn ein Junge stundenlang sein Haar vor dem Spiegel kämmt, imaginiert er seine hinreißende Wirkung auf Mädchen – ebenso, wie diese seine bewundernden Blicke beim Schminken antizipieren mögen. In Elkinds Worten: »Zusammenkünfte von Jugendlichen sind insofern einzig in ihrer Art, als jeder zugleich Schauspieler von der eigenen und Publikum von der Perspektive der anderen her gesehen ist« (a. a. O., 175). Beobachten läßt sich diese Haltung in der expressiven Intensität jugendlichen Verhaltens, die besonders deutlich wird, wenn Jugendliche unter sich sind. Frühestens ab fünfzehn bis sechzehn Jahren, wenn persönliche überdauernde Bindungen entstehen können – mit Eriksons Worten: die Phase der »Intimität« kündigt sich an –, kann diese Periode zum Abschluß kommen. Dies bedeutet in der Regel auch einen Rückzug aus der Jugendkultur. Die eigene »Originalität« muß nun nicht mehr geschauspielert und bewiesen werden. Die Vereinsamung – Folge des Ablösungsprozesses von der Herkunftsfamilie – ist ebenso überwunden wie die originalitätssüchtige Kompensation im Gleichaltrigenkreis. Sicher erworbene Identität bedarf eben des äußeren Scheines nicht: Ist sie erreicht, hat der Jugendliche die Neudefinition seines Wesens abgeschlossen. Freilich geht damit auch oft ein Verlust an Intensität des Erlebens einher. Diese ist gebunden insbesondere an Aktionen von Gleichaltrigengruppen, die von aufregenden Inszenierungen leben. Ihr Reiz ist so groß, daß mancher nicht gern, viele gar nicht von ihnen Abschied nehmen mögen.

ORIGINALITÄTSBEWEISE IN DER ALTERSGRUPPE

Die Altersgruppe ist also als eine Art Passage zu denken, die den Jugendlichen vom alten Land zu neuen Ufern führt – mit Reizen, die ihr einen, zumindest subjektiv höchst gerechtfertigten, Selbstwert geben. Es handelt sich um ein Interimsfeld zwischen den soliden Basen gesellschaftlicher Integration, die vorübergehend mehr oder weniger radikal aufs Spiel gesetzt wird.

Während Hollingshead ([11]1967) bei der Untersuchung einer mittelständischen Schichtenstruktur einer Stadt zu dem Ergebnis kam, daß das soziale Verhalten von Jugendlichen weitgehend durch die Positionen bestimmt sei, die die Familien der Jugendlichen in der sozialen Ordnung der Gemeinde einnehmen, kam Coleman in seinem vielberufenen Standardwerk »The Adolescent Society« (1961) zu dem Schluß, daß es an den Schulen jugendliche Meinungsführer gäbe, deren Eigenschaften in besonderem Maße für alle erstrebenswert erschienen (wobei er freilich nicht genug betonte, daß diese Eigenschaften in der Regel durchaus elterliche Billigung fanden und finden!). Sportlichkeit, Erfolg im Fußball und attraktives Aussehen, das gilt als ebenso wichtiger Index für Popularität wie ein guter Schüler zu sein oder zur »guten Gesellschaft« zu gehören. Danach ist es nicht mehr nur die Familie, die Einschätzung und Verhalten bestimmt, sondern eine relativ eigenständige »Schulwelt« sowie, daran angelehnt, eine »Jugendgesellschaft« mit Belohnungen, die den Sanktionen des Schulsystems in den Augen der Jugendlichen oft überlegen zu sein scheinen. Ein »ganzer Kerl sein« ist eben noch mehr als ein »guter Schüler« und beides unabhängig von familiärer Herkunft.[2]

Im Gefolge von Colemans Arbeiten ist eine Vielzahl von Untersuchungen erschienen, die versuchen, die Peer-Orientiertheit Jugendlicher deutlicher zu akzentuieren. Manche Arbeiten kommen dabei zu dem Schluß, daß Überzeugungen und Handlungsweisen in der jugendlichen Subkultur wichtiger werden als elterliche Vorbilder und Erziehungsnormen, die zunehmend verblassen. Wie kann man auch Originalität gewinnen, wenn man immer nur schon Überliefertem folgt? Andererseits ist nicht zu leugnen, daß die Bindung an die Familie meist nicht total aufgegeben wird und soziale Plazierung eine Rolle spielt. So unterscheiden sich die Subkulturen bürgerlicher Jugendlicher in vielen Punkten von denen, die durch Angehörige sozialer Unterschichten besetzt sind (vgl. u. a. Baacke 1972).

Dennoch bleiben relativ bestimmende Strukturzüge. Jugendliche Originalität sucht sich in zweierlei Hinsicht auszudrücken. Zum einen sind narzißtische Züge festzustellen. Damit ist nicht gemeint die physische Selbstbefriedigung, sondern eher eine primär autoerotisch eingefärbte Selbstliebe, die Homosexualität zum Medium der Selbsterfahrung werden läßt

(Hendin 1975), sowie eine oft starke Introversion, die den Bezug zur gesellschaftlichen Realität schwächt (Balint 1965).

Dieser jugendliche Narzißmus stellt sich in der Regel aber nicht dar als totale Reduktion von Objektbeziehungen; diese werden vielmehr innerhalb der eigenen Altersgruppe mit starker Intensität aufrechterhalten. Dem jugendlichen Narzißmus entspricht ein ebensolcher Ethnozentrismus, dessen Merkmale sind: starke Identifikation mit der Eigengruppe; Ausbildung von Stereotypen und Vorurteilen (je nachdem: gegenüber rassischen Minderheiten, Lehrern, Eltern usw.); Ausbildung von Freund-Feind-Schemata und Ablehnung von sogenannten Fremdgruppen, meist Erwachsenen (Projektgruppe 1977, 14 ff). Jugendliche Kleidung und Mode wird ausgespielt gegen das »Spießige«, Althergebrachte; man betont die Einzigartigkeit der eigenen Gefühlswelt, die Besonderheit der Ich-Erfahrung gegenüber den blassen Verhaltensmustern der Erwachsenen, die jetzt oft als autoritär empfunden werden. Die Ablehnung der Erwachsenen findet freilich statt auf dem Grund einer verborgenen und schwierigen Beziehung: denn die Jugendlichen finden häufig die Attribute der Erwachsenen und deren Machtposition ihrerseits erstrebenswert und versuchen, deren Möglichkeiten vorwegzunehmen (Alkoholkonsum, Zigarettenrauchen); oder sie tadeln die Art, *wie* Erwachsene mit ihrer Position umgehen (»Ich werde später ein besserer Vater sein«). Seltener ist ein grundsätzlich gemeinter Bruch gegenseitiger Beziehungen. Dann lehnen Jugendliche »das System« ab, wollen sich nicht korrumpieren lassen. Man sperrt sich also gegen das, was man eigentlich bewundert und haben will: Reichtum, Überfluß, kompetenten Job oder Autorität. Man lehnt Autorität als Prinzip grundsätzlich ab und vertritt eine antiautoritäre Position; oder man weigert sich, selbst Autorität auszuüben; oder man kritisiert deren Ausübung bis hin zu einem Gegenmodell von Gesellschaft. Diese Einstellung eignet sich dann dazu, gesellschaftspolitischen Parteinahmen als Ausgangsbasis zu dienen. Statt der elementaren Dichotomisierung Erwachsene/Jugendliche kann man zu einer differenzierteren politischen Stellungnahme gegen die bürgerliche Gesellschaft, gegen deren Materialismus usw. gelangen (Projektgruppe 1977, 21 f). Die letztgenannte Haltung wird von einer relativ geringen, wenn auch äußerlich auffälligen Zahl von Jugendlichen vertreten. Schon die Verschiedenartigkeit der hier nur knapp skizzierten Beziehungen zwischen Jugendlichengruppen und Erwachsenen macht deutlich, wie viele Nuancen der Ablösungsprozeß in der Form eines jugendlichen Ethnozentrismus haben kann.

Ebenso vielfältig sind die Mittel, die für die Ich-Darstellung zur Verfügung stehen und auch gewählt werden. Originalität kann sich gleicherweise ausdrücken in herausforderndem Verhalten; gegenseitigem Sich-auf-die-Probe-Stellen; in einem aktionsorientierten oder eher kokett-selbstgenießerischen Habitus. Von den Eltern ererbte Leitbilder werden nun ersetzt: »An seinen Helden und Heldinnen fesseln den Adoleszenten ja körperliche Stärke oder Attraktivität, sexuelle Erfolge oder sozialer Glanz, Reichtum, skrupellose Karriere und Berühmtheit auf sportlichem, künstlerischem oder wissenschaftlichem Gebiet, in der Geschäfts-, Finanz- oder politischen Welt oder sogar in der Welt des Verbrechens. Der Adoleszente glorifiziert in der Tat nicht selten Prostituierte oder Gangster und bleibt bisweilen leider auch in ihren Kreisen hängen« (Jacobson 1973, 112 f). Oft ist der Jugendliche in der Wahl seiner Mittel nicht heikel – gerade dies zeichnet ihn ja bei seinen Altersgenossen aus. Wenn ein Fünfzehnjähriger in einem gestohlenen Auto herumfährt, so zeigt sich darin oft das Bemühen, sich von infantilen Abhängigkeiten zu lösen, »ein Mann zu sein« – freilich mit falschen Mitteln (Blos 1975, dt. Ausg., 182).

Statusmangel wird durch Originalität ersetzt. Eine wichtige Rolle spielen Charakterproben: wilde Motorradjagden, Bereitschaft zu Schlägereien, sexuelle Aktivität – all dies muß den Mangel von ökonomischen Ressourcen und vor allem von Macht kompensieren. Jugendtypische Kleidung hat Symbolcharakter: Sie bedeutet weniger »Anpassung« an die

345

Normen der jugendlichen Gruppe, erlaubt vielmehr das intensive Erfahren von Körperlichkeit, Attraktivität, Sexualität sowie – vor allem unter Jungen – von prinzipieller Übereinstimmung (Cavior u.a. 1975). Auch der Alkohol- oder Drogengenuß ist zunächst ein »Abenteuer«. Die meisten Jugendlichen kalkulieren nicht ein, daß sie ihr Abenteuer gerade dann *nicht* bestehen, wenn sie von diesen Substanzen abhängig werden. Wichtiger ist es, Selbstzweifel auszulöschen durch spontane und altersgleiche überzeugende Akte, an denen der Jugendliche zu erfahren sucht, »wer ich bin«.

ZEITGENÖSSISCHE MODELLE: COUNTER-CULTURE

Jugendliche Segregationen gibt es nicht erst seit heute. Bereits im fünfzehnten Jahrhundert etwa entflohen viele junge Humanisten dem Kloster, in das sie gesteckt waren, und gaben die Ortsgebundenheit für ein unstetes Wanderleben auf. Dabei orientierten sie sich an neuen Leitbildern: dem antiken Menschen, nicht mehr am Klerus und seinen Heiligen. Jugendbundähnliche Zusammenschlüsse wie die sodalitates litterariae sind historische Vorläufer der heutigen jugendlichen Subkulturen. Um 1770 lehnten sich junge Studenten, die Jünglinge des sogenannten Sturm und Drang, gegen die aufklärerisch-trockene Verstandeskultur der Erwachsenen auf und propagierten die Macht des Gefühls, Zweierfreundschaft und die Solidarität des Bundes. Beruf und Ehe wurden so lange wie möglich hinausgeschoben. Eine weitverbreitete Jugendschwindsucht war wohl auch eine kulturelle Krankheit: Sie bewahrte vor dem Älterwerden, das das aufgebaute Feld jugendlicher Gefühle einschränkte und die Freunde auseinandersprengte in die jeweiligen Bezirke ihrer Pflicht. Um 1900 war es dann die Jugendbewegung in Deutschland, die das Jungsein verabsolutierte und das »eigenständige Jugendreich« als Selbsterziehungsgemeinschaft verstand, aus der die »Philister« ausgeschlossen blieben. Heute sind solche Jugendbewegungen nicht auf Europa beschränkt: Gammler, Halbstarke, Teddyboys, Rocker, Hippies, Skinheads, Hell's Angles, Beatniks, subkulturelle Gruppierungen der Neuen Linken, religiös-ekstatische Sekten wie die »Kinder Gottes«, die »Moon-Sekte«, die »Hare Krishna«-Gruppen verwahren sich in verschiedener Weise und mit verschiedenen Zielen gegen die Absolutheitsansprüche der etablierten Gesellschaft (Baacke 1972, 65 ff). Die Aufbruchbewegung der Jugend in den späten sechziger Jahren des zwanzigsten Jahrhunderts war von besonderer Signifikanz. Es handelte sich um international orientierte Gemeinschaften mit international anerkannten Symbolen: dem Rock als musikalischem Medium augenblicksgebundener Ekstase und Selbstvergessenheit; der Jeans-Mode als Zeichen unprätentiösen Jungseins; speziellen Sonderungskennzeichen wie Lederkleidung, Abzeichen, Motorräder. Der Archetyp des Dandys und Bohemiens wurde im Auftreten vieler Jugendlicher wiederbelebt: Originalität als Sucht einer ganzen Generation. Die Rockgruppe »Mothers of Invention« sang: »All your children are poor/Unfortunate victims of/Systems beyond their/Control.« Man wollte aber nicht »Opfer« sein, protestierte darum gegen Leistungsstreben, Kontrollen bürgerlichen Lebens, setzte dafür ein: Spontaneität, Ursprünglichkeit, politisches Engagement. Jugendgruppen wurden zur Herausforderung der etablierten Gesellschaft, verunsicherten diese in starker Weise – offenbar bis heute. Einige der von der jugendlichen Counter-culture vertretenen Werte sind inzwischen von der Gesamtgesellschaft rezipiert (Block 1974). Vor allem politisch orientierte Bewegungen gaben den jugendlichen Ethnozentrismus auf und richteten ihre Veränderungsabsichten auf die Gesellschaft als Ganzes (Erikson 1968, Schwendter 1971). Originalität suchte man nicht mehr nur für das eigene Ich, ebenso wie die versuchte Neudefinition sich nun in veränderten gesellschaftlichen Verhältnissen objektivieren sollte. Auch erwachsene Interpreten setzten große Hoffnungen auf diese Jugendbewegung (so Autoren wie Reich 1971; Roszack 1969). Zwar brach sich die spontane Gewalt jugendlichen Aufbruchs schnell an etablierten Institutionen. Immerhin hat sich gezeigt, daß erwachende Libido und Identitätssuche im Jugendstatus nicht notwendig zu narzißtischer Selbstbeschränkung führen müssen, sondern produktiv werden können, hier: in Hinsicht auf die Befragung gesellschaftlicher Werte. In Wohngemeinschaften und Landkommunen werden immer noch, wegen zurückgehender Publizität weniger auffällig, neue Formen des Zusammenlebens erprobt. Freilich ist bis heute nicht sicher, wie stabil diese Versuche sind und ob sie nicht gebunden bleiben an eine Jugendphase, die ihre Experimente mit dem Ich dann doch auf sich selbst beschränkt.

FRAGEN PÄDAGOGISCHER WERTUNG

Die Einschätzung jugendlicher Altersgruppen blieb bis heute widersprüchlich. Unbestreitbar ist, daß sie eine wichtige Rolle spielen beim Übergang von der Herkunftsfamilie zur eigenen. Sie befördern den zentrifugalen Loslösungsprozeß vom Elternhaus, stellen ein Experimentierfeld für das Ich bereit, erlauben die Erprobung von Originalität und damit eine personale Neudefinition, die in der Regel trotz aller ekstatischen Prozesse gelingt. Die wachsende Zahl drogenabhängiger Jugendlicher oder meist kleinkrimineller Delikte, Bandenbildungen und eine oft leidenschaftliche, haßerfüllte Abwehr der Erwachsenen können freilich auch bedenklich stimmen. So bleibt die pädagogische Einschätzung subkultureller Kongregationen ambivalent. Coleman (1961) sah richtig, daß sich ein Teil der Jugend immer weiter von der Welt der Erwachsenen entfernt und im außerschulischen Bereich ein eigenes Verhaltens- und Wertsystem aufbaut. Er schlägt vor, daß die Erziehungsziele der Erwachsenen mit Sport, mit Autos, jugendlichen Geselligkeiten usw. konkurrieren können müssen, wollen sie akzeptabel und glaubwürdig bleiben. Er möchte also die Jugendgruppen durch eine Ausweitung traditioneller pädagogischer Strategien pädagogischer Kontrolle unterwerfen. Es ist fraglich, wieweit dies gelingen kann. Subkulturell orientierte Lehrlinge und Schüler sind oft wenig bereit, gerade liberal oder entgegenkommend orientierten Erwachsenen Einspruchsrechte zu geben, zumal dann, wenn sie eine zweifellos vorhandene Jugendfeindlichkeit der älteren Generation erfahren haben (Schurian 1976). Jugendliche Altersgruppen führen immer wieder an die Grenzen erzieherischer Bemühungen; sie bleiben eine Herausforderung, die es übrigens nur in den Gesellschaften gibt, die Jugendlichen Mitverantwortung und eine frühzeitige berufliche Realisierung ihrer Ich-Kompetenzen vorenthalten. Insofern sind Originalitätssucht, Narzißmus und jugendlicher Ethnozentrismus als Kennzeichen dieser Gruppenbildungen durch soziale und gesellschaftliche Konstellationen zu erklären, keineswegs als ursprünglich und naturhaft psychisch bedingt zu verstehen. Man muß in unserer durchorganisierten, technologisierten Gesellschaft offenbar die Chance gehabt haben, die Grenzen des Ich in Originalitätsspielen zu erproben, um zu einer gelungenen Neudefinition des eigenen Status zu finden, mit der sich weiterleben läßt.

ANMERKUNGEN

1

Die – vorwiegend soziologisch orientierte – Anomieforschung hat unterschiedliche Formen der Abweichung festgestellt. Beruhend auf Robert K. Mertons Schema hat Vittorio Capecchi unterschieden zwischen der »Anpassung an die Ziele der Gesellschaft« und »Anpassung an die Mittel der Zielerreichung« und drei Verhaltensweisen gegenüber Zielen und Mitteln der Zielerreichung aufgestellt: Akzeptieren, Ablehnen und Ersetzen von bestehendem Ziel und vorhandenen Mitteln. Damit kommt er in seiner Matrix auf neun verschiedene Formen der Abweichung:

Akzeptieren (+)	Ablehnen (−)	Ersetzen (+/−)
(+) Konformität	Ritualismus	(systemimmanente) Revolte
(−) Entfremdung	Retraitismus	inaktive Opposition
(+/−) Innovation	Protest	Revolution

(greifbare Quelle: Kreutz 1974, 152)

Alle neun Verhaltensstrukturen sind in jugendlichen Subkulturen zu finden. Die sozialpsychologische Genese von Verhaltensweisen zeigt die Matrix freilich ebensowenig, wie die gefundenen Kategorien die Beschreibung psychischer Prozesse zulassen.

2

Es hat mehrfach Folgeuntersuchungen zu Colemans Arbeit gegeben. Einige führen zu Bestätigungen, so die Arbeit von D. St. Eitzen: Athletics in the Status System of Male Adolescents: A Replication of Coleman's »The Adolescent Society«. In: Adolescence, 38 (10), 1975, 267–276. Vor allem »athletics« bleibt auch Mitte der siebziger Jahre eine wichtige Eigenschaft, nach der sich bemißt, wer zur »leading crowd« der Jugendkultur gehört. Anders die Arbeit von J. Cohen: The Impact of the Leading Crowd on High School Change: A Reassessment. In: Adolescence, 43 (11), 1976, 373–381.

LITERATUR

BAACKE, D.: Beat – Die sprachlose Opposition. München: Juventa 1968

Jugend und Subkultur. München: Juventa 1972

BALINT, M.: Primary love and psychoanalytic technique. Neue erw. Aufl. London: Tavistock 1965. Deutsch: Die Urformen der Liebe und die Technik der Psychoanalyse. Stuttgart: Klett 1966

BLOCK, R., LANGMAN, L.: Youth and work. The diffusion of Countercultural values. Youth and Society, 5, 1974, 411–432

BLOS, P.: The second individuation process of adolescence. In: The psychoanalytic study of the child, XXII, 162–186. Deutsch: Der zweite Individuierungs-Prozeß der Adoleszenz. In: R. Döbert u. a. (Hg.): Entwicklung des Ichs. Köln: Kiepenheuer & Witsch 1977, 179–195

CAVIOR, N., MILLER, K., COHEN, ST. H.: Physical attractiveness, attitude similarity, and length of acquaintance as contributors to interpersonal attraction among adolescents. Social Behavior and Personality, 3, 2, 1975, 133–141

COLEMAN, J. S., u. a.: The adolescent society. The social life of the teenager and its impact on education. Glencoe: Free Press 1961

DÖBERT, R., u. a. (Hg.): Entwicklung des Ichs. Köln: Kiepenheuer & Witsch 1977

ELKIND, D.: Egocentrism in adolescence. Child Development, 38 (4), 1967, 1025–1034. Deutsch: Egozentrismus in der Adoleszenz. In: R. Döbert u. a. (Hg.): Entwicklung des Ichs. Köln: Kiepenheuer & Witsch 1977, 170–178

ERIKSON, E. H.: Identity, youth and crisis. New York: W. W. Norton & Company 1968. Deutsch: Jugend und Krise. Die Psychodynamik im sozialen Wandel. Stuttgart: Klett 1970

HENDIN, H.: The age of sensation. New York: W. W. Norton 1975

HOLLINGSHEAD, A. B.: Elmtown's Youth. The impact of social classes on adolescents. New York: Wiley [11]1967

JACOBSON, E.: Das Selbst und die Welt der Objekte. In: A. Mit-

scherlich (Hg.): Literatur der Psychoanalyse. Frankfurt/M. 1973

LEWIN, K.: Principles of topological psychology. New York: McGraw-Hill 1936. Deutsch: Grundzüge der Topologischen Psychologie. Stuttgart: Huber 1969

OCHIAI, Y.: The structure of loneliness in current adolescence. Japanese Journal of Educational Psychology, 22 (3), 1974, 162–170

PROJEKTGRUPPE JUGENDBÜRO: Subkultur und Familie als Orientierungsmuster. Zur Lebenswelt von Hauptschülern. München: Juventa 1977

PROJEKTGRUPPE JUGENDBÜRO UND HAUPTSCHÜLERARBEIT: Die Lebenswelt von Hauptschülern. Ergebnisse einer Untersuchung. München: Juventa 1975

REICH, CH.: The greening of America. London: Allen Lane, The Penguin Press 1971. Deutsch: Die Welt wird jung. Der gewaltlose Aufstand der neuen Generation. Wien, München, Zürich: Molden 1971

ROSZACK, TH.: The making of a counterculture. Reflections on the technocratic society and its youthful opposition. New York: Doubleday & Company 1968/69. Deutsch: Gegenkultur. Düsseldorf: Econ 1971

SCHURIAN, W.: Jugendfeindlichkeit. Weinheim, Basel: Beltz 1976

SCHWENDTER, R.: Theorie der Subkultur. Köln: Kiepenheuer & Witsch 1971

STIERLIN, H.: Conflict and reconciliation: A study in human relations and schizophrenia. Garden City, N. Y.: Doubleday 1969

STIERLIN, H., LEVI, L. D., SAVARD, R. J.: Centrifugal versus centripetal separation in adolescence. Two patterns and some of their implications. In: Sherman C. Feinstein, P. Giovacchini (Eds.): Adolescence Psychiatry, II. New York 1973, 211–239. Deutsch: Zentrifugale und zentripetale Ablösung in der Adoleszenz: Zwei Modi und einige ihrer Implikationen. In: R. Döbert u. a. (Hg.): Entwicklung des Ichs. Köln: Kiepenheuer & Witsch 1977, 46–67

AUTORITÄTS- UND MACHTAUSÜBUNG

von Igor A. Caruso und Ewald H. Englert

Mit Autorität und Macht haben sich nicht nur die psychologische und pädagogische Forschung beschäftigt, auch in der Soziologie und Politikwissenschaft sind sie so etwas wie Standardthemen. Dieses Begriffspaar tritt nicht zufällig zusammen auf. Autorität und Macht haben miteinander zu tun; unter ihrem Einfluß steht der Einzelne in der Familie nicht weniger als das gesamte Zusammenleben in der Industriegesellschaft.

Der Typus der autoritätsgebundenen Persönlichkeit ist eingehend untersucht worden.[1] Wie beispielsweise die Nationalsozialisten autoritäre Bindungen nutzten, um ihre Macht zu festigen, ist häufig mit Hilfe der psychoanalytischen Theorie beschrieben worden.[2] Von dieser Seite scheint unserem Thema nicht viel Neues hinzuzufügen zu sein.

Es geht uns nicht darum, dieses spezialistisch abzuhandeln, sondern es soll eher auf Fragen von allgemeinem Interesse hingelenkt werden. Von den Autoritäts- und Machtstrukturen, nicht vorrangig des totalitären Staates wie etwa unter Hitler, sondern denen heute alle Menschen unter den gegenwärtigen politischen Bedingungen unterworfen sind, und wie ausnahmslos jeder einzelne in irgendeiner Weise von den Mechanismen der Vergesellschaftung beeinflußt wird, davon soll im folgenden die Rede sein.

Heute wird Autorität mehr und mehr zu einer anonymen Kraft. Der Wandel der Autorität ist unverkennbar. Als Alexander Mitscherlich zu Beginn der sechziger Jahre sein Buch »Auf dem Weg zur vaterlosen Gesellschaft« herausbrachte, war ein Dokument vorhanden, das den Verfall der väterlichen Autorität exakt beschrieb. Der Haustyrann macht sich heute nur noch lächerlich; in den Witzspalten von Illustrierten findet er die Wahrheit seiner gesellschaftlichen Relevanz festgehalten.

Der technologische Fortschritt hat uns nicht nur bessere Maschinen beschert, die unsere materielle Produktivität ausweiten, sondern auch auf den Sozialcharakter der Menschen Einfluß genommen, die die Industriegesellschaft in Gang halten. »Wo man sich dem erfindungsbeschleunigten Fortschritt der technischen Zivilisation anvertraut, dort zerfällt die Hierarchie der alten Sozialordnungen bis in die Aufbauelemente der Familie hinein« (Mitscherlich 1963, 230 f). Es läßt sich zeigen, daß unter solchen Bedingungen der Mensch kein starkes Ich aufbauen kann, was konsequent dazu führen muß, »die eigene Individualität gewissermaßen als Luxus« (Adorno 1972, 444) einzustufen. »Es kann keinem Zweifel unterliegen, daß die Erziehung zur *Ichstärkung* in dem Gesamt von tradierten und aktuell wirksamen Stereotypen unserer Gesellschaft schwach, sehr schwach gesichert ist« (Mitscherlich 1963, 211 f). Schon in dem Buch »The Lonely Crowd«, 1950 von David Riesman zusammen mit zwei Mitarbeitern publiziert, ist jener Typus des veräußerlichten, sich den techno-

349

kratischen Bedingungen der Industriegesellschaft anschmiegenden Menschen ausführlich vorgestellt worden. Bei Max Horkheimer finden wir die Konsequenzen dieser Entwicklung noch einmal in folgenden zwei Sätzen zusammengefaßt: »Daß nun das Kind viel unmittelbarer auf die Gesellschaft angewiesen ist, verkürzt die Kindheit und bringt andersgeartete Menschen hervor. Mit dem Schrumpfen der Innerlichkeit entschwindet auch die Freude an der eigenen Entscheidung, an Bildung und freier Phantasie. Andere Neigungen und Ziele kennzeichnen die Menschen dieser Zeit: technische Geschicklichkeit, Geistesgegenwart, Lust an der Herrschaft über Apparaturen, das Bedürfnis nach Eingliederung, nach Übereinstimmung mit der großen Mehrheit oder einer als Modell erwählten Gruppe, deren Regel an die Stelle eigenen Urteils tritt« (1972, 95). Menschen werden verdinglicht, Dinge vermenschlicht wahrgenommen. Ein Sozialcharakter gewinnt die Oberhand, der eher ein diffuses Verhältnis zur Autorität hat. Von Geburt oder durch ökonomische Stärke zum Autoritätsträger prädestiniert zu sein, durch konsequente Sozialisationsstrategien darauf vorbereitet werden, diese Prämissen gelten nicht mehr für den Durchschnittstypus, der heute den gesellschaftlichen Alltag bestimmt. Der Citoyen, wie ihn Georg Büchner (1813–1837) lebendig zu halten trachtete, ist ein Fossil der Geschichte. Der Bürger, der auf seine Autonomie achtete, hat dem Karrieremacher Platz gemacht.

Jede Epoche, jede Kultur – das gilt auch für die verwaltete Welt – bringt den ihr gemäßen Menschentypus hervor, der im Rahmen dessen, was als Normalität anerkannt wird, zu agieren imstande ist. Das sind die Menschen, die – so werden sie gelobt – in die Welt passen. Wie nun, auf unsere industriell organisierte Gesellschaft übertragen, wird jener angepaßte Mensch hervorgebracht, der in die Welt der Verwaltungseinheiten, des bürokratischen Denkens sich fügt? Dieser Frage gilt jetzt unsere Aufmerksamkeit.

Wenn wir also zunächst die Erziehung des Kindes – genauer: des Kleinstkindes – betrachten, konzentrieren wir uns auf das Problem, wie die im allgemeinen von den Eltern geübte Technik der Kindererziehung mit der in unserer Gesellschaft dominierenden Anonymität und reduzierten Kommunikationsfähigkeit zusammenhängt.

»Es liegt also eine gewisse innerliche Weisheit, ein unbewußtes Planen und viel Aberglauben in den scheinbar willkürlichen Variationen der Kinderaufzucht. Aber es liegt auch eine ... Logik in der Annahme, daß das, was *gut für das Kind ist*, was ihm geschehen *darf*, davon abhängt, was es vermutlich einmal werden soll und wo es das werden soll« (Erikson 1968, dt. Ausg., 99). Das bedeutet hinsichtlich der Ansprüche, die unsere Kultur an den Menschen stellt: Bei uns sind solche Erziehungspraktiken gut für das Kind, die seine Ichkräfte, seine Kontaktfähigkeit einschränken. Hier ist mit soziogenetischen Kräften zu rechnen, die schon wirksam sind, bevor Eltern überhaupt in die Verlegenheit kommen, sich zu fragen: Wir haben ein Kind bekommen – was nun? Genau betrachtet, kann es daher gar keine bewußt gestellte Frage geben, ob sie ihr Kind zu menschlicher Aufgeschlossenheit hin oder in Richtung Anonymität erziehen sollen. »Für einen bestimmten Typ industrieller Leistung oder bürokratischer Anpassung ist letztere sogar *die* erwünschte Qualität« (Mannoni 1973, dt. Ausg., 39).

Wenn Ich-Schwäche und Passivität Charaktereigenschaften des Menschen unserer Zeit sind, muß die Ursache für diese Merkmale in der Familie gesucht werden. Allerdings hat der Mann, historisch und soziologisch bedingt, mit Geburt und Kleinkind wenig zu tun. Deshalb richten wir hier unser Augenmerk vor allem auf das Verhältnis von Mutter und Kind, das nicht nur durch gesellschaftliche Zwänge in bestimmten Bahnen abläuft, sondern auch durch biologische Prämissen vorstrukturiert ist.[3] Bevor also *echte* gesellschaftliche Institutionen dem Kind als Autoritäten gegenübertreten, tritt die Mutter sozusagen als Vorhut der Gesellschaft auf; im positiven wie im negativen Sinn kann sie ihrem Kind zum Symbol für Autorität schlechthin werden (s. den Beitrag von P. Orban in Bd. II dieser Enzyklopädie).

Die psychoanalytische Forschung hat sich in besonderer Weise bemüht, Licht in die frühkindliche Entwicklung zu bringen.[4] Heute wissen wir, daß bereits das Neugeborene über eine ganze Reihe von Verhaltensmöglichkeiten verfügt und daß diese Fähigkeiten des Neugeborenen mit ganz bestimmten Fähigkeiten der Mutter zusammenfallen müssen, damit eine störungsfreie Entwicklung möglich ist. Diesbezüglich nun haben viele an der Psychoanalyse orientierte Forscher immer wieder darauf hingewiesen, daß zahlreiche Frauen in ihrer Funktion als Mutter durch und durch verunsichert sind. Damit werden sie zu einer Belastung für die Psyche ihres Kindes. Bei Frank Böckelmann finden wir eine treffende Diagnose dieses Zustands: »Für die Frau ist heute der Wunsch nach dem Kind in der Regel der unbewußte Versuch, *sich der eigenen Identität zu versichern*, ja oft sucht sie im Kind selbst noch Wärme ... Wird das Kind von der selbst noch infantilen, ich-schwachen Mutter ohne deren Absicht emotionell frustriert, indem diese entweder täglich nur wenige Stunden anwesend ist oder ihren Affektmangel auch durch bemühte Sorgfalt nicht ausgleichen kann, verzögert sich die Kontaktfindung, was für die späteren Sozialbeziehungen folgenschwer ist, und das Kind entwickelt eine habituelle Unsicherheit« (1971, 43 f). Unter solchen Bedingungen findet das Kind bei seiner Mutter keinesfalls jenen Schutz, der ihm eine optimale Entwicklung sichern könnte. Im Gegenteil, die ganze Sensibilität eines Kindes konzentriert sich darauf, die Bedrohung durch die Mutter abzuwehren: »Es muß sich zum Spezialisten im Überleben mit der gefährlichen Mutter ausbilden ... Das keimende Ich des Kindes, schon früh in den Dienst des gegen die Mutter geführten Überlebenskampfes gestellt, findet unter diesen Umständen nicht den notwendigen konfliktfreien Raum« (Stierlin 1976, 98). Daß in unserer Gesellschaft die Frau in zunehmendem Maße in ihrer Rolle als Mutter versagt, vor allem, wenn darin schon eine gewisse Übung und Tradition in der Familie vorgegeben sind, bestätigt auch Hans Molinski: »Es ist eine alte geburtshilfliche Erfahrung, daß Frauen, die sich in ihrer psychischen Entwicklung nicht recht entfalten konnten, zu Störungen neigen, wenn sie selbst Mutter werden« (1972, 19).

Es ist sehr wichtig, sich klarzumachen, daß der Kultur bereits die Geburt selbst als Vorwand dient, um manipulierend auf die Menschen einzuwirken. Hier zeigt sich in der gesellschaftlichen Realität die Wahrheit des Satzes: Man muß das Eisen schmieden, so lange es heiß ist.

Die Tatsache der Geburt, die zusammenfällt mit der kurz darauf einsetzenden Erfahrung des Kindes, meist allein zu sein, getrennt von der Mutter, eine Erfahrung, die noch einmal verstärkt wird durch die in unserer Kultur herrschende Meinung der Erwachsenen, ein Säugling habe sich an die ihm vorgegebenen Zeiten der Fütterung zu halten, ja es sei geradezu schädlich für das Kind, wenn die Mutter der inneren Uhr des Säuglings nachgeben würde, ihn dann aufnehme, wenn sein Weinen den Wunsch nach körperlichem Trost signalisiert, erweckt im kleinen Kind bereits die Überzeugung, daß von ihm her die Quelle des Trostes bzw. seiner Nahrung nicht zu beeinflussen sei. Das Kleinkind, das in unserer Kultur durch ein spezifisches Erziehungsverhalten der Eltern systematisch, in kleinen Mengen frustriert wird, wird also früh darauf aufmerksam gemacht, daß das Gewähren und Geben seiner Eltern von seinem Verhalten, das sich naturgemäß nur als Fordern bemerkbar machen kann, mehr oder weniger unabhängig sind. Die Trennung durch die Geburt wird also durch konsequente Sozialisationstechniken insofern strukturell wirksam, als die Signale und Notrufe des Kindes möglichst ignoriert werden, sobald die Mutter die Pflichten der Ernährung und Hygiene hinter sich gebracht hat. In unserer Kultur erhält das Kind keine Entschädigung, kaum Trost für die Katastrophe der körperlichen Trennung von der Mutter. Der Zustand des Alleinseins, der körperlichen Isolierung wird durch mütterliche Zuwendung allenfalls geringfügig erleichtert. Und was dabei unserer Meinung nach eine der wichtigsten Erfahrungen ist, weil sie den späteren Umgang mit der Welt und den Menschen im großen und ganzen festlegt: *Ich* mit meinen Möglichkeiten als Kind – oder dann als späterer Erwachsener – *kann von mir aus nichts tun*, um die Isolierung zu durchbrechen, um die Zuwendung der Menschen auf mich zu lenken und zu gewinnen! Mit anderen Worten: Die Initiative des Kindes, auf Mitmenschen und Welt einzuwirken, um eigene Interessen durchzusetzen, wird mehr oder minder lahmgelegt. Wir werden noch darauf zurückkommen, wie diese zum größten Teil während der Säuglingszeit bzw. der Kindheit erworbene Einstellung in den erweiterten gesellschaftlichen Beziehungen des erwachsenen Menschen verwertet wird.

Es ging uns also bei dieser Untersuchung der Techniken der Erziehung des Kleinstkindes darum, das Augenmerk auf die Entwicklung jener kulturspezifischen Eigenschaften zu richten, die dem Erwachsenen bei seinem Agieren im gesellschaftlichen Apparat zustatten kommen. Als Kind verunsichert, findet sich der Mensch in eine Welt versetzt, wo er trotz seines Klagens ob ihres inhumanen Zustands in seiner Rolle als Atomisierter mehr oder weniger gut funktioniert, da sich jetzt die bei der Sozialisation des Kleinkindes erworbenen Einstellungen als wirksam erweisen.

»Die Menschen suchen nach Gelegenheiten, sich zu identifizieren, untereinander und in bezug auf ihre kulturellen Einrichtungen« (Englert 1976, 230). War das Verhältnis des Kindes zur Mutter brüchig, so kann der Mensch später kaum tragfähige Beziehungen herstellen, weil der Identifikationsmechanismus nicht richtig funktioniert. So belastet den modernen Menschen das Unvermögen, sich auf andere Menschen wirklich einzulassen, und obendrein wird er durch den Umstand frustriert, daß in der organisierten Welt die menschliche Fähigkeit zur Identifikation ganz und gar überflüssig, sogar unerwünscht ist.

Ob die Mutter dem Kind gegenüber als Autorität auftrete, ob sie Macht über es ausübe, waren bisher in unserer Untersuchung eigentlich keine Fragen, die schwierig zu beantworten gewesen wären. Autorität und Macht der Mutter über ihr Kind sind so selbstverständlich vorhanden, daß sich eine ausschweifende Erörterung dieser Tatsache wohl erübrigt. Wichtig bleibt gleichwohl, das durchschnittliche Verhältnis von Mutter und Kind zu durchleuchten, um zu begreifen, warum sich die Menschen so verhalten, wie dies in einer Gesellschaft wie der unsrigen notwendigerweise erwartet wird und wie dieses Verhalten dann ja tatsächlich beobachtbar ist.

Wir teilen mit Jürgen Fijalkowski die Meinung, »daß die Bürokratie sich in Vorgängen der primären und sekundären Sozialisierung der Menschen reproduziert, durch die ihre Haltungen und Einstellungen bis in das Wahrnehmungsvermögen hinein von den Funktionserfordernissen der gesellschaftlichen Handlungssysteme geprägt werden« (1969, 165 f). Auf ein paar der in der Industriegesellschaft typischen Sozialisationsriten wurde bereits hingewiesen; in den kommenden Abschnitten werden wir also auf einige für unsere Diskussion wichtige Merkmale der Bürokratie eingehen. Vor allem werden wir Wert darauf legen, die wechselseitige Verschränkung des menschlichen Verhaltensrepertoires mit dem bürokratischen Apparat als einem für unsere Kultur erstrangigen Machtfaktor transparent zu machen.

Warum es der bürokratische Geist als Abkömmling des kapitalistischen Geistes[5] in unserer Epoche fertigbringt, die letzten Intimbereiche des Menschen zu beschlagnahmen und als Verwaltungseinheit sich einzuverleiben, hat nicht nur mit Macht[6] allein zu tun, sondern findet seine Entsprechung und ein gewisses Entgegenkommen in der Psyche des Menschen selbst. Die Attraktivität des Bürokratischen und Technokratischen[7] liegt nämlich im menschlichen Denken schlechthin begründet. Ohne Zweifel haben protestantischer Geist zusammen mit kapitalistischem Denken in Aufwand und Ertrag die Menschen unseres Kulturkreises jahrhundertelang in eine bestimmte Richtung gelenkt und geprägt, ihre Gedanken und Strebungen mit Begriffen wie Ordnung und Überschaubarkeit zusammengebracht. Denken hat daher für uns mit dem Bedürfnis zu tun, Struktur in eine Welt zu bringen, deren Erscheinungen dem Menschen zunächst chaotisch – und damit beunruhigend –

gegenübertreten; kurz: Denken systematisiert die Dinge. Aufs Technische bezogen, ist die Maschine das Symbol der Weltbeherrschung[8]; denn die Maschine scheint nicht nur die Ordnung der Welt, sondern auch eine Beruhigung der konfliktträchtigen menschlichen Natur zu garantieren. »Denn jedes technische System, jeder Apparat ist in sich geschlossen, überblickbar, herstellbar, uneingeschränkt verfügbar und zweckmäßig. Einseitig technisch gebildete Menschen kommen deshalb leicht in Versuchung, auch das menschliche Zusammenleben nach den Grundsätzen technischen Denkens gestalten zu wollen« (Buchheim [5]1967, 95). Der Hang der Bürokraten, die Welt samt Menschen unter Verwaltung zu stellen, ist also, wenn man die Prämissen unserer Kultur durchleuchtet, durchaus begreifbar. Auf diese kulturell vermittelte, buchhalterische Neigung ist immer wieder hingewiesen worden: »Die Bürokratie ist nicht nur ordentlich, sondern auf imperialistische Weise ordentlich. Es gibt einen bürokratischen Demiurg, der das Universum als ein sprachloses Chaos betrachtet, das darauf wartet, in die erlösende Ordnung der bürokratischen Verwaltung gebracht zu werden ... Wegen ihrer abstrakten Formalität ist die Bürokratie im Prinzip auf so gut wie jede menschliche Erscheinung anwendbar« (Berger, Berger, Kellner 1973, dt. Ausg., 48 f).

Der bürokratischen Tendenz in unserer Gesellschaft kommt freilich eine bestimmte Eigenschaft der Psyche entgegen: das Bedürfnis nach Identifikation! Einerseits unerwünscht, wird dieser Mechanismus andererseits im bürokratischen Betrieb auf ganz besondere Weise ausgebeutet. Sind keine Menschen vorhanden, die sich als Objekte der Identifikation anbieten, oder ist die Fähigkeit, sich mit Menschen zu identifizieren, schwach entwickelt, wie dies – das versuchten wir weiter oben zu zeigen – in unserer Kultur der Fall ist, dann weichen die Menschen auf Ersatz aus. »Unaufhörlich produziert der Mensch Attrappen, die sein eigenes Verhalten bestimmen« (Caruso 1972, 100). Die bürokratischen Verkehrsformen ersetzen mehr und mehr tiefe zwischenmenschliche Bindungen. Allerdings ist dies nur dadurch möglich, daß der Mensch in seiner Behandlung als Kind darauf vorbereitet wurde. Die verbindliche emotionale Beziehung stört nicht nur im Büro, auch in der Begegnung von Mensch zu Mensch – also im Privatleben oder innerhalb der eigenen Familie – wird sie immer seltener, weil schon die Erziehung des Kleinkindes darauf angelegt ist. Der heutige Mensch hat Angst vor engen Sozialkontakten. Helm Stierlin vermerkt diesbezüglich: »Gerade die entleerte, funktionalisierte Freundlichkeit gegenüber jedermann stellt einen Versuch dar, sich vor belastender menschlicher Nähe zu schützen. Man beseitigt das sperrige Element aus den Kontakten, die sich möglichst reibungslos den Forderungen der komplexen Industriegesellschaft anpassen sollen« (1976, 130).

In seiner Substanz schwach, steht der vergesellschaftete Mensch einem Apparat gegenüber, den er sich zwar ursprünglich zu seinem Nutzen aufgebaut hat, der ihn jedoch heute offensichtlich bedroht. Eine Alternative bietet sich nicht an. Dazu Max Weber: »Eine einmal voll durchgeführte Bürokratie gehört zu den am schwersten zu zertrümmernden sozialen Gebilden« (1964, 726). Nicht nur erhält sich das Insgesamt dank der Bürokratien, als von viel größerem Gewicht ist in diesem Zusammenhang vielleicht die Tatsache zu bewerten, daß die psychische Verfassung des Menschen selbst – immer wieder reproduziert – die beste Garantie dafür ist, daß die Maschinerie sich in der einmal eingeschlagenen Richtung weiterbewegt.

Die Führer der Massengesellschaft stärken teils bewußt, teils unbewußt die Macht der Apparate. Der Mensch mit seinen partikularen Interessen, die ja gewiß nur schwer jeweils mit den Interessen des Kollektivs in Einklang zu bringen sind, wird überwiegend entmutigt, seine Wünsche prägnant vorzutragen. Mehr und mehr wird seine Fähigkeit untergraben, seine individuellen Bedürfnisse, sofern solche überhaupt noch zum Bewußtsein vorstoßen, eindeutig zu artikulieren. Die menschlichen Beziehungen werden nicht zuletzt dadurch ausgeforstet, daß sie Sache der Massenkommunikationsmittel werden. Ihnen ist es übertragen, die Bereiche zwischen Öffentlichkeit und Privatleben zu überbrücken. Zunehmend werden die Kontakte der Menschen untereinander von den Massenmedien absorbiert. Wem es glückt, seine Geburtstagswünsche über den Radiosender loszuwerden, wähnt sich als besonders beneidenswert.

Die Machtlosigkeit des Kleinkindes, das einst die bittere Erfahrung machte, daß es das Verhalten seiner Eltern nicht zu seinen Gunsten beeinflussen kann, gewinnt seine aktuelle Gestalt im Dasein des Erwachsenen, wenn der Mensch eine klägliche Rolle als Weisungsgebundener, als passiver Befehlsempfänger spielen muß, wenn er mit matter Dankbarkeit entgegennimmt, was ihm von oben zugeteilt wird. Dieses Gefühl der Ohnmacht[9] gegenüber dem gesellschaftlichen Apparat entspricht folglich einer Haltung, die der Mensch bereits früh erworben hat. Die Neigung des bürokratischen Apparats, die Menschen zu entmündigen, das weitverbreitete Phänomen im menschlichen Verhalten, sich ohnmächtig zu geben, sind nicht zwei Momente in unserer Gesellschaft, die zufällig aufeinandertreffen und zusammenpassen. Diese Tendenzen laufen nicht zufällig aufeinander zu, sondern sind funktionell miteinander verschränkt.[10] Beide Bereiche, die, oberflächlich betrachtet, scheinbar nichts miteinander zu tun haben, sind untrennbar miteinander verflochten. Ein Bereich könnte nicht ohne weitreichende Konsequenzen für den anderen Bereich geändert werden. Der Eingriff und das Modeln an den Sozialisationstechniken unserer Kultur würden tiefgreifende Änderungen der gesellschaftlichen Organisation insgesamt nach sich ziehen und umgekehrt.[11]

Noch einmal sei die fast naiv anmutende Frage gestellt: Was hat denn die Kindererziehung mit der Welt der bürokratischen Apparate zu tun, deren Macht der Erwachsene unterworfen ist?

Unsere Ausführungen waren darauf ausgerichtet, dies zu beantworten. Wir fassen also zusammen: Der spezifische Erziehungsstil, der die Welterfahrung des Kleinkindes in bestimmte Kanäle leitet, trägt in der Phase des Erwachsenseins negative Früchte. Für unsere Kultur gilt, daß der Erwachsene nur über eine reduzierte Wahrnehmungsfähigkeit verfügt; seine Gefühle sind verdünnt und auf ein Minimum eingeschränkt. Er kann, das entspricht seiner generellen psychischen Verunsicherung, nur noch spärlich – wenn überhaupt – mit seinen Restgefühlen umgehen. Das aggressive Potential ist eingedickt und verfällt der Verdrängung, um bei Gelegenheit, etwa wenn Demagogen einen Dammbruch in der Gesellschaft verursachen, atavistisch hervorzubrechen.

Unnötige und verfrühte Versagungen werden unseren Kindern mit dem Hinweis abgefordert, später würde sie auch niemand mit Glacéhandschuhen anfassen. Prophylaktisch wird den Kindern angetan, was später angeblich nicht zu vermeiden sei. Daß psychische Stärke in Form eines gefestigten Ichs sich mit Erfolg gegen den Apparat auflehnen könnte, ist solchem Denken fremd. Von vornherein haben immer die anderen recht. Sie sitzen sowieso am längeren Hebel, sagt man.

Man hört nicht selten die Überzeugung, daß Machtmißbrauch – staatlicher oder individueller – aufgrund unserer demokratischen Verfassung und Gesinnung erschwert sei. Ja, es sei sogar undenkbar, daß die Menschen sich noch einmal Handlungen abverlangen ließen, wie dies unter der Naziherrschaft möglich war. Wir wollen hier mit unserer Meinung nicht hinterm Berge halten, daß die Wiederholung eines Zustandes, wie er unter dem Nationalsozialismus herrschte, jederzeit möglich ist. Wenn die Zeiten – wie auch immer – sich verschlechtern, wenn bei gesellschaftlichen Konflikten keine Kompromisse gefunden werden, wird autoritätshöriges Verhalten es wiederum ermöglichen, der Barbarei die Schleusen zu öffnen. Von Sigmund Freud stammt der Satz: »Die Autoritätssucht und innere Haltlosigkeit der Menschen können Sie sich nicht arg genug vorstellen« (VIII, 109).

Man sagt oft, Geschichte wiederhole sich nicht. Dieser Einwand ist richtig und gleichzeitig falsch. Wie das Leben des Individuums laufen auch geschichtliche Ereignisse in einer bestimmten Gestalt ab, sind in dieser Form einzigartig und somit eines Tages unwiederholbar vorbei. Parallel dazu sind sowohl das individuelle Leben als auch die menschliche Geschichte Prozesse, die sich fortwährend reproduzieren. Das einzelne historische Ereignis mag einmalig und unverwechselbar sein; dennoch unterliegt auch der Geschichtsprozeß einer gewissen Tendenz zur Wiederholung. Dies gilt es, etwas genauer zu erläutern.

Die individuellen Probleme oder die gesellschaftlichen Fragen, die der Mensch durch persönliche Anstrengung und/oder durch Politik zu lösen suchte, waren sich im Laufe der Geschichte eigentlich immer sehr ähnlich. Auch die Wege, die der Mensch zur Lösung seiner Probleme einschlug, sind tendenziell immer sehr gleichförmig gewesen. Und das, was wir heute unter dem Eindruck unserer sogenannten Zivilisation Barbarei nennen, hat in diesem Zusammenhang nachweisbar immer eine sehr bedeutende, verhängnisvolle Rolle gespielt. Wenn Menschen, sei es als an ihrem persönlichen Schicksal Interessierte, sei es als politisch Handelnde, nach Lösungen der sie bedrängenden Probleme suchen, müssen wir also auch künftighin damit rechnen, daß Inhumanität und Barbarei mit im Spiel sein werden. Vor allem dann, wenn den Menschen andere Lösungsmöglichkeiten verstellt sind, wenn sie andere Lösungsmöglichkeiten nicht sehen können oder wollen.

Natürlich hat die Behauptung, wie schon versichert, etwas für sich, daß Geschichte sich nicht wiederhole. Bedenken wir jedoch, daß schon Freud auf den prinzipiellen Konservatismus der Triebe[12], Eissler auf »die konservative Natur der Gene« (1975, dt. Ausg., 36) ausdrücklich hingewiesen haben, so plädieren wir in diesem Zusammenhang unmißverständlich dafür, einer dem Optimismus anhängenden Fortschrittsideologie gegenüber mißtrauisch zu sein.

Tatsächlich nähern wir uns immer mehr einem Zustand, wo dem Einzelnen das Leben in kleinen Mengen zugeteilt wird; dies entspricht der bürokratischen Verfahrensweise. Wir befinden uns demnach an einem Punkt unserer Entwicklung, wo menschliches Verhalten, das als komisch eingestuft wird, im gesellschaftlichen Betrieb kaum mehr unterzubringen ist. Verhaltensweisen von Minoritäten und Randgruppen können durch eine schwerfällig reagierende Bürokratie und Verwaltung nur sehr umständlich integriert werden – vorausgesetzt, daß überhaupt noch der Wille besteht, sich mit dem Unvorhergesehenen, das die Routine stört, die Geschäftsordnung durcheinanderbringt, abzugeben. Um dem Unbehagen ein Ventil zu schaffen, läßt sich das Potential latenter Aggressionen, der Volkszorn, je nach Bedarf leicht auf gesellschaftliche Außenseiter hetzen. Nur zu gerne stellen sich Menschen mit dem sogenannten gesunden Volksempfinden als Treiber zur Verfügung, wenn die Mächtigen zur Jagd auf Parias, Sündenböcke und Unassimilierbare blasen. Die nachweisliche Bereitschaft des Menschen, sich einer Autorität zur Verfügung zu stellen[13], sein gefährdetes Über-Ich, das beim Auftauchen einer Autorität fast immer von dieser vereinnahmt wird und total korrumpierbar ist, sind in unserer Massengesellschaft eine permanente Gefahr für das Zusammenleben von Gruppen mit divergierendem Selbstverständnis.

Wir möchten hiermit den Einwand gegen die Wiederholbarkeit der Geschichte etwas modifizieren, und zwar dahingehend: Geschichte wiederholt sich ganz sicherlich nicht in der *gleichen* Form wie etwa die Schreckensherrschaft Hitlers. Die relativ konstanten Mechanismen der menschlichen Psyche bedrohen die menschliche Gesellschaft insgesamt jedoch insofern, als eine Wiederholung der Geschichte in *ähnlicher* Form durchaus im Bereich der Wahrscheinlichkeit bleibt. Im Hinblick auf die moderne Gesellschaft mit ihrem bürokratischen Organisationsstil ist folgende Interpretation bemerkenswert: »Die anscheinende Versachlichung in der verwalteten Welt mit ihrer Ideologielosigkeit erweist sich nur als Verdinglichung der menschlichen Beziehungen. Die Anpassung bleibt fragwürdig, sie erfolgt mit Hilfe von Verdrängungen, die im Unbewußten Wucherungen treiben« (Jacoby 1969, 312). Demnach gehört der Rückfall in die Barbarei, welche entsprechend dem Stand unserer gesellschaftlichen Entwicklung nur eine organisierte Barbarei mit technologischem Know-how sein kann, unverwechselbar zu den Möglichkeiten des Menschen.

ANMERKUNGEN

1

Die grundlegende Untersuchung der sogenannten autoritären Persönlichkeit ist die von Adorno und zahlreichen Mitarbeitern 1950 vorgelegte. Diese Studie löste zahlreiche Nachuntersuchungen aus. Siehe auch den Beitrag von G. Vinnai in diesem Band.

2

Vgl. dazu die Ausführungen bei Paul Roazen (1971, 244 ff).

3

Auf das biologische Element im Verhältnis von Mutter und Kind (dazu z. B. Hassenstein 1971) wird hier nicht weiter eingegangen; wie auch später die Verschränkung von Autoritätshörigkeit und biologisch begründbaren Dispositionen des Menschen (vgl. Milgram 1974, dt. Ausg., 145 ff) nicht in die Diskussion hereingenommen wird.

4

Als richtungsweisende Arbeiten sind hier die von René A. Spitz (1957; 1965) und Erik H. Erikson zu nennen. Wichtig bei Erikson sind die Begriffe »Urvertrauen« und »Urmißtrauen« (1950, dt. Ausg., 4. Aufl., 241 ff) sowie der der »Identität« (1968), auf welche wir im Zusammenhang unserer Überlegungen nicht explizit eingehen.

5

Wir gehen hier weder auf die allgemeinen (vgl. z. B. Jacoby 1969, 21 ff) noch auf die besonderen, unsere Kultur betreffenden Entstehungsbedingungen (vgl. z. B. Weber 1964, 703 ff) von Bürokratie ein. Auf unser Problem bezogen, ist die Studie »Die protestantische Ethik und der Geist des Kapitalismus« (Weber 1905) aufschlußreich.

6

Daß bürokratische Institutionen als politische Machtinstrumente direkt eingesetzt werden, auf diesen Aspekt haben Bruno Bettelheim (1960, dt. Ausg., 110) und Franz Neumann (1957, dt. Ausg., 68 f)hingewiesen. Unsere Ausführungen beschränken sich hier primär auf das psychologische Moment dieser Problematik; notwendigerweise treten dadurch politökonomische und soziologische Überlegungen in den Hintergrund.

7

Das Gemeinsame bzw. Trennende von Technik und Bürokratie diskutieren wir hier nicht (dazu z. B. Berger, Berger, Kellner 1973, dt. Ausg., 27 ff und 42 ff).

8

Diesbezüglich bewundern die Menschen produktive Maschinen genauso wie solche destruktiver Art. Robert Oppenheimer, einer der Väter der Atombombe, war davon fasziniert, daß es möglich sei, eine noch größere Bombe zu bauen. Obwohl er »wußte«, welche Zerstörung bereits eine »kleine« Atombombe anrichten konnte, obwohl ihm das Trauma des Bombenabwurfs und Anfeindungen nicht erspart blieben, ist es doch bedeutsam, daß er seine Zweifel überwinden konnte und »seine Meinung zugunsten der Superbombe änderte, als diese in stark verbesserter Ausführung hergestellt wurde. Sie sei, so sagte er, ›in ihrer Technik so wunderhübsch‹, daß man sie einfach ausprobieren müßte« (Calder o. J., dt. Ausg., 11).

9

Erich Fromm hat sich bereits 1937 zur Problematik der menschlichen Ohnmacht in der modernen Gesellschaft geäußert. Seine theoretischen Ausführungen dazu haben bis heute nichts von ihrer Bedeutung verloren!

10

Freilich läuft das ein wenig auf die Fragen hinaus: Wer war zuerst da? Die Henne oder das Ei? Die Gesellschaft oder der Einzelne? Und welche Instanz setzt gegenüber der anderen – mit welchen Mitteln – ihr Interesse durch? Allerdings konnten wir auf diese übrigens sehr vielschichtigen Fragen an die Theorie im Verlauf der Abhandlung unseres Themas nicht ausdrücklich eingehen. Jedenfalls bleibt das Problem der Vermittlung soziogenetischer und psychogenetischer Momente in bezug auf die Struktur der menschlichen Psyche ein Feld, das schwierig zu bearbeiten ist.

11

Es geht uns hier nicht in erster Linie darum, Vorschläge zur Änderung der Gesellschaft bzw. des Individuums zu unterbreiten, sondern erst einmal zu versuchen, das komplizierte Geflecht von gesellschaftlicher Organisation und psychologischer Struktur des Individuums freizulegen. Damit sind wir wieder bei dem Thema, das in der Anmerkung 10 bereits angedeutet ist. Diesbezüglich sei wiederholt und betont: Bevor nicht erkannt ist, welche Wechselbeziehungen hier im Spiele sind, wo die Schaltstellen der Vermittlung von strukturell Gesellschaftlichem und strukturell Psychologischem zu suchen sind, wird es wenig effektvoll sein, sogenannte Vorschläge zur Humanisierung der Gesellschaft zu machen. Wir wollen keineswegs unterstellen, daß solche Vorschläge immer sinnlos sind. Wir sind jedoch der Meinung, daß vor derartigen, stets gutgemeinten Vorschlägen die theoretische Analyse auf keinen Fall zu kurz kommen darf.

tisch in den Griff zu bekommen suchte (vgl. z. B. XIII, 38 f; XVII, 70).

12

In seinen Schriften hat Freud des öfteren auf das konservative Prinzip der Triebe hingewiesen, wobei er nicht nur phänomenologisch vorging, sondern auch die Ursache dieses Prinzips theore-

13

Hier sei ausdrücklich auf die in diesem Zusammenhang äußerst aufschlußreichen experimentellen Untersuchungen von Stanley Milgram (1974) hingewiesen!

LITERATUR

ADORNO, T. W.: Individuum und Organisation (1953). In: Soziologische Schriften I. Gesammelte Schriften, VIII. Frankfurt/M.: Suhrkamp 1971, 440–456

ADORNO, T. W., FRENKEL-BRUNSWIK, E., LEVINSON, D. J., SANFORD, R. N.: The Authoritarian Personality. New York, Evanston, London: Harper & Row 1950

BERGER, P. L., BERGER, B., KELLNER, H.: The Homeless Mind. Modernization and Consciousness. New York: Random House 1973. Deutsch: Das Unbehagen in der Modernität. Frankfurt/M., New York: Campus 1975

BETTELHEIM, B.: The Informed Heart, Autonomy in a Mass Age. Glencoe/Illinois: The Free Press 1960. Deutsch: Aufstand gegen die Masse. Die Chance des Individuums in der modernen Gesellschaft. München: Szczesny 1964

BÖCKELMANN, F.: Die schlechte Aufhebung der autoritären Persönlichkeit. Frankfurt/M.: makol 1971

BUCHHEIM, H.: Totalitäre Herrschaft. Wesen und Merkmale. München: Kösel ⁵1967

CALDER, N.: Technopolis. London: MacGibbon & Kee o. J. Deutsch: Technopolis. Kontrolle der Wissenschaft durch die Gesellschaft. Düsseldorf, Wien: Econ 1971

CARUSO, I. A.: Soziale Aspekte der Psychoanalyse. Reinbek: Rowohlt 1972

EISSLER, K. R.: The Fall of Man. The Psychoanalytic Study of the Child, 30, 1975, 589–646. Deutsch: Der Sündenfall des Menschen. In: K. Dräger, A. Mitscherlich, H.-E. Richter, G. Scheunert, E. Meistermann-Seeger (Hg.): Jahrbuch der Psychoanalyse. Beiträge zur Theorie und Praxis, IX. Bern, Stuttgart, Wien: Huber 1976, 23–78

ENGLERT, E. H.: Zur Sozialpsychologie der Gewalt. In: E. J. M. Kroker (Hg.): Die Gewalt in Politik, Religion und Gesellschaft. Stuttgart, Berlin, Köln, Mainz: Kohlhammer 1976, 197–238

ERIKSON, E. H.: Identity. Youth and Crisis. New York: W. W. Norton & Company 1968. Deutsch: Jugend und Krise. Die Psychodynamik im sozialen Wandel. Stuttgart: Klett 1970

Childhood and Society. New York: W. W. Norton & Company 1950. Deutsch: Kindheit und Gesellschaft. Stuttgart: Klett ⁴1971

FIJALKOWSKI, J.: Demokraten als Bürokraten – Statussorgen und Funktionsgehorsam gegen politisches Bewußtsein. In: G. Hartfiel (Hg.): Die autoritäre Gesellschaft. Köln, Opladen: Westdeutscher Verlag 1969, 155–167

FREUD, S.: Die zukünftigen Chancen der psychoanalytischen Therapie (1911). In: G. W. VIII, 105–115

Jenseits des Lustprinzips (1920). In: G. W. XIII, 1–69

Abriß der Psychoanalyse (1940). In: G. W. XVII, 63–138

FROMM, E.: Zum Gefühl der Ohnmacht. Ztschr. für Sozialforschung, 1, 1937, 95–118

HASSENSTEIN, B.: Zur Biologie des Kindes. In: W. Behler (Hg.): Das Kind. Eine Anthropologie des Kindes. Freiburg/B.: Herder 1971, 31–53

HORKHEIMER, M.: Der Mensch in der Wandlung seit der Jahrhundertwende (1960). In: M. Horkheimer: Gesellschaft im Übergang. Aufsätze, Reden und Vorträge 1942–1970. Frankfurt/M.: Athenäum Fischer 1972, 93–102

JACOBY, H.: Die Bürokratisierung der Welt. Ein Beitrag zur Problemgeschichte. Neuwied, Berlin: Luchterhand 1969

MANNONI, M.: Éducation impossible. Paris: Éditions du Seuil 1973. Deutsch: »Scheißerziehung«. Von der Antipsychiatrie zur Antipädagogik. Frankfurt/M.: Syndikat 1976

MILGRAM, S.: Obedience to Authority. An Experimental View. New York: Harper & Row 1974. Deutsch: Das Milgram-Experiment. Zur Gehorsamsbereitschaft gegenüber Autorität. Reinbek: Rowohlt 1974

MITSCHERLICH, A.: Auf dem Weg zur vaterlosen Gesellschaft. München: Piper 1963

MOLINSKI, H.: Die unbewußte Angst vor dem Kind. München: Kindler 1972

NEUMANN, F.: The Democratic and the Authoritarian State. Essays in Political and Legal Theory. Glencoe, New York: The Free Press 1957. Deutsch: Demokratischer und autoritärer Staat. Beiträge zur Soziologie der Politik. Frankfurt/M.: Europäische Verlagsanstalt 1967

RIESMAN, D., DENNEY, R., GLAZER, N.: The Lonely Crowd. A Study of the Changing American Character. New Haven: Yale University Press 1950. Deutsch: Die einsame Masse. Eine Untersuchung der Wandlungen des amerikanischen Charakters. Reinbek: Rowohlt ²1959

ROAZEN, P.: Freud: Political and Social Thought New York: Alfred A. Knopf 1968. Deutsch: Politik und Gesellschaft bei Sigmund Freud. Frankfurt/M.: Suhrkamp 1971

SPITZ, R. A.: No and Yes. New York: International Universities Press; London: Bailey & Swinfen 1957. Deutsch: Nein und Ja. Stuttgart: Klett 1959

The First Year of Life. New York: International Universities Press 1965. Deutsch: Vom Säugling zum Kleinkind. Stuttgart: Klett 1967

STIERLIN, H.: Das Tun des Einen ist das Tun des Anderen. Eine Dynamik menschlicher Beziehungen. Frankfurt/M.: Suhrkamp 1976

WEBER, M.: Die protestantische Ethik und der Geist des Kapitalismus (1905). In: M. Weber: Die protestantische Ethik. Eine Aufsatzsammlung. München, Hamburg: Siebenstern 1965

Wirtschaft und Gesellschaft. Grundriß der verstehenden Soziologie (1921/22), 2 Halbbände. Köln, Berlin: Kiepenheuer & Witsch (Studienausgabe) 1964

NONVERBALE KOMMUNIKATION

von Klaus R. Scherer

Die Übermittlung von Informationen durch Kommunikation zwischen Individuen zählt zu den wichtigsten Grundvoraussetzungen aller geselligen Lebensformen. Dieser Informationsaustausch erfolgt bei den meisten Spezies im Rahmen interaktionaler Kommunikationsprozesse, innerhalb derer zwei oder mehrere koorientierte und wechselseitig kontingent interagierende Individuen im Rahmen zielgerichteter Verhaltenssequenzen Informationen durch Zeichenkomplexe in verschiedenen Übertragungskanälen übermitteln (vgl. Scherer 1977 a, 228–234). Dabei entnimmt der Sender die zur Enkodierung der Mitteilung erforderlichen Zeichen und Zeichenkomplexe einem für die gesamte »Kommunikationsgemeinschaft« (z. B. einer Spezies oder einer Sprachgemeinschaft) verbindlichen Kode oder Zeichenvorrat, dessen Verwendung es dem Empfänger erlaubt, die Mitteilung zu dekodieren. Die menschliche Sprache ist ein außerordentlich leistungsfähiges und universell einsetzbares Kodesystem und verfügt über eine Reihe von Eigenschaften, die in keinem anderen Kodesystem (etwa in der Tierkommunikation) vollzählig vorhanden zu sein scheinen, so etwa die Offenheit des Kodesystems für unbegrenzte Neuschöpfungen von Zeichenkombinationen oder die Fähigkeit, über nichtexistierende oder unwahre Tatbestände sowie über das Kodesystem selbst zu kommunizieren (vgl. Hockett 1960; s. auch die ausführlichen Darstellungen in Bd. VII dieser Enzyklopädie).

Die überragende Bedeutung der Sprache für die menschliche Kommunikation hat lange zu einer Unterschätzung alternativer, nichtsprachlicher oder »nonverbaler« Kodesysteme, wie etwa der Mimik oder der Gestik, in der menschlichen Interaktion geführt. Durch die Beschäftigung mit Kommunikationssituationen, in denen Menschen bestimmte Inhalte nicht verbalisieren können oder wollen, vor allem in der Psychiatrie und der Psychologie, ist das Interesse an solchen nonverbalen Kodesystemen in den letzten Jahren außerordentlich gewachsen. Dabei wird häufig zwischen vokalen nonverbalen Zeichen (wie etwa Stimmqualität, Stimmhöhe und Stimmführung, Lautstärke, Sprechgeschwindigkeit) und nonvokalen nonverbalen Zeichen (wie etwa Gesichtsausdruck, Blickzuwendung, Gesten, Körperhaltung) unterschieden (vgl. Laver, Hutcheson 1972; Lyons 1972). Obwohl eigene Termini für bestimmte nonverbale Kodesysteme vorgeschlagen wurden, wie etwa »Kinesik« für Bewegungsverhalten (Birdwhistell 1968, 1970) oder »Proxemik« für Distanzphänomene (Hall 1968), hat sich die Negativbestimmung »nonverbale Kommunikation« international und in verschiedenen Disziplinen weitgehend durchgesetzt. Das zugrundeliegende Kriterium der Nichtzugehörigkeit zum Sprachkode als eindeutigstes verbindendes Element dieser verschieden organisierten Kodesysteme zeigt, daß die Erforschung der nonverbalen Kommunikationsprozesse und der dabei verwendeten Kodes noch am Anfang steht.

Die bislang vorliegenden Forschungsergebnisse (vgl. Übersichten Scherer 1974 a, b; Weitz 1974, [2]1979; Argyle 1975; Scherer, Wallbott 1979) lassen jedoch vermuten, daß nonverbale Zeichen für bestimmte Arten der Informationsübermittlung und in bestimmten Interaktionssituationen mindestens ebenso bedeutsam, wenn nicht bedeutsamer für die jeweiligen Kommunikations- und Interaktionsprozesse sind als Sprachzeichen. Dies ist vor allem darauf zurückzuführen, daß nonverbale Zeichen für bestimmte Kommunikationsaufgaben besonders gut geeignet scheinen – so etwa für die Kommunikation emotionaler Inhalte sowie von Status- und Sympathiebeziehungen und zur Regulation interpersonaler Interaktionsprozesse. Die Bedeutung nonverbaler Verhaltensweisen für die soziale Interaktion wird im folgenden an Hand einer Analyse des Ursprungs und der Funktionen nonverbaler Kodesysteme erläutert.

EVOLUTIONÄRE KONTINUITÄT VON KOMMUNIKATIONSPROZESSEN

Während die Entwicklung der Sprache als Höhepunkt der Evolution des Menschen angesehen wird und nicht selten als zentrales Unterscheidungsmerkmal zwischen Mensch und Tier gilt (vgl. aber Fouts, Rigby 1977), lassen eindeutige Parallelen im nonverbalen Kommunikationsverhalten von Mensch und Tier eine evolutionäre Kontinuität dieser Verhaltensweisen über verschiedene Entwicklungsstufen hinweg vermuten (vgl. Ekman 1973; v. Cranach 1976). Alle in der Tierkommunikation beobachtbaren Zeichen sind per definitionem »nonverbal«, sie bestehen, je nach dem Ökosystem einer Spezies und der Ausstattung der Sinnesorgane, aus visuellen, akustischen, taktilen, olfaktorischen oder auch elektrosensorischen Signalen. Es besteht wenig Zweifel daran, daß diese Signale bei sehr vielen Spezies als Kode organisiert sind, da eine eindeutige Zuordnung von Zeichen und Bezeichnetem (Referent) zu bestehen scheint, und ein gemeinsamer Zeichenvorrat von allen Mitgliedern der Spezies zur Enkodierung und Dekodierung von Mitteilungen benutzt wird (zur Vielfalt der Kodes in der Tierkommunikation s. Sebeok 1977 sowie Bd. VI dieser Enzyklopädie).

Sprachzeichen sind diskret und extrinsisch kodiert, d. h. das Zeichen, und mithin der Referent, liegt in einer bestimmten immer gleichbleibenden Form vor oder nicht vor und ist unabhängig von der Präsenz und von den Eigenschaften des Referenten. Die in der Tierkommunikation beobachtbaren Zeichen hingegen sind oft kontinuierlich und intrinsisch kodiert, d. h., das Zeichen kann verschiedene Abstufungen und Variationen aufweisen, die auf Ausprägungsgrad und Intensität des Referenten hinweisen, und ist unmittelbarer Bestandteil des Sachverhalts, den es bezeichnet (z. B. Sträuben der Nackenhaare als Bestandteil des Erregungsmusters bei einem kampfbereiten Hund). Auch die Mehrzahl der nichtsprachlichen Zeichen in der menschlichen Kommunikation sind kontinuierlich und intrinsisch kodiert; so sind beispielsweise verschiedene Ausprägungsgrade von Lächeln möglich, die, falls der Ausdruck nicht gespielt ist, direkter Bestandteil einer mehr oder weniger positiven Emotion sind (vgl. Izard 1971).

Ein weiterer Unterschied in der Kodierung nichtsprachlicher Zeichen besteht in der Möglichkeit einer probabilistischen Beziehung zwischen Zeichen und Referent gegenüber den invariant kodierten Sprachzeichen. Während ein Wort immer einen bestimmten Wortinhalt bezeichnet, ist z. B. eine laute Stimme nur bei einem bestimmten Prozentsatz von Sprechern ein Zeichen von Extraversion – der Empfänger kann also nur innerhalb eines bestimmten Wahrscheinlichkeitsbereichs dekodieren (Scherer 1978). Unter der Voraussetzung, daß intrinsisch, kontinuierlich und probabilistisch kodierte Zeichen als in einem Kode organisiert angenommen werden können, lassen sich mehrere nonverbale Kodes in der menschlichen Kommunikation identifizieren. Eine Möglichkeit zur Analyse nonverbaler Kommunikationsprozesse ist die Aufteilung der nonverbalen Signale in die durch die

Sinnesorgane des Empfängers bezeichneten Übertragungskanäle und die damit verbundenen Kodes (vgl. Scherer 1974 a, b; Scherer, Wallbott 1979). So könnte man von einem visuellen, auditiven, taktilen, olfaktorischen und gustatorischen Kode sprechen. Die bisherige Forschung, die weitgehend durch eine Spezialisierung auf solche Kodes gekennzeichnet ist, hat jedoch gezeigt, daß eine solche Aufteilung über die detaillierte Untersuchung der Zeichen des jeweiligen Kodes und ihrer kommunikativen Verwendung hinaus wenig Aufschluß über die Rolle der nonverbalen Zeichen im Interaktionsprozeß gibt. Weit geeigneter für einen solchen Erkenntniszweck erscheint eine Untersuchung der Funktionen nonverbalen Verhaltens in der sozialen Interaktion (Scherer 1979 a).

DIE FUNKTIONEN NONVERBALER ZEICHEN IN DER INTERAKTION

Die zentrale Funktion der Kommunikation ist die Übermittlung von Informationen. Ein kommunikativer Akt vermittelt Information insoweit, als hierdurch der Grad der Unwissenheit oder Ungewißheit über den Zustand des jeweiligen Objektbereichs reduziert wird (vgl. Garner 1962, 3). Solche Objektbereiche können sein der Sender selbst (z. B. Informationen über den jeweiligen affektiven Zustand) oder Objektbereiche, in denen der Sender in Beziehung zu anderen Personen oder Objekten steht (z. B. Informationen über die Sympathie, die der Sender für den Empfänger empfindet, oder die Tatsache, daß ihm ein Objekt gehört), oder Objektbereiche, die in keinerlei Beziehung zum Sender stehen, außer, daß er darüber kommuniziert (z. B. Informationen über den Zustand der Mondoberfläche). Während die Sprache und die hiervon abgeleiteten formalen Zeichensprachen (z. B. die Taubstummensprache) zur Kommunikation über alle diese Objektbereiche verwendbar sind, eignen sich nonverbale Kodes in erster Linie für die Übermittlung von Informationen über die soziale Identität und die jeweiligen Zustände des Senders sowie seiner Beziehungen zu Interaktionspartnern.

Bevor die besonderen Übermittlungsfunktionen der nonverbalen Zeichen in diesen Bereichen dargestellt werden, muß auf das Problem der Übermittlungsintention eingegangen werden. Es wird mitunter bestritten, daß bestimmte nonverbale Verhaltensweisen überhaupt Zeichencharakter in Kommunikationsprozessen annehmen können, da sie vom Sender nicht intentional eingesetzt werden (z. B. Erröten, Stimmveränderungen, bestimmte Arten von Handbewegungen). Die Bestimmung der Intentionalität kommunikativer Handlungen stößt jedoch auf außergewöhnliche Schwierigkeiten (vgl. MacKay 1972; Scherer 1977 a, 230–231), so daß eine definitorische Einschränkung von Kommunikation auf intentionale Handlungen außerordentlich fragwürdig ist. Es erscheint sinnvoller, die Hervorbringungsbedingungen von Mitteilungen in einem aus den zwei Dimensionen Zielgerichtetheit und Bewußtheit gebildeten Schema zu beschreiben. Beide dieser Dimensionen sind Kontinua, d. h., eine Verhaltensweise kann mehr oder weniger hoch in der Prioritätenhierarchie der Zielstruktur des Akteurs liegen und kann ihm mehr oder weniger bewußt sein. Während z. B. eine Anhaltergeste sowohl zielgerichtet als auch bewußt produziert wird, könnten Sprechpausen als oft unbewußte, aber dennoch zielgerichtete (im systemtheoretischen Sinne, s. MacKay 1972) Selbstpräsentationen interpretiert werden (vgl. Scherer 1979 b). Wenn die nicht selten vorgenommene Gleichsetzung von Zielgerichtetheit und Bewußtheit aufgehoben wird, läßt sich eine klare Unterscheidung von intentionalen und damit kommunikativen und nichtintentionalen und somit nur informativen Verhaltensweisen kaum sauber durchführen.

Die folgenden Arten von Informationen können von nonverbalen Zeichen übermittelt werden: Informationen über die soziale Identität des Senders, über seine kognitiven, affektiven und appetitiven Zustände und über seine Beziehungen zu anderen Personen (s. Scherer 1977 a, 231–232). Insofern nonverbale Zeichen Informationen über vom Sender nur kognitiv repräsentierte Referenten (Gegenstände und Tatbestände) übermitteln, erfüllen sie semantische Funktionen (Beziehung zwischen Zeichen und Referent). Übermitteln sie hingegen Informationen über Charakteristika und Zustände des Senders selbst, so liegen pragmatische Funktionen vor (Beziehung zwischen Zeichen und Zeichenbenutzer). Nonverbale Zeichen können auch syntaktische Funktionen (Herstellung von Beziehungen zwischen Zeichen) und dialogische Funktionen (Darstellung von Beziehungen zwischen Interaktionspartnern und Steuerung des Gesprächs) erfüllen (s. u., vgl. Scherer 1979 a).

Pragmatische Funktionen. Die Übermittlung von Informationen über andauernde Charakteristika wie soziale Identität (Individualität, Geschlecht, Alter, Gruppenzugehörigkeit, Persönlichkeit) und relativ lang anhaltende Zustände wie Emotionen, Einstellungen und Verhaltensabsichten können als Expressions- oder Ausdrucksfunktion, die Übermittlung von Informationen über sehr kurzfristige Reaktionen auf Äußerungen oder Verhaltensweisen des Interaktionspartners als Reaktionsfunktionen bezeichnet werden.

Die Markierung der sozialen Identität eines Individuums durch nonverbale Zeichen ist ein zentraler Bestandteil der sozialen Organisation aller gesellig lebenden Spezies, da sich ohne die Möglichkeit der Erkennung von Individuen und der Einordnung in sozial relevante Kategorien (wie Alter, Geschlecht und Gruppenzugehörigkeit) keine stabilen Beziehungen und mithin keine soziale Struktur aufrechterhalten lassen (vgl. Giles, Scherer, Taylor 1979). Auch Informationen über idiosynkratische Verhaltensdispositionen (Persönlichkeit) sind erforderlich, um Reaktionen des Interaktionspartners vorhersagbar zu machen.

Da viele Verhaltensweisen und kommunikative Zeichen erst durch das Vorliegen entsprechender Markierungen der sozialen Identität des Handelnden interpretierbar werden (z. B. führen Drohungen eines Statushöheren zu anderen Konsequenzen als die eines Statusniederen), müssen die entsprechenden nonverbalen Zeichen möglichst dauerhafter Bestandteil der Erscheinung des Senders oder zumindest eine gleichbleibende Komponente der Mehrzahl seiner Kommunikationsakte sein. Bei den meisten Primaten erfüllen die Gesichtsphysiognomie und bestimmte Aspekte der Vokaläußerungen diese Identitätsausdrucksfunktion. Die Tatsache, daß das Sprechen das bedeutsamste Kommunikationsmittel des Menschen ist, prädestiniert Stimmqualität und Sprechweise, die Bestandteil aller Sprechäußerungen sind, als wichtige nonverbale Zeichen für soziale Identität (vgl. Scherer, Giles 1979, insbes. Kap. 1–8). Alter, Geschlecht, soziale Schicht, Gruppenzugehörigkeit und Persönlichkeit können beim Menschen jedoch auch noch durch eine Vielzahl weiterer nonverbaler Zeichen wie Häufigkeit bestimmter Arten von Gesten oder Körperhaltungen, Häufigkeit eines bestimmten Gesichtsausdrucks oder von Blickzuwendung, Distanz zum Interaktionspartner und weiterer nonverbaler Merkmale von Sprechäußerungen ausgedrückt werden (vgl. Scherer 1974 a, b; Argyle 1975; Scherer, Wallbott 1979; Scherer 1979 b), wobei die Zuordnung jedoch häufig nicht invariant, sondern probabilistisch ist.

Die bereits von Darwin behauptete evolutionäre Kontinuität des Ausdrucks von Emotionen durch nonverbale Zeichen kann weitgehend als gesichert gelten (Ekman 1973). Aufgrund umfangreicher interkulturell vergleichender Untersuchungen wird angenommen, daß etwa acht primäre Emotionen (Freude, Überraschung, Furcht, Traurigkeit, Ärger, Abscheu, Interesse, Verachtung) durch genetisch festgelegte neuromuskuläre Mechanismen zu spezifischen Gesichtsausdrucksmustern führen, die von Beobachtern mit hoher Genauigkeit zugeordnet werden können (Ekman 1970, Izard 1971), es sei denn, daß kulturelle Normen die Maskierung, Unterdrückung oder Abschwächung des jeweiligen Ausdrucks verlangen. Darüber hinaus scheint es interindividuelle Unterschiede in der emotionalen Expressivität (vor allem in bezug auf den Gesichtsausdruck) zu geben, wobei die Intensität des nonverbalen Ausdrucks möglicherweise in inverser Relation zur Intensität autonomer Erregungsmuster steht (Lanzetta, Kleck 1970). Obwohl das Gesicht die differenziertesten nonverbalen Zeichen des jeweiligen Emotionszustandes übermittelt (wobei einige Theorien sogar postulieren, daß sich der Sender erst durch propriozeptive Rückkopplung von der Gesichtsmuskulatur der Emotion bewußt wird, vgl. Izard 1971), können auch Gestik und Körperhaltung nonverbale Zeichen für emotionale Zustände übermitteln (vgl. Ekman, Friesen 1972; Argyle 1975, 262–266, 279–280).

Auch nonverbale Aspekte von Sprechäußerungen liefern kommunikativ relevante Zeichen für den Emotionszustand des Senders. Zu den wichtigsten Parametern zählen hierbei die Stimmqualität, Sprechpausen und das Sprechtempo (Scherer 1974 b). Aufgrund einer Reihe empirischer Untersuchungen ist anzunehmen, daß ein Anstieg der Stimmhöhe (Grundfrequenz der Stimme, möglicherweise verursacht durch eine Steigerung des Muskeltonus) ein verläßliches Zeichen für hohe Erregung ist, wobei allerdings persönlichkeitsspezifische Unterschiede möglich sind (Scherer 1979 c). Obwohl es bislang noch nicht gelungen ist, spezifische Muster akustischer Parameter für bestimmte Emotionen bei der Enkodierung durch den Sender nachzuweisen, steht außer Zweifel, daß Dekoder aufgrund spezifischer Kombinationen akustischer Parameter von Sprechäußerungen mit hoher Sicherheit auf bestimmte Emotionen schließen (vgl. Davitz 1964; Scherer, Oshinsky 1977).

Neben affektiven Zuständen lassen nonverbale Zeichen jedoch auch appetitive Zustände des Senders, also Motive oder Ziele, Verhaltenspläne und -absichten, erkennen. Beispiele hierfür sind sogenannte »Vorbereitungshandlungen«, die in der rudimentären Andeutung von Verhaltensabsichten oder unmittelbar bevorstehenden Verhaltensabläufen bestehen, z. B. Vorlehnen als Vorphase des Aufstehens oder eine erhobene Faust als Zeichen einer Aggressionsabsicht. Darüber hinaus lassen sich auch auf das Erreichen bestimmter Wirkungen beim Interaktionspartner hin ausgerichtete Ziele an nonverbalen Zeichen ablesen, wie etwa der Wunsch, die Zuneigung des Gegenübers zu gewinnen (Rosenfeld 1966), der Versuch, den Anderen zu überreden oder anderweitig sozialen Einfluß auszuüben (vgl. Mehrabian 1972, Scherer 1979 d), oder die Absicht, den Interaktionspartner zu täuschen (Mehrabian 1972; Ekman, Friesen, Scherer 1976).

Nonverbale Zeichen von Einstellungen gegenüber Gegenständen oder Sachverhalten, z. B. die Nase rümpfen, sind bislang kaum systematisch untersucht worden, außer vielleicht der Pupillenerweiterung als Zeichen von Interesse (Hess 1975; s. auch Bd. VI, 628, dieser Enzyklopädie), z. B. in der Marktforschung. Es gibt jedoch eine umfangreiche Zahl von Untersuchungen über nonverbale Zeichen interpersonaler Einstellungen. Einem sympathisch empfundenen Gegenüber kommt man näher, beugt ihm den Oberkörper zu und schaut ihn häufiger und länger an (vgl. Mehrabian, Friar 1969; Mehrabian 1972). Länge und Häufigkeit des Blickkontakts sind jedoch von zusätzlichen Faktoren wie Persönlichkeit, Gesprächsthema und interpersonale Distanz abhängig (vgl. Ellsworth, Ludwig 1972). Obwohl es bislang kaum relevante Untersuchungen gibt, ist anzunehmen, daß es nonverbale Zeichen interpersonaler Einstellungen auch in Stimme und Sprechweise gibt.

Die bislang geschilderte Ausdrucksfunktion nonverbaler Zeichen bezieht sich auf die Übermittlung relativ langfristiger Eigenschaften oder Zustände des Senders. Die Reaktionsfunktion dieser Zeichen im Gespräch besteht darin, sehr kurzfristige Reaktionen auf voraufgehende Verhaltensweisen des Gegenübers anzuzeigen, wobei vor allem die Rückkopplung für den jeweils Sprechenden im Mittelpunkt steht. Zu den wichtigsten Reaktionsarten zählen Aufmerksamkeitszeichen (z. B. leichtes Kopfnicken als Zeichen, daß man noch zuhört), Verständniszeichen (z. B. die Hand hinter die Ohrmuschel legen, als Zeichen, daß man nicht verstanden hat) und Urteilszeichen (z. B. starkes zustimmendes Kopfnicken, skeptisches Herabziehen der Mundwinkel). Viele dieser Zeichen spielen als »Hörersignale« eine wichtige Rolle bei der Regelung von Gesprächsabläufen (s. u.).

Semantische Funktionen. Nonverbale Zeichen erfüllen semantische Funktionen, wenn sie allein oder zusammen mit verbalen Zeichen beim Sender kognitiv repräsentierte Sachverhalte übermitteln. Völlig unabhängig von begleitenden Sprachzeichen sind »Embleme« (Ekman, Friesen 1972) stark ritualisierte gestische oder mimische Verhaltensweisen (wie etwa das Anhalterzeichen oder »den Vogel zeigen«), die eine kulturell verbindliche, klar umrissene Bedeutung haben und somit verbale Zeichen ersetzen können (Substitutionsfunktion). Neben den visuellen Emblemen gibt es auch vokale Embleme, z. B. Räuspern, Zischen, Buhen usw. oder auch Interjektionen wie »ah«, »ooh« usw. (vgl. Scherer 1977 b).

Viele nonverbale Zeichen, vor allem sprachbegleitende Gesten (»Illustratoren«, Ekman, Friesen 1972, oder »objektgerichtete Handbewegungen«, Freedman u. a. 1973) und paralinguistische Phänomene (z. B. Intonationskonturen), treten jedoch in engem Zusammenhang mit verbalen Zeichen auf. Dabei können die nonverbalen Zeichen die durch die verbalen Zeichen übermittelten Bedeutungsinhalte entweder ergänzen, verstärken oder deutlich machen (Amplifikationsfunktion; illustrierende Gesten, stimmlicher Nachdruck), abwandeln (Modifikationsfunktion; z. B. ein entschuldigendes Lächeln bei einer Absage, eine zuversichtliche Stimme bei einer Vorhersage) oder sogar ins Gegenteil verkehren (Kontradiktionsfunktion; etwa durch überzogene Emphase bei der Ironie). Letzteres ist besonders deutlich bei dem Phänomen der »Kanaldiskrepanz«, bei dem die Bedeutung der verbalen und nonverbalen Zeichen einander widersprechen (vgl. Scherer, Wallbott 1979, Teil 2). Bekanntestes Beispiel hierfür ist die als eine Ursache der Schizophreniegenese angenommene »Beziehungsfalle« (double bind), bei der ein Empfänger auf die bedeutungsdiskrepanten Aufforderungen eines Senders weder eine adäquate Reaktionsmöglichkeit noch eine Fluchtgelegenheit hat (vgl. Watzlawick, Beavin, Jackson 1967).

Syntaktische Funktionen. Unabhängig von der Bedeutungshaltigkeit von verbalen und nonverbalen Kommunikationsakten spielen nonverbale Zeichen eine wichtige Rolle bei der Regelung und Koordination des Auftretens von Zeichen in verschiedenen Kanälen im Zeitverlauf. Dabei geht es einmal um die Abgrenzung hierarchisch gegliederter Einheiten im Sprachfluß oder im Gesprächsverlauf (Segmentierungsfunktion). Solche Einheiten finden sich sowohl unterhalb der Satzebene zur Erleichterung der Enkodierung und Dekodierung von Sprache (vgl. Goldman-Eisler 1968, Dittman 1972) als auch auf der Ebene von Argumenten oder Gesprächsteilen, die durch bestimmte Gesten oder Körperbewegungen eingeleitet oder abgeschlossen oder durch Körperpositionen markiert werden können (vgl. Scheflen 1964, Kendon 1973).

Es ist zu vermuten, daß bestimmte nonverbale Zeichen, vor allem Kopf- sowie Hand- und Armbewegungen, eine wichtige Synchronisierungsfunktion bei der zeitlichen Koordination von Zeichenkonfigurationen in verschiedenen Kommunikationskanälen haben. Zwar gibt es eine Reihe von Hinweisen auf die überraschend umfassende Synchronizität verbaler und nonverbaler Verhaltensweisen im Zeitverlauf (Condon, Ogston 1967; Kendon 1977, 53–78), die zugrundeliegenden Steuerungsmechanismen sind jedoch noch weitgehend unerforscht. Auch die Existenz einer »Grammatik« für nonverbale Zeichen ist noch umstritten (vgl. Argyle 1975, 374–383). Nonverbale Zeichen, vor allem paralinguistische und mimische Verhaltensweisen, spielen zudem eine oft unterschätzte Rolle bei der syntaktischen Organisation von Sprachäußerungen, z. B. Anstieg der Intonationskontur bei Fragen oder Betonung von Satzteilen durch das Heben der Augenbrauen (vgl. Birdwhistell 1968, Kap. 18).

Dialogische Funktionen. Die dialogischen Funktionen nonverbaler Zeichen beziehen sich auf das von den Interaktionspartnern gebildete System, sowohl in bezug auf die strukturellen Beziehungen zwischen den Systemelementen, den Interaktionspartnern, als auch auf die Regelung und Steuerung von Systemzuständen, z. B. Beginn oder Beendigung eines Gesprächs, Themenwechsel, Sprecherrollenwechsel. Die Bezeichnung der strukturellen Beziehungen zwischen Interaktionspartnern, z. B. Statusbeziehungen oder Intimität, durch entsprechende nonverbale Zeichen beider Interaktionspartner kann man als Beziehungs- oder Relationsfunktion bezeichnen. So sitzt der Statushöhere oft eher zurückgelehnt, mit asym-

363

metrischer Körper- und Armhaltung und entspannter Handhaltung, während der Status-niedere eher aufrecht und gerade sitzt und höhere Spannung zeigt (Mehrabian, Friar 1969; Mehrabian 1972). Die Konfiguration der nonverbalen Zeichen beider Interaktionspartner erlaubt es, ihre Beziehung in bezug auf die Statusdimension zu erfassen. Die Körperhal-tungskonfigurationen von Gruppenteilnehmern erlauben möglicherweise auch Rückschlüs-se auf Sympathiebeziehungen in der Gruppe (vgl. Scheflen 1964). Ein besonders interessan-ter Aspekt der dialogischen Funktion nonverbaler Zeichen ist die Konvergenz bestimmter nonverbaler Verhaltensweisen, z. B. der Sprechweise, wenn sich eine Sympathiebeziehung zwischen Interaktionspartnern entwickelt (vgl. Feldstein, Welkowitz 1978; Giles, Smith 1979).

Nonverbale Zeichen haben weiterhin eine Regulations- oder Steuerungsfunktion für den Interaktionsverlauf. Besonders intensiv wurde bislang die Steuerung des Sprecherrollen-wechsels untersucht. Nonverbale Zeichen übernehmen hierbei die Rolle von Wortfüh-rungs-, Fortsetzungs-, Übergabe- und Unterdrückungssignalen des jeweiligen Sprechers sowie Rückmeldungs- (»Hörersignale«) und Wortmeldungssignalen des jeweiligen Hörers (vgl. Duncan 1974). Wichtige Steuerungsfunktionen übernehmen nonverbale Zeichen dar-über hinaus bei Schweigen, Themenwechsel und Begrüßungs- und Abschiedszeremonien (Kendon 1977, 115–178).

ATTRIBUTIONSPROZESSE IN DER SOZIALEN INTERAKTION

Wie aus vorstehendem Überblick hervorgeht, sind nonverbale Zeichen aufgrund ihrer Kodierung hervorragend zur Übermittlung der verschiedensten Informationen über den Sender geeignet. Natürlich schließt dies nicht aus, daß solche Informationen auch durch verbale Zeichen übermittelt werden. So kann die Emotion Wut außer durch einen entspre-chenden Gesichtsausdruck auch durch die verbale Äußerung: »Ich bin sehr wütend« mitge-teilt werden. Dies geschieht jedoch relativ selten, da der verbale Ausdruck von Affekt oder auch anderer Eigenschaften und Zustände des Sprechers in den meisten Kulturen in vielen Situationen durch entsprechende Normen eingeschränkt oder völlig unterbunden wird. Hinzu kommt, daß das verbale Verhalten häufig sehr stark durch situative Zwänge be-stimmt wird, die durch die jeweilige Zielsetzung in einer Interaktion bedingt sind, so daß aus den verbalen Zeichen nicht auf Eigenschaften oder Zustände des Handelnden geschlos-sen werden kann. Außerdem versucht letzterer nicht selten, bestimmte Eigenschaften oder Zustände gegenüber seinen Interaktionspartnern zu verbergen oder zumindest nicht so ein-deutig darzustellen, daß er darauf festgelegt werden könnte.

Eine möglichst zuverlässige Attribution von Persönlichkeitszügen, emotionalem Befin-den und Verhaltensabsichten der jeweiligen Interaktionspartner ist jedoch von großer Be-deutung, um deren voraussichtliche Reaktionen abschätzen und die eigene Verhaltensstra-tegie planen zu können. Nonverbale Zeichen liefern, anders als verbale Zeichen, wichtige Informationen für solche Attributionsprozesse, da sie für die Übermittlung der entspre-chenden Sendercharakteristika nicht nur hervorragend geeignet sind, sondern wegen ihrer geringen Relevanz für das Erreichen von Interaktionszielen nur selten von situativen Zwän-gen bestimmt werden. Darüber hinaus wird ein Akteur nonverbale Verhaltensweisen weni-ger stark als verbales Verhalten überwachen und steuern, da Auftreten, Ursachen und Be-deutung nonverbaler Verhaltensweisen oft »verhandelbar« sind (der Vorwurf, ironisch ge-lächelt zu haben, kann leicht mit der Behauptung zurückgewiesen werden, man habe gar keinen Gesichtsausdruck gezeigt oder etwas ins Auge bekommen, oder man habe freund-lich lächeln wollen; vgl. Scherer 1977 a, 235). Selbst wenn der Sender versucht, Eigenschaf-ten oder Zustände zu verbergen, indem er auch sein nonverbales Verhalten überwacht und kontrolliert, ist mit dem Durchsickern der unterdrückten Informationen (»nonverbal leakage«; Ekman, Friesen 1969, 1972) zu rechnen, da eine vollständige und gleichzeitige Kontrolle aller Verhaltensbereiche kaum möglich ist.

Nonverbale Zeichen erfüllen daher eine Vielzahl von Steuerungsfunktionen für Kommunikationsprozesse und bilden eine außerordentlich wichtige Grundlage für den sozialen Informationsaustausch in der Interaktion sowie für die Entwicklung und Aufrechterhaltung von Beziehungen in Dyaden und Kleingruppen. In Anbetracht der weitgehenden Parallelen zwischen tierischer Kommunikation und nonverbaler Kommunikation beim Menschen ist davon auszugehen, daß letztere eine unabdingbare Voraussetzung für geselliges Zusammenleben von Organismen und damit für die Möglichkeit von Interaktion und Kommunikation generell darstellt.

LITERATUR

ARGYLE, M.: Bodily communication. London: Methuen 1975. Deutsch: Körpersprache und Kommunikation. Paderborn: Junfermann 1978

BIRDWHISTELL, R. L.: Kinesics and context. Philadelphia: University of Pennsylvania Press 1970

Kinesics. International Encyclopedia of the Social Sciences, VIII. New York: Macmillan 1968, 379–385, Deutsch in: K. R. Scherer, H. G. Wallbott (Hg.): Nonverbale Kommunikation: Ausgewählte Forschungsberichte zum Interaktionsverhalten. Weinheim: Beltz 1979

CONDON, W. S., OGSTON, W. D.: A segmentation of behavior. Journal of Psychiatric Research, 5, 1967, 221–235

CRANACH, M. VON (Ed.): Methods of inference from animal to human behavior. Chicago: Aldine 1976

DAVITZ, J. R.: The communication of emotional meaning. New York: McGraw-Hill 1964

DITTMAN, A. T.: The body movement-speech rhythm relationship as a cue to speech encoding. In: A. W. Siegman, B. Pope (Eds.): Studies in dyadic communication. New York: Pergamon Press 1972, 135–152

DUNCAN, S. D.: On the structure of speaker-auditor interaction during speaking turns. Language in Society, 2, 1974, 161–180. Deutsch in: K. R. Scherer, H. G. Wallbott (Hg.): Nonverbale Kommunikation: Ausgewählte Forschungsberichte zum Interaktionsverhalten. Weinheim: Beltz 1979

EKMAN, P.: Universal facial expressions of emotion. California Mental Health Digest, 8, 1970, 151–158. Deutsch in: K. R. Scherer, H. G. Wallbott (Hg.): Nonverbale Kommunikation: Ausgewählte Forschungsberichte zum Interaktionsverhalten. Weinheim: Beltz 1979

(Ed.): Darwin and facial expression: A century of research in review. New York: Academic Press 1973

EKMAN, P., FRIESEN, W. V.: The repertoire of nonverbal behavior: Categories, origins, usage, and coding. Semiotica, 1, 1969, 49–98

Hand movements. Journal of Communication, 22, 1972, 353–374. Deutsch in: K. R. Scherer, H. G. Wallbott (Hg.): Nonverbale Kommunikation. Ausgewählte Forschungsberichte zum Interaktionsverhalten. Weinheim: Beltz 1979

EKMAN, P., FRIESEN, W. V., SCHERER, K. R.: Body movement and voice pitch in deceptive interaction. Semiotica, 16, 1976, 23–27. Deutsch in: K. R. Scherer, H. G. Wallbott (Hg.): Nonverbale Kommunikation: Ausgewählte Forschungsberichte zum Interaktionsverhalten. Weinheim: Beltz 1979

ELLSWORTH, P. C., LUDWIG, L. M.: Visual behavior in social interaction. Journal of Communication, 22, 1972, 375–403. Deutsch in: K. R. Scherer, H. G. Wallbott (Hg.): Nonverbale Kommunikation: Ausgewählte Forschungsberichte zum Interaktionsverhalten. Weinheim: Beltz 1979

FELDSTEIN, S., WELKOWITZ, J. A.: Chronography of conversation: In defense of an objective approach. In: A. W. Siegman,

S. Feldstein (Eds.): Nonverbal behavior and communication. Hillsdale/N. J.: Erlbaum 1978

FOUTS, R. S., RIGBY, R. L.: Man-chimpanzee communication. In: T. A. Sebeok (Ed.): How animals communicate. Bloomington/Ind.: Indiana University Press 1977

FREEDMAN, N., BLASS, T., RIFKIN, A., QUITKIN, F.: Body movement and the verbal encoding of aggressive affect. Journal of Personality and Social Psychology, 26, 1973, 72–85. Deutsch in: K. R. Scherer, H. G. Wallbott (Hg.): Nonverbale Kommunikation: Ausgewählte Forschungsberichte zum Interaktionsverhalten. Weinheim: Beltz 1979

GARNER, W. R.: Uncertainty and structure as psychological concepts. New York: Wiley & Sons 1962

GILES, H., SCHERER, K. R., TAYLOR, D. M.: Speech markers in social interaction. In: K. R. Scherer, H. Giles (Eds.): Social markers in speech. Cambridge: Cambridge University Press 1979 (im Druck)

GILES, H., SMITH, P. M.: Accomodation theory: Optimal levels of convergence. In: H. Giles, R. StClair (Eds.): Language and social psychology. London: Blackwell 1979

GOLDMAN-EISLER, F.: Psycholinguistics: Experiments in spontaneous speech. New York: Academic Press 1968

HALL, E. T.: Proxemics. Current Anthropology, 9, 1968, 83–108

HESS, E. H.: The tell-tale eye. New York: Von Nostrand Reinhold 1975. Deutsch: Das sprechende Auge. München: Kindler 1977

HOCKETT, C. F.: Logical considerations in the study of animal communication. In: W. E. Lanyon, W. N. Tavolga (Eds.): Animal sounds and communication. Washington: American Institute of Biological Sciences 1960

IZARD, C. E.: The face of emotion. New York: Appleton 1971

KENDON, A.: The role of visible behaviour in the organization of social interaction. In: M. v. Cranach, I. Vine (Eds.): Social communication and movement. London: Academic Press 1973, 29–74. Deutsch in: K. R. Scherer, H. G. Wallbott (Hg.): Nonverbale Kommunikation: Ausgewählte Forschungsberichte zum Interaktionsverhalten. Weinheim: Beltz 1979

Studies in the behavior of social interaction. Bloomington/Ind.: Indiana University Press 1977

LANZETTA, J. L., KLECK, R. E.: Encoding and decoding of nonverbal affect in humans. Journal of Personality and Social Psychology, 16, 1970, 12–19

LAVER, J., HUTCHESON, S. (Eds.): Communication in face to face interaction. Harmondsworth: Penguin 1972

LYONS, J.: Human language. In: R. A. Hinde (Ed.): Non-verbal communication. Cambridge: Cambridge University Press 1972, 49–85

MACKAY, D. M.: Formal analysis of communicative processes. In: R. A. Hinde (Ed.): Non-verbal communication. Cambridge: Cambridge University Press 1972, 3–26

MEHRABIAN, A.: Nonverbal communication. Chicago: Aldine-Atherton 1972

MEHRABIAN, A., FRIAR, J. T.: Encoding of attitude by a seated communicator via posture and position cues. Journal of Consulting and Clinical Psychology, 33, 1969, 330–336. Deutsch in: K. R. Scherer, H. G. Wallbott (Hg.): Nonverbale Kommunikation: Ausgewählte Forschungsberichte zum Interaktionsverhalten. Weinheim: Beltz 1979

ROSENFELD, H. M.: Instrumental affiliative functions of facial and gestural expressions. Journal of Personality and Social Psychology, 4, 1966, 65–72

SCHEFLEN, A. E.: The significance of posture in communication systems. Psychiatry, 27, 1964, 316–331. Deutsch in: K. R. Scherer, H. G. Wallbott (Hg.): Nonverbale Kommunikation: Ausgewählte Forschungsberichte zum Interaktionsverhalten. Weinheim: Beltz 1979

SCHERER, K. R.: Beobachtungsverfahren zur Mikroanalyse nonverbaler Verhaltensweisen. In: J. van Koolwijk, M. Wieken-Mayser (Hg.): Techniken der empirischen Sozialforschung, III. München: Oldenbourg 1974 a

Ausgewählte Methoden der empirischen Sprachforschung. In: J. van Koolwijk, M. Wieken-Mayser (Hg.): Techniken der empirischen Sozialforschung, III. München: Oldenbourg 1974 b

Kommunikation. In: Th. Herrmann u. a.: Handbuch psychologischer Grundbegriffe. München: Kösel 1977 a

Affektlaute und vokale Embleme. In: R. Posner, H. P. Reinecke (Hg.): Zeichenprozesse – Semiotische Forschung in den Einzelwissenschaften. Wiesbaden: Athenaion 1977 b, 199–214

Personality inference from voice quality: the loud voice of extroversion. European Journal of Scocial Psychology, 8, 1978, 467–487

Die Funktionen des nonverbalen Verhaltens im Gespräch. In: K. R. Scherer, H. G. Wallbott (Hg.): Nonverbale Kommunikation: Ausgewählte Forschungsberichte zum Interaktionsverhalten. Weinheim: Beltz 1979 a

Personality markers in speech. In: K. R. Scherer, H. Giles (Hg.): Social markers in speech. Cambridge: Cambridge University Press 1979 b (im Druck)

Non linguistic indicators of emotion and psychopathology. In: C. E. Izard (Ed.): Emotions in personality and psychopathology. New York: Plenum Press 1979 c (im Druck)

Voice and speech correlates of perceived social influence. In: H. Giles, R. StClair (Eds.): The social psychology of language. London: Blackwell 1979 d (im Druck)

SCHERER, K. R., GILES, H. (Eds.): Social markers in speech. Cambridge: Cambridge University Press 1979 (im Druck)

SCHERER, K. R., OSHINSKY, J.: Cue utilization in emotion attribution from auditory stimuli. Motivation and Emotion, 1, 1977, 331–346

SCHERER, K. R., WALLBOTT, H. G. (Hg.): Nonverbale Kommunikation: Ausgewählte Forschungsberichte zum Interaktionsverhalten. Weinheim: Beltz 1979

SEBEOK, T. A. (Ed.): How animals communicate. Bloomington/Ind.: Indiana University Press 1977

WATZLAWICK, P., BEAVIN, J. H., JACKSON, D.: Pragmatics of human communication. New York: Norton 1967. Deutsch: Menschliche Kommunikation. Stuttgart: Huber 1971

WEITZ, S.: Nonverbal communication. New York: Oxford University Press 1974, ²1979

SOZIALE INTERAKTION:
THEORIE UND FORSCHUNG

von Michael Argyle

ANALYSE DER VERBALEN KOMMUNIKATION UND KONVERSATION

Die soziale Interaktion des Menschen ist zum größen Teil mit dem Austausch verbaler Mitteilungen verbunden. Die Linguistik hat jedoch bisher wenig getan, um den Gebrauch von Äußerungen als soziale Mitteilung zu untersuchen, die Einfluß auf die Hörer ausüben sollen, während andererseits bis vor kurzem noch die Sozialpsychologen die Bedeutungen von Äußerungen weitgehend übersahen und nur ihre Länge oder Häufigkeit aufzeichneten.

Äußerungen können eine Anzahl verschiedener Funktionen haben:

1. Die egozentrische Sprache ist an das eigene Ich gerichtet; man findet sie bei kleinen Kindern, und sie hat die Wirkung einer Verhaltenssteuerung.

2. Befehle, Anweisungen dienen dazu, das Verhalten anderer zu beeinflussen. Sie können freundlich-überredend oder autoritär sein.

3. Fragen sind dazu bestimmt, verbale Information anzufordern. Sie können offen oder geschlossen, persönlich oder unpersönlich sein.

4. Information kann als Antwort auf eine Frage oder im Rahmen eines Vortrags oder während einer Diskussion zur Lösung von Problemen dargeboten werden.
(Die Typen 2 bis 4 sind die drei grundlegenden Klassen von Äußerungen.)

5. Die informelle Sprache besteht aus beiläufigem Geplauder, Scherzen, Klatsch. Sie enthält wenig Information, trägt aber dazu bei, soziale Beziehungen herzustellen und zu erhalten.

6. Ausdruck von Gefühlen und interpersonalen Einstellungen. Dies ist eine besondere Art der Information. Wie wir noch sehen werden, wird sie jedoch gewöhnlich – und wirksamer – nichtverbal übermittelt.

7. »Performative« Äußerungen. Zu diesen gehören »Illokutionen«, bei denen die Äußerung selbst etwas vollbringt (z. B. Wählen, Beurteilen, Benennen usw.), und »Perlokutionen«, bei denen ein Ziel angestrebt, möglicherweise aber nicht erreicht wird (z. B. Überreden, Einschüchtern usw.).

8. Soziale Routinen sind die stehenden Redewendungen des Denkens, der Entschuldigung, der Begrüßung usw.

9. Latente Mitteilungen sind solche, bei denen der wichtigere Bedeutungsgehalt untergeordnet erscheint (»Wie ich gestern dem Bundeskanzler sagte . . . «).
Es gibt viele Kategorienschemata zur Reduzierung von Äußerungen auf eine beschränkte

Anzahl von Klassen sozialer Akte. Eines der bekanntesten ist das von Bales (1950), der die folgenden zwölf Klassen einführte:

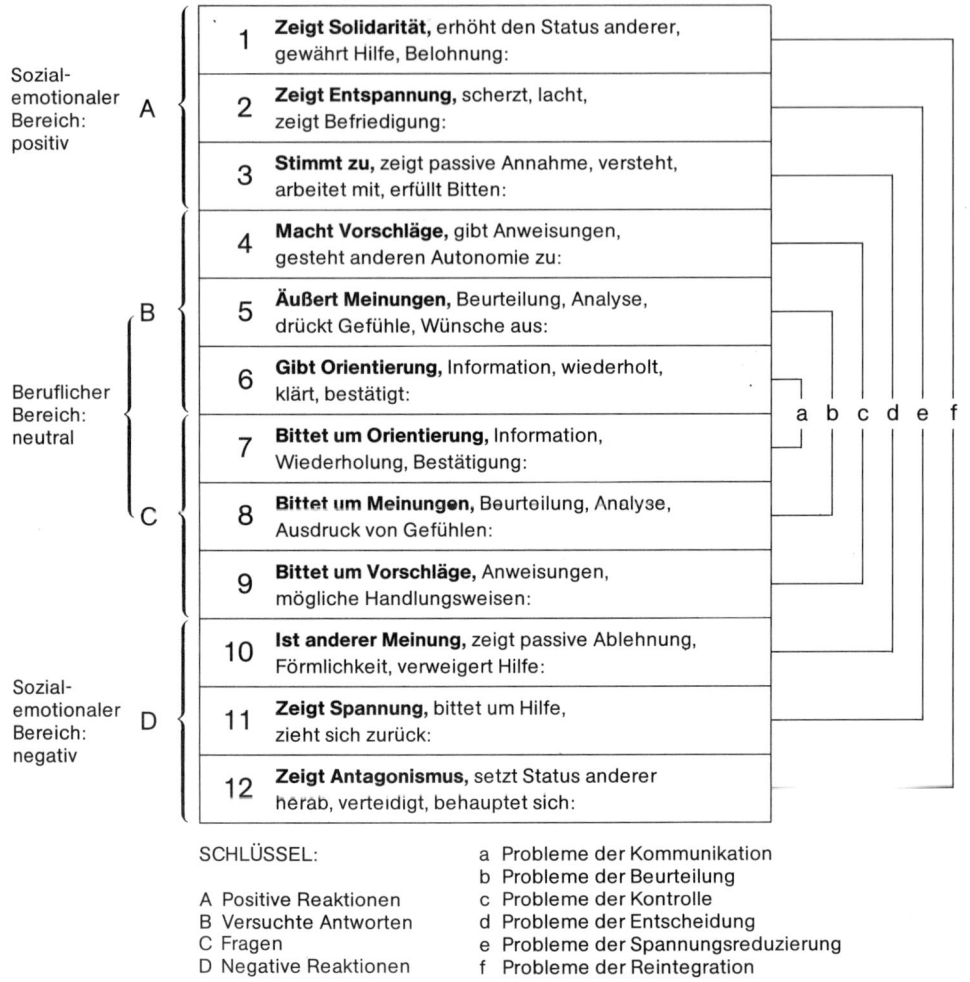

Abb. 1   Die Bales-Kategorien (Bales 1950).

Obwohl solche Schemata häufig verwendet wurden, besteht eine grundsätzliche Schwierigkeit darin, daß dieselbe Äußerung unter Umständen für verschiedene Zwecke unterschiedlich klassifiziert werden muß. Eine Diskussion kann eine große Anzahl von Fragen und Vorschlägen beinhalten, aber es sind eben *verschiedene* Fragen, und es wäre dann nicht möglich, das Argument allein durch die Bales-Analyse zu verfolgen. Andererseits wiederum kann ein und dieselbe Äußerung eine *Frage* sein, die offen, taktlos und umfangreich ist, und jedes dieser Merkmale kann einen Aspekt der Antwort beeinflussen.

Äußerungen folgen in einem Gespräch auf eine bestimmte Weise aufeinander. Der Sinn einer Äußerung kann von anderen Äußerungen abhängen (z. B. »Ich bin anderer Meinung«) oder von der sozialen Situation (»Fuchsschwanz«), oder er ist nicht das, was er zu sein scheint: »Würden Sie mir bitte das Salz reichen?« ist keine Frage, und »Treten Sie ein!« ist kein Befehl, sondern eine Willkommensäußerung. Ein Sprecher gibt gewöhnlich Äußerungen von sich, von denen er annimmt, daß sie der Zuhörer versteht, und er stimmt ihre technischen Einzelheiten und Anspielungen auf örtliche Bezüge entsprechend ab. Die Verschlüsselung setzt die Entschlüsselung voraus. Rommetveit[1] hat gezeigt, daß jede Äußerung die gemeinsamen Informationen und Aufmerksamkeitsobjekte von Sprecher und Hörer berücksichtigt und ihnen etwas hinzufügt. Das Neue wird in das Alte eingebettet. Das gleiche Wort hat verschiedene Bedeutungen in verschiedenen Äußerungen, wie z. B. »Tenor« (Inhalt, Haltung bzw. Sänger mit hoher Stimmlage). Mit Sätzen können verschiedene Sprachspiele gespielt werden, z. B. in Scherzen, in Predigten, in der Poesie.

Nichtverbale Kommunikation in Verbindung mit Sprache

Vervollständigung und Ausarbeitung (Elaborierung) verbaler Äußerungen. Manche Äußerungen sind bedeutungslos oder mehrdeutig, sofern nicht nichtverbale Begleiterscheinungen mit berücksichtigt werden. Ein Vortragender kann auf eine Karte oder ein Schaubild zeigen: eine Tonbandaufzeichnung dieses Teils des Vortrags wäre bedeutungslos. Manche Sätze sind gedruckt doppelsinnig – »Heute so und morgen so« –, nicht aber gesprochen: »*Heute* so und *morgen* so« oder: »Heute *so* und morgen *so*.« In anderen Fällen wird die Bedeutung einer Äußerung durch veranschaulichende Gebärden erweitert.

Eine Äußerung erhält durch die Art, wie sie gemacht wird, gleichsam einen »Rahmen«, das heißt, Tonfall und Gesichtsausdruck zeigen an, ob sie ernst, scherzhaft, sarkastisch (das Gegenteil bedeutend) oder rhetorisch gemeint ist oder eine Antwort erfordert und so fort. Die nichtverbale Begleitung ist eine Mitteilung über die Mitteilung, die der Empfänger benötigt, um zu wissen, was er mit ihr anfangen soll. Es gibt noch subtilere Kommentare und Ausarbeitungen: Bestimmte Wörter können betont, mit einem besonderen Akzent ausgestattet oder auf eine Weise ausgesprochen werden, die eine spezifische Einstellung verrät. Die wichtigsten nichtverbalen Signale sind hier die prosodischen Aspekte der Tongebung – das Sprechtempo, die Tonhöhe und die Lautstärke. Ebensowichtig sind die Gebärden, vor allem die illustrierenden, und auf ähnliche Weise begleiten Gesichtsausdruck und Blick das gesprochene Wort.

Die Synchronisation. Wenn zwei oder mehr Personen miteinander sprechen, müssen sie sich abwechseln. Das wird hauptsächlich mit nichtverbalen Signalen bewerkstelligt. Will ein Sprecher beispielsweise vermeiden, daß er unterbrochen wird, so gelingt ihm dies besser, wenn er am Ende des Satzes nicht aufblickt oder in diesem Augenblick die Hand hebt und, falls er dennoch unterbrochen wird, sofort lauter zu sprechen beginnt. Die Synchronisation gelingt nicht nur im allgemeinen recht gut, sondern die Interaktionspartner helfen sich oft auch gegenseitig, indem einer die Äußerung für den anderen beendet. Manche Unterbrechungen sind eher irrtümliche Vorwegnahmen des Redeschlusses des anderen als echte Versuche, ihn zu unterbrechen.

Die Sendung von Rückkopplungssignalen. Wenn jemand spricht, braucht er eine unterbrochene, aber regelmäßige Rückkopplung oder Rückmeldung, um zu sehen, wie andere reagieren, so daß er seine Äußerungen entsprechend modifizieren kann. Er muß wissen, ob seine Zuhörer ihn verstehen, ob sie ihm glauben oder nicht, ob sie überrascht oder gelangweilt sind, zustimmen oder anderer Meinung sind, ob sie erfreut oder verärgert sind. Diese Informationen könnten verbal, durch leises Murmeln, vermittelt werden, tatsächlich aber erhält man sie durch sorgfältige Beobachtung des Gesichtsausdrucks des andern: Die Augenbrauen signalisieren Überraschung, Verblüffung usw., während der Mund Gefallen oder Mißfallen anzeigt. Ist der andere unsichtbar, wie bei einem Telefongespräch, so sind diese Signale nicht erhältlich, und ein mehr verbales »Hörverhalten« wird angewandt: »Ich verstehe« – »wirklich?« – »wie interessant!« usw.

Sprechstile. Bernstein (1962) verweist darauf, daß Angehörige der Mittelschicht in einem elaborierten Kode sprechen, der sich beispielsweise dafür eignet, Entscheidungen in Organisationen zu fällen, und allgemein mehr abstrakt, logisch und objektiv ist als der restringierte Kode der Sprache der Unterschicht, der sich besser dafür eignet, Beziehungen in Gruppen mit direktem Kontakt aufrechtzuerhalten. Wenn dies einerseits allgemein bestätigt wurde, so zeigte sich andererseits aber auch, daß Angehörige der Unterschicht gelegentlich ebenso in einem mehr elaborierten Kode sprechen können, wie sie imstande sind, den Akzent zu wechseln (Labov 1964). Fraser[2] stellte fest, daß im sozialen Bereich und im beruflichen Bereich verschiedene Kodes verwendet werden, die ungefähr den beiden Kodes Bernsteins ähneln.

Sprache kann mit verschiedenen Akzenten, verschiedenen Geschwindigkeiten und Lautstärken und verschiedenen emotionalen Färbungen vorgebracht werden. Die emotionale Färbung drückt sich durch verschiedene physikalische Parameter aus; so wird beispielsweise Niedergeschlagenheit durch langsames Sprechen, tiefe Tonlage und geringe Lautstärke vermittelt. Der Akzent betrifft die Art und Weise, in der verschiedene Phoneme ausgesprochen werden – etwa ob ein »a« lang oder kurz ist –, und er vermittelt Information über die soziale Schicht, die Bildung und die regionale Herkunft. Untersuchungen von Lambert u. a. (1960) und Giles u. Powesland (1975) zeigten, daß ein und derselbe Sprecher, der mehrere Tonbandaufnahmen mit verschiedenen Akzenten macht, sehr unterschiedlich wahrgenommen und beurteilt wird. So kommen beispielsweise stereotype Urteile über Englisch und Französisch sprechende Kanadier zum Ausdruck. Wenn Menschen, die normalerweise verschiedene Sprechstile haben, zueinander in Beziehung treten, nähern sie sich einer ähnlichen Sprechweise an, vermutlich um die gegenseitige soziale Anerkennung zu fördern (Giles, Powesland 1976).

DIE NICHTVERBALE KOMMUNIKATION

Die nichtverbale Kommunikation läßt sich experimentell als ein Problem der Verschlüsselung und Entschlüsselung untersuchen. Ebenso kann sie unter Anwendung der Methoden der Ethologie oder der Linguistik als Teil einer Sequenz studiert werden. Wir werden sehen, daß diese Art von Analyse theoretische Implikationen in bezug auf die Natur der menschlichen Kommunikation und praktische Implikationen auf mehreren Gebieten hat.

Ein Sender ist in einer bestimmten Verfassung, oder er besitzt eine Information; er verschlüsselt diese in eine Mitteilung, die ein Empfänger sodann entschlüsselt.

Die Verschlüsselung wird untersucht, indem man Versuchspersonen in einen bestimmten Zustand versetzt und die nichtverbalen Mitteilungen studiert, die ausgesandt werden. So forderte beispielsweise Mehrabian (1968) in einem Rollenspiel-Experiment Vpn auf, sich an einen Hutständer zu wenden und sich vorzustellen, er sei ein Mensch. Männliche Vpn, die den Hutständer mochten, sahen ihn länger an und traten näher an ihn heran.

Die Entschlüsselung wird untersucht, indem man Vpn experimentell vorbereiteten Reizen aussetzt und feststellt, wie diese entschlüsselt werden. Argyle, Lefebvre u. Cook (1974) brachten Mitarbeitern fünf Arten von Blicken bei, welche sie gegenüber verschiedenen Vpn anwandten, die ihre Eindrücke von den Mitarbeitern in Form von Noten wiedergaben. Das Hauptergebnis war, daß die Mitarbeiter als sympathischer empfunden wurden, wenn sie häufiger blickten – sofern die spontane Rate nicht überschritten wurde –, obwohl ihre wahrgenommene Aktivität und Dominanz mit der Blickhäufigkeit kontinuierlich zunahmen.

Die Bedeutung eines nichtverbalen Signals kann danach bestimmt werden, wie es verschlüsselt oder entschlüsselt wird. Es gibt zwei hauptsächliche Arten von Bedeutungen. Signale können analog sein wie Gesten, die dem beschriebenen Gegenstand ähneln, oder gewisse Gesichtsausdrücke, z. B. das Zähnezeigen von Tieren, das zum Beißen gehört. Oder Signale können willkürliche Bedeutungen haben als Resultate früherer Assoziationen, wie es bei Kleidern, Frisuren oder konventionellen Gesten der Fall ist. Es gibt Untersuchungsmethoden zur Feststellung solcher Bedeutungen wie z. B. die multidimensionale Skalierung, bei der Vpn aufgefordert werden, die Ähnlichkeiten zwischen Fotografien von Gesichtsausdrücken zu beurteilen. Auf diese Weise ergeben sich Dimensionen, die nur im Sinne der Fotografien definiert werden können. Manche nichtverbalen Signale scheinen überhaupt keine subjektive Bedeutung zu haben, obwohl sie das Verhalten beeinflussen – wie im Falle eines leichten Nickens oder des Wechsels der Blickrichtung. Von solchen Signalen könnte man sagen, daß sie eine verhaltensbezogene Bedeutung haben. Ähnliche Überlegungen lassen sich anstellen in bezug auf gewisse rituelle Signale wie das Händeschütteln, die eine Veränderung der Beziehung bewirken, aber keine offensichtliche subjektive Bedeutung haben.

Nichtverbale Signale sind oft »unbewußt«, d. h., sie liegen außerhalb des Aufmerksamkeitsbereichs. Einige Signale werden unbewußt ausgesandt und empfangen, wie z. B. die Pupillenerweiterung, die sexuelle Anziehung bedeutet, aber es gibt, wie die folgende Aufstellung zeigt, eine Reihe anderer Möglichkeiten.

SENDER	EMPFÄNGER	
bewußt	bewußt	verbale Kommunikation, manche Gesten, z. B. Zeigen
vorw. unbewußt	vorw. unbewußt	die meisten nichtverbalen Kommunikationen
unbewußt	unbewußt, aber beeinflußt	Pupillenerweiterung, Blickwechsel, andere kleine, nichtverbale Signale
bewußt	unbewußt	Sender ist geübt in z. B. räumlichem Verhalten
unbewußt	bewußt	Empfänger ist geübt in der Deutung von z. B. Körperhaltungen

Tab. 1   (Argyle 1975).

Genaugenommen ist die Pupillenerweiterung keine Kommunikation, sondern nur eine physiologische Reaktion. Unter »Kommunikation« versteht man gewöhnlich, daß eine Absicht vorliegt, auf eine andere Person einzuwirken. Ein Kriterium besteht darin, daß es darauf ankommt, ob die andere Person anwesend und imstande ist, das Signal zu empfangen; ein anderes ist darin zu sehen, daß das Signal wiederholt, variiert oder verstärkt wird, wenn es keine Wirkung zeigt. Diese Kriterien sind unabhängig von einer *bewußten* Absicht zu kommunizieren, die oft fehlt.

Die Funktionen der nichtverbalen Kommunikation

Interpersonale Einstellungen. Hier soll von den Einstellungen zu anderen anwesenden Personen die Rede sein. Die hauptsächlichen Einstellungen lassen sich in zwei Dimensionen darstellen:

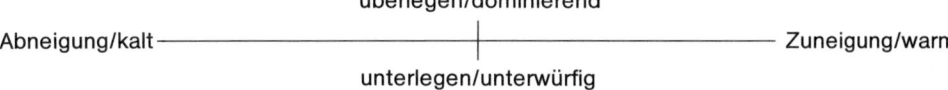

überlegen/dominierend

Abneigung/kalt ——————————————+—————————————— Zuneigung/warm

unterlegen/unterwürfig

371

Dazu kommt die Liebe als Variante der Zuneigung. Diese Einstellungen können durch nichtverbale Signale wie Gesichtsausdruck, Tonfall und Körperhaltung eindeutig übermittelt werden. Zuneigung wird durch Lächeln, einen freundlichen Tonfall usw. ausgedrückt.

Der Autor und seine Kollegen verglichen die Wirkungen verbaler und nichtverbaler Signale bei der Kommunikation interpersonaler Einstellungen. Maschinengeschriebene Texte wurden vorbereitet, die eine überlegene (dominierende), neutrale bzw. unterlegene (unterwürfige) Sprechweise anzeigten, außerdem wurden Video-Aufnahmen eines Sprechers, der zählte (1, 2, 3 ...) und durch Tonfall, Gesichtsausdruck und Kopfhaltung die gleichen Einstellungen zu erkennen gab, gemacht. Die verbalen und nichtverbalen Signale wurden von den Vpn als sehr ähnlich in bezug auf Überlegenheit usw. beurteilt. Dann wurden die kombinierten Signale weiteren Vpn auf einem Video-Band vorgeführt – überlegen (verbal), unterlegen (nichtverbal) usw., insgesamt neun Kombinationen – und in bezug auf Überlegenheit beurteilt. Es zeigte sich, daß bei der Beeinflussung von Urteilen über Unterlegenheit/Überlegenheit die Varianz aufgrund nichtverbaler Hinweise etwa zwölfmal so groß war wie die Varianz aufgrund verbaler Hinweise (Argyle u. a. 1970). Einige der Ergebnisse sind in Abb. 2 dargestellt. Ähnliche Resultate wurden bei späteren Experimenten erzielt, bei denen freundliche und feindselige Mitteilungen verwendet wurden (Argyle, Alkema, Gilmour 1972).

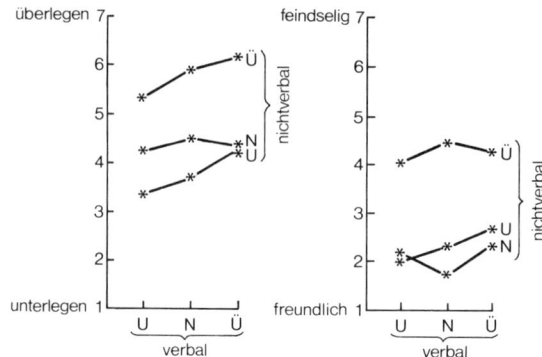

Abb. 2 Wirkungen unterlegener neutraler und überlegener verbaler und nichtverbaler Signale auf die semantische Beurteilung (aus: Argyle u. a. 1969).

Die Einstellungen anderer werden also hauptsächlich mit Hilfe ihres nichtverbalen Verhaltens wahrgenommen. Es zeigt sich, daß Menschen mit einiger Genauigkeit beurteilen können, ob andere sie mögen, Abneigung aber weniger genau wahrnehmen (Tagiuri 1958). Der Grund ist wahrscheinlich darin zu sehen, daß die Ausdrücke der Abneigung weitgehend verborgen werden und nur die subtileren, wie die körperliche Orientierung, bestehenbleiben.

Emotionale Zustände. Sie lassen sich von interpersonalen Einstellungen dadurch unterscheiden, daß die Emotionen nicht auf andere anwesende Personen gerichtet sind, sondern einfach Zustände des Individuums darstellen. Die üblichen Emotionen sind Zorn, Niedergeschlagenheit, Angst, Freude, Überraschung, Furcht und Ekel/Verachtung (Ekman u. a. 1972). Ein Angstzustand beispielsweise kann gezeigt werden durch a) den Tonfall der Stimme, b) den Gesichtsausdruck – Spannung, Schweiß, erweiterte Pupillen –, c) die Haltung – gespannt und starr –, d) die Gebärden – Umklammern von Gegenständen oder allgemeine körperliche Aktivität –, e) den Geruch – von Schweiß – und f) den Blick – kurze Blicke, Abwenden des Blicks. Interaktionspartner können versuchen, ihren wahren emotionalen Zustand zu verbergen oder einen anderen emotionalen Zustand vorzutäuschen, aber es ist schwer, alle diese Hinweise zu beherrschen, und unmöglich, die autonomeren zu unterdrücken. Emotionale Zustände können durch Sprache übermittelt werden – »Ich bin sehr glücklich« –, aber Behauptungen werden wahrscheinlich nicht geglaubt, wenn sie nicht durch die entsprechende nichtverbale Kommunikation bestätigt werden, und die nichtverbale Kommunikation ist der Mitteilung ohne die Sprache fähig.

Andere Funktionen der nichtverbalen Kommunikation. Die nichtverbale Kommunikation begleitet, wie wir gesehen haben, die Sprache. Sie ist der Hauptkanal für die Selbstdarstellung (s. u.) und spielt eine wichtige Rolle bei Ritualen (s. u.).

DAS MODELL DER SOZIALEN FERTIGKEITEN

Dieses Modell lenkt die Aufmerksamkeit auf eine Reihe von Analogien zwischen der sozialen Leistung und der Ausübung motorischer Fertigkeiten wie, zum Beispiel, dem Lenken eines Autos (siehe Abb. 3).

In jedem Fall verfolgt der Ausübende bestimmte Ziele, er reagiert ständig auf Rückkopplungen und äußert hierarchisch organisierte motorische Responsen. Dieses Modell war heuristisch sehr nützlich, indem es auf die Bedeutung der Rückkopplung und damit des Blicks aufmerksam machte. Es läßt außerdem erkennen, unter welchen Voraussetzungen bestimmte Leistungen mißlingen, und zeigt, durch die Analogie mit der Übung motorischer Fertigkeiten, welche Übungsmethoden wirksam sein können (Argyle, Kendon 1967; Argyle 1969).

Das Modell betont die Motivation sowie die Ziele und Pläne von Interaktionspartnern. Dabei wird vorausgesetzt, daß jeder Interaktionspartner bewußt oder unbewußt ein Ziel zu erreichen trachtet. Solche Ziele können zum Beispiel darin bestehen, die Zuneigung einer

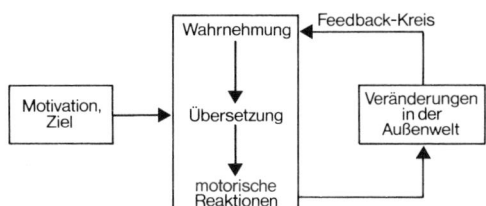

Abb. 3 Modell der sozialen Fertigkeiten (aus: Argyle 1967).

anderen Person zu erringen, Information zu erhalten oder zu übermitteln, den emotionalen Zustand des anderen zu ändern und so fort. Ziele dieser Art können mit grundlegenden Motivationssystemen verbunden sein. Ferner haben Ziele Unterziele. So muß, zum Beispiel, ein Arzt einen Patienten untersuchen, bevor er ihn behandeln kann.

Reaktionsschemata sind auf Ziele und Unterziele gerichtet und haben eine hierarchische Struktur – große Verhaltenseinheiten setzen sich aus kleineren zusammen, und auf den untersten Ebenen sind sie habituell und automatisch.

Harré u. Secord (1972) haben überzeugend dargelegt, daß ein großer Teil des menschlichen Sozialverhaltens das Ergebnis bewußter Planung – oft mit Worten – unter voller Berücksichtigung der komplexen Bedeutungen des Verhaltens und der Situationsregeln ist. Dies bedeutet eine wesentliche Korrektur früherer sozialpsychologischer Ansichten, die oft die Komplexität der individuellen Planung und die verschiedenen Bedeutungen nicht erkannten, die den Reizen, z. B. in Laborexperimenten, beigemessen werden können. Es muß allerdings eingeräumt werden, daß ein großer Teil des Sozialverhaltens *nicht* auf diese Weise geplant wird: Die kleineren Verhaltenselemente und die längeren automatischen Sequenzen liegen außerhalb der bewußten Sphäre, obwohl es möglich ist, beispielsweise auf Veränderungen des Blicks und der Körperhaltung und auf die latenten Bedeutungen von Äußerungen zu achten. Das Modell der sozialen Fertigkeiten kann, indem es die hierarchische Struktur der sozialen Leistung hervorhebt, beide Arten von Verhalten umfassen.

Es verweist außerdem auf die Rückkopplungsprozesse. Ein Mann, der einen Wagen lenkt, sieht sofort, daß er die falsche Richtung einschlägt, und nimmt mit Hilfe des Lenkrads eine Korrektur vor. Dasselbe geschieht bei der sozialen Interaktion. Wenn ein anderer zuviel spricht, unterbricht man ihn, man stellt abgrenzende Fragen oder keine und gibt weniger Interesse an dem, was er sagt, zu erkennen. Die Rückkopplung erfordert Wahrnehmung, man muß den anderen ansehen und ihm zuhören. Sie erfordert die Fähigkeit, die entsprechende Korrektur – im Modell »Übersetzung« genannt – vorzunehmen: Nicht jeder weiß, daß offene Fragen den anderen veranlassen, mehr zu sprechen, während abgrenzende Fragen den Redefluß hemmen. Und sie hängt schließlich von einer Reihe zweistufiger Sequenzen des Sozialverhaltens ab, durch die gewisse soziale Akte zuverlässige Wirkungen auf andere haben.

Die Rolle der Verstärkung. Die Verstärkung ist einer der Schlüsselprozesse in den Sequenzen sozialer Fertigkeiten. Wenn der Interaktionspartner A tut, was B von ihm verlangt, ist B zufrieden und sendet sofort spontane Verstärker aus: Lächeln, Blicke, beifällige Laute usw. Er modifiziert As Verhalten – durch operante Konditionierung beispielsweise – und damit den Inhalt seiner Äußerungen. Gleichzeitig modifiziert A in genau derselben Weise das Verhalten Bs. Diese Wirkungen scheinen im wesentlichen außerhalb des Brennpunkts bewußter Aufmerksamkeit zu liegen und treten sehr rasch ein. Daraus folgt, daß jeder, der im Laufe der Interaktion starke Belohnungen und Strafen austeilt, imstande ist, das Verhalten anderer in der gewünschten Richtung zu beeinflussen. Je stärker außerdem die Belohnungen sind, die A vergibt, desto stärker fühlen sich andere von ihm angezogen.

Der Blick als soziale Fertigkeit. Das Modell der sozialen Fertigkeiten zeigt, daß die Beobachtung der Reaktionen des anderen ein wesentlicher Teil der sozialen Leistung ist. Die verbalen Signale des anderen werden hauptsächlich gehört, aber seine nichtverbalen Signale werden hauptsächlich gesehen – mit Ausnahme der nichtverbalen Aspekte der Sprache und der Berührung. Diese Implikation des Modells der sozialen Fertigkeiten veranlaßte uns, den Blick im Rahmen der sozialen Interaktion zu studieren. Bei der dyadischen Interaktion sieht jeder Partner den anderen etwa 50 Prozent der Zeit an, das gegenseitige Anblicken nimmt etwa 25 Prozent der Zeit ein. Das Ansehen während des Zuhörens ist etwa doppelt so häufig wie das Ansehen während des Sprechens, die Blicke dauern etwa 5 Sekunden, die gegenseitigen Blicke 2,5 Sekunden – mit starken Schwankungen je nach Entfernung, Geschlecht und Persönlichkeit (Argyle, Cook 1976). Kendon (1967) stellte ferner fest, daß lange Blicke auf das Ende einer Äußerung folgen, und eine ihrer Funktionen ist es wahrscheinlich, Rückmeldungen über die Reaktion auf die Äußerung zu sammeln.

Es gibt jedoch mehrere wesentliche Unterschiede zwischen Sozialverhalten und motorischen Fertigkeiten.

Regeln. Die »Züge«, die Interaktionspartner machen können, werden von Regeln bestimmt – sie müssen richtige Reaktionen auf das Vorausgegangene darstellen. Auf ähnliche Weise bestimmen Regeln die Reaktionen des anderen, und sie können dazu verwendet werden, sein Verhalten zu beeinflussen; so führen beispielsweise Fragen zu Antworten.

Die Rollenübernahme. Wenn es wichtig ist, die Reaktionen anderer genau wahrzunehmen, so ist es ebenso notwendig, die *Wahrnehmungen* anderer wahrzunehmen, d. h. ihren Standpunkt zu berücksichtigen. Dies scheint eine kognitive Fähigkeit zu sein, die sich mit zunehmendem Alter entwickelt (Flavell 1968), manchmal aber nicht richtig ausgebildet wird. Menschen, die sie besitzen, erwiesen sich als tüchtiger bei einer Reihe sozialer Aufgaben und als altruistischer. Meldman (1967) stellte fest, daß psychiatrische Patienten egozentrischer sind, d. h., sie sprechen mehr von sich selbst als Kontrollpersonen, und wir haben die Erfahrung gemacht, daß es Patienten, die über wenig soziale Fertigkeiten verfügen, sehr schwerfällt, die Rolle des anderen zu übernehmen.

Die unabhängige Initiative anderer. Andere Interaktionspartner verfolgen *ihre* Ziele und reagieren ebenso auf Rückkopplung usw. Wir werden weiter unten über Methoden der Analyse der resultierenden Interaktionssequenzen sprechen. Das Modell der sozialen Fertigkeiten eignet sich am besten für Fälle von »asymmetrischer Kontingenz« – Interviewen, Unterrichten usw. –, in denen *eine* Person die Führung übernimmt. In solchen Fällen ist es möglich, die sozialen Fertigkeiten effizienter mit denen weniger effizienter Personen zu vergleichen. Umfangreiche Studien dieser Art liegen beispielsweise für Lehrer (Rosenshine 1971) und die Beaufsichtigung von Arbeitsgruppen (Argyle 1972) vor. Wir werden später noch besprechen, wie diese Fertigkeiten vermittelt werden können.

INTERAKTIONSSEQUENZEN

Das Modell der sozialen Fertigkeiten paßt ebensogut auch für asymmetrische Begegnungen. Ist es möglich, Interaktionssequenzen in sozialen Situationen anderer Art zu erklären? Die ethologische Methode besteht darin, eine Sequenz von Ereignissen in eine begrenzte Anzahl von Kategorien einzuteilen und die Übergangswahrscheinlichkeiten zwischen einer Kategorie und einer anderen zu bestimmen.

		B's nächste Handlung		
		x	y	z
	x	5	85	10
A's letzte Handlung	y	10	10	80
	z	60	20	20

Nimmt man an, daß A und B auf ähnliche Weise handeln, so ergibt sich, daß auf die Handlung x mit einer Wahrscheinlichkeit von 85 Prozent die Handlung y folgt usw. Bessere Resultate lassen sich erzielen, wenn man zwei oder mehr vorausgegangene Handlungen statt nur einer berücksichtigt. Bei der »Kettenanalyse« sucht man nach hohen Übergangswahrscheinlichkeiten wie x-y und y-z nach der obigen Tabelle, die dann als neue Handlungen mit p und q bezeichnet und in eine neue Tabelle eingesetzt werden. Wiederholte Anwendungen dieses Verfahrens ergeben eine hierarchische Sequenzstruktur. Manchmal treten wiederholte Zyklen auf wie x-y-z in diesem Falle. Diese allgemeine Methode wurde erfolgreich angewandt bei Tieren (Dawkins 1976 b) und bei gewissen Aspekten der menschlichen nichtverbalen Kommunikation wie Begrüßung und Abschied. Bei den Hauptkomponenten menschlicher Interaktionssequenzen erwies sie sich jedoch als nicht sehr erfolgreich, weil es keine einzelne Kategorienreihe gibt, die alle nötigen Aspekte sozialer Akte erfaßt, denn das Sozialverhalten des Menschen wird von komplizierten Regeln und Ideen bestimmt (man betrachte z. B. die Handlungsabläufe beim Kricket), und Ereignisse beeinflussen nicht nur das jeweils nächste, sondern auch Ereignisse, die erst nach mehreren anderen eintreten.

Das linguistische Modell des Sozialverhaltens stützt sich auf die Ähnlichkeiten zwischen den Wortsequenzen in Sätzen und den Sequenzen von Sätzen oder anderen sozialen Akten bei sozialen Begegnungen. In beiden Fällen zeigt es sich, daß Sequenzregeln gegeben sind: Einzelne Elemente gewinnen ihre Bedeutung teilweise durch ihre Stellung in einem größeren Ganzen, Sequenzen können durch Einbettungen unterbrochen und ganze Strukturen können, wie bei Scherz und Satire, umgewandelt werden. Grammatikregeln verbinden die Wortkategorien wie Substantive und Verben miteinander. Gibt es ähnliche Kategorien sozialer Handlungen, die einander an bestimmten Stellen einer Sequenz ersetzen können? Duncan u. Fiske (1977) stellten fest, daß die Abwechslung beim Sprechen von bestimmten Handlungskategorien abhängt. So erteilt beispielsweise das »Rückinformationssignal« vom Hörer zum Sprecher letzterem die Erlaubnis weiterzusprechen. Es besteht aus einigen gleichwertigen Handlungen wie Kopfnicken, »Hm-hm-Lauten« usw. Wir haben versucht, das Repertoire sozialer Handlungen für verschiedene soziale Situationen zu finden, und ziemlich große Repertoires von etwa fünfzig Handlungen für jede bisher untersuchte Situation herausgearbeitet. Die gleichen Handlungen werden in verschiedenen Situationen verschieden gruppiert und kontrastiert. So wird z. B. die körperliche Berührung des anderen

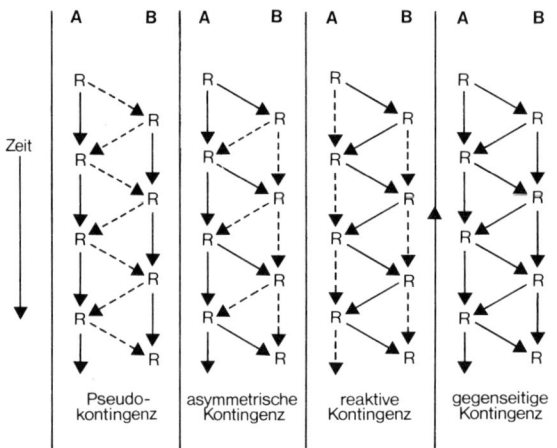

Abb. 4   Klassen sozialer Interaktion im Sinne der Kontingenz (Jones, Gerard 1967).

mit verschiedenen äquivalenten Handlungen zusammengruppiert, je nachdem ob sie beim Rendezvous oder während eines Besuches beim Arzt erfolgt. Clarke (1975) fand, daß wir stillschweigende Kenntnis von Sequenzregeln besitzen und Gespräche, in denen der rote Faden verlorenging, wieder annähernd richtig ordnen können. Er stellte fest, daß künstliche Dialoge, die dadurch entstanden, daß man Vpn aufforderte, eine zweite, dritte oder vierte Äußerung hinzuzufügen, als ebenso gut wie echte Dialoge beurteilt wurden, wenn an jedem Punkt drei vorausgegangene Äußerungen berücksichtigt worden waren. Das linguistische Modell übersieht jedoch einen entscheidenden Unterschied zwischen der Produktion von Sätzen und dem Aufbau ganzer Gespräche. Wenn ein Sprecher einen Satz zusammenfügt, wird er dabei von niemandem gestört. Dagegen können bei den meisten sozialen Begegnungen mindestens zwei Personen die Initiative ergreifen.

Wie das Modell der sozialen Fertigkeiten eignet sich das linguistische Modell am besten für Fälle asymmetrischer Kontingenz, in denen *eine* Person ihre eigenen Pläne verwirklichen kann. Es eignet sich aber auch für die Pseudokontingenz, bei der beide von Anfang an wissen, was geschehen wird, wie beim Grüßen.

Eine ähnliche Methode, Sequenzen zu studieren, bietet die Analogie mit Spielen. Zwei Personen können nicht Squash oder irgend etwas anderes miteinander spielen, wenn sie sich nicht darauf einigen, sich an dieselben Spielregeln zu halten. Solche Regeln sind keine empirischen Gesetze, sondern eher gemeinsame Konventionen, die eine Koordinierung des Verhaltens so weit ermöglichen, daß bestimmte Ziele verfolgt werden und erwünschte Formen der Interaktion zustande kommen können. Manche Regeln erfährt man, indem man andere fragt, was für ein Verhalten bei bestimmten Gelegenheiten nötig oder unmöglich ist. Die anderen sind allerdings vielleicht ebensowenig imstande, die Regeln zu nennen, wie die meisten, die eine Sprache beherrschen, die Grammatikregeln nennen können. Ihnen fällt jedoch auf, wenn gegen die Regeln verstoßen wird. Experimente mit Regelverstößen können dazu dienen, detaillierte Sequenzprinzipien zu erkennen. Wir stellten zum Beispiel fest, daß die Unterbrechung bei größeren grammatischen Einschnitten gestattet ist, und zwar unabhängig davon, wie lange der andere gesprochen hat. Es zeigte sich außerdem, daß manche Regeln von grundsätzlicher Bedeutung in dem Sinne sind, daß die Interaktion vollständig abbricht, wenn sie nicht eingehalten werden. Ein Beispiel wäre ein Interview-Kandidat, der alle Fragen selbst stellt oder offensichtlich lügt. Im Augenblick sind Untersuchungen im Gange, um festzustellen, welche Regelverstöße Ärger, Verlegenheit, Belustigung und andere Reaktionen auslösen. Die Regeln sind natürlich nicht alles, und innerhalb der Regeln ist ein gewisser Spielraum gegeben. Eine Studie des Verhaltens beim Fußball müßte zunächst einmal die Spielregeln feststellen, und der nächste Schritt wäre die Untersuchung, wie die Ziele, Strategien und Fertigkeiten verschiedener Spieler *innerhalb* der Regeln in Wechselwirkung treten.

Interaktionssequenzen bestehen zum Teil aus einer Reihe von zweistufigen Verkettungen. Einige davon gründen sich auf Regeln, die sich aus der Situation ergeben, wie z. B. das System des Bietens bei einer Versteigerung. In anderen Fällen handelt es sich um allgemeine Regeln, z. B. Frage führt zu Antwort, und Frage führt zu relevanter Antwort. Manche stützen sich auf psychologische Prinzipien, z. B. die Wirkungen der Verstärkung, die Abstimmung der Reaktionen, grundlegende nichtverbale Signale für freundliche und feindselige Einstellungen usw. Dreistufige Sequenzen sind ein wenig anders.

Hier liegen zwei zweistufige Sequenzen vor, A_1–B_1 und B_1–A_2. Außerdem ist eine Verbindung zwischen A_1 und A_2 gegeben, die oft auf eine Kontinuität der Pläne As zurückgeht. Zum Beispiel:

Arzt: fordert Patienten auf, sich auszuziehen.
Patient: zieht sich aus.
Arzt: untersucht Patienten.

Viel längere Reihen können entstehen, wenn es As Pläne erfordern, daß Dinge in einer bestimmten Reihenfolge getan werden. Längere Sequenzen bestehen oft aus wiederholten Zyklen.

In Abb. 5 sind mehrere alternative Zyklen einer Interaktion zwischen Lehrer und Schüler zu sehen. Flanders meint, daß die Fähigkeit zu lehren teilweise von der Fähigkeit abhängt, diese Zyklen zu beherrschen. Dieses Beispiel illustriert außerdem noch einen weiteren Punkt: die Bedeutung »proaktiver« Sequenzen, d. h. solcher, in denen ein Interaktionspartner mehr als einen Schritt gleichzeitig unternimmt.

Interaktionssequenzen lassen sich in Episoden oder Phasen unterteilen; es kann ein Wechsel des Gesprächsthemas stattfinden oder ein anderer Aspekt der Interaktion auftreten. Ausschußsitzungen, Bankette und andere förmliche Veranstaltungen lassen sich in klarere Episoden unterteilen als weniger förmliche Zusammenkünfte. Episoden verschiedener Längen lassen sich ermitteln, indem man Vpn auffordert, die Bruchstellen bei der Betrachtung von Video-Bändern anzugeben. Die Episoden können aus wiederholten Zyklen bestehen wie bei der Interaktion im Klassenzimmer oder nur einmal ablaufen wie bei Begrüßungen. Eine Episode setzt die zeitweilige Zustimmung zur Zusammenarbeit in einer vertrauten Sequenz voraus, und sie beginnt mit einleitenden Signalen, die verbal oder nichtverbal sein können, z. B.:

Interviewer: Ich möchte Sie fragen, was Sie an der Universität gemacht haben.

Kandidat: Bitte schön.

Eine Episode kann mehrere wiederholte Zyklen durchlaufen, bis einer oder mehrere Interaktionspartner der Ansicht sind, daß ihre Ziele erreicht wurden, und eine andere Episode eingeleitet wird.

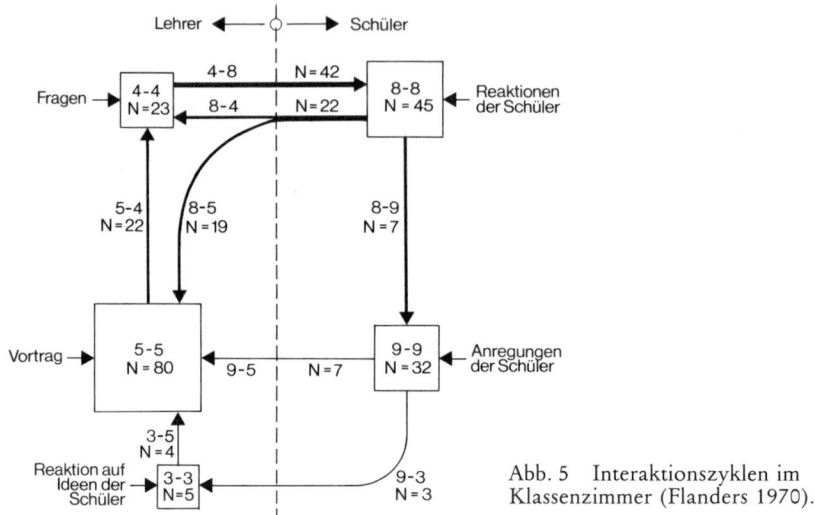

Abb. 5 Interaktionszyklen im Klassenzimmer (Flanders 1970).

SELBSTBILD UND SELBSTDARSTELLUNG

Das Selbst ist ein kognitives System, das eine wichtige Rolle im Sozialverhalten spielt. Im besonderen ist es zuständig für die Selbstdarstellung, für Verlegenheit und Phänomene wie das Lampenfieber. Das Selbstbild ist das Bild, das ein Mensch von sich selbst hat. Es schließt Rollen ein wie z. B. den Beruf, die soziale Schicht, die Religion und »Persönlichkeits«-Qualitäten wie »intelligent« oder »gütig« sowie Wahrnehmungen des Körpers wie z. B. attraktiv, groß oder dick. Das Selbstbild kann durch den »Test der 20 Feststellungen« (Twenty Statement Test) eingeschätzt werden, der zwanzig identische Fragen enthält: »Wer bin ich? . . .« Eine andere Methode ist das semantische Differential: Das Selbst wird mit Hilfe von Adjektivpaaren wie *warm . . . kalt* und einer Schätzskala mit sieben Punkten beurteilt. Das Idealbild ist ein wichtiger Teil des Selbst-Systems. Es kann beurteilt werden, indem man die Vp auffordert, »die Art von Mensch, die ich am liebsten wäre«, auf Skalen mit sieben Punkten anzugeben. Die Diskrepanzen zwischen Selbst und Idealbild sind deutlich zu sehen. Selbstachtung bezeichnet das Ausmaß, in dem ein Mensch sich selbst akzeptiert und billigt. Sie läßt sich ableiten aus der durchschnittlichen Diskrepanz zwischen Selbstbild und Idealbild, aber es ist besser, Selbsteinschätzungen an Hand von Bewertungsskalen wie gut/schlecht, nett/ekelhaft vornehmen zu lassen. Unterschiede bestehen auch im Integrationsgrad des Selbst von Menschen, die ein vollständig integriertes Lebensschema besitzen, bis zu solchen, die, wie Kinder, noch nicht wissen, wer sie sind oder wohin sie gehen.

Die Ursprünge des Selbstbilds und der Selbstachtung sind nun ziemlich klar. Als maßgeblich sind zu nennen: 1. die Reaktionen anderer. Nach der »Spiegel-Theorie« erwerben wir ein Selbstbild, indem wir die Reaktionen anderer beobachten. Es gibt gewisse experimentelle Beweise dafür, daß die Urteile von Personen, deren Ansichten respektiert werden, tatsächlich in das Selbstbild eingehen, wenngleich solche Urteile weniger Wirkung haben, sobald sich eine integrierte Identität herausgebildet hat. 2. Vergleiche mit Geschwistern, Freunden, Kindern in derselben Schulklasse oder in der Nachbarschaft. Tatsächlich sind ja Ausdrücke wie »groß« oder »klug« erst sinnvoll im Vergleich mit anderen. 3. das Rollenspiel, das das Selbstbild beeinflußt, z. B. wenn sich Medizinstudenten schon als Ärzte sehen. Oft wird jedoch eine Rolle mit einer Eigenschaft kombiniert; so kann sich jemand als *wissenschaftlicher* Arzt sehen, worin sich eine gewisse »Rollendistanz« ausdrückt. 4. die Identifizierung mit Vorbildern, die das Idealbild beeinflußt. Man bewundert das Vorbild und möchte ebenso sein. Das Selbstbild wird dabei ebenfalls beeinflußt, denn man hat das Gefühl, schon so zu sein wie das Vorbild. Die Identifizierung mit dem gleichgeschlechtlichen Elternteil ist in erster Linie maßgeblich dafür, daß man sich als Mann oder Frau fühlt und verhält. 5. die Identitätskrise der Adoleszenz. Erikson (1956) beobachtete, daß junge Menschen zwischen 16 und 24 Jahren den zunehmenden Druck fühlen, sich in bezug auf den Beruf, den Ehepartner, eine politische und religiöse Anschauung und einen Lebensstil entscheiden zu müssen. Dabei können sie, bevor sie eine integrierte Identität erwerben, mehrere erfolglose Entschlüsse fassen und beispielsweise einen Konflikt zwischen zwei oder mehr alternativen Identitäten erleben und die Entscheidung aufschieben, z. B. bis zum Schulabschluß.

Das Selbst ist nicht immer am Werk, aber es wird durch bestimmte Situationen aktiviert. Vor einem Publikum empfindet man Befangenheit und oft Angst. Und es gibt viele Situationen, in denen man andere als Publikum betrachten kann. Duval u. Wicklund (1972) nannten diesen Zustand »objektive Selbstbewußtheit«, d. h., man ist sich dessen bewußt, ein Objekt für andere zu sein. Befangenheit tritt auch ein, wenn man sich auf irgendeine Weise von allen anderen Anwesenden unterscheidet und z. B. die einzige Frau unter Männern ist. Umgekehrt kann eine »Entindividualisierung« dadurch herbeigeführt werden, daß man alle gleich kleidet. Befangenheit wird hervorgerufen durch das Eindringen in den persönlichen Bereich oder die Privatsphäre oder durch unbeabsichtigte Selbstenthüllung. Manche Menschen sind befangener als andere und leiden stärker unter der Angst vor Publikum. Sie sind meist äußerst schüchtern, haben eine ziemlich niedrige Selbstachtung und vermochten keine integrierte Identität zu bilden.

Wenn das Selbst aktiviert wird, tritt eine erhöhte physiologische Bewußtheit ein, und man ist um den Eindruck besorgt, den man auf andere macht. Bis zu einem gewissen Grade läßt sich dies durch die »Selbstdarstellung« kontrollieren, d. h. indem man Informationen über das Selbst aussendet. Das geschieht teils, um die Selbstachtung zu erhalten, teils aus beruflichen Gründen – Lehrer können besser unterrichten, wenn ihre Schüler sie für gut informiert halten. Wenn man jemandem sagt, wie gut man sei, so wird das für einen Scherz gehalten und nicht geglaubt, zumindest in westlichen Kulturen. E. E. Jones (1969) stellte fest, daß die verbale Ingratiation auf subtilere Art vorgenommen wird – indem man etwa auf Vorzüge in unwichtigen Bereichen aufmerksam macht. Zum größten Teil wird die Selbstdarstellung nichtverbal ausgeführt – durch Kleidung, Haartracht, Akzent, Abzeichen und allgemeine Verhaltensstile. Die soziale Schicht wird so sehr deutlich signalisiert – ebenso wie die Zugehörigkeit zu rebellierenden sozialen Gruppen (Argyle 1975).

Goffman (1956) vertrat die Ansicht, daß das Sozialverhalten von Individuen und Gruppen zu einem großen Teil aus täuschender Selbstdarstellung besteht – oft im Interesse der Beobachter wie etwa bei der Arbeit von Leichenbestattern und Ärzten. Im täglichen Leben ist aber wahrscheinlich die Täuschung weniger üblich als das Verschweigen. Die meisten

Menschen sprechen einfach nicht über beschämende Ereignisse in ihrer Vergangenheit, und andere erinnern sie nicht daran. Stigmatisierte Individuen wie Homosexuelle, Drogenabhängige und Angehörige gewisser Berufe neigen ebenfalls zum Verschweigen, obwohl sie gewöhnlich von anderen Angehörigen ihrer Gruppe erkannt werden. Goffmans Theorie liefert eine Erklärung für die Verlegenheit, die eintritt, wenn eine falsche Selbstdarstellung entlarvt wird. Spätere Untersuchungen zeigten, daß dies zwar der Fall ist, daß Verlegenheit aber auch auftritt, wenn andere Personen soziale Regeln brechen und wenn soziale Unfälle geschehen – z. B. unbeabsichtigte Taktlosigkeiten oder das Vergessen von Namen (Argyle 1969).

DIE WIRKUNGEN DER SITUATION

Das herkömmliche Eigenschaftsmodell ging von der Annahme aus, daß Individuen einen feststehenden Grad von Introversion, Neurotizismus usw. besitzen und daß dieser Grad in verschiedenen Situationen konsistent zum Ausdruck kommt (s. Bd. V dieser Enzyklopädie). Dieses Modell wurde von den meisten Psychologen aufgegeben, da man sich immer mehr der großen Wirkung der Situation auf das Verhalten bewußt wurde (so sind Menschen z. B. eher ängstlich, wenn sie einer physischen Gefahr ausgesetzt sind, als wenn sie im Bett schlafen) und das Ausmaß der Interaktion zwischen Mensch und Situation erkannte (A fürchtet sich mehr vor der Höhe, B vor Kühen), die zu einer niedrigen Konsistenz des Verhaltens in verschiedenen Situationen führt (Mischel 1968). Eine lange Reihe von Untersuchungen versuchte das Eigenschaftsmodell und andere Modelle zu testen durch die Bestimmung der Prozentsätze der Varianz in bezug auf Personen, Situationen und P x S-Interaktionen. Dabei berücksichtigte man berichtetes Verhalten (z. B. Angst) und beobachtetes Verhalten (z. B. Sprechen, Lächeln). Typische Resultate waren:

Personen	15 – 30 Prozent
Situationen	20 – 45 Prozent
P x S	30 – 50 Prozent

Leider ist es nicht möglich, genaue Zahlen anzuführen, da sich keine äquivalenten Variationsgrade für Persönlichkeit und Situation finden lassen (Endler, Magnusson 1976). Diese Resultate zeigen, daß jede *einfache* Theorie über die Eigenschaften aufgegeben werden muß. Die alternative Betrachtungsweise ist der sogenannte Interaktionismus, der den unabhängigen Einfluß von Personen, Situationen und Interaktionen zwischen diesen betont und berücksichtigt, daß die genauere Vorhersage des Verhaltens Gleichungen der Art $V = f(P,S)$ erfordert.

Beim interaktionistischen Modell ist jedoch eine Reihe von Einschränkungen zu beachten. 1. Personen wählen die Situationen, in denen sie angetroffen werden, und meiden andere, so daß P zwei verschiedene Wirkungen hat. 2. Personen können bis zu einem gewissen Grade die Situation, in der sie sich befinden, ändern, z. B. indem sie bei anderen freundliches oder feindseliges Verhalten auslösen. 3. Obwohl manche Arten von Verhalten in allen Situationen vorkommen, haben manche Situationen ein für sie typisches und einzigartiges Verhaltensrepertoire: Die Züge einer Schachpartie sind etwas anderes als die Bewegungen auf einem Fußballplatz. Die interaktionistischen Gleichungen lassen sich hier nicht anwenden. 4. Es gibt, wie noch gezeigt werden soll, Probleme hinsichtlich der Bestimmung der Dimensionen der Situation, die in die Gleichungen einzusetzen sind.

Doch ob wir uns die interaktionistische Betrachtungsweise oder irgendeine andere zu eigen machen – wir müssen in jedem Falle imstande sein, Situationen zu bemessen oder einzuschätzen. Eine Methode besteht darin, sie nach dem in ihnen auftretenden Verhalten zu klassifizieren, aber das macht es unmöglich, Verhalten im Sinne der Eigenschaften von Situationen vorauszusagen oder zu erklären. Eine andere Methode ist die, festzustellen, wie Vpn Situationen kognitiv klassifizieren, indem man Verfahren wie die multidimensionale Skalierung anwendet. Dabei ergeben sich Dimensionen wie förmlich/nichtförmlich, freundlich/feindselig, gleich/ungleich, beruflich/sozial usw. (Wish 1975). Das ist ein guter Anfang, aber er sagt uns nicht viel über das Verhalten, das z. B. bei einem Bewerbungs-Interview, einer Beichte, einem Besuch beim Psychoanalytiker oder während eines Judotrainings verlangt wird. Um darüber etwas zu erfahren, müssen wir die fundamentalen Merkmale von Situationen studieren (Argyle 1976). Als hauptsächliche Merkmale erweisen sich die folgenden:

1. Ein Repertoire von Elementen. Für jede Situation sind bestimmte sachdienliche Handlungen oder Schritte typisch. Bei einer Seminarübung ist es sachdienlich, Dias vorzuführen, lange Vorträge zu halten, auf einer Tafel zu zeichnen usw. Wollte man die für eine Tennis-Partie geeigneten Handlungen ausführen, so würden sie ignoriert oder als völlig abwegig betrachtet werden. Wir konnten etwa 50 Hauptelemente feststellen, die in verschiedenen Situationen, z. B. bei einem Besuch beim Arzt, vorkommen. Und wir stellten ferner fest, daß die Situationen verschiedene semiotische Strukturen haben.

2. Motivationsthemen. Alle an einer sozialen Begegnung Beteiligten sind auf irgendeine Weise motiviert. Manchmal haben sie verschiedene Motive (Kaufen und Verkaufen, Lehren und Lernen), manchmal dieselben (z. B. gesellige oder sexuelle).

3. Regeln. Wir fanden Regeln erster Ordnung für eine Reihe von Situationen – was muß getan und was darf nicht getan werden. Diese Regeln haben verschiedene Grade der Allgemeingültigkeit von »Biete mehr als das letzte Angebot« bis »Unterbrich nicht«. Wir untersuchen nun die Regeln zweiter und dritter Ordnung: Welche von den in einer Situation erlaubten Handlungen können ein oder zwei vorausgegangenen folgen?

4. Rollen. In jeder Situation ist eine beschränkte Anzahl von Rollen enthalten. So gibt es z. B. in einer Schule die Rollen Lehrer, Schüler, Schulleiter und Pedell. Diese Rollen bringen verschiedene Grade von Macht mit sich, und der Rollenträger verfolgt Ziele, die seiner Rolle entsprechen.

5. Die kognitive Struktur. Wir stellten fest, daß Mitglieder einer Gruppe einander mit Begriffen wie »extravertiert« und »ein angenehmer Gefährte« in bezug auf gesellschaftliche Anlässe, aber mit Begriffen wie »dominierend«, »schöpferisch« und »hilfsbereit« in bezug auf Seminare klassifizierten. Ferner gibt es Begriffe, die sich auf die Aufgabe beziehen, z. B. »Zusatzantrag«, »Probeabstimmung« oder »Punkt der Tagesordnung« für Ausschußsitzungen.

6. Umweltrequisiten. Die meisten Situationen erfordern besondere Requisiten. So braucht man z. B. beim Tennis einen Schläger und Bälle sowie bei einem Vortrag eine Tafel, Dias, einen Projektor, Notizen usw.

7. Fertigkeiten. Um sich an einer Situation beteiligen zu können, benötigt man in vielen Fällen bestimmte – soziale oder andere – Fertigkeiten. Das gilt offensichtlich für Spiele wie Polo oder Wasserball, aber auch für viele soziale Situationen wie Tanz, Debatten und Seminare.

Wie passen Personen in so definierte Situationen? Zunächst einmal *gibt* es gewisse persuasive Aspekte von Personen, entsprechend der etwa zwanzigprozentigen Personenvarianz, die man in P x S-Studien findet. Es handelt sich dabei um Bewertungen von allgemeinen Dimensionen wie Intelligenz, Extraversion, Neurotizismus usw. Außerdem haben Personen die Neigung, sich in Situationsklassen auf eine bestimmte Weise zu verhalten. Dies entspricht den etwa 50 Prozent der P x S-Varianz im Verhältnis zu Situationsdimensionen wie förmlich/nichtförmlich und freundlich/feindselig. Und drittens gibt es spezifischere Reaktionen auf besondere Situationen. Das Verhalten in einem sozialpsychologischen Seminar hängt zum Teil ab von den Kenntnissen auf dem Gebiet der Sozialpsychologie und den Einstellungen zu ihren verschiedenen Schulen. An Hand dieser drei Faktoren zusammen läßt sich die Vermeidung gewisser Situationen – wegen des Mangels an Fertigkeiten oder Angst usw. – voraussagen.

BIOLOGISCHE UND KULTURELLE GRUNDLAGEN DER INTERAKTION

Die sozialen Verhaltensweisen, die man bei Tieren, insbesondere bei den Primaten findet, ähneln in mancher Hinsicht der sozialen Interaktion des Menschen. Das tierische Sozialverhalten ist hauptsächlich angeboren, und in vielen Fällen konnte der evolutionäre Prozeß verfolgt werden. Man nimmt an, daß das gesamte System des Sozialverhaltens arterhaltenden Wert hatte – das Sexualverhalten, um die Spezies fortzupflanzen, das Pflegeverhalten der Mütter, um die Jungen zu schützen und zu ernähren usw. Es wurde nachgewiesen, daß sich die Primaten, als sie aus den Wäldern ins offene Grasland wanderten, wo sie der Raubtiergefahr stärker ausgesetzt waren, der neuen Situation anpaßten, indem sie sich zu größeren Gruppen mit einer besseren Verteidigungsorganisation zusammenschlossen (Wilson 1975). Das Lächeln wurde zurückgeführt auf die Schreigrimasse mit entblößten Zähnen, die von den niederen Primaten als Signal der Furcht und Unterwerfung gebraucht wird, während man den Ursprung des Lachens im spielerischen Nagen sieht (van Hooff 1972). Vom Altruismus (z. B. der Arbeiterinnen gegenüber der allein fortpflanzungsfähigen Königin im Bienenstaat) wird angenommen, daß er sich entwickelte, um das Überleben von Genen, nicht Individuen, und damit der Art zu sichern (Dawkins 1976 a; s. auch den Beitrag von J. Alcock in Bd. VI dieser Enzyklopädie).

Wie weit ist jedoch die soziale Interaktion des Menschen angeboren? Ein Verhalten ist wahrscheinlich angeboren, wenn man es in allen Kulturen und bei kleinen Kindern antrifft und wenn es ein ähnliches Verhalten bei den Primaten gibt. 1. Der menschliche Körper mit seinen biologischen Bedürfnissen wie Essen, Trinken und Sexualität ist die angeborene Grundlage der sozialen Interaktion. 2. Das Standardmuster der emotionalen Reaktionen – die sieben Gesichtsausdrücke und entsprechenden Stimmtöne – tritt in allen Kulturen auf und zum Teil auch bei kleinen Kindern (Ekman u. a. 1972). 3. Die extreme Abhängigkeit des Kindes verbunden mit der langen Periode mütterlicher Fürsorge und die große Lernkapazität machen den Menschen hochgradig flexibel und reduzieren damit den Einfluß angeborener Faktoren. 4. Die Fähigkeit, eine Sprache mit einer bestimmten strukturellen Form zu gebrauchen, ist universell, obwohl die jeweilige besondere Sprache erlernt werden muß. 5. Es gibt eine Anzahl offenbar angeborener Verhaltensmuster – die Interaktion zwischen Mutter und Kind, Aspekte des Sexualverhaltens und Reaktionen auf nichtverbale Signale der Freundschaft und Aggression.

Eine Untersuchung der Ausbildung sozialer Interaktion bei Kindern zeigt, wie sich angeborene Fähigkeiten in ihrer Umgebung entwickeln. Der Blickaustausch zwischen Säugling und Mutter tritt zum ersten Mal im Alter von etwa drei Wochen auf, und er erklärt sich aus der angeborenen Fähigkeit, visuelle Erscheinungen mit gewissen Reizeigenschaften und in einer gewissen Entfernung zu erkennen – was auf die Augen der Mutter zutrifft, wenn sich das Kind in der Stillposition befindet. Gesichtsausdrücke findet man auch bei Blindgeborenen, so daß sie kaum erlernt werden. Was erlernt wird, sind die kulturellen Regeln, die die Anwendung jedes Ausdrucks bestimmen. Die frühe Interaktion zwischen Mutter und Kind besteht aus bestimmten Routinehandlungen beim Spielen, Füttern, Baden usw. Hierbei erwirbt das Kind präverbale soziale Fertigkeiten wie die gemeinsame Beschäftigung mit denselben Gegenständen, Geben und Nehmen dieser Gegenstände und die Durchführung standardisierter sozialer Episoden. Die Ausbildung der Sprache hängt, wie man inzwischen weiß, von der Interaktion ab, in deren Verlauf die ersten verbalen Äußerungen des Kindes von der Mutter stimuliert, beantwortet und verbessert werden (s. auch den Beitrag von A. V. Cicourel in diesem Band).

Es gibt eine Anzahl kulturell universeller Schemata, die bei Primaten anzutreffenden Verhaltensweisen ähneln, deshalb aber nicht angeboren sein müssen: Die verschiedenen Kulturen könnten einfach alle die beste Methode, bestimmte Dinge zu tun, gefunden haben. 1. Alle Menschen und alle Primaten bilden Familien, in denen die Väter für die Mütter und die Kinder sorgen. Hinsichtlich der Zusammensetzung der Familie bestehen jedoch große Unterschiede sowohl bei Menschen als auch bei Primaten. Das häufigste menschliche Schema findet man auch beim Gibbon, aber die meisten Primatenspezies haben in der Familie ein oder mehrere Männchen und mehrere Weibchen und keine Bindung zwischen Vater und Kind. 2. Ein Revierverhalten findet sich bei allen Primaten, aber bei manchen Arten gibt es Reviere, die einander überschneiden. Beim Menschen stellen das Heim der Familie und der individuelle Raum zu Hause oder am Arbeitsplatz ähnliche Reviere dar, und zeitweilige Reviere werden errichtet, wenn sich eine Gruppe auf der Straße oder anderswo trifft. 3. Soziale Gruppen mit gemeinsamen Normen und einer Führungshierarchie sind überall anzutreffen, wenngleich Menschen verschiedenen Gruppen angehören: zu Hause, bei der Arbeit, bei Freunden, bei der Freizeitbeschäftigung und so fort. 4. Menschen stellen zudem eine ähnliche Reihe sozialer Beziehungen her: Mann–Frau, Eltern–Kinder, Freunde, Vorgesetzter–Untergebener. 5. Die sozialen Situationen, in denen Interaktion stattfindet, sind mehr oder minder standardisiert: Mahlzeiten, Arbeit, Spiel, Familienleben usw.

Die Unterschiede zwischen Menschen und Primaten müssen jedoch hervorgehoben werden. Die Sprache gestaltet die soziale Interaktion weit komplexer und ermöglicht eine viel größere Speicherung und Weitergabe von Wissen. Die Kultur ist viel reicher entwickelt, und die menschlichen Kulturen liefern sehr vielfältige Lösungen für die biologischen Daseinsprobleme. Regeln: Sehr primitive Menschen verwendeten Totemtiere, um Gruppen zu bezeichnen und voneinander zu unterscheiden, und sie stellten auch Regeln auf, vor allem solche, die die Heirat und den Austausch von Frauen zwischen den Gruppen betrafen. Ein Inzest-Tabu haben auch einige Primaten, aber der primitive Mensch erfaßte es begrifflich und drückte die Regel mit Worten aus. Der Mensch ist im wesentlichen ein Regeln schaffendes und befolgendes Wesen.

Menschliche Kulturen sind gemeinsame Verhaltensmuster, Ideen und zivilisatorische Errungenschaften, die kollektive Lösungen für die Lebensprobleme in einer bestimmten Umwelt darstellen. Kulturelle Variationen des Sozialverhaltens zeigen die Alternativen, die sich bisher als brauchbar erwiesen, und sie zeigen ferner, wie weit verschiedene Aspekte des Sozialverhaltens umweltbedingt sind.

Die Sprache zeigt einen ähnlichen Aufbau aus Phonemen, Morphemen und Syntax in allen Kulturen. Abgesehen von den Unterschieden zwischen den Sprachen gibt es auch Unterschiede im Sprachgebrauch: höfliche Wendungen, die mehr gefallen als informieren sollen, Übertreibung, Bescheidenheit usw. Es gibt ferner Unterschiede in der Anwendung der persönlichen Fürwörter, die in manchen Sprachen den Grad der Vertrautheit und Statusunterschiede anzeigen. Und schließlich gibt es noch Klassenunterschiede in den sprachlichen Kodes.

Wörter und Kategorien. Die erlebte Welt wird in den verschiedenen Kulturen unterschiedlich kategorisiert und etikettiert. So werden zum Beispiel die Farben des Spektrums von den Navaho anders eingeteilt als von uns, und die Eskimo haben mehrere Wörter für »Schnee«. Bestimmte Begriffe können in einer Kultur fehlen, z. B. »Ehre« oder »Entschuldigung«. Und das gleiche Wort kann verschiedene Bedeutungen haben. »Freiheit« und »Demokratie« werden in den USA anders gebraucht als in der UdSSR.

Nichtverbale Kommunikation. Es gibt verschiedene Regeln für die Verwendung von Gesichtsausdrücken. Soll man z. B. bei einer Beerdigung weinen? Die Japaner verbieten negative Gefühlsausdrücke. Gebärden sind weit veränderlicher als Gesichter, und jede Kultur hat ihre eigene Gebärdensprache. Süditalien ist in dieser Hinsicht besonders reich. Die körperliche Berührung variiert sehr stark. Sie ist viel häufiger in der arabischen Kultur und in einigen afrikanischen und südosteuropäischen Kulturen anzutreffen. Der Blick wird in allen Kulturen ähnlich verwendet, ist aber häufiger in den Kontaktkulturen.

Regeln und Konventionen. Situationsregeln weisen starke Unterschiede zwischen den einzelnen Kulturen auf, d. h. Regeln für Essen und Trinken, den Umgang mit dem anderen Geschlecht, Kaufen und Verkaufen, Pünktlichkeit usw. Manche Situationen können nur in einer bestimmten Kultur vorkommen. Und manche Regeln beruhen auf Ideen und Glaubensvorstellungen. So müssen z. B. die Eingeborenen Australiens aus religiösen Gründen trotz der Hitze und des Fehlens von Schornsteinen immer ein Feuer in der Hütte unterhalten.

Soziale Beziehungen. Statusunterschiede gibt es in allen Kulturen, aber die sozialen Abstände können groß oder klein und die Führung kann autoritär oder demokratisch sein. Klassen- und Kastensysteme gestatten unterschiedliche Grade der Mobilität. Die Stellung der Frau schwankt zwischen Gleichberechtigung und totaler Abhängigkeit.

Interpersonaler Stil. Was man gewöhnlich den »Nationalcharakter« nennt, läßt sich besser in Form des für eine Kultur typischen interpersonalen Stils analysieren. Amerikaner und Australier sind bei Tests und im Verhalten extravertiert. Amerikaner treten selbstbewußt auf, Indonesier unterwürfig. Die Japaner sind sehr darauf bedacht, nicht das Gesicht zu verlieren.

Werte und Ideologie. Moralische Werte variieren sehr stark. Es gibt verschiedene Ansichten über Sexualität, Bestechung, Nepotismus und Aufrichtigkeit. Und es gibt Unterschiede in dem Wert, den man der Leistung oder der Stellung des einzelnen im Bezug auf die Gruppe und die Familie beimißt. Diese Unterschiede können ideologisch begründet sein. So wird z. B. die Leistungsmotivation sowohl vom Protestantismus als auch vom Kapitalismus bejaht.

SOZIALE KOMPETENZ UND SCHULUNG IN SOZIALEN FERTIGKEITEN

Die Schulung sozialer Fertigkeiten war stets das wichtigste praktische Ziel des Studiums der sozialen Interaktion. Der erste Schritt ist die Entscheidung, wer geschult werden muß, d. h. die Beurteilung der sozialen Kompetenz. Im Falle beruflicher Fertigkeiten wie Unterrichten oder Verkaufen läßt sie sich an Hand von Resultaten messen, z. B. an Prüfungsergebnissen und Aufträgen. Hinsichtlich der alltäglichen sozialen Fertigkeiten sind wir auf eigene Informationen über Schwierigkeiten oder Ängste usw. und auf die Einschätzung der sozialen Leistung durch andere angewiesen. Es ist zwar möglich, das Verhalten in einfachen Situationen im Labor zu studieren, aber bis jetzt ist noch kein zufriedenstellender Test der sozialen Kompetenz entwickelt worden.

Der Mangel an sozialen Fertigkeiten ist offenbar weit verbreitet: Ungefähr 7 Prozent der Bevölkerung leiden unter Einsamkeit oder anderen zwischenmenschlichen Problemen; etwa 28 Prozent der neurotischen Patienten haben ernsthafte Schwierigkeiten im Umgang mit Menschen oder in sozialen Situationen; manche Verkäufer können nur ein Viertel von dem Umsatz anderer erzielen, und ähnliche Schwankungen findet man bei Aufsichtspersonal in Fabriken im Hinblick auf Produktion, Absentismus usw. Die Forschung kann bei der Schulung solcher Personen auf verschiedene Weise helfen. Sie hat die verschiedenen Verhaltensstile erfolgreicher oder erfolgloser Aufsichtspersonen oder Lehrer oder beispielsweise von Personen, die beliebt oder unbeliebt sind, aufgezeigt. In solchen Fällen ist klar, welches Verhalten gefördert werden muß. Die Forschung hat ferner die grundsätzlichen Prozesse der nichtverbalen Kommunikation, der Synchronisation usw. herausgearbeitet, die allen Situationen gemeinsam sind. Und sie hat die jeweils beste Schulungsmethode ermittelt. Der Ausbilder muß jedoch auf örtliche Konventionen Rücksicht nehmen und manchmal vielleicht auch Situationen bewältigen, die noch nicht untersucht wurden.

Die meisten der heute allgemein üblichen Schulungsformen sozialer Fertigkeiten sind Varianten des Rollenspiels. Beim Rollenspiel wird eine soziale Fertigkeit abseits der wirklichen Situation im Labor, in der Klinik oder in einem Übungszentrum zusammen mit anderen Lernenden oder eigens für diesen Zweck ausgesuchten Rollenpartnern geprobt. Die Schulung besteht gewöhnlich aus einer Reihe von Sitzungen, die je nach Größe und Ausdauer der Gruppe ein bis drei Stunden dauern können. Bei jeder Sitzung wird ein bestimmter Aspekt der Fertigkeit oder eine bestimmte Reihe von Problemsituationen behandelt. Rollenspiel-Übungen bestehen aus drei Hauptphasen.

1. Ein bestimmter Aspekt der Fertigkeit wird durch einen Vortrag, eine Diskussion, eine Vorführung, eine Tonbandaufnahme oder einen Film dargestellt. Das ist vor allem nötig, wenn eine wenig vertraute Fertigkeit geübt wird oder wenn es sich um besonders subtile soziale Techniken handelt. Die Vorführung ist besonders wichtig: Sie liefert ein Vorbild (Modellernen).

2. Eine Problemsituation wird beschrieben, und Rollenpartner werden zugeteilt, mit denen jeder Lernende 5 bis 15 Minuten übt. Zur Ergänzung der Situation kann schriftliches Material verwendet werden, z. B. Bewerbungsformulare für eine Vorstellung oder Information über Personalprobleme. Die Rollenpartner können im voraus sorgfältig instruiert werden, um die Übenden vor verschiedene Probleme zu stellen, etwa indem sie zu viel sprechen oder ausführliche und plausible Entschuldigungen vorbringen.

3. Darauf folgt eine Feedback-Sitzung mit verbalen Kommentaren des Übungsleiters, einer Diskussion mit den anderen Lernenden und einem Abspielen von Ton- oder Video-Bändern. Die verbale Besprechung soll den Lernenden konstruktiv und taktvoll auf seine Fehler aufmerksam machen und andere Verhaltensstile vorschlagen. Die Bandaufnahmen liefern klare Beweise für die Richtigkeit des Gesagten.

(4. Oft folgt noch eine 4. Phase, in der die 2. Phase des Rollenspiels wiederholt wird.)

Nachuntersuchungen eines Schulungssystems sollten die soziale Kompetenz nach der Schulung bewerten und mit einer Kontrollgruppe vergleichen, die lediglich Vorträge hörte oder andere Zusammenkünfte hatte, von denen keine Verbesserung der sozialen Fertigkeiten zu erwarten ist. Es ist ratsam, eine Reihe von Kompetenzkriterien unter Einschluß von Selbstberichten und Beurteilungen durch andere anzuwenden.

Solche Methoden wurden unter der Bezeichnung microteaching erfolgreich bei der Ausbildung von Lehrern angewandt. Ein in Ausbildung befindlicher Lehrer bereitet eine kurze Lektion vor und unterrichtet fünf bis sechs Kinder 10 bis 15 Minuten lang. Darauf folgen ein Video-Playback und Kommentare des Ausbilders, worauf der Lehrer noch einmal dieselbe Lektion unterrichtet. Gewöhnlich finden mehrere Sitzungen statt, deren jede einer bestimmten Fähigkeit des Lehrers gewidmet ist: Fragestellungen höherer Ordnung, Ermutigung des Schülers zur Mitarbeit, deutliches Erklären mit Beispielen usw. Diese Form der Ausbildung erwies sich als sehr viel effizienter als andere, und sie stellt wahrscheinlich die beste und zeitsparende Methode dar, schlechte Lehrgewohnheiten auszumerzen.

Eine weitere Anwendung findet die Schulung sozialer Fertigkeiten bei der Behandlung von Neurotikern. In den USA und in Kanada wird häufig ein sogenanntes »assertiveness training« durchgeführt. Man bringt den Patienten bei, sich zu behaupten, indem sie auf ihre Rechte pochen, Gespräche anknüpfen, Konfliktsituationen bewältigen und so fort, und es werden beachtliche Erfolge berichtet (Rich, Schroeder 1976). In Großbritannien haben wir eine Reihe von Techniken entwickelt, die sich unmittelbar auf Studien über soziale Interaktion stützen und auf die große Vielfalt der anzutreffenden Formen sozialer Inkompetenz beziehen. Einige davon können durch einfaches Rollenspiel korrigiert werden, aber andere bedürfen davon abweichender Methoden. Das Versagen der nichtverbalen Kommunikation erfordert Übungen vor dem Spiegel oder mit einem Tonband- oder Video-Gerät; die Unfähigkeit, die Rolle des anderen zu übernehmen, erfordert Übungen mit vertauschten

Rollen, beispielsweise indem man die Rolle des Chefs spielt. Schwierigkeiten in bestimmten Situationen erfordern Instruktionen über die elementaren Regeln, Ziele usw. jeder Situation. Nachuntersuchungen zeigen, daß diese Behandlungsform für Patienten, deren Sozialverhalten unterentwickelt ist oder die an sozialen Phobien leiden, im Hinblick auf das selbstberichtete Verhalten, die Leistung bei Labortests, die Einschätzung durch Freunde und die Beurteilung durch Psychiater etwas besser ist als die Psychotherapie (Trower, Bryant u. Argyle 1977).

Aus dem Englischen übertragen von Joachim A. Frank

ANMERKUNGEN

1

Ragnar Rommetveit: unveröffentlichte Arbeit, Psychologisches Institut der Universität von Oslo (Norwegen).

2

Colin Fraser: unveröffentlichte Arbeit, Cambridge University, Social and Political Sciences Committee.

LITERATUR

ARGYLE, M.: Social Interaction. London: Methuen 1969. Deutsch: Soziale Interaktion. Köln: Kiepenheuer & Witsch 1972

The Social Psychology of Work. London: Allen Lane 1972

Bodily Communication. London: Methuen 1975. Deutsch: Kommunikation und Körpersprache. Paderborn: Junfermann 1978

Personality and social behaviour. In: R. Harré (Ed.): Personality. Oxford: Blackwell 1976

ARGYLE, M., COOK, M.: Gaze and Mutual Gaze. Cambridge University Press 1976

ARGYLE, M., INGHAM, R., ALKEMAN, F., McCALLIN, M.: The different functions of gaze. Eur. J. Soc. Psychol., 4, 1973, 125–136

ARGYLE, M., KENDON, A.: The experimental analysis of social performance. In: L. Berkowitz (Ed.): Advances in Experimental Social Psychology, III. New York: Academic Press 1967

ARGYLE, M., LEFEBVRE, L., COOK, M.: The meaning of five patterns of gaze. Eur. J. Soc. Psychol., 4, 1974, 125–136

ARGYLE, M., SALTER, V., NICHOLSON, H., WILLIAMS, M., BURGESS, P.: The communication of inferior and superior attitudes by verbal and non-verbal signals. Brit. J. Soc. Clin. Psychol., 9, 1970, 221–231

BALES, R. F.: Interaction Process Analysis. Cambridge, Mass: Addison-Wesley 1950

BERNSTEIN, B.: Social class, linguistic codes, and grammatical elements. Lang. and Speech, 5, 1962, 31–46

CLARKE, D.: The use and recognition of sequential structure in dialogue. Brit. J. soc. clin. Psychol., 14, 1975, 333–339

DAWKINS, R.: The Selfish Gene. Oxford University Press 1976 a. Deutsch: Das egoistische Gen. Berlin, Heidelberg, New York: Springer 1978

Hierarchical organisation: a candidate principle for zoology. In: P. G. Bateson, R. A. Hinde (Eds.): Growing Points in Ethology. Cambridge University Press 1976 b

DUNCAN, S., FISKE, D. W.: Face-to-Face Interaction. Hillsdale, N. J.: Erlbaum 1977

DUVAL, S., WICKLUND, R. A.: A Theory of Objective Self Awareness. New York: Academic Press 1972

EKMAN, P., FRIESEN, W. V.: The repertoire of non-verbal behavior: categories, origins, usage, and coding. Semiotica, 1, 1969, 49–98

EKMAN, P., FRIESEN, W. V., ELLSWORTH, P.: Emotions in the Human Face. Elmsford, N. Y.: Pergamon 1972

ENDLER, N. S., MAGNUSSON, D. (Eds.): Interactional Psychology and Personality. Washington: Hemisphere 1976

ERIKSON, E. H.: The problem of ego identity. Amer. J. of Psychoanalysis, 4, 1956, 56–121

FLANDERS, N. A.: Analyzing Teaching Behavior. Reading, Mass.: Addison-Wesley 1970

FLAVELL, J. H.: The Development of Role-taking and communication skills in children. New York: Wiley 1968

GILES, H., POWESLAND, P. F.: Speech Style and Social Evaluation. London: Academic Press 1975

GOFFMAN, E.: The Presentation of Self in Everyday Life. Edinbourgh University Press 1956. Deutsch: Wir alle spielen Theater. Die Selbstdarstellung im Alltag. München: Piper ²1973

HARRÉ, R., SECORD, P.: The Explanation of Social Behaviour. Oxford: Blackwell 1972

HOOFF, J. A. R. A. M. VAN: A comparative approach to the phylogeny of laughter and smiling. In: R. A. Hinde (Ed.) Non-verbal Communication. Cambridge: Royal Society, C. U. P. 1972

JONES, E. E.: Ingratiation: a Social Psychological Analysis. New York: Appleton-Century-Crofts 1969

JONES, E. E., GERARD, H. B.: Foundations of Social Psychology. New York: Wiley 1967

KENDON, A.: Some functions of gaze direction in social interaction. Acta Psychologica, 28, 1967, 1–47

LABOV, W.: Phonological correlates of social stratification. Amer. Anthrop., 66, 1964, 164–176

LAMBERT, W. E. u. a.: Evaluational reactions to spoken languages. J. abnorm. soc. Psychol., 60, 1960, 44–51

MEHRABIAN, A.: The inference of attitudes from the posture, orientation and distance of communication. J. Consult. Psychol., 31, 1968, 248–252

MELDMAN, M. J.: Verbal behaviour analysis of self-hyperattentionism. Dis. Nerv. Syst., 28, 1967, 469–473

MISCHEL, W.: Personality and Assessment. New York: Wiley 1968

RICH, A. R., SCHROEDER, H. F.: Research issues in assertiveness training. Psychol. Bull., 83, 1976, 1081–1096

ROSENSHINE, B.: Teaching Behaviours and Student Achievement. Slough: NFER 1971

TAGIURI, R.: Social preference and its perception. In: R. Tagiuri, L. Petrullo (Eds.): Person Perception and Interpersonal Behavior. Stanford, Calif.: Stanford University Press 1958

TROWER, P., BRYANT, B., ARGYLE, M.: Social Skills and Mental Health. London: Methuen 1977

WILSON, E. O.: Sociobiology. Cambridge, Mass.: Harvard University Press 1975

WISH, M.: Role and personal expectations about interpersonal communication. U. S. – Japan, Seminar. roneoed. San Diego: University of California 1975

387

ETIKETTIERUNG IM ALLTAG

von Heinz Steinert

ÜBER DIE SOZIALE KONSTRUKTION VON WIRKLICHKEIT DURCH KATEGORISIEREN VON PERSONEN

Die Pop-art der sechziger Jahre verstand es, indem sie uns mit signierten Konservendosen und an die Wand gehängten Klosettbrillen konfrontierte, uns deutlich zu machen, daß nicht nur »Schönheit« (wie »Pornographie«) »in the mind of the beholder« liegt, sondern auch »Kunst« in dem sozialen Arrangement bestehend aus Kunsthändlern, Ausstellungshallen und einem zahlenden Publikum, nicht zu vergessen den Kritikern und sonst tiefsinnigen Interpreten von Kunst, das aus im Extremfall beliebigen Gegenständen »Ausstellungsstücke« macht. Sie hätte sich damit auch auf Georg Simmel und seinen Essay »Der Bildrahmen« von 1902 berufen können, in dem es heißt: »Was der Rahmen dem Kunstwerk leistet, ist, daß er diese Doppelfunktion seiner Grenze symbolisiert und verstärkt. Er schließt alle Umgebung und also auch den Betrachter vom Kunstwerk aus und hilft dadurch, es in die Distanz zu stellen, in der allein es ästhetisch genießbar wird« (46 f). Trotz dieses ironischen Spiels mit dem eigenen »Rahmen« und mit dem Publikum ist Pop-art eine gute Geldanlage, erzielt die mit »Warhol« signierte Konservendose einen guten Preis (und die mit »Heinz Steinert« signierte keinen), wurde die Ironie also in dem sozialen Arrangement aufgefangen. »If men define situations as real, they are real in their consequences.«

Solches Kategorisieren von Gegenständen ist die Grundlage von Wahrnehmung überhaupt (und der Witz von »Umspringbildern«). Die aktuelle Bedeutung der Gegenstände liegt in dem Gebrauch, den wir von ihnen jeweils machen können. So kann aus der »Bierkiste« ein »Hocker«, eine »Leiter« oder »Brennholz« werden und die Zahl der verschiedenen Verwendungsmöglichkeiten von Ziegelsteinen zu einem Item in einem Intelligenztest (Guilford 1959, dt. Ausg., 374). Ähnlich gilt auch für den Umgang mit anderen Menschen, daß wir ihnen für den Alltagsgebrauch eine Bedeutung geben, die sich aus unseren Zielen in bezug auf sie ableitet. Allerdings sind wir nicht die einzigen, die das tun. Andere tun das auch und vielleicht in organisierterer Form und daher mit mehr Durchsetzungskraft. Vor allem sind wir in der Wahl der Kategorien nicht frei, die wir verwenden, sondern wir finden sie vor, bestimmt von den Verwendungsmöglichkeiten, die es in einer spezifischen Gesellschaftsformation für die Menschen gibt, besonders in bezug auf die ökonomischen Vorgänge in dieser Gesellschaft (auch wenn das nicht immer ganz an der Oberfläche erkennbar ist).

Nicht nur, daß die Stellung im Produktionsprozeß selbst ein wichtiges Merkmal ist, nach dem man Leute kategorisieren kann, definiert die Produktionsweise und ihre Organisation weitere Merkmale, die für diese Arbeitsprozesse relevant sind (z. B. mutig, diszipliniert, pünktlich oder auch schwächlich, dumm usw.). Grundsätzlich sind alle Merkmale dieser Art

Abstraktionen, die nicht unmittelbar zu beobachten sind, sondern verschiedene Verhaltensweisen und Leistungen zusammenfassen und »auf den Begriff bringen«. Ihre Feststellung beinhaltet also eine begriffliche Anstrengung des Beobachters. Darüber hinaus werden manche durch gesellschaftliche Einrichtungen erst hergestellt: »Schulreife« ist ein Beispiel, »sündig« ein anderes. Daraus ergibt sich, daß unter dem Stichwort »Etikettierung« zwei Prozesse abzuhandeln sind: der der gesellschaftlichen Gewinnung und Festlegung eines Kategoriensystems und der der Anwendung dieses Systems von Begriffen auf eine bestimmte Handlung oder Person. (Dieser zweite Prozeß ist wesentlich besser untersucht als der erste.) Als weiteres kommt dazu der Umgang der betroffenen Person mit solchen Kategorisierungen.

Im Alltag ist das Kategoriensystem gewöhnlich unproblematisch weil vorgegeben. Allerdings gelten solche Kategoriensysteme doch immerhin nur subkulturell, so daß es bei entsprechender Mobilität vorkommt, daß verschiedene solcher Begriffswelten zusammenstoßen. Auch dafür hat man eine »Restkategorie«, nämlich »fremd«, »exotisch«, die immerhin ein gewisses Maß an »Verständnis« und Handlungssicherheit gibt.[1] Dazu kommen die »Privatwelten« aufgrund der Erfahrungen einer jeweils individuellen Lebensgeschichte, die zumindest Begriffsmodifikationen bewirken können. Tatsächlich lauert also hinter den unproblematischen und selbstverständlichen Kategoriensystemen eine Unsicherheit, die ihrerseits sozial zu bewältigen ist. Bewältigt wird sie dadurch, daß erstens allen Mitgliedern einer Kultur gewisse gemeinsame Erfahrungen vermittelt werden und daß man andererseits die Verständigung nicht zu weit treibt. So lange sich ungestört mit der *Fiktion* von Konsens[2] arbeiten läßt, forscht man nicht weiter, ob dieser Konsens wirklich besteht und wie weit er geht, sondern ist damit zufrieden, daß die Kommunikation für den jeweiligen praktischen Zweck hinreichend funktioniert.

Dieses Phänomen des fingierten Konsens kann in manchen »beruflichen« Sozialbeziehungen sehr deutlich werden. Z. B. erwartet man von einem Arzt, daß er an den Fragen unserer Gesundheit ebenso interessiert ist wie wir selbst, unabhängig von dem Geld, das er dabei verdient. Diese freundliche Fiktion läßt sich gewöhnlich ohne größere Probleme aufrechterhalten, indem man sich an die ungeschriebenen Regeln ärztlicher Praxis hält, also die angegebenen Öffnungszeiten beachtet, im Gespräch beim Thema bleibt und nicht versucht, über die eigene Krankheit oder Gesundheit besser Bescheid zu wissen als der Arzt. Sobald man den angenommenen Konsens darüber, daß es sich hier um eine »persönliche« Beziehung handelt, dadurch überprüft, daß man eine dieser Regeln verletzt, wird sich meistens herausstellen, daß die Beziehung ihre Grenzen hat. Man wird mit seinem Begehren abgewiesen werden oder zumindest mitgeteilt bekommen, daß es sich um eine »Zumutung« handelt. Erst im Testen der Grenzen wird deutlich, daß hier eine »persönliche Beziehung besonderer Art« vorliegt, daß der vorher angenommene Konsens darüber, was das beinhaltet, tatsächlich nicht besteht. Der Irrtum ist gerade in dieser Beziehung besonders leicht möglich, weil die Ärzteschaft mit der Betonung des »besonderen persönlichen Vertrauensverhältnisses« Standespolitik betreibt und mit ihrer Monopolisierung von Kompetenz bezüglich aller Fragen, die Gesundheit und Krankheit betreffen, den Patienten, der in seinem Leid ohnehin zur Regression neigt, in diese hilflose und abhängige Haltung noch weiter hineintreibt. Daher dann die besondere Enttäuschung bei der Erfahrung, daß Ärzte auch (und manche besonders) darauf achten, daß die Kasse stimmt.

Es gibt auch das umgekehrte Beispiel, daß man die Grenzen des Konsens als enger annimmt, als sie tatsächlich sind. Garfinkel (1967) hat Studenten dazu gebracht, ein angenommenes Tabu im geschäftlichen Umgang zu durchbrechen und einmal zu versuchen, um einen Preis zu feilschen, also gegen den bei uns vorausgesetzten Konsens des »Fixpreises« zu verstoßen. Tatsächlich stellte sich dabei heraus, daß viele Verkäufer mit sich handeln ließen und jedenfalls nicht über die Maßen überrascht und verärgert waren. Auch hier hatte der Konsens also davon gelebt, daß ihn niemand in Frage stellte.

Es ist also möglich (und sogar wahrscheinlich), daß in einer Interaktion das Verhalten, das dabei gezeigt wird, unterschiedlich interpretiert wird – und daß diese Diskrepanz der Interpretationen unerkannt bleibt.[3] Das ist um so wahrscheinlicher, je stärker die Interaktion durch eine »äußere« Aufgabe vorstrukturiert ist (und in dieser Situation kann das Insistieren auf die Überprüfung des Konsens recht lästig und der gemeinsamen Leistung hinderlich werden, wie Stimpson u. Bass [1964] gezeigt haben) und je flüchtiger sie ist. Insofern haben auch gegenseitige Kategorisierungen nicht den unbedingt zwingenden Charakter, der manchmal, und gerade in der Labeling-Theorie, als unproblematisch vorausgesetzt wird. Erst in den praktischen Folgen der Kategorisierung und im Umgang mit diesen Folgen erweist sich ihre Wirkung. Die Kategorisierung teilt sich nicht unmittelbar mit, sondern auf dem Umweg über ihr entsprechende Handlungen, die aber ihrerseits erst wieder interpretiert werden müssen. Die in der Labeling-Theorie geläufige Annahme der Übernahme von Fremdkategorisierungen in das eigene Selbstbild wird damit problematisch und ist daher auf ihre genauen Abläufe und deren Bedingungen zu untersuchen. Es steht somit auch in Frage, ob tatsächlich die Wirkung auf das Selbstbild entscheidend ist und nicht vielleicht die alltagspraktische, »reale« Behandlung, die man aufgrund einer solchen Kategorisierung erfährt. (Am konkreten Beispiel: Ist es für das Abrutschen in die kriminelle Karriere entscheidend, daß man aufgrund Fremdkategorisierung sich selbst als »Verbrecher« definiert, oder sind dafür nicht vielmehr die realen Benachteiligungen und Schwierigkeiten ausschlaggebend, denen man aufgrund eben dieser Fremdkategorisierung ausgesetzt ist?)

Ebenso kann man nicht ungeprüft davon ausgehen, daß die »offiziellen« Kategorisierungen, wie sie von Polizei, Justiz, Psychiatrie, Sozialarbeit, Schule, usw. verwaltet werden, sich ungebrochen in den Alltag fortsetzen, daß die formellen Regeln eine Untermenge der informellen sind, daß also Moral, Sitte und Anstand strenge Anforderungen stellen, von denen nur die wichtigsten und unerläßlichsten sich dann im Gesetz finden. Diese Vorstellung wird von den in der Rechtssoziologie geläufigen »Stufentheorien« der sozialen Normen nahegelegt – bei Max Weber (1922, 240 ff) Sitte, Konvention und Recht, bei Geiger (1947) Gewohnheit und Recht einerseits (182 ff), Gewohnheit und Moral andererseits (293 ff), besonders deutlich in der Rollentheorie, etwa bei Dahrendorf (1958), der Muß-, Soll- und Kann-Erwartungen unterscheidet und sie Gesetz, Sitte und Gewohnheit zuordnet (147 ff). Diese Vorstellung setzt ein doch etwas zu monolithisches und harmonisiertes Bild von Gesellschaft voraus, um die tatsächlichen Verhältnisse gültig erfassen zu können.[4]

Unter den Bedingungen heutiger »Öffentlichkeit« (vgl. Habermas 1962; Negt, Kluge 1972) ist zumindest auch der umgekehrte Zusammenhang anzunehmen: Ein effizienter Propagandaapparat setzt die Kategorisierungen, die potenten Partikularinteressen zugute kommen, als »allgemein gültig« und, wenn nötig, auch gegen die konkrete Erfahrung des Alltags in der Bevölkerung durch. Dieser Vorgang wird an der Kriegs- und Bürgerkriegspropaganda besonders deutlich, weil da oft neue Kategorien eingeführt oder alte umgewertet werden müssen. Aber natürlich ist es auch dort nicht nötig, bei einem »Nullpunkt« anzufangen, sondern es läßt sich immer an vorhandene Ängste und Vorurteile anschließen: den drohenden Statusverlust mit der kraftmeierischen Selbstwertaufpäppelung durch Losgehen auf irgendwelche »Untermenschen« oder auch nichtlegitime »Eliten« (wobei sich beides auch durchaus kombinieren läßt, wie es etwa beim »Juden« der Nazis der Fall gewesen zu sein scheint), das Unheimliche des »Fremden«, Ressentiments aus realer Benachteiligung.[5] Dabei ist es bei diesen Phänomenen durchaus nicht notwendig, die Interessen bei denen, die solche Kategorisierungen propagieren, und bei denen, die sie aufnehmen, psychologisch zu mystifizieren, etwa als »autoritäre Persönlichkeit«: Bei den Juden-Pogromen ging es die ganze lange Geschichte dieser Verfolgung hindurch immer auch um Bereicherung; in vielen der heutigen Bürgerinitiativen geht es weitgehend unpolitisch um schlichte ökonomische Privilegien (vgl. etwa die Beispiele bei Treiber 1973b); das Vorurteil gegen ausländische Arbeiter beruht auf der Konkurrenz um Arbeitsplätze, Wohnungen, Mädchen, usw. (vgl. dazu die auch historisch fundierte Analyse von Pearson 1977); manche dieser »Feinderklärungen« stehen in einem sonst eher isolierten Konflikt zwischen der Polizei und bestimmten Gruppen, in dem die Polizei ihren Medienzugang benützt, um Legitimation für ihre Maßnahme zu gewinnen; der psychologische »Sündenbock-Mechanismus« findet seine soziologische Entsprechung im Interesse einer (prospektiven) Elite, die Unzufriedenheit der Bevölkerung auf eine andere Elite zu lenken, damit man nicht selbst Ziel dieses Unmuts wird; das Vorurteil gegen »Fremde« hat eine Basis in deren Einsetzbarkeit als »Büttel« der Mächtigen (vgl. Coser 1974, Hess 1977). Die »autoritäre Persönlichkeit« wird unter genau den Bedingungen aufgezogen, auf denen auch diese Interessenlagen beruhen – denen einer anders unerträglichen Disziplin und Ausweglosigkeit des Alltags nämlich in einer bestimmten ökonomischen und gesellschaftlichen Position.

Ähnliches erscheint für die Reaktion des so Verfolgten nicht unplausibel: Der Schwarze, den die Gewerkschaft nicht in ihre Solidarität aufnimmt, wird zum Streikbrecher; der »Fremde«, der zu einem »ehrbaren« Beruf nicht kommt, sei es durch rechtlichen Ausschluß wie der mittelalterliche Jude, sei es durch faktischen (und rechtlich unterstützten) Ausschluß durch ein für ihn unbewältigbares Ausbildungssystem wie heute das »Gast«arbeiterkind (eindrucksvoll dazu der Bericht im »Spiegel« 31, 1977, Heft 53, 46–52), wird käuflich und in seinen Mitteln wenig wählerisch; der sich mit Drogen über eine schlechte Wirklichkeit tröstet, wird durch Verfolgung und Abstempelung nicht gerade dazu verlockt, sich dieser Wirklichkeit mit klarem Kopf zu stellen (vgl. dazu besonders Young 1971).

Das gilt aber offenbar auch in »harmloseren« Fällen. Kategorisierungen einer weniger dramatischen Art werden auch durch die Putzmittelwerbung oder durch die Erziehungsratschläge der Illustrierten verbreitet. Das Putzmittel braucht für seine Verkäuflichkeit bestimmte Sauberkeitsstandards, die unter bestehenden Verhältnissen der Hausfrau aufgeladen werden, wodurch nicht nur der Inhalt der Kategorie »Hausfrau«, sondern zugleich auch der von »Frau« definiert wird. Das konstituiert aber nicht nur ein Selbstbild, sondern eine ganz konkrete und handfeste Behandlung, die man erfährt, indem es Inhalt und Umfang der Arbeit festlegt, die man zu tun hat (vgl. dazu als Beispiel für die inzwischen einigermaßen umfängliche Literatur zur Hausarbeit Bock, Duden 1977). Das gilt wahrscheinlich noch stärker für alle Kategorisierungen, die im Zusammenhang mit Kindern und Kindererziehung geliefert werden. Schon die Herausbildung der dichotomen Kategorie »Kind/Erwachsener« (wie sie von Aries 1960 oder Elschenbroich 1977 beschrieben wird) hängt zusammen mit erhöhten Disziplinaranforderungen an den Erwachsenen, die Elias (1936) als »Prozeß der Zivilisation« benannt und untersucht und die Foucault an den Themen Psychiatrie (1954, 1961), Gefängnis (1975) und Sexualität (1976) zwar gelegentlich historisch zweifelhaft (vgl. Steinert 1978), aber in intensiver phänomenologischer Anschaulichkeit deutlich gemacht hat. Neuere Entwicklungen in der Pädagogik (etwa die Betonung von »Vorschulerziehung« – schon das Wort drückt sehr klar aus, worum es geht – und ihre Privatisierung im »pädagogisch wertvollen« Lernspielzeug) hängen mit den erhöhten Anforderungen zusammen, die von schulischer Ausbildung an ihre familiäre Unterstützung gestellt werden – die ihrerseits gesichert wird durch die überragende Bedeutung von schulischen Abschlüssen für die beruflichen Chancen.

ÜBER DEN (MEHR ODER WENIGER) KOMPETENTEN UMGANG MIT KATEGORISIERUNGEN

Es besteht kein Grund zur Annahme, daß die Menschen die gesellschaftlichen Zumutungen, die ihnen unter anderem dadurch angetan werden, daß man sie kategorisiert, »in ihrer Funktion als . . . « behandelt, ihnen bestimmte Eigenschaften zuschreibt usw., in jedem Fall widerspruchslos hinnehmen. Im Gegenteil: Soziales Leben besteht in der aktiven Auseinandersetzung mit diesen Zumutungen, auch wenn man gelegentlich seinen Frieden mit ihnen macht oder sie sogar aktiv benützt, und ein guter Teil der Soziologie und der schönen Literatur beschäftigt sich mit genau diesem Thema. Soziologie hat nur in bestimmten Phasen ihrer theoretischen Entwicklung die Neigung, unproblematisches »Internalisieren von Normen« und eine unproblematische »gesellschaftliche Integration« anzunehmen, offensichtlich nämlich dann, wenn auch politisch starke Kräfte auf Konfliktvermeidung und -unterdrückung (oft mit Hilfe eines äußeren Feinds oder einer anderen gemeinsamen Aufgabe) drängen. So ist es wohl kein Zufall, wenn Wrong (1961) seine Warnung vor dem »übersozialisierten Menschenbild« der Soziologie gerade am Beispiel Parsons', des Theoretikers von Weltkrieg, Wiederaufbau und Kaltem Krieg, entwickelte. Hier soll nun nach den Bedingungen gefragt werden, unter denen man auf diese sozialen Zumutungen verschieden reagiert. Dazu ist zunächst eine Typologie solcher Reaktionsweisen nötig.

Ich schlage vor, die möglichen Formen des Umgangs mit Kategorisierungen der eigenen Person auf einem Kontinuum anzuordnen, das von Selbstkategorisieren über verschiedene Formen des Annehmens angebotener bis aufgedrängter Kategorisierungen bis zu den diversen Arten der Abwehr einer Kategorisierung der eigenen Person reicht. Auf diesem Kontinuum lassen sich folgende Fixpunkte festmachen: Die Extreme wären markiert durch einerseits 1. Selbstdarstellung, die kollektiv und organisiert oder auch individuell erfolgen kann, andererseits 6. politische Arbeit an der Abwehr eines Etiketts, die bis zur Eliminierung der Denkkategorie, also dem Irrelevant-Machen des Merkmals überhaupt gehen kann. Dazwischen liegen dann 2. Akzeptieren des Labels, weil es einem ohnehin gut ins Konzept paßt, 3. Akzeptieren, weil man nicht anders kann (mit allen möglichen Nebenfolgen), 4. Akezptieren mit »Hilfskonstruktionen«, also allen Arten von »Unterschleif«, die einen doch noch halbwegs auf seine Rechnung kommen lassen und 5. die individuelle Abwehr der Etikettierung.[6]

Das ist zunächst durch einige Beispiele zu illustrieren:

1. Selbstdarstellung. Im Gegensatz zu zumindest manchen Vulgärformen von Labeling-Theorie ist Kategorisierung der eigenen Person eine Aktivität, mit der man selbst viel mehr beschäftigt ist als die Umwelt. Es gehört zum Grundrepertoire sozialen Handelns, daß man über sich selbst Aussagen macht. Das hat Goffman hinreichend und (z. B. 1959, 1961b) auch für Alltagssituationen beschrieben, in denen es gewöhnlich nicht um so »dramatische« Kategorien wie »Verbrecher« oder »Verrückter« geht. Am leichtesten zu beobachten ist dieser Vorgang in dem, was man »Statusmanagement« nennen kann. Alle »Anstandslehren« sind hier recht explizit. Veblen (1899) hat im Begriff des »demonstrativen Konsums« die Form von Statusmanagement klassisch beschrieben, in der man auf mehr oder weniger subtile Art dokumentiert, was man sich alles leisten kann. Freilich ist die Sache nicht ganz eindimensional: Die Leute, die sich weniger leisten können, müssen sich deshalb nicht nur als Versager gegenüber diesen Ansprüchen darstellen. Sie machen vielmehr zweierlei: Erstens schränken sie den Vergleich ein (nur die wenigsten streben ernsthaft an, so zu leben, wie Filmstars das in den Illustrierten tun), und zweitens versuchen sie, andere Merkmale, auf denen sie besser abschneiden, als den relevanten Vergleichsmaßstab durchzusetzen (z. B. Bildung oder Kraft, Geschicklichkeit und Ausdauer). Von daher kann man dann die Personen mit dem demonstrativen Konsum als »Angeber«, »Parasiten« oder »neureiche Banausen« abwerten.

Besonders nützlich für solche Verschiebungen des Vergleichsmaßstabs sind »allgemeinmenschliche« Kategorien, aus denen sich die Einsicht ableitet, daß solche Leute »auch sterben« und »ihr Geld nicht mitnehmen« können, daß »Reichtum allein nicht glücklich macht« und daß wir »vor Gott alle gleich« sind. Deutlich ist freilich gerade hier auch die Zweischneidigkeit solcher Relativierungen. Daß wir alle sterben müssen, ändert nichts daran, daß manche das früher tun als andere (z. B. haben in Österreich die im Bauwesen Beschäftigten eine zehnmal so hohe Arbeitsunfallrate wie die im Geld- und Kreditwesen Tätigen; Fleissner 1978, 42). Die Gleichheit vor Gott verhinderte nicht, daß der leibeigene Bauer vom Grundherrn eines Teils seines Arbeitsertrags beraubt und im Zweifelsfall geprügelt und sonst malträtiert wurde. Die Berufung auf die Gleichheit vor Gott kann in dieser Situation dazu führen, daß der Bauer sich geduldig mit seinem Los abfindet, oder auch, daß er diese Gleichheit einfordert – wie es etwa in den Bauernkriegen geschah, wo die Berufung auf göttliches Recht immer wieder einen der Hebel darstellte, sich gegen menschliches Unrecht aufzulehnen. Die Menschenrechte der bürgerlichen Revolution sind die säkularisierte Fassung dieses göttlichen Rechts – und indem sie das »bessere Jenseits« aufgeben, sind sie schon viel weniger geeignet, nur das Sich-Abfinden mit einer unerfreulichen Situation zu motivieren.

Zu den interessanteren (und vergleichsweise wenig untersuchten) Facetten der Selbstdarstellung gehört die Kategorisierung der eigenen Person durch »schlechte«, sozial nicht akzeptierte Merkmale in nicht gezwungener, sondern militanter Weise. Neben der Figur des Abweichers, der durchaus gegen seinen Willen »diskreditiert« wird und dann zusehen muß, wie er damit zurecht kommt, gibt es auch die Selbstdarstellung als abweichend (die in manchen Fällen durchaus über das hinausgeht, was auf der Handlungsebene an Abweichung festzustellen ist). Ein amüsantes Beispiel dafür liefert Emerson (1970) in ihrem Bericht über einen Raubversuch auf einem Maskenfest, wo es den Räubern nicht gelang, ihre Selbstdarstellung als Räuber durchzusetzen, die Situation von den prospektiven Opfern einfach nicht als »ernst« akzeptiert wurde, so daß die Räuber unverrichteter Dinge wieder abziehen mußten. Sie hätten die Situationsdefinition sicher durch eine Aktion mit krassen Folgen (z. B. Verletzung eines Anwesenden) »kippen« können, aber so weit wollten sie offenbar nicht gehen. Für manche abweichenden Handlungen ist es offenbar unerläßlich, daß man sich schon vorher als »Abweicher« darstellt, damit sie überhaupt durchgeführt werden können.

Das wird noch deutlicher in politischer »Abweichung«. In Waltons (1973) Analyse der »Weathermen«, einer radikalen Fraktion der US-Amerikanischen Studentenbewegung der sechziger Jahre, ist offensichtlich, daß hier Abweichung (in Form offen gewalttätiger Aktionen) und die entsprechende Selbstdarstellung gewählt und nicht aufgedrängt wurde. Die »Weathermen« waren zur Überzeugung gekommen, daß der offene Kampf die einzig übriggebliebene taktische politische Möglichkeit war. (Die Erfahrungen, die zu dieser Einengung des wahrgenommenen Spektrums von Möglichkeiten führten, waren freilich nicht selbstgewählt.) Entsprechend dieser Wahrnehmung verstanden sie sich selbst und handelten sie. Selbstverständnis und Selbstdarstellung sind hier also instrumental für das eigene Handeln und das der Gruppe.

Ein direkterer Einsatz der Selbstdarstellung liegt in Fällen der Selbstanzeige vor, etwa in der Form von »Ich habe abgetrieben«. Die politische Funktion ist hier die Aufdeckung der Häufigkeit eines »abweichenden« Handelns, womöglich verbunden mit hoher gesellschaftlicher Stellung derer, die sich selbst bezichtigen. Damit wird der Kontrollmechanismus der »Präventivwirkung des Nichtwissens« (Popitz 1968) durchbrochen und die Norm statt der Normverletzung diskreditiert. Eine ähnliche Zielrichtung haben auch selbstbewußte Darstellungen der eigenen »Abweichung« in der »Gay Liberation« oder im (schnell kommerzialisierten) »Black is Beautiful«.

Selbst- oder Außendarstellung ist ferner ein wesentlicher Bestandteil jeder Organisation und ihrer Aktivitäten, sei das ein Wirtschaftsunternehmen oder ein Stück staatlicher Bürokratie (damit hat sich z. B. Luhmann 1964 beschäftigt). Sie dient hier der Regulation der Außenbeziehungen wie auch der internen Kontrolle. Die Aktenführung und sonstige Darstellung und Begründung von Entscheidungen darf daher nicht mit dem tatsächlichen Ent-

393

scheidungsvorgang verwechselt werden. (Für die richterliche Entscheidung hat Lautmann 1972 diese Diskrepanz analysiert und den Vorgang in den Begriff der »ergebnisgeleiteten Strategie« gefaßt.) Solche Darstellungen dienen vielmehr der Rechtfertigung der Entscheidung und ihrer Absicherung gegen kontrollierende und eventuell korrigierende Eingriffe. Übrigens sollte auch noch daran erinnert werden, daß es Selbstdarstellung heute als Industriezweig gibt, in Form von »Public Relations« nämlich, als systematisierten »Verkauf« von Politikern, Film- und Schallplattenstars oder auch ganzer Berufsgruppen (etwa des Straßentransportgewerbes in der Werbefigur des »Brummi«, des Einzelhandels – »immer für Sie da«, oder der Polizei – »dein Freund und Helfer«). Auch daraus läßt sich etwas über das »Produkt« von Selbstdarstellung lernen.

2. Akzeptieren des Labels, von dem man einen Gewinn hat. Dieser Fall ist so selbstverständlich, daß man kaum von ihm redet und ihn auch theoretisch wenig beachtet. Gelegentlich wird man, ohne daß man sich selbst sehr dafür anstrengen muß, in einer Weise kategorisiert, die man nur begrüßen kann. Das kann auch zufällig und als Mißverständnis passieren, orientiert sich aber üblicherweise doch an von uns selbstgesetzten Signalen. Ein Beispiel dafür ist das bekannte Experiment von Rosenthal u. Jacobson (1966), in dem nach Zufall Schüler dem Lehrer gegenüber als besonders intelligent bezeichnet wurden. Das überraschende Ergebnis war, daß zumindest die jüngeren unter den so herausgehobenen Schülern in der Folge tatsächlich ihre Leistungen überdurchschnittlich verbesserten. Wenn man annimmt, daß dieser Effekt darauf beruht, daß »gute Schüler« vom Lehrer anders behandelt werden als »schlechte«, dann haben die Kinder diese Rolle, die ihnen da unvermutet zugeschrieben wurde, offenbar akzeptiert und sich in ihr ermutigen lassen – vermutlich, weil es, zumindest in den unteren Klassen, eine wenig ambivalent günstige Position ist, vom Lehrer geschätzt zu werden (später kann das den Betreffenden in der Kultur der Gleichaltrigen eher Probleme bereiten und wird daher weniger akzeptiert).

Ähnlich läßt sich das von Kinch (1963) berichtete illustrative Beispiel interpretieren, in dem Studenten beschließen, eine (für sie) wenig attraktive Kollegin ab sofort so zu behandeln, als wäre sie die attraktivste Frau am Campus. Sie gingen reihum mit ihr aus und erzielten dabei (so Kinch) den Effekt, daß die junge Dame sich tatsächlich mehr um ihr Äußeres kümmerte, geselliger und charmanter wurde und sich so der Rolle annäherte, nach der sie behandelt wurde. Kinch meint, hier sei ein Selbstbild verändert worden, mit der Folge veränderten Verhaltens (das übrigens auch auf die experimentierenden Studenten zurückwirkte). Ich bin nicht sicher, ob man hier gleich auf das Selbstbild schließen kann, jedenfalls aber paßte sich die junge Dame an eine ihr wahrscheinlich nicht unangenehme Zumutung an, indem sie ihrerseits die passenden instrumentalen Handlungen setzte.

Solches glückliches Zusammentreffen der Interessen ist freilich nicht die Regel, zumindest verläßt sich unsere Art von gesellschaftlicher Organisation nicht darauf, sondern sorgt dafür, daß Kategorisierungen auch dann akzeptiert werden, wenn man nicht so glücklich über sie ist. Darum geht es in den beiden nächsten Punkten.

3. Akzeptieren des Labels, weil man nicht anders kann. Dieser Punkt ist vom nächsten nicht ganz sauber zu trennen, weil die Reaktionen sich offenbar vermischen und abwechseln können. Im Vergleich zu Punkt 4 soll es hier jedenfalls um die passiveren Verarbeitungen der Zumutung gehen.

Am relativ reinsten zeigt sich diese Form des Verarbeitens einer Kategorisierung wahrscheinlich in der Trauer und Depression und gegenüber Merkmalen, die man nicht oder schwer verbergen oder sonst aktiv umgehen und in ihren Wirkungen abmildern kann, in Situationen der Ausweglosigkeit also. Bei dramatisch neu auftretenden Zuschreibungen dürfte das im allgemeinen ein Durchgangsstadium sein (etwa wenn man sich plötzlich in der Rolle des »Krüppels«, der Witwe oder des Todkranken findet). Demgegenüber abgeschwächt und chronifiziert, aber im Grundsatz ähnlich dürfte das zu verstehen sein, was die Soziologie als Gefühl der Machtlosigkeit, Entfremdung oder Verbitterung und Zynismus in Einstellungsskalen erfaßt. Die schlichte Unzufriedenheit und hilflose »schlechte Laune« gehört wohl auch in dieses Spektrum.

Generell impliziert dieses Akzeptieren des Unausweichlichen Lernbereitschaft einer passiven Art. Es wird daher auch in der kindlichen Sozialisation eine besondere Rolle spielen, und zwar um so mehr, je frühkindlicher das betrachtete Entwicklungsstadium ist. (Trotzdem soll man auch hier die Aktivität des Kinds, die Formen von eigener Machtausübung und »Unterschleif«, die ihm zur Verfügung stehen, nicht unterschätzen.) Immerhin ist die Tiefenpsychologie sehr gut imstande, kindliche Verhaltensweisen aus den Rollenzumutungen der Eltern zu erklären, wofür z. B. Richter (1963) eine Fülle von überzeugenden Beispielen präsentiert. Er unterscheidet dabei nach der Herkunft der elterlichen Zumutungen das Kind als Substitut für eine Eltern- oder Geschwisterfigur oder als Gattensubstitut für einen der Elternteile sowie das Kind als Substitut der idealen oder negativen Identität der Eltern. Freilich setzt sich das Kind auch mit diesen Zumutungen aktiv auseinander, benützt sie für seine eigenen Bedürfnisse, eindrucksvoll ist aber doch, wie sehr die Kinder hier ausgeliefert sind und geprägt werden – was nicht verwunderlich ist, wenn man die tatsächliche »Ausweglosigkeit« der Kleinfamilie für das Kind (übrigens auch für die Eltern) und die Dauer des Einflusses bewußt macht.

Ein interessantes, nicht aus der Tiefenpsychologie stammendes Beispiel für solchen Einfluß kann man der Untersuchung von Newson u. Newson (1963) entnehmen. Hier wurden Mütter ein Jahr alter Kinder nach ihren Erziehungsgewohnheiten und -»rezepten« gefragt. Dabei fanden sich zwei völlig verschiedene Interpretationen derselben Handlungssequenz durch verschiedene Mütter: Das Kind weint – die Mutter nimmt es auf – das Kind hört zu weinen auf. Ein Teil der Mütter verstand diesen Ablauf so, daß das Kind ein Bedürfnis nach Nähe und Zärtlichkeit gehabt hatte und daß die Erfüllung dieses Wunsches durch die Mutter daher sein Problem löste. Andere Mütter hingegen nahmen diese leichte Beruhigbarkeit als Anzeichen dafür, daß das Kind gar kein »wirkliches« Problem gehabt und sie, die Mutter, »drangekriegt« hatte. Dementsprechend unterschiedlich war auch die Neigung, das Kind im Zweifelsfall stundenlang schreien zu lassen oder die Reaktion auf entsprechende Wutausbrüche des Kinds (a. a. O. 90 ff). Auf dem Hintergrund dieser unterschiedlichen Interpretation (für die das Kind ja wirklich nichts kann) werden die später (a. a. O. 204 ff) berichteten Schichtunterschiede interessant, die unter anderem darin bestehen, daß es in der Unterschicht eine größere Neigung gibt, auch sehr kleine Kinder zu schlagen, und daß in derselben Unterschicht die Kinder viel häufiger Wutanfälle produzieren. Der Schluß liegt nahe, daß die Mütter, die ihr Kind (aus Gründen der äußeren, lebenspraktischen Situation, die sich leicht denken lassen) von vornherein als kleinen »Feind« und »Konfliktpartner« verstanden, dieses damit häufiger in die Wutsituation brachten – womit sich dann, infolge der entsprechenden Reaktion auf den Wutausbruch, der Kreis des gegenseitigen Hochschaukelns schließt.

Ein eindrucksvollen Beispiel für solches passives Akzeptieren, weil man nicht anders kann, beitet auch Eriksons Darstellung der »schwarzen Identität« in den USA (1950, dt. Ausg., 236 ff). Die Situation des Sklaven wird bewältigt auf der Basis einer oralen Verwöhnung des Kindes (die das einzige ist, was die versklavte Mutter für ihr Kind tun kann), die den Schwarzen zu dem macht, was die weißen Herren an ihm mögen: »milde, unterwürfig, abhängig, ein bißchen vorwurfsvoll, aber immer bereit zu dienen, mit gelegentlicher Pathetik und kindlicher Weisheit« (Erikson 1950, dt. Ausg., 236). Darunter liegt die unterdrückte zweite Identität des »dreckigen Niggers«, gefährlich und grausam, die von den Weißen im Fall der Abweichung von der ersten Rolle angeboten wird. Die objektive Situation wie ihre psychische Vermittlung bieten also nur diese beiden Möglichkeiten: den »Schwarzen des weißen Mannes«, den »Uncle Tom« oder den bösen, dreckigen »Wilden«. Die relativ lange Stabilität der Sklavenökonomie der Südstaaten zeigt, wie wirksam sich die eine Identität ausbeuten und die andere unterdrücken läßt.

Abschließend soll zu diesem Abschnitt noch angemerkt werden, daß die neurotische und psychosomatische »Anpassung«, die sicher grundsätzlich zu dieser Kategorie zu zählen ist, auch schon eine Form der Gegenwehr darstellt. Das ergibt sich aus dem »sekundären Krankheitsgewinn«, auf den Freud an verschiedenen Stellen in seinem Werk (zusammenfassend 1917, G. W. XI, 397 ff) hingewiesen hat. Die Erkrankung hat auch reale Folgen, erzwingt zumindest Schonung, kann zudem, wie besonders im Fall von Zwangssymptomen, eine deutlich aggressive Komponente haben. Freilich sind das Pyrrhussiege: »In der Regel stellt sich bald heraus, daß das Ich ein schlechtes Geschäft gemacht hat, indem es sich auf die Neurose einließ. Es hat eine Erleichterung des Konflikts zu teuer erkauft, und die Leidensempfindungen, welche an den Symptomen haften, sind vielleicht ein äquivalenter Ersatz für die Qualen des Konflikts, wahrscheinlich aber ein Mehrbetrag von Unlust« (Freud 1917, G. W. XI., 398).

4. Akzeptieren des Labels mit »Hilfskonstruktionen«. Die subtile Analyse der »Hilfskonstruktionen« des angepaßten Lebens gehört zu den eigentlichen Stärken der interaktionistischen Soziologie und noch ganz besonders Goffmans (vgl. insb. Goffman 1961a, 1963). Gerade an der »totalen Institution« mit ihrem besonders strikten Regime läßt sich das eindrucksvoll nachweisen. Die Rolle des »Insassen« und ihre für praktische Zwecke reibungslose Erfüllung sitzt auf einer »Subkultur« auf, die verschiedene Gratifikationen ermöglicht, aber auch zusätzliche Kontrolle ausübt. Diese Subkultur darf man sich übrigens nicht als etwas vorstellen, das die Insassen völlig unbemerkt betreiben. Sie resultiert vielmehr aus den Schwierigkeiten und Unmöglichkeiten der Kontrolle und bezieht daher die Kontrolleure mit ein. Am deutlichsten ist das beim Kapo-System, in dem gegen Privilegien Kontrolle an mächtige Insassen delegiert wird, und bei im allgemeinen als »Korruption« verstandener direkter Beteiligung der Kontrolleure z. B. an Versorgungs- und Handelssystemen der Subkultur. Besonders die Kontrolleure der untersten Ebene, die direkte Verhaltenskontrolle durchsetzen sollen, können sich diesem Sog kaum entziehen, wenn sie sich gegen Bloßstellung ihrer letztlich nie ganz gedeckten Macht absichern wollen. Sie erkaufen sich dann Gehorsam in »Kontrollsituationen« mit Zugeständnissen in abgeschirmten Situationen.

Diese Mechanismen sind zudem gar nicht nur für die »totale Institution« spezifisch, auch wenn sie am wahrscheinlich gründlichsten für Gefängnis und Psychiatrie studiert worden sind. Sie lassen sich genauso beim Militär (vgl. Steinert 1972, 1973b; Steinert, Treiber 1973; Treiber 1973a), in der Schule (für diesen Bereich gibt es überraschenderweise kaum Studien über den dort stattfindenden »Unterschleif«, obwohl Gespräche unter Erwachsenen über ihre Schulzeit zu einem beträchtlichen Teil aus Geschichten darüber bestehen) und in der Arbeitswelt zeigen (einige Beispiele aus diesem letzten Bereich finden sich bei Bensman, Gerver 1963; Taylor, Walton 1971).

Und sie gelten genauso für weniger formell organisierte Lebensbereiche. In den informellen Situationen von Bar und Wirtshaus (Cavan 1966), Nudisten-Camp (Weinberg 1965), Restaurant (Whyte 1949, Spittler 1967), Autokauf (Miller 1964), Betrugsmanöver (Maurer 1940, Goffman 1952), professionellem Spielen und Wetten (Polsky 1967) und anderen ähnlichen, die von Interaktionisten offenbar so gern beobachtet werden, geht es neben den verschiedenen Selbstdarstellungen immer auch darum, zumindest manchen der Teilnehmer die Rolle »offen« zu halten. Aus jeweils verschiedenen Gründen wird darauf geachtet, daß die Rolle in der Situation sich *nicht* verallgemeinert, nicht an der Person »hängenbleibt«, sondern – jedenfalls zum gegebenen Zeitpunkt – den »Ausstieg« zurück in ein respektables Alltagsleben zuläßt. Diese ausgedehnten Arrangements zur Abgrenzung verschiedener Bereiche des Lebens gelten in weniger auffälliger Form auch für die Aufteilung des Alltags in »Arbeit« und »Freizeit« und bilden das Gerüst für eine »Fraktionierung der

Persönlichkeit«, die wohl nicht ganz zufällig einen Grundaspekt des interaktionistischen Menschenbilds, des »dramaturgischen Modells der sozialen Wirklichkeit« (Messinger, Sampson, Towne 1962) darstellt.

5. Individuelle Abwehr der Etikettierung. Im Gegensatz zu den zuletzt schon beschriebenen Techniken der »Fragmentierung«, die immerhin das Etikett an der Generalisierung hindern, seine Wirksamkeit auf abgegrenzte Situationen einschränken sollen, kann auch direkt versucht werden, die drohende Etikettierung an Ort und Stelle zurückzuweisen. Dabei geht es oft auch nur um die Abwehr von Teilen oder Implikationen der Kategorie, in die man gesteckt werden soll. Die direkte Verneinung (das, was unsere Zeitungen im Fall der Anschuldigung von Kriminalität gewöhnlich als »Leugnen« bezeichnen), wie sie sich vor Gericht als Plädoyer für »nicht schuldig« dokumentiert, ist aus verschiedenen Gründen eine schwache Taktik. Es bleibt dabei häufig »etwas hängen«, schon verdächtigt zu werden konstituiert eine »Teilschuld« (Foucault [1975, dt. Ausg. 44 ff] hat das am Beispiel der Folter deutlich gemacht, die ihren Sinn und ihre Legitimation als vorgezogene Bestrafung nur aus einer solchen Annahme ziehen kann), und vor allem die freiwillige, »grundlose« Verneinung konstituiert selbst erst einen Verdachtsgrund (vgl. dazu Freud 1925 und die psychoanalytische Auffassung der Reaktion auf Kriminalität als »Sündenbockprojektion«, etwa bei Reik 1925 oder Reiwald 1948). Trotz dieser Subtilitäten soll man freilich auch nicht ganz übersehen, daß der Nachweis des Alibis (in verschiedener Form, z. B. der der heterosexuellen Ehe des Homosexuellen) bereits einen wirksamen sozialen Schutzmechanismus darstellen kann.

Zur Abwehr von Etikettierungen steht aber über die Verneinung hinaus ein Repertoire von sozialen Techniken zur Verfügung, die (von Scott, Lyman 1968) als »accounts« oder (von Sykes, Matza 1957) als »Neutralisationstechniken« beschrieben wurden. Handlungen, die den Akteur diskreditieren könnten, einmalige »Entgleisungen«, »Mißgeschicke«, »Unfälle« größerer oder kleinerer Art geschehen viel zu häufig und auch den »respektabelsten« Leuten, als daß man ohne Korrekturmechanismen auskommen könnte. Der Tatsache, daß man nicht voll Herr seines Handelns ist, wird im gesellschaftlichen Umgang dadurch Rechnung getragen, daß »Entschuldigungen«, »Erklärungen« und »Rechtfertigungen« zugelassen werden.[7] Das gilt vor allem dann, wenn die Folgen des Fauxpas nicht allzu gravierend sind, wie es Scott u. Lyman (1968) mit dem Beispiel verdeutlichen, daß »Unachtsamkeit« einer Aufsichtsperson das Ertrinken der Hausschildkröte im Swimmingpool vielleicht noch entschuldbar machen kann, nicht aber das des kleinen Sohnes der Familie. Es gibt hier also Grenzen: Bestimmte Dinge dürfen einer erwachsenen, kompetenten Person einfach nicht passieren. Solche Grenzen (die von den Interaktionisten kaum gesehen werden) liegen für verschiedene Reaktionen auf eine Handlung an verschiedenen Punkten. So wird man beim Zerbrechen eines Gegenstands durch eine Entschuldigung vielleicht der moralischen Verurteilung dafür entgehen können, nicht aber der Verpflichtung zum Schadenersatz (man wird vielmehr, gerade bei intakter Sozialbeziehung, zu besonders großzügiger Überkompensation geneigt sein). Im Zusammenhang mit einer vielleicht ohnehin schon gespannten Atmosphäre wird der »Unfall« möglicherweise trotzdem als »feindseliger Akt« behandelt werden, und wenn es der andere darauf anlegt, wird es ihm unter Umständen gelingen, den »Unfall« zu einem »Skandal« hochzustilisieren. (»Da sieht man's wieder, wie du dich mir gegenüber aufführst: Jetzt zerbrichst du auch noch diese mir so wertvolle Vase.«) Dieselbe Handlung kann also Indikator für verschiedene Merkmale der Person sein, sie wird im Licht schon bestehender Kategorisierungen verstanden – und wird dementsprechend unterschiedlich leicht oder schwer in ihren Implikationen für die Bewertung der Person abzuwehren sein.

Diese Möglichkeit des »Skandalisierens« einer Handlung hat Garfinkel (1956) beschrieben, während sie sonst in interaktionistischen Analysen im Vergleich zu kooperativen Taktiken eine geringe Rolle spielt. Solches »Skandalisieren« gehört übrigens zum täglichen Brot des Boulevard-Journalisten, bei dem diese Strategie häufig gar nicht gegen die betroffene Person gerichtet ist. Es geht vielmehr um den »Skandal an sich«, weil um jeden Preis »Interesse« beim potentiellen Leser (und Käufer) geweckt werden muß – was den Effekt für die betroffene Person um nichts angenehmer macht. Das heißt aber wiederum nicht, daß damit nicht auch gezielte Politik gemacht werden kann, wobei sich an ein einmal »skandalisiertes« Ereignis weitere Interessen sekundär »anhängen« können.[8] Übrigens ist dieser Gegenangriff durch »Skandalisieren« natürlich auch eine Technik der Stigmaabwehr (die auch präventiv einsetzbar ist). Indem man den anderen in die Defensive drängt, ein bestimmtes Problem in den Vordergrund der Aufmerksamkeit rückt, selbst laut »Haltet den Dieb!« ruft, kann man für sich selbst einen windgeschützten Winkel schaffen.

Stigmaabwehr ist natürlich auch nicht nur eine verbale Strategie, sondern sie kann und wird ebenfalls durch Verhaltensänderung versucht. Die einmalige Kategorisierung einer bestimmten Handlung in einer bestimmten Richtung bedeutet über die Situation hinaus häufig zunächst einmal nur die Drohung einer bestimmten Stigmatisierung. Diese Drohung wird gelegentlich auch ausgesprochen (»Wenn so was öfter vorkommt, werde ich meine Meinung über Sie revidieren müssen«). Das hat (nicht immer, aber doch manchmal) zur Folge, daß man weitere Anlässe, in denen die drohende Kategorisierung bestätigt werden könnte, zu vermeiden sucht. Man nimmt sich vor, sich beim nächsten Mal in der entsprechenden Situation anders zu benehmen, übt vielleicht sogar dieses geplante Verhalten oder bemüht sich, die Situation gar nicht entstehen zu lassen. Es gibt meines Wissens keine Untersuchungen, wie häufig, unter welchen Bedingungen und mit welchem Erfolg eine solche Taktik die Reaktion auf eine Stigmadrohung ist, jedenfalls ist sie aber die Methode der Wahl jedes strafenden Erziehers, Richters, Gesetzgebers, der mit solchen Drohungen arbeitet, und ebenso aller Eltern, die mit geängstigtem Blick das Verhalten ihrer Kinder auf Anzeichen darauf überprüfen, was aus ihnen »einmal werden wird«, häufig unter gewaltiger Überschätzung des prognostischen Werts der »Indikatoren« und der Schicksalshaftigkeit prognostizierter Entwicklungen. Die Befangenheit und Unsicherheit, die ebenfalls aus solchen »gutwilligen« Vorsätzen der Stigmadrohung gegenüber entsteht, schafft freilich wieder ihre eigenen Probleme, und auch nur einfach »normales« Benehmen genügt häufig nicht, um den »Gegenbeweis« zu schaffen. Sobald der Verdacht einmal da ist, hat er eine erhöhte Wahrscheinlichkeit, angesichts der Vieldeutigkeit von Verhaltensweisen auch seine Bestätigung zu finden. Was man hier brauchte, wäre eine Dramatisierung des Endes eines Verdachts, wie es beim »Sünder« in der öffentlichen Buße gegeben ist, oder beim »Kranken« in der autoritativen ärztlichen Bestätigung, daß man jetzt wieder gesund sei. Beim »Kriminellen« und beim »Verrückten« z. B. gibt es eine solche »Schlußzeremonie«, einen »Übergangsritus«, wie er zwischen manchen Lebensaltern existiert (vgl. van Gennep 1909), nicht oder zumindest nicht in einer sozial wirksamen Form. Sie werden mit der Entlassung aus der »Behandlung« erst der »Erprobung« und damit dem Verdacht ausgesetzt, wofür das Straf- und das Geisteskrankenregister mit ihren Tilgungsfristen (das Geisteskrankenregister kennt in Österreich überhaupt keine Tilgung) hinreichender Beleg sind und wofür der Grund zumindest zum Teil wohl darin zu finden ist, daß die entsprechenden »Behandlungs«einrichtungen sich (nicht ganz unrealistischerweise) einen Behandlungs»erfolg« nicht zumuten und zutrauen. Dieses Versagen der Institution wird freilich in seinen Folgen demjenigen aufgelastet, dem auf diese Weise »nicht zu helfen ist«.

Die individuelle Abwehr des Stigmas, so scheint es, gelingt bevorzugt dort, wo die Adressaten dieser Abwehr kooperieren. Tun sie das nicht, kann man sich »von Situation zu Situation« vielleicht darüber wegschwindeln, indem man verbirgt und täuscht – eine Technik, die wir hier unter »Akzeptieren mit Hilfskonstruktionen« eingeordnet haben, weil man dabei hauptsächlich Situationen gegeneinander isoliert, die Drohung aber nicht los wird. Wird mit der Abwehr nicht kooperiert, scheint die »verdachtgeleitete Wahrnehmung« (Feest, Blankenburg 1972) die Gewichte bezüglich des Ausgangs dieser Sequenzen von Zuschreibung und ihrer Abwehr jedenfalls recht ungleich zu verteilen. (Lücken und Schwächen der Forschungssituation, besonders was die geglückte Abwehr betrifft, sind auch hier mit Bedauern anzumerken.)

6. Kollektive Stigmaabwehr. Die »Geschichte der Klassenkämpfe« ist, wenn man sie nicht gerade mit Hilfe eines kruden Ökonomismus analysiert, immer auch eine Geschichte der Klassifizierungen. Im ehrwürdigen Problem des »Klassenbewußtseins«, dem Problem also, daß Menschen, was politisches Handeln betrifft, u. U. nicht in der Lage sind, »ihre Interessen zu kennen«, ist thematisiert, daß Selbst- und Fremdklassifizierungen an den tatsächlich wirksamen ökonomischen und sozialen Strukturen vorbeigehen können, daß erlebte Benachteiligungen der »falschen« Ursache zugeschrieben werden können, daß man die Interessenkoalition, der man sich selbst einordnet, zu eng oder zu weit fassen kann.

Die »Entstehung der Arbeiterklasse« (Thompson 1963) ist ein langer und verschlungener Prozeß, der natürlich von ökonomischen Veränderungen ausgeht und auf ihnen aufsitzt, der aber in seiner politischen Dimension auch als »Lernprozeß« (Vester 1970) zu verstehen ist; als Lernprozeß, in dem Selbstbewußtsein, Analyse der Gesellschaft (und damit der eigenen Probleme) und (damit) das politische Instrumentarium sich entwickelten. Gerade die Niederlagen sind dabei besonders wichtige Lernerfahrungen, weil sie Fehler der bisherigen Kategorisierung deutlich werden und über die »Erzeugung einer geschlossenen, mächtigen Konterrevolution« (Marx 1850, 11) Solidarität und revolutionäre Kraft entstehen lassen.

In diesen Kontext gestellt, verliert der Begriff der Etikettierung einiges von seiner sozialpsychologischen »Harmlosigkeit«, nach der es dabei entweder um subtile Vorgänge in Runden von Wein- (oder, weil meist in den USA spielend, wohl Gin-Tonic-) Trinkern oder bösartigere zwischen bestimmten Bürokratien und den ihnen Ausgelieferten geht. Im »Statusmanagement« geht es aber um mehr als darum, »wie jeder jeden beeindrucken will« (Lauster 1975). In organisierter Form können diese Vorgänge durchaus einiges an Geschichtsmächtigkeit haben. Eine selbstbewußte, ihre eigene Kultur und Lebensweise betonende und von ihrer Unentbehrlichkeit überzeugte Arbeiterschaft ist etwas anderes als eine in individuelle Konkurrenten um Güter, Fortkommen (der Kinder) und sozialen Aufstieg zersplitterte. Dergleichen Unterschiede beruhen zwar auf solchen der vorgefundenen Lebensbedingungen, drücken sich aber auch im Selbst- und Fremdverständnis (z. B. im Selbstverständnis als Angehöriger der »breiten Mittelschicht« und im Fremdverständnis von Randgruppen als »arbeitsscheu«, »Versager« und »gefährlich«) aus.

Die wichtigste Technik und Voraussetzung der so verstandenen kollektiven Stigmaabwehr ist Solidarisierung der sich als gleich kategorisierbar Verstehenden in einer Zahl, die Konfliktfähigkeit erzeugt, die dem austauschbaren einzelnen nicht zukommt. Das Problem ist dabei, wer sich alles als »gleich kategorisierbar« versteht, ob es gelingt, eine möglichst umfassende Kategorie zu finden, die trotzdem noch anschaulich und erlebnisnah ist.

Solche Kategorisierungen können daher nicht voluntaristisch aufgebaut und durch »Schulung« verbreitet werden, sie müssen schon eine Basis in der konkreten Erfahrung haben. Und sie müssen offenbar auch eine Zielrichtung für gemeinsames Handeln mit einiger Aussicht auf Erfolg angeben können, um wirksam akzeptiert zu werden. Diese beiden Bedingungen können wahrscheinlich auseinanderfallen oder jedenfalls in sehr unterschiedlichen Stärkeverhältnissen gegeben sein. Zumindest gibt es Beispiele für rein negative Kategorisierungen, z. B. »anständiger (= nicht krimineller) Bürger«, die sich dann, wenn sie sich überhaupt als relevant durchsetzen können, sehr breit (und abstrakt) über alles sonst Trennende und viele sonstige (zumindest mögliche) Kategorisierungen hinwegsetzen. Ähnlich im Sinn einer »negativen Koalition« wirken möglicherweise rassische Kategorisierungen. So dürfte sich etwa der »Arier« der Nazi-Zeit (dessen »positiven« Inhalt – blond, blauäugig und Herrenmensch – sich die meisten Betroffenen ja wohl nicht mit Überzeugung selbst zuschreiben konnten) normalerweise hauptsächlich als »Nichtjude« definiert haben, ähnliches gilt vermutlich für den »Weißen« gegenüber »Farbigen«, wo diese Unterscheidung relevant ist, und ganz offensichtlich im »Zusammenschluß« einer Nation gegen den äußeren Feind im Kriegsfall. In der »negativen Koalition« dominiert also die Zielvorgabe gegenüber der erfahrbaren Gemeinsamkeit; es genügt der gemeinsame Feind, die gemeinsame Ablehnung einer Sache, unabhängig von den vielen verschiedenen Gründen, aus denen sie erfolgt.

Solidarität auf der Basis einer kollektiven Kategorisierung wird sicher erleichtert, wenn die gemeinsame soziale Lage die davon Betroffenen wenigstens gelegentlich auch an einem Ort versammelt, wodurch die Gemeinsamkeit unmittelbar augenfällig und direkte Kommunikation darüber möglich wird. Offe (1969, 169) hat das im Anschluß an Olson (1965) unter dem Stichwort »Organisationsfähigkeit« beschrieben und darauf hingewiesen, wie schwer sich aus sehr allgemeinen Interessen oder aus denen in ihrer Tätigkeit vereinzelter Personen (z. B. Hausfrauen) eine politisch wirksame Bewegung bildet. Demgegenüber hatte (und hat) die Arbeiterbewegung offenbar den Vorteil, daß die industrielle Produktion die Lohnabhängigen zunächst in der Stadt und in der Fabrik, dazu auch im Wohnquartier massierte, so daß Organisationskerne vergleichsweise problemlos gegeben waren.

Ein Schritt in der Solidarisierung benachteiligter Gruppen ist sicher auch die Herausbildung von Selbstbewußtsein, das sich aus einer Umwertung des ursprünglich diskriminierenden Merkmals ergeben kann (»Black is beautiful«) oder auch aus der Einsicht in die kollektive Stärke (»Sisterhood is powerful«). Die Herausbildung einer Infrastruktur von gemeinsamer Kultur und eventuell auch wirtschaftlicher Selbstgenügsamkeit, der Aufbau einer »Subkultur« also, hilft, dieses Selbstbewußtsein herzustellen und aufrechtzuerhalten (besonders deutlich ist das bei sezessionistischen Bewegungen, etwa den z. B. von Kanter 1972 beschriebenen »Kommunebewegungen« sozialistisch/syndikalistisch oder religiös motivierter Art). Solche Subkulturen haben freilich auch eine Nähe zum Getto und damit zur politischen Neutralisierung durch Ausgrenzen. Von der herrschenden Kultur her müssen dann nur noch die Grenzen des Gettos bewacht werden, was nicht bloß durch das Aufstellen physischer Mauern erfolgen muß. Ähnlich verhält es sich mit dem betonten Zurschaustellen diskriminierender Merkmale: Das kann Selbstbewußtsein schaffen und vielleicht auch die Massenhaftigkeit des Merkmals sichtbar machen (wodurch es an Diskriminierungsfähigkeit verlieren sollte), es kann aber auch zur Neutralisierung beitragen, indem solche Merkmale modisch verharmlost und ihre Träger als »harmlose Irre« verniedlicht werden. Ob das möglich ist oder nicht, ist keine Frage der Interaktionstechnik mehr, sondern eine der realen Macht, die hinter solchen Bewegungen steht.

Wenn wir diese notwendig oberflächliche und nur demonstrative Behandlung der Techniken von Kategorisierung und Gegenkategorisierung hier abbrechen, dann läßt sich doch in der Bilanz sagen, daß es sich dabei nicht nur um harmlose und losgelöste »Spielereien« von allenfalls marginalem gesellschaftlichem Interesse handelt, nicht nur um »Freizeitprobleme«, sondern um zentrale gesellschaftliche Vorgänge und ihren Ausdruck. Auch wenn diese Vorgänge am leichtesten dort bewußt werden, wo sich real der expressive Anteil sozialen Lebens verselbständigt hat, eben in »Freizeitproblemen«, so läßt sich von dem so gewonnenen gesellschaftlichen Selbst-Bewußtsein ausgehend doch zeigen, daß hier Verbindungen zu »ernsthafteren« Fragen bestehen und daß auch theoretische Querverbindungen herstellbar sind, die Etikettierung und Kategorisierung zu mehr als einem belanglosen Vorgang »in den Köpfen« und die Beschäftigung damit zu mehr als einem Teil eines »neuen Konservativismus« (McNall, Johnson 1975) machen.[9]

ANMERKUNGEN

1

Fritz Sack (1971) hat die Erfindung des Begriffs der »Subkultur« aus dieser Erfahrung des Fremden und Unverständlichen beschrieben, wie sie aus dem Kulturkontakt zuerst mit »exotischen« Völkern seit dem Beginn des europäischen Imperialismus entstanden ist und dann auf Kulturunterschiede innerhalb der eigenen Gesellschaft übertragen werden kann.

2

Diese Fiktion von Konsens, Ordnung und Struktur ist die »große Entdeckung« der Ethnomethodologie (vgl. etwa Zimmermann, Wieder 1970). So verdienstvoll dieses Insistieren auf dem problematischen, »gemachten« Charakter von Ordnung sein mag, die Frage nach dem Inhalt der jeweiligen Ordnung, den Interessen, die sie stützen, wird dadurch nicht beantwortet, sondern nur elegant vermieden. »Die Frage nach den Ursachen des Handelns wird nicht nur ignoriert, sondern gleichsam aufgelöst. Im ethnomethodologischen Bezugsrahmen ist für sie in der üblichen Form, in der sie für die konventionelle Soziologie zentral ist, kein analytischer Platz« (Weingarten, Sack 1976, 13).

3

Dieser Grundsachverhalt des »Mißverständnisses« erscheint mir als wichtiger Ausgangspunkt einer soziologischen Theorie von Kommunikation und sozialem Handeln. Erstaunlicherweise wird das Phänomen aber auch in den einschlägigen Theorien sehr wenig ernstgenommen. Mead z. B. setzt in seinen Formulierungen Übereinstimmung immer schon voraus, indem er die gegenseitige Korrespondenz der Gesten auf instinktmäßig festgelegte Reaktionen und die der Handlungen auf der (antizipierten) »Übernahme der Rolle des anderen« beruhen läßt. Nichts garantiert aber, daß ich diese Rolle des anderen nicht falsch antizipiere. Insofern solche Antizipationen gelernt werden, impliziert die Annahme der »richtigen« Vorwegnahme zumindest ein homogenes und konsistentes Lernmilieu. Auch unter dieser Annahme, die mit einiger Wahrscheinlichkeit der zeitgenössischen sozialen Wirklichkeit nicht entspricht, ist aber die Möglichkeit »konsistenten Mißverstehens« nicht ausgeschlossen. (Vgl. dazu die Mead-Interpretation bei Siegrist (1970) der ebenfalls betont, daß Mead das Problem der Intersubjektivität nicht löst, sondern überspringt.) Diese Erfahrung des »konsistenten Mißverstehens« läßt sich offenbar am besten in der analytischen Psychotherapie bewußt machen, von der daher die wenigen Autoren, die sich systematisch mit diesem Phänomen beschäftigt haben (z. B. Watzlawick 1976), auch ausgehen. Einen wichtigen, obwohl wenig beachteten Beitrag zur Analyse von Mißverstehen hat auch Ichheiser (1970) geliefert.

Offenbar ist aber das Bewußtsein dieser Unsicherheiten des Konsensus nicht nur im sozialen Alltag, sondern auch in der soziologischen Theorie schwer auszuhalten. Berger u. Luckmann (1966) etwa betonen zwar immer wieder den prekären Charakter der sozialen Wirklichkeit, kommen aber dann in ihrer an Gehlen inspirierten Theorie der Institutionalisierung sehr schnell zu einer Wirklichkeit, die primär in gemeinsamem Wissen festgemacht ist. Diese Basis für Gemeinsamkeit ist aber insofern zu dünn, als die jeweiligen Inhalte dieses Wissens unerklärt bleiben, und andererseits zu stark, weil das Prinzip »Ordnung muß sein« (auf das man diesen Theorieansatz – freilich grob vereinfachend – reduzieren kann) selbst wieder auf bestimmte Gesellschaftsverfassungen zu relativieren wäre – nicht jede Gesellschaft ist gleichermaßen auf »Ordnung« fixiert, und diese Unterschiede wären zu erklären, statt anthropologisierend zu mystifizieren.

4

Weber sieht übrigens dort, wo er sich konkret sozialhistorisch mit Recht befaßt, die Dinge durchaus angemessen; offenbar wird man, wenn man sich abstrakt auf eine solche »Schichtung« der Normen einläßt, sehr leicht auch gegen besseres Wissen vom »Sog« des Modells erfaßt.

5

Beispiele solcher inner- und zwischenstaatlicher »Feinderklärungen« finden sich analysiert bei Burke (1939), Cohen (1972), Duster (1971), Gusfield (1963), Loewenthal u. Gutermann (1949), Young (1971), Zurcher u. Kirkpatrick (1976) u. a., wobei in diesen Beispielen sich das Ressentiment auf unterschiedliche Zielgruppen richtet und unterschiedlich dramatische Folgen für die Betroffenen resultieren. Gemeinsam ist ihnen aber, daß (teilweise explizit zur Abwehr drohender eigener Deklassierung, teilweise ohne einen solchen Hintergrund oder zumindest ohne daß dieser Hintergrund im Beispiel genauer analysiert würde) der staatliche Apparat – mit Mitteln, die sich erstaunlich ähnlich sind – gegen eine »Feindgruppe« mobilisiert wird.

6

Diese Typologie erhebt keinerlei Anspruch auf irgendwelche besonderen wissenschaftlichen Verdienste, sie markiert nur ein paar leicht benennbare Punkte zwischen den Polen »Annahme« und »Ablehnung der Kategorisierung«. Sie hat auch nicht den Vorteil zahlenmagischer Prägnanz (wie sie etwa Parsons mit seinen »binären Aufspaltungen« gelegentlich schon in die Nähe eines metaphysischen Prinzips gerät). Und ich habe auch wenig Neigung, hier in begriffshaarspalterischer Kleinarbeit die Vereinbarkeit dieser Typologie mit anderen (z. B. der von Rogers u. Buffalo 1974) darzutun. Theoretische Begründungen gibt es hier wie dort nicht viele, und bei Rogers u. Buffalo sind mir einfach die beiden Dimensionen, die sie wählen, nicht plausibel genug (besonders nicht der Versuch, die Art der Reaktion mit ihren sozialen Folgen zu verbinden) und die resultierenden neun Zellen teilweise zu unanschaulich. (Es ist ja immer das Problem mehrdimensionaler Typologien, daß dabei so leicht Zellen entstehen, die inhaltlich schwer aufzufüllen sind und die man dann aus Systemzwang doch füllen muß.) Die Aufzählung der Reaktionsweisen ließe sich übrigens leicht auch hier zweidimensional ordnen, indem man als zweites Merkmal »aktiv/passiv« (selber machen/aufgedrängt bekommen) einführte. Dadurch kämen 1. und 6. in die Nähe zueinander, die sie tatsächlich haben, während sie sich jetzt als Pole gegenüberstehen.

7

Im Rahmen der sozialpsychologischen Attributationstheorie sind dazu einige interessante Ergebnisse gewonnen worden. So läßt sich die Zuschreibung größerer Verantwortlichkeit bei gravierenderen Folgen der Handlung (Piagets »moralischer Realismus«, 1932) auch experimentell nachweisen (Fishbein, Ajzen 1973; Shaver 1970; Walster 1966). Ferner wird versucht, Verantwortlichkeit dadurch zu vermindern oder zu vergrößern, daß man je nach Erfreulichkeit des Ergebnisses die Freiheit der Wahl in der Durchführung der Handlung unterschiedlich darstellt (Harris, Harvey, 1975; Schlenker, Schlenker 1975). Mit zum Interessantesten in dieser Forschungsrichtung gehört das Ergebnis, daß man eigene Handlungen viel stärker aus der Situation erklärt, fremde Handlungen hingegen eher aus »Eigenschaften« der Person, und daß man damit auch unterschiedliche Stabilität des Verhaltens erwartet (Nisbett u. a. 1973). Die Interpretation dieser Befunde aus schlichten Wahrnehmungsunterschieden (wie sie Nisbett u. a. vorschlagen) ist freilich etwas tautologisch. Es erscheint vielmehr plausibel, daß es dabei zumindest auch um die Vorhersehbarkeit und damit Kontrolle des anderen geht, während man sich selbst von solcher Kontrolle frei zu halten versucht.

Auffallend ist übrigens die erstaunliche Unverbundenheit dieser sozialpsychologischen und der ethnomethodologischen Forschung. Besonders absurd wird das etwa bei Horai (1977), die in an-scheinend treuherziger Ignoranz von Scott u. Lyman (1968) und der nachfolgenden Arbeiten dazu den Zentralbegriff der Ethnomethodologie, »accounts«, neu erfindet. Freilich kümmert sich auch umgekehrt die Ethnomethodologie wenig um die experimentelle Sozialpsychologie.

8

In Steinert (1977b) findet sich die »Berichterstattung« zu einer Sequenz von Ereignissen analysiert, in der man alle diese Effekte wiederfinden kann.

Ein besonders eindrucksvolles Beispiel von Skandalisierung berichtet Morin (1969). Da war in Orléans das Gerücht entstanden, in einigen neuen Boutiquen der Stadt würden Mädchen betäubt und entführt. In der Recherche wird sehr plausibel, daß damit unter anderem (von verschieden interessierten Beteiligten) die neue Jugendkultur bearbeitet und zu bewältigen versucht wurde. Der Skandal reichte immerhin bis zu tatsächlichen Geschäftseinbußen und nicht ganz unfundierten Bedrohungsgefühlen der betroffenen Geschäftsleute.

9

Bei diesem Aufsatz handelt es sich um zwei (gekürzte) Abschnitte aus einer größeren, noch nicht ganz abgeschlossenen Arbeit zum Thema »Kontrolle des Alltags«. Daraus erklärt sich das Fragmentarische der Darstellung: Probleme der Organisation des Alltags einerseits und der Konstitution und Regulation von »Persönlichkeit« wie »Lebenslauf« (also von Kontinuität und geordnetem Wandel) andererseits mußten ebenso »abgeschnitten« werden wie ausführlichere theoretische Auseinandersetzungen (vgl. dazu Falk, Steinert 1973; Steinert 1973a, 1977a). Der verbleibende Text beschränkt sich daher auf die mehr situationsgebundenen Taktiken des Umgangs mit Etikettierungen. Diese für interaktionistische Arbeiten nicht untypische Beschränkung beruht also hier auf editorischen Zwängen und nicht auf immanenten Grenzen des Zugangs und der Theorie. Es geht vielmehr in der Gesamtarbeit gerade um eine Integration von interaktionistischen und sozialstrukturellen Analysen, was über die Kategorie des »Alltags« (und die Analyse der Konstitution von »Alltag«) leistbar erscheint.

LITERATUR

ARIES, P.: L'enfant et la vie familiale sous l'ancien régime. Paris: Plon 1960. Deutsch: Geschichte der Kindheit. München: Hanser 1975

BENSMAN, J., GERVER, I.: Crime and punishment in the factory. American Sociological Review, 28, 1963, 588–598. Deutsch in: H. Steinert (Hg.): Symbolische Interaktion. Stuttgart: Klett 1973, 126–138

BERGER, P., LUCKMANN, T.: The social construction of reality. New York: Doubleday 1966. Deutsch: Die gesellschaftliche Konstruktion der Wirklichkeit. Frankfurt/M.: S. Fischer 1969

BOCK, G., DUDEN, B.: Arbeit aus Liebe – Liebe als Arbeit. In: Frauen und Wissenschaft. Beiträge zur Berliner Sommeruniversität für Frauen Juli 1976. Berlin: Courage 1977, 118–199

BURKE, K.: The rhetoric of Hitler's »Battle« (1939). Deutsch: Die Rhetorik in Hitlers »Mein Kampf« und andere Essays zur Strategie der Überredung. Frankfurt/M.: Suhrkamp 1967, 7–34

CAVAN, S.: Liquor Licence. Chicago: Aldine 1966

COHEN, S.: Folk devils and moral panics. London: MacGibbon & Kee 1972

COSER, L. A.: Greedy Institution. New York: Free Press 1974

DAHRENDORF, R.: Homo sociologicus (1958). Hier zitiert nach dem Abdruck in: Pfade aus Utopia. München: Piper 1974, 128–194

DUSTER, T.: Conditions for guilt-free massacre. In: N. Sanford, C. Comstock, u. a. (Eds.): Sanctions for evil. San Francisco: Jossey-Bass 1971, 25–36. Deutsch in: H. Steinert (Hg.): Symbolische Interaktion. Stuttgart: Klett 1973, 76–87

ELIAS, N.: Über den Prozeß der Zivilisation (1936). Frankfurt/M.: Suhrkamp 1976

ELSCHENBROICH, D.: Kinder werden nicht geboren. Studien zur Entstehung der Kindheit. Frankfurt/M.: Päd. extra 1977

EMERSON, J. P.: »Nothing unusual is happening«. In: T. Shibutani (Ed.): Human nature and collective behavior. Englewood Cliffs: Prentice-Hall 1970, 208–222. Deutsch in: Gruppendynamik, 5, 1974, 84–97

ERIKSON, E. H.: Childhood and society. New York: Norton 1950. Harmondsworth: Penguin 1965. Deutsch: Kindheit und Gesellschaft. Stuttgart: Klett ⁶1976

FALK, G., STEINERT, H.: Über den Soziologen als Konstrukteur von Wirklichkeit, das Wesen der sozialen Realität, die Definition sozialer Situationen und die Strategien ihrer Bewältigung. In: H. Steinert (Hg.): Symbolische Interaktion. Stuttgart: Klett 1973, 13–45

FEEST, J., BLANKENBURG, E.: Die Definitionsmacht der Polizei. Düsseldorf: Bertelsmann 1972

FISHBEIN, M., AJZEN, I.: Attribution of responsibility: A theoretical note. Journal of Experimental Social Psychology, 9, 1973, 148–153

FLEISSNER, P.: Erkrankungen und Sterblichkeit in Österreich. Wien: Institut für sozio-ökonomische Entwicklungsforschung der Österreichischen Akademie der Wissenschaft 1978

FOUCAULT, M.: Maladie mentale et psychologie. Paris: P. U. F. 1954. Deutsch: Psychologie und Geisteskrankheit. Frankfurt/M.: Suhrkamp 1968

Histoire de la folie à l'age classique. Paris: P. U. F. 1961. Deutsch: Wahnsinn und Gesellschaft. Eine Geschichte des Wahns im Zeitalter der Vernunft. Frankfurt/M.: Suhrkamp 1971

Surveiller et punir. Paris: Gallimard 1975. Deutsch: Überwachen und Strafen. Die Geburt des Gefängnisses. Frankfurt/M.: Suhrkamp 1976

Histoire de la sexualité, I: La volonté de savoir. Paris: Gallimard 1976. Deutsch: Sexualität und Wahrheit, I: Der Wille zum Wissen. Frankfurt/M.: Suhrkamp 1977

FREUD, S.: Vorlesungen zur Einführung in die Psychoanalyse (1917). G. W. XI. Frankfurt/M.: S. Fischer

Die Verneinung (1925). G. W. XIV, 9–15. Frankfurt/M.: S. Fischer

GARFINKEL, H.: Conditions of successful degradation ceremonies. American Journal of Sociology, 61, 1956, 420–424. Deutsch in: Gruppendynamik, 5, 1974, 77–83

Studies in ethnomethodology. Englewood Cliffs: Prentice Hall 1967. Hier zit. nach d. dt. Auszug in: H. Steinert (Hg.): Symbolische Interaktion. Stuttgart: Klett 1973, 280–293

GEIGER, T.: Vorstudien zu einer Soziologie des Rechts (1947). Neuwied: Luchterhand 1964

GENNEP, A. van: Les rites de passage (1909). Zitiert nach der englischen Ausgabe. London: Routledge 1960

GOFFMAN, E.: On cooling the mark out: Some aspects of adaptation to failure. Psychiatry, 15, 1952, 451–463

The presentation of self in everyday life. New York: Doubleday 1959. Deutsch: Wir alle spielen Theater. Die Selbstdarstellung im Alltag. München: Piper 1969, ²1973

Asylums. Essays on the social situation of mental patients and other inmates. New York: Doubleday 1961a. Deutsch: Asyle. Über die soziale Situation psychiatrischer Patienten und anderer Insassen. Frankfurt/M.: Suhrkamp 1972

Role distance. In: Encounters. Indianapolis: Bobbs-Merrill 1961b, 83–152. Hier zit. nach d. dt. Auszug in: H. Steinert (Hg.): Symbolische Interaktion. Stuttgart: Klett 1973, 260–279

Stigma. Notes on the management of spoiled identity. Englewood Cliffs: Prentice-Hall 1963. Deutsch: Stigma. Über Techniken der Bewältigung beschädigter Identität. Frankfurt/M.: Suhrkamp 1974

GUILFORD, J. P.: Personality. New York: McGraw-Hill 1959. Deutsch: Persönlichkeit. Logik, Methodik und Ergebnisse ihrer quantitativen Erforschung. Weinheim: Beltz 1964, ⁶1974

GUSFIELD, J. R.: Symbolic crusade: Status politics and the American temperance movement. Urbana: Univ. of Illinois Press 1963

HABERMAS, J.: Strukturwandel der Öffentlichkeit. Neuwied: Luchterhand 1962

HARRIS, B., HARVEY, J. H.: Self-attributed choice as a function of the consequence of a decision. Journal of Personality and Social Psychology, 31, 1975, 1013–1019

HESS, H.: Die Entstehung zentraler Herrschaftsinstanzen durch die Bildung klientelärer Gefolgschaft. Kölner Zeitschrift für Soziologie und Sozialpsychologie, 29, 1977, 762–778

HORAI, J.: Attributional conflict. Journal of Social Issues, 33, 1977, 88–100

ICHHEISER, G.: Appearances and realities. San Francisco: Jossey-Bass 1970

KANTER, R. M.: Commitment and Community. Cambridge/Mass.: Harvard Univ. Press 1972

KINCH, J. W.: A formalized theory of the self-concept. American Journal of Sociology, 68, 1963, 481–486

LAUSTER, P.: Statussymbole. Wie jeder jeden beeindrucken will. Stuttgart: dva 1975

LAUTMANN, R.: Justiz – die stille Gewalt. Frankfurt/M.: Athenäum 1972

LOEWENTHAL, L., GUTERMANN, N.: Prophets of deceit. New York: Harper 1949. Deutsch: Agitation und Ohnmacht. Neuwied: Luchterhand 1966

LUHMANN, N.: Funktionen und Folgen formaler Organisation. Berlin: de Gruyter 1964

MARX, K.: Die Klassenkämpfe in Frankreich 1848–1850 (1850). MEW, VII, 9–107

MAURER, D. W.: The big con. Indianapolis: Bobbs-Merrill 1940

McNALL, S. G., JOHNSON, J. C. M.: The new conservatives: Ethnomethodologists, Phenomenologists, and Symbolic Interactionists. The Insurgent Sociologist, 4, 1975, 49–65

MESSINGER, S. E., SAMPSON, H., TOWNE, R. D.: Life as theatre: Some notes on the dramaturgic approach to social reality. Sociometry, 25, 1962, 98–110

MILLER, S. J.: The social base of sales behavior. Social Problems, 12, 1964, 15–24

MORIN, E.: La rumeur d'Orléans. Paris: Seuil 1969

NEGT, O., KLUGE, A.: Öffentlichkeit und Erfahrung. Frankfurt/M.: Suhrkamp 1972

NEWSON, J., NEWSON, E.: Patterns of infant care in an urban community. Harmondsworth: Penguin 1963

NISBETT, R. E., CAPUTO, C., LEGANT, P., MARECEK, J.: Behavior as seen by the actor and as seen by the observer. Journal of Personality and Social Psychology, 27, 1973, 154–164

OFFE, C.: Politische Herrschaft und Klassenstrukturen. In: G. Kress, D. Senghaas (Hg.): Politikwissenschaft. Frankfurt/M.: EVA 1969, 155–214

OLSON, M.: The logic of collective action. Cambridge/Mass.: Harvard Univ. Press 1965. Deutsch: Die Logik des kollektiven Handelns. Tübingen: Mohr 1968

PEARSON, G.: Goten und Vandalen – Verbrechen in historischer Perspektive. Kriminologisches Journal, 9, 1977, 279–296

PIAGET, J.: Le jugement moral chez l'enfant, Paris: P. U. F. 1932. Deutsch: Das moralische Urteil beim Kinde. Zürich: Rascher 1954

POLSKY, N.: Hustlers, beats, and others. Chicago: Aldine 1967

POPITZ, H.: Über die Präventivwirkung des Nichtwissens. Tübingen: Mohr 1968

REIK, Th.: Geständniszwang und Strafbedürfnis. Leipzig: Internationaler Psychoanalytischer Verlag 1925

REIWALD, P.: Die Gesellschaft und ihre Verbrecher. Zürich: Pan 1948

RICHTER, H. E.: Eltern, Kind und Neurose. Stuttgart: Klett 1963

ROGERS, J. W., BUFFALO, M. D.: Fighting back: Nine modes of adaptation to a deviant label. Social Problems, 22, 1974, 101–118

ROSENTHAL, R., JACOBSON, L.: Teachers' expectancies: Determinants of pupils' IQ gains. Psychological Reports, 19, 1966, 115–118

SACK, F.: Die Idee der Subkultur: Eine Berührung zwischen Anthropologie und Soziologie. Kölner Zeitschrift für Soziologie und Sozialpsychologie, 23, 1971, 261–282

SCHLENKER, B. R., SCHLENKER, P. A.: Reactions following counter-attitudinal behavior with positive consequences. Journal of Personality and Social Psychology, 31, 1975, 962–971

SCOTT, M. B., LYMAN, S. M.: Accounts. American Sociological Review, 33, 1968, 46–62. Deutscher Auszug in: H. Steinert (Hg.): Symbolische Interaktion. Stuttgart: Klett 1973, 294–314

SHAVER, K. G.: Defensive attribution: Effects of severity and relevance on the responsibility assigned for an accident. Journal of Personality and Social Psychology, 14, 1970, 101–113

SIEGRIST, J.: Das Consensus-Modell. Stuttgart: Enke 1970

SIMMEL, G.: Der Bildrahmen (1902). In: Zur Philosophie der Kunst. Potsdam: Gustav Kiepenheuer 1922, 46–54

SPITTLER, G.: Norm und Sanktion. Olten: Walter 1967

STEINERT, H.: Die Strategien sozialen Handelns. München: Juventa 1972

Über Objektivierung, Reifikation und die Ansätze einer reflexiven Sozialwissenschaft. In: H. Walter (Hg.): Sozialisationsforschung, I. Stuttgart: Frommann-Holzboog 1973a, 103–117

Militär, Polizei, Gefängnis usw. In: H. Walter (Hg.): Sozialisationsforschung, II. Stuttgart: Frommann-Holzboog 1973b, 205–227

Das Handlungsmodell des Symbolischen Interaktionismus. In: H. Lenk (Hg.): Handlungstheorien – interdisziplinär, IV. München: Fink 1977a, 79–99

Über die Fabrikation einer terroristischen Wirklichkeit und ihre realen Folgen. Kriminalsoziologische Bibliographie, 4, Heft 11–13, 1977b, 97–123

Ist es aber auch wahr, Herr F.?, Kriminalsoziologische Bibliographie, 5, Heft 19/20, 1978, 30–45

STEINERT, H., TREIBER, H.: Erziehungsziel: Soldat. In: E. Klöss, H. Grossmann (Hg.): Unternehmen Bundeswehr. Frankfurt/M.: Fischer 1973, 103–122

STIMPSON, D. V., BASS, B. M.: Dyadic behavior of self-, interaction-, and task-oriented subjects in a test situation. Journal of Abnormal and Social Psychology, 68, 1964, 558–562

SYKES, G. M., MATZA, D.: Techniques of neutralization: A theory of delinquency. American Sociological Review, 22, 1957, 664–673. Deutsch in: F. Sack, R. König (Hg.): Kriminalsoziologie. Frankfurt/M.: Akademische Verlagsgesellschaft 1968, 360–371

TAYLOR, L., WALTON, P.: Industrial sabotage: Motives and meanings. In: S. Cohen (Ed.): Images of deviance. Harmondsworth: Penguin 1971, 219–245

THOMPSON, E. P.: The making of the Englisch working class. Harmondsworth: Penguin 1963

TREIBER, H.: Wie man Soldaten macht. Düsseldorf: Bertelsmann 1973a

Widerstand gegen Reformpolitik. Düsseldorf: Bertelsmann 1973b

VEBLEN, T.: Theory of the leisure class (1899). Deutsch: Theorie der feinen Leute. München dtv 1971

VESTER, M.: Die Entstehung des Proletariats als Lernprozeß. Frankfurt/M.: EVA 1970

WALSTER, E.: Assignment of responsibility for an accident. Journal of Personality and Social Psychology, 3, 1966, 73–79

WALTON, P.: The case of the weathermen: Social reaction and radical commitment. In: I. Taylor, L. Taylor (Eds.): Politics and deviance. Harmondsworth: Penguin 1973, 157–181

WATZLAWICK, P.: Wie wirklich ist die Wirklichkeit? München: Piper 1976

WEBER, M.: Wirtschaft und Gesellschaft (1922). Tübingen: Mohr ⁴1956

WEINBERG, M. S.: Sexual modesty, social meanings, and the nudist camp. Social Problems, 12, 1965, 311–318

WEINGARTEN, E., SACK, F.: Ethnomethodologie. Die methodische Konstruktion der Realität. In: E. Weingarten, F. Sack, J. Schenkein (Hg.): Ethnomethodologie. Frankfurt/M.: Suhrkamp 1976, 7–26

WHYTE, W. F.: The social structure of the restaurant. American Journal of Sociology, 54, 1949, 302–310

WRONG, D. H.: The oversocialized conception of man in modern sociology. American Sociological Review, 26, 1961, 183–193. Deutsch in: H. Steinert (Hg.): Symbolische Interaktion. Stuttgart: Klett 1973, 227–242

YOUNG, J.: The drugtakers. London: Paladin 1971

ZIMMERMAN, D. H., WIEDER, D. L.: Ethnomethodology and the problem of order. In: J. D. Douglas (Ed.): Understanding everyday life. London: Routledge 1970, 285–298

ZURCHER, L. A. jr., KIRKPATRICK, R. G.: Citizens for decency: Antipornography crusades as status defense. Austin: Univ. of Texas Press 1976

REGELN DES ALLTAGSHANDELNS

Ein kognitiv-linguistischer Ansatz

von Aaron V. Cicourel

Als »Regeln des Alltagshandelns« werden die verschiedensten abstrakten Richtlinien bezeichnet, die die Ausführung und Interpretation von Routineaktivitäten regeln, welche von einer sozialen Bezugsgruppe (Stamm, Großfamilie, Gemeinde usw.) vorgeschrieben werden. Viele dieser Aktivitäten werden ohne Sprache ausgeführt, andere aber sind markiert durch Sprechakte, die implizit oder explizit Information über die Regeln enthalten, nach welchen die Beteiligten sich richten.

Dieser Beitrag behandelt vor allem Regeln des Alltagslebens, die sich im Sprachgebrauch und in natürlichen Interaktionszusammenhängen äußern. Diese Betrachtungsweise von Regeln setzt begriffliches Wissen voraus, welches Objekten, Situationen, Ereignissen, Ereignisabläufen, Handlungen und Handlungssequenzen zugrunde liegt. Viele Regeln des Alltagshandelns sind selbst sprachlicher Natur, denn sie setzen spezifisches Wissen und Können voraus: die Fähigkeit, bestimmte Lautmuster stimmlich zu realisieren, in welchen lexikalische Elemente in einer bestimmten syntaktischen Struktur vorkommen. Soziolinguistische Regeln sind nötig, um die pragmatische Seite einer Interaktion, die Bedingungen des sozialen Kontextes, in dem die Sprache verwendet wird, zu verstehen. Der konkrete Sprachgebrauch liefert Information über den sozialen Kontext. Der pragmatische Kontext einer Interaktion ist aber nur beschreibbar und analysierbar, wenn den Beteiligten verschiedene Arten von Wissen und Können zugeschrieben werden.

Diese pragmatische Seite ist ebenso wesentlich wie unhandlich: Sie schließt Wissensformen mit ein, die oft nur sehr mühsam beschrieben werden können. »Pragmatische Bedingungen« können als Regelwissen bezeichnet werden, das angibt, bei welchen sozialen Interaktionen welche Syntax, Wörter, Idiome, Gesten, Gesprächsthemen, Konversationsnormen, Kleidungsnormen, Körperdistanzen beim Sprechen, Gehen und Sitzen angebracht sind. Ein noch weiter gefaßter Begriff der Pragmatik kann auch den Inhalt einer Äußerung, die Intention des Sprechers, die Beziehung zwischen Sprecher und Hörer, das frühere Gespräch, ethnographische und organisationale Faktoren mitumfassen. Demnach müssen etliche Wissens- und Könnensbestandteile der sozialen Interaktion als relevant für das Verstehen von Regeln des Alltagshandelns angesehen werden.

Die vorliegenden Betrachtungen beschränken sich auf den Entwicklungsaspekt von Regeln des Alltagshandelns in natürlichen Situationen. Die dargestellten Untersuchungen heben sich ab von anderen, in welchen das Wissen über Regeln des Alltagshandelns durch Fragebogen oder in künstlichen, experimentell simulierten »Alltagssituationen« zu erfassen versucht wurde. Fragebogen und Experimente sind brauchbare Methoden, wenn spezifische Aspekte von Regeln herausgestellt werden sollen, aber sie liefern wenig Information über Sprachentwicklung und Sprachgebrauch als Indikatoren des Wissens über Regeln des Alltagshandelns. Die folgenden Ausführungen behandeln kurz einige Sozialisationsbedingungen, die mit sozialen Regeln zusammenhängen, kognitive und linguistische Aspekte von Regeln und Eltern-Kind-Interaktion.

ENTWICKLUNGSBEDINGUNGEN UND DER ERWERB SOZIALER REGELN

Untersuchungen über die Eltern-Kind-Interaktion in natürlichen Situationen legen die Vermutung nahe, daß das Sprechen der Mutter so auf das Kind abgestimmt ist, daß die Kompetenz des Kindes und seine Bedürfnisse als Sprachlerner berücksichtigt werden (Shipley, Smith, Gleitman 1969; Phillips 1973; Remick 1971; Snow 1972; Newport 1976; Newport, Gleitman, Gleitman im Druck). Sowohl die Sprache der Mutter als auch die Sprache eines älteren Kindes zeigen, daß der Sprecher seine Sprache dem Hörer und der Situation anpaßt (Shatz, Gelman 1973; Gelman, Shatz Manuskript). Diese Tatsache sollte uns davor warnen, davon auszugehen, daß Regeln des Alltagshandelns abstrakte Ideen seien, die irgendwann im Sozialisationsprozeß erworben würden, um dann in direkter Art und Weise im Alltag eingesetzt zu werden. Soziale Eigenschaften der Teilnehmer, spezifische Situation der Begegnung, bisherige Erfahrungen in solchen Situationen, all das sind Faktoren, welche die Entwicklung eines Ereignisses mitbestimmen.

Verschiedene Bedingungen tragen zur Interpretation und Realisation von Regeln des Alltagshandelns bei. Kinder müssen sich Regeln aneignen, die es ihnen ermöglichen, erlaubte Variationen im sprachlichen und nichtsprachlichen Verhalten zu produzieren: Lexikalische und syntaktische Auswahlen, Intonationsmuster, Blickbewegungen, Gesichtsausdrücke und Körperbewegungen.

Eltern-Kind- und Kind-Kind-Interaktionen zeigen uns, wie Eltern ihre Kinder mit normativen Begriffen konfrontieren, die über die begrenzte linguistische und soziokulturelle Umwelt der Kinder hinausgehen. In der Erwachsenen-Kind-Interaktion wird das Kind mit abstrakten (nicht unbedingt verstandenen) Regeln und Normen konfrontiert, die uns erlauben, die Übermittlung der Kultur im Kontext der Alltagsinteraktion zu verfolgen. Kognitive, sprachliche und soziokulturelle Prinzipien und Wissensbestände bilden einen integralen Bestandteil des Erkennens, Interpretierens und Realisierens von Regeln, die zu normalem Alltagshandeln befähigen.

Die Sprechakttheorie hat uns klargemacht, daß jedes Kind Regeln erwerben muß, die ihm ermöglichen, zwischen wörtlicher Bedeutung einer Aussage und gleichzeitiger Übermittlung einer Sprecherintention zu unterscheiden. Das Kind muß auch lernen, daß ein solcher sozialer Akt, auch wenn er eine Intention übermittelt, auf den oder die Empfänger nicht unbedingt die beabsichtigte Wirkung erzielt (Austin 1962). Die in einer Aussage verwendeten Wörter haben nicht nur verschiedene lexikalische Bedeutungen, sie sind auch je nach Situation und Gesprächsteilnehmern verschieden zu interpretieren (s. auch den Beitrag von M. Argyle in diesem Band). Der unmittelbare Ablauf eines Gesprächs enthält nicht genügend Information, um die Wirkung einzelner Aussagen zu bestimmen. Dieser Kontext im engeren Sinne und der Kontext im weiteren Sinne, d. h. die ethnographische und organisationelle Situation müssen herangezogen werden, um den komplexen Einfluß von Hintergrundwissen zu verstehen.

Das Wissen der Kinder über die Folgen ihrer eigenen und fremder Sprechakte liefert uns Hinweise über unseren Sprachgebrauch und über Regeln des Alltagshandelns, nach welchen wir uns verhalten. Solche Regeln müssen den Gruppenmitgliedern nicht immer bewußt sein, auch wenn sie internalisiert sind und von allen geteilt werden.

Regeln des Alltagshandelns beinhalten syntaktische Strukturen und Rollenwechselbe-

stimmungen, die eine geordnete Abfolge von Informationsaufnahme und -abgabe ermöglichen. Es gehört zu den formalen Erziehungszielen zu Hause und in der Schule, die Kinder
mit Sprechakten, die das Produzieren und Organisieren von Information erleichtern, vertraut zu machen. Kinder lernen Hinweise aus dem Kontext zu benützen, um entsprechend
der linguistischen Information über den Hörer einen Sprachcode und Sprechstil auszuwählen und den genauen Inhalt einer Aussage zu bestimmen (Cook-Gumperz, Gumperz 1976;
Cicourel 1977 a). Die kontextuellen Hinweise sind mit Erwartungen darüber verknüpft,
was in der Interaktion geschehen sollte. Diese Erwartungen richten sich auf bestimmte Körperhaltungen der Teilnehmer, auf ihre Gesten und Sprechweisen (Scheflin 1972, Kendon
1970), welche mitbestimmen, welche Rollenübernahmen und Rollenspiele für die Realisation von Regeln angebracht sind. Die sprachliche Verifikation einer gegebenen Regel wird
von Cook-Gumperz u. Corsaro (1976) illustriert: Erwachsene benützen Fragen wie »Das
ist deine Puppe, nicht wahr?«, um dem Kind die Möglichkeit zu geben, seine Interpretation
der Ereignisse zu bestätigen. Sie bemerken auch, daß Kinder unter sich solche Fragen einsetzen, um gemeinsame Interpretationen eines Ereignisses zu konstruieren. Das sprachliche und nichtsprachliche Verhalten, das eingesetzt wird, um zu einem Regelverständnis zu
kommen, wird zu einem Routinebestandteil der sozialen Alltagsinteraktion. Aber Regeln
des Alltagshandelns werden nicht als unverwechselbare Informationspakete gelernt und gespeichert (Cicourel 1973, Cicourel u. a. 1974). Gumperz (1976) betont, daß zwischen der
Fähigkeit, ein Gespräch als sinnvoll wahrzunehmen, und der Fähigkeit, Sprache grammatisch zu analysieren, eine enge Verbindung besteht (s. auch Bd. VII dieser Enzyklopädie).

KOGNITIVE ASPEKTE VON REGELN

Die Fähigkeit des Kindes, sinnvoll an einem Gespräch teilnehmen zu können, beruht auf
implizitem und oft unvollständigem Wissen über soziale Regeln, die seine Beziehungen zu
anderen Menschen und zu Objekten bestimmen. Das Kind vermag Wissen und Handeln
nicht voll zu integrieren, denn Menschen sind bekanntlich Informationsverarbeiter mit be-
grenzter Kapazität (Shatz 1977). Die Idee des Befolgens einer Regel setzt die Integration
von verschiedenen Informationsquellen voraus. Einige Informationsquellen sind abhängig
von der Gedächtnisorganisation und von der sozialen Situation. Ein Modell von Regeln des
Alltagshandelns muß sich damit befassen, wie Wissen im Gedächtnis repräsentiert ist und
wie diese Repräsentation die spezifische Verwendung des Wissens beeinflußt (Rumelhart,
Manuskript). Das Erkennen und Realisieren von sozialen Regeln setzt Schemata voraus,
im Gedächtnis gespeicherte Wissensstrukturen, die unser konzeptuelles Wissen repräsentieren. Es existiert eine Interaktion zwischen der Prototypen-Theorie der Bedeutung (z. B.
Schema-Theorie von Rumelhart (Manuskript)) und der Aushandlung konkreter Bedeutung in konkreten Situationen zwischen spezifischen Teilnehmern. Das Erfassen des Kontextes, der konkreten Situation, die sich aus einer sozialen Interaktion ergibt, setzt im Gedächtnis gespeicherte Wissenseinheiten voraus, die typische, normale Situationen und Ereignisse repräsentieren. Ein interaktives Modell (Rumelhart, im Druck; Cicourel 1977 b)
spezifiziert höhere und tiefere Ebenen der Beschreibung von Interaktionszusammenhängen. Das Modell von Rumelhart geht von einer Anzahl parallel zusammenwirkender Prozesse aus, die von einem »Nachrichtenzentrum« (message center) abhängen. Dieses Zentrum wird dauernd kontrolliert, um feststellen zu können, ob Hypothesen auftreten, die
für ein bestimmtes Wissensgebiet relevant sind.

Das Erkennen und Interpretieren von Regeln des Alltagshandelns hängt ab von der Organisation des Nachrichtenzentrums und der Art, wie verschiedene Wissensquellen die Information im Nachrichtenzentrum integrieren. Die Realisierung einer Handlung wird von
einer sozialen Regel geleitet, die davon abhängt, wie Aufmerksamkeit auf gespeichertes

Wissen und auf sich verändernde situative Bedingungen verteilt wird. Während einige Regeln scheinbar völlig routinemäßig erkannt, interpretiert und eingesetzt werden, hängen andere Regeln vom Verstehen komplexer Intentionen und Entscheidungen ab, welche ihrerseits auf unvollständiger Information, auf Wissenssegmenten beruhen. Es ist schwierig, das Optimum zu finden zwischen dem kleinen Aufwand routinemäßiger Regelanwendungen und dem entsprechend großen Risiko des Verpassens von problematischen Besonderheiten der konkreten Situation, die eigentlich intensivere Informationsverarbeitung erfordern würden. Intensivere Informationsverarbeitung ist vor allem dann nötig, wenn sich bei der routinemäßigen Verarbeitung verschiedene Regeln als gleich relevant für die Situation herausstellen.

DAS ERSCHLIESSEN VON REGELN DES ALLTAGSHANDELNS AUS DER ELTERN-KIND-INTERAKTION

Eltern-Kind-Interaktionen zeigen, wie die Interaktionspartner normative Regeln verstehen und erfolgreich anwenden. Das Erfassen der Regeln, die einer konkreten Interaktionssequenz zugrunde liegen, hängt von der Kodierung dieser Sequenz ab, die den einzelnen Schritten der Sequenz kontextabhängig funktionale Bedeutung zuordnet. Der Kontext kann zwei oder drei Schritte vor und nach dem gerade betrachteten Schritt umfassen, er kann aber auch die aktuelle Interaktion übergreifende Themen und Episoden miteinschließen. Sprechakte können daraufhin untersucht werden, auf welche Weise sie klärende oder zusätzliche Information verlangen und gemachte Äußerungen modifizieren. Solche Untersuchungen liefern Information über den Erwerb von normativen Regeln der sozialen Interaktion. Dabei ist zu beachten, daß Information in verschiedenen Modalitäten ausgetauscht wird und daß oft das Verhältnis zwischen den Modalitäten den Interaktionspartnern zusätzliche Information liefert, die mit formalen Aspekten des Gesprächs nicht erfaßt werden kann.

Das Sammeln von Daten in natürlichen Situationen führt zu den üblichen Problemen, weil die Tätigkeit des Forschers selbst zu einem Bestandteil der Datenbasis wird, die substantielle Resultate enthalten soll. Fruhere Arbeiten (Cicourel im Druck, 1977 a) konnten aufzeigen, daß Mütter routinemäßig oder systematisch versuchen, für den am Interaktionsprozeß beteiligten Forscher gedachte Bemerkungen oder Zusammenfassungen zu produzieren. Das führt dann zu idealisierten Präsentationen vom Alltagsleben, die wohl einiges mit natürlichen Episoden des Familiengeschehens gemeinsam haben mögen. Das sollte aber nicht über gewisse Unterschiede hinwegtäuschen: Jüngere Kinder zum Beispiel könnten sich weigern, der Mutter bei der Produktion einer idealisierten Interaktion zu helfen, während ältere Kinder ohne weiteres bereit sind, genaue Einzelheiten beispielsweise über die Schule oder die Spielkameraden zu äußern. Trotzdem liefern solche Interaktionen Information über das Wissen über Regeln des Alltagshandelns, wenn man ihren speziellen Charakter sorgfältig mitberücksichtigt. Außerdem zeigte gerade eine solche Situation, daß Kinder unter zehn Jahren in der Regel nicht fähig oder nicht willens sind, an der Produktion von idealisierter Interaktion mitzuwirken. Während ältere Kinder sich oft in eine Interaktion einlassen, die so abläuft, als würden die Partner nach einem gut einstudierten Drehbuch handeln, liefern jüngere Kinder immer wieder Verhaltensweisen, die ihre Partner zwingen, vom vorprogrammierten Ablauf abzuweichen. Diese an sich künstlichen Interaktionen liefern deshalb trotz der anfänglichen Ablenkung durch die Anwesenheit des Forschers und seines Tonbandgeräts oder seiner Video-Anlage immer einige Information über Regeln des Alltagshandelns.

Bei typischen Interaktionen zwischen Eltern und Kindern wird versucht, Informationen sowohl über elterliche Normvorstellungen als auch über soziale und intellektuelle Fähigkeiten des Kindes einzuholen. So können zum Beispiel Kinder auf angebrachte Eßsitten aufmerksam gemacht werden, oder sie können zum Aufsagen von Versen aufgefordert werden oder Lösen von einfachen Rechenaufgaben. Unterstützende Bemerkungen werden häufig verwendet, um besonderes Wissen und Können der Kinder hervorzuheben. Solche Handlungen können nicht als bloße Artefakte der besonderen Situation angesehen werden. Es ist kaum vorstellbar, daß solche Handlungen produziert würden, wenn sie nicht auch Bestandteil von natürlichen, ungestörten Interaktionen wären.

Ein interessanter Aspekt der Eltern-Kind-Interaktion sind die Gelegenheiten, die Eltern benützen, um Kinder darauf aufmerksam zu machen, daß sie mit einer Aussage warten sollen, bis sie an der Reihe sind, anstatt ein laufendes Gespräch sofort zu unterbrechen. Kinder müssen gewisse Gesten und Bewegungen, die von Erwachsenen als unhöflich empfunden werden, unterlassen. Andererseits wird der Gebrauch von bestimmten Wörtern, die das Kind benützen soll, um andere Personen anzusprechen oder zu beschreiben, von den Erwachsenen gefördert.

Das Beobachten und Aufzeichnen alltäglicher Eltern-Kind-Interaktionen liefert uns zahllose spontane Beispiele des Alltagswissens der Kinder: »Wie putzt man die Zähne richtig?« kann Bestandteil solchen Wissens sein, ebenso Wissen und Unwissen über die Verwandtschaftsbeziehungen der ihnen bekannten Personen. Interessant ist, daß diese Wissensäußerungen in komplexen Situationen geschehen, in welchen Eltern und Kinder oft mehr als eine Aufgabe gleichzeitig erfüllen. Verschiedene Gespräche laufen parallel ab, was aufzeigt, daß Kinder fähig sein müssen, zwischen verschiedenen Ebenen hin- und herzuschalten.

Ein allgemeines Merkmal von regelgeleitetem Alltagshandeln ist die Möglichkeit, auf nicht unmittelbar gegenwärtige Ereignisse Bezug zu nehmen. So müssen zum Beispiel Gesprächsteilnehmer Wissen über vergangene Aktivitäten und zukünftige Alternativen mit dem unmittelbar Gegebenen integrieren, damit das laufende Gespräch für sie sinnvoll sein kann. Die Konstellationen sind allerdings weniger häufig als diejenigen, in welchen die Interaktion ganz auf den Augenblick eingestellt ist. Die Erklärung der Mutter zu diesen Aktivitäten setzt immer Wissen voraus, das nicht allein aus dem unmittelbar Gegebenen erschlossen werden kann. Aber elterliche Diskussionen über dem Kind nicht unmittelbar gegebene Aktivitäten sind den Eltern von größerem Nutzen als dem Kind. Bei solchen Gelegenheiten übermitteln die Eltern allgemeine Normvorstellungen über Tätigkeiten und soziale Beziehungen, wie sie dem Kind in ferner Zukunft begegnen werden. Für Vorschulkinder scheinen sich daraus nur relevante Aspekte zu ergeben, wenn sie die elterlichen Aussagen mit spezifischen Erfahrungen verbinden können. Und selbst dann ist es nicht sicher, daß das Kind auch nur teilweise versteht, was die Eltern gemeint haben. Ich denke da vor allem an Situationen, in denen Kinder beim kooperativen Spielen etwas mit anderen teilen müssen. Diese Situationen machen einen wichtigen Teil der Vorschul- und Elementarschulzeit aus, ihre Bedeutung dehnt sich aber auf das ganze Leben aus. Der springende Punkt dabei ist, daß Eltern mit ihren Kindern über solche Situationen schon sprechen, lange bevor mit Sicherheit darüber entschieden werden kann, ob die Kinder die Bedeutung der elterlichen Aussagen erfassen können. Die Mutter übermittelt dem Kind Lebensweisheiten, Verhaltensprinzipien, Handlungsregeln, von denen sie überzeugt ist, daß ihr Kind sie kennen muß. Wir können hier nur einige Fragmente von Tonbandtranskriptionen anführen, aber sie werden viele spekulative Aussagen dieses Beitrags illustrieren helfen. Das erste Beispiel (Cicourel 1977 b) demonstriert, wie eine Mutter ihr Kind über richtiges Verhalten aufklärt und wie sie ihm normative Information über soziale Situationen übermittelt, welche es im Kindergarten antreffen wird. Die Mutter ist eine fortgeschrittene Studentin an einer benachbarten Universität, das Kind ist dreieinhalb Jahre alt. Der Ausschnitt stammt aus einem längeren Text, in welchem die Mutter dem Kind Essen vorbereitet und gibt.

(12) T: Will nicht. (*Geräusch wie wenn die Mutter etwas vorbereiten würde.*) Ich will mit meinem Apfel spielen.

(13) M: Oh, seit wann sind (?) die zum Spielen? Äpfel sind zum Essen!

(14) T: Oh, es ist nicht sehr gut.

(15) M: Ganz schlimm ist es.

(16) T: Es ist (für mich zum Essen [?]). Gut, ich will.

Die Bemerkungen in (12) bis (16) sind recht trivial, aber ganz typisch für eine Mutter-Kind-Interaktion. Die Antwort der Mutter auf den Wunsch des Kindes, mit dem Apfel zu spielen, klärt das Kind über einen Gegenstand auf, mit dem es eigentlich schon vertraut ist. Die kurze Sequenz erlaubt keinen Rückschluß darauf, ob das Kind schon vorher gewußt hat, daß Äpfel nicht zum Spielen sind. In (14) und (15) scheinen die beiden aneinander vorbeizureden. Aber in (16) hat das Kind offensichtlich wiederentdeckt, daß dieser Apfel gegessen werden kann, und es erklärt, daß es ihn nun essen werde.

Ein komplexeres Beispiel, in welchem die Mutter versucht, ihr Kind auf eine zukünftige Situation hin zu erziehen (Eintritt in den Kindergarten), zeigt uns, wie Eltern spontan die sich bietenden Gelegenheiten ausnützen, um ihre Kinder mit Tatsachen des Alltagslebens vertraut zu machen. Das betreffende Gesprächsstück ist ein Teil der Interaktion, aus welcher auch das erste Beispiel mit dem Apfel stammt. Das Gespräch drehte sich um den Inhalt des Kühlschranks. Es enthält auch eine isolierte Bemerkung der Mutter (»Wie ist das eigentlich mit dem Hand-vor-den-Mund-halten beim Niesen?«), eine indirekte Art, das Kind auf eine Verhaltensregel aufmerksam zu machen. Diese Bemerkung folgt auf ein Ereignis, das den Beteiligten die Anwesenheit des Forschers in Erinnerung ruft: Die Tochter will nicht mit dem Forscher sprechen.

(2) M: Er sagte, er wolle mit dir spielen, aber du hast ihn gar nicht beachtet.

(3) T: Ich wollte nicht.

(4) M: Was willst du denn im Kindergarten tun, wenn jemand mit dir spielen möchte?

(5) T: Ich weiß nicht.

(6) M: Dann wird es aber Zeit, daß du darüber nachdenkst.

(7) T: Ich will aber nicht darüber nachdenken.

(8) M: Du wirst, mein Schatz. (*Pause*) Man muß die Dinge mit anderen Menschen teilen können.

Ich möchte die Aufmerksamkeit des Lesers gleich auf Satz (4) lenken, in welchem die Mutter die Tochter darauf hinweist, daß ihr Verhalten für eine zukünftige Situation im Kindergarten unangebracht sei. Während (4) und (5) im Kontext von (2) und (3) angebrachte Bemerkungen sind, hat man bei (6) eher den Eindruck, die Mutter spreche mehr zu sich selbst, ohne zu erwarten, das Kind könne sie verstehen und die Aussage ernst nehmen. Auch wenn die Antwort des Kindes in (7) angebracht erscheint, halten wir es für unwahrscheinlich, daß es die Bemerkung der Mutter mit all ihren Implikationen verstanden hat. Auch in (8) spricht die Mutter wohl mehr zu sich selbst. Aber solche Aussagen sind ganz typisch für Mütter aus mittelständischen Familien. Im weiteren Gespräch wird die Frage angeschnitten, ob das Kind im Kindergarten eigene Dinge mit anderen Kindern teilen muß. Die Idee des Teilens scheint für das Kind noch zu abstrakt zu sein, um sie zu erfassen, obwohl es die Vorstellung, mit anderen kleinen Mädchen zu spielen, sehr gut versteht. Die nachfolgenden Bemerkungen der Mutter beinhalten ein hypothetisches Gespräch der Tochter mit einer fiktiven Spielgefährtin. Es sollte klargeworden sein, daß solche Tonbandaufzeichnungen eine reiche Quelle für Information über Regeln des Alltagshandelns darstellen, Regeln, die die Mutter ihrer Tochter zu übermitteln versucht, um ihr zu sagen, was in zukünftigen Situationen möglicherweise von ihr erwartet wird.

Kinder zeigen schon sehr früh eine soziale und kommunikative Kompetenz, die zwar derjenigen der Eltern noch nicht entspricht, die aber dennoch weitgehend von ihnen imitiert wird. Die Fähigkeit, soziale und kommunikative Kompetenz zu simulieren, scheint eine notwendige Voraussetzung zu sein für das Lernen und Ausführen von Tätigkeiten, die wir mit der Fähigkeit der Erwachsenen in Verbindung bringen, Regeln des Alltagshandelns zu erkennen, interpretieren und befolgen.

ZUSAMMENFASSUNG

In diesem Beitrag wurden Regeln des Alltagshandelns entweder als automatisch und routinemäßig befolgte Verhaltensrichtlinien charakterisiert oder als in der Interaktion ausgehandelte Prozesse, die die Integration von Schemata, von organisierten Wissenseinheiten voraussetzen, welche im Rahmen des begrenzten menschlichen Informationsverarbeitungssystems aktiviert und interpretiert werden. Der jeweilige Status der Regeln hängt ab von der Wahrnehmung der interaktionellen Situation, wie sie von den Teilnehmern erfahren wird.

In der sozialen Interaktion äußern Kinder häufig Wissen in bezug auf normative Bedingungen, die ihr Verhalten gegenüber andern regeln. Solche Äußerungen zeigen, wie Kinder Regeln verstehen, die zum Beispiel mit Rollenbeziehungen, Besitz oder Rechtssprechung in Eigentumsfragen verbunden sind (Corsaro, nicht datiert). Manchmal beinhalten solche Äußerungen bloß die Tatsache des Besitzens, welche als Kommunikation an andere intendiert sein kann oder nicht. Der Sprachgebrauch des Kindes wird damit zu einer wichtigen Quelle für das Kind, den Forscher und andere Personen, um auf verschiedene mögliche Regeln und ihre Bedeutung in interaktionellen Situationen aufmerksam zu machen.

Ältere Geschwister (vier Jahre und älter) spielen die Rolle der Mutter gegenüber jüngeren Geschwistern. Auf diese Weise äußern sie ihr Wissen über die normative Ordnung der Erwachsenen. Ältere Geschwister übermitteln den jüngeren Kindern wichtige kulturelle Information, die zu einem integrierten Bestandteil ihrer kulturellen und sozialen Kompetenz wird, mit Situationen fertig zu werden, die immer mehr den Interaktionen der Erwachsenen ähneln. Die zitierten Untersuchungen über Spracherwerb und -gebrauch haben klar herausgestellt, daß die Sprecher ihre Sprache den jeweiligen Hörern anpassen, indem sie deren Fähigkeiten und andere Merkmale berücksichtigen. Regeln des Alltagshandelns sind also eng mit der kommunikativen Beziehung verknüpft, die zwischen den Interaktionspartnern besteht.

Die Produktion von situationsentsprechenden Bemerkungen durch kleine Kinder liefert dem Forscher Information über die Art, wie Kinder die Fähigkeit entwickeln, komplexe Beziehungen zwischen gegebener Information und gespeichertem Wissen herzustellen, und wie sie lernen, die von Augenblick zu Augenblick sich entfaltende Situation als sinnvolles Ganzes wahrzunehmen. Das sprachliche Verhalten des Kindes zeigt, wie das Verstehen von Zusammenhängen und die Repräsentation von Regeln miteinander in Beziehung stehen.

Die in diesem Beitrag zitierten Untersuchungen beleuchten die Art und Weise, wie Erwachsene und ältere Kinder bei kleineren Kindern Äußerungen auszulösen versuchen, die die entwicklungsmäßige Aneignung von gruppenrelevantem Wissen und den allmählichen Übergang zum Erwachsenenstatus nachweisen. Die Idee, daß die Gruppenzugehörigkeit sich kontinuierlich über das ganze Leben hin entwickelt, unterstreicht die Notwendigkeit, Regeln in Entwicklungs- und Interaktionsbegriffen zu fassen. Prinzipien der Interpretation und Zusammenfassung oder andere im Gespräch zur Anwendung kommende Prozeduren sind für unser Verständnis des Konzeptes von Regeln des Alltagshandelns von Bedeutung. Wenn wir uns auf soziale Regeln beziehen, beziehen wir uns auch auf die Zuschrei-

411

bung von Gruppenmitgliedschaften und auf Stellungen, die den Gruppenmitgliedern je nach Leistungen und situationellem Rahmen zugesprochen werden. Die Identifikation und Klassifikation von Regeln des Alltagshandelns wird bedeutungslos ohne die Interpretations- und Zusammenfassungsprozesse, die nötig sind, um die soziale Interaktion, die wir als regelgeleitet begreifen, zu produzieren und zu erfahren.

Normative und kulturelle Regeln interagieren mit einem organisierten System von Interpretationsverfahren. Diese Verfahren gestatten die Auswahl und Organisation von einkommender Information entsprechend bestehender und neu entstehender Schemata, die uns sagen, wie gegebenes Wissen zu verwenden ist.

Aus dem Amerikanischen übertragen von Beat Keller

LITERATUR

AUSTIN, J. L.: How To Do Things With Words. London: Oxford University Press 1962

CICOUREL, A. V.: Cognitive Sociology. Middlesex: Penguin 1973c. im Druck

Discourse, Autonomous Grammars and Contextualized Processing of Information. Universität Bonn: Institut für Kommunikationsforschung und Phonetik 1977 a

Language Use and Society: Cognitive, Cultural and Linguistic Aspects of Language Use. Wien: XII. Internationaler Linguistenkongress 1977 b

CICOUREL, A. V., JENNINGS, S., LEITER, K., MACKAY, R., MEHAN, H., ROTH, D.: Language Use and Classroom Performance. New York, San Francisco: Academic Press 1974

COOK-GUMPERZ, J., CORSARO, W. A.: Social-ecological Constraints on Children's Communicative Strategies. Arbeitspapier des Language Behavior Research Laboratory. Berkeley: University of California 1976

COOK-GUMPERZ, J., GUMPERZ, J. J.: Context in Children's Speech. Arbeitspapier des Language Behavior Research Laboratory Berkeley: University of California 1976

CORSARO, W. A.: Sociolinguistic Features of Adult Interaction Styles with Young Children. Unveröffentlichtes Manuskript

GELMAN, R., SHATZ, M.: Rule-governed Variation in Children's Conversations. University of Pennsylvania. Unveröffentlichtes Manuskript

GUMPERZ, J. J.: The Sociolinguistic Significance of Conversational Code-switching. Arbeitspapier des Language Behavior Research Laboratory. Berkeley: University of California 1976

KEENAN, E. O.: Why Look at Unplanned and Planned Discourse? Unveröffentlichtes Manuskript

KENDON, A.: Movement Co-ordination in Social Interaction. Psychologica, 32, 1970

NEWPORT, E. L.: Motherese: The Speech of Mothers to Young Children. In: N. J. Castellan, D. B. Pisoni, G. R. Potts (Eds.): Cognitive Theory, II. Hillsdale, N. J.: LEA 1976

NEWPORT, E. L., GLEITMAN, H., GLEITMAN, L. R.: Mother, I'd rather do it myself: Some Effects and Non-effects of Maternal Speech Style. In: C. A. Ferguson, C. E. Snow (Eds.): Talking to Children: Language Input and Acquisiton Cambridge: University Press (im Druck)

PHILLIPS, J. R.: Syntax and Vocabulary of Mother's Speech to Young Children. Child Development, 44, 1973, 182–185

REMICK, H.: The Maternal Environment of Linguistic Development. Unveröffentlichte Dissertation. University of California 1971

RUMELHART, D. E.: Schemata: The Building Blocks of Cognition. Unveröffentlichtes Manuskript

Toward an Interactive Model of Reading. Papier zum internationalen Symposium Attention and Performance VI. Stockholm (im Druck)

SCHEFLIN, A. E.: Communicational Structure. Blommington/Indiana: Indiana University Press 1972

SHATZ, M.: The Relationship Between Cognitive Processes and the Development of Communication Skills. In: B. Keasy (Ed.) Nebraska Symposium on Motivation. Lincoln: University of Nebraska Press 1977

SHATZ, M., GELMAN, R.: The Development of Communication Skills: Modifications in the Speech of Young Children as a Function of Listener. SRCD Monographs, 38, No. 5., 1973

SHIPLEY, E. S., SMITH, C. S., GLEITMAN, L. R.: A Study in the Acquisition of Language: Free Responses to Commands. Language, 45, 1969, 322–342

SNOW, C. E.: Mothers' Speech to Children Learning Language. Child Development, 43, 1972, 549–565

DIE PROBLEMATISCHE WAHRUNG DER IDENTITÄT

von Lothar Krappmann

Wer bei der Suche nach sozialwissenschaftlichen Ausdeutungen heutiger Lebenserfahrungen auf die Kategorie der Identität stößt, hat nicht selten das Erlebnis einer Entdeckung: Scheint nicht dieser Begriff wie kein anderer geeignet, sich aufdrängende Probleme zu beschreiben und sogar Lösungen anzubieten? Immer wieder sind Fragen zu hören wie: Wer bin ich angesichts umfassender sozialer Normen und mächtiger Institutionen, die mein Verhalten beeinflussen? Bleibe ich derselbe, wenn ich in verschiedenen Situationen auf unterschiedliche Erwartungen reagiere? Bin ich noch derselbe wie die Person, an die ich mich erinnere, wenn ich meine Lebensgeschichte zurückverfolge?

Die Formulierungen dieser Fragen werden sich nach den sprachlichen Fähigkeiten unterscheiden. Aber sie werden nicht nur in intellektuellen Subkulturen gestellt, sondern auch Arbeiter und Angestellte lehnen sich dagegen auf, »nur ein Rädchen im Getriebe« zu sein, und versuchen, sich als Person von anderen zu unterscheiden. Dabei müssen sie oft erkennen, daß das, was sie eben noch als ihre individuelle Verhaltensweise oder ihre eigene Vorliebe betrachtet hatten, schon längst die Mode oder der Geschmack der vielen geworden ist. Auffällig sind Berichte der Psychotherapeuten, daß immer mehr Menschen von ihnen Hilfe verlangten, weil sie nicht mehr ertrügen, gleichsam neben sich stehend, sich selbst mit Verwunderung zu betrachten oder weil ein Gefühl der Sinnlosigkeit ihres Tuns sie lähme. Es ist daher nicht überraschend, daß es ein Psychoanalytiker war, Erikson, der diese Selbstzweifel und Orientierungsunsicherheiten als »das Problem der Ich-Identität« für eine breitere sozialwissenschaftlich interessierte Öffentlichkeit auf den Begriff brachte (1950 b, 1956). Aber dieses Thema erschien schon bald auch in soziologischen Veröffentlichungen, die die psychischen Folgen der sozialen Determination der Lebenszusammenhänge zu klären versuchten (zum Beispiel Gerth, Wright Mills 1953; Strauss 1959; Lynd 1961). Literatur und Filme sind ebenfalls seit langem voller Beispiele für Identitätskrisen von Erwachsenen und Jugendlichen, für Weigerungen von einzelnen und Gruppen, übliche Lebensformen beizubehalten, aber auch für rigides Klammern an längst entleerte Rollen und Posen, um Angst und Zweifel zu überwinden.

Sicher ist das Thema, so aktuell es heute erscheint, schon alt und stets mehr oder weniger deutlich in den theologischen und philosophischen Reflexionen früherer Epochen enthalten gewesen (Heinrich 1964, de Levita 1971). Allerdings stellt sich heute dieses Problem unter veränderten gesellschaftlichen Bedingungen und wird daher von den betroffenen wissenschaftlichen Disziplinen auf dem Hintergrund anderer Theorien und in einer neuen Sprache entfaltet. Denn weder sieht die Mehrheit die Unaustauschbarkeit des einzelnen Individuums durch seine persönliche Bindung an einen sich ihm zuwendenden Gott garantiert, noch befriedigt der Hinweis auf eine mit großer Wahrscheinlichkeit nicht noch einmal auftretende Kombination der Gene, noch überzeugt länger die Auffassung, daß das denkende Subjekt aus sich heraus ein unverwechselbares Verhältnis zu seiner Umwelt zu schaffen vermag.

Zwei Erfahrungen sind es, die die Diskussion beherrschen: zum einen die Erkenntnis, daß der einzelne gegen die übermächtigen Verhältnisse, in denen er lebt, wenig auszurichten vermag. Dabei ist vielleicht noch nicht einmal das bedrückendste Erlebnis, daß der Mensch sich einem fremden, undurchschaubaren System unterworfen fühlt, als vielmehr die Ahnung, daß man eigentlich Abweichendes kaum noch denken und fühlen kann, weil die äußere Einschränkung offenbar längst zur inneren Orientierung geworden ist. Daß dieser zugedeckte Zwiespalt zwischen sozialer Norm und dem, was man vielleicht über ein befriedigenderes Leben denken könnte, überhaupt noch zum Thema werden kann, liegt an interkulturellen Vergleichen, die aus den Forschungen der Ethnologen hervorgehen, an historischen Forschungen, die uns frühere Zeiten als Lebenszusammenhänge schildern, in die individuelles Verhalten in anderer Weise eingebettet war, und an der Sozialisationsforschung, die zeigt, daß das heranwachsende Kind von seiner Geburt an, auf mittelbare Weise sogar schon vorher, in soziale Prozesse hineingezogen wird. Diese Anpassung, oder besser sogar: Einpassung, verläuft jedoch durchaus nicht unproblematisch. Die Normen, denen die Menschen sich unterworfen sehen, stimmen nämlich keineswegs überein. Viele Institutionen, in denen sich die Menschen bewegen, liegen miteinander in Widerstreit. Andere Normen und Institutionen sind unklar, oder verschiedene soziale Gruppen haben kein gemeinsames Verständnis von ihnen. Sich den Erwartungen zu fügen genügt also nicht, um seine Position in der Gesellschaft zu sichern. Es besteht zum einen die Gefahr, daß das Individuum zwischen den divergierenden Anforderungen zerrissen wird; aber auch in den Bereichen, in denen es sich frei wähnt, trifft es vielfach auf Ablehnung oder Strafen, wenn es einen unausgesprochenen Konsens verletzt.

Diese Einsicht in die Unterwerfung des Individuums geht jedoch mit einem wachsenden Anspruch auf Selbstbestimmung, Autonomie und geschützte Würde jedes einzelnen Menschen einher. Diese oft als Grund oder Menschenrechte kodifizierten Forderungen sollen garantieren, daß ein Mensch nach seinen persönlichen Ansprüchen leben kann. Sie sollen ihm ermöglichen, als ein Ich aufzutreten und zu sprechen. Dienen diese Präambeln und Deklarationen nur zur Täuschung des Individuums, damit es nicht zu leisten verweigert, was eigentlich nicht zu bewältigen ist, nämlich die Normen und Institutionen miteinander in Ausgleich zu bringen, zwischen denen Harmonie gar nicht hergestellt werden kann? Die Identitätsentwürfe, die die Sozialwissenschaft vorlegt, sind von diesen Spannungen geprägt.

Bereits bei Durkheim und Simmel wird die Bedingung zur Ausbildung der Individualität mit der Fortentwicklung gesellschaftlicher Differenzierungsprozesse verbunden. Durkheim (1893) weist auf die notwendigerweise voranschreitende Arbeitsteilung hin. Der gesellschaftliche Zusammenhang könne nur erhalten bleiben, wenn sich eine Solidarität ausbilde, in der der einzelne trotz oder gerade wegen seiner besonderen Eigenart und Spezialisierung die Anerkennung der anderen erhalte. Simmel (1890) kennzeichnet das Individuum als geprägt »durch die individuelle Kreuzung der sozialen Kreise in ihr«. Diese Stellung des Individuums in den sozialen Wechselbeziehungen zu sichern sei jedoch eine nicht allein auf der psychologischen Ebene zu lösende Aufgabe, sondern eine der wichtigsten »soziologischen Formungen« (1908, 27).

Im Rahmen seines sozialpsychologischen Ansatzes trug G. H. Mead Überlegungen zum Beitrag des »self« im Handlungsprozeß vor, auf die sich bis heute die Schule des symbolischen Interaktionismus beruft (s. auch den Beitrag von H. Kellner in diesem Band). Mead

(1934) legte dar, daß das Individuum seine Identität nur aus der Perspektive der Erwartungen seiner Handlungspartner entwerfen könne. Um sein Verhalten zu kontrollieren, müsse es im sozialen Prozeß die Rolle der anderen einnehmen können. Mead unterscheidet ein spontanes »I« und ein aus den Einstellungen der anderen übernommenes »me« als Elemente des »self«. Das »I« ist die Instanz, mit der das Individuum auf übernommene Erwartungen mit einem eigenen Beitrag reagiert, indem es die divergierenden Ansprüche bearbeitet. Seine Identität aufrechtzuerhalten ist nach Mead nur möglich, wenn die Anforderungen der sozialen Interaktionen, an denen der einzelne beteiligt ist, aufeinander abgestimmt werden können. Offen blieb bei Mead, woher das »I« seine Kraft zur Interpretation der Erwartungen bezieht.

Einige der Meadschen Begriffe erinnern an Freuds zweite Theorie des psychischen Apparates (s. den Beitrag von A. Holder in Bd. II dieser Enzyklopädie). Entspricht nicht das Über-Ich, geprägt durch die elterlichen Normen, dem »me« und das Ich, das für seine vermittelnde Tätigkeit zwischen den verschiedenen Ansprüchen seine Kräfte aus dem Es sich borgt, dem »I«?

Explizit hat Freud das Problem der Identität nicht behandelt, jedoch stellte er dar, daß die psychischen Störungen als eine Gefährdung für die Versuche des Individuums zu interpretieren sind, seine Bedürfnisse im Umgang mit anderen zu äußern, an der Realität zu prüfen und zu befriedigen. Abwehr und Widerstand verhindern, daß das Individuum seine Vorerfahrungen einzubeziehen und sich sein Verhalten zuzurechnen vermag. Es schränkt damit seine Möglichkeiten ein, sich innere Kontinuität und dauerhafte Beziehungen zu anderen zu sichern (vgl. die Habermassche Freud-Interpretation in: Habermas 1968 a).

Auch Lewin erschloß einen Weg, die Einheit und Kontinuität der handelnden Person zu thematisieren. Lewin erklärte individuelles Verhalten als abhängig von der Wechselbeziehung einer bestimmten Person und ihrer konkreten Situation in der von ihr wahrgenommenen Umwelt. In seiner Feldtheorie zergliederte er die psychischen Kräfte der Person nicht in einzelne Faktoren, sondern ging von dynamischen, sich weiterentwickelnden Gesamtheiten aus. Er zeigte auch, daß die Situation nicht allein mit physikalischen Begriffen beschrieben werden könne, denn sie werde von Bedürfnissen und Zukunftshoffnungen des Individuums, aber auch durch die Vergangenheit bestimmt, und zwar durch die Vergangenheit, wie das Individuum sie zur Zeit interpretiert (Lewin 1951).

Die aktuelle Diskussion über die Identitätsproblematik hat Erikson ausgelöst (s. den Beitrag von E. C. Adams in Bd. III dieser Enzyklopädie). Er beruft sich auf die psychosexuellen Entwicklungsphasen Freuds, erweitert aber dessen Entwicklungsmodell, indem er den psychosexuellen Phasen jeweils eine psychosoziale Krise zuordnet, die das Kind zu bewältigen hat, und zwar in Auseinandersetzung mit den jeweils relevanten Beziehungspersonen. So muß das Kind in der ersten, der oralen Phase, erfahren und aufarbeiten, daß es kein Teil der Mutter ist, sondern ein eigenes Lebewesen; es überwindet diese Beziehungskrise, wenn es das Vertrauen gewinnt, sich dennoch auf die Mutter verlassen zu können (1950 a, 62 ff). Nach dem Urvertrauen wird das Kind Autonomie (und nicht Scham und Zweifel) im Umgang mit den Forderungen der Eltern, Initiative (und nicht Schuldgefühle) im Erproben seiner Alters- und Geschlechtsrolle im Rahmen der Familie und Werksinn (anstelle von Minderwertigkeitsgefühlen) durch Erfüllung der Aufgaben in der Schule und Anerkennung von seiten seiner Altersgenossen gewinnen. Ihren Abschluß findet die Entwicklung des Kindes und Jugendlichen in der Pubertät:

»Die Integration, die nun in der Form der Ich-Identität stattfindet, ist mehr als nur die Summe der Kindheitsidentifikationen. Es ist die gesammelte Erfahrung über die Fähigkeit des Ich, diese Identifikationen mit den Libido-Verschiebungen zu integrieren ebenso wie mit den aus einer Grundbegabung entwickelten Fähigkeiten und den Möglichkeiten sozialer Rollen. Das Gefühl der Ich-Identität ist also die angesammelte Zuversicht des Individuums, daß der inneren Gleichheit und Kontinuität auch die Gleichheit und Kontinuität seines Wesens in den Augen anderer entspricht, wie es sich nun in der greifbaren Aussicht auf eine ›Laufbahn‹ bezeugt« (Erikson 1950 b, dt. Ausg., 256).

Auch das Ergebnis dieser Entwicklungsphase kann man als neuerworbene Fähigkeit verstehen. So weist Erikson an anderer Stelle darauf hin, daß die Ich-Identität sich auf das Erlebnis der erfolgreichen und anerkannten »synthetisierenden Methoden des Ichs« stützt (1946, dt. Ausg., 14). Gemeint ist die Fähigkeit des Ich, den Jugendlichen von der Zwangsherrschaft des kindlichen Über-Ich zu befreien und ihm damit zu helfen, die widersprüchlichen Forderungen des Es, des Über-Ich und der Beziehungspersonen zu einem Ausgleich zu bringen (1956, dt. Ausg., 212). Andere Formulierungen klingen so, als ob Erikson doch mehr an einen festen Platz denkt, für den der Jugendliche sich durch seine Wahl unter angebotenen »sozialen Rollen« und »Laufbahnen« entscheiden muß. Immer wieder spricht er von der Notwendigkeit, daß der Jugendliche sich mit seinen Lebensplänen in die Gruppe, in der er lebt, einzufügen hat und seine Identität durch die Teilhabe an einer kollektiven Identität stabilisiert wird. Es fällt auch auf, daß Erikson sein Identitätskonzept nur gegen die Identitätsdiffusion abgrenzt, nicht aber gegen eine starre »Gesamtkonfiguration«.

Allerdings betrachtet Erikson diese Entwicklung einer Identität nicht nur als Unterwerfung unter gesellschaftliche Zwänge. Er greift Hartmanns Feststellung auf, der menschliche Säugling habe die Anlage, sich an eine »im Mittel zu erwartende Umwelt« anpassen zu können. Diese Umwelt, die dem Kind die Möglichkeit garantiert, seine Fähigkeiten zu entfalten, müsse jedoch stetig umgebildet werden:

»Eine psychoanalytische Soziologie steht ... vor der Aufgabe, die ›Umwelt‹ des Menschen als ein unaufhörliches Bestreben der älteren, erwachsenen ›Iche‹ zu begreifen, in gemeinsamer Organisationsbemühung eine integrierte Folge von erwartbaren, mittleren Umwelten für die jungen Iche zu schaffen« (1956, dt. Ausg., 194).

In seinen Büchern »Childhood and Society« (1950 b) und »Identity, Youth, and Crisis« (1968) hat Erikson seine Sicht der sozialen Bedingungen gelingender und gestörter Identitätsbildung vorgetragen. Aber auch wenn für ihn Identität und die soziale Umwelt in einem wechselseitigen Bedingungsverhältnis stehen, so hält er doch daran fest, daß der Heranwachsende ein Bewußtsein seiner Identität, nämlich eine Antwort auf die Frage »Wer bin ich?«, zum Abschluß der Jugendkrise erreichen sollte und daß der kommunikations- und kooperationsfähige Erwachsene seine Identität in Situationen, in denen er mit anderen spricht oder gemeinsam handelt, gleichsam als Besitz »mitbringt«.

Anders wird der Akzent in einer Auffassung der Identitätsproblematik gesetzt, die sich aus der Kritik an der soziologischen Rollentheorie entwickelt hat. Die Rollentheorie, vor allem in ihrer kulturanthropologisch-funktionalistischen Gestalt, versucht zu erklären, wie kooperatives Handeln der Menschen gesichert werden kann. Menschen orientieren sich nach dieser Theorie nicht nur an einzelnen Normen, sondern übernehmen Rollen, die das Verhalten des Rolleninhabers umfassend bestimmen, für die Partner vorhersehbar und gemeinsame Handlungsabläufe planbar machen. Da diese Rollen nicht nur eng umgrenzte Aufgaben festlegen, sondern ihren Trägern ein komplettes Verhaltensmuster auferlegen, das sogar so intime Elemente wie »spontane« Gefühlsregungen, aber auch so äußerliche Merkmale wie Kleidung oder Gestik mit einschließt, sprach man bald von einem »begrenzten sozialen Determinismus« (Biddle, Thomas 1966) und fragte, welche Vorstellung vom individuellen Menschen diese Theorie enthalte (s. auch den Beitrag von M. Waller in Bd. V dieser Enzyklopädie). Brim wehrte diese Suche nach der Persönlichkeit hinter den Rollen ab:

»Das erlernte Rollenrepertoire ist die Persönlichkeit. Es gibt nichts weiter. Da ist keine ›Kern‹-Persönlichkeit unterhalb des Verhaltens und der Gefühle; da ist kein ›zentrales‹ monolithisches Selbst, das unter seinen verschiedenartigen äußeren Erscheinungen läge« (Brim 1960, 141).

Auch Parsons weist darauf hin, daß die Aussage, ein Handelnder »habe« oder »spiele eine Rolle« nicht ganz korrekt sei, denn eine Rolle sei »etwas, was er ist« (Parsons, Bales 1955, 107).

Für die Auseinandersetzung mit der funktionalistischen Rollentheorie und ihrer Vorstellung vom handelnden Individuum wurden zwei Aufsätze besonders wichtig. Zum einen ist hier die Analyse Turners zu erwähnen, der nachwies, daß der Mensch keineswegs nur Rollen übernimmt, sondern sie immer zugleich auch für das aktuelle Handlungsproblem neu entwirft. Dabei muß er sich bemühen, die Zustimmung der Partner für sein Verständnis der Rolle zu gewinnen. Interaktion, gemeinsames Handeln, ist nach Turner stets ein versuchsweiser Prozeß, der oft große Anstrengungen eines Individuums verlangt. Der Teilnehmer an Interaktion muß diese Leistung auf sich nehmen, weil nur im Rahmen eines von ihm entwickelten Bildes der gesamten Rolle einzelne Handlungsschritte verstehbar werden (Turner 1962).

Die andere kritische Attacke gegen die Rollentheorie führte Goffman, der mit dem von ihm eingeführten Begriff der »Rollendistanz« deutlich machen wollte, daß das Individuum sich im Regelfall sozialer Interaktion den Normen nicht vorbehaltlos unterwirft, sondern aktiv die Situation zu gestalten versucht, indem es eine Trennung zwischen sich und der ihm angesonnenen Rolle zum Ausdruck bringt (Goffman 1961 a, 107). Dieses Verhalten entspringt nicht einer Laune oder der Lust zur Schauspielerei. In seinem Buch »Stigma« (1963) schildert Goffman, welche Strategien körperlich Behinderte, Menschen mit einem Makel in ihrer Vergangenheit (zum Beispiel ein Vorbestrafter) oder Angehörige einer diskriminierten Berufsgruppe (zum Beispiel Prostituierte) anwenden, um ihr Auftreten in Alltagsrollen so zu inszenieren, daß verräterische Zeichen und unerwünschte Informationen die Kooperationsmöglichkeiten nicht zerstören. Goffman fragt, ob wir nicht alle mit unseren begrenzten Fähigkeiten und zum Teil unpassenden Vorgeschichten in ähnlichen Situationen stecken. Welcher Mann entspricht schon voll den üblichen Erwartungen, die etwa an einen Vierzigjährigen gerichtet werden? Welcher Lehrer darf von sich glauben, daß er den Idealvorstellungen über Angehörige seines Berufs nahekommt? Welche Mutter erfüllt das weit verbreitete Stereotyp für diese Rolle? Zum Schutze der sozialen Beziehungen ist es daher klug, funktional und effektiv, von Beginn an wenigstens anzudeuten, daß es neben der aktuellen auch noch andere Verpflichtungen gibt, die dem Engagement in dieser Situation Grenzen auferlegen (Goffman 1959, 1963, 1974). Goffman will mit diesen Überlegungen das Ich der Person, das die verschiedenartigen Rollenverpflichtungen in ein Verhältnis zueinander bringt, wieder in die Gesellschaft zurückholen. »Rollendistanz« hält der Interaktionsteilnehmer folglich nicht ein, weil er sich entziehen will, sondern um sich gesicherter an sozialen Beziehungen beteiligen zu können. Er flüchtet sich auch nicht in eine »psychologische Welt«, die er erdacht hat, sondern entwickelt als Rahmen seiner Handlungsmöglichkeiten eine aus sozialen Elementen zusammengesetzte Identität, die allerdings in jeder Begegnung mit anderen neu dargestellt werden muß (Goffman 1961 a).

Zur Analyse der Identitätsproblematik benutzt Goffman die später oft aufgegriffene Unterscheidung sozialer und persönlicher Identität (Goffman 1963). Entgegen häufigen Mißverständnissen entstehen beide Identitätsdimensionen des Individuums durch die Interessen und Definitionen anderer Personen, die mit ihm in Beziehungen treten. In bezug auf die soziale Identität formulieren sie die sozialen Erwartungen, denen sich das Individuum anpassen muß, um als »normal« zu gelten. Verhält es sich nämlich nicht »wie alle«, läuft es Gefahr, als »stigmatisiert« eingeordnet zu werden, als jemand, der durch einen irreparablen Fehltritt oder ein unaufhebbares Unglück aus der üblichen Unterhaltung und Kooperation ausgeschlossen wird. In bezug auf die persönliche Identität verlangen die Partner, daß das Individuum sich als unverwechselbare und kontinuierlich handelnde Person darstellt. Diese Einzigartigkeit stellt das Individuum in seiner Biographie dar. Tritt das Individuum nicht mit einer es charakterisierenden Vorgeschichte auf, riskiert es, als ein »niemand« zu gelten, mit dem zu sprechen und zu kooperieren sich nicht lohnt, weil er keine unterscheidbare Perspektive repräsentiert. Beide Identitätsdimensionen stehen nicht unabhängig voneinander. Die Forderung der Interaktionspartner nach Einmaligkeit zwingt das Individuum, sich gegenüber dem Konformitätsdruck nur so zu verhalten, »als ob« es wie alle anderen sei, obwohl es seine Sonderprobleme hat. Die gleichfalls von den Interaktionspartnern verlangte Anpassung führt das Individuum dazu, auch der Einmaligkeitserwartung nur mit einem Vorbehalt entgegenzukommen, indem es nämlich lediglich so auftritt, »als ob« es einzigartig sei, obwohl es sich weitgehend anpaßt. Das Individuum muß folglich in jeder Interaktionssituation prüfen, welche Auswirkungen auf das Verhältnis von persönlicher zu sozialer Identität ein Handlungsschritt, in dem es Rollendistanz zum Ausdruck bringt, haben würde. Es muß zwischen beiden Dimensionen gleichsam balancieren. Aus der Erfahrung dieses durch die anderen aufgenötigten Versuchs, die einander widerstrebenden Anforderungen nach Einmaligkeit und Konformität zu verbinden, entsteht »Ich-Identität«, nämlich das Bewußtsein der Person, daß es ihr gelungen ist und gelingen wird, in Auseinandersetzung mit diesen divergierenden Erwartungen doch seine Kontinuität und Eigenart zu bewahren.

Die verschiedenen Ausdeutungen der immer sehr anschaulichen, aber begrifflich oft nicht konsistenten Goffmanschen Darstellungen haben eine folgenreiche Mehrdeutigkeit in seinen Ausführungen bislang nicht überwinden können. Es ist nicht zu klären, ob die Ich-Identität auf ein zur sozialen Anpassung fähiges, aber trotzdem autonomes Subjekt hinweist, das sich in seinen Fähigkeiten, auf soziale Erwartungen einzugehen und sich in ihren Widersprüchlichkeiten zu behaupten, verwirklicht. Dann verstünde er das Individuum als ein »Stellung beziehendes Wesen« (Goffman 1961 b, 320). Andere Stellen lauten dagegen so, als ob für ihn das Individuum auch dann, wenn es sich als Identität in einer Rolle darstellt, immer nur durchscheinen läßt, »was die Kultur selber uns vorschreibt zu glauben, welche Art von Wesenheit wir sind, damit wir etwas haben, das wir auf diese Weise durchschimmern lassen können« (Goffman 1974, 574). Die Auflösung dieser Ambivalenz entscheidet darüber, ob Goffman die Identität, in der sich eine Person präsentiert, für eine relativ dauerhafte Handlungsstruktur hält oder ob Identität nur in der jeweiligen Situation entworfen wird und mit ihr wieder vergeht (vgl. auch Dreitzel 1968, Junker 1971, Krappmann 1971).

In der deutschsprachigen Sozialwissenschaft begann die neuere Diskussion über die Identitätsproblematik im Zusammenhang mit der sogenannten Revision der herkömmlichen Rollentheorie (s. den Beitrag von H. P. Dreitzel in diesem Band). Bereits Dahrendorfs Rezeption der Rollentheorie stellte Konsequenzen der Kategorie der sozialen Rolle für das Menschenbild der Soziologie dar. Der Titel »Homo Sociologicus« (1958) enthält im Kern bereits seine These: Die der Soziologie eigentümliche Reduktion des Menschen auf den Inhaber einer Fülle sozial bestimmter Rollen schöpft seine Realität nicht aus. Mit Musil spricht Dahrendorf vom »zehnten Charakter« des Menschen, von dem aus sich die Rollenbezüge relativieren, die den Menschen den Gesetzen der Gesellschaft unterwerfen:

»Sein ›zehnter Charakter‹ ist mehr als eine Ergänzung der anderen neun; er beherrscht eine ganze Welt und duldet keine anderen Charaktere neben sich; er ist die Klammer, die alle anderen Charaktere zusammenfaßt und aufhebt« (Dahrendorf 1958, 63).

Die Erklärung dieser Paradoxie sucht Dahrendorf im Rückgriff auf die Kantsche Aufklärung der dritten Antinomie von Freiheit und Notwendigkeit, indem er die Einmaligkeit des Individuums – seine Identität – auf die intelligible Welt bezieht, seine soziale Determination und Entfremdung aber auf die von der Kausalität beherrschte Erscheinungswelt. Dahrendorfs Aufsatz hat viele kritische Entgegnungen gefunden, in denen die Frage, in welcher Weise der Mensch sich trotz Normen, Erwartungen und Sanktionen als Subjekt seiner Handlungen behaupten könne, immer wieder aufgegriffen wurde.

Während in dieser Diskussion die Kategorie der Rolle differenziert, eingeschränkt und zum Teil auch gänzlich verworfen wurde (vgl. etwa Bahrdt 1961, Janoska-Bendl 1962, Plassner 1966, Popitz 1967, Claessens 1969, Gerhardt 1971, Furth 1971, Joas 1973), versucht ein anderer Ansatz diesen Begriff aufzunehmen, weiterzuentwickeln und mit dem Identitätskonzept zu verbinden. Habermas (1968 b) zeigte, daß die herkömmliche Rollentheorie von drei Grundannahmen über das Verhältnis des Menschen zu seinen Rollen ausgeht, und setzte sich mit ihnen kritisch auseinander. Habermas bestritt, daß in eingespielten Rollensystemen den komplementären Erwartungen zumeist auch eine gesicherte wechselseitige Befriedigung der Bedürfnisse entspräche. Nur in sehr repressiven Verhältnissen erscheine eine derartige Übereinstimmung denkbar. Zum zweiten argumentierte Habermas gegen die Auffassung, im Regelfall der Interaktion in Rollen deckten sich die sozialen Definitionen der Rollen und ihre Interpretation der Rollen durch die Handlungspartner. Dieser Fall trete nur in rigide definierten Beziehungen ein, die Selbstdarstellung ausschließen. Ferner lehnte Habermas die der herkömmlichen Rollentheorie unterstellte Annahme ab, die stabile Interaktion beruhe darauf, daß die Normen, die die Rolle formulieren, und interne Verhaltenskontrollen konform ausgebildet sein müßten. Diese Vorstellung unterschlage, daß Rollen nicht automatisch, sondern sehr oft aufgrund reflexiven Umgangs mit Normen erfüllt werden.

Der Revisionsversuch der Rollentheorie legte folglich veränderte Annahmen zugrunde: Im üblichen Fall der Interaktion, an dessen Analyse sich die Theorie zu bewähren hat, ist davon auszugehen, daß die Erwartungen und Bedürfnisse der Interaktionsteilnehmer einander nicht voll entsprechen, daß die Rolleninterpretation der Partner sich nicht gänzlich mit den institutionalisierten Rollendefinitionen decken und daß auch die gelungene Verinnerlichung von Normen noch flexiblen Umgang mit sozialen Erwartungen zuläßt. Diese Postulate enthalten das Konzept eines Handlungssubjekts, das sich darum zu bemühen hat, gemeinsame Interpretationen auszuhandeln, wenigstens einen wichtigen Teil seiner Bedürfnisse befriedigt zu erhalten und das Verhalten in dieser Situation mit weitergehenden Verpflichtungen zu verbinden.

Zur erfolgreichen Teilnahme an sozialer Interaktion benötigt das Individuum daher eine Reihe von Grundqualifikationen und nicht nur Kenntnisse der ohnehin nur selten klar definierten Rollen. Folgende Fähigkeiten – manchmal auch Kompetenzen genannt, um ihren konstitutiven Charakter zu unterstreichen – wurden aufgezählt und erläutert:

a) Empathie ist die Fähigkeit des Individuums, die Interaktionssituation aus der Perspektive der Partner wahrnehmen zu können, um in der Lage zu sein, das eigene Handeln unter Berücksichtigung ihrer Sicht zu entwerfen und zu kontrollieren.

b) Rollendistanz bezeichnet die Fähigkeit, sozialen Erwartungen und verinnerlichten Rollen nicht blind und automatisch folgen zu müssen, sondern sich gegenüber diesen Anforderungen reflexiv verhalten zu können, um eigene und andere Ansprüche in die Interaktion einzuführen.

c) Ambiguitätstoleranz meint die Fähigkeit, sich auch angesichts der Aussicht auf eine nur teilweise Befriedigung der Bedürfnisse weiter an einer Interaktion beteiligen zu können.

d) Kommunikative Kompetenz bezieht sich auf die Fähigkeit, die eigenen Ansprüche und Verpflichtungen sowie das Verständnis der Erwartungen der anderen und darüber hinaus die grundlegenden Regeln der Interaktion darstellen, befragen und wieder sichern, gegebenenfalls neu begründen zu können.

Mit Hilfe dieser Fähigkeiten kann das Individuum versuchen, seine Identität zu behaupten, weil sie ihm erlauben, die Erwartungen der anderen zwar zu berücksichtigen, mit übernommenen Rollen aber dennoch reflexiv umzugehen, sich um eine ausreichende Befriedigung der Bedürfnisse zu bemühen, aber dabei auch über Erwartungen und Regeln verhandeln zu können. Obwohl sich diese Fähigkeiten als psychische Strukturen betrachten lassen, handelt es sich dennoch nicht um eine allein auf der psychischen Ebene konstituierte Identität. In ihr spiegelt sich jeweils eine spezifische Problematik des Interaktionsprozesses, der mögliche Lösungen, Identität zu wahren, vorzeichnet. Es sind die dauerhaften Erfahrungen mit erfolgreichen Bemühungen, die von Widersprüchen und Enttäuschungen bedrohte Interaktion zu erhalten, die sich im Individuum als Fähigkeiten niederschlagen. Identität bringt folglich zweierlei zum Ausdruck: die Kompetenz des Individuums, sich als Subjekt zu behaupten, und die Qualität der sozialen Handlungszusammenhänge, in denen das Individuum lebt.

»Die ›Stärke‹ der Ich-Identität bemißt sich an der Aufrechterhaltung der Balance zwischen persönlicher und sozialer Identität in solchen Belastungssituationen, die jenes prekäre Gleichgewicht bedrohen. Der Grad der Individuierung bemißt sich an der Wahrung der Ich-Identität bei wachsender Differenzierung zwischen persönlicher und sozialer Identität. Diese wiederum hängt ab von einer Differenzierung der Rollensysteme und einer ›Rationalisierung‹ des institutionellen Rahmens (im Sinne abnehmender Repressivität, schwindender Rigidität und zunehmender Flexibilität der Verhaltenskontrolle)« (Habermas 1968 b, 132).

Habermas betont, daß die Bildung und Aufrechterhaltung der Identität an den Gebrauch der öffentlichen Umgangssprache gebunden ist, denn allein die Umgangssprache ist das Medium, in dem die Rollen definiert werden, und nur sie bietet die Mittel, um die unaufhebbaren Diskrepanzen zwischen den Individuen zu überbrücken. Die Umgangssprache ist deswegen konstitutiv, weil sie trotz gebrochener Intersubjektivität Einverständnis ermöglicht, auch wenn volle Verständigung nicht zu erzielen ist. Die Begriffe, die sie anbietet, sind nicht abschließend definiert und lassen daher offen, zusätzliche Erfahrungen in sie einzufüllen. Die Regeln des Sprachgebrauchs schließen Verstöße gegen die puren Prinzipien der Grammatik nicht aus; sie bieten sogar an, Abweichungen vom wohlgestalteten Satz als Signale für das kaum Mitteilbare zu verwenden.

Auch T. Parsons (1968) hat in seinem Vorschlag, der Bemühung des Individuums um Identität einen wichtigen Platz in der Handlungstheorie einzuräumen, die Identität als Verbindungsglied zwischen Persönlichkeitssystem und sozialem System eingesetzt. Er sieht zwei wichtige Erfordernisse. Zum einen muß die Person die Normen des kulturellen Systems übernehmen. Dies geschieht durch die Ausbildung des Über-Ichs, die in der ödipalen Phase mit der Internalisierung der aufgegebenen Eltern-Objekte beginnt. Zum anderen aber muß diesem Über-Ich ein Bezugspunkt für seine steuernden und kontrollierenden Prozesse vorgegeben werden, der dafür sorgt, daß es sich in seinen Funktionen nicht auf das Niveau beschränkt, das die internalisierten Eltern-Objekte vorgezeichnet haben. Diesen Bezugspunkt sieht Parsons in dem Subsystem der Kode-Erhaltung (pattern-maintenance), das sowohl ein Teil des sozialen Systems ist als auch in der Person als Identitätssystem wirksam ist. Als Teil des sozialen Systems organisiert und verbindet dieses Kode-Erhaltungs-System Bedeutungen. Als Subsystem der Persönlichkeit verknüpft es – mit Mead gesprochen – spontanes »I« und von den anderen übernommenes »me« und »fungiert als Bezugssystem für die Interpretation der Bedeutung der Handlungen des Individuums für das Individuum« (1968, 82). Das Identitätssystem wird durch Teilnahme an sozialer Interaktion erworben und kann hohe Stabilität erlangen. Es ist für Parsons jedoch kein integriertes System internalisierter sozialer Objekte wie für Erikson, sondern eher ebenfalls ein Bündel von Fähigkeiten, die der Person erlauben, die verschiedenen Bereiche seines Handelns im Rahmen von sozial geteilten Bedeutungen aufeinander zu beziehen. Dabei stellt er besonders heraus, daß das Identitätssystem »kein Aggregat von konkreten Bedeutungselementen (ist), sondern als Inbegriff all der Organisationsprinzipien und Regeln für die Interpretation und Verbindung von einzelnen Bedeutungselementen konzipiert werden (muß)« (1968, 83).

Habermas' und Parsons' Überlegungen führen zu dem Gedanken, daß die Kontrolle des Handelns durch das Bemühen um die Erhaltung der Identität für die Menschen an die Stelle der Sicherung des arterhaltenden Verhaltens im Tierreich durch genetische Vorprogrammierung tritt. Sprache, in der sich immer wieder ausreichender Konsens über veränderte Bedeutungen herausarbeiten läßt, und Identität, die immer wieder neu angesichts der aktuellen Situation die Handlungsintentionen des Individuums mit etablierten Institutionen und tradierten Rolleninterpretationen verknüpft, wären in dieser Sicht als die konstitutiven Elemente humanspezifischen Handelns anzusehen. Sie deuten zugleich die den Menschen mögliche Zukunft an: eine Gesellschaft, in der das Individuum verantwortlich und nicht mechanisch auf divergierende Erwartungen antworten kann, in der Handlungspartner vernünftige Möglichkeiten der Bedürfnisbefriedigung einander zugestehen und sich nicht unbillig überfordern und in der sich die Darstellung der Handlungsabsichten nicht gegenüber Nachprüfungen immunisieren muß, sondern wahrhaftig sein kann.

Gegen die Verwendung der Kategorie der Identität gibt es auch gewichtige Einwände. Schon bald warnte Adorno vor diesem Begriff, weil er eine falsche Versöhnung der Person mit der unversöhnlichen Welt vorspiegele (1955, 29–32). Auf ein Identitätskonzept, das Harmonie stiften möchte, trifft dieser Vorwurf sicher zu. Der aus der revidierten Rollentheorie und interaktionistischen sowie kommunikationstheoretischen Überlegungen entwickelte Identitätsbegriff will jedoch widersprüchliche Erwartungen, unzureichende Bedürfnisbefriedigung und mißlingende Verständigung nicht leugnen. Dieser Begriff ist durch und durch auf einander widerstreitende Interessen angewiesen. Er würde sinnlos, wenn die Normen übereinstimmen, die Interpretationen sich gleichen und die Bedürfnisse sich decken. Er läßt fragen, ob dies noch eine menschliche Gesellschaft wäre, und beharrt auf der Auffassung, daß das menschliche Subjekt am Versuch, gebrochene Intersubjektivität zu überbrücken, entsteht und sich verzehrt.

Aus anderen Gründen mahnt Lévi-Strauss, das Identitätskonzept nur mit Vorbehalt zu verwenden. Zwar erlaube dieser Begriff, »eine gewisse Zahl an Themen« zu diskutieren, aber man dürfe nicht vergessen, »daß ihm keine Erfahrung in der Realität entspräche« (Lévi-Strauss 1977, 323). Er schaffe gleichsam ein Forum für die Auseinandersetzung mit Grenzbegriffen, die in theoretischen Entwürfen enthalten sind. Diese Auffassung belegen die ethnologischen Mitverfasser dieses Buches durch Studien der Persönlichkeitsstruktur afrikanischer und südamerikanischer Stämme sowie traditionell geprägter europäischer Dorfgemeinden. Weitgehend ist die Persönlichkeitsstruktur den gesellschaftlichen Organisationsprinzipien nachgeformt, die dem autonomen Handlungspotential eines Subjekts keinen Platz zu lassen scheinen. Vorstellungen einer individuellen Identität sind, wenn überhaupt, nur im Rahmen von Religion, Poesie oder Mythen erkennbar. Leider liegen keine Mikroanalysen von Interaktionsprozessen vor, denen entnommen werden könnte, ob Handlungspartner auch in diesen Gesellschaften strukturell erzeugte Ambivalenz abbauen oder überspringen müssen, bevor ein tragfähiger Handlungskonsens erreicht werden kann. Es wäre auch zu prüfen, welche Möglichkeiten zur Weiterentwicklung des tradierten Rollen- und Institutionensystems dieser Stammesgesellschaften die eingeschränkte Chance, als Identität behauptendes Subjekt aufzutreten, noch offenläßt. Identität ist das »Instrument« der sozialen Verhaltenskontrolle, mit dem die Gattung auch ihre Weiterentwicklung sichert. Die jeweilige Ausprägung der den Handlungspartnern möglichen Identitätsbehauptung entscheidet daher zugleich über das einer Gesellschaft zur Verfügung stehende evolutive Potential.

Besondere Bedeutung hat das Identitätskonzept für die Theorie der Sozialisationsprozesse erlangt, in denen das Neugeborene jene grundlegenden Qualifikationen erwirbt, um sich mit anderen über Interpretationen einigen und gemeinsam handeln zu können. Ziel der Sozialisationsprozesse ist in dieser Sicht das autonome, seine Identität behauptende Handlungssubjekt, das freilich seine konkrete Ausprägung durch die jeweiligen sozialen Verhältnisse, in denen ein bestimmtes Kind bzw. ein bestimmter Jugendlicher heranwächst, erlangt. Das Augenmerk richtet sich auf die Abfolge von Beziehungskrisen des Kindes mit den wichtigen Personen in seinem sozialen Umfeld, die es durch Umstrukturierung seiner bis dahin ausgebildeten Problemlösungsfähigkeiten zu bewältigen versucht (s. Bd. VII dieser Enzyklopädie). Erst auf diesem theoretisch erschlossenen Untergrund sind die sozial gesättigten, individuellen Realisierungen dieser Qualifikationen erkennbar und unter der Rücksicht des seine Handlungsfähigkeit behauptenden Subjekts interpretierbar. Vor allem lassen sich erst gegenüber dem »idealen Entwicklungsverlauf« Abweichungen und pathologische Defizite bezeichnen und beurteilen, ohne kulturgebundenen Kriterien zu verfallen. Dieser Ansatz der Sozialisationstheorie bemüht sich zusammenzutragen und zu integrieren, was von Entwicklungspsychologen (zum Beispiel Piaget und Kohlberg), Psychoanalytikern (zum Beispiel Freud und Erikson) Linguisten und Kommunikationstheoretikern (zum Beispiel Chomsky, Searle und Bateson) sowie Sozialpsychologen (zum Beispiel G. H. Mead) über konstitutive Bedingungen der Auseinandersetzung des Menschen mit seiner sozialen und materiellen Umwelt untersucht und erarbeitet wurde. Einflußreiche Darstellungen dieser Thematik und wichtige Schritte stammen von Habermas (1968 b, 1972, 1976) und Oevermann (1976).

Alle Entwicklungsphasen leisten sicherlich ihren Beitrag zur Ausbildung der Qualifikationen, die die Identität des handelnden Subjekts zu wahren helfen. Aber besonders wird der ödipalen Krise und der Pubertätskrise die Entwicklung der identitätserhaltenden Qualifikationen zugeschrieben. In der ödipalen Krise muß sich das Kind mit zwei Verhaltensmodellen, dem männlichen und dem weiblichen, auseinandersetzen, sich für eines entscheiden, ohne deswegen die Kooperation mit den Mitgliedern des anderen Geschlechts abzuschneiden. Dies erzwinge eine reflexive Verinnerlichung der eigenen Geschlechtsrolle und damit Rollendistanz und Ambiguitätstoleranz (Oevermann, Krappmann, Kreppner 1968). Nach Habermas (1972) führt diese erste Reifungskrise lediglich zur Verhaltenskontrolle in Primärrollen und zu einer entsprechenden Identität. Zwar bewirke auch diese Krise schon die Ausprägung von Qualifikationen, nämlich die »Einübung in interaktive Reziprozität« und die »bewußte Verarbeitung von Rollenkonflikten«. Aber es wird noch nicht die Stufe erreicht, auf der die Reziprozität als Prinzip eingesetzt wird, das unterscheiden läßt, welche Erwartungen vernünftiger als andere sind, und das auch das Zustandekommen neuer Normen regelt. Dieser Schritt vollziehe sich erst in der Adoleszenzkrise, deren Qualifikationsgewinn dem jungen Erwachsenen Ich-Identität zu entwickeln und zu erleben ermögliche. Freilich ist der konstruktive Ausgang dieser Krise nicht garantiert. Döbert u. Nunner-Winkler (1975) haben verschiedene Verlaufsformen der Adoleszenzkrise untersucht, um soziale, familiale und präadoleszente psychologische Faktoren zu identifizieren, die die Identitätsbildung beeinflussen.

Die pädagogischen Konsequenzen dieser Analyse der Sozialisationsprozesse sind keineswegs ausgeschöpft. Wenn es stimmt, daß der heranwachsende Mensch bei allem Lernen auch in seiner Identitätsentwicklung betroffen ist, dann müßte bei der Förderung der Kinder im Vorschulbereich, aber nicht weniger in der Schule darauf geachtet werden, daß die Interaktionsbedingungen nicht zerstören, was Lehrplan und Curriculum anbieten (Wellendorf 1973, Homfeldt 1974, Rumpf 1976).

LITERATUR

Adorno, Th. W.: Zum Verhältnis von Soziologie und Psychologie. In: Sociologica. Frankfurt/M.: Europäische Verlagsanstalt 1955, 11–45

Bahrdt, H. P.: Zur Frage des Menschenbildes in der Soziologie. In: Europäisches Archiv für Soziologie, 2, 1961, 1–17

Die problematische Wahrung der Identität (von Lothar Krappmann)

BIDDLE, B. J., THOMAS, E. J.: Role Theory: Concepts and Research. New York: Wiley 1966

BRIM, O. G.: Personality Development as Role-Learning. In: I. Iscoe, H. Stevenson (Eds.): Personality Development in Children. Austin: University of Texas Press 1960, 127–259

CLAESSENS, D.: Rollentheorie als bildungsbürgerliche Verschleierungsideologie. In: Th. W. Adorno (Ed.): Spätkapitalismus oder Industriegesellschaft? Stuttgart: Enke 1969, 270–279

DAHRENDORF, R.: Homo Sociologicus (1958). Köln, Opladen: Westdeutscher Verlag ¹⁴1974

DÖBERT, R., HABERMAS, J., NUNNER-WINKLER, G. (Hg.): Entwicklung des Ichs. Köln: Kiepenheuer & Witsch 1977

DÖBERT, R., NUNNER-WINKLER, G.: Adoleszenzkrise und Identitätsentwicklung. Frankfurt/M.: Suhrkamp 1975

DREITZEL, H. P.: Die gesellschaftlichen Leiden und das Leiden an der Gesellschaft. Stuttgart: Enke 1968

DURKHEIM, E.: De la division du travail social (1893). Deutsch: Über die Teilung der sozialen Arbeit. Frankfurt/M.: Suhrkamp 1977

ERIKSON, E. H.: Ego Development and Historical Change (1946). Deutsch: Ich-Entwicklung und geschichtlicher Wandel. In: E. H. Erikson: Identität und Lebenszyklus. Frankfurt/M.: Suhrkamp 1966, 11–54

Growth and Crises of the »Healthy Personality« (1950 a). Deutsch: Wachstum und Krisen der gesunden Persönlichkeit. In: E. H. Erikson: Identität und Lebenszyklus. Frankfurt/M.: Suhrkamp 1966, 55–122

Childhood and Society (1950 b). Deutsch: Kindheit und Gesellschaft. Stuttgart: Klett ²1965

The Problem of Ego Identity (1956). Deutsch: Das Problem der Ich-Identität. In: E. H. Erikson: Identität und Lebenszyklus. Frankfurt/M.: Suhrkamp 1966, 123–212

Identity, Youth, and Crisis (1968). Deutsch: Jugend und Krise. Stuttgart: Klett 1970

FURTH, P.: Nachträgliche Warnung vor dem Rollenbegriff. Das Argument, 13, 1971, 66, 494–522

GERHARDT, U.: Rollenanalyse als kritische Soziologie. Neuwied: Luchterhand 1971

GERTH, H., WRIGHT MILLS, C.: Character and Social Structure (1953). Deutsch: Person und Gesellschaft. Frankfurt/M.: Athenäum 1970

GOFFMAN, E.: The Presentation of Self in Every Day Life (1959). Deutsch: Wir alle spielen Theater. München: Piper ²1973

Role Distance. In: E. Goffman: Encounters. Indianapolis: Bobbs-Merrill 1961 a, 83–152

Asylums. Garden City/N. Y.: Doubleday 1961 b. Deutsch: Asyle. Über die soziale Situation psychiatrischer Patienten und anderer Insassen. Frankfurt/M.: Suhrkamp 1967

Stigma (1963). Deutsch: Stigma. Über Techniken der Bewältigung beschädigter Identität. Frankfurt/M.: Suhrkamp 1967

Frame Analysis. New York: Harper & Row 1974

HABERMAS, J.: Erkenntnis und Interesse. Frankfurt/M.: Suhrkamp 1968 a

Stichworte zur Theorie der Sozialisation (1968 b). In: J. Habermas: Kultur und Kritik. Frankfurt/M.: Suhrkamp 1973 (= stw 125), 118–194

Notizen zum Begriff der Rollenkompetenz (1972). In: J. Habermas: Kultur und Kritik. Frankfurt/M.: Suhrkamp 1973 (= stw 125), 195–231

Moralentwicklung und Ich-Identität. In: J. Habermas: Zur Rekonstruktion des Historischen Materialismus. Frankfurt/M.: Suhrkamp 1976 (= stw 154), 63–91

HEINRICH, K.: Versuch über die Schwierigkeit, Nein zu sagen. Frankfurt/M.: Suhrkamp 1964

HOMFELDT, H. G.: Stigma und Schule. Düsseldorf: Schwann 1974

JANOSKA-BENDL, J.: Probleme der Freiheit in der Rollenanalyse. Kölner Zeitschrift für Soziologie, 14, 1962, 459–475

JOAS, H.: Die gegenwärtige Lage der soziologischen Rollentheorie. Frankfurt/M.: Athenäum 1973

JUNKER, J.-P.: Entfremdung von der Rolle. Bern: Haupt 1971

KRAPPMANN, L.: Soziologische Dimensionen der Identität (1971). Stuttgart: Klett ⁴1975

LEVITA, J. DE: Der Begriff der Identität. Frankfurt/M.: Suhrkamp 1971

LÉVI-STRAUSS, C. (Ed.): L'identité. Paris: Gassert 1977

LEWIN, K.: Field Theory in Social Science (1951). Deutsch: Feldtheorie in den Sozialwissenschaften. Ausgewählte theoretische Schriften. Bern, Stuttgart: Huber 1963

LYND, H. M.: On Shame and the Search for Identity. New York: Science Editions 1961

MEAD, G. H.: Mind, Self, and Society (1934). Deutsch: Geist, Identität und Gesellschaft. Frankfurt/M.: Suhrkamp 1973 (= stw 28)

OEVERMANN, U.: Programmatische Überlegungen zu einer Theorie der Bildungsprozesse und zur Strategie der Sozialisationsforschung. In: K. Hurrelmann (Hg.): Sozialisation und Lebenslauf. Reinbek: Rowohlt 1976, 34–52

OEVERMANN, U., KRAPPMANN, L., KREPPNER, K.: Elternhaus und Schule. Manuskript des Max-Planck-Instituts für Bildungsforschung 1968

PARSONS, T.: Der Stellenwert des Identitätsbegriffs in der allgemeinen Handlungstheorie (1968). In: R. Döbert u. a. (Hg.): Entwicklung des Ichs. Köln: Kiepenheuer & Witsch 1977, 68–88

PARSONS, T., BALES, R. F.: Family, Socialization and Interaction Process. Glencoe: The Free Press 1955

PLESSNER, H.: Soziale Rolle und menschliche Natur. In: H. Plessner: Diesseits der Utopie. Düsseldorf, Köln: Diederichs 1966, 23–35

POPITZ, H.: Der Begriff der sozialen Rolle als Element der soziologischen Theorie. Tübingen: Mohr (Siebeck) 1967

RUMPF, H.: Unterricht und Identität. München: Juventa 1976

SIMMEL, G.: Über soziale Differenzierung. Leipzig: Duncker & Humblot 1890

Soziologie (1908). Berlin: Duncker & Humblot ⁴1958

STRAUSS, A.: Mirrors and Masks. The Search for Identity (1959). Deutsch: Spiegel und Masken. Frankfurt/M.: Suhrkamp 1974

TURNER, R. H.: Role-Taking: Process versus Conformity. In: A. M. Rose (Ed.): Human Behavior and Social Process. London: Routledge & Kegan Paul 1962, 20–40. Deutsch: In: M. Auwärter u. a. (Hg.): Seminar: Kommunikation, Interaktion, Identität. Frankfurt/M.: Suhrkamp 1976, 115–139

WELLENDORF, F.: Schulische Sozialisation und Identität. Weinheim: Beltz 1973

Weitere Literatur zur Identitätsproblematik:

AUWÄRTER, M., KIRSCH, E., SCHRÖTER, M.: Seminar: Kommunikation, Interaktion und Identität. Frankfurt/M.: Suhrkamp 1976

BRUMLIK, M.: Der symbolische Interaktionismus und seine pädagogische Bedeutung. Frankfurt/M.: Athenäum Fischer 1973

DUBIEL, H.: Identität und Institution. Düsseldorf: Bertelsmann 1973

McCALL, G. J., SIMMONS, J. L.: Identities and Interactions (1966). Deutsch: Identität und Interaktion. Düsseldorf: Schwann 1974

NEUBAUER, W. F.: Selbstkonzept und Identität im Kindes- und Jugendalter. München: Reinhardt 1976

PARSONS, T.: The Social System (1951). Glencoe: The Free Press 1964

POPP, W. (Hg.): Kommunikative Didaktik. Weinheim: Beltz 1976

RAISER, K.: Identität und Sozialität. München: Kaiser 1971

VERHALTEN UND GESPRÄCHE AN DER THEKE

Über einige Kommunikationsformen in Kneipen und Bars

von Klaus Laermann

Als geselliges Zentrum von Kneipen und Bars ist die Theke einer der sozialen Orte relativ zwangloser Kommunikation. Sie dient als Treffpunkt und als Fluchtpunkt; denn sie bietet Gelegenheit, in wechselnden Gesprächen losen Kontakt zu anderen aufzunehmen, ohne den verbindlichen Folgen der eigenen Rede oder der Reden anderer ausgesetzt zu sein.

Daß die Schwelle der Ansprechbarkeit in Kneipen und Bars niedriger liegt als in anderen sozialen Räumen, geht in erster Linie auf die Einrichtung der Theke zurück (Laermann 1974, 172). Nichts macht den Unterschied zwischen einem Restaurant und einer Kneipe deutlicher als sie. Wer allein ins Restaurant geht, bleibt in der Regel allein. Wer dagegen allein in die Kneipe geht, bleibt mit einiger Wahrscheinlichkeit nur dann allein, wenn er sich an einen Tisch setzt. Stellt oder setzt er sich an die Theke, so signalisiert er damit seine prinzipielle Kommunikationsbereitschaft. Er gibt sich von vornherein als jemand zu erkennen, der ansprechbar ist und Kontakt sucht. (Erst wenn er mit Worten oder Gesten das Gegenteil kundtut, kann er seine Ansprechbarkeit verlieren.) In dem Maße jedoch, in dem er sich durch sein Verhalten zu einer ansprechbaren Person erklärt, kann er selbstredend auch von allen anderen, die sich mit ihm an der Theke aufhalten, erwarten, daß sie für ihn ansprechbar sind.

Senkt sich somit die Kontaktschwelle zwischen den Gästen durch den gemeinsamen Aufenthalt an der Theke, so erhöht sich in gleichem Ausmaß und Umfang die Folgenlosigkeit ihrer Kontakte (Cavan 1966, 11). Jeder Teilnehmer an einer Kommunikation weiß das und darf von jedem, mit dem er spricht, annehmen, daß auch er das weiß. Dadurch entsteht die merkwürdig entspannte Unverbindlichkeit des Geredes, die für Gespräche an der Theke charakteristisch ist. Gefördert wird sie zweifellos durch die enthemmende Wirkung des Alkohols, der aber keineswegs allein für sie verantwortlich gemacht werden kann, sondern erst in Verbindung mit dem besonderen Arrangement des sozialen Raums der Theke seine volle Wirksamkeit erlangt. Unverbindlich ist die Kommunikation zwischen den Gesprächsteilnehmern, weil keiner den anderen für seine Äußerungen haftbar machen kann. Diese werden vielmehr durch eine stillschweigend unterstellte und wechselseitig aufrechterhaltene Situationsdefinition als folgenlos betrachtet. (Plötzlich und scheinbar unmotiviert auftretende Aggressionsausbrüche, die Tätlichkeiten nach sich ziehen, haben ihre Ursache in der Regel darin, daß die zunächst gemeinsam angenommene Folgenlosigkeit der wechselseitigen Rede unvermittelt und einseitig aufgekündigt wurde.)

Die Gesprächsbereitschaft am Tresen kann nur dann und nur insofern als prinzipiell folgenlos angesehen werden, wenn die Gesprächsteilnehmer auf beinahe jede Möglichkeit von Sanktionen gegeneinander verzichten. Nichts von dem, was sie sagen, hat (das glauben sie zu wissen) Konsequenzen außerhalb der Kneipe oder Bar. Und dort führt es allenfalls dazu, daß die Kommunikation abgebrochen wird, sobald sich bestimmte unerwünschte Folgen abzuzeichnen scheinen.

Möglich wird dies hohe Maß an konsentierter Unverbindlichkeit dadurch, daß die Teilnehmer an einem Gespräch im allgemeinen über keine gemeinsame Vorgeschichte verfügen. Sie sind einander entweder fremd, oder ihre gegenseitige Bekanntschaft bleibt (zumindest im anonymen Milieu der Großstadt, jedoch nicht unbedingt in deren Nachbarschaftskneipen) auf die Welt der Kneipen und Bars beschränkt. Die Beziehungen, die sie zueinander aufnehmen, werden nicht Teil ihrer Biographie (Cavan 1966, 14).

Die Fremdheit, die sie voneinander distanziert, eröffnet ihnen zugleich die Möglichkeit, sich freier und unbefangener aufeinander zu beziehen, als dies außerhalb der Kneipen und Bars möglich ist. Denn sie bietet ihnen Chancen der Selbstdarstellung, die sie dort nicht ohne weiteres wahrnehmen können.

Jede Selbstdarstellung ist von der Schwierigkeit bedroht, bestimmte Fakten und Informationen in bezug auf das eigene Selbst aus Scheu oder Rücksichtnahme in einer gegebenen Situation nicht manifestieren zu können. In Gesprächen an der Theke wird diese Schwierigkeit akzeptiert und voll aufgefangen. Das Kneipengerede lebt von der scheinbar treuherzigen Annahme, daß das dargestellte Selbst das wirkliche sei. Diese Fiktion kann von allen Beteiligten als Fiktion durchschaut werden (ohne daß dies Durchschauen wegen seiner möglichen Folgen seinerseits ausführlich dargestellt werden darf). Ohnehin kann innerhalb der Kneipe niemand beim anderen überprüfen, ob die expliziten oder impliziten Angaben, die er über sich macht, mit seiner Selbstdarstellungsgeschichte außerhalb dieses sozialen Raums in Einklang stehen. Da die Fiktion, das dargestellte Selbst sei schon das wirkliche, von vornherein auf den Binnenraum der Kneipe beschränkt bleibt und nur kurze Zeit hindurch aufrechterhalten werden muß, braucht sie trotz eventuell auftretender Unstimmigkeiten im Darstellungsverhalten nicht als belastend, sondern kann geradezu als entlastend erfahren werden.

Wer jemandem bekannt ist, ist dadurch bereits in einer Weise festgelegt, die es ihm erschwert, sich von einer anderen Seite zu zeigen. Wer sich dagegen einer in dieser Hinsicht weitgehend unstrukturierten sozialen Situation konfrontiert sieht, kann sich dadurch verleitet fühlen, experimentell Varianten seiner Selbstdarstellung in ihren Auswirkungen auf andere auszuprobieren. Sozialpsychologisch dürfte hier ein Grund für die Aufschneidereien und Prahlereien liegen, die in Wirtshausgesprächen nicht eben selten sind. Virtuosen des Kneipengeredes verstehen es sogar, sich von ihrer gesamten Biographie zu trennen (Cavan 1966, 79 ff). Sie legen sich für einige Stunden einen Lebenslauf zu, von dem sie glauben (oder andere glauben machen möchten), daß er ihnen besser paßt als der, der sie verschlissen hat. Der in Gesprächen an der Theke übliche Takt verlangt von ihren Zuhörern, daß sie über ein gewisses Maß an Widersprüchen, die sich beim allzu raschen Entwurf solch fingierter Biographien ergeben können, stillschweigend hinwegsehen. Dies ist um so leichter möglich, als die allgemein erwartete Folgenlosigkeit der Kontakte am Tresen allzu intensive Nachfragen ohnehin verbietet.

Der Aufenthalt in einer Kneipe oder Bar entbindet von den Verpflichtungen des Status und der Rollen außerhalb dieses Raumes. Gerade die Möglichkeit einer weitgehenden Indifferenz gegen die festgelegte Bestimmtheit und verbindliche Struktur, die den Alltag draußen prägen, macht die große Attraktion der Gespräche an der Theke aus. Der Verzicht auf eine durchgehende Berücksichtigung der normsetzenden Macht des Status setzt eine egalitäre Grundhaltung der Kneipenbesucher voraus. Zumindest an der Theke, wenn schon nicht draußen, kann jeder mitreden. Denn hier gilt er gleich viel wie jeder andere. Und wenn er mitreden kann (so muß er meinen), dann hat er auch was zu sagen. Indem er seine

Meinungen in Bierlaune ungehemmt kundgibt, verschafft er sich die egalitäre Gewißheit seines eigenen Werts. Daß die Kneipe allein deshalb schon eine demokratische Einrichtung sei, wird man wohl nicht behaupten dürfen (Calkins 1901, 3). Eher ist sie ein Raum wechselseitiger Anerkennung, in dem ein jeder auch dann noch Gehör findet, wenn er nichts zu sagen und nirgendwo sonst was zu melden hat. Gespräche an der Theke fangen die expressiven Bedürfnisse auch und gerade derer auf, denen es verwehrt bleibt, sich in anderen sozialen Kontexten zum Ausdruck zu bringen.

Wegen der Tendenz der Gäste, sich wechselseitig (wenn auch nur vorübergehend) anzuerkennen und sich gegenseitig (wenn auch nur in diesem Raum) für sozial gleichrangig zu halten, ist eine verhältnismäßig große soziale Differenzierung unter ihnen möglich. Sie muß nicht (wie an anderen Orten) ausdrücklich thematisiert, entschuldigt oder verdeckt werden. Sobald sich an der Theke Statuskonflikte geltend machen, die unter Verletzung des Gebots der Folgenlosigkeit aller Kontakte von außen in ihre neutralisierte und umgrenzte Sphäre hineingetragen werden, kommt es zu Auseinandersetzungen unter den Gästen. Denn durch solche Konflikte wird der egalitäre Anspruch, der die Theke beherrscht, durchbrochen.

Nicht zuletzt dieses Anspruchs wegen wird die Kneipe oder Bar von ihren Besuchern als ein bergender und schützender Raum empfunden. Ganz offenbar geht mit dem Verzicht auf den Status als Quelle einer möglichen gegenseitigen Orientierung und Glaubwürdigkeit ein besonderes Bedürfnis nach Schutz und Geborgenheit einher. Der stärkeren Diffusion und Konturenlosigkeit der Sozialbeziehungen an der Theke entspricht ein erhöhter Bedarf an Vertrauen (Luhmann 1973, 57, Anm. 14).

Nichts bringt ihn deutlicher zum Ausdruck als die Sitte, sich gegenseitig zum Trinken einzuladen. Wer einem anderen ein Getränk bestellt, versucht, sein Vertrauen zu erwerben und eine gewisse Verbindlichkeit der beiderseitigen Beziehungen zu erreichen. Speisen und Getränke sind in jeder Gesellschaft prekäre Geschenke, die, auch wenn sie nur in kleinsten Mengen ausgeteilt werden, besondere Erwartungen ausdrücken und besondere Verpflichtungen mit sich bringen (Mauss 1968, 37). An der Theke verpflichtet zumindest die erste Einladung dazu, daß man sie annimmt und später erwidert. Für eine taktvolle Zurückweisung bleibt meist kein Raum. Eine strikte Zurückweisung dagegen würde als persönlicher Affront aufgefaßt werden. Art, Umfang und Zeitpunkt der Erwiderung einer Einladung lassen Rückschlüsse darauf zu, in welchem Ausmaß das Verhältnis vertieft werden soll. So kann etwa die sofortige und genau bemessene Erwiderung ein Zeichen des Mißtrauens sein, weil sich derjenige, der sich so verhält, als jemand darstellt, der sich den Fesseln der Dankbarkeit so schnell wie möglich zu entziehen sucht (Luhmann 1973, 48). Ein solches Verhalten kann aber auch gerade umgekehrt die Hoffnung wecken, daß der zuerst Eingeladene, nachdem er sich »revanchiert« hat, nun seinerseits durch eine weitere Einladung eine neue »Runde« eröffnet. Dadurch würde er sein Interesse an einer Fortdauer der Beziehung signalisieren. Denn die Erwiderung der ersten Einladung kommt nur der Ableistung einer selbstverständlichen Pflicht gleich. Bliebe sie aus, so würde das als grobe Taktlosigkeit angesehen. Aus einer »Runde« kann man erst »aussteigen«, wenn sie abgeschlossen ist, wenn also jeder, der an ihr teilgenommen hat, »einen ausgegeben« und damit den Schuldzusammenhang, den sie herstellt, abgelöst hat. Da die genau einzuhaltende Regelhaftigkeit einer solchen Serie von Einladungen leicht als zu starr und durchsichtig empfunden wird, werden »Runden« (zumal unter Leuten, die sich schon kennen) häufig durch gemeinsamen Wettbewerb ausgespielt. Das Würfeln, Kartenspielen und Flippern, das an den Theken vor allem von Nachbarschaftskneipen ungemein verbreitet und beliebt ist, dient in der Regel dazu, einen oder mehrere Verlierer zu ermitteln, die für die ganze »Runde« zahlen müssen.

Die Sitte, sich wechselseitig zu Getränken einzuladen oder um sie zu spielen, dient nicht nur dem Zweck, Kontakte anzubahnen und beiläufige Vertrauensbeziehungen herzustellen. Durch sie soll vor allem verhindert werden, daß die Chance zu persönlichen Kontakten auch von kürzerer Dauer fortlaufend dadurch herabgesetzt wird, daß jeder jederzeit von der Möglichkeit Gebrauch macht, zu gehen, wann es ihm paßt. Die Theke ist zwar attraktiv, weil sie zu den wenigen sozialen Orten gehört, an denen man (ohne sich innerhalb bestimmter Zeitgrenzen dafür rechtfertigen zu müssen) nicht nur jederzeit kommen, sondern auch jederzeit wieder gehen kann. Aber aus dieser doppelten Freiheit, die Dauer der eigenen Anwesenheit selbst zu bestimmen, erwachsen für die Gäste neben den Chancen des Kommunikationsangebots bestimmte Risiken der Kontaktbereitschaft. Die ständige Drohung, durch einen unvermittelten Aufbruch der Gesprächspartner plötzlich alleingelassen zu werden, zwingt die Menschen an der Theke, ihre Anteilnahme und Vertrauensbeweise sparsam und sorgfältig zu dosieren. Die Bemühungen einzelner, »Runden« zusammenzuschließen, stellen vor diesem Hintergrund Versuche dar, andere wenigstens für kurze Zeit durch eine Verpflichtung zur Gegeneinladung an sich zu binden. Diese Versuche sollen den Aufenthalt an der Theke, der an sich prinzipiell ungleichzeitig ist, synchronisieren. Denn die diffuse Erfahrung der Zeit am Tresen, die beruhigend zu wirken scheint, weil sie von Vergangenheit und Zukunft abgeschnitten ist, kann aus eben diesem Grund auch beunruhigend wirken. Der Leere der Zeit ausgesetzt zu sein, macht Angst. Diese Angst weckt das Verlangen, mit anderen einen Zeithorizont zu teilen und zumindest für kurze Dauer über ein Minimum gemeinsamer Erwartungen zu verfügen.

Die Theke ist ein Ort, an dem sich die Angst vor dem Alleinsein scheinbar absichtslos auf die Probe stellen läßt. Weil sie die negative Freiheit vermittelt, sich nicht auf andere zu beziehen (die dennoch immer da sein müssen, damit es an ihr auszuhalten ist), ist jeder in einer Kneipe oder Bar (wie er gern glauben möchte) immer gerade so allein, wie er will. Die Illusion, das Ausmaß des Alleinseins selbst wählen zu können, täuscht hinweg über die Beziehungslosigkeit der Kontakte, mit denen es vertrieben werden soll. Auch wer an der Theke nicht allein ist, bleibt zutiefst einsam.

Das wird durch die räumliche Anordnung der Gäste unterstrichen. Sie sitzen (oder stehen) nebeneinander und nicht wie an den Tischen im Kreis oder einander gegenüber. Sie sind damit von vornherein jeder für sich. Wenn ihr Blick nicht auf die Flaschen fällt, die jenseits der Theke vor ihnen aufgereiht sind, ruht er zumeist in einem Spiegel. Dieser Blick in den Spiegel bietet ihnen die Möglichkeit, sich ihrer Anwesenheit zu vergewissern. Er fängt die Einsamkeit derer auf, die nur noch sich selbst sehen. Solange ihnen ihr Bild im Spiegel erscheint, haben sie sich nicht aus den Augen verloren, existieren sie noch außerhalb ihrer Einsamkeit. Der Blick in den Spiegel beweist, daß die Theke zu einem Ort werden kann, an dem die bloße Anwesenheit eine Leistung darstellt, die überprüft werden muß.

Wer dagegen an einem Tisch sitzt, ist in der Regel nicht allein; er sieht sich, auch wenn er das nicht wahrnimmt, immer auch mit den Augen derer, mit denen er zusammen ist. An jedem Tisch gibt es eine Positionsverteilung durch vorteilhaftere und weniger vorteilhafte Plätze, die (oft unbemerkt) die Anwesenden in bestimmte Verhältnisse zueinander bringt. Sie entsteht ganz einfach aus den Möglichkeiten und Schwierigkeiten, sich allen anderen Gesprächsteilnehmern gleichmäßig zuwenden oder einen Raum überblicken zu können. Nicht so an der Theke. Durch die laterale Sitzordnung, die an ihr herrscht, vermittelt sie das Gefühl, daß alle Plätze gleichrangig seien. Von jedem Platz aus kann man zur Rechten wie zur Linken ein Gespräch unterhalten, und zwar auch über mehrere Plätze hinweg. Denn eher als an den Tischen wird am Tresen jedem das Recht eingeräumt, jederzeit den Verlauf eines Gesprächs nach seinem Belieben zu strukturieren. Er kann sich in Gespräche anderer einmischen oder sich ihnen entziehen, wann immer es ihm paßt. Dadurch wird es an der Theke schwerer als an den Tischen, ein Thema über mehrere Sequenzen hinweg durchzuhalten (Luhmann 1972, 34, Anm. 15).

Aus dieser Schwierigkeit ergibt sich der eigenartig diffuse Charakter solcher Gespräche.

Es setzt eine besondere Regressionsbereitschaft voraus, die durch den Alkoholgenuß erweitert und gefördert wird. Das fortlaufende Reden stellt einen Versuch dar, ihr entgegenzuwirken, um trotz der Verlockungen der Regression eine Gefährdung durch Verlust der Selbstkontrolle zu vermeiden.

Der schwer zu haltenden Balance von Selbstkontrolle und Regression kommt die Eigenart der Sitzgelegenheiten entgegen, auf denen die Menschen an der Theke Platz nehmen. Barhocker laden zur Regression ein und scheinen zugleich über sie erhaben. Sie erwecken die Illusion, alle Vorteile sowohl des Stehens wie des Sitzens zu bieten, ohne daß die jeweiligen Nachteile beider, Ermüdung bzw. Übersichtsverlust, mit in Kauf genommen werden müssen. Wer am Tresen sitzt, glaubt, halb zu stehen, auch wenn er mit keinem Bein mehr den Boden berührt. Er ist gleichsam immer auf dem Sprung, aber bleibt am Ende doch hocken. Kaum eine andere Sitzgelegenheit vermittelt in dieser Weise den Eindruck ständiger Reaktionsbereitschaft mit einem realen Verlust an Reaktionsvermögen.

In alkoholisiertem Zustand beweisen die Menschen an der Theke sich selbst ihre Reaktionsbereitschaft und Fremden (soweit diese nüchterner sind) ihren Verlust an Reaktionsvermögen, indem sie sich oft geradezu klebrig in die Gespräche anderer einmischen oder indem sie zuweilen ausgesprochen eindringlich auf ihren Monologen beharren. Sie wollen damit unter Beweis stellen, daß sie (noch) nicht die Kontrolle über sich verloren haben. Sie genießen das Gefühl, daß das Gerede der anderen sie auch dann noch erträgt, wenn sie sich fallenlassen. Daß sie aufgefangen werden, verschafft ihnen die Illusion einer in anderen sozialen Zusammenhängen nicht so leicht erreichbaren Machtfülle. Sie scheint ihnen nichts weniger anzuzeigen als einen Kontrollverlust.

Das Ausmaß, in dem ein derartiger Kontrollverlust von seiten der übrigen Gäste (oder gar des Personals) vorgeführt, nachgeahmt, hingenommen, übersehen, abgewehrt oder verboten wird, dürfte für eine soziale Skalierung von Kneipen und Bars wichtiger sein als die gesellschaftliche Zuordnung der Gäste zu bestimmten Berufs- und Einkommensgruppen.

LITERATUR

CALKINS, R.: Substitutes for the Saloon. An Investigation Made for the Committee of Fifty. Boston: Houghton Mifflin Co. 1901

CAVAN, S.: Liquor License. An Ethnography of Bar Behavior. Chicago 1966

CLINARD, M. B.: The Public Drinking House and Society. In: D. J. Pittman, C. R. Snyder (Eds.): Society, Culture and Drinking Patterns. New York: London: John Wiley & Sons 1962, 270–292

DINITZ, S.: The Relation of the Tavern to the Drinking Phases of Alcoholics. Unveröffentlichte Dissertation. Univ. of Wisconsin 1951

LAERMANN, K.: Kneipengerede. Zu einigen Verkehrsformen der Berliner »linken« Subkultur. Kursbuch, 37, 1974, 168–180

LUHMANN, N.: Einfache Sozialsysteme. Zs. f. Soziologie, 1, 1972. Auch in: Soziologische Aufklärung, II. Opladen: Westdeutscher Verlag 1975

Vertrauen. Ein Mechanismus der Reduktion sozialer Komplexität. Stuttgart: Enke ²1973

MASS OBSERVATION: The Pub and the People, London: Victor Gollancz 1943

MAUSS, M.: Die Gabe. Frankfurt/M.: Suhrkamp 1968

PFAUTZ, H. W., HYDE, R. W.: The Ecology of Alcohol in the Local Community. Quarterly Journal of Studies on Alcohol, 21, 1960

428

SELBSTMORD UND SYMBOLISCHE INTERAKTION

Die Multidimensionalität des Suizids

von James M. Henslin

Seit etwa achtzig Jahren, seit Durkheims monumentalem Versuch im Jahre 1893, haben sich Soziologen und Sozialpsychologen ständig darum bemüht, den Schlüssel zu finden, der ihnen die Tür zu dem Geheimnis öffnet, das den Selbstmord umhüllt. Aber trotz all dieser löblichen Aktivitäten blieb ihnen die auf *einer* Ursache basierende Erklärung des Phänomens bisher verwehrt.

Ich werde nun in diesem Beitrag die Ansicht vertreten, daß der wichtigste Faktor für das Scheitern dieser Anstrengungen in der Unangemessenheit des ihm zugrundeliegenden Konzepts zu suchen ist. Ganz im Gegensatz zu der herrschenden Meinung ist der Suizid ein Ereignis von hoher Komplexität, d. h. mit der gängigen Kategorie des Selbstmords sind viele Varianten absichtlichen Todes nicht erfaßt.

Aus einem symbolischen interaktionistischen Zusammenhang heraus will ich nun die tendenziösen Wirkungen untersuchen, die der Kategorie des Selbstmords aufgrund der Klassifikationsverfahren und der Klassifikationsresistenz anhaften. Sodann will ich darlegen, wie die Eigentümlichkeit der Kategorie Selbstmord die völlig anders gearteten Todesakte verschleiert, die durch unterschiedliche Absichten und Unterschiede in der Bedeutung des Aktes und im Grad der Entschlossenheit zu sterben, gekennzeichnet sind. Und schließlich will ich zeigen, wie sich durch die Konzentration der Forschungsbemühungen auf die signifikanten Kontaktpersonen des Selbstmörders und die symbolische Interaktion eine allgemeine Theorie des Selbstmords entwickeln läßt.

DIE UNTERSTELLUNG VON BEDEUTUNGEN

Wenn es auch bequem ist anzunehmen, daß alle Beamten, die damit betraut sind, Todesfälle als Selbstmord, Mord, Unfall oder »natürlichen« Tod zu klassifizieren, dieselben praktischen Definitionen des Selbstmords anwenden, so entspricht doch diese Annahme keineswegs der Wirklichkeit. Ihre Definitionen des Selbstmords mögen zwar scheinbar die gleichen sein, aber die des selbstzugefügten Todes, die ihrem Klassifikationsverfahren zugrunde liegt, stützt sich auf variierende, aus dem »gesunden Menschenverstand« abgeleitete Definitionen (Douglas 1967; Henslin, Campbell 1974, 166). Oberflächlich betrachtet, scheint es einfach zu sein, Todesarten übereinstimmend zu klassifizieren, aber in der Praxis sind solche Einstufungen problematisch.

Da Selbstmord soviel wie selbstbeabsichtigter Tod bedeutet, erfordert die Feststellung des Selbstmords die Ermittlung der Motivation. Doch die genaue Ermittlung von Motiven,

429

die bei lebenden Menschen schon schwierig genug ist, wird durch den Tod nur noch komplizierter. Die Motivation muß aus Beweisen aus zweiter Hand, aus der »objektiven« Situation (einschließlich eines Abschiedsbriefs, sofern vorhanden) und aus der Rekonstruktion der Motive des Selbstmörders durch andere abgeleitet werden. Ohne die Möglichkeit, sich solche Informationen vom Opfer bestätigen zu lassen, schreibt der Beamte dem Tod ein Motiv zu, indem er sich auf seine eigenen Anschauungen über die »Bedeutung« des »objektiven« Beweismaterials und die Richtigkeit, Zuverlässigkeit und allgemeine Glaubwürdigkeit der gesammelten Berichte stützt. Durch ein solches Verfahren der sekundären Rekonstruktion unterstellt der Beamte dem Ereignis eine Bedeutung, und aufgrund dieser von ihm unterstellten Bedeutung gibt er eine offizielle Erklärung über die »Ursache« des Todes ab.

Es besteht kein Grund zu der Annahme, daß alle diese Beamten ihre Bedeutungen auf dieselbe Weise konstruieren, was in unserer vielfältigen Welt höchst bemerkenswert wäre, und ebensowenig darf man annehmen, daß die Wirkungen der Klassifikationsverfahren auf irgendeine geheimnisvolle Weise unter den Bevölkerungen randomisiert werden. Es scheint im Gegenteil vernünftig, aus all dem zu folgern, daß ungleiche Definitionsverfahren einfach falsche Statistiken ergeben.

KLASSIFIKATIONSRESISTENZ: STIGMAVERMEIDUNG UND STÖRUNG DES GLEICHGEWICHTS

Der Widerstand gegen die Klassifikation trägt mit dazu bei, die Statistik zu verfälschen. Er ergibt sich im wesentlichen daraus, daß Angehörige und andere Bezugspersonen darauf bedacht sind, den Tod nicht als Selbstmord klassifizieren zu lassen, um die gesellschaftliche Stigmatisierung und die Störung des persönlichen und sozialen Gleichgewichts zu vermeiden, die diese Einstufung mit sich bringt.

Der Faktor der Vermeidung des sozialen Stigmas ist besonders wirksam, da keine Familie den Status der »Familie eines Selbstmörders« anstrebt, sondern sich vielmehr der Bezichtigung eines solchen Status widersetzt. Dieser Widerstand ist bei manchen größer als bei anderen, weil das Stigma starker empfunden wird, und manche leisten mit größerem Erfolg Widerstand, weil ihre soziale Macht größer ist. Wir kennen die Wirkungen dieses Widerstands gegen das Etikett »Selbstmord« nicht, aber wir wissen, daß er vorhanden ist. Er variiert zumindest mit der Religion (und ist wahrscheinlich groß bei Katholiken) und der sozialen Schicht (er ist wirksamer bei den begüterten Klassen) und vermutlich auch noch mit anderen Variablen. Dennoch kennen wir die Auswirkung der Stigmavermeidung auf die Selbstmordstatistik nicht.

Das zweite Element der Klassifikationsresistenz, der Faktor der Störung des Gleichgewichts oder der Verwirrung, ist ebenfalls nie gemessen worden. Wird der Tod als Selbstmord klassifiziert, so erleiden die Bezugspersonen eine Störung des Gleichgewichts in bezug auf die Bedeutung dieses Todes. Zwar ist der Tod aus welchen Ursachen auch immer beunruhigend für eine Bezugsperson, aber manche Klassifikationen enthalten doch eine gewisse »Erklärung« des Todes, aus der Bezugspersonen bis zu einem gewissen Grade Trost schöpfen können (Henslin 1973). Die Klassifikation eines Todes als Selbstmord beinhaltet dagegen keine leicht zu akzeptierende Erklärung des Ablebens. Im Gegenteil, sie stiftet äußerste Verwirrung, indem sie das Individuum in eine Bedeutungsleere stößt.

Da die Kategorie Selbstmord die Todesursache nicht erklärt, beginnt für die Bezugspersonen eine quälende Suche nach Faktoren, die zum Tode geführt haben könnten (Henslin 1970). Für den Angehörigen der westlichen Kultur bedeutet die Klassifikation Selbstmord, daß der Tod durch Probleme verursacht wurde, und die Bezugsperson versucht diese Probleme zu entdecken. Bei dieser Suche wird sie mit der brutalen Tatsache konfrontiert, daß sie selbst wesentlich zu diesen Problemen beigetragen und daher den Tod des geliebten Menschen mitverursacht haben könnte. Er kommt zu der schmerzlichen Einsicht, daß es Dinge gegeben haben mag, die er getan oder nicht getan, gesagt oder nicht gesagt hat und die einige problematische Situationen erschwert und den Toten schließlich zu seinem verzweifelten letzten Schritt getrieben haben.

Die westliche Einstellung hinsichtlich der Ursache des Selbstmords führt auf ähnliche Weise auch zu einer Art Störung des sozialen Gleichgewichts. Personen, die in irgendeiner Beziehung zu den Bezugspersonen stehen, beginnen sich zu fragen, was den Selbstmord »wirklich« verursacht hat. Sie denken, daß vielleicht der Mann oder die Frau oder der Vater, die Mutter usw. des Opfers irgend etwas getan hat, was das Opfer zum Selbstmord trieb, und daß die in der Öffentlichkeit gezeigten zwischenmenschlichen Beziehungen nur eine Fassade waren, sorgfältig konstruierte und beherrschte soziale Darstellungen, die unbekannte starke Spannungen verbargen. Der Selbstmord als solcher wird möglicherweise als Beweis dafür angesehen, daß es sich so verhielt. Wer also, fragt man sich nur zu leicht, war das Ungeheuer hinter den Kulissen?

Wir wissen, daß die Suche nach der Bedeutung aufgrund dieses Verwirrungsfaktors eine starke Motivation darstellt, die eine Steigerung durch den Wunsch erfährt, die gesellschaftliche Stigmatisierung zu vermeiden. Es kommt zu einer Störung des persönlichen und sozialen Gleichgewichts, die eine Stabilisierung erfordert, und die direkteste Methode, die Störung zu vermeiden, ist es, den Tod als etwas anderes als Selbstmord klassifizieren zu lassen. Wir kennen jedoch die relativen Wirkungen dieser Motivation nicht, wenn sie in das Machtdifferential verschiedener sozialer Gruppen übersetzt wird.

DER »SELBSTMORD« DER KORRELATIONSFORSCHUNG

Viele Faktoren sind dafür maßgeblich, ob ein Todesfall als Selbstmord oder Nichtselbstmord klassifiziert wird. Doch obwohl wir wissen, daß solche Faktoren die Selbstmordklassifikation beeinflussen, behandeln viele Forscher – zumindest soziologisch orientierte – die Selbstmordstatistik als sakrosankt und unanfechtbar zuverlässig, so als wäre sie nicht das Resultat eines nur schlecht verstandenen sozialen Konstruktionsprozesses. Manche Aspekte dieses Problems wurden zwar schon vor Durkheim von de Gurrey (in: Douglas 1967), de Boismont (1856) und Legoyt (1881) zur Sprache gebracht, aber die Fachleute tun die Frage der Gültigkeit gewöhnlich mit einem Lippenbekenntnis ab, indem sie etwa erklären: »Die offizielle Statistik ist zwar nicht vollkommen, aber immer noch das Beste, was uns zur Verfügung steht; daher . . . « (Gibbs 1968). Und sie setzen diese Methode Jahrzehnt um Jahrzehnt fort, so als gäbe es keine Probleme.

Wie aus den folgenden Seiten noch deutlicher hervorgehen wird, ist die Selbstmordstatistik stets nur das, was sie eben zu jedem gegebenen Zeitpunkt darstellt – was immer das sein mag. Wenn wir sie weiterhin gedankenlos verwenden, werden wir auch weiterhin Selbstmordziffern und nicht den Selbstmord studieren. Wir werden für alle Zeiten die vergängliche Fährte von Durkheims Geist weiterverfolgen, denn es ist in der Soziologie immer noch üblich, Korrelationen zwischen dieser Statistik und verschiedenen sozialen Indikatoren herzustellen. Die Ergebnisse liefern die Basis für die »Theorie«, die Selbstmordziffer variiere *direkt* proportional dem Grad der sozialen Isolation (Halbwachs 1930), der Urbanisierung (Halbwachs 1930), dem Status (Henry, Short 1954) und der Anomie (Durkheim 1897, 1951 ed.; Johnson 1965) und *umgekehrt* proportional dem Grad der Statusintegration (Gibbs, Martin 1958), der äußerlichen Einschränkung des Verhaltens (Henry, Short 1954; Maris 1969), der Dauer und Stabilität sozialer Beziehungen (Durkheim 1897, 1951 ed.; Gibbs, Martin 1958), der Integration (Durkheim 1897, 1951 ed.; Johnson 1965) und so weiter ad infinitum.

431

Einige Aspekte des sozialen Lebens oder der sozialen Merkmale, die soziale Gruppen oder Aggregate voneinander unterscheiden, müssen in solchen Korrelationsstudien zwangsläufig in Erscheinung treten, und wenn man die Prämisse akzeptiert, daß die offizielle Selbstmordstatistik zuverlässig ist, so kann sie jede beliebige Anzahl »neuer« Theorien ins Leben rufen, beziehungsweise zusätzliche Bestätigungen oder, je nachdem, weitere Widerlegungen bereits bestehender Theorien liefern.

WANN IST »SELBSTMORD« KEIN SELBSTMORD?

Bei diesem Hinweis auf die tendenziösen Wirkungen der Klassifikationsverfahren habe ich durchwegs angenommen, daß der zu klassifizierende Tod tatsächlich vom Opfer selbst vorsätzlich herbeigeführt wurde. Betrachten wir jedoch für einen Augenblick den Todesakt etwas genauer. Obwohl zwei Ereignisse (z. B. zwei Todesfälle) scheinbar zwei Beispiele für dieselbe Art von Unterereignis (z. B. Selbstmord) sein können, stellt sich der Fall bei näherer Untersuchung vielleicht nicht so einfach dar. Es könnte unterschiedliche wesentliche Elemente wie Absicht, Bedeutung und Entschlossenheit geben, aufgrund deren die beiden Selbstmorde verschiedenen Kategorien zugeordnet werden müßten.

Als erstes kann die Absicht eine wesentliche Unterscheidung darstellen. Ein Mensch kann die echte Absicht haben, sich zu töten, und das ist der wirkliche Selbstmörder, während ein anderer lediglich einen Selbstmordversuch unternimmt – aus irgendeinem der Gründe, die Menschen zu einem solchen Versuch bewegen (z. B. Hendin 1950; Farberow, Shneidman 1961) –, dann jedoch Erfolg hat, wo er versagen wollte, und sich tatsächlich tötet. Der Selbstmörder aus Versehen wird als Selbstmörder klassifiziert, weil er oberflächlich betrachtet dasselbe getan zu haben scheint wie derjenige, der den Tod wirklich wünschte. Meiner Ansicht nach liegen hier jedoch trotz der oberflächlichen Ähnlichkeit zwei völlig verschiedene Phänomene vor.

Als zweites ist die Bedeutung des Aktes wesentlich. Es ist eines der Grundprinzipien der symbolischen Interaktion, daß die Bedeutung von Objekten und Ereignissen nicht aus dem Objekt oder dem Ereignis selbst erwächst, sondern aus einem Kategorisierungsprozeß, bei dem sich das Objekt oder Ereignis in ein Klassifikationsschema einfügt, das von der Kultur vorgezeichnet und von den individuellen Erfahrungen modifiziert wird (vgl. Henslin 1973). Da die Bedeutung des Todes in den verschiedenen Kulturen schwankt, kommen auch dem Selbstmord verschiedene Bedeutungen zu. Ist es dasselbe, ob beispielsweise ein Mensch seine Tat in dem Sinne definiert, daß er »sein Leben opfert, damit andere leben können«, und – um die Last zu erleichtern – vom überfüllten Rettungsfloß in einen sicheren Tod im eisigen Wasser springt, oder ob sich ein Geschäftsmann erschießt, weil er Pleite gemacht hat? Oder ist es dasselbe, wenn jemand, wie früher der japanische Krieger, glaubt, daß die Niederlage eine öffentliche Schmach ist und seiner Familie große Schande bringt und daß der Selbstmord nach den Begriffen seiner Kultur die richtige Handlungsweise ist? Oder wenn alte Eskimos ihren Kindern traurig Lebewohl winken und sich auf einer Eisscholle davontreiben lassen, wenn die Nahrung knapp wird? Man könnte noch zahllose ähnliche Beispiele anführen, um zu zeigen, daß die Bedeutung des Akts einen kritischen Faktor bei der Beurteilung dessen darstellt, was tatsächlich vor sich geht.

Drittens trennt der Grad der Entschlossenheit zu sterben Fälle, die grob als Selbstmord zusammengefaßt werden, auf signifikante Weise. Ein Mensch kann die feste Absicht haben, sich den Tod zu geben, und vorsätzliche Schritte unternehmen, um diesen Tod herbeizuführen – und auf die Annahme dieses Sachverhalts stützt sich die eigentliche Kategorie des Selbstmords. Ein anderer dagegen ist vielleicht weit weniger fest entschlossen, aber er gerät, als er versuchsweise selbstmörderische Schritte unternimmt, auf eine Todesbahn. Er hat beispielsweise seine Selbstmordabsicht so angekündigt, daß er glaubt, sich nicht mehr zurückziehen zu können, obwohl er dies gern täte (Hendin 1963, 238). Oder er wählt eine Methode, die die Wahrscheinlichkeit einer Rettung ausschließt, falls er sich nachträglich noch anders besinnt. Selbst wenn er seine Ansicht über das Sterben ändern und Schritte unternehmen sollte, um sein Leben zu retten, ist er, wenn er infolge seines Selbstmordversuchs stirbt, ein Selbstmörder, weil er so klassifiziert wird.

Diese Multidimensionalität des Selbstmords wird beinahe gänzlich ignoriert. Unsere Kultur kennt nur eine einzige Kategorie für den selbstzugefügten Tod, und diese Kategorie muß alle in Wirklichkeit existierenden Arten subsumieren. Da kulturell keine alternativen Kategorien zur Verfügung stehen, werden die verschiedenen Grade der Absicht, Bedeutung und Entschlossenheit bei der Zusammenfassung unter einer einzigen Rubrik verwischt.

Noch komplizierter wird das Problem, wenn wir den gegenteiligen Fall betrachten, d. h. jene, die vorsätzlich eine Handlungsweise wählen, von der sie wissen, daß sie zum Tode führt, und dennoch *nicht* als Selbstmörder klassifiziert werden. Ich möchte aus unserer Kultur das Beispiel des Soldaten im Schützenloch anführen, der sich auf eine Granate wirft, damit seine Kameraden leben können. Oder den nicht unbekannten Fall von Menschen, die sterben wollen und einen Weg der Zerstörung einschlagen, der unvermeidlich zu ihrem eigenen Tod führen muß: ein Beispiel für viele ist Gary Gilmore, der erste, der in den Vereinigten Staaten seit einem Jahrzehnt hingerichtet wurde. Oder man betrachte den folgenden Fall aus Neuguinea: Bei den Kandri kann eine Witwe, die den Verlust ihres Mannes nicht zu ertragen vermag, ihre Brüder bitten, ihre Pflicht zu tun und sie zu erdrosseln. Weigern sie sich, so kann die Witwe sie dazu bringen, sie zu töten, indem sie sie beschämt und behauptet, sie erfüllten ihre Pflicht nicht, um mit ihr Blutschande zu treiben. Auf diese List hin erdrosseln die Brüder, von Scham- und Pflichtgefühl getrieben, ihre Schwester, und sie wird in demselben Grab bestattet wie ihr geliebter Mann (Todd 1934 in: Hoskin, Friedman, Cawte 1969, 205). Wahrscheinlich würde keiner der genannten Todesfälle als Selbstmord klassifiziert werden, aber sind sie es wirklich nicht?

Wenn die Wissenschaft Fortschritte machen soll, ist es sicherlich notwendig, daß die Begriffe, die sie verwendet, klar definiert werden. Geschieht dies nicht, so lassen sich die Ergebnisse verschiedener Studien nicht miteinander vergleichen. Wenn Forscher sich zwar derselben Begriffe bedienen, sie aber unterschiedlich anwenden, so ist das Ergebnis ein Chaos, denn sie glauben, von denselben Dingen zu sprechen, während sie in Wirklichkeit auf verschiedene Phänomene Bezug nehmen (Henslin, Campbell 1974, 165).

SELBSTMORD UND BEZUGSPERSONEN

Ich möchte auf dem kurzen Raum, der mir noch bleibt, eine fruchtbarere Methode der Selbstmordforschung aufzeigen. Es ist offenbar sinnlos zu versuchen, in der Vielzahl der Studien aus den vergangenen Jahrzehnten entweder einen einzelnen ursächlichen Faktor oder irgendeinen angenommenen Instinkt oder Trieb oder einen pathologischen Zustand oder irgendeine andere fundamentale Ursache, einen Mechanismus oder irgend etwas dieser Art finden zu wollen, was tief in die Psyche des Individuums eingebettet ist. Nutzbringender erscheint es mir, sich an den Reaktions-/Anpassungsprozeß der Bezugspersonen von Selbstmördern (Cain 1972), an die kulturellen Faktoren, die Menschen für oder gegen den Selbstmord prädisponieren (z. B. Hoskin, Friedman, Cawte 1969), und an die Definitionsprozesse, die der Wahl des Selbstmords vorausgehen (z. B. Jacobs 1967, 1970), einschließlich der Psychodynamik des Selbstmords (z. B. Hendin 1963), zu halten.

Die potentielle Ergiebigkeit einer Konzentration unserer Forschungsbemühungen auf die Bezugspersonen von Selbstmördern liegt auf der Hand (Cain 1972, Henslin 1971). Sie sind es schließlich, die noch leben und unsere Fragen beantworten können, die Hilfe brauchen und denen geholfen werden kann. Die Angehörigen und Freunde eines Menschen, der sich das Leben genommen hat, sind die wirklichen Opfer des Selbstmords. Sie haben keine Wahl getroffen, sie haben nichts unternommen, um ihrem Leben ein Ende zu machen, und dennoch müssen sie, zumindest in diesem Leben, unter den Folgen dieser Wahl leiden.

Wie oben erwähnt, zwingt die Klassifikation »Selbstmord« die Bezugspersonen zu einer bestürzten Suche nach dem Warum dieses Todes, und sie finden prompt eine Mitursache bei sich selbst. Sie leiden beinahe ausnahmslos unter Schuldgefühlen aufgrund ihrer Konstruktion einer Bedeutung, und sie versuchen, ihre Schuldgefühle durch einen fortwährenden Prozeß der Konstruktion einer Wirklichkeit zu zerstreuen. Wir wissen einiges über die Arten von Schuldgefühlen, die Bezugspersonen empfinden, und über die verschiedenen Neutralisierungstechniken, mit denen sie versuchen, ihre Schuldgefühle zu mindern, aber bisher ist kaum die Oberfläche angekratzt worden (Cain, Fast, Erickson 1964; Henslin 1970, 1972 a, 1972 b, 1973). Der potentielle Gewinn aus einem gründlicheren Verständnis dieses Schuldreaktions- und -reduktionsprozesses ist hoch, denn das Verständnis dieser Anpassungsdynamik wird uns die Mittel liefern, denen zu helfen, die ihr unterliegen.

Als Richtlinie für die weitere Forschung über die Bezugspersonen von Selbstmördern schlage ich vor, die Aufmerksamkeit zu richten auf: 1. den Selbsteinschätzungsprozeß von Bezugspersonen; 2. die Veränderung des Selbstbildes zu verschiedenen Zeitpunkten nach dem Selbstmord; 3. den Prozeß, durch den der Akt definiert wird, indem man ihn in vorgegebene Kategorien einordnet, einschließlich der Grundlage für die spezifische Wahl; 4. Änderungen in der Konstruktion der Bedeutung des Selbstmords einschließlich moralischer Rechtfertigungen des Akts und 5. einen Vergleich des Anpassungs-/Reaktionsprozesses auf den Tod mit dem typischen Muster der Reaktionen des Individuums auf andere signifikante Verluste.

THEORIE DER SYMBOLISCHEN INTERAKTION UND SELBSTMORD

Bei dem Bemühen, die Dynamik der Wahl des Todes zu verstehen, sollten sich die folgenden Grundsätze, die sich auf meine Forschungserfahrungen und die Prinzipien der symbolischen Interaktion stützen, als fruchtbar für die Entwicklung einer allgemeinen Theorie des Selbstmords erweisen:

1. Der Mensch ist ein sich selbst reflektierendes Wesen.

2. Der Mensch handelt gegenüber der Welt, wie er sie sieht.

3. Die Bedeutung, die Objekte und Ereignisse für den Menschen haben, erwächst nicht aus den Objekten und Ereignissen selbst, sondern aus einem sozialen Determinationsprozeß.

4. Diese Bedeutungen sind keine feststehenden Wesenheiten, sondern der Veränderung unterworfen.

5. Bei einem Determinationsprozeß wählt der zukünftige Selbstmörder den selbstzugefügten Tod aus einer Anzahl möglicher Handlungsweisen aus.

6. Diese Auswahl wird aufgrund der Optionen vollzogen, die in den Augen des Individuums zum gegebenen Zeitpunkt seinen Interessen dienen.

7. Bei diesem Auswahlprozeß werden die folgenden Umstände bewertet: a) die ausweglose Situation, die sich aus den gegenwärtigen Problemen ergibt; b) die Bedingung seines künftigen Zustandes, wenn er weiterlebt (die Wahrscheinlichkeit eines weiteren Versagens der versuchten Anpassungstechniken – die Möglichkeit, daß ihm Bezugspersonen helfen, seine Probleme zu lösen – die Wahrscheinlichkeit schwerer zukünftiger Probleme – der Grad der Isolierung von Bezugspersonen, die er seiner Meinung nach weiterhin empfinden wird); c) die Bedingung seines künftigen Zustandes, wenn er den Tod wählt.

8. Aufgrund seiner Beurteilung wählt er das Leben, den Tod oder eine lebensgefährdende Aktion.

Die Anwendung dieses Schemas bedeutet eine Betrachtung des Selbstmords als das Ergebnis einer verstandesgemäßen Wahl aufgrund einer wertenden und veränderlichen Definition der Lage. Der Selbstmord wird somit dem Bereich der Pathologie entzogen, und unsere Aufmerksamkeit richtet sich auf einen Menschen, der inmitten wechselnder Definitionen eine Wahl zwischen Leben und Tod trifft. Er sucht nach Hinweisen auf die Bedeutung seiner Lebenssituation, findet diese Hinweise sowohl schmerzhaft als auch unklar, muß aber mit ihrer Hilfe die zukünftigen Möglichkeiten abschätzen, um die richtige Handlungsweise zu wählen. Und das ist, meine ich, besser, als wenn man ihn entweder als Statistik oder als pathologischen Fall betrachtet.

Schließlich schlage ich für ein gründlicheres Verständnis der Dynamik des Selbstmords vor, daß sich die Forschung auf das *Gegenteil* des Selbstmords konzentrieren sollte, d. h. auf Menschen, die das Leben gewählt haben, obwohl sie sich in den gleichen Situationen befanden, in denen andere Selbstmord verübten, vor allem in der häufigsten Situation, in der eine primäre Beziehung scheiterte. Wie treffen sie ihre Wahl? Wie werden sie mit dem Unglück fertig und entscheiden sich *für* das Leben? Wenn wir diesen Prozeß der Wahl des Lebens klarer erkennen, werden wir wahrscheinlich auch den Prozeß der Wahl des Todes besser verstehen.

Aus dem Amerikanischen übertragen von Joachim A. Frank

(Weitere Beiträge zum Thema »Selbstmord« findet der Leser in den Bänden II, X u. XII.)

LITERATUR

Boismont, B. de: Du Suicide et de la Folie Suicide. Paris: Bailliere 1856

Cain, A. C. (Ed.): Surviors of Suicide. Springfield/Ill. Charles C. Thomas 1972

Cain, A. C., Fast, I.: Children's Disturbed Reactions to Parent Suicide: Distortions of Guilt, Communication, and Identification. In: A. C. Cain (Ed.): Survivors of Suicide. Springfield/Illinois: Charles C. Thomas 1972, 93–111

Cain, A. C., Fast, I., Erickson, M. E.: Children's Disturbed Reactions to the Death of a Sibling. American Journal of Orthopsychiatry, 34, 1964, 741–752

Douglas, J. D.: The Social Meanings of Suicide. Princeton/New Jersey: Princeton University Press 1967

Durkheim, E.: Suicide: A Study in Sociology (1893). New York: The Free Press 1951

Farberow, N. L., Shneidman, E. S. (Eds.): The Cry for Help. New York: McGraw-Hill 1961

Gibbs, J. P.: Book review of »The Social Meanings of Suicide« by Jack D. Douglas. The American Journal of Sociology, 74, 1968, 201–204

Gibbs, J. P., Martin, W. T.: A Theory of Status Integration and Its Relationship to Suicide. American Sociological Review, 23, 1958, 140–147

Gurrey, De: Statisque Morale de la France. In: J. D. Douglas (Ed.): The Social Meanings of Suicide. Princeton, N. J.: Princeton University Press 1967, 171

Halbwachs, M.: Les Causes du Suicide. Paris: Alcan 1930

Hendin, H.: Attempted Suicide: A Psychiatric and Statistical Study. Psychiatric Quarterly, 24, 1950, 39–46

The Psychodynamics of Suicide. The Journal of Nervous and Mental Disease, 136, 1963, 236–244

Henry, A., Short, J.: Suicide and Homicide. Glencoe/Illinois: The Free Press 1954

Henslin, J. M.: Guilt and Guilt Neutralization: Response and Adjustment to Suicide. In: J. D. Douglas (Ed.): Deviance and Respectability: The Social Construction of Moral Meanings. New York: Basic Books 1970, 192–228

Problems and Prospects in Studying Significant Others of Suicides. Bulletin of Suicidology, 8, 1971, 81–84

Suicide and Significant Others. In: J. M. Henslin (Ed.): Down to Earth Sociology: Introductory Readings. New York: The Free Press 1972 a, 305–315. Deutsch: Selbstmord und die »signifikanten anderen«. In: H. Steinert (Hg.): Symbolische Interaktion: Arbeiten zu einer reflexiven Soziologie. Stuttgart: Ernst Klett 1973, 88–100

Strategies of Adjustment: An Ethnomethodological Approach to the Study of Guilt and Suicide. In: A. C. Cain (Ed.): Survivors of Suicide. Springfield/Illinois: Charles C. Thomas 1972 b, 215–227

Henslin, J. M. Campbell, J. D.: Sociology and the Study of Suicide: Issues and Controversies. In: P. M. Roman, H. M. Trice (Eds.): Explorations in Psychiatric Sociology. Philadelphia: F. A. Davis 1974, 159–184

Hoskin, J. O., Friedman, M. I., Cawte, J. E.: A High Incidence of Suicide in a Preliterate-Primitive Society. Psychiatry, 32, 1969, 200–210

Jacobs, J.: A Phenomenological Study of Suicide Notes. Social Problems, 15, 1967, 60–72

The Use of Religion in Constructing the Moral Justification of Suicide. In: J. D. Douglas (Ed.): Deviance and Respectability: The Social Construction of Moral Meanings. New York: Basic Books 1970, 229–251

Johnson, B. D.: Durkheim's One Cause of Suicide. American Sociological Review, 30, 1965, 875–886

Legoyt, A.: Suicide Ancien et Moderne. Paris: Drouin 1881

Maris, R. W.: Social Forces in Urban Suicide. Homewood/Illinois: The Dorsey Press 1969

Todd, J. A.: Report on Research in South West New Britain, Territory of New Guinea. Oceania, 5, 1934

435

SOZIOMETRIE

von Rainer Dollase

Die Ermittlung dessen, was unter »Soziometrie« denn nun eigentlich zu verstehen sei, war Ziel einer Expertenumfrage, die Bjerstedt im Jahre 1956 durchführte. »Wir können die Soziometrie als ein Gebiet betrachten, das sich mit der Messung jedweder Art von zwischenmenschlicher und zwischentierischer Beziehungen befaßt, wobei zur Zeit ein besonderes Schwergewicht auf die Erforschung zwischenmenschlicher Präferenzbeziehungen auf der Grundlage subjektiver Einschätzungen gelegt wird« (Bjerstedt 1956, 28) – so das Resümee der damaligen Expertenumfrage. Die Definition kann auch heute noch als gültig betrachtet werden, wenngleich sich seither die Erhebung, Darstellung und Analyse zwischenmenschlicher Beziehungen *in Gruppen* als zentrales Arbeitsfeld der Soziometrie herausgestellt hat (vgl. Dollase 1974, 11 f). Mit Bjerstedts Definition nimmt die Soziometrie bereits eine Gestalt an, die den vorläufigen Fixpunkt einer hastigen, eine Expertenumfrage rechtfertigenden, Entwicklung von einer revolutionären Bewegung zu einer Technik der empirischen Sozialforschung markierte.

Der allgemein als Begründer und Wortschöpfer der Soziometrie zitierte Arzt Jakob Levy Moreno (1890 – 1974) hatte der Soziometrie einen zentralen Platz in einer spekulativen Weltsicht eingeräumt, der durch enge Bezüge zur Theorie, Ideologie und zur Empirie nahezu aller Phänomene soziologischer, sozialpsychologischer und psychologischer Wissenschaft gekennzeichnet war. Damit hat er, im Zusammenhang mit seinen nicht immer systematischen Darlegungen, zu einer auch heute noch gelegentlich nachwirkenden Verwirrung über Gegenstand, Zweck und Ziel der Soziometrie den Grundstein gelegt.

Morenos ursprüngliche Ideen sind in einen sozialrevolutionären Kontext gebettet: »Der soziometrische Test in seiner dynamischen Form ist eine revolutionäre Kategorie der Forschung. Er stürzt die Gruppe von innen her um und verändert ihre Beziehungen zu anderen Gruppen; er stellt eine Sozialrevolution kleineren Ausmaßes dar« (Moreno 1949, 114). Ziel dieser Sozialrevolution ist die Verringerung der »soziodynamischen Differenz«, i. e. der Versuch, den Unterschied zwischen formeller (Oberflächenstruktur) und informeller (Tiefenstruktur) Sozialstruktur zu minimieren. Oberflächenstruktur, das ist letztlich gesellschaftliche Struktur, der eine damit nicht kongruente Tiefenstruktur affektiver, emotionaler Beziehungen unterlegt ist. Verhilft man der Tiefenstruktur zur Durchsetzung, so wird ein erzieherischer, klärender und energisierender Prozeß in Gang gesetzt (Moreno 1949, 139), der letztendlich politisch relevant wird und zur Veränderung der Gesellschaft führt. Die hochgesteckten Ziele werden u. a. durch ein einfaches Verfahren, den soziometrischen Test, der sowohl Interventions- als auch Meßinstrument ist (vgl. Dollase 1975), zu erreichen versucht. Mitglieder von Gruppen werden aufgefordert, andere Gruppenmitglieder für gruppenrelevante Tätigkeiten auszuwählen bzw. abzulehnen. Der Soziometriker stellt die so gewonnenen Daten in einem Soziogramm oder einer Soziomatrix dar (graphische bzw. tabellenartige Übersicht über die abgegebenen Wahlen bzw. Ablehnungen) und versucht nun, die häufig kompliziert miteinander verketteten Wünsche in die Tat umzusetzen. Lautete die Frage z. B. an die Schüler eines Internats: »Mit wem möchten Sie zusammen in einem Zimmer untergebracht werden?«, so wurde versucht, die Zimmerbelegung nach den Wünschen der Schüler zusammenzustellen. Damit werden die informellen Beziehungen formalisiert, die Gruppe ist zur Selbstbestimmung ihrer Ordnung aufgerufen. Wissenschaftlicher Erkenntnisgewinn ist Beiprodukt einer Intervention. Die Antworten der Gruppenmitglieder haben Konsequenzen und Belang: die »conditio sine qua non« des klassischen soziometrischen Tests.

Wenn auch die Diskrepanz zwischen revolutionärem Anspruch und harmloser Konkretisierung heute eher kurios erscheint, wenn auch der theoretische Ansatz aus vielerlei Gründen widersprüchlich und widerlegt erscheint (vgl. Dollase 1975), so ist dennoch aus der »soziometrischen Bewegung« (Moreno 1949) einiges destillierbar, was heute in neuem begrifflichem Gewand wieder seinen Stellenwert besitzt. Der emotionale, affektive Aspekt einer jeden Sozialbeziehung wurde thematisiert und durchaus auch in seiner weitreichenden sozialisatorischen Bedeutung für jede Gesellschaft erkannt. Aktionsforscherische Bekenntnisse finden sich bei Moreno (1934) teilweise früher als bei Lewin. »Der einzig sichere Weg, um die grundlegende Struktur der menschlichen Gesellschaft herauszufinden, ist der Versuch ihrer Änderung« (Moreno 1949, 129). Die Gruppe als möglichen strategischen Punkt für individuelle und gesellschaftliche Veränderungen erkannt zu haben, ist auch Verdienst von Moreno, der dieses Konzept zudem in der Auseinandersetzung mit dem Marxismus (Moreno 1949) selbstbewußt und nicht ohne Einfluß auf die soziometrische Forschung in den sozialistischen Ländern vertreten hat (vgl. Bachitow 1961; Hiebsch, Vorwerg 1971, 27). Im Verbund mit seinen sonstigen therapeutischen Entwicklungen, z. B. Soziodrama und Psychodrama, ergibt sich ein auch heute noch diskutiertes Veränderungskonzept, das im Bereich der Gruppentherapie und Gruppenpädagogik verankert und aufgegangen ist (vgl. Leutz 1974 sowie ihren Beitrag in diesem Bd.).

Die vielfältig schillernde Konzeptionierung der Soziometrie durch Moreno (Hauptwerk: »Who shall survive?«, 1934) ist sehr schnell einem Prozeß der Ausdifferenzierung und Systematisierung durch Humanwissenschaftler der unterschiedlichsten Disziplinen unterworfen worden. Moreno selbst terminiert das Ende seiner »heißen«, revolutionären Soziometrie mit dem Jahre 1937 (Moreno 1954, 186 f). Danach sei mit seiner eigenen Billigung und manchmal auf seine eigene Initiative hin der soziometrische Test in einen »near«-soziometrischen Test umgewandelt worden, was konkret die Eliminierung der Restrukturierungskonsequenz aus dem klassischen Verfahren bedeutet (Moreno 1954, 187 f).

Die Umwandlung der »heißen« in die »kalte« (research sociometry) Soziometrie spiegelt allerdings eher eine rasche und pragmatische Rezeption Morenoscher Gedanken durch die Sozialwissenschaft wider als eine von ihm gnädig gebilligte anderweitige Nutzung. Der seiner unmittelbaren sozialen Konsequenz entkleidete soziometrische Test ist allerdings so nicht Morenos Erfindung, sondern war schon vor seinen Publikationen bekannt (z. B. Hoffer 1922, Bernfeld 1922, Reininger 1924; vgl. Dollase 1976).

Die Entideologisierung und Entpraxeologisierung hat den Start einer methodisch-wissenschaftlichen Weiterentwicklung der Soziometrie letztlich verursacht. Der Schritt ist schwer zu würdigen, er hat nicht nur positive Konsequenzen gehabt. Er bedingte eine gelegentlich ins Surrealistische hineinragende Zahlenspielerei (z. B. mehrseitige Formeln zur Berechnung sogenannter redundanter Ketten im Soziogramm; Ross, Harary 1952; s. Dollase 1976, 220 f) ebenso wie eine unüberschaubare methodisch-technische Diversifikation

437

und das Fehlen jeglicher Zielperspektive, die zu einer Abkapselung der Soziometrie geführt hat. Auch heute noch genießt die Soziometrie das Image eines »Glasperlenspiels«, und für die, die das Image für die Sache nehmen, ist sie damit »out of discussion«.

Der technisch-methodisch bearbeitete Gegenstand der Soziometrie als Sozialforschungsinstrument ist dabei auch mit dem Alltagsverständnis zu erschließen und in seiner Relevanz abzuschätzen. Die Verflechtungen einfacher Sympathie- und Antipathiebeziehungen in einem Kollegium, einem »Team«, einer Arbeitsgruppe oder Mannschaft sind mehr oder minder klar wahrgenommene Bewußtseinsrealität des Alltags, ebenso wie die möglichen Probleme und Schwierigkeiten, die bestimmte strukturelle Konstellationen mit sich bringen können.

Die ungeheure Vielfalt soziometrischer Operationalisierungen ist hier nicht referierbar (vgl. Übersichten in: Dollase 1976). Eine grobe Unterteilung in Struktur- und Statuskonzepte ist jedoch möglich (vgl. Dollase 1974). Strukturkonzepte umfassen Indizes und Kennzeichnungen des Geflechts interpersoneller Beziehungen, Statuskonzepte beinhalten Variablen, die als Individualwerte eine Aussage über die Stellung des Gruppenmitglieds im Strukturgeflecht erlauben. Ein einfaches Beispiel: Wird in einer Schulklasse die Frage gestellt »Wen kannst du gut leiden?«, so liefert die bildliche Darstellung der Schülerantworten, das Soziogramm, die »Struktur« der Sympathiebeziehungen. Der Versuch, eine Gesamtaussage über die Dichte oder Verflechtung der Beziehungen zu präzisieren, führt z. B. zur Konstruktion von Kohäsionsindizes (z. B. Anzahl gegenseitiger Wahlen, vgl. Nehnevajsa 1962) – einer typisch strukturellen Variablen. Die Addition der erhaltenen Wahlen je Individuum führt zu einer typischen Statusvariablen, dem »soziometrischen Status«, ein Maß für die gruppenspezifische Beliebtheit des Einzelnen. Nicht bei allen soziometrisch konkretisierten Variablen ist eine eindeutige Zuordnung zu den beiden klassifikatorischen Konzepten möglich.

Der an diesem einfachen Beispiel erhellte soziometrisch-methodische Verarbeitungsvorgang ist kennzeichnend und paradigmatisch zugleich. Die bisherige soziometrisch-methodische Forschungsarbeit hat eindeutig definitorischen, variablengenerierenden Charakter: Das vorliegende Strukturgeflecht wird »kondensiert« (Bjerstedt 1956), d. h. auf Begriffe, Indizes oder Meßwerte reduziert bzw. in ein einfaches Datenmodell transskribiert.

Das Gesagte soll an einem Beispiel aus der methodischen Forschung vertieft werden. Nach umgangssprachlichem Verständnis ist eine »Clique« eine Anzahl von Personen, die stets zusammen in Erscheinung treten. Gemeinsame Unternehmungen, eine eventuelle Ähnlichkeit der Cliquenmitglieder lassen sich beobachten, bzw. man unterstellt sie ebenso wie enge affektive Bindungen der Cliqueure untereinander. In zahlreichen Arbeiten haben sich Soziometriker die Aufgabe gestellt, aus den per soziometrischen Fragen gewonnenen Daten ein Äquivalent für den umgangssprachlichen Cliquen-Begriff rechnerisch einwandfrei und präzise zu ermitteln. Im einfachsten Fall wird Clique als Anzahl von Personen definiert, die alle untereinander wechselseitig positive Beziehungen unterhalten (z. B. bei Festinger 1949). Gelockert wird dieses strenge Kriterium (auf Moreno zurückgehend) z. B. bei Luce (1950), der als Clique eine Menge von Personen definiert, die »fast alle« in Beziehung (auch einseitiger Art) zueinander stehen, und erst recht bei Harary (1959), für den es ausreicht, wenn gewährleistet ist, daß von jedem Cliquenmitglied eine strukturelle Verbindung (»Weg«) auch indirekter Art zu jedem anderen Cliquenmitglied besteht (z. B. wenn Person A mit Person X wie folgt verbunden ist: A wählt B, B wählt C, C wählt D, D wählt X). Die bisher genannten Definitionen, die allesamt nach McFarland u. Brown (1973) dem sogenannten Bogardus-Typ sozialer Nähe zuzurechnen sind (Personen, die miteinander in Beziehung stehen), werden ergänzt durch Ansätze des sogenannten Sorokin-Typs. Hierbei geht man von ähnlichem soziometrischem Wahlverhalten als cliquenkonstituierendem Kriterium aus: Zwei Personen werden als nah zueinander stehend unabhängig davon definiert, ob sie gegenseitig direkte Beziehungen zueinander unterhalten oder nicht, wenn sie nur die gleichen anderen Personen wählen bzw. von den gleichen anderen gewählt werden (z. B. A und X haben eine geringe Distanz zueinander, wenn sie im soziometrischen Test beide die Personen C und D wählen und/oder beide M, N und O ablehnen usw.). Die Rechenschritte zur präzisen, programmierbaren und die Zahl arbiträrer Entscheidungen reduzierenden Bestimmung von Cliquen setzen Verfahren der Matrixmultiplikation, des »matrix rearrangement« und der Graphentheorie einerseits (Bogardus-Typ), faktorenanalytische und clusteranalytische Verfahren (Wright, Evitts 1961; MacRae 1960; Beaton 1966; Rollett, Bartram 1976) bzw. nichtmetrische multidimensionale Skalierung (Langeheine 1977) andererseits ein (Sorokin-Typ). In Umkehr des bisher beschriebenen Kondensierungsvorgangs, der einer rechnerischen Ableitung des Cliquen-Konzepts aus dem soziometrischen Strukturgeflecht gleichkommt, versuchen andere Ansätze das Konzept über die Wahrnehmung der Gruppenmitglieder selbst zu erheben, z. B. durch die Frage »Welche Cliquen gibt es in Ihrer Gruppe?« (vgl. z. B. »multikriteriale Strukturkonstruktion«, Dollase 1974), womit zwar eine andere Kriteriendimension bemüht (Wahrnehmung), nicht aber etwa ein sachlich unangemessener Operationalisierungsvorschlag des Konzepts »Clique« eingeführt wird.

Durch einen datenimmanenten Umordnungs- und Kondensierungsprozeß, durch Reskalierung und Übersetzung von Soziogrammstrukturen in andere Bezugssysteme versucht die Soziometrie ihr einzigartiges Ausgangsmaterial einer auf die Verarbeitung von nichtstrukturellen Daten hin fixierten und entwickelten Sozialforschung als handhabbar anzudienen.

Wer diesen Vorgang vorschnell in Analogie zur Operationalisierungsarbeit anderer Branchen setzt und damit eine abwertende Aussage über den wissenschaftlichen Stellenwert der Soziometrie begründen will, übersieht zweierlei: den Zuwachs an Erkenntnis durch phänomenologische Analyse und die Einzigartigkeit des Datenmaterials, die Schmidt (1967) zu folgender Einschätzung soziometrischer Daten veranlaßt » ... daß sie *keine Analogie* zu gefragten Phänomenen bieten, sondern einen grundlegenden Bedingungszusammenhang des Gruppengeschehens unmittelbar wiedergeben« (Schmidt 1967, 37).

Differenzierung, Erweiterung und Kombination von Erhebungsverfahren (längst werden in der Soziometrie nicht mehr nur Wahlfragen, sondern so gut wie alle adaptierbaren Verfahren der empirischen Sozialforschung – von der Rating-Skala bis zur Verhaltensbeobachtung – als Erhebungsinstrumente eingesetzt) ebenso wie die Weiterentwicklung der soziometrischen Auswertungstechniken und insbesondere die Aufklärung von Zusammenhängen soziometrischer Variablen haben ein Datenfeld bis heute immerhin so weit strukturieren können, daß eine Orientierung in ihm möglich ist. Zusammenhänge verschiedener Erhebungskriterien (z. B. Bartussek, Mikula 1969), die Wahrnehmung der Strukturen durch die Gruppenmitglieder oder Außenstehende (z. B. Tagiuri 1952 u. v. a.), der Versuch, in der soziometrischen Struktur ein Bildungsprinzip durch Prüfung der Approximation an ein strukturelle Daten generierendes Modell zu finden (z. B. Davis 1967), markieren stichwortartig durchaus fruchtbare, kenntnis- und erkenntnisschaffende Bemühungen der Soziometrie, die nicht weniger sinnvoll sind als entsprechende Versuche mit Einstellungsskalen oder Verhaltensbeobachtungen.

Antagonistische Positionsbildungen auf der Dimension »Eigenwertigkeit« soziometrischer Strukturen vs. »validierter (zu validierender) Wert« entzünden nicht nur immer wieder aufs neue Fachdebatten um die Gütekriterien Reliabilität und Validität (z. B. Pepinsky 1949; Höhn, Seidel 1969), sondern offenbaren auch einen Mangel an forschungspolitischer Zielsetzung, kurz: die Beantwortung der Frage »Warum und wozu Soziometrie?«.

Morenos revolutionäre Soziometrie war in der Antwort darauf so deutlich wie erfolglos. Die moderne Soziometrie bleibt stumm, ihr beabsichtigter Entwicklungsweg ist historisch-faktisch, damit nur indirekt zu erschließen. Ohne Frage ist die Soziometrie auch auf dem

Wege zu einer diagnostischen Wissenschaft, von Wert sowohl für Praktiker (Lehrer, Gruppenleiter, Therapeuten, Sozialarbeiter usw.), die ein handliches Verfahren zur schnellen Information über Gruppenstrukturen verfügbar haben, wie auch für Wissenschaftler, vornehmlich angewandter Orientierung, die soziometrische Techniken als effektmessende Instrumente für einschlägige Maßnahmen, treatments und Behandlungsarten einsetzen (z. B. aus dem Bereich der Frühpädagogik: Wirkung der Altersmischung auf Beziehungsstrukturen im Kindergarten).

Ist damit faktisch eine Hilfsfunktion der Soziometrie umrissen, so schließt das nicht eine genuin soziometrisch einzulösende theoretische und praktische Zielbildung aus. Die von Nehnevajsa (1960) formulierten Fragen »What are the sociometric configurations predictive of?« und »What variables predict the sociometric configurations?« sind sinnvoll gestellt und teilweise auch beantwortet (vgl. Übersichten in Nehnevajsa 1962; Lindzey, Byrne 1968). Einmal entstanden, aus welchen Gründen auch immer – entfalten soziometrische Strukturen dann eine eigengesetzliche Wirkung und Dynamik? Lösen sie sich von ihren Entstehungsursachen, oder sind ihre Wirkungen nur die ihrer eigenen Ursachen? Die Fragen sind heute noch nicht zu beantworten. Erst eine mit empirischen Daten nicht in Widerspruch geratende, gehaltvolle Theorie soziometrischer Strukturen vermag die Basis für die Verwirklichung humaner wie – je nach Standpunkt – nicht immer humaner »gesellschaftlicher« Zielsetzungen zu schaffen: die Integration von Außenseitern, die Lösung von Gruppenkonflikten, die Sozial- und Persönlichkeitserziehung durch Gruppenerleben, die Gestaltung »effizient« funktionierender Lern- und Arbeitsgruppen usw.

Der Inangriffnahme einer solchermaßen skizzierten originär soziometrischen Forschung müssen allerdings heute schon erkennbare Schwierigkeiten als noch abzulösende Hypotheken mit auf den Weg gegeben werden: die zur Zeit relativ instabile Erfaßbarkeit soziometrischer Strukturen und der materiell aufwendige Forschungsprozeß. Bereits Koskenniemi (1936) hat eindrucksvoll demonstriert, daß soziometrische Sympathiewahlen offenbar recht »flüchtige« Erscheinungen sind. Die Erinnerung von Schülern einer Schulklasse an die am Vortag abgegebenen Wahlen war so schlecht, daß von 124 Wahlen insgesamt nur 24 identisch und damit korrekt erinnert waren. Zur Vermeidung solch niederschmetternder Ergebnisse gibt es jedoch mit Sicherheit noch unausgeschöpfte erhebungstechnische Vorkehrungen (vgl. Dollase 1974). Der zeitliche, materielle und rechentechnische Aufwand wird wohl bleiben, zumal er insbesondere mit solchen Verfahren verknüpft ist, die Strukturen zuverlässig erfassen können (vgl. Feger 1974). Einheit einer Stichprobe für soziometrische Untersuchungen kann nur eine Gruppe sein. Eine Untersuchung von N = 100 (Schulklassen) macht die Untersuchung von nahezu 3000 Schülern notwendig. Eine relativ langsame wissenschaftliche Weiterentwicklung ist demzufolge eine Zwangsläufigkeit.

Eine Bilanzierung der modernen Soziometrie bleibt unvollständig, ohne auf die bekannteste soziometrische Variable einzugehen, den »soziometrischen Status« – die Zahl der erhaltenen Wahlen je Gruppenmitglied. Hier läßt sich, ohne im einzelnen auf Originalarbeiten zu rekurrieren, weil das bei der großen Zahl nur Willkür bedeuten könnte (vgl. noch unvollständige Übersichten in: Mouton, Blake, Fruchter 1955; Gronlund 1959; Lindzey, Borgatta 1959; Glanzer, Glaser 1961; Evans 1962; Nehnevajsa 1962; Lindzey, Byrne 1968), bereits ein genereller Trend in den Ergebnissen erkennen. Soziometrie ist zu einem erheblichen Teil auch »peer rating« – Beurteilung der in den soziometrischen Fragen angesprochenen Eigenschaften, eine Tatsache, die von einigen Autoren auch prompt zur Konstruktion von Persönlichkeitstesten, den sogenannten »peer nomination inventories« (z. B. Wiggins, Winder 1961) genutzt worden ist. Der soziometrische Statuswert ist eine zuverlässige und gültige Variable zur Erfassung sozial erwünschter und unerwünschter Persönlichkeitseigenschaften. Er kann die Eignung für komplexe Anforderungen besser vorhersagen als entsprechende Papier-und-Bleistift-Tests oder Expertenratings. Soziale Wertvorstellungen spiegeln sich in ihm ebenso wie für die Funktion der jeweiligen Gruppen relevante Fähigkeiten.

So wenig endgültig die vielfältigen Korrelationen des soziometrischen Status zur Zeit zu erklären sind, so sicher ist im Augenblick eine traditionell gepflegte und gehegte Legende zu widerlegen, die besagt, daß ein hohes informelles Sozialprestige gleichsam die Besetzung einer Spitzenposition in einer gruppenspezifischen Hackordnung bedeute. Kein Zweifel: Es mag diese Hackordnungen auch in menschlichen Gesellungsformen geben, insbesondere in formal und rechtlich verankerten Hierarchien, nur – über den informellen soziometrischen Beliebtheitsstatus wird man sie nicht erfassen können. Dominanzversuche, gar erfolgreiche, werden im soziometrischen Test mit Sicherheit nicht durch Zuneigung belohnt. Wenn überhaupt, dann muß es der »soziometrische Star« verstehen, seine Überlegenheit unmerklich, sympathisch und angenehm oder mit »Profitverschaffung« für die Gruppe zu realisieren. Hollander u. Webb (1955) haben nachgewiesen, daß soziometrisch ermittelte Führerschaft mit soziometrischer Nachfolgeschaft korreliert: Bist du ein guter Führer, bist du auch ein guter Untergebener und umgekehrt. Versuche, die Soziometrie als Kronzeuge für die Existenz sich gleichsam natürlich einstellender Hackordnungen in menschlichen Gruppen zu bemühen, sind ungerechtfertigt.

Der Eindruck der Inkohärenz soziometrischer Forschung, ihre sowohl notwendige wie störende mathematisch-technische Ausuferung, ihr zaghafter und beschwerlicher, auch objektiv erschwerter Fortschritt, der in diesem Beitrag holzschnittartig und selegierend nachgebildet werden sollte, berechtigt nicht zu übertriebenen Ergebnishoffnungen. Wohl aber zur Konstatierung einer allgemeinen Ermunterung, die liegengelassenen und noch unbearbeiteten, für unser soziales Selbstverständnis so zentralen Probleme unter neuen Perspektiven und mit neuen Technologien zu bearbeiten. Das erneute, starke Interesse an der Beschäftigung mit sozialen Netzwerken in den siebziger Jahren ist weltweit (vgl. dazu McFarland, Brown 1973; Alba 1975), liegt aber im Unterschied zu früher stärker bei der Soziologie.

LITERATUR

ALBA, R. D.: »The intersection of social circles«: A new measure of social proximity in networks. Manuskript für das Treffen der American Sociological Association in San Francisco 1975

BACHITOW, M.: Mikrosoziologie und Klassenkampf. Berlin 1961

BARTUSSEK, D., MIKULA, G.: Faktoren der Beliebtheit und Tüchtigkeit in soziometrischen Strukturen. Zeitschrift für Entwicklungspsychologie und Pädagogische Psychologie, 1, 1969, 223–240

BEATON, A. E.: An inter battery factor analytic approach to clique analysis. Sociometry, 29, 1966, 135–145

BERNFELD, S. (Hg.): Vom Gemeinschaftsleben der Jugend. Quellenschriften zur seelischen Entwicklung. Leipzig, Wien, Zürich: Internationaler Psychoanalytischer Verlag 1922

BJERSTEDT, A.: Interpretations of sociometric choice status. Lund, Kopenhagen: CWK Gleerup-Ejnar Munksgaard 1956

DAVIS, J. A.: Clustering and structural balance in graphs. Human Relations, 20, 1967, 181–187

DOLLASE, R.: Struktur und Status. Weinheim: Beltz 1974

Soziometrie als Interventions- und Meßinstrument. Gruppendynamik, 6, 1975, 82–92

Soziometrische Techniken. Weinheim: Beltz ²1976

EVANS, K. M.: Sociometry and education. London: Routledge & Kegan Paul 1962

FEGER, H.: Probleme einer quantitativen Soziometrie. Unveröffentlichtes Manuskript. Aachen: RWTH, Institut für Psychologie 1974

FESTINGER, L.: The analysis of sociograms using matrix algebra. Human Relations, 2, 1949, 153–158

GLANZER, M., GLASER, R.: Techniques for the study of group structure and behavior, II: Empirical studies of the effects of structure in small groups. Psychological Bulletin, 58, 1961, 1–27

GRONLUND, N. E.: Sociometry in the classroom. New York 1959

HARARY, F.: Graph theoretic methods in the management sciences. Management Science, 5, 1959, 387–403

HIEBSCH, H., VORWERG, M.: Einführung in die marxistische Sozialpsychologie. Berlin: VEB Deutscher Verlag der Wissenschaften 1971

HOFFER, W.: Ein Knabenbund in einer Schulgemeinde. In: S. Bernfeld (Hg.): Vom Gemeinschaftsleben der Jugend. Leipzig, Wien, Zürich: Internationaler Psychoanalytischer Verlag 1922

HÖHN, E., SEIDEL, G.: Soziometrie. In: C. F. Graumann (Hg.): Handbuch der Psychologie, VII/1: Sozialpsychologie. Göttingen: Hogrefe 1969

HOLLANDER, E. P., WEBB, W. B.: Leadership, followership, and friendship: an analysis of peer nominations. Journal of Abnormal and Social Psychology, 50, 1955, 163–167

KOSKENNIEMI, M.: Soziale Gebilde und Prozesse in der Schulklasse. Helsinki 1936

LANGEHEINE, R.: Measures of social proximity and their use in sociometric research. Zeitschrift für Soziologie, 6, 1977, 189–202

LEUTZ, G.: Psychodrama. Theorie und Praxis, I: Das klassische Psychodrama nach J. L. Moreno. Berlin, Heidelberg, New York: Springer 1974

LINDZEY, G., BORGATTA, E. F.: Sociometric measurement. In: G. Lindzey (Ed.): Handbook of social psychology, II. Reading, London: Addison-Wesley 1959

LINDZEY, G., BYRNE, D.: Measurement of social choice and interpersonal attractiveness. In: G. Lindzey, E. Aronson (Eds.): Handbook of social psychology, II. Reading: Addison-Wesley 1968

LUCE, R. D.: Connectivity and generalized cliques in sociometric group structure. Psychometrika, 15, 1950, 169–190

MCFARLAND, D. D., BROWN, D. J.: Social distance as a metric: A systematic introduction to smallest space analysis. In: E. O. Laumann (Ed.): Bonds of pluralism: The form and substance of urban social networks. New York: J. Wiley & Sons 1973

MACRAE, D.: Direct factor analysis of sociometric data. Sociometry, 23, 1960, 361–371

MORENO, J. L.: Who shall survive? Washington 1934. Beacon: Beacon House 1953. Deutsch: Die Grundlagen der Soziometrie. Köln: Westdeutscher Verlag 1954

Sociometry and marxism. Sociometry, 12, 1949, 106–143

Old and new trends in sociometry: Turning points in small group research. Sociometry, 17, 1954, 179–193

MOUTON, J., BLAKE, R., FRUCHTER, B.: The validity of sociometric responses. Sociometry, 18, 1955, 181–206

NEHNEVAJSA, J.: Decades of growth. In: J. L. Moreno (Ed.): The sociometry reader. Glencoe: Free Press 1960

Soziometrie. In: R. König (Hg.): Handbuch der empirischen Sozialforschung, I. Stuttgart: Enke 1962

PEPINSKY, P. N.: The meaning of »validity« and »reliability« as applied to sociometric tests. Educational and psychological measurement, 9, 1949, 39–49

REININGER, K. Über soziale Verhaltensweisen in der Vorpubertät. In: C. Bühler, V. Fadrus (Hg.): Wiener Arbeiten zur pädagogischen Psychologie, Heft 2, 1924

ROLLETT, B., BARTRAM, M. (Hg.): Einführung in die hierarchische Clusteranalyse. Stuttgart: Klett 1976

ROSS, I. C., HARARY, F.: On the determination of redundancies in sociometric chains. Psychometrika, 17, 1952, 195–208

SCHMIDT, E. A. F.: Die Feldsoziomatrix. Dissertation. Köln 1967

TAGIURI, R.: Relational analysis: an extension of sociometric method with emphasis upon social perception. Sociometry, 15, 1952, 91–104

WIGGINS, J. S., WINDER, C. L.: The peer nomination inventory: an empirically derived sociometric measure of adjustment in pre-adolescent boys. Psychological Reports, 9, 1961, 643–677

WRIGHT, B., EVITTS, M. S.: Direct factor analysis in sociometry. Sociometry, 24, 1961, 82–98

GRUPPENKOHÄSION

Das Wirgefühl in der Gruppe

von Jörg Fengler

Kohäsion (cohesion, cohesiveness) ist ein wichtiges Merkmal zur Kennzeichnung von Gruppen neben Integration, Leistung, Attraktivität, Konformität u. a.. Gemeint ist der Zusammenhalt der Gruppe als Resultante aller der Kräfte, die ein Verbleiben der Mitglieder in der Gruppe bewirken (Festinger 1950). In Definitionen der Gruppe nimmt Kohäsion, etwa bei Lersch (1965) und bei Sherif (1948), in den Begriffen »Wir« und »togetherness« eine exponierte Stellung ein. Die Kommunikation in einer Gruppe wird von ihr beeinflußt, wenn z. B. der Außenseiter abgelehnt oder nicht beachtet wird (Schneider 1975, Prose 1974). Zugehörigkeit als Sicherstellung von Kontakt wird von Halpin u. Winer (1957) als eine der vier entscheidenden Führungsaufgaben in Gruppen bezeichnet. Grundsätzlich nimmt man an, daß die Kräfte, die Kohäsion fördern, von der Attraktivität der Gruppe und ihrer Mitglieder, von den Aktivitäten und Zielen der Gruppe und der Befriedigung individueller Bedürfnisse durch sie, von der Erreichbarkeit außergruppaler Ziele und der Erschwerung des Zugangs zur Gruppe abhängen. Gegen Kohäsion soll hier »Wirgefühl« abgegrenzt werden. Es ist das subjektive Pendant zur Gruppenkohäsion, das persönliche Erleben von Gruppenzugehörigkeit, das von allen Mitgliedern in variierendem Umfang geteilt wird, die Wahrnehmung und Einschätzung der eigenen Gruppe als Einheit und Ganzheit, in Abgrenzung, nicht aber notwendig in Feindschaft zu anderen Gruppen (Gruppe der anderen, Die-Gruppe bei Hofstätter 1972). Das Wirgefühl ist der deutlichste Ausdruck des Innenaspekts der Gruppe (Kruse 1972); es ermöglicht Erlebnisse von Solidarität (Feger 1972), die häufig durch spontan gewählte oder absichtsvoll verordnete Gruppennamen (Red Devils, Bulldogs), Normen und Embleme unterstrichen werden.

Im folgenden soll vor allem von Kohäsion als einem Gruppenmerkmal die Rede sein.

Kohäsion ist Gegenstand zahlreicher Untersuchungen, von denen hier wegen der verbesserten experimentellen Methodik in erster Linie solche neueren Datums Berücksichtigung finden werden. Man behandelt Kohäsion meist als unabhängige oder abhängige Variable.

Die Ergebnisse weisen allerdings nur selten eindeutige Wenn-Dann-Beziehungen oder gar Kausalitäten nach. Sehr viel häufiger finden sich Darstellungsfiguren der folgenden Art: Kohäsion löst Merkmal X aus, aber nur bei Konstanthaltung von Merkmal Y; oder: Kohäsion tritt ein, wenn Merkmal X gegeben ist, aber nur, wenn zusätzlich Merkmal Y erfüllt ist; oder: die Gruppen A und B unterscheiden sich hinsichtlich ihrer Kohäsion, aber auch in X und Y; oder: Kohäsion korreliert mit X, X korreliert aber auch mit Y und Y mit Kohäsion. Kohäsion als unabhängige oder abhängige Variable gerät so in den Verdacht, eher Resultat der jeweiligen Untersuchungsmethodik denn ein eigenständiges Konzept zu sein. Im allgemeinen wird man wohl von einer Kovariation zwischen Kohäsion und anderen Merkmalen auszugehen haben oder eine Interdependenz annehmen müssen, wie Sherifs Ferienlager-Untersuchung (Sherif, Sherif 1969) zeigt: Kohäsion ist hier auslösende Bedingung für Verhalten, Kriteriumsmaß für Interventionen und kovariierende Größe. Außerdem ist zu beachten, daß Kohäsion sich manchmal in den Ergebnissen niederschlägt, ohne entscheidende Variable im Versuchsplan zu sein: Auch Versuchsleiter und Versuchsperson unterliegen gemeinsam gruppendynamischen Prozessen; eine eindrucksvolle Versuchsanordnung und das demonstrativ geschäftige Personal eines Forschungsinstituts mögen Versuchspersonen unwillkürlich veranlassen, enger zusammenzurücken (Perj-Liliceanu 1971).

Eine enge, wenn auch nicht einsinnige Beziehung besteht zwischen Kohäsion und Strukturierungsgrad der Gruppe bzw. der Aufgabe. In einem kognitiven Trainingsprogramm für leitende Angestellte nahm die Kohäsion unter direktiver, stark strukturierender Leitung zu (Ivancevich 1974). Vorstrukturierte Dreiergruppen von Klienten beim in-vivo-flooding einer Agoraphobie entwickelten einen höheren Grad der Kohäsion, machten schneller Fortschritte und wurden von den Therapeuten als leichter lenkbar empfunden. (Hand, Lamontagne, Marks 1974). In Selbsterfahrungsgruppen dagegen blieb der Strukturierungsgrad für die Entwicklung von Kohäsion bedeutungslos (Crews, Melnick 1976).

Konvergente Aufgabenstellung mit eindeutigen Richtig-Falsch-Lösungen führte in Schulklassen zur Verringerung der Kohäsion. Vermutlich kam es hier zu einem isolierten Nebeneinander unter Konkurrenzbedingungen.

In kleinen Gruppen entsteht Kohäsion meist leichter. Shaplinski (1972) fand eine Korrelation von $r = -.56$ zwischen Kohäsion und Gruppengröße. Ähnliche Proportionen gelten für Arbeitsteams (Chatterjee 1972) und für geschlechtshomogene Studentengruppen, während gemischte Gruppen auch bei größerer Teilnehmerzahl eine hohe Kohäsion erreichten (Marshall, Heslin 1975). Das Geschlecht der Gruppenmitglieder zeigt sich auch in anderen Untersuchungen als belangvoll. In einem zu experimentellen Zwecken künstlich überfüllten Raum entwickelten die nichteingeweihten weiblichen Versuchspersonen kooperative und kohäsive Gruppenstrukturen, männliche Versuchspersonen reagierten mit Rivalität und Aggression (Epstein, Karlin 1975). Mit zunehmender Dauer der Gruppe nimmt die Kohäsion meist zu ($r = +.91$ nach Shaplinski 1972).

Homogene Subgruppen weisen innerhalb eines größeren Verbandes eine besonders intensive interne Interaktion und Kohäsion auf. Dies gilt für dreijährige Vorschulkinder unterschiedlicher Schichten (Feitelson, Weintraub, Michaeli 1972) ebenso wie für Ausländerkinder an deutschen Schulen und Behinderte im Kontakt mit Nichtbehinderten. In eigenen Laboratorien konnte ich Gleiches für homogene Selbsterfahrungsgruppen feststellen (1976). Griffith u. Mullins (1972) berichten von Entsprechungen in wissenschaftlichen Fachgesellschaften. Auch Hofstätters Hinweis (1972) auf das Schicksal des Dr. Fuhlrott, des Entdeckers des Neandertalers, der einer Generation von Biologen und Paläontologen Anlaß zu unerbittlichem Spott gab, weil er es versäumte, seinen Fund zunächst einer kleinen Gruppe Eingeweihter zugänglich zu machen, statt gleich an eine nichtkohäsive Öffentlichkeit zu treten, und Freuds Ringüberreichung an die ersten Getreuen nach dem Muster eines Geheimbundes gehören hierher.

Die Beziehung von Kohäsion und Leistung wurde vielfach studiert. Laboruntersuchungen können hier zur Hypothesenbildung für tatsächliche Arbeitsbeziehungen anregen. Im »Prisoner-Dilemma-Game« hing das Ausmaß von Belohnung, das Versuchspersonen ihrem Mitspieler zukommen ließen, vom Kohäsionsgrad der Dyade ab, allerdings nur bei den Spielern, die sich über die zu erwartende Reaktionsweise ihres Spielpartners nicht im klaren waren (Braver 1975). Spielte Paar gegen Paar, so verhielten sich kohäsive Paare bei der

Besprechung der Spieltaktik kooperativer und favorisierten den Kontakt zu zweit gegenüber anderen Personen (Dion 1973).

In alltäglichen Leistungssituationen ist beliebtes, wenn auch nicht sonderlich relevantes Studienobjekt der Kohäsionsforschung das Baseballteam. Erfolgreiche Teams drücken mehr Kohäsion aus als erfolglose; allerdings zeigen sich keine Unterschiede vor und nach der Saison (Landers, Crum 1971; Peterson, Martens 1972; Melnick, Chemers 1974). In einem Team von Wissenschaftlern und Ingenieuren dagegen erwies sich die Beziehung zwischen Kohäsion und Leistung als sehr eng (Bakeman, Helmreich 1975). In Forschungsteams wurde ein Datenpool, der nach einer Neuorganisation des Instituts nur noch unter Einschaltung eines Spezialisten benutzbar war, nur bei hoher Gruppenkohäsion herangezogen (O'Keefe, Kernaghan und Rubenstein 1975). Dazu paßt auch die Beobachtung, daß in Firmen bei Spezialproblemen nicht der dafür zuständige Spezialist gefragt wird, sondern jemand, der nur gerade etwas besser in dem Metier zu Hause ist als der Fragende, und die Tatsache, daß EDV-Abteilungen in Firmen und Forschungsinstituten einer gewissen Mythologisierung unterliegen. In der industriellen Produktion kamen aus hochkohäsiven Gruppen weniger Klagen über Arbeitsbedingungen und andere Belastungen als aus Gruppen mit niedriger Kohäsion (Chatterjee 1972, Beehr 1976).

Bei der Vorbereitung eines Schulfestes entwickelten die hochkohäsiven Schülergruppen mehr Aktivität, mehr Engagement in interpersonellen Beziehungen und mehr subjektive Sicherheit als niedrigkohäsive Gruppen (Vanfraechem-Raway 1970). – Insgesamt ist eine eindeutige Beziehung zwischen Kohäsion und Leistung dennoch nicht auszumachen, wie auch Stogdill (1972) in seinem Sammelreferat betont.

Angesichts Angst entwickeln Gruppen rasch eine stabile Kohäsion, stärker noch in der Situation der Erwartung einer Bedrohung (Morris u. a. 1976). Diese Beobachtung kann jederman im Wartezimmer eines Arztes oder Zahnarztes angesichts der ungebremsten Mitteilungsfreudigkeit von Mitmenschen machen. Entsprechende Beobachtungen finden sich auch in Sherifs Ferienlager-Experiment als Reaktion der Gruppen auf die induzierte Wasserverknappung und bei Jacobson (1973), die als unwillentlich teilnehmende Beobachterin die Kohäsionsentwicklung unter den Passagieren einer nach Jordanien entführten TWA-Maschine registrierte.

Konflikt und Kohäsion stehen in einer engen positiven Beziehung. Während eines Gewerkschaftsplanspiels waren kompetitiv orientierte Gruppen kohäsiver als kooperativ arbeitende, allerdings nur, wenn sie aus einer Position der Stärke heraus operierten (Rabbie, Baniost, Oosterbaan 1974). Im »Prisoner-Dilemma-Game« Gruppe gegen Gruppe nahm die Kohäsion zu, wenn ein Mitglied ausscherte und nicht zum Vorteil der eigenen Gruppe spielte (Bonacich 1972); es wurde dann vermehrt Druck auf den Betreffenden ausgeübt; die Gruppennormen traten deutlicher hervor. Dies entspricht der psychoanalytischen Interpretation des »Sündenbocks«: Die Gruppe definiert sich u. a. durch Abgrenzung gegen den, der den nichtakzeptierten Teil ihrer selbst repräsentiert (Richter 1972). In einer ethnographischen Studie über afrikanische Stämme wies Scott (1976) nach, daß bei Äußerung abweichender Meinungen im Dorfpalaver die nachfolgenden Sanktionen der Integration dienen, wenn es sich bei dem Abweichler um einen Dorfangehörigen handelt; gegenüber Angehörigen anderer Stämme dienen sie der Kultivierung lokaler Animositäten und der Aufrechterhaltung der sozialen Distanz von Dorf zu Dorf.

Entgegen seiner eigenen Hypothese fand Jovick (1972), daß Kohäsion und Konformität dann gemeinsam auftreten, wenn Konformität nicht instrumentell-zweckgerichtet gefordert wurde. Dieses Ergebnis ist auf dem Hintergrund von Normierungsprozessen verstehbar: Freiheit wird nur dort als beeinträchtigt erlebt, wo das Bewußtsein eines Freiraums der Wahl existiert. Im Bereich der eigenen Selbstverständlichkeiten wirkt die Möglichkeit von Freiheit absurd oder abnorm. Gerade dies ist aber die Region der Konformität, die mit Ko-

445

häsion konfliktfrei einhergeht: Die interpersonell geteilten Selbstverständlichkeiten geben Sicherheit und sind nicht befragbar. Wird dagegen Konformität ad hoc und in Details gefordert, dazu noch ohne einsehbaren Grund, so mag sie wie Schikane wirken und zu einer Spaltung der Gruppe in Folgsame und Opponenten führen, die dann wiederum intern eine Kohäsionserhöhung verzeichnen. Punktuell vermag die kohäsive Gruppe kontrollierend zu wirken: Gruppenvertreter, deren Verhandlungsergebnis in einem Gewerkschaftsplanspiel von ihrer eigenen Gruppe nachträglich zu bewerten war, brauchten in der vorausgehenden Verhandlung länger bis zu einer gemeinsamen Absprache mit Kontrahenten, wenn ihre Bezugsgruppe hochkohäsiv war, als wenn niedrige Kohäsion in ihr herrschte (Klimoski 1972).

In einem Entwöhnungsprogramm für Raucher führte intensiverer Konformitätsdruck zu höherer Gruppenkohäsion und zu einer größeren Rate erfolgreicher Behandlungen (Crosbie, Stitt, Petroni 1974). Passagere Mitglieder kohäsiver Gruppen (z. B. Ersatzrichter beim Washington State Supreme Court) zeigen deutliche Tendenzen, mit den Ansichten der Majorität übereinzustimmen und Gelegenheiten zu vermeiden, unabhängige Meinungen zum Ausdruck zu bringen (Walker 1973). Als kritisch erweist sich hohe Kohäsion gelegentlich bei Gruppenentscheidungen. Janis (1972) wies auf die Gefahren des group think (s. auch den Beitrag von D. C. King in diesem Band) hin: Bei hoher Kohäsion, wie sie etwa im außenpolitischen Beraterteam der Kennedy-Regierung herrschte, kann sich eine Tendenz zum Konsensus um jeden Preis entwickeln, in der Gegnervoten nicht mehr zu Wort kommen. Fehlentscheidungen wie die der Invasion in der Schweinebucht kamen ohne Gegenstimmen zustande. Mit wachsender Kohäsion wird die Sprache einer Gruppe im Bereich der Gruppenziele auch redundanter (Mickerson, Campbell 1975). Gemeinsame Entscheidungen haben auch für nichtanwesende Mitglieder und für Abweichler Verbindlichkeit (Bastine 1972); es scheint, daß die Selbstkorrektur der Gruppe durch wechselnde funktionale Autoritätsübernahme (Däumling, Fengler, Nellessen, Svensson 1974) in diesem Fall nicht mehr gelingt.

Yinon u. Bizman (1974) fanden allerdings experimentell heraus: Studenten übernahmen, wenn sie zu dritt Karten spielten, in kohäsiven Gruppen ein geringeres Risiko als in nichtkohäsiven. Das risky shift, die Bereitschaft von Gruppen, ein vermehrtes Risiko in Kauf zu nehmen, kann demnach keine generelle Gültigkeit beanspruchen.

Auf die Gesellschaftsgebundenheit rassischer und religiöser Kohäsion und Ausschließung verweist Cox (1974): Die Gettoisierung der Juden in Europa etwa sei ein Produkt des europäischen Spätmittelalters, während im indischen Kastensystem Ausschließung und Einschließung zwar formal ähnlich, aber ohne Diskriminierung verliefen. Entsprechend müßten Anpassungs- und Verschmelzungsprozesse zwischen gesellschaftlichen Gruppen regional unterschiedlich geplant und durchgeführt werden.

Zu Beginn wurde auf die Beziehung zwischen Kohäsion und Attraktivität verwiesen. Die beiden Konzepte bezeichnen aber nicht den gleichen Sachverhalt. Vielmehr ist, dem Kosten-Nutzen-Paradigma von Homans (1960) folgend, Attraktivität eine der Voraussetzungen für die Entstehung von Kohäsion.

Die Einschätzung der Attraktivität einer Gruppe gründet auf der vermuteten Ähnlichkeit der Einstellungen von Beurteiler und beobachteter Gruppe (Good, Nelson 1973) sowie auf vermuteten Ähnlichkeiten im Bereich der Werte (Anderson 1975). Kohäsion innerhalb der Gruppe ergibt sich daraus mittelbar, später auch über die Klarheit der Weg-Ziel-Festlegung. Aber selbst wenn das Mitglied die Gruppe nicht als attraktiv wahrnimmt, verläßt es sie nicht ohne weiteres oder wählt sie dennoch. Ausschlaggebend ist zusätzlich die Kenntnis und Gewichtung von Vergleichsalternativen (allein sein, andere Gruppen), die ebenso nach Kosten-Nutzen-Proportionen beurteilt werden. Die Wahl einer Gruppenzugehörigkeit ist demnach als Kompromiß zwischen dem Grad der Erwünschtheit der Gruppe und der Einschätzung ihrer Verfügbarkeit zu verstehen.

Dem Betrachter bietet sich eine Gruppe dann als kohäsiv dar, wenn die Mitglieder untereinander in Einstellungen und Werten ähnlich sind (Good, Nelson 1973), aber auch, wenn ihre Mitglieder hohe interpersonelle Fähigkeiten aufweisen, sich empathisch verhalten, offen, ehrlich und akzeptierend miteinander kommunizieren und bevorzugt Themen von persönlicher Bedeutung behandeln (D'Augelli 1973). Dies wiederum hat eine plausible Beziehung zur Attraktivität der Gruppe für ihre Mitglieder (Pack, Rickard 1975). Unter anderem ist Kohäsion auch Resultat eines sprachlichen Zuschreibungsprozesses. Wird eine Anzahl fremder Personen in einem Raum als »Gruppe« bezeichnet, so genügt dies allein schon, ein Gefühl von Kohäsion unter den Teilnehmern hervorzurufen. (Billig, Tajfel 1973). Dieses Ergebnis ist dem symbolischen Interaktionismus verbunden: Die Definition des Sachverhalts führt zu seiner Existenz, statt, wie landläufig angenommen, sein Vorhandensein zum Begriff. Durch die Bezeichnung »Gruppe« erhält die Menschenansammlung eine Abgrenzung gegenüber der Außenwelt.

Unter vielfältigen Aspekten wurde Kohäsion anläßlich psychotherapeutischer Fragen untersucht. So fand Anand (1975) heraus, daß Jugendliche mit schulischen Disziplinproblemen von den Gleichaltrigen auffallend häufiger zurückgewiesen wurden und selbst nicht imstande waren, kohäsive Gruppen zu bilden – was allerdings in Widerspruch zur Beobachtung hochkohäsiver jugendlicher Straßenbanden steht.

In Therapiegruppen führt eine anfängliche Verpflichtung jedes Mitgliedes zu offener Selbstdarstellung zu erhöter Kohäsion; jedes Mitglied wird so für die Gruppe attraktiver, ohne daß aber eine individuelle Zuneigung von Person zu Person damit einhergeht (Ribner 1974). Tatsächlich praktizierte Selbsteröffnung steht in enger Beziehung zu einer weiteren Zunahme der Gruppenkohäsion (Johnson, Ridener 1974). Zwar unterscheiden sich gut funktionierende und schwache Encountergruppen hinsichtlich ihres Kohäsionsgrades nach Long u. Schultz (1973) nicht; Fromme u. Close (1976) weisen aber auf die Bedeutung der Kohäsion für eine gute Funktionsfähigkeit der Gruppe hin, definiert durch Häufigkeit gegenwartsbezogener Gefühlsäußerungen von Empathie und Feedback-Mitteilung.

Wenn die Kohäsion in der Therapiesitzung hoch war, sind die Interaktionen danach durch besondere Wärme und Zugewandtheit gekennzeichnet (Lawlis, Klein 1973). Besonders ausgeprägt ist die Kohäsion unter solchen Gruppen, die sich bevorzugt positives Feedback geben (Jacobs, Jacobs, Feldman 1973; Jacobs, Jacobs, Cavior 1974), während negatives Feedback am ehesten zur individuellen Verhaltensänderung führt (Miles 1965). Auch in Arbeitsgruppen stieg nach positivem Feedback zur Gruppenleistung sichtbar deren Moral (Furukawa 1972).

Generell werden Gruppenkohäsion und Therapieerfolg in Wechselwirkung zueinander gesehen (Krumboltz, Potter 1973; Bednar u. a. 1974) und z. B. in der Familientherapie systematisch gefördert (Marram 1972).

Besondere Bedeutung kommt dabei dem Verhalten des Gruppenleiters zu. Grundsätzlich werden hier zwei Orientierungen unterschieden: Der Therapeut assistiert der Gruppe auf dem Weg zu größerer Reife – der Therapeut unterbricht die natürliche Entwicklung der Gruppe, um seine Einsicht in fremde innerseelische Vorgänge erkennen zu lassen (Bonney 1974).

Gruppen mit fortlaufender Beteiligung eines Therapeuten unter Verzicht auf technisch-apparative Ausstattung (Tonband-Instruktion, Video-Feedback) erreichen eine höhere Kohäsion als andere. Oft wirkt schon die bloße physische Anwesenheit des Gruppenleiters kohäsionsfördernd (Fengler 1977). Allerdings wird auch von leiterlosen Gruppen hohe Kohäsion entwickelt (Seligman, Desmond 1973; Moeller 1977).

Im Leiterverhalten werden als besonders kohäsionsförderlich folgende Verhaltensmerkmale herausgestellt: Verbalisierung emotionaler Erlebnisinhalte, Einfallsreichtum, aktives Engagement und sein genuiner Wunsch nach emotionaler Interaktion (Meeks 1973).

447

Im gruppendynamischen Laboratorium (s. die Beiträge in diesem Band) ist in erster Linie die Kohäsion der Trainingsgruppe Gegenstand von Beobachtung und Intervention. Man geht davon aus, daß ein mittlerer Kohäsionsgrad eine optimale Lernbedingung darstellt. Ist die Kohäsion sehr gering, d. h. werden viele Interessen und Aktivitäten außerhalb der Gruppe gebunden, so ist die Selbsterfahrungsarbeit wenig intensiv. Ist die Kohäsion sehr hoch (die Gruppe sitzt nur noch geschlossen zusammen oder fordert z. B. zusätzliche Trainingsgruppen-Sitzungen), so gerät ein anderes Lernziel, die Intergruppen-Interaktion aus dem Blickfeld. Entsprechend sind korrigierende Eingriffe möglich, meistens in Form eines einfachen Hinweises, sonst auch durch eine spezielle Übungseinheit. Zur Kohäsionserhöhung eignen sich z. B. die folgenden Übungen: Gruppen geben sich selbst einen Namen und stellen ihn pantomimisch im Plenum vor; eine Gruppe beobachtet die andere im Trainingsgruppen-Prozeß; die Gruppen entsenden Delegierte in ein Entscheidungsgremium. Die fremde Gruppe tritt in diesen Fällen als Kontrahent oder Konkurrent in Erscheinung und veranlaßt die eigene Gruppe, enger zusammenzurücken. Interventionen, die eine Kohäsionsverringerung einleiten, sind z. B. vergleichende Prozeßanalyse in gemischten Gruppen, Turmbauübung in gemischten Gruppen oder die plenare Reflexion. Hier erfolgt eine Herauslösung jedes Mitgliedes aus seiner Gruppe, verbunden mit einer neuen, nichtbedrohenden Kontaktaufnahme, die eine Lockerung der Gruppenbindung ermöglicht.

Das Organisations-Entwicklungs-Laboratorium betrachtet es geradezu als zentrales Lernziel, in Verhandlungen zwischen Gruppen die Permeabilität der eigenen Gruppe für Personen und Ideen fortlaufend zu erproben, ohne die Identität der Gruppe zu zerstören.

In Modellen des Gruppenprozesses findet Kohäsion meist als Durchgangsphase (Berkowitz 1974) oder Endstadium (Bennis, Shephardt 1956) Berücksichtigung. Jedoch zeigen Erfahrungen, daß die Etappen häufig nicht in der vorgesehenen Reihenfolge eintreten, dagegen ihren Wert für eine Hypothesenbildung zum Gruppenprozeß behalten.

Die Bestimmung des Kohäsionsgrades einer Gruppe erfolgt über unterschiedliche Datenquellen:

Die Verhaltensbeobachtung der Gruppe gibt Aufschluß über bevorzugte Interaktionsformen, Häufigkeit von Ansprache und Zustimmung, Funktionsverteilung u. a. Die verbale Befragung läßt das Wirgefühl des einzelnen Mitgliedes erkennen. Das soziometrische Wahlverhalten ermöglicht die numerische Ableitung von Individual-, Gruppen und Teilgruppen-Kennwerten. Individualindizes sind z. B. positive soziale Verbundenheit mit der Gruppe, ingroup- vs. outgroup-Orientierung, positives Gegenseitigkeitsverhältnis, emotionale Befriedigung u. a. Kollektivindizes bezeichnen die Situation der gesamten Gruppe, etwa durch Feststellung aller Gegenseitigkeitswahlen in der Gruppe, die Summe der positiven Reziprozitäten, die Gruppenintegration, gemessen an der Zahl der Isolierten, die Normbefolgung u. a. Teilgruppenindizes stellen z. B. die Existenz von Subgruppen und Cliquen und ihren Kohäsionsgrad, die Teilgruppenpräferenz u. a. heraus (Nehnevajsa 1955; Höhn, Seidel 1969; Dollase 1973). Faktorenanalysen wiederholter soziometrischer Erhebungen innerhalb von gruppendynamischen Laboratorien (Lindner, Hofstede 1970) demonstrierten eine zunehmende Kohäsion innerhalb der Trainingsgruppen unter Verringerung der Zahl der nach außen gerichteten Wahlen, so daß am Ende einzelne Gruppen geradezu geschlossen in orthogonalen Faktoren abgebildet waren.

Insgesamt erscheint Gruppenkohäsion als sorgfältig untersuchtes Phänomen, dessen Bedeutung jederman aus eigenem Erleben kennt: Unverbrüchliche Treue wie etwa in Jugendfreundschaften, Vielzahl der Beziehungen in beruflichen Kontakten, die nur atmosphärisch spürbare Andeutung einer Verstimmung, Verzagtheit und Orientierungslosigkeit einer Arbeitsgruppe und auch die Außenseiterposition sind universelle Erfahrungen, die jeder Mensch während seines Lebens in allen Nuancen kennenlernt.

LITERATUR

ANAND, S. P.: Class integration, class cohesiveness and undisciplined students in higher secondary classes. Teacher Education, 10 (1), 1975, 31–35

ANDERSON, A. B.: Combined effects of interpersonal attraction and goal path clarity on the cohesiveness of tast-oriented groups. J. Personality Social Psychol., 31, 1975, 68–75

BAKEMAN, R., HELMREICH, R.: Cohesiveness and performance: Covariation and causality in an undersea environment. Journal of Experimental Social Psychology, 11 (5), 1975, 478–489

BASTINE, R.: Gruppenführung. In: C. F. Graumann (Hg.): Handbuch der Psychologie, Bd. VIII: Sozialpsychologie. Göttingen, Hogrefe 1972, 1654–1709

BEDNAR, R. L., u. a.: Empirical guidelines for group therapy: Pretraining, cohesion and Modelling. Journal of Applied Behavioral Science 10, 1974, 149–165

BEEHR, T. A.: Perceived situational moderators of the relationship between subjective role ambiguity and role strain. Journal of Applied Psychology, 61 (1), 1976, 35–40

BENNIS, W. G., SHEPHARDT, H.: A theory of group development. Human Relations, 9, 1956, 415–437

BERKOWITZ, B.: Stages of group development in a mental health team. Psychiatric Quarterly, 48 (3), 1974, 309–331

BILLIG, M., TAJFEL, H.: Social categorisation and similarity in intergroup behaviour. European Journal of Social Psychology, 3, 1973, 27–52

BONACICH, PH.: Norms and cohesion as adaptive responses to potential conflict: An experimental study. Sociometry, 35, 1972, 357–375

BONNEY, W. C.: The maturation of groups. Small Group Behaviour, 5 (4), 1974, 445–461

BRAVER, S. L.: Reciprocity, cohesiveness and cooperation in two-person games. Psychological Reports, 37 (2), 1975, 371–378

CHATTERJEE, A.: The organizational variables of group cohesiveness. Indian J. Psychometry Education, 3, 1972, 43–52

COX, O. C.: Jewish self interest in »black pluralism«. Sociological Quarterly, 15, 1974, 183–198

CREWS, C. Y., MELNICK, J.: Use of initial and delayed structure in facilitating group development. Journal of Counseling Psychology, 23 (2), 1976, 92–98

CROSBIE, P. V., STITT, B. G., PETRONI, F. A.: Relevance in the small groups laboratory. Humboldt J. of Social Relations. Vol.1 (2) 83–88

D'AUGELLI, A. R.: Group composition using interpersonal skills. Journal of Counseling Psychology, 20, 1973, 531–534

DÄUMLING, A. M., FENGLER, J., NELLESSEN, L., SVENSSON, A.: Angewandte Gruppendynamik. Stuttgart: Klett 1974

DION, K. L.: Cohesiveness as a determinant of ingroup-outgroup bias. Journal of Personality and Social Psychology, 1973, 28, 163–171

DOLLASE, R.: Soziometrische Techniken. Weinheim: Beltz 1973

EPSTEIN, Y. M., KARLIN, R. A.: Effects of acute experimental crowding. J. Applied Social Psychology, 5, 1975, 34–53

FEGER, H.: Gruppensolidarität und Konflikt. In: C. F. Graumann (Hg.): Handbuch der Psychologie, Bd. VII: Sozialpsychologie. Göttingen: Hogrefe 1972, 1594–1653

FEITELSON, D., WEINTRAUB, SH., MICHAELI, O.: Social interactions in heterogenious pre-schools in Israel. Child Development, 43, 1972, 1249–1259

FENGLER, J.: Verhaltensänderung in Gruppenprozessen. Heidelberg: Quelle & Meyer 1975

Gruppenhomogenität und Transfer. Gruppendynamik, 7, 1976, 189–202

Selbstkontrolle – ein verhaltenstherapeutischer und gruppendynamischer Ansatz. Gruppenpsychotherapie und Gruppendynamik, 12, 1977, 108–126

FESTINGER, L.: Informal social communication. Psych. Review, 57, 1950

FROMME, D. K., CLOSE, ST. R.: Group compatibility and the modification of affective verbalizations. British Journal of Social and Clinical Psychology, 15 (2), 1976, 189–197

FURUKAWA, H.: The effect of success or failure evaluation upon follower's moral and perception of leadership function. Japanese Journal of Experimental Social Psychology, 11, 1972, 133–147

GOOD, L. R., NELSON, D. A.: Effects of person-group and intragroup attitude similarity on perceived group attractiveness and cohesiveness: II. Psychological Reports 33, 1973, 551–560

GRIFFITH, B. C., MULLINS, N. C.: Coherent social groups in scientific change. Science, 177, 1972, 959–964

HALPIN, A. W., WINER, J. B.: A factorial study of the leader behavior descriptions. In: R. M. Stogdill, A. E. Coons (Eds.): Leader behavior: Its descripton and measurement. Research Mon. No. 88, Bureau of Business Research. Columbus/Ohio: Ohio State University 1957

HAND, I., LAMONTAGNE, Y., MARKS, I. M.: Group exposure (flooding) in vivo for agoraphobics. British Journal of Psychiatry, 124, 1974, 588–602

HARRISON, A. A.: Individuals and groups. Monteray/Calif. 1976

HÖHN, E., SEIDEL, G.: Soziometrie. In: C. F. Graumann (Hg.): Handbuch der Psychologie, Bd. VII: Sozialpsychologie. Göttingen: Hogrefe 1969

HOFSTÄTTER, P. R.: Gruppendynamik. Hamburg 1972

HOMANS, G. C.: Theorie der sozialen Gruppe. Opladen 1960

IVANCEVICH, J. M.: A study of a cognitive training program. Academy of Management Journal, 17, 1974, 428–439

JACOBS, A., JACOBS, M., CAVIOR, N.: Anonymous feedback. Journal of Counseling Psychology, 21, 1974, 106–111

JACOBS, M., JACOBS, A., FELDMAN, G.: Feedback II: The credibility gap. Journal of Consulting and Clinical Psychology, 41, 1973, 215–223

JACOBSON, S. R.: Individual and group responses to confinement in a skyjacked plane. American Journal of Orthopsychiatry, 43, 1973, 459–469

JANIS, I. L.: Victims of group think. Boston/M. A.: Houghton Mifflin 1972

JOHNSON, D. L., RIDENER, L. R.: Self-disclosure. Psychological Reports, 35, 1974, 361–362

JOVICK, R. L.: Cohesiveness-conformity relationship and conformity instrumentality. Psychological Reports, 30, 1972, 404–406

KLIMOSKI, R. J.: The effects of intergroup forces on intergroup conflict resolutions. Organisational Behaviour and Human Performance, 8, 1972, 363–383

KRUMBOLTZ, J. D., POTTER, B.: Behavioural techniques for developing trust, cohesiveness and goal accomplishment. Educational Technology, 13, 1973, 26–30

KRUSE, L.: Gruppe und Gruppenzugehörigkeit. In: C. F. Graumann (Hg.) Handbuch der Psychologie: Sozialpsychologie. Göttingen: Hogrefe 1972, 1539–1593

LANDERS, D. M., CRUM, TH. F.: The effect of team success and formal structure on interpersonal relations and cohesiveness of baseball teams. International Journal of Sport Psychology, 2, 1971, 88–96

LAWLIS, G. F., KLEIN, R.: Interpersonal cohesion and feeling orientation. Psychological Reports, 32, 1973, 807–812

LERSCH, PH.: Der Mensch als soziales Wesen. München 1965

LINDNER, T. A., HOFSTEDE, G. H.: Messung sozialer Distanz. Gruppendynamik, 1, 1970, 335–356

LONG, TH. J., SCHULTZ, E. W.: Empathy: A quality of an effective group leader. Psychological Reports, 32, 1973, 699–705

MARRAM, G.: Coalition attempts in group therapy: Indicators of inclusion and group cohesion problems. Journal of Psychiatric Nursing and Mental Health Services, 10, 1972, 21–23

449

MARSHALL, J. E., HESLIN, R.: Boys and girls together. Journal of Personality and Social Psychology, 31 (5), 1975, 952–961

McGRATH, J. E., ALTMANN, J.: Small group research. New York 1966

McLAUGHLIN, F. E., WHITE, E., BYFIELD, B.: Modes of interpersonal feedback and leadership structure in six small groups. Nursing Research, 23 (4), 1974, 307–318

MEEKS, J. E.: Structuring the early phase of group psychotherapy with addolescents. International J. Child Psychotherapy, 2, 1973, 391–405

MELNICK, M. J., CHEMERS, M. M.: Effects of group social structure on the success of basketball-teams. Research Quarterly, 45, 1974, 1–8

MICKERSON, J. S., CAMPBELL, J. H.: Information behaviour. Organizational Behavior and Human Performance, 13, 1975, 193–205

MILES, M. B.: Learning to work in groups. Columbia 1965

MOELLER, L. A.: Wodurch wirken Selbsthilfegruppen? Gruppendynamik, 5, 1977, 337–357

MORRIS, W. N., u. a.: Collective coping with stress: Group reactions to fear, anxiety and ambiguity. Journal of Personality and Social Psychology, 33 (6), 1976, 674–679

NEHNEVAJSA, J.: Chance expectaning and intergroup choices. Sociometry, 18, 1955, 304–351

O'KEEFE, R. D., KERNAGHAN, J. A., RUBENSTEIN, A. H.: Group cohesiveness. Small Group Behaviour, 6 (3), 1975, 282–292

PACK, D. G., RICKARD, H. C.: Self-reports of group cohesion under high and low cooperation. Psychological Reports, 36 (1), 1975, 86

PERI-LILICEANU, A.: A social psychological approach of experiments-subject relations. Revue Roumaine des Sciences Sociales – Serie de Psychologie, 15, 1971, 29–42

PETERSON, J. A., MARTENS, R.: Success and residential affiliation as determinants of team cohesiveness. Research Quarterly, 43, 1972, 62–76

PROSE, F.: The rejected and the unnoticed: On the Differentiation of outsiders in groups. Zeitschrift für Sozialpsychologie, 5, 1974, 30–47

RABBIE, J. M., BANOIST, F., OOSTERBAAN, H.: Differential power and effects of expected competitive and cooperative intergroup interaction on intragroup and outgroup attitudes. Journal of Personality and Social Psychology, 30, 1974, 46–56

RECKMANN, R. F., GOETHALS, G. R.: Deviancy and group orientation as determinants of group composition preferences. Sociometry, 36, 1973, 419–423

RIBNER, N. G.: Effects of an explizit group contract on self-disclosure and group cohesiveness. Journal of Counseling Psychology, 21, 1974, 116–120

RICHTER, H. E.: Die Gruppe. Hamburg 1972

SCHNEIDER, H. D.: Kleingruppenforschung. Stuttgart 1975

SCOTT, R. A.: Deviance, sanctions and social integration in small-scale societies. Social Forces, 54 (3), 1976, 604–620

SELIGMAN, M., DESMOND, R. E.: Leaderless groups: A review. Counselling Psychologist, 4, 1973, 70–87

SHAPLINSKI, V. V.: Experimental study of the parameters of small groups. Voprosy Psikhologii, 5, 1972, 66–76

SHERIF, M.: An outline of social psychology. New York 1948

SHERIF, M., SHERIF, C. W.: Social psychology. New York 1969

SMITH, R. R., HAWKES, R. W.: The fiddle factor: Social binding functions of distractions. Journal of Communication, 22, 1972, 26–38

STOGDILL, R. M.: Group productivity, drive and cohesiveness. Organizational Behaviour and Human Performance, 8, 1972, 26–43

VANFRAECHEM-RAWAY, R.: Group dynamics of student's activity in body expression. Revue Belge de Psychologie et de Pedagogie, 32, 1970, 109–124

WALKER, T. G.: Behaviour of temporary members in small groups. Journal of Applied Psychology, 58, 1973, 144–146

WHEATON, B.: Interpersonal conflict and cohesiveness in dyadic relationship. Sociometry, 37, 1974, 328–348

YINON, Y., BIZMAN, A.: The nature of effective bands and the degree of personal responsibility as determinants of risk taking for »self and others«. Bulletin of the Psychonomic Society, 4, 1974, 80–82

PROBLEMLÖSUNG IM KOMMUNIKATIONSNETZ VON EXPERIMENTELLEN KLEINGRUPPEN

von Alvin M. Snadowsky

DAS KOMMUNIKATIONSSYSTEM

Für alle Aspekte der Kleingruppe und des Organisationsverhaltens ist der Kommunikationsprozeß von zentraler Bedeutung. Eine Ansammlung von Menschen wird erst durch Ausbildung eines Kommunikationssystems zu einer funktionierenden Gruppe. Ähnlich wird die Gruppe erst zu einem integrierenden Bestandteil ihrer größeren sozialen Umwelt kraft der Kommunikationsverbindungen, die sie zu anderen funktionierenden Teilen herstellt.

Katz u. Kahn (1966) nennen drei Komponenten des Kommunikationssystems. Eine ist der Inhalt der Botschaften, die innerhalb des Netzes übermittelt werden (was mitgeteilt wird). Zum Botschaftsinhalt zählt nicht nur kognitives Material wie Gedanken, Annahmen und Probleme, sondern auch motivationales und emotionales Material wie Klima oder Atmosphäre, Unterstützung und Ablehnung (Likert 1961).

Die zweite Komponente des Kommunikationssystems ist die Richtung des Informationsflusses. Der Kommunikationsfluß kann dem Autoritätsmuster der Gruppe folgen – Abwärtskommunikation (downward communication); er kann sich zwischen Gleichgestellten abwickeln – horizontale Kommunikation (horizontal communication), oder er kann die Hierarchie emporsteigen – Aufwärtskommunikation (upward communication). Jede Beschreibung des Informationsflusses bleibt unvollständig, berücksichtigt sie nicht seine enge Verbindung mit dem Inhalt. Beispielsweise fand Bales (1952) heraus, daß die Individuen auf höherer hierarchischer Ebene im allgemeinen den tieferen Ebenen »Initialhandlungen« wie Information und Meinungen vermitteln. Die Gruppenmitglieder in niedrigeren Positionen antworteten mit »Reaktionen«. Beispielsweise drückten sie Einverständnis oder Widerspruch aus und verlangten Informationen.

Die Struktur des Kommunikationsnetzes ist das dritte Element des Systems. Inhalt der Botschaften und Flußrichtung innerhalb eines Kommunikationssystems können sich häufig ändern (durch inneren wie äußeren Einfluß). Doch das Netz, innerhalb dessen die Information fließt, erweist sich im allgemeinen als veränderungsresistent. Mit dem relativ stabilen Kommunikationsnetz wollen wir uns in diesem Beitrag vor allem beschäftigen.

Eine Kommunikationsstruktur besteht einerseits aus unterschiedlichen Teilen oder Positionen und andererseits aus Beziehungen oder Verbindungen zwischen diesen Komponenten. Newcomb (1950) nennt die Positionen Bausteine (oder kleinste Elemente) organisierter Gruppen und Gesellschaften. Positionen variieren je nach dem Beitrag, den sie zum Funktionieren der Gruppe leisten. Ihre Rangordnung läßt sich nach dem Maß festsetzen, in dem sie zur Zielerreichung und Moral der Gruppe beitragen. Sie sind von den Rollen zu un-

terscheiden. Diese sind Verhaltensweisen von Individuen, die gegebene Positionen inneha-
ben.

Man geht davon aus, daß die Mitglieder einer Gruppe, die sich in ihrer Entstehungsphase
befindet, verschiedene Funktionen und Aufgaben übernehmen, statt bestimmte Positionen
auszufüllen. Die Pflichten, die übernommen werden müssen, um die Bedürfnisse der neuen
Gruppe zu befriedigen, werden von den Mitgliedern abwechselnd erledigt. Mit Fortbestehen der Gruppe findet gewöhnlich eine Teilung der Verantwortung statt. Wenn einzelne
Mitglieder dazu verpflichtet werden oder sich dazu verpflichten, regelmäßig bestimmte
Funktionen und Handlungen zu übernehmen, heißt dies, daß sie Positionen einnehmen.

Mit den Positionen zusammen bilden sich stabile Kommunikationen zwischen diesen unterschiedlichen Teilen heraus. Wenn ein System sich vom unorganisierten zum organisierten Zustand hin weiterentwickelt, müssen – so zeigen Katz u. Kahn ([2]1966) – der Kommunikation Einschränkungen und Restriktionen auferlegt werden. Dadurch entstehen stabile
Kanäle, durch die sich die Organisationsziele besser erreichen lassen. Viele Gruppen und
Organisationen schränken die Kommunikation dadurch ein, daß sie sehr genau festlegen,
wer mit wem in Kommunikation treten kann. Eine weitere Strukturierung wird durch eine
räumliche Trennung der Positionen erreicht. Dadurch ist die Kommunikation auf schriftliche Nachrichten, das Telefon oder andere mechanische Apparate angewiesen. Die freie Interaktion jedes Mitglieds mit dem anderen wird dadurch weiter eingegrenzt.

Kurzum, ein Kommunikationsnetz besteht aus unterschiedlichen Positionen mit definierten Verbindungen zwischen den Teilen. Die besondere Struktur des Kommunikations-
musters entwickelt sich, wenn die Gruppe aus dem unorganisierten in den organisierten Zustand übergeht. Verschiedene räumliche Barrieren können der Struktur zusätzliche Einschränkungen auferlegen. Obgleich das Netz den Handlungsspielraum der Mitglieder einengt, programmiert die Netzstruktur selbst die spezifischen Interaktionen nicht. Kommunikationsinhalt und Informationsfluß innerhalb der Kanäle werden durch die Mitglieder und
die Merkmale der Organisationshierarchie bestimmt.

BEZIEHUNG ZWISCHEN KOMMUNIKATIONSNETZ
UND GRUPPENAUFGABE

Als Bavelas (1950) untersuchte, welche Kommunikationsmuster in Organisationen vorgeschrieben sind, regte er damit die Forschungsarbeiten auf dem Gebiet der Kommunikationsstruktur an. Nach seinen Ergebnissen vertreten Verwaltungsexperten im allgemeinen
die Auffassung, daß das optimale Kommunikationsmuster einer Gruppe aus den Aufga-
benstellungen erwächst. Sobald sich diese Netze herausgebildet haben, gilt ihre Beibehaltung als die erste Voraussetzung hoher Leistung. Weiter hat sich Bavelas mit der Frage befaßt, wie sich vorgeschriebene Kommunikationskanäle auf die Arbeit und das Leben von
Gruppen auswirken. Gibt es Struktureigenschaften von Kommunikationsnetzen, die die
Gruppenleistung möglicherweise beeinträchtigen? Kann unter mehreren Kommunikationsnetzen, die für die Erfüllung einer bestimmten Aufgabe logisch gleichwertig sind, das eine
zu besseren Leistungen als das andere führen?

Diese Fragen fanden vorläufige Antworten durch eine Studie von Leavitt (1951). Er untersuchte das Verhalten kleiner Arbeitsgruppen mit unterschiedlichen Kommunikationsnetzen. Insbesondere ging es um die Auswirkungen verschiedener Gruppenstrukturen auf die
Effizienz und die Zufriedenheit der Mitglieder. Dabei wurde zwischen zwei Kategorien
von Netzen unterschieden. Eine wurde als zentralisiertes Muster bezeichnet, während die
andere Kategorie die weniger zentralisierten oder dezentralisierten Kommunikationsstrukturen enthielt. Das besondere Merkmal des zentralisierten oder relativ eingeschränkten
Netzes ist die Tatsache, daß eine Person in einer Schlüsselposition mit allen anderen Mit-

gliedern der Gruppe kommuniziert. Diese peripheren Mitglieder kommunizieren nur mit der Zentralperson. Im dezentralisierten oder relativ uneingeschränkten Kommunikationsnetz können mehr als eine Person mit zwei oder mehr der anderen Gruppenmitglieder in Kommunikation treten.

In dieser Studie saßen die Versuchspersonen an einem Tisch, wobei jede von der anderen durch eine senkrecht zum Mittelpunkt stehende Wand getrennt war. Die Zellen waren durch Schlitze miteinander verbunden, durch die die Versuchspersonen sich schriftliche Mitteilungen zuschieben konnten. Die Schlitze konnten geöffnet oder geschlossen werden, wodurch unterschiedliche Kommunikationsnetze entstanden.

Die Aufgaben, die in den meisten Studien zum Kommunikationsnetz ausgewählt werden, simulieren die vielen Routineaufgaben, denen die Menschen in großen Organisationen nachkommen müssen. Beispielsweise gibt es Verkaufs- und Forschungsteams, deren Mitglieder in verschiedenen Einrichtungen über das ganze Land verstreut sind. Eine der Aufgaben solcher Gruppen besteht darin, Berichte anzufertigen, die sich auf das Fachwissen und die Erfahrung der einzelnen Mitglieder stützen. In diesem Fall wird die Gesamtinformation an einem Ort gesammelt. Manchmal muß die Person, die an diesem Ort sitzt, die Daten in bestimmter Weise verarbeiten und das Ergebnis den Mitgliedern wieder zugänglich machen, damit sie dazu Stellung nehmen. In anderen Fällen ist lediglich eine Datensammlung erforderlich, die dann anderen zur Information weitergegeben wird.

In Leavitts Experiment wurden zentralisierte und dezentralisierte Gruppen aufgefordert, sehr einfache Aufgaben zu lösen, die im wesentlichen darin bestanden, Daten an einem Ort zu sammeln. Bei diesem Aufgabentypus erhielt jedes Gruppenmitglied eine Karte, die verschiedene Symbole zeigte, z. B. ein Rechteck, ein Dreieck und ein Quadrat. Die Aufgabe bestand darin, jenes Symbol herauszufinden, das auf allen Karten vorhanden war. Die Versuchsperson, die über den Inhalt der Karten der anderen informiert wurde, konnte durch die Überprüfung aller Daten rasch das allen gemeinsame Symbol identifizieren.

Im Vergleich der zentralisierten mit den dezentralisierten Netzen stellte Leavitt fest, daß die zentralisierten Gruppen effizienter waren (kürzere Lösungszeiten, weniger Botschaften bis zur Lösung, weniger Fehler). Die dezentralisierten Gruppen hatten größere Schwierigkeiten, die einfachen Aufgaben zur Symbolidentifizierung zu bewältigen. Andererseits zeigten sich die Mitglieder dezentralisierter Netze zufriedener als die peripheren Mitglieder in den zentralisierten Gruppen. Die zentralen Personen in den eingeschränkten Strukturen hingegen waren zufriedener als die peripheren Mitglieder zentralisierter Gruppen und auch als die Mitglieder der nichteingeschränkten Gruppen.

Shaw (1954 b) verglich die Lösung einfacher Identifikationsaufgaben (die den von Leavitt verwendeten ähnelten) mit denen komplexerer Rechenaufgaben in zentralisierten und dezentralisierten Netzen. Im einen Fall genügte es, wie gesagt, daß ein Teilnehmer die Daten sammelte, um die einfache Aufgabe zu lösen. Die komplexe Problemlösung verlangte neben der Informationssammlung noch, daß die Daten bestimmten Rechenoperationen unterzogen wurden. Beispielsweise wurde der Gruppe die Aufgabe gestellt festzustellen, wie viele Lastwagen erforderlich sind, bestimmte Büromöbel von einem Gebäude in ein anderes zu schaffen. Jedes Mitglied erhielt nur einen Teil der Gesamtinformation, die erforderlich war, um das Problem zu lösen. Eine Person sammelte die Daten aller anderen Mitglieder. Auf die richtige Antwort stieß sie aber erst, nachdem sie die entsprechenden Rechenoperationen ausgeführt hatte. Diese Studie ergab, daß zentralisierte Netze im allgemeinen effektiver als dezentralisierte waren, wenn es sich um eine einfache Aufgabe handelte. Dezentralisierte Gruppen waren jedoch in der Regel effizienter als die zentralisierten Gruppen, wenn es relativ komplexe Probleme zu lösen galt. Unabhängig von dem Aufgabentyp waren die Versuchspersonen in dezentralisierten Netzen generell zufriedener als die peripheren Mitglieder zentralisierter Strukturen.

An Hand dieser Ergebnisse und der Analyse von siebzehn weiteren Experimenten (z. B. Leavitt 1951; Heise, Miller 1951; Macy, Christie, Luce 1953; Shaw 1954 a) kam Shaw (1964) zu dem Ergebnis, daß zentralisierte oder eingeschränkte Strukturen im allgemeinen effektiver als dezentralisierte oder nichteingeschränkte Netze sind, wenn die Aufgabe einfach ist, das heißt wenn die Information lediglich in einer Position gesammelt werden muß. Bei der Lösung relativ komplexer Probleme sind hingegen dezentralisierte Netze effizienter als zentralisierte. Das gilt für Probleme, bei denen neben der Informationssammlung noch andere Operationen mit den Daten vorgenommen werden müssen. Der Typ des Kommunikationsnetzes und die Aufgabenkomplexität beeinflussen die Gruppenleistung dadurch, daß sie sich auf die Prozesse der Unabhängigkeit (Handlungsspielraum eines Gruppenmitglieds in einer gegebenen Position) und der Sättigung (Gesamtmaß der Kommunikations- und Aufgabenanforderungen, die an eine Person in einer gegebenen Netzposition gestellt werden können) auswirken.

Unabhängigkeit steht in einer direkten Beziehung zur Leistung und zur Zufriedenheit. Geringe Unabhängigkeit wirkt sich auf die Leistung nicht nur dadurch aus, daß sie den Handlungsspielraum des Individuums einschränkt, sondern auch dadurch, daß sie seine Bereitschaft, optimal zu arbeiten, reduziert. Geringe Unabhängigkeit wirkt sich auch unmittelbar auf die Zufriedenheit aus, weil sie der Befriedigung des kulturell bedingten Bedürfnisses nach Leistung, Anerkennung und Autonomie hinderlich ist. Sättigung verhält sich umgekehrt zur Leistung. Je größer die Sättigung, um so geringer die Leistung. Hohe Sättigung beeinträchtigt beispielsweise die Leistung eines Menschen, der die eingehende Information nicht mehr verarbeiten kann. Er ist gezwungen, Nachrichten zu rasch durch zu viele Kanäle weiterzugeben und/oder er kann den Anforderungen seiner Aufgabe nicht mehr gerecht werden.

Diese theoretische Auffassung wird jedoch nicht durch alle Forschungsergebnisse untermauert. Mulder (1960) meint beispielsweise, daß Shaw den Einfluß der Struktur auf das Kommunikationsnetz überbewertet. Nach seiner Auffassung ist es unwahrscheinlich, daß sich die Prozesse der Unabhängigkeit und Sättigung im Laufe der Zeit verändern. Sie bestimmen nur, was möglich ist, nicht aber, was tatsächlich geschieht. Nach Mulder wird die Problemlösungseffizienz durch die Entscheidungsstruktur (das Problemlösungsverfahren der Gruppe) bestimmt und nicht durch die Strukturmerkmale des Kommunikationsnetzes. Die Entscheidungsstruktur einer Gruppe entwickelt sich in dem Maße, in dem die Mitglieder bei der gemeinsamen Lösung der Aufgabe Erfahrung sammeln. Ob sie zentralisiert oder dezentralisiert wird, hängt davon ab, inwieweit die individuellen Beiträge von einer zentralen Person, einem eingesetzten Führer oder einem gewählten Führer integriert werden. Da die Entscheidungsstruktur ferner davon abhängt, für welche Handlungsweise ein Gruppenführer sich entscheidet, ist sie unabhängig von der materiellen Struktur des Netzes.

Mulder beobachtete die komplexe Problemlösung in zentralisierten und dezentralisierten Netzen über einen längeren Arbeitszeitraum als Shaw und stellte fest, daß Gruppen, in denen sich zentralisierte Entscheidungsstrukturen herausgebildet hatten (eine Person integriert die Beiträge aller Mitglieder), effizienter waren als Gruppen mit weniger zentralisierten Entscheidungsprozessen. Dabei war es gleichgültig, ob diese letzteren Gruppen zentralisierte oder dezentralisierte Netze besaßen. Interessanterweise zeigten sich Gruppen mit dezentralisierten Netzen ursprünglich effizienter als zentralisierte Gruppen. Dieses Verhältnis kehrte sich mit fortschreitender Arbeitszeit um. Das Ergebnis erklärte Mulder mit der Anfälligkeit der Zentralposition im eingeschränkten Netz am Beginn der Sitzung (das heißt eine Störung in der Zentralposition unterbricht das gesamte Funktionieren der Gruppe). Die Herausbildung einer zentralisierten Entscheidungsstruktur hebt diese anfänglichen negativen Effekte jedoch auf. Man kam zu dem Schluß, daß in zentralisierten und dezentralisierten Netzen ein zentralisiertes Entscheidungsverfahren sowohl für komplexe wie für einfache Probleme am geeignetsten ist (obgleich die Entwicklung eines zentralisierten Entscheidungsprozesses länger dauert, wenn die Probleme komplex sind).

Wie lassen sich die widersprüchlichen Ergebnisse von Shaw und Mulder miteinander vereinbaren? Um die Beziehung zwischen Aufgabe und Netz besser zu verstehen, muß man sich eingehender mit dem Gruppenprozeß beschäftigen, der sich während der Problemlösung vollzieht. Beispielsweise hat die häufig übersehene Studie von Guetzkow u. Simon (1955) gezeigt, daß die zu diesem Zeitpunkt vorliegenden Untersuchungen des Kommunikationsnetzes nur wenig Raum für organisatorisches Handeln ließen. Ferner stellten Shure, Rogers, Larsen u. Tassone (1962) fest, daß in zentralisierten wie dezentralisierten Netzen der Zwang, die Aufgaben anzugehen, das normale Bestreben unterband, die Arbeit erst einmal zu organisieren. Dadurch kam es zu Leerlauf. Außerdem verzögerte sich die Problemlösung in dezentralisierten Netzen in höherem Maße, da die organisatorischen Anforderungen in den zentralisierten Netzen geringer waren. In vielen nichteingeschränkten Netzen entstand die stabile Organisation durch Zufall, nicht durch Planung.

Ausgehend von der Arbeit Guetzkows u. Simons nahm Snadowsky (1972, 1974) eine experimentelle Trennung der organisatorischen und der operationalen Problemlösungsphasen vor. Die organisatorische Phase der Problemlösung wird als der Zeitraum definiert, in dem die Gruppe ein stabiles Arbeitsverfahren entwickelt. Stabilität ist dann erreicht, wenn die Gruppe ein Verfahren zur Übermittlung der Probleminformation besitzt. Die operationale Phase wird als der Zeitraum definiert, in dem das Problemlösungsverfahren auf die Aufgabe angewendet wird. Durch diese Versuchsanordnung wird jene Stabilität simuliert, die bestehende Gruppen auszeichnet. Dort geht die Planung der Problemlösung voran.

In Snadowskys Experimenten lösten die Gruppen in zentralisierten oder dezentralisierten Netzen entweder einfache Symbolidentifikationsaufgaben oder komplexe Aufgaben, in denen Rechenoperationen vorgenommen werden mußten. In jeder Gruppe wurde eine Person durch Zufallsverfahren zum Führer bestimmt. Im eingeschränkten Netz wurde das Verfahren so festgelegt, daß die Zentralposition immer der Person zufiel, die als Führer ausgewählt worden war. Die Versuchspersonen wurden über die Kommunikationsstruktur informiert. Außerdem wurde ihnen mitgeteilt, daß eine Planungsphase vorgesehen war, in der sie sich auf eine rasche und effiziente Organisation zur Lösung der Aufgaben einigen mußten. Der Führer gab das Ende der Organisationsphase dadurch bekannt, daß er mitteilte, die Gruppe habe ein Problemlösungsverfahren gefunden. Die Operationsphase bestand aus fünf Aufgaben. Nach Lösung der Probleme erhielten die Versuchspersonen einen Fragebogen. Sie mußten an Hand mehrerer Beurteilungsskalen mit je neun Punkten die verschiedenen Dimensionen der Zufriedenheit mit ihrer Situation im Kommunikationsnetz angeben.

Ein Hauptanliegen dieser Forschungsarbeit war es, Klarheit in die widersprüchlichen Ergebnisse zu bringen, zu denen man angesichts der Frage gekommen war, wie sich die Aufgabenkomplexität auf die Leistung in einem Kommunikationsnetz auswirkt. Wie dargelegt entzündete sich die Kontroverse an den unterschiedlichen Auffassungen von Shaw (1954b, 1964) und Mulder (1960). Shaw meinte, höchstmögliche Effizienz lasse sich dadurch erzielen, daß man einfache Aufgaben in eingeschränkten Netzen und komplexe Aufgaben in nichteingeschränkten Netzen ausführe. Mulder dagegen vertrat die Auffassung, eine zentralisierte Entscheidungsstruktur sei effektiver unabhängig von den materiellen Merkmalen des Netzes oder der Komplexität der Aufgabe. Beide Hypothesen waren jedoch insofern falsch, als sie die einzelnen Phasen des Problemlösungsprozesses außer acht ließen. Unter diesem neuen Blickwinkel wurde deutlich, daß etliche der früheren Konzeptionen über das Verhalten in Kommunikationsnetzen modifiziert werden mußten. Im folgenden werde ich mich mit einigen dieser neuen Auffassungen beschäftigen.

Beispielsweise kann man bei der Sättigung in der organisatorischen und in der operationalen Problemlösungsphase nicht von gleichen Konsequenzen ausgehen. Im Planungsstadium legen sich die Teilnehmer nicht darauf fest, wie viele Botschaften innerhalb des Systems übermittelt werden. Wenn das zentrale Mitglied in einem eingeschränkten Netz die Möglichkeiten nicht ausschließen kann, daß es sich während der komplexen Problemplanung festfährt, kann es die Sättigung durch bestimmte Verfahren reduzieren, es kann z. B. die Diskussion begrenzen oder zusammenfassen. Dieses Verhalten wird sich unter Umständen auf die anschließende Problemlösung auswirken, doch zeigen sich die Konsequenzen solch eines unzulänglichen Verfahrens nicht sofort. Wenn die Gruppe sich dann tatsächlich mit der Aufgabe befaßt, gibt es andererseits wichtige Operationen, die ausgeführt werden müssen. Jeder Versuch eines Mitgliedes, die durch eine komplexe Aufgabe hervorgerufene Sättigung dadurch zu reduzieren, daß es notwendige Schritte umgeht, würde sofort zu einem Fehler führen.

Das zentrale Mitglied eines eingeschränkten Netzes kann also im allgemeinen die Sättigung während der Organisationsphase kontrollieren. Deshalb werden zentralisierte Gruppen im Vergleich zu dezentralisierten für die Planung weniger Zeit brauchen und weniger Nachrichten übermitteln. Das gilt für einfache und komplexe Aufgaben gleichermaßen. Die Ergebnisse bestätigen diese Auffassung. Für die operationale Phase erwartete man dagegen, die Sättigung würde die komplexe Problemlösung in eingeschränkten Netzen behindern, während die weitgehende Unabhängigkeit in dezentralisierten Gruppen die Mitglieder zu größerem Einsatz motivieren würde. Sättigungs- und Unabhängigkeitsprozesse würden – so meinte man – die leichten Aufgaben und minimalen Kommunikationsanforderungen einfacher Problemlösung nicht beeinflussen. Deshalb erwartete man, Gruppen mit nichteingeschränkten Netzen würden komplexe Aufgaben besser als Gruppen mit eingeschränkten Strukturen lösen können, nicht aber einfachere Aufgaben. Es stellte sich jedoch heraus, daß der Netztypus sich nicht signifikant auf die Leistung auswirkte.

Der Umstand, daß während der operationalen Phase kein Netzeffekt festgestellt wurde, läßt sich zum Teil darauf zurückführen, daß alle Gruppen sich zu ähnlichen Verfahren entschlossen. Man hatte ursprünglich angenommen, dezentralisierte Gruppen würden die für die Lösung des komplexen Problems erforderliche Arbeit auf alle Mitglieder verteilen. Bei den eingeschränkten Gruppen erwartete man dagegen, sie würden die Daten in der zentralen Position zusammenfassen und dadurch eine Netzsättigung herbeiführen. Tatsächlich zeigte sich jedoch, daß eingeschränkte wie nichteingeschränkte Gruppen zentralisierte Verfahren entwickelten, bei denen alle Information an ein Individuum weitergegeben wurde.

Es gibt zahlreiche beteiligte Faktoren, die erklären können, warum solch ein gleichförmiges Problemlösungsverfahren entwickelt wurde. Erstens wurde die Herausbildung eines zentralisierten Verfahrens wahrscheinlich dadurch angeregt, daß für alle Gruppen ein Führer ausgewählt wurde. Größeren Einfluß hatte vielleicht die Tatsache, daß man die organisatorische von der operationalen Problemlösungsphase abtrennte. Während des Planungsstadiums war genügend Zeit, um die Aufgabenanforderungen zu analysieren. Augenscheinlich haben sich die Teilnehmer in den nichteingeschränkten Netzen klargemacht, daß sie Zeit sparen würden, wenn sie alle Information einer Person zugänglich machten. Wenn sie jedes Mitglied mit den für die Lösung des Problems notwendigen Daten hätten versorgen wollen, wären sie gezwungen gewesen, ihre Angaben dreimal abzuschreiben. Obgleich die komplexen Aufgaben mehr Operationen verlangten als die einfachen Aufgaben, konnte eine einzelne Person die zusätzliche Arbeit bewältigen, ohne einen Zusammenbruch des Netzes heraufzubeschwören. Offensichtlich erklärte sich die Sättigung, die die Gruppen bei der komplexen Problemlösung in Shaws Experimenten erlebten, daraus, daß sie nicht zwischen organisatorischer und operationaler Funktion unterschieden.

Man erwartete auch, die Unabhängigkeit würde sich bei komplexen Aufgaben unterschiedlich auf die Leistung der Kommunikationsnetze auswirken. Die Mitglieder dezentralisierter Netze haben dank der offenen Kanäle größere Freiheit. Man meinte, das müsse die Individuen, die innerhalb solcher Kommunikationsstrukturen agieren, dazu motivieren, intensiver zu arbeiten als die Teilnehmer in eingeschränkten Netzen. Doch die strukturell vorgegebene Unabhängigkeit reichte nicht aus, die Leistung so zu steigern, daß sie signifikant höher war als die in eingeschränkten Netzen.

Überdies muß strukturell vorgegebene Unabhängigkeit die Mitglieder dezentralisierter Netze nicht unbedingt dazu bringen, mehr Zufriedenheit als periphere Mitglieder eingeschränkter Netze zu empfinden. In der planerischen wie der operationalen Problemlösungsphase konnten statistisch signifikante Unterschiede zwischen eingeschränkten und nichteingeschränkten Netzen nur für die Zufriedenheit mit anderen Gruppenmitgliedern festgestellt werden. Offensichtlich rief die Handlungsfreiheit nicht generalisierte Zufriedenheit hervor, die auf alle Bereiche des Problemlösungskontexts übertragen wurde. Situationsaspekte wie Führerverhalten, Aufgaben und Funktion – die sich in beiden Netztypen ähnelten – wurden nicht deshalb als signifikant befriedigender wahrgenommen, weil eine größere strukturelle Autonomie vorlag. Diese Ergebnisse können auf die Merkmale der Kommunikationsnetze zurückgeführt werden. Die Netze unterschieden sich in einer wichtigen Hinsicht: Dezentralisierte Strukturen ermöglichten die Kommunikation zwischen allen Mitgliedern, während periphere Mitglieder in zentralisierten Netzen isoliert wurden. Es scheint, daß Individuen, die reibungslos in einem Problemlösungsprozeß interagieren, mehr Sympathie füreinander entwickeln als Versuchspersonen, die Informationen an einen Führer oder einen Koordinator weitergeben, aber untereinander nicht kommunizieren können.

Die Ergebnisse zeigen auch, wie wichtig es ist, mehr als ein Zufriedenheitsmaß in der Kommunikationsnetzforschung zu verwenden. Die meisten früheren Studien (z. B. Leavitt 1951, Harshbarger 1971) beschränken sich auf ein einheitliches Maß der Zufriedenheit. Zum Beispiel forderten sie jede Versuchsperson auf anzugeben, wie ihr ihre Arbeit gefallen habe. Die vorliegenden Ergebnisse lassen vermuten, daß dieses Verfahren unzulänglich ist. Watson u. Bromberg (1965) sind wohl zu Recht zu dem Schluß gekommen, daß die Verwendung eines einheitlichen Maßes der Arbeitsmoral ungenau sei, da sich die experimentelle Manipulation der Kommunikationsstrukturen nicht unbedingt auf alle möglichen Arten von Zufriedenheit auswirken müsse.

Schluß. Dank dieser Ergebnisse läßt sich die Kontroverse über die Bedeutung von Aufgabe und Netz beilegen. Für einfache Aufgaben (die Zusammenfassung der Information an einem Ort) empfiehlt sich die Zentralisierung in Übereinstimmung mit den Hypothesen von Shaw und Mulder für die planerische wie für die operationale Problemlösungsphase. Der Umstand, daß nichteingeschränkte Strukturen mehr Zeit brauchen, um ein Problemlösungsverfahren für Symbolidentifikationsaufgaben zu entwickeln, heißt nicht, daß das gefundene Verfahren effektiver ist als dasjenige, für das man sich in eingeschränkten Netzen entschieden hat. Andererseits meint Shaw, daß komplexe Probleme (neben der Informationssammlung werden die Daten noch anderen Operationen unterzogen) in dezentralisierten Netzen effektiver gelöst werden, während Mulder die Auffassung vertritt, eine zentralisierte Entscheidungsstruktur sei erforderlich, um diese Aufgaben optimal zu lösen. Hier müssen wir zwischen Mulders Entscheidungsstruktur oder Entscheidungsverfahren und Shaws Kommunikationsstruktur unterscheiden. Augenscheinlich hat Mulder recht, wenn er zur Lösung der in dieser Studie verwendeten komplexen Aufgaben ein zentralisiertes Verfahren vorschlägt. Ein zentralisiertes Operationsverfahren wurde von allen Gruppen verwendet, die komplexe Rechenaufgaben lösten. Manche Gruppen entschieden sich für das Verfahren, nachdem sie mögliche Alternativen sorgfältig erwogen hatten. Das dezentralisierte Netz, das Shaw vorschlägt, ermöglichte die organisatorische Flexibilität, die er-

457

forderlich ist, verschiedene Möglichkeiten in Erwägung zu ziehen, bevor man sich für eine bestimmte Methode entscheidet. Für komplexe Probleme erweist sich deshalb ein nichteingeschränktes Netz während des organisatorischen Stadiums als optimal. Die Gruppe entscheidet sich in der operationalen Phase entweder für eine zentralisierte Entscheidungsstruktur wie in Snadowskys Studie oder für eine dezentralisierte Methode, wenn die Aufgabenmerkmale solch ein Verfahren nahelegen.

BEZIEHUNGEN ZWISCHEN KOMMUNIKATIONSNETZ UND FÜHRUNG

Oben wurde ausgeführt, daß das Kommunikationsnetz zwar bestimmte Grenzen setzt, innerhalb derer die Gruppenfunktionen sich bewegen müssen, daß aber die Struktur selbst nicht bestimmt, zu welchen Interaktionen es im einzelnen kommt. Kommunikationsinhalt und Informationsfluß sind durch die Teilnehmer und die Merkmale der Organisationshierarchie programmiert. Die Art, wie die Gruppe geführt wird, müßte also die Auswirkungen der Netzvariablen auf Leistung und Zufriedenheit der Mitglieder modifizieren.

Shaw (1955) verwendete komplexe Aufgaben und stellte für zentralisierte und dezentralisierte Netze gleichermaßen fest, daß autoritäre (autokratische) Führung bessere Gruppenleistung, aber weniger Zufriedenheit bei den Mitgliedern hervorrief als nichtautoritäre (demokratische) Führung. Die Ergebnisse, die die Leistung betrafen, deckten sich jedoch nicht mit den Ergebnissen anderer Studien, die in verschiedenen Situationen durchgeführt worden waren und ergeben hatten, daß demokratische Führung effektiver als autoritäre Kontrolle ist (z. B. Argyle, Gardner, Cioffi 1958; Kahn, Katz 1960). Unglücklicherweise unterschied Shaw in seinem Experiment nicht zwischen planerischen und operationalen Aktivitäten. Da Effektivität und Zufriedenheit der Gruppe am Verhalten und den Empfindungen während des gesamten Zeitraums gemessen wurden, ließ sich nicht entscheiden, in welchem Maße die einzelnen Elemente (das planerische und das ausführende Verhalten) zum Gesamtergebnis beitrugen.

Innerhalb des bereits beschriebenen Forschungsprogramms stellte Snadowsky (1972, 1974) fest, daß sich die Beziehung zwischen Kommunikationsnetz und Führungstypus klären läßt, indem sie während der organisatorischen und während der operationalen Problemlösungsphase beobachtet wird. In der Studie wurden Gruppen entweder von autoritären oder von nichtautoritären Führern in entweder zentralisierten oder dezentralisierten Netzen geleitet. Ohne daß die anderen Gruppenmitglieder davon Kenntnis hatten, erhielt der zufällig ausgewählte Führer eine Reihe von Anweisungen, die ihm die seiner Rolle gemäßen Verhaltensmerkmale vorschrieben. Der autoritäre Führer wurde angewiesen, den anderen Mitgliedern Befehle zu geben, keine Vorschläge ohne Kritik hinzunehmen und immer deutlich zu machen, daß er der Verantwortliche sei. Dem nichtautoritären Führer wurde gesagt, den Mitgliedern die Diskussion zu erlauben, sie an der Entscheidung über das Problemlösungsverfahren zu beteiligen, ihnen keine Befehle zu erteilen und sich ihnen gegenüber aufmunternd und verständnisvoll zu zeigen.

Als man die Problemlösungsphasen gesondert betrachtete, wurde festgestellt, daß die autoritär geführten Gruppen weniger Zeit zur Planung brauchten als die demokratisch geführten Gruppen, während jene sich bei der Lösung der Aufgaben als weniger effizient erwiesen. Offensichtlich ist ein kombinierter Score für die organisatorische und operationale Leistung wie er in Shaws (1955) Experiment verwendet wurde, kein geeignetes Maß der Gruppeneffektivität.

Das operationale Verhalten der Mitglieder unter verschiedenen Führungsbedingungen schien von dem Prozeß abzuhängen, der verwendet worden war, um das Problemlösungsverfahren während des organisatorischen Stadiums zu entwickeln. In demokratisch geführten Gruppen *wählten* die Mitglieder ein zentralisiertes Verfahren, während in autoritär geführten Gruppen die zentralisierte Methode *diktiert* wurde. Ferner waren die Mitglieder demokratisch geführter Gruppen – wie Likert (1961) sowie Katz u. Kahn (1966) gezeigt haben – durch das Bedürfnis motiviert, sich an das Verfahren zu halten, an dessen Auswahl sie sich beteiligt hatten, während sich Mitglieder autoritär geführter Gruppen dem Verfahren nicht verpflichtet fühlten. Die Verpflichtung, sich an das Verfahren zu halten, veranlaßte die Mitglieder demokratisch geführter Gruppen signifikant rascher dazu, ihre Information an den Führer weiterzureichen und die richtigen Antworten zu geben, als die Mitglieder autoritär geführter Gruppen.

Anzumerken ist auch, daß demokratisch geführte dezentralisierte Gruppen keine besseren Leistungen erzielten als demokratisch geführte zentralisierte Gruppen. Der für demokratisches Handeln geeignetste Netztypus ist ein nichteingeschränktes System. Soll ein nichtautoritärer Prozeß in einem zentralisierten Netz verankert werden, kostet es viel Arbeit, die strukturellen Einschränkungen zu überwinden. Wenn der demokratische Führer jedoch versucht, die peripheren Mitglieder in höherem Maße zu beteiligen, erhöht er damit die Wahrscheinlichkeit, seine eigene Position zu sättigen. Das System würde zusammenbrechen, wenn die ursprünglichen Botschaften abgeschrieben und umgeleitet würden. Deshalb faßt der Führer – wie die Ergebnisse zeigen – die Nachrichten der Mitglieder selektiv zusammen und leitet sie in Kurzform weiter. Offensichtlich erlaubte ihr Organisationsprozeß den demokratisch geführten zentralisierten Gruppen mit eingeschränktem Informationsfluß durchaus, eine operationale Methode zu entwickeln, der sie sich verpflichtet fühlten.

Mitglieder demokratisch geführter Gruppen waren mit allen Aspekten der organisatorischen und operationalen Problemlösungsphasen zufriedener als Mitglieder, die unter autoritärer Kontrolle agierten. Die Freiheit, das Problemlösungsverfahren selbst zu bestimmen, die die Mitglieder demokratisch geführter Gruppen besaßen, und die Kontrolle, der sich die Mitglieder autoritär geführter Gruppen ausgesetzt sahen, scheint den Unterschied der in der organisatorischen Phase empfundenen Zufriedenheit zu erklären.

Die Zufriedenheit im operationalen Stadium war wahrscheinlich eine Funktion des Planungsprozesses in der organisatorischen Phase wie auch der Erfahrung in der tatsächlichen Aufgabensituation. In der Problemlösungsphase hatten die demokratisch geführten Gruppen die Gelegenheit, das Verfahren, das sie entwickelt hatten, in die Tat umzusetzen. Da kaum Fehler gemacht wurden und die Gruppen keinerlei Information besaßen, dank derer sie ihre Leistung an einem Standard hätten messen können, darf man davon ausgehen, daß die Mitglieder ihre Leistung als zufriedenstellend, nicht als unzulänglich empfanden. Mitglieder demokratisch geführter Gruppen bezogen die Zufriedenheit also aus der Erkenntnis, daß sie *ihr* Verfahren erfolgreich realisierten. Von den Mitgliedern autoritär geführter Gruppen wurde dagegen verlangt, daß sie ein Problemlösungsverfahren ausführten, das man ihnen aufgezwungen hatte. Wahrscheinlich haben auch die Mitglieder unter autoritären Führern wahrgenommen, daß ihre Leistung gut war, da ihre Gruppen selten Fehler begingen. Doch scheint die Zufriedenheit größer zu sein, wenn der Mensch den Erfolg seiner eigenen Entscheidung erlebt, als wenn er den Erfolg durch das Urteil eines anderen stellvertretend erfährt.

ZUSAMMENFASSUNG UND HINWEISE
FÜR KÜNFTIGE FORSCHUNGSARBEITEN

Die vorliegenden Forschungsergebnisse zeigen, daß die organisatorische und operationale Problemlösungsphase getrennt werden muß, wenn man feststellen will, in welchem Maße die Kommunikationsstruktur die Auswirkung der Aufgaben- und Führungsvariablen auf die Gruppenleistung modifiziert. Es zeigte sich auch, daß unbedingt zwischen dem

Maß an Netzzentralisierung und dem Maß an Verfahrenszentralisierung zu unterscheiden ist. Die Zentralisierung der Kommunikationsstruktur und die Zentralisierung der Methode können ähnlich sein, müssen es aber nicht. Eine Synthese der Ergebnisse läßt einige allgemeine Schlüsse über die Beziehung zwischen Netzstruktur und anderen Variablen in der organisatorischen und operationalen Problemlösungsphase zu. Außerdem ergeben sich daraus Forschungsprobleme, die genauer zu untersuchen sind.

Doch lassen die in diesen Experimenten verwendeten Aufgaben nur bedingte Generalisierungen zu. Obgleich die Rechenaufgaben schwieriger waren und mehr Kommunikationsanforderungen stellten als die Symbolidentifikationsaufgaben, war das eher ein Unterschied des Umfanges als der Art. Beide Aufgabentypen verlangten, daß die Informationen an einem Ort gesammelt wurden. Außerdem hatten sie nur eine Lösung, die sich leicht verifizieren ließ. Aus diesen Studien wurde jene Kategorie von Problemen ausgeklammert, die viele Lösungen gestatten. Bei ihnen läßt sich die Richtigkeit der einzelnen möglichen Lösungen nicht sofort verifizieren (z. B. Probleme, die die Beziehungen zwischen Menschen betreffen, politische Fragen).

Wie oben dargelegt, fallen jedoch viele der Probleme, mit denen es Gruppen zu tun bekommen, in die »Routinekategorie« der in diesen Studien verwendeten Aufgaben. Wenn die Problemlösungssituation kontrolliert werden kann, sollte die Gruppe während eines formellen organisatorischen Stadiums eine Strategie zur Ausführung der Aufgabe planen. Wenn man die Problemlösung in eine organisatorische und eine operationale Phase unterteilt, hat das den Vorteil, daß die Gruppenmitglieder von dem Zwang befreit sind, sich sofort an die Aufgabe zu machen. Das effizienteste Verfahren wird offensichtlich dann entwickelt, wenn die Teilnehmer ausreichend Gelegenheit haben, alle Anforderungen zu berücksichtigen, die Aufgabe und Situation an sie stellen. Netzsättigung zeigte sich häufig in Experimenten, in denen komplexe Probleme in eingeschränkten Kommunikationsstrukturen zu lösen waren (z. B. Shaw 1954b). Effektive Planung kann dieser Gefahr vorbeugen.

Durch den Führungsstil, der sich während der Planungsphase als besonders effektiv erweist, werden die Mitarbeiter veranlaßt, ein effizientes Verfahren zu entwickeln, das auszuführen sie sich verpflichtet fühlen. Demokratische Führung läßt sich in zentralisierten wie in dezentralisierten Kommunikationssystemen praktizieren. Allerdings hängt das Erscheinungsbild des demokratischen Verhaltens von dem Ausmaß der Netzzentralisierung ab. Bei eingeschränkter Kommunikationsstruktur faßt der demokratische Führer die individuellen Beiträge selektiv zusammen und gibt diese Kurzfassungen an die Mitglieder weiter. Zwar beugt diese Verhaltensweise nicht nur der Netzsättigung vor, sondern grenzt auch den freien Informationsfluß ein, doch hindert sie die Gruppe nicht daran, eine Entscheidung zu treffen. Der demokratische Führer in einem nichteingeschränkten Netz fördert die offene Diskussion zwischen den Teilnehmern und tritt als Koordinator nur dann in Erscheinung, wenn die Diskussion in entscheidende Phasen tritt. Welches Kommunikationsnetz und, damit verbunden, welche Form demokratischer Führung in einer gegebenen Situation am geeignetsten sind, hängt von der Aufgabenstellung ab.

Die Problemlösung einfacher Aufgaben mit minimalen Kommunikationsanforderungen läßt sich am effektivsten durch einen demokratischen Führer innerhalb eines eingeschränkten Netzes durchführen. Obgleich bei demokratischer Führung die organisatorischen Anforderungen für einfache Aufgaben in dezentralisierten Netzen in der Regel nicht größer sind als in zentralisierten Strukturen, sind diese doch aus zwei Gründen vorzuziehen. Erstens bedeutet das nichteingeschränkte Netz bei diesen Problemen keinen Vorteil für den Planungsprozeß. Da einfache Aufgaben aller Wahrscheinlichkeit nach keine Netzsättigung herbeiführen, liegt der einzige denkbare Vorteil des dezentralisierten Netzes in seiner größeren strukturellen Unabhängigkeit. Strukturelle Unabhängigkeit in der organisatorischen Phase einfacher Problemlösung führt jedoch im Vergleich mit eingeschränkten Situationen nicht zu effizienteren Verfahren oder mehr genereller Zufriedenheit.

Der zweite Grund, der einen eingeschränkten Planungskontext für einfache Aufgaben nahelegt, betrifft das operationale Verfahren und das Kommunikationsnetz, in dem dieses Verfahren ausgeführt wird. Gehen wir davon aus, daß die Gruppe im Verlauf des organisatorischen Prozesses ein zentralisiertes Verfahren zur Lösung einfacher Aufgaben entwickelt, so bedarf es in der operationalen Phase keines dezentralisierten Kommunikationssystems. Größere strukturelle Unabhängigkeit ist nämlich nicht mit effizienterer einfacher Problemlösung verknüpft. Es ist wenig wahrscheinlich, daß die minimalen Anforderungen der Aufgabe zur Netzsättigung führen. Andererseits hindert das eingeschränkte Netz die Mitglieder daran, irrelevante Nachrichten zu senden, die einen Produktivitätsrückgang zur Folge hätten. Da einfache Aufgaben in einem zentralisierten Kommunikationsnetz gelöst werden sollten, würde es ein unnötiges Risiko darstellen, in der Planungsphase ein dezentralisiertes Netz zu verwenden. Cohen, Bennis u. Wolkon (1962) stellten einen signifikanten Rückgang der Zufriedenheit der Mitglieder fest, als man Gruppennetze aus nichteingeschränkter in eingeschränkte Form überführte.

Wenn die Aufgabe es erforderlich macht, daß die Daten nicht nur an einem Ort gesammelt, sondern auch komplexeren Operationen unterzogen werden müssen, dürfte die demokratische Planung am effektivsten in einem nichteingeschränkten Kommunikationssystem vonstatten gehen. Zwar hat das nichteingeschränkte Netz – gemessen an der zentralisierten Struktur – bei den Rechenaufgaben nicht zu einem effizienteren Verfahren geführt, doch wird der Führer in einem eingeschränkten Netz möglicherweise nicht in der Lage sein, eine demokratische Struktur beizubehalten, wenn der Komplexitätsgrad des Problems über den von Rechenaufgaben hinausgeht. Es ist zu erwarten, daß sich der Führer in dem Maße, in dem das Sättigungspotential der Zentralposition des eingeschränkten Netzes wächst, gezwungen sieht, seine Position dadurch zu schützen, daß er die Mitglieder zunehmend von der Entscheidungsfindung ausschließt. Das nichteingeschränkte Netz läßt hingegen auch bei steigender Aufgabenkomplexität nicht nur weitestgehende Gruppenbeteiligung zu, es fördert auch, sofern dies möglich ist, die Entwicklung eines Verfahrens, in dem die Arbeit den Fähigkeiten entsprechend geteilt wird.

Aufgaben- und Kommunikationsanforderungen bestimmen im allgemeinen, welches Verfahren für die Lösung komplexer Probleme entwickelt wird. Ein dezentralisiertes Verfahren setzt ein nichteingeschränktes Kommunikationssystem voraus. Ein zentralisiertes Verfahren läßt sich dagegen in einem eingeschränkten wie in einem nichteingeschränkten Kommunikationsnetz realisieren. Ist die Zentralposition in der zentralisierten Verfahrensanordnung anfällig, ist ein dezentralisiertes Kommunikationssystem vorzuziehen. Hingegen sollte eine eingeschränkte Struktur verwendet werden, wenn die Wahrscheinlichkeit gering ist, daß es zu einer Störung des Verfahrensablaufs kommt. Man darf davon ausgehen, daß der Austausch überflüssiger (irrelevanter) Nachrichten unter den Mitgliedern einen Produktivitätsrückgang herbeiführt. Das Umsteigen von einer dezentralisierten Planungsmethode auf ein zentralisiertes operationales Kommunikationssystem kann hingegen die Zufriedenheit der Mitglieder signifikant beeinträchtigen (Cohen, Bennis, Wolkon 1962). In künftigen Forschungsarbeiten müßte man feststellen, für welche Verfahren sich Gruppen mit unterschiedlichen Kommunikationsnetzen entscheiden, wenn sie Aufgaben lösen sollen, in denen mehr verlangt wird, als nur die Ausführung einfacher Rechenoperationen. Untersucht werden müßte auch, wie effektiv die für diese Aufgaben entwickelten Verfahren sind.

Als deutlichstes Ergebnis schält sich aus der gegenwärtigen Kommunikationsnetzforschung heraus, daß die statische Kommunikationsstruktur gegenüber dem dynamischen Charakter des Führungsverhaltens von geringerer Bedeutung ist. Ob ein gegebenes Kommunikationsnetz zur Sättigung neigt oder nicht, ob es Unabhängigkeit gewährt oder nicht, scheint nicht von entscheidender Bedeutung für die Gruppeneffektivität zu sein. In beiden

Problemlösungsphasen scheinen sich Leistung und Zufriedenheit nach der Unabhängigkeit und Sättigung zu richten, die das Führerverhalten zuläßt. Ein demokratischer Führer kann das Sättigungspotential eines zentralisierten Netzes reduzieren und die Unabhängigkeit der in dem System arbeitenden Mitglieder erhöhen. Ein autoritärer Führer dagegen kann den Handlungsspielraum der Teilnehmer in einer nichteingeschränkten Struktur einengen und gleichzeitig die Wahrscheinlichkeit der Netzsättigung erhöhen. Zwar kann das Kommunikationsnetz an sich die Grenzen bestimmen, innerhalb derer die Gruppe arbeiten muß, doch hat der Führer erheblichen Einfluß. Er kann die positiven und negativen Aspekte einer gegebenen Kommunikationsstruktur verstärken oder schwächen.

Aus dem Amerikanischen übertragen von Hainer Kober·

LITERATUR

ARGYLE, M., GARDNER, G., CIOFFI, F.: Supervisory methods related to productivity, absenteeism, and labour turnover. Human Relations, 11, 1958, 23–42

BALES, R. F.: Some uniformities of behavior in small social systems. In: G. E. Swanson, T. M. Newcomb, E. L. Hartley (Eds.): Readings in social psychology. Überarbeitete Auflage. New York: Holt, Rinehart & Winston 1952, 146–159

BAVELAS, A.: Communication patterns in task-oriented groups. Journal of the Accoustical Society of America, 22, 1950, 725–730

COHEN, A. M., BENNIS, W. G., WOLKON, G. H.: Changing small-group communication networks. Administrative Science Quarterly, 6, 1962, 443–462

GUETZKOW, H., SIMON, H. A.: The impact of certain communication nets upon organization and performance in task-oriented groups. Management Science, 1, 1955, 233–250

HARSHBARGER, D.: An investigation of a structural model of a small group problem solving. Human Relations, 24, 1971, 43–63

HEISE, G. A., MILLER, G. A.: Problem solving by small groups using various communication nets. Journal of Abnormal and Social Psychology, 46, 1951, 327–335

KAHN, R. L., KATZ, D.: Leadership practices in relation to productivity and morale. In: D. Cartwright, A. Zander (Eds.): Group dynamics: research and theory. Evanston/Illinois: Row, Peterson ²1960, 554–570

KATZ, D., KAHN, R. L.: The social psychology of organizations. New York: John Wiley 1966

LEAVITT, H. J.: Some effects of certain communication patterns on group performance. Journal of Abnormal and Social Psychology, 46, 1951, 38–50

LIKERT, R.: New patterns of management. New York: McGraw Hill 1961

MACY, J., CHRISTIE, L. S., LUCE, R. D.: Coding noise in a task-oriented group. Journal of Abnormal and Social Psychology, 48, 1953, 401–409

MULDER, M.: Communication structure, decision structure, and group performance. Sociometry, 23, 1960, 1–14

NEWCOMB, T. M.: Social psychology. New York: Holt 1950

SHAW, M. E.: Some effects of unequal distribution of information upon group performance in various communication nets. Journal of Abnormal and Social Psychology, 49, 1954a, 547–553

Some effects of problem complexity upon problem solution efficiency in different communication nets. Journal of Experimental Psychology, 48, 1954b, 211–217

A comparison of two types of leadership in various communication nets. Journal of Abnormal and Social Psychology, 50, 1955, 127–134

Communication networks. In: L. Berkowitz (Ed.): Advances in experimental social psychology, I. New York: Academic Press 1964, 111–147

SHURE, G. H., ROGERS, M. S., LARSEN, I. M., TASSONE, J.: Group planning and task effectiveness. Sociometry, 25, 1962, 263–282

SNADOWSKY, A. M.: Communication network research: An examination of controversies. Human Relations, 25, 1972, 283–306

Member satisfaction in stable communication networks. Sociometry, 37, 1974, 38–53

WATSON, D., BROMBERG, B.: Power, communication, and position satisfaction in task-oriented groups. Journal of Personality and Social Psychology, 2, 1965, 859–864

FÜHRUNGSPOSITIONEN IN GRUPPEN

von Max Rosenbaum

Die meisten Soziologen lehnen Erklärungen über kollektives Verhalten ab, die auf individuellen Wesensmerkmalen beruhen. Doch würden nahezu alle Forscher von Gruppenverhalten darin übereinstimmen, daß Mitglieder einer Gruppe sich in gleicher Richtung orientieren; im Zentrum steht ein gemeinsames Interesse. Wenn wir nicht davon ausgehen, daß externe Faktoren die einzigen Determinanten von Gruppenverhalten sind oder daß jedes Gruppenmitglied den gleichen Einfluß ausübt, dann müssen wir den Einfluß von Führung auf eine Gruppe bestimmen. Sherifs und Harveys (1952) experimentelle Untersuchung über den autokinetischen Effekt legte nahe, daß ein entstehender Gruppenstandard sich dem Durchschnitt der individuellen Bewertungen annähert – das geschieht dann, wenn alle Mitglieder den gleichen Einfluß besitzen. Doch bei Grenzfällen wird eine erste eindringliche Aufforderung zu eindeutiger Aktion befolgt werden. Voraussetzung dafür, daß die Aufforderung wirksam wird, ist die Existenz latenter Unterstützung in der Gruppe für den Vorschlag des *Sprechers*. Das bedeutet, daß Interaktion stattfinden muß (Turner, Killian ²1972).

Wie immer man es nennt – psychische Ansteckung (»contagion«), ein Begriff, den Le Bon (1895), der französische Soziologe, benutzte und der auch S. Freud beeinflußte, oder soziale Erleichterung (»social facilitation«), ein Ausdruck von Floyd Allport aus dem Jahre 1924 –, nahezu alle Forscher kollektiven Verhaltens weisen darauf hin, daß Individuen in der Gruppe, insbesondere der Führer, dem Einfluß anderer unterworfen sind.

Das Wort Führung ist tatsächlich sehr komplex. Quer durch die ganze Geschichte ziehen sich Begriffe, die unterscheiden zwischen Herrschern und Beherrschten. Das Wort »leader« (Führer) erschien erstmals in der englischen Sprache im vierzehnten Jahrhundert. Der Ausdruck »leadership« (Führung) war bis ins neunzehnte Jahrhundert nicht allgemein geläufig. Der Begriff »leader« wird oft definiert als Leiter oder Lenker, aber auch als Oberhaupt oder Befehlshaber. Die Definition scheint kulturell auf Begriffen zu basieren, die angeben, was eine Gruppe in ihrem Führer oder »leader« sucht.

Es hat viele Definitionen von Führung oder »leadership« gegeben (Bass 1960, Gibb ²1969, Shartle 1956, Tead 1935). Viele Wissenschaftler, die Gruppenprozesse untersuchen, verstehen den Führer als das Zentrum des Gruppenwandels. Schon 1902 definierte Cooley den Führer als »den ständigen Nukleus einer Tendenz«. Cooley, ein produktiver Denker, sollte viele behavioristische Wissenschaftler in den USA beeinflussen; er wird heute von zahlreichen Erforschern von Humanverhalten wiederentdeckt. Er war sich des Problems von Führung und der reziproken Beziehung zwischen Führer und geführter Gruppe genau bewußt. Viele Jahre später folgerte Fritz Redl (1942) aufgrund seiner Arbeit mit gestörten Jugendlichen und seiner psychoanalytischen Schulung, daß der Führer bei der Integrierung der Gruppe die zentrale Rolle spielt.

Die Frage der zentralen Führerpersönlichkeit weist einen engen Bezug auf zu der Frage, die Sigmund Freud vor einigen Jahrzehnten stellte und bei der es darum ging, ob die menschliche Natur wirklich unveränderbar sei und ob unsere Nachkommen ebenso daran scheitern, eine erfolgreiche Unterdrückung aggressiver Antriebe zu erreichen. Sicherlich kann und wird ein gestörter Führer eine Gruppe zu destruktivem Verhalten aktivieren (Mitscherlich, Mitscherlich 1967).

Aufgrund des politischen Chaos in vielen Teilen der Welt interessiert man sich ungemein für das Problem der verantwortungsvollen Führung. Ja fast könnte man sagen, die Leute hungern nach verantwortungsvollen und vertrauenswürdigen Führern. Die Folgerung aus den Arbeiten der Autoren, die Führung und Gruppenprozeß zusammen behandeln, ist die, daß die Gruppe offenbar einen eigenen Willen hat und daß der Führer der Gruppe nur einen Schritt voraus ist und daß die Gruppe ihn überholen wird, wenn er nicht ständig vorwärts eilt (Krech, Crutchfield 1948).

Viele Forscher, die das Problem der Führung untersucht haben, betonten die Bedeutung der Persönlichkeit des Führers. Der Führer wird von ihnen als jemand angesehen, der in der Lage ist, eine Gruppe zu beeinflussen. Hier wird der Gruppeninteraktion nur wenig Aufmerksamkeit gezollt. Diese Schule befaßt sich gern mit dem charismatischen Führer, der dazu neigt, eine Gruppe zu schaffen, die von ihm abhängig ist. Cecil Gibb erweiterte dieses Konzept durch seine Idee, daß Führung nicht ein Attribut des Führers ist, sondern eine Beziehung, die der Führer zum Kollektiv herstellt (Gibb 1950).

Was Gibb postulierte, war die Vorstellung, daß der Führer existiert, wenn es Leute gibt, die bereit sind, sich führen zu lassen. Er betonte die *Rollen*qualität der Führung, die sich von einem Moment zum anderen ändern könnte. Es ist denkbar, daß der Führer in einem anderen Rahmen ein Geführter werden könnte. Trotz alledem erkennen Rollen-Theoretiker an, daß es Menschen gibt, die jederzeit bereit sind, Führerrollen zu übernehmen. Das aber liefe wieder auf die Wichtigkeit der Führerpersönlichkeit hinaus. Es unterscheidet sich wesentlich von dem, was Fritz Redl darlegte. Er betonte, daß die Persönlichkeit des Führers nicht unbedingt unerläßlich sei, da es den Führer geben könnte, weil ihn die Gruppe *braucht*. Ein Beispiel hierfür wäre der Rauschgifthändler, dessen Führungsfunktion auf den Bedürfnissen der Rauschgiftsüchtigen beruht.

Der Ansatz der Führungsforschung, der die Persönlichkeit als wesentlich begreift, findet in der Definition der »Führung durch Einflußnahme« eine enge Entsprechung. Hier wird der Führer als jemand beschrieben, der fähig ist, die Gruppe für jedwedes Vorhaben zu formen, das er realisieren will. Bennis ist ein hervorragender Vertreter dieser Schule (1966). Die Einflußtheorie ignoriert offenbar den Gruppenprozeß und schenkt dem normativen Verhalten einer Gruppe nahezu keine Beachtung. Sie betont klar die Funktion des Führers, die darin besteht, das Verhalten von Gruppenmitgliedern zu verändern. Bekannte Theoretiker wie Petrullo u. Bass (1961) lassen eine differenziertere Sicht erkennen, wenn sie auf den Unterschied hinweisen zwischen solchen Führern, die Einfluß anstreben und dabei *scheitern*, und solchen, deren Einflußnahme *erfolgreich* ist.

Offenbar vertreten viele Führungsforscher den Autoritätsansatz. Allerdings gibt es einige, wie zum Beispiel Fiedler, die den Führer mehr als Koordinator sehen, so daß die Führung stets hinter die Koordination von Arbeitsbeziehungen zurücktritt. Dieser Ansatz versucht vor allem, die Einflußnahme durch Führung so objektiv wie möglich zu beschreiben und eine dynamische Interpretation zu vermeiden.

Die Neigung zum Autoritätsansatz fällt vor allem bei der Literatur auf, die sich mit der Führung im industriellen und vor allem im militärischen Bereich befaßt. Der Schwerpunkt liegt hier weniger auf dem Zwang als auf der Fähigkeit, zu überzeugen und zu inspirieren (Koontz, O'Donnell 1935).

Dieser Ansatz scheint jedoch zu übersehen, daß Überzeugen und Inspirieren für die betroffenen Gruppenmitglieder die verschiedensten Bedeutungsinhalte haben können. Die gegenwärtige Beunruhigung über die jungen Menschen, die religiösen Gruppen beitreten, geht vor allem von Eltern aus, die fürchten, ihre Kinder seien dazu gezwungen worden, Mitglied einer solchen Vereinigung zu werden, während die Kinder selbst meinen, überzeugt worden zu sein. Definieren wir Führung mit den Begriffen Überzeugung und Inspirieren, so bewegen wir uns auf dem Gebiet von Machtbeziehungen, wo Gruppenmitglieder auf die Macht eines einzelnen Gruppenmitglieds, das heißt des Gruppenführers, reagieren. Damit sind wir wieder bei der autoritären Führung. French u. Raven (1959) haben auf diesem Gebiet Pionierarbeit geleistet.

Die Schüler von Merton, einem führenden Soziologen, der Führung als ein Resultat sozialer Interaktion ansah, haben ihre Studien mit seinem Ansatz weitergeführt. Merton (1949) glaubte, daß Gruppenmitglieder sich Ansprüchen des Führers fügen, nicht weil sie dazu gezwungen werden, sondern weil sie dies *wünschen*.

Die Interaktionstheorie betont die Tatsache, daß Führung sich als ein Ergebnis des Interaktionsprozesses *entwickelt*. Das bringt uns zum Charismatismus, da der charismatische Führer in den Gruppenmitgliedern bestimmte Erwartungen weckt. So überträgt die Gruppe den Führer-Status auf eine Person, die Anregungen geben und die Gruppenmitglieder glauben machen kann, sie (die Person) sei effektiver. Sicher wird ein introspektiver Mensch, gleichgültig wie begabt er ist, große Schwierigkeiten haben, die Erwartungen von Gruppenmitgliedern zu wecken, es sei denn, er interagiert intensiv mit anderen Mitgliedern der Gruppe.

Der umfassendste Ansatz zur Führung in der Sozialpsychologie beruht auf der Rollentheorie, die sich auf einen ganzheitlichen Zugang zum menschlichen Verhalten bezieht (s. auch den Beitrag von H. P. Dreitzel in diesem Band). Die Rollentheorie betont, daß kollektives Verhalten in Intergruppen-Beziehungen *nicht* durch intrapsychische Mechanismen erklärt werden kann. Die Menschen werden als rollenspielende Akteure betrachtet, die sich gemäß ihren jeweiligen Interessen und Verpflichtungen verhalten. Merton (1957) hat dieses Phänomen als »role-set« beschrieben, und dieser Begriff beinhaltet, daß jede Situation unterschiedliche Erwartungen schafft. Der Lehrer kann, um sich beliebt zu machen, seine Schüler unterhalten, die Schüler ihrerseits können zu einem dankbaren Publikum werden.

Ein Ansatz zur Verhaltensstörung betont, daß ein Individuum zusammenbricht, wenn es mit den zahlreichen Rollenerwartungen unserer Kultur nicht fertig wird. Vor vielen Jahren, als der Verfasser dieses Beitrags Kinderverhalten untersuchte, benutzte er bei kleinen Kindern eine Fragetechnik, deren Schwerpunkt in der Rollentheorie lag. So fragte er zum Beispiel: »Was macht dein Vater?« Und die Antwort lautete etwa: »Er ist Postbote.« »Ja aber kann man denn Postbote und Vater zur gleichen Zeit sein?« Weitere Fragen haben die vielen Rollen ausgelotet, die der Vater in den Augen des Kindes zur selben Zeit »erfüllen« konnte. Wird dieses Konzept multipler Rollen auf die Führung ausgedehnt, so wird der Interaktionsprozeß problematisch. So kann zum Beispiel eine politische Gruppe erwarten, daß der Bürgermeister der Stadt glücklich verheiratet ist. Das ist die Rolle, die die Gruppe dem Bürgermeister »zugedacht« hat. Findet die Gemeinde jedoch heraus, daß der Bürgermeister auch außereheliche Beziehungen hat, werden Rollenwahrnehmung und damit Führungsposition des Bürgermeisters erschüttert. Dies hat nichts mit den Führungsqualitäten des Bürgermeisters zu tun, sondern mit den Erwartungen der Gemeinde, wie sich der Führer verhalten sollte. Gibb (1969) glaubte, Führung komme als Resultat von Interaktion zustande. Von jeder Person in der Interaktion wird jedoch erwartet, daß sie eine spezifische

Rolle spielt. Jede Organisation fordert, daß ihre Mitglieder gegenüber der Gruppe ein gewisses Maß an Loyalität aufbringen (Simon 1948). In den Augen der Gruppe beinhaltet solche Loyalität einen bestimmten moralischen Kodex. Sherif u. Sherif (1956) bestätigten dies durch ihre Forschungsarbeiten – Führung ist eine Rolle innerhalb eines Erwartungssystems. Der Führer setzt Erwartungen in die Gruppe, und die Gruppe setzt Erwartungen in den Führer. Die Rollentheorie zum Thema »Führung« wird von den Erforschern der Problematik »Führung in Gruppen« wahrscheinlich am meisten akzeptiert. Die Theorie eignet sich für die praktische Forschung und beinhaltet keine umfassenden Abstraktionen. Das heißt nicht unbedingt, daß sie immer zutreffend ist, aber es ist eine Theorie, die objektiv untersucht werden kann.

Ich habe auf den charismatischen Führer bereits hingewiesen. Homans (1950) berührt diesen Bereich, indem er beschreibt, wie der Führer seine Rolle als Gruppenführer behauptet. Nach Homans setzt der Führer Interaktion in Gang.

Dieser Ansatz ist abstrakt, aber letztlich aussagekräftiger, da Homans ausdrücklich danach fragt, welche Prozesse den Führer dazu befähigen, seine Führungsposition zu behaupten, nachdem er seinen Status erworben hat. Damit sind wir wieder bei der Struktur der Gruppe. Gibt es ein Gruppenbedürfnis? Sherif (1962) betont in seinem Werk über soziale Normen gern die Gruppenziele. Der Führer, so heißt es hier, behaupte seine Position dadurch, daß er ein Gespür für die Gruppeninteressen besitzt. Dieser Ansatz entspricht der social exchange theory (Theorie des sozialen Austauschs). Gruppe und Führer befinden sich dann in einer Interaktion, wenn die Gruppe dem Führer etwas gibt (Status) und der Führer seinerseits der Gruppe hilft, bestimmte Ziele zu erreichen (Jacobs 1971).

Die Theorie des sozialen Austauschs eignet sich für viele andere theoretische Ansätze. Fromm, der Sozialphilosoph und Psychoanalytiker, bemerkt in seinem Pionierwerk »Escape from Freedom« (1947), Nationalsozialismus und Faschismus seien entstanden, als die Menschen einen Führer suchten, der ihnen eine bestimmte Lebensstruktur garantieren sollte, wobei sie als Gegenleistung dazu bereit waren, ihm blind zu vertrauen. Dieser Führungstypus wirkt auf individualistische Strebungen zerstörerisch. Trotzdem kollaborieren die Gruppenmitglieder, so Fromm, aufgrund ihrer emotionalen Bedürfnisse. Manche Forscher nehmen an, daß der autoritäre Führungsstil einer Gruppe seinen Ursprung in der Familie hat. Der Elternteil ist in vielen Familien letzte Autoritätsperson, und das Kind lernt sehr schnell, welches Verhalten für den Elternteil angemessen und akzeptabel ist und welche Belohnung darauf folgt. Das Kind, das autoritär erzogen wird, kann rebellieren oder, wenn es erwachsen wird, nach einem Führer suchen, der eine Nachbildung des ursprünglichen autoritären Elternteils darstellt. So ist der Führer die Verkörperung des gefürchteten Elternteils. Was hier vor sich geht, ist ein intrapsychischer Prozeß, der für Führer und Gefolgschaft gleichermaßen attraktiv ist.

Milgram (1974) hat in seiner Untersuchung auf das Bedürfnis mancher, ja vielleicht sogar der meisten Menschen hingewiesen, einem autoritären Führer zu entsprechen. In seinem Experiment erteilten unbefangene Personen den Befehl, anderen Personen schmerzhafte Elektroschocks zu verabreichen. Diese Prozedur war Teil eines »Lern«-Experiments. Milgram fand heraus, daß die Mehrheit seiner Versuchspersonen bereit war, anderen Schmerz zuzufügen, wenn dies *befohlen* wurde. Seine Experimente zeigen, daß ein hoher Prozentsatz von Versuchspersonen in einer Weise handelte, die im alltäglichen Leben als schadenbringend angesehen würde; all das aber geschah in Erfüllung der Befehle einer Autoritätsperson (eines Führers). Milgrams Untersuchungen wurden in Deutschland und Australien mit ähnlichen Resultaten wiederholt (Mantell 1971; Kilham, Mann 1974).

Da beim Humanexperiment strikte ethische Bedingungen eingehalten werden müssen, hat man nach Milgram auf diesem Gebiet kaum weitergeforscht, doch scheinen seine Untersuchungsergebnisse fundiert zu sein. Interessant wäre eine Untersuchung, die sich mit

Menschen befaßt, die blinden Gehorsam gegenüber Autoritätspersonen *ablehnen*. Persönlichkeitsstudien über die Aktivisten, die gegen den Krieg in Vietnam protestierten, sowie über die Menschenrechtler (übrigens beides Gruppen, die sowohl von der Gesellschaft als auch von der jeweiligen Regierung einiges zu befürchten hatten) würden sich als sehr wichtig erweisen. Als Milgram seine Studien beendete und veröffentlichte, schrieb er in seinem Buch: »Wir haben die besondere Verpflichtung, solche Menschen in verantwortliche Positionen zu bringen, die noch am ehesten zu Menschlichkeit und Besonnenheit neigen ...«

Die Literatur der psychoanalytischen Psychotherapie könnte sich, insbesondere für diejenigen unter uns, die mit Gruppen arbeiten, am Ende am wertvollsten für das Studium der Führung in Gruppen erweisen. 1921 schrieb Freud in seinem Werk »Massenpsychologie und Ich-Analyse«: »Das Verhältnis des Einzelnen zu seinen Eltern und Geschwistern, zu seinem Liebesobjekt, zu seinem Lehrer und zu seinem Arzt, also alle die Beziehungen, welche bisher vorzugsweise Gegenstand der psychoanalytischen Untersuchung geworden sind, können den Anspruch erheben, als soziale Phänomene gewürdigt zu werden ...« (G. W. XIII, 73).

Dieses Werk ist Freuds Hauptbeitrag zur Sozialpsychologie von Gruppen (s. Bd. II dieser Enzyklopädie sowie den Beitrag von J. A. Schülein in diesem Band). Das Werk zeigt außerdem, daß Freud weit mehr als ein Trieb-Theoretiker war. Er interessierte sich dafür, weshalb sich Menschen in unterschiedlichen Gruppen unterschiedlich verhalten. Einige seiner Ideen gründete er auf die Arbeit des französischen Soziologen Le Bon (1895). Die meisten Erforscher von Gruppenverhalten um die Jahrhundertwende sahen die Gruppe als einen Ort, wo eine Person regrediert und unverantwortlich handelt. Freud, der dies nicht bestritt, fügte dem seine Libido-Theorie hinzu. In seinen Augen bestanden Gruppenbeziehungen aus emotionalen Bindungen. Zunächst befaßte sich Freud mit der Armee und der Kirche, und er unterschied zwischen Gruppen, die ohne, und solchen, die mit Führer funktionierten. Er erforschte eingehend die Rolle des Führers und der Führung in beiden Gruppen, Armee und Kirche, und vertrat die Ansicht, daß in beiden Gruppen vom Führer erwartet wird, daß er alle seine Gefolgsleute im gleichen Maße liebt. In diesem Kontext beschrieb er die Rolle des Vaters in der Familie. Er wies darauf hin, daß die Kirche aufgrund einer Ethik, die Armee hingegen aufgrund von Disziplin existiere. Es gibt natürlich andere theoretische Konzepte, die beiden Gruppen gemeinsam sind. Freud kommentierte sodann die Panik, die entsteht, wenn eine Armee ihren Führer verliert, und verglich diese Tatsache mit der Kirche, die beim Verlust eines Führers ebenfalls unruhig und feindselig reagiert. Er folgerte, daß bei der Kirchengruppe Liebe sich auf die Gläubigen und Zorn auf die Ungläubigen (Feinde) erstreckt. Beim Verlust des Führers einer Kirchengruppe tritt Feindseligkeit auf. Freud kam zu diesen Ansichten, als er das Konzept der Identifizierung entwickelte – das heißt, als er sich mit der emotionalen Bindung zu einer anderen Person befaßte. Er vertrat dabei, was die Führung in Gruppen anlangt, die Überzeugung, eine Form der Identifizierung bestehe darin, daß man mit einer anderen Person eine Qualität gemeinsam habe. Diese gemeinsame Qualität, so glaubte Freud, sei das Band zwischen Führer und Geführtem. Er arbeitete dieses Konzept mit Hilfe der libidinösen Bindungen zwischen Gruppenmitgliedern und zwischen Führer und Geführtem aus. Er betonte, die Primärgruppe bestehe aus Menschen, die sich in ihrem Ich miteinander identifiziert hätten. Das einzelne Gruppenmitglied gebe unbewußt das eigene Ich-Ideal auf und unterstütze das kollektive Ideal des Führers. Der Führer sei von entscheidender Wichtigkeit für die Existenz einer Gruppe.

Freuds Theorien können, obgleich spekulativ, vor dem Hintergrund einer europäischen Kontinental-Kultur gesehen werden, wobei das hierarchisch stark strukturierte k.u.k. Reich und die strenge katholische Kirche die Hauptmerkmale darstellten. Für ihn war der Mensch ein »soziales Tier«, das unbewußt die Normen der Gesellschaft, in der es lebt, bekämpft. Gegenwärtige Erforscher von Humanverhalten, die einen biologischen Ansatz nicht akzeptieren, glauben, daß die menschliche Persönlichkeit aus interpersonalen Beziehungen hervorgeht, die in großem Ausmaß in einer Gruppe existieren.

Während und kurz nach dem Zweiten Weltkrieg begannen Verhaltensforscher – als Resultat ihrer Arbeit mit Patienten in Therapiegruppen –, Führer und Gruppe anders als Freud zu beurteilen. Bion (1961), ein englischer Psychoanalytiker, erweiterte Freuds Ideen über Massenpsychologie. Er ignorierte den Einfluß der kollektiven Struktur ebenso wie die sozialen Rollen, konzentrierte sich aber auf die Gruppenziele der Mitglieder der psychotherapeutischen Gruppen und darauf, was sie vom Gruppenführer (Gruppentherapeuten) forderten. Er unterschied sechs Erscheinungsformen des Verhaltens in Gruppen: pairing/counter-pairing (der Wunsch nach Intimität oder der Wunsch, allein zu bleiben); dependency/counter-dependency (Abhängigkeit oder Ablehnung einer äußeren Autorität); fight/flight (Kampf oder Flucht vor Beanspruchung).

Ein weiterer britischer Verhaltenswissenschaftler, der Beiträge zur Erforschung der Führung in Gruppen geliefert hat, ist A. K. Rice (1965). Er beschäftigte sich mit den Aufgaben, die eine Gruppe sich selbst stellt, und der Frage, wie ein Führer die Ausführung solcher Aufgaben fördert oder behindert.

Die Untersuchungen über Führung haben Verhaltenswissenschaftler zu dem Hinweis veranlaßt, daß der Führer, der bereits Erfolg gehabt hat, auch mit künftiger Führung rechnen kann. Weitere umfangreiche Untersuchungen werden sicherlich nötig sein, um die Interaktion zwischen Führer und Gefolgschaft zu erforschen. Unterschiedliche Persönlichkeitsmerkmale erklären offensichtlich, weshalb eine Gruppe eine Person als Führer akzeptiert oder fördert, während eine andere Gruppe eine Person als Führer ablehnt oder zurückweist. Kann es überhaupt Führung geben, wenn die Wertvorstellungen eines Führers von denen der anderen Gruppenmitglieder stark abweichen? Die Psychoanalyse hat uns einiges darüber verraten, wie ein Führer Autorität in der Gruppe erwirbt; doch unser Wissen darüber, wie ein Führer seine Führungsposition behauptet, ist noch unzulänglich. Es ist denkbar, daß der emotionale Reifungsprozeß die Gruppenmitglieder veranlaßt, einen Führer abzulehnen, der davor wichtig für sie war. Ähnlich verhält es sich beim Kind, das aus dem Zwang, der Angst, der Zuneigung heraus bis zu einem bestimmten Alter die Führung des Elternteils akzeptiert. Jedoch einmal mündig geworden, lehnt das Kind die Führung, Autorität und Erfahrung des Elternteils häufig ab. Ist dies Reife, Rebellion oder was sonst? Die aufgeworfene Frage bleibt offen.

Aufgrund der Destruktivität vieler politischer Führer insbesondere im Verlauf der letzten 45 Jahre wurde die Bezeichnung »Führung« für viele zu einem negativen Begriff. Doch ist es gerade die heilsame humane Führung, die Gruppen hilft, Richtung, Schwung und Zusammenhalt zu bewahren. Führungslose Gruppen funktionieren nicht effektiv, es sei denn, sie bestehen aus reifen Menschen, die in ehrlichem Bemühen handeln. Für den Autor ist die Motivation des Gruppenführers in jeder Hinsicht von entscheidender Wichtigkeit. Der gestörte und größenwahnsinnige Führer wird einer Gruppe schaden. Nur selten gelingt es der Gruppe, sich seiner zu entledigen. In den USA wurde, bedingt durch die Elastizität der amerikanischen Demokratie und dadurch, daß ein Präsident sich einfach überforderte, Richard Nixon aus dem Amt entfernt. Jedoch gibt es noch viele Amerikaner, die glauben, daß er unfair behandelt wurde. Im Grund arbeiten sie immer noch ihre Enttäuschung über den Gruppenführer durch, der sie verraten hat. Oder sie sind begreiflicherweise nicht in der Lage, Nixons Persönlichkeitsprobleme zu akzeptieren.

Wir scheinen in einer Zeit der Führungskrise zu leben, die allerdings offenbar bereits seit einigen Jahrtausenden andauert. So dürfte vor dreitausend Jahren ein herumziehender Hebräerstamm der Verzweiflung zum Opfer gefallen sein, da seine vielgerühmten Führer unmoralisch und überheblich wurden. Diesen Punkt erhellt die Geschichte von König David, der die Rolle des idealistischen politischen Rebellen weit hinter sich ließ und sich zum habsüchtigen Monarchen entwickelte. Doch heute, im Atomzeitalter, benötigen wir dringend zugleich flexible und starke Führer, die auch respektiert werden. Das ist der Grund, weshalb die Thematik »Führung in Gruppen« so wichtig ist. Untersuchungen der Probleme des Führers und der Gruppe sollten Klarheit darüber schaffen, weshalb in manchen Gruppen pathologische Bindungen bestehen und wie Gruppenzugehörigkeit genutzt werden kann, um eine gesunde Peer-Interaktion zu fördern und dadurch die Möglichkeit, daß zerstörerische und größenwahnsinnige Führer an die Macht gelangen, zu verringern.

Aus dem Amerikanischen übertragen von Rosemarie Besenbeck

LITERATUR

ALLPORT, F. H.: Social Psychology. Boston: Houghton 1924

BASS, B. M.: Leadership, Psychology, and Organizational Behavior. New York: Harper 1960

BENNIS, W. G.: Changing Organizations. New York: McGraw-Hill 1966

BION, W. R.: Experiences in Groups. New York: Basic Books 1961. Deutsch: Erfahrungen in Gruppen und andere Schriften. Stuttgart: Klett ²1974

COOLEY, C. H.: Human Nature and the Social Order. New York: Scribners 1902

FIEDLER, F. E.: A Theory of Leadership Effectiveness. New York: McGraw-Hill 1967

FRENCH, J. R. P., RAVEN, B.: The Bases of Social Power. In: D. Cartright (Ed.): Studies in Social Power. Ann Arbor: University of Michigan, Institute for Social Research 1959

FREUD, S.: Massenpsychologie und Ich-Analyse (1921). G. W. XIII. Frankfurt/M.: S. Fischer ⁷1972

FROMM, E.: Escape From Freedom. New York: Farrar & Rinehart 1947. Deutsch: Die Furcht vor der Freiheit. Frankfurt/M.: Europäische Verlagsanstalt ⁵1973

GIBB, C. A.: The sociometry of leadership in temporary groups. Sociometry, 13, 1950, 226–243

Leadership. In: G. Lindzey, E. Aronson (Eds.): The Handbook of Social Psychology. Reading, Mass.: Addison-Wesley ²1969

HOMANS, G. C.: The Human Group. New York: Harcourt Brace 1950. Deutsch: Theorie der sozialen Gruppe. Opladen: Westdt. Vlg. ⁶1972

JACOBS, T. O.: Leadership and Exchange in Formal Organizations. Alexandria/Virginia: Human Resources Organization 1971

KILHAM, W., MANN, L.: Levels of destructive obedience as a function of transmitter and executant roles in the Milgram obedience paradigm. Jl. of Personality and Social Psychology, 29, 1974, 696–702

KOONTZ, H., O'DONNELL, C.: Principles of Management. New York: McGraw-Hill 1955

KRECH, D., CRUTCHFIELD, R. S.: Theory and Problems of Social Psychology. New York: McGraw-Hill 1948

LE BON, G.: Psychologie des foules. Paris: Alcan 1895. Deutsch: Psychologie der Massen. Stuttgart: Kröner 1973

MANTELL, D. M.: The potential for violence in Germany. Jl. of Social Issues, 27, 1971, 101–112

MERTON, R. K.: Social Theory and Social Structure. New York: Free Press 1949

The role-set: problems in sociological theory. Brit. J. Sociol., 8, 1957, 315–322

MILGRAM, S.: Obedience to Authority. New York: Harper & Row 1974. Deutsch: Das Milgram-Experiment. Zur Aufdeckung der Gehorsamsbereitschaft gegenüber Autorität. Hamburg: Rowohlt 1974

MITSCHERLICH, A., MITSCHERLICH, M.: Die Unfähigkeit zu trauern: Grundlagen kollektiven Verhaltens. München: Piper 1967

PETRULLO, L., BASS, B. M.: Leadership and Interpersonal Behavior. New York: Holt, Rinehart & Winston 1961

REDL, F.: Group Emotion and Leadership. Psychiatry, 5, 1942, 573–596

RICE, A. K.: Learning for Leadership – Interpersonal and Inter-Group Relations. New York: Humanities Press 1965. Deutsch: Führung und Gruppe. Stuttgart: Klett ²1973

SHARTLE, C. L.: Executive Performance and Leadership. Englewood Cliffs, N. J.: Prentice-Hall 1956

SHERIF, M.: Intergroup Relations and Leadership. New York: Wiley 1962

SHERIF, M., HARVEY, O. J.: A study of ego-functioning: elimination of stable anchorages in individual and group situations. Sociometry, 15, 1952, 272–305

SHERIF, M., SHERIF, C. W.: An Outline of Social Psychology. New York: Harper 1956

SIMON, H.: Administrative Behavior. New York: Macmillan 1948

TEAD, O.: The Art of Leadership. New York: McGraw-Hill 1935

TURNER, R. H., KILLIAN, L. M.: Collective Behavior. Englewood Cliffs, N. J.: Prentice-Hall ²1972

Weiterführende Literatur:

SNADOWSKY, A. (Ed.). Social Psychology Research: Laboratory-Field Relationships. New York: Free Press 1972

ENTSCHEIDUNGSPROZESSE IN KLEINGRUPPEN

von Donald C. King

Es ist durchaus angemessen, daß dieses Thema in einem Band behandelt wird, der den Titel »Lewin und die Folgen« trägt. Lewin hat sich eingehend mit der Frage auseinandergesetzt, wie die Gesellschaft lernen könnte, ihre Gruppenprobleme effizienter und vorurteilsloser zu bewältigen. Er hat unter mannigfachen Rahmenbedingungen (settings) eine Anzahl klassischer Untersuchungen durchgeführt, in denen zweifelsfrei nachgewiesen wurde, daß von der Teilnahme an Gruppenentscheidungen positive Wirkungen auf das Akzeptieren der damit verbundenen Veränderung ausgehen. Er war der Begründer zweier Organisationen, die in den vierziger Jahren ins Leben gerufen wurden und die heute noch unser Wissen über Kleingruppen und unsere Fertigkeiten, in Gruppen zu arbeiten, vermehren. Die eine dieser beiden Organisationen sind die National Training Laboratories (die heute den Namen NTL Institute for Applied Behavioral Sciences tragen); deren Hauptziel ist es, Individuen zu effizienteren Gruppenmitgliedern und -führern auszubilden. Die andere Organisation ist das Research Center of Group Dynamics (Marrow 1969).

Lewins Werk hat den Anstoß gegeben für Tausende von gruppendynamischen Untersuchungen, über die seither in der Fachliteratur berichtet wurde. Dieser Beitrag wird einen Überblick über die Vor- und Nachteile von Gruppen als Entscheidungsträgern (decision makers) geben; zusammenfassend dargestellt werden dabei einige spezifische Faktoren, die die Qualität der Entscheidungsfindung beeinflussen, und schließlich sollen ein paar Techniken beschrieben werden, mit denen man die Qualität von Gruppenentscheidungen verbessern kann.

GRUPPEN ALS ENTSCHEIDUNGSTRÄGER

Maier (1967) hat eine zusammenfassende Darstellung der Aktiv- und Passivposten gegeben, die eine Gruppe anders als ein Individuum mit in die Entscheidungssituation einbringt.

Aktiva. Vier Aktivposten sind zu nennen: 1. ein größeres Gesamtwissen und mehr Informationen, die den Entscheidungen zugrunde gelegt werden können; 2. eine größere Vielfalt von Ansätzen bei der Entscheidungsfindung; 3. ein größeres Einverständnis mit den getroffenen Entscheidungen, weil jeder am Entscheidungsprozeß teilgenommen hat; und 4. ein besseres Verständnis der Entscheidung selbst. Die beiden ersten Aktivposten betonen, daß bei Gruppenentscheidungen alle relevanten Daten besser berücksichtigt werden und das jeweilige Problem von allen möglichen Seiten aus angegangen wird. Die beiden letzten Faktoren lenken die Aufmerksamkeit auf die Tatsache, daß nicht alle Entscheidungen gleichermaßen verstanden und mit Nachdruck ausgeführt werden. Die Beteiligung an der Entscheidungsfindung erhöht die Identifikation mit der Entscheidung, vorausgesetzt, die Gruppenmitglieder messen der Entscheidung eine Bedeutung für sich selbst bei, und vorausgesetzt auch, sie empfinden ihre Beteiligung als berechtigt. Die Beteiligung verringert auch die Probleme, die entstehen, wenn man den von der Entscheidung Betroffenen die Gründe für diese Entscheidung und die Maßnahmen mitteilen will, die gegebenenfalls für ihre Ausführung erforderlich sind.

Interessant ist, daß – wie Miles ([2]1974) herausfand – Manager die ersten beiden Aktiva betonen, wenn sie erklären, warum sie bei Entscheidungen hinzugezogen werden sollten, die in die Verantwortlichkeit ihrer Vorgesetzten fallen, und daß sie demgegenüber die beiden letzten Vorteile hervorheben, wenn sie erläutern, warum sie ihre eigenen Untergebenen in die Entscheidungsfindung einbezogen haben. Sich selbst sahen sie somit im Besitz von Informationen, die die Qualität der auf höherer Ebene zu treffenden Entscheidungen substantiell verbessern könnten; umgekehrt maßen sie einer Beteiligung von Untergebenen an der Entscheidungsfindung einen Wert hauptsächlich deshalb bei, weil die Beteiligten sich so eher an die getroffene Entscheidung gebunden fühlten, nicht jedoch deshalb, weil dadurch die Qualität der erzielten Entscheidungen selbst verbessert würde.

Passiva. Fünf Nachteile sind zu nennen: 1. Konformitätsdruck; 2. vorschnelle Einigung auf eine akzeptable, aber nichtoptimale Entscheidung; 3. Möglichkeit, daß ein Individuum die Entscheidungssituation dominiert; 4. zweitrangige Ziele oder verborgene Tagesordnungen (hidden agendas) können eine Rolle spielen; und 5. Zeitbegrenzungen.

Die ersten vier Punkte machen auf die sozialpsychologischen Triebkräfte aufmerksam, die sich immer dann manifestieren, wenn Individuen im Rahmen einer Gruppe interagieren. Das Bedürfnis, akzeptiert zu werden, kann die Gruppenmitglieder dazu verleiten, abweichende Meinungen und Interessen nicht zum Ausdruck zu bringen. Janis (1972) hat diesen Prozeß »Gruppendenken« (groupthink) genannt. Er hat nachgewiesen, daß in hoch kohäsiven Gruppen oder auch in Gruppen mit einem stark dominierenden Führer bzw. mit einer entsprechenden Untergruppe das Streben der Gruppenmitglieder nach Einmütigkeit häufig deren Motivation in den Hintergrund treten läßt, alle relevanten Handlungsalternativen umfassend mit in die Überprüfung einzubeziehen. »Gruppendenken« zeigt sich darin, daß weniger diskrepante Informationen ausgetauscht werden, daß gleichzeitig eine Abneigung dagegen besteht, sich mit solchen Informationen ernsthaft zu befassen, auch dann, wenn sie den Gruppenmitgliedern in aller Deutlichkeit vor Augen geführt wurden; und schließlich kommt »groupthink« auch in einer übertriebenen Sorge um die Gleichheit unter den Gruppenmitgliedern zum Ausdruck. Zu den persönlichen Bedürfnissen, Problemen oder »hidden agendas«, die sich häufig im Verhalten von Individuen (in der Regel freilich verdeckt) manifestieren, zählen beispielsweise persönlicher Stolz, Protektion der eigenen Position bzw. der eigenen Abteilung (des eigenen Einflußbereichs), der Wunsch, Einfluß auszuüben bzw. gesehen zu werden, oder auch private Konflikte mit anderen Gruppenmitgliedern.

Zeitbegrenzungen können die Leistungsfähigkeit der Gruppe einschränken. Im allgemeinen braucht eine Gruppe für eine Entscheidung mehr Zeit als ein einzelnes Individuum. Ungeschickte Gruppenführer gestatten es der Gruppe häufig nicht, die Fertigkeiten und Verfahren zu entwickeln, die für eine wirkungsvolle Arbeit notwendig sind. In ihrem Bestreben, eine Lösung innerhalb vorgeschriebener oder selbstgesetzter Zeitgrenzen zu erzielen, beenden sie häufig eine Diskussion, bevor die Gruppe überhaupt gelernt hat, wirksam zusammenzuarbeiten, und bevor eine qualitativ hochstehende Entscheidung getroffen ist.

FAKTOREN, DIE DIE QUALITÄT DER ENTSCHEIDUNGSFINDUNG IN GRUPPEN BEEINFLUSSEN

Außer den allgemeinen Vor- und Nachteilen, die Gruppen als Entscheidungsträger haben, gibt es noch eine Anzahl spezifischer Variablen, die die Qualität von Gruppenentscheidungen beeinflussen. Zu diesen Faktoren gehören solche, die etwas mit der Organisation bzw. der Struktur der Gruppe zu tun haben, andererseits aber auch solche, die die Art der interpersonalen Beziehungen innerhalb der Gruppe widerspiegeln. Die hier zu diskutierenden Hauptfaktoren sind: 1. die Art der Aufgabe (die der Gruppe gestellt ist); 2. die Gruppengröße; 3. die Kommunikationsmuster bzw. das Netzwerk des Informationsflusses innerhalb der Gruppe; 4. Koalitionsbildung; 5. die Verteilung und Ausübung von Macht und Einfluß; 6. der Einfluß von Minoritäten; und 7. die Gruppenleitung.

Art der Aufgabe. Aus der Kreativitätsforschung wissen wir, daß Individuen gewöhnlich erfolgreicher als Gruppen sind, wenn es darum geht, neue Ideen zu generieren, und wenn Probleme zu lösen sind, bei denen es notwendig ist, vorliegende Informationen auf eine neue Weise miteinander zu kombinieren (Barron 1969). Wenn daher eine Aufgabe nach einer kreativen Lösung verlangt, wäre man schlecht beraten, wollte man sie in einem konventionellen Gruppenentscheidungsprozeß lösen lassen, ohne zuvor Modifikationen am Diskussionsverlauf vorgenommen zu haben, die die Konformität reduzieren und die Mitglieder zu kreativen Äußerungen ermutigen. Wenn umgekehrt das Problem so gestellt ist, daß zu seiner Lösung die Integration vorliegender Informationsbruchstücke erforderlich ist, dann wäre die Entscheidungsfindung in der Gruppe das Verfahren der Wahl.

Gruppengröße. Thomas u. Fink (1963) haben 31 Untersuchungen gesichtet, die den von der Gruppengröße ausgehenden Wirkungen nachgegangen sind. Die Autoren gelangten zu der Ansicht, daß zwar die Gruppengröße signifikante Zusammenhänge mit gewissen anderen Variablen aufwies, etwa mit der Leistung, Konformität und der Zufriedenheit der Gruppenmitglieder, daß aber andererseits die Vielfalt der in den einzelnen Experimenten verwendeten Aufgaben und auch die methodischen Schwächen der inspizierten Untersuchungen letztlich keine gesicherten Schlußfolgerungen oder Verallgemeinerungen der betreffenden Forschungsergebnisse erlauben. Versuchsweise kann man freilich folgendes feststellen: Die optimale Größe dürfte für komplexe Entscheidungsaufgaben bei 10 bis 15 Gruppenmitgliedern liegen; konformes Verhalten nahm tendenziell zu, wenn die Zahl der anderen Mitglieder, die einmütig gegenteilige Ansichten vertraten, anwuchs; im allgemeinen stieg die Zufriedenheit der Gruppenmitglieder, wenn die Gruppengröße auf mindestens fünf Mitglieder schrumpfte. Folglich ist man möglicherweise gezwungen abzuwägen: zwischen einem Anwachsenlassen der Gruppengröße zugunsten einer Verbesserung der Entscheidungsqualität einerseits und einer Beschränkung der Gruppengröße zugunsten eines weniger ausgeprägten »groupthink« und einer erhöhten Zufriedenheit andererseits.

Kommunikationsmuster. Die einschlägige Forschung hat die Leistung solcher Gruppen, in denen eine offene Kommunikation zwischen allen Mitgliedern erlaubt ist, mit der Leistung von Gruppen verglichen, in denen die Kommunikationsstrukturen spezifiziert und zentralisiert sind. Ein zentralisiertes Kommunikationsnetz wäre beispielsweise ein Gruppenarrangement (setting), in dem »periphere« Mitglieder ihre Informationen nur einem »zentralen« Mitglied übermitteln, mit anderen Mitgliedern dagegen nicht kommunizieren können. Shaw (1964) hat die zum Thema Kommunikationsstrukturen veröffentlichte Fachliteratur zusammenfassend dargestellt und gelangte dabei zu dem Schluß, daß bei einfachen Aufgaben zentralisierte Netzwerke mit einer besseren Leistung einhergehen; das betrifft sowohl die Qualität der getroffenen Entscheidungen wie auch die Zeit, die für die Entscheidungsfindung benötigt wurde. Bei komplexeren Aufgaben waren dagegen dezentralisierte, offene Kommunikationsstrukturen überlegen.

Verteilung und Ausübung von Macht und Einfluß. Wenn zwischen Gruppenmitgliedern bedeutende Machtunterschiede sichtbar sind und wenn die Gruppenmitglieder das Gefühl haben, daß Macht auf eine nicht akzeptable Art und Weise ausgeübt wird, dann wird ein Großteil der Gruppenenergie darauf verwendet, die Machtunterschiede abzubauen bzw. den als unangemessen erlebten Beeinflussungsversuchen zu widerstehen. Cattell (1953) hat die Gruppen-Synergie als die Gesamtenergie definiert, die einer Gruppe zum Verbrauch zur Verfügung steht. Zunächst opfert die Gruppe einen Teil dieser Energie für ihre eigene Entwicklung und Erhaltung. Wenn diese internen Probleme gelöst sind, kann die restliche Energie, die sogenannte effektive Synergie, auf die externen Probleme bzw. Entscheidungen verwandt werden. Es liegt auf der Hand, daß Machtkämpfe die Fähigkeit der Gruppe, effektive Entscheidungen zu treffen, schwächen; sie saugen nämlich einen erheblichen Teil der Gruppenenergie für interne Angelegenheiten auf, und damit bleibt der Gruppe nur wenig effektive Synergie für ihre eigentliche Entscheidungsaufgabe übrig.

Machtungleichgewichte spielen auch bei der Bildung von Koalitionen eine gewichtige Rolle, wo zwei oder mehr Gruppenmitglieder sich zusammenschließen, um das Verhalten bzw. die Äußerungen anderer Mitglieder zu beeinflussen. Überdies führen ungleiche Machtverteilungen bei der Entscheidungsfindung wahrscheinlich zu »Gewinn-Verlust«-Ergebnissen, wobei die Entscheidungen im Sinne der Interessen mächtiger Mitglieder gefällt werden und die Mitglieder mit wenig Macht ins Hintertreffen geraten. Integrative Entscheidungen, aus denen alle Mitglieder als »Gewinner« hervorgehen, kommen am ehesten zustande, wenn die Macht einigermaßen gleich verteilt ist.

Welchen Einfluß der Machtfaktor auf die Gruppenleistung ausübt, hängt nicht nur von den Mustern der jeweiligen Machtverhältnisse zwischen den Gruppenmitgliedern ab, sondern auch von der spezifischen Grundlage dieser Verhältnisse. Raven (1965) schlägt sechs verschiedene Arten von Macht vor, die sich jeweils anders begründen: 1. die Informationsmacht; hier besitzt ein Mitglied die für die Gruppe wertvolle Information, über die andere Gruppenmitglieder nicht verfügen; 2. die Macht, Zwang auszuüben (coercive power), wobei ein Gruppenmitglied die anderen bestrafen kann; 3. die Macht, Belohnungen zu verteilen (reward power), wobei ein Gruppenmitglied den anderen Belohnungen zukommen lassen oder sie ihnen auch vorenthalten kann; 4. die Macht der Bezugsperson (referent power); hier identifizieren sich die übrigen Gruppenmitglieder mit einem Mitglied der Gruppe und möchten diesem gerne ähnlich sein; 5. die Macht des Experten (expert power), wobei ein Mitglied über spezielle Kenntnisse und Fertigkeiten verfügt, die für die Gruppe von Bedeutung sind; und 6. die formale Macht, die in der formalen Position oder dem Titel eines Gruppenmitglieds begründet ist. Zwar hat die einschlägige Forschung nachgewiesen, daß alle diese unterschiedlich fundierten Machtarten in bedeutsamer Weise die Gruppenleistung und -zufriedenheit beeinflussen; aber die Macht des Informationsträgers, die der Bezugsperson und die des Experten setzt, wenn sie zum Tragen kommen soll, doch mehr interpersonale Kompetenz voraus als die Macht, Zwang auszuüben, Belohnungen zu verteilen, und auch als die rein formale Macht. Diese zuletzt genannten Machtquellen sind eher davon abhängig, welche Position bzw. welchen Status ein Individuum im Vergleich zu den anderen Gruppenmitgliedern hat.

Minoritäteneinfluß. Bestehende Zeitgrenzen, der Konformitätsdruck und die Schlüsselrolle, die der Machtfaktor beim Entscheidungsprozeß spielt, machen es Minderheitenmeinungen schwer, überhaupt wahrgenommen und in den Entscheidungsprozeß miteinbezogen zu werden. Moscovici und seine Mitarbeiter (1969) fanden heraus, daß die Meinung einer Minderheit dann noch am ehesten das Urteil der Majorität beeinflußte, wenn die Minoritäten standhaft immer die gleiche Position verteidigten und wenn die einzelnen Vertreter der Minorität Koalitionen eingingen, um ihre Ansicht gemeinsam vorzutragen, statt ihrem Standpunkt jeweils individuell Ausdruck zu verleihen. Auch war es wichtig, beim Verhandeln flexibel vorzugehen; d. h., die Minorität hatte größere Chancen, in einer Frage, die für sie von großer Wichtigkeit war, die Majorität zu beeinflussen, wenn sie in anderen Streitfragen Kompromisse akzeptierte. Schließlich fanden Kiesler u. Pallach (1975), daß die Minorität in einer Gruppe die Majorität dann erfolgreich beeinflußte, wenn es ihr gelang nachzuweisen, daß einzelne Mitglieder der Majorität ihren Standpunkt veränderten.

Gruppenführerschaft. Maier (1967) zufolge erfüllt der erfolgreiche Gruppenführer eine Funktion, die mit der Funktion des Nervensystems eines Lebewesens vergleichbar ist. Er empfängt Informationen, hält die Kommunikation zwischen den Individuen in Gang, übermittelt Nachrichten und stellt sicher, daß die Gruppe auf eine integrierte Art und Weise reagiert. Andere Autoren haben hervorgehoben, daß alle Gruppenmitglieder wahrscheinlich um so mehr Führungsaufgaben übernehmen, je produktiver und kreativer die Gruppe ist. Zu den Aufgaben eines Führers gehört es, daß er alle Gruppenmitglieder zur aktiven Beteiligung ermuntert, daß er die Auffassung der Minderheit schützt, daß er die Verantwortung für eine präzise Kommunikation zwischen den Mitgliedern übernimmt, daß er im Auge behält, welche Fortschritte bereits erzielt wurden und welche Differenzen noch beseitigt werden müssen, und daß er überprüft, ob es zwischen den Gruppenmitgliedern Übereinstimmungen bzw. einen Konsens gibt. Gleichgültig, ob diese Funktionen von einem designierten oder von einem durch die Gruppe selbst gewählten Führer ausgeübt werden oder ob sie von allen Gruppenmitgliedern übernommen werden, für eine geordnet, überlegt und effektiv vorgehende Entscheidungsfindungsgruppe sind sie auf jeden Fall wesentlich. Wird die Notwendigkeit solcher, den Gruppenprozeß erleichternden Verhaltensweisen nicht erkannt und ist niemand da, der dafür sorgt, daß die entsprechenden Funktionen ausgeübt werden, so führt dies zu einer unwirksamen Gruppenleistung.

VERBESSERUNG DER QUALITÄT VON GRUPPENENTSCHEIDUNGEN

Dieser Beitrag endet mit einem Überblick über eine Reihe von Ansätzen, die sich darum bemühen, die Belastungen, unter denen Gruppen in Entscheidungsfindungsprozessen stehen, zu minimieren und demgegenüber die Vorteile auszubauen, die Gruppen in solchen Situationen bieten. Zunächst sollen dabei solche Versuche diskutiert werden, die sich auf die strukturellen bzw. prozeduralen Problemaspekte konzentrieren; sodann werden andere Ansätze vorgestellt (»skill training« und »Prozeßberatung«), die sich mit Problemen der interpersonalen Beziehungen und des Gruppenprozesses befassen.

Brainstorming. Die älteste und am weitesten verbreitete Technik zur Steigerung der Gruppenkreativität ist wahrscheinlich das brainstorming. Die hier zur Geltung gelangenden Grundregeln verhindern eine vorzeitige Bewertung und Zurückweisung von Ideen. Niemandem wird erlaubt, einen Gedanken zu kritisieren, und die Gruppe wird aufgefordert, alles, was ihr in den Sinn kommt, vorzuschlagen. Die Mitglieder werden sogar ermutigt, alberne oder humorvolle Ideen zu äußern, da solche Gedanken vermutlich Hemmungen abbauen und so schließlich zu praktikablen, wenngleich innovativen Entscheidungen führen. Osborn (1957), ein führender Befürworter des brainstorming, hat berichtet, daß brainstorming-Gruppen signifikant mehr Ideen generierten als die jeweils gleiche Anzahl von alleine arbeitenden Individuen und daß brainstorming-Gruppen konventionell interagierenden Gruppen in kreativen Problemlösesituationen überlegen waren.

Technik der nominellen Gruppe. Eine nominelle, nur dem Namen nach bestehende Gruppe ist definiert als eine Ansammlung von Individuen, die in Anwesenheit anderer Individuen arbeiten, mit ihnen aber nicht verbal interagieren. In der Regel wird jedes Mitglied einer nominellen Gruppe gebeten, seine persönliche Analyse der gegebenen Problemsituation aufzuschreiben. Danach wählt jedes Individuum eine Idee aus seinen Notizen aus und präsentiert sie der Gruppe. Dieser Prozeß dauert so lange an, bis alle einzelnen Ideen dargestellt sind, die die Mitglieder der nominellen Gruppe den anderen mitzuteilen wünschen. Anschließend ist zum ersten Mal eine offene Diskussion dieser Gedanken erlaubt. Dem folgt so etwas wie eine Abstimmung. Je nachdem, was die Gruppe bevorzugt, wird dabei von jedem Individuum entweder eine persönliche Prioritätenliste oder eine Rangordnung hergestellt oder ein Rating (der vorgetragenen Ideen) vorgenommen; die Gruppenentscheidung ergibt sich dann aus der Zusammenfassung der individuellen Voten. Van de Ven u. Delbecq (1971) berichten, daß nominelle Gruppentechniken die Äußerung einer größeren Anzahl relevanter Problemdimensionen erleichtern als es bei konventionell interagierenden Gruppen der Fall ist, und daß diese Techniken kreative Entscheidungen begünstigen. Sie vermuten, daß die berichteten Vorzüge von nominellen Gruppen etwa auf folgende Faktoren zurückgeführt werden können: Bewertende Äußerungen bzw. elaborierte Kommentare werden vermieden, solange die Problemdimensionen noch generiert werden; eine Beherrschung des Gruppenergebnisses durch possessiv und aktiv vorgehende Gruppenmitglieder wird vermieden; die Minorität wird zur Äußerung ihrer Meinungen ermutigt; »hidden agendas« können nicht so leicht Platz greifen, da solche Agenden beim individuellen Schreiben schwieriger zu entwickeln sind als beim Reden; die Verwendung des schriftlichen Ausdrucks statt des gesprochenen Wortes begünstigt das Entstehen eines Pflichtgefühls und eines Sinns für Beständigkeit.

Aufforderung zur Einmütigkeit (consensual instructions). Nemiroff u. King (1975) haben nachgewiesen, daß die Qualität von Gruppenentscheidungen allein schon durch den Hinweis verbessert werden kann, daß die Gruppe eine Entscheidung treffen soll, der alle Gruppenmitglieder zustimmen können. Damit ein Konsens erzielt wird, erhalten die Gruppenmitglieder folgende Anweisungen: Sie sollen vermeiden, für ihre eigenen persönlichen Gesichtspunkte zu argumentieren; sie sollen vermeiden, den eigenen Standpunkt nur deshalb zu ändern, damit eine Einigung leichter erreicht wird; vermieden werden sollen auch konfliktreduzierende Techniken, beispielsweise Majoritätsvoten oder das Aushandeln von Entscheidungen; die Gruppenmitglieder sollen Meinungsunterschiede als natürlich und hilfreich betrachten und nicht als ein Hindernis auf dem Weg zur Entscheidungsfindung; schließlich soll jeder an der Diskussion teilnehmen. Gruppen, die diesen Instruktionen Folge leisteten, waren bei einer Gruppenentscheidungsaufgabe, für die es eine objektiv »richtige« Lösung gab, signifikant besser als vergleichbare Gruppen, die keine Anweisungen erhielten, die Entscheidungen durch Konsens herbeizuführen. Man beachte, daß diese Intervention dem Gruppenprozeß weniger Beschränkungen auferlegt als etwa das brainstorming oder die nominelle Gruppentechnik. Den Gruppenmitgliedern ist die Art ihrer Teilnahme am Gruppengeschehen freigestellt, und es ist auch kein besonderer Aufpasser oder Schiedsrichter notwendig.

Training der interpersonalen Fertigkeiten und des Umgangs mit Gruppenprozessen. Organisationen wie das NTL-Institut haben Programme entwickelt, die das Verhalten von Gruppenmitgliedern und -führern in Gruppen verbessern sollen. Im Laufe vielfältiger unstrukturierter und strukturierter Gruppenerfahrungen erwerben die Teilnehmer dabei eine größere Sensitivität für gruppendynamische Prozesse, und sie verbessern ihre Fähigkeiten, mit Hilfe geeigneter Beiträge Gruppen zu konstruktivem Handeln zu bewegen. Ein solches Trainingsprogramm leitet dazu an, die Aufmerksamkeit bewußt und en détail auf den Gruppenprozeß zu richten, also darauf, wie die Gruppe sich ihrer Aufgabe widmet. Die Prozeßvariablen umfassen die Gleichartigkeit bzw. Ungleichheit der Beteiligung der Gruppenmitglieder, implizite Normen, die die Gruppeneffektivität einschränken können, Kommunikationsmuster, die Art und Weise, wie die Führungsfunktionen in der Gruppe wahrgenommen werden, und das Niveau der Gruppenkohäsion.

Prozeßberatung. Zur Prozeßberatung gehört, daß ein Gruppenkonsultant beobachtet, wie eine Gruppe eine bestimmte Entscheidungsfindungsaufgabe angeht, und daß er diese Beobachtungen der Gruppe anschließend mitteilt. French u. Bell (1973) weisen darauf hin, daß der Konsultant folgende Beiträge in die Gruppe einbringen kann: Er kann mit seinen Kommentaren der Gruppe dazu verhelfen, ihre Aufmerksamkeit auf den eigenen Entscheidungsfindungsprozeß zu lenken; er kann der Gruppe seine Beobachtungen darüber mitteilen, wie die Gruppe zusammenarbeitet; und er kann Vorschläge zur Gruppenstruktur machen, also etwa das Problem der Gruppenzusammensetzung, die Kommunikationsmuster oder die Zuweisung von Aufgaben innerhalb der Gruppe ansprechen.

Die Entscheidungsfindung durch Gruppen wird in der modernen Gesellschaft eine immer wichtigere Rolle spielen. Die anhaltende Akkumulation von Wissen und dessen zunehmende Fraktionierung sind für diesen Trend ebenso verantwortlich wie die weltweit erhobenen Forderungen der Menschen nach einer größeren Beteiligung an jenen Entscheidungsprozessen, die sie in ihrer Rolle als Bürger, als Arbeitnehmer, als Mitglieder sozialer Organisationen und als Angehörige von Gemeinwesen und Erziehungseinrichtungen betreffen. Die Qualität dieser Entscheidungen kann erhalten und verbessert werden, wenn man die in diesem Beitrag dargestellten Einflußgrößen beachtet.

Aus dem Amerikanischen übertragen von Karl Wahlen

LITERATUR

BARRON, F.: Creative person and creative process. New York: Holt, Rinehart & Winston 1969

CATTELL, R. B.: New concepts for measuring leadership, in terms of group syntality. In: D. Cartwright, A. Zander (Eds.): Group dynamics. Evanston, Ill.: Row, Peterson 1953, 14–28

FRENCH, W. L., BELL, C. H. jr.: Organization development. Englewood Cliffs: Prentice-Hall Inc. 1973

JANIS, I. L.: Victims of groupthink. Boston: Houghton Mifflin Comp. 1972

KIESLER, C. A., PALLACH, M. S.: Minority influence: The effect of majority reactionaries and detectors and minority and majority compromises upon majority opinion and attraction. European Journal of Social Psychology, 5, 1975, 237–256

MAIER, N. R. F.: Assets and liabilities in group problem solving: The need for an integrative function. Psychological Review, 74, 4, 1967, 239–249

MARROW, A. J.: The practical theorist: The life and work of Kurt Lewin. New York: Basic Books 1969. Deutsch: Kurt Lewin – Leben und Werk. Stuttgart: Klett 1977

MILES, R. E.: Human relations or human resources? Organizational Psychology. Englewood Cliffs: Prentice-Hall Inc. ²1974, 253–264

MOSCOVICI, S., LAGE, E., NAFFRECHOUX, M.: Influence of a Consistent Minority on the Responses of a Majority in a Color Perception Task. Sociometry, 32, 1969, 365–379

MOSCOVICI, S., NEVE, P.: Studies in social influence, I.: Those absent are in the right: Convergence and polarization of answers in the course of a social interaction. European Journal of Social Psychology, 1, 1974, 201–214

NEMIROFF, P. M., KING, D. C.: Group decision-making performance as influenced by consensus and self-orientation. Human Relations, 28, 1, 1975, 1–21

OSBURN, A. F.: Applied Imagination. New York: Scribners 1957

RAVEN, B. H.: Social influence and power. In: I. D. Steiner, M. Fishbein (Eds.): Current studies in social psychology. New York: Holt, Rinehart & Winston 1965, 371–382

SHAW, M. E.: Communication networks. In: L. Berkowitz (Ed.): Advances in experimental social psychology. Vol. I. New York: Academic Press 1964, 111–147

THOMAS, E. J., FINK, C. F.: Effects of group size. Psychological Bulletin, 60, 4, 1963, 371–384

VAN DE VEN, A., DELBECQ, A. L.: Nominal versus interacting group processes for committee decision-making effectiveness. Academy of Management Journal, 14, 1971, 203–212

LEISTUNGSVORTEILE IN GRUPPEN

von Klaus Bilitza

Eine überschaubare Anzahl von zwei und mehr Personen, die aufgrund gemeinsamer Zielsetzung ein »Wir«-Bewußtsein entwickeln und mit zunehmender Zahl der Begegnungen feste Rollen und Positionen untereinander herausbilden, wird »Gruppe« genannt. Die Zielsetzung steht in engem Zusammenhang mit der Art der Aufgabe. Die internale Aufgabe besteht darin, über die Festigung der Gruppe die Bedürfnisbefriedigung ihrer Mitglieder zu sichern und betrifft somit die sozio-emotionale Befindlichkeit. Die externale Aufgabe verlangt, die von außen an die Mitglieder oder an die Gruppe selbst gesetzten Leistungserwartungen zu erfüllen. Sie betrifft das an der Sachaufgabe orientierte Verhalten (vgl. Hare 1962; Kelley, Thibaut 1969).

Diese Unterscheidung verdeutlicht, daß die Leistungsanforderungen in der sozialen Umwelt der Gruppe erhoben werden. Wir bestimmen diese als »Organisation«. Organisation ist ein soziales Gebilde, in dem zur Erreichung spezifischer Ziele das Verhalten von Individuen und Gruppen nach einem rationalen Plan festgelegt ist und das von deren komplexen Bedürfnissen bestimmt wird (vgl. Etzioni 1964; Katz, Kahn 1966). Zur Klärung von »Leistung in Gruppen« stehen somit drei wichtige Analyseeinheiten zur Verfügung: individuelle Leistung, Gruppenleistung und Leistung der Organisation. Aus der jeweiligen Interessenlage von Individuum, Gruppe und Organisation kann der Charakter von Aussagen verstanden werden, die in der begrifflichen Verkürzung »Leistungsvorteil« enthalten sind.

LEISTUNG IM INTERESSENKONFLIKT VON INDIVIDUUM UND ORGANISATION

Als Frederick W. Taylor zu Beginn dieses Jahrhunderts die Grundzüge seiner »Wissenschaftlichen Betriebsführung« entwickelte, unterband er die Zusammenarbeit mehrerer Arbeiter. Diese würde nach seiner Ansicht nur den Arbeitsablauf stören (Taylor 1913). Nachweisliche Leistungsunterschiede zwischen den Arbeitern blieben jedoch rätselhaft und standen in Widerspruch zu der Auffassung, daß hohe Leistung von jedem zu erwarten sei, der bei guter körperlicher Leistungsfähigkeit nach dem Akkordsystem bezahlt wurde.

Erst im Zuge der »human-relations«-Bewegung wurde deutlich, daß die soziale Umgebung Arbeitsverhalten und Arbeitsleistung beeinflußt, sowohl leistungssteigernd als auch leistungsbehindernd wirkt. Soziologen und Sozialpsychologen spürten zwei soziale Grundmuster in Gebilden wie Betrieb, Schule, Krankenhaus, Gefängnis usw. auf: die formale und die informale Organisation. Als formale Organisation wurde das Gesamt an Regeln, Vorschriften und Plänen bezeichnet, welche das individuelle Verhalten auf Organisationsziele hin koordiniert. Die informale Organisation hingegen sah man als ein Verhaltensmuster, das sich nach den sozialen Bedürfnissen der Beteiligten entwickelt und deren Befriedigung ermöglicht. Dabei wurde die informale Gruppe als entscheidende Einheit entdeckt: auch unter strengsten, formalen Beschränkungen der Zusammenarbeit entstehen einflußreiche, zwischenmenschliche Beziehungen am Arbeitsplatz. Sie äußern sich darin, wer mit wem in den Pausen verkehrt, gleiche Interessen teilt, dieselben Kollegen kennt usw. Im Laufe der Zeit verfestigen sie sich zu deutlichen Gruppenstrukturen. Solche »Cliquen« können auf die Arbeitsleistung des Einzelnen mehr Einfluß gewinnen als die Geschäftsleitung, wie schon Roethlisberger u. Dickson (1939) erkannten. In ihrer Fallstudie des »bank wiring observation room« beobachteten sie, daß einzelne Arbeiter die Produktivität bremsten, um sich einem Leistungsniveau anzugleichen, das dem Interesse der Clique entsprach. Offensichtlich waren sie bereit, Verdiensteinbußen hinzunehmen, um ihre Bedürfnisse nach sozialem Austausch und nach Anerkennung zu befriedigen.

Nach der Ideologie des Taylorismus ist der Mensch ein ausschließlich wirtschaftlich denkendes und handelndes Wesen (economic man, vgl. Schein 1965). In den Theorieansätzen der »human-relations«-Theoretiker wurden nun die Bedürfnisse des arbeitenden Menschen nach sozialem Kontakt sowie nach Ansehen und Anerkennung überbetont (vgl. Likert 1961, Argyris 1964). Die Herstellung von sozialen Situationen, vor allem die Arbeit in Gruppen, wird als zentrale Forderung erhoben. Man geht davon aus, daß die Leistung steigen werde, wenn die Arbeitszufriedenheit zunehme: denn gute, menschliche Beziehungen am Arbeitsplatz seien ein wesentliches Moment der Arbeitszufriedenheit (Wherry 1958, vgl. Neuberger 1974). Hier wird die pragmatisch-technische Interessenlage der Organisation an Leistung deutlich. Die Organisation wird zur Erreichung ihrer Ziele die Arbeit dann in Gruppen vornehmen, wenn es sich erweisen sollte,

a) daß die einzelnen Organisationsmitglieder in Gruppen mehr leisten und/oder

b) daß die Gruppe als Arbeitseinheit bessere Leistungen erbringt als der Einzelne bzw. als eine gleich große Anzahl von Einzelarbeitern.

Betrachten wir nun die Interessenlage des Individuums. Das Bedürfnis nach Leistungsentfaltung und Sinngebung der beruflichen Aufgabe gilt als wichtigster Aspekt der Arbeitszufriedenheit und wird als entscheidende intrinsische Motivation für individuelle Arbeitsleistung angesehen (Maslow 1954, Herzberg 1966, Locke 1976). Somit kann Leistung selbst ein primäres Ziel des Individuums sein. Andererseits ist Leistung immer auch ein Mittel, um begehrte Ziele wie Ansehen oder Besitz zu erreichen. »Leistungsvorteil in Gruppen« heißt daher für das Individuum, daß die Gruppe

a) zur Steigerung der Arbeitszufriedenheit führt,

b) mittelbar der Erreichung begehrter Ziele dient.

Denken wir an studentische Arbeitsgruppen. Im Massenbetrieb moderner Universitäten sind die vermuteten Leistungsvorteile in Gruppen sicherlich Grund für viele Studenten, das Examen in Gruppen vorzubereiten. Der Leistungsvorteil in Gruppen wird hier als individueller Leistungsgewinn uminterpretiert: Gruppe ist ein Ort sozialer Begünstigung der individuellen Leistung, ein Medium zur kurzfristigen Leistungssteigerung; andererseits wird die Gruppe als Trainingssituation mit langfristigem Lerneffekt aufgefaßt, als Medium zum Training bestimmter Fähigkeiten (Bilitza 1975, s. auch Lück »Soziale Beeinflussung der individuellen Leistung« in diesem Band).

478

INDIVIDUUM VERSUS GRUPPE – VERGLEICH VON GRUPPENLEISTUNG UND EINZELLEISTUNG

Die Sozialpsychologie hatte sich schon früh die Aufgabe gestellt, Gruppenleistung mit Einzelleistung zu vergleichen. Aus der Sicht heutiger methodischer Standards ging es unter dem Paradigma »Individuum versus Gruppe« wohl mehr darum, den Leistungsvorteil der Gruppe zu belegen – als ihn in Frage zu stellen. Es galt psychologisch zu beweisen, was logisch eindeutig schien: Die Gruppe kann die Kräfte und Fähigkeiten ihrer Mitglieder zur gemeinsamen Zielerreichung bzw. Aufgabenlösung zusammenfassen. Denn die Addition der Kräfte scheint im physikalisch-operativen Bereich offensichtlich möglich: Zwei Männer können einen schweren Sack müheloser tragen als einer allein. Doch der Leistungsvorteil der Gruppe bei Aufgaben vom Typus des Tragens oder Hebens (Hofstätter 1957) ist begrenzt. Schon drei Männer tragen den Sack nur dann leichter, wenn sie ihre Arbeit relativ umständlich gestalten. In einem Versuch, der die Addition der Zugkraft von Männern belegen sollte, zeigte sich, daß bei wachsender Gruppengröße die Zugkraft der Gruppe nicht der Summe der Einzelleistungen entspricht. Durch die nötige Koordination der Kräfte ging bis zu 50 Prozent der möglichen Einzelleistung verloren (vgl. Schneider 1975, 209 f).

Gegen die Behauptung, daß eine Gruppe einen schweren Gegenstand leichter hebt als ein Einzelner, ist einzuwenden, daß dies grundsätzlich nichts darüber aussagt, ob die Entscheidung, den Gegenstand zu heben, als *gute* Aufgabenlösung anzusehen ist, noch ob diese Lösung eher von einer Gruppe als von einem Einzelnen gefunden worden wäre. Ist die implizite Denkleistung somit von Interesse, könnte der Leistungsgewinn der Gruppe darin bestehen, daß die Gruppe über mehr Wissen, mehr Denk- und Lösungsansätze, mehr Einfälle usw. verfügt als der Einzelne. So wurden vor allem kognitive Aufgaben experimentell untersucht, d. h. Problemlöseaufgaben, die Denken, Wahrnehmen und Erinnern erfordern.

Eine einfache Wahrscheinlichkeitsüberlegung geht davon aus, daß ein Individuum die Lösung weiß oder nicht weiß. Da die Gruppe sich aus mehreren Individuen zusammensetzt, steigt somit die Wahrscheinlichkeit, daß *ein* Mitglied die Lösung liefert; die Gruppe ist daher so gut wie ihr bestes Mitglied. Diese »best-man«-Hypothese (Lorge, Solomon 1955) läßt sich nur bei Denkaufgaben aufrechterhalten, die weder mehrere Denkschritte noch verbale Interaktionen benötigen. Zumeist handelt es sich dabei um Aufgaben, die die Reproduktion von gelerntem Wissen verlangen. Der Leistungsvorteil der Gruppe bei Aufgaben vom Typ des Suchens und des Bestimmens (vgl. Hofstätter 1957) kann somit durch das einfache Wahrscheinlichkeitsmodell nicht erklärt werden. Der Gedanke liegt nahe, daß die Gruppe verschiedenartige Einzelbeiträge besser und schneller zu einer Lösung kombiniert als der Einzelne. Diese »pooling«-Hypothese (Lorge, Solomon 1955) setzt aber ebenfalls voraus, daß die unabhängigen Beiträge nach einem rationalen Muster sinnvoll zusammengefügt werden; d. h. daß sich die Teilnehmer nicht gegenseitig beeinflussen. Diese Wahrscheinlichkeitsmodelle heben zwar wichtige »rationale« Aspekte der Gruppenleistung hervor – können aber den Leistungsvorteil der Gruppe nicht belegen. Wenn auch derartige Aufgaben, bei denen sich die Mitglieder ergänzen können, häufiger sind als die obengenannten, zeigt es sich dennoch, daß Gruppen nicht nach einem rationalen Plan, sondern eher nach psychologischen bzw. gruppendynamischen Gesetzmäßigkeiten zum Ergebnis gelangen (Thomas, Fink 1963). Zudem gehen stochastische Modelle oft davon aus, daß die Gruppenlösung eher zutrifft als die Lösung des Individuums, da sie gleichsam das Mittel der richtigen und falschen Lösung darstellt (Leistungsvorteil der Gruppe durch Fehlerausgleich; z. B. »kompensatorisches Modell«, Steiner 1966).

In vielen experimentellen Untersuchungen bis zirka 1960 wurde die Leistungsüberlegenheit der Gruppe immer wieder nachgewiesen, wie sich in Übersichtsreferaten leicht nachlesen läßt (Kelley, Thibaut 1954, 1969; Lorge, Fox u. a. 1958; Davis 1969). Können diese Ergebnisse das Theorem vom Leistungsvorteil der Gruppe stützen? Die meisten dieser Arbeiten genügen nicht den Standards heutigen Experimentierens (vgl. Bredenkamp 1969). Verfahren zur Sicherung der internen Validität wurden nicht oder nur unzureichend angewendet; in den Laborexperimenten wurden Gruppenbedingungen hergestellt, die nicht oder nur in geringem Maße mit der Alltagswirklichkeit vergleichbar sind (geringe externe Validität). Aber auch die Vergleichbarkeit der Untersuchungen untereinander ist fraglich, weil die Forscher mit viel Phantasie »Leistung« unterschiedlich operationalisieren. Im Verwirrspiel widersprüchlicher Ergebnisse liefern die generellen Aussagen: a) Gruppenleistung ist die Leistung des besten Mitgliedes, b) Gruppenleistung ist besser als die beste Einzelleistung und c) Gruppenleistung ist schlechter als die beste Einzelleistung zwar gedankliche Ordnung, lassen aber keine Verallgemeinerung auf die Alltagssituation zu (Kelley, Thibaut 1969, 65 f). Denn überschaut man die Untersuchungen, gelten die Ergebnisse immer nur im Zusammenhang mit bestimmten Charakteristiken der Aufgabe, der Mitglieder und der Gruppenstruktur (vgl. Franke 1975, Hoffman 1965). Die Frage: »Leistet die Gruppe mehr als das Individuum?« – obwohl nach wie vor von besonderem Interesse – kann in dieser *allgemeinen* Form nicht beantwortet werden. Wir wollen sie daher umformulieren: Welche Zusammenhänge zwischen Charakteristiken der Aufgabe, der Mitglieder und der Gruppenstruktur bestimmen Gruppenleistungsgewinne einerseits und individuelle Leistungsgewinne andererseits?

KONTINGENZ VON GRUPPENSITUATION MIT GRUPPENLEISTUNGSGEWINN UND MIT DEM INDIVIDUELLEN LEISTUNGSGEWINN IN GRUPPEN

Für die Darstellung der Zusammenhänge verwenden wir ein einfaches Kontingenzmodell.

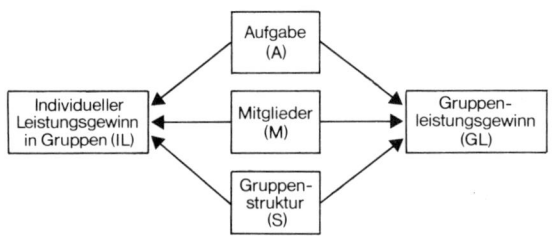

Abb. 1   Kontingenzmodell: Zusammenhang von individuellem Leistungsgewinn und Gruppenleistungsgewinn mit Bedingungen der Gruppensituation.

Die Bedingungen der Gruppensituation (A, M, S) werden als voneinander abhängig angesehen. In ihrer jeweils spezifischen Konstellation führen sie zu GL bzw. IL. GL und IL sind Operationalisierungen in Abhängigkeit von den in der Gruppensituation gegebenen (z. B. experimentell »hergestellten«) Bedingungen. Somit gibt es nicht normative Aussagen über den individuellen Leistungsgewinn in Gruppen an sich, sondern nur deskriptive Aussagen wie z. B.: Eine Person kann bei schwierigen Aufgaben (A) in einer Dreiergruppe (S) einen Leistungsgewinn erzielen (IL), wenn die anderen (M) gleich intelligent oder intelligenter sind.

Angesichts der enormen Anzahl von Forschungsergebnissen zur Leistung von Kleingruppen (vgl. McGrath, Altman 1966; Schneider 1975) ist eine inhaltliche Beschränkung unumgänglich. Mit Blick auf die Alltagserfahrung werden daher Charakteristiken der Gruppenmitglieder, die von besonderem Interesse für den Leser sein könnten wie »Geschlecht«,

»kreative Ideenproduktion« und »intellektuelle Leistungsfähigkeit«, als zentrale Themenbereiche ausgewählt, an deren Beispiel der Kontingenzgedanke ausgeführt werden soll.

GESCHLECHT UND LEISTUNG IN GRUPPEN

Sind Frauen schlechtere Problemlöser als Männer? Hoffman u. Maier (1961) berichten von eigenen und fremden Voruntersuchungen, die dies Vorurteil zu bestätigen schienen. Trotz gleicher intellektueller Leistungsfähigkeit zeigten sich die männlichen Versuchspersonen als bessere Problemlöser. Möglicherweise sind hierfür kulturelle Einflüsse verantwortlich, die sich in der Einstellung der einzelnen Frau zu Problemlöseaufgaben niederschlagen. Denn in unserer Gesellschaft wurden Frauen bislang eher dazu erzogen, solche Aufgaben zu lösen, die im Zusammenhang mit Erziehung und zwischenmenschlichen Angelegenheiten standen (Duncan 1959; Douvan, Adelson 1965) – während die Probleme der harten, rationalen Fakten den Männern vorbehalten blieben. Milton (1959) zeigte zum Beispiel, daß Frauen bei »weiblichen« Aufgaben (d. h. Aufgaben, die im obengenannten Sinne formuliert wurden, aber dieselbe gedankliche Struktur beibehielten) besser abschnitten als bei »männlichen«.

Wenn es gelänge, diese erworbene Einstellung gegenüber Aufgaben zu verändern, müßte mit einem Ansteigen der Leistung von Frauen zu rechnen sein. Wäre somit Problemlösen in Gruppen ein Weg für Frauen, die individuelle Problemlöseleistung dadurch zu steigern, daß hindernde Einstellungen abgebaut werden? Seit Lewin (1943) weiß man, daß Einstellungsänderungen durch Gruppendiskussion erreicht werden können. Gloria L. Carey (1958) verwandte solche Aufgaben, für die in Vorversuchen signifikante, geschlechtsspezifische Leistungsunterschiede gefunden worden waren. Wie erwartet, unterschieden sich Männer und Frauen in ihren Einstellungen zu den Problemlöseaufgaben. Nach Gruppendiskussionen zum Zwecke der Einstellungsänderung steigerten die Frauen ihre Problemlöseleistung signifikant mehr als die Männer. Betrachtet man aber den Zusammenhang von Einstellung und Problemlöseleistung, bot sich ein verwirrendes Bild. Nur bei Männern korrelierte die Leistung sowohl vor als auch nach der Gruppendiskussion positiv mit der Einstellung. Bei den weiblichen Versuchspersonen dagegen zeigten sich nur sehr vage (d. h. nicht signifikante) und damit nur tendenzielle Zusammenhänge. Somit konnte zwar ein individueller Leistungsgewinn für Frauen aufgezeigt werden, aber dessen gesicherte Erklärung ist mit diesen Ergebnissen nicht möglich. Vermutlich handelt es sich um sehr zentrale Einstellungen, die nicht in wenigen Diskussionsstunden verändert werden können – Kurt Lewin erreichte Einstellungsänderungen »nur« bei Eßgewohnheiten. Es liegt nahe, die Gruppenstruktur näher zu untersuchen.

Hoffman u. Maier (1961) vermuteten in der Zusammensetzung der Gruppe einen wichtigen Einflußfaktor. Sie wählten für ihr Experiment das »Pferdehändlerproblem« (»Ein Mann kauft ein Pferd für 60 Dollar und verkauft es für 70 Dollar. Später kauft er es wieder für 80 Dollar zurück und verkauft es diesmal für 90 Dollar. Wieviel hat er an dem Geschäft verdient?«) Jeder Gruppenteilnehmer erhielt diese Aufgabe zunächst als Einzelaufgabe und hatte nur eine Minute Zeit, sich für eine der vorgelegten Lösungen zu entscheiden (»Er hat 30 Dollar verdient. Er hat 20 Dollar verdient. Er hat 10 Dollar verdient. Er hat nichts verdient. Er verlor dabei Geld. – Die richtige Lösung lautete: Er hat 20 Dollar verdient«). Zu diesem Zeitpunkt hatten mehr Männer als Frauen die richtige Lösung gefunden. Nun wurden die Gruppen, die entweder aus vier Versuchspersonen des gleichen Geschlechts oder aus jeweils zwei Männern und Frauen bestanden, aufgefordert, kurze Zeit das Problem gemeinsam zu diskutieren. Nach der Diskussion gaben wiederum insgesamt mehr Männer als Frauen die richtige Lösung. Untersucht man aber näher, welche Versuchspersonen in welcher Gruppe sich durch die Diskussion verbesserten, dann schwindet der Ein-

481

druck von der Überlegenheit der männlichen Teilnehmer. Denn in gemischtgeschlechtlichen Gruppen verbesserten sich ebensoviel Frauen wie Männer. Aber »... die Überlegenheit von Frauen in gemischtgeschlechtlichen Gruppen über Frauen in gleichgeschlechtlichen kann nicht eindeutig mit Konformität zu den Mehrheitsantworten erklärt werden« (Hoffman, Maier 1961, 454); denn die Autoren fanden ihre Vermutung nicht bestätigt, daß die Leistungsverbesserungen von Frauen auf die Übernahme von Lösungsvorschlägen der Männer zurückzuführen sei.

Wie die Ergebnisse zeigen, findet der Kontingenzgedanke für Geschlecht der Teilnehmer und individuellen Leistungsgewinn Bestätigung. Individuelle Leistung von Frauen in Gruppen wird durch Merkmale der Aufgabe sowie durch soziale Faktoren wie Gruppenzusammensetzung oder Geschlecht des Versuchsleiters bestimmt.

KREATIVE IDEENPRODUKTION UND LEISTUNG IN GRUPPEN

Da Diskussionen in Gruppen oft eine Vielfalt von Meinungen und Einfällen aufweisen, schloß Osborn (1957) aus der Beobachtung des Phänomens auf dessen Ursache. Die Gruppendiskussion fördere die kreative Ideenproduktion (Einfallsreichtum des Individuums), besonders wenn Kritik und Bewertung unterblieben. Daher legte er das Diskussionsverhalten mit seinen bekannten »brainstorming«-Regeln fest, die sinngemäß lauten (vgl. Bouchard 1969, 13):

1. Niemals Ideen kritisieren.
2. Einfälle laufen lassen.
3. So viele Ideen aussprechen wie möglich.
4. Bereits genannte Ideen zu neuen kombinieren.

Überblickt man die empirischen Ergebnisse, dann scheint Gruppenbrainstorming eher zu verhindern, was es bewirken soll. Offensichtlich wird die individuelle Ideenproduktion in Gruppen behindert; es ließ sich weder ein individueller Leistungsgewinn noch ein Gruppenleistungsgewinn für brainstorming-Gruppen nachweisen (Dunnette, Campbell, Jaastad 1963; Rotter, Portugal 1969; Bouchard 1969; Dillon, Graham, Aidells 1972; Street 1974).

Taylor u. a. (1966) hatten mit Psychologiestudenten experimentiert. Auf die Versuchspersonen konnte das Ergebnis nicht zurückgeführt werden, denn Dunnette u. a. fanden dasselbe Ergebnis bei Forschungs- und Verwaltungskräften in der Industrie. Üblicherweise wurden triviale und hypothetische Aufgaben (z. B. »Wozu könnte ein zweiter Daumen an jeder Hand nützlich sein?« oder »Erfinden Sie einen Namen für eine neue Zahnpasta!«) verwendet. Ein weiteres Argument gegen die negativen Ergebnisse lautete daher, mit brandaktuellen Problemen fände man positive Ergebnisse, denn diese Aufgaben seien realitätsnah und motivierten zur Leistung. Unter dem Eindruck der Kambodscha-Invasion der USA, die unter den amerikanischen Studenten viele Diskussionen und Aktionen auslöste, formulierten Dillon, Graham u. Aidells (1972) die Aufgabe »Was kann man als Einzelner gegen eine Außenpolitik der USA – wie die Kambodscha-Invasion 1970 – unternehmen?« Ihre Versuchspersonen waren freiwillige Studenten, die sich teilweise für Aktionen auf dem Campus der Universität von Kalifornien, Berkeley, engagiert hatten. Ein Teil der Versuchspersonen erhielt zudem ein Videotraining; d. h., sie konnten ein vorbildliches Gruppenbrainstorming auf dem Bildschirm verfolgen. Ein anderer Teil durfte vor der eigentlichen experimentellen Arbeit üben. Unabhängig von Videotraining und Übung wurden von den *einzeln* arbeitenden Studenten mehr Lösungen produziert als von den Studenten, die in Gruppen gearbeitet hatten. Vergleicht man die Gruppenleistung beim brainstorming jedoch mit der Leistung bei anderen Verfahren, z. B. dem sogenannten »Kritischen Problemlösen« (die Gruppe muß sich an bestimmte, »kritische« Verfahrensvorschriften halten wie: das Problem ist zu bestimmen, Kriterien für die Lösung sind zu finden usw.), dann zeigt sich ein Widerspruch, der mögliche Erklärungshinweise für die Behinderung liefert. Gruppenleistung mittels der Technik des kritischen Problemlösens erwies sich als schlechter als brainstorming-Leistung (Bouchard 1969, Weisskopf-Joelson u. a. 1961). Wurden aber die betroffenen Versuchspersonen nach ihrem Eindruck und nach persönlicher Zufriedenheit mit der Gruppenarbeit befragt, fanden sie kritisches Problemlösen erfreulicher und – im Gegensatz zum tatsächlichen Ergebnis – auch effektiver (Bouchard 1969). Man kann daher annehmen, daß die brainstorming-Situation deswegen als unangenehm empfunden wird, weil man gewohnt ist, das Urteil der anderen zu erfahren – hier aber im ungewissen gelassen wird. Versuche mit vorgetäuschten brainstorming-Experten, die angeblich in Gruppen eingeschleust wurden (Collaros, Anderson 1969), bestätigen diese Vermutung.

Zur »Rettung« des brainstorming-Gedankens kann allenfalls ein gewisser »Auftau-Effekt« angeführt werden (Dunnette u. a. 1963). Es zeigte sich nämlich, daß Individuen *nach* der Teilnahme am Gruppenbrainstorming mehr Ideen produzieren als Vergleichspersonen ohne Gruppendiskussion. Eine mögliche Erklärung hierfür wäre, daß die in der Gruppe vorgebrachten Ideen den Einzelnen momentan behindern, in der »Einzel-nach-Gruppenarbeit« von ihm aber wieder abgerufen werden« können und so zu einer besseren Einzelleistung als bloße Einzelarbeit führen.

INTELLEKTUELLE LEISTUNGSFÄHIGKEIT UND LEISTUNG IN GRUPPEN

Wie bereits die Darstellung der Ergebnisse zur kreativen Ideenproduktion in Gruppen verdeutlichte, ist davon auszugehen, daß die Gruppenleistung mit den Fähigkeiten der Mitglieder korreliert. Heslin (1964) erwähnt hierbei besonders die intellektuelle Leistungsfähigkeit. Zudem scheint ein Zusammenhang zwischen der individuellen Leistung in der Gruppe und den Fähigkeiten der anderen Teilnehmer zu bestehen (Triandis, Bass u. a. 1963).

Intelligenztestaufgaben eignen sich besonders zur Klärung der Frage, ob individueller Leistungsgewinn in Gruppen von der Fähigkeit der anderen Mitglieder abhängt: denn so können sowohl die zur Lösung erforderlichen Fähigkeiten bestimmt als auch die Gruppenmitglieder klassifiziert werden. Goldman (1965) und Laughlin u. Johnson (1966) wählten Intelligenztests, die in mehreren Parallelformen vorliegen. Aufgrund der Testwerte klassifizieren sie ihre Versuchspersonen nach niedriger (L), mittlerer (M) und hoher Intelligenz (H) ein. Nach einiger Zeit wurden folgende Zweiergruppen (Dyaden) gebildet:

$$H + H \mid M + M \mid H + M \mid H + L \mid M + L \mid L + L$$

Die Dyaden wurden nun aufgefordert, eine Parallelform des Tests gemeinsam zu bearbeiten, d. h. jede Aufgabe zu diskutieren und sich auf eine Lösung zu einigen. Der individuelle Leistungsgewinn wurde aus dem Vergleich von Ausgangstestleistung und der gemeinsamen Gruppenleistung bestimmt: Arbeitet eine Person mit einer gleich guten zusammen, so verbessert sie sich mehr, wie die Ergebnisse zeigen, als wenn sie mit einer schlechteren oder alleine arbeitet. Um den Gültigkeitsbereich dieser Aussage zu erweitern, verwandten Laughlin, Branch u. Johnson (1969) Dreier-Gruppen. Die vorausgesagte Rangreihe der Gruppenleistungen (bzw. der impliziten individuellen Leistungsverbesserungen) konnte zwar bestätigt werden, aber derartige Ergebnisse lassen sich nur sehr vorsichtig auf größere Gruppen übertragen. Denn in Dyaden und Triaden fällt es demjenigen, der die richtige Lösung weiß, leichter, sich durchzusetzen, als in größeren Gruppen. In gewisser Weise gilt für die Zweier- und Dreier-Gruppen das oben erwähnte »best-man«-Modell (vgl. Goldman 1966).

Ein überzeugendes Beispiel für den Kontingenzgedanken findet sich bei Tuckman (1967). Er konnte experimentell zeigen, daß die Gruppenleistung aus dem Zusammenspiel von Aufgabenstruktur und Gruppenzusammensetzung zu erklären ist. In Anlehnung an das Konzept der »kognitiven Komplexität« unterschied er »konkrete« und »abstrakte« Aufgaben. Dieses kognitive Merkmal bezieht sich darauf, wie Information verarbeitet wird. Personen mit geringer kognitiver Komplexität verarbeiten Information in einfacher, rigider und kategorischer Weise, die zu einer einzigen Interpretation führt (concreteness). Hohe Komplexität hingegen meint komplexe und flexible Informationsverarbeitung, die zu alternierenden Interpretationen führt (abstractness). Konkrete Aufgaben verlangen somit eine einzige richtige Lösung und enthalten Forderungen an die Struktur der Gruppe (z. B. Arbeitsteilung, Führungsverhalten usw.). Abstrakte Aufgaben haben weder eine begrenzte Lösungszahl, noch legen sie der Gruppe irgendwelche strukturellen Beschränkungen auf. Wie die Untersuchung zeigte, leisteten Gruppen, die strukturiert waren, bei konkreten Aufgaben mehr als Gruppen, die unstrukturiert waren (d. h. homogen hinsichtlich der kognitiven Komplexität und des Geltungsstrebens ihrer Mitglieder). Bei abstrakten Aufgaben fand sich ein Gruppenleistungsgewinn für unstrukturierte Gruppen. Dies bedeutet, daß der Leistungsgewinn der Gruppe aus dem Zusammenspiel von Gruppenstruktur, Merkmalen der Mitglieder und Art der Aufgabe zu erklären ist.

LITERATUR

ARGYRIS, C.: Integrating the individual and the organization. New York: Wiley 1964

BALES, R. F.: Task roles and social roles in problem solving groups. In: E. Maccoby, T. M. Newcomb, E. L. Hartley (Eds.): Readings in social psychology. New York: Holt ³1958

BILITZA, K.: Individuelle Leistung in Gruppen. Ein theoretischer Beitrag zum Gruppenproblemlösen. München: Dissertationsdruck Frank 1975

BOUCHARD, TH. J.: Personality, problem-solving procedure, and performance in small groups. J. Appl. Psych., 53, 1969, 1–29

BREDENKAMP, J.: Experiment und Feldexperiment. In: C. F. Graumann (Hg.): Handbuch der Psychologie, VII/1: Sozialpsychologie. Göttingen: Hogrefe 1969, 332–374

CAREY, G. L.: Sex differences in problem-solving performance as a function of attitude differences. J. Abn. Soc. Psych., 56, 1958, 256–260

COLLAROS, P. A., ANDERSON, L. R.: Effects of perceived expertness upon creativity of members of brainstorming groups. J. Appl. Psych., 53, 1969, 159–163

DAVIS, J. N.: Group performance. Massachusetts 1969

DILLON, P. C., GRAHAM, W. K., AIDELLS, A. L.: Brainstorming on a »hot« problem: affects of training and practice on individual and group performance. J. Appl. Psych., 56, 1972, 467–490

DOUVAN, E., ADELSON, J. B.: The adolescent experience. New York: Wiley 1965

DUNCAN, C. P.: Recent research on human problem solving. Psych. Bull., 56, 1959, 397–429

DUNNETTE, M. D., CAMPBELL, J., JAASTAD, K.: The effect of group participation on brainstorming effectiveness for two industrial samples. J. Appl. Psych., 47, 1963, 30–37

ETZIONI, A.: Modern organizations. Englewood Cliffs: Prentice-Hall 1964. Deutsch: Soziologie der Organisation. München: Juventa ⁴1973

FRANKE, H.: Das Lösen von Problemen in Gruppen. München: Goldmann 1975

GOLDMAN, M. A.: A comparison of individual and group performance for varying combinations of initial ability. J. Pers. Soc. Psych., 1965, 210–216

A comparison of group and individual performance where subjects have varying tendencies to solve problems. J. Pers. Soc. Psych., 3, 1966, 604–607

HARE, A. P.: Handbook of small group research. New York 1962

HERZBERG, F.: Work and the nature of man. Cleveland: World 1966

HESLIN, R.: Predicting group task effectiveness from member characteristics. Psych. Bull., 62, 1964, 248–256

HOFFMAN, L. R.: Group problem solving. In: L. Berkowitz (Ed.): Advances in experimental social psychology, II. New York 1965, 99–132

HOFFMAN, L. R., MAIER, N. R. F.: Sex differences, sex composition and group problem solving. J. Abn. Soc. Psych., 1961, 453–456

HOFSTÄTTER, P. R.: Gruppendynamik. Die Kritik der Massenpsychologie. Hamburg: Rowohlt 1957, 1971

KATZ, D., KAHN, R. L.: The social psychology of organizations. New York: Wiley 1966

KELLEY, H. H., THIBAUT, J. W.: Experimental studies of group problem solving and process. In: G. Lindzey (Ed.): Handb. of Soc. Psych., II. 1954

Group problem solving. In: G. Lindzey, E. Aronson (Eds.): Handb. of Soc. Psych., IV. Reading/Mass.: Addison-Wesley 1969, 1–101

LAUGHLIN, P. R., BRANCH, L. G., JOHNSON, H. H.: Individual versus triadic performance on an unidimensional complementary task as a function of initial ability level. J. Pers. Soc. Psych., 12, 1969, 144–150

LAUGHLIN, P. R., JOHNSON, H. H.: Group and individual performance on a complementary task as a function of initial ability level. J. Exp. Soc. Psych., 2, 1966, 407–414

LEWIN, K.: Forces behind food habits and methods of change. Bull. Nat. Res. Connc., 1943, 35–65

LIKERT, R.: New patterns of management. New York: McGraw-Hill 1961

LOCKE, P. A.: The nature and causes of job satisfaction. In: M. D. Dunnette (Ed.): Handbook of industrial and organizational psychology. Chicago: Rand McNally 1976, 1297–1349

LORGE, I., FOX, D., DAVITZ, J., BRENNER, M.: A survey of studies contrasting the quality of group performance and individual performance (1920–57). Psych. Bull., 55, 1958, 334–372

LORGE, I., SOLOMON, H.: The models of group behavior in the solution of Eureka-type problems. Psychometrika, 20, 1955, 139–148

MAIER, N. R. F.: An experimental test of the effect of training on discussion leadership. Human Relat., 53, 1952, 161–173

MASLOW, A. H.: Motivation and personality. New York: Harper & Row 1954

McGRATH, J., ALTMAN, J.: Small group research. A synthesis and critique of the field. New York 1966

MILTON, G. A.: Sex differences in problem solving as a function of role appropriateness of the problem content. Psych. Reports, 5, 1959, 705–708

NEUBERGER, O.: Messung der Arbeitszufriedenheit. Stuttgart: Kohlhammer 1974

OSBORN, A. F.: Applied imagination. New York 1957

PORTER, L. W., LAWLER, E. E. III, HACKMAN, J. R.: Behavior in organizations. New York: McGraw-Hill 1975

ROETHLISBERGER, F. J., DICKSON, W. J.: Management and the worker. Cambridge/Mass., London: Harvard University Press 1939, [16]1975

ROTTER, G. S., PORTUGAL, St. M.: Group and individual effects in problem solving. J. Appl. Psych., 53, 1969, 338–341

SCHEIN, E. H.: Organizational psychology. Englewood Cliffs 1965

SCHNEIDER, H. D.: Kleingruppenforschung. Stuttgart: Teubner 1975

STEINER, I. D.: Models for inferring relationships between group size and potential group productivity. Behavioral Science, 11, 1966, 273–283

STREET, W. R.: Brainstorming by individuals, coacting and interacting groups. J. Appl. Psych., 59, 1974, 433–436

TAYLOR, D. W., BERRY, P. C., BLOCK, C. F.: Does group participation when using brainstorming faciliate or inhibit creative thinking? In: Backman, Secord (Eds.): Problems in social psychology. 1966, 299 f

TAYLOR, F. W.: Die Grundsätze wissenschaftlicher Betriebsführung. Deutsche autorisierte Übersetzung von R. Roesler. München: Oldenburg 1913. Nachdruck: Weinheim, Basel: Beltz 1977

THOMAS, E. H., FINK, C. F.: Effects of group size. Psych. Bull., 60, 1963, 371–384

TRIANDIS, H. C., BASS, A. R., EWEN, R. B., MIKESELL, E. H.: Team creativity as a function of the creativity of the members. J. Appl. Psych., 47, 1963, 104–110

TUCKMAN, B. W.: Group composition and group performance of structured and unstructured task. J. Exp. Soc. Psych., 3, 1967, 25–40

WEISSKOPF-JOELSON, E., ELISEO, TH. St.: An experimental study of the effectiveness of brainstorming. J. Appl. Psych., 45, 1961, 45–49

WHERRY, R. P.: Factor analysis of moral date: Reliability and validity. Personal Psych., 11, 1958, 78–99

INTERGRUPPENBEZIEHUNGEN

von Friedrich Haeberlin

Die erste ausführliche Erörterung des Terminus »Intergruppenbeziehungen« findet sich in dem Buch »Groups in Harmony and Tension« von Muzafer und Carolyn Sherif. Der Begriff, so führen sie dort aus, »betrifft die Beziehungen zwischen zwei oder mehreren ›ingroups‹ und den zugehörigen Gruppenmitgliedern ... Immer dann, wenn Individuen, die zu einer Gruppe gehören, allein oder gemeinsam mit einer anderen Gruppe oder deren Mitgliedern auf der Grundlage ihrer Gruppenzugehörigkeit in Beziehung treten, liegt ein Fall von Intergruppenbeziehungen vor« (1953, 2). Wir haben es demnach immer dann mit Intergruppenforschung zu tun, wenn Prozesse untersucht werden, »die eintreten, wenn ein oder mehrere Individuen, die durch die Zugehörigkeit zu einer Kategorie definiert sind, in Beziehung treten zu einem oder mehreren Individuen, die durch die Zugehörigkeit zu einer anderen Kategorie definiert sind« (Doise 1971, 52).

Es sind sehr verschiedene Wissenschaften, die sich mit den Beziehungen zwischen Gruppen beschäftigen. Je nachdem, welche Disziplin oder Forschungsrichtung diese Beziehungen untersucht, rücken andere Aspekte des Interaktionsprozesses in den Vordergrund. Bei der Analyse ethnischer Gruppen steht eine klar identifizierbare sprachliche, rassische oder nationale Minorität im Mittelpunkt. Das Forschungsinteresse ist dabei z. B. auf deren historische Entwicklung, ihre kulturelle Tradition, ihr Wertesystem oder ihre Beziehungen zu Nachbarn gerichtet. Die Untersuchung der sozialen Interaktion zwischen zwei oder mehreren Gruppen im sozialen Feld hat vornehmlich Phänomene wie Wettstreit, Konflikt, Akkommodation und Assimilation zum Gegenstand. Die Ursachenforschung im Bereich sozialer Probleme widmet sich unter dem Aspekt der Intergruppenbeziehungen vor allem diskriminierenden Verhaltensweisen und vorurteilsbehafteten Einstellungen (Harding u. a. 1969). Allen diesen Zugängen zu Gruppen und Gruppenprozessen ist gemeinsam, daß sie sich auf vorfindbare soziale Gebilde beziehen. Sie führen in der Regel zu praxisrelevanten Untersuchungsergebnissen und tragen somit zu Problemlösungen bei. Theoretische Erkenntnisse über Phänomene der Intergruppenbeziehungen erbringen sie jedoch nur wenige. Ziel der Grundlagenforschung ist es, das ohnehin nur wenig entwickelte Theoriengebäude weiter auszubauen. Dabei wird hauptsächlich mit Gruppen gearbeitet, die man zum Zwecke der Forschung erst bildet. Ihre Beziehungen zu tatsächlichen oder antizipierten Nachbargruppen werden an Hand experimenteller oder quasiexperimenteller Vorgehensweisen analysiert.

Ausgangspunkt für das Bemühen, allgemeine, der Interaktion zwischen Gruppen zugrundeliegende Tatsachen zu entdecken und ihre Beeinflußbarkeit wie ihre Auswirkungen aufzuklären, ist für die Grundlagenforscher meistens eine kritische Auseinandersetzung mit der Sozialpsychologie selbst. Sozialpsychologen, so bedauern sie, neigen viel zu häufig dazu, soziale Prozesse zwischen Gruppen wie interpersonale Prozesse zu behandeln und auf sie, ungerechtfertigterweise, individualpsychologische Theorien und Erklärungsmodelle anzuwenden (Sherif, Sherif 1953; Sherif 1966; Billig 1976; Rabbi 1974; Tajfel 1974). Für die Untersuchung der Beziehungen zwischen Gruppen fordern sie die Benutzung explizit sozialpsychologisch orientierter Denkkategorien. Sie vermeiden es daher, das Intergruppenverhalten beispielsweise aus psychoanalytischer Sicht, auf der Grundlage der Frustrations-Aggressions-Hypothese oder an Hand persönlichkeits- beziehungsweise motivationspsychologischer Überlegungen zu erklären. Vielmehr versuchen sie, die Beziehungen zwischen Gruppen zu analysieren und zu beschreiben, ohne dabei Variablenzusammenhänge wie Wettstreit und Kohäsion, Fremdbild und Interaktionsweise zwischen Gruppen oder diskriminierendes Verhalten nach außen und Bevorzugung der eigenen Gruppen auf interindividuelle oder gruppendynamische Phänomene reduzieren zu müssen.

Prominentester Vertreter dieser Auffassung ist Sherif, der mit seinen Mitarbeitern ausgedehnte Feldexperimente durchführte (Sherif, Sherif 1953; Sherif u. a. 1961; Sherif 1966). In mehreren Ferienlagern organisierte er als Platzwart und teilnehmender Beobachter die Aktivitäten jugendlicher Teilnehmer, um die Wirkung von Konkurrenz und Kooperation auf das Verhalten zwischen Gruppen untersuchen zu können. Ähnlich operierten Blake u. Mouton (Blake, Mouton 1962; Blake u. a. 1964), die diesen Ansatz auf das Konfliktmanagement im Bereich der Industrie übertrugen.

Die Grundthesen dieser Untersuchungen besagen, daß Konkurrenzsituationen zu Intergruppenkonflikten führen und daß Intergruppenkooperation, als Folge der Orientierung an übergeordneten Zielen, den Abbau von Spannungen bewirkt. Beide Annahmen wurden bestätigt. Die Veranstalter machten damit zugleich deutlich, daß negative Verhaltensweisen zwischen Gruppen nicht so sehr aus individuellem, abweichendem Verhalten herrühren oder allein als Folge tiefverwurzelter persönlicher Vorurteile entstehen, sondern sich auch aus aktuellen, realistischen Konfliktsituationen entwickeln.

Die Untersuchungen deckten gleichzeitig den engen Zusammenhang zwischen Intergruppenbeziehungen und Intragruppenverhalten auf. Konflikte, so wird berichtet, führen dazu, daß sich die beteiligten Gruppen voreinander verschließen, sich nur noch mit Mißtrauen begegnen und daß die ohnehin verminderte Kommunikation häufig unter Mißverständnissen leidet. Innerhalb der Gruppe nimmt das Zusammengehörigkeitsgefühl zu. Der Konformitätsdruck steigt an, und man neigt dazu, einen starken Gruppenführer zu akzeptieren. Es wird wichtiger, als Gruppe eine bestimmte Aufgabe zu erledigen, als das Gruppenklima zu pflegen. Die Antipathie gegenüber den anderen Gruppen wächst, und negative Heterostereotype entwickeln sich. Die Gruppenmitglieder fühlen sich Angehörigen der anderen Gruppe überlegen. Eigene Leistungen werden positiver bewertet als die der anderen.

Die Plausibilität und Anschaulichkeit dieser Befunde führte vereinzelt dazu, sie mehr oder minder unbekümmert auf wesentlich komplexere Situationen, als sie sich in einem Ferienlager für Jugendliche oder einem Schulungsseminar für Industriemanager herstellen lassen, zu übertragen. Ob sie tatsächlich zur Erklärung politischer Prozesse im Rahmen internationaler Beziehungen (z. B. Frank 1967, Klineberg 1962) geeignet sind, ist zumindest fraglich. Auch die Nachdrücklichkeit, mit der Sherif, Blake und Mouton ihre Ergebnisse vortragen, provoziert unter Umständen Mißverständnisse. Indem sie die spannungslösende Wirkung übergeordneter Ziele und die konfliktfördernde Kraft widerstreitender Gruppenziele in den Mittelpunkt ihrer Überlegungen stellen, erwecken sie den Anschein, als ließe sich das psychologische Verständnis des Intergruppenverhaltens auf das Verständnis der Beziehungen zwischen den Gruppenzielen reduzieren.

Rabbi (1974) berichtet von einem Untersuchungsprogramm, in welchem er mit seinen Mitarbeitern in zahlreichen Labor- und Feldexperimenten den Minimalbedingungen nachging, unter denen Intergruppenkonflikte auftreten. Zugleich erforschte er, inwieweit Konkurrenz- und Kooperationsbeziehungen diese Konflikte beeinflussen. Es gelang, die Zusammenhänge zwischen relevanten Variablen differenzierter aufzuklären, als es in den bis dahin gewonnenen Ergebnissen der Intergruppenforschung möglich war.

Es erwies sich, daß alle Experimentalgruppen, gleichgültig ob sie mit anderen zusammenarbeiteten oder zu diesen in Konkurrenz standen, von sich selbst ein positiveres Bild zeichneten als von den anderen. Dieser Effekt trat sogar in sozialen Gebilden auf, denen die herkömmlichen Merkmale einer sozialen Gruppe weitgehend fehlten. Die Art und Weise der jeweiligen Intergruppenbeziehungen hatte im allgemeinen kaum einen Einfluß auf die Intragruppenkohäsion. Erst wenn in einer Gruppe die Auffassung vorherrschte, in der Konkurrenzsituation die stärkere Position innezuhaben und den Konflikt zu einem guten Ende bringen zu können, war ein höherer Kohäsionsgrad zu beobachten. Die Tendenz zu Konformitätsdruck und Hierarchisierung in konfligierenden Gruppen konnten die Forscher nicht allgemein bestätigen. Sie fanden in Wettstreitsituationen nur dann eine verstärkte Hinwendung zu einem zentralen Gruppenführer, wenn die zu bewältigenden Aufgaben eine deutliche Koordinationsrolle verlangten. Das in der Literatur häufig berichtete Phänomen der Überbewertung der eigenen Gruppenprodukte (Ferguson, Kelley 1964) erwies sich in den Rabbischen Studien nur als Sonderfall. Solange in konkurrierenden Gruppen nur wenig Information über die eigene und fremde Gruppenleistung bekannt war, neigten die Gruppenmitglieder dazu, die Produkte der anderen Gruppe höher einzuschätzen. Zur Überbewertung der eigenen Leistungen kam es in Wettstreitsituationen erst dann, wenn Vergleichsmöglichkeiten geschaffen wurden.

Daß Gruppen unter den bis dahin untersuchten Bedingungen sich selbst stets positiver beurteilten als andere, brachte Tajfel und seine Mitarbeiter (Tajfel 1970; Tajfel u. a. 1971) dazu, die für diskriminierendes Außenverhalten notwendigen Minimalbedingungen zu untersuchen. Tajfel hatte sich seit langem mit Prozessen der sozialen Wahrnehmung und dem dabei auftretenden Phänomen der Kategorisierung (1969, 1972) beschäftigt. Unter sozialer Kategorisierung ist die Tendenz zu verstehen, die soziale Umwelt mit Begriffen sozialer Kategorien zu systematisieren und zu ordnen und dabei solche Objekte und Ereignisse zusammenzufassen, die als gleichwertig erlebt werden. Ein Kennzeichen sozialer Kategorisierungsprozesse ist das Herunterspielen von Unterschieden innerhalb einer Kategorie und das Übertreiben von Unterschieden zwischen zwei oder mehreren Kategorien. Bezogen auf die Beziehungen zwischen Gruppen bedeutet dies, daß in Prozessen der Intergruppenwahrnehmung Unterschiede innerhalb einer Gruppe minimiert und Unterschiede zwischen Gruppen maximiert werden. Mit der sozialen Intergruppenkategorisierung geht also eine Übertreibung der Intergruppenunterschiede einher.

Auf diesem theoretischen Hintergrund analysierten Tajfel u. a. die Abhängigkeit diskriminierenden Intergruppenverhaltens von sozialen Kategorisierungsprozessen. In verschiedenen Versuchsanordnungen versuchten sie, all jene Variablen zu eliminieren, die normalerweise zur Bevorzugung der eigenen und Benachteiligung der fremden Gruppe führen: z. B. direkter persönlicher Kontakt, Ziel- und damit Interessenskonflikte, frühere Feindseligkeiten, persönlicher Nutzen durch das Engagement in einer Gruppe.

Die Ergebnisse weisen auf, daß sich Versuchspersonen selbst dann mit sozialen Gebilden identifizieren und diese klar bevorzugen, wenn sie nur dürftig mit den üblichen Gruppenmerkmalen ausgestattet sind. Eine solche Voreingenommenheit für die eigene Gruppe tritt nicht nur auf, wenn die Gruppe an Hand sinnvoller Kriterien zusammengestellt wird, sondern auch dann, wenn man hierfür sinnleere Kategorien benutzt. Diese und weitere Untersuchungen (Doise, Sinclair 1973; Billig, Tajfel 1973; Tajfel, Billig 1974) zeigen deutlich, daß die bloße Einteilung der Probanden in Angehörige einer Mitgliedsgruppe und einer Fremdgruppe sowohl eine hinreichende als auch eine notwendige Bedingung für die Entwicklung von Bevorzugung der eigenen und Benachteiligung der fremden Gruppe ist.

Diese Ergebnisse der Intergruppenforschung veranschaulichen, daß das Verhalten zwischen Gruppen nicht allein durch die Analyse von Gruppenzielen oder verschiedenen Formen der Interaktion erklärt werden kann. Andere, viel subtilere Variablen scheinen mit am Werk zu sein.

Tajfel (1972, 1974) und Turner (1975) entwarfen dann einen theoretischen Bezugsrahmen, innerhalb dessen sie das komplexe Gebiet der Intergruppenbeziehungen diskutieren. Tajfel (1974) verknüpft dabei die Konzepte des sozialen Kategorisierens, der sozialen Identität und das des sozialen Vergleichs (Festinger 1954), welches, sonst bezogen auf interpersonale Vergleiche, umformuliert und adaptiert wurde. Jede soziale Gruppe versucht, so Tajfel wie Turner, eine positive soziale Identität zu entwickeln und aufrechtzuerhalten, wobei diese Identität nur über Vergleiche mit einer Fremdgruppe zustande kommen kann. Der Prozeß des sozialen Kategorisierens führt dabei zur Kennzeichnung und Unterscheidung der eigenen Gruppe von anderen. Die hierfür bedeutsamen Unterscheidungsmerkmale sind, indem sie wertbesetzt werden, zur Aufrechterhaltung der Gruppenidentität besonders wichtig. Die Bevorzugung der eigenen Gruppe fungiert, so Turner, für die Gruppenmitglieder als Mittel zur Erreichung positiv bewerteter Unterschiede. Insofern ist die Höherbewertung der Eigengruppe Voraussetzung für das Entstehen sozialer Identität und nicht die soziale Identität Grundlage für diskriminierendes Verhalten. Turner (1975) vermutet schließlich, daß soziale Vergleiche zwischen Gruppen zu gegenseitigen Unterscheidungsprozessen führen, die als eine Art sozialer Wettstreit analysiert werden können. Billig (1976) weist darauf hin, daß mit der Einführung des Begriffs der Gruppenidentität die Gefahr bestehe, Intergruppenprozesse auf individuelle Phänomene zu reduzieren. Gruppenidentität müsse sich deshalb auf die innerhalb einer Gruppe als Gruppenprodukte entwickelten, ideologisierten Meinungen und nicht auf individuelle Überzeugungen beziehen.

Alle genannten Autoren sind sich darin einig, daß ihre Untersuchungsergebnisse, ihre Interpretationen und theoretischen Überlegungen noch nicht ausreichen, das Verhalten zwischen Gruppen zu erklären. Weitere Forschungsprogramme und Theorieentwürfe sind zu entwickeln. Dabei wird insgesamt deutlich, daß die Intergruppenforschung auf der faktenreichen Grundlage ihrer bisherigen Befunde in zunehmendem Maße nach geeigneten sozialpsychologischen Konzepten Ausschau hält, mit denen sich, zur weiteren Erhellung ihres Forschungsgegenstands, erfolgversprechende Verknüpfungen herstellen lassen.

LITERATUR

BILLIG, M.: Social Psychology and Intergroup Relations. London: Academic Press 1976

BILLIG, M., TAJFEL, H.: Social categorisation and similarity in intergroup behaviour. Eur. J. Soc. Psychol., 3, 1973, 27–52

BLAKE, R., MOUTON, J.: The intergroup dynamics of win-lose conflict and problem-solving collaboration in union-management relations. In: M. Sherif (Ed.): Intergroup Relations and Leadership. New York: Wiley 1962, 94–140

BLAKE, R., SHEPHARD, H., MOUTON, J.: Managing Intergroup Conflict in Industry. Houston/Texas: Gulf Publishing Co. 1964

DOISE, W.: Die experimentelle Untersuchung von Beziehungen zwischen Gruppen. Z. f. Exp. Ang. Psych., 18, 1971, 51–89

DOISE, W., SINCLAIR, H.: The categorisation process in intergroup relations. Eur. J. Soc. Psychol., 3, 1973, 145–153

FERGUSON, C., KELLEY, H.: Significant factors in the over-evaluation of own group's products. J. Abn. Soc. Psychol., 69, 1964, 223–228

FESTINGER, L.: A theory of social comparison processes. Hum. Relations, 7, 1954, 117–140

FRANK, J.: Sanity and Survival: psychological aspects of war and peace. London: Barrie & Rockliff 1967

HARDING, J., PROSHANSKY, H., KUTNER, B., CHEIN, I.: Prejudice and Ethnic Relations. In: G. Lindzey, E. Aronson (Eds.): The Handbook of Social Psychology, V. Reading/Mass.: Addison-Wesley Publ. Co. 1969, 1–76

KLINEBERG, O.: Intergroup relations and international relations. In: M. Sherif (Ed.): Intergroup Relations and Leadership. New York: Wiley 1962, 174–187

RABBI, J.: Effecten van een competitieve en cooperatieve inter-groeps orientatie op verhoudingen binnen en tussen groepen. Nederlands Tijdschrift voor de Psychologie, 29, 1974, 239–257

SHERIF, M.: Group Conflict and Co-operation: their social psychology. London: Routledge & Kegan Paul 1966

SHERIF, M., HARVEY, O., WHITE, B., HOOD, W., SHERIF, C. W.: Intergroup Conflict and Cooperation. The Robber's Cave experiment. Norman: Univ. of Oklahoma 1961

SHERIF, M., SHERIF, C. W.: Groups in Harmony and Tension. New York: Harper 1953

TAJFEL, H.: Social and cultural factors in perception. In: G. Linzey, E. Aronson (Eds.): The Handbook of Social Psychology, III. Reading/Mass.: Addison-Wesley Publ. Co. 1969, 315–394

La catégorisation sociale. In: S. Moscovici (Ed.): Introduction à la Psychologie Sociale. Paris: Larousse 1972. Deutsch: Soziales Kategorisieren. In: S. Moscovici (Hg.): Forschungsgebiete der Sozialpsychologie. Frankfurt/M.: Athenäum 1975, 345–380

Experiments in intergroup discrimination. Sci. American, 223, 1970, 96–102

Social identity and intergroup behaviour. Soc. Sci. Inform., 13, 1974, 65–93

TAJFEL, H., BILLIG, M.: Familarity and categorisation in intergroup behaviour. Eur. J. Soc. Psychol., 10, 1974, 159–170

TAJFEL, H., BILLIG, M., BUNDY, R., FLAMENT, C.: Social categorisation and intergroup behaviour. Eur. J. Soc. Psychol., 1, 1971, 149–175

TURNER, J.: Social comparison and social identity: Some prospects for intergroup behaviour. Eur. J. Soc. Psychol., 5, 1975, 5–34

EHE UND FAMILIE
IM GESCHICHTLICHEN WANDEL

von Ingeborg Weber-Kellermann

Die patriarchalische Familie ist nicht mehr modern. Hauptcharakteristikum der Familie in der Gegenwart scheint die Demokratisierung der Beziehungen zu sein, der Abbau des streng autoritären Oben-Unten-Mechanismus, der Aufbau von Toleranz und Verständnis zwischen den Generationen, all das, was mit dem Zauberwort »Partnerschaft« zu beschreiben wäre. Das setzt eine starke Individualisierung und Entfaltung ihrer Mitglieder voraus, das Recht des Einzelnen auf sein eigenes Leben von Kindesbeinen an – und zwar nicht in Opposition gegen den Familienverband, sondern mit seiner Unterstützung. Aber die Demokratisierung ist ein schwer zu bewältigender Prozeß. Autoritäre Strukturen lassen sich – wenigstens äußerlich – leichter vollziehen, insbesondere, wenn das »Wohl der Familie« als Lebensprogramm der gesamten Primärgruppe beschworen werden darf.

Dieser unantastbare Grundgedanke bestimmte seit mehr als tausend Jahren die Verhaltensweisen der Familien, ob es sich dabei um Sippe oder Clan der Frühgeschichte handelt oder um die verschiedenen Stände und sozialen Schichten der Neuzeit (Weber-Kellermann 1974). Dabei waren die Mädchen oft von vornherein in eine passive Rolle ohne eigene Entscheidungsmöglichkeit gedrängt.

Schon in den durch die Familienstrukturen von Sippe, Clan oder Gentes organisierten, auf Blutsverwandtschaft aufgebauten Herrschaftsschichten der Frühzeit wurde das Familienschicksal dem Einzelschicksal übergeordnet.

Die Stellung der Frau in der germanischen Sippe z. B. war weitgehend rechtlos, da sie nach ihrer Verheiratung gewissermaßen zum Eigentum des Mannes gehörte; das legale Vorhandensein von Nebenfrauen (»Friedel-Ehe«) zur Erweiterung der Sippe durch männliche Nachkommenschaft entsprach der hohen moralischen Bewertung männlich-kriegerischer Qualitäten. Die Eheschließung vor Einführung des römischen Rechts vollzog sich als Vertragsabschluß zwischen zwei Sippen mit einem gewissen Rechtsschutz für die Frau und gegenseitigen politisch-kriegerischen Verpflichtungen. In diesem Sinn bildete der rituelle Ablauf von Verlobung und Trauung eine untrennbare rechtliche Einheit. Die Sippe als politischer Machtfaktor bestand also aus erwachsenen, blutsverwandten, gleichberechtigten männlichen Mitgliedern, deren Frauen und Kindern. Jeder Sohn, der heiratete, gründete mit dem Entzünden des eigenen Herdfeuers einen neuen selbständigen Hausstand, so daß sich die Sippe aus einer Fülle koexistierender Kleinfamilien mit Landbesitz zusammensetzte. Ihre gegenseitigen, streng normierten Verpflichtungen betrafen ausschließlich den Sippenverband und besaßen einen höheren gesellschaftlichen Stellenwert als ein irgendwie geartetes Staatsdenken, das zur gleichen Zeit den Griechen und Römern schon selbstverständlich war.

Die Werbung erfolgte bei den Germanen auf der Grundlage der Besitzgleichheit beim Vater des Mädchens, das eingeschlossen innerhalb der Familie lebte und weder Gelegenheit zu selbständigen Entscheidungen fand noch auch meist ein Bedürfnis danach äußerte.

Neben dem Leitbild der Sippenfamilie als demjenigen der politisch führenden Schicht lebten auch in Mittel- und Nordeuropa noch ältere wirtschaftlich bedingte Ordnungssysteme fort wie das der »Großfamilie« mit patriarchaler Führung. Für das kriegerisch bestimmte Denken der Germanen jedoch galt es schon als Vergehen, wenn eine Frau nur Töchter bekam, und Kindesaussetzungen waren an der Tagesordnung.

In der Saga von Gunlaug Schlangenzunge (Neckel 1925, 47 f) gibt der Bauer vor Antritt einer längeren Fahrt seiner schwangeren Frau den Auftrag, das neugeborene Kind gleich auszusetzen, wenn es ein Mädchen sein sollte. Die Mutter bringt es aber nicht über sich, das Töchterchen zu verstoßen. Sie befiehlt unter vier Augen dem Schafhirten, dem gewöhnlichen Vollstrecker solcher Dienste, das Kind heimlich ihrer Schwägerin zu überbringen. Dort wächst es heran, und als der Vater später davon erfährt, erkennt er es als seine eigene Tochter Helga an. Erinnerungen an derartige Sozialverhältnisse haben sich in manchen Märchen erhalten (Meletinskij 1970).

Die familiale Ordnung unter dem Sippengedanken führte zur Bildung einer feudal-aristokratischen Führungsschicht, der die Kirche im Mittelalter neue strenge Eheordnungen entgegensetzte. Um die Machtzusammenballung der großen Sippen zu verhindern, stellte sie der Forderung nach materieller Ebenbürtigkeit bei der Gattenwahl die Bedingung der Glaubensgleichheit entgegen und erließ neue Ehegesetzgebungen im 4. Laterankonzil von 1215. Altar und Thron schlossen sich schon damals gegen die feudalen Geschlechter zusammen.

Das christliche Eheideal der Monogamie und Treue, mit dem der Mann nicht mehr die Person des Weibes als Eigentum erwerben, sondern auch Schutzrecht und Schutzpflicht über sie und die Kinder übernehmen sollte, setzte einen Wandel des moralisch-ethischen wie rechtlich-wirtschaftlichen Denkens voraus, der sich nur langsam in wechselnden Phasen vollzog. Im Adel, aber auch im mittelalterlichen Bürgertum und bei den einfachen Ständen lebte der Gedanke der materiellen Ebenbürtigkeit trotz christlicher Überdeckung noch ungebrochen fort.

Auf dem Lande konnte in dieser Zeit des Feudalismus von größerer Freiheit in der Gattenwahl, was ja die Folge der christlichen Ordnung hätte sein können, erst recht keine Rede sein. Hier galt weitgehend der Befehl des Grundherrn; er konnte jeden unfreien Mann von achtzehn Jahren, jedes vierzehnjährige Mädchen zur Ehe, jede Witwe zu einer neuen Heirat zwingen, denn auch der Nachwuchs eines Dorfes vergrößerte seinen Besitz. Dazu kamen die mit dem Heiratsbefehl verbundenen Abgaben, so daß die feudale Herrschaftsausübung tief in das familiäre Leben der Untertanen eingriff. Auch in den Städten heirateten die Mädchen früh. Eine Nürnberger Chronik berichtet, ein Ulman Stromer habe 1566 als zweite Frau ein Mädchen von vierzehneinhalb Jahren genommen und seine Tochter, die er schon im achten Jahr verlobt hatte, wiederum im vierzehnten Jahr verehelicht. Solche Zeugnisse lassen kaum auf selbständige und freie Partnerwahl der Frauen schließen, sondern zeigen, daß die Gewalt des Vaters über die Tochter auch im christlichen Mittelalter weiter bestehen blieb.

Am schwersten war es wohl, die Vorstellung von der Unauflöslichkeit der Ehe durchzusetzen und den Mann von der Notwendigkeit monogamer Lebenshaltung zu überzeugen. Mit Nachsicht duldete man »freie Liebe« und – zumindest bei gewissen Festlichkeiten – eine Art von Promiskuität. Dem entsprach auch die rechtliche Stellung der illegitimen Nachkommenschaft, die im Mittelalter den ehelichen Kindern gleich geachtet wurden und lediglich den Stand des Vaters nicht erbten. Erst mit der strengeren Festlegung der Monogamie durch das Christentum wurden sie zum »unehelichen« Nachwuchs.

Die neuen christlichen Eheideale, verbunden mit der Idee einer gewissen Aufwertung der Frauen, waren lange kaum zu verwirklichen, zumal die Bibel selbst das Gegenteil zu predigen schien und der Frau die ganze Schuld am Sündenfall zuschrieb. Unaufhörliche Kriege trugen zur Verwilderung der Sitten bei; Prostitution war allgemein verbreitet, und die Dirnen bildeten eine der zahlreichen Randgruppen der Gesellschaft.

Auch die ethische Einstellung zur Frau war schwankend. Zwar erkannte ihr die christliche Kirche eine unsterbliche Seele zu und versuchte, mit dem Marienkult das Bild der Mutter zu verklären. Aber die Realitäten des durchschnittlichen Frauenlebens mit fast jährlichen Niederkünften waren hart genug. Mangelnde Hygiene, Epidemien, Schmutz und Enge der Wohnverhältnisse trugen zu einer großen Kindersterblichkeit bei, so daß in vielen Familien nur ein bis zwei Kinder am Leben blieben. Stifterbilder, Votivtafeln und Grabsteindarstellungen weisen auf dieses immerwährende Sterben hin, das gerade die Familienmutter gefühlsmäßig abstumpfen mußte. So hatten die Frauen an den Lasten des Lebens oft schwerer zu tragen als die Männer, besonders diejenigen der unterdrückten untersten Schichten (Bühler 1954, 289 ff). Auch die Kirche bot hier keine Hilfe, sondern betonte die Mannesherrschaft in Öffentlichkeit und Familie. Gehorsam und demütige Unterwerfung, geduldiges Ertragen von Züchtigungen seitens des Mannes predigte man als weibliche Pflicht und Teil der göttlichen Weltordnung; die Hexenverfolgungen trugen zur weiteren Diffamierung der Frauen bei und zeichneten sie als vom Teufel besessen, als das von der Sexualität verdorbene Gegenstück der jungfräulich reinen Muttergottes. In einer der Erotik zugewandten Zeit erschien damit seitens der Kirche die Sexualität als Schuld. Daß der Geschlechtsakt verunreinigte und damit zur Erbsünde führe, wurde zu einer der Grundfesten kirchlich-mittelalterlicher Weltsicht.

Mit der Aufwertung der Ehelosigkeit, des Zölibats, entfaltete sich das klösterliche Leben in zahlreichen Orden und führte zu einer neuen Werteinschätzung von Kunst und Wissenschaft, auch für die oberen Stände und das Bürgertum. Der große Frauenüberschuß in den mittelalterlichen Städten (durchschnittlich 100 : 120) förderte das Entstehen zahlreicher Ordenshäuser, Frauenklöster, Hospize, Chorfrauenstifte und Beginenhäuser: Stätten der Hilfe, aber auch der Bildung, in denen die überzähligen Frauen und unverheirateten Töchter zur Versorgung gelangten. Sie trugen oft ihr Wissen wiederum zurück in den Kreis ihrer Familien. Während die männlichen edlen Tugenden sich weiterhin auf Mut und Tapferkeit, Waffenspiel und Reiterkünste konzentrierten, scheint es, daß im frühen Mittelalter die Frauen die Männer an geistiger Bildung übertrafen und oft zu alleinigen Lehrmeisterinnen ihrer Söhne und Töchter wurden.

Die Forderung nach ehelicher Treue und Dauermonogamie scheint seit etwa 1000 eine Art von Normvorstellung über die »christliche Familie« eingeleitet zu haben, die entscheidend durch die veränderte Stellung der Frau gekennzeichnet wurde. Neben den neu sich bildenden Familienformen existierten, besonders im agrarischen Bereich, vielerorts die alten patriarchalisch geordneten Verwandtschafts- und Sippengruppen weiter.

Als dominierende und leitbildhafte Sozialform der Familie bis etwa 1800 kann die Haushaltsfamilie gelten, ein Produkt bäuerlichen und bürgerlichen Wirtschaftsdenkens, wie es die veränderten Strukturen des Hausens und Wirtschaftens, des Handelns und Wandelns mit sich brachten (s. Abb. 1).

Bis etwa um 1800 war sie die vorherrschende Familienform in Stadt und Land, in Handwerk, im Kaufmannskontor und in der Bauernwirtschaft.

Das wirtschaftliche Leben der Städte bestimmte das Entstehen der Zünfte, deren Mitglieder gleichzeitig Handwerker und Gewerbetreibende waren. Streng regelte die Zunftorganisation das vielgliedrige Gefüge dieser Produktions- und Verkaufsunternehmen, in denen die Meistersfrauen ihren festen Platz einnahmen und in die die Kinder unmerklich – spielend und lernend – hineinwuchsen. Lehrjunge, Geselle und Dienstmagd ordneten sich gleichfalls in den gemeinsam wirtschaftenden Verband unter einem Dache ein. Diesen Verband des »Ganzen Hauses« beschrieb Martin Luther zeitgetreu im Bibeltext: »Ich und mein Haus wollen dem Herrn dienen.« Hausvater und Hausmutter organisierten die Haushaltsführung als eine Ökonomik im Sinne des »oikos« (Brunner 1966).

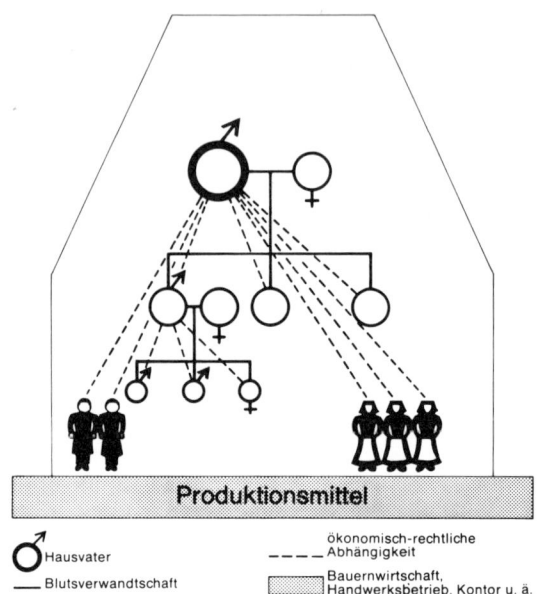

Abb. 1 Haushaltsfamilie.

Das »Haus« war aber nicht nur Wohnung und Arbeitsstätte, sondern es bot seinen Insassen auch Recht und Schutz, ein Grundelement der Verfassung, eine Freiung, in der besonderer Friede, der »Hausfriede«, herrschte. Damit verbunden waren die Machtbefugnisse des Hausherrn, Züchtigungsrechte sogar über das Gesinde und seine politischen Rechte in der Gemeinde, wo allein der Hausvater sein Haus und alle Innewohnenden vertrat.

Die so umschriebene Lebensform des Hauses umfaßte das bäuerliche Leben (im hohen Mittelalter 70 – 80 Prozent der Bevölkerung), die adlige Daseinsform (die ja praktisch nur eine Erweiterung der bäuerlichen darstellte) – aber ebenso die städtische, in Handel und Gewerbe tätige Bevölkerung.

Über diese Phase in der Sozialgeschichte der Familie des sechzehnten bis achtzehnten Jahrhunderts unterrichtet eine Sammlung von »Sachbüchern« für die Ordnung des täglichen Lebens, die »Hausväterliteratur« (Hoffmann 1954). Die Hausbücher enthielten alles Wissens- und Lernenswerte über den christlichen Hausstand: Beispiele, wie Hauszucht und Kirchenzucht pädagogisch miteinander zu verbinden seien und aus hausväterlicher Erfahrung Lehren für die Haus- und Landwirtschaft; wie sich das Verhältnis der Eheleute gestalten solle, die Kindererziehung und Aufzucht, die Behandlung der Krankheiten von Mensch und Vieh und Vorschriften über Arbeit und Wirtschaft.

In den Landschaften protestantischer Konfession gewann die Sozialstruktur des »ganzen Hauses« noch dadurch eine verstärkte Bedeutung, daß das Kloster als Zuflucht für unverheiratete weibliche Familienangehörige fortfiel und diese nun der gemeinsam hausenden und wirtschaftenden Gruppe integriert wurden. Das lateinische »familia«, das Luther noch nicht geläufig war, tritt erst seit dem späten sechzehnten Jahrhundert auf, in eben der (lateinischen) Bedeutung von »Hausgenossenschaft«, zu der auch der »famul(us)«, der Diener und Schüler, gehörte. Der Sprachgebrauch erfaßte also hier die Tatsache, daß nicht die Blutsverwandtschaft, sondern das gemeinsame Wohnen und Wirtschaften den Charakter der Primärgruppe (Familie) bestimmte.

Im alten »oikos«, im ganzen Haus der Lutherbibel, befanden sich die Familienmitglieder räumlich und geistig gewissermaßen unter einem Dache. Das betrifft auch die ältere Wortbedeutung von »Vater« (Trier 1947), die ursprünglich im Zusammenhang mit Vorstellungen von rechtlicher Ordnung und Rechtsvertretung steht. Zur Bestimmung des älteren Vaterbegriffes reicht weder die biologische noch die sentimentale Komponente aus.

Die zunehmende Industrialisierung um die Wende zum neunzehnten Jahrhundert, das neue Maschinenwesen und das Entstehen der Fabriken brachte als entscheidenden Wandel für die städtische Familie die Trennung von Arbeitsplatz und Wohnstätte. Das betraf nicht nur die Arbeiterklasse, sondern durch die Ausweitung von Handel, Gewerbe, Verwaltung und Dienstleistungen auch den Großteil der bürgerlichen Berufe. Damit nun änderte sich grundlegend das bürgerliche Familienleben. Neben dem mit allen patriarchalen und vormundschaftlichen Rechten ausgestatteten pater familias, der außerhalb des Hauses dem Beruf oder Gelderwerb nachging, waltete am häuslichen Herd die Mutter, deren Aufgaben sich auf die Pflege des Haushalts und die Aufzucht der Kinder konzentrierten.

Es entstand die Wohnkultur des Biedermeier mit Wohnzimmer und »Kinderstube«, ein Begriff, der in seiner vielfältigen Bedeutung aus dem neunzehnten Jahrhundert stammt: »gute Kinderstube« als Synonym für gute Erziehung – aber auch für das Kinderzimmer als Reich des Kindes mit seinen Spielen und typisch kindlichen Beschäftigungen.

Die »Befreiung des Kindes« nahm ihren Anfang, sowohl im Hinblick auf die kindliche Kleidung wie auch auf seine gesamte Lebenswelt. Die Veränderung und Entwicklung der Familienstrukturen verliefen wohl im allgemeinen folgerichtig den ökonomischen Verhältnissen entsprechend, besonders was die sich internationalisierende Schicht der Bürger betraf. Adel und Bauern bewahrten jedoch noch längere Zeit ältere ständische Vorstellungen. In den höfischen Kreisen bleiben Partnerwahl und Eheschließung weiterhin eine Sache des Sippen- und Herrscherinteresses. Ebenso dachten die Bauern lange Zeit weiter in Haushaltsfamilien-Kategorien. Aber auch das am Adel orientierte vornehme Bürgertum, die großen Kaufmanns- und Fabrikantenfamilien, befolgten alte Vorstellungen von Ebenbürtigkeit und Geschäftsnutzen, wie es Thomas Mann in seinen »Buddenbrooks« dargestellt hat.

War also zu Anfang des neunzehnten Jahrhunderts und in der Zeit des Biedermeier die Trennung von Arbeits- und Wohnbereich bestimmend für die Wandlung der bürgerlichen Familie gewesen, so steigerte sich die durch die industrielle Entwicklung bedingte Ausgliederung der Arbeit aus dem Hause in der zweiten Hälfte des neunzehnten Jahrhunderts und besonders in der Gründerzeit zu einer totalen Verdrängung der Kategorie Arbeit überhaupt. Die Kinder erhielten immer weniger Einblick in die Arbeitswelt des Familienoberhauptes, das sie vornehmlich als Feierabends- und Sonntagsvater kannten. Ja, es gehörte bald zur guten Erziehung, nicht viel mehr als den Titel des Vaters zu kennen.

Auch die Ehefrau wußte immer weniger von der Berufswelt ihres Mannes und von den sozialen Prozessen in der Gesellschaft, ja jeder Art von Politik. Das alles lernte sie nur durch seine Vermittlung kennen, etwa nach der von Wilhelm Busch formulierten Devise: »Er liest in der Kölnischen Zeitung – und teilt ihr das Nötige mit.« Zudem hatte der paternistische Machtbereich in der Bürgerfamilie allmählich eine Steigerung erfahren: Die Erziehungsgewalt des Vaters, seine rigorose Gehorsamsforderung dehnte sich auch auf die Mutter und Hausfrau aus, die nie zuvor eine so untergeordnete und unselbständige Stellung innerhalb der Familie hatte wie in der zweiten Hälfte des neunzehnten Jahrhunderts. Berufslosigkeit der Bürgerfrau und höheren Tochter war standesbedingt, auch bei bescheidener materieller Lage. Was solche gesellschaftlichen Zwänge für begabte Töchter aus »guter Familie« an seelischen Leiden heraufbeschworen, hat Theodor Fontane in seinen Romanen eindrucksvoll geschildert.

Hatte die alte Oikos-Familie arbeitsteilig gewirtschaftet und alle ihr zugehörigen Erwachsenen in den häuslichen Produktionsprozeß einbezogen, so wurde nach ihrer Auflösung der Aufgabenbereich der Frau zunächst auf Haushalt und Kinder reduziert, wobei ihr meist eine Magd behilflich war. In der zweiten Hälfte des neunzehnten Jahrhunderts aber verwandelte sich die bürgerliche Hausfrau zur »Gnädigen Frau«, die sich – nach aristokratischem Vorbild – die Hände nicht beschmutzte, sondern lediglich »das Personal« dirigierte. Damit änderte sich auch das zwischenmenschliche Verhältnis zum Dienstmädchen, das abgesondert von der »Herrschaft« in der Küche lebte und aß, auf dem Hängeboden schlief, Hintereingang und Hintertreppe benutzte, mit der Klingel gerufen wurde, um zu bedienen. Alles, was die Hausarbeit betraf, gehörte in den Aufgabenbereich des Mädchens, und so lernten die Bürgerkinder oft zuerst die körperliche Arbeit nur durch die Person des Dienstmädchens kennen und einordnen (Stillich 1902).

Bürgerliches Normverhalten erstarrte in der Kaiserzeit zu einem Bild der Familie, in dem die Rollenverteilung in einer Art und Weise äußerlich fixiert war, wie sie bis dahin nur die höfische Etikette gekannt hatte. Es war gerade deshalb das Zeitalter der doppelten Moral, der geheimen Bordelle und pornographischen Luxusausgaben. In der eigenen Familie jedoch galt Sexualität als Tabubereich, eine vernünftige Aufklärung hatte in der Kinderstube keinen Platz, wo man statt dessen das Märchen vom Klapperstorch erzählte.

Zu Ende des Jahrhunderts nun sagte die bürgerliche und proletarische Frauenbewegung einer durch Vaterautorität bestimmten Gesellschaft den Kampf an. Ihre Ziele richteten sich auf Berufstätigkeit und Gleichberechtigung der Frau, auf eine bessere Ausbildung für junge Mädchen, höhere Schulen und Zulassung der Frauen zu den Universitäten, auf das aktive und passive Wahlrecht der Frau, auf Mutterschutz und verbesserte Lebensbedingungen der Arbeiterin. Das alles wurde allmählich in schweren sozialpolitischen Kämpfen durch den intelligenten und mutigen Einsatz der Vertreterinnen dieser Bewegung erreicht.

Aber gerade für die Arbeiterinnen in ihrem oft ausweglosen Kampf gegen die vom Kapitalismus gesetzten unmenschlichen Lebensbedingungen, für die Frau in der Fabrikarbeiterfamilie des neunzehnten Jahrhunderts blieb noch viel zu tun. Kinderarbeit bis weit ins zwanzigste Jahrhundert, übermäßig lange Arbeitstage, katastrophale Wohnverhältnisse prägten ihr Leben. Dazu kam, daß sich für die Arbeiterfamilie besonders negative Konsequenzen aus der Trennung von Arbeits- und Wohnstätte ergaben.

Leidenschaftlich setzte sich August Bebel für die Rechte und Interessen der Arbeiterfrauen ein, und in seinem Bestseller »Die Frau und der Sozialismus« (1879) hat er beredt aufgrund guter Beobachtungen und reichen statistischen Materials das Leben der Industriearbeiterfamilie geschildert. Kaum weniger gedrückt waren zu jener Zeit die Familienverhältnisse der Landarbeiter. Diese im neunzehnten Jahrhundert entstandene Schicht von besitzlos gewordenen Landbewohnern, die sich besonders in Ostelbien herausgebildet hatte, vermochte nach Verlust ihres Bodens und ihrer geringen Produktionsmittel kaum, ihre neue soziale Situation selbst zu bestimmen. Der ihnen ungewohnte Verkauf der eigenen Arbeitskraft als ländliche Lohnarbeiter ging lange einher mit dem verzweifelten und vergeblichen Versuch, die äußeren Lebensformen einer bäuerlichen Struktur zu bewahren (Weber-Kellermann 1965).

Es ist ein Irrtum zu glauben, daß die Familienverhältnisse auf dem Lande im neunzehnten Jahrhundert durchgehend »bäuerlich« geblieben und deshalb besser und gesünder gewesen seien als bei den Proletariern der Städte. Schwankend zwischen den traditionellen Beziehungen zwischen Person und Eigentum, den Werten des Besitzes und dem meist noch unerkannten Eigenwert der Arbeit, waren die Landarbeiter kaum zu einer bewußten Familiengestaltung und Kindererziehung fähig. Die schlechten Wohnverhältnisse dieser überlasteten, bedrückten und ungeschulten Gruppe trugen zusätzlich zu Landflucht und Auswanderung bei.

Das bürgerliche Sozialmodell der Familie mit dem Mann als Ernährer und Autoritätsperson und der Frau am häuslichen Herd behielt also weiterhin seine Gültigkeit und wurde auch von der Arbeiterfrau als erstrebenswert empfunden. Eine partnerschaftliche Gleichberechtigung zwischen den Geschlechtern paßte nicht in dieses Schema. Auch schwang noch immer die Erinnerung an die »heile« Familie der Vergangenheit mit, die Wilhelm Heinrich Riehl 1855 in seinem Buch »Die Familie« aufs neue beschworen hatte. Er überhöhte darin den Familientypus des »ganzen Hauses« in Verkennung seiner geschichtlichen Gebundenheit zu absoluter Größe. Die Freude des Kulturwissenschaftlers am Vergangenen verband sich mit der bewußten politischen Tendenz des antiliberalen Konservativen, der engagiert die Theorie von Autorität und Tradition vertrat. Als Vorbild und Leitbild für die bürgerliche Gesellschaft nach 1848 gedacht, sollte dieses Kulturgemälde dem Abbau demokratischer Bestrebungen im öffentlichen und im privaten Bereiche dienen – und erlebte 1904 seine 12. Auflage. Auch dieses »Hausbuch« verhalf mit zur Errichtung eines für viele Generationen gültigen Familienmodells: dem der paternistischen Kleinfamilie, das im sozialen, im pädagogisch-psychologischen wie im kulturellen Bereich seine Stellung behauptete.

Der Begriff der »Kleinfamilie« des neunzehnten und zwanzigsten Jahrhunderts nun könnte gegenüber dem Begriff der »großen Haushaltsfamilie« zu dem Mißverständnis führen, es handele sich vorwiegend um quantitative Unterschiede (Mitterauer, Sieder 1977): um die zahlreichen Mitglieder des »ganzen Hauses« im Gegensatz zu der kleinen Eltern-Kinder-Familie. Hier liegt aber m. E. nicht die Hauptveränderung; sie besteht vielmehr in den gewandelten Funktionsbereichen des Familienganzen. Solange sich die Produktionsmittel im Hause selbst befanden, vereinten sich »Arbeit« und »Wohnen« unter einem Dach. Nicht nur Werkstatt, Laden oder Kontor befanden sich im Hausinnern, sondern auch alle Arten von Lagerräumen, sowohl für die Materialien wie für die Fertigprodukte. Ständige Bewegung herrschte auf Treppen und Gängen; die Türen zur Gasse waren meist für den Eintritt der Kundschaft und vielerlei Botengänge geöffnet, so daß kaum eine Grenze zwischen öffentlichem und privatem Lebensbereich bestand. In diesem ganz vom wirtschaftlichen Leben der Familie bestimmten Hauswesen liefen die Kinder frei herum, sahen bei den Werkstattvorgängen zu, wurden wohl auch zu kleinen Hilfeleistungen und Botengängen herangezogen und wuchsen auf diese Weise langsam in das Berufsfeld des Vaters hinein. Im übrigen hatten sie im ganzen Haus, auf der Gasse und im Garten Möglichkeiten zu erlaubten und verbotenen Spielen. Ein eigenes Kinderzimmer besaßen sie nicht und kaum jemanden, der sich ausdrücklich mit ihnen als Kindern beschäftigt hätte. Das entsprach nicht der Struktur dieser Sozialform.

Mit der Ausgliederung des Arbeitsbereiches aus dem Wohnbereich, die sich im Verlaufe des neunzehnten Jahrhunderts mit Ausnahme des agrarischen Sektors vollzog, änderte sich nun diese Struktur total. Für die bürgerliche Familie erhielt die Funktion des Wohnens eine wachsende Bedeutung. Mehr und mehr trennte sich das öffentliche vom privaten Leben; das eine vertrat der Vater in Kontor, Verwaltung, Unternehmens- und Dienstleistungsberufen – das andere wurde ganz zum Ressort der Mutter und Hausfrau. Die Türen zur Straße schlossen sich, und das Innere des Hauses, der Etage, der Wohnung wurde zum Gehäuse des Lebens, so daß man diese Form der bürgerlichen Familie fast als »Wohnfamilie« bezeichnen könnte gegenüber der »Arbeits- und Wohnfamilie« der vorausgegangenen Zeit; der Begriff »Kleinfamilie« für die neue Form, für die die Ausgliederung der Arbeit aus dem Hause bezeichnend war, sagt eigentlich wenig aus, und »Kernfamilie« kann schon fast ideologisch mißverstanden werden (König 1974, 141). Wohn-, Freizeit-, Konsumfamilie würde zumindest ihre Funktionen besser beschreiben, wobei in der Kaiserzeit der Repräsentationswert des Wohnens bedeutend zunahm: die Möbelstile der Gründerzeit mit Altdeutsch-Renaissance für das Speisezimmer, Neu-Barock und Rokoko-Belle-Epoque für den Salon sind ein deutliches Zeichen für das damalige Repräsentationsbedürfnis.

Die gleichen Vorstellungen bestimmten dann weitgehend die Strukturen des zwanzigsten Jahrhunderts, wenn auch Jugendbewegung und neue Sachlichkeit eine kräftige Gegenströmung bildeten. Aber dann kam der Nationalsozialismus und brachte eine Aufwertung der alten patriarchal-autoritären Mechanismen.

Ideologische Zielvorstellungen	Wirklichkeit
Kinderreichtum: mindestens 4 Kinder	**durchschnittlich 2,3 Kinder nach Kriegsausbruch Geburtenzahl sinkend**
Rollentrennung voll angestrebt	
Frau: Gebärerin und Mutter, dienend, unemanzipiert passiv angepaßt nicht berufstätig	**nur 25% in der NS-Frauenschaft bleibendes Bewußtsein von einem eigenen beruflichen und gesellschaftlichen Spielraum; bis 1936: Absinken der Zahl der arbeitenden Frauen um 10%, ab 1937 gegenläufige Bewegung.**
Erziehung der Mädchen: *»Das Ziel der weiblichen Erziehung hat unverrückbar die kommende Mutter zu sein«* (Adolf Hitler). **Trachtenmädel und blonde Mutter; körperliche Ausbildung, dann Förderung der seelischen und zuletzt der geistigen Werte.**	**Zahlreiche Abiturientinnen und Studentinnen Erziehung zur Aktivität führt im Krieg zu einer von der NS-Führung nicht geplanten Form der Selbständigkeit.**
Mann: Verkörperung aller männlichen Tugenden wie Mut, Kraft und selbstloser Einsatz für das Volk, unantastbare Autorität als Oberhaupt und Ernährer der Familie.	**Fortbestehen des patriarchal-autoritären männlichen Leitbildes in Beruf und Familie; Befehlen – Gehorchen**
Erziehung der Knaben: *»körperliche und geistige Förderung als Kleinkind in der Familie, dann in Jungmannschaft und wehrhaften Männerbünden zu einer »heroischen Jugend«* (Adolf Hitler).	**rollenfixiert, militärisch-diszipliniert**
Ideal: die bäuerliche Familie, verbunden mit BLUT (Sippe, Ahnen) und BODEN (Siedlungsaktionen, Eigenheimbewegung), erbgesund, große Kinderzahl	**nur 18-19% der Bevölkerung war nach 1930 in der Landwirtschaft tätig**
Parole: Volk ohne Raum!	**4,5 Millionen Gefallene und Tote des 2. Weltkrieges**

Abb. 2   Die Familie in der Zeit des Nationalsozialismus.

Die nationalsozialistische Führung mißtraute gründlich der bürgerlichen Familie und ihren Formen der Sozialisation (Becker 1935). Diese deutlich sichtbare Tendenz wirkte mit bei dem Versuch einer Rehabilitierung traditioneller Familienstrukturen nach 1945, als die scheinbar vorgegebene Form *der* Familie wieder in ihre alten Rechte eingesetzt werden sollte (Rosenbaum 1973, Tyrell 1976). Zudem ließen die Erschütterungen des Krieges die eigene Familie als den einzigen Ort wärmender Geborgenheit und sozialer Sicherheit erscheinen. Nur in ihrem Schutz konnte man die Schwierigkeiten des täglichen Existenzkampfes, des entbehrungsreichen und oft trostlosen Alltags bewältigen.

Aus dieser Not entstand oft spontan ein demokratisches Handeln. In den ersten Jahren nach dem Krieg wurde die Familie für viele eine Art »Ersatzheimat«. Der Nachholbedarf der Deutschen setzte ungeahnte Kräfte frei. Mit dem gemeinsamen Streben nach neuen materiellen Werten entwickelte die Familie ein partnerschaftlich verteiltes Rollensystem.

Die berufstätige Ehefrau und Mutter gehörte ebenso selbstverständlich dazu wie der sicherverdienende Ehemann und Vater. Die Kinder fügen sich in diese Ordnung, die ihnen mehr selbständigen Freiraum gewährt, aber auch weniger Geborgenheit. Dies war aber gerade verbunden mit dem Wunsch, daß »unsere Kinder es mal besser haben sollen!«

Wirtschaftlicher Aufschwung und soziale Gesetzgebung in der Bundesrepublik rückten die Erfüllung solcher Wünsche bereits in den fünfziger und sechziger Jahren in greifbare Nähe. Aufgaben, die früher innerfamiliär geregelt werden mußten, hatte nun in zunehmendem Maße der Staat übernommen wie die schulische und berufliche Ausbildung, die Krankenversorgung, den Altersschutz. Damit war auch den sozial schwachen Familien neben ihren eigenen Anstrengungen nach Verbesserung der Lebensumstände eine gesetzlich verankerte Sicherheit gewährleistet.

Mit dem »Wirtschaftswunder« schwanden die Entbehrungen der Nachkriegszeit. Viele berufstätig gewesenen Ehefrauen und Mütter kehrten nun an den häuslichen Herd zurück. Der Ehemann und Vater übernahm wieder die alleinige wirtschaftliche und soziale Sicherung der Familie. Es bedeutete einen Prestigezuwachs, sagen zu können: »Meine Frau braucht nicht zu arbeiten!« Die Entscheidung darüber oblag zumeist dem Ehemann und Vater.

An dieser Stelle werden die Einsichten aus einem historischen Rückblick auf die Familie besonders offenbar, denn es haften ihr so viele Rückstände aus ihrer eigenen Vergangenheit an, daß man die Gegenwart ohne geschichtliches Wissen nicht zu deuten vermag.

Bei einem Versuch, die historischen Veränderungsprozesse im ökonomischen und sozialen Verhalten tabellarisch aufzulisten, wird sogleich der Charakter von »Familie« als strukturell bedingtem Beziehungssystem deutlich (s. Abb. 3).

Die Kommentierung der Tabelle ergibt, daß bei Adel und Landbevölkerung die »Mächte der Beharrung« (Riehl 1851) vorherrschen, die größte Bewegung und – auch für die Arbeiter – leitbildhafte Aktivität dagegen bei den Bürgern zu beobachten ist. Das hat Wilhelm Heinrich Riehl ganz richtig gesehen – und falsch gedeutet. Es wird aber auch sichtbar, wie sich diese Aktivitäten mehr und mehr (zumindest bei einem Großteil des Bürgertums) auf die Stabilisierung der herrschenden Verhältnisse hin orientierten und vor allem die Erziehung der Kinder in diese Richtung gelenkt wurde.

Und gerade diese vorgeblich stabile und »heile« Familienform der »guten alten Zeit« tauchte im Wunschdenken der Nachkriegsjahre wieder auf.

In der neuen wirtschaftlich gefestigten Nachkriegsfamilie wurden oft Erziehungsziele verfolgt und Methoden angewandt, die eigentlich von der gesellschaftlichen Entwicklung längst überholt waren. Die Eltern, gebunden an die Wertorientierungen ihrer eigenen Kindheit, erzogen wiederum zu Gehorsam und Artigkeit statt zu Selbständigkeit und partnerschaftlicher Verantwortung. Wenn es richtig ist, daß oft in der herkömmlichen Kleinfamilie bereits das Kind an die Realität autoritärer Hierarchien gewöhnt wird, so kann die unveränderte Wiederbelebung des alten Familienmodells nicht wünschenswert sein.

Kein Wunder, wenn in einem Teil der jungen Familien das Verlangen nach Befreiung von gesellschaftlichen Traditionen und Elternabhängigkeit übermächtig wird und manchmal ungewöhnliche Zeichen fordert. Das Bedürfnis nach frühzeitiger Emanzipation und selbständiger Persönlichkeitsentfaltung ohne Verwandtenkontrolle muß sich nicht unbedingt familienfeindlich auswirken, wenn man den Begriff »Familie« nicht statisch, sondern dynamisch versteht. Neue Formen der Familiengestaltung drücken sich heute in vielen jungen Familien vor allem in der Abkehr von der alten Verteilung der Machtpositionen nach dem patriarchalisch-autoritären Familienmodell aus. Hier spielt für den Bereich der familiären Erziehung die Ablehnung der Prügelstrafe eine entscheidende Rolle, die ja erst 1971 an deutschen Schulen endgültig verboten wurde. Denn die Vorstellung, daß Gewalt unter bestimmten Prämissen gerechtfertigt sei, wird dem Kind in früher Jugend mit den Schlägen gewissermaßen eingebleut. Was eine solche Auffassung von den Möglichkeiten der innerfamiliären Kommunikation für die Entwicklung der Kinder bedeutet, sollte man zu Ende denken: nicht die Erziehung als Prozeß des Autonomwerdens, sondern Schläge als ein selbstverständlicher Teil des Lebens wie Gehorchen und Befehlen, Gequältwerden und Quälen (Horn 1967, Bimmer 1972).

Die autoritär-patriarchalen Familienzwänge sollten endgültig Geschichte sein. Denn vieles hat sich bereits zum Positiven verändert. Das betrifft besonders die freiere Lebenslandschaft der Frau. Moderne Haushaltstechnik und Medizin haben sie von vielen innerfamiliären Aufgaben entlastet, die ihre Mütter und Großmütter zu bewältigen hatten. Diesen freien Raum muß sie ihren Fähigkeiten entsprechend ausfüllen lernen, ohne daß ihr ständig das mahnende Leitbild der sogenannten »Familienmutter« und »guten Hausfrau« vor Au-

		Bis 1800	19. Jahrhundert	Nach 1945
WIRTSCHAFTS-WEISE	Adel	Ökonomischer Zusammenhalt im Sippenverband; Grund- und Gutsbesitz; Dienst als Hofbeamte und Offiziere.		Guts- und Unternehmensbesitz; bürgerliche Berufe.
	Bürger	»Große Haushaltsfamilie« wirtschaftet gemeinsam im Mehrgenerationenzusammenhang.	Trennung von Arbeitsplatz und Wohnplatz; Form der Großen Haushaltsfamilie bleibt nur in einzelnen Handwerken und in kaufmännischen Betrieben bestehen, hört in den meisten Dienstleistungsberufen, bei Beamten und Angestellten auf.	Die Form der »Großen Haushaltsfamilie« vereinzelt in Gastwirtschaften und Geschäften, sonst Gattenfamilie mit Trennung von Arbeits- und Wohnplatz.
	Bauer	Gemeinsam wirtschaftende »Große Haushaltsfamilie«		Abnehmend; Tendenz zur bürgerlichen Kleinfamilie bzw. Unternehmen.
	Arbeiter		Trennung von Arbeitsplatz und Wohnplatz.	
BERUFSWAHL	Adel	Söhne: durch die Familie bestimmt; Gutsbesitzer, Offizier, Hofbeamter. Töchter: berufslos, evtl. Gouvernante.		Mehrheitlich individuell. Freie Berufswahl.
	Bürger	Söhne: meist durch Interessen und Besitz des Vaters und der Familie bestimmt. Töchter: berufslos.	Gleichbleibend bei Groß- und Besitzbürgern; im Mittelstand zunehmend individuell. Töchter: berufslos; zu Ende des Jahrhunderts zunehmende Tätigkeit vor allem in »weiblichen« Berufen; Frauenstudium.	Für Söhne und Töchter mehrheitlich freie, individuelle Berufswahl.
	Bauer	Söhne: durch den Familienbesitz bestimmt. Töchter: Bäuerin.		Durch den Familienbesitz verpflichtet, aber zunehmend freie Berufswahl.
	Arbeiter		Durch Industrialisierung und Besitzlosigkeit gezwungen; später »Facharbeiter«, Frauen berufstätig.	Zunehmend freie Berufswahl.
GATTENWAHL	Adel	Durch Stand und Namen bestimmt.		Zunehmend freier.
	Bürger	Durch Stand, Besitz und Familienbeschluß weitgehend bestimmt.	Im Großbürgertum gleichbleibend; im Mittelstand Beginn von Individualisierung.	Mehrheitlich freie Partnerwahl.
	Bauer	Durch Besitz und Familienbeschluß bestimmt.		Zunehmend freiere, individuelle Wahl.
	Arbeiter		Aus der eigenen Schicht, Klassenbewußtsein.	Individuell.
ROLLE DES MANNES UND VATERS	Adel	Patriarchalistisch – autoritär; bestimmt das Verhalten der Familie.		
	Bürger	Patriarchalistisch – autoritär; absolut bestimmend.		Zunehmend partnerschaftlich.
	Bauer	Patriarchalistisch – autoritär; absolut bestimmend.		Weitgehend gleichbleibend.
	Arbeiter		Autoritär.	Autoritär bis partnerschaftlich.

	Stand			
ROLLE DER FRAU UND MUTTER	Adel		Gesellschaftlich repräsentierend, aber abhängig-unemanzipiert, die Erziehung der Kinder nicht bestimmend (Hauslehrer, Gouvernante).	Zunehmend selbständig, der bürgerlichen Oberschicht entsprechend.
	Bürger	Wirtschaftlich und bei der Erziehung mitbestimmend; mitarbeitend.	Zunehmend unselbständig, angepaßt, der männlichen Führung untergeordnet; nicht berufstätig. Dagegen: bürgerliche und sozialistische Frauenbewegung.	Zunehmend gleichberechtigt und partnerschaftlich; berufstätig.
	Bauer	Der männlichen Führung angepaßt, aber mitarbeitend und partnerschaftlich bestimmend.		Zunehmend selbständiger.
	Arbeiter		Berufstätig, aber ohne selbständige Vorstellungen; der männlichen Führung im Allgemeinen untergeordnet.	Zunehmend selbständig.
ZIELE DER KINDER-ERZIEHUNG	Adel	Standesgemäße Lebensführung, Stabilisierung der Verhältnisse, rollenfixiert.		
	Bürger	Kurze Kindheit, früh an Mitarbeit gewöhnt, aber auch frühe Selbständigkeit; geschlechtsrollenfixiert; Stabilisierung der ständischen Gesellschaft.	Neue Einstellung zum Kind; Verlängerung der Kindheit und damit auch der Unselbständigkeit, Abhängigkeit, Erweiterung der Tabubereiche; rollenfixiert, gesellschaftsaffirmativ.	Kindheit als Lebensphase; zunehmend frei und selbständig; freie Ausbildungschance.
	Bauer	Kurze Kindheit; frühe Mitarbeit, aber auch Selbständigkeit und Teilnahme am Erwachsenenleben.		Zunehmend entsprechend den bürgerlichen Vorstellungen.
	Arbeiter		Kurze Kindheit; früh an Lohnarbeit gewöhnt im Bereich der familiären Existenzbewältigung; Ausschluß aus dem Kindheitserleben der Gleichaltrigen, aber weniger Tabubereiche und frühere Selbständigkeit.	Zunehmend entsprechend den bürgerlichen Vorstellungen.
WOHNEN	Adel	Schloß und Gutshof, Stadtpaläste; mehrere Generationen.		Gleichbleibend und der bürgerlichen Oberschicht entsprechend.
	Bürger	Mehrere Generationen und das Gesinde leben unter einem Dach.	Zunehmend Kleinfamilie und Zwei-Generationenhaushalt; Mietwohnungen, Villen.	Kleinfamilie; zunehmend Eigenheim.
	Bauer	Bauernhaus mit Altenteil; Große Haushaltsfamilie unter einem Dach.		Zunehmend Einzelhaushaltungen der Kleinfamilie.
	Arbeiter	Mietskasernen, vereinzelt Fabriksiedlungen.		Mietwohnungen, zunehmend Eigenheim.
DIENSTBOTEN	Adel	Leben in Schloß- und Gutshofbereich, oft in besonderen Gebäuden; gehören zum adligen Haushalt.		
	Bürger	Gehören – auch rechtlich – in den Abhängigkeits- und Schutzbereich der Familie.	Beziehung wandelt sich zum Lohnverhältnis; gesellschaftliche Trennung von der Familie, wenn auch weiter unter einem Dach.	Kaum noch unter einem Dach; Arbeitsverhältnis mit Stundenlohn; als Berufsfeld im Rückgang.
	Bauer	Gehören in den Abhängigkeits- und Schutzbereich der Familie.		Arbeitnehmerverhältnis.

Abb. 3 Die Familie. Vorherrschende Formen des Wirtschaftens und der gesellschaftlich bedingten Verhaltensweisen.

gen gehalten wird. Frau und moderne Familie brauchen auch den Beruf, in dem sich die Frau wohl fühlen und Bestätigung für ihre Fähigkeiten finden kann. Die Heranziehung der Großmütter und damit das Wiederaufleben einer Dreigenerationenfamilie muß nicht der einzige Ausweg sein, wenn die Frau ein Rollengleichgewicht in der Ehe anstrebt und ihrem Beruf nachgeht. Es gibt auch Ansätze zu neuen Entwicklungen, bei denen die Ehemänner in einer modernen Aufgabenteilung mit ihren Frauen partnerschaftlich kooperieren. Es gibt das Tagesmüttermodell. Überall entschließen sich Eltern-Kinder-Gruppen, Initiativkreise und Wohngemeinschaften, in dieser Richtung zu experimentieren. Es geht dabei um die Einübung von neuen Formen des Zusammenlebens, die allerdings sämtlich zunächst noch den Charakter des Vorläufigen haben.

Auf der gleichen Linie einer kooperativen Mehrfamilienvorstellung liegen Projekte, die die Bauherren in Zukunft verpflichten sollen, Kinderspielplätze und spezielle gemeinsame Spielzimmer auf den einzelnen Etagen in Mehrfamilienhäusern einzuplanen.

Die Schwierigkeit bei der Verwirklichung eines »lebendigen« Familienmodells liegt wohl beim Umdenken-Müssen der alten Rollenbeziehungen, die zugleich eine feste Machtverteilung bedeuteten. Die Vorstellung, die Kategorie »Macht« gänzlich aus der Familie herauszudrängen und an ihre Stelle die Größen: Freundschaft, Rücksicht, Begabungsentfaltung, Partnerschaft zu setzen, ist wohl schwer ins allgemeine Bewußtsein zu heben. Sie bedeutet theoretisch eine Verschiebung der Ebenen. Der alte Oben-Unten-Mechanismus, als Norm seit frühgeschichtlichen Zeiten befestigt, hätte einer ständig neu zu reflektierenden individuellen demokratischen Ordnung zu weichen, was nicht nur große Aufgaben an Eltern und Kinder stellt, sondern auch an alle mit ihnen zusammenhängenden Organisationen.

Die Gesellschaft der Zukunft, die in zunehmendem Maße eine Freizeit-Gesellschaft sein wird, erfordert jedoch eine zur Lebensgestaltung befähigende Sozialisation ihrer Mitglieder. Will sie sich nicht mit der »Außenlenkung« (Riesman 1950) durch die Massenmedien begnügen und damit der Manipulation Tor und Türe öffnen, so muß sie ihre Mitglieder von Jugend auf für die offenen Möglichkeiten der »Innenlenkung« erziehen.

LITERATUR

BEBEL, A.: Die Frau und der Sozialismus. Stuttgart: Dietz 1879, [26]1896

BECKER, H.: Die Familie. Leipzig: M. Schäfer 1935

BIMMER, A. C.: Traditionelles Verhalten als Konstitutivum autoritärer Strukturen – dargestellt am Beispiel Marburger Studentenfamilien. Diss. Marburg 1972

BÜHLER, J.: Die Kultur des Mittelalters. Stuttgart: Kröner 1954

BRUNNER, O.: Das »ganze Haus« und die alteuropäische Ökonomik. In: F. Oeter (Hg.): Familie und Gesellschaft. Tübingen: Mohr 1966, 23–56

HOFFMANN, J.: Die »Hausväterliteratur« und die »Predigten über den christlichen Hausstand«. Ein Beitrag zur Geschichte der Lehre vom Hause und der Bildung für das häusliche Leben. Diss. Göttingen 1954

HORN, K.: Dressur oder Erziehung. Schlagrituale und ihre gesellschaftliche Funktion. Frankfurt/M.: Suhrkamp 1967

KÖNIG, R.: Materialien zur Soziologie der Familie. Köln: Kiepenheuer & Witsch 1974, 141

MELETINSKIJ, E.: Die Ehe im Zaubermärchen. Acta Ethnographica Academiae Scientiarum Hungaricae, 19, 1970, 281–292

MITTERAUER, M., SIEDER, R.: Vom Patriarchat zur Partnerschaft. München: Beck 1977

NECKEL, G.: Altgermanische Kultur. Leipzig: Quelle & Meyer 1925

RIEHL, W. H.: Die bürgerliche Gesellschaft. Stuttgart: Cotta 1851

Die Familie. Stuttgart: Cotta 1855, [12]1904

RIESMAN, D.: The lonely crowd: A study of the changing American character. New Haven 1950. Deutsch: Die einsame Masse. Darmstadt: Luchterhand 1956

ROSENBAUM, H.: Familie als Gegenstruktur der Gesellschaft. Stuttgart: Enke 1973

STILLICH, O.: Die Lage der weiblichen Dienstboten in Berlin. Berlin, Bern: Akad. Verl. f. sociale Wissenschaften 1902

TRIER, J.: Vater. Versuch einer Etymologie. Zeitschr. Savigny RG, Germ. Abt. 65, 1947, 232–260

TYRELL, H.: Probleme einer Theorie der gesellschaftlichen Ausdifferenzierung der privatisierten modernen Kernfamilie. Zeitschr. f. Soziologie, 5, 1976, 393–417

WEBER-KELLERMANN, I.: Erntebrauch in der ländlichen Arbeitswelt des 19. Jahrhunderts. Marburg: Elwert 1965

Die deutsche Familie. stb 185. Frankfurt/M.: Suhrkamp 1974, [4]1978

Die Familie. Frankfurt/M.: Insel 1976, [2]1977

POLITISCHE PARTIZIPATION VON FRAUEN IN DER BUNDESREPUBLIK DEUTSCHLAND

von Helge Pross

Seit ihrer Errichtung im Jahre 1949 gilt in der Bundesrepublik der Grundsatz der Gleichberechtigung zwischen den Geschlechtern. Formell ist er die oberste Richtschnur für die Regelungen des Geschlechterverhältnisses und damit auch für die Beteiligung der Frauen an der Politik. Noch im Jahre 1949 erhielten Frauen die gleichen gesetzlichen Möglichkeiten zu politischer Aktivität wie Männer – aktives und passives Wahlrecht und alle persönlichen und sozialen Freiheitsrechte, die ihrerseits Voraussetzungen freier Partizipation sind (Neumann 1967,113). Die Idee der rechtlichen Gleichstellung ist heute unumstritten. Niemand verlangt, Frauen sollten vom Gesetzgeber und generell in der Politik als Bürger zweiter Klasse behandelt werden, niemand macht ihnen die im Grundgesetz statuierten Teilhaberechte streitig. Das eigens hervorzuheben, mag überflüssig erscheinen, ist es jedoch nicht, wenn man bedenkt, daß bis tief ins zwanzigste Jahrhundert nicht der Grundsatz der Gleichberechtigung, sondern der der Ungleichheit bestimmend gewesen ist.

Die Gewährung gleicher gesetzlicher Beteiligungsrechte stellt freilich nur einen ersten Schritt zu voller politischer Gleichberechtigung dar. Über die Schaffung dieser rechtlichen Voraussetzungen hinaus enthält das Prinzip der Gleichberechtigung auch ein allgemeines Programm für die tatsächliche Mitwirkung von Frauen in der Politik. Gleichberechtigung beinhaltet die gleichrangige Mitbestimmung von Frauen in allen politischen Handlungsbereichen; gleiche reale Chancen für beide Geschlechter, an der politischen Willensbildung und Beschlußfassung in den Organisationen und Institutionen des öffentlichen Lebens teilzunehmen. Die so verstandene Gleichberechtigung ist in der Bundesrepublik nicht erreicht. Es spricht auch nichts dafür, daß sie in absehbarer Zukunft verwirklicht wird. Nur zaghafte und sehr begrenzte Annäherungen zeichnen sich ab.

Die Entwicklung zu gleichrangiger Mitbestimmung ist am weitesten fortgeschritten bei Wahlen zu Kommunal-, Landes- und Bundesparlamenten. Bei diesen Anlässen machen Frauen heute von ihren Rechten fast in gleichem Umfang Gebrauch wie Männer. Die in den ersten Jahren der Weimarer Republik und auch in der Aufbauphase der Bundesrepublik beobachtete Neigung namentlich von sehr jungen Frauen, von alten Frauen und von Frauen auf dem Land, auf die Stimmabgabe zu verzichten und diese Möglichkeit politischer Einflußnahme ungenutzt zu lassen, scheint überwunden; die Wahlfreudigkeit der Geschlechter ist beinahe gleich groß. In der Weimarer Republik blieb die weibliche Beteiligung gewöhnlich um etwa 10 Prozent und bei den Bundestagswahlen bis 1965 noch um drei Prozent hinter der der Männer zurück (Heinz 1971, 19, 21). Bei der Bundestagswahl von 1972 schrumpfte die Differenz dann auf eine Quantité négligeable: von den männlichen Wahlberechtigten gingen 91,4 Prozent, von den weiblichen 90,2 Prozent zu den Urnen (Statistisches Bundesamt, 6, 1973, 356). Ähnliche, wenn auch nicht überall derart weitgehende Angleichungen, fanden in anderen Industrieländern mit demokratischen Staatsverfassungen statt (vgl. Fuchs Epstein [4]1976, 434). Obwohl es voreilig wäre, sie als Zeichen wachsender »Emanzipation« zu verstehen, bedeuten sie immerhin, daß die starke Politisierung der westdeutschen Bevölkerung zu Beginn der siebziger Jahre auch die kleinen zuvor ganz politikfernen Minderheiten unter den Frauen erfaßt und selbst bei ihnen einen wie immer prekären Bezug zum Öffentlichen hergestellt hat. Der der Wahlenthaltung zugrundeliegende Irrtum, man sei von der Politik nicht betroffen oder ohne jede Einflußmöglichkeit, scheint bei der überwiegenden Mehrheit definitiv ausgeräumt.

Der hohe Frauenüberschuß und die starke weibliche Wahlbeteiligung in der Bundesrepublik haben zur Folge, daß unter den Wahlberechtigten und unter den Wählern die Frauen überwiegen. Die Relation Frauen:Männer betrug 1972 bei den Wahlberechtigten 118:100, bei den Wählern 115:100 (Statistisches Bundesamt, 6, 1973, 356). Die Wahlentscheidungen der Frauen sind demnach von eminenter Bedeutung für die Gestaltung der politischen Verhältnisse im ganzen Land. In hohem Maße hängt es von ihren Voten ab, welche Partei oder Parteienkoalition den Regierungsauftrag erhält.

Obgleich alles andere als ein einheitlich stimmender Block, trugen Frauen lange Zeit zur Dominanz konservativer Parteien bei. In sämtlichen Bundestagswahlen von 1953 bis 1965 entfielen erheblich mehr weibliche als männliche Stimmen auf die CDU/CSU (Liepelt, Riemenschnitter 1973, 569).

| **GESCHLECHTER** | | | |
| Auf 100 Männer unter der Wählerschaft der Parteien entfallen … Frauen | | | |
WAHL	SPD	CDU/CSU	FDP
1972	113	121	101
1969	105	147	103
1965	96	142	109
1961	95	141	103
1957	94	137	99
1953	98	141	104

Tab. 1 Berechnet aufgrund der repräsentativen Wahlstatistik des Statistischen Bundesamtes.

Ähnliche Tendenzen bestanden in der Weimarer Republik. Schon damals, so resümiert Gabriele Bremme, waren die Sozialdemokraten, »die neben den Demokraten die Wegbereiter des Frauenwahlrechts gewesen waren, . . . dennoch bezüglich der Gewinnung weiblicher Stimmen die Hauptverlierer« (Bremme 1956, 72). Auch in anderen Industrieländern profitierten und profitieren vor allem Parteien mit betont religiöser Orientierung von der politischen Gleichberechtigung der Frauen (Dogan 1965).

In der Bundesrepublik mehren sich die Anzeichen für eine Brechung dieser so lange herrschenden Tendenz. Die Zäsur liegt bei den Wahlen von 1972. »Zu den bemerkenswerten Erscheinungen der Bundestagswahl 1972 gehört zweifellos der Umstand, daß die Unterschiede im Wahlverhalten von Männern und Frauen, die alle vorherigen Wahlen charakterisierten, verschwunden sind. Die SPD hatte bereits 1961 bei den männlichen Wählern den Stimmanteil der CDU/CSU erreicht, den sie 1965 und 1969 deutlich überschreiten konnte. Sie wäre also schon seit 1965 die stärkste Partei gewesen, hätten nicht die Frauen so disproportional zu den Männern die CDU/CSU bevorzugt. So bedurfte es nur der Angleichung des Wahlverhaltens der Frauen an das der Männer, um die CDU/CSU ihre führende Position verlieren zu lassen. Dies ist nun offenbar 1972 erstmalig eingetreten. Während bisher bei allen Bundestagswahlen etwa 8 – 10 Prozent mehr Frauen als Männer CDU/CSU und etwa 5 Prozent mehr Männer als Frauen SPD wählten, ist ... das Verhältnis 1972 fast ausgeglichen, und zwar tendenziell in allen Altersgruppen. Diese Änderung im Wahlverhalten der Frauen bringt ein traditionelles Muster im Wahlverhalten zu einem Ende ... « (Lepsius 1973, 296). Das traditionelle Muster im weiblichen Wahlverhalten, d. h. die Neigung zahlreicher Frauen, im Unterschied zu den Männern ihrer Schicht, Altersstufe, Gemeinde und Region für eine konservative statt für die sozialdemokratische oder eine ihr verwandte Partei zu votieren, wird meist mit ihrer engeren Bindung an die katholische Kirche erklärt. Kirchlichen Einflüssen generell zugänglicher als Männer ihrer Schicht und Altersklasse, folgen sie auch bei Wahlentscheidungen eher den Empfehlungen von der Kanzel. Diese Zusammenhänge scheinen seit den frühen siebziger Jahren schwächer, die kirchlichen Wahlhilfen wirkungsloser geworden. Vor allem junge Wählerinnen haben sich ihnen entzogen. Obendrein weichen die Parteipräferenzen der jungen Frauen (ebenso wie die der jungen Männer) stärker als bei früheren Wahlen von denen der Eltern ab. Diese Schnitte verweisen zwar nicht unbedingt auf größere Selbständigkeit der Urteilsbildung, wohl aber auf Unabhängigkeit von den traditionellen Bezugsgruppen und deren Ersetzung durch andere Meinungsbildner – peer groups, Gruppen von Gleichgestellten an den Ausbildungs- und den Arbeitsplätzen. Im ganzen lehren die Ergebnisse von 1972, daß die weibliche Wählergesamtheit sich politisch mehr als bisher differenziert, daß sie aufgeschlossener für einen Parteienwechsel und, soweit Flexibilität sorgfältigeres Abwägen anzeigt, daß sie informierter geworden ist.

In krassem Gegensatz zu ihrer großen Wahlfreudigkeit steht die Beteiligung von Frauen an anderen politischen Aktivitäten. Weder in Parlamenten und Regierungen noch in politischen Parteien und sonstigen politikbezogenen Verbänden sind sie angemessen vertreten. Nirgends üben sie wie bei Wahlen bestimmenden Einfluß aus. In den politischen Entscheidungsgremien kennt man Gleichberechtigung als gleichrangige Mitwirkung von Frauen nicht. Ungeachtet der Gleichstellung der Geschlechter vor dem Gesetz und der hohen weiblichen Wahlbeteiligung ist die Bundesrepublik kaum anders als zum Zeitpunkt ihrer Gründung und ebenso wie ihre deutschen Vorgängerstaaten ein politisch im wesentlichen von Männern beherrschtes Land. Männer machen die Gesetze, Männer bilden die Regierungen, Männer bestimmen in den politischen Parteien und Verbänden, Männer nehmen die Führungspositionen bei den meinungsbildenden Kommunikationsmedien ein.

Auf allen parlamentarischen Ebenen: in Gemeindevertretungen, in Landtagen und im Bundestag sind Frauen Außenseiter geblieben. Ihr Anteil liegt durchweg unter 10 Prozent. Im Bundestag schwankt er zwischen 6 und 9 Prozent, und auch in den Landtagen und den Kommunalparlamenten hat er bisher keine höheren Werte erreicht (Enquete-Kommission 1976, 27, 51 ff). Bereits in den Reichstagen der Weimarer Zeit pendelte er sich auf diesem Niveau ein (Berger, v. Bothmer, Schuchardt 1976, 91). Trotz der großen Fortschritte zur Gleichberechtigung, die seit der ersten Gewährung des Wahlrechts im Jahre 1918 im Recht, im Bildungs- und Ausbildungswesen, im Berufsbereich und in der Familie erzielt worden sind, und ungeachtet der fundamentalen Strukturwandlungen von Staat und Gesellschaft, zeichnen sich bei der parlamentarischen Beteiligung von Frauen im Vergleich zwischen der alten und der neuen deutschen Demokratie überhaupt keine Veränderungen ab.

Im historischen Vergleich etwas günstiger, nach Maßgabe der Gleichberechtigungsnormen aber ebenfalls ganz negativ ist das Bild bei den Regierungen. Wiederholt wurden in einigen Bundesländern und dann auch im Bund Ministerinnen und Staatssekretärinnen berufen. Vielleicht als Versprechen auf mehr Ausgewogenheit in der Zukunft gemeint, blieben diese Signale jedoch ohne weiterreichende Wirkungen. Sie haben weder zu einer stärkeren Einbeziehung von Frauen in die Regierungsverantwortung noch zu einer Verbesserung ihrer Chancen bei der Kandidatenaufstellung und bei der Entsendung in Führungsgremien der Parteien geführt. Nicht in ihren Programmen und sonstigen Bekenntnissen, wohl aber in der Praxis der Zuweisung von Ämtern und Listenplätzen sind die politischen Parteien frauenfeindlich geblieben. In den Vorständen der Bundestagsfraktionen und in den Parteivorständen bilden Frauen bloß eine winzige Minorität (Enquete-Kommission 1976, 27).

Auch hier bestehen auffällige Widersprüche zwischen dem Ausmaß weiblicher Beteiligung auf den niedrigen und den hohen Stufen der Hierarchien. Die Zahl der weiblichen Parteimitglieder ist in allen Bundestagsparteien mit Ausnahme der CSU in den letzten Jahren beträchtlich gestiegen, sie erreicht jetzt im Durchschnitt fast 20 Prozent (Enquete-Kommission 1976, 27; Fülles 1969, 24 ff). Auf die Repräsentanz in den Führungsorganen wirkte sich dieser Zuwachs jedoch noch nicht aus.

Analoge Prozesse und Strukturen gibt es in den politisch bedeutsamen Organisationen und Institutionen des vorpolitischen Raums. Die Zahl der weiblichen Gewerkschaftsmitglieder nimmt zu, die Zahl der Funktionärinnen in hohen Gewerkschaftsämtern nicht. In den Betriebsräten, zwar keine direkt politischen Gebilde, wohl aber Stätten der Einübung, gleichsam Zwergschulen der Politik, stellen Frauen etwa 14 Prozent der Mitglieder gegenüber einem Anteil an der Gesamtheit der Arbeitnehmer von 34 Prozent. In die nach dem Mitbestimmungsgesetz von 1976 neu zu besetzenden Aufsichtsräte, wichtigen Entscheidungsinstanzen von Wirtschaftsunternehmen, dürften ebenfalls nur ganz wenige Frauen einziehen: Mitbestimmung findet exklusiv unter Männern statt. Bei Industrie- und Arbeitgeberverbänden haben Frauen außer in der Vereinigung der Unternehmerinnen überhaupt keine Aussicht auf Zulassung zu Führungsstellen. Daß sie in der katholischen Kirche gänzlich und in der evangelischen Kirche weitgehend fehlt, sei hier lediglich der Vollständigkeit halber erwähnt. Berücksichtigt man schließlich die geringe weibliche Präsenz in Entscheidungspositionen von öffentlichen und privaten Unternehmen, im Gesundheitswesen und an der Spitze der größeren Kulturorganisationen, dann ist der Schluß unabweisbar: Die Bundesrepublik ist ein von Männern beherrschtes Land.

Die für die Kandidatenaufstellung und Ämterbesetzung zuständigen Personen und Gremien erklären die Abwesenheit oder Seltenheit von Frauen in hohen politischen Ämtern gewöhnlich mit einem Mangel an geeigneten Bewerberinnen. Mechtild Fülles hat diese Überlegungen zusammengefaßt: »Welche Gremien über die Aufstellung beschließen und wie sie sich zusammensetzen, ist von untergeordneter Bedeutung. Vielmehr herrscht in den meisten Bezirks- und Landesverbänden Mangel an kandidaturfähigen Frauen. Sie werden nach den gleichen Kriterien ausgewählt wie die männlichen Kandidaten, doch gibt es nur einen kleinen Kreis von Politikerinnen, die der Vielzahl von Kriterien gleichzeitig zu entsprechen vermögen. Zu wenige Frauen sind in ihrem Parteibezirk populär, und es fehlt ihnen der notwendige Rückhalt in der Partei, der in der Zugehörigkeit zum Kreis-, Bezirks- oder Landesvorstand zu sehen ist; zu wenige zeigen durch den erlernten Beruf und ihre berufliche Stellung die nötigen sachlichen Qualifikationen oder können eine führende Stellung in einem der vielen Parteiausschüsse oder in einem der Verbände vorweisen, die von den Parteien bei der Kandidatennominierung berücksichtigt werden; zu wenige haben in den Kommunen politische Erfahrungen gesammelt, durch die sie sich für eine Landtags- oder Bundestagskandidatur empfehlen« (Fülles 1969, 139). Diese Tatsachen sind allerdings einseitig gesehen und enthalten keinesfalls die ganze Erklärung. Ausgeschlossen ist, daß es unter den zirka dreihunderttausend weiblichen Parteimitgliedern (und unter den Parteilosen) fast gar keine qualifizierten und zugleich verfügbaren Anwärterinnen für kommunale, Landes- und Bundesämter und Mandate gibt – dafür ist der Kreis der gutausgebildeten, berufserfahrenen und politisch versierten Frauen inzwischen einfach zu groß. Er ist zwar nach wie vor kleiner als der entsprechende Kreis von Männern, aber nicht so extrem winzig, wie jene Erklärung unterstellt. Unterschätzt wird auch, daß bei der Kandidatenaufstellung durchaus nicht nur rationale Gesichtspunkte wie berufliche Qualifikation und Ämtererfahrung eine Rolle spielen. Übergangen wird schließlich, daß Sitze in Gemeinde-, Landes- und

Bundesparlamenten finanziell, wegen ihres Prestiges, der Macht und der weiteren Aufstiegsförderungen außerordentlich begehrt sind. Das verschärft die Konkurrenz um die Kandidaturen. In dieser Konkurrenz treten die Gesetze der demokratischen Vernunft, der Fairneß und der Sachlichkeit zumindest teilweise außer Kraft. Wo sie nicht gelten, bleiben Frauen auf der Strecke. Sie bringen keine Finanzmittel ein wie die Vertreter zahlungskräftiger Verbände, sie haben keine mitgliederstarken Organisationen hinter sich, sie besitzen keine anderweitige Hausmacht. Der Teufelskreis ist perfekt: Weil benachteiligt beim Zugang zu mittleren Führungs- und Entscheidungspositionen, sind die höheren Ränge ihnen in der Regel verschlossen; weil in den höheren Rängen so selten vertreten, haben sie keine Aussicht, die Zugänge zu den unteren Stellen, den Übungsplätzen für das politische Entscheidungsgeschäft, für ihresgleichen breiter zu öffnen. Sie können nicht lernen, weil die Masse der männlichen Rivalen sie nicht lernen läßt. Dabei sind die Widerstände auf den niedrigen Stufen und an der Basis wahrscheinlich noch stärker als bei den Inhabern hoher Positionen: Aufgeschlossenheit für Neuerungen setzt häufig soziale Stärke, Reformbereitschaft eine gewisse Sicherheit der eigenen Position voraus.

Einzelne Frauen, die sich trotz aller Widrigkeiten durchsetzen konnten oder in die Listen und Ämter aufgenommen wurden, weil Konvention und öffentliche Meinung inzwischen den totalen Ausschluß verbieten, müssen nach diesem Erfolg ebenfalls mit speziellen Schwierigkeiten rechnen. Auf ihrem weiteren politischen Weg sind ausschließlich geschlechtsbezogene, qualifikationsunabhängige Sperren errichtet. Sie werden kritischer beobachtet, härter beurteilt und voreingenommener beschrieben als ihre männlichen Kollegen, dürfen sich nicht männlicher Praktiken des Intrigierens und Taktierens bedienen und nicht so viele Fehler machen, denn sie müssen »weiblich« bleiben, Mischungen aus Heiliger Jungfrau und Mutter Courage. Sachfremde Einwände, denen sie verstärkt ausgesetzt sind, schaffen ein sachfremdes Klima, in dem es kaum noch möglich ist, sachliche Urteile über sachliche Leistungen zu fällen. Dadurch werden die Beiträge von Frauen zu Problemlösungen in der öffentlichen Wahrnehmung verkleinert, die Handelnden entmutigt, potentielle Nachfolgerinnen abgeschreckt. In vielen Fällen kommt die Sonderstellung einer Domestizierung gleich. Es verlangt nun einmal ungewöhnlich große Anstrengungen und erhebliche Robustheit, sich in einem Klima der unterschwelligen Fremdheit und im Bewußtsein des eigenen Andersseins zu behaupten. Anscheinend kommen nur ganz wenige Frauen dagegen an. Anders ist nicht zu erklären, warum etwa bei Bundestagsdebatten über vitale nationale Probleme kaum Parlamentarierinnen zu Wort kommen. Nur ganz selten schickt eine Fraktion ein weibliches Mitglied vor (vgl. dazu für die Weimarer Republik: Koonz 1976).

Neben der Attraktivität höherer politischer Ämter gibt es weitere Gründe für die Randstellung der Frauen. Politik ist traditionell ein männliches Geschäft. Könige, Präsidenten, Kanzler, Diktatoren, Parteiführer, Feldherren sind Männer und stets Männer gewesen. Die wenigen Ausnahmen fallen demgegenüber nicht ins Gewicht. Daher fehlen für Frauen die Vorbilder, die den Wunsch nach Teilhabe an der Macht wecken und das für seine Realisierung nötige Selbstvertrauen schaffen. Es kann kein Zufall sein, daß die meisten Frauen, die in unseren Tagen an die Spitze einer Regierung gelangten, im Schlepptau ihrer Ehemänner oder Väter fuhren: Indira Ghandi, Sirimavo Bandaranaike, Isabel Peron. Auch die nach wie vor übliche Arbeitsteilung zwischen den Geschlechtern, die Frauen Haushalt und Familie und Männern Beruf und Öffentlichkeit als primäre Betätigungsfelder zuweist, steht der Ausbildung entsprechender Motivationen und Fähigkeiten im Wege.

Die Folgen des virtuellen Ausschlusses von Frauen von der Machtausübung sind ausschließlich negativ. Im Interesse der Frauen selber liegt er jedenfalls nicht. Politische Macht und politische Herrschaft involvieren die Chance, bei der Auswahl der zur Entscheidung anstehenden Probleme Prioritäten zu setzen und bei der Problemlösung den eigenen Konzeptionen Geltung zu verschaffen. Prioritätensetzung heißt nicht nur, daß bestimmte Probleme vorrangig Aufmerksamkeit erhalten, sie bedeutet auch, daß andere gar nicht erst auf den Tagesordnungen erscheinen. Bei der gegenwärtigen Machtverteilung zwischen den Geschlechtern haben die Sonderprobleme der weiblichen Bevölkerung daher bloß bescheidene Aussicht auf Berücksichtigung. Die Machteliten der Gesellschaft sind darüber kaum informiert und auch nicht daran interessiert, sie ins allgemeine Zeitbewußtsein zu bringen. Sie haben wenig Anlaß, sogenannte Frauenfragen zu Gegenständen konzertierter Lösungsaktionen zu machen.

Einige feministische Wortführerinnen sagen, Frauen müßten mehr an der politischen Macht beteiligt werden, um die Politik menschlicher zu machen. Sie könnten die Rücksichtslosigkeit abbauen und die Machtgier bremsen, weil sie ihrerseits weniger machtbesessen, ehrgeizig und hart wären. Diese Erwartung ist illusionär. Sie verkennt gleichermaßen die Eigengesetzlichkeiten des politischen Betriebs wie die Prägung von Persönlichkeitsstrukturen durch ihn. Frauen sind nicht grundsätzlich einsichtsvoller als Männer, sie sind auch nicht »menschlicher«. Wenn sie geringeren Ehrgeiz und bescheidenere Machtwünsche haben, geht das auf ihre Erziehung und den Mangel an Chancen der Machtausübung zurück.

Die Forderungen nach stärkerer weiblicher Beteiligung an der politischen Macht läßt sich nicht durch Rekurs auf angeblich weibliche Eignungen, sondern allein durch Berufung auf die Prinzipien der Demokratie sinnvoll begründen. Was immer eine Demokratie ausmacht, zu ihr gehört auch, daß alle größeren Gruppen und alle wichtigen Interessen durch gewählte Repräsentanten an der Entscheidung der eigenen Angelegenheiten und der gemeinsamen Belange beteiligt sind. Eine Demokratie, in der die größere Hälfte der Bevölkerung weder in den Parlamenten noch in den Regierungen angemessen vertreten ist, ist bloß eine Demokratie am Anfang. Die nicht oder zu schwach vertretenen Interessen, Gruppen und Perspektiven kommen zu kurz.

Es ist, wie Cynthia Fuchs Epstein bemerkt, schwierig, sich vorzustellen, »daß der Geschlechtsstatus für die Politik jemals bedeutungslos wird« (1976, 436). Auch die jetzt junge und die jüngste Generation wird das nicht erleben. Wahrscheinlich sind jedoch kleine Fortschritte: etwas stärkere Beteiligung von Frauen an Entscheidungen in Parteien und Parlamenten, etwas höhere Anteile in den entsprechenden Gremien und Organisationen. Zu dieser bescheiden-optimistischen Annahme veranlassen der deutliche Anstieg des durchschnittlichen Bildungs- und Ausbildungsstandards sowie die intensivere Berufserfahrung bei Frauen unter 35 Jahren; die zunehmende Reflektiertheit von Frauen im Hinblick auf ihre Situation in Gesellschaft und Staat; die wachsende Kritik in wachsenden Minoritäten. Diese Prozesse erhöhen das politische Interesse, die Informiertheit, das politische Engagement. Die Minderheit derer, die nicht mehr hinnahmebereit sind, wird größer, und auch die für aktive Teilhabe verfügbare Minorität wächst; desgleichen die Zahl der Frauen, die die parlamentarische Vertretung ihrer Belange durch Frauen der durch Männer vorziehen. Das ist inzwischen die Majorität (Commission of the European Communities 1975). Das Lager der widerstrebenden Männer wird schwächer. Zwar erweisen sich Männer in der Bundesrepublik weiterhin als konservativer als ihre Geschlechtsgenossen in anderen westlichen Ländern. Während sich anläßlich einer Umfrage in der Europäischen Gemeinschaft in Dänemark, Großbritannien, Frankreich, Irland und Holland nur eine Männerminderheit dafür aussprach, die Politik weiterhin Männern zu überlassen, war es in der Bundesrepublik noch die Majorität (Commission of the European Communities 1975). Diese Majorität ist aber nicht mehr überwältigend groß, die abweichende Minderheit stattlich. In einer Anfang 1976 vorgenommenen Befragung von Männern zwischen zwanzig und fünfzig Jahren meinte eine große Mehrheit, ein weiblicher Bundeskanzler sei durchaus akzeptabel (Pross 1978, 80). Auch wenn man derartige Ergebnisse cum grano salis liest, zeigen sie Richtungsänderungen in den Einstellungen an. Diese Änderungen beinhalten keine Revolutionierung des Geschlechterverhältnisses in der Politik, sie begründen aber die Erwartung, daß bei wesentlich gleichbleibenden Grundstrukturen die von Frauen erzielbaren Einbrüche größer sein werden als bisher.

LITERATUR

BERGER, L., BOTHMER, L. VON, SCHUCHARDT, H.: Frauen ins Parlament? Von den Schwierigkeiten, gleichberechtigt zu sein. Reinbek: Rowohlt 1976

BOALS, K.: The Politics of Male-Female Relations: The Functions of Feminist Scholarship. Signs, 1, 1975

BREMME, G.: Die politische Rolle der Frau in Deutschland. Einzeluntersuchung über den Einfluß der Frauen bei Wahlen und ihre Teilnahme in Partei und Parlament. Göttingen: Vandenhoeck & Ruprecht 1956

BUNDESKANZLERAMT WIEN: Bericht über die Situation der Frau in Österreich. Frauenbericht 1975. Wien: 1975

COMMISSION OF THE EUROPEAN COMMUNITIES (Hg.): European Men and Women. A Comparison of their Attitudes to some of the Problems facing Society. Brüssel: 1975

DOGAN, M.: Unterschiede im Wahlverhalten der Männer und Frauen in Italien. Kölner Zeitschrift für Soziologie und Sozialpsychologie, 17, 1965, 543–555

ENQUETE-KOMMISSION »Frau und Gesellschaft« des Deutschen Bundestages: Zwischenbericht. Bonn–Bad Godesberg: 1976

FUCHS EPSTEIN, C.: Sex Roles. In: R. K. Merton, R. Nisbet (Eds.): Contemporary Social Problems. New York: Harcourt Brace Jovanovich ⁴1976

FÜLLES, M.: Frauen in Partei und Parlament. Köln: Verlag Wissenschaft und Politik 1969

GAST, G.: Die politische Rolle der Frau in der DDR. Opladen: Westdeutscher Verlag 1973

HEINZ, M.: Über das politische Bewußtsein von Frauen in der Bundesrepublik. Eine Sekundäranalyse empirischer Materialien. München: Goldmann 1971

HELWIG, G.: Frau '75. Bundesrepublik Deutschland – DDR. Köln: Verlag Wissenschaft und Politik 1975

Zwischen Familie und Beruf. Die Stellung der Frau in beiden deutschen Staaten. Köln: Verlag Wissenschaft und Politik 1974

JAQUETTE, J. S. (Ed.): Women in Politics. New York: 1974

Review Essay Political Science. Signs, 2, 1976

KIRKPATRICK, J. J.: Political Women. New York: 1975

KOONZ, C.: Conflicting Allegiances: Political Ideology and Women Legislators in Weimar Germany. Signs, 1, Part 1/1976

KOPP, E.: Frau und Politik. Reformatio. Zeitschrift für evangelische Kultur und Politik, 24, 1975, 534–541

LEPSIUS, M. R.: Wahlverhalten, Parteien und politische Spannungen. Vermutungen zu Tendenzen und Hypothesen zur Untersuchung der Bundestagswahl 1972. Politische Vierteljahresschrift, 12, 1973, 297–313

LIEPELT, K., RIEMENSCHNITTER, H.: Wider die These vom besonderen Wahlverhalten der Frau. Eine Auseinandersetzung mit statistischen und individualistischen Fehlschlüssen. Politische Vierteljahresschrift, 12, 1973, 567–605

NEUMANN, F.: Demokratischer und autoritärer Staat. Studien zur politischen Theorie. Frankfurt/M.: Europäische Verlagsanstalt 1967

PROSS, H.: Gleichberechtigung im Beruf? Eine Untersuchung mit 7000 Arbeitnehmerinnen in der EWG. Frankfurt/M.: Athenäum 1973

Die Wirklichkeit der Hausfrau. Die erste repräsentative Untersuchung über nicht-erwerbstätige Ehefrauen. Reinbek: Rowohlt 1975

Die Männer. Eine repräsentative Untersuchung über die Selbstbilder von Männern und ihre Bilder von der Frau. Reinbek: Rowohlt 1978

STATISTISCHES BUNDESAMT: Das Wählerverhalten nach Geschlecht und Alter bei der Bundestagswahl 1972. Wirtschaft und Statistik, 6, 1973, 354–359

STERN, C.: Was haben die Parteien für die Frauen getan? Reinbek: Rowohlt 1976

WEINZIERL, E.: Emanzipation? Österreichische Frauen im 20. Jahrhundert. Wien, München: Verlagsgesellschaft Jugend und Volk 1975

ÖFFENTLICHKEIT UND PRIVATHEIT

Überlegungen zu ihrer Kommunikations- und Interaktionsstruktur

von Hans Paul Bahrdt

Unter »Öffentlichkeit« und »Privatheit« verstehen wir Typen der sozialen Struktur und der Interaktion.

Es erscheint für unser Thema zweckmäßig, mit dem Verhalten des Einzelnen in anschaulichen und überschaubaren Kontaktfeldern zu beginnen; was nicht ausschließt, daß man die spezifische, gesamtgesellschaftliche und geschichtliche Bedingtheit der jeweiligen Mikrostrukturen im Auge behält. Unsere Ausführungen konzentrieren sich ausdrücklich darauf, wie öffentliches und privates Verhalten als Verhalten von Subjekten dem Subjekt gegeben sind. Selbstverständlich bedeutet dies nicht, daß eine Behandlung der objektiven gesellschaftlichen Bedingungen für die Entstehung und Existenz von Öffentlichkeit und Privatheit und die Formen, in denen sich diese institutionalisieren und »objektiv« werden, unwichtig ist. Aber dies soll späteren Publikationen vorbehalten bleiben.

ZU DEN BEGRIFFEN »KOMMUNIKATION« UND »INTERAKTION«

»Öffentlichkeit« und »Privatheit« zeichnen sich durch eine spezifische Kommunikations- und Interaktionsstruktur aus. Es gibt auch spezifisch öffentliche und private Themen für Kommunikation und Handeln. Zwischen den Formen des Kommunizierens und Handelns und den behandelten Themen bestehen selbstverständlich Beziehungen. Eine solche Beziehung ist jedoch nicht strikt. Es ist zweckmäßig, stets deutlich zu machen, ob man über die Art der Vollzüge (Intentionen) spricht oder über die Gegenstände (intentionale Gegenstände).

Man kann privat über »öffentliche Themen« kommunizieren, z. B. am Familien-Mittagstisch über Politik reden. Und man kann in der Öffentlichkeit private Ziele verfolgen, z. B. in einer Geschäftsstraße – durchaus an die dort geltenden Regeln angepaßt – versuchen, ein hübsches Mädchen kennenzulernen. Die Verflechtung von öffentlicher und privater Sphäre, zu der es trotz einer Tendenz zur Polarisierung kommt, ja ihre gegenseitige Bedingtheit, werden uns noch beschäftigen.

ZUR DEFINITION VON SITUATIONEN ALS ÖFFENTLICHE

In die Definition einer Situation als einer öffentlichen geht ein, daß das Feld für potentielle Kommunikation und Interaktion grundsätzlich offen ist. D. h., es steht nicht von vornherein fest, ob und mit welchen Partnern das Subjekt aktuell kommunizieren bzw.

interagieren wird. Das schließt nicht aus, daß es im Verlauf der Situation in eine eindeutige Beziehung zu einem bestimmten Partner tritt. Aber mit folgenden Möglichkeiten ist zu rechnen[1]:

a) Es können noch weitere Personen anwesend sein und gegebenenfalls die entstehende Beziehung zwischen bestimmten Partnern beeinflussen bzw. »parasitär« an der Kommunikation teilnehmen. (Das Verkaufsgespräch einer Hausfrau mit der Gemüsehändlerin auf dem Markt wird von anderen Kunden mitgehört.)

b) Der Interaktionspartner (falls er nicht gerade ein alter Bekannter ist, den man auf der Straße trifft) ist zunächst unbestimmt. Erst im Situationsverlauf verwandelt er sich in eine partiell bestimmte Person. Partiell: Nur ein Ausschnitt seiner Person wird sichtbar. Die Identifikation des jeweils anderen bleibt vor allem deshalb unvollständig, weil ich sein gegenwärtiges Erscheinungsbild und Auftreten nicht mit seiner Vergangenheit und Zukunft, d. h. aber auch mit seiner sozialen Existenz in anderen, jetzt nicht aktuellen sozialen Bezügen in Verbindung bringen kann. Wenn ich ihn als »Person« anerkenne, ist dies eine abstrakt bleibende humane Unterstellung. Ich nehme an, daß er in wechselnden Situationen die Identität seines Ich verläßlich reproduziert.

c) Es kann geschehen, daß mir in einer als »öffentlich« definierten Situation potentielle oder aktuelle Partner begegnen, die sich überhaupt nicht als identifizierbare Einzelsubjekte profilieren. Abstrakt weiß ich natürlich, daß eine »Menge« von Versammlungsteilnehmern oder Straßenpassanten aus lauter Einzelpersonen besteht. Diese bleiben aber in der Situation amorph. Was mir konkret begegnet, sind mehr oder weniger strukturierte kollektive Äußerungen oder bewirkte Ergebnisse, die aus der Summation von Einzelverhaltensweisen resultieren (die »Stimmung im Saal«, das »geschäftige« Treiben auf der Straße, eine politische Demonstration, ein applaudierendes Publikum, die »öffentliche Meinung«, das zielgerichtete Handeln einer Partei oder gar einer Nation).

In diesem Zusammenhang verdient der Begriff der »Anonymität« Beachtung.[2] Wörtlich bedeutet er Namenlosigkeit von Menschen, mit denen ich zu tun habe. Im allgemeinen ist ein Mensch, dessen Namen ich kenne, für mich nicht nur in dem Ausschnitt seines Personseins, den er mir in einer Situation zukehrt, gegeben, sondern auch als ein Mensch, der sich in früheren Situationen von anderen Seiten gezeigt hat. Der Name gibt mir vielleicht auch die Möglichkeit, ihn einer nichtpräsenten sozialen Gruppe, z. B. einer Familie zuzuordnen. Wer mir namentlich bekannt ist, kann von mir später beim Wort genommen werden, ein Anlaß für ihn, sich verläßlich zu verhalten. Natürlich kommt es vor, daß ich Personen recht gut kenne und einschätzen kann, ohne ihren Namen zu wissen (z. B. manche Nachbarn oder die Verkäuferin im Geschäft an der Ecke). Gleichwohl wird man mit einer gewissen Erweiterung des ursprünglichen Wortsinns sagen können: »Anonymität« ist ein in die Definition einer Situation eingehendes Situationselement. Es besagt: Die begegnenden potentiellen Interaktions- und Kommunikationspartner sind mir nur unvollständig gegeben. Vor allem fehlt es an situationsübergreifenden Verweisungen, die mir helfen könnten, sie konkret in ihrer personalen Identität wahrzunehmen. Anonymität in diesem erweiterten Sinn ist ein Merkmal vieler als öffentlich definierter Situationen.

Im Gegensatz zu öffentlichen Situationen sind In-group-Situationen dadurch gekennzeichnet, daß jeder jeden kennt. Interaktion wie Kommunikation sind hier flüssig und risikoarm, denn die personale Identität der Partner ist konkret gegeben, die Verteilung der Rollen bekannt, das Rollenspiel eingeübt, die Belastbarkeit durch Verhaltenserwartungen der anderen einschätzbar. Ebenso ist die Verständigung innerhalb der Gruppe leicht möglich und sicher, weil die »Teilkultur« der Gruppe zusätzliche Symbole (z. B. Gruppenjargon) zur allgemeinen Sprache hinzugefügt oder gruppen- und personenspezifische Bedeutungspräzisierungen geschaffen hat. Z. B.: Wenn eine Mutter ihr Kind bei seinem korrekten Taufnamen und nicht mit dem gewohnten Kosenamen ruft, weiß dieses, daß dicke Luft

511

ist. In der überschaubaren Gruppe sind typischerweise viele Kürzel und Andeutungen üblich. Infolge ihrer Einbindung in längst bekannte gemeinsame Situationsdefinitionen sind sie eindeutig genug. Wenn der erste Schmelzer sagt: »Na, dann wollen wir mal!«, wissen die anderen Schmelzer, daß jetzt der Hochofen-Abstich beginnt und nicht das Frühstück.

Die gegenwärtige Situation erhält ihre Sicherheit nicht nur aus der Vergangenheit, sondern auch aus der Zukunft. Man kann in der Gegenwart mit einem bestimmten kooperativen Verhalten der Partner rechnen, weil ein wiederholtes abweichendes Verhalten die Gruppenzugehörigkeit und den Gruppenzusammenhalt für die Zukunft in Frage stellen würde. Man weiß aber, daß der andere dies nicht beabsichtigt.

VERHALTENSMUSTER FÜR KOMMUNIKATION UND INTERAKTION IN ÖFFENTLICHEN SITUATIONEN

Eine solche in die Zukunft hineingreifende Sicherheit der Kommunikation und Kooperation fehlt zunächst einer öffentlichen Situation. Jedoch muß es auch positive Bestimmungen von Öffentlichkeit geben. Es muß bestimmte Verhaltensmuster geben, die dennoch ein Gelingen von Interaktion und Kommunikation sicherstellen. Möglicherweise sind diese von der Art, daß sie etwas leisten, was die Verhaltensmuster innerhalb einer überschaubaren Gruppe, in der jeder jeden kennt, niemals vermögen: z. B. Kommunikation in einem Feld, das viel zu groß ist, als daß die zu ihm gehörigen Personen zu einer handelnden face-to-face-Gruppe zusammenwachsen könnten, oder auch die Kommunikation über Themen, für die die geistige Kraft einer kleinen Gruppe nicht ausreicht. Kommunikations- und Interaktionsmuster für öffentliches Verhalten lösen nicht nur akute Probleme, indem sie Defizite der Definition ausgleichen, sondern eröffnen auch Chancen für die Entwicklung neuer Sozialformen und die Thematisierung neuer Inhalte.

Distanzregeln. Wenn öffentliche Kommunikation und Interaktion zustande kommen sollen, so muß das Risiko, welches aus der Unbekanntheit der potentiellen Partner, die weitgehend auch unbekannt bleiben, verringert werden. Einerseits ist mir der andere nur »ausschnitthaft« gegeben. Ich wüßte gern mehr über ihn. Aber gerade deshalb bin ich andererseits daran interessiert, mich ihm ebenfalls nicht als ganze Person zu zeigen. Dieselbe Einstellung entwickelt aber auch der andere: Auch er hat ein Schutzbedürfnis, das ihn veranlassen kann, vor mir zu »mauern« (wie der Skatspieler sagt). Aber er möchte dennoch hinter meine Kulissen schauen. Die Interessen der potentiellen Partner sind also ähnlich, d. h. jeweils dem anderen auch verständlich, laufen aber in der Praxis einander zuwider. Dies ist, wenn solche Lagen sich wiederholen, ein Anlaß für soziale Kreativität, z. B. für die Erfindung von Normen. Es entstehen Normen, die festlegen, welcher Ausschnitt des Ich gezeigt und in welcher Hinsicht die Abschirmung persönlicher Bereiche respektiert werden muß. Um einer positiven Bewältigung der oben beschriebenen unvollständig vorstrukturierten Situationen willen werden also Distanzregeln entwickelt (vgl. Goffman 1971, dt. Ausg., 54 ff).

Es handelt sich hier um Kulturleistungen, die sich nicht einfach kausal ergeben. Eher passen die Toynbeeschen Ausdrücke: Auf die »Herausforderung«, die darin besteht, daß soziale Situationen in riskanter Weise offen sind, werden »Antworten« gegeben. Diese können unterschiedlich ausfallen. Es mag Kulturen geben, die versuchen, solche Situationen möglichst erst gar nicht auftauchen zu lassen, indem sie die überschaubaren Subsysteme der Gesellschaft möglichst autark ausgestalten. Soweit solche offenen Situationen sich nicht ganz vermeiden lassen, etablieren sie entweder ein starres Reglement mit besonders rigiden Distanzregeln oder nehmen die entstehenden Konflikte in Kauf und wappnen die Individuen mit einem dicken Fell.

Andere, z. B. solche mit ausgebildeter Verkehrswirtschaft und Interesse an transparenten und flexiblen politischen Großorganisationen, haben ein Bedürfnis, gerade eine Vielzahl von Kontakten zu ermöglichen, was bedeutet, daß sehr oft Situationen entstehen, die nur geringfügig vorstrukturiert sind. Deren Ablaufformen zu kultivieren ist ein Ziel. Auch sie benötigen Distanzregeln. Diese sind typischerweise besonders kompliziert und kasuistisch. Sie schirmen nicht ganze Gruppen und Lebensbereiche total voneinander ab, sondern errichten innerhalb der geöffneten Situationen Grenzen. Es gibt vielfältige Einzelregelungen über erlaubte und verbotene Themen, über Wortgebrauch und Handlungsstile. Die den Personen und Kleingruppen zugebilligten »Immunitäten« (Privatsphäre) sind wiederum nicht völlig abgekapselt, sondern verfügen über Fenster zur Außenwelt (Bücherschränke im Wohnzimmer).

Kultivierung der Kommunikationsformen. Nichtverbale Symbole für Situationsdefinition. Ein zweites Erfordernis für die Bewältigung und Nutzbarmachung von unvollständig vorstrukturierten Situationen ist ein Ausbau und eine Kultivierung der Kommunikationsmittel. Die die Gruppengrenzen übergreifende Sprache muß einheitlicher, flexibler und situationsunabhängiger werden. Weil die Identität des Partners relativ abstrakt bleibt, weil nicht bekannt ist, welches Vorverständnis er in die Situation einbringt und wie er die Situation bei Beginn der Kommunikation interpretiert hat, muß es eine Sprache geben, die in der Lage ist, die unterschiedlichen Perspektiven zu klären und eine gemeinsame, sicherlich partikulare, aber für die aktuelle Situation hinreichende Definition zu artikulieren. Die Sprache benötigt dann einen großen normierten Wortschatz und verbindliche formale Regeln, damit ad hoc unvorhersehbare Situationen gemeinsam gedeutet und ihre praktischen Probleme gegebenenfalls innovativ gelöst werden können. Dies gilt sowohl für spontan entstehende Zwiegespräche als auch erst recht für die Kommunikation mit einer »Menge«, die sich in der aktuellen Situation nicht in identifizierbare Einzelsubjekte zerlegt. Man benötigt Rhetorik, technische Mittel zur Informationsvervielfältigung, dadurch wiederum sprachliche Ausdrucksmittel, die für räumlich nichtpräsente Partner, die auch keine Rückfragen stellen können, hinreichend verständlich sind.

Das Bedürfnis zur schnellen Verdeutlichung dessen, was der Partner verstehen muß, um interagieren zu können, beeinflußt nicht nur die verbale Kommunikation, sondern prägt auch das Auftreten und Handeln. Selbstdarstellung, Kleidung und Pose gewinnen ebenso an Bedeutung wie sich eine Überprägnanz der jeweiligen Vollzüge einstellt. Selbstverständlich spielt hier auch das Bedürfnis mit, durch Imponiergehabe das Risiko, das in geringfügig vorstrukturierten Situationen liegt, zu verringern. Aber ebenso wichtig ist es, eine verläßliche Basis für flüssigen und präzisen und zweckmäßig selegierten Informationsaustausch zu schaffen. Dem entspricht eher, Egalität zu signalisieren.

Aber auch die materielle Kultur, vor allem die Kunst, schafft eine räumliche Umwelt, die sich für öffentliche Kommunikation und Interaktion eignet und dies deutlich markiert und durch Anmutungscharaktere zu diesen herausfordert. Örtlichkeiten, die für nichtöffentliches Geschehen vorgesehen sind, aus denen Öffentlichkeit also verbannt werden soll, erhalten eine andere, ebenfalls sofort erkennbare Gestalt. So kann man in einer europäischen Stadt in aller Regel einen Hof von einem Platz unterscheiden, obwohl ein kleiner Platz kleiner sein kann als ein großer Hof.

Rituale, die Gemeinsamkeit demonstrieren. Soll in wenig vorstrukturierten und deshalb riskanten Situationen eine soziale Beziehung zustande kommen und sollen Kommunikation und Interaktion dann störungsfrei ablaufen, so bedarf es einer ausdrücklichen Zuwendung der Partner zueinander. Sie müssen ihre Scheu überwinden, und sie dürfen durch unausbleibliche Kommunikationsstörungen nicht verschreckt werden. Insbesondere die Beziehungseröffnungen, aber auch ihr weiterer Verlauf sind bei öffentlicher Kommunikation gekennzeichnet durch zahlreiche Rituale, die nicht nur der jeweiligen Selbstdarstellung der Partner dienen, sondern der Demonstration dessen, was den Partnern immer schon, trotz

513

der Fremdheit, gemeinsam ist. Gerade weil das Gemeinsame nicht selbstverständlich ist, weil es vielleicht nur abstrakt vorgegeben ist, weil konkrete Gemeinsamkeit erst im Verlauf der Interaktion hergestellt wird, bedarf es solcher ausdrücklicher Hinweise. Viele solche Hinweise und Bestätigungen verblassen freilich mit der Zeit wiederum zu quasi automatischen Ritualen (z. B. Begrüßungsformeln), deren Sinn kaum noch im Vollzug thematisiert wird. Gleichwohl schaffen sie ein Klima der Gemeinsamkeit, das erwiesenermaßen als Netz wirkt, wenn die Kommunikation brüchig zu werden droht. All das läßt sich an den Höflichkeitsfloskeln der Gesprächsführung genauso zeigen wie an der Rhetorik des Redners (»Liebe Mitbürger . . .«, »wir alle hier im Saal wissen«), am gemeinsamen Lied in der Kirche und in anderen Versammlungen, am Bildschmuck der öffentlichen Versammlungsräume und Plätze.

Organisation der öffentlichen Kommunikation und Interaktion. Das öffentliche Kommunizieren und Interagieren bringt bestimmte technische Probleme mit sich. Es sind oft viele Personen an ihm aktiv beteiligt. Eine zunächst passive Teilnahme vieler weiterer Personen an der Kommunikation einer oft nur kleinen Gruppe interagierender Partner ist nicht nur möglich, sondern oft wünschenswert. Sie sollen ja eine Chance haben, gegebenenfalls ebenfalls aktiv und kompetent einzugreifen. Das erfordert Organisation; Organisation von Kommunikation ist kaum möglich ohne Kanalisierung von Informationsflüssen. Kennzeichen öffentlicher Kommunikation soll aber nun gerade sein, daß die Informationen nicht in festgelegten Bahnen zu vorher bestimmten Partnern fließen und andere potentielle Partner, die evtl. ebenfalls betroffen sind, links liegen lassen. Insbesondere widerstrebt dem Wesen der öffentlichen Kommunikation – wir setzen voraus, daß ihre Entfaltung in einer Gesellschaft ausdrücklich bejaht wird – eine Kanalisation der Kommunikation nach hierarchischen Mustern. Das Informationssystem einer traditionellen Bürokratie, das mit den vertikalen Dienstwegen einer hierarchischen Organisation mit perfekter Kompetenzabgrenzung identisch ist und deshalb horizontale Verbindungslinien ungern zuläßt, steht somit eigentlich im schärfsten Gegensatz zu den Bedürfnissen einer öffentlichen Interaktion (Bahrdt 1959, 113 ff).

Andererseits läßt sich nur schwer vorstellen, daß die hochentwickelten Informationssysteme einer Großgesellschaft ohne bürokratische und andere kanalisierende Regelungsformen auskommen. Das läßt sich an Rundfunkanstalten, Presseunternehmen, aber auch an moderner Parlamentsarbeit leicht demonstrieren. Eine Tatsache ist jedoch in keinem Fall aus der Welt zu schaffen: Es ist zwar möglich, daß einer spricht und viele zuhören, aber nicht, daß alle gleichzeitig reden und der einzelne alles hört und versteht, was gesprochen wird. Je größer also die Zahl derer ist, die an einer Öffentlichkeit teilnehmen, je vielfältiger ihre Thematik ist, je höher der Leistungsanspruch ist, den man an sie stellt, weil hiervon u. U. die Qualität politischer Entscheidungen oder auch das Niveau künstlerischer und wissenschaftlicher Produktion abhängen, desto unentbehrlicher werden »kanalisierende« Institutionen, die ihrerseits die Offenheit der Öffentlichkeit zu destruieren drohen. An die Stelle der riskanten Unvermitteltheit öffentlicher Kontakte und der Unmittelbarkeit, welche Innovationen begünstigt, kann geordnete Vermittlung, aber immer auch sterile Mittelbarkeit treten. Hieraus ergeben sich auch Machtchancen. Die institutionalisierten Instanzen der Vermittlung können entweder aus eigenem Interesse oder in Abhängigkeit vom Interesse Mächtiger ein faktisches Organisationsmonopol für Informationsflüsse entwickeln und zum Filtern des Informationsanfalls mißbrauchen. Im Extremfall entsteht eine Scheinöffentlichkeit, deren Inhalt eine Scheinwelt ist.

Solche Prozesse sind häufig gemeint, wenn von Zerfall der Öffentlichkeit die Rede ist. Eine tendenzielle Widersprüchlichkeit liegt aber wohl im Wesen jeder Öffentlichkeit, welche den Umfang einer Polis oder eines Kantons überschreitet. Dieses Problem ist für Gesellschaften, die auf eine entfaltete Öffentlichkeit Wert legen, jedoch eine Herausforderung zu sozialer Innovation: Zur Schaffung institutioneller Regelungen, die offen für kreuz und quer laufende Informationseinflüsse sind und wirksame Mitbestimmung von der Basis her enthalten sollen, gleichwohl aber da, wo es darauf ankommt, zügige und sachkundige Entscheidungsprozeduren besitzen müssen, entwickeln sie Phantasie. Die jeweiligen Konzepte der Gewaltenteilung dienen nicht nur der Freiheit, sondern haben auch technische Vorzüge bzw. stellen produktive Kompromisse zur Überwindung des o. a. Dilemmas dar. Öffentliches Verhalten, das Erfolg haben will, muß sich stets auf ein Handlungsfeld einstellen, welches einen hohen Institutionalisierungsgrad besitzt, darf aber gleichwohl die gegebenen Institutionalisierungen nicht unbefragt hinnehmen. Öffentliche Interaktion gelingt nur, wenn es hochgradige Institutionalisierungen der Informationsflüsse (d. h. auch gewisse Kanalisierungen) gibt, wenn jedoch die Interaktion selbst nicht bloßer Vollzug von institutionell vorgegebenen Verhaltensvorschriften bleibt. Öffentlichkeit besteht nur da, wo die Institutionen sich nicht verselbständigen und allmächtig werden, wo also die Teilhaber an einer Öffentlichkeit zu den unvermeidlichen institutionellen Regelungen ein bewußtes und distanziertes Verhältnis bewahren. Öffentlichkeit, die über längere Zeit funktioniert, lebt nicht von bloßer Spontaneität. Die Handlungsweisen, die Öffentlichkeit reproduzieren, sind nicht naiv, sondern reflektiert.

PRIVATISIERUNG ALS BEDINGUNG DER EXISTENZ EINER PRIVATSPHÄRE

Private Kommunikation und Interaktion sind ebenfalls nicht naiv. Sie dürfen nicht mit den Verhaltensweisen in solchen überschaubaren Gruppen verwechselt werden, in denen die Orientierung in sozialen Situationen durch das vergangene Gruppenleben, durch fraglos geltende Normen und eindeutige Symbole vorgegeben ist. Dort ist die Situation gewissermaßen immer schon definiert. Die Definition braucht also nicht mehr ausdrücklich vollzogen zu werden. Für private Kommunikation und Interaktion gilt das Gegenteil.

Privatheit ist das Produkt von Privatisierung. Aus der sozialen Umwelt werden Beziehungen, die man zu ganz bestimmten Personen und Thematiken hat, herausgeschnitten. Es handelt sich hier um Personenbeziehungen und Lebensbereiche, die vor den Risiken öffentlicher Kommunikation und Interaktion geschützt werden sollen, bzw. vor ähnlichen Risiken, wie sie in anderen Lebensbereichen bestehen, z. B. in der Berufswelt. Zu einer solchen Privatisierung besteht kein Bedürfnis, wo das gesamte Leben sich in einer autarken, überschaubaren und fraglosen Gruppe abspielt. Für eine Privatisierung ist aber dann ein Bedürfnis vorhanden, wenn in einer hochgradig verflochtenen Großgesellschaft auch im Alltag die Wahrscheinlichkeit besteht, daß unkalkulierbare und unwiderstehliche Einflüsse von unbekannter, bzw. fremder Seite die Kontinuität (oder sogar die »Identität«) der Existenz von Personen und Kleingruppen, die auf personenhafter Bindung beruhen, bedrohen können.

Die Absicherung einer Privatsphäre geschieht einmal durch ein Handeln außerhalb des zu privatisierenden Raums. Z. B. kann politisches Handeln, das in der Öffentlichkeit stattfindet, das Ziel haben, Eingriffe des Staates in die »Intimsphäre« zu verhindern.

Diese Absicherung geschieht weithin durch Aufrichtung von Grenzen, die Einblick und Eingriff von außen verhindern sollen, und zwar zunächst ganz handfest durch schwerübersteigbare Zäune, Mauern, Gardinen, abschließbare Etagentüren und ähnliche Vorrichtungen. Allerdings ist schon hier zu beachten, daß diese materiellen Vorkehrungen keine absoluten Hindernisse sind. Vielmehr setzen sie voraus, daß bestimmte Handlungen, welche diese Barrieren doch durchbrechen könnten, unmöglich sind oder nur sehr selten vorkommen (z. B. Einbruch, Plünderung, Überfälle durch Feinde). Dazu bedarf es einer Garantie, welche das Subjekt oder die Kleingruppe, die eine Privatsphäre konstituieren wollen, nicht selbst leisten können. Das kann nur die »öffentliche Hand«, die in ihrer Kommunikations- und Interaktionsstruktur so öffentlich sein sollte, daß die an ihrer Privatheit interessierten Bürger sie auch kontrollieren können.

Diese Grenzen der Privatsphäre haben oft aber nur symbolischen Charakter. Sie verhindern dann nicht unmittelbar Einblick und Eingriff, sondern signalisieren nur, daß hier eine Grenze ist, die nicht überschritten werden soll (z. B. niedrige Zäune und Mäuerchen, über die jedes Kind klettern oder springen kann).

Die Signalisierung der Grenze von privaten Reservaten benötigt aber nicht unbedingt räumliche oder dingliche Symbolträger.[3] Die Privat-»Sphäre« ist ja oft auch gar nicht an einen dauerhaft fixierten Raum gebunden. Sie kann eine ephemere Raumstruktur haben (der Platz, an dem sich eine Familie zum Picknick niedergelassen hat, von dem taktvolle andere Wanderer so viel Abstand halten, daß sie die Gespräche nicht mithören können). Ja, die Privatsphäre drückt sich manchmal überhaupt nicht räumlich aus.

Rituale ganz verschiedener Art, z. B. Gesprächseröffnungsfloskeln, Blicklenkung, Wortwahl und Tonfall definieren eine Situation für die Beteiligten als eine private und machen zugleich dem zufällig Hinzukommenden deutlich, daß er überflüssig ist. Dieser verfügt evtl. seinerseits über Formen der Kontaktaufnahme, die er dann anwendet, wenn er zweifelt, ob die Aufnahme einer Beziehung erwünscht ist oder als Störung eines privaten Ablaufs empfunden wird. Sie gestatten ihm einen sofortigen Rückzug, ohne daß dieser Rückzug seinerseits für die, die unter sich bleiben wollen, peinlich ist.

Die sichernde Grenze der Privatheit kann schließlich mitten durch die Situationen selbst hindurchgehen. Hiervon war schon die Rede. Die Distanzregeln, die bestimmte Themen tabuisieren und gewisse Vertraulichkeiten verbieten, dokumentieren ausdrücklich oder beiläufig die Existenz einer Privatsphäre, die auch dann existiert, wenn der Partner im Augenblick öffentlich kommuniziert.

KOMMUNIKATION UND INTERAKTION IN DER PRIVATSPHÄRE

Die bürgerliche Kultur schuf nicht nur neue Formen der Öffentlichkeit, sondern ermöglichte auch durch die Schaffung einer privatisierten Sphäre Chancen für eine individuale und Kleingruppenexistenz, welche in den überschaubaren Gruppen älteren Typs nicht bestanden.

Selbstverständlich kennt die privatisierte Gruppe soziale Rollen. Manche dieser Rollen (z. B. Familienrollen) entsprechen in etwa denjenigen, wie sie auch frühere Zeiten kannten. Einige der tradierten Rollenvorschriften werden sogar rigider ausgelegt, als es früher der Fall war. Gleichwohl erlaubt der durch Privatisierung geschaffene Schutzwall, der die private Welt umgibt, eine Entlastung von allzu starren Rollenreglements. Die Rollen bleiben bestehen, aber das Rollenspiel kann entsprechend bestimmten Bedürfnissen sinngemäß abgewandelt werden, weil die soziale Kontrolle von außen nicht mehr lückenlos ist. Die strikte Einhaltung aller Einzelvorschriften kann jetzt nicht mehr laufend von außen her überwacht werden. Es ist ferner möglich, durch spezifische, auf jeweilige Situationen und Personen bezogene Rollenmodifikationen auch Freiräume für Einzelpersonen zu schaffen, die eine individuelle Entfaltung erlauben. Obwohl das Rollengefüge erhalten bleibt, ermöglicht die elastische Feinabstimmung des Rollenspiels eine Verringerung des Rollendrucks auf den Einzelnen. Das Individuum kann es sich leisten, einen Charakter zu haben. Dies wird gesellschaftlich anerkannt, wie man an der Blüte der Porträtmalerei seit Beginn des neunzehnten Jahrhunderts erkennt.

Ein Bedürfnis hierzu entwickelt sich aber nicht allein aus dem Inneren der Gruppe, nachdem eine partielle Lockerung der Ingroup-Beziehungen eingetreten ist. Diese nehmen in anderer Hinsicht ja gerade auch wieder verbindlichere Formen an. Die Tatsache, daß die

Gruppenmitglieder auch an öffentlichen Situationen teilnehmen und hierbei gewisse Fertigkeiten erwerben, befähigt sie, inhaltliche Ziele und Mittel zur Verwirklichung auch in die privatisierte Sphäre hinüberzunehmen. Das Individuum, das sich in der sozial unvermittelten öffentlichen Begegnung, in der es zugleich von seinem Kleingruppen-Hintergrund abgekoppelt ist, als Individuum vorfindet und dabei Freiheitschancen und ein neues Selbst entdeckt, überträgt den hieraus entstehenden Anspruch ebenfalls auf die privatisierte Kleingruppe. Auch in dieser sucht es sich einen individualen Freiraum zu sichern und kann ihn aufgrund der Modifizierbarkeit des privatisierten Rollengefüges auch gewinnen.

ZUR KOMPLEMENTARITÄT VON ÖFFENTLICHKEIT UND PRIVATHEIT

Öffentlichkeit und Privatheit sind nicht in jeder Hinsicht konträre Gegensätze. Sie haben auch manches gemeinsam und beeinflussen sich ständig gegenseitig, und zwar nicht nur mit polarisierender Tendenz. Nicht nur Leitvorstellungen, sondern auch Mittel zu ihrer Verwirklichung werden aus einer Sphäre in die andere übertragen. Die stärker objektivierende, präzise, der Reflexion und Selbstkontrolle fähige Sprache, welche sich in einer entfalteten Öffentlichkeit ausbildet, läßt sich mit gewissen Abwandlungen in den Privatbereich übertragen. Erst die auf diese Weise verbesserte Sprache gibt dem Privatgespräch Deutlichkeit und Modulationsfähigkeit, welche auch eine innovatorische Modifikation des privaten Rollengefüges ermöglicht und die Herausbildung individualer Charaktere erträglich macht. Der mundfaule Gruppenjargon könnte das nicht leisten, denn er setzt gerade starres Rollenspiel und vorinterpretierte Situationen voraus. Freilich kann ein Gruppenjargon durchaus gleichzeitig weiterbestehen und vielleicht – durch seine Spiegelung in der öffentlichen Sprache – zur Verfeinerung der Kommunikation beitragen (z. B. ironische Sprechweisen begünstigen).

Für ein standfestes Agieren eines Individuums in der Öffentlichkeit, d. h. für ein Verhalten, das nicht einer Scheinöffentlichkeit im oben beschriebenen Sinn auf den Leim geht, und dessen Handeln auch nicht zum bloßen Reagieren in einer Masse verkümmert (Bahrdt 1975; [2]1969, 79 ff), ist vermutlich eine Sozialisation in einer Familie erforderlich, welche nicht nur eine face-to-face-group mit starrem unreflektiertem Rollenkorsett ist. Eher eignet sich ein Sozialisationsmilieu, das sein Rollengefüge ständig weiterentwickelt und in der Weise modifiziert, daß es zur Individualisierung auch in der intimen Kleingruppe kommt. Jeweils neue Situations- und Rollendefinitionen können mit Hilfe einer situationsunabhängigen Sprache gefunden werden. Dies ist eine Vorübung für öffentliches Verhalten. Sicherlich besteht ein Zusammenhang zwischen Erziehung zu »innengeleitetem Verhalten« (Riesman 1950) und Befähigung zur aktiven Teilnahme am öffentlichen Geschehen. Aus der privaten Kultur der Familie und anderer kleiner Gemeinschaften (z. B. Freundeskreisen) erhält aber die öffentliche Kultur auch inhaltliche Anregungen und Ausdrucksmöglichkeiten. Die Brief- und Tagebuchkultur des achtzehnten Jahrhunderts schuf nicht nur neue Literaturgattungen (den Briefroman, das lockere – gemäß einer Brieffolge konzipierte – Essay, den Tagebuchroman), sondern lieferte der öffentlichen Diskussion auch Themen. Die Artikulation der privaten Perspektive erlaubte eine differenziertere und konkretere Behandlung von Problemen der Liebe, der Ehe, der Erziehung und der Freiheit.

SCHLUSSBEMERKUNGEN

Aufgabe dieses Beitrags war vor allem, die Strukturen öffentlicher bzw. privater Kommunikation und Interaktion zu schildern, insofern sie funktionieren. Wir setzten hierbei voraus, daß bei häufigem Auftauchen bestimmter problematischer Situationen ein Bedürfnis zur Hervorbringung neuer Kommunikations- und Interaktionsformen besteht. Wünschenswert wäre freilich gewesen, auf die Kommunikations- und Interaktionsformen pervertierter Öffentlichkeit und verkümmerter Privatheit explizit einzugehen. Das muß aber einer späteren Arbeit vorbehalten bleiben (gewisse Ansätze finden sich bei Bahrdt 1975; ²1969, 79 ff, 112 ff, 127 ff; 1968, 111 ff, 178 ff; 1974, 13 ff, 205 ff, 238 ff).

ANMERKUNGEN

1

Die folgenden Ausführungen versuchen die Gedanken, die der Verfasser in »Die moderne Großstadt«, soziologische Überlegungen zum Städtebau, Hamburg ²1969, 58 ff, vorgetragen hat, weiterzuführen und auf eine allgemeine begriffliche Ebene zu versetzen.

2

Zu »Anonymität« vgl. J. Jacobs: Tod und Leben

großer amerikanischer Städte (1961), dt. Ausgabe Berlin, Frankfurt, Wien 1963, 50 f. Vgl. zu unserem Thema überhaupt die Ausführungen über den Bürgersteig, 46 ff.

3

Zu den folgenden Ausführungen vgl. E. Goffman a. a. O.

LITERATUR

BAHRDT, H. P.: Die Krise der Hierarchie im Wandel der Kooperationsformen in Soziologie und moderner Gesellschaft. Verhandlungen des vierzehnten Deutschen Soziologentages, Stuttgart 1959. In: R. Mayntz (Hg.): Bürokratische Organisation. Köln, Berlin 1968

Die moderne Großstadt. Soziologische Überlegungen zum Städtebau. Hamburg ²1969

Umwelterfahrung. Soziologische Betrachtungen über den Beitrag des Subjekts zur Konstitution von Umwelt. München 1974

Soziologische Überlegungen zum Begriff der »Massengesellschaft«. In: G. Kurth, I. Eibl-Eibesfeldt (Hg.): Hominisation und Verhalten. Stuttgart 1975

GOFFMAN, E.: Relations in public. Microstudies of the public order. New York: Basic Books 1971. Deutsch: Das Individuum im öffentlichen Austausch. Frankfurt 1974

JACOBS, J.: The death and life of great american cities. New York: Random House 1961. Deutsch: Tod und Leben großer amerikanischer Städte. Deutsch: Berlin, Frankfurt, Wien 1963

RIESMAN, D.: The lonely crowd. A study of the changing american character. New Haven 1950. Deutsch: Die einsame Masse. Eine Untersuchung der Wandlungen des amerikanischen Charakters. Darmstadt, Berlin 1956

ÖFFENTLICHE MEINUNG
UND MEINUNGSBILDUNGSPROZESSE

von Rainer Geißler

ZUM BEGRIFF DER ÖFFENTLICHEN MEINUNG

Es gehört bereits zum guten Ton einer wissenschaftlichen Erörterung zur öffentlichen Meinung, die Verschwommenheit und Vieldeutigkeit des Begriffs zu beklagen. Es gebe keine »allgemein akzeptierte Definition« (Davison 1972, 188), es herrsche »Unsicherheit und Verwirrung«, wenn es um die inhaltliche Bestimmung des Begriffs gehe (Dehler 1976, 1), der Gegenstand sei »fraglich geworden – vielleicht gar nicht vorhanden« (Luhmann 1974, 28). Es wäre jedoch sehr verwunderlich, wenn ein so komplexes und zugleich sich wandelndes Phänomen wie die öffentliche Meinung auf einen eindeutigen Begriff gebracht worden wäre. Childs (1965, 12 ff) hat etwa vierzig verschiedene Definitionen für öffentliche Meinung zusammengestellt, und es ließen sich dieser Liste ohne Schwierigkeiten vierzig weitere Definitionen hinzufügen.

Für die Vielfalt der Begriffsbestimmungen gibt es zwei Hauptursachen. Seitdem die öffentliche Meinung im auslaufenden achtzehnten Jahrhundert die Aufmerksamkeit der Wissenschaften erregt hat, haben politischer, sozialer und technischer Wandel auch ihre Erscheinungsformen, insbesondere die der politisch relevanten öffentlichen Meinung, verändert. Die Demokratisierung des politischen Systems und das ansteigende Bildungsniveau erweiterten den Kreis derjenigen, die am Prozeß der öffentlichen Meinungsbildung teilnehmen durften und konnten; die Erfindung und Verbreitung der Massenpresse, des Rundfunks und schließlich des Fernsehens führten zu einschneidenden Veränderungen in der Kommunikationsstruktur, an die der Prozeß der Meinungsbildung gebunden ist.

Mehr noch als den realen Wandel spiegeln die verschiedenen Definitionen die unterschiedlichen Forschungsinteressen der verschiedenen wissenschaftlichen Disziplinen wider, die an der Analyse der öffentlichen Meinung beteiligt sind. Soziologie, Sozialpsychologie, Politologie und Kommunikationswissenschaft beleuchten jeweils andere Aspekte der öffentlichen Meinung und lassen ihr unterschiedliches Wissenschaftsverständnis in die begriffliche Festlegung ihres Gegenstandes einfließen, häufig auch ihre unterschiedlichen normativen bzw. politischen Positionen.

Davison hat versucht, den gemeinsamen Nenner der verschiedenen Varianten des Begriffs herauszuarbeiten: »Trotz aller Definitionsunterschiede stimmen die Erforscher der öffentlichen Meinung zumindest darin überein, daß sie eine Ansammlung individueller Meinungen über ein Thema von öffentlichem Interesse ist, und sie stellen gewöhnlich fest, daß diese Meinungen das Verhalten von Individuen, Gruppen und Regierung beeinflussen können« (Davison 1972, 188). Die Betonung der Gemeinsamkeiten übersieht jedoch typische Unterschiede im Verständnis von »öffentlich«. Stellt man diese Unterschiede in Rechnung, so lassen sich grob drei wesentliche Varianten des Begriffs der öffentlichen Meinung trennen: eine gruppenbezogene, eine positivistisch-politikbezogene und eine kritisch-politikbezogene. Die gruppenbezogene Variante meint mit »öffentlich« die Öffentlichkeit in einer sozialen Gruppe, insbesondere der Kleingruppe (z. B. Doob [2]1966, 35). Im Mittelpunkt der Analyse stehen Kommunikationsprozesse in Kleingruppen und der Anpassungsdruck der Gruppenmeinung auf das Individuum. Die positivistisch-politikbezogene Analyse versteht unter »öffentlich« die politische Öffentlichkeit (z. B. Crotty 1970, 1) und interessiert sich vor allem für die dort ablaufenden Kommunikationsprozesse und deren Wechselwirkungen mit dem politischen Entscheidungssystem. Die kritisch-politikbezogene Begriffsvariante meint mit »öffentlich« ebenfalls die politische Öffentlichkeit, verknüpft mit diesem Begriff allerdings noch bestimmte qualitative Anforderungen wie Rationalität, Diskussion, Autonomie gegenüber und kritische Auseinandersetzung mit dem politischen Entscheidungssystem (z. B. Habermas [5]1971, 293).

Wie die Individualpsychologie nach labilen Meinungen, stabileren Attitüden und nahezu stabilen Persönlichkeitsmerkmalen differenziert, ist es für eine Theorie der öffentlichen Meinung sinnvoll, verschiedene Schichten nach dem Grad ihrer Stabilität zu unterscheiden. Die Tiefenschicht, das ruhende, stabile Zentrum der öffentlichen Meinung sind Meinungen, die in direktem Zusammenhang mit den allgemein akzeptierten, als allgemein verbindlich anerkannten Grundwerten und Grundnormen einer Gruppe oder Gesellschaft stehen. Etwas mehr Dynamik durchzieht die mittlere Schicht von Meinungen, die die Konfliktzone des Wertsystems berühren. Hier ragt die Sozialstruktur – Unterschiede in Alter, Beruf, Bildung, Religion, Region – in die Ausprägungen der öffentlichen Meinung hinein, in ihr herrscht durch die Kollision der Werte, durch die Diskussionen über die unterschiedliche Hierarchisierung der Werte mehr Bewegung als im Konsenszentrum. Minderheitsmeinungen können an Boden gewinnen und Mehrheitsmeinungen werden und umgekehrt. Die bewegte, sich schnell verändernde Oberfläche der öffentlichen Meinung schließlich bilden »Moden«, Meinungen über Personen und Reaktionen auf Tagesereignisse, deren Bezug zu wichtigen Werten nicht vorhanden oder nicht eindeutig ist. Zufälle, Tagesereignisse und Massenmedien können die Oberfläche der öffentlichen Meinung relativ schnell in Schwingung versetzen und beeinflussen.

Sinnvoll ist auch die Unterscheidung zwischen Gruppenöffentlichkeiten – der Meinungsbildung in Kleingruppen wie Familie, Bekanntenkreis, Nachbarschaft, Arbeitsplatz oder Ad-hoc-Gruppen – und gesellschaftlicher Öffentlichkeit, die durch Massenmedien hergestellt wird, von politischer Bedeutung sein kann und zu der nur eine kleine Minderheit der Gesellschaft aktiven Zugang hat. Die Verbindung zwischen diesen beiden strukturell unterschiedlichen Bereichen der Meinungsbildung wird durch Massenmedien, Großorganisationen und Meinungsführer hergestellt. Meinungen erlangen nur dann politisches Gewicht, wenn sie aus den Gruppenöffentlichkeiten in die gesellschaftliche Öffentlichkeit vordringen. Andererseits kann die gesellschaftliche Öffentlichkeit ihre demokratische Aufgabe, nämlich Forum für die Artikulation der Interessen der Bevölkerung zu sein, nur erfüllen, wenn die Themen auch in den Gruppenöffentlichkeiten diskutiert werden.

DER LIBERALE BEGRIFF DER ÖFFENTLICHEN MEINUNG

Gegen Ende des achtzehnten und Anfang des neunzehnten Jahrhunderts benutzt das ökonomisch erstarkte Bürgertum den Begriff der öffentlichen Meinung in der politischen Auseinandersetzung als Waffe zur Stärkung der bürgerlichen Macht gegen die bestehenden monarchisch-aristokratischen Ordnungen. Es meldet dabei seinen Herrschaftsanspruch »im Namen allgemeinmenschlicher Vernunftkonstanten« (Luhmann 1974, 41) an, unter Berufung auf eine öffentliche Meinung, die ihre Vernunft aus einer öffentlichen Diskussion ableitet, in der politisch gebildete, sachverständige, verantwortungsbewußte, am Gemeinwohl orientierte Bürger die politischen Alternativen abwägen, »bis endlich das Wahre, Rechte und Vorteilhafte anerkannt und mehr oder weniger allgemein angenommen wird« (Neues Rheinisches Conversations-Lexicon 1834, zit. nach: Koschwitz 1971, 6).

Um die Mitte des neunzehnten Jahrhunderts machte sich bereits Skepsis gegenüber der angeblichen Qualität der öffentlichen Meinung breit. Man wirft ihr Subjektivität und Irrtum (Hegel), falsches Bewußtsein und ideologische Verblendung (Marx), Unwissenheit und Irrationalität (Mill, Tocqueville), Haltlosigkeit und Wankelmütigkeit (v. Holtzendorff) vor. Diese kritischen Stimmen werden noch lauter mit dem Aufkommen neuer Massenmedien, die es einzelnen Politikern erleichtern, sich bei der breiten Bevölkerung Gehör zu verschaffen. Die öffentliche Meinung stellt sich ihren Kritikern nicht als eine Kraft dar, die das politische Leben vorteilhaft gestaltet, sondern als eine manipulierbare Masse, gegen deren Einflüsse das politische Leben abgeschirmt werden muß.

Als Folge dieser Kritik werden häufig zwei Typen der öffentlichen Meinung unterschieden, die in Massendemokratien gleichzeitig vorhanden sind. Der erste Typus genügt den normativen Ansprüchen des klassischen Liberalismus und wird als die »wahre«, »eigentliche« oder einfach »die« öffentliche Meinung bezeichnet. Ihr Träger ist die kleine Schicht der politisch gebildeten und interessierten Bürger. Dieser elitäre Begriff der öffentlichen Meinung wird abgegrenzt gegen die »gemeine Meinung der Vielen«, die eher von Leidenschaften als von Vernunft, eher von Partikularinteressen als von Gemeinwohl bestimmt wird (Hegel, Mill, v. Holtzendorff, Tönnies). Das elitäre Konzept hat gleichzeitig seine politische Stoßrichtung verändert und spiegelt die Veränderungen der Machtstruktur wider: aus dem Kampfbegriff eines aufsteigenden Bürgertums gegen die bestehende Ordnung ist ein Kampfbegriff des aufgestiegenen Bürgertums gegen den nachdrängenden vierten Stand geworden.

Der liberale Begriff der öffentlichen Meinung ist in der neueren Theorie noch in einer elitären (z. B. Hennis 1957) und in einer fundamentaldemokratischen (z. B. Habermas 1971) Variante lebendig.

PROZESSE DER MEINUNGSBILDUNG IN GRUPPEN

Gruppendruck. Die zunehmende politische Bedeutung der öffentlichen Meinung und die Kritik an den schädlichen Einflüssen der »gemeinen Meinung« in Massendemokratien erregte das Forschungsinteresse der Psychologen an den Prozessen der Meinungsbildung, zunächst das der Massenpsychologie um die Jahrhundertwende (Sighele 1891, LeBon 1895, Tarde 1901) und seit etwa 1915 auch zunehmend das der Sozialpsychologie.

Daß die öffentliche Meinungsbildung ein sozialer Prozeß, der Vorgang oder das Ergebnis wechselseitiger Kommunikation und Beeinflussung ist und daß die Gruppenmeinung Druck auf die Individuen ausübt, gehört bereits zu den grundlegenden Erkenntnissen der Theoretiker um die Jahrhundertwende (Ross 1901, Cooley 1909, Tönnies 1922). Eine intensivere Erforschung dieser Prozesse setzt in den dreißiger Jahren ein. In einer Fülle von Täuschungsexperimenten konnte nachgewiesen werden, daß sich Individuen bei der Wahrnehmung eines angeblich ausströmenden Gases (Clark 1916), einer sich angeblich bewegenden, kleinen Lichtquelle (Sherif 1936; Sherif, Sherif 1956), beim Vergleich unterschiedlich langer Linien (Asch 1952) oder beim Urteil über bestimmte Sachverhalte (Crutchfield 1955, Krech u. a. 1962) den Wahrnehmungen und Meinungen anderer Versuchspersonen bzw. der Mehrheit anschlossen, obwohl deren Urteile zum Teil offensichtlich falsch waren. Selbst wenn die Gruppe Bewertungen willkürlich und falsch verändert, passen die Gruppenmitglieder ihre Einstellungen den gewandelten Gruppenbewertungen an (Stimpson 1965). Gordon (1952) ermittelte zunächst die privaten Meinungen einer Nachbarschaftsgruppe über die Sowjetunion und ließ die vermutete Nachbarschaftsmeinung von den Versuchspersonen schätzen. Als dann dieselben Personen ihre Meinung öffentlich bekanntgeben mußten, wandelte die Mehrheit ihre vorher privat geäußerte Meinung in Richtung der vermuteten Nachbarschaftsmeinung ab.

Hypothesen zur Meinungsbildung in Gruppen. Aus zahlreichen empirischen Studien lassen sich eine Reihe von Hypothesen ableiten, die aufzeigen, mit welchen Faktoren das Ausmaß der Anpassung an die Gruppenmeinung und die Stärke des Gruppendrucks zur Meinungskonformität zusammenhängen.

Das Konvergenzverhalten ist um so größer, je komplexer das Problem ist, über das ein Urteil gefällt werden muß (Crutchfield 1955, 1962; Krech u. a. 1962); je weniger der einzelne – neben den Meinungen anderer – über innerliche oder äußerliche Bezugspunkte verfügt, die ihm ein Urteil erleichtern (Sherif 1936, Forgus 1966); je größer die Zahl derjenigen ist, die eine andere Meinung vertreten (Asch 1952); je weiter die beeinflußten Personen vom Gruppenmittel entfernt sind (Goldberg 1954); je stärker der Gruppendruck zur Meinungskonformität ist (Festinger, Thibaut 1951); je besser der einzelne in einer Gruppe individuelle Bedürfnisse (z. B. nach Kontakt, Geborgenheit, Prestige, Aufstieg u. ä.) befriedigen kann (Dröge u. a. 1969); je weniger alternative Gruppen zur Befriedigung individueller Bedürfnisse zur Verfügung stehen (Dröge u. a. 1959). Das Konvergenzverhalten ist bei öffentlichen Meinungsäußerungen stärker ausgeprägt als bei anonymen Äußerungen (Deutsch/Gerard 1955).

Kleine Minderheiten sind sehr widerstandsfähig gegen Meinungswandel, da sie ihre meist diskussionsgestählten Meinungen mit hohem Engagement vertreten (Cooper, Dinerman 1951). Daher lassen sich Vertreter der Mehrheitsmeinung auch leichter zum Meinungswandel bewegen als Vertreter der Minderheitsmeinung (Schulman 1968).

Untersuchungen über den Einfluß von Persönlichkeitsmerkmalen auf die Anpassungsbereitschaft, die in den USA an Oberschülern und Studenten durchgeführt wurden, ergaben das folgende Bild (überwiegend nach Janis 1964): Frauen sind im allgemeinen leichter beeinflußbar als Männer. Besonders widerstandsfähig gegen Einflußversuche erwiesen sich Männer, die gegenüber ihrer sozialen Umwelt aggressiv und feindlich eingestellt waren, Eigenbrötler ohne starke Bindung an informelle oder formelle Gruppen sowie »kreative«, in der Forschung bewährte Wissenschaftler (Barron 1969). Besonders zugänglich gegenüber Einflußversuchen zeigten sich begeisterungsfähige Männer mit viel Phantasie und Einbildungskraft, schüchterne Männer mit niedriger Selbsteinschätzung sowie Außenorientierte, die Gruppenloyalität im Vergleich zu persönlichen Werten und Zielen sehr hoch einschätzten.

Die Stärke des Gruppendrucks zur Meinungskonformität – eine wichtige Einflußgröße für das Konvergenzverhalten – ist wiederum von einer Reihe von Faktoren abhängig (vgl. dazu auch Dröge u. a. 1969, 136 f). Der Gruppendruck ist um so intensiver, je länger und je häufiger die Gruppenmitglieder interagieren (Baur 1962); je größer die Gruppenkohäsion (Attraktivität der Gruppe für ihre Mitglieder) ist (Back 1951, Festinger u. a. 1952, Gerard 1954, Mussen 1950); je wichtiger das Thema bzw. Problem für die Gruppe ist (Lane, Sears 1964); je homogener und je eindeutiger die Meinungen in der Gruppe zu einem Thema sind (Gerard 1953; Lane, Sears 1964); je mehr die Gruppe unter Leistungszwang steht (Gerard 1953); je stärker die Entscheidungen in Gruppen dezentralisiert sind (Lane, Sears 1964).

Motive des Konvergenzverhaltens. Was bewegt den einzelnen dazu, seine eigene Meinung der Meinung anderer oder der Gruppenmeinung anzupassen? Soziale Gruppen im engeren Sinne – Gruppen mit langer Dauer und hoher Dichte der sozialen Kontakte – belohnen Konformität und bestrafen Abweichung. Psychische (Geborgenheit, Sicherheit, Anerkennung, Prestige) oder materielle Belohnungen durch die Gruppe bieten also einen Anreiz für konformes Verhalten, Furcht vor Isolation oder materiellen Nachteilen schreckt von abweichenden Meinungen ab.

In kurzfristig zusammengestellten ad-hoc-Gruppen ohne tiefere Bindung der Gruppenmitglieder – viele Experimentalgruppen gehören diesem Gruppentyp an – dagegen fehlt diese Abhängigkeit des einzelnen vom Wohlwollen der Gruppe. Hofstätter (1971, 60, 88 f) erklärt das Konvergenzverhalten in ad-hoc-Gruppen mit der »Theorie der sozialen Gewißheit«: Handeln erfordert ein bestimmtes Maß an Gewißheit über die Handlungssituation, und das Wissen um die Handlungssituation bedarf häufig der sozialen Bestätigung; man fühlt sich sicherer, wenn die eigene Meinung von möglichst vielen anderen geteilt wird.

Die Dissonanz- und Konsistenztheorien (Osgood, Tannenbaum 1955; Festinger 1957; Heider 1958) bieten ein drittes Motiv für Konvergenzverhalten an: die Tendenz der Individuen, Einstellungen zu Personen und Problemen zur Konsonanz, zur Übereinstimmung zu bringen, veranlassen den einzelnen, seine Meinung den Meinungen geschätzter Bezugspersonen anzunähern.

Diese Motive zur Anpassung können auch erklären, warum der einzelne die Übereinstimmung seiner Meinung mit derjenigen der Gruppe (Kelley, Thibaut 1969) sowie die Meinungsuniformität der Gruppe selbst überschätzt.

Meinungsführer. An der Nahtstelle zwischen Gruppenöffentlichkeit und gesellschaftlicher Öffentlichkeit stehen die Meinungsführer. Sie sind Knotenpunkte im Netz personaler Kommunikation und Beeinflussung und können in drei Rollen – getrennt oder gleichzeitig – auftreten: als selektiver Vermittler von Informationen (»gate-keeper«), als Interpret von Informationen und als Beeinflusser. Sie tauchen in allen Schichten und Altersgruppen auf und gehören zum gut informierten, politisch und sozial aktiven Kern der Bevölkerung. Als Personen mit besonderer Kontaktfreudigkeit, besonders hohem Organisationsgrad in Vereinen und Verbänden und besonders intensiver Nutzung der Massenmedien beeinflussen sie gleichzeitig Thema, Inhalt und Verlauf der Kommunikation in den Primärgruppen (Überblick bei Geißler 1972). Mit ihrer Schlüsselposition sind drei Funktionen verbunden: 1. Meinungsführer stellen den kommunikativen Kontakt der Kleingruppe mit der Umwelt her. 2. Die Umwelt, insbesondere die Sekundärgruppen und die Massenmedien können über die Meinungsführer in die Kleingruppen hineinwirken. 3. Die ähnliche soziale Lage von Meinungsführern und »Gefolgschaft« bietet einen gewissen Schutz des passiveren, schlechter informierten Teils der Bevölkerung gegen Manipulation durch fremde Interessen (Geißler 1973, 81 ff).

Kritik. Das theoretische Niveau der Forschung über die Meinungsbildungsprozesse in Gruppen ist relativ niedrig, eine Vielzahl von Hypothesen steht unverbunden nebeneinander; wegen fehlender multivariater Analysen bleiben die Zusammenhänge in einem komplexen Wirkungsfeld, das Gewicht einzelner Variablen und kumulativer Effekte ungeklärt.

Durch die Begrenzung der Perspektive auf Kommunikationsprozesse innerhalb von Gruppen wird das Phänomen der öffentlichen Meinung weitgehend aus dem Funktionszusammenhang mit politischen Institutionen und mit seinen konkreten sozialen und historischen Voraussetzungen herausgelöst. Anhänger eines politikbezogenen Begriffs der öffentlichen Meinung werfen der soziologischen und sozialpsychologischen Analyse »krassen Positivismus« (Hennis 1957, 31) oder »politische Blindheit« (Schmidtchen 1965, 317) vor. Sie betrachten die gruppenbezogene Erforschung der öffentlichen Meinung als eine »Einengung der wissenschaftlich-akademischen Betrachtungsweise« (Koschwitz 1971, 5) oder gar als »sozialpsychologische Auflösung des Begriffs« (Habermas ⁵1971, 278). Diese z. T. durchaus berechtigte Kritik übersieht jedoch, daß erst und gerade die empirisch-analytische Erforschung der Meinungsbildung in Gruppen präzisere Kenntnisse über die Mechanismen der informellen Struktur der öffentlichen Meinung zutage gefördert hat.

MEINUNGSBILDUNG IN DER GESELLSCHAFTLICHEN ÖFFENTLICHKEIT

Zwischen Gruppenöffentlichkeiten und gesellschaftlicher Öffentlichkeit gibt es wichtige strukturelle Unterschiede: Die Kommunikationsstruktur der gesellschaftlichen Öffentlichkeit ist komplexer; sie zeichnet sich insbesondere durch das Zusammenspiel von Massenkommunikation und persönlichem Gespräch aus (s. auch den Beitrag von H. P. Bahrdt in diesem Band). Die Auswahl der diskutierten Themen vollzieht sich nach anderen Prinzipien. Die Individuen sind im allgemeinen weniger von ihr abhängig, da sie anonymer und weniger integriert ist. Das Konvergenzverhalten dürfte eher auf Konsistenzstreben und Verlangen nach sozialer Gewißheit beruhen als auf der Furcht vor Bestrafung und sozialer Isolation. Da zur Meinungsbildung in der gesellschaftlichen Öffentlichkeit bisher nur sehr spärliche empirische Studien vorliegen, ist die Frage, ob die Ergebnisse aus der Gruppenforschung auf die gesellschaftliche Öffentlichkeit übertragbar sind, nicht eindeutig geklärt.

Aus der Fülle möglicher Themen der öffentlichen Diskussion gelingt es nur einigen, die Aufmerksamkeit der Massenmedien und seines Publikums zu erregen. Sie können offenbar die Aufmerksamkeitsschwelle der Öffentlichkeit überwinden, wenn es sich um politische Erfolgsmeldungen oder um Ereignisse mit hohem Neuigkeits- bzw. Neugierwert, um Krisensymptome oder um die Bedrohung bzw. Verletzung wichtiger Werte wie Frieden, Sicherheit oder Wohlstand handelt oder wenn Kommunikatoren von hohem öffentlichen Rang wie bekannte Politiker und Persönlichkeiten des öffentlichen Lebens sich ihrer annehmen (Luhmann 1974, 37 f).

Zirka 85 bis 90 Prozent der Bevölkerung haben eine Vorstellung davon, welche Einstellungen zu bestimmten Problemen wie Todesstrafe, Ostverträge u. ä. die Mehrheit ihrer Mitbürger vertritt (Mehrheitsmeinung) und welche Ansichten sich in Zukunft durchsetzen werden (Zukunftsmeinung). Wer glaubt, daß seine eigene Meinung nur die Meinung einer Minderheit ist oder an Boden verliert, hält sich mit öffentlichen Meinungsäußerungen eher zurück als diejenigen, die glauben, ihre Meinung entspreche der Mehrheitsmeinung oder gewinne an Boden (Schweigehypothese). Der subjektive Eindruck des einzelnen von der Mehrheitsmeinung bzw. der Zukunftsmeinung ist dabei weniger von der tatsächlichen Meinungsverteilung abhängig, sondern davon, ob diese Meinung in der sozialen Umgebung oder in den Massenmedien häufig geäußert wird. Wenn Minderheitsmeinungen häufig geäußert werden, z. B. etwa deshalb, weil ihre Zukunftsaussichten gut eingeschätzt werden, wird dadurch der Mechanismus der »Schweigespirale« in Gang gesetzt: Die Anhänger der Mehrheitsmeinung tendieren zur Zurückhaltung in der Öffentlichkeit, die Mehrheitsmeinung wirkt dadurch schwächer als sie ist; ihr Konformitätsdruck nimmt ab. Die Minderheitsmeinung dagegen wirkt stärker als sie in Wirklichkeit ist, ihr Konformitätsdruck nimmt zu, sie gewinnt an Boden und kann schließlich Mehrheitsmeinung werden (Noelle-Neumann 1977, 196 ff).

Das Modell der Schweigespirale läßt offen, wodurch dieser Mechanismus in Gang gesetzt wird. Es unterstellt zudem, daß der subjektive Eindruck von der Mehrheitsbzw. Zukunftsmeinung die Ansichten und Einstellungen der Individuen beeinflußt. Dieser Nachweis ist empirisch für das Konvergenzverhalten in Kleingruppen geführt. Im Hinblick auf die gesellschaftliche Öffentlichkeit ist diese Hypothese als »bandwagon«- bzw. »Mitläufer-Effekt« bekannt. Dabei ist ungeklärt, unter welchen Bedingungen dieser Effekt wirksam wird (Maletzke 1963, 86 f; Schmidtchen 1965, 283 ff; Dröge u. a. 1969, 146 f).

Die Möglichkeiten, Themen und Richtung der politikbezogenen gesellschaftlichen Öffentlichkeit zu bestimmen, sind ungleich verteilt. Es lassen sich vier Gruppen mit differierenden Kommunikations- und Einflußchancen unterscheiden: die sehr kleine, aber sehr einflußreiche Entscheidungs- und Kommunikationselite mit Zugang zu den Massenmedien; die relativ einflußreichen Meinungsführer (zirka ein Viertel der Bevölkerung), die politisch mehr oder weniger interessierte aktive Öffentlichkeit (zirka die Hälfte der Bevölkerung) und der politische desinteressierte Rest von 15 bis 25 Prozent der Bevölkerung, der am Prozeß der öffentlichen Meinungsbildung nicht teilnimmt und ohne Einfluß ist.

Dieser Sachverhalt wird einer kritischen Analyse zum Problem, die sich an der Norm einer pluralistischen Demokratie orientiert, in der alle Gruppen die gleiche Chance haben sollen, ihre Bedürfnisse und Interessen durch Artikulation in der gesellschaftlichen Öffentlichkeit in die Entscheidungen einfließen zu lassen. Die Kapitalismuskritik hat das Konzept der »entpolitisierten und manipulierten Öffentlichkeit« entwickelt. Sie geht davon aus, daß die Interessen der Bevölkerung in den politischen Entscheidungen gar nicht oder nicht ausreichend berücksichtigt werden und daß es die Eliten dennoch verstehen, die gesellschaftliche Öffentlichkeit in eine Akklamationsinstanz für ihre Entscheidungen umzufunktionieren, indem sie zentrale Fragen aus der öffentlichen Diskussion ausklammern und über bestimmte Mechanismen (Personalisierung, Privatisierung, Schicksalsideologie, Konsumorientierung, Appelle an Stimmungen und Wünsche) Zustimmung herstellen (Mills 1962, 334 ff; Habermas ⁵1971, 217 ff; Habermas 1973, 54 ff, 99; Holzer 1971, 151 ff, 213 ff).

Das Konzept der entpolitisierten Öffentlichkeit übersteigert einseitig die manipulativen Tendenzen in spätkapitalistischen Industriestaaten. Es vernachlässigt, daß Interessen der Bevölkerung durch die Eliten teilweise berücksichtigt und auch in die gesellschaftliche Öffentlichkeit eingebracht werden. Bei der Wahrnehmung, Aufklärung und Artikulation der Interessen sind jedoch Männer und Oberschichten wegen ihrer größeren sozialen und politischen Aktivität, ihres höheren Bildungsniveaus und ihrer damit zusammenhängenden größeren kommunikativen Kompetenz im Vorteil gegenüber Frauen und Unterschichten. Ihnen gelingt es daher besser, ihre Interessen in den Gruppenöffentlichkeiten und in der gesellschaftlichen Öffentlichkeit zur Geltung zu bringen (Geißler 1976).

Die Analyse der ungleichen Kommunikationschancen entspricht am ehesten einem Forschungsansatz beim Studium der öffentlichen Meinung, den Lazarsfeld bereits 1957 gefordert und als »klassisch-empirische Synthese« bezeichnet hat (Lazarsfeld 1957, 52). Eine kritische Theorie der öffentlichen Meinung auf empirischer Basis hat die Bedingungen aufzuzeigen, unter denen in einer komplexen Gesellschaft der demokratische Anspruch der öffentlichen Meinung, Forum für die Artikulation der Interessen aller gesellschaftlichen Gruppen zu sein, eingelöst werden kann.

LITERATUR

Vorbemerkung. Frau Ulrike Hoffmann-Bürrig gilt ein herzlicher Dank für ihre Hilfe beim Bibliographieren und Herbeischaffen der Literatur.

ASCH, S. E.: Social psychology. Englewood Cliffs/N. J.: Prentice-Hall 1952

BACK, K. W.: Influence through social communication. Journal of Abnormal and Social Psychology, 46, 1951, 9–23

BARRON, F.: Creative person and creative process. New York 1969

BAUR, E. J.: Opinion change in a public controversy. Public Opinion Quarterly, 26, 1962, 212–226

CHILDS, H. L.: Public opinion. New Jersey: Nostrand 1965

CLARK, H.: The crowd. Psychological Monographs, 21, 1916, 26–36

COOLEY, C. H.: Social organisation. Glencoe/Ill.: Free Press 1909

COOPER, E., DINERMAN, H.: Analysis of the film: Don't be a sucker. Public Opinion Quarterly, 15, 1951, 243–264

CROTTY, W. J. (Ed.): Public opinion and politics. New York: Holt, Rinehart & Winston 1970

CRUTCHFIELD, R. S.: Conformity and character. American Psychologist, 10, 1955, 191–198

DAVISON, W. P.: Public opinion. In: D. L. Sills (Ed.): International Encyclopedia of the Social Sciences, XIII. New York: Macmillan 1972, 188–197

DEHLER, K.-H.: Langfristiger Wandel der Theorien zur öffentlichen Meinung. Lollar: Achenbach 1976

DEUTSCH, G., GERARD, H. B.: A study of normative social influences upon individual judgement. Journal of Abnormal and Social Psychology, 51, 1955, 629–636

DOOB, L. W.: Public opinion and propaganda. Hamden/Conn. ²1966

DRÖGE, F., WEISSENBORN, R., HAFT, H.: Wirkungen der Massenkommunikation. Münster: Regensberg 1969

FESTINGER, L.: A theory of cognitive dissonance. Stanford/Calif.: Stanford Univ. Press 1957. Deutsch: Theorie der kognitiven Dissonanz. Bern: Huber 1978

FESTINGER, L., GERARD, H. B., HYMOWITCH, B., KELLEY, H. H., RAVEN, B.: The influence process in the presence of extreme deviates. Human Relations, 5, 1952, 327–346

FESTINGER, L., THIBAUT, J.: Interpersonal communication in small groups. Journal of Abnormal and Social Psychology, 46, 1951, 92–99

FORGUS, R. H.: Perception. New York: McGraw-Hill 1966

GEISSLER, R.: Politische Meinungsführer. Soziale Welt, 23, 1972, 482–496

Politische Meinungsführer und Demokratie. Schweizerisches Jahrbuch für Politische Wissenschaft, 12, 1973, 67–86

Bedürfnisvermittlung und Kommunikation. Rundfunk und Fernsehen, 24, 1976, 3–13

GERARD, H. B.: The effect of different dimensions of disagreement on communication process in small groups. Human Relations, 5, 1953, 249–271

The anchorage of opinions in face-to-face groups. Human Relations, 7, 1954, 313–326

GOLDBERG, S. C.: Three situational determinants of conformity to social norm. Journal of Abnormal and Social Psychology, 49, 1954

GORDON, R. L.: Interaction between attitude and the definition of the situation in the expression of opinion. American Sociological Review, 17, 1952, 50–58

HABERMAS, J.: Strukturwandel der Öffentlichkeit. Neuwied, Berlin: Luchterhand ⁵1971

Legitimationsprobleme im Spätkapitalismus. Frankfurt/M.: Suhrkamp 1973

HEIDER, F.: The psychology of interpersonal relations. New York: Wiley 1958. Deutsch: Theorie der interpersonalen Beziehungen. Stuttgart: Klett, Cotta 1977

HENNIS, W.: Meinungsforschung und repräsentative Demokratie. Tübingen: Mohr (Paul Siebeck) 1957

HOFSTÄTTER, P. R.: Gruppendynamik. Hamburg: Rowohlt 1971

HOLZER, H.: Gescheiterte Aufklärung? München: Piper 1971

JANIS, I. L.: Persönlichkeitsstruktur und Beeinflußbarkeit. In: W. Schramm (Hg.): Grundfragen der Kommunikationsforschung. München: Juventa 1964, 71–84

KELLEY, H. H., THIBAUT, J. W.: Experimental studies of group problem solving and process. In: G. Landzey, E. Aronson, (Ed.): The Handbook of Social Psychology, IV. Reading/Mass.: Addison – Wesley 1969

KOSCHWITZ, H.: Begriff und Funktion der »öffentlichen Meinung« im bürgerlichen und sozialistischen Gesellschaftssystem.

Aus Politik und Zeitgeschichte. Beilage zur Wochenzeitung »Das Parlament«, 13, 1971, 3–25

KRECH, D., CRUTCHFIELD, R. S., BALLACHEY, E. L.: Individual in Society. (2. Aufl. von »Social psychology«.) New York 1962

LANE, R. E., SEARS, D. O.: Public opinion. Englewood Cliffs/N. J. 1964

LAZARSFELD, P.: Public opinion and classical tradition. Public Opinion Quarterly, 21, 1957, 39–53

LEBON, G.: Psychologie des foules. Paris 1895. Deutsch: Psychologie der Massen. Stuttgart: Kröner 1973

LUHMANN, N.: Öffentliche Meinung. In: W. R. Langenbucher (Hg.): Zur Theorie der politischen Kommunikation. München: Piper 1974, 27–54

MALETZKE, G.: Psychologie der Massenkommunikation. Hamburg: Hans-Bredow-Institut 1963

MILLS, C. W.: Die amerikanische Elite. Hamburg: Holsten 1962

MUSSEN, P. H.: Some personality and social factors related to changes in childrens' attitudes toward negroes. Journal of Abnormal and Social Psychology, 45, 1950, 423–441

NOELLE-NEUMANN, E.: Öffentlichkeit als Bedrohung. Freiburg, München: Alber 1977

OSGOOD, C. E., TANNENBAUM, P. H.: The principle of congruity in the prediction of attitude change. Psychological Review, 62, 1955, 42–55

ROSS, E. A.: Social control. New York: Macmillan Company 1901

SHERIF, M.: The psychology of social norms. New York: Harper 1936

SHERIF, M., SHERIF, C. W.: An outline of social psychology. New York: Harper 1956. Jetzt: Social psychology. New York: Harper 1969

SCHMIDTCHEN, G.: Die befragte Nation. Frankfurt/M.: Fischer 1965

SCHULMAN, G.: The popularity of viewpoints and resistance to attitude change. Journalism Quarterly, 45, 1968, 86–90

SIGHELE, S.: La folla delinquente. Firenze 1891

STIMPSON, D. V.: The effects of discrepant information on perceptual processes. Journal of Social Psychology, 67, 1965, 105–113

TARDE, G.: L'opinion et la foule. Paris 1901

TÖNNIES, F.: Kritik der öffentlichen Meinung. Berlin 1922

WAHLKÄMPFE
IN DER BUNDESREPUBLIK DEUTSCHLAND AUS
KOMMUNIKATIONSSOZIOLOGISCHER PERSPEKTIVE[1]

von Hans Ulrich Gumbrecht

EUROPÄISCHE AUFKLÄRUNG ALS MODELL

»Der Wähler hat gesprochen«, so hieß eine Sendung, in der das westdeutsche Fernsehen über erste Ergebnisse und Reaktionen in einer Wahlnacht der siebziger Jahre berichtete und in der Repräsentanten der großen Parteien darüber stritten, »wen der Wähler mit der Regierungsbildung beauftragt« hatte. Nicht zu allen Zeiten haben sich Regierende in solcher Abhängigkeit von den Regierten präsentiert: als etwa Jean-Jacques Rousseau in der zweiten Hälfte des achtzehnten Jahrhunderts die bis dahin selbstverständlich durch *einen* Herrscher »von Gottes Gnaden« eingenommene Stelle des »souverain« in seiner staatsphilosophischen Abhandlung »Du contrat social« mit der Summe der Staatsbürger (»citoyens«) besetzte, da mußte seinen Lesern die heute so gängige Thematisierung der *vielen* Regierten als Subjekt politischer Handlungen provozierend, wenn nicht paradox erscheinen.

Ein Blick auf die Staats- und Gesellschaftsphilosophie des achtzehnten Jahrhunderts macht es uns nicht allein möglich, den Weg zur Demokratie als Realisierung utopisch gemeinter Vorgaben, damit aber als geschichtlichen Fortschritt zu sehen, er deckt auch eine vergessene Voraussetzung der seither in manchen Ländern kontinuierlichen Tradition auf, politisches Personal durch Wahlen zu rekrutieren[2]. Nach dieser Prämisse sollten Wahlverfahren die höchste Form der Selbstverwirklichung einer intakten politischen Öffentlichkeit regulieren. Mit dem Prädikat »Öffentlichkeit« waren in der Aufklärung, folgt man der Rekonstruktion von Habermas ([5]1971, 42–75), »die zum Publikum versammelten Privatleute« gemeint. Wollen wir nun die zentralen Termini seiner Definition, »Publikum« und »Privatleute« erklären, so ist es eigentlich notwendig, zwischen einem normativen Begriff, wie er dem Selbstverständnis der Aufklärer entsprach, und ihnen nicht bewußten Funktionen der Öffentlichkeit zu unterscheiden. Wir wollen hier aber vom Beitrag der Öffentlichkeit zur politischen und wirtschaftlichen Emanzipation des Bürgertums (ihren historischen Funktionen) absehen, weil allein ihre normative Konzeption bis heute als eine – freilich selten explizit gemachte – Legitimation der Wahlverfahren wirksam geblieben ist.

Wenn man im achtzehnten Jahrhundert der aus Diskussionen des Publikums hervorgehenden öffentlichen Meinung eine Rolle als Instanz permanenter Kritik zur jeweiligen Politik vindizierte, so war im Sinne einer sozialethischen Rechtfertigung vorausgesetzt, daß jedermann Zugang zu diesen Diskussionen hätte und daß dort jegliche Themen debattiert werden könnten. Wenn man die Diskussionsteilnehmer »Privatleute« nannte, so sollte hervorgehoben werden, daß sie in solcher Öffentlichkeit alle individuellen oder klassenspezifischen Interessen ablegen und sich wechselseitig als Gleiche ansehen müßten. Aus den letzten Postulaten geht der besondere Anspruch auf »Sachlichkeit« hervor, der seither im Prädi-

527

kat »Argument« mitgedacht wird. Wer all seine partikularen Vororientierungen ausblendet, der folgt, das war der Schluß, den die Aufklärer zogen, allein der ihm – wie allen Menschen – angeborenen Vernunft, der richtet seine Argumente ausschließlich an der »Natur der Dinge« aus, und der gelangt in der Auseinandersetzung mit anderen »Privatleuten« zu Positionen, die vernünftig und deshalb für alle Menschen annehmbar sind. Man sieht, daß politische Wahlen nach der Staatsphilosophie des achtzehnten Jahrhunderts nur dann, wenn sie auf einer intakten Öffentlichkeit basieren, den Anspruch erheben dürfen, eine Realisierung der Ideale von Rationalität und säkularer Gerechtigkeit zu sein[3]. Eine hinreichende Zahl von Wahlergebnissen aus dem zwanzigsten Jahrhundert könnten Zweifel am Bestehen dieser Voraussetzung unterstützen. Aber nehmen wir einmal an, sie sei in der Aufklärung realisiert gewesen und bestehe bis heute fort: Auch dann ergeben sich Legitimationsprobleme für das Wahlverfahren, sobald wir die von Rousseau so prägnant erfaßte Substitution des Herrschers durch die Staatsbürger auf der Funktionsstelle des »souverain« unter kommunikationstheoretischer Perspektive betrachten.

Wahlkämpfe scheinen eindeutig zum Phänomenbereich der Massenkommunikation zu gehören, weil sich die Sprechenden/Schreibenden auf technische Medien stützen, öffentlich handeln und sich an ein disperses Publikum richten. Eines von vier einschlägigen Definitionskriterien (Badura, Gloy 1972, 20) erfüllen sie jedoch nicht: Sie sind nicht gänzlich »einseitig/asymmetrisch«, weil am Wahltag die bis dahin Hörenden/Lesenden durch ihre Stimmabgabe »sprechen«. Dieses »Sprechen« des Wählers steht freilich in einer anderen Art von kommunikativer Asymmetrie zum Sprechen der Wahlkämpfer: Während stets Einzelpersonen (wenn auch vielleicht auf der Grundlage des Konsenses einer Vielzahl von Entscheidungsträgern) für die Parteien schreiben oder reden und darin den Willen kollektiver Handlungssubjekte zum Ausdruck bringen, verzerrt die kommunikative Wirklichkeit »westlicher Demokratien« idealisierend, wer ihre Wahlergebnisse, denen keine Konsensbildung der Wählenden vorausgeht und die deshalb gar nicht *einem* Subjekt zugeordnet werden können, einen »Ausdruck *des* Wählerwillens« nennt. Die Folgen dieser spezifischen Asymmetrie lassen sich aus unserem Erleben der Politik evident machen: Es mutet uns absurd an, wenn mehrere Parteivorsitzende gleichzeitig die »Entscheidung des Wählers« als einen ihnen erteilten »Auftrag« deuten, und wir wissen, daß der »Wählerwille« oft zu politischen Pattsituationen führt, die kein einziger Wähler gewollt hat.

In der folgenden Skizze werden aus kommunikationssoziologischer Perspektive einige jener sozialpsychischen Folgen westdeutscher Wahlkämpfe der siebziger Jahre analysiert[4], welche ihrer aufgezeigten doppelten Defizienz gegenüber der aufklärerischen Legitimation der Wahl als Verfahren zuzuschreiben sind. Nach der Explikation einiger für unsere Überlegungen zentraler Termini (im zweiten Abschnitt) werden wir im dritten Abschnitt zu zeigen versuchen, welche – vor allem sprachlichen – Wahlstrategien sich die bestehende Differenz zwischen der stets als realisiert unterstellten Norm des »Publikums« und dem faktischen Wählerverhalten zunutze machen, um im letzten Abschnitt auf die politischen und gesellschaftlichen Funktionen der gängigen Stilisierung einer jeweiligen statistischen Distribution von Wählerstimmen zum »Wählerwillen« einzugehen.

Wer Phänomene der gesellschaftlichen und politischen Wirklichkeit an sozialethischen Idealen mißt, nimmt selbstverständlich eine kritische Haltung ein. Zur angemessenen Einschätzung der unseren Überlegungen tatsächlich impliziten Kritik schicken wir aber drei relativierende Vorbemerkungen voraus: Wir wollen *nicht* wie Habermas ([5]1971, 251) aus der Perspektive einer Dekadenzgeschichte der Öffentlichkeit argumentieren, weil es mehr als fraglich ist, ob das von der politischen Philosophie des achtzehnten Jahrhunderts vorausgesetzte und beschriebene Publikum je existiert hat; wir glauben ferner *nicht*, daß unsere Analysen in allen Fällen die um Wählerstimmen kämpfenden Politiker »entlarven« müßten, weil (wohl im Gegensatz zu Managern) nur wenigen von ihnen jene beiden Diskrepanzen zwischen Norm und Wirklichkeit der Kommunikation in Wahlkämpfen bewußt sein dürften, von denen wir ausgehen; wir kritisieren schließlich *keinesfalls* jegliches an partikulare Interessen gebundene und appellierende Sprechen als manipulatorisch, weil wir glauben, daß »rein sachbezogene Argumente« höchstens den Stellenwert einer kontrafaktischen, aber handlungsorientierenden Norm haben (Habermas 1971, 720, 120), jedoch nicht zur Beurteilung vollzogener Praxis eingesetzt werden können.

TERMINOLOGISCHE BEMERKUNGEN[5]

Wo im folgenden von »Funktionen« der Kommunikation die Rede ist, sind ihre Auswirkungen auf das Handeln und Verhalten der Rezipienten gemeint. Weil sich die kommunikativen Absichten von Sprechern/Autoren nicht notwendig in der Wirkung auf Hörer/Leser erfüllen, ist zwischen *intendierter* und *realisierter* Funktion zu unterscheiden. Im dritten Abschnitt werden wir einzelne Wahlkampfstrategien vom Bezugspunkt der intendierten Funktion her darstellen, während im letzten Abschnitt nach den realisierten Funktionen von Wahlkampf und Stimmabgabe als komplexen Verfahren gefragt wird.

Nach der Tradition der sinnverstehenden Soziologie setzen wir »Handeln« von Verhalten durch seine Zuordnung auf ein dem handelnden Subjekt bewußtes Motiv ab. Als »Motiv« kann die Vorstellung von jener Situation beschrieben werden, welche das Subjekt durch sein Handeln herbeiführen möchte (vgl. Kambartel 1974, 61). An der Stelle von Motiven ordnen wir dem Verhalten »Einstellungen« zu, »aus Erwartungen, hypothetischen Relevanzen, Handlungsentwürfen und anderen Elementen des Gewohnheitswissens wie auch aus »Gemütszuständen« bestehende »Syndrome« (Schütz, Luckmann 1975, 218). Für Wahlstrategen ist es wichtig, auf die Einstellung der Wähler zu wirken, ohne ihnen die Überzeugung zu nehmen, daß sie bei ihrer Stimmabgabe handelnd zur Herbeiführung einer erwünschten politischen Situation (ihres Motivs) beitragen. Wir können nun – in nuancierter Absetzung vom überkommenen Wortgebrauch des achtzehnten Jahrhunderts – »Argumente« jene von Wahlkämpfern vorgebrachten Beweggründe für die Stimmabgabe nennen, welche zur bewußt – aber nicht ohne Berücksichtigung partikularer Interessen – vollzogenen Motivkonstitution des Wählers beitragen sollen; »manipulatorisch« sind Strategien, die auf die Erzeugung oder Veränderung von Einstellungen, nichtbewußte Verhaltensorientierungen also, zielen (vgl. Kambartel 1974, 67; Weidenmann 1975).

Motive und Einstellungen, an die sich argumentative und manipulatorische Rede wenden, entstehen aus den von jeweiligen Individuen internalisierten Vorräten des Wissens, das heißt, aus der »Gewißheit, daß bestimmte Phänomene wirklich sind und bestimmbare Eigenschaften haben« (Berger, Luckmann [2]1971, 1). Viele Elemente solchen Wissens gehen zurück auf den Vollzug von Erfahrungen, das heißt: auf die Interpretation von Erleben durch vorgängig erworbenes Wissen. Als »Erleben« definieren wir all jene Wahrnehmungen, denen ein Individuum seine Aufmerksamkeit zuwendet. Der soziologische Terminus »*soziales* Wissen« verweist nun auf die Tatsache, daß bloß ein geringer Teil jeweils internalisierten Wissens tatsächlich in Erfahrungsprozessen erworben, die meisten seiner Segmente aber von Gesellschaften vorgegeben und vermittelt werden. Betrachten wir Gesellschaften und Gruppen im Hinblick auf die Funktion der Sinnbildung, das bedeutet als die Aufmerksamkeit lenkende, Erlebnisse in Erfahrung umsetzende und Erfahrungen vermittelnde, letztlich also Wahrnehmungen zu Sinn reduzierende Instanzen, so wollen wir sie »soziale Systeme« nennen (Luhmann 1971).

Im letzten Abschnitt wird zu diskutieren sein, ob man Wahlkämpfe und Wahlen unter formalem und funktionalem Blickwinkel als »Spiele« im Sinne Huizingas ([8]1966) thematisieren sollte. Spiele konstituieren sich in wechselseitig bezogenem Verhalten ihrer Teilnehmer, das diese für zweckfrei halten (ohne daß man den Spielen deshalb eine Funktion im Bezug auf soziale Systeme absprechen müßte), sie werden nach allseits akzeptierten und bekannten Regeln in einem begrenzten Raum vollzogen. Es gibt keine Form des Spiels, die nicht entweder Wettkampfparteien miteinander konfrontierte oder zweckgebundenes Handeln und Verhalten nachahmend darstellte.

INTENDIERTE FUNKTION UND WAHLKAMPSTRATEGIEN

Wahlreden und gedruckte Wahlpropaganda sind auf die Erfüllung einer einzigen Funktion zugeschnitten, nämlich auf die Stimmabgabe möglichst vieler Wähler mit verschiedenen Wissensvorräten für eine jeweilige Partei. Diese Wahlstrategien leitende Zielausrichtung ist gegenüber dem normativen Verfahrensmodell aus der Aufklärung insofern reduktiv, als dieses der jeder Wahl vorausgehenden Phase der Meinungsbildung die Aufgabe zuschreibt, soziale und politische Probleme durch öffentliche Diskussion einer Lösung nahezubringen. Auch heute kann es – neben erhofftem Prestigegewinn und kalkulierbaren materiellen Vorteilen – ein Motiv von Wahlkämpfern sein, als durch Wahlverfahren eingesetzte Regierende solche Probleme auf rationale und daher – nach dem traditionellen Enthymen – dem Gemeinwohl dienende Weise zu bewältigen. Aber auch wo dieses Motiv das Engagement von Bewerbern um ein politisches Amt leitet, ist es von der intendierten Funktion ihres Handelns im Wahlkampf abzusetzen, und diese Trennung geht so weit, daß das ethisch legitime Motiv zur Rechtfertigung gegenüber der Kritik an offensichtlich manipulatorischer, weil einstellungs- und nicht »sachbezogener« Wahlwerbung dienen kann. Wer freilich auf eine solche Legitimationschance zurückgreift, der gesteht ein, daß er der Wählerschaft die einem normativen Publikumsbegriff impliziten Qualitäten abspricht oder doch zumindest die Wählervernunft als eine unsichere Basis zur Realisierung jener Handlungen ansieht, die er selbst für vernünftig hält.

Strategien, welche die Verwirklichung der einen intendierten Funktion von Wahlkämpfen sichern sollen, sind – betrachtet man sie unter einem hinreichend weiten Blickwinkel – stets Handlungen der Selbstpräsentation; ihnen können Akte wie das Versprechen, die captatio benevolentiae oder die Denunziation zugeordnet werden. Am Ende wird es aber jedem Bewerber für ein politisches Amt darum gehen, seine Identität so zu präsentieren, daß der Wähler bewußt oder unbewußt aus diesem »Image« (Goffman 1967, dt. Ausg., 10–53) Prognosen über dessen zukünftige Handlungen und damit eine zukünftige Situation ableitet, welche zum Motiv oder zur leitenden Einstellung einer für den Bewerber günstigen Stimmabgabe werden können.

Was bei näherem Hinsehen überrascht, ist nun nicht einfach das Bestreben der Wahlkämpfer, ihr Image möglichst positiv (und meist ohne eine Spur von Selbstkritik) zu präsentieren, sondern die sich immer mehr zum wahlstrategischen Imperativ verhärtende Tendenz, unter den ihre Identität konstituierenden Rollen solche hervorzukehren, die in keinem Zusammenhang zu ihrer möglichen Eignung für ein politisches Amt stehen. Solche präsentierten Rollen lassen sich nach den historisch je verschiedenen, stets aber als angenehm empfundenen Rollentypen unterscheiden, die im Verhältnis zu ihnen einzunehmen, sie dem Wähler nahelegen. Jenen Helmut Kohl, der im Herbst 1976 wie Peter Pasetti[6] von den Plakaten lächelte, konnte man – genau wie den männlich-schönen Schauspieler – bewundern, und Bewunderung gestattet »Identifikation nach oben«. Das öffentlich präsentierte Privatleben der Kandidaten hingegen darf keine Differenz zur Ethik des Durchschnittswählers (das heißt: zu seinem illusionären Selbstbild) aufweisen. Von dieser Voraussetzung gehen nicht allein die Darstellungen potentieller Bundeskanzler als fürsorglicher (Groß-)Väter und tellerwaschender Ehemänner aus, Darstellungen in Rollen also, die dem Normalbürger auf dem Weg einer »horizontalen Identifikation« die sein Alltagsleben orientierende idealtypische Lebensform bestätigen. Sie bietet auch die Grundlage für Angriffe auf Konkurrenten: Viel mehr als die von der Mehrheit der Wähler gebilligte »Ostpolitik« hielt man Willy Brandt seine uneheliche Geburt, einen angeblichen Hang zum Alkohol und jungen Mädchen vor[7]. Solche Strategien setzen auf zwei bei den Adressaten vermutete Assoziationsautomatismen: Ihr Wahlverhalten läßt vermuten, daß erstens vielen unter ihnen die Präsentation positiver Privatrollen ausreicht, um im Sinn eines infantilen Platonismus auf die politische Kompetenz eines Bewerbers zu schließen, daß zweitens oft schon erfolgreiche Denunziationen der Identität eines Gegenkandidaten ausreicht, um dem Denunzierenden die Aura eines konträren Images zu verleihen. Die Ergebnisse der Bundestagswahlen 1972 und 1976, welche eben wegen der Appellkraft solcher Identitätspräsentationen mehr denn je zu »Kanzlerwahlen« gerieten, lassen freilich vermuten, daß die Wahlstrategen durch das permanente Hervorkehren von Privatrollen bereits zur Weiterentwicklung des ersten dieser beiden Mechanismen beigetragen haben. Denn statt die stets betonte »Sachkompetenz« der Kandidaten Barzel und Schmidt durch das Unterstellen entsprechend perfekter Privatrollen assoziativ in Richtung auf ideale Identitäten zu ergänzen, nahmen viele Wähler solche Präsentationen, welche horizontale Identifikation und das Einnehmen der Komplementärrolle zur beschützenden Vaterfigur verweigerten, offenbar zum Ausgangspunkt für wachsende kollektive Antipathie. Dieser Sachverhalt müßte von den Strategieberatern bald in die pointierte Maxime umgesetzt werden, daß seine Wahlchancen schmälert, wer Selbstpräsentation auf jene Qualitäten abstellt, die das angestrebte Amt verlangt.

Wenn man solche Strategien noch im Rekurs auf ein aufklärerisches Ideologem rechtfertigen kann, nach dem sich ein »guter Charakter« am reinsten in der von Anpassungsdruck freien Privatsphäre manifestiert und wichtigste Voraussetzung für am Gemeinwohl orientiertes politisches Handeln ist, so reduziert die in der römischen Antike gängige und derzeit häufig repristinierte Praxis der Volksbeschenkung die Wähler nach dem Modell behavioristischer Experimentalanordnungen zum unmündigen Objekt beliebiger materieller Stimuli: Wer Kugelschreiber mit Wahlslogans oder gar schlicht mit Rosen bedruckte Batisttaschentücher verteilt, wer einen Unterhaltungsabend mit Roberto Blanco oder Dieter Thomas Heck finanziert, der gänzlich frei von politischen Inhalten nur durch die Einleitungs- und Schlußformel »Dies ist eine Veranstaltung der Partei x« werbewirksam umrahmt wird, der baut nicht ohne Grund darauf, daß das beschenkte Publikum mindestens bis zum Wahltag vorbewußt mit dem Namen der spendenden Partei und des großzügigen Kandidaten ein diffuses, aber als Einstellung Verhalten höchst effektiv beeinflussendes »angenehmes Gefühl« verbinden wird: Relikt der Rolle des dankbaren Beschenkten.

Es gibt freilich auch Wahlstrategien, die in dreifachem Gegensatz zu den bisher besprochenen Werbeverfahren stehen: Sie machen den Adressaten eine zugewiesene Rolle bewußt, gestalten diese Rolle weitgehend konform mit der traditionellen Norm des Wahlverfahrens und präsentieren Kandidaten, die bemüht scheinen, sich selbst den Wählern in einer »Identifikation nach oben« zu nähern, statt als Identifikationsangebot aufzutreten. All diese Kriterien gelten sowohl für Parteienwerbung, die ihren potentiellen Wählern attestiert, der »Vernunft die Vorfahrt« zu geben oder »aus Liebe zu Deutschland« zu entscheiden, als auch für Wahlkämpfer, die versprechen, »am Modell Deutschland weiterzuarbeiten«. In funktionaler Perspektive löst sich die scheinbare Differenz solcher Verfahren zur kandidatenzentrierten Identitätspräsentation und zur Volksbeschenkung jedoch auf: Denn solange das den Wählern angebotene Lob nicht durch eine nähere Analyse ihres Verhaltens begründet wird, gewährt es den Stammwählern der jeweils sprechenden Parteien eine Bestätigung, die politisch ebenso leer ist wie die Dankbarkeit der mit Batisttüchern und Kugelschreibern Beschenkten, es stellt den »Wechselwählern« eine Hebung ihres Selbstgefühls als Gratifikation in Aussicht und gibt damit eine Einstellung für die Stimmabgabe vor (vgl. Weidenmann 1975).

Auch der zunehmende Rekurs der Wahlwerbung auf »binäre Kommunikationscodes« (vgl. Luhmann 1974) scheint auf den ersten Blick der aufklärerischen Norm wegen seiner Distanz von personaler Identitätspräsentation zu entsprechen, denn er bestätigt jenen Adressaten, die glauben, sich nun nach der Auseinandersetzung mit Argumenten entscheiden zu können, Normkonformität. Binäre Kommunikationscodes sind zweistellige semantische Oppositionen, deren Elemente inhaltlich weit genug gefaßt sind, um in der erfahrungsbildenden Anwendung auf jegliche Erlebnisgegenstände diese entweder zu positivieren oder zu negieren. Der ungeahnte Erfolg des so strukturierten Slogans »Freiheit statt/ oder Sozialismus« war Symptom für drei Schichten der Rezeptionsdisposition der westdeutschen Wählerschaft in der Mitte der siebziger Jahre, welche – entgegen dem Anspruch dieses Codes auf »Sachbezogenheit« – neuerlich ihre Distanz von der idealtypischen Norm des Publikums bestätigen. Die nicht nur in westlichen Wahlkämpfen manifeste, überaus hohe Akzeptabilität solcher Codes verweist erstens auf die ganz allgemeine Tendenz vieler Wähler, Sinnbildung als Reduktion von Umweltkomplexität in der strukturell einfachsten aller möglicher Formen zu vollziehen; daß »Freiheit« als positiv besetzter Pol eines bestimmten Codes so überaus attraktiv wirkte, konkretisiert zweitens die oft bloß metaphorisch gemeinte Kritik von Wahlkämpfen als »Warenwerbungskampagnen« zum Sachverhalt, weil sich auch die Werbung für Waren (wie Zigaretten, Unterwäsche, Mundwasser und Ferienreisen) die von jeweiligen Adressaten verschieden besetzbare semantische Offenheit dieses Begriffs zunutze macht; drittens bestätigt die breite Ablehnung des negativen Pols »Sozialismus«, welche die Sozialdemokraten in den Zugzwang heikler Absetzungsbemühungen brachte, das von keiner Problematisierung getrübte Fortwirken einer breiten öffentlichen Indoktrination aus den restaurativen Anfängen der Bundesrepublik.

Schließen wir an unsere sozialpsychologische Diagnose einige weitere Überlegungen an, die bereits zu einem zentralen Aspekt des Schlußabschnitts, zur Inszenierung von Wahlkämpfen als »Spielen«, überleitet. Die triviale Vermutung, daß die Erfinder dieses Codes im Wahlergebnis von ihrer Erfindung profitierten, ist durch die Beobachtung zu differenzieren, daß ihm *alle* Parteien eine hohe Wahlbeteiligung (und damit Stimmen) verdankten, weil er den Wählern ein Motiv zur Partizipation vorgab, indem die ihm implizite Polarisierung deren an politischen Konflikten arme Umwelt zur Arena einer Jahrhundertentscheidung stilisierte. Sie produzierte als Entscheidung am scheinbaren Scheideweg zwischen kollektivem Gedeih oder Verderb Ängste und damit eine Disposition zum Engagement. Einseitige Vorteile schöpften die Erfinder denn auch weniger aus der inhaltlichen Besetzung des Codes als aus der Priorität der Erfindung, mit der sie ihre politischen Gegner noch weit deutlicher in die – von den Wählern stets als Ausdruck der Schwäche interpretierte – Defensivrolle drängten, als das einem Schachspieler mit dem ersten Zug gelingen kann. Sie behielten diese Position bis zum Wahltag inne, weil die dem Code eigene Bewertung durch das soziale Wissen der meisten westdeutschen Wähler nicht wie die zuvor gängigen Gegensätze »Wir haben die bessere Mannschaft« vs. »Auf den Kanzler kommt es an« oder »Modell Schweden« vs. »Schreckensbild Schweden« umgekehrt werden konnte.

REALISIERTE FUNKTIONEN UND SOZIALES SYSTEM[8]

Wenige Tage vor der Bundestagswahl 1976 hielten es 78 Prozent der Wähler für gänzlich unwahrscheinlich, daß ein möglicher Regierungswechsel einschneidende Veränderungen für ihr Leben bewirken könnte[9]. Wenn wir dieses Umfrageergebnis als Ausdruck einer an politischer Wirklichkeit ausgebildeten Erfahrung ansehen, dann bestärkt es unseren schon durch die kommunikationstheoretische Kritik an der Rede vom »Wählerwillen« geweckten Verdacht, daß Wahlkämpfe und Wahlen nicht im Sinn der aufklärerischen Norm das Postulat politischer Selbstbestimmung der Staatsbürger realisieren. Wir haben deshalb zu fragen – und darin liegt die Hauptaufgabe dieses Schlußabschnitts –, welche verdeckten Funktionen sie im sozialen System erfüllen.

Das zitierte Umfrageergebnis führt uns dabei bereits zu ersten Antworten, weil es nahelegt, das Verhalten der meisten Wähler als nicht zweckbestimmtes Spielverhalten aufzufassen: Mit dem Vertrauen auf die Möglichkeit selbstbewirkter Veränderung geht das Motiv zur Partizipation verloren. Diese Perspektive bestätigt sich in formalem Sinn als adäquat, sobald wir uns daran erinnern, daß Wahlkämpfer und Wähler mehr oder weniger explizit gemachte Regeln befolgen müssen (nicht zufällig werden etwa allzu scharfe Angriffe auf Gegenkandidaten mit einer Metapher aus der Sportsprache als »unfair« verurteilt, sind bestimmte politische Positionen verfassungsrechtlich ausgeschlossen), sobald wir die stets zugesicherte Neutralität ausländischer Politiker gegenüber Wahlkämpfen den massiven Eingriffen gegenüberstellen, mit denen sie auf nichtwahlabhängige Krisensituationen in Nachbarländern reagieren, und solche Enthaltung als Symptom für die Abgrenzung eines »Spielfeldes« bewerten. Auch in ihrem Inhalt entsprechen Wahlen und Wahlkämpfe Huizingas Definition des Spiels: Sie repräsentieren symbolisch (das heißt hier: nur über eine begrenzte Zeitspanne) einen als wirklich postulierten Sachverhalt außerhalb des Spiels, nämlich die politische Souveränität der Staatsbürger; sie konfrontieren politische Parteien als Wettkampfparteien.

Mit diesem doppelten Inhalt der Wahlen als Spiele korrespondiert eine eigenartige Ambivalenz in der Partizipation der Wähler. Sie sind zugleich Zuschauer eines Wettkampfs (auf dessen Ausgang sie nicht selten Wetten abschließen) und seine Teilnehmer (zur Manifestation dieser zweiten Rolle schmücken sie ihre Fahrzeuge oder sich selbst mit den Gruppenzugehörigkeit markierenden Emblemen ihrer – politischen – »Mannschaft«). Gegenüber Wählern in der Rolle von Zuschauern legitimieren Wahlkämpfe eine jeweilige politische Ordnung, weil sie als symbolische Repräsentationen deren Konformität mit einer von den Wählern internalisierten Norm erweisen (die Regierenden buhlen um die Gunst der Regierten als »souverain«). Als Teilnehmern am Wettkampf ist ihnen durch das Recht der Stimmabgabe eine Möglichkeit zur Artikulation von Unzufriedenheit gegeben (der Rollentyp des »Protestwählers« fußt auf dieser Funktion), die wegen der Anonymität des Wahlvorgangs (die eine gezielte Bedürfnisbefriedigung als Antwort auf »Protest« unmöglich macht) und wegen der fehlenden Vereinigung von einzelnen Wählermeinungen in den echten Konsens eines Wählerwillens (welche die Wirkung konträrer Protestpotentiale neutralisiert) gesamtgesellschaftlich mehr als Absorption denn als Artikulation eines Protestpotentials wirksam wird. Die den Wählern zugestandenen Rollen des Zuschauers und Teilnehmers am Spiel der Wahlkämpfe und Wahlen haben also vor allem die Funktion, das soziale System – besonders aber das politische System als seinen Teil – gegenüber ihren sich wandelnden Bedürfnissen zu stabilisieren, sie entziehen es ihrem »Willen«, statt ihre politische Souveränität zu garantieren.

Immunisierung gegenüber den Bedürfnissen der Staatsbürger bedeutet nun freilich nicht schon Verhärtung des sozialen und politischen Systems. Die Ausbildung von Alternativen zu institutionalisierten Formen der Sinnbildung ist nötig für die Erhaltung seiner Kontinuität, weil diese allein durch Flexibilität in der Anpassung an eine ständig sich verändernde Systemumwelt gesichert werden kann. Die den Parteien von Wahlkämpfen als Wettspielen auferlegte Verpflichtung zur Inszenierung von Gegensätzen, zur Entwicklung konstrastiver Programme im Rahmen gemeinsamer System-(Spiel-)Konformität wirkt der für ihr Fortbestehen gefährlichen Verhärtung von Systemen als ein periodisch wiederkehrender Zwang zur Produktion von Sinnalternativen entgegen. Wer im Hinrücken aller großen westdeutschen Parteien zu einer scheinbar den geometrischen Ort der Vernunft bezeichnenden »Mitte«, im Verlust ihrer gesellschaftlichen Rolle als Vertreter der Interessen einzelner Klassen eine vom liberalen Ideal des freien »Spiels« verschiedenster Meinungen abweichende Nivellierung sieht, der vergißt, daß Wahlkämpfe, die Antagonismen zwischen sozialen Gruppen aktivierten, entgegen ihrer dominant systemstabilisierenden Funktion gerade die Spaltung des Systems vorbereiten würden. Freilich wird mit zunehmender Konvergenz zur Mitte den Parteien die Aufgabe spürbar schwerer, durch Entwicklung alternativer Programme und die darauf beruhende Inszenierung eines Wahl-Wettspiels das System flexibel zu halten und den Wählern Motive zur in verschiedenen Hinsichten stabilisierenden Partizipation zu bieten, ohne latente gesellschaftliche Gegensätze zu wecken. Erst vor diesem Hintergrund lernt man den vollen funktionalen Wert eines weitgehend Gleichgesinnte polarisierenden Slogans wie »Freiheit statt/oder Sozialismus« wirklich schätzen.

Welche Vorteile bietet sozialen Systemen nun das Herrschaftsmodell der Volkssouveränität gegenüber einer Sukzession der Generationen in Familien »von Gottes Gnaden«, welche es abgelöst hat? Anders formuliert: welcher historische Grund läßt sich für die Ersetzung des Gottesgnadentums durch die Volkssouveränität anführen, wenn man diese nicht im Sinne ihrer Selbstlegitimation dem von teleologischer Geschichtsphilosophie versprochenen Fortschritt hin zu den Idealen politischer Gleichheit und sozialer Gerechtigkeit zuschlagen will? Niklas Luhmann (1969) interpretiert diesen Strukturwandel der politischen Teilsysteme als Folge der Reaktion umfassender Sozialsysteme auf eine seit dem Mittelalter stetige Komplexitätszunahme der von ihnen in Sinn zu transformierenden »Umwelten«. Mit dem Ansteigen dieser Umweltkomplexität mehrte sich, so Luhmann, die Zahl der Variationsmöglichkeiten, die man dem Königtum als Repräsentationen der politischen Ordnung in kritischer Absicht entgegenhalten konnte, und die dadurch bedingte potentielle Instabilität ihrer politischen Teilsysteme habe den Fortbestand der komplexen Sozialsysteme gefährdet. Die Ersetzung des Königtums durch die abstraktere und nur in periodischen Abständen präsente Darstellung der Herrschaft im Verfahren der Wahlkämpfe und Wahlen sei der Beginn einer historisch neuen Phase der Sicherheit politischer Systeme. Darüber hinaus reduziert sich in Wahlergebnissen und ihrer allgemein anerkannten Hypostasierung zum Ausdruck des »Wählerwillens« eine mit Anwachsen der Umweltkomplexität und Ausdifferenzierung der Sozialsysteme das politische Handeln immer weniger orientierende, ja eigentlich lähmende Vielfalt von Erfahrungen und aus ihnen erwachsenden Bedürfnissen zu eindeutigen »politischen Aufträgen«.

Wer solche Ansätze zur Rekonstruktion der Funktionen von Wahlkämpfen und Wahlen in gesellschaftlichen Systemen akzeptiert, der sollte ihre sozialethische Berechtigung oder Kritikwürdigkeit nicht an jener Norm der aufklärerischen Staatsphilosophie messen, die als ihre Legitimation bis heute präsent geblieben ist. Er muß sich vielmehr fragen, ob solche Gesellschaften, deren Kontinuität weitgehend von einem auf das Wahlverfahren gestützten politischen System abhängt, jetzt und – soweit ihre Entwicklungstendenzen das Extrapolieren von Prognosen gestatten – in der Zukunft das subjektive Glück einer möglichst großen Zahl von Individuen garantieren. Negativ formuliert heißt die der Sozialpsychologie aufgegebene Wertfrage, die sich aus einer kommunikationstheoretisch orientierten Analyse von Wahlkämpfen ergibt: Sinken mit dem zur Institution verhärteten Entzug des politischen Systems aus dem Bereich der Kritik und Verfügung von Untertanen oder Staatsbürgern die Chancen auf Befriedigung ihrer gemeinsamen und partikularen Bedürfnissen? Die Antwort auf diese Frage und die zukünftige Kontinuität des Modells der Volkssouveränität werden davon abhängen, ob die dem Verfahren der Wahlkämpfe und der Wahl offenbar inhärente und empirisch allerseits zu beobachtende »Tendenz zur Mitte« durch eine Annäherung der verschiedenen Bedürfnisse verschiedener sozialer Gruppen kompensiert werden kann. Symptome einer (nicht nur für das politische System) gefährlichen Desintegration von »Randgruppen« deuten an, daß diese ausgleichende Annäherung der Bedürfnisse derzeit in Westdeutschland nicht mit der beschleunigten Entwicklung hin zum politischen »Zweiparteiensystem« Schritt hält.

ANMERKUNGEN

1

F. Hassauer-Roos hat durch die vorbereitende Lektüre sozialpsychologischer Literatur und bibliographische Arbeit zum Entstehen dieses Beitrags wesentlich beigetragen.

2

Daß die Schriften »kanonisierter« Autoren der englischen und französischen Aufklärung noch heute zur Legitimation des politischen Modells »westlicher Demokratien« zitiert und interpretiert werden, zeigt – mindestens in quantitativer Hinsicht – besonders eindrucksvoll das für den gymnasialen Sozialkundeunterricht verfaßte Werk von Hartwich (1964, 104 ff).

3

Rousseau, den wir einleitend zitierten, hielt die – vorgängigen Dissens voraussetzenden – Debatten der Privatleute (im Gegensatz zu der hier resümierten communis opinio der Staatsphilosophie des achtzehnten Jahrhunderts) für ein Symptom gesellschaftlicher Dekadenz. Sein – zu Unrecht häufig als Vorläufer des Begriffs »Wählerwillen« stilisiertes – Konzept der »volonté générale« bezeichnet eher einen von partikularen Interessen unverfälschten sozialen »Instinkt« der Menschheit in ihrem idealen Urzustand: vgl. die Interpretation von Habermas ([5]1971, 120 ff).

4

Alle in den beiden letzten Abschnitten angeführten Beispiele für Strategien und Funktionen von Bundestagswahlkämpfen sind den einschlägigen Sondernummern des »Spiegel« aus den Jahren 1972 und 1976 (nicht selten in kritischer Umwertung der dort vorgegebenen Kommentierung) entnommen: vgl. 1972 (Jahrgang 26), N. 40, 42, 44, 45, 46, 47; 1976 (Jahrgang 30), N. 35, 36, 37, 39, 40.

5

Die in diesem Abschnitt entwickelten Vorschläge sind sämtlich von A. Schütz: Der sinnhafte Aufbau der sozialen Welt. Wien [2]1960; Luckmann (1973) und Schütz, Luckmann (1975) übernommen oder angeregt. Vgl. speziell zur Ableitung eines kommunikationstheoretischen Funktionsbegriffs H. U. Gumbrecht: Funktionen parlamentarischer Rhetorik in der französischen Revolution. München 1978, 15–17.

6

Für diese physiognomische Annäherung soll sich das Ehepaar Kohl selbst entschieden haben; vgl. »Spiegel«, N. 39, 1976, 27.

7

Lagen schon solche Angriffe auf die private Identität von Konkurrenten an der Toleranzgrenze eines durch alle großen Parteien als »Spielregel« (vgl. Abschnitt »Realisierte Funktion und soziales System«) postulierten »Fairplays« im Wahlkampf, so wurde der Spott über H. Schmidts und K. Biedenkopfs unterdurchschnittliche Körpergröße allgemein als »Foul« bewertet, schadete also vermutlich den Spöttern (vgl. »Spiegel«, N. 40, 1976, 58).

8

Unsere abschließenden Ansätze zu einer Rekonstruktion der makrosozialen Funktionen von Wahlkämpfen und Wahlen folgen auch in einigen Thesen, die nicht als Übernahmen gekennzeichnet sind, der ausführlicheren Analyse von Luhmann (1969, 151–163).

9

Vgl. »Spiegel«, N. 36, 1976, 33.

LITERATUR

Badura, B.: Bedürfnisstruktur und politisches System. Macht, Kultur und Kommunikation in »pluralistischen« Gesellschaften. Stuttgart: Kohlhammer 1972

Badura, B., Badura, C.: Entscheiden. In: Reden und reden lassen. Rhetorische Kommunikation. Begleitmaterial zur gleichnamigen Fernsehreihe. Stuttgart: Deutsche Verlags-Anstalt 1975, 127–140

Badura, B., Gloy, K. (Hg.): Soziologie der Kommunikation. Eine Textauswahl zur Einführung. Stuttgart: Frommann-Holzboog 1972

Badura, B., Gross, P.: Kommunikation und Gesellschaft. In: Reden und reden lassen. Rhetorische Kommunikation. Begleitmaterial zur gleichnamigen Fernsehreihe. Stuttgart: Deutsche Verlags-Anstalt 1975, 199–212

Berger, P. L., Luckmann, T.: Die gesellschaftliche Konstruktion der Wirklichkeit. Eine Theorie der Wissenssoziologie. Frankfurt: S. Fischer [2]1971

Goffman, E.: Interaction Ritual: Essays in face-to-face-behavior. Chicago 1967. Deutsch: Interaktionsrituale. Über das Verhalten in direkter Kommunikation. Frankfurt: Suhrkamp 1971

Gumbrecht, H. U.: Argumentieren – Interessen durchsetzen. In: Reden und reden lassen. Rhetorische Kommunikation. Begleitmaterial zur gleichnamigen Fernsehreihe. Stuttgart: Deutsche Verlags-Anstalt 1975, 163–182

Zur Pragmatik der Frage nach persönlicher Identität. In: O. Marquard, K. Stierle (Hg.): Konstitutionsformen der Identität. München: Fink 1978

HABERMAS, J.: Vorbereitende Bemerkungen zu einer Theorie der kommunikativen Kompetenz. In: J. Habermas, N. Luhmann: Theorie der Gesellschaft oder Sozialtechnologie. Was leistet die Systemforschung? Frankfurt: Suhrkamp 1971, 101–141

Strukturwandel der Öffentlichkeit. Untersuchungen zu einer Kategorie der bürgerlichen Gesellschaft. Neuwied: Luchterhand [5]1971

HARTWICH, H.-H.: Politik im 20. Jahrhundert. Braunschweig: Westermann 1964

HUIZINGA, J.: Homo Ludens. Vom Ursprung der Kultur im Spiel. Hamburg: Rowohlt [8]1966

KAMBARTEL, F.: Moralisches Argumentieren. Methodische Analysen zur Ethik. In: F. Kambartel (Hg.): Praktische Philosophie und konstruktive Wissenschaftstheorie. Frankfurt: Suhrkamp 1974, 54–72

KÖNIG, R.: Artikel »Massenkommunikation«, »Sozialpsychologie«. In: R. König (Hg.): Fischer-Lexikon der Soziologie. Frankfurt: Fischer [10]1970, 181–190; 297–305

LUCKMANN, T.: Aspekte einer Theorie der Sozialkommunikation. In: H. P. Althaus, H. Henne, H. E. Wiegand (Hg.): Lexikon der germanistischen Linguistik. Tübingen: Niemeyer 1973, 1–13

LUHMANN, N.: Legitimation durch Verfahren. Neuwied: Luchterhand 1969

Sinn als Grundbegriff der Soziologie. In: J. Habermas, N. Luhmann: Theorie der Gesellschaft oder Sozialtechnologie. Was leistet die Systemforschung? Frankfurt: Suhrkamp 1971, 25–100

Der politische Code »konservativ« und »progressiv« in systemtheoretischer Sicht. Zeitschrift für Politik, 21, 1974, 253 ff

MERELMAN, R. E.: Politische Legitimität als Funktion gesteuerter Lernprozesse. In: B. Badura, K. Gloy (Hg.): Soziologie der Kommunikation. Stuttgart: Frommann-Holzboog 1972, 78–108

SCHÜTZ, A., LUCKMANN, T.: Strukturen der Lebenswelt. Neuwied: Luchterhand 1975

WEIDENMANN, B.: Manipulieren. In: Reden und reden lassen. Rhetorische Kommunikation. Begleitmaterial zur gleichnamigen Fernsehreihe. Stuttgart: Deutsche Verlags-Anstalt 1975, 141–162

WEISS, H.-J.: Wahlkampf im Fernsehen. Untersuchungen zur Rolle der großen Fernsehdebatten im Bundestagswahlkampf 1972. Berlin: Volker Spieß 1976

ZIMMERMANN, H. D.: Der allgemeine Barzel. Zum politischen Sprachgebrauch. In: A. Rucktäschel (Hg.): Sprache und Gesellschaft. München: Fink 1972, 115–138

DATENBANKEN: BEDROHUNG DER PRIVATSPHÄRE?

Probleme gesellschaftlicher Informationskontrolle

von Jörg Aufermann

> »Unsere Taten sind dabei,
> unsere Gedanken einzuholen.
> Wehe, wenn sie sie überholen.«
> Stanislaw Jerzy Lec

EINLEITUNG: »WISSEN IST MACHT«

In allen Industriegesellschaften, die immer auch komplexe »Informationsgesellschaften« sind, wachsen mit dem technischen Fortschritt die Probleme seiner humanen Nutzanwendung. Technische Errungenschaften haben nicht ausnahmslos und zwangsläufig gemeinwohlfördernde Auswirkungen. Bei der Entwicklung und Anwendung technischer Innovationen, auch und besonders im Bereich der Informationstechnologie, kommen unweigerlich wirtschafts- und herrschaftsbezogene Sonderinteressen und Machtfragen ins Spiel.

Seit Francis Bacon beruhen viele Zukunftsvisionen universaler Gesellschaftsentwicklung auf der rationalistischen Vorstellung, daß logisches Denken und Wissenswachstum die Macht der Vernunft unaufhaltsam ausweite. Die fortschrittsgläubige Konzeption von der »Zinses-Zins«-Vermehrung des menschlichen Wissens mußte bald ihre idealistische Unverbindlichkeit abstreifen. Die ideologischen Aspekte, d. h. die herrschaftssichernden, klassen- und schichtspezifischen Momente der Wissensproduktion und -verteilung, wurden zu einem Thema der öffentlichen Diskussion. Kaum jemand hat so unmißverständlich – gesellschafts- und herrschaftskritisch – auf den Zusammenhang zwischen dem Besitz von Wissen und politisch-ökonomischer Macht bzw. Privilegien hingewiesen wie Wilhelm Liebknecht im zweiten Drittel des neunzehnten Jahrhunderts in seinen bildungspolitisch-pädagogischen Äußerungen. Bestehende Bildungsprivilegien und herrschaftssichernde Kommunikationsbarrieren traten um so mehr – störend – ins öffentliche Bewußtsein, je stärker mit dem sozialen Wandel (Säkularisierung, Industrialisierung, Alphabetisierung, Urbanisierung, Demokratisierung) der gesellschaftliche Informationsfluß anschwoll. Die notwendig gewordenen massenkommunikativen Vermittlungsinstitutionen und -prozesse machten die überkommenen Herrschaftsformen, die Standes- und Klassengrenzen öffentlich fragwürdig und damit unsicher.

Zwar sind in der modernen Mediengesellschaft mit ihren internationalen Nachrichtenverbindungen z. B. die goldenen Zeiten der auf Insiderwissen und Informationsvorsprüngen beruhenden sicheren Arbitragegeschäfte vorbei; aber die enorm verbesserte Nachrichtentechnik hat die gesellschaftlichen Kommunikationsprobleme keineswegs gelöst. Die intensiven Diskussionen über Medienpolitik und Datenschutz zeigen, daß heute viel weiterreichende Probleme auf der gesellschaftspolitischen Tagesordnung stehen als das der profitablen Ummünzung von Informationsvorsprüngen in ökonomische Privilegien. Man könnte meinen, daß angesichts des exponentiellen Wissenswachstums und der massenmedialen Informationsverbreitung sich die gesellschaftspolitischen Forderungen nach kommunikativer Chancengleichheit und Kompetenz annähernd von selbst erfüllen; aber das liefe auf eine

537

nur an verfügbaren Informationsmengen und nachrichtentechnischen Kapazitäten orientierte Fehleinschätzung der industriegesellschaftlichen Kommunikationsprobleme hinaus. Unter den Zielaspekten einer humanen Lebensform in einer demokratischen Gesellschaftsordnung und in einer politischen Kultur der Bürgerbeteiligung muß konstatiert werden: Nach wie vor zählen – als psychosoziale Kehrseite von »Herrschaftswissen« – Uninformiertheit bzw. Unaufgeklärtheit, ungleiche Bildungs- und publizistische Kommunikationschancen zu den wirksamsten Verursachungsfaktoren von Entfremdung, von Ohnmachtsgefühlen und Subalternität, von Konsumentenmentalität und Manipulierbarkeit großer Teile der Bevölkerung.

INFORMATIONSKRISE
UND KOMMUNIKATIONSTECHNISCHER FORTSCHRITT

Die Informations- und Wissensproduktion hat in den letzten Jahrzehnten einen gigantischen Umfang angenommen, und seine Zunahme beschleunigt sich. Selbst fachlich eng spezialisierten Wissenschaftlern, deren Zahl ebenfalls außerordentlich angewachsen ist und weiter zunimmt, gelingt es kaum noch, die für ihr jeweiliges Spezialgebiet einschlägige Literatur zu überblicken. Dafür reichen häufig die herkömmlichen bibliothekarischen Hilfsmittel der wissenschaftlichen Arbeit und Informationsrecherche (Karteien, Bibliographien, Bibliographien von Bibliographien, Referatedienste usw.) nicht mehr aus. Der exponentielle Wissenszuwachs (Informationsexplosion, Publikationslawine) könnte sich zu einer folgenschweren soziokulturellen Orientierungskrise entwickeln, wenn man sich nur auf die quantitativ-instrumentelle Problemlösung kaprizierte. Die größten Hoffnungen werden bei dieser Problemlage auf die schier unbegrenzte Informationsverarbeitungskapazität der elektronischen Datenbanksysteme und auf weitere kommunikationstechnische Innovationen (»neue elektronische Medien«) gesetzt.

Zweifellos ist die gedächtnisentlastende Funktion von elektronischen Informationsspeichern und die artifiziell »intelligenzverstärkende« Funktion der maschinellen Datenverarbeitung heute infolge des wachsenden Informationsbedarfs von Staat, Wirtschaft und Wissenschaft unverzichtbar. Aber die umwälzenden kommunikationstechnischen Fortschritte können nur bei richtiger Anwendung zur Lösung der Informationskrise und anderer sozialer Probleme der technisch-wissenschaftlichen Zivilisation beitragen; sie können jedoch auch politisch und sozial unerwünschte Folgen haben. Es wäre insofern falsch, angesichts der früher ungeahnten Möglichkeiten technischer Informationsspeicherung, -verarbeitung und -übertragung in eine kommunikationstechnologische Euphorie zu verfallen und den technischen Fortschritt mit gesellschaftlichem Fortschritt unbedacht gleichzusetzen. Denn die »Informationskrise« hat nicht nur eine quantitativ-technische Problemdimension, sondern auch und vor allem eine qualitativ-inhaltliche: Es geht letztlich um die Relevanz des erzeugten und verbreiteten Wissens in der Gesellschaft (Interessen, Nutzen, Sinnkriterien, Zielwerte).

Zwar zeigen die informationsverarbeitenden technischen Systeme Parallelen zur Funktionsweise des menschlichen Gehirns, aber keine Maschine kann die Schwelle zum schöpferischen Denken überspringen. Die zielbewußte Programmierungsarbeit kann uns kein Roboter abnehmen, weil hierbei auch immer wertorientierte Entscheidungen getroffen, Zielkonflikte und soziale Interessenkollisionen gelöst werden müssen. Die in technische Speicherungs- und Verarbeitungsaggregate einzugebenden Informationen, Daten und Dokumente müssen nicht nur sinn- und verantwortungsvoll ausgewählt, geordnet und aufbereitet werden, sondern sie müssen im Anwendungsfall trotz aller maschinellen Zuarbeit und Vorleistung immer noch das kritikfähige menschliche Bewußtsein passieren.

DATENBANKEN ALS RATIONALISIERUNGSMITTEL

Der Informationsbedarf staatlicher Instanzen, privater Wirtschaftsunternehmen und Haushalte wächst mit dem Tempo des sozialen Wandels und mit der Komplexität der industriegesellschaftlichen Produktions- und Lebensverhältnisse. Je unübersichtlicher, komplizierter und differenzierter die Produktionsbedingungen und Marktverhältnisse werden, desto bedeutsamer wird der Informationsbedarf und das Selektionsvermögen der Unternehmen wie auch der Konsumenten. Die Konsumenten müssen z. B. Kaufentscheidungen unter der Bedingung systemspezifischer »Marktinformationsmacht« der Produzenten treffen. Die Unternehmen müssen u. a. ihre Investitionsentscheidungen unter der Bedingung fortschreitender Konzentration und wechselnder Wettbewerbssituationen fällen.

Insbesondere im öffentlich-administrativen Sektor ist der enorme Funktionszuwachs (staatliche Planungs-, Entscheidungs-, Steuerungs- und Dienstleistungsfunktionen) nicht zu verkennen, wobei allerdings das Parlament in zunehmende Abhängigkeit von der Bürokratie gerät und zum bloßen »Regierungsnotar« zu degenerieren droht. Festzustellen ist eine wachsende Funktionsverflechtung des staatlichen Bereichs mit anderen Untersystemen des Gesellschaftssystems. Der Staat ist für die Erfüllung der Aufgaben allgemeiner »Daseinsvorsorge« auf eine erweiterte Informationszufuhr und Problemlösungskapazität angewiesen; dies um so mehr, als in kapitalistischen Industriegesellschaften der Staat (demokratischer Sozialstaat) seine wachsenden Aufgaben unter widersprüchlichen Zielsetzungen erfüllen muß: Sicherung des marktwirtschaftlichen Kapitalverwertungsprozesses versus Realisierung des Demokratie- und Sozialstaatgebots (soziale Gerechtigkeit).

Ohne den Einsatz von Datenverarbeitungsanlagen (EDV) könnte heute eine Vielzahl von Dienstleistungen (»öffentliche Aufgaben«), die der Bürger im Sozialstaat von der »öffentlichen Hand« erwartet, nicht mehr einigermaßen planvoll erbracht werden (z. B. Arbeitsvermittlung, Sozialversicherung, medizinische Für- und Vorsorge). Ebensowenig könnten die Informationsprobleme bei politischen Führungs- und Planungsentscheidungen rationell gelöst werden. Aber auch unter dem Gesichtspunkt demokratischer Partizipation der Bürger an den politischen und ökonomischen Planungs- und Entscheidungsprozessen (»Rationalisierung von Herrschaft«) kann auf die Anwendung der automatischen Datenverarbeitung sowie die Weiterentwicklung der kommunikationstechnischen Infrastruktur der Gesellschaft nicht verzichtet werden. Insofern müssen in den bevölkerungsreichen, hochindustrialisierten Flächenstaaten Computertechnik und moderne Kommunikationsmittel als ein notwendiges technisch-organisatorisches Hilfspotential für die Ermöglichung demokratischer Teilhabe der Bürger an der politischen Zieldiskussion, an Planungs- und Entscheidungsprozessen betrachtet werden. Anders ließen sich in der repräsentativen parlamentarischen Demokratie die widersprüchlichen Gruppeninteressen kaum noch gesamtgesellschaftlich integrieren (Konsensbildung).

DATENBANKEN ALS MANIPULATIONSINSTRUMENT

Dennoch verstärkt gerade der Fortschritt der Computer- und Nachrichtentechnik die Befürchtung, daß sich der Selbstbestimmungsspielraum in der »Computer-Demokratie« eher verengt als erweitert. Die Angst vor Datenbanken und Datenverbundnetzen als Quelle demokratiezerstörender, autonomiegefährdender Tendenzen nimmt zu. Die Gefahren politischer Manipulation des informationell zentral erfaßten Bürgers (anonymer »Bürgersteckbrief«), die Gefahren einer technokratischen Überwältigung einzelner Bürger oder sozialer Gruppen sind in der Tat nicht von der Hand zu weisen; denn es verstärkt sich der Eindruck, daß der Überkomplizierung und Legitimationsnot des politisch-ökonomischen Systems durch expertokratische Sachzwang-Rationalität abgeholfen werden soll. Die Folge wäre eine bürokratische Hypertrophie und administrative Übersteuerung, die zur innovationsfeindlichen Überstabilisierung der bestehenden gesellschaftlichen Verhältnisse führen könnte. Unter bloßen Effizienzgesichtspunkten erscheinen der mündige Bürger und eine kritische Öffentlichkeit (z. B. Bürgerinitiativen) häufig nur noch als »Störfaktoren«. Jedoch kann die instrumentelle Computer-Rationalität die praktische Vernunft der öffentlichen Diskussion mit dem Ziel der Interessenartikulation und -abwägung nicht ersetzen.

Diese Gefahren werden um so bedrohlicher, je größer die Machtapparate der Informationssammlung, -verarbeitung und -verbreitung in den Händen relativ weniger auf hoher technisch-wissenschaftlicher Entwicklungsstufe werden. Der Einsatz zunehmend komplizierter Techniken erfordert immer mehr Kapitalaufwand und fördert die Zentralisierung von Entscheidungsmacht bzw. die Monopolisierung der Initiative im öffentlichen und privaten Sektor. Das Individuum wird abhängiger, die Organisationsformen starrer. Der Anpassungsdruck an technokratische »Sachzwänge« und die sich darin manifestierenden Herrschaftsinteressen werden zu einer Belastung für demokratische Lebensformen. Die Bürger, über deren Köpfe hinweg unter solchen Bedingungen Planungs- und Entscheidungsprozesse stattfinden, verlieren mit ihren aktiven Partizipationschancen auch ihr politisches Engagement in demokratischem Selbstverständnis. Gesamtgesellschaftliche Fehlentwicklungen treten dann häufig erst so spät ins öffentliche Bewußtsein, daß sie nur noch schwer kontrollierbar oder revidierbar sind (z. B. Probleme des Umweltschutzes, der Energieversorgung, der Wirtschaftsstruktur und – absehbar – des »Datenschutzes«).

Das freiheitsgefährdende Potential moderner Informationstechnologie erhöht sich vor allem durch die allenthalben festzustellende Tendenz, bislang voneinander isolierte, bereichsspezifische Datenbestände (Dateien) zu Datenverbundnetzen zu integrieren. Da solche zentralen Informationssysteme sehr kostspielig sind und deshalb nur von staatlichen Instanzen und ökonomisch starken Gruppen aufgebaut werden können, wächst mit ihrem Informationsvorsprung auch ihre Vormachtstellung in der Gesellschaft weiter an. Ohne Gegenmaßnahmen würde nicht nur die persönliche Autonomie, der Freiheits- und Handlungsspielraum des einzelnen Bürgers, sondern der demokratische Charakter der politischen Planungs- und Entscheidungsprozesse generell in Frage gestellt.

Gefährdet wäre letztlich sogar das demokratische Grundprinzip des möglichen Machtwechsels, d. h. die prinzipielle Chance für die parteipolitische Minderheit (Opposition), im Meinungs- und Wahlkampf zur Mehrheit (Regierungspartei) zu werden. Die Gefahren der machtstrategischen Wählermanipulation sind offenkundig, wenn *integrierte* Datenverarbeitung, Rechenzentren, Demoskopie, »Öffentlichkeitsarbeit« und Medienpolitik als Machtpolitik geballt angewandt werden, um die bestehenden Macht- und Herrschaftsverhältnisse gegen Veränderungen abzusichern. (Zur Medienpolitik zählt auch ihre Unterlassung aus Berechnung, etwa aus opportunistischer Angst vor der publizistischen Meinungsmacht von Pressemonopolen oder Multi-Media-Konzernen.) Auf diese Weise könnte das verfassungsmäßige System der »checks and balances« vollends funktionsunfähig werden, zumal die integrierte automatische Datenverarbeitung die Trennlinien des demokratietheoretischen Gewaltenteilungsprinzips (Legislative, Judikative, Exekutive) überschreitet. Diese Problematik darf nicht vernachlässigt werden, auch wenn gegenwärtig die Bedrohung der Privatsphäre im Mittelpunkt der Datenschutzdiskussion steht. Aber Staat und Gesellschaft können nicht als von einander getrennte Bereiche betrachtet werden, da wir es heute in westlichen Demokratien nicht mehr mit einem liberalen »Nachtwächterstaat«, sondern mit einem daseinsvorsorgenden Planungs-, Verwaltungs- und Interventionsstaat zu tun haben.

ÖFFENTLICHKEIT UND PRIVATHEIT

»Privatheit« ist der dialektische Gegenbegriff von »Öffentlichkeit«. Es handelt sich um einander bedingende Erfahrungs- und Handlungsräume in allen Gesellschaften und im Leben aller Gesellschaftsmitglieder (s. auch den Beitrag von H. P. Bahrdt in diesem Band). Aufgrund ihres gegenseitigen, spannungsreichen Bedingungsverhältnisses kann keine der beiden Sphären im Prinzip auf die andere zurückgeführt werden (Westin [4]1967). Ohne »Öffentlichkeit« als herrschaftsrationalisierendes Organisationsprinzip von Demokratie ließe sich ein privater Freiheitsraum des einzelnen Bürgers sowie von Minderheiten nicht gegen willkürliche Eingriffe des Staates oder gesellschaftlicher Mächte absichern. Umgekehrt verlöre die »Öffentlichkeit« gerade ihre prinzipielle Aufklärungs-, Kritik- und Kontrollfunktion, d. h. ihren demokratiebegründenden Charakter, wenn sie tendenziell total bzw. totalitär würde. Dann sänke die Privatsphäre zu einer sozial und politisch ungeschützten Restgröße herab: Ihr Umfang würde im soziokulturellen System etwa durch einen ungezügelten Sensationsjournalismus und durch publizistische Stigmatisierung von Minderheiten reduziert; im politischen Herrschaftssystem gäben die obrigkeitlichen Überwachungs- und Unterdrückungsmöglichkeiten den Ausschlag. Bezeichnenderweise wird in autoritären Staaten das Prinzip der Öffentlichkeit pervertiert und dient nicht zur Rationalisierung, Kontrolle und Eindämmung staatlicher Herrschaftsausübung; vielmehr wird »öffentliche Sicherheit und Ordnung« unter diesen Bedingungen durchweg auf Kosten der bürgerlichen Freiheitsrechte erreicht.

Der illegitimen Einschränkung der Privatsphäre und des Minderheitenschutzes kann in demokratisch verfaßten Staaten legal entgegengewirkt werden. Dabei kommt es vor allem auf eine aufgeklärte kritische Öffentlichkeit (öffentliche Meinung) an, deren Entstehung und Einfluß heute vielfach von entsprechenden publizistischen Leistungen der Massenmedien abhängig ist (s. den Beitrag von R. Geißler in diesem Band). Allgemeinverbindlich kann das Interesse des einzelnen Bürgers an einer geschützten Privatsphäre nur werden, wenn sich dieses Interesse als öffentliche Meinung bzw. öffentliches Interesse manifestiert und wenn Eingriffe in die Persönlichkeitsrechte publizistisch auf- und angegriffen werden. Allerdings zeigt sich an der publizistischen Informations-, Artikulations- und Kritikfunktion der Massenmedien selbst, wie spannungsreich der Kommunikations- und Rechtszusammenhang von Privatheit und Öffentlichkeit ist. Der massenmedial herzustellenden Öffentlichkeit müssen zugunsten des Schutzes der Privatsphäre Schranken gesetzt werden, d. h., den Medien öffentlicher Kommunikation muß es verwehrt bleiben, ohne hinreichenden Grund Privatangelegenheiten von Bürgern publik zu machen und damit unter Umständen deren Persönlichkeitsrecht, Namensrecht und Recht am eigenen Bild zu verletzen. Das Informationsinteresse der Öffentlichkeit und öffentlichen Gewalt einerseits und der Anspruch des einzelnen auf Schutz seiner Privatsphäre andererseits liegen häufig im Widerstreit miteinander. Im Kollisionsfall muß jeweils eine Interessenabwägung stattfinden, etwa zwischen dem Grundrecht der Pressefreiheit bzw. der Freiheit der Berichterstattung von Rundfunk und Film (Informationsinteresse der Öffentlichkeit) einerseits und dem Grundrecht auf freie Entfaltung der Persönlichkeit und auf die Menschenwürde andererseits.[1]

Während Verletzungen der Persönlichkeitsrechte durch Massenmedien immer erkennbar und somit rechtlich verhindert oder sanktioniert werden können, ist das bei mißbräuchlicher oder irrtümlicher Verwendung von Datenbankinformationen (»Betriebspannen«) nicht ohne weiteres der Fall. Deshalb wirkt die ständige Akkumulierung von personenbezogenen Daten im komplexen Daten(fern)verarbeitungssystemen so beängstigend; zumal häufig die Existenz der Datenbanksysteme oder die Art ihrer Programme nicht hinreichend bekannt sind, der Zugang der betroffenen »Datenobjekte« zur Zentraleinheit oder peripheren Speichern der Datenverarbeitungsanlagen nicht gewährleistet ist und darüber hinaus die (Fremd- und Selbst-)Kontrolle der Datenbanksysteme zur Verhinderung eines unbefugten Zugangs schwer zu perfektionieren ist.

Sehr leicht kann in der »computerisierten Dossiergesellschaft« (Miller 1973, 47) der einzelne in ein »Datengefängnis« geraten. Die Privatsphäre wird in dem Maße gefährdet, wie der einzelne Bürger und Bürgergruppen das Vorrecht der Selbstdarstellung einbüßen und nicht mehr im Prinzip selbst die Auswahl der zur Weitergabe bestimmten Informationen über die eigene Person bzw. Gruppe treffen können und selbst darüber entscheiden können, ob die Selbstentäußerung in der Form öffentlicher oder privater Kommunikation geschehen soll. Wenn dies nicht möglich ist, werden die für spezifische Zwecke abgegebenen und zu bestimmten Zeitpunkten geltenden personenbezogenen Informationen leicht aus ihrem bedeutungsrelativierenden Kontext herausgerissen, festgeschrieben und fehlinterpretiert. Auf diese Weise können schwerwiegende Fehlbeurteilungen oder ungerechtfertigte Personalentscheidungen durch diejenigen zustande kommen, die je nach ihrer Nutzungsperspektive die Daten unterschiedlich und keineswegs immer angemessen interpretieren (können): etwa Steuerbehörde, Wehrkreisersatzamt, Polizei, Verfassungsschutz, Sozialversicherung, Personalbüro eines Unternehmens.

»Kennzeichnend für eine solche Art von Verzerrung ist z. B. eine knappe Eintragung, der Betreffende sei verhaftet und wegen eines schweren Verbrechens verurteilt worden und hätte einige Jahre als Strafgefangener in einem Bundeszuchthaus eingesessen. Daten dieser Art würden mit Sicherheit die Möglichkeiten des Betreffenden, eine Stelle oder einen Kredit zu bekommen, stark beeinträchtigen. Aber unser ›Verbrecher‹ war vielleicht einfach ein Wehrdienstverweigerer, der den Bedingungen für Befreiung vom Militärdienst aus Glaubensgründen zu der Zeit, als er der Einberufung nicht folgte, nicht entsprach« (Miller 1973, 40).

Die Möglichkeiten des Mißbrauchs personenbezogener Informationen zu Zwecken der Überwachung und Manipulation sind vielfältig. Selbst scheinbar so unverfängliche Daten wie Angaben über Wohnort, Bildungsgrad, besuchte Universität oder abonnierte Zeitungen können schon zu abstempelnden (Fehl- oder Vor-)Urteilen über die betreffende Person führen, vor allem wenn aus den zunächst nur bereichsspezifisch gesammelten Einzeldaten im Datenverbund ein mosaikartiges Persönlichkeitsbild (»Datenschatten«) konstruiert wird. Noch viel mißbrauchsanfälliger sind beispielsweise Daten über frühere Krankheiten, den gegenwärtigen Gesundheitszustand, die »Intelligenz« (zumal in ihrer unsäglichen Verkürzung auf »IQ-Testwerte«) oder über politische Ansichten. Die fragwürdige Überprüfungspraxis auf Grund des Extremistenbeschlusses zur Abwehr »verfassungsfeindlicher Kräfte« vom öffentlichen Dienst in der Bundesrepublik Deutschland (»Radikalen-Erlaß« vom 28. 1. 1972) ist dafür ein alarmierendes Zeichen: In weit stärkerem Maße als die Zahl der Gesinnungsdossiers in den Verfassungsschutzämtern wächst die Zahl jener Bürger, deren Kritikvermögen und offene Bereitschaft, für die freiheitlich-demokratische Grundordnung einzutreten, gerade dadurch gelähmt wird. In einer demokratischen Zivilisation ist aber letztlich die Zivilcourage und nicht etwa die totale Überwachung der Staatsbürger der beste Verfassungsschutz.

Besondere Gefahren drohen der individuellen Autonomie und Privatsphäre nicht nur, wenn bereichsspezifisch gesammelte Daten in integrierten Informationssystemen zusammengeführt werden können, sondern auch, wenn sie dazu noch über einen längeren Zeitraum hinweg gespeichert werden. Dadurch können z. B. die Resozialisierungschancen ehemaliger (Untersuchungs-)Häftlinge empfindlich beeinträchtigt werden. Über ein bundeseinheitliches Personenkennzeichen oder funktional äquivalente Identifikationsmerkmale könnten Daten personenbezogen aggregiert und aus nichtanonymisierten Datensätzen (auch statistische Informationen sind u. U. individualisierbar!) Individualinformationen gewonnen werden; dann läßt sich der Lebens- und Einstellungswandel von Personen(-gruppen) analysieren, überwachen und ziemlich genau prognostizieren. Damit eröffnen sich bedrückende technische Möglichkeiten der Manipulation menschlichen Verhaltens (psycho- und soziotechnische Programmierung).

DER BÜRGER ALS DATENOBJEKT: FALLBEISPIELE

Beispiele für einige Möglichkeiten des Datenmißbrauchs und für den Einfluß der »Verdatung« auf das Verhalten der Bürger als Datenlieferanten gibt es bereits in großer Zahl:

a) Wie sehr das Bewußtsein, in einer Datenverarbeitungsanlage erfaßt (»gefaßt«) zu sein, anscheinend das Verhalten der Bürger beeinflußt, läßt sich am Beispiel des in der Bundesrepublik 1976 neu eingerichteten Rundfunk-Gebühreneinzugssystems veranschaulichen: »Die Tatsache, daß nun im Computer jeder der fast 20 Millionen Teilnehmer mit Namen und Adresse gespeichert ist, daß täglich alle Ummeldungen und das Fluktuieren all derer, die ihren Wohnsitz wechseln, aufgearbeitet wird – das sind pro Tag etwa 40 000 –, hat offenbar so etwas wie Furcht vor dem ›Großen Bruder‹ verbreitet, big brother is watching you. Anders kann man nicht verstehen, daß wir plötzlich eine Fülle von Neuanmeldungen erhielten, die insgesamt über 600 000 Zugänge ausmachten. Offensichtlich alles Schwarzhörer oder -seher, die zwar längst ein Gerät besessen hatten, aber das Anmelden unterließen und infolgedessen keine Gebühren bezahlten. Jetzt, in der Kenntnis vom Computer erfaßt zu sein, schlug das Gewissen« (Hess 1977, 320–321).

b) Nach dem Entwurf des neuen Bundesmeldegesetzes sollen alle Bürger in der Bundesrepublik registriert werden, die wegen einer seelischen Erkrankung einmal in einer psychiatrischen Einrichtung waren oder sind. Diese Daten sollen lebenslang gespeichert werden. Trotz der Versicherung, daß die Informationen unter Verschluß bleiben, wächst die verständliche Angst vor einer amtlichen Stigmatisierung der Betroffenen, deren Zahl in die Millionen geht. Angesichts des bisherigen Umgangs staatlicher und privater Stellen mit personenbezogenen Daten erscheint diese Angst begründet.

c) Willi Birkelbach, der erste hessische Datenschutzbeauftragte, hat u. a. auf folgende Tendenzen des Erwerbs, des Angebots und der Verwendung von personenbezogenen Daten hingewiesen: »Adressenverlage und Werbegesellschaften, Detekteien, Banken und Versicherungen tauschen bereits heute ihre Daten aus und führen sie zusammen, so daß Persönlichkeitsprofile entstehen, die eine Vielzahl von Merkmalen umfassen. Eine große Werbegesellschaft offeriert in ihrem Katalog Adressenmaterial, das nach verschiedensten Kriterien aufgegliedert ist. Angeboten werden über 1000 Adressenstämme, beispielsweise von Teenagern und Twens, von Zahnprothesenträgern und spendenfreudigen Personen, von Jagdscheininhabern oder von Käufern pornographischer Artikel … Bei einer Reihe von Adressenstämmen heißt es: ›aus behördlichen‹ oder ›aus amtlichen‹ Unterlagen zusammengestellt. Die Gesellschaft ist ferner bemüht, ihre Adressendatei zu vervollständigen. Sie sucht deshalb in ihrem Katalog nach Lieferanten von Adressen: zum Beispiel von Spielbankkunden, von ledigen Strafgefangenen, ledigen ehemaligen Fürsorgezöglingen, ledigen ehemaligen Kinderheimzöglingen und ledigen Müttern« (Birkelbach 1975, 11).

d) »Das Kraftfahrt-Bundesamt verkauft die Adressenstämme aller Personen, auf deren Namen in der Bundesrepublik ein Kraftfahrzeug zugelassen ist, an die Arbeitsgemeinschaft der Auto-Adressenverleger, die das erworbene Adressenmaterial gezielt auswertet und weiterverkauft. Ähnlich verhält sich auch die Deutsche Bundespost, die z. B. alle Anschriften von Fernsprech-, Telex-, Fernseh- und Rundfunkteilnehmern über die Deutsche Postreklame GmbH anbietet« (Seidel 1975, 42). Diese Praxis scheint noch viel bedenklicher, wenn man an die künftige Einrichtung des Informationsübermittlungssystems »Bildschirmtext« denkt. In wenigen Jahren wird jeder Telefonteilnehmer aus Datenbanken Informationen auf den Bildschirm abrufen können. Die Bundespost hat mit Vorversuchen bereits begonnen.

e) Es gibt eine Reihe konkreter Anhaltspunkte für den schwerwiegenden Verdacht, daß in der Bundesrepublik Polizei und Verfassungsschutz etwa mit Hilfe von Computerausdrucken die Identität von Lesern »linksradikaler« Bücher und Zeitschriften in öffentlichen Bibliotheken feststellt, um dadurch »Verfassungsfeinden« (oder zumindest deren »Sympathisanten«) auf die Spur zu kommen.[2]

f) Im Rahmen des Watergate-Untersuchungsausschusses wurde »die Frage aufgeworfen, wie es passieren konnte, daß in den Jahren von 1967 bis 1970 in der Datenbank des Pentagons die Namen von über sieben Millionen Amerikanern gespeichert wurden, die als politisch dissident galten. Man recherchierte einfach die Abonnenten von Zeitungen, die in der Frage des Vietnamkrieges einen von der Regierungsmeinung abweichenden Standpunkt vertraten, sowie Demonstranten, die an Friedenskundgebungen zur Beendigung des Vietnamkrieges teilnahmen« (Seidel 1975, 41).[3]

ZUSAMMENFASSUNG UND SCHLUSSFOLGERUNGEN

Hauptgebot des notwendigen Datenschutzes (besser: des Bürgerschutzes vor Datenmißbräuchen) ist die Transparenz der Systeme automatischer Datenverarbeitung. Die Abwendung der skizzierten Gefahren des Datenmißbrauchs setzt voraus, daß dieses Problem zu einem Thema der öffentlichen Diskussion wird. Bereits in der Schule und vor allem in den Massenmedien muß Verständnis für die Bedeutung, die Funktionsprinzipien und Konsequenzen von Datenbanken, von zentralisierten bzw. monopolisierten Kommunikations- und Informationssystemen geweckt werden. Sonst kann die durch Fortschritte in der Nachrichten- und Computertechnik ermöglichte hohe Informationsverarbeitungskapazität der Datenbanken und die große Reichweite der Massenkommunikationsmittel leicht in eine unkontrollierbare Manipulationskapazität umschlagen. Administrative und gesetzliche (nicht zuletzt betriebsverfassungsrechtliche) Datenschutzmaßnahmen[4] müssen verhindern, daß personenbezogene Informationserfassung und -verarbeitung sowie -weitergabe durch staatliche Instanzen, Wirtschaftsunternehmen und andere gesellschaftliche Kräfte ohne Kenntnis und gegen den Willen der Bürger geschieht. Hinsichtlich der Verfügung über personenbezogene Daten, die die Individualsphäre oder die nichtöffentliche Sphäre sozialer Gruppen (Eigenverantwortung, Selbstverwaltung) betreffen, muß mit Vorrang vom Selbstbestimmungsrecht und Selbstdarstellungsanspruch der Betroffenen ausgegangen werden. Soweit es ein mit deren Individual- oder Partikularinteressen kollidierendes allgemeines Informationsinteresse der Öffentlichkeit zu berücksichtigen gilt, muß eine Interessenabwägung vorgenommen werden, die dem Demokratie- und Sozialstaatgebot gerecht wird. In diesem Zusammenhang kommt auch dem presserechtlich normierten Gegendarstellungsrecht erhöhte Bedeutung zu.

Bereichsspezifische Normfindung und gesetzliche Regelung des (Individual-)Datenschutzes ist zweifellos eine dringliche Aufgabe. Schutzansprüche zugunsten der Selbstentfaltung und Eigenverantwortlichkeit der Gesellschaftssubjekte können jedoch nur unter freiheitlich-demokratischen Rahmenbedingungen realisiert werden: Es geht also um die politisch, sozialkulturell und ökonomisch fortschrittliche Nutzung der informationstechnologischen Innovation; vorrangiger Gesichtspunkt der Computer-Technologiebewertung und -anwendung sollte die Sicherung dezentraler, »konföderierter« Freiheitsspielräume und die Erweiterung der politischen Partizipationsmöglichkeiten der Bürger in allen Gesellschaftsbereichen sein; die negative Alternative bestünde in einem demo-autoritären Zentralismus.

Dabei darf nicht verkannt werden, daß man nicht die Computertechnik, sondern nur die Interessen- und Machtgruppen innerhalb des jeweiligen Gesellschaftssystems für Freiheitsgefährdungen mittels undurchschaubarer oder fehlgesteuerter Datenbanksysteme verantwortlich machen kann. Diese Verantwortung bezieht sich nicht nur auf Fälle eines bewußten Datenmißbrauchs, sondern auch auf »Irrtümer« des Computers (Betriebspannen). Maschinen bzw. Automaten besitzen nicht die dem Menschen vorbehaltene Fähigkeit, zu irren und (dadurch) zu lernen – die Grundlage geistigen und gesellschaftlichen Fortschritts. Eine technizistische Fortschrittsgläubigkeit führt demgegenüber zur Anthropomorphisierung des Computers. Darin drückt sich ein mechanistisches Menschen- und Gesellschaftsbild aus, dessen Auswirkung nur negativ als unmenschlich bestimmt werden kann: Selbstentfremdung und Subalternität des Menschen einschließlich der völlig »unvertretbaren« Delegation von Entscheidungsbefugnis und Verantwortung(sgefühl) auf den Fetisch »Computer«.

Die Problematik der Großcomputertechnologie, wie etwa auch der Atomkrafttechnologie, liegt insbesondere darin, daß sie die Zentralisierung und Monopolisierung von Entscheidungsmacht in Staat und Gesellschaft begünstigen. Mit einer übermäßigen Zentralisierung ökonomischer und politischer Macht wachsen aber auch die Schwierigkeiten, Planungs- und Entscheidungsabläufe transparent und demokratisch kontrollierbar zu halten. Die Einführung integrierter automatischer Datenverarbeitungssysteme kann in dieser Hinsicht durchaus negative Auswirkungen haben und die wirtschaftsstrukturell bedingte Tendenz zur Machtkonzentration (Zentralisierung von Entscheidungen, Monopolisierung von Initiativen) verstärken. Das würde zur Beeinträchtigung der demokratischen Partizipationschancen und der Eigenverantwortung des einzelnen Bürgers sowie sozialer Gruppen, schließlich zur politischen Apathie (»Staatsverdrossenheit«) und Angst vor dem Wagnis sozialer Innovationen führen.

Die Hauptgefahr besteht also darin, daß eine monopolistische Kommunikationsindustrie und integrierte Datenbanksysteme industriegesellschaftliche Entwicklungstendenzen zur technokratischen Übersteuerung und freiheitsgefährdenden Überstabilisierung des Gesellschaftssystems unterstützen. Unter solchen Bedingungen verringern sich die Verwirklichungschancen politisch-ökonomischer Reformen und sozialer Experimente, da ihnen unkalkulierbare »Sicherheitsrisiken« bzw. System-destabilisierende Auswirkungen zugeschrieben werden. Insofern kann das Bemühen um informationstechnologischen Fortschritt, soweit es sich nicht an den Zielkriterien einer demokratiefunktionalen Technologiebewertung orientiert, durchaus gesellschaftspolitischen Rückschritt bewirken; denn die Entwicklungs- und Überlebensfähigkeit jeder demokratischen Gesellschaft ist in ihrer Lernfähigkeit – unter Einschluß des verantwortbaren Rechts auf Irrtum! – begründet.

ANMERKUNGEN

1

Vgl dazu das »Lebach-Urteil« des Bundesverfassungsgerichts vom 5. Juni 1973 (BVerfGE 35, 202 ff). Das BVerfG hat bei seiner Entscheidung den Gesichtspunkt der Resozialisierung von Straftätern hervorgehoben und im 3. Leitsatz folgendermaßen zum Ausdruck gebracht: »Für die aktuelle Berichterstattung über schwere Straftaten verdient das Informationsinteresse der Öffentlichkeit im allgemeinen den Vorrang vor dem Persönlichkeitsschutz des Straftäters. Jedoch ist neben der Rücksicht auf den unantastbaren innersten Lebensbereich der Grundsatz der Verhältnismäßigkeit zu beachten; danach ist eine Namensnennung, Abbildung oder sonstige Identifikation des Täters nicht immer zulässig.
Der verfassungsrechtliche Schutz der Persönlichkeit läßt es jedoch nicht zu, daß das Fernsehen sich über die aktuelle Berichterstattung hinaus etwa in Form eines Dokumentarspiels zeitlich unbeschränkt mit der Person eines Straftäters und seiner Privatsphäre befaßt.
Eine spätere Berichterstattung ist jedenfalls unzulässig, wenn sie geeignet ist, gegenüber der aktuellen Information eine erhebliche neue oder zusätzliche Beeinträchtigung des Täters zu bewirken, insbesondere seine Wiedereingliederung in die Gesellschaft (Resozialisierung) zu gefährden. Eine Gefährdung der Resozialisierung ist re-

gelmäßig anzunehmen, wenn eine den Täter identifizierende Sendung über eine schwere Straftat nach seiner Entlassung oder in zeitlicher Nähe zu der bevorstehenden Entlassung ausgestrahlt wird« (BVerfGE 35, 203). Zum »Lebach-Urteil« vgl.: Hoffmann-Riem, Kohl, Lüscher 1975.

2

»Wie weit sich diese dubiose Praxis bereits etabliert hat, zeigt die Empfehlung des Bibliothekarstages des Verbandes Deutscher Bibliothekare (VDB) 1976 in Münster: ›Risikobücher‹ sollten nicht mehr ausgeliehen werden. Auch bei den im VDB zusammengeschlossenen wissenschaftlichen Bibliothekaren wächst die Befürchtung, daß ›Risikobücher‹ der Bibliothek Ärger mit den Staatsschutzorganen und dem Benutzer den Verdacht einbringen, nicht so fest auf dem Boden des Grundgesetzes zu stehen« (Anton Andreas Guha: Lesen kann manchmal teuer zu stehen kommen. Wie oft kontrolliert der Verfassungsschutz in öffentlichen Bibliotheken und Büchereien? In: Frankfurter Rundschau, 30. 3. 1978, 3).

3

Eine Vielzahl von Beispielen des Datenmißbrauchs in den USA hat Arthur R. Miller in seinem Buch »Der Einbruch in die Privatsphäre« (1973) zusammengestellt und kritisch kommentiert.

4

In der Bundesrepublik Deutschland ist am 1. Januar 1978 das »Gesetz zum Schutz vor Mißbrauch personenbezogener Daten bei der Datenverarbeitung (Bundesdatenschutzgesetz – BDSG)« in Kraft getreten. Ähnliche Ansätze zur Regelung dieser sehr komplizierten Rechtsmaterie gibt es schon seit längerem in Schweden und in den USA.
Die Annahme, daß der einzelne Bürger die im BDSG – keineswegs mit der erforderlichen Unmißverständlichkeit – zugesicherten Schutzansprüche und Kontrollrechte effektiv wahrnehmen kann, erscheint nicht realistisch, wenn man bedenkt, daß es in der Bundesrepublik bereits über 20 000 Computer-Informationssysteme bei öffentlichen und privaten Stellen gibt.

LITERATUR

BIRKELBACH, W.: Überlegungen nach dreijähriger Datenschutzpraxis. In: H. Krauch (Hg.): Erfassungsschutz. Stuttgart: Deutsche Verlags-Anstalt 1975, 10–27

DEUTSCH, K. W.: The Nerves of Government. Models of Political Communication and Control. New York: The Free Press of Glencoe 1963. Deutsch: Politische Kybernetik. Freiburg: Rombach 1969

HABERMAS, J.: Strukturwandel der Öffentlichkeit. Untersuchungen zu einer Kategorie der bürgerlichen Gesellschaft. Neuwied, Berlin: Luchterhand ⁷1975

HAENSCHKE, F.: Modell Deutschland? Die Bundesrepublik in der technologischen Krise. Reinbek b. Hamburg: Rowohlt 1977

HESS, W.: Technische Neuerungen und Rundfunkprogrammgestaltung. Media-Perspektiven 1977, 316–329

HOFFMANN, G. E.: Computer, Macht und Menschenwürde. München, Zürich: Piper 1976

HOFFMANN-RIEM, W., KOHL, H., LÜSCHER, K.: Medienwirkung und Medienverantwortung. Überlegungen und Dokumente zum Lebach-Urteil des Bundesverfassungsgerichts. Eingel. u. hg. von Friedrich Kübler. Materialien zur interdisziplinären Medienforschung, I. Baden-Baden: Nomos Verlagsgesellschaft 1975

KILIAN, W., LENK, K., STEINMÜLLER, W.: Datenschutz. Juristische Grundsatzfragen beim Einsatz elektronischer Datenverarbeitungsanlagen in Wirtschaft und Verwaltung. Beiträge zur juristischen Informatik, I. Darmstadt: Toeche-Mittler 1973

KRAUCH, H.: Computer-Demokratie. Düsseldorf: VDI-Verlag 1972

(Hg.): Erfassungsschutz. Der Bürger in der Datenbank: zwischen Planung und Manipulation. Stuttgart: Deutsche Verlags-Anstalt 1975

MILLER, A. R.: Der Einbruch in die Privatsphäre. Datenbanken und Dossiers. Neuwied, Berlin: Luchterhand 1973

ROSENBERG, J. M.: The Death of Privacy. Automation, Manpower and Education. The Computer Prophets. New Conceptions of Vocational and Technical Education. New York: Random House 1969

SEIDEL, U.: Datenbanken und Persönlichkeitsrecht unter besonderer Berücksichtigung der amerikanischen Computer Privacy. Köln: Otto Schmidt 1972

Die durchlöcherte Privatsphäre. In.: H. Krauch (Hg.): Erfassungsschutz. Stuttgart: Deutsche Verlags-Anstalt 1975, 38–47

WATERKAMP, R.: Politische Leitung und Systemveränderung. Zum Problemlösungsprozeß durch Planungs- und Informationssysteme. Köln, Frankfurt: Europäische Verlagsanstalt 1974

WEIZENBAUM, J.: Die Macht der Computer und die Ohnmacht der Vernunft. Frankfurt/M.: Suhrkamp 1977

WESTIN, A. F.: Privacy and Freedom. New York: Atheneum ⁴1967

ORGANISATIONEN
ALS REDE, ZUFALL, HANDLUNG UND ERFAHRUNG[1]

von Thomas B. Greenfield

> »Die Welt ist alles, was der Fall ist.
> Wir machen uns Bilder der Tatsachen.
> Die Welt und das Leben sind Eins.
> Und nichts am Gesichtsfeld läßt darauf schließen,
> daß es von einem Auge gesehen wird.
> Alles, was wir sehen, könnte auch anders sein.
> Die Welt ist unabhängig von meinem Willen.«
> Ludwig Wittgenstein: Tractatus logico-philosophicus
> (1960, 1, 2.1, 5.621, 5.633, 5.634, 6.373)

Die meisten Organisationstheoretiker machen den Fehler, Organisationen als irgendwie von Leben, Liebe, Sexualität, Entwicklung, Selbst, Konflikt, Bildung, Verfall, Tod und Zufall abgetrennt zu begreifen. Wenn wir die Welt so zu verstehen suchen, wie die Menschen sie erfahren, stellen wir fest, daß sie die Welt weitgehend so auffassen, wie sie ihnen erscheint. Jeder lebt nun zwar in seiner eigenen Welt, aber in dieser seiner Welt muß er sich auch mit anderen Menschen und den Welten, in denen sie leben, befassen. Organisationen entstehen, wenn wir mit anderen reden und handeln. Wir sind bemüht, mit anderen in Verbindung zu treten, sie zu berühren, zu verstehen, oft auch sie zu beherrschen. Verallgemeinerungen und abstrakte Erklärungen, die darlegen, warum Verhältnisse sind, wie sie sind, und warum sie anders und besser sein könnten, sind auf Organisationen ganz und gar unanwendbar. So heißt es bei dem englischen Dichter A. E. Housman:

»Malt does more than Milton can	»Malzbier kann Gottes Wege besser
To justify God's ways to man.«	vor den Menschen rechtfertigen als Milton.«

Die Menschen tun das, was sie tun müssen, tun können und tun wollen. Sie haben die Möglichkeit zu handeln, zu schweigen, ihre Lust zu maximieren oder ihr zu entsagen, andere zu beeinflussen oder ihnen zu gehorchen. Konkrete, bestimmte Handlung ist der Stoff, aus dem Organisationen gemacht sind. Sowohl durch ihr Handeln als durch ihr Unterlassen produzieren die Menschen sich selbst und erzeugen die sozialen Realitäten, die wir Organisationen nennen.

Diese zwischen Handeln und Organisation vermittelnden Vorstellungen sind Lebenstatbestände, die sich zwar nicht in streng logischen Formen ausdrücken lassen, die sich uns aber ununterbrochen im täglichen Leben aufdrängen. Wenn wir auf ihre Stimmen hören, haben wir es mit Erfahrung zu tun. Organisation ist demnach die selbstauferlegte Ordnung, die Regelmäßigkeit und Routine in unser Leben bringt. Sie kann auch gelegentlich zu Veränderung und Revolution oder sogar zu Chaos und Vergessen führen. (Wußte Prometheus, was er tat und welche Folgen seine Tat haben würde?) Vor allem sind Organisationen zugleich Handlungsstrukturen und Formen der Weltanschauung. Sie sind im Feuer des Lebens geschmiedete Daseinsentwürfe. Sie sind die Richtlinien, nach denen wir zu leben wählen; sie sind auch die Richtlinien, die andere für uns gewählt haben und die wir anerkennen. Organisationen sind der Sinn, den wir in unserm Leben finden, ohne Rücksicht darauf, wie dieser Sinn zustande kommen mag. Das Ich kann den Organisationen nicht entrinnen. Ja, das Ich *ist* Organisation in einem tieferen Sinn, obwohl es sich ganz unterschiedlich verhalten und fühlen kann, wenn es von einer Organisation zur anderen überwechselt, von einem Stück seiner persönlichen Welt zum anderen.

EINE FALSCHE DICHOTOMIE ZWISCHEN ORGANISATION UND INDIVIDUUM

In der gewöhnlichen Alltagssprache reden wir von Organisationen, als ob sie wirklich seien. Kein Gelehrter oder Laie nimmt Anstoß an Redeweisen, in denen Organisationen »Funktionen erfüllen«, »sich an ihre Umgebung anpassen«, »ihre Ziele abklären« oder »handeln, um ihre Politik durchzusetzen«. Was da erfüllt, sich anpaßt, klärt oder handelt wird selten thematisiert. Wenn man verbreitete Vorstellungen von Organisation zugrunde legt, besteht offenbar die Annahme, daß Organisationen nicht nur real sind, sondern auch unterschieden von den Handlungen, Gefühlen und Absichten der Menschen (Selznick 1948; Parsons, Shils 1954; Etzioni 1960).

Im Gegensatz dazu lehnen wir den Dualismus ab, der gemeinhin Menschen und Organisationen trennt; statt dessen behaupten wir, daß ein ungerechtfertigter Glaube an die Realität von Organisationen uns abgelenkt hat von menschlichen Handlungen und Absichten als dem Stoff, aus dem Organisationen gemacht sind. Wenn wir Organisationen und Individuen für unauflöslich ineinander verwoben halten, dann ist es nicht mehr so einfach, Organisationen zu verändern, sie zu leiten oder zu verwalten, ohne unverhofft auf etwas Menschliches zu stoßen. Der Glaube an die Realität und Unabhängigkeit von Organisationen erlaubt uns, die Untersuchung von Organisationen und die Untersuchung von Menschen mit ihren spezifischen Werten, Gewohnheiten und Annahmen voneinander zu trennen. Im allgemeinen ist man in Organisationsuntersuchungen der Ansicht, daß Menschen sich in Organisationen befinden so wie sie etwa Häuser bewohnen. Die Mieter mögen wechseln, aber einmal abgesehen von der Abnutzung bleibt die Grundstruktur erhalten und formt irgendwie das Verhalten der Menschen, die darin leben. Diese Strukturen werden im allgemeinen als über Zeit und Raum hinweg unveränderlich angesehen, als universelle Formen, in die die Individuen von Zeit zu Zeit schlüpfen. Dabei nehmen sie ihre Eigenarten mit, die das von der Organisation vorgeschriebene Rollenspiel einfärben. Als Boulding allgemeine Systeme nach ihrem Komplexitätsgrad ordnete, trennte er Individuen von sozialen Systemen und verortete in seiner Hierarchie die Individuen unterhalb der sozialen Systeme:

»Das Element solcher Systeme ist vielleicht nicht die Person – das menschliche Individuum als solches –, sondern die ›Rolle‹ – der Teil der Person, der sich auf die Organisation bezieht ... Die Wechselbeziehung zwischen Rolle und Person kann man jedoch nie ganz unberücksichtigt lassen – eine quadratische Person in einem runden Loch wird ein bißchen runder, aber sie macht auch das Loch quadratischer ...« (1968, 8).

Nach einer Grundannahme der meisten zeitgenössischen Theoretiker erfüllen Organisationen wesentliche Funktionen und sind deshalb in gewissem Sinne real. Von dieser Annahme gehen diejenigen Forscher aus, die bei einer Untersuchung von Organisationen mit einer Gesellschaftsanalyse anfangen, wobei die Gesellschaft nach ihrer Meinung eine notwendige, natürliche und weitgehend wohltätige Ordnung verkörpert. Die Geschichte dieser Vorstellung kann mindestens bis Platon zurückverfolgt werden, der unter Gerechtigkeit verstand, daß jeder seine Eigenart verwirklicht und dadurch seine Verpflichtung gegenüber anderen und dem Staat erfüllt. So erläutert Sokrates dem Glaukon in der »Politeia«:

»Damit wären wir nun also glücklich hindurchgeschwommen, sagte ich, und sind uns gebührend darüber einig geworden, daß die nämlichen Teile wie in der Stadt auch in der Seele jedes einzelnen sich finden, und auch gleich viele.«

In neuerer Zeit liefert das Gedankengut von Spencer und Durkheim das geistige Fundament für begriffsrealistische Organisationstheorien. Spencer artikulierte seinen Grundgedanken mit Hilfe einer Analogie zwischen Gesellschaft und Organismus. Für ihn ist Gesellschaft charakterisiert nicht nur als »zunehmende Abhängigkeit von Teilen«, sondern auch als »zunehmend wirksames Selbstregulationssystem« (1916, 526). So begreifen wir die Ausbreitung des vertrauten Argumentes, daß Organisationen notwendig, wirkungsvoll und einer für das Allgemeinwohl wirkenden zentralen Kontrolle unterworfen sind. Durkheim erkennt zwar, daß Gesellschaft nur durch Individuen zum Ausdruck kommt, aber er behauptet, daß Organisationen notwendig sind, weil sie Bedürfnisse befriedigen, denen Individuen allein nicht gerecht werden können, und weil sie zwischen Individuen und Staat vermitteln.

»Auf der Masse der Individuen ruht das ganze Gewicht der Gesellschaft. Sie hat keine andere Stütze. Unsere erste Pflicht besteht darin, etwas zustande zu bringen, was uns stückweise von der Rolle entlastet, für die der einzelne nicht bestimmt ist. Um dies zu erreichen, muß unser politisches Handeln sich darauf richten, diese Hilfsorgane aufzubauen, die, sobald sie Gestalt annehmen, das Individuum vom Staat und umgekehrt entlasten und zugleich das Individuum von einer Aufgabe befreien, für die es sich nicht eignet.« (Durkheim 1950).

Es sind natürlich Organisationen, die zuwege gebracht werden müssen, und diese hält man für gleichzeitig unabhängig von Individuen und notwendig für sie. Durch diese Argumentation wird den Individuen die Verpflichtung aufgebürdet, Organisationen zu dienen, damit dies der Gesellschaft, und damit natürlich auch Individuen, zugute kommt. So werden Organisationen zu allgemeinen Strukturen, die hinter der unmittelbaren sozialen Realität liegen und menschliche Grundbedürfnisse befriedigen.

In der Vorstellung zeitgenössischer Theoretiker erscheinen Organisationen schließlich als symbolische Systeme, die die Menschen durch Moral miteinander verbinden, Gemeinschaftsunternehmen, an denen jeder beteiligt ist (Barnard 1938). Die Triebkräfte von Organisationen sind deshalb in allen Fällen gleich; verschiedene Organisationen unterscheiden sich nur in ihren Zielen (Parsons 1951). Da diese Ziele ohne Organisationen nicht erreichbar sind, wird ihr moralischer Anspruch nicht nur für berechtigt, sondern auch für durchsetzbar gehalten.

EINE ALTERNATIVE KONZEPTION VON ORGANISATIONEN

Eine alternative Konzeption von Organisationen beruht auf einem bestimmten Begriff von Erfahrung, d. h. von Vorstellungen darüber, wie wir begreifen, was wir tun und was mit uns geschieht. Diese Konzeption geht aus von der Einschreibung von Bedeutung in Erfahrung als Basis menschlicher Existenz. Einige Menschen erfinden die Leitvorstellungen, die ihrer Erfahrung Gestalt und Bedeutung geben; andere leihen sich Leitvorstellungen aus, um sich selbst zu verstehen. Und viele haben wenig oder keine Wahl, da ihnen die Leitvorstellungen anderer aufgezwungen werden wie die Luft, die sie umgibt. Sie müssen diese Luft atmen oder ersticken; genauso müssen sie die Vorstellungen anderer akzeptieren oder durch sie hindurch in eine neue Atmosphäre vorstoßen, zu neuen Ideen, in eine neue Realität. Dieser Kontext von Vorstellungen, durch den wir unsere Erfahrung verstehen, bestimmt die Organisation. In diesem Sinne existiert eine Organisation, wo immer man ein Vorstellungsgebäude als geeignet und richtig akzeptiert, um das eigene Verhalten und das anderer Menschen zu leiten. Diese Vorstellungen mögen in sich unstimmig sein; wir können auch nicht immer vorhersagen, was geschieht, wenn wir in Übereinstimmung mit ihnen handeln. Das ändert aber nichts daran, daß wir von Vorstellungen abhängig sind, um unsere Erfahrungen zu ordnen und die Welt um uns herum zu verstehen.

Nach einem Ausdruck von Pondy (1979) sind Organisationen »vielköpfig«, d. h., viele Gehirne sorgen für den Fortbestand von Geist, Sinn, Werten und Kultur. Obwohl Theoretiker diese Komplexität von Organisationen erkannt haben, begnügen sie sich oft damit, sie mit Hilfe von primitiven Modellen zu beschreiben, die in ihrer Bildlichkeit selten komplexer sind als Katalog, Uhr oder Kreisel. Nach Pondy war es in den letzten zehn Jahren oder länger das »dominierende« Anliegen von Organisationstheoretikern, »zu erklären, warum Organisationen gut funktionieren und etwas leisten« (a. a.O.).

Künstler haben den Zusammenhang zwischen Erfahrung und Ideen, zwischen Symbolen und Wirklichkeit längst besser verstanden. Eine von Pirandellos sechs Personen sagt zum Theaterdirektor, der ihr Leben wiedererschaffen will:

»Wir haben alle eine Welt in uns, jeder seine eigene. Aber wie sollen wir uns verstehen ... wenn ich in meine Worte den Sinn und die Bedeutung der Dinge lege, so wie ich sie empfinde, während derjenige, der sie hört, sie unvermeidlich mit dem Sinn und der Bedeutung der Dinge erfüllt, die zu seiner Welt gehören! Wir glauben uns zu verstehen ... « (1921, dt. Ausg., 222).

Solche Fragen sind unvermeidlich und nötig für jeden, der sich selbst und andere verstehen will, ebenso wie für den Theoretiker, der abstrakt begreifen will, was eine soziale Organisation ist und was sie für die Menschen darin bedeutet.

Diese alternative Betrachtungsweise von Organisationen verwirft die in zeitgenössischen Theorien häufig vorkommende Annahme, daß Organisationen zu einer einzigen Gattung gehören und sich vorhersagbar und nach allgemeinen Gesetzen verhalten. Diese Ansicht wird in der Arbeit von Renate Mayntz überzeugend zum Ausdruck gebracht:

»Aussagen über so verschiedene Phänomene wie eine Armee, eine Handelsgesellschaft und eine Universität müssen notwendigerweise entweder trivial oder so abstrakt sein, daß sie kaum etwas Interessantes über konkrete Wirklichkeit aussagen ... Mit anderen Worten, die Erklärung konkreter Wirklichkeit – geschichtlicher Individuen, wie Weber sagen würde – wendet ihre Aufmerksamkeit genau den Faktoren zu, die in allgemeinen Aussagen unter die ›ceteris-paribus‹-Klausel fallen und unausgeführt bleiben« (1964, 113).

Wenn die Menschen untrennbarer Teil von Organisationen sind, wenn Organisationen selbst der Ausdruck dafür sind, wie die Menschen ihre gegenseitige Beziehung auffassen, dann haben wir guten Grund, eine Organisationstheorie in Frage zu stellen, die Organisationsformen und -wirkungen für universell hält.

Die Vorstellung, daß Organisationen von Sinngebungen und Absichten abhängen, die die Individuen aus ihrer sozialen Umwelt in sie hineintragen, beinhaltet nicht, daß alle Individuen dieselben Vorstellungen und Absichten haben. Im Gegenteil, diese Betrachtungsweise sollte uns veranlassen, die verschiedenen Sinngebungen und Ziele zu entdecken, die Individuen in die Organisationen hineintragen, deren Teil sie sind. Wir sollten auch sorgfältiger auf Zielunterschiede bei verschiedenen Organisationsmitgliedern achten und diese zu Machtunterschieden oder unterschiedlichem Zugang zu Ressourcen in Beziehung setzen.

Aber was ist eine Organisation, wenn nicht etwas von den Individuen Abgelöstes? Organisationen müssen als reiner Prozeß betrachtet werden, als Handlung, in der die Individuen Vorstellungen in Verhalten und Möglichkeiten in Resultate umsetzen. Organisationen sind Transformationsmechanismen, aber der Mechanismus liegt im Individuum. Organisationen finden sich in Individuen, die bemüht sind, ihre Forderungen oder Annahmen zu Definitionen der Wirklichkeit zu machen, die andere für verbindlich halten und als Einschränkungen ihrer Handlungsfreiheit akzeptieren müssen. Zwar läßt es dieser Begriff von Organisation zu, daß man von vorherrschenden Forderungen und Annahmen einiger Individuen spricht; zwar ermöglicht er uns, Untersuchungen darüber anzustellen, auf welche Weise die Individuen, deren Auffassung die herrschende ist, ihre Position ausnutzen. Trotzdem müssen wir diese herrschenden Auffassungen nicht als »notwendig«, »brauchbar«, »zufriedenstellend« oder sogar »zweckmäßig« ansehen, sondern lediglich als erfundene soziale Realität, die eine Weile dauert und dann anfällig wird für Umdefinitionen, weil Forderungen und Annahmen der Menschen sich ändern. Unsere Vorstellungen von Organisationen müssen so komplex sein wie die Wirklichkeit, die wir zu verstehen trachten.

ORGANISATIONEN IN IHRER UMGEBUNG

In der Organisationstheorie ist lange an der Vorstellung festgehalten worden, daß Systeme rasch und von sich aus auf ihre Umgebung reagieren. Dahinter steht das Bild von einem Organismus, der sich an seine Umwelt anpassen muß, um in ihr zu überleben. Demgemäß spüren Organisationen alle Veränderungen in ihrer Umgebung und reagieren auf sie, seien es nun Veränderungen von Ideologien, Technologien oder menschlichen Werten. Diese förderliche Beziehung zwischen Organisationen und ihren Umgebungen entspricht besonders dem liberalen, freiheitsliebenden Denken, wie es in westlichen Nationen vorherrscht. Daraus ergibt sich, daß die Gesellschaft es vernünftigerweise ihren Institutionen überlassen kann, ihre Selbsterhaltung zu bewerkstelligen. Wo soziale Intervention erforderlich ist, sollte sie nur einen besseren Informationsfluß zwischen Organisationen und ihrer Umgebung sicherstellen, so daß die Prozesse der Adaptation und gegenseitigen Regulierung ungehinderter in Richtung auf ihr natürliches Ziel verlaufen – das Erreichen menschlicher Vorhaben auf möglichst gute und wirksame Weise. Menschliche Absicht, erst recht menschliche Leidenschaft geht kaum in diesen Prozeß ein. Vorstellungen von menschlicher Habgier, Falschheit, Liebe und Engagement oder von bloßer Schwäche, Altern und Vergänglichkeit haben keinen Platz in dieser Vorstellung von Organisation.

Stafford Beer, der die Kybernetik die »Wissenschaft von der effektiven Organisation« nennt und selber als international anerkannter Berater in der Anwendung dieser Wissenschaft gilt, streitet ab, daß Organisationen einfache Wesenheiten sind. Statt dessen nennt er sie

»... lebensfähige dynamische Systeme, und ihre charakteristischen Merkmale sind nichts als Resultate ihres organisierenden Verhaltens. Die eingefütterte Mannigfaltigkeit wird von der Mannigfaltigkeit des regulierenden Systems durch eine Verknüpfung von Verstärkern und Dämpfern aufgesogen. Ein System, das durch diese Art von Übung in notwendiger Komplexität gegenüber *allen* Störungen Stabilität erreicht, wird Homöostat genannt« (1974, 77).

Beer bemerkt durchaus, daß ein paar Fakten der Theorie widersprechen, die Organisationen als *von Natur aus* an ihre Umgebung angepaßt definiert. Deshalb fährt er mit der Anmerkung fort, es gebe durchaus Organisationen, die sich nicht an ihre Umgebung anpassen und die sich wahrscheinlich eher gegen eine Anpassung wehren.

Beer löst das Problem der nicht anpassungswilligen Organisation, indem er den Teil von ihr ausfindig macht, der unnatürlicherweise und gegen jede Vernunft das Anpassungsspiel einfach nicht mitmachen will. Und wer ist der Missetäter, der die Theorie auf so enttäuschende Weise im Stich läßt? Natürlich die Bürokraten.

»Aber begraben in den Tiefen der Institution steckt ein Kern, der sein Gleichgewicht dadurch erhält, daß er äußere Veränderungen nicht beachtet, ja nicht einmal die ursprüngliche Funktion der Institution selbst. Dieser Kern ist die Art von Homöostat, die sich selber erzeugt. Ich nenne ihn Bürokratie. Mit diesem Terminus beziehe ich mich nicht einfach auf den Papierkrieg, sondern auf eine Institution innerhalb der Institution, die narzißtisch nur Rücksicht auf sich selber nimmt« (a. a. O., 78).

Die Phänomene – hier in Form von menschlichem Verhalten – haben die Theorie im Stich gelassen. Deshalb muß das Verhalten von Bürokraten als Sonderfall eingestuft werden und wird unterschieden von dem Verhalten der übrigen, von dem man so immer noch annehmen kann, daß es den Anforderungen der eigentlichen Theorie entspricht.

Im Gegensatz zu Beer und anderen Systemtheoretikern, deren Vorstellungen in der Organisationstheorie herrschend sind, begreift Weick (1969) Organisation in einer sozialpsychologischen Sprache, d. h. auf die Art, wie die Betroffenen selbst die Organisation und ihre Umgebung auffassen. In dieser Konzeption gibt es keine notwendige Verbindung zwischen der Organisation und der ihr günstigen Umgebung, außer der Verbindung, die dadurch entsteht, daß den Leitvorstellungen, Absichten und Motiven des menschlichen Geistes durch spezifische, wahrnehmbare Handlungen Wirklichkeit verliehen wird.

Der amerikanische Psychologe William James gab der Realitätsfrage eine »subversive phänomenologische Wendung«. Mit ausdrücklicher Betonung fragte er: »Unter welchen Umständen halten wir Dinge für real?«, und antwortete: »Jede Welt ist so lange real, wie man sich mit ihr befaßt« (zit. n. Goffman 1974, 2). Weick stellt eine ähnliche Frage und gründet seine Antwort auf Meads Sozialpsychologie (1956):

»... der Mensch nimmt die Reize wahr, die ihm das zu tun ermöglichen, was er tun möchte ... Es ist durchaus möglich, daß die Handelnden, statt sich an eine vorgefertigte Umwelt anzupassen, *selber* die Umwelt erschaffen, an die sie sich anpassen« (Weick 1969, 26 f).

Organisationen sind demnach Bilder dessen, was wir in der sozialen Ordnung um uns herum für real halten.

SOZIALSTRUKTUR ALS BEDEUTUNGSVERLEIHUNG

Wenn wir einen Überbau der objektiven sozialen Realität ablehnen, an den Individuen sich anpassen müssen, was bleibt uns dann als Erklärung für menschliche Persönlichkeit und gruppenbezogenes Handeln? Psychologische Reduktionisten würden eine Sammlung von elementaren Persönlichkeitsmerkmalen anbieten, die durch unsere Gene oder vom Schicksal selber in einem unerforschbaren Prozeß an uns verteilt werden. Aus diesen Elementen könnte man dann die Einzelpersönlichkeit erschließen und letzten Endes die Beschaffenheit sozialer Institutionen. Sowohl Weber als auch Durkheim lehnen eine solche Schlußfolgerung ab, indem sie darauf hinweisen, daß die Bedeutung solch angenommener psychologischer Elemente oder auf ihnen aufbauender »Gesetze« nicht erschlossen werden können, ohne sich auf Bedeutungen zu beziehen, die im sozialen Kontext immer schon existieren. Während z. B. einige Psychologen behaupten, daß Intelligenz durch die Binet-Skala operational und unabhängig definiert ist, weist der Soziologe darauf hin, daß Binet als ersten Schritt bei der Herstellung seiner Skala Lehrer einer Pariser Schule in der Nähe seines Labors befragte, was Intelligenz sei und wer von ihren Schülern sie besitze (s. Bd. V dieser Enzyklopädie). In ähnlicher Weise zeigt Douglas, daß Durkheims funktionale Variablen (Intention, Selbstmord, Erziehung usw.) sich auf eben die Alltagsbedeutungen stützen, die er als valide soziologische Daten nicht ernst nahm.

»Der Mann, der Intentionen für zu subjektiv hielt, um sie wissenschaftlich untersuchen zu können, gründete sein ganzes Werk auf körperlose Zahlen (Selbstmordraten), die Objekten ähneln mögen, in Wirklichkeit aber das Ergebnis sicherlich vernünftiger Beurteilungen sind, die anonyme Untersuchungsrichter, Polizisten, Priester, Ärzte und andere Amtspersonen über die ›Intentionen‹ von Individuen abgegeben haben« (1971, IX).

Für Weber ist das Individuum die Bezugseinheit, die nötig ist, um Selbst und Gesellschaft analysieren zu können. Alle Erklärungen für soziale und personale Phänomene müssen auf subjektiven Bedeutungen ruhen, die dem Individuum »adäquat« zu sein scheinen. Wer menschliches Handeln und soziale Formen erklären will, muß sich um das »Verstehen« menschlicher Sinngebung bemühen (s. auch den Beitrag von H. M. Graumann in Bd. I dieser Enzyklopädie). Weber erkennt aber auch, daß die Interpretation von Bedeutungen allein nicht genügt, wenn wir soziale Phänomene in Begriffen der »Kausaladäquanz« fassen wollen. Der Theoretiker muß zeigen, wie Menschen typische soziale Situationen konstruieren und wie diese Konstruktionen Konsequenzen für sie selbst und andere haben.

» . . . die verstehende Soziologie . . . [behandelt] das Einzelindividuum und sein Handeln als unterste Einheit, als ihr ›Atom‹ . . . für diese Betrachtungsweise [ist] der Einzelne auch nach oben zu die Grenze und der einzige Träger sinnhaften Sichverhaltens. Begriffe wie ›Staat‹, ›Genossenschaft‹, ›Feudalismus‹ und ähnliche bezeichnen für die Soziologie, allgemein gesagt, Kategorien für bestimmte Arten menschlichen Zusammenhandelns, und es ist also ihre Aufgabe, sie auf ›verständliches‹ Handeln, und das heißt ausnahmslos: auf Handeln der beteiligten Einzelmenschen zu reduzieren« (Weber ³1968, 439).

Dieses Webersche Grundprinzip für eine verstehende Soziologie hat wichtige Folgerungen für die Frage, ob eine wertfreie Sozialwissenschaft möglich ist, und wirft außerdem eine Menge methodologischer Fragen auf. Aber der wichtigste Punkt, auf den in dieser Diskussion hingewiesen werden muß, ist das Problem, daß Organisationstheoretiker kognitiv und wissenschaftstheoretisch an dieselben Regeln, Möglichkeiten und Grenzen gebunden sind wie die Menschen, deren Handlungen sie zu erklären versuchen. Wenn wir meinen, Theoretiker versuchten, der sozialen Welt einen Sinn zu geben, indem sie sie auf Allgemeinheiten, Regeln und Abstraktionen reduzieren, dann zwingen uns die Weberschen Annahmen einzusehen, daß der gleiche Prozeß abläuft, wenn jeder von uns seiner Welt in gedanklichen Begriffen einen Sinn zu geben versucht. Wenn die Leitvorstellungen, Annahmen, Hoffnungen und Befürchtungen jedes einzelnen Individuums dessen Ideologie sind, dann sind auch die intellektuellen Artefakte, die wir Organisationstheorien nennen, die Ideologien der Theoretiker. Soziologen und Theoretiker, die mit den Grundannahmen der Weberschen verstehenden Soziologie arbeiten, verlangen nur, daß die »Erklärungen« der Theoretiker für menschliches Verhalten aus der Perspektive einer »realen«, wenn auch subjektiven Welt, in der Menschen leben und ihr Auskommen haben, sinnvoll sind. Wenn das Leben voller konkurrierender Ideologien ist, so sollte eine Organisationstheorie den Vorgang des Konkurrenzkampfes erhellen – die Regeln und Folgen der Schlacht. Sie sollte keine zusätzliche Position im Kampfe beziehen und die Sichtweise des Siegers nicht als gut, »funktional« oder notwendig darstellen. Zu oft in der Vergangenheit hat Organisations- und Verwaltungstheorie wissentlich oder unwissentlich in den ideologischen Kämpfen sozialer Prozesse Partei ergriffen und als Theorie dargestellt, was nur die Auffassung aus dem Blickwinkel bestimmter herrschender Werte, was die Ansicht von Herrschenden, Eliten oder deren Verwaltungsbeamten war.

Die Grundannahmen einer verstehenden Sozialtheorie bestreiten nicht die biologischen und physischen Bedingungen menschlicher Existenz. Sie fordern nur, daß wir diese Bedingungen so verstehen, wie die sozial handelnden Menschen selbst dies tun. Wie Goffman zeigt, bedeuten physische und biologische »Tatsachen« nur wenig im Vergleich zu den sozialen Ritualen, die wir um sie herumweben.

»Eine Person mit Blasenkrebs kann, wenn sie will, beim Sterben mehr soziale Würde und soziale Angemessenheit, mehr nach außen tretende innere soziale Normalität bekunden als ein Mann mit Hasenscharte, der sich ein Stück Apfelkuchen bestellt« (Goffman 1971, dt. Ausg., 457).

Denen, die Individuen und ihre Leitvorstellungen immer noch nicht als Kernpunkt und Grenze sozialer Realität akzeptieren wollen, stellt Meads Sozialpsychologie ein Grundprinzip zur Verfügung, für das Denken zu einer inneren dialektischen Auseinandersetzung wird, mit deren Hilfe sich der menschliche Organismus seiner Umwelt anpaßt (1956). Denken und Sein sind danach Anpassungsreaktionen auf die Umwelt, und gültige Erklärungen hängen eher von der inneren Dialektik als von objektiven Bedingungen ab. Meads Konzept des »generalisierten Anderen« erklärt so, wie Gesellschaft im menschlichen Bewußtsein existiert. Wir müssen jetzt nicht den Menschen in der Gesellschaft sehen, sondern nur noch die Gesellschaft im Menschen. Der »generalisierte Andere« ist demnach nur derjenige Teil meines »Ich«, der die Normen, Werte und Meinungen der anderen vertritt, obwohl die Menschen ihre Handlungen für selbstgesteuert halten (vgl. dazu auch die Beiträge von H. Kellner und H. Steinert in diesem Band).

BILD, REALITÄT UND METHODE IN ORGANISATIONSUNTERSUCHUNGEN

Was wir sehen, hängt weitgehend davon ab, was wir zu sehen erwarten. Man könnte behaupten, daß wir nichts sehen, hören oder fühlen ohne vorherige Vorstellungen, die unserer Erfahrung Sinn geben (s. Bd. VII dieser Enzyklopädie). Darum hängen Wissen und Lernen zusammen mit dem Erwerb neuer Vorstellungen, neuer Kategorien, um die Realität wahrzunehmen. Unsere Vorstellungen sind innere Bilder der Realität, die wir als Schablonen benutzen, um der Welt um uns herum einen Sinn aufzudrücken.

Seltsamerweise hat man sich in Organisationsuntersuchungen lange nicht darum gekümmert, in welchem Maße unsere Begriffe und Theorien unsere Wahrnehmung der sozialen Realität beeinflussen. Während die Forschung technisch immer raffinierter wurde, schwand die Wachsamkeit für Validitätsfragen. Wie Max Weber bemerkte, kümmern sich Atome wahrscheinlich nicht darum, ob die Theorien der Physiker stimmen. Menschen dagegen haben ein Interesse an Sozialtheorie. Die Theorie handelt von ihnen, und auf diese Theorie hin werden Handlungen unternommen, als ob sie wahr wäre. Wenn es, wie Weber behauptet, verschiedene Perspektiven für das Wahrnehmen und Verstehen sozialer Phänomene gibt, dann fällen Sozialwissenschaftler moralische Urteile, sobald sie das Modell wählen, den Rahmen oder die Theorie, von der aus sie soziale Organisation betrachten. Und wenn, wie Kuhn (1962) und Feyerabend (1975) behaupten, Theorien durch geistige Revolutionen umgestürzt werden und nicht durch »Forschungsergebnisse«, dann können Sozialwissenschaftler sich leicht täuschen und nicht bemerken, welch beherrschende Rolle die Theorien spielen, mit denen sie der Realität eine bestimmte Bedeutung zuschreiben.

Wenn wir Lernen und Erfahrung nur als objektives Verhalten nehmen, über das wir Theorien bilden, mißdeuten wir wahrscheinlich seinen Sinn und verdrehen vollkommen unser Verständnis dafür. Atome können nicht für sich selber sprechen, auch wenn wir sie für existent halten. Auch Amöben können nicht für sich sprechen, obwohl wir sehen können, wie sie sich bewegen, wenn wir uns die Zeit dazu nehmen und uns die Mühe machen, mit einem Mikroskop »sehen« zu lernen. Aber Menschen können reden, und sie können sagen, was *sie* erfahren und wie *sie* zu ihrem Verständnis dieser Erfahrung gekommen sind. Niemand kann die Erfahrung eines anderen machen, aber wir können zu einem Verständnis dafür kommen. Menschen können sprechen. Sie können mit Worten sprechen oder durch Schweigen, durch einen Gesichtsausdruck, eine Armbewegung, eine Körperhaltung. Die Ereignisse, die wir in der sozialen Realität wahrnehmen, können reden. Soziale Phänomene können reden. Sie sprechen für sich selbst, obwohl nicht ganz klar ist, wie sie dies tun und wie wir sie verstehen müssen.

Wenn wir die Behauptung gelten lassen, daß die Wirklichkeit nur subjektiv erfahren werden kann, welche Folgerungen ergeben sich daraus für die Organisationstheorie? Diese Frage klar gestellt und eine überzeugende Antwort darauf gegeben zu haben, ist das Verdienst Max Webers.

Leider bezieht man sich in zeitgenössischen Organisationsuntersuchungen gewöhnlich nur im Vorwort auf Weber, um ihn dann bei der Ausarbeitung der entscheidenden Hypothesen und der Methodologie dieser Untersuchungen zu vergessen. Was Weber von vielen zeitgenössischen Theoretikern unterscheidet, ist sein Interesse an Wissenschaftlichkeit überall dort, wo eine in unserer subjektiv definierten Welt gefundene Wahrheit von den Grundannahmen in unseren Untersuchungsmethoden abhängt. Salomon (1934) erläutert diese Weberschen Gedanken folgendermaßen:

»Weber nahm ursprünglich an, daß keine Humanwissenschaft in der Lage ist, eine authentische Kopie der Wirklichkeit zu liefern. Das Äußerste, was von solchen Wissenschaften in den historischen oder sozialwissenschaftlichen Fächern geleistet werden kann, ist, durch vernünftiges Nachdenken Ordnung in die reale Welt zu bringen, die sich im Zustand unaufhörlicher Bewegung befindet. Die Klassifikationsregeln, nach denen diese Ordnung hergestellt werden soll, können sich jedoch nicht auf die Wirklichkeit stützen, sondern müssen ihr vom Wissenschaftler selber auferlegt werden« (zit. n. Eldridge 1971, 12).

Weber verlangt von Sozialwissenschaftlern, daß sie sich ihrer eigenen Wertvorstellungen und Grundannahmen bewußt sind. Wie Bendix sagt, sind das die »Mindestanforderungen zum Schutz vor Selbsttäuschung und Irreführung anderer« (1971, 71). Webers Methode besteht darin, Bilder der Wirklichkeit zu konstruieren, wie sie vom Handelnden in sozialen Situationen aufgefaßt wird, und zu zeigen, was für erwartete und unerwartete Folgen eine Handlung hat, die mit diesen Bildern im Einklang steht. Verstehen resultiert aus einem Gegenüberstellen von Bildern. Auf diese Weise versucht Weber, Erklärungen zu konstruieren, die sowohl »sinnvoll« als auch »kausal-adäquat« sind. Erklärungen haben Sinn für die Handelnden und Konsistenz im Sinne von Logik und Kausalität.

Natürlich können nicht nur Wissenschaftler die soziale Wirklichkeit interpretieren. Künstler, Dichter, Heilige und Philosophen haben das immer schon getan. Ingmar Bergmans Filme erforschen seine eigene Psyche und seine Beziehungen zu anderen Menschen, und doch sind die Bilder, in denen er seine Selbsterkenntnis ausdrückt, überzeugend für andere, die einen Sinn darin finden, der ihr eigenes Leben deutet. Diese Bilder können etwas in den Menschen und in ihren Beziehungen zu anderen erhellen. Diese Argumentation zugunsten von Subjektivität nimmt der soziologischen Verallgemeinerung nicht die Daseinsberechtigung. Sie will nur besagen, daß wir lernen müssen, mit konkurrierenden oder sogar unvereinbaren Verallgemeinerungen über soziale Realität und das, was uns darin als Organisation erscheint, zu leben. Und sie macht uns aufgeschlossener für bisher unerprobte Methoden und Regeln für die Konstruktion von Wirklichkeit und von wahren Sätzen über sie. Das kontrollierte Experiment in seiner eigentlichen Form oder in Ersatzformen muß sein Monopol aufgeben, der einzige Weg zu entscheidendem und gültigem Wissen zu sein.

Angesichts einer facettenreichen, vieldeutigen »Wirklichkeit« braucht man eine Konzeption, ein Modell, wenn man von Organisationen reden will. Die Vorstellung steht unumgehbar zwischen uns und dem, was wir für die Wirklichkeit halten; sie verbindet unsere Erfahrung und unsere Sinneswahrnehmung von einer äußeren Welt und vom Verhalten der anderen darin. Diese geheimnisvolle Leere zwischen Verhalten und Erfahrung muß das Bild füllen. Was wir brauchen, sind Leitbilder und Methoden zur Herstellung von Modellen, die erkennen lassen, was wir unter Organisationen verstehen. Bei dieser Suche sollte uns klar sein, daß die experimentelle Sozialwissenschaft uns weitgehend im Stich läßt und ebenso die Theoriebildung, die vergißt, daß Theorien selbst genausogut *Erfindungen* zum Thema »Wirklichkeit« sind wie *Erklärungen* für die Wirklichkeit.

ZUFALL ALS WAHRHEIT

Man könnte fragen, ob die hier genannten Argumente uns zu einer endlosen Untersuchung einzelner Personen in einzelnen Situationen verurteilen. Vielleicht tun sie das, aber Theoretiker pflegen zu hoffen, daß ihnen noch eine Basis für Verallgemeinerungen bleibt. Trotzdem scheint mir, daß der Verlust von umfassenden Verallgemeinerungen über Organisationen kein großer Verlust ist. Jedenfalls könnte es gut sein, daß wir als Theoretiker und als Menschen besser bedient sind mit stückweisen als mit umfassenden Erklärungen, die, konkret ausgedrückt, wenig oder gar nichts bedeuten. Bescheidene Erklärungen haben zumindest den Vorteil, daß sie eine Verbindung herstellen zu etwas, das wir als Wirklichkeit anerkennen.

Warum fürchten wir uns vor dem Besonderen? Viele fruchtbare Ideen in der heutigen Sozialwissenschaft stammen von Menschen, die über kleine Ausschnitte der Wirklichkeit nachdachten in einer Art und Weise, die später anderen im Umgang mit ihren Wirklichkeiten plausibel erschien. Freud untersuchte sich selbst und seine Träume. Piaget beobachtete seine heranwachsenden Kinder und stellte ihnen ein paar einfache Fragen über Zahlen und Mengen. Skinner beschränkte sich darauf, mit ein paar Tauben zu arbeiten – es gibt Leute, die behaupten, nur mit einer einzigen.

Einige von uns beschäftigen sich mehr mit dem Zufall und einmaligen Ereignissen, während andere nach Regelmäßigkeiten und durchschlagenden Mustern des menschlichen Lebens suchen. Die moderne Sozialwissenschaft zieht es im allgemeinen vor, in der Sprache von Generalisierungen und dem, was sie für Universalitäten hält, mit der Wirklichkeit umzugehen. Die Grundsätze der Statistik, von denen die Wissenschaftlichkeit moderner Sozialwissenschaften abhängen soll, verbannt einzigartige und Zufallsereignisse in die sogenannte »Irrtums«-Kategorie. Ob ein Individuum Ereignisse, die es betreffen, als Irrtum betrachtet, könnte z. B. davon abhängen, ob es gerade in einer Lotterie das Große Los gezogen hat. Für Steve Biko in Südafrika könnte es von der einzigartigen und existentiellen Wirklichkeit abhängen, daß er sich gerade am Kopf gestoßen hat, während er sich in Polizeigewahrsam befand. Und doch beruht die logische Ordnung, die der westliche Wissenschaftler unwandelbar in allen Phänomenen sieht, nur auf einer Annahme, wie Wittgenstein aufzeigt:

»Daß die Sonne morgen aufgehen wird, ist eine Hypothese; und das heißt: wir *wissen* nicht, ob sie aufgehen wird.

Einen Zwang, nach dem Eines geschehen müßte, weil etwas anderes geschehen ist, gibt es nicht. Es gibt nur eine *logische* Notwendigkeit« (1960, 6.36311 u. 6.37).

Wir lernen, Ordnung in der Wirklichkeit zu sehen, und ob jemand sie sieht oder nicht, hängt davon ab, in welcher Kultur er lebt. C. G. Jung betont diesen Punkt in seiner hilfreichen und eindrucksvollen Einleitung zu der altchinesischen Schrift »I Ging«. Er beginnt mit der Vermutung, daß vieles im Leben irrational, einmalig und weitgehend vom Zufall bestimmt ist. Er behauptet, daß wir, wenn wir solche Phänomene in vorgefertigte rationale Strukturen einpassen wollen, uns nur daran hindern, zu begreifen und zu erfahren, »... was die Natur aus sich, ohne von menschlichem Vorwitz zu sehr gestört zu sein, tut« (G. W. XI, 644). Wenn Ereignisse weitgehend vom Zufall bestimmt sind, müssen sie in sich selbst verstanden werden, in und von ihrer Zeit, von den Menschen, die darin vorkommen. Selbsterkenntnis wird wichtiger als abstrakte Grundlagen für allgemeines Wissen. Jung findet im Buch »I Ging« eine Geisteshaltung, die die Wirklichkeit lieber vom besonderen als vom allgemeinen Fall her versteht und die den Sinn des Lebens lieber aus dem lebendigen Körper als aus der Leiche erschließt.

»Das chinesische Denken, wie ich es im Buch I Ging in Aktion sehe, scheint sich ausschließlich mit dem Zufallsaspekt von Ereignissen zu beschäftigen. Was wir Koinzidenz nennen, scheint das Hauptinteresse dieses eigentümlichen Denkens zu sein, und was wir als Kausalität vergöttern, bleibt so gut wie unbeachtet. Theoretische Betrachtungen von Ursache und Wirkung sehen oft bleich und staubig aus im Vergleich zu den handfesten Folgen des Zufalls. Es ist durchaus in Ordnung, wenn man sagt, daß der Quarzkristall ein sechseckiges Prisma ist. Diese Feststellung ist vollständig richtig, soweit ein idealer Kristall gemeint ist. Aber in der Natur findet man keine zwei vollständig gleichen Kristalle, obgleich alle unverkennbar sechseckig sind. Die tatsächliche Form scheint aber bei dem chinesischen Weisen mehr Anklang zu finden als die ideale. Das Durcheinander von Naturgesetzen, die die empirische Welt bilden, enthält für ihn mehr Bedeutung als eine Kausalerklärung für Ereignisse, die überdies im allgemeinen voneinander abgetrennt werden müssen, damit man angemessen mit ihnen umgehen kann« (Jung 1950, XII).

Was hat es z. B. mit Organisationstheorie zu tun, daß Rosa Luxemburg der Meinung war, das Proletariat könne und solle sich an der zentralen Leitung der kommunistischen Partei beteiligen? Bekanntlich widersprach Lenin dieser Auffassung. Über solche Fragen denken diejenigen nach, die wissen möchten, ob politische Parteien als Organisationen von Natur eher unter dem Einfluß ihrer Elite als unter der Leitung der Massen stehen, die sie zu repräsentieren vorgeben (Eldridge, Crombie 1974, 139–143, 159–164). Die Auseinandersetzung zwischen Lenin und Luxemburg trägt vermutlich wenig oder nichts zu einer Organisationstheorie bei aus dem einfachen Grund, weil man mühelos ähnliche Fälle finden kann, die entgegengesetzte Prinzipien für die Theorie nahelegen. Deshalb bleibt uns nichts anderes übrig, als die Lenin-Luxemburg-Kontroverse eher als ein Ereignis in einer Organisation denn als Veranschaulichung einer Organisationstheorie aufzufassen. Durch seinen Sieg änderte Lenin den Verlauf der modernen Geschichte und das Leben von Millionen Menschen. Diese Folgen eines Ereignisses müssen jede Spekulation darüber, welches Organisationsprinzip in diesem Fall wirksam war, an Bedeutung weit übertreffen.

ZUSAMMENFASSUNG

Wir sitzen in einer Falle gefangen und werden im Namen der Theorie dazu gezwungen, der Wirklichkeit ein einziges Bild entgegenzuhalten, um zu prüfen, ob es stimmt – oder wenigstens, ob es die Wirklichkeit »besser« und genauer wiedergibt als jedes andere Bild. Aber was ist wahr und falsch in der sozialen Wirklichkeit? Das Ich, das aufgrund eines Wertsystems, einer Ideologie innerhalb einer Organisation lebt, ist nicht das gleiche Ich, das von anderen Werten, in anderen Vorstellungen oder in anderen Organisationen lebt, obwohl dasselbe Bewußtsein die beiden Wirklichkeiten zusammenbringen kann. Noch ausgeprägter gilt dies für verschiedene Menschen in verschiedenen Wirklichkeiten. Unter diesen Voraussetzungen ist es die wichtigste Aufgabe des Sozialwissenschaftlers und des Organisationstheoretikers, diese Wirklichkeiten zu verstehen, wenn sie schon allgemeine und abstrakte Aussagen darüber machen müssen.

Dichter, Heilige, charismatische Führer, Ideologen, Sozialphilosophen, ja sogar Organisationstheoretiker sind wichtige und einflußreiche Leute, weil ihre Gedanken das Bindeglied zwischen Erfahrung und Wirklichkeit liefern können. Die Theoretiker und Hersteller von Symbolen hängen deshalb mit denen zusammen, deren Leben sie erklären, und diese Verbindung ist zugleich existentiell und moralisch. Wie beurteilen wir unser Leben? Welche Rolle spielen Organisationen darin? Können wir oder unsere Organisationen anders sein? Können wir besser sein? Auf welche Weise? Zu diesen Fragen sollte eine Organisationstheorie sich äußern und tut es auch. Aber sie sollte dabei die Interpretation der sozialen Realität offener machen und nicht versuchen, sie festzulegen oder zu beherrschen. Sie sollte den Vorgang durchsichtig machen, durch den wir unsere soziale Welt und die Welt der Organisationen erschaffen; sie sollte sich nicht nur für eine einzige Interpretation dieser Wirklichkeit einsetzen. Sie sollte die Menschen, über die sie Theorien bildet, mit einem besseren Verständnis ihrer selbst ausstatten, als sie es hatten, bevor die Theoretiker mit ihrer Arbeit anfingen. Denen, die Theorien über Organisationen machen, sollten diese bindenden, aber sinnvollen Verpflichtungen auferlegt werden. Bei der Beurteilung von Theorien – womit wir vermutlich nie aufhören – sollten wir uns darüber klarwerden, daß wir eine wahrheitsschaffende und im Kern moralische Aufgabe erfüllen innerhalb der disziplinierten Untersuchung der sozialen Realität.

Aus dem Englischen übertragen von Waltraud Frese

ANMERKUNG

1

Dieser Beitrag reflektiert und erweitert frühere Arbeiten des Verfassers. Vgl. Organizations as Social Inventions: Rethinking Assumptions About Change. In: Journal of Applied Behavioral Science, 9, 1973, 551–574; deutsch: Organisationen als soziale Erfindungen: Annahmen über Veränderung – neu überdacht. In: Gruppendynamik, 6, 1975, 2–21; Theory About Organization: A New Perspective and its Implications for Schools. In: M. Hughes (Ed.): Administering Schools: International Challenge. London: Athlone Press of the University of London 1975, 71–99; Where Does Self Belong in the Study of Organization? In: Educational Administration, 6, 1, 1977.

LITERATUR

BARNARD, CH. I.: The Functions of the Executive. Cambridge: Harvard University Press 1938. Deutsch: Die Führung großer Organisationen. Schriften der Gesellschaft zur Förderung des Unternehmernachwuchses. Essen: Girardet 1970

BEER, ST.: Designing Freedom. Toronto: Canadian Broadcasting Corporation 1974

BENDIX, R., ROTH, G.: Scholarship and Partisanship: Essays on Max Weber. Berkeley: University of California Press 1971

BOULDING, K. E.. General Systems Theory – A Skeleton of a Science. In: W. Buckley (Ed.): Modern Systems Research for the Behavioral Scientist. Chicago: Aldine 1968

DOUGLAS, J. D. (Eds.): Understanding Every Day Life: Toward the Reconstruction of Sociological Knowledge. London: Routledge & Kegan Paul 1971

DURKHEIM, E.: Physique des Moeurs et du Droit. Paris: Presses Universitaires de France 1950

ELDRIDGE, J. E. TH. (Ed.): Max Weber: The Interpretation of Social Reality. London: Thomas Nelson & Sons 1971

ELDRIDGE, J. E. TH., CROMBIE, A. D.: A Sociology of Organisations. London: George Allen & Unwin 1974

ETZIONI, A.: Two Approaches to Organizational Analysis: A Critique and a Suggestion. Administrative Science Quarterly, 5, 1960, 257–278

FEYERABEND, P. K.: Against Method: Outline of an Anarchistic Theory of Knowledge. London: New Left Books 1975. Erweiterte deutsche Ausgabe: Wider den Methodenzwang: Skizze einer anarchistischen Erkenntnistheorie. Frankfurt/M.: Suhrkamp 1976

GOFFMAN, E.: Relations in Public. New York: Basic Books 1971. Deutsch: Das Individuum im öffentlichen Austausch. Mikrostudien zur öffentlichen Ordnung. Frankfurt/M.: Suhrkamp 1974 a

Frame Analysis. An Essay on the Organization of Experience. New York: Harper Colophon Books 1974 b, 2. Deutsch: Rahmenanalyse. Ein Versuch über die Organisation von Alltagserfahrungen. Frankfurt/M.: Suhrkamp 1977

GREENFIELD, T. B.: Organizations as Social Inventions: Rethinking Assumptions About Change. Journal of Applied Behavioral Science, 9, 1973, 551–574. Deutsch: Organisationen als soziale Erfindungen: Annahmen über Veränderung – neu überdacht. Gruppendynamik, 6, 1975, 2–21

Theory About Organization: A New Perspective and its Implications for Schools. In: M. Hughes (Ed.): Administering Schools: International Challenge. London: Athlone Press of the University of London 1975, 71–79

Where Does Self Belong in the Study of Organization? Educational Administration, 6, 1, 1977

JAMES, W.: Principles of Psychology, II. New York: Dover Publication 1950, 283–424; zitiert nach Goffmann 1974 b

JUNG, C. G.: Zur Psychologie westlicher und östlicher Religionen. G. W. XI. Olten: Walter 1971

Vorwort der amerikanischen Ausgabe von Richard Wilhelms Übersetzung von »I Ging«. Princeton: Princeton University Press 1950, XII–XIII

KUHN, TH. S.: The Structure of Scientific Revolutions. Chicago: University of Chicago Press 1962. Deutsch: Die Struktur wissenschaftlicher Revolutionen. Frankfurt/M.: Suhrkamp 1967

MAYNTZ, R.: The Study of Organizations. Current Sociology, 13, 3, 1964, 113

MEAD, G. H.: The Social Psychology of George Herbert Mead. Hg. von Anselm Leonard Strauss. Chicago: University of Chicago Press 1956. Deutsch: Sozialpsychologie. Neuwied: Luchterhand 1969

PARSONS, T.: The Social System. Glencoe/Ill.: Free Press 1951

PARSONS, T., SHILS, E. (Eds.): Towards a General Theory of Action. Cambridge: Harvard University Press 1954

PIRANDELLO, L.: Sei Personaggi in cerca d'Autore. Florenz 1921. Deutsch: Sechs Personen suchen einen Autor. Dramen I. München: Albert Langen/Georg Müller o. J.

PLATON: Der Staat. Viertes Buch [441C]. Zürich, München: Artemis 1974

PONDY, L. R.: Beyond Open Systems Models. In: B. N. Staw, L. L. Cummings (Eds.): Research in Organizational Behavior. Grenwich/Conn.: JAI Press 1979

SALOMON, A.: Max Weber's Methodology. Social Research, 1, 1934, 157; zitiert nach Eldridge 1971, 12

SELZNICK, PH.: Foundations of the Theory of Organizations. American Sociological Review, 13, 1948, 25–35

SPENCER, H.: Principles of Sociology. New York: D. Appleton 1916

WEBER, M.: Gesammelte Aufsätze zur Wissenschaftslehre. Tübingen: J. C. B. Mohr ³1968

Wirtschaft und Gesellschaft. Tübingen: Mohr 1921

Gesammelte Aufsätze zur Sozial- und Wirtschaftsgeschichte. Tübingen: Mohr 1924

WEICK, K. E.: The Social Psychology of Organizing. Reading/Mass.: Addison-Wesley 1969

WITTGENSTEIN, L.: Tractatus logico-philosophicus. Logisch-philosophische Abhandlung. Frankfurt/M.: Suhrkamp 1960

DE-INSTITUTIONALISIERUNG DER GESELLSCHAFT ODER VERLUST DER SUBJEKTIVITÄT?

Zum Begriff der Institution

von Peter Weingart

Der Institutionenbegriff verweist mit der in ihm angelegten Frage nach dem Verhältnis von Individuum und Gesellschaft zugleich auf die Evolution dieses Verhältnisses, d. h. auf gesellschaftliche Evolution überhaupt. Um diagnostizieren zu können, ob die institutionelle Einbindung des Individuums in der hochkomplexen Industriegesellschaft des zwanzigsten Jahrhunderts historisch einmalig ist, ob sie in den vollständigen Verlust der Subjektivität einmündet oder ob sie auf einen Umschlag zur Selbstauflösung der Institutionen zutreibt, bedarf es der Kenntnis darüber, was die konstitutiven sozialen (oder anthropologischen) Faktoren der Entstehung von Institutionen und ihres Wandels sind. »Institution« wird so zum Schlüsselbegriff der Analyse gesellschaftlichen Wandels.

Diese abstrakt abgesteckten Implikationen des Institutionenbegriffs werden zunächst durch die Begriffsbestimmungen konkretisiert und verständlich, die wir bei Gehlen, Schelsky und Luhmann finden. Die Gegensätze, die zwischen diesen Begriffsbestimmungen bestehen, lassen sich, unabhängig von ihren zum Teil unterschiedlichen theoretischen Voraussetzungen als eine Geschichte des Begriffs deuten, deren durchgängiges Merkmal seine kontinuierliche »Entanthropologisierung« ist. Indem man den scheinbar disparaten Begriffen eine Kontinuität unterstellt, werden sie vergleichbar und können auf den gleichen Problemhorizont bezogen werden, nämlich die Frage, unter die wir diese Abhandlung gestellt haben und die uns seit Marx und Weber unvermindert aktuell erscheint, wenngleich diese Aktualität damals und heute aus unterschiedlichen Erfahrungen erwächst.

VOM ANTHROPOLOGISCHEN ZUM SYSTEMTHEORETISCHEN INSTITUTIONENBEGRIFF

Konstitutives Moment in Gehlens Philosophie der Institutionen ist deren Rückbindung an die Anthropologie. Institutionen sind für ihn durch ihre anthropologische Funktion definiert, die sich aus der »wichtigsten menschlichen Grundeigenschaft« ergibt, nämlich dem Umstand, daß das menschliche Verhalten im Unterschied zu dem des Tieres nicht durch Instinkte vorbestimmt ist, sondern verunsichert, plastisch, unbestimmt und nicht voraussagbar. So sichern die Institutionen einmal die Erfüllung der lebenswichtigen und dauerhaften Aufgaben und Bedürfnisse wie die Fortpflanzung, die Ernährung und die Verteidigung. Sie sind in dieser Funktion zugleich stabilisierend und entlastend. Institutionen erscheinen als »stabilisierende Gewalten«, die der Mensch in seinem »unstabilen« und »affektüberlasteten« Verhalten vorfindet, die es ihm ermöglichen, sich selbst und gegenseitig zu ertragen.

Vom Einzelnen her gesehen sind sie entlastend, eine »wohltätige Fraglosigkeit oder Sicherheit«, die den Menschen vom Zwang der andauernden Improvisation der aktuellen Bedürfniserfüllung, der Bewußtheit seiner Motive befreit. Indem die Institutionen die Dauererfüllung (Gehlen spricht von »Hintergrunderfüllung«) der Bedürfnisse sichern, entaktualisieren und trivialisieren sie diese, entlasten sie den Menschen von den Bedürfnissen selbst, mit der Folge, daß die geistigen Energien für »eigentliche *persönliche* einmalige und neu zu erfindende Dispositionen« frei werden (Gehlen 1961, 70 ff; Gehlen [2]1964, 50 ff).

Damit ist auch schon die Beziehung des Individuums zu den Institutionen fixiert. Der einzelne Mensch findet die Institutionen als Muster vor, sie sind verselbständigte Handlungsabläufe, in die er hineinsozialisiert wird, »sie greifen bis in unsere Wertgefühle und Willensentschlüsse durch, und diese verlaufen dann . . . ohne daß eine andere Möglichkeit vorstellbar wäre . . .« (Gehlen 1961, 72).

Der Stellenwert der Persönlichkeit, des Subjektiven erschließt sich bei Gehlen eher negativ, über die Frage, welche Konsequenzen der langsame, entwicklungsmäßige oder der plötzliche Abbau von Institutionen hat. Die Antwort ist für ihn zweifelsfrei: Die Folge ist der Subjektivismus, die Überhöhung des »noch vorhandenen Inneren zur allgemeinen Gültigkeit«. Aus der »institutionellen Verarmung« und dem »normativen Durcheinander« ergibt sich eine »Ungehemmtheit des Beachtlichkeitsanspruchs der Subjektivität« (Gehlen 1961, 74). Institutionenabbau und Subjektivität als allgemeines Merkmal neuzeitlicher Erlebnis- und Verhaltensformen, die Gehlen für die Gegenwart konstatiert, stellen für ihn zugleich auch Verfall dar. Während die tradierten Institutionen ein Opfer der wissenschaftlichen, technischen und sozialen Veränderungen werden, denen sie nicht mehr gerecht werden können, kann die dadurch freigesetzte Subjektivität, die Innerlichkeit und an den Daten der Außenwelt nicht mehr fixierte Dauerbewegung des individuellen Bewußtseins, das was Schelsky dann die Dauerreflexion nennt, nicht mehr in neuen, stabilen Institutionen aufgefangen und befriedigt werden (vgl. Gehlen [2]1964, 256 ff).[1]

Diese kulturpessimistische Einschätzung Gehlens sucht Schelsky mit seiner Institutionentheorie zu überwinden. Schelsky bleibt in der Konzipierung des Institutionenbegriffs bewußt ablehnend gegenüber den moderneren Systemtheorien und hält an der traditionsgebundenen Theorie der Institutionen fest, weil er die Unterschlagung der Subjektivität des Individuums für eine Verharmlosung, die Erörterung des »Verhältnisses zwischen kritisch-reflektierender Subjektivität und dem Anspruch der Institutionen« für den »abschließenden und krönenden Gedankengang der Theorie« hält (H. Schelsky 1970, 11). Schelsky verknüpft die Frage nach dem Verhältnis von menschlicher Subjektivität und sozialer Objektivität mit den Problemen des sozialen Wandels und der Geschichtlichkeit von Institutionen, weil die Gehlensche von Malinowski beeinflußte Anthropologie der Institutionen mit ihrer Begründung der menschlichen Institutionen als Äquivalent der Instinkte des Tieres nur den »generalisierten und objektivierten Menschen« zum Gegenstand hat und aufgrund ihrer Zeit und Geschichtslosigkeit dazu verleitet wird, Früh- und Spätmensch zu leicht auf einen Nenner zu bringen, die Subjektivität nurmehr als »Kontrastphänomen ins Spiel kommen« zu lassen (Schelsky 1970 a, 19). Malinowski hatte schon die wichtige Einsicht formuliert, daß Institutionen immer Bedürfnis- bzw. Funktionssynthesen sind, d. h. daß jede Institution verschiedene Bedürfnisse befriedigt und zugleich auch jede Bedürfnisart von mehreren Institutionen befriedigt wird. Des weiteren postulierte er einen hierarchischen Zusammenhang zwischen menschlichen Bedürfnissen und Institutionen der Art, daß die vitalen Grundbedürfnisse in Primärinstitutionen erfüllt werden, aus denen heraus abgeleitete (Folge-)Bedürfnisse entwickelt werden, die ihrerseits in neuen Institutionen »zweiten Grades« erfüllt werden, usw.[2] Die Stabilität von Institutionen bestimmt Schelsky davon ausgehend »1. als die relative Konstanz der Qualität der in ihr befriedigten Bedürfniskorrelationen und Antriebskombinationen, 2. als die Aufrechterhaltung der wechselseitigen Leistungsabhängigkeit des hierarchischen Bedürfnisaufbaus, und 3. als die Fortführung der hierarchischen Entwicklungsrichtung der Kultur dadurch, daß die sich aus jeder Institution ergebenden Folgebedürfnisse jeweils ihre neue institutionelle Lösung finden« (Schelsky 1965 a, 40). Es ist evident, daß aus diesen Voraussetzungen ein Bild des geordneten, durch Institutionsabfolge gekennzeichneten Wandels folgert, ein »Gesetz des sich selbst produzierenden Kreislaufes von Bedürfnis und Institution« (Schelsky 1970 a, 20).

Vor dem Hintergrund dieser Theorie der Institutionen und ihrer Entwicklung beantwortet Schelsky die Frage, »welches die im kulturellen und das heißt im institutionellen Wachstum entstandenen ›Bedürfnisse letzten Grades‹ unserer eigenen Kultur und Zeit sind« dahingehend, daß dies die »Bedürfnisse der Reflexionssubjektivität des Individuum« sind (Schelsky 1970 a, 21). Weiß er sich so mit Gehlen darin einig, daß das moderne Bewußtsein durch das Bedürfnis der Dauerreflexion, den »sachlich-konstatierenden Selbstbezug des Menschen zu sich«[3] gekennzeichnet ist, muß er darin dennoch nicht wie jener die Wurzeln des Verfalls und der Bedrohung der tradierten Institutionen sehen. Vielmehr werden die Bedürfnisse der Dauerreflexion in der gleichen Weise von einem Institutionsgeflecht aufgenommen, wie dies für die geistigen Bedürfnisse der Vergangenheit durch die tradierten Institutionen der Fall war. Obwohl die Institutionen, in denen ursprünglich Affekte, Vorstellungen und Ideen fixiert waren, durch die »Dauerreflexion der Subjektivität sich ›verflüssigt‹ haben«, ist doch gerade dieser »Prozeß der Innenbewegung selbst ... als solcher und ganzer heute außenweltgebunden und institutionell gesichert« (Schelsky 1965 b, 267). Trotz aller Vielfalt dieser Subjektivität, d. h. ihrer Erlebnisgehalte, mündet sie doch in habitualisierte, einheitliche Verhaltensformen. Neue Institutionen sichern also formal Produktion und Ausdruck der Dauerreflexion (vgl. ebda., 268).

Gerade weil die Äußerungsformen der Subjektivität, allgemein gesagt Bewußtseinsansprüche, selbst noch Gegenstand der Institutionalisierung sind, verkennt die zeitkritische Klage über die »Entfremdung« und den Abfall des Menschen von seinem »eigentlichen« Lebenssinn mit der Wahl der nach immer höherem Bewußtsein strebenden, autonomen Persönlichkeit als Maßstab die Funktion von Institutionen. Diese realisieren nicht schon die Persönlichkeit, sondern garantieren lediglich deren »dauernde Möglichkeit, indem sie einen Minimalbestand von Erfüllungen, eine in Außenweltdaten festgemachte und formalisierte Grundlage dieser Erlebnis- und Bewußtseinsform durch die Zeiten und für die Menge dauernd zur Verfügung halten ... « (Schelsky 1965 b, 267). Schelskys Konzeption institutionellen Wandels enthält ein Bild kultureller Evolution, das eben nicht den Pessimismus geschichtlicher Stagnation erweckt, wie er für Gehlen folgert. Indem freilich die Leistungen kritischer Reflexion individueller Subjektivität als Bewußtseinsansprüche immer schon ihre Objektivierung durch Institutionalisierung selbst produzieren und Institutionen sich gegenüber ihren Leitbildern in ihrer Entwicklung verselbständigen können, wird »dem einzelnen kritisch reflektierenden Bewußtsein auch die Fähigkeit der institutionellen Innovation« abgesprochen. Schelsky schließt sich hier der Einschätzung Luhmanns an, daß »Reflexion« inzwischen ein struktureller Wesenszug komplexer moderner Sozialsysteme geworden sei. »Kritische Rationalität ist heute selbst ein kollektiver, arbeitsteilig organisierter und damit institutioneller Handlungsvorgang«. Die Freiheit der Subjektivität ist nunmehr als institutioneller Prozeß begreifbar (Schelsky 1970 a, 26).

Damit stellt sich die Frage, welchen Bedeutungsgehalt und welche Funktion der Institutionenbegriff in der Systemtheorie Luhmanns bekommt, der Schelsky entgegenhält, daß sie die Subjektivität des Indivuduums zum Verschwinden bringe (vgl. Schelsky 1970 a, 11). Ist seine eben zitierte Schlußfolgerung, so läßt sich fragen, so weit davon entfernt, zumal, wenn in seiner eigenen Theorie der Ort nicht angegeben wird, wo denn die kritisch-reflektierende Subjektivität ihren Ursprung hat bzw. ständig neue Bewußtseinsansprüche generiert, außer in den Institutionen selbst?

Luhmann verwirft den Begriff der Institution zugunsten dessen des sozialen Systems. Innerhalb der Theorie sozialer Systeme erhält dann der Begriff der Institutionalisierung einen besonderen Aussagewert hinsichtlich der zu lösenden Probleme, der Lösungsmechanismen und ihres evolutionären Wandels einschließlich ihrer Produkte, nämlich der Institutionen. Es gilt sich zu erinnern, daß soziale Systeme für Luhmann durch *Sinn*beziehungen zwischen Handlungen definiert sind. »Sinn« wird als eine »eigentliche Form der Erlebnisverarbeitung« verstanden, »die es ermöglicht, eine hohe Zahl von Verweisungen auf andere Möglichkeiten des Erlebens und Handelns in der Form von ›Welt‹ präsent zu halten und trotz laufender Selektion dieses oder jenes Erlebens die anderen Möglichkeiten nicht zu verlieren.« Zentrales Problem psychischer Sinnsysteme (Persönlichkeiten) und sozialer Systeme der Interaktion ist die »sinnhaft-selektive Verarbeitung hoher Komplexität«, die Verhaltensabstimmung zwischen handelnden Menschen angesichts einer »Überfülle angezeigter Möglichkeiten«. Diese Selektionen können nicht mehr aus dem »aktuell-gegenwärtigen Bewußtseinsraum« heraus, d. h. aufgrund der jeweils »momentan-evidenten Wahrnehmung«, geleistet und integriert werden. Vielmehr setzen sie einen Zeithorizont strukturierender Reduktionen, Erinnerungen und konsolidierte Erwartungen voraus, Erwartungen, die die Erwartungen des anderen mit einbeziehen. Auf die Probleme der Stabilisierung der besonders labilen Erwartungserwartungen hin will Luhmann den Mechanismus der Institutionalisierung interpretieren (Luhmann in: Schelsky 1970 a, 29 ff).

Luhmann lehnt die traditionelle Definition von Institutionen durch den Konsens über Werte, Verhaltensmuster usw. ab, denn seine Frage nach der besonderen Leistung von Institutionalisierung verweist gerade auf die Ökonomisierung des Konsens. Bei prinzipiell begrenztem verfügbaren Aufmerksamkeitspotential geht es nicht um die Ausweitung faktischen Konsensus, sondern darum, »den minimalen Bestand an gleichzeitigem und gleichsinnigem Erleben besser auszunutzen ... Konsens erwartbar und nach Bedarf auslösbar zu machen, vor allem aber: die vorhandenen Konsensbereitschaften zu überziehen, so daß der ›allgemeine gesellschaftliche Konsens‹ schließlich nur noch in einigen Hinsichten und einigen Momenten durch das aktuelle Erleben einiger gedeckt zu sein braucht« (Luhmann 1972, 67). Die angestrebte Ersparnis und die Verfestigung von Konsens erfolgt über das Erwarten von Erwartungen.

Mit diesem theoretischen Konzept der Funktionsweise sozialer Systeme ist die hochgradige Komplexität moderner Gesellschaften das von vornherein vorausgesetzte Problem. Konsensunterstellungen sind nicht mehr an das miterlebende, anwesende institutionalisierende Subjekt gebunden, sondern müssen den nichtanwesenden unbekannten Dritten mit einbeziehen. In dem Maße, in dem so die institutionalisierten Verhaltenserwartungen »anonymisiert«, idealisiert und gegen »Widerlegung durch faktisches Meinen einzelner immunisiert werden«, sind nicht mehr spezifische normative Erwartungen der Gegenstand von Institutionalisierungen, sondern einfach »Kontinuitätsannahmen, deren normativer bzw. kognitiver Status unentschieden bleiben kann« (Luhmann 1972, 69; Luhmann in: Schelsky 1970 a, 33).

Die mit wachsender Komplexität von Gesellschaften zunehmend problematische Konsensgeneralisierung erfolgt durch zwei zusammenhängende Mechanismen, nämlich die »Generalisierung der Sinngrundlagen der Institutionen auf abstraktere möglichkeitsreichere Formen hin und die Institutionalisierung des Prozesses der Institutionalisierung selbst« (Luhmann in: Schelsky 1970 a, 24). Der Institutionenbegriff ist für Luhmann somit nicht durch Zwang, Determination des sozialen Verhaltens, Normativität des Erwartens usw. gekennzeichnet, sondern durch die Reduktion möglicher Erwartungen und Verhaltensweisen und deren Stabilisierung. Auf die Dimensionen gesellschaftlicher Evolution bezogen wird nicht nur der Prozeß der Institutionalisierung immer voraussetzungsreicher und problematischer, sondern mit der Abstrahierung der Konsenserwartungen werden auch die Freiheitsgrade immer größer (vgl. ebda., 37).

In komplexen Gesellschaften ist die individuelle Persönlichkeit nicht mehr als Träger institutioneller Veränderungen vorstellbar, sind nicht mehr die jeweils unmittelbar »miterlebenden in ihrer Selbstdarstellung engagierten Anwesenden« das institutionalisierende Subjekt (ebda., 33). Die Abweichung des einzelnen, seine Forderung nach Veränderung oder gar Rebellion gegen die institutionalisierten Meinungen wird deshalb auch nicht durch Zwang verhindert. Nur sind die Lasten eines solchen Unterfangens sehr groß. Während der Angriff auf die Institution der Aufmerksamkeit und der Begründung bedarf und sich nur auf abstrakte Vorstellungen stützen kann, wird das Nichthervortreten und einen Dissens nicht äußern durch die instutionalisierten Erwartungen motiviert (vgl. Luhmann 1972, 70).

Diese theoretischen Grundlegungen des Begriffs der Institutionalisierung münden bei Luhmann in die Vorstellung einer Weltgesellschaft ein, die sich selbst als komplex und kontingent, ihre Zukunft als prinzipiell offen und ihre Strukturen als variabel begreift und die demgemäß ihren Mechanismus der Institutionalisierung für unvorhersehbare, zukünftige Entwicklungen offenhalten muß. Paradigmatisch ist die Institution Wissenschaft, zu deren Konsens die prinzipielle »Vorläufigkeit und Widerrufbarkeit *aller* Aussagen« gehört (Luhmann in: Schelsky 1970 a, 33).

Unter der Voraussetzung einer weiter zunehmenden Komplexität glaubt Luhmann, daß die erforderlichen Institutionalisierungsleistungen nicht im Umbau der alten Institutionen wie Kirche, Staat und Familie zu erwarten sind, sondern »in verfeinerter und frühzeitiger Sensibilität gegen Störungen ... im Tempo des Wechsels politischer Präferenzen, in Trivialisierungen und Psychiatrisierungen der Moral ... kurz: in der Beschaffung von unterstellbarem Konsens für strukturelle Labilität und Änderungsfähigkeit von Systemen« (Luhmann in: Schelsky 1970 a, 40 f).

DE-INSTITUTIONALISIERUNG ODER VERLUST DER KRITISCHEN SUBJEKTIVITÄT IN EVOLUTIONSTHEORETISCHER PERSPEKTIVE

Die anfangs aufgestellte Behauptung, in der Entwicklung des Institutionenbegriffs spiegele sich die Entwicklung des Verhältnisses von Individuum und Gesellschaft wider, läßt sich jetzt konkretisieren. Während der anthropologisch fundierte Institutionenbegriff Gehlens noch vor den modernen Phänomenen der freigesetzten und an den Daten der Außenwelt nicht mehr fixierten Subjektivität verharrt und diese als Bedrohung der Institutionen begreift, schließt Schelskys Institutionenbegriff diese schon mit ein und deutet sie im Kontext institutionellen Wandels. Für Luhmann schließlich werden Reflexionsprozesse gar konstitutiv für moderne, komplexe Sozialsysteme.[4]

Die Gemeinsamkeit der Analysen besteht unabhängig vom Institutionenbegriff in der Einschätzung dessen, was als charakteristisches Moment gesellschaftlicher Evolution, wenn vielleicht auch nicht als bestimmendes Prinzip, gelten kann: die zunehmende Rationalität der Lebensführung, die wachsende Bedeutung der Reflexivität und eine Vergrößerung des Freiheitsspielraums des Subjektiven, sei es als Entlassung in eine verflachende Orientierungslosigkeit und »Außengelenktheit« (Riesman 1950), sei es in der Form vorstellbarer, aber nicht realisierter Möglichkeiten. Obgleich das Phänomen zunehmender Reflexivität der gemeinsame Bezugspunkt der Diskussion um De-Institutionalisierung oder Verlust der Subjektivität ist, bedingen die unterschiedlichen Institutionenbegriffe die Differenzen in den Entwicklungsprognosen. Es erscheint deshalb geboten, an der Diskussion dieses Phänomens die Gründe zu gewinnen, die die den Institutionenbegriffen implizierten gesellschafts- und kulturkritischen Urteile offenlegen und diskutierbar machen können. Die Analyse der Begriffe muß also durch eine historische Analyse ergänzt werden, die freilich hier nur als eine Argumentationskette darstellbar ist.

Als eine der für die Frage der Institutionalisierung von Reflexion bedeutsamsten und überzeugendsten historischen Analyse gilt uns Norbert Elias' Versuch einer Verschmelzung der »kleinen Geschichte« des Individuums mit der »großen Geschichte« der Gesellschaft. Elias zeigt den Zusammenhang zwischen der Entstehung des Gewaltmonopols in der Form des Staates, der Differenzierung der Gesellschaft und damit der »Ausweitung der Interdependenzketten«, des Umschlags von Fremdzwängen in Selbstzwänge, d. h. die Disziplinierung des Trieb- und Affektlebens durch Verinnerlicherung von Zwängen über Sozialisation sowie schließlich der dadurch ermöglichten »Weitung des Gedankenraums über den Augenblick hinaus in die vergangenen Ursach-, die zukünftigen Folgeketten«, m. a. W. der Ausdehnung von »Handlungsketten« (Elias 1976, 312 ff). Er liefert damit eine umfassende Theorie, in der nicht nur die Entstehung der für die Herausbildung der abendländischen Zivilisation konstitutiven Mechanismen, sondern auch deren spezifischer Charakter als erwartungsstabilisierend beschrieben und erklärt wird. Sie ist darüber hinaus eine Theorie der Genese der gesellschaftlichen Bedingungen und der Institutionalisierung der Reflexivität. Das heißt, Reflexivität als institutionelles Moment in der Gesellschaft kann danach überhaupt erst entstehen, wenn die Abhebung der Vorstellungswelt und des Handelns von unmittelbarem Erleben vollzogen wird. Ebenso ist auch die Herausbildung des Gegensatzes zwischen den Institutionen und dem Individuum und damit einer »privat-sozialen« Sphäre das Resultat der Segmentierung der institutionellen Ordnung, ein Phänomen, das erst im Spätmittelalter allmählich sichtbar wird.

Die Entstehung der modernen Wissenschaft als ausdifferenzierte, von anderen sozialen Interessen und Bedürfnissen entlastete Suche nach gesichertem Wissen ist ebenfalls ein Ergebnis dieser Entwicklung. Max Weber hat daran erinnert, daß die für sie wie auch für den Kapitalismus konstitutive Rationalisierung der Lebensführung ihren Ursprung in der religiös bedingten Suche nach letzter Wahrheit hatte, also letztlich aus irrationalen Motivationen entsprang. Mit der Institutionalisierung der Wissenschaft (wie der der kapitalistischen Wirtschaftsordnung) war aber zugleich ein neues »stählernes Gehäuse« entstanden, denn der Erfolg der Wissenschaft führte notwendig zur Enttäuschung der ursprünglichen Erwartungen auf Wahrheit, Sinn und Heil, zur Entzauberung der Welt. Die in der Wissenschaft institutionalisierte Reflexion hat sich gegenüber ihrer eigentlichen Zielsetzung verselbständigt und birgt in sich gar noch die Gefahr ihrer Selbstauflösung (vgl. Tenbruck 1974, 320).

Schelsky spricht im Grunde den gleichen Gedanken an, wenn er den Übergang von den Wissenschaften, die auf die Frage »Was soll ich tun?« unmittelbar antworten und für die deshalb das Motivbewußtsein gewichtigster Teil menschlicher Handlungen ist, zu jener rein »beschreibenden, konstatierenden Wissenschaft, die den Anspruch, unmittelbar Handlungsvorstellungen bilden zu können, aufgibt ...«, schildert (Schelsky 1965 a, 46). Religiöse, philosophische, politische und wissenschaftliche Wahrheiten werden zu Gegenständen des Bewußtseins und damit dem Medium der Reflexion überstellt (vgl. Schelsky 1965 b, 257). Die umfassend kritische, motivabstinente Analyse wird zur Substanz der Selbstbewußtheit, sie vermag nicht nur mehr keine zwingenden Handlungsbilder aufzustellen, sie zersetzt auch die Reste der überlieferten. »Dieser Prozeß der kritischen Veränderung der Selbstbewußtheit greift auf die Leit- und Zielbilder aller sozialen Institutionen über.« Das Bedürfnis des Selbstbewußtseins wandelt sich von einem motivbildenden zu einem allgemein kritischen und konstatierenden (ebda., 47).

Wir finden in alldem auch Luhmanns These wieder, daß die Reflexivität der Gesellschaft »zeitlich mit dem Stande der Evolution, sachlich mit dem Grade der Systemdifferenzierung und sozial mit der symbolischen Generalisierung besonderer Kommunikationsmedien zusammenhängen« (Luhmann 1973, 26). Luhmann läßt allerdings noch offen, ob es nach der Ausdifferenzierung von Macht und Geld als Kommunikationsmedien und deren zeitweiligem gesellschaftlichem Primat, nun zu einem Primat ausdifferenzierter Wahrheit und Wissenschaft kommt. Der unvermeidliche »Führungswechsel in den leitenden Problemen, auf die hin Gesellschaft sich als so-und-auch-anders-möglich identifiziert« (Luhmann 1973, 41), wäre sicher nicht einfach so zu verstehen, daß die Probleme wissenschaftlicher Wahrheitssuche zu gesellschaftlichen Problemen hypostasiert werden. Die These, daß mit der wachsenden Komplexität der Gesellschaft an die Stelle der normativen Integration Steuerungsprobleme getreten sind, die »ohne Rücksicht auf Probleme der Lebenswelt, vor allem von den in Führung gegangenen Teilsystemen Wirtschaft, Technik und Wissenschaft erzeugt und definiert werden« (Habermas 1974, 56 f), trifft nur zur Hälfte zu. Solange die Übersetzung wissenschaftlicher Wahrheiten, die in der Tat nicht ohne weiteres lebensweltliche Wahrheiten der gesamten Gesellschaft sind, nur als Problem der »Anwendung« begriffen wird, solange also die Vermittlung zwischen Gesellschaft und Wissenschaft nur über die Setzung von Prioritäten läuft und nicht als Intervention in die wissenschaftsinternen Regulative, vollzieht sich die in der Wissenschaft institutionalisierte Reflexion nur in den Kategorien der kognitiven Eigendynamik der Wissenschaft und erzeugt jene Steuerungsprobleme. Ein zukünftiger Primat der Wissenschaft kündigt sich jedoch damit an, daß zunehmend lebensweltliche Probleme zu Gegenstandsbereichen wissenschaftlicher Wissensproduktion werden und wissenschaftliche Theoriedynamiken in Gang setzen (Weingart 1978).

Ein Beispiel für diese Entwicklung ist die von Habermas als Entdifferenzierung gedeutete »Entpathologisierung von Geisteskrankheiten, oder die Entmoralisierung des Verbrechens« (Habermas 1974, 67), die sich in erster Linie über die Auflösung der institutionalisierten Verortung von Anomalität und Unrecht in der Gesellschaft durch die wissenschaftliche Frage nach der gesellschaftlichen Verursachung vollzieht. Geisteskrankheit und Verbrechen, Lebensqualität und humane Arbeitsbedingungen sind nicht schon per se Gegenstände des traditionellen Wissenschaftsbetriebs, d. h. institutionalisierter Reflexion. Sie können erst dazu werden, wenn die Legitimationskraft der alten Institutionen bereits von einer generalisierten Erwartung an die Wissenschaft auf die Klärung von Ursachen untergraben ist. Die Wissenschaft verläßt damit das Stadium der von sozialen Bedürfnissen und Interessen unabhängigen und nach autonomen Standards sich vollziehenden Wahrheitssuche und erreicht eine neue Reflexionsstufe. Auch sie unterliegt der Entdifferenzierung (wenn es sich um eine solche handelt) oder zumindest der Entinstitutionalisierung in dem Maße, in dem sie als Medium andere soziale Institutionen durchdringt und selbst »politisiert« und im engeren, nichtmarxistischen Sinn des Wortes »vergesellschaftet« wird.

Ein wichtiges Moment in diesem Prozeß hat Habermas am Beispiel der Curriculumdiskussion herausgearbeitet. Sie stellt den Versuch dar, aus einer Menge von Überlieferungen eine Auswahl zu treffen und somit administrativ (unter Rückgriff auf wissenschaftliche Begründungen für mögliche Zukünfte!) die Selektionsfunktion der Tradition zu ersetzen. Die Verwaltungen machen dabei die Erfahrung, daß ihre Legitimation für die Aufgabe nicht ausreicht. Aus diesem Umstand zieht Habermas das Fazit, daß soweit motivbildende Traditionen kommunikativ »verflüssigt« werden, keine Äquivalente auf dem Verwaltungsweg geschaffen werden können, sondern statt dessen »die Strukturen wert- und normbildender Kommunikationen in ihr Recht« treten (Habermas 1974, 74). In dieser Perspektive läuft die Tendenz demnach auf die Auflösung der traditionellen Institutionen hin, an deren Stelle Kommunikationsprozesse treten, »in denen Identitätsbildung als kontinuierlicher Lernprozeß stattfindet« (Habermas 1974, 66).

Die hier an Hand exemplarischer Thesen zu Charakteristika gesellschaftlicher Evolution dargestellte Argumentationskette weist also auf einen Prozeß der zunehmenden Reflexivität, der schon in der Entstehung der modernen Institutionen selbst angelegt ist. Die Ablösung des Denkens und Handelns von der unmittelbaren Erfahrung ist geradezu konstitutiv für die identitätsbildende Funktion von Institutionen wie auch für die Möglichkeit kritischer Subjektivität. Das Schicksal beider im evolutionären Prozeß ist wechselseitig miteinander verwoben. In dem Maße, in dem die mit der Heraufkunft der Modernen schon angelegte Eigendynamik der Reflexivität sich entfaltet, schreitet die Entwicklung über die Gegenüberstellung von gesellschaftlicher Objektivität und individueller Subjektivität zur Auflösung der traditionellen Institutionen und der gleichzeitigen »Kollektivierung« oder »Institutionalisierung« von Reflexivität, der Generalisierung von Kommunikationsmedien, fort. Wenn diese Diagnose richtig ist, verliert der traditionelle Institutionenbegriff und mit ihm die Frage nach dem Verhältnis von Institution und Individuum ihren Sinn, weil sie den Phänomenen, auf die sie abzielt, nicht mehr gerecht wird.

ANMERKUNGEN

1

Gehlen hat diese Auffassung übrigens mit Einschränkungen zurückgenommen, vgl. ebda., S. 75.

2

Vgl. die Darstellung in H. Schelsky 1965 a, 40.

3

Vgl. ebda. sowie Schelsky 1965 b, 267.

4

Vgl. N. Luhmann 1970 b, 9–112.

LITERATUR

ELIAS, N.: Über den Prozeß der Zivilisation, I, II. Frankfurt: Suhrkamp 1976

GEHLEN, A.: Anthropologische Forschung. Reinbek: Rowohlt 1961

Urmensch und Spätkultur. Frankfurt, Bonn: Athenäum ²1964

HABERMAS, J.: Können komplexe Gesellschaften eine vernünftige Identität ausbilden? In: J. Habermas, D. Henrich: Zwei Reden. Aus Anlaß der Verleihung des Hegel-Preises. Frankfurt: Suhrkamp 1974

LUCKMANN, T.: On the Rationality of Institutions in Modern Life. Europäisches Archiv für Soziologie 1975, 3–15

LUHMANN, N.: Rechtssoziologie 1. Reinbek: Rowohlt 1972

Institutionalisierungs-Funktion und Mechanismus im sozialen System der Gesellschaft. In: H. Schelsky (Hg.): Zur Theorie der Institution, Interdisziplinäre Studien 1. Düsseldorf: Bertelsmann Universitätsverlag 1970 a, 27–41

Reflexive Mechanismen. In: N. Luhmann: Soziologische Aufklärung. Köln, Opladen: Westdeutscher Verlag 1970 b, 92–112

Selbst-Thematisierungen des Gesellschaftssystems. Zeitschrift für Soziologie, 2, 1973, 21–46

RIESMAN, D.: The Lonely Crowd. New Haven 1950. Deutsch: Die einsame Masse. Darmstadt, Berlin: Luchterhand 1956

SCHELSKY, H.: Über die Stabilität von Institutionen. In: H. Schelsky: Auf der Suche nach Wirklichkeit. Düsseldorf, Köln: Diederichs 1965 a, 33–55

Ist die Dauerreflexion institutionalisierbar? In: H. Schelsky: Auf der Suche nach Wirklichkeit. Düsseldorf, Köln: Diederichs 1965 b, 250–275

Zur soziologischen Theorie der Institution. In: H. Schelsky (Hg.): Zur Theorie der Institution. Interdisziplinäre Studien I. Düsseldorf: Bertelsmann Universitätsverlag 1970, 9–26

TENBRUCK, F. H.: Max Weber and the Sociology of Science: A Case Reopened. Zeitschrift für Soziologie, 3, 1974, 312–320

WEINGART, P.: The Relation of Science and Technology – A Sociological Explanation. In: W. Krohn, E. Layton, P. Weingart (Eds.): The Dynamics of Science, II. Dordrecht, Boston: Reidel 1978

ARMUT, SOZIALE DEPRIVATION UND PSYCHOSOZIALE VERSORGUNG VON RANDSCHICHTFAMILIEN[1]

von Hannes Friedrich, Inge Fränkel-Dahmann, Hans-Jürg Schaufelberger, Ulrich Streeck

ZUR SOZIOÖKONOMISCHEN UND PSYCHOSOZIALEN LAGE

Soziale Randgruppen gerieten vor einigen Jahren in das Blickfeld von Teilen der politischen und wissenschaftlichen Öffentlichkeit. Im Zuge der Thematisierung des Problems sozialer Ungleichheit in den einzelnen Bereichen der bundesrepublikanischen Gesellschaft schienen diese Gruppen ein besonderes gesellschaftliches Problem darzustellen, weil sie dokumentieren, daß krasse soziale Unterschiede aufgrund sozioökonomischer Strukturbedingungen entgegen dem Selbstverständnis der Nachkriegsgesellschaft doch nicht beseitigt waren. Abgesehen davon, daß »das Ausmaß der Ignoranz moderner Soziologen« – und auch von Vertretern anderer Fächer – »in bezug auf dieses soziale Problem« (Albrecht 1969, 433) und die Gründe, die dazu geführt haben, einer eigenen Untersuchung bedürften, zumal diese Ignoranz nicht nur für die Bundesrepublik gültig ist, muß die Abkehr von systematischer Armutsforschung auch mit den gesellschaftlichen Veränderungen seit Beginn der Industrialisierung in Verbindung gebracht werden: Nicht nur veränderte Lebensverhältnisse waren die Folge, sondern der Umfang und die Art der Armutsproblematik haben sich gewandelt – mit den Worten von Labbens (1969) von einer »pauvreté généralisée« zu einer »pauvreté isolée ou d'isolés«.

Entsprechend diesen gesellschaftlichen Veränderungen ergeben sich im Hinblick auf die Analyse der Lebensbedingungen der von Armut betroffenen Gruppen einige Schwierigkeiten. Zunächst ist darauf zu verweisen, daß es keine allgemein anerkannte Definition von Armut gibt; vielmehr finden sich verschiedene Konzepte, die zur Definition und Messung von Armut entwickelt worden sind. In Zusammenhang mit diesem Sachverhalt ist zu sehen, daß es keine gesicherten Zahlen über den Anteil von Menschen gibt, die in entwickelten Industriegesellschaften unter den Bedingungen sozialer Unterprivilegierung leben müssen. So schwanken z. B. die Angaben über die Armutsbevölkerung in den USA für die frühen sechziger Jahre zwischen 23 und 50 Millionen; auch für die Bundesrepublik variiert der Anteil der Armutsbevölkerung zwischen 7 und 14 Millionen Menschen.

Schließlich sind auch die vorliegenden Befunde über die psychosozialen Folgewirkungen von sozialer Unterprivilegierung insofern höchst widersprüchlich, als eine Reihe von Untersuchern in ihnen eigenständige, von der Gesamtgesellschaft gleichsam abgekoppelte Lebensverhältnisse sehen und deshalb von einer speziellen »culture of poverty« sprechen, während andere Autoren diese eher in Kategorien sozialer Abweichung von den gültigen Verhaltensnormen in der Gesamtgesellschaft beschreiben (Gans 1968, 1971).

Anders als die Armen in Gesellschaften der Dritten Welt leben die in Armutsbedingungen befindlichen Bevölkerungsgruppen in entwickelten Industriegesellschaften in der Regel nicht am Rande des Existenzminimums, wenn man das als das Minimum bezeichnet, was zur physischen Reproduktion notwendig ist. Auf der definitorischen Ebene ist versucht worden, den damit gegebenen Unterschieden gerecht zu werden und zwischen »absoluter« und »relativer« Armut zu unterscheiden. Während der Begriff »absolute Armut« »den Schwellenwert der physischen Gefährdung des menschlichen Organismus als Folge des Mangels an Mitteln der Bedürfnisbefriedigung markieren soll ... (soll) der Begriff ›relative Armut‹ ... die soziale Lebenslage einer Person im Vergleich zum durchschnittlichen Lebensstandard einer Bevölkerung markieren« (Vaskovics 1976, 20).

Dieser Unterscheidung folgend, lassen sich auch die wichtigsten Ansätze entsprechend subsumieren und Armut als Problem der Subsistenzerhaltung oder als Problem (vor allem) ökonomischer Ungleichheit definieren (Rein 1971). Der Subsistenz-Ansatz konzentriert sich auf das Problem der physischen Reproduktion und befaßt sich mit der Frage, welche finanziellen Mittel in einer bestimmten Gesellschaft mindestens notwendig sind, um die Gesundheit und die Arbeitsfähigkeit der Betroffenen zu erhalten. Charakteristisch für diesen Ansatz ist der Versuch, eine »objektive« oder »wissenschaftliche« Armutslinie zu konstruieren, mit deren Hilfe es möglich wird zu entscheiden, ob eine Person oder eine Gruppe als »arm« oder »nicht-arm« anzusehen ist (Rowntree 1941, Orshansky [3]1971).

Demgegenüber konzentriert sich der Ansatz der (ökonomischen) Ungleichheit auf die relative Position der verschiedenen Einkommensgruppen in der jeweiligen Gesellschaft. Auf eine knappe Formel gebracht, gilt für diese Ansätze, daß als arm definiert wird, wer weniger als das Durchschnittseinkommen zur Verfügung hat, und entsprechend richten sich die Bemühungen bei diesen Ansätzen darauf, möglichst exakte Angaben über den Lebensstandard von möglichst vielen Haushalten in der jeweiligen Gesellschaft zu bekommen, um das Ausmaß der Armut bestimmen zu können (Townsend 1971).

Betrachtet man die Intentionen der beiden Ansätze, so zeigt sich, daß dem Subsistenz-Ansatz ein Common-sense-Verständnis von Armut inhärent ist und daß versucht wird, die Definition von Armut frei von persönlichen Wertungen verschiedenster Provenienz zu konzeptualisieren. Die Hauptprobleme dieses Ansatzes liegen in dem Versuch, eine Armutslinie zu konstruieren, wobei der Haupteinwand sich gegen den Versuch richtet, einen »objektiven« Standard an Minimalbedarf in bezug auf existentielle Grundbedürfnisse zu formulieren, weil derartige Bedürfnisse sowohl von »objektiven« wie »subjektiven« Faktoren determiniert werden und entsprechend vielfältige Variationsmöglichkeiten vorkommen können. Auch die »existentiellen Grundbedürfnisse« der Menschen werden von den Veränderungen im technisch-ökonomischen Entwicklungsstand einer Gesellschaft und deren Konsequenzen für den gesellschaftlichen Reichtum zu einem bestimmten Zeitpunkt, ausgedrückt in dem jeweils gültigen »durchschnittlichen Lebensstandard«, beeinflußt, so daß es keine metahistorische, die Zeit überdauernde Armutslinie gibt und geben kann.

Ein derart erweiterter Bezugsrahmen wird in den Ansätzen verwandt, die Armut als Problem der – ökonomischen – Ungleichheit interpretieren, wodurch implizit die Verteilungsproblematik des »gesellschaftlichen Reichtums« und die dabei einwirkenden Herrschaftsstrukturen der jeweiligen Gesellschaft in die Betrachtung mit einbezogen werden. Bemerkenswert erscheint auch die Ersetzung bzw. Erweiterung der Kategorie »Einkommen« durch den Begriff »Ressourcen«. Darin drückt sich aus, daß in entwickelten Industriegesellschaften Armut nicht einfach auf das Problem des unzureichenden Einkommens reduziert werden kann, weil dann wichtige, die soziale Lage des einzelnen beeinflussende Dimensionen der veränderten sozialen Realität dieser Gesellschaften unberücksichtigt blieben. Die Ersetzung der Einkommens- durch die Ressourcenkategorie basiert auf dem Vorschlag von Titmuss (1962), Einkommen als »command over resources over time« zu bestimmen; das Problem des Zugangs und der Verfügung über bzw. des mehr oder weniger weitgehenden Ausschlusses von Ressourcen rückt damit in den Vordergrund des Interesses.

Wie breit die Kategorie Ressourcen in diesem Zusammenhang angelegt werden muß, demonstriert z. B. das Konzept von Miller u. Riessman (1968), die die Frage des Zugangs zu bzw. des Ausschlusses von gesellschaftlichen Ressourcen unter drei Perspektiven beleuchten: Sie unterscheiden dabei

1. Probleme der ökonomischen Teilhabe: Darunter fällt nicht nur das laufende Einkommen unter Berücksichtigung von Familiengröße und -zusammensetzung sowie der Quellen des Einkommens und des Grades der Regelmäßigkeit bzw. Stabilität usw., sondern auch Sparreserven, Renten- und Pensionsansprüche, die Wohnlage und ihre sozialökologischen Bedingungen und der Bereich der Dienstleistungen in Gestalt von Erziehung und Bildung, medizinischer Versorgung, kommunalen Infrastrukturleistungen und des Verkehrs- und Transportsystems;

2. Probleme der politischen Partizipation: Bezogen auf die Armutsbevölkerung stellt sich die Frage nach den Gründen für die soziale und politische Apathie dieser Gruppen sowie der ihnen entgegenstehenden Barrieren und Mechanismen in bezug auf ihre Chancen zu politischem Handeln und

3. Probleme der »psychosozialen« Integration: In diesen Zusammenhang gehört die Frage nach den psychologischen Aspekten von Selbstbestimmung, vor allem das Gefühl, autonom handeln zu können und auch über ein gewisses Maß an »Schicksalskontrolle« zu verfügen und Ereignisse des eigenen Lebens beeinflussen zu können, sowie der soziale Tatbestand, daß staatliche Unterstützungsleistungen, auf die weite Teile der Armutsgruppen angewiesen sind, sozial diskriminiert werden, weil nur Einkommen aus Arbeit in kapitalistisch und sozialistisch verfaßten fortgeschrittenen Industriegesellschaften positiv sanktioniert wird.

Dieser eher analytisch-deskriptive Ansatz von Miller u. Riessman macht deutlich, in welchem Umfang bei der Diskussion des Ausschlusses von bzw. des Zugangs zu gesellschaftlichen Ressourcen ökonomische, politische, psychologische und soziale Faktoren berücksichtigt werden müssen. In dieser Komplexität liegt aber auch eine der größten Schwierigkeiten, die sich allen Ansätzen dieser Art stellt: das Problem der Operationalisierbarkeit der einzelnen Faktoren, die notwendig wird, wenn Aussagen über das Ausmaß und den Umfang der Armut bzw. der davon betroffenen Gruppen gemacht werden sollen, das noch nicht in befriedigender Weise gelöst werden konnte.

Neben den Schwierigkeiten, in fortgeschrittenen Industriegesellschaften Armut zu definieren und ihr Ausmaß zu messen, sind die Konstellationen hervorzuheben, die sich auf die Konsequenzen des Lebens und den »chronischen Streß der Armut« (Glasser, Glasser 1970) beziehen. In diesem Zusammenhang darf nicht übersehen werden, daß alle Versuche, die Lebensbedingungen von deprivierten Bevölkerungsgruppen zu beschreiben und den Ursachen dafür nachzugehen, sich dadurch auszeichnen, daß in ihnen politische Ziele und Implikationen enthalten sind, die freilich zumeist nicht offengelegt werden, sondern sich hinter moralischen Dichotomien gleichsam verbergen. Ein Beispiel dafür sind etwa die differierenden Sichtweisen, die die Armen als »deficient« (i. d. S. mit spezifischen psychischen und kulturellen Defiziten behaftet zu sein) bezeichnen oder die die Lebensverhältnisse dieser Bevölkerungsgruppen als »deprived« (i. d. S., daß ökonomische und soziale Mittel ihnen vorenthalten werden) beschreiben. Darin schlagen sich unterschiedliche Auffassungen sowohl über die Bereitschaft von Menschen, sich veränderten Bedingungen anzupassen, als auch über die Bedeutung von kulturellen Momenten gegenüber sozialen Veränderungsprozessen nieder. Die Differenz kann mit Gans (1968) als »situational view« bzw. als »cultural view of social change« gekennzeichnet werden.

Einen »situational view« verfolgen Ansätze, die Armut mit dem Problem fehlender Ressourcen gleichsetzen und bei den praktischen Maßnahmen zur Änderung der Lage der sozial unterprivilegierten Gruppen für einen verbesserten Zugang zu den gesellschaftlichen

Ressourcen plädieren. Kulturelle Momente wie der Lebensstil, die Normen und Wertorientierungen usw. der Armutsbevölkerung werden in dieser Sichtweise kaum Aufmerksamkeit gewidmet, vor allem stellen sie für die Anhänger dieses Konzepts keine Schranke für die Wahrnehmung von verbesserten Chancen dar. Einen »cultural view« dagegen verfolgen solche Ansätze, deren Hauptinteresse auf die Lebensweisen und den darin sich äußernden normativen Vorstellungen, Einstellungen, Zielen und Werten der Armutsbevölkerung gerichtet sind. Ihre Vertreter gehen davon aus, daß unter den Bedingungen von Armut eine eigenständige Kultur sich entwickelt, eine »culture of poverty« (Lewis 1961, 1966), die die Betroffenen daran hindern könne, verbesserte Zugangschancen zu gesellschaftlichen Ressourcen auch wahrzunehmen und entsprechend ihre Lage zu verbessern. Die Beschaffung von Arbeitsmöglichkeiten und das Bereitstellen ausreichender finanzieller Mittel seien zwar notwendige, aber keinesfalls ausreichende Mittel bei der Bekämpfung der Armut.

Bei beiden Perspektiven werden jeweils entscheidende Faktoren vernachlässigt: Im »situational view« werden psychologische Faktoren und Prozesse ausgeblendet bzw. in ihrer Bedeutung unterschätzt, die darin besteht, daß diese auf die Bewußtseins- und Verhaltensstrukturen ebenso einwirken wie sozioökonomische Faktoren; im »cultural view« dagegen erfolgt eine Hypostasierung von soziokulturellen und psychologischen Momenten, die dadurch in Gefahr geraten, sich gleichsam zu ahistorischen Konstanten zu verfestigen. Einen Ansatz, in dem versucht wird, beide Aspekte miteinander zu kombinieren, haben Miller u. Riessman (1968) vorgelegt. Es handelt sich dabei gewissermaßen um einen pragmatischen Kompromiß, der angesichts der Operationalisierungsschwierigkeiten in diesem Ansatz vorgenommen worden ist, wenn versucht wird, mit Hilfe der Kategorien »familiale Stabilität bzw. Instabilität« – als soziokulturelles Kriterium – und »hohe bzw. niedrige ökonomische Sicherheit« – als sozioökonomisches Kriterium – differierende Lebensbedingungen herauszuarbeiten. Danach lassen sich vier verschiedene Gruppen unterscheiden:

1. Stabile Arme: Wichtigstes Kennzeichen ist die regelmäßige Beschäftigung in Arbeitsverhältnissen mit geringen Qualifikationsanforderungen, die durch Veränderungen der Arbeitsorganisation oder Verschlechterung der Markt- oder Konjunkturlage bedroht sind. Außerdem ist auch ein erheblicher Anteil von im Rentenalter stehenden Arbeitern, Angestellten und kleinen Gewerbetreibenden zu berücksichtigen, die durch das Ausscheiden aus dem Erwerbsleben eine Abwärtsmobilität erfahren und deshalb geringe Zukunftsaussichten besitzen. Demgegenüber haben die Kinder aus der Gruppe der stabilen Armen in bezug auf verbesserte Schulausbildung und Berufstätigkeit vergleichsweise die besten Chancen, da die ökonomische und familiale Stabilität ein gewisses Maß an Zukunftsplanung ermöglichen.

2. Unter Spannung stehende Arme: In dieser Gruppe findet man im Hinblick auf die Arbeits- und damit auch Einkommensverhältnisse ähnliche Familien, die aber durch Familienprobleme und -konflikte gefährdet sind. Diese können aus Lebenszyklusproblemen resultieren – z. B. wenn jüngere Arbeiter früh heiraten, aber noch ihre Adoleszenzkrisen ausagieren, oder wenn ältere Arbeiter oder Angestellte, die Alkoholiker geworden sind, die Familie belasten. Solche Krisen und Belastungen können den Beginn eines sozialen Abstiegs darstellen, zumal nicht übersehen werden darf, daß auch bei als »stabil« bezeichneten Einkommensverhältnissen die Toleranzgrenze niedrig ist, weil die verfügbaren Ressourcen vergleichsweise gering sind.

3. Angepaßte Arme: In dieser Gruppe herrscht ökonomische Instabilität vor, während die familiale Stabilität erhalten bleibt und die Basis für die Adaptationsleistungen an die materiellen Belastungen abgibt. Sie dürfte in Zeiten ökonomischer Krisen und ihren Folgen wie Betriebsstillegung, Kurzarbeit und Massenentlassungen beträchtlich anwachsen. Zudem enthält sie eine erhebliche Anzahl von sozial abgestiegenen Familien, die aber ihren familialen Lebensstil bewahren konnten. Aufgrund der familialen Stabilitätsmomente kann auch

vermutet werden, daß ein Teil der Kinder relativ günstige berufliche Aufstiegschancen hat.

4. Instabile Arme: sind durch ökonomische und familiale Instabilität gekennzeichnet und umfassen in der Regel diejenigen, die gleichsam den harten Kern der »lower class« repräsentieren und in der Öffentlichkeit als *die* Armen angesehen werden. Aber auch hier sollte man nicht übersehen, daß es innerhalb der Gruppe Unterschiede im Grad der Instabilität und der Belastungen gibt. In ihr befinden sich Armutsfamilien, deren Armut als »sozial vererbt« (Labbens 1969) anzusehen ist, ferner Menschen, die durch schwere physische und psychische Krankheiten, Unfälle oder Behinderungen in diese Lage kamen, sowie Familien, die durch langandauernde Arbeitslosigkeit im Zirkel der Sozialhilfe hängengeblieben sind.

Aus der Beschreibung dieser vier Gruppen geht hervor, daß deren Zusammensetzung durchaus Veränderungen unterliegen kann; so lassen sich eine Reihe von Auf- und Abstiegsprozessen zwischen diesen und den darüberstehenden Gruppen ebenso wie zwischen den verschiedenen Armutsgruppen feststellen. Diese können sich sowohl als Veränderungen innerhalb eines Lebenszyklus niederschlagen oder auch als Intergenerationen-Phänomen auftreten, wenn z. B. junge Männer durch Heirat oder durch günstige Arbeitsverhältnisse in die stabile Arbeiterschaft aufsteigen, oder aber wenn durch das Ausscheiden aus dem Arbeitsprozeß die ökonomische und/oder familiale Stabilität gefährdet wird und ein Abstiegsprozeß droht.

Als eine besonders ins Gewicht fallende Dimension erweist sich in diesem Zusammenhang auch die Zeitdauer, die im Zustand von Unterprivilegierung verbracht wurde, bzw. der Zeitpunkt, zu dem man in diesen Zustand geraten ist. H. Lewis (1961) hat daher Kategorien wie »klinisch«, »präklinisch« und »subklinisch« zur Kennzeichnung der Zeitdimension und der darin zum Ausdruck kommenden psychischen und sozialen Prozesse vorgeschlagen. Da der Begriff »klinisch« zu stark medizinischen Pathologiekonzepten verhaftet ist, wurde von anderen Autoren (Miller, Riessman 1968) vorgeschlagen, »klinisch« durch »chronisch« zu ersetzen. »Chronische Arme« oder »chronische Randschichtgruppen« wären durch eine langandauernde Abhängigkeit von Sozialhilfe ohne Erwerbstätigkeit definiert; »prächronische Randgruppen« wären Risikogruppen, die sich in Richtung auf eine Chronifizierung von deprivierten Lebensverhältnissen bewegen, aber noch nicht chronisch abhängig sind, und »subchronische Randgruppen« wären schließlich durch eine Reihe von Eigenschaften gekennzeichnet, die auf eine Abhängigkeit hinweisen, die aber noch über die Fähigkeit verfügen, mit ihren Problemen fertig zu werden.

Entsprechend diesen Unterscheidungen ergeben sich dann im Hinblick auf die sozioökonomische und psychosoziale Lage der Armutsbevölkerung deutliche Differenzen; allerdings darf nicht übersehen werden, daß es sich um Unterschiede handelt, die auf dem Hintergrund von erheblich benachteiligenden sozialen, ökonomischen und psychischen Lebensbedingungen angesiedelt sind. Diese Unterschiede wahrzunehmen ist dennoch nicht nur von analytischem Interesse, sondern auch von einer eminent praktischen Bedeutung, dann nämlich, wenn versucht werden soll, Veränderungen in den Lebensbedingungen herbeizuführen.

ZUR PSYCHOSOZIALEN VERSORGUNGSLAGE

Ein entscheidender Unterschied in der Lage von Randschichtfamilien in den verschiedenen westlichen Industriegesellschaften ergibt sich vor allem durch die Versorgung mit sozialen Diensten. So kann z. B. in der BRD im Gegensatz zu den USA nicht generell von einer Benachteiligung von Randschichtfamilien bezogen auf die Versorgung mit öffentlichen Dienstleistungen wie z. B. Transportmittel, Entsorgung, Gesundheitsversorgung und Ausbildung ausgegangen werden.

Allerdings zeigt sich bei Inanspruchnahme von Dienstleistungen wie im Ausbildungsbereich, daß es keineswegs ausreicht, Einrichtungen und Dienste zur Verfügung zu stellen, wenn sie sich nicht an der Lebenssituation der Betroffenen orientieren. So ist das Scheitern von Kindern aus sozial benachteiligten Gruppen in der Grundschule eine soziale Tatsache, die als wesentlicher Grund für die Perpetuierung von Armut und Randschichtlage angesehen wird (Iben 1971; Christiansen 1973; Keach, Fulton, Gardner 1967; du Bois-Reymond 1971).

Im staatlich regulierten kapitalistischen Gesellschaftssystem zeichnet sich die Randschichtlage durch einen intensiven Kontakt sowie durch starke Abhängigkeiten von Institutionen mit Unterstützungs- und Kontrollfunktionen aus. Dagegen treten Randschichtfamilien relativ selten in die Bereiche der Gesundheitsvorsorge, Medizin, Psychotherapie und Erziehungsberatung ein; am ehesten erhalten sie sozialpädagogische Hilfestellung durch verschiedene Initiativgruppen von Sozialarbeitern, Studenten, privaten Bürgervereinigungen oder Forschungsprojekten.

Aufgrund ihrer sozioökonomischen und psychosozialen Lage weisen soziale Randgruppen ein breites Spektrum von Problemen, Krankheiten und Verhaltensstörungen auf, die sie in ihrer Häufung von vornherein als prognostisch ungünstige und aussichtslose »Fälle« in der Praxis der Familien- und Erziehungsberatung, der Sozialpädagogik und -arbeit, der Sozialpsychiatrie und der Psychotherapie erscheinen lassen (Miller, Riessman 1968; Minuchin u. a. 1967; Richter 1977; Sager, Brayboy, Waxenberg 1972; Friedrich 1976). Denn nach den Kriterien der professionellen Beratungspraxis weisen sie Verhaltensweisen und Einstellungen auf, die mit ihren Prognose- und Therapievoraussetzungen wenig vereinbar sind:

Die ersten Schwierigkeiten treten auf, wenn für eine Beratung oder Therapie die Bereitschaft zur kontinuierlichen und sich an Terminvereinbarungen haltenden Mitarbeit erwartet wird, da häufig die Bedeutung solcher Voraussetzungen nicht mit dem Zeitgefühl von Randschichtfamilien übereinstimmt.

Ähnliche Schwierigkeiten bereiten die Bedingungen der aktiven Nachfrage nach Beratung und Therapie und der Bereitschaft, die Beratung und Therapie in den Räumen der Institution durchzuführen, da diesen die soziale Distanz, die soziokulturelle Kluft gleichsam als schwer überwindbare Barrieren gegenüberstehen, abgesehen von der häufig anzutreffenden Tatsache der sozialräumlichen Entfernung von Beratungsstellen von den Wohnbezirken dieser Gruppen, die zu überwinden bereits die kulturelle Norm einer generellen Mobilitätsbereitschaft und die Fähigkeit zur Herstellung einer sozialen Orientierung voraussetzen, um Informationen über Beratungs- und Hilfsangebote zu erlangen.

Noch schwieriger wird es, wenn man die psychodynamisch bedeutsamen Kriterien berücksichtigt, die für die gegenwärtigen psychologischen und psychotherapeutischen Beratungsdienste Geltung haben: ein gewisses Maß an Fähigkeit zu psychologischem Denken und zur Verbalisierung von Problemen, eine Tendenz zu Selbstzweifel und -reflexion, Selbstkontrolle, Leidenseinsicht, psychischer Differenziertheit, Bereitschaft zur Auseinandersetzung mit den inneren und äußeren Konflikten und eine in Ansätzen vorhandene Behandlungsmotivation. Alle diese Kriterien setzen eine spezifische Einstellung und ein Verhalten gegenüber psychischen Erkrankungen und psychosozialen Konflikten voraus, die bei den Angehörigen nicht nur der Randgruppen, sondern eines größeren Anteils der Unterschichten nicht anzutreffen sind. Denn in diesen Gruppen ist ein Krankheitsverhalten virulent, das gekennzeichnet wird durch ein Unvermögen, persönliches und psychisches Leiden in psychologisch relevante Sinnzusammenhänge zu fassen, bzw. durch die Tendenz, psychische Störungen zu somatisieren oder zu diskriminieren, Konfliktlösungen eher in magische Erwartungen zu verpacken, auszuagieren oder die Wirklichkeit fatalistisch hinzunehmen. Wenn Hilfe gewünscht wird, dann eher in Form von symptomatischer direktiver Therapie als in Gestalt reflexiver Bearbeitung innerer Erlebniszusammenhänge.

Schließlich wirken sich die besonders restriktiven Lebensbedingungen der Randgruppen als hemmende Barriere zu den Beratungs- und Therapieeinrichtungen aus (die auch in allen anderen Bereichen ihrer medizinischen Versorgung erschwerend ins Gewicht fallen): Die spezifische soziale Lage schafft eine Reihe von Basisproblemen, die sich in einer Kumulation von ökonomischen, sozialen, psychischen und somatischen Belastungen und Konflikten niederschlagen und jeden Beratungs- oder Therapieansatz zum Scheitern verurteilen, der psychische Probleme oder Erkrankungen von sozialen oder ökonomischen Problemen isoliert betrachtet bzw. die Verschränkung der psychischen Belastungen mit den sozioökonomischen Problemen nicht berücksichtigt.

Nach ihren Aufgabenbereichen lassen sich zunächst zwei Schwerpunkte unterscheiden: *unterstützende* und *sanktionierende* Funktionen, die den einzelnen Institutionen entsprechend zugeordnet werden können. Die Institutionen mit unterstützenden Funktionen leisten im wesentlichen materielle Hilfe, die darauf abzielt, die wirtschaftliche Existenz zu sichern. Dies geschieht durch finanzielle Unterstützung, welche der Wahrung eines Mindesteinkommens dient, durch Bereitstellung von Wohnraum bzw. von Mietbeihilfen oder von Wohngeld und auch durch Maßnahmen, die die Versorgung mit Einrichtungsgegenständen und Bekleidung sicherstellen.

Das Sozialamt kann als zentrale Instanz in dem Beziehungssystem von Randschichtfamilien zur Sozialadministration angesehen werden, wobei die Abhängigkeit von seinen Leistungen zumeist nicht isoliert besteht, sondern sie wird begleitet von Beziehungen zu anderen Institutionen mit unterstützenden und kontrollierenden Funktionen, so daß sich eine Kumulation von Abhängigkeiten entwickelt.

Die Funktion der Maßnahmen gegenüber den Familien kann als armutsregulierend bezeichnet werden; sie orientieren sich vornehmlich an der Überbrückung einer Notsituation, die als eine vorübergehende definiert wird, ohne daß die realen Voraussetzungen berücksichtigt werden, die eine solche Definition rechtfertigen würden. Darüber hinaus trägt der gesetzliche Rahmen mit seinen festgelegten Maßnahmen nur wenig dazu bei, materielle Notsituationen zu überwinden, sondern diese Maßnahmen bewirken in zahlreichen Fällen eine Perpetuierung gerade dieser Lebenssituation. Diese Funktion gilt zumindest für die Leistungen im Rahmen der »Hilfe zum Lebensunterhalt« (HzL) nach dem Bundessozialhilfegesetz (BSHG), Maßnahmen, die auf unmittelbare Bedarfsdeckung abzielen (Schellhorn, Jirasek, Seipp 1974). Grundsätzlich bietet das BSHG weitaus umfassendere Unterstützungsmöglichkeiten, allerdings nach gesetzlichen Bestimmungen, die am individuellen Fall orientiert sind und weitgehend als »Soll- und Kannleistungen« definiert werden. Es handelt sich dabei um die »Hilfen in besonderen Lebenslagen« und um vorbeugende Maßnahmen im Rahmen der HzL, die für Randschichtfamilien nicht in Frage kommen, da sie mit einer Erfolgsgarantie verknüpft sind und eher restriktiv angewandt werden. Diese Bedingungen führen auf seiten der Abhängigen zu einer Belastung, die sich in der Beeinträchtigung des Selbstwertgefühls, in passiven, resignativen Verhaltenstendenzen oder aber in der Entwicklung spezifischer instrumenteller Verhaltenstechniken äußert, die darauf ausgerichtet sind, kurzfristig ein Höchstmaß an Unterstützung bei minimaler sozialer Kontrolle zu mobilisieren.

Die vornehmlich materielle Orientierung auf seiten der Familien entspricht der vornehmlich ökonomischen Ausrichtung der Sozialadministration; Verhalten und Vorstellungen des restriktiven Umgangs der Sozialadministration mit materieller Unterstützung fördern eine entsprechende Verhaltensausrichtung – Rivalisieren um begrenzte Ressourcen – auf seiten der Klienten. Andere begleitende Interventionsebenen bekommen eine sekundäre, untergeordnete Funktion. Beratende Aspekte treten in den Hintergrund.

Hinsichtlich der Versorgung der Randschichtgruppen mit psychosozialen Beratungs- und Therapieangeboten ist zu konstatieren, daß die von den professionellen Beratungs- und

Therapieeinrichtungen angewandten Konzepte wenig erfolgversprechende Ansätze darstellen (vgl. auch Friedrich u. a. 1979). Neuere Ansätze zeigen, daß die Konzepte und Verfahren verändert und erweitert werden müssen: So haben »Walk-in-clinics« in den USA gezeigt, daß sie nachgefragt werden und erfolgreiche Hilfe anbieten können (Miller, Riessman 1968, 164). Minuchin und Mitarbeiter haben in der Arbeit mit Slumfamilien neue familientherapeutische Konzepte entwickelt, die auf die spezifischen psycho- und soziodynamischen Konfliktkonstellationen zentriert sind (Minuchin u. a. 1967). Auch die in der »Enquete über die Lage der Psychiatrie in der Bundesrepublik Deutschland« (1975) aufgezeigten Mängel in Konzeption, Organisation und Koordination zwischen Psychotherapie, Beratungswesen, Schule, Berufsausbildung sowie -beratung usw. machen die Notwendigkeit der Entwicklung von neuen und anders strukturierten Angeboten evident. Entsprechend werden Alternativen wie »psychosoziale Kontaktstellen« und neue Erprobungsansätze im Bereich der Sozial- und Psychotherapie empfohlen (Enquete 1975, 199 f; s. auch den Beitrag von H. Friedrich u. a. über »Formen sozialtherapeutischer Praxis und soziale Deprivation« in diesem Band).

ANMERKUNG

I

Dieser Beitrag ist inhaltlich in engem Zusammenhang zu der nachfolgenden Arbeit von H. Friedrich, I. Fränkel-Dahmann, H.-J. Schaufel-berger, U. Streeck: »Formen sozialtherapeutischer Praxis und soziale Deprivation« in diesem Band, Abschnitt Gruppentherapie – Gruppenarbeit im sozialen Feld, zu verstehen.

LITERATUR

ALBRECHT, G.: Die »Subkultur der Armut« und die Entwicklungsproblematik. In: R. König (Hg.): Aspekte der Entwicklungssoziologie. Sonderheft 13 der Kölner Zeitschrift für Soz. u. Soz.psychol. Köln, Opladen 1969, 430–471

BOIS-REYMOND, M. DU: Strategien kompensatorischer Erziehung. Das Beispiel der USA. Frankfurt/M.: Suhrkamp 1971

CHRISTIANSEN, U.: Obdachlos, weil arm. Gießen: (edition 2000) 1973

CLINARD, M. B.: Slums and Community Development. New York 1966

ENQUETE über die Lage der Psychiatrie in der Bundesrepublik Deutschland. Bonn 1975

FRIEDRICH, H.: Familienarbeit bei sozialen Randgruppen. In: J. Zauner (Hg.): Familiendynamik und analytische Kindertherapie. Göttingen: Vandenhoeck & Ruprecht 1976

FRIEDRICH, H., FRÄNKEL-DAHMANN, I., SCHAUFELBERGER, H.-J., STREECK, U.: Soziale Deprivation und Familiendynamik. Göttingen: Vandenhoeck & Ruprecht 1979

GANS, H. J.: Culture and Class in the Study of Poverty: An Approach to Antipoverty Research. In: H. J. Gans: People and Plans. Essays on Urban Problems and Solutions. New York: Basic Books 1968

Poverty and Culture: Some Basic Questions about Methods of Studying Life-Styles of the Poor. In: P. Townsend (Ed.): The Concept of Poverty. Working Papers of Methods of Investigation and Life-Styles of the Poor in Different Countries. London: Heinemann 1971

GLASSER, P. H., GLASSER, L. N. (Eds.): Families in Crisis. New York, Evanston, London: Harper & Row 1970

IBEN, G.: Randgruppen der Gesellschaft. München: Juventa 1971

KEACH, G., FULTON, R., GARDNER, W. (Eds.): Education and Social Crisis. New York, London, Sydney: John Wiley 1967

LABBENS, J.: Le quart-monde. La pauvreté dans la société industrielle: étude sur le sous-prolétariat français dans la région parisienne. Paris: Sience et Service 1969

LEWIS, H.: Child `Rearing Among Low Income Families. Washington Center for Metropolitan Studies, June 8, 1961 (zit. n. S. M. Miller, F. Riessman: Social Class and Social Policy. New York: Basic Books 1968)

LEWIS, O.: The Children of Sanchez. New York: Random House 1961

La Vida. New York: Random House 1966

MILLER, S. M., RIESSMAN, F.: Social Class and Social Policy. New York, London: Basic Books 1968

MINUCHIN, S., u. a.: Families of the Slums. New York, London: Basic Books 1967

ORSHANSKY, M.: Counting the Poor: An other Look at the Poverty Profile. In: C. A. Ferman u. a. (Eds.): Poverty in America. Ann Arbor: University of Michigan ^{3}1971

REIN, M.: Problems in the Definition and Measurement of Poverty. In: P. Townsend (Ed.): The Methods of Investigation and Life-Styles of the Poor in Different Countries. London: Heinemann 1971

RICHTER, H. E.: Hat die Psychoanalyse in der Randgruppenarbeit eine Chance? In: P. Kutter (Hg.): Psychoanalyse im Wandel. Frankfurt/M.: Suhrkamp 1977

ROWNTREE, B. S.: Poverty and Progress: A Second Social Survey of York. London: Longmans, Green 1941

SAGER, C. J., BRAYBOY, TH. L., WAXENBERG, B. R.: Black Ghetto Family in Therapy. New York: Grove Press 1972

Armut (von Hannes Friedrich, Inge Fränkel-Dahmann, Hans-Jürg Schaufelberger und Ulrich Streeck)

Schellhorn, W., Jirasek, H., Seipp, P.: Das Bundessozialhilfegesetz. Neuwied: Luchterhand 1974

Titmuss, R. M.: Income Distribution and Social Change. London 1962

Townsend, P.: Measures and Explanations of Poverty in High Income and Low Income Countries: The Problems of Operationalizing the Concepts of Development, Class and Poverty. In: P. Townsend (Ed.): The Concept of Poverty. Working Papers on Methods of Investigation and Life-Styles of the Poor in Different Countries. London: Heinemann 1971

Vaskovics, L. A.: Segregierte Armut. Randgruppenbildung in Notunterkünften. Frankfurt/M., New York: Campus 1976

PSYCHOSOZIALE ASPEKTE
DER JUGENDARBEITSLOSIGKEIT

von Irmgard Kreft, Hedwig Vattes, Friedrich O. Wolf

EINLEITUNG

Sowohl das massenhafte Auftreten von Jugendarbeitslosigkeit als auch das besondere Hervortreten ihrer psychosozialen Aspekte sind als Momente einer spezifischen, in sich gegensätzlichen historischen Entwicklung zu begreifen. Versuche, ihre psychosozialen Aspekte abstrakt und unhistorisch aus diesem Zusammenhang gelöst zu betrachten[1], können daher allenfalls zu einer beliebigen Aufreihung der vorhandenen theoretischen Zugriffe führen (Bakke 1960; Zawadski, Lazarsfeld 1935; Lewin 1948; Appley, Cofer 1964). Da wir aufgrund eigener theoretisch-historischer Analysen[2] zu der Auffassung gekommen sind, der Kern dieser historischen Spezifik erschließe sich aus der Analyse der Formen der industriellen Reservearmee (Kreft, Vattes, Wolf 1978)[3], haben wir die folgende Darstellung der wesentlichen psychosozialen Aspekte – dieses in Deutschland zuerst in der Nachkriegskrise nach dem Ersten Weltkrieg auftretenden Phänomens (vgl. Preller 1949, Kuczynski 1968, Schöck 1977) – nach der Zugehörigkeit der Jugendlichen zu den unterschiedlichen Formen der industriellen Reservearmee gegliedert.[4] Da wir zu der Überzeugung gelangt sind, daß dieses historische Phänomen in der gegenwärtigen Krisenperiode zum ersten Mal in reiner Form auftritt, d. h. nicht überlagert von anderen Krisenerscheinungen, haben wir uns auf die Darstellung der psychosozialen Aspekte in dieser Periode konzentriert[5] und weisen auf oft davon unterschiedene Befunde aus früheren Krisenperioden nur vergleichend hin.[6]

Mit Burger u. Seidenspinner 1977 sind wir der Auffassung, daß die psychosozialen Aspekte der Jugendarbeitslosigkeit sich aufgrund der unterschiedlichen »Lebenssituation« der Jugendlichen stark differenzieren. Entsprechend der »Basis-Überbau-These« (vgl. Bader u. a. 1976, 19–64, insb. 26 ff) gehen wir dabei allerdings davon aus, daß innerhalb dieser »Lebenssituation« die materielle ökonomische Situation letztlich bestimmend ist, auch wenn – gerade hinsichtlich der Jugendlichen – die privaten Lebensverhältnisse in Familie, Nachbarschaft (vgl. Heinemann 1977, 90 ff) und Verwandtschaft, staatliche und andere öffentliche Maßnahmen[7] sowie gesellschaftlich herrschende ideologische Vorstellungen (vgl. Burger, Seidenspinner 1977, 155 ff) in hohem Grade darauf zurückwirken (vgl. Bierbaum u. a. 1977 b; Althusser 1968).

Uns ist bewußt, daß die dargestellten gesellschaftlich bestimmten Reaktions- und Verarbeitungsmuster die Variationsbreite des den konkreten persönlichen Individuen zugänglichen Spektrums individueller Besonderheiten nicht erschöpfen. Hier könnte erst durch eine Verbindung von sozialstrukturellen und biografischen Untersuchungsansätzen eine tragfähige Grundlage für differenziertere Aussagen geschaffen werden.[8]

JUGENDLICHE IN DER FLÜSSIGEN FORM DER INDUSTRIELLEN RESERVEARMEE

Zur flüssigen Form der industriellen Reservearmee sind alle die Jugendlichen zu rechnen, die auf der Suche nach einem festen Arbeitsplatz sind, der gesellschaftlich durchschnittliche Qualifikationen wie Lehre oder Anlernzeit[9] erfordert – bzw. nach einem entsprechenden Ausbildungsplatz –, und deren volle Eingliederung in den gesellschaftlichen Produktionsprozeß noch möglich erscheint. Hinsichtlich der psychosozialen Probleme, die aus der Arbeitslosigkeit resultieren, sind ferner alle die Jugendlichen unter dieser Form mit zu betrachten, die unmittelbar von Arbeitslosigkeit bedroht sind und sich im Übergang zur flüssigen Form der industriellen Reservearmee befinden.[10]

Die Auswirkungen der Arbeitslosigkeit auf das Bewußtsein und die sozialen Beziehungen der Jugendlichen in der flüssigen Form erscheinen in zwei alternativen Dimensionen: Individualistische Verarbeitungsmuster und Tendenzen zur sozialen Isolierung sind die gegenwärtig vorherrschenden Auswirkungen, die besonders ausgeprägt im kleinstädtischen Milieu auftreten und nur in großstädtischem Milieu mit proletarischen Traditionen durchbrochen werden.[11] Sie sind vielfach eingebettet in ideologische Vorstellungen, die von führenden Repräsentanten der Unternehmerseite vertreten werden und auch weitgehend die öffentliche Diskussion in den Massenmedien beherrschen (vgl. Harten 1977, 110 f, u. Cremer 1976): Die Jugendarbeitslosigkeit sei ursächlich auf »mangelnde Leistungsfähigkeit und Leistungsbereitschaft« der Jugendlichen selbst und auf »überhöhte Bildungsansprüche« der jungen Generation (im Zusammenhang mit dem Berufsbildungsgesetz[12]) zurückzuführen. Insbesondere den arbeitenden Jugendlichen erscheint Arbeitslosigkeit als persönliches Versagen. Sie grenzen sich scharf von den Jugendlichen ohne Arbeit ab. Die Angst vor der Arbeitslosigkeit ist verbunden mit der Vorstellung, gescheitert, »out« zu sein, nicht mehr mithalten zu können, sozial abzusteigen (Burger, Seidenspinner 1977, 70). Unter arbeitenden und arbeitslosen Jugendlichen ist die Konkurrenz stark ausgeprägt, die einhergeht mit der Aktivierung sozialer Vorurteile gegenüber anderen Lohnarbeitergruppen, vor allem Ausländern. Lehrlinge im kleinstädtischen Milieu übernehmen z. T. explizit »Unternehmerargumente« hinsichtlich der Arbeitslosensituation (Burger, Seidenspinner 1977, 134).

Die materielle Familienabhängigkeit und das enge Netz nachbarschaftlicher Kontrolle besonders in der Kleinstadt tragen entscheidend zur Isolierung der arbeitslosen Jugendlichen von Gleichaltrigengruppen bei und verhindern ihre Ablösung vom Elternhaus. Freundschaftsbeziehungen außerhalb der Familie werden vor allem durch den Mangel an Geld stark eingeschränkt.[13] Bei arbeitslosen Mädchen beschränken sich die sozialen Kontakte gänzlich auf die Eltern oder den »Freund«. Eine wachsende Dominanz weiblicher Rollenvorstellungen geht bei ihnen mit dem Abbau eigener beruflicher Wünsche einher und schließlich mit dem völligen Rückzug vom Arbeitsmarkt in die Familie.

Kollektiv-solidarische Verarbeitungsmuster der Arbeitslosigkeit sind gegenüber den individualistischen Formen gegenwärtig in weitaus geringerem Ausmaß und nur in industriellen Ballungszentren mit traditioneller Arbeiterbevölkerung zu finden. Im derartigen proletarischen Milieu ist als vorherrschende Orientierung das Bewußtsein der gemeinsamen Klassenlage von Arbeitenden und Arbeitslosen lebendig, das solidarische Lösungsmuster impliziert. Beispielhaft können wir uns auf die Darstellung der Auswirkungen der Arbeitslosigkeit auf Bewußtsein und soziale Beziehungen von Jungarbeitern einer Zeche im Ruhrgebiet beziehen (Burger, Seidenspinner 1977, 45 ff). Diese Gruppe von Jugendlichen reagiert nicht mit individuellen Schuldgefühlen oder Aufstiegsillusionen auf ihre Arbeitssituation und den Druck drohender Arbeitslosigkeit, sondern eher mit gemeinsamer Empörung. Die Beziehungen dieser Jugendlichen untereinander sind von solidarischem Verhalten und gegenseitigem Verstehen geprägt. Die familialen Belastungen, die aus der Arbeitslosigkeit resultieren, entstehen in diesen proletarischen Familien vorwiegend aufgrund finanzieller Schwierigkeiten und sehr viel weniger aufgrund unerfüllter Zukunftserwartungen an die Jugendlichen. Die solidarische Unterstützung durch Eltern und Freunde kann, wie Einzelbeispiele zeigen, auch Mädchen so weit stabilisieren, daß sie an ihren beruflichen Plänen über eine längere Periode der Arbeitslosigkeit hinweg und gegen institutionelle Widerstände festhalten und nicht auf die traditionelle Frauenrolle ausweichen (Burger, Seidenspinner 1977, 89 u. 118 f).[14]

Der geringe Ausprägungs- und Verbreitungsgrad dieser kollektiv-solidarischen Verarbeitungsformen in der gegenwärtigen Krisenperiode steht in engem Zusammenhang mit der relativen Schwäche der Arbeiterbewegung und dem – auch hinsichtlich der erwachsenen Arbeiterbevölkerung – niedrigen Stand der Klassenauseinandersetzungen in der Bundesrepublik.[15] Allerdings haben arbeitslose Jugendliche, die noch nie in einem gemeinsamen Arbeitsprozeß gestanden haben und einander nur als Konkurrenten auf dem Arbeitsmarkt gegenüberstehen, kaum die Möglichkeit, Solidarität mit anderen Lohnarbeitern zu entwickeln (vgl. Bierbaum u. a. 1977 a, 33 ff).

Auf eine Stabilisierung der Jugendlichen in der flüssigen Form der industriellen Reservearmee zielen gegenwärtig verschiedene Angebote an Bildungsmaßnahmen für arbeitslose Jugendliche ab. Sie können jedoch den Übergang einer wachsenden Zahl von Jugendlichen in die stockende Form bzw. in die latenten Formen der industriellen Reservearmee kaum aufhalten, sondern scheinen diesen Prozeß teilweise eher noch zu beschleunigen (vgl. Braun, Weidacher 1976, 34 ff; Frackmann 1976, 112 ff; Hild u. a. 1976, 51; Harten 1977, 92 ff).[16]

JUGENDLICHE IN DER STOCKENDEN FORM DER INDUSTRIELLEN RESERVEARMEE

Zur stockenden Form der industriellen Reservearmee rechnen wir Jugendliche, deren Suche nach einem Arbeitsplatz, der berufliche Qualifikationen erfordert, erfolglos geblieben ist und bleiben wird und die demzufolge diese Suche aufgegeben haben (Burger, Seidenspinner 1977, 93 u. 97).[17] Das Schwinden des beruflichen Anspruchsniveaus korreliert mit der Dauer der Arbeitslosigkeit und fehlender oder unsicherer finanzieller Absicherung durch das Arbeitsamt oder die Familie. Obwohl der Wunsch nach einem festen Arbeitsplatz weiterexistiert, stehen diesen Jugendlichen in der Regel nur noch Hilfs- und Gelegenheitsarbeiten offen. Das bedeutet aber, daß sie in der gegenwärtigen wirtschaftlichen Situation kaum eine Chance haben, dauerhaft eingegliedert zu werden. Auf diese Weise setzen sich gesellschaftliche Dequalifizierungstendenzen auf Kosten der Jugendlichen durch; es entsteht ein neuer Typus von Lohnarbeitern, für die sich unqualifizierte Gelegenheitsarbeiten mit Arbeitslosigkeit abwechseln (vgl. Hild u. a. 1976). Als zentrales psychosoziales Problem stellt sich für diese Jugendlichen ihre dauerhafte soziale Ausgliederung aus dem gesellschaftlichen Produktionsprozeß dar. Wie Jugendliche in der flüssigen Form haben auch Jugendliche in der stockenden Form kaum die Möglichkeit, Solidarität mit anderen Lohnabhängigen zu entwickeln.

Aber im Gegensatz zu den Jugendlichen in der flüssigen Form erleben sich diese Jugendlichen als im Konkurrenzkampf Unterlegene: Individualistische Verarbeitungsmuster haben bei ihnen verstärkt zu Schuldgefühlen bzw. zur Übernahme negativer Fremdeinschätzung geführt, die häufig in Resignation und Ohnmachtsgefühle einmünden.

Modifikationen dieser individualisierenden Verarbeitungsmuster ergeben sich z. T. aus tradierten gesellschaftlichen Bewußtseinsformen, die in dem jeweiligen Milieu der Jugendlichen vorherrschen: Bei Jugendlichen aus einem typischen großstädtischen Arbeitermilieu treten – im Gegensatz zu Jugendlichen aus kleinstädtischem Milieu – individualisierende Verarbeitungsmuster sehr abgeschwächt auf (vgl. Burger, Seidenspinner 1977, 84 f, 80 f).

Da diese Jugendlichen von einer gesellschaftlichen Eingliederung als Lohnarbeiter abgeschnitten sind, müssen sich ihre sozialen Beziehungen auf Freizeitbereich und Familie beschränken. Bezogen auf den Freizeitbereich läßt sich allgemein sagen, daß mit der Dauer der Arbeitslosigkeit die Gefahr der Isolation gegenüber Gleichaltrigen zunimmt. Im Unterschied zu Jugendlichen in der flüssigen Form wird eine Einbindung in Cliquen, zu denen auch arbeitende Jugendliche gehören, seltener; v. a. als Folge ihrer finanziellen Lage, weniger aufgrund eines Verlustes an Sozialprestige. Die Zugehörigkeit zur Arbeitslosenclique verhindert zwar soziale Isolation, wird aber von den Jugendlichen selbst eher negativ eingeschätzt: Sie vermissen Anstöße zur Veränderung ihrer Situation und zur Überwindung ihrer resignativen Haltung als Arbeitslose und übertragen ihre negative Selbstwahrnehmung auf die Gruppe (vgl. Burger, Seidenspinner 1977, 81). Möglichkeiten der Aufrechterhaltung und Förderung sozialer Beziehungen dieser Jugendlichen werden in Praxisberichten aus großstädtischen Jugendfreizeitangeboten[18] beschrieben, wo Gruppen dieser Jugendlichen gemeinsame sinnvolle Tätigkeiten sozialer und handwerklicher Art entwickelt haben. Diese Erfahrung bewirkt bei ihnen einen festeren Gruppenzusammenhang, den sie insofern besonders positiv erleben, als ihre sporadischen Einblicke in das ihnen offenstehende Lohnarbeiterdasein – als Hilfs- oder Gelegenheitsarbeiter – zu der Reaktion geführt haben, unter diesen Bedingungen keine Lohnarbeiter mehr sein zu wollen. Bezogen auf ihr Lohnarbeiterdasein sind diese Jugendlichen zwar resigniert, andererseits läßt aber ihre Erfahrung, zu sinnvoller Tätigkeit fähig zu sein, individuelle Schuldgefühle kaum aufkommen (vgl. Diemer 1976, 51 f; Kappeler 1976, 116 f).[19]

Die Familienbeziehungen dieser Jugendlichen beschränken sich bei den Jungen in der Regel auf materielle Versorgungserwartungen[20], werden aber durch die langandauernde Arbeitslosigkeit so stark belastet, daß ihnen die Möglichkeit des Herausfallens aus der Familie als reale Bedrohung erscheint[21] (vgl. Burger, Seidenspinner 1977, 80 u. 101 f). Mädchen tauchen in der stockenden Form der industriellen Reservearmee weniger auf; selbst wenn sie in dieser Form erscheinen, werden sie in der Regel nach kürzerer Zeit auch als Arbeitskräfte von der Familie absorbiert (vgl. Burger, Seidenspinner 1977, 88 f).

JUGENDLICHE IN DEN LATENTEN FORMEN DER INDUSTRIELLEN RESERVEARMEE

Neben den behandelten manifesten Formen der industriellen Reservearmee stehen ihre latenten Formen.[22] Auch in diesen Formen unterbleibt eine Eingliederung sowie die damit verbundene Entwicklung neuer Formen von Bewußtsein und sozialen Beziehungen.

Jugendliche in der latenten Form. In der latenten Form findet nicht einfache Freisetzung statt, sondern die vollständige Eingliederung in relativ rückständige, marginale Formen der Arbeit, die sonst verlassen worden wären. Hierher gehören vor allem die Jugendlichen auf dem Lande, die in die zumeist bäuerliche Eigenwirtschaft der Eltern eingegliedert werden.[23] Im Unterschied zu den anderen von Arbeitslosigkeit betroffenen Jugendlichen liegt hier keine Angst vor Arbeitsplatzverlust und kein Mangel an Beschäftigung vor – im Gegenteil ist eher Angst davor zu konstatieren, überhaupt nicht mehr »hier heraus« zu kommen, sowie starke Überlastung mit Arbeit, aufgrund der meist angespannten Konkurrenzsituation dieser Betriebe (vgl. für die Mädchen: Burger, Seidenspinner 1977, 120 ff). Als zentrale psychosoziale Auswirkungen können hervorgehoben werden, daß – stärker noch als bei den Jugendlichen in manifesten Formen – der Ablösungsprozeß von der Familie verzögert (vgl. Burger, Seidenspinner 1977, 121 ff) sowie allenfalls ein Bewußtsein der Vorläufigkeit der eigenen Lebenssituation aufrechterhalten wird (vgl. Burger, Seidenspinner 1977, 126 f). Die lokale Infrastruktur (vgl. Burger, Seidenspinner 1977, 107 f) sowie wiederum geschlechtsspezifische Ideologien und Handlungsmuster (vgl. Burger, Seidenspinner 1977, 127 ff) sind dabei die wichtigsten modifizierenden Bedingungen.

Es ist anzunehmen, daß außer einer verstärkten Einbindung dieser Jugendlichen in den elterlichen Wirtschaftszusammenhang auch Formen individueller Auflehnung und Verweigerung vollzogen werden, die in den vorliegenden Untersuchungen nicht erfaßt sind.[24]

Jugendliche in der pseudolatenten Form der industriellen Reservearmee. Auch für die weiblichen Jugendlichen aus lohnabhängigen Familien vollzieht sich eine derartige Eingliederung in die häuslichen Reproduktionsarbeiten (einschließlich der Kinderbetreuung) (vgl. Burger, Seidenspinner 1977, 112 ff), ohne daß damit allerdings von ihnen ein eigenständiger finanzieller Beitrag zur Reproduktion der lohnabhängigen Familie geleistet würde. Da die Überflüssigkeit dieser Jugendlichen als Arbeitskraft dadurch in ähnlicher Weise verdeckt wird wie im Fall der latenten Form, bezeichnen wir diese Form der industriellen Reservearmee als pseudolatente Form.[25] Ihre spezifische Grundlage liegt sowohl in den Erfordernissen des privaten Lebens der Familienmitglieder (vgl. Burger, Seidenspinner 1977, 114) nach reproduktiven Dienstleistungen als auch in der Rolle der Frau als zukünftige Hausfrau und Mutter (vgl. Burger, Seidenspinner 1977, 123 u. 127 ff). Diesen Mädchen gehen zunehmend eine eigenständige Berufsperspektive sowie außerfamiliale soziale Beziehungen verloren. Entsprechend den vorherrschenden ideologischen Orientierungen ergeben sich dafür grundsätzlich zwei Verarbeitungsmuster[26], die vermutlich nacheinander überwiegen: einerseits ein bewußtes Festhalten und Stabilisieren der außerfamilialen sozialen Beziehungen und Perspektiven, verbunden mit einer Orientierung auf eine Berufstätigkeit »so bald wie möglich« (vgl. Burger, Seidenspinner 1977, 116 u. 118 f) – oder andererseits ein Verfallen in Apathie und Resignation hinsichtlich der Berufsperspektive und Überidentifikation mit der privaten Lebenssituation der Eltern (vgl. Burger, Seidenspinner 1977, 118). Aufgrund dieser Verarbeitungsformen reduzieren dann die Mädchen ihre sozialen Kontakte außerhalb des sozialen Kontextes ihrer Eltern, z. T. bis zum Nullpunkt (vgl. Burger, Seidenspinner 1977, 116). Wie sehr sie sich dabei in einer extremen Belastungssituation befinden, wird daraus deutlich, daß u. U. auch die Kontakte zu männlichen Gleichaltrigen dieser Isolierung zum Opfer fallen – während doch die Orientierung auf eine Heirat zur alleinigen Lebensperspektive wird.

Das zweite Verarbeitungsmuster dürfte weit überwiegen – oft auch noch sekundär überdeckt durch ein Abgrenzungsverhalten (als Überidentifikation mit der herrschenden Weiblichkeitsideologie) gegenüber berufstätigen Frauen (vgl. Burger, Seidenspinner 1977, 127 u. 154).

Aus diesem Sachverhalt ergibt sich u. E., daß eine Ausbildungs- und überhaupt eine Bildungsmotivation weiblicher Jugendlicher, die erst einmal in diese Form der industriellen Reservearmee übergegangen sind, überwiegend nur noch äußerst schwer zu wecken sein dürfte. Ein zentraler Ansatzpunkt zur Verhinderung eines Absinkens in diese Form ist u. E. der soziale Kontakt zu – weiblichen und männlichen – Gleichaltrigen in der »Clique« oder auch im Rahmen geeigneter Maßnahmen (vgl. Burger, Seidenspinner 1977, 152 u. 88).

In diese pseudolatente Form fallen auch überwiegend die berufsschulpflichtigen männlichen Jugendlichen, für die gegenwärtig besonders schlechte Chancen einer Eingliederung auch nur als Hilfsarbeiter bestehen, da ihre Ausbeutbarkeit durch Jugendarbeitsschutz und Berufsschulpflicht eingeschränkt ist. Für sie ergeben sich in der Regel besondere psychosoziale Probleme aus ihrer totalen materiellen Abhängigkeit von den Eltern. Die Hoffnungslosigkeit ihrer Situation dürfte insbesondere zu ausgeprägten Formen der sozialen Isolierung bzw. der individuellen Auflehnung führen[27]: Ihre reduzierten sozialen Beziehungen zu Gleichaltrigen sind von Kommunikationsmangel geprägt; auf die Einrichtungen des Jugendfreizeitbereichs beziehen sie sich allenfalls als passive Konsumenten, ohne sich wirklich in sie integrieren zu lassen. Überwiegend sind individuelle Schuldzuschreibung bzw. Übernahme negativer Fremdeinschätzungen bei ihnen so stark, daß sie zu selbstzerstörerischen Tendenzen führen. Alkohol- und Drogenkonsum wird u. E. in dieser Gruppe von Jugendlichen zu einem gravierenden Problem, insbesondere aufgrund der damit verbundenen Gefahr eines Absinkens in weitergehende Formen gesellschaftlicher Ausgliederung und Ausgrenzung.[28]

JUGENDLICHE IN FORMEN WEITERGEHENDER AUSGLIEDERUNG UND AUSGRENZUNG

Die gesellschaftlich durchschnittliche materielle Reproduktion der Jugendlichen ist normalerweise zumindest auf dem Reproduktionsniveau der elterlichen Familie gewährleistet, auch wenn gleichzeitig – insbesondere bei den männlichen Jugendlichen – die elterliche Familie kaum noch zu ihrer psychischen Reproduktion beiträgt. Da mit der Dauer der Arbeitslosigkeit sich auch für die männlichen Jugendlichen die sozialen Kontakte reduzieren (wenn auch nicht im vergleichbaren Umfang wie bei den weiblichen Jugendlichen), muß davon ausgegangen werden, daß sie sich in einer starken Belastungssituation[29] befinden. Über die Verarbeitungsformen dieser Belastungssituation, die den männlichen Jugendlichen in dieser Lage zur Verfügung stehen, läßt sich allgemein nur sagen, daß sie ganz überwiegend zu einer Verschärfung der Ausgrenzung führen: unmittelbar aufgrund ihrer Auswirkungen auf die psychosoziale Befindlichkeit – wie im Fall der Entwicklung psychosomatischer Symptome sowie der Flucht in Alkohol- oder Drogenkonsum und Suizid – oder mittelbar aufgrund der gesellschaftlichen Reaktionen – wie im Falle psychotischer oder krimineller Verarbeitungsmuster, die zur institutionalisierten Ausgrenzung der Jugendlichen führen.[30]

Dabei ist als wichtiger jugendspezifischer Zug festzuhalten, daß es einen breiten Zwischenbereich institutionalisierter Erfassungsarten gibt, die ihrem Anspruch nach als Ergänzung bzw. Ersatz der Familie fungieren – auch wenn sie in ihrer Realität Selektions- und Übergangsinstitutionen in eine dauerhafte gesellschaftliche Ausgliederung (und damit in den »Pauperismus«) darstellen.[31]

Insgesamt ist hervorzuheben, daß sowohl die stockende als auch die latenten Formen der industriellen Reservearmee nur geringen Spielraum für eine individuell und sozial stabilisierende Verarbeitung der Erfahrung der eigenen Überflüssigkeit als Arbeitskraft lassen. Die Entwicklung bzw. Förderung derartiger Verarbeitungsmuster dürfte eine Rückführung in die entsprechenden manifesten Formen bzw. in die flüssige Form der industriellen Reservearmee durch geeignete arbeitsmarktpolitische Maßnahmen voraussetzen. Erst wenn dies nicht möglich ist, geht es darum, einem Absinken dieser Jugendlichen in über die latenten noch hinausgehenden Formen von Ausgliederung und Ausgrenzung entgegenzuwirken – vor allem durch Stabilisierung und Förderung der informellen sozialen Kontakte zu Gleichaltrigen. »Förderungs«-Maßnahmen, die durch institutionalisierte Erfassung der entsprechenden Jugendlichen auch noch die letzten eventuell bestehenden derartigen Beziehungen zerbrechen lassen, können insofern nur als Moment einer Beschleunigung entsprechender Ausgliederungs- und Ausgrenzungstendenzen wirken. Maßnahmen zur Unterstützung bestehender Beziehungsnetze im Wohnbereich der Jugendlichen wären demgegenüber eher geeignet, den damit einhergehenden psychosozialen Desintegrationstendenzen wirksam entgegenzuarbeiten.[32]

Eine differenzierte Analyse und Erklärung dieser Verarbeitungsmuster ist u. E. nur möglich, wenn auf die Ebene der individuell besonderen Biografie der jeweiligen Jugendlichen eingegangen wird, die allein die spezifischen Verlaufsformen individueller Desintegration oder Resistenz unter der Belastung der Arbeitslosigkeit erklären kann. Das gilt nicht nur für die Jugendlichen, die sich in extrem ausgegliederten Formen der industriellen Reservearmee befinden – wenn es auch für sie, aufgrund ihrer hochgradig fortgeschrittenen Isolierung, besondere Bedeutung erlangt.[33]

ANMERKUNGEN

1

Wie es von Wacker 1976 unternommen worden ist.

2

Bei denen wir uns auf Vorarbeiten von Böcker u. a. 1976, Hild u. a. 1976, Liebel 1975 stützen konnten.

3

Im Anschluß an Marx 1959, 657–675. Mit der Übernahme dieses Terminus ist u. E. nicht impliziert, daß die Problematik der »überschüssigen Arbeiterbevölkerung« auf die Industrie eingegrenzt zu sehen ist oder daß alle in diese Kategorie fallenden Gruppen ohne weiteres als Bestandteile des aktivierbaren »gesellschaftlichen Arbeitskräftepotentials« zu betrachten sind.

4

Den hier angedeuteten inneren Zusammenhang der verschiedenen Formen, die die Überflüssigkeit von Teilen der Arbeiterbevölkerung bzw. die Existenz der industriellen Reservearmee annehmen kann, hat Marx allgemein entwickelt. Andeutungsweise kann dabei »flüssige Form« als die ohne weiteres eingliederungsfähige Form, etwa der Arbeitsuchenden auf dem normalen Arbeitsmarkt, die »stockende Form« als die, deren Eingliederung nicht mehr ohne Schwierigkeiten bzw. nicht mehr voll möglich ist, etwa der Gelegenheitsarbeiter auf peripheren Arbeitsmärkten, und die Form des »Pauperismus« als die grundsätzlich nicht mehr eingliederungsfähige Form gekennzeichnet werden. Die »latente Form« ist als eine verdeckte Form der Arbeitslosigkeit zu kennzeichnen, über deren Eingliederungsfähigkeit nichts ausgesagt werden kann.

5

Dabei stützen wir uns auf die explorative Studie von Burger, Seidenspinner 1977 sowie ergänzend auf Praxisberichte, z. B. Autorenkollektiv 1976, Diemer 1976, Kappeler 1976, Opaschowski 1976 und eine punktuelle Untersuchung (Heinemann 1977).

6

Dabei ist darauf hinzuweisen, daß es für die zwanziger und dreißiger Jahre nur verstreutes und wenig aussagekräftiges Material gibt (vgl. Herrnstadt 1931; Bremner 1974; Jewkes, Winterbottom 1933). Nur für die 50er Jahre liegt eine ausgearbeitete spezifische Untersuchung vor (DGB 1952; vgl. a. Adorno 1975), deren Informationsreichtum u. E. in der Darstellung durch Schelsky 1952 keinen angemessenen Ausdruck gefunden hat.

7

Dazu vergleiche vor allem Braun, Weidacher 1976 sowie auch AGJ u. a. 1977 ff. Es gibt auch schon differenzierte Einzeluntersuchungen, z. B. Hild 1977 und Wenninger 1977.

8

Zu dieser Problematik vgl. die Ansätze einer »dialektischen Entwicklungspsychologie« (z. B. Riegel, Meacham 1976 sowie deren Beitrag in Bd. VII dieser Enzyklopädie, wie sie z. Zt. etwa in der deutschen Jugendsoziologie rezipiert werden (vgl. Allerbeck, Rosenmayr 1976).

9

Oder einen informellen Eingliederungsprozeß als ungelernte Arbeiter – zur neueren Entwicklung der Jungarbeiterproblematik vgl. Schweikert u. a. 1975 sowie Struck, Witte 1976.

10

Hierzu rechnen Schüler in Abgangsklassen der Haupt- und Sonderschulen, Lehrlinge ohne Aussicht auf Weiterbeschäftigung in ihrem Lehrbetrieb und Jungarbeiter in Branchen mit hohem Beschäftigungsrisiko.

11

Die hier zugrundegelegte Unterscheidung von »kleinstädtischem«, »großstädtischem« und »ländlichem« Milieu lehnt sich an die Befunde von Burger, Seidenspinner 1977, 93, 104 f u. 120 an.

12

Durch die Festlegung im Berufsbildungsgesetz von 1969, das die bis dahin für die berufliche Bildung geltende Gewerbeordnung von 1869 ablöste, sind bestimmte Bereiche der beruflichen Bildung öffentlich-rechtlich geregelt worden. Darunter fallen u. a. folgende Regelungen: a) Bestimmungen für die Eignung der Ausbilder und der Ausbildungsstätten; b) staatliche Anerkennung von Ausbildungsberufen; c) Entwicklung von Ausbildungsordnungen mit Regelungen für Ausbildungsdauer, Berufsbildung, Rahmenpläne, Prüfungsanforderungen.
Die Bestimmungen sind aber fast durchgängig ganz allgemein gefaßt, ohne feste Definition, oder sie sind als Kann-Bestimmungen formuliert. Dennoch hat sich am Berufsbildungsgesetz eine hitzige öffentliche Diskussion entfacht, in der die Unternehmerseite den Gesetzgebern vorwarf, aufgrund ihrer unzumutbaren Anforderungen für den Rückgang der Ausbildungsplätze verantwortlich zu sein; während sich der DGB anfänglich zu dem Vorwurf hinreißen ließ, die Unter-

nehmer würden willkürlich die Ausbildungsplätze verknappen, um damit das Berufsbildungsgesetz zu boykottieren. Die Ausweitung der Jugendarbeitslosigkeit hat die strukturellen und konjunkturellen Ursachen des Lehrstellenrückgangs zutage treten lassen und damit die Falschheit dieser Argumentationen aufgezeigt, die aber z. T. dennoch als Ideologie weiterexistieren.

13

Das gilt nur für diejenigen Jugendlichen, die Anspruch auf Arbeitslosengeld haben.

14

In der Krise der fünfziger Jahre hatte die elterliche Familie, soweit sie nicht – wie bei 50 Prozent der Jugendlichen – zerstört war, dagegen vorwiegend diese stabilisierende Funktion für die von Arbeitslosigkeit betroffenen Jugendlichen. Vgl. dazu Rudolph 1952, insb. 59, und Schelsky 1952, 300 f (der allerdings darin durchaus auch negative Aspekte sieht, insofern der familiale Einfluß der regionalen Mobilität und der beruflichen Flexibilität entsprechend den gesunkenen gesellschaftlichen Qualifikationsanforderungen entgegenwirkte).

15

Im Unterschied zur gegenwärtigen Lage sprechen einige Hinweise dafür, daß in den Krisenperioden der zwanziger und dreißiger Jahre analog zum Stand der politischen Organisierung der erwachsenen Arbeitslosen, die bis zu 50 Prozent der Mitglieder der KPD ausmachten (Schöck 1977, 153), auch bei den jugendlichen Arbeitslosen politische Verarbeitungsformen der Arbeitslosigkeit dezidierter und von weit größerem Gewicht gewesen sind als in der Gegenwart (vgl. Bühler 1975, 243 Anm. 66; Geiger 1932, 97 u. 111, sowie IMSF (Hg.) 1975, 124 u. 127 f). Auch in der Krisenperiode der beginnenden fünfziger Jahre unterschieden sich die Verarbeitungsmuster der Arbeitslosigkeit bei den Jugendlichen von den heute vorherrschenden: Zwar waren in dieser Periode bei den Betroffenen weitgehend auch individualistische Verarbeitungsmuster vorhanden – zudem mit ausgeprägter Distanz zu politischen Formen der Organisierung (vgl. Kluth 1952 b) – jedoch fehlte die gegenwärtig bedeutsame Tendenz zur sozialen Isolierung, die allenfalls als Folge sehr lang anhaltender Arbeitslosigkeit zum Problem wurde (Kluth 1952 a, 124 f).

16

Über die in den verschiedenen Ländern der Europäischen Gemeinschaft einschließlich der Bundesrepublik Deutschland diskutierten und geplanten staatlichen Maßnahmen gegen Jugendarbeitslosigkeit gibt der Konferenzbericht des Europäischen Zentrums für die Förderung der Berufsbildung (CEDEFOP Berlin) 1977 Auskunft; speziell für die BRD vgl. Brumlop u. a. 1977.

17

In den amtlichen Statistiken zum Ausmaß der Arbeitslosigkeit, die von der Bundesanstalt für Arbeit herausgegeben werden, sind nur Jugendliche erfaßt, die sich in der flüssigen Form der industriellen Reservearmee befinden, und diese auch nur, soweit sie beim Arbeitsamt als Arbeitslose registriert sind. Über die Zahl der arbeitslosen Jugendlichen in der stockenden oder in den latenten Formen sind dagegen nur Schätzungen möglich. Aufgrund von Untersuchungen in einigen Städten wird davon ausgegangen, daß nur etwa ein Drittel der arbeitslosen Jugendlichen auch amtlich gemeldet ist (AGJ u. a. 1976, I, 3). Sorgfältige statistische Analysen liegen aus der Krisenperiode Anfang der fünfziger Jahre vor. Sie zeigen, daß damals die Jugendlichen in der stockenden und in der latenten Form der industriellen Reservearmee die Zahl der Arbeitslosen in der jungen Generation nahezu verdoppelten (Meis 1952, 176).

18

Es handelt sich hierbei um Formen offener Jugendarbeit in Freizeitheimen von verschiedenen Trägern, in denen Ansätze von Selbstverwaltung der Jugendlichen praktiziert werden.

19

Auf diesen Aspekt der »Lebenssituation« von Jugendlichen in der stockenden Form beziehen sich u. E. die unterschiedlichen Versuche einer Initiierung von »Arbeitslosenselbsthilfe« (vgl. Lessing u. a. 1977).

20

Die bei Jugendlichen in dieser Form noch durch Gelegenheitseinkünfte abgeschwächt werden (vgl. Burger, Seidenspinner 1977, 103).

21

Herausfallen aus der Familie kann sowohl heißen, daß die Eltern die Jugendlichen ausschließen, indem sie sie z. B. der Fürsorgeerziehung übergeben, als auch, daß die Jugendlichen selbst sich von der Familie lösen, weil sie die Spannungen in der Familie nicht mehr aushalten können.

22

Der Umfang dieser latenten Form dürfte im Rahmen der Industrialisierung historisch zurückgegangen sein. Daß sie dennoch auch in der jüngeren Vergangenheit und in der Gegenwart eine quantitativ bedeutende Rolle spielen, zeigen die einschlägigen Untersuchungen (vgl. Meis 1952; Burger, Seidenspinner 1977, 124 f – nur für die weiblichen Jugendlichen).

23

Hierher gehören aber auch diejenigen Lehrlinge, die in Handwerksbetrieben einen Ausbildungsplatz finden, die weder eine gesellschaftlich durchschnittliche Qualifikation bieten noch eine über die Ausbildungszeit hinausreichende Ausbildungsperspektive.

24

Wohl aufgrund der geringen Gesamtdauer der Jugendarbeitslosigkeit zum Zeitpunkt ihrer Durchführung.

25

Die Wahl dieses Ausdrucks soll nicht andeuten, es handele sich hier nicht um eine reale latente Form. Vgl. zu diesen Jugendlichen auch Burger, Seidenspinner 1977, 112 (die allerdings die ebenso realen Unterschiede zu den Jugendlichen in der latenten Form i. e. S. vernachlässigen).

26

Es ist anzunehmen, daß diese Verarbeitungsmuster in Zusammenhang stehen mit den beiden von Burger, Seidenspinner 1977, 128 unterschiedenen Formen der Unterwerfung unter die eigene Geschlechtsrolle, die als rigide bzw. als flexible Übernahme charakterisiert werden können.

27

In einem Erfahrungsbericht wird, unter erkennbarem Bezug auf diese Gruppe, dementsprechend ein »lumpenproletarischer Nihilismus« konstatiert (Diemer 1976, 51).

28

Leider ist diese Gruppe von Jugendlichen von Burger, Seidenspinner 1977 nicht gesondert untersucht worden.

29

Eine empirische Untersuchung zum Zusammenhang von Arbeitslosigkeit und psychischer Belastung liegt nur für ältere Arbeitslose vor, vgl. Frese, Mohr 1977.

30

Als Beleg dafür kann u. E. die differenzierte Analyse der Kriminalität arbeitsloser Jugendlicher von Beermann 1952, insb. 267, gelten, die neben der hohen Korrelation von Jugendarbeitslosigkeit und Jugendkriminalität vorrangig auf den Zusammenhang von Jugendkriminalität und Familienverhältnissen verweist (vgl. auch Heinemann 1977, 162 ff).

31

Daß auch in diesen Zwischenbereichen gegenwärtig individualistische Verarbeitungsmuster im Vordergrund stehen, ist – etwa im Vergleich zu den kollektiven Auflehnungstendenzen in den Jugendheimen der späten Weimarer Zeit oder zur »Heimrevolte« der späten sechziger Jahre – als historisch bestimmter generationsspezifischer Zug zu sehen.

32

Hinweise darauf sind u. E. Beobachtungen in Förderlehrgängen für »berufsunreife Jugendliche« zu entnehmen, vgl. Autorenkollektiv 1976, sowie neueren Konzepten der offenen Jugendarbeit mit arbeitslosen Jugendlichen, vgl. HEZ, Sondernr. April/Mai 1977.

33

Hierin liegt u. E. der berechtigte Kern der von Wacker 1976, 15 f, und Heinemann 1977, 18 f, vertretenen Entdifferenzierungsthese.

LITERATUR

ADORNO, T. W.: Zum gegenwärtigen Stand der deutschen Soziologie. In: Gesammelte Schriften, VIII: Soziologische Schriften 1. Frankfurt/M.: Suhrkamp 1972, 500–531

ALLERBECK, K., ROSENMAYR, L.: Einführung in die Jugendsoziologie. Heidelberg: Quelle & Meyer 1976

ALTHUSSER, L.: Widerspruch und Überdetermination. In: Für Marx. Frankfurt/M.: Suhrkamp 1968, 52–99

APPLEY, M. H., COFER, C. N.: Motivation: Theory and Research. New York, London, Sydney: Wiley & Sons 1964

ARBEITSGEMEINSCHAFT FÜR JUGENDHILFE (AGJ), DEUTSCHER BUNDESJUGENDRING (DBJR), BUNDESARBEITSGEMEINSCHAFT JUGENDAUFBAUWERK (BAG JAW) (Hg.): Jugendarbeitslosigkeit. Neuwied: Luchterhand 1977

AUTORENKOLLEKTIV: Jugendliche in Neukölln III. Berlin: Eigenverlag 1976

BADER, V., BERGER, J., GANSSMANN, H., KNESEBECK, J. v. d.: Einführung in die Gesellschaftstheorie. Frankfurt/M.: Campus 1976

BAKKE, E. W.: The cycle of adjustment to unemployment. In: N. W. Bell, E. F. Vogel (Eds.): A modern introduction to the family. Glencoe, Ill.: The Free Press 1960, 112–125

BEERMANN, F.: Arbeitsschicksal und Kriminalität der Jugendlichen. In: DGB (Hg.): Arbeitslosigkeit und Berufsnot der Jugend, II. Köln: Bund-Verlag 1952, 233–268

BIERBAUM, C., BISCHOFF, J., EPPENSTEIN, D., HERKOMMER, S., MALDANER, K., MARTIN, A.: Ende der Illusionen? Hamburg, Berlin: Verlag für das Studium der Arbeiterbewegung 1977 a

BIERBAUM, C., BISCHOFF, J., HERKOMMER, S., MALDANER, K.: Bewußtseinsformen des Alltagslebens. Beiträge zum wissenschaftlichen Sozialismus, 5, 1977 b, 3, 131–169

BÖCKER, W., OLK, T., OTTO, H. W.: Jugendarbeitslosigkeit: Reaktion und Perspektiven der Sozialarbeit. Neue Praxis, 2, 1976, 124–153

BRAUN, W., WEIDACHER, A.: Materialien zur Arbeitslosigkeit und Berufsnot Jugendlicher. München: Deutsches Jugendinstitut 1976

BREMNER, R. H. (Ed.): Children and Youth in America, III: 1933–1973, Parts 1–7 (2 Bde.). Cambridge, Mass.: Harvard University Press 1974

BRUMLOP, E., GERLACH, F., MOHR, W.: Vom Reform- zum Lückenbüßerstatus – Staatliche Hilfsmaßnahmen für arbeitslose Jugendliche. Paed. extra, 4, 1977, 46–49

BÜHLER, C.: Das Seelenleben der Jugendlichen. Frankfurt/M.: Fischer Taschenbuch Verlag 1975

BURGER, A., SEIDENSPINNER, G.: Jugend unter dem Druck der Arbeitslosigkeit. München: Juventa 1977

CREMER, G. (Hg.): Jugend ohne Arbeit. München: Kösel 1976

DGB (Hg.): Arbeitslosigkeit und Berufsnot der Jugend, I–II. Köln: Bund-Verlag 1952

DIEMER, A.: Solidarität lernen, leben lernen, kämpfen lernen. Sozialmagazin, 2, 1976, 47–57

EUROPÄISCHES ZENTRUM FÜR DIE FÖRDERUNG DER BERUFSBILDUNG (CEDEFOP BERLIN) (Hg.): Jugendarbeitslosigkeit und Berufsbildung in der Europäischen Gemeinschaft – Beiträge und Materialien – (1. Beratende Konferenz des Zentrums in Zandvoort/NL, 13.–15. 12. 76). Berlin: Eigenverlag 1977

FRACKMANN, M.: Das Elend der Berufsbildung. Berlin: Verlag für das Studium der Arbeiterbewegung 1976

FRESE, M., MOHR, G.: Die psychischen Folgen von Arbeitslosigkeit: Depression bei älteren Arbeitslosen. WSI Mitteilungen, 11, 1977, 674–679

Die psychopathologischen Folgen des Entzugs von Arbeit: Der Fall Arbeitslosigkeit. In: M. Frese, S. Greif, M. Semmer (Hg.): Industrielle Psychopathologie. Bern: Huber 1978 (im Druck)

GEIGER, T.: Die soziale Schichtung des deutschen Volkes. Stuttgart: Enke 1932

HARTEN, H.-C.: Strukturelle Jugendarbeitslosigkeit. München: Kösel 1977

HEINEMANN, K.: Jugendarbeitslosigkeit – eine empirische Untersuchung über Ursachen und Folgen eines sozialen Problems. Trier: Hektographiertes Manuskript 1977

HERRNSTADT, E.: Die Lage der arbeitslosen Jugend in Deutschland. Berlin: R. von Decker's 1931

HEZ, HEIM- UND ERZIEHERZEITSCHRIFT (Hg.): Grundfragen offener Jugendarbeit. Sondernummer April/Mai 1977

HILD, P.: Funktion und Wirkung von Beschäftigungshilfen für arbeitslose Jugendliche am Beispiel der Beschäftigungshilfen des Anschlußprogramms gegen Jugendarbeitslosigkeit des Landes Nordrhein-Westfalen im Amtsbezirk Köln (Institut zur Erforschung sozialer Chancen, Bericht Nr. 1). Köln: Eigenverlag 1977

HILD, P., ONNA, B. VAN, WENNINGER, G.: Jugend ohne Beruf und Arbeit. Psychologie heute, 3, 1976, 12, 33–51

INSTITUT FÜR MARXISTISCHE STUDIEN UND FORSCHUNGEN (IMSF) (Hg.): Aus der Geschichte der deutschen Arbeiterjugendbewegung. Frankfurt/M.: Marxistische Blätter 1975

JEWKES, J., WINTERBOTTOM, A.: Juvenile Unemployment. London: Allen & Unwin 1933

KAPPELER, M.: Jugendarbeitslosigkeit als praktisches Problem in der Jugendarbeit. Deutsche Jugend, 25, 1976, 3, 111–119

KLUTH, H.: Die Gemeinschaftsfähigkeit der arbeitslosen Jugendlichen. In: DGB (Hg.): Arbeitslosigkeit und Berufsnot der Jugend, II. Köln: Bund-Verlag 1952 a, 61–126

Das Verhältnis der arbeitslosen Jugendlichen zu Staat und Politik. In: DGB (Hg.): Arbeitslosigkeit und Berufsnot der Jugend, II. Köln: Bund-Verlag 1952 b, 127–232

KREFT, I., VATTES, H., WOLF, F. O.: Theoretischer Rahmen zur Analyse psychosozialer Aspekte der Jugendarbeitslosigkeit. Berlin: Hektographiertes Manuskript 1978

KUCZYNSKI, J.: Studien zur Geschichte der Lage des arbeitenden Kindes in Deutschland von 1700 bis zur Gegenwart. Berlin: Akademie 1968

KÜHL, J.: Jugendarbeitslosigkeit, Bildungs- und Beschäftigungssystem. Eine empirische Analyse. Gewerkschaftliche Monatshefte, 25, 1975, 9, 526–537

LESSING, H., LIEBEL, M., RABATSCH, M., POTTING, C. (Hg.): Alternativ geht fast nix schief. Paedex-sozialarbeit, 8, 1977, 20–35

LEWIN, K.: Perspective and Morale. In: Resolving social Conflicts. New York: Harper 1948, 103–124. Deutsch: Zeitperspektive und Moral. In: Die Lösung sozialer Konflikte. Bad Nauheim: Christian 1953, 152–180

LIEBEL, M.: Arbeitslust durch Arbeitsverlust. In: S. Laturner, B. Schön (Hg.): Jugendarbeitslosigkeit. Reinbek: Rowohlt 1975, 52–61

MARX, K.: Das Kapital, I (1867). Berlin: Dietz 1959

MEIS, W.: Jugendarbeitslosigkeit und Nachwuchsfragen in Westdeutschland. In: DGB (Hg.): Arbeitslosigkeit und Berufsnot der Jugend, I. Köln: Bund-Verlag 1952, 71–236

ONNA, B. VAN: Jugend und Vergesellschaftung. Frankfurt/M.: Aspekte 1976

OPASCHOWSKI, H. W.: Zur Lebenssituation arbeitsloser Jugendlicher. Aus Politik und Zeitgeschichte. Beilage zur Wochenzeitschrift »Das Parlament«, 1976/B, Nr. 39 u. 40, 25–47

PRELLER, L.: Sozialpolitik in der Weimarer Republik. Stuttgart: Mittelbach 1949

RIEGEL, K. F., MEACHAM, J. A.: The Developing Individual in a Changing World, I–II. The Hague: Mouton 1976

RIESTER, W., SCHMIDT, H., SEIBERT, H., GÜNER, G.: DGB gegen Jugendarbeitslosigkeit – für bessere Berufsausbildung. Stuttgart: DGB-Landesbezirk Baden-Württemberg 1976

RUDOLPH, F.: Der jugendliche Arbeitslose und seine Familie. In: DGB (Hg.): Arbeitslosigkeit und Berufsnot der Jugend, II. Köln: Bund-Verlag 1952, 7–62

SCHELSKY, H.: Die Jugend der Industriegesellschaft und die Arbeitslosigkeit. In: DGB (Hg.): Arbeitslosigkeit und Berufsnot der Jugend, II. Köln: Bund-Verlag 1952, 269–314

SCHÖCK, E. C.: Arbeitslosigkeit und Rationalisierung. Frankfurt/M., New York: Campus 1977

SCHWEIKERT, K., GRIEGER, D., WANINGER, W., SEIFERT, H., MÖNIKES, W., SCHMIDT-HACKENBERG, D.: Jugendliche ohne Berufsausbildung – ihre Herkunft, ihre Zukunft. Mit einem Gutachten von H.-J. Röhrs u. K. Stratmann: Die Jungarbeiterfrage als berufspädagogisches Problem (Schriften zur Berufsbildungsforschung, Bd. 30). Hannover: Schroedel 1975

STRUCK, D., WITTE, F.: Von der jugendlichen Randgruppe zur Ausbildungspflicht. Ergebnisse der GEW-Bundesfachtagung zur Bildungssituation der Jugendlichen ohne Ausbildungsvertrag vom 18. bis 20. September 1975 in Bremen. Gewerkschaftliche Bildungspolitik, 1, 1976, 12–16

WACKER, A.: Arbeitslosigkeit. Frankfurt, Köln: Europäische Verlagsanstalt 1976

WENNINGER, G.: Zur Effektivität von Beschäftigungshilfen für arbeitslose Jugendliche. In: Demokratische Erziehung, 3, 1977, 5, 265–272

ZAWADSKI, B., LAZARSFELD, P. F.: The psychological consequences of unemployment. Journal of Social Psychology, 6, 1935, 224–251

MASSENPSYCHOLOGIE

von Walter R. Heinz

1. In der Geschichte der Massenpsychologie, die aus den ökonomischen, politischen und kulturellen Krisen der kapitalistischen Industrialisierung in Mitteleuropa im ausgehenden neunzehnten Jahrhundert hervorging, wurde der Begriff »Masse« meist mit abwertender Intention zur Kennzeichnung der Gesellungs- und Ausdrucksformen des Proletariats verwendet, in denen die vermeintlich irrationale, primitive Natur des gemeinen Volks zu Tage trete. In der Kulturkritik der ersten Hälfte des zwanzigsten Jahrhunderts wurde mit den Begriffen »Vermassung« und »Massenindividuum« der Verlust der bürgerlich-individualistischen Lebens- und Denkweise durch die technische Zivilisation und Konsumgesellschaft thematisiert. In der amerikanischen Sozialpsychologie der zwanziger Jahre entstanden schließlich aus der Kritik der europäischen Massenpsychologie Grundlagen für eine differenziertere Betrachtung von Massenerscheinungen mit der Theorie »kollektiven Verhaltens«. Dem wissenschaftlichen Anspruch nach systematischer Ursachen- und Verlaufsforschung werden erst die neueren Ansätze im Rahmen des kollektiven Verhaltens gerecht, die anstreben, Grenzbereiche des sozialen Handelns begrifflich und empirisch zu präzisieren (vgl. Heinz, Schöber 1972).

Die frühe Massenpsychologie hatte eine apologetische Funktion (Kroner 1972); ihr erkenntnisleitendes Interesse richtete sich auf den Nachweis der irrationalen Grundstimmung systemoppositioneller Massenerscheinungen, die seit der Französischen Revolution den Angriff sozialistischer Ideen gegen die vom Bürgertum etablierte gesellschaftliche Ordnung symbolisierten. Die wissenschaftlich verbrämte Abwehr revolutionärer Ideen und Aktionen durch Psychologisierung kollektiver Protestformen lieferte gleichsam die Legitimation für die Niederschlagung von Aufständen, da deren Teilnehmer ja aus irrationalen, dem Gemeinwohl gegenüber unverantwortlichen Motiven handelten (vgl. Sodhi 1958). Dementsprechend galt der Mob, die aufrührerische Menschenmenge als Prototypus für die psychopathischen Verirrungen des Individuums in Massensituationen.

Im Unterschied zur apologetischen Massenpsychologie haben die massenpsychologischen Analysen über den deutschen Faschismus die Wechselbeziehung zwischen kollektiver Verführbarkeit und gesellschaftlichen Zuständen herausgearbeitet und damit einen Weg gewiesen, der es vermeidet, die Masse als soziales Phänomen sui generis zu erklären.

Neben der konservativen, kulturkritischen und gesellschaftskritischen Massenpsychologie ist die experimentelle Massenpsychologie (Moede 1920; Bechterew, Lange 1924) zu erwähnen, deren Ziel es war, Gruppenverhalten unter kontrollierten Bedingungen zu untersuchen. Sie kann mit Hofstätter (1957) als Vorläufer der sozialpsychologischen Kleingruppenforschung betrachtet werden.

Im folgenden soll die Entwicklung der Massenpsychologie und deren Weiterentwicklung in den Theorien kollektiven Handelns an exemplarischen theoretischen Entwürfen vorgestellt werden. Dabei werden wir institutionalisierte, regelmäßig auftretende Massensituationen mit wechselnden Teilnehmern wie das Publikum, Festveranstaltungen oder Karneval, die häufig zum Gegenstand der Massenpsychologie gerechnet werden, nicht berücksichtigen; dies gilt auch für Massenkommunikation und öffentliche Meinung (s. die entsprechenden Beiträge in diesem Band). Es handelt sich hierbei um gesellschaftlich lizensierte, nicht auf Krisensituationen bzw. Strukturwandel bezogene Massenerscheinungen. Im Unterschied dazu wollen wir kollektives Handeln bestimmen als gemeinsamen Problemlösungsversuch einer größeren Anzahl von Menschen, die mit Situationen oder gesellschaftlichen Verhältnissen konfrontiert sind, in denen vorgegebene Verhaltensnormen und -mittel nicht anwendbar sind bzw. verändert werden.

2. Als Ahnherr der Massenpsychologie gilt Le Bon (1841–1931), der 1895 in »Psychologie des Foules« unter dem Eindruck der Klassenkämpfe in Frankreich die Masse als primitive geistig-mentale Einheit von Individuen charakterisierte. Durch die Ausrichtung aller Teilnehmer einer Masse auf ein Objekt werden individuelle Unterschiede durch Imitation und Suggestion abgebaut (Homogenisierung). Sonst verantwortungsbewußtes Handeln wird in der Anonymität der Masse aufgehoben, rationale Verhaltenskontrollen weichen irrationalen Impulsen. Die Massenansammlungen des Mobs schwächen das Beobachtungs- und Urteilsvermögen der Beteiligten. So sinkt nach Le Bon das Individuum in der Masse auf eine barbarische Stufe der Zivilisation hinab, auf der es seinen primitiven Instinkten gemäß handelt. Die Massenseele fördert Gefühlsausbrüche, die sich in gewalttätiges Handeln umsetzen. Le Bons bis heute fortwirkender Einfluß kann als demagogisches Kunststück, als eine Ideologie der Massenpsychologie bezeichnet werden (Hofstätter 1957), die in den Forderungen der Masse ein Symptom des Kulturverfalls sah und dem erschreckten Bürger das Zerrbild des verführbaren Massenindividuums vor Augen hielt. Neben der Ideologiefunktion operierte Le Bons Kampagne gegen die Masse mit einem simplen psychischen Mechanismus der Suggestion, der die Rolle der Führung, die Wechselwirkungen und koordinierenden Leistungen der Individuen in der Menschenmenge ebenso wie die Teilnehmermotive vernachlässigte. Entsprechend der apologetischen Absicht wurden auch die strukturellen Ursachen und Auslösefaktoren kollektiven Handelns nicht in die Analyse einbezogen.

3. Weitgehend zustimmend hat S. Freud in seiner 1921 erschienenen »Massenpsychologie und Ich-Analyse« Le Bons Äußerungen aufgegriffen. Die Massenseele gilt auch für ihn als eine seelische Regression auf eine primitive Entwicklungsstufe; die Masse hemmt die intellektuellen Leistungen und trägt zur Affektsteigerung bei. Die Masse handelt impulsiv, sie ist wankelmütig und reizbar. Freud hebt hervor, daß die Individuen in Massensituationen leichtgläubig und autoritätsabhängig sind, und kritisiert damit die mangelnde Berücksichtigungen der Rolle des Führers bei Le Bon. Der Einzelne entwickelt in der Masse eine zweifache Gefühlsbindung, die sich nach Freud auf den Führer und die anderen Massenmitglieder richtet und die Eigeninteressen zurücktreten läßt. Abgeleitet von der psychoanalytischen Erklärung der Hypnose vertritt Freud die Theorie der primär libidinösen Konstitution der Masse, die er definiert als »Anzahl von Individuen, die ein und dasselbe Objekt an die Stelle ihres Ich-Ideals gesetzt und sich infolgedessen in ihrem Ich miteinander identifiziert haben« (G. W. XIII, 128).

Hypnose wie Massenbildung sind primitivere, biologisch determinierte Ausdrucksformen verschobener sexueller Triebenergien. Ebenso wie in der Frühform menschlicher Gemeinschaftsbildung (der Urhorde) steht das Individuum in der Masse im Bann der übermächtigen Vaterpersönlichkeit, indem es glaubt, daß der Führer geheimnisvolle Kräfte besitze. So wird in der Massensituation das sozialisierte, von Ich-Idealen kontrollierte Verhalten durch Triebe und die Identifizierung mit anderen Individuen ersetzt, die aus der gemeinsamen affektiven Bindung an die Führerpersönlichkeit gespeist wird. Die Leitlinien des kollektiven Handelns liefert der Anführer; in kritischen und unvorhergesehenen Situationen werden dadurch Unsicherheit und Angst abgebaut und die Individuen aneinandergeschweißt.

Die Hervorhebung der Rolle des Führers durch Freud legt das Gewicht auf die libidinös begründete Identifizierung mit der Masse, vernachlässigt jedoch sowohl andere Aspekte der Binnenstruktur (wie Kommunikation, Rollen- und Organisationsbildung) als auch die Bedingungen, unter denen Massenverhalten ausbricht.

4. Eine Verschmelzung des psychoanalytischen Denkens mit der Gesellschaftstheorie von Karl Marx wird in der 1933 erschienenen »Massenpsychologie des Faschismus« von W. Reich angestrebt (s. auch den Beitrag von G. Vinnai in diesem Band). Seine umstrittene sexualökonomische Theorie der psychischen Strukturbildung setzt bei der gesellschaftlichen Unterdrückung der primären Bedürfnisse der Menschen an, die eine irrationale Charakterstruktur hervorbringt. Die Sexualunterdrückung durch den Staat dient nach Reich im Kapitalismus wie im Sozialismus der »Mechanisierung und Verunselbständigung der Menschenmassen« (Tb.-Ausg. 1974, 198), die in einem Dilemma zwischen Freiheitsangst und Autoritätssucht gefangen bleiben. Die mit Anbruch des autoritären Patriarchats begründete Unfähigkeit der Menschenmassen, die gesellschaftlichen Verhältnisse in eigene Verantwortung zu nehmen, erreicht in autoritär geführten Massenstaaten ihren Höhepunkt. Diese stellen durch Führerfiguren, Symbole und organisierte Rituale (»organisierter Mystizismus«) Abfuhrmöglichkeiten für unbefriedigte Vereinigungssehnsüchte der Menschen dar. Der Faschismus als Massenbewegung repräsentiert die verdrängten Triebe, er ist für Reich »die emotionelle Grundhaltung des autoritär unterdrückten Menschen der maschinellen Zivilisation und ihrer mechanistisch-mystischen Lebensauffassung« (a. a. O., 13). In Kritik der vulgär-marxistischen Auffassung über den Primat ökonomischer Verhältnisse forscht Reich nach den subjektiven Faktoren, die Massenverhalten, das den eigentlichen Interessen der Individuen widerspricht, erklären sollen. Dabei greift er auf die Massenpsychologie und die Theorie der psychosexuellen Entwicklungen von Freud zurück: Die Psyche der Massenindividuen wird durch die Erziehung in der Familie begründet, die Reich (ebenso wie Adorno u. a. 1950) als Charakterstruktur- und Ideologiefabrik des autoritären Staates begreift. So liegt die Organisation der Massen durch den deutschen Faschismus in der autoritären, freiheitsängstlichen Struktur der Menschen begründet und nicht primär in der demagogischen Führerpersönlichkeit. Die faschistische Bewegung schloß insbesondere das Kleinbürgertum zu einer Gefolgschaft zusammen, weil sie mit der Bereitschaft dieser Gesellschaftsschicht, sich mit einem starken Staat als Inbegriff der Obrigkeit zu identifizieren, rechnen konnte. Sie fand also einen emotionalen Unterbau vor, der es erleichterte, die Familienbindungen und den patriarchalischen Moralkodex auf die Nation zu übertragen. Das Massenindividuum ist durch seine Sozialisationserfahrungen von autoritären Vaterfiguren abhängig geworden; es identifiziert sich mit der Führung und zieht sein Selbstgefühl aus der Mitgliedschaft in der Massenbewegung und der Größe der Nation.

Reich hat durch seine Studie der psychischen Grundlagen des Faschismus die Massenpsychologie um die wichtige Dimension der subjektiven Vorgeschichte des Agierens von Individuen in staatlich organisierten Massensituationen erweitert. Für die Analyse von Teilnahmemotiven und Mobilisierungsbereitschaft in systemkritischen und -oppositionellen kollektiven Aktionen, die in zeitgenössischen Theorien kollektiven Handelns ansteht, sind die sozialisations- und gesellschaftstheoretischen Konturen der Sexualökonomie jedoch gemäß den Verhältnissen im entwickelten Kapitalismus neu zu ziehen.

5. Die Beschäftigung mit Massenphänomenen ist in der amerikanischen Sozialpsychologie in den fünfziger Jahren systematischer unternommen worden und hat in der Bestandsaufnahme von Brown (1954) zu einer ersten umfassenderen Klassifikation von Menschen-

mengen geführt, deren verschiedene Erscheinungsformen durch Bezugnahme auf unterschiedliche Auslösesituationen erfaßt werden. Browns Typologie teilt Mengen in Mobs einerseits und Publikum andererseits ein, die er wiederum in fliehende (Panik) und aggressive Mobs (Aufruhr) bzw. zufälliges und intentionales Publikum untergliedert (vgl. 1954, Schema S. 841). Dieser Typologie mangelt eine theoretische Perspektive, von der her die relevanten Differenzen zwischen verschiedenen Massenerscheinungen genauer bestimmt werden könnten. Auch die soziale Bewegung wird nun zu den kollektiven Erscheinungen gezählt. Hier unterscheidet Brown (1965, Kap.14) unter Berufung auf Smelser (1963) zwischen normorientierten Bewegungen (Reform) und wertorientierten Bewegungen (Revolution). Eine Reformbewegung appelliert an die Einhaltung bzw. Verwirklichung der Wertvorstellungen einer Gesellschaft. Die revolutionäre Bewegung attackiert die etablierten Werte und unterliegt daher der Gefahr, als abweichend diskreditiert, oftmals kriminalisiert zu werden. Mit diesen Typologien wird angestrebt, Kriterien zu entwickeln, die eine Verwendung des Begriffes »Masse« wissenschaftlich vereinheitlichen können. Dies hat T. Geiger (1926) mit seinem Entwurf eines soziologischen Massenbegriffs lange vor Brown (1954, 1965) unternommen. Der soziologische Massenbegriff kann weder auf die große Zahl noch auf die psychische Einheit der Individuen bezogen werden. Die revolutionäre Masse besitzt im Unterschied zum Auflauf oder der Unruhe eine über sich hinausgehende Intentionalität, die ihr den Charakter einer sozialen Bewegung gibt. In seinen polemischen Bemerkungen zur Massenpsychologie vertritt Geiger die Meinung, daß Nachahmung, Ansteckung, Suggestion und Illusion nicht als Ursachen des Verhaltens von Individuen in Massensituationen herangezogen werden können; sie sind vielmehr als Begleiterscheinungen der Beziehungsformen zu sehen, denen der Einzelne in sozialen Gebilden ausgesetzt ist. In der Tradition der apologetischen und kulturkritischen Massenpsychologie wurde als zentrales Merkmal der Masse die psychische und soziale Homogenität der Teilnehmer genannt. Jedoch sind an Demonstrationen, Unruhen und Protestaktionen Menschen aus ganz unterschiedlichen Motiven beteiligt. Allenfalls ist es berechtigt, die aktive Menschenmenge durch eine gemeinsame Zielfixierung zu charakterisieren, die dem Außenstehenden den Eindruck einer situationsbezogenen Übereinstimmung des Handelns vieler Menschen vermittelt, keineswegs aber auf eine psychosoziale Einheitlichkeit schließen läßt. Eine feindselig agierende Menge kann also nicht auf die aggressive und irrationale Stimmung ihrer Teilnehmer reduziert werden, vielmehr kommt es unter angebbaren Bedingungen z. B. bei massiven Polizeieinsätzen erst zu einer Eskalation gewaltsamer Formen der Konfliktaustragung.

6. Die Transformierung des klassifikatorischen Herangehens an Massenerscheinungen in eine Theorie kollektiven Verhaltens reicht bis zur Chicago-Schule der Soziologie in den zwanziger Jahren zurück (vgl. Park, Burgess 1921), die an Stelle der überkommenen Merkmalskataloge den Gruppencharakter und die Interaktionsformen kollektiver Aktionen hervorhob.

In der Literatur besteht heute Übereinstimmung darin, unter kollektivem Verhalten Interaktionen zu verstehen, die nicht institutionalisiert, d. h. nicht durch anerkannte Normen geregelt sind (vgl. Milgram, Toch 1969). Je nach theoretischer Orientierung werden jedoch verschiedene Merkmale in den Vordergrund gerückt; so bei Blumer (1972), der kollektives Handeln als Äußerungsform sozialer Probleme thematisiert, bei Turner (1964), der die Herausbildung von Alternativnormen in den Mittelpunkt stellt, oder bei Smelser (1963), der die ideologischen Überzeugungen der Beteiligten hervorhebt.

Allgemein werden unterschieden: 1. Episoden kollektiven Verhaltens als kurzlebige Krisenreaktionen und 2. soziale Bewegungen als organisierte kollektive Protestaktionen. Krisenreaktionen wie Panik, Krawall, Aufruhr, Sit-ins und Demonstrationen werden durch die Konfrontation einer Menschenmenge mit einem unvorhergesehenen Ereignis ausgelöst

(s. auch den Beitrag von L. Mann und J. Newton-Shane in diesem Band). Die Teilnehmer sind empört, verunsichert oder fühlen sich bedroht und suchen durch eine spontane Neudefinition von Handlungsnormen ein gemeinsames Handeln zu entwickeln, um die Situation unter Kontrolle zu bringen.

Soziale Bewegungen sind demgegenüber als entwickelte Form kollektiver Aktion von einer bewußten Protestposition getragene Versuche, einen Wandel gesellschaftlicher Verhältnisse herbeizuführen (vgl. Killian 1964). Soziale Bewegungen stellen strukturierte Formen der Konfliktaustragung mit gesellschaftlichen Machtträgern und Institutionen dar, die auf die Veränderung lokaler, regionaler und gesellschaftlicher Herrschaftsstrukturen drängen. Aus Episoden kollektiven Verhaltens können Reform- und Revolutionsbewegungen hervorgehen. Die Politisierung von Protest hängt ab von den Reaktionen der Öffentlichkeit, insbesondere der Instanzen sozialer Kontrolle und der Medien (Turner 1972) sowie von den Möglichkeiten zu organisatorischer Konsolidierung, zur Mobilisierung von Mitgliedern und Sympathisanten und zur Bildung von Bündnissen (Zald, Ash 1972; Oberschall 1973).

7. Neuere Erklärungsversuche kollektiven Handelns können nach Turner (1964) auf drei Modelle zurückgeführt werden, nämlich auf die der »emotionalen Ansteckung«, der »Verhaltenskonvergenz« und der »Normentstehung«. Sind die beiden ersten Modelle noch weitgehend einer individualistischen Perspektive verhaftet, indem sie Aggressionsabfuhr und Irrationalität zum Merkmal der agierenden Kollektivität verdichten, so strebt die These der Normentstehung an, die Prozesse zu analysieren, die koordiniertes Agieren in Sondersituationen und Protestorganisationen erst ermöglicht. Neben dieser eher sozialpsychologischen Perspektive ist vor allem die Theorie von Smelser (1972) hervorzuheben, der anstrebt, eine nichtpsychologische Analyse der Herausbildung kollektiven Verhaltens zu formulieren. Er sieht kollektive Episoden und soziale Bewegungen als Ergebnis eines kumulativen Prozesses, der durch sechs Faktoren in Gang gesetzt wird: 1. strukturelle Bedingungen in der Gesellschaft; 2. strukturelle Spannungen; 3. Entstehung und Verbreitung allgemeiner Überzeugungen, die auf Ursachen der Spannungen und Möglichkeiten ihrer Überwindung verweisen; 4. auslösende Ereignisse, die im Licht der Faktoren 1 bis 3 gedeutet werden; 5. Mobilisierung der Betroffenen und 6. Reaktionen der Kontrollinstanzen. Dieses Modell weist trotz seiner Gründlichkeit und Systematik Mängel auf, die seinen Erklärungswert einschränken. Es werden weder die Herrschaftsverhältnisse noch strukturelle Konfliktfelder, wie sie in Klassengesellschaften virulent sind, thematisiert. Das Modell ist überdies statisch und vernachlässigt, daß die Interaktion zwischen Mobilisierungs- und Kontrollprozessen die Dynamik erzeugt, die kollektives Handeln kennzeichnet.

Neuerdings hat Oberschall die Position der Chicago-Schule mit einem konflikttheoretischen Ansatz verknüpft und betont, daß Bewegungen und die Konfrontation, die sie auslösen, aus »einer Mischung von Routineereignissen und Episoden kollektiven Verhaltens bestehen, die von friedlichen Demonstrationen, spontanen Zusammenstößen und Aufruhr bis zu organisierten kollektiven Anstrengungen im Rahmen von Wahlkämpfen und Interessengruppenpolitik reichen« (1972, 25). Demgemäß sind sowohl Alltags- als auch kollektives Handeln denselben sozialwissenschaftlichen Begriffen und Methoden zugänglich. Dies demonstriert Oberschall mit seiner Theorie der Auseinandersetzung um Ressourcen, die notwendig sind, um gruppenspezifische Bedürfnisse zu entwickeln bzw. Interessen und Überzeugungen durchzusetzen. Kollektiver Protest entsteht aus gemeinsamer Betroffenheit und richtet sich auf Ziele und Objekte, die für Beschwernisse, Mißstände und Notsituationen verantwortlich gemacht werden. Dies führt jedoch meist nur zu kurzlebigen sporadischen Ausbrüchen von Protest und Unruhen. Für einen durchschlagenderen Protest ist ein organisatorisches Fundament und eine kontinuierliche Führung notwendig. Dies führt zu einer sozialen Bewegung, in der aus Betroffenheit entstehende Solidarität für die Verfolgungen kollektiver Ziele aktiviert werden kann. Die rasche Mobilisierung wird jedoch nicht auf individuelle Motive zurückgeführt, sondern auf eine gruppenbezogene Rekrutierung von Mitstreitern. Durch den Zusammenschluß solcher Gruppen, die durch gemeinsame Ziele locker miteinander verbunden sind, bildet sich so eine soziale Bewegung mit heterogener Führung und Mitgliedschaft. Die Bewegung stellt in diesem Stadium eine Kollektivität in der Entfaltung (»emergent collectivity«; Killian 1965) dar. Unterstützung und aktive Beteiligung fluktuieren beträchtlich; Fraktionenbildung und Spaltungen sind in diesem Stadium vorgezeichnet. Drei Prozesse stärken nach Oberschall die Integrationskraft der Bewegung: eine charismatische Führung, die Bildung von Überzeugungen, die in allen Gruppen der Bewegung verbreitet sind, und die Schaffung eines umfassenden organisatorischen Rahmens.

8. Theorien des kollektiven Verhaltens weisen drei wesentliche Aspekte auf (vgl. Kroner 1972): 1. auslösende Bedingungen; 2. die Umformulierung der Bedingungen in psychische Prozesse und 3. Verlaufs- bzw. Erscheinungsformen kollektiven Handelns. Kollektives Handeln wird als Ausdrucksform unbefriedigter Bedürfnisse gesehen, die infolge schwindender Glaubwürdigkeit gesellschaftlicher Verteilungsprinzipien und als Reaktion auf ökonomische und politische Krisen auftreten können. Bisher ist es nicht gelungen, spezifische Formen kollektiver Aktion auf Legitimitätskrisen einerseits und Versorgungskrisen andererseits zurückzuführen. Es ist jedoch anzunehmen, daß soziale Bewegungen ihre Dynamik aus der Brüchigkeit gesellschaftlicher Ordnungsund Wertvorstellungen und der Fragwürdigkeit politischer Praktiken entwickeln (vgl. Habermas 1973) und Protestaktionen eine spontane Gegenwehr angesichts wirtschaftlicher Not und staatlicher Willkür darstellen.

Da jedoch aufgrund der Kurzlebigkeit von Protestaktionen und des berechtigten Mißtrauens systemoppositioneller sozialer Bewegungen gegenüber agents provocateurs, die im Gewande von neutralen Forschern auftreten, die empirische Begleitforschung kollektiver Aktionen kaum zu realisieren ist, sind Analysen des kollektiven Handelns auf Berichte von Beteiligten und Reportagen angewiesen, aus denen ex post facto Auslösebedingungen deutlich werden. Dieses Verfahren liegt auch dem oben skizzierten Ansatz von Smelser (1972) zugrunde, der durch »systematische vergleichende Illustration« die stufenweise eskalierende Entwicklung kollektiver Aktionen herausgearbeitet hat.

In den Theorien kollektiven Verhaltens wird angenommen, daß sich die strukturellen Widersprüche in psychische Belastungen umsetzen, aus denen Protestpotential entsteht. Die verbreitetste psychologische Erklärung der Entwicklung kollektiven Verhaltens postuliert den Mechanismus der »relativen Deprivation« (Gurr 1970, Davies 1969). Wenn nach einer Periode wirtschaftlichen Aufschwungs eine plötzliche Verschlechterung der Lebensbedingungen eintritt, dann führt die wahrgenommene Diskrepanz zwischen den Erwartungen der Individuen und ihren Verwirklichungschancen zu kollektiven Formen der Artikulation von Unzufriedenheit. Diese sozialpsychologische Erklärung operiert mit einer allgemeinen Theorie des Anspruchsniveaus und kann daher kaum Aufschlüsse über die Auswirkungen des Wechselverhältnisses von Mobilisierung und sozialer Kontrolle geben, die für die Entstehung und Erfolgschancen sozialer Bewegungen entscheidend sind. So haben beispielsweise die Sozialhistoriker Snyder u. Tilly (1972) im Gefolge von Rudé (1964) bestritten, daß kollektive Aktionen auf eine Kluft zwischen Erwartungen und Realisierungschancen im ökonomischen Bereich zurückzuführen seien. Es sind vielmehr politische Machtauseinandersetzungen, die durch kollektive Proteste und Gewalt begleitet werden, deren Ausbruch weitgehend von den präventiven Kontrollen und aktuellen Repressionen des Staates abhängig sind.

Aufstieg und Niedergang kollektiver Aktionen und sozialer Bewegungen werden mitbestimmt durch die Lernfähigkeit der Mitglieder der Protestorganisation. Aus der Kritik von Normen und Sozialbeziehungen müssen sich alternative Verkehrsformen entwickeln, die es erlauben, daß in Initiativgruppen und sozialen Bewegungen Lern- und Interaktionskompetenz (vgl. Friebel 1977) entsteht. Diese Fähigkeit bildet sich aus einer konflikthaften Beziehung zum umgebenden Gesellschaftssystem heraus, wobei Solidarisierung und Selbstkritik die Handlungsfähigkeit der Bewegungsorganisation in politischen Auseinandersetzungen stabilisieren müssen. Solidarität als Merkmal des Innenverhältnisses einer sozialen Bewegung kann die einsozialisierte Konkurrenzmotivation und die Angst vor Sanktionierung und Marginalisierung abbauen helfen und die Bereitschaft zur Beteiligung an kollektiven Problemlösungen wachhalten.

LITERATUR

ADORNO, T. W., FRENKEL-BRUNSWIK, E., LEVINSON, D. J., SANFORD, R. N.: The Authoritarian Personality. New York. Harper 1950

BECHTEREW, W., LANGE, M. DE: Die Ergebnisse des Experiments auf dem Gebiet der kollektiven Reflexologie. Z. Angew. Psychol. 24, 1924, 305–344

BLUMER, H.: Soziale Probleme als kollektives Verhalten. In: W. R. Heinz, P. Schöber (Hg.): Theorien kollektiven Verhaltens, II. Darmstadt, Neuwied: Luchterhand 1972, 149–165

BROWN, R.: Mass Phenomena. In: G. Lindzey (Ed.): Handbook of Social Psychology, II. Cambridge/Mass.: Addison-Wesley 1954, 833–876

Social Psychology. New York: Free Press 1965

DAVIES, J. C.: Eine Theorie der Revolution. In: W. Zapf (Hg.): Theorien des sozialen Wandels. Köln: Kiepenheuer & Witsch 1969

FREUD, S.: Massenpsychologie und Ich-Analyse (1921). Gesammelte Werke, XIII. Frankfurt/M.: Fischer 1967

FRIEBEL, H.: Initiativ- und Aktionsgruppen. Köln: Kiepenheuer & Witsch 1977

GEIGER, T.: Die Masse und ihre Aktion. Stuttgart: Enke 1926

GURR, T. R.: Why Men Rebel. Princeton/N. J.: Princeton Univ. Press 1970

HABERMAS, J.: Legitimationsprobleme im Spätkapitalismus. Frankfurt/M.: Suhrkamp 1973

HEINZ, W. R., SCHÖBER, P. (Hg.): Theorien kollektiven Verhaltens, I, II. Darmstadt, Neuwied: Luchterhand 1972

HOFSTÄTTER, P. R.: Gruppendynamik. Die Kritik der Massenpsychologie. Hamburg: Rowohlt 1957

KILLIAN, L.: Social Movements. In: R. E. L. Faris (Ed.): Handbook of Modern Sociology. Chicago: Rand McNally 1964, 426–455

KRONER, B.: Massenpsychologie und kollektives Verhalten. In: C. F. Graumann (Hg.): Handbuch der Psychologie, VII: Sozialpsychologie. Göttingen: Hogrefe 1972, 1433–1510

LE BON, G.: Psychologie des Foules. Paris: Alcan 1895. Deutsch: Psychologie der Massen. Stuttgart 1957

MILGRAM, S., TOCH, H.: Collective Behavior: Crowds and Social Movements. In: G. Lindzey, E. Aronson (Eds.): The Handbook of Social Psychology, IV. Reading/Mass.: Addison-Wesley 1969, 507–610

MOEDE, W.: Experimentelle Massenpsychologie. Leipzig 1920

OBERSCHALL, A.: Social Conflict and Social Movements. Englewood Cliffs/N. J.: Prentice Hall 1973.

PARK, R. E., BURGESS, E. W.: Introduction to the Science of Sociology. Chicago: Univ. of Chicago Press 1921

REICH, W.: Die Massenpsychologie des Faschismus. Kopenhagen: Sexpol 1933. Erweiterte und geänderte Neuaufl.: Köln: Kiepenheuer & Witsch 1971. Tb.-Ausg.: Frankfurt/M.: Fischer 1974

RUDÉ, G.: The Crowd in History. New York: Wiley 1964

SMELSER, N. J.: Theory of Collective Behavior. New York 1963. Deutsch: Theorie des kollektiven Verhaltens. Köln: Kiepenheuer & Witsch 1972

SNYDER, D., TILLY, C.: Hardship and Collective Violence in France 1830 to 1960. Amer. Sociol. Rev., 37, 1972, 520–532

SODHI, K. S.: Zur Problematik der Massenpsychologie. Kölner Z. Soz. u. Soz.psychol., 10, 1958, 209–221

TURNER, R. H.: Die Wahrnehmung von Protest durch die Öffentlichkeit. In: W. R. Heinz, P. Schöber (Hg.): Theorien kollektiven Verhaltens, I. Darmstadt, Neuwied: Luchterhand 1972, 167–209

Collective Behavior. In: R. E. L. Faris (Ed.): Handbook of Modern Sociology. Chicago: Rand McNally 1964, 382–425

ZALD, M. N., ASH, R.: Organisationsformen sozialer Bewegungen: Wachstum, Zerfall und Wandel. In: W. R. Heinz, P. Schöber (Hg.): Theorien kollektiven Verhaltens, II. Darmstadt, Neuwied: Luchterhand 1972, 7–44

SOZIALPSYCHOLOGIE DES FASCHISMUS

von Gerhard Vinnai

»Der Faschismus ist die Wahrheit der modernen Gesellschaft« (Horkheimer 1939,9). Was die westliche Gesellschaftsordnung, die von einer kapitalistischen Ökonomie entscheidend geprägt wird, an struktureller Gewaltsamkeit in sich tragen kann und welche verheerenden Deformationen diese bei den Menschen, die unter ihr leben, hervorbringen kann, vermag das Beispiel des Faschismus besonders deutlich zu machen. Die Analyse des Faschismus zeigt, daß undemokratische Verhältnisse den Menschen keineswegs äußerlich bleiben, sondern sich in ihrer Psyche niederschlagen; sie zeigt, daß vernunftwidrige soziale Verhältnisse, unter denen die Menschen leben müssen, eine verheerende Irrationalisierung ihrer Psyche nach sich ziehen können. Undemokratische Verhältnisse erzeugen nicht nur die Sehnsucht nach Freiheit, sondern auch die Angst vor ihr. Der Faschismus ist keineswegs primär psychologisch zu erklären, vor allem machtvolle gesellschaftliche Interessen bzw. ihr Wirksamwerden unter sozialstrukturell bedingten Krisenzusammenhängen haben ihn möglich gemacht. Die Sozialpsychologie kann die entscheidenden Ursachen des Faschismus kaum aufzeigen, sie kann lediglich zur Beantwortung der Frage beitragen, was ihm, zumindest in Deutschland, eine Massenbasis für seine Katastrophenpolitik verschafft hat. Sie kann erklären helfen, warum sich Millionen Menschen scheinbar mit einer gewissen Lust und oft mit großem Engagement für eine Politik einspannen ließen, die ihren elementarsten Interessen widersprach. Die Erfahrung des »Dritten Reichs« demonstriert, daß die rationalistische Anthropologie der bürgerlichen Aufklärung – verkürzt formuliert, der Glaube, daß die Menschen primär vernunftgeleitete Wesen sind, die nur aufgrund von Irrtümern von vernünftigem Handeln abgehalten werden – der subjektiven Konstitution der Menschen zumindest in der Ära des Faschismus nur begrenzt entspricht. Um die Irrationalität von kollektiven Verhaltensweisen unterm Faschismus zu durchleuchten, muß die Psychologie zu gesellschaftlich produzierten tiefersitzenden, unbewußten psychischen Dispositionen vordringen, vermittels derer irrationale Herrschaftsverhältnisse die Menschen blind gefangen halten: Die Sozialpsychologie des Faschismus verlangt eine »Psychopathologie des Normalen« unter sozialen Verhältnissen, die die Menschen in Unfreiheit halten. Im folgenden sollen einige sozialpsychologische Befunde angedeutet werden, die versuchen, diesem Anspruch im Rahmen einer kritischen Gesellschaftstheorie gerecht zu werden.

Wilhelm Reich stellt sich in den dreißiger Jahren als Mitglied der KPD und als Psychoanalytiker die Frage, warum die weltweite schwere Krise des Kapitalismus mit ihren schlimmen Folgen für die Masse der Bevölkerung nicht zu einer Stärkung der antikapitalistischen sozialistischen Linken führt, sondern statt dessen eher der extremen Rechten einen starken

Aufschwung bringt. Er versucht, theoretisch und praktisch über die bei der Linken verbreitete vulgärmarxistische Verelendungstheorie hinauszugelangen, die davon ausgeht, daß zunehmendes Elend der Massen diese automatisch zum Sozialismus drängt. Dieses Bemühen hat ihm sowohl den Ausschluß aus der KPD als auch aus der psychoanalytischen Vereinigung eingetragen.

Durch eine angestrebte Verknüpfung von Marxismus und Psychoanalyse will Reich sowohl die politische Apathie vieler Arbeiter als auch die Hinwendung großer Teile des Kleinbürgertums zum Faschismus im Angesicht der Weltwirtschaftskrise erklären. Die ökonomische Verelendung der Massen führt nach seiner Ansicht deshalb nicht zu revolutionärem Handeln, weil die gesellschaftlich verordnete Unterdrückung sexueller Regungen eine Deformation des Bewußtseins und eine Verzerrung von Bedürfnissen zur Folge hat, die rationalem politischem Handeln entgegensteht. In seinem Buch »Massenpsychologie des Faschismus« skizziert er den Interpretationsrahmen seiner »Sexualökonomie« folgendermaßen: »Die Psychoanalyse enthüllt uns die Wirkungen und Mechanismen der Sexualunterdrückung und -verdrängung und deren krankhafte Folgen. Die Sexualökonomie setzt fort: Aus welchem soziologischen Grund wird die Sexualität von der Gesellschaft unterdrückt und vom Individuum zur Verdrängung gebracht? ... Man untersucht die Geschichte der Sexualunterdrückung und die Herkunft der Sexualverdrängung und findet, daß sie nicht im Beginn der Kulturentwicklung einsetzt, also nicht die Voraussetzung der Kulturbildung ist, sondern erst relativ spät sich mit dem Privateigentum an den Produktionsmitteln und dem Beginn der Klassenteilung herauszubilden beginnt. Die Geschlechtsinteressen aller beginnen in den Dienst der wirtschaftlichen Profitinteressen einer Minderheit zu treten; in Form der monogamen Ehe und der vaterrechtlichen Familie hat dieser Tatbestand feste organisatorische Gewalt gewonnen. Mit der Einschränkung und Unterdrückung der Geschlechtlichkeit verändert das menschliche Fühlen seine Art, es entsteht die sexualverneinende Religion, und allmählich baut die herrschende Klasse eine eigene sexualpolitische Organisation auf, die Kirche mit allen ihren Vorläufern, die nichts anderes als die Ausrottung der sexuellen Lust der Menschen und mithin des geringen Glücks auf Erden zum Ziele hat. Das hat seinen guten soziologischen Sinn im Zusammenhange mit der nunmehr blühenden Ausbeutung menschlicher Arbeitskraft« (Reich 1933, 48 f). Die Unterdrückung der Sexualität sorgt dafür, daß sich gesellschaftliche Macht in die Körper der ihr Unterworfenen einschreibt und dabei so das Bewußtsein verzerrt, daß Ideologien es beherrschen können, die als »materielle Gewalt« im Dienste der Herrschenden wirksam werden. Als Folge der sexuellen Repression tut sich eine »Schere« zwischen gesellschaftlichem Sein und Bewußtsein auf. Reich zeigt, daß zentrale Elemente der faschistischen Propaganda wie die Rassentheorie, das Symbol des Hakenkreuzes, die Liebe zum »Führer« oder die Beschwörung von Heimat und Vaterland ihre psychologische Attraktivität vor allem dadurch erlangen, daß sie verdrängte sexuelle Strebungen einzufangen vermögen und ihnen Ersatzbefriedigungen gewähren. Der der gesellschaftlich gültigen Moral entspringende Zwang zur Unterdrückung der sexuellen Triebhaftigkeit produziert ständige Verunsicherungen, die den Drang setzen, Zuflucht bei starken Männern zu suchen, die versprechen, Ängste zu beschwichtigen. Die Unterdrückung der Sexualität erzeugt also verängstigte, unpolitische Untertanen und hat ein mystifiziertes Bewußtsein zur Konsequenz, an das die faschistischen Demagogen anknüpfen können. Zentrale Produktionsstätte der Sexualunterdrückung und damit von Bewußtseinsformen, die die Menschen undemokratischen Kräften ausliefern, ist nach Reich die »patriarchalische, bürgerliche Kleinfamilie«. Sie besorgt bereits in der frühen Kindheit entscheidende Hemmungen der sexuellen Triebkräfte, die später vor allem von kirchlichen Institutionen zementiert werden. Als Konsequenz seiner Analysen gründet Reich die sogenannte »Sexpol«-Bewegung, die sich um sexuelle Aufklärung im Rahmen der Arbeiterbewegung bemüht und versucht, die Kleinfamilie als Erziehungsstätte durch lustfreundlichere Einrichtungen abzulösen, die eine kollektive selbstgesteuerte Erziehung besorgen. Die westdeutsche »antiautoritäre« Jugend- und Studentenbewegung hat Ende der sechziger Jahre an diese Reichschen Ansätze angeknüpft.

Nach Reichs Selbstverständnis fußen seine theoretischen Anstrengungen auf der Freudschen und der Marxschen Theorie (s. die Beiträge von E. Federn u. W. Büntig in Bd. II bzw. III dieser Enzyklopädie). Ihre Schwächen, auf die im Rahmen dieses Abschnitts nur hingewiesen werden kann, beruhen aber unter anderem darauf, daß sie von zentralen Positionen dieser Theorien abweichen. Sexuelle Triebstrukturen, die bei Freud das Resultat eines sehr komplexen Sozialisationsprozesses sind, der natürliche und gesellschaftliche Faktoren vermittelt, werden bei Reich eher biologistisch interpretiert. So wird z. B. die psychoanalytische Sublimierungstheorie von ihm verworfen. Die Lebensverhältnisse der Menschen sind nach Marx entscheidend durch den gesellschaftlichen Produktionsprozeß bestimmt. Ihre subjektiven Strukturen produzieren die Menschen demzufolge im wesentlichen im Prozeß der gesellschaftlichen Arbeit, für den die Familie, die im Mittelpunkt der Reichschen Kritik steht, als Teil der Reproduktionssphäre kaum mehr als eine vermittelnde Funktion erfüllt. Die Deformationen der menschlichen Sinnlichkeit sind also nach Marx letztlich das Resultat einer falsch organisierten Produktion, während sie nach Reich im wesentlichen einer fragwürdigen Familienstruktur entspringen, die er zwar aus Eigentumsverhältnissen ableitet, welche er jedoch nicht im Zusammenhang mit der Produktionssphäre analysiert. Daß die menschliche Sinnlichkeit nicht in erster Linie durch die Familie, sondern vor allem durch eine körperfeindliche Kopfarbeit oder eine Handarbeit, die die Menschen kopflos in Anhängsel von Maschinen verwandelt, deformiert wird, gerät Reich nicht ins Blickfeld. Reich glaubt, den Marxschen Ideologiebegriff weiterzuentwickeln, er entfaltet aber statt dessen einen diesem objektiv gerichteten Ideologiebegriff entgegenstehenden subjektiv gerichteten Ideologiebegriff. Nach Marx wird Ideologie als gesellschaftlich notwendiges falsches Bewußtsein von der kapitalistischen Produktionsweise produziert; die kapitalistische Produktionsweise erzeugt, wie er besonders im »Kapital« aufzeigt, falsche Erscheinungen ihres Wesens. Reich hingegen macht falsches Bewußtsein an einer gesellschaftlich produzierten irrationalen subjektiven Verfaßtheit fest. Den Ideologien, die Marx analysiert, verfallen auch Menschen mit vernünftigem nüchternem Bewußtsein, während Ideologien im Sinne Reichs auf Individuen angewiesen sind, deren schwaches Ich von blinden Triebregungen überwältigt wird.

Die wohl wesentlichsten Beiträge zur Sozialpsychologie des Faschismus haben Mitglieder der sogenannten Frankfurter Schule (Adorno, Horkheimer, Marcuse, Fromm u. a.) geliefert. Sie stellen sich die Frage, welche gesellschaftlichen Verhältnisse Individuen sozialisieren, die sich von totalitären Bewegungen angezogen fühlen, und welche psychologischen Mechanismen dabei wirksam werden. Ähnlich wie Wilhelm Reich glauben auch sie, daß eine Verbindung von Psychoanalyse und materialistischer Gesellschaftstheorie zur Beantwortung dieser Frage beitragen kann. Erich Fromm bezeichnet es als Ziel einer zu entwickelnden »Analytischen Sozialpsychologie«, »die Triebstruktur, die libidinöse, zum großen Teil unbewußte Haltung einer Gruppe aus ihrer sozialökonomischen Struktur heraus zu verstehen«. Die Institution, die die Verknüpfung von ökonomischen Verhältnissen und psychischen Strukturen leistet, ist – Fromms Ansatz zufolge – die Familie. »Die Familie ist das Medium, durch das die Gesellschaft bzw. die Klasse die ihr entsprechende, für sie spezifische Struktur dem Kind und damit dem Erwachsenen aufprägt; die Familie ist die psychologische Agentur der Gesellschaft« (Fromm 1932, 17). Mit Hilfe der umfassenden theoretischen und empirischen Untersuchungen »Autorität und Familie« und »Der autoritäre Charakter« hat die Frankfurter Schule zu ermitteln versucht, was diese allgemeine These, auf die Ära des Faschismus bezogen, beinhaltet.

Max Horkheimer hat hierzu die eher soziologisch orientierten Analysen geliefert (1936,

1949). Die »Autoritätsgebundene Persönlichkeit«, die die psychischen Voraussetzungen dafür mitbringt, sich in die Gefolgschaft von faschistischen Führern einzureihen, ist für ihn das Produkt der Krise der Familie auf einer bestimmten Entwicklungsstufe der kapitalistischen Gesellschaft. Obwohl die bürgerliche Kleinfamilie schon immer die Funktion hatte, einen fragwürdigen »sozialen Kitt« für kapitalistische Herrschaftsverhältnisse zu liefern, so war sie doch auch eine Heimstatt der Menschlichkeit. Ihre Wandlungen in der Ära des Faschismus lassen Horkheimer zufolge kaum mehr als ihre Schattenseiten übrig. Mit dem Wachsen der Unmöglichkeit zu einer selbständigen ökonomischen Existenz und der Tendenz zur »verwalteten Welt«, die kaum noch unreglementierte Lebensäußerungen zuläßt, wandelt sich die Funktion der Familie und damit zugleich das in ihr vorherrschende Klima. Die Beziehungen der Kinder zu Mutter und Vater lassen bei den Heranwachsenden eine Psyche entstehen, die eine »Verbindung von Unterwürfigkeit und Kälte« auszeichnet, »die den potentiellen Faschisten von heute mehr als irgend etwas anderes kennzeichnet« (Horkheimer 1949, dt. Ausg., 280).

Der Vater repräsentiert in der patriarchalischen Familie dem Kind gegenüber das gesellschaftlich geltende Realitätsprinzip. Mit der Unterwerfung unter seine Autorität lernt das Kind zugleich, sich gesellschaftlichen Herrschaftsverhältnissen zu fügen. Solange der Vater als Bürger eine relative ökonomische Unabhängigkeit genießt, kann das Kind unter günstigen Umständen, indem es sich an seiner Autorität abarbeitet, zugleich ein bestimmtes Maß an autonomer Subjektivität und Moralität erwerben. Wenn der Vater als Lohnabhängiger gesellschaftlich entmachtet wird, wird seine Autorität so hohl, daß das Kind sich nicht mehr positiv mit seiner Person zu identifizieren vermag und es seine Macht ihm gegenüber als Willkür erfährt. Der Vater liefert dem Kind nur noch eine »abstrakte Vorstellung einer willkürlichen Macht« (Horkheimer 1949, dt. Ausg., 277), die sich in der Psyche niederschlägt. Diese Prägung, die als Kehrseite eine tiefsitzende Verunsicherung aufweist, läßt das Individuum nach kraftvollen Autoritäten Ausschau halten, wie sie von sozialen Institutionen abgestützte Kollektive oder starke Männer im Bereich der Politik darstellen. Parallel zur Veränderung der Vater-Kind-Beziehung, die in der Psyche des Heranwachsenden die Sucht verankert, nach dem starken Mann, nach dem »Übervater« der faschistischen Vorstellungswelt zu rufen, an den man sich anlehnen kann, wandelt sich auch die Beziehung des Kindes zu seiner Mutter. Sie ändert sich dergestalt, daß sich seine Liebesfähigkeit, seine Fähigkeit zur lebendigen Erfahrung überhaupt, nicht entfalten kann. Die zunehmende Integration der Frau in die ökonomische Sphäre bringt es nach Horkheimer mit sich, daß ihr Denken, Fühlen und Verhalten, ähnlich wie das des Mannes, zunehmend von der kalten Rationalität der kapitalistischen Ökonomie infiziert wird. Das Kind erfährt von der Mutter kaum noch spontane uneingeschränkte Zuwendung, so daß sein Gefühlsleben notwendig erkalten muß. Das Produkt der veränderten Sozialisationsbedingungen ist nach Horkheimer ein Individuum, dessen gestörte Liebesfähigkeit es zu einem instrumentellen Umgang mit anderen Menschen tendieren läßt und zur Anbetung von Macht treibt, die seinem übersteigerten Narzißmus Gratifikationen verschafft, indem es durch Unterwerfung an ihr teilhat.

Erich Fromm (1936) hat im sozialpsychologischen Teil der Studien »Autorität und Familie« mit Hilfe des psychoanalytischen Instrumentariums das Problem des Autoritarismus auf der psychologischen Ebene gründlicher untersucht. Grundlegend für die Ausbildung der unterwürfigen Einstellung zu sozialen Autoritäten ist nach Fromm die Über-Ich-Entstehung, in der sich die Vater-Sohn-Beziehung – Fromm untersucht primär männliche Individuen – während der ödipalen Konfliktkonstellation niederschlägt. Die von Liebe und Haß getragene Beziehung zum Vater schlägt sich in der Psyche des Sohnes nieder und prägt entscheidend seine späteren Beziehungen zu sozialen Autoritäten. In die Über-Ich-Bildung gehen die Angst vor dem Vater wie der homosexuell getönte Wunsch, von ihm geliebt zu werden, ein. Beide Gefühlseinstellungen vermischen sich zu »autoritär-masochistischen« Dispositionen: Im Dienste der etablierten Macht zu leiden, ohne zu klagen, wird die höchste Tugend, nicht aber die Abschaffung oder wenigstens die Verringerung des Leidens. Durch die Über-Ich-Bildung wird äußere Gewalt verinnerlicht. Das Verhältnis von gesellschaftlicher Autorität und Über-Ich ist dabei ein dialektisches: Das Über-Ich ist das Resultat der Verinnerlichung von sozialer Autorität, die der Vater gegenüber dem Kind repräsentiert; später wird die Autorität verklärt, indem Über-Ich-Attribute auf sie projiziert werden; in dieser mystifizierten Gestalt wird sie wiederum verinnerlicht. Soziale Autoritäten haben die Aufgabe, im Wechselspiel mit dem Über-Ich die Triebabwehr in Gestalt der Verdrängung zu ermöglichen und damit die Anpassung an repressive Verhältnisse zu erleichtern. Je umfangreicher und intensiver die sozial verordnete Verdrängung ausfällt, desto mehr ist das Individuum scheinbar gegen den Ausbruch gesellschaftlich verfemter Triebregungen geschützt, desto mehr wird dadurch aber zugleich die Kraft seines Ichs eingeschränkt, desto starrer werden seine Reaktionen. Das Ich muß sich mit der Autorität und dem Über-Ich verbünden, um sozial unerwünschte Triebregungen abzuwehren, und bezahlt diese Bundesgenossenschaft mit der Preisgabe von Autonomie. Das schwache Ich bedarf zur Meisterung seiner Aufgaben der Autorität, diese ihrerseits schwächt das Ich noch mehr durch die Angst, die sie in ihm erzeugt.

Umfangreiches empirisches Material über totalitäre Charaktere hat die Studie »The Authoritarian Personality« von Adorno, Frenkel-Brunswik, Levinson, Sanford u. a. (1950) erbracht. Großangelegte empirische Forschungen haben mit Hilfe von Fragebogen, Intensivinterviews und projektiven Verfahren die Verbindung von bestimmten Charakterzügen und affektiven Dispositionen mit faschistischen Einstellungen zu sozialen Fragen analysiert. Gewisse im privaten Bereich wurzelnde basale Charaktereigenschaften erweisen sich den Untersuchungen zufolge als wesentlicher dafür, ob jemand auf die faschistische Haßpropaganda anspricht – also etwa auf rassische Vorurteile oder einen aggressiven Nationalismus –, als etwa ein im üblichen Sinn reaktionäres Weltbild. Autoritätsgebundene Charaktertypen zeigen eine relativ starre unveränderliche psychische Struktur, obwohl die politischen Ideologien, die sie vertreten, verschieden sein können. Im Vergleich zu ihnen ist ein nichttotalitärer demokratischer Charaktertyp weit flexibler und zeigt eine differenziertere psychische Struktur. Wesentlich für die Starrheit des totalitären Charakters ist seine Fixierung an Autoritäten, das blinde, verbiesterte, wenn auch vielleicht insgeheim aufmuckende Akzeptieren von allem, was Macht hat. Er achtet besonders auf die Einhaltung von jeweils geltenden konventionellen Werten: Ordnung, Fleiß, Sauberkeit und ein konformistisches unkritisches Verhalten zeichnen ihn aus. Er verbietet sich jede kritische Reflexion, die seine falsche Sicherheit gefährden könnte. Der totalitäre Charakter denkt hierarchisch und unterwirft sich den Autoritäten, die die Gruppe repräsentieren, der er sich zurechnet. Er überbetont seine Zugehörigkeit zu seiner »Eigengruppe«, die er idealisiert, während er dazu tendiert, alles andere, Fremde, Schwache, alles, was zur »Fremdgruppe« gehört, unter allerhand Vorwänden zu verdammen. Der autoritätsgebundene Typus entspricht dem, was man als »Radfahrernatur« bezeichnet; Heinrich Mann hat ihm in seinem Werk »Der Untertan« ein literarisches Denkmal gesetzt.

Der entwicklungspsychologische Teil der Untersuchungen zeigt, daß der autoritäre Charakter das Produkt einer Familienstruktur ist, wie sie Horkheimer zu beschreiben versucht hat. Zumeist wird der spätere totalitäre Charakter in der Kindheit durch eine autoritäre Erziehung und einen Mangel an elterlicher Liebe gebrochen und muß deshalb, um überleben zu können, zwanghaft an anderen das reproduzieren, was ihm selbst in der Kindheit widerfuhr. Die Beziehungsmuster der Autoritätsgebundenen zu beiden Elternteilen wurden eingehend untersucht. Es zeigt sich, daß eine frühe gescheiterte Rebellion gegen den autoritären Vater verdrängt wurde und auf einer unbewußten Stufe gehalten wird; in der angestrebten Unterwerfung unter Mächtige, die ihre Kehrseite in der aggressiven Verachtung von Schwachen hat, kommt sie auf eine verdrehte Art wieder zum Vorschein. Beim Jungen erweist sich seine Beziehung zu seiner Mutter nach dieser Untersuchung als verhängnisvoll. Während seiner Kindheit gewinnt er den Eindruck, daß die schwache, vom Vater abhängige Mutter, die ihm zu wenig Liebe zukommen läßt, wegen ihres Geschlechts etwas Schwaches und Verachtenswertes darstellt. Eine spätere Überbetonung von Härte, ein übertriebener Anstrich von »Männlichkeit«, die leicht von den faschistischen Männerhorden eingefangen werden kann, hat ihre Wurzel in einem gestörten Verhältnis zur Mutter, das zur offenen oder verdeckten Ablehnung von allem führt, was ans Weibliche erinnert. Die von der Ablehnung der Mutter hervorgebrachte antifeminine Einstellung gibt das Modell ab für die spätere Ablehnung all dessen, was als »anders« erfahren wird. Die von den Faschisten abgelehnten Fremdgruppen, z. B. Juden oder Intellektuelle, werden von ihnen in ihrer Propaganda offen oder versteckt mit »weibischen« Zügen ausgestattet. So normal und angepaßt sich der Autoritätsgebundene zu gebärden vermag – er ist es unter undemokratischen Verhältnissen auch weitgehend –, so beschädigt ist er zugleich. Es mangelt ihm an der Fähigkeit zur liebevollen Erfahrung von Lebendigem, sein Narzißmus macht ihn unfähig, zu akzeptieren, was über sein beschränktes Eigeninteresse oder das seiner Gruppe hinausreicht. Um ihn zu verändern, würde es nicht genügen, ihn aufklären zu wollen, er müßte durch langwierige komplizierte Prozesse der Nachsozialisation erst einmal die Fähigkeit zur Lebendigkeit und zur Spontaneität erwerben. Diese Veränderung aber ist von einer gründlichen Wandlung seiner Lebensverhältnisse abhängig; – die Abschaffung des autoritätsgebundenen Charakters ist auf demokratische Umwälzungen der Gesellschaft angewiesen.

Auch Inhalt, Struktur und Funktionsweise der faschistischen Propaganda, auf die der autoritätsgebundene Charakter anspricht, wurden Analysen unterzogen. Loewenthal, Gutermann (1949) haben verschiedene Untersuchungen der propagandistischen Techniken von mit Hitler sympathisierenden amerikanischen Hetzaposteln, deren demagogische Taktiken den im Dritten Reich üblichen weitgehend glichen, zusammengefaßt. Die Stereotypie der sprachlichen Wendungen, ein starres klischeehaftes Denken, das mit unablässigen Wiederholungen arbeitet, kennzeichnen ihnen zufolge die Propaganda der faschistischen Demagogen. Einige wenige, stets wiederverwendete standardisierte Tricks prägen ihre Pamphlete und Reden. Zu den ständig reproduzierten Klischees gehören z. B. das Selbstbild des Redners als »großer kleiner Mann«, die Einteilung der Welt in »Schafe« und »Böcke« oder der Hinweis auf permanent drohende Verschwörungen durch finstere Mächte.

Die Reden der Agitatoren sind offenkundig nicht darauf ausgerichtet, durch rationale Argumente Anhänger für die Sache des Faschismus zu gewinnen; sie beruhen auf psychologischer Manipulation, die sich daran orientiert, was »ankommt«. Mit Hilfe eines fixierten Schemas sucht man blinde Affekte zu wecken, die dazu dienen sollen, Gefolgschaften anzuheuern, welche interessierten Kreisen für die Abschaffung der Demokratie die Massenunterstützung gewähren. Die faschistische Propaganda läßt eine ihr bewußt oder unbewußt zugrundeliegende Gesamtkonzeption erkennen. Jede Äußerung erhält durch ein »psychologisches System« erst seine Bedeutung zugewiesen. Dieses System glaubt Adorno mit Hilfe der Freudschen Massenpsychologie (Freud, G. W. XIII, 71 ff) durchleuchten zu können. Freud sucht zu ermitteln, was Menschen, die als Anhänger von Führerfiguren massenhaft auf den Plan treten, dazu bewegt, entindividualisiert, vernunftlos, leicht lenkbar und gewalttätig zu werden. Er sucht das »Bindemittel« zu finden, das Individuen zu einer Masse vereinigt, die, einem Führer folgend, zu sehr fragwürdigen Reaktionsweisen fähig ist. Freuds Beantwortung dieser Frage gibt nach Adorno zugleich Auskunft darüber, warum die »faschistische Propaganda so erschreckend wirksam ist. Denn der faschistische Demagoge, der die Unterstützung von Millionen Menschen für Ziele gewinnen muß, die mit ihrem eigenen rationalen Interesse unvereinbar sind, kann dies nur, indem er das von Freud gesuchte Bindemittel künstlich schafft. Wenn diese Methode der Demagogen realistisch ist, woran ihr Erfolg keinen Zweifel läßt, so läßt sich die Hypothese aufstellen, daß das, was der Demagoge synthetisch zu erzeugen versucht, eben dies Bindemittel ist und daß es das vereinigende Prinzip hinter seinen verschiedenen Propagandatechniken ist« (Adorno 1951, 39). Das Bindemittel, das die Individuen in eine Masse integriert, ist nach Freud libidinöser Natur: Das Aufgehen in der Masse verschafft den Menschen Ersatzbefriedigungen für zielgehemmte sexuelle Strebungen. Freud stellt fest: »Es genügt uns zu sagen, das Individuum komme in der Masse unter Bedingungen, die ihm gestatten, die Verdrängung seiner unbewußten Triebregungen abzuwerfen« (Freud, G. W. XIII, 79). Das faschistische Führertum hält aufgrund von sozialen Zwängen abgewehrte libidinöse Strebungen auf der unbewußten Ebene fest, um ihre Manifestationen in einer für seine politischen Ziele geeigneten Weise einspannen zu können. Die Triebstruktur, die der faschistische Führer anspricht, zeigt autoritäre Züge; die Gefolgschaft des Führers, der als allmächtige Vaterfigur erscheint, weist eine passiv masochistische Triebeinstellung auf. Verdeckte erotische Strebungen werden zum Bindemittel sowohl zwischen dem Führer und den Geführten als auch der Geführten untereinander mit Hilfe des psychologischen Mechanismus der Identifizierung. Indem sich die Individuen gemeinsam mit dem faschistischen Führer identifizieren, erfahren sie eine Karikatur der Brüderlichkeit als seine Gefolgschaft.

Am Prozeß der kollektiven Identifikation sind narzißtische Impulse wesentlich beteiligt. Der Führer als Objekt ersetzt bei den Massenmitgliedern ihre nicht erreichten infantilen Ich-Ideale. Das verlangt eine Idealisierung seiner Person; er muß mit Hilfe von Propaganda so aufgeblasen werden, daß er als derjenige erscheint, der zu erreichen vermag, was den infantilen Allmachtsphantasien unmündig gehaltener Massen entspricht. Das von der Propaganda verbreitete Bild des Führers, das mit seinem empirischen Selbst nur recht zufällig verknüpft sein kann, muß dem entsprechen, was die Opfer undemokratischer Verhältnisse gern sein möchten – indem sie ihn lieben, lieben sie eigentlich nur auf pervertierte Art sich selbst. Die faschistische Propaganda verdankt ihre Wirkung der Tatsache, daß sie narzißtischen Gewinn verschafft – sie erlaubt denen, die sich ducken müssen, sich zugleich auf fiktive Art aufzublähen. Die Allmacht des Führerbildes ist gewissermaßen von der Macht des Kollektivs geliehen, das ihm verfallen ist. Um seine psychologische Funktion zu erfüllen, muß der Führer paradoxerweise zugleich als Übermensch und als Durchschnittsmensch erscheinen, er muß der »große kleine Mann« sein. »Das Bild des Führers befriedigt den doppelten Wunsch der Geführten, sich der Autorität zu unterwerfen, und zugleich selbst Autorität zu sein« (Adorno 1951, 50). Die faschistische »Volksgemeinschaft« hebt die realen Widersprüche der kapitalistischen Gesellschaft nicht auf, die bedrohlichen Rivalitätskonflikte zwischen den Menschen werden unter dem Faschismus nur fiktiv überwunden. Damit die mit ihnen verknüpften aggressiven Regungen den Zusammenhalt der Masse nicht stören, müssen sie nach »außen« verschoben werden. Die Mitglieder der massenpsychologisch erzeugten »Wir-Gruppe« projizieren ihre destruktiven Regungen auf »Fremdgruppen«, was deren Verfolgung psychologisch rationalisiert. Gleichzeitig dient die Bedrohung, die angeblich von den »anderen« ausgeht, dazu, das Kollektive, dem man sich zurechnet, zusammenzuschweißen. Da die Menschen unter dem Faschismus den fiktiven Charakter ihrer Massenbindungen ahnen, aber zugleich die psychischen Befindlichkeiten, die sie verschaffen, nicht aufgeben können oder wollen, werden sie zu verbissenen Gegnern aufklärerischer Vernunft.

Die im Umkreis der Frankfurter Schule angesiedelten Analysen von subjektiven Momenten des faschistischen Unheils können zu dessen Verständnis sicher Wesentliches beitragen. Dennoch sind sie nicht frei von problematischen Verkürzungen, auf die hier nur behauptend hingewiesen werden kann. Die Verwendung des psychoanalytischen Instrumentariums führt allzuleicht – auch das Beispiel Reichs zeigt dies – zu familialistischen Verkürzungen: Das soziale Übel wird fast nur im Sozialisationsbereich ausgemacht. Warum die Menschen von in der Kindheit erfahrenen Fixierungen nicht loskommen, welche ökonomischen und politischen Strukturen sie ständig auf fragwürdige Reaktionsweisen aus der Kindheit zurückwerfen, könnte präziser analysiert werden. Adorno formuliert: »Vielleicht liegt das Geheimnis der faschistischen Propaganda darin, daß sie einfach die Menschen als das nimmt, was sie sind: echte, ihrer Selbständigkeit und Spontaneität weitgehend beraubte Kinder der heutigen standardisierten Massenkultur – die nicht Ziele aufstellt, deren Verwirklichung ebenso über den psychologischen wie über den gesellschaftlichen Status quo hinausginge« (Adorno 1951, 61). Wie dieser Status quo aussieht, der die Menschen stets von neuem zwingt, auf archaische Reaktionsweisen zurückzugreifen, wird von ihm nur vage angedeutet. Horkheimers zentrales Diktum: »Wer aber vom Kapitalismus nicht reden will, sollte auch vom Faschismus schweigen« (Horkheimer 1939, 8), kann teilweise kritisch auch gegen die von ihm entscheidend beeinflußten Untersuchungen gewandt werden. Welche Beziehungen zwischen kapitalistischer Produktionsweise und undemokratischen Charakterstrukturen bestehen, bedarf noch der gründlichen Analyse. Die Faschismusanalysen der Frankfurter Schule sind mitunter zu eindimensional. Ernst Bloch hat für die Analyse des Faschismus eine »mehrschichtige Dialektik« (Bloch 1962) verlangt, die die Widersprüche faschistischer Potentiale, ihre »Ungleichzeitigkeiten« und ihre verworrene Kapitalismuskritik zu fassen vermag. Die referierten Untersuchungen generalisieren häufig sehr leichthändig, obwohl sie primär die Misere des Kleinbürgertums betreffen: Klassen- bzw. schichtspezifische Differenzen der Sozialcharaktere werden kaum thematisiert. Daß die Krise der Familie nur dem Totalitarismus in die Hände arbeitet, kann nach den Erfahrungen mit der Jugend- und Studentenbewegung in Frage gestellt werden. Die Tendenz zum Totalitären in der westlichen Gesellschaftsordnung setzt sich nicht so geradlinig durch, wie dies die Autoren im Angesicht des deutschen Faschismus befürchten mußten; – noch zeigen sich auch demokratische Tendenzen, die ihr zuwiderlaufen. Ob die demokratischen Potentiale in der kapitalistischen Gesellschaft freilich ausreichen, neue Formen faschistischer Barberei zu verhindern, kann nach der kritischen Analyse des Bestehenden, die sich der Vergangenheit bewußt ist, bezweifelt werden. Diese Zweifel sollten nicht zur Resignation, sondern zu politischem Handeln drängen, das sich Verhältnisse, die die Menschen zum kollektiven Wahn treiben, abzuschaffen bemüht.

LITERATUR

ADORNO, TH. W.: Die Freudsche Theorie und die Struktur der Faschistischen Propaganda. New York 1951 (zit. nach: Kritik. Kleine Schriften zur Gesellschaft. Frankfurt/M. 1971)

ADORNO, TH. W., FRENKEL-BRUNSWIK, E., LEVINSON, D., SANFORD, S.: The Authoritarian Personality. New York 1950

BLOCH, E.: Erbschaft dieser Zeit. Frankfurt/M. 1962

FREUD, S.: Massenpsychologie und Ich-Analyse (1921). G. W. XIII. Frankfurt/M.: Fischer [7]1972

FROMM, E.: Über Methode und Aufgabe einer analytischen Sozialpsychologie. Zeitschrift für Sozialforschung, Leipzig 1932

Autorität und Familie – Sozialpsychologischer Teil. Paris 1936

HORKHEIMER, M.: Autorität und Familie – Soziologischer Teil. Paris 1936

Die Juden in Europa. Zeitschrift für Sozialforschung, 8, 1939 (zit. nach: Autoritärer Staat. Amsterdam 1968)

Autoritarianism and the Family Today. In: R. N. Anshen (Ed.): The Family: its Function and Destiny. New York 1949. Deutsch: Autorität und Familie in der Gegenwart (1960). In: Zur Kritik der Instrumentellen Vernunft. Frankfurt/M. 1967

LOEWENTHAL, L., GUTERMANN, N.: Prophets of Deceit. New York 1949

REICH, W.: Massenpsychologie des Faschismus. Wien 1933

SOZIALPSYCHOLOGISCHE ASPEKTE INTERNATIONALER BEZIEHUNGEN

von Amitai Etzioni

Zeitgenössische Analysen internationaler Beziehungen beruhen im wesentlichen auf der Erforschung jener Bedingungen, unter denen ein gerechter und gefestigter Friede erreicht werden kann. Aus einer im allgemeinen eher soziologischen als psychologischen Perspektive werden wir hier zunächst die wichtigsten Argumente darstellen, die in diesem Untersuchungsfeld vorgetragen wurden, um danach unsere eigene Position zu umreißen.

Hinter all den unzähligen spezifischen Fragen, mit denen man sich bei der Erforschung internationaler Beziehungen beschäftigt, steht eine generelle Schlüsselfrage: In welchem Ausmaß lenkt der Mensch sein eigenes Schicksal, und inwieweit wird er andererseits selbst von ihm beherrscht? Die grundsätzliche Frage nach der Kontrolle, die der Mensch über sein Schicksal hat, taucht insbesondere in der Diskussion darüber auf, inwieweit der Mensch fähig ist, Kriege, die er nicht will, zu verhindern, und Kriege, die er nicht angezettelt hat, auf das von ihm gewünschte Niveau zu begrenzen. In dieser Debatte spielen psychologische Annahmen über das Wesen des Menschen und über die Natur seiner interpersonalen Beziehungen eine ebenso bedeutsame Rolle wie die einschlägigen Befunde, die die Psychologische Forschung dazu vorlegt.

Die Kontroverse darüber, in welchem Ausmaß die in internationale Konfliktsituationen verwickelten Akteure über Selbstkontrolle verfügen, entbrennt vornehmlich bei der Behandlung dreier wichtiger Themenbereiche: intranationale Kontrollsysteme, internationale Interaktion und generalisierte strategische Annahmen.

INTRANATIONALE KOMMUNIKATION UND IHRE VERZERRUNGEN

Daß Persönlichkeitsfaktoren und kulturelle Einflüsse die Kommunikation von Nachrichten verzerren können, ist durch Forschungsergebnisse gut belegt. Bei der praktischen Anwendung dieser Befunde haben Sozialwissenschaftler eine gewichtige Rolle gespielt. Sie haben auch auf die Gefahr hingewiesen, daß es bei mehrdeutigen Signalen zu projizierten Interpretationen kommen kann. Mit ihren Publikationen haben sie ein paar begrenzte Reformen der (intranationalen) Kontrollsysteme gefördert, in der Absicht, diesen Gefahren vorzubeugen (Deutsch 1961, Etzioni 1964).

601

INTERNATIONALE INTERAKTION: ESKALATION

In der Diskussion darüber, ob der Mensch sich selbst bzw. sein Schicksal zu lenken vermag, ist die Frage nach der Eskalation in internationalen Beziehungen von besonderem Interesse. Das Thema Eskalation trifft deshalb ins Schwarze, weil 1. die Argumente, die von den beiden an dieser Diskussion beteiligten Seiten vorgetragen werden, direkt anwendbar sind auf andere Formen des Kontrollverlusts in internationalen Konfliktsituationen und 2. weil diese besondere Form des Kontrollverlusts sicherlich mit größerer Wahrscheinlichkeit zu einem alles vernichtenden Krieg führt als eine verzerrte intranationale Kommunikation oder ein nicht erlaubter Waffengebrauch.

Ins Zentrum der Aufmerksamkeit geriet die Eskalationsthese durch Herman Kahns Buch »On Escalation« (1965) und durch die gewichtige Rezension, die Charles E. Osgood (1965) zu diesem Buch geschrieben hat. Kahn vertritt den Standpunkt, daß die Eskalation für einen internationalen Akteur ein wirksames Mittel zur Stärkung seiner Position bzw. zum Schutz seiner bedrohten Interessen ist, ein Mittel, das er einsetzen kann, ohne in einen alles zerstörenden Konflikt hineingezogen zu werden. Zum Teil ist diese Eskalationskonzeption ein psychologisches Konzept, jedenfalls gründet sie auf psychologischen Voraussetzungen. Auf einige davon weist Kahn selbst hin. Zwar mangelt es Kahns Konzepten nicht an psychologischen Überlegungen und Einsichten. Dennoch sind die grundlegenden psychologischen Annahmen, auf denen die Behauptung beruht, die Eskalation sei eine rationale Strategie, falsch. Charles E. Osgood führt dazu aus:

»Die militärische Eskalation schafft gerade die Bedingungen, unter denen es – nach innen und nach außen – immer schwieriger wird, den Konflikt zu stoppen und zu deeskalieren. Nach innen, weil Ärger und Frustration einen zu weiteren Schritten antreiben, sobald die ursprüngliche Eskalation mißlingt und eine Gegenreaktion hervorruft; oder weil man bei erfolgreich verlaufender Eskalation lernt, sie auf Kosten anderer so lange als ein Mittel einzusetzen, bis daß man sich bei dem Versuch ertappt, alle Welt unter die eigene Polizeigewalt zu bringen. Nach außen führen die ersten Stadien der Eskalation eher zu einer Verhärtung als zu einer Aufweichung der Entschlossenheit des Gegners, und das zwingt uns auf eine höhere Stufe der Eskalationsleiter, als wir ursprünglich beabsichtigt hatten ... Dies in Analogie zur sexuellen Erregung zu sehen, mag verwirren, ist aber durchaus angemessen; denn wie jeder geübte Verführer weiß, erleichtert eine einmal überwundene Schwelle zugleich die Überwindung der nächsten« (1965, 13).

Eskalationen selbst sind kaum untersucht worden. Viel häufiger werden dagegen Rüstungswettläufe und die psychologischen Faktoren erforscht, die bei ihrem Hochschaukeln eine Rolle spielen. Oft wird argumentiert, daß Rüstungswettläufe, wenn sie aus irgendeinem Grund einmal in Gang gesetzt wurden, eine Eigendynamik erzeugen, die zu immer höheren Rüstungsniveaus führt, und daß dies wahrscheinlich früher oder später einen Krieg auslöst (s. Richardson 1939, 1960; Boulding 1962; Huntington 1958; Kissinger 1961).

DIE AKTEURE ALS STRATEGEN

Am direktesten wird die Frage nach der Rationalität (bzw. der Selbstkontrolle) der Akteure in der Debatte darüber angegangen, ob sie (die Akteure) fähig sind, irgendwelche Strategien zu verfolgen oder ob sie von Kräften beherrscht werden, die sie nicht zu steuern vermögen. Der rationalistische Ansatz geht von der Annahme aus, daß der Mensch sich durchaus auf bedrohende und kriegerische Handlungen einlassen kann, ohne die Kontrolle über sein Verhalten und über die daraus folgende Interaktion zu verlieren; andere Autoren (nonrationalistic school) behaupten dagegen, daß diese Aktivitäten, wenn sie einmal in Gang gesetzt sind, eine vorwärtstreibende Kraft und eine Eigendynamik besitzen, die zum

Verlust der Selbstkontrolle führt. Die Arbeit von Thomas C. Schelling (1960) ist ein typisches Beispiel für den rationalistischen Ansatz. Schelling hat argumentiert, zwei oder mehrere Akteure, die sich in einer Konfliktsituation gegenüberstehen, betrieben psychologische Kriegführung – in der Absicht, allein mit Drohgebärden soviel wie möglich zu erreichen. Für den Fall, daß dabei Nuklearwaffen eine Rolle spielen, hat Schelling hervorgehoben, wie wichtig es ist, die Drohungen glaubwürdig zu gestalten, da beide Seiten ein starkes gemeinsames Interesse daran haben, einen Nuklearkrieg zu vermeiden. Außer mit dem Faktor der Glaubwürdigkeit beschäftigte sich Schelling auch mit der Intensität der Drohung, d. h. mit der Frage, wie weit man sich tatsächlich dem Punkt der totalen Vernichtung (showdown) nähert, um auf diese Weise zu einer Einigung zu kommen. In diesem Zusammenhang hat Schelling wiederholt dargelegt, es sei vorteilhaft, eine Strategie zu verfolgen, die einen rücksichtslos, blöde und zum Selbstmord bereit erscheinen läßt; es zeuge, kurz gesagt, von Rationalität, wenn man irrational handelt.

Während Schelling ein führender Vertreter der »rationalistischen« Schule ist, vertritt Rapoport maßgeblich den gegenteiligen Standpunkt. In einer Kritik an Kahn und Schelling formulierte Rapoport (1964, 1965) zwei Aussagen: 1. Strategen analysieren nicht bloß die internationalen Beziehungen, sie haben vielmehr einen wichtigen Einfluß auf die Interaktion selbst; 2. das Desaster eines Atomkriegs würde so groß sein, daß dagegen alle anderen, zwischen den Konfliktparteien existierenden Wertdifferenzen verblassen; und dies sollte – anders als es der Fall ist – die wichtigste Prämisse sein, von der die Strategen bei ihrer Arbeit auszugehen hätten.

DIE THEORIE DER KLEINEN SCHRITTE

Es gibt unter den Strategen einige, die mit Rapoport zumindest in manchen seiner Wertprämissen übereinstimmen und die, in direktem Gegensatz zu Schelling, Strategien zu entwerfen suchen, die das Irrationale rational einsetzen, nicht um die Grenzen auszuloten, innerhalb derer konfligierende Interessen durchgesetzt werden können, sondern um das Niveau der Drohungen und Spannungen zu reduzieren und um zugleich den Bereich gemeinsamer Interessen auszudehnen. Zu dieser Gruppe gehören Etzioni (1962, 1964, 1967), Millis (1965), Osgood (1960, 1962) und Sohn (1962).

Sobald ein hohes Ausmaß an Feindseligkeit psychologische Blockierungen erzeugt, die die streitenden Parteien daran hindern, die internationale Realität objektiv wahrzunehmen, werden der Theorie der kleinen Schritte (gradualist approach) zufolge eine Reihe von Abwehrmechanismen mobilisiert. Die Strategen der kleinen Schritte gehen davon aus, daß der kalte Krieg einer der Faktoren ist, die den Abbau internationaler Spannungen verhindern. Ein hohes Spannungsniveau führt im allgemeinen zu einem rigiden Festhalten an einer unter früheren Bedingungen gewählten Politik. Beide Seiten verstärken ihre Rüstungen und verharren in einer feindseligen Haltung, selbst wenn die Rüstungspotentiale über die rein militärischen Erfordernisse hinaus schon ausgebaut sind und feindselige Gefühle angesichts der im Charakter und in der Intention der Opponenten eingetretenen Veränderungen nicht mehr gerechtfertigt sind. Überdies kommen die wegen ihrer Bedrohlichkeit verdrängten Ängste vor einem Atomkrieg in Stereotypisierungen und paranoiden Vorstellungen zum Ausdruck. Anzeichen dafür lassen sich im Verhalten von Nationen finden, die in einen Zustand hoher internationaler Spannung verstrickt sind.

Welche Art von Therapie ist hier möglich? Wie kann der Teufelskreis aus feindseligen Reaktionen und Gegenreaktionen aufgebrochen werden? Die Antwort lautet ähnlich wie in psychoanalytischen Verfahren: vermehrte und verbesserte Kommunikation. Wenn das Spannungsniveau einmal reduziert ist und wenn man sich mit der anderen Seite auf vermehrte Kommunikation einläßt, dann wird sich auch die Fähigkeit verbessern, die internationale Realität so zu sehen, wie sie ist, und das wiederum wird die Spannungen noch mehr vermindern.

Hinsichtlich des Umfangs, in dem die Theorie der kleinen Schritte internationales Verhalten zu erklären beansprucht, gibt es erhebliche Meinungsverschiedenheiten. Strenggenommen besagt die Theorie, daß »der Krieg in den Köpfen der Menschen beginnt« und daß »die Situation das ist, als was wir sie definieren«. So gesehen sind die Kriegsursachen psychologischer Art, und sie können daher vollständig in psychologischen Termini erklärt werden. Waffen sind hier bloß ein Ausdruck gewisser Geisteshaltungen. Wenn sich diese Haltungen ändern, dann werden Vernichtungswaffen entweder gar nicht mehr hergestellt, oder sie verlieren ihre Drohwirkung. Die Bevölkerung von New Jersey fürchtet nicht die Atomwaffen der New Yorker.

Gemäßigtere Versionen der Theorie betrachten psychologische Faktoren als einen Aspekt der Situation, die außerdem noch ökonomische, politische und militärische Dimensionen enthält. Man kann daher die Theorie der kleinen Schritte mehr oder weniger entschieden vertreten. In den meisten seiner Schriften über dieses Thema hat Osgood der strengeren Position den Vorzug gegeben (1962), ich selbst dagegen vertrete die gemäßigtere Version (Etzioni 1962, Kp. IV).

DIE AKTEURE: CHARAKTER UND SITUATION

Die verschiedenen bisher diskutierten Arbeiten gehen alle von einer Annahme aus: daß nämlich das Verhalten des Menschen weitgehend von der Art der jeweiligen Situation und – vor allem – vom Verlauf der Interaktion mit anderen Akteuren beeinflußt wird. Viele Sozialwissenschaftler nehmen allerdings diese Annahme nicht einfach als gegeben hin; sie diskutieren und erforschen vielmehr die Frage, welches relative Gewicht angeborenen Trieben vs. situativen Faktoren zukommt, wobei es entweder unmittelbar um Krieg und Frieden geht oder um die Anwendung von ursprünglich in anderen Bereichen erhobenen Forschungsergebnissen auf die internationalen Beziehungen. Die Quellen der hier angewandten Erkenntnisse und Befunde sind sehr verschiedener Art; das Verhalten sozialer Tierarten, primitiver Volksstämme und das Verhalten von Kindern zählen ebenso dazu wie experimentelle Ergebnisse, die in sozialpsychologischen Laboratorien gewonnen wurden. Lorenz (1963, 1964) gehört zu denen, die die Aggression als einen gegebenen Trieb betrachten (s. die Beiträge von I. Eibl-Eibesfeldt in Bd. VI dieser Enzyklopädie). Auf der anderen Seite vertritt J. P. Scott den optimistischeren Standpunkt, daß »bisher kein physiologischer Mechanismus bekannt geworden ist, der eine spontane interne Stimulation zum Kämpfen erzeugt« (1965). Untersuchungen an primitiven Stämmen haben herauszufinden versucht, ob es so etwas wie universell verbreitete Dispositionen zu kriegerischen Auseinandersetzungen gibt (Mead, Metraux 1965; Naroll 1966; Leach 1960). »Situative« Erklärungen des Entstehens von Aggression und alternativen Aggressions-»Ventilen« haben sich vornehmlich eines gruppendynamischen oder eines strukturell-funktionalen Bezugsrahmens bedient; im ersteren Fall verwendet man als Hauptvariable die Art der Beziehungen zwischen intragruppaler Kohäsion und intergruppalen Spannungen, im zweiten Fall gilt die Aufmerksamkeit den alternativen strukturellen Antworten auf ein und dasselbe funktionale Bedürfnis nach einem Ventil für die Aggression.

Schließlich gibt es eine umfängliche und schnell anwachsende Forschungsliteratur, deren Befunde auf Untersuchungen des interpersonalen Verhaltens in sozial-wissenschaftlichen Laboratorien basieren. Hier wird Frustration und Aggression, Vertrauen und Mißtrauen, Kooperation und Konflikt erzeugt, und zwar gewöhnlich unter Studenten, deren Verhalten man unter experimentellen Bedingungen beobachtet. Eine große und immer noch wachsende Zahl theoretischer Überlegungen und experimenteller Befunde liegt über solche Situationen vor, die durch eine »gemischte« Interessenlage gekennzeichnet sind; hier haben die betreffenden Parteien zugleich gemeinsame und konfligierende Interessen, was wohl auch in der Realität am häufigsten vorkommt. Wir beschäftigen uns hier nicht so sehr damit, wie diese Befunde selbst im einzelnen entstanden sind; unser Interesse gilt hauptsächlich der Frage, ob sie auf internationale Beziehungen anwendbar sind.

VOM ANALOGIEMODELL ZUR INTERNATIONALEN REALITÄT

Welche Schlußfolgerungen aus den an Tieren und Kindern, an primitiven Stämmen und aus den in sozialwissenschaftlichen Laboratorien an Studenten durchgeführten Untersuchungen im Hinblick auf das Problem internationaler Beziehungen zu ziehen sind, muß erst noch erkundet werden. Es gibt kaum einen Zweifel, daß alle Autoren, die solche Untersuchungen durchgeführt haben, ihren Befunden bedeutsame Implikationen für die internationalen Beziehungen im allgemeinen und für das Atomzeitalter im besonderen zusprechen. Verallgemeinerungen von einer Untersuchungseinheit auf eine andere lassen sich im wesentlichen mit 1. rein pragmatischen Überlegungen, 2. mit heuristischen Erfordernissen, 3. mit dem Hinweis auf die logische Validität und 4. mit der Behauptung der theoretischen Validität der vorgenommenen Generalisation begründen. Bevor wir uns diese Gründe näher anschauen, sollte angemerkt werden, daß viele Forscher, die von ihrem spezifischen Untersuchungsgegenstand (den Beobachtungseinheiten, die sie tatsächlich erforschen) Schlußfolgerungen auf internationale Akteure ziehen, nicht ausdrücklich angeben, auf welche dieser Begründungen sie sich beziehen. Viele, die sich mit diesem Thema befassen, behaupten zwar nicht, daß ihre Extrapolationen den stringenteren Kriterien der logischen oder theoretischen Validität genügen; sie messen ihnen lediglich einen pragmatischen oder heuristischen Wert bei. Nach entsprechenden Dementis gehen diese Forscher dann allerdings häufig so vor, daß ihre Argumente und der allgemeine Tenor ihrer Darstellung den Eindruck erwecken, als seien die auf der Modellebene gewonnenen Ergebnisse auch auf der Ebene internationaler Beziehungen gültig. Die pragmatische Verteidigung dieser Extrapolation lautet, die Regelhaftigkeiten auf der Modellebene seien auch für die internationale Ebene charakteristisch; das heißt, es wird behauptet, daß diese Gesetzmäßigkeiten mit den Daten über internationales Verhalten in Einklang stehen und daß dies zur Rechtfertigung des Extrapolationsverfahrens hinreichend sei. Freilich, gleichgültig welchen Beobachtungseinheiten das jeweilige Modell entstammt, die Übereinstimmung zwischen ihm und den Daten über internationale Akteure ist häufig ziemlich geringfügig. Es sei denn, man führt äußerst dürftige Annahmen und »Pseudokonstanten« ein, um eine bessere Übereinstimmung zu erzielen.

Der Standpunkt, daß eine Untersuchung auf der Modellebene einen heuristischen Entwurf für eine Untersuchung internationaler Beziehungen darstellt, wird von Rapoport vertreten. Er stellte fest, daß »man sich auf keine Extrapolation ernsthaft verlassen kann, die im Experiment gewonnene Resultate auf irgendeine reale Situation überträgt« (1963). Ein solch bescheidener Standpunkt mag zunächst unangreifbar erscheinen. Wenn Forscher eine heuristische Untersuchung dieser Art beim Formulieren neuer Aussagen für hilfreich halten, für die sie – soweit internationale Akteure betroffen sind – keine Gültigkeit beanspruchen, was könnte man dagegen schon einzuwenden haben?

Man mag freilich argumentieren, daß die Kosten, die mit einigen heuristischen Entwürfen verbunden sind, höher ausfallen als bei anderen – nicht gerade in finanzieller Hinsicht, aber doch im Hinblick auf die in diese Forschung zu investierenden Jahre. Nach ökonomischen Gesichtspunkten sollten daher den weniger kostspieligen Projekten größere Anstrengungen gewidmet werden. Aber wir geraten hier in den Bereich der Psychologie des Entdeckens; was der eine Forscher als stimulierend erfährt, muß nicht auch den anderen anregen, und daher sollte jeder die Mittel zum Einsatz bringen, die am besten zu seinen kreativen Fertigkeiten passen. Überdies könnte betont werden, daß jeder heuristische Entwurf seine eigenen blinden Flecke hat; wenn also ein und derselbe oder verschiedene Forscher sich einer Vielfalt von Entwürfen bedienen, so erhöht das nur die Wahrscheinlichkeit, daß internationale Beziehungen von sehr vielen möglichen Gesichtspunkten aus exploriert werden. Um zu gültigen Aussagen zu kommen, wird am Ende jedenfalls eine Forschung nötig sein, die die verschiedenen heuristischen Entwürfe an den internationalen Beziehungen selbst überprüft und so deren relative Beweiskraft feststellt.

Fragen grundsätzlicherer Art werden durch die implizite Behauptung aufgeworfen, daß Aussagen über internationales Verhalten gültig sind, auch wenn sie nur auf der Modellebene validiert wurden. Diese Behauptung tritt hauptsächlich in zwei Formen auf. In manchen Fällen stellt der Forscher einfach fest, seine Ergebnisse (die er beispielsweise an zwei Fischgruppen gewonnen hat) seien »nützlich« für oder »anwendbar« auf das Verständnis internationaler Beziehungen. Das sind freilich vage Ausdrücke, die es dem Forscher gestatten, seine Heuristik (die Quelle seiner Erkenntnis, seiner Entdeckungen usw.) zunächst als »nützlich« zu bezeichnen, dann aber das internationale Verhalten so zu diskutieren als sei »nützlich« mit »valide« gleichzusetzen. In der zweiten Form wird im Rückgriff auf logische oder theoretische Begründungen behauptet, es sei möglich, aus der Untersuchung einer Beobachtungseinheit gültige Aussagen auch über andere Einheiten abzuleiten. Rekurriert man auf logische Begründungen, dann wird behauptet, daß die »Struktur«, mit der die Akteure konfrontiert sind, jeweils dieselbe ist; so etwa, wenn sich in einem Experiment zwei Studenten denselben Wahlmöglichkeiten gegenübersehen wie die USA und China. Logische Ableitungen mögen durchaus ihren Wert haben, besonders wenn sehr viele Variablen vorliegen und wenn mathematische Verfahren und Computer eingesetzt werden, um die verschiedenen möglichen Relationen zwischen den Variablen herauszufinden – was anders gar nicht möglich ist. Doch die auf diese Weise abgeleiteten Aussagen besitzen nicht von sich aus schon empirische Gültigkeit; und solange sie nicht mit empirischen Aussagen gekoppelt werden, können sie weder zur Erklärung des Verhaltens internationaler Akteure herangezogen werden, noch kann man sie dazu benutzen, diesen Akteuren Ratschläge zu erteilen.

Daß es sich bei der Untersuchung internationaler Beziehungen um angewandte Forschung handelt, führt zur gleichen Schlußfolgerung: Ein unmittelbarer Übergang von der psychologischen Forschung zum Verstehen internationalen Verhaltens ist nicht möglich. Anders als die Disziplinen der Psychologie, Soziologie und Ökonomie, die analytisch vorgehen und sich dabei mit Untermengen von Variablen befassen, sind die Schlußfolgerungen angewandter Forschung zwangsläufig synthetischer und interdisziplinärer Art. Wenn wir uns um einen Beitrag zur Erforschung internationaler Beziehungen bemühen, dann müssen wir unsere Variablen mit denen anderer analytischer Disziplinen in Beziehung setzen, bevor Aussagen über internationale Beziehungen validiert werden können. Modellsituationen, in denen Untermengen von Variablen untersucht werden, sind nur dann von Nutzen, wenn sie dazu dienen, die Komponenten synthetischer Aussagen zu erforschen. Dann auch hat es einen Sinn, Forschungsergebnisse aus einer Vielzahl von Untersuchungen zu kombinieren, die in mannigfaltigen Modellsituationen (analogs) von zahlreichen Disziplinen durchgeführt wurden. Rein abstrakt gesehen gibt es keinen Grund, warum es nicht möglich sein sollte, verifizierte Aussagen über internationale Akteure abzuleiten, wenn alle relevanten Variablen innerhalb eines einzigen Modells untersucht oder auf der Grundlage einer validierten interdisziplinären Theorie kombiniert wurden. Praktisch ist das allerdings ein Ideal, das nicht annähernd erreicht werden kann. Daher scheint es letztlich unumgänglich, alle Aussagen, auch wenn sie logisch abgeleitet und teilweise empirisch gesichert sind, auf der Ebene internationaler Beziehungen zu validieren.

Hat man sich einmal klar gemacht, daß internationales Verhalten immer ein Gemisch aus personbezogenen, mikro- und makrosozialen Variablen darstellt, dann ist auch ziemlich leicht einzusehen, daß die experimentelle Situation uns mehr als nur psychologische Variablen zu untersuchen gestattet. Andere Variablen können im Laboratorium »simuliert« werden.

Die Beziehung zwischen diesen Studien und der Psychologie sollte kurz skizziert werden. Unter methodologischen Gesichtspunkten gibt es keine notwendige Beziehung zwischen der Psychologie und einer Untersuchung, die sich mit den organisatorischen Aspekten etwa der Interaktionen zwischen einem Entscheidungsträger und seinem Mitarbeiterstab oder zwischen einem Regierungschef und dem Parlament befaßt; diese Untersuchung könnte der Soziologie oder der politischen Wissenschaft zugewiesen werden. Es gibt zur Psychologie allerdings eine pragmatische Verbindung. Jede sozialwissenschaftliche Disziplin scheint in einer bestimmten Forschungstechnik eine spezielle Fertigkeit entwickelt zu haben. Als eine Spezialität der Historiker gilt beispielsweise die Untersuchung von Dokumenten, die im übrigen von allen Disziplinen benutzt werden, um z. B. die Psychologie von Präsidenten und Ministern zu erforschen. Befragungsmethoden werden oft als Domäne der Soziologen betrachtet, obwohl sie auch in anderen Forschungsbereichen, etwa in den Wirtschaftswissenschaften und in den Politischen Wissenschaften Verwendung finden. Ähnlich scheinen experimentelle Verfahren die Spezialität von Psychologen zu sein, und daher können wir erwarten, daß experimentelle Arbeiten, die den in der Theorie der internationalen Beziehungen spezifizierten Variablen nachgehen, eher von Psychologen als von Angehörigen anderer Disziplinen durchgeführt werden. Schließlich ließe sich die Frage stellen, warum wir zuerst auf analoge Modellsituationen zurückgreifen, wenn wir doch primär an einer Erklärung internationalen Verhaltens interessiert sind. Das läßt sich mit einer Reihe von Argumenten beantworten, die für »direkte« und »analoge« Studien gleichermaßen plädieren. Erstens ist zu sagen, daß die Untersuchung internationaler Beziehungen, weil sie synthetisch vorgeht, eine Vielfalt von analytischen Studien auswertet; dazu gehören auch psychologische Studien. Anders gesagt, einige der im Kontext internationaler Beziehungen relevanten Variablen sind psychologischer Art. Zweitens: Die meisten über internationale Beziehungen erstellten Studien, die nicht auf Analogie-Modelle rekurrieren, sind bisher auf weite Strecken deskriptiv vorgegangen. Soweit aufgrund von Daten über internationale Beziehungen überhaupt Theorien entstanden sind, haben sie sich keineswegs durch eine größere Erklärungskraft ausgezeichnet als jene Theorien, die ihre Daten aus interpersonalen Interaktionssituationen oder aus anderen »externen« (»outside«) Modellsituationen beziehen. Zudem haben Theorien, die ausschließlich internationalen Beziehungen gelten (»outright« international theories) ihre eigenen blinden Flecke. Und gerade hier besitzen die »outside«-Analogiemodelle eine wichtige Korrektivfunktion – insofern nämlich, als sie uns vor Augen führen, daß im Prinzip »human-relations«-Systeme denkbar sind, die grundlegend anders ausfallen als die in internationalen Beziehungen vorherrschenden Verhältnisse.

ANALYSEEINHEITEN UND GENERALISATIONSNIVEAU

Die bisher gesichteten Theorien und Einzelstudien richten ihr Augenmerk auf die Natur des Akteurs: Hat er die Kontrolle über jene Kräfte, die er auszulösen vermag, oder entgleiten sie seinem Einfluß? Ist er von Natur aus aggressiv, und wenn ja, muß sich seine Aggression immer in Gewaltakten Ausdruck verschaffen, oder finden sich dafür noch andere Ventile? Bei der Darstellung der schon erwähnten wie auch zahlreicher weiterer Arbeiten kann man sich freilich noch an einem anderen Problem orientieren; an der Frage nämlich, wer eigentlich der Akteur ist, der in sozialpsychologischen Studien über internationale Beziehungen tatsächlich untersucht wird bzw. auf welche Beobachtungseinheiten sich die jeweilige Analyse bezieht.

Die einfachste Skizze der damit angesprochenen Kontroverse besteht aus einem dreistufigen dialektischen Prozeß. Im Kern geht es dabei um verschiedene Meinungen darüber, welchen Platz die Psychologie bei der Erforschung internationaler Beziehungen einnehmen soll. Als *maximalistische* Position könnte man die Ansicht bezeichnen, daß die psychologische Forschung den Menschen zum Gegenstand hat und daß daher dem Beitrag, den die Psychologie zur Erforschung internationaler Beziehungen zu leisten vermag, prinzipiell keine Grenzen gesetzt sind. Der *minimalistische* Ansatz, der allgemein betont, daß Nationen von Personen sehr verschieden sind, bezweifelt, daß die Erforschung individuellen und interindividuellen Verhaltens für das Verständnis des Verhaltens von Nationen irgendeine Bedeutung hat. Eine dritte Position versucht aus den beiden erstgenannten Ansätzen eine Synthese herzustellen, nicht jedoch, zwischen ihnen einfach zu vermitteln. Dabei wird argumentiert, daß psychologische Faktoren »real« existieren und daß sie einen bedeutsamen, wenn auch nicht den größten Teil der Gesamtvarianz aufklären. Wichtiger ist freilich, daß dieser Ansatz im Hinblick auf das Problem der Analyseeinheiten und im Hinblick auf die Art der Generalisationen spezifische Vorschläge dazu macht, wie die beiden Variablenmengen, die psychologischen und die nichtpsychologischen Variablen, miteinander in Beziehung stehen.

Wie schon bei der Auseinandersetzung um den Einfluß situativer und angeborener Eigenschaften existieren auch hier die drei Positionen gleichzeitig nebeneinander; allerdings scheint sich die allgemeine Tendenz zugunsten der dritten Position zu wenden. Wir werden hier keinen Überblick über die umfängliche einschlägige Literatur geben; das ist ohnehin früher schon häufig genug geschehen. Statt dessen werden wir den maximalistischen und den minimalistischen Ansatz an Hand entsprechender Veröffentlichungen jüngeren Datums illustrieren, um uns dann der Entwicklung des synthetischen Ansatzes mit größerer Aufmerksamkeit zu widmen. Eine Studie, die von der »Group for the Advancement of Psychiatry« (1965, 307) veröffentlicht wurde, erläutert die maximalistische Postion. Die abschließende Hauptaussage dieser Studie bezieht sich auf die funktionalen Alternativen zum Krieg:

»Der Krieg ist eine soziale Institution; er ist nicht unausweichlich in der Natur des Menschen verankert. Zwar mußte der Krieg traditionellerweise als ein Ventil für viele fundamentale psychische Bedürfnisse des Menschen herhalten, für aggressive ebenso wie für solche, die den sozialen Zusammenhalt sichern. Die zunehmende Mechanisierung und Automation der modernen Kriegführung hat ihn aber zur Befriedigung dieser Bedürfnisse immer untauglicher gemacht. Zur Bewältigung eines Konflikts zwischen Volksgruppen oder zwischen Nationen gibt es andere soziale Institutionen und andere Mittel, die diesen psychologischen Bedürfnissen in unserer modernen Welt wesentlich angemessener sind ...«

Unter anderem untersuchten die Autoren folgende psychologische Mechanismen: 1. Verleugnung, emotionale Isolierung und Gewöhnung, Prozesse also, die es den Menschen ermöglichen könnten, im Schatten nuklearer Vernichtung zu leben, ohne nach angemessenen Mitteln zur Verminderung oder Beseitigung dieser Gefahr zu suchen; 2. die »primitivisierenden« Effekte extremer Furcht oder Panik, die zu impulsivem oder irrationalem Verhalten führen können; 3. die zunehmende Dehumanisierung von Mensch und Gesellschaft, die die Schrecken des Krieges depersonalisiert; 4. ethnozentrische Wahrnehmungsverzerrungen; und 5. die Tatsache, daß die oben erwähnten psychologischen Faktoren auf politische Führer einen erheblichen Druck ausüben.

In ihren abschließenden Bemerkungen machen die Autoren deutlich, wie sie das relative Gewicht psychologischer Faktoren einschätzen:

»Wir sind uns natürlich darüber im klaren, daß viele andere Disziplinen – die Politischen Wissenschaften, die Jurisprudenz, die Wirtschaftswissenschaften, die Physik, die Biologie und die Militärwissenschaft selbst – an der Lösung jener komplexen Probleme beteiligt sind, denen wir uns gegenübersehen. Wir verkennen auch nicht, daß der Beitrag, den die Verhaltenswissenschaften hier leisten können, im Gesamtkontext all dieser anderen Überlegungen gesehen werden muß. Doch, wie die Präambel zur UNESCO-Satzung sagt, ›fangen Kriege in den Köpfen der Menschen an‹. Wenn das so ist, dann muß der menschliche Verstand auch fähig sein, den Krieg zu beenden« (1965, 388 f).

Ein typisches Merkmal des maximalistischen Ansatzes ist die Tendenz zur Vernachlässigung der Frage nach den Analyseeinheiten. Bedürfnisse und Mechanismen, die man Personen zusprechen kann, werden unvermittelt mit Handlungen gesellschaftlicher Systemeinheiten in Verbindung gebracht. Beispielsweise wird die »Verleugnung« in Beziehung gesetzt zu der Bereitschaft einer Nation, Krieg zu führen. Überdies werden die entsprechenden Aussagen so formuliert, daß es unmöglich ist herauszufinden, ob sie sich auf Individuen, auf Nationen oder auf beide beziehen. Beziehen sie sich aber auf beide, dann ist unklar, ob man von ihnen erwartet, daß sie sich für alle diese Einheiten in gleichem Maße als gültig erweisen.

Freilich zeigen die empirischen Studien, die sich mit den Beziehungen zwischen den einzelnen Analyseeinheiten befassen, in ihren wichtigsten Ergebnissen, daß 1. der Zusammenhang zwischen den Analyseeinheiten alles andere als eng ist und daß 2. die entsprechenden Wirkungen in einer anderen Richtung verlaufen, als von den meisten maximalistischen Interpretationen angenommen wird.

Die Minimalisten kritisieren an den Maximalisten zum einen, daß sie die zwischen den Analyseeinheiten bestehenden Unterschiede mißachten und/oder eine zu enge Verbindung zwischen diesen Einheiten annehmen; zum anderen, daß sie von einer Kausalbeziehung ausgehen, die in einer den empirischen Daten widersprechenden Richtung verlaufen soll (Wolfers 1962, 8–12). Zudem argumentieren die Minimalisten, daß bei der Entscheidung für bestimmte Außenpolitik Faktoren nichtpsychologischer Art bedeutend wichtiger sind.

Der dritte, synthetische Ansatz stellt die Unterschiede zwischen den Analyseeinheiten in Rechnung, ebenso die Notwendigkeit einer Untersuchung der zwischen ihnen bestehenden Relationen. Von den psychologischen Faktoren wird dabei angenommen, daß sie die Eigenschaften aller betroffenen Einheiten und deren Beziehungen untereinander beeinflussen, wenn auch die einen mehr als die anderen. Je nachdem, welche spezifische sozio-politische Theorie man vertritt, und je nachdem, welchen Grad an Differenziertheit man anstrebt, fällt der Katalog der Analyseeinheiten sehr unterschiedlich aus. Ein typischer Katalog dieser Art enthält individuelle Personen, kohäsive Kollektive und organisierte politische Gruppen (etwa Nationalstaaten) (Mack, Snyder 1957, 107). Es sollte allerdings erwähnt werden, daß, gleichgültig welchen Katalog man im Einzelfall verwendet, die Beziehung zwischen den Einheiten immer hierarchischer Art ist, in dem Sinne nämlich, daß die »höheren« Einheiten (die Nationen beispielsweise) für die »niedrigeren« einen bestimmten Kontext festlegen, wobei freilich die »nierdrigeren« wiederum innerhalb der »höheren« agieren. Zum Beispiel könnte man als unterste Einheit eine bestimmte soziale Rolle betrachten; auf der nächsten Ebene kämen dann soziale Mikroeinheiten, z. B. die Familie, Arbeitsgruppen und Peer Groups; darüber lägen soziale Makroeinheiten wie gesellschaftliche Subsysteme, die Gesellschaften selbst und schließlich soziale Systeme, die einzelne Gesellschaften übergreifen (suprasocietal units). Wenn man die Beziehung zwischen zwei Rollensegmenten untersuchen möchte, dann muß man prinzipiell die entsprechenden mikro- und makroskopischen Kontexte in Rechnung stellen, denn die untersuchte Beziehung wird möglicherweise systematisch anders ausfallen, je nachdem, in welcher Kultur bzw. in welchem spezifischen historischen oder gesellschaftlichen Kontext sie steht. Das Ausmaß der *gesellschaftlichen* Kohäsion wird beispielsweise direkt von der Kohäsion bestimmter Kleingruppen beeinflußt – womit keineswegs die Identität beider Kohäsionsarten behauptet wird (Etzioni 1968, 99–103). Freilich, wenn wir uns der Theoriebildung oder auch gewissen Anwendungsproblemen zuwenden, dann müssen wir entweder die Teile zusammenziehen bzw. synthetisieren oder andererseits unsere Analyse und unseren Ratschlag ausdrücklich auf einen gegebenen Kontext beschränken, beispielsweise auf die modernen pluralistischen Gesellschaften.

BÜRGER UND ELITEN IN MODERNEN PLURALISTISCHEN GESELLSCHAFTEN

Im Hinblick auf moderne pluralistische Gesellschaften kann man eine Reihe von allgemeinen Aussagen über die Beziehung zwischen den einzelnen Analyseeinheiten formulieren, Aussagen freilich, die für Gesellschaften, die noch nicht die Merkmale einer Massengesellschaft besitzen, sowie für totalitäre Systeme keine Gültigkeit haben; dort ist nämlich der Einfluß der Bevölkerung auf die Entscheidungträger sehr viel geringer und indirekter. In diesem Zusammenhang richten die am Rollenkonzept orientierten Studien ihre Aufmerksamkeit vornehmlich auf den Bürger (Perry 1956). Es gibt Hunderte von Untersuchungen darüber, welche Einstellungen Bürger gegenüber anderen Nationen und gegenüber ihrer eigenen Nation haben, darüber, was sie von alternativen Formen der Außenpolitik halten und wie sie zu den Vereinten Nationen und zum Gedanken einer Weltregierung stehen. Außerdem ist untersucht worden, in welchem Verhältnis diese Einstellungen zu verschiedenen psychologischen Mechanismen, zu Persönlichkeitseigenschaften und zu Statusmerkmalen stehen. Persönlichkeitseigenschaften wie Xenophobie, Angriffslust und geringes Selbstwertgefühl sind dabei mit der Neigung zum Isolationismus in Zusammenhang gebracht worden (McClosky 1967, 106 f).

Meinungsumfragen über internationale Beziehungen sind indirekt auch von Interesse im Zusammenhang mit einer kontroversen Frage, die auf die eine oder andere Weise sowohl in der einschlägigen Fachliteratur wie auch in entsprechenden populärwissenschaftlichen Schriften auftaucht: Ist die Öffentlichkeit »besser« oder »schlechter« als die jeweiligen Regierungen? Kritiker der Gesellschaft und ihrer Außenpolitik, insbesondere wenn sie in linken und anarchistischen Traditionen stehen, sind häufig implizit oder explizit von der Annahme ausgegangen, daß es die Eliten sind, die ihre Nationen in einen Krieg hineinziehen, und daß der Frieden hergestellt würde, wenn man nur auf die »Stimme des Volkes« hören wollte. Konservative haben dagegen oft ein pessimistischeres Menschenbild vertreten und behauptet, es sei notwendig, die »Massen«-Instinkte zu steuern. Dabei seien es gerade die Regierungen, die mit der Stimme ihrer Autorität hitzköpfige Aktionen verhinderten. Beide Ansichten entbehren nicht einer gewissen Naivität.

Öffentliche Meinungen existieren nicht unabhängig von den Handlungen der Eliten. Wenn die Öffentlichkeit erregt und ängstlich ist, dann wird ihre Wahl zwischen Deeskalation und Eskalation weitgehend von den Eliten beeinflußt. Zweitens scheint die Öffentlichkeit nicht eine einzige, monolithische Meinung zu vertreten, etwa »für Frieden« oder »für Krieg«. Eine große Mehrheit von Amerikanern neigt beispielsweise dazu, ein größeres Engagement der Vereinten Nationen *und* zugleich ein atomares Engagement der Vereinigten Staaten zu befürworten, wenn es um den Schutz von West-Berlin geht. Außerdem gilt, daß weder alle Bürger am politischen Leben teilnehmen, noch daß sie alle in gleichem Maße an gesellschaftlichen Entscheidungen beteiligt sind.

»Ungefähr ein Drittel der amerikanischen Erwachsenen-Bevölkerung kann als politisch apathisch oder passiv charakterisiert werden; in den meisten Fällen sind sie sich des politischen Bereichs der sie umgebenden Welt einfach nicht bewußt. Weitere 60 Prozent spielen im politischen Prozeß vornehmlich eine Beobachterrolle; sie beobachten, sie spenden Beifall, sie wählen, aber sie verwickeln sich nicht in politische Auseinandersetzungen. Im wahrsten Sinne des Wortes fechten wahrscheinlich nur 1 oder 2 Prozent den politischen Kampf aktiv aus« (Milbrath 1965, 21).

Es genügt daher nicht zu wissen, daß x Prozent der amerikanischen Öffentlichkeit auf der Isolationismus-Skala einen hohen Score haben. Wir müssen darüber hinaus ermitteln, ob diese Menschen kaum zur Wahlurne gehen, ob einige von ihnen Meinungsmacher sind usw. oder ob sie häufiger als andere wählen, ob aktive und in der sozialen Rangskala höher einzustufende Gruppierungen dazugehören usw. Nur wenn wir die psychologischen Daten auf eine soziologische Struktur dieser Art beziehen, können wir eine Menge über ihre gesellschaftliche und internationale Bedeutsamkeit lernen.

Bisher haben wir Möglichkeiten diskutiert, die Einstellungen von Bürgern zu untersuchen. Als nächstes steht offensichtlich die Frage an, wie groß der Einfluß dieser Einstellungen auf die Handlungen von Entscheidungsträgern ist, insbesondere wenn es sich dabei – wie in unserem Kontext – um außenpolitische Aktionen handelt. Dies ist keine Frage, die man mit einem einfachen Entweder/Oder beantworten kann. Sie zielt vielmehr auf das relative Ausmaß ab, in dem die Varianz der öffentlichen Meinung durch Einflüsse der Elite einerseits und durch solche der »Masse« andererseits erklärt werden kann. Die grundsätzliche Entscheidung über diese Frage wird zugleich festlegen, worauf sich eine sozialpsychologische Untersuchung internationaler Beziehungen konzentrieren sollte.

Die folgenden spekulativen Überlegungen verdienen anscheinend eine empirische Überprüfung. Nehmen wir an, daß die Bürger nach Maßgabe einer ganzheitlichen Theorie (contextual theory) denken; das soll heißen, daß sie eine kleine Anzahl allgemein gehaltener und vager »ganzheitlicher« Konzeptionen vertreten, beispielsweise »Appeasement« (Beschwichtigung) und »the American way of life«. Diese Konzeptionen werden durch verschiedene Kenntnisse (z. B. über die historischen Ereignisse in München) und durch eine generalisierte emotionale Disposition mehr oder weniger intensiv gestützt. Einzelne Informationen können dabei relativ leicht durch neue ersetzt werden; teilweise sich widersprechende Informationen können nebeneinander bestehen; trotzdem bleibt die ganzheitliche Grundhaltung erhalten.

Die Hypothese, daß der Bürger sich an solchen ganzheitlichen oder globalen Konzeptionen orientiert, wollen wir nun mit dem Umstand in Verbindung bringen, daß politische Führer gewissermaßen nach einem Alles-oder-Nichts-Prinzip gewählt werden. Das impliziert, daß der Bürger seine Wahl auf der Grundlage eines generalisierten Informationskontextes und nicht nach Maßgabe einzelner Teilinformationen zu treffen hat. Offenkundig kann er in der Außenpolitik nicht gegen einen Kandidaten stimmen, in der Gesundheitspolitik aber für ihn, auf dem Gebiet der Bürgerrechte wieder gegen ihn usw. Wenn es daher nur eine geringe Korrelation gibt zwischen den Einstellungen von Bürgern und dem Handeln der Eliten, dann ist das nicht notwendigerweise ein Anzeichen dafür, daß die Einstellungen der Bürger keine Wirkungen zeitigen. Bevor man das Verhältnis zwischen den zahlreichen spezifischen Einstellungen und einer generalisierten Handlung, die etwa der Wahlakt darstellt, in seiner Dynamik untersuchen kann, müßte man die einzelnen Teilinformationen (bzw. die spezifischen Einstellungen) nach Maßgabe der Grundhaltung (context), in deren Rahmen sie auftreten, gewichten. Loyalität gegenüber einer Partei ist wohl die wichtigste ganzheitliche Grundhaltung dieser Art.

Wenn solche Kontexte von Bedeutung sind, dann ist zu erwarten, daß Eliten einen beträchtlichen Handlungsspielraum haben, aber eben nur innerhalb der Grenzen etablierter Kontexte und nur, solange ihre Einzelaktionen diese Kontexte nicht paralysieren oder einen gegenteiligen Kontext erzeugen. 1960 wurden sechs »ultraliberale« Kandidaten in den amerikanischen Kongreß gewählt. 1962 wurden die meisten von ihnen nicht wiedergewählt. Einer der »Überlebenden« erklärte dem Autor, daß er jedes Jahr in einer wichtigen Angelegenheit gegen die Auffassung seiner weniger liberal eingestellten Wählerschaft votiert habe; im einen Jahr gegen die Erhöhung des Verteidigungshaushalts und im anderen Jahr für die Abschaffung des »House Committee on Un-American Activities«. Er hatte das

Gefühl, daß er die »kontextuelle« Reaktion seiner Wählerschaft auf den Plan gerufen und negativ zu spüren bekommen hätte, wenn er beide Voten im selben Jahr abgegeben hätte. Seine Analyse ist natürlich nicht wissenschaftlich valide, aber ich vermute, daß sie es verdient, beachtet zu werden. Mit Sicherheit jedenfalls hat sie das Entscheidungs- und Abstimmungsverhalten dieses Abgeordneten im Kongreß beeinflußt.

Fallstudien über nationale Entscheidungsträger in modernen pluralistischen Gesellschaften lassen vermuten, daß zumindest einige politische Führer den starken Wunsch verspüren, mit ihren außenpolitischen Entscheidungen innerhalb der Grenzen bestehender Grundhaltungen zu bleiben. Sie sind nämlich überzeugt, daß mit dem Versuch, diese Kontexte zu ändern, hohe politische Risiken und Kosten verbunden sind. Das heißt freilich nicht, daß der kontextuelle Rahmen niemals verändert werden kann; ich verweise beispielsweise auf de Gaulles Beendigung des Algerienkriegs, auf die Veränderungen, die seit 1945 in den deutsch-französischen Beziehungen eingetreten sind, und darauf, daß es Roosevelt gelang, Kräfte zu mobilisieren, die den Eintritt der Vereinigten Staaten in den Zweiten Weltkrieg unterstützten.

An dieser Stelle sollten allerdings zwei minimalistische Argumente erwähnt werden, die vermutlich richtig sind. Erstens haben viele Entscheidungen, die, wenn sie getroffen werden, den Anschein von Teilentscheidungen erwecken, tatsächlich kontextdefinierende Effekte; und die Wähler, die sie als Teilentscheidungen behandeln, nehmen faktisch die Gelegenheit wahr, an der Gestaltung einer bestimmten politischen Richtung mitzuwirken. Beispielsweise könnte man die Entscheidung, Flugkörper zur Abwehr von Flugkörpern zu bauen, als eine Entscheidung betrachten, die bloß die Herstellung eines weiteren Waffensystems betrifft; tatsächlich jedoch eröffnet sie von neuem das strategische Wettrüsten zwischen den USA und den UdSSR. Zweitens ist es für die Nation nicht gerade eine besonders typische Aktivität, zur Wahlurne zu gehen, insofern nämlich nicht, als die Bürger hier eine direkte und relativ wirksame politische Rolle spielen. Viele andere Entscheidungen dagegen, etwa die einzelnen Bewilligungsentscheide, die von Kongreßausschüssen oder von Ministerien getroffen werden, sind in der Hauptsache mit den verschiedensten Interessengruppen und außerhalb des öffentlichen Blickfeldes ausgehandelt.

Andererseits sollte zugunsten derjenigen, die den Bürgern eine gewichtigere Rolle zusprechen als es die Minimalisten tun, folgendes angemerkt werden: Zwar verläuft die Interaktion zwischen Nationen wahrscheinlich in größerem Umfang über institutionalisierte und regierungsamtliche Kanäle, als es für die Interaktion zwischen Gruppen sonst der Fall ist; aber es gibt daneben doch auch ein gewisses Ausmaß an direkter Interaktion zwischen den Bürgern verschiedener Nationen. Dazu gehört der Tourismus, der Studentenaustausch und andere Austauschprogramme, auch die symbolische Interaktion über die Massenmedien usw. Hier kommen die psychologischen Mechanismen der Bürger unmittelbarer ins Spiel, weil »internationales« Verhalten in solchen Fällen interpersonales Verhalten bedeutet.

Kurzum, obwohl die Prädispositionen der Bürger in Rechnung gestellt werden müssen, einerseits als »Rohmaterial«, das in gesellschaftlichen und politischen Zusammenhängen gewissermaßen weiterverarbeitet wird, und andererseits auch als Ursache für die Grenzen und Zwänge, unter denen das Handeln anderer Einheiten steht, hat es doch den Anschein, daß man die Grundlagen zur Erklärung der Variationen internationalen Verhaltens anderswo suchen muß. Freilich tauchen psychologische Faktoren in anderen Analyseeinheiten gleichermaßen auf. Die vergleichsweise unbedeutende Rolle, die der Mann auf der Straße bei der Gestaltung internationalen Verhaltens spielt, ist daher keineswegs zugleich ein Maß für die Grenzen, die der Psychologie bei der Erklärung dieser internationalen Beziehungen gesetzt sind.

ELITEN

Die zweite Art von Einheiten, in denen psychologische Variablen und Erklärungen eine Rolle spielen, liegt am anderen Ende der Skala; es sind dies die Einheiten der Entscheidungsträger oder Eliten. Erstaunlicherweise gibt es nur in geringfügigem Maße systematische Informationen darüber, ob – und wenn ja, inwieweit – die psychologischen Mechanismen von Eliten verglichen mit denen der übrigen Bürger anders oder ähnlich ausfallen. Von der Elite kann man im großen und ganzen andere Persönlichkeitseigenschaften erwarten als von der übrigen Bevölkerung, denn die Art, wie sie in diesen Kreis hineingewählt werden, begünstigt bestimmte Persönlichkeitstypen gegenüber anderen. Doch gibt es für diese Annahme wenig Beweise. Und noch weniger weiß man darüber, wie solche Unterschiede die Interaktionen zwischen Nationen beeinflussen, welche über jene Entscheidungsträger vermittelt sind. Man kann indessen bei der Untersuchung von Eliten und ihrer internationalen Funktionen auf »situationsspezifische« Interpretationen zurückgreifen. Zwar mag ein Präsident zunächst genauso reagieren wie der Nachbar von nebenan, wenn ihm gewisse Nachrichten zu Ohren kommen, die ihn aus der Fassung bringen. Aber dann gibt es Filtermechanismen, etwa den Mitarbeiter- und Ratgeberstab, es gibt Kongreßausschüsse und den Druck, den die Militärs ausüben. Alles das kann einen politischen Führer wieder »abkühlen« oder auch andererseits seine Erregung steigern.

GESELLSCHAFTLICHE EINHEITEN

Schließlich gibt es zwischen dem Bürger und den Eliten noch die gesellschaftlichen Teilsysteme. Psychologische Untersuchungen gesellschaftlicher Einheiten beschäftigen sich hauptsächlich mit dem Image, das Angehörige von Eliten in der Gesellschaft haben. Sie richten ihr Augenmerk darauf, wie sich diese Eliten in der öffentlichen Meinung widerspiegeln und wie sie mit den diesbezüglichen Vorstellungen und Phantasien der Bürger umgehen (Edelman 1964, Klapp 1964). Nichtpsychologische Untersuchungen befassen sich mit der Frage, wie Eliten aus der Bevölkerung ausgewählt werden. Sie berücksichtigen dabei den jeweiligen soziologischen Hintergrund, analysieren die betreffenden Machtverhältnisse und gehen der Zirkulation von Eliten nach. Gibt es so etwas wie eine militärisch-industrielle Elite? Verändert sie sich regelmäßig oder kaum? Die betreffenden Studien setzen dabei diese Variablen in Beziehung zu der Bereitschaft, mit anderen Nationen Krieg zu führen. Jede dieser Einheiten steht freilich unter dem Einfluß psychologischer Faktoren, die auf die Eliten bzw. auf die Beziehungen zwischen ihnen einwirken.

In diesem Zusammenhang sind auch bestimmte Kulturmuster untersucht worden, hauptsächlich von Anthropologen. Vorstellungen über »Nationalcharaktere« sind allerdings zeitweilig stark vernachlässigt worden. Heute hat es den Anschein, als sei die Kritik an diesen Vorstellungen etwas überzogen gewesen. Angehörige verschiedener Nationen verhalten sich durchaus auf eine für die jeweilige Nation typische Art und Weise. Damit sollen nun keineswegs die innerhalb einer Nation bestehenden Unterschiede, Subgruppen und atypischen Verhaltensweisen geleugnet werden. Dennoch könnte man die Tatsache, daß Westdeutsche, Briten und Mexikaner beispielsweise auf die gleiche internationale Situation im allgemeinen jeweils anders reagieren, zum Teil wenigstens auf die Unterschiede in den jeweiligen Kulturmustern, auf die jeweils anders verlaufende Sozialisation usw. zurückführen.

Alles in allem kann man den »multi-unit approach« in einem Bild zusammenfassen. Solange wir es mit einer Interaktion zwischen Gruppen zu tun haben, bei der der Kontakt zwischen den Mitgliedern dieser Gruppen nur indirekt, über Repräsentanten und Institutionen vermittelt zustande kommt, was für die meisten internationalen Interaktionen charakteristisch ist, kann man im Prinzip die psychologischen Zustände und Prädispositionen der einzelnen Gruppenmitglieder als unverarbeitetes Rohmaterial behandeln. Als gewissermaßen halbverarbeitetes Material sind die Interaktionsprozesse zu betrachten, die zwischen den Bürgern selbst stattfinden, zwischen den mehr oder weniger Aktiven unter ihnen, zwischen einzelnen Bürgern einerseits und den organisierten gesellschaftlichen Gruppierungen und den Massenmedien andererseits, wobei zu berücksichtigen ist, daß diese Interaktionen unter mannigfaltigen Umwelt- und Kulturbedingungen stattfinden. Schließlich sind da noch die nationalen Eliten und die gesellschaftlichen Institutionen, die diesen Verarbeitungsprozeß zum Abschluß bringen. Sie führen auch die meisten Handlungen aus, die von internationaler Bedeutung sind, insbesondere solche, bei denen es um Krieg und Frieden geht.

EINKAPSELUNG: BEGRENZUNG DES INTERNATIONALEN KONFLIKTS

In der vorangegangenen Diskussion galt die Aufmerksamkeit hauptsächlich der Rolle, die die Bürger im gegebenen Zusammenhang spielen. Weniger ausführlich wurden die Eliten thematisiert und noch weniger die gesellschaftlichen, ökologischen und kulturellen Faktoren. Das liegt daran, daß der Bürger traditionellerweise das bevorzugte Untersuchungsobjekt der Sozialpsychologie internationaler Beziehungen gewesen ist. Dennoch halten wir an der Auffassung fest, daß ein Großteil der Varianz im internationalen Verhalten durch eine Analyse erklärt werden muß, die sozusagen makroskopischer vorgeht, deren Gegenstand also die Gesellschaft ist, und die sich gleichzeitig psychologische Überlegungen zunutze macht.

Die Diskussion verfolgt aber noch ein zweites Ziel. Wir haben in einer früheren Veröffentlichung darauf hingewiesen, daß unserer Ansicht nach eine der Hauptschwächen der Theorie internationaler Beziehungen in ihrer Neigung besteht, die Akteure in diesen Beziehungen grundsätzlich als *gegeben* anzusehen: Deren Stimmungen und Strategien mögen sich verändern, die Einheiten selbst aber sind unveränderlich. Die folgende Diskussion versucht einen Ansatz deutlich zu machen, der die einseitigen und sich verändernden Bindungen zwischen den Akteuren in Rechnung stellt. Dies ist der Ansatz zu einer Theorie des Konflikts, in dessen Verlauf sich die Gegner und das System, das sie erzeugen, verändern.

Abrüstung

Unserer Ansicht nach wäre es technisch möglich, die Rüstung innerhalb eines Jahres auf ein Niveau herunterzuschrauben, das zur Aufrechterhaltung der inneren Sicherheit notwendig ist. Nach dem Zweiten Weltkrieg rüsteten die USA binnen eines Jahres ab. Einstellungen gegenüber anderen Nationen können ziemlich schnell verändert werden, wie die Nachkriegsbeziehungen zu Deutschland und Japan beweisen – dies, obwohl die Veränderung der grundlegenden Kontexte auf größere Schwierigkeiten stößt. Die mächtigsten Hindernisse jedoch, die der Abrüstung im Wege stehen, finden sich offensichtlich auf der institutionellen Ebene. Der Aufbau einer weltweit agierenden Schutzmacht setzt andererseits voraus, daß sich wenigstens Elemente einer Weltgemeinschaft entwickeln, die einen entsprechenden Gesetzgebungsapparat legitimieren und stützen und die dazu beitragen, die notwendigen Veränderungen der Weltgesellschaft voranzutreiben. Dabei sind insbesondere die Länder mit geringem Volkseinkommen in ihrer Entwicklung zu unterstützen, was wesentlich ist, wenn eine Weltregierung errichtet werden soll. Die Entwicklung einer Weltgemeinschaft, d. h. der Aufbau eines gerechten und stabilen Friedens, ist zweifellos eine dringliche Aufgabe. Die Frage ist nur, ob wir in der Lage sind, auf irgendein Modell zu verweisen, das Auskunft darüber gibt, unter welchen Bedingungen eine solche Evolution eintreten könnte.

Selbsteinkapselung und ihre Bedingungen

»Einkapselung« ist der Prozeß, in dessen Verlauf Konflikte so modifiziert werden, daß sie durch Regeln begrenzt werden können. Diese Regeln schließen einige Konfliktarten aus, legitimieren dafür aber andere. Eingekapselte Konflikte sind keineswegs gelöst, d. h. das Konfliktpotential ist nicht vollständig beseitigt. Aber die Anwendung von Waffen ist dann jedenfalls nicht mehr erlaubt. Beispielsweise kann man angesichts der Weltanschauung, die die kommunistischen Länder gegenüber dem Westen vertreten, nicht erwarten, daß beide Seiten miteinander versöhnt sind. Aber auch wenn zwischen beiden Seiten weiterhin die bekannten Überzeugungsdifferenzen bzw. Interessengegensätze bestehen, sowie die aggressive Haltung, die man dem jeweils anderen gegenüber an den Tag legt, haben beide Seiten gewisse Mittel, den Konflikt auszutragen, wirkungsvoll ausgeschaltet. In diesem Sinne ist die Konflikteinkapselung weniger anspruchsvoll als die Befriedung. Sie setzt nämlich nicht voraus, daß der Konflikt gelöst oder beseitigt wird; sie verlangt lediglich, daß die Bandbreite seiner Ausdrucksmöglichkeiten sozusagen eingezäunt wird. Parteien, die sich feindselig gegenüberstehen, zeigen dabei eine größere Bereitschaft zur Konflikteinkapselung als befriedete Parteien. Die folgende Diskussion befaßt sich mit Konstellationen, die stark genug sind, den Krieg zu verhindern.

Wenn es eine dritte höhere Autorität gäbe, etwa eine mächtige Weltregierung oder eine schlagkräftige Polizeitruppe der Vereinten Nationen, dann könnte diese Autorität den streitenden Parteien gewisse Regeln aufzwingen. Aber eine solche Universalautorität steht nicht zur Verfügung, und deshalb muß die Analyse ihr Augenmerk auf solche Konflikte richten, die sich selbst eindämmen.

Wie kann ein Konflikt sich selbst in Grenzen halten? Eine Erklärung dafür lautet, daß der Konflikt zwischen den streitenden Parteien Interaktionen erzeugt und auf diese Weise die Gegner zwingt, sich gegenseitig kennenzulernen und miteinander zu kommunizieren (vgl. Park 1950). Dies wiederum führt zur Entwicklung gemeinsamer Perspektiven und Bindungen, bis schließlich der Konflikt die Form eines unter bestimmten Regeln ausgetragenen Wettkampfes annimmt. Dieses Theorem, daß die Kommunikation eine gewisse Affinität zwischen den Gegnern schafft, scheint nur unter ganz besonderen Umständen richtig zu sein. Wenn die Konfliktparteien vergleichbare Werte und Ansichten vertreten, dann kann die Kommunikation dazu führen, daß sie dieses latenten Konsenses gewahr werden. Wenn die Grundwerte der Parteien aber nicht miteinander vereinbar sind, dann verstärkt eine erhöhte Kommunikation lediglich die Animosität. Für die Einkapselung internationaler Konflikte scheint die Machtverteilung zwischen den Parteien von größerer Bedeutung zu sein als die Kommunikation zwischen ihnen.

Pluralismus und Konflikteinkapselung

Die Anzahl der Akteure, die in einem Handlungssystem beteiligt sind, ist oft mit der Stabilität dieses Systems in Verbindung gebracht worden. Dabei hat man die Beteiligung einer großen Zahl von Akteuren als besonders friedensfördernd angesehen. Man beachte jedoch, daß diese Auffassungen von der Annahme ausgehen, die jeweiligen Akteure seien austauschbar, sie besäßen mit anderen Worten die gleiche oder doch eine vergleichbare Machtfülle. Das hervorstechendste Merkmal des internationalen Systems ist aber gerade, daß die Beteiligten sich in ihrer Machtfülle drastisch voneinander unterscheiden. Ein realistischeres Modell muß daher die relative Macht in Rechnung stellen, die den Beteiligten bei gegebenen Streitfällen jeweils zur Verfügung steht. Im Einklang damit müßte unsere Einkapselungsthese umformuliert werden: Die Einkapselung eines Konflikts gelingt anscheinend besser, wenn das bipolar strukturierte Machtverhältnis in einen Zustand übergeht, in dem

615

die Macht pluralistischer verteilt ist. Man könnte diesen Wechsel der Machtverhältnisse als Depolarisation bezeichnen.

Zwischen 1946 und 1956 näherten sich die internationalen Beziehungen einem Zustand der Bipolarität. Damals standen sich auf dem Globus zwei ziemlich monolithisch strukturierte Lager gegenüber, das eine unter der Vorherrschaft Moskaus, das andere unter der Führung von Washington. Die beiden Seiten waren darauf bedacht, ihre Reihen geschlossen zu halten und Drittländer davon abzuhalten, das militärische Potential des jeweils gegnerischen Lagers zu vergrößern. Für eine Einkapselung des Konflikts gab es wenig Anlaß. Zwischen 1956 und 1964 trat indessen ein Wechsel zum Pluralismus ein, der eine Machtkonstellation erzeugte, die der Einkapselung schon dienlicher war. In beiden Lagern begehrte je eine der zweitrangigen Mächte auf: China gegen den Moskauer Führungsanspruch und auf der anderen Seite Frankreich gegen das von Washington geführte Lager. Diese beiden Opponenten bewirkten letztlich, daß die Supermächte näher zusammenrückten. Der Vertrag über die partielle Einstellung von Atomtests, den die USA und die UdSSR Frankreich und China aufzuzwingen versuchten, ist ein Beleg dafür. Der gemeinsame Wunsch der USA und der UdSSR, die einzigen Supermächte zu bleiben, mag zwar die eigentliche Motivation für den 1963 geschlossenen Vertrag über den Atomteststopp gewesen sein. Aber indirekt hat dieser Vertrag eben auch die Gefahr eines Atomkrieges vermindert. Überdies hat die wachsende Zahl blockfreier Nationen und die damit auf der internationalen Bühne anwachsende Ungewißheit darüber, wer für was seine Stimme gibt, die Einkapselung des Konflikts weiter vorangetrieben. Hier greift die These von den »offenen Grenzen«. Diese These besagt, daß der Konflikt zwischen Parteien dann reduziert wird, wenn sie jeweils über einen offenen Raum verfügen, in dem Gewinne leichter zu machen sind als durch einen Eingriff in den Herrschaftsbereich des jeweils anderen. Das Werben um die bündnisfreien Staaten ohne territoriale Eroberungs- oder Annexionsabsichten ließ den Grenzbezirk zwischen den beiden Blöcken gewissermaßen zu einem unerschöpflichen Betätigungsfeld werden. Diese Grenzregion scheint die in den Konflikt investierten Energien aufzuzehren. Es gab keine Belege dafür, daß die beiden Seiten, als sie dieser Konfliktart überdrüssig wurden, von neuem Interesse an anderen, speziell an gewalttätigeren Formen der Konfliktaustragung entwickelt hätten. Zudem können die bündnisfreien Länder als Pufferstaaten wertvolle Funktionen übernehmen. Das wird deutlich, wenn man etwa die über das bündnisfreie Österreich oder Burma vermittelten Beziehungen zwischen beiden Blöcken mit Situationen vergleicht, in denen sie sich wie in Deutschland, Korea und Vietnam ohne einen solchen Puffer gegenüberstehen. Vor allem aber hat die wachsende Zahl blockfreier Staaten wie auch die schwindende Solidarität innerhalb der Blöcke eine erhebliche Ausdehnung der Bandbreite politischer Aktivitäten und eine einschneidende Verminderung des Druckes zur Folge, nach militärischen Alternativen zu greifen. Je weniger offen die verfassungsmäßig oder anderswie legitimierten politischen Ausdrucksmöglichkeiten sind, desto größer der Druck, Veränderungen auf militärischem Wege herbeizuführen.

Andere Faktoren

Soziopolitische Prozesse, die die Einkapselung eines Konflikts unterstützen, bauen zwischen den Konfliktparteien Interessen- und Meinungsdifferenzen ab und dafür andererseits gemeinsam getragene Bindungen auf. Das Entstehen eines Konsens ist für die Einkapselung von besonderer Bedeutung. Eine zwischen den Parteien abgestimmte Politik ist allerdings nicht von heute auf morgen zu erreichen; sie setzt immer einen bestimmten Prozeß voraus, auch dann, wenn über die Grundwerte Einigkeit besteht. Darin liegt auch die besondere Bedeutung der Konsensbildung für die Einkapselung des Konflikts.

Damit innerhalb einer Gesellschaft, innerhalb einer Gemeinde oder eines Wohnorts eine konsensbildende Struktur zur Wirkung kommt, muß sie gleichzeitig auf mehreren Ebenen der Gesellschaft Platz greifen. Die Bevölkerung gliedert sich in Untergruppen, die zwischen ihren jeweiligen Mitgliedern einen Konsens herausarbeiten. Auf der nächsten Ebene der Konsensbildung werden dann die Angehörigen einer Gruppe so repräsentiert, als ob sie eine Einheit bildeten. Im politischen System der USA beispielsweise stellen die »primaries«, die Nationalversammlungen und in gewisser Weise auch die nach der Wahl stattfindenden Verhandlungen darüber, wer dem Kabinett angehören soll, eine solche mehrschichtige Konsensbildungsstruktur dar.

Im internationalen Rahmen könnten regionale Organisationen, regionale Vereinigungen und politische Blöcke bei der Konsensbildung die Funktion von »vermittelnden Körperschaften« übernehmen. Wir haben es hier aber mit einer sich entwickelnden und nicht mit einer schon existierenden Konsensbildungsstruktur zu tun. Es gibt eine Reihe von Faktoren, die einen Einfluß darauf ausüben, welchen Beitrag diese Körperschaften beim Aufbau einer Weltgemeinschaft und bei der Konflikteinkapselung leisten können. Der wichtigste dieser Faktoren ist freilich das Verfahren der »vertikalen Delegation« (upward transfer). Bei diesem Verfahren übertragen die einzelnen Einheiten, die sich zu einem größeren System zusammenschließen, einen gewissen Teil ihrer Macht, ihrer Rechte und Auffassungen dem Zentrum des Systems, von dem sie ein Teil sind. Dieses Zentrum muß allerdings wirksam sein, denn wenn seine Autorität am Anfang schon schwach ist, wird es den »upward-transfer«-Prozeß gar nicht erst auslösen können.

Die Existenz und die Stärkung von internationalen Organisationen, denen Mitglieder aus zwei oder mehr Regionen angehören (cross-cutting international organizations), würde unter gewissen Bedingungen die Entwicklung einer Weltgesellschaft beschleunigen, und außerdem würde davon eine dämpfende Wirkung auf interregionale Konflikte ausgehen.

Zweitens sind solche Organisationen nur dann wirksam, wenn die von ihnen übernommenen Aufgaben auch unter soziologischen Gesichtspunkten wichtig sind (in diesem Zusammenhang sollte angemerkt werden, daß der gewünschte Effekt nicht automatisch eintritt). Ein weltweit organisierter Postdienst beispielsweise hätte nur eine geringfügige konflikthemmende Wirkung. Andererseits könnte ein allgemeines, für alle Nationen gültiges Handels- und Tarifabkommen schon einen Effekt zeitigen.

Ein anderer wichtiger Aspekt der Konflikteinkapselung ist die Entwicklung von (für alle Beteiligten verbindlichen) Regeln und die Einrichtung von Instanzen, die deren Durchsetzung zu gewährleisten hätten. Hier öffnet sich ein weites Feld für die Anwendung und Entwicklung einer Soziologie des Rechts. Einige Anwendungsmöglichkeiten liegen auf der Hand; so wären beispielsweise jene Erkenntnisse zu berücksichtigen, die man bei bisherigen Versuchen gewonnen hat, Veränderungen auf dem Weg der Gesetzgebung durchzusetzen. Diesen Erfahrungen zufolge braucht man mit dem Initiieren einer Veränderung nicht so lange zu warten, bis alle betroffenen Einheiten für den angestrebten Fortschritt reif sind. Wenn aber andererseits die Grundlage für einen politischen Konsens vergleichsweise schmal ist, dann würde ein übertriebenes Vertrauen auf die Legislative die internationalen Beziehungen in einen Zustand versetzen, der der Prohibition gleichkäme. Die Gelegenheit, beträchtliche Profite zu machen, würde die Waffenschmuggler auf den Plan rufen, und das betreffende Gesetz würde möglicherweise wieder abgeschafft, statt eine dauerhafte Abrüstung sicherzustellen.

Mit wenigen Strichen ist hier skizziert worden, wie der derzeitige Zustand des internationalen Systems von einem Zustand abgelöst werden könnte, in dem es auf alle funktionalen Erfordernisse einer globalen Gesellschaft befriedigende Antworten gibt. Damit ist nicht gesagt, daß das internationale System zwangsläufig dem skizzierten Übergangsprozeß folgen wird oder daß es diesen Weg auch zu Ende geht, wenn es einmal damit begonnen hat. Es gibt allerdings Anzeichen dafür, daß es diesen Weg tatsächlich einschlagen wird. Dessen

617

Verlauf vorzuzeichnen, ist sowohl von Nutzen, um die internationalen Beziehungen besser zu durchschauen, wie auch um zu erkennen, wie diese Beziehungen verbessert werden könnten.

Der Übergang, von dem hier die Rede ist, impliziert nicht die Elimination des Konflikts, sondern seine Einkapselung. Mit der Entwicklung einer solchen Konstellation, durch die der Konflikt waffenlos ausgetragen werden kann, könnte man beginnen, sobald die Machtverhältnisse es zulassen – in dieser Hinsicht scheinen die Entstehung des Pluralismus und eine hinreichend große Zahl unabhängiger Länder von Bedeutung – und sobald die psychologische Atmosphäre reif dafür ist. Zur Vollendung der auf dem Weg über die Konflikteinkapselung einmal in Gang gekommenen Entwicklung eines internationalen Gesellschaftssystems ist es erforderlich, bestimmte Regeln zu formulieren und durchzusetzen und dazu entsprechende Institutionen aufzubauen. Dies wiederum mag dann in Angriff genommen werden, wenn regionale Körperschaften eine Vermittlerfunktion innerhalb einer weltweiten Konsensbildungsstruktur übernehmen. Die obere Schicht dieser Struktur kann dann aus einem Prozeß der vertikalen Delegation von Macht, Rechten und Loyalitäten an ein zentrales Organ der entstehenden Weltgemeinschaft hervorgehen.

Aus dem Amerikanischen übertragen von Karl Wahlen

LITERATUR

BOULDING, K. E.: Conflict and Defense: A General Theory. New York: Harper 1962

DEUTSCH, M.: Psychological Alternatives to War. Journal of Social Issues, 18, 1961, 97–119

EDELMAN, M.: The Symbolic Use of Politics. Urbana: University of Illinois Press 1964

ETZIONI, A.: The Hard War to Peace: A New Strategy. New York: Collier 1962

Winning Without War. Garden City/N.Y.: Doubleday 1964

Nonconventional Uses of Sociology as Illustrated by Peace Research. In: P. F. Lazarsfeld, W. H. Sewell, H. L. Wilensky (Eds.): The Uses of Sociology. New York: Basic Books 1967, 806–838

The Active Society: A Theory of Societal and Political Processes. New York: Free Press 1968

GROUP FOR THE ADVANCEMENT OF PSYCHIATRY: Psychiatric Aspects of the Prevention of Nuclear War. International Journal of Psychiatry, 1, 1965, 341–390

HUNTINGTON, S. P.: Arms Races: Prerequisites and Results. In: C. J. Friedrich, S. E. Harris (Eds.): Public Policy: A Yearbook of the Graduate School of Public Administration. Cambridge: Harvard University Press 1958, 41–86

KAHN, H.: On Escalation: Metaphors and Scenarios. New York: Praeger 1965. Deutsch: Eskalation. Die Politik mit der Vernichtungsspirale. Berlin: Propyläen 1966

KISSINGER, H. A.: The Necessity for Choice. New York: Harper 1961. Deutsch: Die Entscheidung drängt. Grundfragen westlicher Außenpolitik. Düsseldorf: Econ 1961

KLAPP, O. E.: Symbolic Leaders: Public Dramas and Public Men. Chicago: Aldine 1964

LEACH, E. R.: Review of S. H. Udy jr.'s »Organization of Work: A Comparative Analysis of Production Among Non-Industrial Peoples«. American Sociological Review, 25, 1960, 136–138

LORENZ, K.: Ritualized Fighting. In: J. D. Carthy, F. J. Ebling (Eds.): The Natural History of Aggression. New York: Academic Press, 1964, 39–50

Das sogenannte Böse. Zur Naturgeschichte der Aggression. Wien: Borotha-Schoeler 1963

McCLOSKY, H.: Personality and Attitude Correlates of Foreign Policy Orientation. In: J. Rosenau (Ed.): Domestic Sources of Foreign Policy. New York: Free Press 1967, 51–109

MACK, R. W., SNYDER, R. C.: Introduction. Journal of Conflict Resolution, 1, 1957, Sonderausgabe, 105–110

MEAD, M., METRAUX, R.: The Anthropology of Human Conflict. In: E. B. McNeil (Ed.): The Nature of Human Conflict. Englewood Cliffs/N. J.: Prentice-Hall 1965, 116–138

MILBRATH, L. W.: Political Participation. Chicago: Rand McNally 1965

MILLIS, W.: An End to Arms. New York: Atheneum 1965

NAROLL, R.: Does Military Deterrence Deter? Trans-Action, 3, 1966, 14–20

OSGOOD, C. E.: A Case for Graduated Unilateral Disengagement. Bulletin of Atomic Scientists, 16, 1960, 127–131

An Alternative to War or Surrender. Urbana: University of Illinois Press 1962

Escalation as a Strategy. War/Peace Report, 5, 1965, 12–14

PARK, R. E.: Race and Culture. Glencoe/Ill.: Free Press 1950

PERRY, S. E.: International Relations and Game Theory. Bulletin Res. Exch. Prevention of War, 4, 1956, 1–8

RAPOPORT, A.: Formal Games As Probing Tools for Investigating Behavior Motivated by Trust and Suspicion. Journal of Conflict Resolution, 7, 1963, 520–579

Strategy and Conscience. New York: Harper & Row 1964

The Sources of Anguish. Bulletin of Atomic Scientists, 21, 1965, 31–36

RICHARDSON , L. F.: Generalized Foreign Politics. Brit. J. Psychol., Monogr. Suppl., 23, 1939, 1–87

Arms and Insecurity: A Mathematical Study of the Causes and Origins of War. Pittsburgh: Boxwood Press 1960

SCHELLING, T. C.: The Strategy of Conflict. Cambridge: Harvard University Press 1960

SCOTT, J. P.: On the Evolution of Fighting Behavior. Science, 148, 1965, 820–821

SOHN, L. D.: Progressive Zonal Inspection: Basic Issues. In: S. Melman (Ed.): Disarmament: Its Politics and Economics. Boston: American Academy of Arts and Sciences 1962, 121–133

WOLFERS, A.: Discord and Collaboration: Essays on International Politics. Baltimore: Johns Hopkins Press 1962

»Seine Begriffe und Methoden, die auf die Gestalttheorie zurückgehen, deren wichtigste er aber in Amerika entwickelt hat, werden notwendig auch der deutschen Wissenschaft Impulse geben, ja ihr unentbehrlich werden.«

Max Horkheimer über Kurt Lewin

»Er war sich anscheinend gar nicht bewußt, in welchem Ausmaß seine Konzepte etwas vollkommen Neues darstellten. Er beschäftigte sich mit Fragen, die wir anderen nicht einmal erkannt hatten. Er war ein schöpferischer Geist von höchstem Rang.«

John Dewey über George Herbert Mead

Anklänge an moderne sozialpsychologische Konzeptionen finden sich bereits bei Johann Friedrich Herbart (1776–1841), der die erste Darstellung der Psychologie als einer von der Philosophie unabhängigen, auf Erfahrung gegründeten Einzelwissenschaft unternahm. Bezüge zum heutigen Attitüdenbegriff und zur sozialen Wahrnehmung sowie zu Vorstellungen von Sozialisation als lebenslangem Prozeß sind unverkennbar.

Adolf Bastian (1826–1905), Gründer und langjähriger Leiter des Berliner Museums für Völkerkunde, gab sich nicht mehr damit zufrieden, ethnographisches Material aus unkontrollierbaren Quellen zu sichten, sondern sammelte eigene Daten und strebte eine systematische Analyse seiner Beobachtungen an. Im Anschluß an Herbart hob er die Bedeutung der Vergesellschaftung für den Prozeß der Menschwerdung hervor.

Wilhelm Wundt (1832–1920) bezeichnete die Untersuchung »höherer« psychologischer Vorgänge, wie Wahrnehmen, Denken, Urteilen, unter Einbeziehung des kulturellen Umfeldes eines bestimmten Individuums als »Völkerpsychologie«. Über diesen, von der »physiologischen Psychologie« abgesetzten Forschungsgegenstand, dem er sich eher philosophisch-spekulativ als empirisch widmete, verfaßte er zehn dicke Bände.

William James (1842–1910) interessierte sich – im Gegensatz zu Wundt – von Anfang an für soziale Lernprozesse und deren Niederschläge in Form von »habits« (Gewohnheiten) als Determinanten menschlichen Verhaltens. John Dewey bezeichnete diesen »habit«-Begriff als den »Schlüssel zur Sozialpsychologie«. Auch später konzipierte Begriffe wie »Rolle« und »Bezugsperson« deuten sich in seinen Überlegungen bereits an.

Gustave Le Bon (1841–1931) gilt als Ahnherr der »Massenpsychologie«. In seinem 1895 erschienenen Werk »Psychologie des Foules« vertritt er die These, daß das verantwortungsbewußte Individuum in der Masse durch Suggestion und Imitation auf eine barbarische Stufe der Zivilisation regrediere. Die Rolle des Führers sowie Auslösefaktoren kollektiven Handelns werden bei dieser Analyse vernachlässigt bzw. ausgespart.

Auch für John Dewey (1857–1952) waren wie für W. James die »habits« die psychologische Grundeinheit. Durch Erziehung geformt, sollten sie dem erzieherischen und gesellschaftlichen Wachstum dienen. Sobald sie mechanisch würden, erkranke die Gesellschaft an sozialer Arteriosklerose. Dewey war einer der Hauptanreger des Funktionalismus, der als psychologische Richtung in den zwanziger Jahren starken Einfluß ausübte.

Edward Alsworth Ross (1866 bis 1951) hielt 1899 an der Stanford University die erste Vorlesung über Sozialpsychologie. Auch das erste Lehrbuch mit dem Titel »Social Psychology« stammt aus seiner Feder. Ross prägte den Begriff der »sozialen Kontrolle« als einer unvermeidlichen Begleiterscheinung jeglichen sozialen Daseins, die unbewußt, ungewollt und unmittelbar aus der zwischenmenschlichen Interaktion resultiere.

George Herbert Mead (1863–1931) gilt heute als einer der großen Klassiker der Sozialpsychologie. Im Spektrum der bahnbrechenden Paradigmen dieser Disziplin nehmen seine Arbeiten einen der bedeutungsvollsten Plätze ein. Mead – wie James und Dewey – der philosophischen Strömung des Pragmatismus zugehörig, versuchte diese Ansätze auf die Ebene psychischer Vorgänge und sozialer Handlungen zu erweitern. Eng verbunden mit seinem Namen ist der »symbolische Interaktionismus«: Das Individuum wird einzig in der Wechselwirkung mit den anderen zum Selbst. Die Gesellschaft ist nichts als das Gesamt dieser verschiedenartigen wechselseitigen Beziehungen. Dabei spielen Symbole, im wesentlichen die Sprache, eine entscheidende Rolle.

William McDougall (1871–1938) legte seiner »Introduction to Social Psychology« (1908), die in dreißig Jahren 23 Auflagen erlebte, eine gänzlich unempirische, durchaus spekulative Auffassung von den anlagemäßigen Gegebenheiten der menschlichen Natur zugrunde. Die Wurzeln dieser Motivationstheorie sind im Nativismus des achtzehnten Jahrhunderts und im Biologismus der neodarwinistischen Strömungen zu suchen.

Kurt Lewin (1890–1947) begann seine wissenschaftliche Laufbahn am Berliner Psychologischen Institut. Dort kam er mit den Gestaltpsychologen Koffka, Wertheimer und Köhler in Berührung, ohne sich allerdings der Gestalttheorie vollständig anzuschließen. Lewin entwickelte eine komplexe Feldtheorie, in der er versuchte, die Kräfte im sozialen Feld darzustellen und ihre Wechselwirkung zu erklären. Nach seiner Emigration in die USA begann er 1935 mit der experimentellen Kleingruppenforschung, aus der sich die moderne Gruppendynamik entwickelte. Mittels der »Aktionsforschung« untersuchte er reale Gruppen, z. B. im Betrieb. 1945 gründete er das erste gruppendynamische Forschungszentrum der Welt, das dem Massachusetts Institute of Technology angeschlossen war.

Oben: Kurt Lewin (Mitte) im Sommer 1934 in Milford, New York, zusammen mit seinem späteren Biographen Alfred J. Marrow (links) und Fritz Heider (rechts), der im Rahmen seiner Studien über die Psychologie der interpersonalen Beziehungen eine vielzitierte Attribuierungstheorie (1958) entwarf. – Unten: Treffen der »Topology Group« 1935 in Bryn Mawr. Dieser losen Vereinigung namhafter amerikanischer Psychologen, Soziologen, Ethnologen und Psychotherapeuten gehörten u. a. Ruth Benedict, Erik Erikson, Fritz Heider, Wolfgang Köhler, Kurt Koffka (auf unserem Photo zweiter von links), Kurt Lewin (sechster von links), Margaret Mead, Henry A. Murray, William Stern (dritter von links) und Edward Chace Tolman an.

Der Beitrag von B. F. Skinner, dem prominentesten Vertreter behavioristischer Orientierung, sind Extrapolationen angeblich universeller Gesetzmäßigkeiten jeglichen Verhaltens auf den sozialen Bereich. Dabei wird vorausgesetzt, daß sich sozialpsychologisch relevante Zusammenhänge in nichtsozialen Situationen erkennen lassen und daß die Prinzipien des menschlichen Soziallebens aus Tierversuchen abzuleiten sind.

Muzafer Sherif, aus der Türkei in die USA eingewandert, war der erste Psychologe, der die traditionellen Fachgrenzen zu überwinden suchte. Seine Monographie »The Psychology of Social Norms« (1936) ist ein kaum jemals wieder übertroffener Versuch zur Integration allgemeinpsychologischer, sozialer und kultureller Aspekte. – Seine Ferienlagerstudien gelten als Meilenstein der modernen Gruppenforschung.

Paul Watzlawick, in Österreich geboren und vier Jahre am C. G. Jung-Institut tätig, gehört seit 1960 zur sog. Palo-Alto-Gruppe in Kalifornien. Zusammen mit D. Jackson und J. Beavin legte er 1967 eine Kommunikationstheorie vor, die in der Kommunikationsforschung große Bedeutung erlangte. Die auf der Systemtheorie basierenden therapeutischen Aspekte wurden vor allem von Familientherapeuten aufgegriffen.

Die wohl wesentlichsten Beiträge zur Sozialpsychologie des Faschismus haben Mitglieder der sogenannten Frankfurter Schule geliefert. Für Max Horkheimer (rechts) ist die autoritätsgebundene Persönlichkeit, die die psychischen Voraussetzungen dafür mitbringt, sich in die Gefolgschaft von faschistischen Führern einzureihen, das Produkt der Krise der Familie auf einer bestimmten Entwicklungsstufe der kapitalistischen Gesellschaft, die sich durch die wachsende Unmöglichkeit einer selbständigen ökonomischen Existenz und die Tendenz zur verwalteten Welt kennzeichnen läßt. Theodor W. Adorno (links) hat neben seiner Mitwirkung an der Studie »The Authoritarian Personality« (1950), die die Verbindung von bestimmten Charakterzügen und affektiven Dispositionen mit faschistischen Einstellungen zu sozialen Fragen analysiert, vor allem die faschistische Propaganda mit ihrer großen Wirksamkeit auf Millionen von Menschen mit Hilfe der Freudschen Massenpsychologie untersucht.

Jakob Levy Moreno, 1892 in Bukarest geboren, in Wien ausgebildet und 1927 in die USA emigriert, sieht die Ursachen der Behinderung des Individuums wie auch der Gesellschaft an der Verwirklichung wesentlicher kreativer Möglichkeiten als Psychiater in den »Kreativitätsneurosen« und als Soziologe in der Soziopathologie der Gruppenstruktur. Zur Diagnose und Therapie dieser pathogenen

Faktoren entwickelte er soziometrische Methoden sowie das Psychodrama, das als Stegreifspiel sowohl zum Konflikterlebnis als auch zu dessen Verarbeitung beiträgt. Bereits 1932 führte er den Begriff »Gruppenpsychotherapie« in den Sprachgebrauch ein. Unser Bild zeigt Moreno (Mitte) während eines Vortrags beim VI. Internationalen Psychodrama-Kongreß 1971 in Amsterdam.

Sigmund Freud hat in seiner Arbeit »Massenpsychologie und Ich-Analyse« (1921) wie vor ihm Le Bon die Massenseele als psychische Regression auf eine primitive Entwicklungsstufe interpretiert, dabei allerdings die Rolle des Führers hervorgehoben. Indem er das Gewicht auf die libidinös begründete Identifizierung mit der Masse legt, vernachlässigt er jedoch andere Aspekte der Binnenstruktur und die Bedingungen, unter denen Massenverhalten ausbricht.

Michael Balint, 1939 von Budapest nach England emigrierter Psychoanalytiker, war der Ansicht, daß das in der allgemeinärztlichen Praxis am häufigsten verwendete Heilmittel der Arzt selbst sei. Er startete deshalb Anfang der fünfziger Jahre ein Ausbildungsprogramm zur Einübung psychotherapeutischer Techniken in der ärztlichen Praxis. Diese Fortbildungskurse haben inzwischen unter dem Namen »Balintgruppen« weite Anerkennung gefunden.

S. H. Foulkes, 1933 von Frankfurt/M. nach England emigrierter Psychoanalytiker, entwickelte 1940 eine Methode der Gruppenanalyse. Die Basis seiner Ideen, die klassische Freudsche Technik mit ihrer Betonung der Zweier-Beziehung zu einer neuen Form der Psychotherapie umzugestalten, war das Bemühen um eine Verbindung zwischen der Erforschung der Gesellschaft durch die Soziologie und des Individuums durch die Psychoanalyse.

Wilfred R. Bion, englischer Psychoanalytiker, kam als Armee-Psychiater im 2. Weltkrieg und bei seiner Arbeit an der Tavistock-Klinik zu neuen Erkenntnissen über das Wesen der Gruppe und die in ihr ablaufenden Prozesse. Neben dem durch Vernunft gesteuerten kooperativen Verhalten der Individuen seien auf regressiver Ebene gemeinsame Grundannahmen mit den Tendenzen zu Abhängigkeits-, Kampf/Flucht- oder Paarbildungsverhalten wirksam.

Carl R. Rogers entwickelte seit Anfang der vierziger Jahre an verschiedenen amerikanischen Universitäten die client-centered therapy (in Deutschland unter dem Namen »Gesprächspsychotherapie« bekannt geworden). Das Wesentliche seiner Methode ist dabei die Forderung, der Therapeut müsse – im Gegensatz zum Psychoanalytiker – in seiner Arbeit mit bewußter Subjektivität real und greifbar zugegen sein. Auch die Encounter-Gruppen als ein Weg zur Entfaltung der Persönlichkeit sowie zur Verbesserung der zwischenmenschlichen Beziehungen entstanden weitgehend durch seine Anregung und Förderung. Die Möglichkeiten der Umgestaltung, die er der Encounter-Bewegung in fast allen gesellschaftlichen Bereichen zutraut, hat er selbst in einem kurzen Beitrag in diesem Band dargestellt.